太平御覽

〔宋〕李　昉等奉敕撰

第四冊

第五八五卷至
第八〇一卷

臺灣商務印書館　發行

ISBN　957-05-0421-8（一套：精裝）
ISBN　957-05-0425-0（第四冊：精裝）

太平御覽卷第五百八十五

文部一

敘文

易賁卦彖曰觀乎天文以察時變觀乎人文以化成天下

春秋襄二十五年傳曰鄭子產獻捷于晉（獻入陳之功）士莊伯不能詰仲尼曰志有之言以足志文以足言不言誰知其志言之無文行之不遠

論語曰孔子曰周監於二代郁郁乎文哉吾從周

又曰子貢曰夫子之文章可得而聞也夫子之言性與天道不可得而聞也

又曰大哉堯之爲君也巍巍乎唯天爲大唯堯則之蕩蕩乎民無能名焉巍巍乎其有成功煥乎其有文章

揚子法言曰或曰良玉不雕美言不文何謂也曰玉不雕

璵璠不作器言不文典謨不作經

桓寬鹽鐵論曰內無其實而外學其文若畫脂鏤冰費日損功

王充論衡曰學問習熟則能推類興文文由外而滋未必實于與文相副也

魏文帝典論曰夫文本同而末異蓋奏議宜雅書論宜理銘誄尚實詩賦欲麗文以氣爲主氣之清濁有體不可力強而致古之作者寄身於翰墨見意於篇籍不假良史之辭不託飛馳之勢而聲名自傳於後故西伯幽而演易周旦顯而制禮不以隱約而弗務不以康樂而加恩夫然則古人賤尺璧而重寸陰懼乎時之過已而人多不強力貧賤則懾於飢寒富貴則流於逸樂遂營目前之務而遺千載之功日月逝於上體貌衰於下忽然與萬物遷化斯志士之所大痛也

晉摯虞文章流別論曰文章者所以宣上下之象明人倫之敘窮理盡性以究萬物之宜者也王澤流而詩作成功臻而頌興德勳立而銘著嘉美終而誄集祝史陳辭官箴王闕周禮太師掌教六詩曰風曰賦曰比曰興曰雅曰頌言一國之事繫一人之本謂之風言天下之事形四方之風謂之雅頌者美盛德之形容賦者敷陳之稱也比者喻類之言也興者有感之辭也後世之爲詩者多矣其功德者謂之頌其餘則總謂之詩頌詩之美者也古者聖帝明王功成治定而頌聲興於是奏於宗廟告於鬼神故頌之所美者聖王之德也古之作詩也發於情止乎禮義情之發因辭以形之禮義之指須事以明之故有賦焉所以假象盡辭敷陳其志古詩之賦以情義爲主以事類爲佐今

之賦以事形爲本以義正爲助情義爲主則言省而文有例矣事形爲本則言富而辭無常矣文之煩省辭之險易蓋由於此夫假象過大則與類相遠逸辭過壯則與事相違辯言過理則與義相失麗靡過美則與情相悖此四過者所以背大體而害政教是以司馬遷割相如之浮說楊雄疾辭人之賦麗以淫也

沈約宋書論曰民稟天地之靈含五常之德剛柔迭用喜慍分情然則歌詠所興宜自生民始也周室既衰風流彌著屈平宋玉導清源於前賈誼相如振芳塵於後英辭潤金石高義薄雲天自茲以降情志逾廣王褒劉向楊班崔蔡之徒異軌同奔遞相師祖雖清辭麗曲時發于篇而蕪音累氣固亦多矣若夫平子豔發文以情變絕唱高蹤久無嗣響至于建安曹氏基命二祖陳王咸蓄盛藻自漢至

魏四百餘年辭人才子文體三變相如巧爲形似之言二
班長於情理之說子建仲宣以氣質爲體源其飈流所始
莫不同祖風騷降及元康潘陸特秀律異班賈體變曹王
縟采星稠繁文綺合綴平臺之逸響採南皮之高韻遺風
餘烈事極江右爰逮宋氏顏謝騰聲靈運之興會標舉延
年之體裁明密並方軌前秀垂範後昆

李充翰林論曰或問曰何如斯可謂之文荅曰孔文舉之
書陸士衡之議斯可謂成文也

陸景典語曰所謂文者非徒執卷於儒生之門攄筆於翰
墨之悉乃貴其造化之淵禮樂之盛也

文心雕龍曰人文之元肇自太極幽讚神明易象惟先庖
犧畫其始仲尼翼其終而乾坤兩位獨制文言言之文也
天地之心哉若乃河圖孕乎八卦洛書韞乎九疇玉版金

鏤之實丹文綠牒之華誰其尸之亦神理而已自鳥迹代
繩文字始炳炎皞遺事紀在三墳而年世眇邈聲采靡追
唐虞文章則煥乎爲盛元首載歌既發吟詠之志稷益陳
謨亦垂敷奏之風夏后氏興業峻鴻績九序詠謌勳德弥
縟逮及商周文勝其質雅頌所被英華日新文王憂患繇
辭炳燿符采複隱精義堅深重以公旦多才振其徽烈制
詩緝頌斧藻群言至若夫子繼聖獨秀前哲鎔鈞六經必
金聲而玉振雕琢性情組織辭令木鐸啓而千里應席珎
流而萬世響寫天地之輝光曉生民之耳目矣故爰自風
姓暨于孔氏玄聖創典素王述訓莫不原道心以敷章研
神理以設教著象乎河洛問數乎蓍龜觀天文以極變察
人文以成化然後能經緯區宇彌綸彝憲發揮事業彪炳
辭義故道沿聖以垂文聖因文以明道旁通而無涯日用
而不匱易曰鼓天下之動者存乎辭辭之所以能鼓天下
者道之文也

又曰方其搦翰氣倍辭前暨乎篇成半折心始何則意翻
空而易奇言徵實而難巧也是以臨篇綴翰必有二患理
鬱者苦貧辭溺者傷亂然則博見爲饋貧之粮貫一爲拯
辭之藥博而能一亦有助乎心力矣

又曰翬翟備色而翾翥百步肌豐而力沉也鷹隼無采而
翰飛戾天骨勁而氣猛也文章才力有似於此若風骨乏
采則鷙集翰林采乏風骨則雉竄文囿若藻耀而高翔固
文章之鳴鳳也

又曰括囊雜體功在銓別宮商朱紫隨勢各配章表奏議
則準的乎典雅賦頌歌詩則羽儀乎清麗符檄書移則楷
式於明斷史論序注則軌範於覈要箴銘碑誄則體制於
弘深連珠七辭則從事於功艷此循體而成勢隨變而立
功者也雖復契會相參節文雜疊言五色之錦各以本采
爲地矣

又曰夫薑桂因地辛在本性文章沿學能在天才故才自
內發學以外成有學飽而才餒有才富而學貧學貧者迍
邅於事義才餒者劬勞於辭情此內外之殊分也是以屬
意於文心與筆謀才爲盟主學爲輔佐合德文采必霸才
學褊狹雖美少功才童學文宜正體製必以情志爲神明
事義爲骨髓辭采爲肌膚宮商爲聲氣然後品藻玄黃摛
振金玉獻可替否以裁厥中斯綴思之恒數也夫文變無
方意見浮雜約則義孤博則辭叛變故多尤而爲事賤且
寸分不同思緒各異或製首以通尾或尺接以寸附然通
製者盖寡接附者甚衆若統緒失宗辭味必亂義脉不流

則偏枯文體夫能懸識湊理然後節文自會如膠之粘木石之合玉矣是以四壯異力而六轡如琴馭文之法有似於此昔張湯疑奏而再却虞松草表而屢譴並事理之不明而辭旨之失調也及倪寬更草鍾會易字而漢武歎奇晉景稱善者乃理得而事明心敏而辭當也

宋范曄獄中與諸生姪書以自序其略曰吾少懶學問年三十許始有尚耳自尓已來轉爲心化至於所通處皆自得之胷懷常爲情志所託故當以意爲主以文傳意以意爲主則其旨必見以文傳意則其辭不流然後抽其芬芳振其金石耳

金樓子曰王仲任言夫說一經者爲儒生也傳古今者爲通人也上書奏事者爲文人也能精思著文連篇章者爲鴻儒也若劉子政楊子雲之列是也蓋儒生轉通人通人爲文人文人轉爲鴻儒也

又曰古之學者有二今之學者四焉夫子門徒轉相師授通聖人之經者謂之儒屈原宋玉枚乘長卿之徒止爲辭賦則謂文今之儒博窮子史但能識其事不能通其理者謂之學至如不便爲詩閻纂善爲章奏如伯松若此之流謂之筆吟詠風謠流連哀思者謂之文唯須綺縠紛披宮徵靡曼脣吻適會情靈搖蕩潘安仁清綺若是而評者止稱情切故知爲文之難也曹子建陸士衡皆文士觀其辭致側密事語堅明雖不以儒者命家此亦悉通其義也若夫今之俗也縉紳稚齒閭巷小生苟取成章貴在悅目龍首豕足隨時之宜牛頭馬髀強相附會夫挹酌道德憲章前言者君子所以行之也原憲云無財謂之貧學道不行謂之病末俗學徒頗或異此或假玆以爲伎術或狎之以爲戲笑未聞強學自立和樂慎禮者也

齊書曰陸厥字韓卿少有風槩好屬文時盛爲文章吳興沈約陳郡謝朓琅邪王融以氣類相推轂汝南周顒善識聲韻約等文皆用宮商將平上去入四聲以此制韻有平頭上尾蜂腰鶴膝五字之中音韻悉異兩句之內角徵不同不可增減世爲永明體厥與約書曰范詹事自序性別宮商識清濁特能適輕重濟艱難古今文多不全了斯處縱有會此者此必不從根本中來沈尚書亦云自靈均已來此秘未覩或闇與理合匪由思至張蔡曹王曾無先覺潘陸顏謝去之弥遠大旨欲宮羽相變低昂舛節若前有浮聲則後須切響一簡之內音韻盡殊兩句之中輕重悉異辭既美矣理又善焉但觀歷代衆賢似不都闇此處而云此秘未覩近於誣乎案范云不從根本中來尚書云匪由

思至斯則揣情謬於玄黃擿句着其音律也范又云時有會此者尚書云或闇與理合夫思有合離前哲同所不免文有開塞即事不得無之子建所以欲人譏彈士衡所以遺恨終篇自魏文屬論深以清濁爲言劉楨奏書大明體勢之致齟齬安帖之談操末續顛之說與玄黃於律呂比五色之相宣苟此秘未覩玆論爲何所指耶至於掩瑕藏疾合少謬多則臨淄所云人之著述不能無病者也長門上林殆非一家之賦洛神池鴈便成二體之作王粲初征他文未能稱是楊脩敏捷暑賦彌日不獻率意寡尤則事促乎一日翳愈伏而理賒於七步一人之思遲速天懸一家之文工拙壤隔何獨宮商律呂必責其如一耶

三國典略曰徐摛字士秀東海郯人也員外散騎常侍起

之子文好新率不拘舊體梁武謂周捨曰爲我求一人文學俱長兼有德行者欲令與晉安遊處捨曰臣外弟徐摛形質陋小若不勝衣而堪此選梁武曰必有仲宣之才亦不簡其貌也乃以摛爲侍讀王爲太子轉家令文體既別春坊盡學之謂之宮體宮體之號自斯而起

又曰齊主嘗問于魏收曰卿才何如徐陵收對曰臣大國之才典以雅徐陵亡國之才麗以艷

後周書庾信父肩吾爲梁太子中庶子掌管記東海徐摛爲左衛率摛子陵及信並爲抄撰學士父子在東宮出入禁闥恩禮莫與比隆既有盛才文並綺艷故世號爲徐庾體焉

太平御覽卷第五百八十五

太平御覽卷第五百八十六

文部

詩

文心雕龍曰詩者持也持人情性三百之蔽義歸無邪持之爲訓有符焉尒人禀七情應物斯感感物吟志莫非自然昔有大唐之歌虞造南風之詩觀其二文詞達而已及大禹成功九序惟歌太康敗德五子咸諷順美匡惡其來久矣自商暨周雅頌圓備四始彪炳六義環深子夏監絢素之章子貢悟琢磨之句故商賜二子可以言詩自王澤弥竭風人輟采春秋觀志以諷誦舊章酬酢以爲賓榮吐納而成聲文逮楚國諷怨則離騷爲刺秦王滅典亦造仙詩漢初四言韋孟首唱匡諫之義繼軌周人孝武愛文栢梁列韻嚴馬之徒屬詞無方至成帝品録三百餘篇朝章國采亦云周備而詞人遺翰莫見五言所以李陵班婕見疑於前代按邵南行露始肇半章孺子滄浪亦有全曲暇豫優歌遠見春秋邪溪童謠近在成世閱時取徵則五言久矣又古詩佳麗或稱枚叔其孤竹一篇則傅毅之詞比采而推固两漢之作乎觀其結躰散文直而不野宛轉附物怊悵切情實五言之冠冕也至於張衡怨篇清典可味仙詩緩歌雅有新聲曁建安之初五言騰踊文帝陳思縱轡以騁節王徐應對望路而爭驅並憐風月狎池苑述恩榮序酣宴慷慨以任氣磊落以使才造懷指事不求纖密之巧驅詞逐皃唯取昭晰之能此其所用也及正始明道詩雜仙心何晏之徒率多浮淺唯嵇志清峻阮旨遥深若乃應璩百一獨立不懼詞譎義貞魏之遺直也晉世群才稍入輕綺張左潘陸比肩詩衢采縟於正始力柔於建安

或折文以爲武或流靡以自研此其大略也江左篇製溺於玄風蚩笑徇務之志崇盛忘機之談袁孫已下雖各有雕采而詞趣一揆莫與爭雄所以景純仙篇挺拔而爲儁也宋初文詠體有因革嚴老告退而山水方滋儷采百家之偶爭價一句之奇情必極貌以寫物必窮力而追新此近代之所競也故鋪觀列代而情變之數可監撮舉同異而綱領之要可明矣若夫四言正體則雅潤爲本五言流調則清麗居宗華實異用惟才所安故平子得其雅叔夜合其潤茂先擬其清景陽振其麗兼善則子建仲宣偏美則太冲公幹然詩有恒裁思無定位隨性適分鮮能圓通若妙識所難其易也將至忽以爲易其難也方來矣至於三六雜言則出自篇什離合之發則萌於圖讖迴文所興則道原爲始聯句共韻則栢梁餘製巨細或殊情理同致總歸詩囿故不繁云

列子曰堯微服遊於康衢聞兒童謠曰立我蒸民莫匪尒極不識不知順帝之則堯問曰孰教尒爲此言童兒曰我聞之大夫問大夫大夫曰古詩也

文章流別論曰詩言志歌永言古有採詩之官王者以知得失古詩之四言者振鷺于飛是也漢郊廟歌多用之五言者誰謂雀無角何以穿我屋是也樂府亦用之六言者我姑酌彼金罍是也樂府亦用之七言者交交黃鳥止于桑是也於俳諧倡樂世用之古詩之九言者泂酌彼行潦挹此注兹是也不入歌謡之章故世希爲之夫詩雖以情志爲本而以聲成爲節

顏延之庭誥曰荀爽云詩者古之歌章然則雅誦之樂篇全矣是以後之詩者率以歌爲名及秦勒望岳漢祀郊宮

辭著删史者文變之高制也雖雅聲未至弘麗難追矣遠
李陵衆作揔雜不類是假託非盡陵制至其善篇有足悲
者摯虞文論足稱優洽栢梁以來繼作非一纂所至七言
而已九言不見者將由聲度闡誕不協金石至於五言流
靡則劉楨張華四言側密則張衡王粲若夫陳思王可謂
兼之矣
鍾嶸詩評曰古詩李陵班婕妤曹植劉楨王粲阮籍陸機
潘岳張協左思謝靈運等十二人詩皆上品曹植詩其原
出於國風其骨氣高奇辭彩華茂情兼雅怨躰備文質粲
然逸古卓尔不群嗟乎陳思之文章也譬人倫之有周孔
鱗羽之有龍鳳音樂之有笙竽女工之有黼黻若孔子之
門用文則公幹升堂思王入室王陽潘陸自可坐於廊廡之
間劉楨文躰出於古詩仗氣愛奇動多震絕楨骨氣凌霜
高風跨俗但氣過其文彫潤恨少然自陳思已往楨稱獨
步張協景陽字詩其原出於王粲文章華靜實少病累又巧
構形似之言雄於潘岳靡於太冲風流調遠實曠代之高
才其辭彩葱蒨音韻鏗鏘使人味之亹亹不倦阮籍詩其
原出於小雅雖無彫斵之巧而詠懷之作可以陶性靈發
幽致言在耳目之內情寄八荒之表洋洋乎會於風雅矣
陶潛詩其原出於應璩又協左思風力文躰省淨殆無長
語篤意真古辭興婉媚至如歡言酌春酒日暮天無雲風
華清靡豈直田家語邪古今隱逸詩之宗也
漢書曰王褒字子淵蜀人也宣帝時修武帝故事講論六
藝劉向張子僑等待詔金馬門褒有俊材使褒作中和樂
職如淳曰言王政中和在官者樂其職宣布詩藝林曰宣帝詩歌之名選好事者依鹿
鳴之聲習而歌之

魏書曰李康字蕭遠性介立不和俗爲鄉里所嫉故官不
進嘗作遊九疑詩明帝異其文問左右斯人安在吾欲擢
之因起爲隰陽長卒
晉書載記曰李壽奢侈殺人以立威其臣龔壯作詩七篇
託言應璩以諷壽壽報曰省詩知意若今人所作時賢之
話言也古人所作死鬼之常辭耳
又曰桓玄既篡欲引用孟昶問其人於劉邁邁曰臣在京
口不聞昶有異能但父子紛紛更相贈詩爾玄笑之而止
宋書曰顏延之與陳郡謝靈運共以詞彩齊名而遲速懸
絕文帝嘗各勑擬樂府北上篇延之受詔便成靈運久之
乃就延之嘗問鮑照己與靈運優劣照曰謝五言如初發
芙蓉自然可愛君詩若鋪錦列繡彫繪滿眼鍾嶸詩評云
靈運詩其原出於陳思雜有景陽之躰嶸謂若人學多才
博寓目輒書內無文思外無遺物其繁且富宜哉然名章
秀句處處間起妙曲新聲駱驛奔發類青松拔木白玉映
竹未足以貶高才也
又曰謝惠連方明之子也十歲能屬文族兄靈運嘉賞之
云每有篇章對惠連輒得佳語嘗於永嘉西堂思詩竟日
不就忽夢惠連則得池塘生春草大以爲工常云此語有
神工非余語也
趙書曰徐光字季武年十四五爲將軍秝馬光但書馬枊吾浪反柱爲詩頌不親馬事
梁書曰丘遲字希範辭采麗逸時有鍾嶸詩評云范雲婉
轉清便如流風迴雪遲詩點綴映媚似落花依草雖義淺
文通而秀於敬子其見稱如此
三國典略曰周文州氐酋反制鄜州刺史高琳討平之軍

還帝宴群公卿士命賦詩言志琳詩云竒言賓車騎爲謝
霍將軍何以報天子沙漠靜妖氛帝大悅曰僬僥陸梁未
時欵塞卿言有驗國之福也
又曰齊蕭慤字仁祖爲太子洗馬嘗於秋夜賦詩其兩句
云芙蓉露下落楊柳月中疎曰蕭仁祖之斯文可謂雕章
間出昔潘陸齊軌不襲建安之風顔謝同聲遂革太乙之
氣自漢逮晉情賞猶自不諧河北江南意製本應相詭顔
黄門云吾愛其蕭散宛然在目而盧思道之徒雅所不愜
箕畢殊好理宜固然
又曰王睎爲常山王司馬睎恬憺寡欲不以世務爲累時
謂之方叔司馬常遊晉祠賦詩曰日落應歸去魚鳥見留
連時常山王遣使召睎睎不時至明日承相西閤祭酒盧
思道問睎昨已朱顔得無魚鳥致怪乎睎笑曰昨陶然以

酒被責卿輩亦是留連之一物豈直魚鳥而已哉
又曰辛德源嘗於邢邵座賦詩其十字曰寒威漸離風春
色方依樹衆咸稱善後王昕逢之謂曰今日可謂寒威離
風春色依樹
隋書曰楊素嘗以五言詩七百字贈番州刺史薛道衡詞
氣宏拔風韻秀出亦爲一時盛作未幾而卒道衡歎曰人
之將死其言也善豈若是乎
唐書文苑傳曰元萬頃乾封中從英國公李勣征高麗爲
遼東道管記時別帥馮本以水軍援裨將郭封舡破失期
封欲作書與勣恐高麗知其救兵不至乘危迫之乃令萬
頃作離合詩贈勣勣不達其意大怒曰軍機急切何用詩
爲必斬之萬頃解釋之乃止
又曰錢起能五言詩初從鄉薦家寄江湖嘗於客舍月夜

獨吟遽聞人吟於廷曰曲終人不見江上數峯青起愕然攝
衣視之無所見矣以爲鬼恠而志之及起就試之年李暐
所試湘靈鼓瑟詩題中有青字起即以鬼謡十字爲落句
暐深嘉之稱爲絶唱是歲登第
又曰元稹聰警絶人年少有才名與太原白居易爲友工
爲詩善狀詠當時風態物色當時言詩者稱元白焉自衣
冠士子至閭閻下俚悉傳諷之號爲元和體穆宗在東宮
有妃嬪左右嘗念及稹篇詠者宮中呼爲元才子至是極
承恩遇嘗爲長慶宮詞數十百篇閭里竟爲傳唱
又曰劉禹錫晚年與少傅白居易友善居易詩筆文章時
無在其右者嘗與禹錫唱和往來因集其詩而序之曰彭城
劉夢得詩豪者也其鋒森然少敢當者予不量力往往犯
之夫合應者聲同交爭者力敵一往一復欲罷不能一二

年來日尋筆硯同和贈荅不覺滋多大和三年春已前紙
墨所在者凡一百三十八首其餘乘興仗醉率然作者不
在此數嘗戯微之云僕與足下二十年來爲文友詩敵幸
也亦不幸也吟詠情性播揚名聲其適遺形其樂忘老幸
也然江南士女語才子者多云元白以子之故使僕不得
獨步於吳越間此亦不幸也今垂老復遇夢得非重不幸
耶夢得文之神妙莫先於詩若妙與神則吾豈敢如夢得
雪裏高山頭白早海中仙果子生遲沉舟側畔千帆過病
樹前頭萬木春之句之類真謂神妙矣在在處處應有靈
物護持豈止兩家子弟秘藏而已
世說曰夏侯孝若作周詩成示潘岳曰此文非徒温雅乃
見孝悌之性潘因此遂作家風詩
又曰孫秀收石崇潘岳先送石棄市潘後至石謂潘曰安

仁卿亦復尔耶潘曰可謂白首同所歸潘金谷詩云投分
寄石友白首同所歸乃成其詩
又曰孫子荊除婦服作詩以示王武子曰未知文生於情
情生於文覽之悽然增伉儷之重
文士傳曰張秉自知短命乃作千年歌詩以自傷。顏氏家
訓曰王籍入若邪溪詩云蟬噪林逾靜鳥鳴山更幽江南
以爲文章斷絕物無異議簡文吟詠不能忘之
金樓子云有何贈智者常於任昉座賦詩而其詩言不類
任云卿詩可謂高厚其人大怒曰遂以我詩爲狗號
國朝傳記曰薛道衡聘陳爲人日詩云入春纔七日離家
已二年南人嗤之曰是底言語誰謂此虜解作詩及云人
歸落鴈後思發在花前乃喜曰名下固無虛士
國朝雜記曰沈佺期以工詩著名燕公張說甞謂之曰沈

三兄詩直須還他第一
國史補曰德宗以二月一日爲中和節宴百寮賦詩群臣
奉和詔寫本賜戴叔倫於容州天下榮之
又曰杜佑在淮南進崔叔清詩百篇上曰此惡詩焉用進
時人謂之淮勑惡詩
陸機文賦曰詩緣情而綺靡

太平御覽卷第五百八十六

文部三

賦

詩序曰詩有六義焉一曰風二曰賦

釋名曰賦敷也敷布其義謂之賦也

漢書曰不歌而誦謂之賦登高能賦可以爲大夫言感物造端材智深美可以與圖政事故可以列爲大夫也春秋之後周道寖壞聘問歌詠不行於列國歌詠之士逸在布衣賢人失志之賦作矣孫卿及楚臣屈原離讒憂國皆作賦以風諭咸以惻隱古訓之義也其後宋玉唐勒漢興枚乘司馬相如下及揚子雲競爲侈麗閎衍之語設其風諭之義是以揚子悔之曰詩人之賦麗以則辭人之賦麗以淫如孔氏之門用賦也則賈誼登堂相如入室矣

又曰上令王褒與張子僑等並待詔數從遊獵所幸宮館輒爲歌頌第其高下以差賜帛議者多爲淫靡不急上曰不有博弈者乎爲之猶賢乎已辭賦大者與古詩同義小者辯麗可喜如女工有綺縠音樂有鄭衛今世俗猶皆以此娛說耳目辭賦比之尚有仁義風諭鳥獸草木多聞之觀賢於倡優博弈遠矣

又曰武帝以安車徵枚乘乘孽子皐母爲小妻乘之東歸也皐母不肯隨乘乘怒留皐與母居年十七上書自陳枚乘之子上得大喜召入詔使賦平樂館善之拜爲郎皐不通經術談笑類徘倡爲賦頌好慢戲以故得媟黷貴幸比東方朔郭舍人等武帝春秋二十九乃得皇太子群臣喜故皐與東方朔皇太子生賦皐爲文疾受詔輒成司馬相如善爲文而遲故所作少

又曰上讀司馬相如子虛賦善之乃召相如相如曰此乃諸侯之事未足觀請爲天子遊獵之賦上令尚書給筆札相如以子虛虛言也爲楚烏有先生者烏有此事爲難亡是也欲明天子之義故虛籍此三人爲辭以推天子諸侯之苑囿其卒歸於節儉因以諷諫天子天子大悅時上好神仙相如又奏大人賦天子大悅飄飄有凌雲之氣游天地之間意

又曰趙昭儀方大幸每上幸甘泉常從在屬車間豹尾中故揚雄盛言車騎之衆參麗之駕非所以感動天地逆釐三神又言屏王女却宓妃以懲齋戒之事賦成奏之天子異焉先是時蜀有司馬相如作賦甚弘麗溫雅雄心壯之每作賦常擬以爲式

後漢書曰王延壽字文考少遊魯國作靈光殿賦後蔡邕亦造此賦未成及見延壽所爲甚奇之遂輟翰

又曰李充字伯仁少以文章顯名賈逵薦充召詣東觀受詔作賦拜蘭臺令史

魏志曰陳思王植太祖常視其文曰汝倩人耳植跪曰出言爲論下筆成篇固當面試時鄴銅雀臺新成太祖悉將諸子登使各賦植賦援筆立成太祖甚異之

吳書曰張紘作柟瘤枕賦陳琳在北見之以示人曰此吾鄉里張子紘所作也後紘見琳武庫賦應機論與琳書歎美之琳荅曰自僕在河北與天下隔此間率少於文章易爲雄伯故僕受此過美之談非其實也今景在此足下子布在彼所謂小巫見大巫神氣盡矣

魏略曰卞蘭獻賦贊述太子德美太子報曰作者不虛其辭受者必當其實蘭此豈吾實哉昔吾丘壽王一陳寶鼎

何武等徒以歌頌猶受金帛之賜蘭事雖不諒義足嘉也今賜牛一頭

又曰邯鄲淳作投壺賦奏之文帝以爲工賜絹千疋

晉書曰孫綽絶重張衡左思賦云三都二京六經之鼓吹也嘗作天台山賦辭致甚工初成以示友人范榮期云卿試擲地當作金石聲也榮期曰恐此金石非中宫商然每至佳句輒云應是我輩語

又曰桓温欲經緯中國以河南粗平將移都洛陽朝廷畏温不敢爲異而北土蕭條人情危懼孫綽上疏言不可温見綽表不悦曰致意興公何不尋君遂初賦而知人家國事耶

又曰顧愷字長康晉陵無錫人也博學有才氣嘗爲箏賦成謂人曰吾賦之比嵇琴不賞者必當以後出相遺深識者亦當以高奇見貴

宋書曰謝莊字希逸仕爲太子中庶子時南平王鑠獻赤鸚鵡帝詔羣臣爲賦太子左衛率袁淑文冠當時作賦畢示莊及見莊賦歎曰江東無我卿當獨秀我若無卿亦一時之傑遂隱其賦

梁書曰張率爲待詔賦奏之甚見稱賞手勑荅曰相如工而不敏枚皐速而不工卿可謂兼二子於今之世矣

又曰沈衆字仲興好學有文詞仕梁爲太子舍人時武帝制千字詩衆因注解與陳謝景同時召見于文德殿帝命衆竹賦賦成奏之手勑荅曰卿文體翩翩可謂無忝尔祖

北齊書曰劉晝舉秀才入京考策不第乃恨不學屬文方復緝綴辭藻言甚古拙制一首賦以六合爲名自謂絶倫吟諷不輟乃歎曰儒者勞而少工見於斯矣我讀儒書二十餘年而荅策不第始學作文便得如是曾以此賦呈魏收收謂人曰賦名六合其愚已甚及見其賦又愚於名

唐書曰獲嘉主簿劉知幾著思慎賦以刺時鳳閣侍郎蘇味道李嶠見文相顧而歎曰陸機豪士之所不及也當今防身要道盡在此矣

又曰文苑傳李華字遐叔善屬文與蘭陵蕭潁士友善華應進士時著含元殿賦萬餘言潁士見而賞之曰景福之上靈光之下

後唐書曰李琪少孤貧苦學尤精於文賦昭宗時李谿父子以文學知名於時琪年十八九袖賦一軸謁谿谿覽賦驚異倒履迎門因出琪啞鍾捧日等賦指尔謂琪曰予常患近年文士辭賦皆數句之後未見賦題吾子入句見題偶屬典麗吁可畏也琪由是以益知名也

摯虞文章流別論曰賦者敷陳之稱古詩之流也前世爲賦者有孫卿屈原尚頗有古之詩義至宋玉則多淫浮之病矣楚詞之賦賦之善者也故揚子稱賦莫深於離騷賈誼之作則屈原儔也

祢衡傳曰黄祖時大會賓客人有獻鸚鵡者祖舉卮酒於衡曰願先生賦之以娛佳賓衡攬筆而作文無加點辭采甚麗

文心雕龍曰詩有六義其二曰賦賦者鋪也鋪采摛文體物寫志也昔邵公稱公卿獻詩師箴瞽賦傳云登高能賦可爲大夫詩序則同義傳說則異體總其歸塗實相枝幹故劉向明不歌而頌班固稱古詩之流至如鄭莊之賦大隧士蔿之賦狐裘結言短韻詞自己作雖合作賦體明而未融及靈均唱騷始廣聲貌然則賦也者受命於詩人而

拓宇於楚辭者也於是荀況禮智宋玉風鈞爰錫名號與
詩畫境六義附庸蔚成大國遂客主以首引極聲貌以窮
文斯蓋別詩之源始命賦之厥初也秦世不文頗有雜賦
漢初辭人循流而作陸賈扣其端賈誼振其緒枚馬洞其
風王揚騁其勢皐朔以下品物畢圖繁積於宣時校閱於
成世進御之賦千有餘首討其源流信興楚而盛漢矣若
夫京殿苑獵述行敘志並體國經野義尚光大既履端於
唱序亦歸餘於總詞序以建言首引情本詞以理篇寫送
文勢觀夫荀結隱語事義自懷宋發誇談實始淫麗枚乘
兔園舉要以會新相如上林繁類以成艷賈誼　鳥致辨
於情理子淵洞簫窮變於聲貌孟堅兩都明絢以贍雅張
衡二京迅拔以宏富子雲甘泉構深偉之風延壽靈光含飛
動之勢凡此十家並辭賦之英傑也及仲宣靡密發篇必

遒偉長博通時逢壯采太冲安仁策勳於鴻規士衡子安
底績於流製景純綺巧縟理有餘彥伯梗槩情韻不匱亦
魏晉之賦首也原夫登高之旨蓋覩物興情情以物興故
義必明雅物以情覩故詞必巧麗麗辭雅義符采相勝如
組織之品朱紫畫繪之差玄黃文雖雜而有實色雖糅而
有儀此立賦之大躰也然逐末之儔蔑棄其本雖讀千首
逾惑躰要遂使繁華析枝膏腴害骨無貴風軌莫益勸戒
此楊子所以追悔於雕蟲貽誚於霧縠者也
宋玉大言賦序曰楚襄王既登雲陽之臺命諸大夫景差
唐勒宋玉等並造大言賦賦卒而玉受賞又有能爲小言
賦者賦之雲夢之田而賦卒乃賜玉田
楊子法言曰或問曰吾子少而好賦曰然童子雕蟲篆刻
壯夫不爲詩人之賦麗以則辭人之賦麗以婬若孔氏之

門而用賦則賈誼升堂相如入室
崔鴻十六國春秋南涼錄曰禿髮傉檀子歸年始十三命
爲高殿賦下筆即成影不移漏傉檀覽而善之擬之於曹子建
又前秦錄曰符堅宴羣臣于逍遙園將軍講武文官賦詩
有洛陽年少者長不滿四尺而聰博善屬文因朱彤上逍
遙戲馬賦一篇堅覽而奇之曰此文綺藻清麗長卿儔也
西京雜記曰長安有度虬亦善爲賦嘗爲清思賦時人不
貴虬乃託以相如作遂大重於世焉
又曰相如將獻賦而未知所爲夢一黃衣翁謂之曰子可
爲大人賦言神仙之事以獻上　賜　錦四匹
又曰司馬長卿賦時人皆稱典而麗雖詩人之作不能加
也楊子雲曰長卿賦不從人間來神化所主耳子雲學相
如爲賦而不逮是故雅服焉

又曰司馬相如爲上林子虛賦意思蕭散不復與外相關
控引天地錯綜古今忽然而睡煥然而興幾百日而後成其
友人盛覽字長通牂牁名士嘗問以作賦相如曰合綦組
以成文列錦繡而爲質一經一緯一宮一商此作賦之迹
也賦家之心苞括宇宙總覽人物斯乃得之於內不可得
其傳也乃作合組歌列錦賦而退身終不復敢言作賦之
心矣
博物志曰王延壽逸之子也曾作靈光殿初成逸語其子
曰汝寫狀歸吾欲爲賦文考遂以韻寫簡其父曰此即好
賦吾固不及矣
三國典略曰齊魏收以溫子昇邢邵不作賦乃云會須作
賦始成大才唯以章表自許此同兒戲
文士傳曰何楨字元幹青龍元年天子特詔曰揚州別駕

何禎有文章才試使作許都賦成封上不得令人見禎遂
造賦上甚異之
又曰棘嵩見陸雲作逸民賦嵩以爲丈夫出身不爲孝子
則爲忠臣必欲建功立策爲國宰輔遂作官人賦以反雲
之賦
桓子新論曰予少時見揚子雲麗文高論不量年少猥欲
追及業作小賦用思太劇而立感動發病子雲亦言成帝
上甘泉詔使作賦爲之卒暴倦卧夢其五藏出地以手收
之覺大少氣病一歲余少好文見子雲工爲賦頌欲從學
子雲曰能讀千賦則善之矣
魏文典論曰今之文人魯國孔融廣陵陳琳山陽王粲北
海徐幹陳留阮瑀汝南應瑒東平劉楨此七子者於學無
所遺於辭無所假如粲之初征登樓槐賦幹之玄猨漏巵

圓扇枕賦雖張蔡不過也陳琳阮禹之章表書記今之儁
也應瑒和而不壯劉楨壯而不密孔融體氣高妙有過人
者
魏文臨渦賦曰余從上拜墳乘馬過水相佯高樹之下駐
馬書鞭爲臨渦賦
世說曰左思字太冲齊國臨淄人也作三都賦十年乃成
門庭戶席皆置筆硯遇得一句即便疏之賦成時人皆有
譏訾思意甚不愜後示張華華曰此二京可三然君文未
重於世宜以示高名之士思乃請序皇甫謐謐見之嗟歎
遂爲作序於是先相訾者莫不斂衽讚述焉陸機入洛欲
爲此賦聞思作之撫掌而笑與第雲書此閒有傖父欲作
三都賦須其成當以覆酒瓮耳及思賦出機絶歎服以爲
不能加也

又曰袁宏作東征賦列稱過江諸名德而獨不載桓彝溫
甚恨之甞以問宏宏曰尊君稱位非下官敢專既未遑啓故
不敢顯之溫曰君欲何爲詞宏即荅云風鑒散朗或搜或
引身雖可亡道不可殞溫乃喜又不道陶侃侃子胡奴抽
刃於曲室問袁君賦云何忽袁急而荅曰大道尊公何言
無因曰精金百鍊在割能斷功以治民職思靜亂長沙之
勳爲史所讃胡奴乃止
金樓子云劉休玄好學有文才爲水仙賦時人以爲不減
洛神賦擬古詩時人謂陸士衡之流也余謂水仙不及洛
神擬古勝乎士衡矣
閩川名士傳曰貞元中杜黃裳知貢舉試珠還合浦賦進
士林藻賦成憑几假寐夢人謂之曰君賦甚佳但恨未敘
珠來去之意尒藻悟視其草乃足四句其年擢第謝杜黃
裳謂曰唯林生敘珠來去之意若有神助

太平御覽卷第五百八十七

太平御覽卷第五百八十八

文部四

頌　讚　箴

頌

詩序曰頌者美盛德之形容以其成功告於神明者也

又曰烝民尹吉甫美宣王也其詩曰吉甫作頌穆如清風

陸機文賦曰頌則優游以彬蔚

文章流別論曰頌詩之美者也古者聖帝明王成功治定而頌聲興於是史録其篇工歌其章以奏於宗廟告於神明故頌之所美則以爲名或以頌形或以頌聲其細已甚非古頌之意昔班固爲安豐戴侯頌史岑爲出師頌和熹鄧后頌與魯頌體意相類而文辭之異古今之變也楊雄趙充國頌頌而似雅傅毅顯宗頌文與周頌相似而雜以

風雅之意若馬融廣成上林之屬純爲今賦之體而謂之頌失之遠矣

文心雕龍曰四始之至頌居其極頌者容也所以美盛德而述形容也昔帝嚳之世咸累爲頌以歌九招自商頌已下文理允備夫化偃一國謂之風風正四方謂之雅雅容告神謂之頌風雅序人故事資變正頌主告神故義必純美魯以旦次編商以前王追録斯乃宗廟之正歌非饗燕之恒詠也時邁一篇周公所製哲人之頌規式存焉夫三閭橘頌情采芬芳比類屬興又覃及細矣至於秦政刻文爰頌其德漢之惠景亦有述容沿世並作相繼於時矣若夫子雲之表充國孟堅之序戴侯武仲之美顯宗史岑之述僖后或擬清廟或範駉那雖深淺不同詳略有異其褒德顯容典章一也原夫頌惟典懿詞必清鑠敷寫似賦而不入華侈之區敬慎如銘而異於規式之域揄揚以發藻汪洋以樹儀雖纖巧曲致與情而變其大體所弘如斯而已

漢書曰宣帝徵王褒爲聖主得賢臣頌褒對曰夫荷旃被毳者難與道純綿之麗密羹藜唅糗者不足與論大牢之滋味今臣僻在西蜀生於窮巷之中長於蓬茨之下無有遊觀廣覽之知不足以塞厚望應明旨雖然敢不略陳愚而抒情素

又曰成帝時西羌嘗有警上思將帥之臣追美充國乃召黄門郎楊雄即充國圖畫而頌之

後漢書曰帝召賈逵因勑蘭臺給筆札使作神雀頌

范曄後漢書曰肅宗治脩古禮巡狩方嶽崔駰上西巡頌稱漢德帝雅好文章自見駰頌後常嗟歎之問侍中竇憲

曰寧知崔駰乎對曰班固數爲臣説之然未見帝曰公愛班固而忽崔駰此葉公之好龍也可試見之駰由此候憲屣履迎門笑謂駰曰亭伯吾受詔交公何得薄我哉遂揖入以爲上客

又曰傅毅與班固賈逵共典校書毅追美孝明帝功德最盛而廟頌未立乃依清廟作顯宗頌十篇奏之

又曰平望侯劉毅以和熹鄧太后有德教請令史官著長樂宮聖德頌以敷宣景耀勒勳金石縣之日月攄之罔極以崇陛下烝烝之孝帝從之

魏志曰黄初三年黄龍見鄴西漳水中山王褒上頌賜黄金十斤

晉春秋曰懷帝陷於平陽劉聰加帝開府儀同三司會稽郡公引帝入讌謂帝曰卿爲豫章王時朕與王武子俱造

卿武子稱朕於卿卿言聞名久矣卿以所作樂府文示朕曰劉君聞君善詞賦試爲看也朕與武子俱爲盛德頌卿稱善者久之又引朕射于皇堂朕得十二籌卿與武子俱得九籌卿又贈朕柘弓銀硯卿頗憶否帝曰安敢忘之恨尒日不得早識龍顏聰曰卿家骨肉何相殘之甚邪帝曰此殆非人事皇天意也大漢將興應乾受曆故爲陛下自相敺耳且臣家若能奉武皇帝之業九族敦睦陛下何由得之聰甚有喜色

晉書曰劉臻妻陳氏聰敏能屬文嘗正旦獻椒花頌其詞曰旋穹周迴正朝肇建青陽散暉澄景載煥

藏榮緒晉書曰劉伶字伯倫沛國人也志氣曠放以宇宙爲狹著酒德頌爲建威參軍以壽終

崔鴻春秋前燕録曰慕容儁觀兵近郊見甘棠于道周從

者不識儁曰唏此詩所謂甘棠于道甘者味之主也木者春之行也五德屬仁五行主土春以施生味以養物色又赤者言將有赫赫之慶于中土吾謂國家之盛此其徵也傳曰外髙能賦可以爲大夫羣司亦各書其志吾將覽焉於是內外臣寮並上甘棠頌

南史曰梁大同中嘗驟雨殿前往往有雜色寶珠梁武觀之甚有喜色虞寄因上瑞雨頌帝謂寄兄荔曰此頌典裁清拔卿之士龍也將加擢用寄聞之歎曰美盛德之形容以申擊壤之情耳吾豈買名求仕者乎

後周書曰顏之儀幼穎悟三歲能讀孝經及長博涉羣書好爲詞賦嘗獻神州頌辭以雅贍梁元帝手勑報曰枚乘二葉俱得遊梁應貞兩世並稱文學我求才子鯁慰良深江陵平之儀隨例遷長安世宗以爲麟趾學士

隋書志曰北齊中書侍郎杜臺卿上世祖武成皇帝頌齊主以爲未能盡善令和士開以頌示李德林宣旨云臺卿此文未當朕意以卿有大才須叙盛德即宜速作急進本也德林乃上頌十六章并序武成覽頌善之賜名馬一疋

鄭玄別傳曰民有嘉瓜者異本同實縣欲表附文辭鄙略君爲改作又著頌二篇俠相高其才

王充論衡曰古之帝王建鴻德者須鴻筆之臣褒頌紀德也

又曰永平中神雀羣集孝明詔上神雀頌百官上頌文比瓦石唯班固賈逵傅毅楊終侯諷五頌文比金玉

崔駰西巡頌表曰臣聞陽氣發而鶬庚鳴秋風厲而蟋蟀吟氣之動也唐虞之世樵夫牧豎擊轅中韶感於和也臣不知手足之動音聲敢獻頌云

零陵先賢傳曰周不疑字文直曹公時有白雀瑞儒林並已作頌不疑見操授紙筆立令復作操奇之

讚

釋名曰稱人之美曰讚讚纂也纂集其美而叙之也

文心雕龍曰讚者明也助也昔虞舜之祀樂正重讚蓋唱發之詞也及益贊于禹伊陟贊于巫咸並颺言以明事嗟嘆以助詞者也故漢置鴻臚以唱拜爲讚即古之遺語也至如相如屬詞如贊荊軻及史班書記以讚褒貶約文以惣録頌體而論詞又紀傳後評亦同其名而仲治流別謬稱爲述失之遠矣及景純任雅動植必讚讚兼美惡亦猶頌之有變耳然本其爲義事生獎歎所以古來篇體促而不廣必結言於四字之句槃桓于數韻之詞約舉以盡情照灼以送文比其體也發言雖遠而致用蓋寡大抵所歸

其頌家之細條也

李充翰林論曰容象圖而讚立宜使辭簡而義正孔融之讚揚公亦其美也

晉書曰嵇含紹之孫也弘農王粹以貴公子尚主館宇甚盛圖莊周於室廣集朝士使含為子讚含援筆為之文不加點其略曰嗟乎先生高迹何為生處巖岫之居死寄雕楹之屋既非其所没有餘辱粹有愧色

又曰衛恒字巨山為黃門郎善草隸太康元年汲縣人盜發魏襄王冢得策書十餘萬言其一卷論楚者最為工妙恒悦之故竭思以贊其美

世說曰羊孚作雪讚曰資清以化乘氣以霏遇象能鮮即潔成輝桓伊遂以書扇

箴

文心雕龍曰箴所以攻疾除患喻針石垣

又曰斯文之興盛於三代夏商二箴餘句頗存及周之辛甲百官箴闕唯虞箴一篇體義備焉迄至春秋微而未絕故魏絳諷君於后羿楚子訓人於在勤戰伐已來棄德務功銘辭代興箴文萎絶至楊雄稽古始範虞箴卿尹州牧二十篇及崔胡補綴捴稱百官指事配位鞶鑒有徵可謂追清風於前古攀辛甲於後代者也至於潘勗符節要而失淺温嶠侍臣博而患繁王濟國子引多事寡潘君乘輿義正體蕪凡斯繼作鮮有克衷至於王朗雜箴乃寘巾履得其戒慎而失其所施觀其約文舉要憲章武銘而水火井竈繁辭不已志有偏也夫箴誦於經銘題於器名用雖異而警戒實同箴全禦過故文資确切銘兼褒讚故理貴弘潤取其要也然天言之道蓋闕庸器之制久淪所以箴銘實用寡施後代惟秉文君子宜酌其遠大矣

陸士衡文賦曰箴頓挫而清壯

周書曰夏箴曰小人無兼年之食遇天饑妻子非其妻子也大夫無兼年之食遇天饑臣妾非其臣妾也卿大夫無兼年之食遇天饑臣妾轝馬非其有也國無兼年之食遇天饑百姓非其有也

左傳襄元曰昔周辛甲之為太史命百官官箴王闕（辛甲周武王太史也闕過也百官各以箴以誡王過也）於虞人之箴曰（虞人掌田獵者）芒芒禹跡畫為九州（芒芒遠貌畫分也）經啓九道（九道九州之道也啓開也）民有寢廟獸有茂草各有攸處德用不擾（人神各有歸故德不亂也）在帝夷羿冒于原獸（冒貪也）忘其國恤而思其麀牡（言但念獵）武不可重（重猶數也）用不恢于夏家（羿以好武雖有夏家而不能恢大也）獸臣司原敢告僕夫（獸臣虞人也告僕夫不敢斥尊也）

范曄後漢書曰崔琦字子瑋梁冀聞其才請與交冀行多不軌琦數引古今成敗以誡之冀不能受作外戚箴

晉書曰張華懼后族之盛作女史箴以為諷賈后雖凶妬而知敬重華

又曰文帝子齊王攸武帝時為太子太傅獻箴於太子其略曰無曰父子之間昔有江充無曰至親靡二或容潘崇諛言亂真譖潤離親驪姬之讒晉侯疑申固親以道勿固以恩修身以敬勿託以尊世以為工

後周書曰齊王憲友劉休徵獻王箴一首憲羨之休徵後又以此箴上高祖高祖方剪削諸弟甚悦其文

唐書曰元和中吏部郎中柳公綽獻太醫箴曰寒暑滿天地之間浹肌膚於外好愛溢耳目之前誘心知於內端潔為隄奔射猶敗氣行無間隙不在大膂聖之姿清明絕俗

心正無斜志高寡欲謂天高矣氣蒙晦之謂地厚矣㶑流濆之聖情超遥萬方賴之飲食所以資身也過則生患衣服所以稱德也侈則生慢惟過與侈心必隨之氣與心流疾亦伺之上深嘉歎降中使勞問

又曰敬宗遊幸無度李德裕獻丹扆箴六首宵衣箴曰先王聽政昧爽以俟雞鳴既盈日出而視伯禹大聖寸陰爲貴光武至仁反支不忌無俾姜后獨去簪珥彤管記言克念前志又有正服罷獻納誨辨邪防微等箴文多不載帝甚嘉之

胡廣百官箴叙曰箴諫之興所由尚矣聖君求之於下忠臣納之於上故虞書曰予違汝弼汝無面從退有後言墨子著書稱夏箴之辭

崔瑗叙箴曰昔楊子雲讀春秋傳虞人箴而善之於是作

爲九州及二十五官箴規匡救言君德之所宜斯乃體國之宗也

太平御覽卷第五百八十八

文部五

碑

釋名曰碑被也此本葬時所設也於是鹿盧以繩被其上引以下棺追述君父之功美以書其上後人因焉故建道陌之頭名其文謂之碑也

文心雕龍曰碑者裨也上古帝皇紀號封禪樹石裨岳故曰碑也周穆紀迹于弇山之石亦古碑之意也又宗廟有碑樹之兩楹事止麗牲未勒勳績而庸器漸闕故後代用碑以石代金同乎不朽自廟徂墳猶封墓也自後漢已來碑碣雲起才鋒所斷莫高蔡邕觀楊賜之碑骨鯁訓典陳郭二文詞無擇言周胡衆碑莫不精允其序事也該而要其綴采也雅而澤清辭轉而不窮巧義出而卓立察其爲才自然至矣孔融所創有慕伯喈張陳兩文辭洽之來亦其亞也及孫綽爲文志在於碑温王郗庾詞多枝雜桓彝一篇最爲辨裁矣此碑之致也屬碑之體資乎史才其序則傳其文則銘標序盛德必見清風之華照紀鴻懿必見峻偉之烈此碑之致也夫碑實銘器銘實碑文因器立名事光於誄是以勒器讚勳者入銘之域樹碑述亡者同誄之區焉

禮記喪大記曰君葬用輴四綍二碑御柩用羽葆大夫葬用輴二綍二碑御柩用茅士喪用國車二綍無碑又祭義曰祭之日尸牽牲入廟門麗于碑（麗猶繫也）

東觀漢記曰竇章女順帝初入掖庭爲貴人早卒帝追思之詔史官樹碑頌德章自爲之辭

范曄後漢書曰郭林宗卒同志者乃共刻石立碑蔡邕爲其文既而謂盧植曰吾爲碑多矣皆有慙德唯郭有道碑無愧色耳

又蔡邕傳曰邕以經籍去聖已久文字多謬俗儒穿鑿疑誤後學乃與五官中郎將堂谿典光祿大夫楊賜諫議大夫馬日磾議郎張訓韓說太史令單颺等奏求正定六經文字靈帝許之邕乃自丹於碑使工鐫刻太學門外於是後儒晩學咸取焉及碑始立其觀視及摹寫者車乘日千餘兩塡塞街陌

魏志曰王粲與人共行讀道邊碑人問曰卿能闇乎曰能因使背而誦之不失一文

又曰鄧艾字士載年十二隨母至穎川讀陳寔碑文言爲世範行爲士則艾遂更名範字士則後宗族有與同者故改焉

晉書曰隱逸傳戴逵字安道譙國人也少博學好談論善屬文能鼓琴工書畫其餘工藝靡不畢綜總角時以鷄卵汁溲白瓦屑作鄭玄碑又爲文而自鐫之詞麗器妙時人莫不驚歎

又曰郭璞爲庾氷筮曰墓碑生金庾氏大忌後氷子爲廣州刺史碑生金爲桓温所滅

又曰杜預好爲後世名常言高岸爲谷深谷爲陵刻石爲二碑紀其勳績一沉萬山之下一立峴山之上曰焉知此後不爲陵谷乎

又曰孫綽少以文才垂稱于時文士綽爲其冠温王郗庾諸公之薨必須綽爲碑文然後刊石焉

又曰扶風武王駿嘗都督雍梁病薨追贈大司馬加侍中假黃鉞西土聞其薨也泣者盈路百姓爲之樹碑長老見

碑無不下拜其遺愛如此
又曰唐彬爲幽州百姓追慕彬功德生爲立碑作頌彬初
受學於東海閻德門徒甚多獨目彬有廊廟才及彬官成
而德已卒乃爲之立碑
王隱晉書曰石瑞記曰永嘉初陳國項縣賈逵石碑中生
金人盜取盡復生此江東之瑞
齊書曰竟陵王薨范雲是故吏上表請爲立碑文云人蓄
油素家懷鉛筆瞻彼景山徒然望慕油素絹也筆所以理書也
三國典略曰梁宗懍少聰敏好讀書語輒引古事鄉里呼
爲小學士梁主使製龍川廟碑一夜便就詰朝呈上梁王
美之
又曰陸雲吳郡吳人嘗製太伯廟碑吳興太守張纘罷郡
經途讀其文歎美之曰今之蔡伯喈也至都言於高祖高

祖召兼尚書議郎頃之即眞
後魏書曰衛操桓帝以爲輔相任以國事劉石之亂勸桓
帝匡助晉氏東瀛公司馬騰聞而善之表加右軍封定襄
侯桓帝崩後操立碑於邦城南以頌功德云魏軒轅之苗
裔桓穆二帝馳名域外九譯宗焉有德無祿大命不延背
棄華殿雲中名都遠近齊軌奔赴梓廬時晉光熙元年秋
也皇興初雍州別駕鴈門段榮於大邦掘得此碑
又曰尒朱榮字天寶美容皃幼而明決長好射獵葛榮之
叛也榮列圍大獵有雙兔起於馬前榮乃彎弓而誓曰中
之則擒葛榮應弦而殪三軍咸悅破賊之後即命立碑於
其所號曰雙兔碑
唐書曰賈敦實宛昫人也貞觀中累除饒陽令時制大功
已下不得聯職敦實兄敦頤復爲瀛州刺史甚有惠政百

姓共樹碑于大市通衢及敦實去職復刻石頌其政德立
於兄碑之側故時人呼爲棠棣之碑焉
又曰貞觀中議封禪又議立碑曰勒石紀號垂裕後昆美
盛德之形容闡后王之休烈其義遠矣
又曰高宗御製慈恩寺碑文及自書鐫刻旣畢戊申上御
安福門樓觀僧玄奘等迎碑向寺諸寺皆造幢蓋飾以金
寶窮極瓌麗太常及京城音樂車數百兩僧尼執幡兩行
導從士女觀者塡噎街衢自魏晉已來崇事釋教未有如
此之盛者也
又曰文苑傳曰李邕尤長碑頌雖貶職在外中朝衣冠及
天下寺觀多賫持金帛往求其文前後所製凡數百首受
納饋遺亦至鉅萬時議以爲自古鬻文獲財未有如邕者
有文集七十卷其張幹公行狀洪州放生碑批韋巨源謚

議文士推重之後恩例贈秘書監
又曰長平中源寂使新羅國見有國人傳寫諷念馮定所
爲黑水碑畫鶴記韋休符之使西蕃也見其國人寫定商
山記以代屛障其文名馳於戎夷如此
又曰李華嘗爲魯山令元德秀墓碑顏眞卿書李陽冰篆
額後人爭摸寫之號爲三絕碑
又曰裴度平淮西詔韓愈撰平淮西碑其辭多叙裴度事
時先入蔡州擒吳元濟李愬功第一愬不平之愬妻出入
禁中因訴碑辭不實詔令磨之　憲宗命翰林學士段文
昌重撰文勒石
又曰蕭俛在相位時穆宗詔撰故成德軍節度使王士眞
神道碑對曰臣器褊狹此不能強王承宗先朝阻命事無
可觀如臣秉筆不能溢美又撰進之後例行貺遺臣若公

然阻絕則違陛下撫納之宜僶俛受之則非微臣平生之
志臣不願爲之秉筆帝嘉而從之
又曰李絳憲宗時中官吐突承璀自藩邸承恩寵旣爲神
策軍護軍中尉嘗欲於安國佛寺建立聖德碑大興工作
絳即上言陛下布惟新之政剗積習之弊四海延頸日望
德音今忽立聖德碑以示天下不廣大易稱大人者與天
地合德與日月合明執契垂拱勵精求理豈可以文字而
盡聖德又安可以碑表而贊皇猷若可敘述是有分限乃
反虧損盛德豈謂敷揚至道哉故自堯舜禹湯文武並無
建碑之事至秦始皇荒逸之君煩酷之政然　有罘嶧山
之碑揚誅伐之功紀巡幸之跡適足爲百王所笑萬代所
譏至今稱爲失道亡國之主豈可擬議於此陛下嗣高祖
太宗之業舉貞觀開元之政思理不遑食從諫如順流固

可與堯舜禹湯文武方駕而行安得追秦皇暴虐不經之
事而自損聖政近者閻巨源請立紀聖德碑嚴勵請立紀
聖功碑陛下詳盡事宜皆不允許今忽令立此與前事頗
乖況此碑旣在安國寺即不得不敘載遊觀崇飾之事述
遊觀且乖理要敘崇飾又匪政經固非哲王所宜行也上
納之
後唐史曰魏帥楊師厚於黎陽山採巨石將紀德政制度
甚大以鐵爲車方任負載驅牛數百不由道路所經之處
或壞人廬舍或發人丘墓百姓瞻望曰碑來碑石纔至而
卒魏人以爲應碑來之兆
祢衡別傳曰黃祖太子射作章陵太守與衡有所之見蔡
伯喈所作石碑正平一過視之歎之言好後日各歸章陵
自恨不令吏寫之正平曰吾雖一過皆識其中央第四行

中石書磨滅兩字不分明當是某字恐不諦耳因援筆書
之初無所遺唯兩字不着耳章陵雖知其才明猶嫌有所
脫失故遣往寫之還以校正平所書尺寸皆得初無脫誤
所疑兩字故如正平所遺字也於是章陵敬服
世說曰魏武嘗過曹娥碑下楊脩讀碑背上題云黃絹幼
婦外孫虀臼魏武謂脩曰卿解不答云解魏武曰卿未可
言待我思之行三十里乃曰吾已得令脩別記所知脩曰
黃絹色絲也於字爲絕幼婦少女也於字爲妙外孫女子
也於字爲好虀臼受辛也於字爲辭所謂絕妙好辭魏武
亦記之與脩同乃歎曰我才不如卿乃覺三十里
王肅荅詔問爲瑞表曰太和六年上將幸許昌過繁昌詔
問受禪碑生黃金白玉應瑞不肅奏以始改之元年嘉瑞
見乎于踐祚之壇宜矣

晉令曰諸葬者皆不得立祠堂石碑石表石獸
語林曰孫興公作永嘉郡郡人甚輕之桓公後遣傳教令
作敬夫人碑郡人云故當有才不尔桓公那得令作碑於
此重之
荊州圖記曰羊叔子與鄒潤甫嘗登峴山泣曰自有宇宙便
有此山由來賢達登此望如我與卿者多矣皆湮滅無聞
念此使人悲傷潤甫曰公德冠四海道嗣前哲令問令望
當與此山俱傳若潤甫輩乃當如公語耳後參佐爲立碑
著故望處百姓每行望碑莫不悲感杜預名爲墮淚碑
盛弘之荊州記曰冠軍縣有張詹墓七世孝廉刻其碑背
曰白楸之棺易朽之衣銅鐵不入瓦器不藏嗟矣後人幸
勿見傷及胡石之亂舊墓莫不夷毀而此墓儼然至元嘉
六年民飢始發說者云初開金銀銅錫之器朱裝雕刻之

飾爛然畢備

齊道記曰琅邪城始皇東遊至此立碑銘紀秦功德云是李斯所刻

西征記曰國子堂前有列碑南北行三十五枚刻之表裏書春秋經尚書二部大篆隸科斗三種字碑長八尺今有十八枚存餘皆崩太學堂前石碑四十枚亦表裏隸書尚書周易公羊傳禮記四部本石壠相連多崩敗又太學讃碑一所漢建武中立時草創未備永建六年詔下三府繕治有魏文典論立碑今四存二敗

述征記曰下相城西北漢太尉陳球墓有三碑近墓一碑記弟子盧植鄭玄管寧華歆等六十人（其一碑陳登碑文並蔡邕所作）

酈善長水經注曰昔大禹導河積石踈決梁山所謂龍門矣孟津河口廣八十步巖際鐫跡遺功尚存岸上並有廟

祠祠前有石碑三所碑字紊滅不可識也一碑是太和中立

述異記曰崆峒山中有堯碑禹碣皆籒文焉（伏滔述帝功德銘曰堯碑禹碣磨古不昧）

虞喜志林曰贛榆縣有始皇碑潮水至則加其上三丈去則見三尺行有十二字

異苑曰吳郡本淵碑在江乘湖西太元村人見龜從田中出還其元處萍藻猶着腹下

金樓子曰銘頌所稱興公而已夫披文相質博約溫潤吾聞斯語未見其人班固碩學尚云贊頌相似陸機鈎深猶稱碑賦如一

國朝傳記曰魏文貞之薨也太宗自製其碑文并自書後為人所間詔令掊之及征高麗不如意深悔為是行乃歎曰若魏徵在不使我有此舉也既渡遼水令馳驛祀以少牢復立碑焉

又曰率更令歐陽詢行見古碑索靖所書駐馬觀之良久而去數百步復還下馬佇立疲則布毯坐觀因宿其傍三日而後去

李綽尚書故實曰東晉謝太傅墓碑樹貞石初無文字蓋重難製述之意

國史補曰韋貫之為尚書右丞長安中爭為碑誌若市賈然大官卒其門如市至有喧競構致不由喪家是時裴均之子圖不朽於貫之縑帛萬疋貫之舉手曰寧餓不苟

太平御覽卷第五百八十九

文部六

銘志附　七辭　連珠

銘

釋名曰銘者述其功美可稱名也

禮記祭統曰銘者論譔其先祖之有德善功烈勳勞慶賞聲名列於天下而酌之祭器自成其名焉以祀其先祖者也顯揚先祖所以崇孝也身比為順也明示後世教也夫銘者一稱而上下皆得焉耳矣是故君子之觀於銘也既美其所稱又美其所為為之者明足以見之仁足以與之智足以利之可謂賢矣賢而勿伐可謂恭矣故衛孔悝之鼎銘曰六月丁亥公假於太廟公曰叔舅乃祖莊叔左右成公成公乃命莊叔隨難於漢陽即宮于宗周奔走無射啓右獻公獻公乃命成叔纂乃祖服乃考文叔興舊嗜欲作率慶士躬恤衛國其勤公家夙夜不解民咸曰休哉公曰叔舅予汝銘若纂乃考服悝拜稽首曰對揚以辟之勤大命施于烝彝鼎此衛孔悝之鼎銘也古之君子論撰其先祖之美而明著之後世者也以比其身以重其國家如此子孫之守宗廟社稷者其先祖無美而稱之是誣也有善而弗知不明也知而弗傳不仁也此三者君子之所恥也

周禮夏官上司勳職曰司勳掌六鄉賞地之法以等其功（賞地賞田也在遠郊之內屬六鄉馬等由差也以功大小為差）王功曰勳（輔成王業若周公者也）國功曰功（保全國家若伊尹也）民功曰庸（施法於民若后稷也）事功曰勞（以勞定國若禹者也）治功曰力（制法成治若咎繇也）戰功曰多（克敵出奇若韓信陳平者也司馬法曰上多前虜也）凡有功者銘於王之太常祭於大烝司勳詔之（銘之言名也生則書於王旌以識其人與其功也死則於烝先王祭之詔謂告其神以辭也般庚告其卿大夫曰茲予大享于先王爾祖其從與饗之是也今漢祭功臣於廟庭）

周禮冬官考工記曰鬴銘曰時文思索允臻其極（銘刻之也時是也允信也臻至也極中也言是文德之君思求可以為民立法者而作此量信至於道之中）嘉量既成以觀四國（以觀示四方使放象之）永啓厥後茲器維則（永長也厥其也茲此也又長啓道其子孫使法則此器長用之）

王隱晉書曰張載字孟陽隨父牧在蜀作劒閣銘刺史張敏表之天子命刻石於劒閣

崔鴻十六國春秋後趙錄曰勒徙洛陽晷影於襄國銘佐命功臣三十九人于函置于建德前殿

劉璠梁典曰天監六年帝以舊國漏刻乖舛乃勑貟外郎祖暅治漏成命太子舍人陸倕為文其序曰乃詔臣為銘

按倕集曰銘一字至尊所改也

唐書太宗幸河北觀砥柱因勒銘於其上以陳盛德

穆天子傳曰天子觀春山之上乃為銘跡於玄圃之上以貽後世（謂勒石銘功德）

大戴禮曰武王踐祚三日召士大夫而問焉曰惡有藏之約行之萬世可以為子孫者乎師尚父曰在丹書王欲聞之則齋矣三日端冕師尚父端冕奉書而入則負屏而立王下堂南面而立父曰先王之道不北面王行西折而東面而立師尚父西面道書之言曰敬勝怠者吉怠勝敬者滅義勝欲者從欲勝義者凶以仁得之以仁守之其量百世以不仁得之以仁守之其量十世以不仁得之以不仁守之必及其世王聞書之言惕然若恐懼而為誡書於席之四端為銘焉

太公金匱曰武王曰吾隨師尚父之言因為慎書銘隨身自誡其冠銘曰寵以着首將身不正遺為德咎書履曰行

必慮正無懷僥倖書劒曰常以服兵而行道德行則福慶則覆書鏡曰以鏡自照則知吉凶書車曰自致者急載人者緩取欲無度自致而反

皇覽記陰謀黃帝金人器銘曰武王問尚父曰五帝之誡可得聞乎尚父曰黃帝之戒曰吾之居民上也搖搖恐夕不至朝故為金人三封其口曰古之慎言堯之居民上也振振如臨深淵舜之居民上也慄慄恐夕不見旦武王曰吾并殷民居其上也翼翼懼不敢息尚父曰德盛者守之以謙威彊者守之以恭武王曰欲如尚父言吾因是為誡隨之身

孔子家語曰孔子觀周遂入太祖后稷之廟廟當右階之前有金人焉三緘其口而銘其背曰古之慎言人也誡之哉無多言無多事多言多敗多事多害安樂必誡無所行悔勿謂何傷其禍將長勿謂何害其禍將大勿謂不聞神將伺人

焰焰弗滅炎炎若何涓涓不壅終為江河綿綿不絕或成網羅綿綿微細若不絕則有成網羅者也豪末不札如豪之末言微者札拔也將尋斧柯誠能慎之福之根也口是何傷禍之門也強梁者不得其死好勝者必遇其敵盜憎主人民怨其上君子知天下之不可上也故下之知眾人之不可先也故後之溫恭慎德使人慕之執雌持下人莫踰之人皆趨彼我獨守此人皆惑之我獨不從內藏乃智不示人技我雖尊高人弗我害唯能於此也江海雖左長於百川以其卑也天道無親常與善人誡之哉戒之哉孔子既讀斯文也顧謂弟子曰小子志之此言實而中情而信詩云戰戰兢兢戰戰恐也兢兢戒也如臨深淵恐墜如履薄冰恐陷行身如此豈口過患哉孫卿子說此又載也○又孫楚反金人銘曰昔太廟左階之前有石人焉大張其口而書其胸曰我古之多言人也無少言無少事少言少事後生何述焉我頌三墳五典八索九丘賾罔深而不探理無奧而不鈎故言滿天下而無口九夫唯言立乃可長久胡不愧然生鍼其口自拘廣庭終身乂手

孔子家語曰孔子觀於魯桓公之廟見欹器焉欹孔子問於守廟者曰此何器也對曰宥坐之器子曰吾聞宥坐之器虛則欹中則正滿則覆明君以為至誡 常置於坐側也子路進曰敢問持滿有道乎子曰聰明叡智守之以愚功被天下守之以讓勇力振世守之以怯富有四海守之以謙後之君子感誡之至追而作銘

楊子法言曰或問銘曰銘哉銘哉有意於慎也

文心雕龍曰昔軒轅帝刻輿以弼違大禹勒筍簴以招諫成湯盤盂著日新之規武王戶席題必誡之訓周公慎言於金人仲尼革容於欹器列聖鑒戒其來久矣故銘者名

也觀器必也正名審用貴乎慎德蓋臧武仲之論銘也曰天子令德諸侯計功大夫稱伐夏鑄九牧之金周勒肅慎之楛令德之事也呂望銘功於昆吾仲山鏤績於庸器計功之義也魏顆紀勳於景鍾孔悝表勤於衛鼎稱伐之類也若乃飛廉有石槨之錫雲公有奪里之謚銘發幽石噫可怪也趙靈勒跡於潘吾秦昭刻傳於華山夸誕示後吁可笑也詳觀眾例銘義見矣至於始皇勒岳政暴而文澤亦有疎通之美焉若乃班固燕然之勒張旭華陰之碣序亦成矣蔡邕之銘思燭古全橋公之鉞則吐納典謨朱穆之鼎全成碑文溺所長也至如敬通新器鑊淮武銘而事非其物繁略違中崔駰品物讚多戒少李尤積篇義儉辭碎著龜神物而居博弈之下衡斛嘉量而在杵臼之末曾名品之未暇何事理之能閑哉魏文九寶器利辭鈍惟張

載劒閣其才清彩迅足騄騄後發前至銘勒崤漢得其宜矣

文章流別傳曰夫古之銘至約今之銘至煩亦有由也質文時異則旣論之矣且上古之銘銘於宗廟之碑蔡邕爲楊公作碑其文典正末世之美者也後世以來器銘之佳者有王莽鼎銘崔瑗机銘朱公叔鼎銘王粲硯銘咸以表顯功德天子銘嘉量諸侯大夫銘太常勒鍾鼎之義所言雖殊而令德一也李尤爲銘自山河都邑至于刀筆符契無不有銘而文多穢病討而潤色言可采録

三輔決録曰何敞字文高爲汝南太守帝南巡過郡郡有刻鏤屏風帝命侍中黃香銘之曰古典務農周鏤傷民忠在竭節義在脩身事見黃香集

銘志附

西京雜記杜子夏葬長安北四里臨終作文曰魏郡杜鄴立志忠欵犬馬未陳奄先朝露骨肉歸於后土魂氣無所不之何必古丘然後即化封於北郭山焉晏然處死乃命刊名埋於墓前種松柏五株至今茂盛

西京雜記滕公駕至東都門馬鳴跪不肯前以足跑地久之滕公懼使卒掘其所跑之地深二尺得石槨滕公以燭照之有銘乃以水洗之　其文字古異左右莫能知問叔孫通通曰科斗書也以今文寫之曰佳城鬱鬱三千年見白日吁嗟滕公居此室滕公曰嗟乎天也吾死其葬此乎於是終葬此焉

博物志曰魯闍里蔡伯公死求葬庭中有二人行頃還葬二人復出掘土得石槨有銘曰四體不勤孰爲作生不遭遇長附託賴得二人發吾宅閭里祠之

又曰衛靈公葬得石槨銘云不逢箕子靈公奪之我里

七辭

傅玄七謨序曰昔枚乘作七發而屬文之士若傅毅劉廣世崔駰李尤桓麟崔琦劉梁桓彬之徒承其流而作之者紛焉七激七依七說七觸七舉七誤之篇於通儒大才馬季長張平子亦引其源而廣之馬作七廣張造七辨或以恢大道而導幽滯或以黜瑰奓而託諷咏揚暉播烈垂於後世者凡十有餘篇自大魏英賢迭作有陳王七啓王氏七釋楊氏七訓劉氏七華從父侍中七誨並陵前而邈後揚清風於儒林亦數篇焉世之賢明多稱七激工余以爲未盡善也七辨似也非張氏至思比之七激未爲劣也七釋僉曰妙焉吾無間矣若七依之卓轢一致七辨之纏緜精巧七啓之奔逸壯麗七釋之精密閑理亦近代之所希也

摯虞文章流別論曰七發造於枚乘借吳楚以爲客主先言出輿入輦蹷痿之損深宫洞房寒暑之疾靡曼美色宴安之毒厚味暖服滛曜之害宜聽世之君子要言妙道以疏神導體蠲淹滯之累旣設此辭以顯明去就之路而後說以聲色逸遊之樂其說不入乃陳聖人辨士講論之娛而霍然疾瘳此因膏粱之常疾以爲匡勸雖有甚泰之辭而不沒其諷喻之義也其流遂廣其義遂變率　辭人淫麗之尤矣崔駰旣作七依而假非有先生之言嗚呼揚雄有言童子雕蟲篆刻俄而曰壯夫不爲也孔子疾小言破道斯文之族豈不謂義不足而辨有餘者乎賦者將以諷吾恐其不免於勸也傅子集古今七篇而論品之署曰七林

文心雕龍曰枚乘摛艷首製七發腴辭雲構夸麗風駭蓋七竅所發發乎嗜欲始邪末正所以戒膏粱之子也自七

發以下作者繼踵觀枚氏首唱信獨拔而偉麗矣及傅毅七激會清要之工崔駰七依入博雅之巧張衡七辨結采綿靡崔瑗七厲植義純正陳思七啓取美於宏壯仲宣七釋致辨於事理觀其大抵所歸莫不高談宮館壯語田獵窮瓌奇之服饌極蠱媚之聲色甘意搖骨髓艷辭洞魂識雖始之以淫侈終之以居正然諷一勸百勢不自反子雲所謂騁鄭聲曲終而奏雅樂者也七厲敘賢歸以儒道雖文非拔羣而意實卓尒矣

連珠

傅玄敘連珠者興於漢章帝之世班固賈逵傅毅三才子受詔作之而蔡邕張華之徒又廣焉其文體辭麗而言約不指說事情必假喻以達其旨而賢者微悟合於古詩諷興之義欲使歷歷如貫珠易覩而可悅故謂之連珠也班固喻美辭壯文體裁麗最得其體蔡邕言質辭碎然其旨篤矣賈逵儒而不豔傅毅文而不典

文心雕龍曰揚雄雖小而明潤矣此文章之枝流暇預之末造也自此已後擬者間出杜篤賈逵之曹劉珎潘勗之輩欲穿明珠多貫魚目可謂壽陵匍匐非復邯鄲之步里醜捧心不關西子之嚬矣惟士衡運思理新文敏而裁意致句廣於舊篇豈慕朱仲四寸之璫乎夫文小易周思閑可贍足使義明而辭淨事圓而音澤磊磊自轉可稱珠耳

宋書劉祥著連珠十五首以寄其懷其譏議云希世之寶違時必賤偉俗之器無聖則淪是以明王黜於楚岫章甫窮於越人有以祥連珠啓上上令御史中丞任遐奏其過惡付廷尉上別遣勑祥曰我當原卿性命令卿萬里思愆卿若能改革當令卿得還乃徙廣州不意終日縱酒少時卒

三國典略曰梁簡文爲侯景所幽作連珠曰吾聞言可覆也人能育物是以欲輕其禮有德必昌兵賤於義無思不服

又曰吾聞道行則五福俱湊運閉則六極所鍾是以麟出而悲豈唯孔子途窮則慟寧止嗣宗

太平御覽卷第五百九十

太平御覽卷第五百九十一

文部七

御製上

尚書臯陶曰帝庸作歌曰勑天之命惟時惟幾乃歌曰股肱喜哉元首起哉百工熙哉臯陶拜手稽首颺言曰念哉率作興事愼乃憲欽哉屢省乃成欽哉乃賡載歌曰元首明哉股肱良哉庶事康哉又歌曰元首叢脞哉股肱隋哉萬事墮哉

漢書曰高祖還歸過沛置酒沛宮悉召故人父老子弟佐酒發沛中兒得百二十人教之歌酒酣高祖擊筑自爲歌曰大風起兮雲飛揚威加海內兮歸故鄉安得猛士兮守四方

又曰武帝求賢詔曰蓋有非常之功必待非常之人故馬

或奔踶而致千里士或有負俗之累而立功名夫泛駕之馬弛斥之士亦在御之而已（泛覆也方腫反弛廢也斥逐也）其令州縣察吏民有茂才異等可爲將相及使絶國者

又曰武帝幸河東祠后土顧帝京欣然中流與群臣宴飲上歡甚乃自作秋風辭云秋風起兮白雲飛草木黃落兮鴈南歸蘭有秀兮菊有芳攜佳人兮不能忘泛樓舡兮濟汾河橫中流兮揚素波簫鼓鳴兮發棹歌歡樂極兮哀情多少壯幾時兮柰老何

後漢書東平憲王蒼傳曰顯宗以所自作光武本紀示蒼蒼因上世祖受命中興頌上甚善之令校書郎賈逵爲之訓解

又曰顯宗自制五家要説章句令桓郁定於宣明殿（華嶠書曰帝自制五行章句此言五家即謂五行之家也）

魏志曰武帝御軍三十餘年手不捨書晝講軍策夜則思經傳登高必賦遇物必詩及造詩被之管弦皆成樂章

魏志曰文帝行幸廣陵故城臨江觀兵戎卒十餘萬旌旗數百里帝馬上爲詩曰觀兵臨江水水流何湯湯戈矛成山林玄甲曜日光猛將懷暴怒膽氣正縱橫誰云江水廣一葦可以航不戰能屈敵戢兵稱賢良古公宅岐邑實始翦殷商孟子營虎牢鄭人懼稽顙充國務耕植先零自破亡興農淮甸間築室都徐方量運宜權略六軍咸悅康豈如東山詩悠悠多悲傷

魏文帝紀曰帝好文學以著述爲務自所勒成垂百篇又使諸儒撰集經傳隨類相從凡百篇號曰皇覽

晉書曰嵇仲堪爲黃門郎孝武嘗示仲堪詩曰勿以已才而笑不才

宋書曰高祖過彭城置酒命紙筆爲詩曰先蕩臨淄穢卻清河洛塵華陽有逸驥桃林無伏輪於是群才並作也

後魏書曰孝文帝雅好讀書手不釋卷五經之義覽之便講學不師授探其精奥史傳百家無不該涉才藻富贍好爲文章詩賦銘頌有興而作有大手筆馬上口授及其成也不改一字自太和已後詔策皆帝文也自餘文章百有餘篇

三國典略曰周明帝幼而好學詞彩温麗捃摭衆書自羲農已來訖于魏末叙爲世譜凡百卷所著文章十卷行於世

後周書曰明帝三年秋九月幸同州過故宅賦詩曰玉燭調秋氣金輿歷舊宮還如過白水更似入新豐霜潭漬晚菊寒井落踈桐舉盃延故老令聞歌大風

梁書曰武帝賜張率詩曰東南有才子故能服官政余雖慙夙昔得人斯爲盛率承詔往復六首
又曰高祖製春景明志詩五百字勑在朝辭人沈約已下同作高祖以王僧孺詩爲工
隋書曰陳禎明初後主作新歌詞甚哀思令後宮美人習而歌之其辭曰玉樹後庭花花開不復久時人以歌讖此其不久兆
又曰大業三年幸榆林啓民可汗奉觴上壽拜伏甚恭帝大悅賦詩曰鹿塞鴻旗駐龍庭翠輦迴氊帷望風舉穹廬向日開呼韓稽顙至休屠繼踵來索辮擎羶肉韋韝獻酒杯何如漢天子空上單于臺
國朝傳記曰煬帝善屬文而不欲人出其右司隷薛道衡由是得罪後因事誅之曰更能作空梁落鷰泥否煬帝爲

鷰歌行文士皆和著作郎王冑獨不下帝帝每銜之冑竟坐此見害而誦其警句曰庭草無人隨意緑復能作此語耶
又曰牛弘煬帝之在東宮也數有詩書遺弘弘亦有荅及嗣位之後嘗賜弘詩曰晉家山吏部魏世盧尚書莫言先哲異奇才亦佐余學行敦時俗道素乃冲虛納言雲閣上禮儀皇運初彝倫欣有叙垂拱事端居
唐書曰太宗以武功定海內櫛風沐雨不暇於詩書洎于嗣業進引忠良銳精思政朝多孜孜求之若不及數年之後天下晏和遂於聽覽之暇留精文史叙事言懷時有制作天才宏麗興託玄遠著作郎鄧隆請編次之詔不許
又曰太宗著金鏡述以示群臣其辭曰朕以萬機暇日遊心前文仰六代之高風觀百王之遺跡興亡之運可得言焉每至軒昊之無爲唐虞之至治未嘗不留連贊詠不能已

矣及於夏殷末世秦漢暴君使人凜然競懼如履朽薄然人君皆欲其永享萬乘之尊以垂百王之後而得失異迹興滅不同何也蓋短於自見不聞逆耳之言至於滅亡終身不悟豈不懼哉觀理亂之本原足爲明鏡之鑒戒亂未常不任不肖理未嘗不任忠賢任忠賢則享天下之福用不肖則受天下之禍社稷臨危之主各師其臣若使覺悟安有危亡之禍特由不留心於任使翻屬意於遨遊豈不哀哉以遨遊將爲任使以任使將爲遨遊豈不善哉古人言舜禹不愛於聲不貪於色予謂不然將爲愛也人云桀紂躭於聲色予將爲不好也何以然桀紂命不終於天年樂不終於一世以此知爲不好也舜禹命壽於終樂畢於世予謂之愛也且夫人有寬躁強柔之志愁樂貪慾之心性有善不善者也由是觀之堯舜禹湯躬行仁義治致隆

平此稟其善性也幽厲桀紂乃爲炮烙之刑剖孕婦割人心斮朝涉脯鬼侯造酒池糟丘爲長夜之飲此其受於不善之性也夫立身之道在於折衷不在於偏躭吳起曰昔桑氏之君脩德廢武以滅其國有扈之君恃衆好勇以喪社稷仲尼曰寬濟猛猛濟寬仁義之道猶不得偏何況於左道乎況於不仁乎爲君之道處至極之尊以億兆爲心以萬邦爲意安民必以文德防邊必以武功孔子曰夫文之所加者深武之所服者大德之所施者博則威之所制者廣不可以武威安民不可以文德備塞大鯨出水必斃遊波之功鴻鵠沉泥定無淩空之効若各令遂志並不失其能古人云構大廈者先擇木然後簡材治國者先擇佐然後定民大匠構屋必以大材爲棟梁小材爲榱橑苟有所中尺寸之木無棄此善理木者也非獨屋有棟梁國家

亦然大德爲宰相亦國之棟梁也予思三代以來君有所好民必從之在上留心臺榭奇巧之人必至致情遊獵馳騁之人遠臻存意管弦鄭衛多進降懷脂粉燕趙斯來塞切直之路爲忠者必少開諂諛之道爲佞者必多古人云君猶器也民猶水也方圓在於器不在於水以此而言足爲永戒夫玉不琢不成器人不學不知道仲尼好於郯子文王學於虢叔聖人且猶如此何況於凡人乎治主思賢如農夫之望歲哲右求人若旱苗之思雨亂君嫉勝已如讎視不肖如子懷之中心何日暫忘王莽僞行仁義之道有始無終孫皓權施恩惠之風有初無末二子猶舡之汎巨浪毀在不遙若駑馬之奔千里困其將至古人云外量不以盛碩小智不可謀大巧詐不如拙誠信無謬矣有明主有暗主漢祖攝衣於

酈生比干剖心於辛紂殷湯留情於伊尹龍逢被戮於夏桀楚莊暇隙而懷憂武侯罷朝而含喜闇主護短而永愚明主思短而長善觀漢祖殷湯仰其有德行譬若陰陽調四時會法令均萬民樂則騏驎呈其祥漢祖殷湯豈非騏驎之類乎觀夏癸商辛嗟其悖惡之甚猶政令不行寒暄失序則猛獸肆毒螽螟爲害夏癸商辛豈非猛獸之儔乎予以此觀之豈非天道也雖曰天時抑亦人事成湯之世有七年之旱剪髮爲犧千里雨降太戊之時桑穀生朝懼而脩德遂使十有六國重譯而來此豈非人事者也或云爲君難爲臣不易君處尊高之位執賞罰之權録人之材因人之力何爲不成何求不得此言似易論之實難何者輕凌天地衆精顯其妖忽慢神靈風雨應其暴是以帝乙有雷震之禍殷紂致分砂之災多營池觀遠求異寶民

不得耕女不得蚕田荒業廢兆庶凋殘見其飢寒不爲之哀覩其勞苦不爲之戚苦民之君也非治民之主也薄賦輕傜百姓家給上無急命之徵下有謳歌之詠屈一身之欲樂四海之民憂國之主也樂民之君也此其所以爲難也且用人之道又爲未易已之所賢未必盡賢衆之所毀未必全惡知能不舉即爲失才知惡不黜則爲禍胎又人才互有長短不必兼通是以公綽優於大國之卿子產善爲小邦之相絳侯木訥卒安劉氏之宗嗇夫利口不任上林之令捨短從長然後爲美夫人剛柔之情各異曲直之性不同不可不察也逆主耳而履道戮孔懷以安國周公是也順上心以安身隨君情而殺之易牙是也棄已之命存君之身紀信是也挾國謀事以報公讎袁盎是也捐身而執節孤立而自毀屈原是也外顯和穆之端內懷湯火之

意宰嚭是也忠諂之道以此觀之足以永鏡白起爲秦平趙乃被昭王所殺亞夫定七國之亂卒爲景帝所誅文種設策滅吳翻遭越王之戮五員竭誠爲國終罹賜劒之禍乃君之過也非臣之罪焉至如趙高韓信黥布陳狶之儔此自貽厥釁非君之濫刑之也高祖失於存功之能光武獲於置將之妙臣安君社稷之國君處臣危亡之地豈是相酬之道也爲天下之君處萬民之上安可易乎背道違禮非惟損己乃爲賢人之所笑卑身厲行實爲君子又爲凡夫之所譏越品進官其類必爲深怨偏與人語衆以爲曲私任使賢良則謂偶委伏凡才則言愚闇數言則謂太繁辭寡則謂道薄恣情忿怒則朝野戰慄留心寬恕則法令不行民樂則官苦官樂則民勞四海之內莫非王土要荒爲枝葉畿內爲根本古人云皮之不存毛將安傅深根

固本之內相而伊尹傳說世所希逢至如鎮積氷之塞守飛雪之邊而魏尚李牧當今罕遇遺人遠撫則眷戀而不忍愍而不遺則枝葉而不存二宜之間致心何所是以晨興夕惕無忘斯事爲上猶然何況臣下易云書不盡言言不盡意今畧陳梗槩以示心之所存耳古語云勞者必歌其事朕非故煩翰墨以見天藻但學以爲巳聊書所懷想達見群賢不以爲嗤也

又曰太宗思隋氏失道皇運開基因而序之以明誡愼神筆書石命工刻之以賜皇太子其詞曰昔隋季崩離天綱弛紊波濤沸四海氣霧塞三光鬼哭石言人怨神怒丁壯疲於兵甲老弱斃於飢寒暴骨百城流血千里宮闕變爲禾黍中原化爲寇場余以弱齡屬當厄運思靜大難以濟蒼生秣馬揮戈風驅電掃尅平八表臨撫萬方聊因暇景

載懷興亂歷想前代暗君庸王莫不恃其智力則輕侮聖賢驕其文才則不尊道德縱其口辯以飾非肆其姦言以拒諫昏迷酒色習近讒邪暴疾黎元窮其轍跡傾危莫悟以至滅亡明鏡不遠於焉自鑒

又曰魏徵葬日太宗登苑西樓臨路哭祭太宗復爲製碑文并御書公卿士庶競來摸寫車馬塡噎日有數千時人號其碑爲二絕文與書也

又曰太宗幸積翠池宴五品以上太宗曰今茲年穀大登水潦不能爲害天下既安邊方靜息因此農隙與公等舉酒酒既酣各宜賦一事太宗賦尚書其詞曰日昃翫百篇臨登被五典夏康既逸預商辛亦流湎恣情昏主多尅巳明君鮮滅身資累惡成名由積善

又曰太宗征高麗廻次營州詔遼東戰死骸骨並集柳城東南有司設太牢以祭之大宗臨哭盡哀從臣無不流淚帝親爲文祭之曰忠烈蓋世徃賢明軌忘身徇國先哲良規惟尒等懷忠立節重義輕生奮劒提戈摧城陷陣冒鋒刃而不顧赴湯火以如歸殞命戰場殘形寇壘膏原潤鉞身喪名存搖落寒關遂非生入蒼茫雷野無復餘蹤山川宛其不殊存亡颯焉非昔然則身者今之所重名者後之所貴身乃常有而愚夫怯焉功則難立惟烈士成焉去一生之短期收千載之令譽此聖賢之操也豈直忠勇者乎所以按轡停輿撫膺一慟嘉乃誠節痛尒遺靈酒俎旣陳魂其斯享

又曰貞觀十一年太宗幸洛陽遣使祭漢太師楊震墓太宗自爲文曰惟君資華嶽之奇氣稟金方之秀質艷忠篤以成性應時運而挺生彈冠贊務弼諧帝道正色立朝周

行以肅坐槐燮理鼎餁載調値安德不昇政由近習氣殄王衡日微黃道君慨然忠憤乃心王室昌言正議屢犯於逆鱗霜簡且繩志袪於時蠹而運屬陵夷道消賢哲不納嘉猷遂嬰嚴綱方弘至治遽夭天年英傑云亡邦國殄瘁斯乃緬想高蹤可爲長歎朕省方班瑞言事東巡瞻墳壟於道周想風徽於前代若使九原可作吾將與歸千載如存依然何遠行潦致屬君其饗之

又曰高宗製元首前星維城股肱等誡以示侍臣禮部尚書弘文館學士許敬宗又上表請揔名爲天訓并請注解許之及注畢敬宗爲之序

又曰咸亨中上自製樂章有上元二儀三材四時五行六律七政八風九宮十洲得一慶雲之曲以示群臣令太常行用之

又曰咸亨中御書飛白書贊以賜中書門下三品戶部尚書戴至德詞曰氿洪源俟舟楫中書侍郎郝處俊曰飛九霄假六翮吏部侍郎李敬玄曰資啓沃罄丹誠中書侍郎崔知悌曰竭忠節贊皇猷議者以戴郝寬厚而李崔忠勤故上以此言褒美之

又曰顯慶中上以琴中雅曲古人歌之近代已來此聲頓絶令所司簡樂工解琴笙者脩習舊曲冬十月辛亥太常上書謹案禮記及家語云舜彈五弦之琴歌南風之詩是知琴操曲弄皆合於歌

又張華博物志云白雪是太帝使素女鼓五十絃琴曲名

又楚大夫宋玉對襄王云有客於郢中歌陽春白雪國中和者數十人是知白雪琴曲本宜合歌以其調高人和遂寡自宋玉已來迄今千祀未有能歌白雪曲臣今准勑依於琴中舊曲定其宮商然後教習並合於歌輒以御製雪詩爲白雪歌詞又按古今樂府奏正曲之後皆別有聲君唱臣和事彰前史輒取侍中許敬宗等奉和雪詩以爲送聲各十六節令悉教訖並皆諧　韻上善之乃付太常編於樂府

又曰玄宗製令長新誡一篇頒賜天下縣令其詞曰我求令長保義下人人之所爲必有所因侵漁浸廣賦役不均使夫離散莫保其身徵諸善理寄尔良臣與之革故政在惟新調風變俗背僞歸真教先爲富惠恤於貧無大無小以躬以親青旌勸農其唯在勤墨綬行令孰不攸遵曷云被之我澤如春

又曰玄宗親製春臺望一章二十八句起居舍人蔡孚奏曰伏見所製氣雄詞美德音相屬鄙炎漢之奢侈徇有唐之儉陋知作勞而居逸念中人之家產用心如此天下斯安臣職在司言請宣示百寮及編國史

又曰端午日玄宗自賦詩曰端午臨中夏時清日復良鹽梅已佐鼎麴蘖且傳觴事古人留迹年深縷續長當軒知槿茂向水覺蘆香億兆同歸壽群公共保昌忠貞如不替貽厥後昆芳

又曰玄宗幸寧王憲宅與諸王宴探韻賦詩上詩曰魯衛情先重親賢愛轉多冕旒豐暇日乘景暫經過戚里申高宴平臺奏雅歌復尋爲善樂方驗保山河

又曰天寶八載九月甲午是日皇太子生日上製仁孝詩六章親札於步障以賜太子令中官高力士以示朝臣

太平御覽卷第五百九十一

文部八

御製下

唐書曰德宗製中書麟德殿會百寮觀新樂詩仍令皇太子書以示百寮其序曰朕聞天地之德莫大於和萬物以生九功乃叙是以中春之首紀爲令節布陽和之政暢亭育之功式宴且歡順時而舉盖取象於交泰之義也今歳華載陽嘉雪呈慶君臣同樂實獲我心近以聽政之餘條比音律播於絲竹韻於歌詩象中和之容作中和之樂教習甫就畢陳于兹於是闢廣庭臨内殿張大會示群臣千載成文威儀有序禮洽歡浹中心是嘉上下之志通乾坤之理得善固未盡和莫甚焉聊復成篇以言其志詩曰芳歳肇佳節物華當仲春乾坤既昭泰烟景含絪緼德浅荷

立既樂成思治人前庭列鍾鼎廣殿延群臣八卦隨意舞五音傳曲新頋非咸池奏庶叶南風薰式宴禮所重浹歡情必均同和諒在兹萬國希可親

又曰貞元六年二月戊辰朔中和節宴百寮於曲江亭上賦詩賜之曰東春變梅柳萬寓生春光中和紀月令方與天地長耽樂豈予尚懿兹時景良庶遂亭育恩同致寰海康君臣永終始交泰符陰陽曲沼水新碧華林桃稍芳勝賞信多歡戒之在無荒

又曰貞元六年春三月庚子百寮宴於曲江亭上賦詩以賜之曰歳閏節華晩衆芳繁暮春禊日天地晴元巳風景新禊飲傳舊俗古今歡此辰至樂在同和絲竹奚所陳薫琴是賞心姑射可凝神何必尚耽湎浮觴曲水濵

又曰貞元七年秋七月癸酉上幸章敬寺賦詩序皇太子在侍進和兼題于壁百寮畢和以班列焉其後京兆尹薛珏請皇太子書上詩序刻石而塡之以金

又曰貞元九年春正月庚辰朔上御含元殿受朝賀禮畢上賦退朝觀軍仗歸營詩以示宰臣曰獻歳視元朔萬邦咸在庭端旒揖群后迴輦閲師貞分行左右出轉旆風雲生眷此戎旅節載嘉良士誠順時須宴賞亦以助文經

又曰貞元十年秋九月戊子以重陽日宴賜百寮追賞初九日以雨罷宴及是方會宴上賦詩以賜百官曰雨霽霜氣肅天高雲日明繁林已墜葉寒菊仍舒榮懿此秋節晩更延遐賞情池臺列廣宴絲竹傳新聲至樂非外奬浹歡同中誠庶勞朝野意永使風化清

又曰德宗至自興元御宣政殿冊拜李晟爲司徒上思晟勳力爲製紀功碑俾皇太子勳于石立於渭橋與天地悠

乆方多不載

又曰德宗以馬燧平河中詔賜上所撰宸扆台衡二銘并序曰朕每讀上古之事及唐虞之際君臣相得聖賢同時日夕孜孜講論至道或陳其鑒戒或諷以詠歌煥乎典謨百代之式有以見啓沃之道理化之端意甚慕之而未能逮也頃靈鹽節度杜希全著文上獻多所規陳聊爲君臣箴用荅其意河東等道副元帥司徒燧固請勒石貽厥後人朕以文既非工義又未備垂諸來裔良所忸焉起予者商因之有作庶乎朝夕自儆且俾後代知我有文武股肱之臣也其宸扆銘曰天生蒸人性本元淳嗜慾交馳利害糾紛無主乃亂樹之以君九域茫茫萬情云云目不備覩耳難徧聞覩之聞之芻又非眞事失其源道遠莫親理得其要化行如神失源惟何不正其身得要惟何在能任人

正身之方先誠其意罔從尓欲罔載尓僞體道崇德本仁
率義必信若寒暑無私象天地感而遂之通百慮一致任
人之術各當其器捨短從長理難求備多士揔集衆材咸
遂知而必任任而勿貳以天下之目爲我鑒我鑒斯明以
天下之心爲我謀我謀則智求賢惟廣辨理惟精逆耳咈
心必嘉乃誠順旨苟容亦察其情斥去姦諛全固忠貞先
人立言爲代作程謇謇者昌唯唯者傾繫以興亡昌亡其
輕承天子人夫豈不貴伊昔哲王夙夜祇畏馭朽爲戒納
隍在志神將害盈天匪假易四海爲家夫豈不富伊昔哲
王勤儉固陋土堦罔飾露臺罷構遠奇技淫巧放珍禽怪
獸敬之慎之天命必祐欲令必行順人之情欲誠必著清
巳之慮心無億詐事必忠恕凡將有爲靡不三思喜怒以
節動靜以時毫釐或差禍害亦隨慢易於初悔其曷追刑

不可長武不可恃作威逞力厲階斯起垂旒蔽聰黈纊塞
耳含弘光大是以爲美覆之如天愛之如子仁心感人率
土自理嗟余寡昧嗣守不圖寇戎若興德化未敷業業兢
兢其敢以愉俯察物情上稽典謨作斯式言寘于座隅其
台衡銘曰天列台星垂象于人聖人則天亦立輔臣以翼
以佐爲衡爲鈞如耳目應心如股肱運身是則同體孰云
非親陰陽相推四序成歲君臣相得萬邦作乂感同風雲
應若符契以道匡救盡規獻替木必從繩金其用礪帝者
之盛時惟陶唐乃聞疇咨仄陋明揚洎乎有虞二八騰芳
爰逮伊尹相于成湯載生姜牙諒彼武王道無不臧君聖
臣賢運泰時康漢高既興蕭曹亦彰昭烈我祖膺期而昌
剗滅羣凶砥平四方惟衛及英啓闢封壃維綱亦有魏徵忠
謇昂昂偉茲衆材爲國棟樑蕩蕩巍巍邦家有光是知道
之廢興繫于時主主之得失資乎台輔經之以文緯之以
武出爲方邵入作申甫絶維載張闕衮斯補惟德是倚惟
才是求才不易知德亦難周傳說板築夷吾射鈎任之不
疑千載垂休體於至公何鄙何讎其惟哲王必賴良弼矧
予不德闇於理術師旅繁起政刑多失遘茲艱屯夙夜祇
慄翊我戴我實惟勳賢內熙庶績外揔十連威武載揚謀
猷日宣長城壓境巨艦濟川同心同德扶危持顛予嘉尓
誠尓相予理惟后失道亦臣之恥自昔格言慎終如始功
載鼎彝道冠圖史無俾伊夔克專厥美作鑒勒銘永代是
紀尋有詔命勒石於起義堂西偏上爲題額
又曰貞元十二年上以聽政之餘深思理本迺著刑政箴
并序序曰朕以南面勵精理道雖及和平之際未臻玄古
之風夙夜孜孜勤求不怠夫安人以政輔政以刑蓋爲之

立中非使人從欲也是以務兼聽以酌羣情擇庶官以咨
共理恒勉不足而過其過我欲仁矣尚逮夫意哉然萬務
是殷必戒其失聽政之暇常志所存聊綴斯文庶乎自儆
爾大朴既散利欲是生惟辟御時建極作程導以仁政齊
以典刑惠此下人致之和平立政伊何必循道德詳刑伊
何必去煩刻不以人從欲不以枉傷直故百度惟貞萬物
作式匪陽不生匪陰不成寬則致慢猛亦取怨酌于大猷
戒厥偏見罔咈人志罔興人患邇言必察芻蕘必詢奉無
私之心以誠其意廣無情之聽思得其眞喜怒有節措置
有倫是以令肅如秋化行如春無邇憸人無信側言憸人
則敗政側言乃惑聽罔攻異端愼乃出令知人不易在觀
其行事實求理法乃因時法非生弊聖哲不爲導物類之
情以通其變相天地之道咸盡其宜教必明於順動必慮

於達是以天覆之德日用不知六馬並馳在銜策五音
並奏在理金石苟去回邪可行蠻貊因人而理自古不易
唐堯赭服夏禹泣辜以弼于理冀遷其愚寧漏吞舟豈求
噬膚陷之於過是曰毒痡天監孔明無臭無聲罔載爾僞
少先爾誠蟻壞不防太山可傾患生所急禍起所輕故作
事謀始而戒於未形予臨兆人道存化育祇荷玄貺幸清
九服一夫不獲若履深谷思正其源庶登於撲監于往躅
書以自勖
又曰杜希全將赴靈州獻體要八章多所規諫德宗深納
之乃著君臣箴以賜之其詞曰惟天惠人惟辟奉天從諫
則聖共理惟賢皇立有極駿命不易摠萬機以成務齊六
合之殊致一心不能獨鑑一目不能周視數求哲人式序
在位於戲君之任臣必求一德臣之事君咸思正直何啓

沃之所宜亘古今而未得良以讜言者逆耳讒諛者伺側
故下情未通而上聽已惑俾夫忠賢敗於凶慝譬彼涇舟
蒸徒檝之亦有和羹宰夫膳之孰云理國不自得師覆車
之軌予其懲而高以下外和由甘受惟君無良亦臣之咎
聞諸辛毗牽裾魏后則有禽息竭忠碎首勉思獻替以平
可否勿謂無傷自微而彰勿謂何害積小成大事有隱而
必見令既出而焉悔鼓鍾在宮聲聞于外浩然涉水朕未
有艾將貞宸以虛心期盡忠而納誨在昔稷契實匡舜禹
近茲魏徵佑我大祖君臣叶德混一區宇肆予寡昧獲纘
丕緒臣哉鄰哉尒翼尒輔高秋始肅我武惟揚轂此禁衛
殿于大邦戀闕方甚嘉言乃昌是規是諫金玉其相詞
高理要入德知方總彼千慮備于八章宣父有言起予
者商殷有盤銘周有欹器或誡以詞或警以事披圖演

義發于衆志與全鏡而高懸將座右而同置人皆有初鮮
愼厥終汝其夙夜明保朕躬無曰爾身在外而尒誠不通
一言之應千里攸同導彼遐俗達余四聰華夷仰德時乃
之功既往既來懷賢忡忡唱予和汝式示深衷
又曰貞元中上賜群臣會宴于曲江上令中使劉希昂宣
慰上賜詩曰令節曉澄霽四郊煙靄空天清白露潔菊散
黃金叢寡德荷玄貺順時休百工豈懷歌鍾樂思與君臣
同至化在亭育相成資始終未知康衢詠所仰唯年豐
又曰張建封來朝覲還鎭德宗賜詩曰牧守寄所重才賢
生爲時宣風自淮甸授鉞膺藩維入覲展遐戀臨軒慰來
思忠誠在方寸感激陳情詞報國尒所尚恤人予是資歡
宴不盡懷車馬當還期轂雨將應候行春猶未遲勿以千
里遙而云無已知

又曰貞元十八年九月賜宰臣及中書門下兩省官宴于
故馬璘池亭御製豐年多慶九日示懷詩以賜群臣曰爽
氣肅時令早衣聞朔鴻重陽有佳節具物欣年豐皎潔暮
潭色芬敷新菊叢芳罇滿衢室繁吹凝煙空惠洽信吾道
保和惟尒同推誠致玄化天下期爲公
又曰憲宗以天下無事留意典墳每覽前代興亡得失之
事皆三復其言
又讀貞觀開元實録見太宗撰金鏡書及帝範上下篇玄
宗撰開元訓誡思繼前躅遂採尚書春秋後傳史記班范漢
書三國志晉書晏子春秋吳越春秋新序說苑等書君臣
行事可爲龜鏡者集成十四篇一曰君臣道可合二曰辨
邪正三曰戒權倖四曰戒微行五曰任賢臣六曰納忠諫
七曰愼征伐八曰愼刑法九曰去奢泰十曰崇節儉十

一曰獎忠直十二曰修德政十三曰諫畋獵十四曰録勳賢分為上下卷上自製其目曰前代君臣事跡至是以其書寫於屏風列之御座之右復遣中使程文幹以書屏六扇至中書宣示宰臣李藩裴垍曰朕近撰此屏風常所觀覽故令齎將示卿藩等上表稱賀

又曰文宗嘗夏日與學士聯句帝曰人皆苦炎熱我愛夏日長柳公權續之曰薫風自南來殿閣生微凉帝嘉之

又曰裴度臥疾文宗遣中使賜度詩曰注想待元老識君恨不早我家柱石衰憂來學丘禱

又曰文宗開成中駕幸龍首池觀内人賽雨自春不雨上孜孜憂勤徧禮羣望至是甘澤屢降中外感悦上賦喜雨詩云風雲喜際會雷雨遂流滋薦弊虛陳禮動天實精思漸侵又夏節復在三春時蘇深垂朱闕飄颻入緑墀郊坰

既霑足黍稷有豐期百辟同憂樂萬方佇雍熙宰臣洎文武百官咸有屬和

家語曰昔者舜彈五弦之琴造南風之詩其語曰南風之薫兮可以解吾民之慍兮(薫風至之貌也)南風之時兮可以阜吾民之財兮(時得其時阜盛)

穆天子傳曰丙辰天子南遊于黃室之丘天子乃休日中天子北風雨雪有凍人天子作詩三章以哀民(哀愍也)我徂黃竹負閟寒(閟閉也)帝收九行(九行九道也傳曰經啓九道)嗟我公侯百辟冢卿皇我萬民(皇正也)旦夕勿忘(恒念也)我徂黃竹負閟寒帝收九行嗟我公侯百辟冢卿皇我萬民旦夕勿窮有皎者鵅(鵅烏名音路)翩翩其飛嗟我公侯勿則遷居樂其寡(言守一居少樂)不如遷土(居無求安也)禮樂其民(言當以禮樂化其民)天子曰余一人則淫(淫于遊樂)不皇萬民

漢武帝集曰奉車子侯暴病一日死上甚悼之乃自為歌詩

西京雜記曰始元元年黃鵠下太液池上為歌曰黃鵠飛兮下建章羽肅肅兮行蹌蹌金為衣兮菊為裳唼喋荷荇出入蒹葭自顧菲薄媿尔嘉祥

漢武帝栢梁詩曰日月星辰和四時梁王曰驂駕駟馬從梁來於是羣臣各賦一句

魏文帝典論自叙曰初平之元董卓弒主鴆后蕩覆王室是時家家思亂人人自危名豪大俠富室強族飄揚雲會萬里相赴兖豫之師戰於滎陽河内之甲軍於孟津卓遂遷大駕西都長安而山東大者連郡國中者嬰城邑小者聚阡陌百姓死亡暴骨如莽時余年五歲上以世方擾亂教余學射六歲而知射又教余騎馬八歲而能騎射矣是

以少好弓馬于今不衰建安十年始定冀州濊貊貢良弓燕代獻名馬時歲之暮春弓燥手柔草淺獸肥與族兄子丹獵于鄴西終日手獲麞鹿九雉兎三十餘又學擊劍桓靈時有虎賁王越善斯術河南史何得其法於越余從何學之甚精嘗與平虜將軍劉勳奮威鄧展共飲展有手臂曉五兵法其能空手入白刃時酒後耳熱方食蔗以蔗為杖下殿數交三中其臂左右大笑展意不平更求為之復正截其額坐中驚視余還坐笑曰昔陽慶使淳于意去其故方授以祕術余亦願鄧將軍捐弃故伎更受要道也一坐盡歡余於它戲弄之事少所喜唯於彈棊略盡其巧少為之賦上雅好書籍雖在軍旅手不釋卷每定省從容常言人少學則思專長則善忘長大而能勤學者唯吾與袁伯業耳余是以習詩論及此而備歷五經四部史漢諸子

百家之言靡不畢覽

魏文帝芙蓉池詩曰乘輦夜行遊逍遥步西園雙渠相灌溉佳木遶通川卑枝拂羽蓋脩條摩蒼天驚風扶輪轂飛鳥翔我前丹霞夾明月華星出雲間上天垂光彩五色一何鮮壽命非松喬誰能得神仙遨遊快心意保已終百年

魏文帝遊宴詩曰置酒坐飛閣逍遥臨華池神颷自遠至左右芙蓉披綠竹映清水秋蘭被幽崖月出照園中冠佩相追隨客從南方來爲我吹參差潛魚猶伏浦聽者未云疲高文一何綺小儒安足爲肅肅廣殿陰雀聲愁北林衆賓還城邑何以慰吾心

太平御覽卷第五百九十二

文部九

詔　策　誥　教　誡

詔

釋名曰詔照也人闇不見事則有所犯以此照示使照然知所由也

蔡邕獨斷曰制詔制者王者之言必爲法制也詔猶告也告教也三代無其文秦漢有也

文心雕龍曰皇帝馭寓其言也神淵嘿黼扆而響盈四表其唯詔策乎昔軒轅唐虞同稱爲命命之爲義制性之本也其在三王事兼誥誓誓以訓誡誥以敷政降及七國並稱曰命命者使也秦并天下改命曰制漢初定儀則有四品一曰策書二曰制書三曰詔書四曰戒勑勑戒州郡詔告百官制施赦令策封王侯策者簡也制者裁也詔者告也勑者正也觀文景以前詔體浮雜武帝崇儒選言弘奥策封三王文同典訓勸戒淵雅垂範後代及光武撥亂留意詞采而造次喜怒時或偏濫暨明章崇學雅詔間出和安政弛禮閣鮮才每爲詔勑假手外請建安之末文理代興潘勗九錫典雅逸群衛覬禪誥符采炳耀不可加也自魏晉策誥職在中書劉放張華管于斯任施令發號洋洋盈耳魏文以下詞義多偉至於作威作福其萬慮之一獘乎晉氏中興唯明帝崇才以温嶠文清故引入中書自斯已後體憲風流矣夫王言崇祕大觀在上所以百辟其刑萬邦作孚故授官選賢則義炳重離之暉優文封策則氣含雲雨之潤勑戒恒誥則筆吐星漢之華啓戎變伐則聲存洊雷之威眚災肆赦則文有春露之滋明詔勑法則詞

有秋霜之烈此詔策之大畧也

漢制度曰帝之下書有四一曰策書二曰制書三曰詔書四曰誡勑策書者編簡也其制書二尺短者半之篆書起年月稱皇帝以命諸侯王三公以罪免亦賜策而以隸書用尺一木兩行惟此爲異也制書者帝者制度之命其文曰制詔三公皆璽封尚書令印重封露布州郡者詔書也其文曰告某官云如故事誡勑者謂勑某官他皆類此

漢書曰誡勑刺史太守及三邊營官被勑文曰有詔勑某官是爲誡勑世皆名此爲策書失之甚也

又曰淮南王安傳曰武帝方好藝文以安屬於諸父辯博善爲文辭甚尊重之每爲報書及賜（師古曰書賜之也）常召司馬相如等視草迺遣

東觀漢記曰第五倫每見光武詔書常歎曰此聖主也當何由一得見決矣等輩笑之曰汝三皇時人也說將尚不能動萬乘主耶倫曰未遇知己道不可故耳

范曄後漢書曰隗囂賓客掾史多文才士每所有事當世才士大夫皆諷誦之故帝有所荅尤加意焉

魏志曰明帝疾欲以燕王宇爲大將軍帝引見劉放孫資入卧內問之放資對曰燕實自不堪大任帝曰曹爽可代宇不放資因贊成之又深陳宜速召太尉司馬宣王以綱維帝室納其言即以黃紙授放作詔放資既出帝意復變詔止宣王

又曰蔣濟上萬機論帝嘉之入爲散騎常侍時有詔詔征南將軍夏侯尚曰卿腹心重將當使恩施足死惠愛可懷作威作福殺人活人尚以示濟濟既至帝問曰卿所聞見天下風教何如濟對曰未有它善但見亡國之語耳帝忿

然作色而問其故濟具以荅因夫作威作福書之明戒天
子無戲古人所慎唯察之於是帝意解追取前詔
王隱晉書曰武帝泰始四年班五條詔書于郡國一曰正
身二曰勤民三曰撫孤寡四曰敦本息華五曰去人事
又曰楚王瑋既誅汝南王亮尋又詔云瑋矯詔行斬刑臨
死出其懷中青紙以示監刑尚書劉頌流涕而言此詔書
也受此而行謂為社稷今更為罪託體先帝枉受如此幸
見申列
晉書楊駿傳曰武帝疾篤未有顧命佐命功臣皆已没矣
朝臣惶惑計無所從而駿盡斥群公親侍左右因輙改易
公卿樹其心腹會帝少間見所用者乃正色謂駿曰何得
便尒乃詔中書以汝南王亮與駿夾輔王室駿恐失權寵
從中書借詔觀之得便藏匿中書監華廙恐懼自往索之

終不肯與信宿之間上疾遂篤
又曰齊王冏入宮稱詔廢賈后后曰詔當從我出何詔也
晉中興書曰初顯宗幼冲見王導恒拜又帝與導手詔則
敬白中書作詔則曰敬問於是以為永制
又曰桓玄左右稱玄為桓詔桓胤諫曰詔者施於辭令不
以為稱謂也漢魏之主皆無此言願陛下稽古帝則令萬
世可法玄曰此詔以行今宣勑罷之
後周書曰冀儁善隷書特工摸寫魏文昌初為賀拔岳墨
曹參軍及岳被害太祖引為記室時侯莫陳悅阻兵隴右
太祖志在平之乃令儁偽作魏帝勑書與費也頭令將兵
助太祖討悅儁依舊勑摸寫及代舍人主書等署與真無
異太祖說費也頭已曾得魏帝勑書及見此勑不以為疑
遂遣步騎一千受太祖節度

隋書後齊正日侍中宣詔慰勞州郡國使詔牘長一尺三
寸廣一尺雌黄塗飾上寫詔書三計會日侍中依儀勞郡
國計吏問刺史太守安不及穀價麥苗善惡人間疾苦又
班五條詔書於諸州郡國使人寫以詔牘一枚長二尺五
寸廣一尺三寸亦以雌黄塗飾上寫詔書正會日依儀宣
示使人使人歸以告刺史二千石一曰政在正身在愛人
去殘賊擇良吏正决獄平徭賦二曰人生在勤勤則不匱
其勸率田桑無或煩擾三曰六極之人務加寛養必使生
有以自救没有以自給四曰長吏華浮奉客以求小譽逐
末捨本政之所疾宜謹察之五曰人事意氣干亂奉公内
外溷淆綱紀不設所宜糺劾○又曰陳梁制諸用官式吏
部先為白牒録數十名吏部嘗參掌人共署奏勑或可或
不其不用者更銓量奏請隨才補用以黄紙録名八座通

署奏可即出付典名而典以名書召怗鶴頭板整威儀送
往得官之家其有特發詔授官者即宣付詔誥局作詔草
奏聞勑可黄紙寫出門下門下詔請付外施行
又曰周武平齊得李德林嘗謂群臣云我常曰唯聞李德
林名及其與齊朝作詔書移檄我正謂其是天上人豈言
今日得其驅使復為我作文書極為大異神武公紇豆毅
荅曰臣聞明王聖主得騏驎鳳凰為瑞是聖德所感非力
能致之瑞物雖來不堪使用如李德林來受驅策亦陛下
聖德所感致有大才用無所不堪勝於騏驎鳳凰遠矣武
帝大笑曰誠如公言
唐書文苑傳曰徐安貞開元中為中書舍人集賢學士每
上屬文作手詔多令安貞視草
風俗通曰光武中興以來五曹詔書題鄉亭壁歲輔正多

有闕謬永遷中兖州刺史過翔箋撰卷別改着板上一勞而九逸

崔元始正論曰俚語曰州郡記如霹靂得詔書但挂壁永平中詔禁吏卒不得繫馬宮外樹為傷害其枝葉又詔令雒陽幘工作幘皆二尺五寸圍人頭各有大小不可同度此詔不可從也

蔡質漢儀曰延熹中京師遊俠有盜發順帝陵者賣御物於市市長追捕不得周景以尺一詔召司隷校尉左雄詣臺與三日期擒賊

曹植說灌均上事令曰孤前令寫灌均所上孤章三臺九府所奏事及詔書一通置之座隅孤欲朝夕諷詠以自警誡也

語林曰明帝函封詔與庚公信誤致與王公王公開詔末云勿使冶城公知導既視表荅曰伏讀明詔似不在臣臣開臣閉無有見者明帝甚愧數月不能見王公

石虎鄴中記曰石虎詔書以五色紙着鳳鶵口中

策

蔡邕獨斷曰策者簡也禮云不備百文不書於策其制長二尺短者半之其次一長一短兩編下篆書起年月以命諸侯三公薨及以罪免悉以策書

隋書曰諸王三公儀同尚書令五等開國太妃公主拜冊軸一枚長二尺以白練衣之用竹簡十二枚六枚與軸等六枚長尺二寸文出集書皆篆字哀冊贈冊亦同

唐書曰劉迺字永夷為司門員外崔祐甫秉政素與迺友善會加郭子儀尚父以冊禮久廢至是復行之祐甫令兩省官撰冊文未稱旨召迺至閣草之立就詞義典雅祐甫歎仰久之

後唐書曰同光三年太常奏吳越王錢鏐冊禮案禮文用竹冊上優其禮勑以玉為之議者以玉冊帝王受命之重數不可假之非禮之宜也

殷洪小說曰魏國初建潘勗字元茂為策命文自漢武巳來未有此制勗乃依商周憲章唐虞辭義温雅與典誥同風于時朝士皆莫能措一字勗亡後王仲宣擅名於當時時人見此策美或疑是仲宣所為論者紛紜及晉王為太傅臈日大會賓客勗子蒲時亦在焉宣王謂之曰尊君作封魏君策高妙信不可及吾曾問仲宣亦以為不如朝廷之士乃知勗作也

誥

尚書商書曰湯既黜夏命復歸于亳作湯誥

又周書曰武王崩三監及淮夷叛周公相成王將黜殷作大誥

又曰成王既伐管叔蔡叔以殷餘民封康叔作康誥

又曰康王既尸天子（尸主也主天子正號）遂誥諸侯作康王之誥

李充翰林論曰誡誥施于弼違

後周書曰蘇綽自有晉之季文章競為浮華遂成風俗太祖欲革其弊因魏帝祭廟群臣畢至乃命綽為大誥奏行之其詞曰惟中興十有一年仲夏庶邦百辟咸會於王庭柱國洎群公列將罔不來朝時迺大稽百憲數乎庶邦用綏我王度詞多不載自是之後文筆依此體

三國典略曰周太祖大饗群臣史官柳虯執簡書告于廟曰廢帝文皇帝之嗣子年七歲文皇帝託於安定公曰是子也才由公不孝不才亦由公勉之公既受茲重寄居元輔

之任又納女為皇后遂不能訓誨有成致令廢黜貞文皇
帝付囑之意此咎非安定公而誰太祖乃令太常盧辯作
誥喻公卿曰嗚呼我群后暨衆士維文皇帝以襁褓之嗣
託於予訓之誨之庶厥有成而予罔能弗變厥心庸暨乎
廢墜我文皇帝之志嗚呼茲咎予其焉避予實知之矧尔
衆人心哉惟予之顏豈惟今厚將恐後世以予為口實
唐書曰孫逖掌誥八年制勑所出為時流歎服議者以為
自開元已來蘇頲齊澣蘇晉賈曾韓休許景先及逖為王
言之最逖尤苦思文理精練
晉史曰高祖令制誥之辭不得虛飾冗長必須陳其實行
以正王言

教

尚書舜典曰帝曰契汝作司徒敬敷五教在寬

春秋元命苞曰天垂文象人行其事謂之教教傚也言上
為而下傚也
文心雕龍曰教者傚也言出而民效也故王侯稱教昔鄭
弘之守南陽條教為後所述乃事緒明也孔融之守北海
文教麗而罕施乃治體乖也若諸葛孔明之詳酌庾稚恭
之明斷並理得而詞中教之善也
漢書曰京兆尹王遵出教令

誡

文心雕龍曰戒勑為文實詔之切者魏武稱作勑戒當指
事而語勿得依違曉治要矣及晉武勑戒備告百官勑都
督以兵要戒州牧以董司警郡守以恤隱勒牙門以禦衛
有訓典焉戒者慎也禹稱戒之用休君父至尊在三同極
漢高之勑太子東方朔之戒子亦顧命之作也及馬援以
下各貽家戒班姬女戒足稱毋師矣
太公金匱曰武王曰五帝之誡可得聞乎
太公曰黃帝曰余君民上摇摇恐夕不至朝故為金人三緘
其口慎言語也
東方生傳曰朔誡其子以上容應劭曰容身避害也首陽為拙柱下
為工飽食安步以仕易農依隱玩世詭時不逢
後漢書曰馬援兄子嚴敦並喜譏議而通輕俠客援在交
阯還書誡之曰聞人之過失如聞親名耳可得聞而口不
得言也好論人長短妄有善惡者寧死不願聞子孫有此
行也龍伯高敦厚周慎謙約節儉吾愛之重之願汝曹效
之杜季良豪俠好義憂人之憂樂人之樂有喪致客數郡
畢至吾愛之重之不願汝曹效之效伯高不得猶為謹勑
士所謂刻鵠不成尚類鶩者也效季良不得陷為天下輕

薄子所謂畫虎不似反類狗也裴松之以為援此誡可謂
切至之至不刊之訓矣○杜恕家事戒曰張子臺視之似
鄙樸人然其心中不知天地間何者為惡穀然如與陰陽
合德作人如此富貴禍害何由而生
陶淵明道誡曰夫天地賦命有生必有終自古賢聖誰能
獨免汝輩既稚小不同生當思四海皆為兄弟之義鮑叔
管仲分財無猜歸生伍舉班荊道舊遂能以此為成因喪
立功它人尚尔況共父之人哉潁川韓元長漢末名士身
處卿佐八十而終兄弟同居至于没齒濟北氾稚春晉時
操行人也七世同家人無怨色詩云高山仰止景行行止
汝其慎哉
顏延年逹誥云喜怒者有性所不能無常起於褊量而止
於弘識然喜過則不重怒過則不威能以恬漠為體寬愉

爲器則鐫美矣大喜蕩心微抑則定甚怒煩性稍忍即歇故動
無堡容舉無失度則爲善也欲求子孝必先爲慈將責弟
悌務念爲友雖孝不待慈而慈能植孝悌非期友而　友亦
立悌夫和之不備或應以不和猶信不足焉必有不信儻
知恩意相生情理相出可使家有參差人皆由損杖叔有
言欲人勿聞莫若勿爲禦寒莫若重裘止謗莫若自脩論
語云內省不疚何憂何懼

太平御覽卷第五百九十三

太平御覽卷第五百九十四

文部十

章表　奏　劾奏　駁奏

章表

釋名曰下言上曰表思之於內施於外也

李充翰林論曰表宜以遠大爲本不以華藻爲先若曹子建之表可謂成文矣諸葛亮之表劉主裴公之辭侍中羊公之讓開府可謂德音矣

文心雕龍曰堯咨四岳舜命八元並陳詞帝庭匪假書翰然則敷奏以言即章表之義也至太甲既立伊尹書戒思庸歸亳又作書以讚文翰事斯見矣降及七國未變古式言事於主皆稱上書秦初定制改書曰奏漢初定制則有四品一曰章二曰奏三曰表四曰駁議章以謝恩奏以案劾表以陳請議以執異章者明也詩云爲章于天謂文明也其在文物青赤曰章表者標也禮有表記謂德見于儀其在器式揆景曰表表章之目蓋取諸此也案七略執文謠詠必錄章表奏議經國樞要然闕而不纂者乃各有故事布在職司也前漢表謝遺篇寡存及後漢察舉必試章奏左雄表議臺閣爲式胡廣章奏天下第一並當時之傑筆也觀伯始謁陵之章足見其典文美焉昔文受策三辭從命是以漢末讓表以三爲斷曹公稱表不止三讓又勿得浮華所以魏初章表指事造實求其靡麗則未足矣如文舉之薦祢衡氣揚采飛孔明之辭後主志盡文壯雖華實異旨並表之英也琳瑀章表有譽當時孔璋稱健則其標也陳思之表獨冠群才觀其體贍而律調辭清而志顯應物製巧隨變生趣執轡有餘故能緩急應節矣逮

晉初筆札則張華爲儁其三讓公封理同辭要引義比事必得其偶及羊公之辭開府有譽於前談庾公之讓中書信美於往載序志聯類有文雅焉劉琨勸進張駿自敘文致耿介並陳事之美表也原夫章表之爲用所以對揚王庭照明心曲既其身文且亦國華章以造闕風矩應明表以致策骨采宜耀循名課實以文爲本者也是以章式炳賁志在典謨使典而非略明而不淺表體多苞情位屢遷必雅義以扇其風清文以馳其麗然懇惻者辭爲心使浮侈者情爲文出必使繁約得正華實相勝脣吻不滯則中律矣子貢云心以制之言以結之蓋一辭意也

東觀漢記曰馬援征尋陽山賊上書除其竹林譬如嬰兒頭多蟣虱而剔之書奏上大悅出尚璽書數日黃門取頭虱章持入

張璠漢記曰周舉上書言得失尚書郭虔見之歎息上疏願退位避舉常置其章於坐

吳志曰東萊太史慈字子義爲郡奏曹史會郡與州有隙先聞者爲善時州章已出郡守選慈以行至洛詣公車見州吏欲始通章慈曰章題署得無誤耶取視之先懷書刀截敗其章因共亡去遁還通章州遂受短由是知名

晉書曰樂廣善清言而不長於筆將讓尹請潘岳爲表岳曰當得君意廣乃作二百句語述己之志岳因取次比之便成名筆時人咸云若廣不假岳之筆岳不取廣之旨無以成斯美也

後魏書曰董紹傳孝武崩周文與百官推奉文帝上表勸進令呂思禮薛憕作表前後再奏帝尚執謙冲不許周文曰爲文能動至尊唯董公耳乃命紹爲第三表操筆便成

表奏周文曰開進人意亦當如此也
又曰胡方回爲北鎮司馬爲鎮脩表有所稱慶世祖覽而
嗟美問誰所作旣知方回召爲中書博士賜爵臨涇子
又曰邢劭善屬文每一文初出京師爲之紙貴讀誦俄遍
遠近于時袁翻與范陽祖瑩位望通顯文筆之美見稱先
達以劭藻思華贍深共嫉之每洛中貴人拜職多憑劭爲
謝章表甞有一貴勝初授官大事賓食翻與劭俱在坐翻
意主人託其爲讓表遂命劭作之翻甚不悅每告人云邢
家小兒常客作章表自買黃紙寫而送之劭恐爲翻所害
乃辭以疾
北齊書曰盧詢祖有術學文章華美爲後生之俊舉秀才
至鄴趙郡李祖勳甞宴諸文士齊文宣使小黃門勑祖勳
曰蠕蠕旣破何無賀表使者佇立待之諸賓皆爲表詢祖
俄頃便成其詞云昔十萬橫行樊將軍請而受屈五千深

入李都尉去以不歸時重其工
三國典略曰周武帝下令上書者並爲表於皇太子已下
稱啓
後周書曰柳慶領記室時北雍州獻白鹿群臣欲草表陳
賀尚書蘇綽謂慶曰近代已來文章華靡逮于江左弥復
輕薄洛陽後進祖述不已相公柄民軌物君職典文房宜
製此表以革前弊慶操筆立成辭兼文質綽讀而笑曰枳
橘猶自可移況才子也
隋書曰魏楊遵彥命李德林製讓尚書令表援筆立成不
加治點因大相賞異以示吏部郎中陸卬云已見其文筆
浩浩如河之東注比來所見後生制作乃涓澮之流耳卬
仍命其子乂與德林周旋戒乂汝每事宜師此人以爲模

楷
唐書曰令狐楚爲太原掌記鄭儋在鎭暴卒不及指撝後
事軍中喧譁將欲有變中夜忽數十騎持刃迫楚至軍門
諸將遍之令草遺表楚在白刃之中搦管立成讀示三軍
無不感泣由是名聲益重
典論曰陳琳阮瑀之章表書記今之儁也
魏文帝與吳質書曰孔璋章表殊健微爲繁富
世說曰司馬景王令中書令虞松作表再呈輙不可意令
松更定松思竭不能改心存之形於顏色鍾會察其憂問
松松以實荅會取爲定五字松悅服以示景王景王曰不
當尒耶誰所定也曰鍾會向亦欲啓之會公見問不敢饕
其能王曰如此可大用可令來會平旦入見至二鼓乃出
出後王獨拊手歎息曰此眞王佐材也
博物志曰漢承秦法群臣上書皆云昧死王莽慕古法改

曰稽首光武因而不改朝臣曰稽首輕宜稽首再拜
奏
陸士衡文賦曰奏平徹以閑雅
漢書雜事曰秦初之制改書爲奏
又曰群臣奏事上書皆爲兩通一詣右一詣帝凡群臣之
書通於天子者四品一曰章二曰奏三曰表四曰駁議
文心雕龍曰昔陶唐之臣敷奏以言秦漢附之上書稱奏
陳政事獻典儀上急變劾愆謬揔謂之奏奏者進也敷于
下情進乎上也秦始皇立奏而法家少文觀王綰之奏德
辭質而義近李斯之奏驪山事略而意誣故無膏潤形於
篇章矣自漢來奏事或稱上疏儒雅繼踵殊采可觀若夫
賈誼之務農晁錯之兵術匡衡之定郊王吉之勸禮溫舒

之緩獄谷永之陳仙理既切至辭亦通辨可謂識大體矣
後漢群臣嘉言罔伏楊秉耿介於災異陳蕃憤懣於尺一
骨鯁得焉張衡指摘於史讖蔡邕銓列於朝儀博雅明焉
魏代名臣文理迭興若高堂天文黃觀教學王朗節省甄
毅考課亦盡節而知治矣晉氏多難世交屯夷劉頌殷勤
於時務溫嶠懇惻於費役並體國之忠規矣夫奏之為筆
固以明允篤誠為本辯析疎通為首強志足以成務博見
足以窮理酌古御今治繁總要此其體也

典略曰王粲才既高辯鍾繇王朗等雖名為魏相至於朝
廷奏議皆閣筆不敢措手

唐書曰文宗嘗謂侍臣曰近日諸侯章奏語太浮華有乖
典實宜罰掌書記以誡其流李石曰古人因事為文今人
以文害事懲弊抑末實在其世之盛時

論衡曰谷子雲唐子高章奏百上筆有餘力

劾奏

文心雕龍曰案劾之奏所以明憲清國昔周之太僕繩愆
糾謬奏有御史職主文法漢置中丞總司案劾故位在鷙
擊砥礪其氣必使筆端振風簡上凝霜者也觀孔光之奏
董賢則實其奸回路粹之奏孔融則誣其釁惡名儒之與
儉士固殊心焉若夫傅咸果勁而辭案堅深劉隗切正而劾
文闊略各有志也後之彈事迭相斟酌惟新日用而舊準
不差然甲人欲全矢人欲傷術在糾惡勢入剛峭詩刺讒
人投畀豺虎禮疾無禮方之鸚猩墨翟非儒目以羊彘孟
軻譏墨比諸禽獸詩禮儒墨既其如此奏劾嚴文孰云能
免是以近世為文競於詆訶吹毛取瑕刺骨為戾覆似善
詈多失折衷若能闢禮門以懸規標義路以植矩然後踰
墻者折肱捷徑者滅跡何必躁言醜句詬病為巧哉是以
立範運衡宜明體要必使理有典刑辭有風軌總法家之
裁秉儒家之文不畏強禦氣留墨中無縱詭隨聲動簡外
乃稱絕席之雄直方之舉也

晉書曰何曾嘉平中為司隸校尉撫軍校事尹模憑寵作
威姦利盈積朝野畏憚莫敢言者曾奏劾之朝廷稱焉

又曰敬思王恬字元愉少拜散騎侍郎累遷散騎常侍黃
門郎御史中丞值海西廢簡文帝登祚未解嚴大司馬桓
溫屯中堂吹警角恬奏劾溫大不敬請科罪溫視奏歎曰
此兒乃敢彈我也

又曰劉毅以孝廉辟司隸都官從事京邑肅然毅將彈河
南尹司隸不許曰攫獸之犬鼷鼠蹈其背毅曰既能攫獸不
能殺鼠何損於犬投傳其背而去

南史曰徐陵為御史中丞時安成王頊為司空以帝弟之
尊權傾朝野直兵鮑僧叡假王威風抑塞辭訟大臣莫敢
言陵乃奏彈之文帝見陵服章嚴肅若不可犯為斂容正
坐陵進讀奏狀時安成王殿上侍立仰視文帝流汗失色
陵遣殿中侍史引王下殿自是朝廷肅然

隋書曰郎茂為尚書左丞時工部尚書宇文愷左翊衛大
將軍于仲文競河東銀窟茂奏劾之曰臣聞貴賤殊禮仕
農異業所以人知局分家識廉恥宇文愷位望已隆祿賜
優厚拔葵去織寂尔無聞求利下交曾無愧色仲文大將
宿衛近臣趨侍堦庭朝夕聞道虞芮之風抑而不慕分銖
之利知而必爭何以貽範庶寮示民軌物若不糺繩將虧
政教愷與仲文竟坐得罪

唐書曰顯慶中中書侍郎李義府恃寵用事聞婦人淳于

氏有美色坐事繫大理乃訊大理寺丞畢正義枉法出之將納爲妾或有密言其狀者上令給事中劉仁軌侍御史張倫鞫義府義府恐洩其謀遂逼正義自縊於獄中上知而特原義府之罪侍御史王義方對仗叱義府令退義府顧望不肯退義方三叱上既無言義府始趨出義方乃讀彈文曰義府請託公行交遊羣小貪冶容之美好原有罪之淳于恐漏洩其謀殞無辜之正義雖挾山超海之力望此猶輕迴天轉日之威方斯更劣此而可恕孰不可容金風戒節玉露啓途霜簡與刑典共清忠臣將鷹鸇並擊請除君側少答鴻私碎首玉階庶明臣節伏請付法推斷以申典憲上以義府有定策之功特釋而不問義方以毀辱大臣貶爲萊州司戶叅軍初義方謂其母曰姦臣當路懷祿而曠官不忠老母在堂犯難以危身不孝進退惶惑所以未能決也母曰吾聞王陵母自殺以成子之義汝若事君盡忠立名千載吾死不恨也及義方將赴萊州義府謂之曰王學士得御史是義府所舉今日之事豈無愧乎對曰義方爲公不爲私昔孔子爲魯司寇七日誅少正卯於兩觀之下今義方任御史旬有六日不能除姦臣於雙闕之前實以爲愧

又曰元和十二年御史臺奏請知彈御史被彈即向下承次監奏或有故不到即殿中侍御史於侍御史下立以備其闕臣伏以朝官入閤失儀知彈侍御史先合彈奏若彈奏失錯向上侍御史及中丞大夫遞相彈奏奏畢復入本班候監奏出閤然合待罪此乃殿庭舊制於事爲宜今若移一殿中於知彈侍御史下防向上數人失錯如或殿中自錯則又更立何人只合知彈御史便了不必更差殿中

況乖故實終處駁雜伏請自今已後依閤內故事縱知彈御史自有錯失不被彈奏候班退監奏畢然後出待罪與從易永得遵行從之

駁奏

李充翰林論曰駁不以華藻爲先世以傅長虞爲駁事爲邦之司直矣

晉書嵇紹傳曰陳準薨太常奏謚紹駁曰謚號所以垂之不朽大行受大名細行受細名文武顯於功德靈厲表其闇蔽自頃禮官協情謚不依本準謚爲過宜謚曰繆事下太常時雖不從朝廷憚焉

唐書曰許孟容遷給事中論駁無所憚貞元末方鎮殂殁其主留務判官雖不得代位亦例皆超擢浸以爲常十八年浙東判官武試大理評事齊總由是拜衢州刺史孟容以總無出人才一旦超爲郡守非舊制也封還詔書時久絕論駁及孟容舉職班行爲之惴恐德宗開悟召對慰勉遂寢其事

又曰李藩爲給事中制勑有不可遂於黃勑後批之吏曰宜別連白紙藩曰別以白紙是文狀豈曰批勑也

太平御覽卷第五百九十四

文部十一

論　議　牋　啓　書記

論

李充翰林論曰研覈名理而論難生焉論貴於允理不求支離若嵇康之論成文美矣

文心雕龍曰論者倫理無爽則聖意不墜昔仲尼微言門人追記故抑其經目稱爲論語蓋群論立名始於兹矣論者弥綸群言而研精一理也是以莊周齊物以論爲名不韋春秋六論昭别至如石渠論藝白虎講聚述聖通經論家之政體也及班彪王命嚴左三將敷述昭情善入史體魏之初霸術兼名法傳嘏王粲校練名理迄至正始務欲守文而何晏之徒始盛玄論於是聃周當路與尼父爭塗

矣詳觀蘭石之才性仲宣之去伐叔夜之辨聲太初之本玄輔嗣之兩例平叔之二論並師心獨見鋒穎精密蓋論之英也至乃李康運命同論衡而過之陸機辨亡效過秦而不及然亦其美哉原夫論之爲體所以辯正然否窮於有數追於無形鑽堅求通鈎深取極乃百慮之筌蹄萬事之權衡也故其義貴圓通詞忌枝碎也必使心與理合弥縫莫見其隙詞共心密敵人不知所乘斯其要也是以論譬析薪貴能破理斤利者越理而横斷詞辨者反義而取通覽文雖巧而撿迹知妄惟君子能通天下之志安可以曲論哉

漢書曰班彪遭王莽亂避地隴右時隗囂擁隴右囂問彪曰往者周亡戰國並爭天下分裂意者從横之事復起於今乎將承運迭興在一人也願先生論之彪既感囂言又愍狂狡之不息乃著王命論以救其時難

後漢書曰王符耿介不同於俗因而憤恚著書以譏於世不欲彰名號曰潛夫論

又曰仲長統字公理每論古今世俗行事恒發憤歎息因著論名曰昌言

晉書裴頠傳曰頠深患時俗放蕩不遵儒術何晏阮籍素有重名於世口談浮虚不遵禮法尸禄躭寵仕不事事至王衍之徒聲譽大盛位高勢重不以物務自嬰遂相放效風教陵遲乃著崇有之論以釋其蔽

又范喬傳光禄大夫李銓嘗論楊雄才學優於劉向喬以爲立一代之書正群籍之篇使雄當之故非所長遂著楊劉優劣論

又曰董養字仲道陳留俊儀人也太始初到洛下不干榮

禄及楊后廢養因遊太學升堂歎曰建斯堂也將何爲乎每見國家赦書謀反逆者赦至於祖父母不赦以爲王法所不容也柰何公卿處議文飾禮典以至此乎天人之理既滅大亂作矣因著元化論以非之

又曰魯褒字元道元康之後綱紀大壞褒傷時貪鄙乃隱姓名著錢神論其略曰市井便易不患耗折親之如兄字曰孔方失之則貧弱得之則富強無翼而飛無足而走解嚴毅之顔開難發之口錢多者處前錢少者居後京邑衣冠疲勞講肆厭聞清談對之睡寐見我家兄莫不驚視又成公綏亦著錢神論

梁書曰范縝字子真南陽舞陰人也齊竟陵王子良盛招賓客縝預焉子良精信釋教而縝不信因果看神滅論以明之子良集僧難之而不能屈王琰難縝曰嗚呼范子曾

不知其先祖神靈所在續荅曰嗚呼王子知其先祖神靈
所在而不能殺身以從之
又曰劉峻見任昉諸子西華等兄弟流離不能自振平生
舊交莫有收恤西華冬月葛帔練衣路逢峻峻泫然矜之
乃廣朱公叔絕交論到溉見其書抵几於地終身爲恨
後周書曰柳虬時人論文體者時有今古非文有今古乃
爲文質論
隋書曰開皇之末國家殷盛朝野皆以遼東爲意劉炫以
爲遼東不可伐作撫夷論以諷焉當時莫有悟者及大業
之年三征不克炫言方驗
典論曰余觀賈誼過秦發周秦之得失通古今之滯義洽
以三代之風潤以聖人之化斯可謂作者矣
抱朴子曰洪造穹天論云天形穹隆如笠冒地若謂天北

方遠者視北方星宜細於三方矣
語林曰宋岱爲青州刺史著無鬼論甚精莫能屈後有書
生詣岱談論次及無鬼論書生乃拂衣而去曰君絕我輩
血食二十餘年以君有青牛髯奴所以未得相困今奴已
死今得相制矣言終而失明日岱亡
又幽明錄曰阮瞻亦著無鬼論俄而鬼見而瞻死

議

說文曰議語也又曰論難也
周易節卦曰君子以制度數議德行
文心雕龍曰周爰咨謀是謂爲議議之言宜審事宜也易
之節卦君子以制度數議德行
周書曰議事以制政乃弗迷議貴節制經典之體也昔管
仲稱軒轅有明臺之議則其來遠矣洪水之難堯咨四岳
百揆之舉舜疇五臣三代所興詢及芻蕘春秋釋宋魯桓
預議及趙靈胡服而季父爭論商鞅變法而甘龍交辯雖
憲章無筭而同異足觀迄至有漢始立駮議駮者雜也議
不純故曰駮也自兩漢之明措式昭備藹藹多士發言盈
庭若賈誼之遍代諸生可謂捷於議矣至如主父之駮挾
弓安國之辯匈奴賈捐陳於朱崖劉歆辯於祖宗雖質文
不同得事要矣若乃張敏之斷輕侮郭躬之議擅誅程曉
之駮校事司馬芝之議貨錢何曾蠲出女之科秦秀定賈
充之謚事實允當可謂達議體矣漢世善駮則應劭爲首晉
代能議則傅咸爲宗然仲援博古銓貫以叙長虞識治而
屬辭枝繁及陸機議亦有鋒穎而腴辭不剪頗累文骨亦
有其美風俗存焉夫動先擬議明用稽疑所以敬慎群務
施張治術故其大體所貴必樞紐經典頗事實於前代觀

變通於當今理不謬搖其枝字不妄舒其藻郊祀必洞於
禮戎事宜練於兵田穀先曉於農斷訟務精於律然後標
以顯義約以正辭文以辯潔爲能不以繁縟爲巧事以明
覈爲美不以環隱爲奇此綱領之大要也若不達政體而
舞筆弄文支離構辭穿鑿會巧空騁其華固爲事實所擯
設得其理亦爲浮詞所埋矣昔秦女嫁晉從文衣之媵晉
人貴媵而賤女楚珠鬻於鄭爲薰桂之櫝鄭人買櫝而還
珠若文浮於理末勝於其本則秦女楚珠復存於茲矣
李充翰林論曰在朝辯政而議奏出宜以遠大爲本陸機
議晉斷亦各其美矣
三國典略曰王粲才既高辯鍾繇王朗等雖各爲魏卿相
於朝廷奏議皆閣筆不敢措手
又曰齊主命立三恪朝士議之太子少傅魏收爲議衆皆

同之吏部侍郎崔贍以父與收有隙乃別立議收讀贍議畢笑而不荅贍曰贍議若是須贊所長贍議若非須詰所短何容讀國士議文直如此冷笑收但懣而竟無言

又曰齊魏收嘗在議曹與諸博士引據漢書論宗廟事博士笑之收便忿取韋玄成傳拋之而起博士夜共披尋遲明乃來謝曰不謂玄成如此學也

南史曰馬聚梁天監初詔通儒定五禮有司舉聚脩嘉禮除尚書祠部郎時創定禮樂聚所建議多見施行兼中書通事舍人每吉凶禮當時名儒明山賓賀瑒等疑不能斷者皆取決也

唐書曰天寶中崔昌上封推五行之運以國家合承周漢其周隨不合爲二王後請廢詔下尚書省集公卿議昌獨見之明群議不屈會集賢院學士衛包抗表陳論議之夜四星聚於尾宿天意昭然上心遂定求殷周漢後爲三恪棄韓介鄰等公以昌爲左贊善大夫

又曰張平叔判度支平叔欲以征利中上意以希大任請加監榷貴集州郡時宰不能奪因下其議韋處厚奏議發十難以詰之上然後深知害人乃止平叔縣是始疎

獨斷曰有疑事公卿百官會議若臺閣有正處而獨執異意者曰駁議曰某官某甲議以爲如是下言臣愚戇議異其非駁議不得言議異

金樓子曰余後爲江州副君賜報曰京師有語云論議當如湘東王仕官當如王克克時始爲僕射領選也

牋　說文作箋

說文曰箋表識書也

文心雕龍曰牋者表也識表其情也崔寔奏記於公府則崇讓之德音矣黃香奏牋於江夏亦肅恭之遺式矣公幹牋記文麗而規益子桓不論故世所共遺若略名取實則有美於爲詩矣劉廙謝恩喻切以至陸機自敘情周而巧牋之善者也原牋記之爲式旣上窺乎表亦下睨乎書使敬而不懾簡而無傲清廉以惠其才彪蔚以文其響蓋箋記之分也

晉書曰劉卞字叔龍東平須昌人也本兵家子質直少言爲縣小吏功曹夜醉如厠使卞執燭不從功曹銜之以它事補亭子有祖秀才者於亭中作與刺史箋久不成卞教之數言卓犖有大致秀才謂縣令曰卞公府掾之精者卿云何以爲亭子令即召爲門下吏

異苑曰河內荀儒字君林乘冰省舅氏陷河而死兄倫爲文求尸積日不得設祭水側又投牋與河伯經一宿岸側冰開尸手執牋浮出倫又牋謝之

博物志曰鄭玄注毛詩曰箋不解此意或云毛公嘗爲北海玄是此郡人故以爲敬

世說曰郗司空在北府桓宣武惡其居兵權於事素暗遣牋詣桓方欲共獎王室修復園陵世子嘉賓出行道上聞信至急遣取牋視之竟寸寸毀裂便迴車解衣帳中卧更作牋自陳老病不復堪人間欲乞閑地自養宣武大喜即發詔轉爲督五部守會稽

啓

說文曰啓傳信也

服虔通俗文曰官信曰啓

張璠漢紀曰董卓呼三臺尚書以下自詣卓啓事然後得行

文心雕龍曰啓者開也高宗云啓乃心沃朕心蓋其義也孝景諱啓後兩漢無稱至魏國牋記始云啓聞奏事之末或云謹啓自晉來盛啓用兼表奏陳政事言既奏之異條讓爵謝恩亦表之別幹必歛要輕清文而不侈亦啓之大略也

晉書曰山濤爲吏部濤所奏甄拔人物各爲題目時稱山公啓事

書記

文心雕龍曰大舜云書用識哉所以記時事也蓋聖賢言辭揔爲之書書之爲體主言者也

楊雄曰言心聲也書心畫也聲畫形君子小人見矣故書者舒也舒布其言涤之簡牘取象乎夬貴在明決而已三代政暇文翰頗疎春秋聘繁書令弥盛繞朝贈士會以策

子家與趙宣以書巫臣之責子反子產之諫范宣詳觀四書辭若對面又子服敬叔進弔書於滕君故知行人挈辭多被翰墨及七國獻書詭麗輻湊漢來筆札辭音紛紜觀史遷之報任安東方之謁公孫楊惲之酬會宗子雲之答劉歆志氣盤桓各含殊采並杼軸乎尺素抑揚乎寸心逮後漢書記則崔瑗尤善魏之元瑜號稱翩翩文舉屬音半簡必録休璉好事留意翰辭抑其次也嵇康絕交實志高而文偉矣趙壹贈離乃少年之激昂也至如陳遵占辭百封各意祢衡代書親踈得宜斯皆尺牘之文也詳諸書體本在盡言所以散鬱陶諒風采固宜滌蕩以任氣優游以懌懷文明從容亦心聲之獻酬也若夫尊貴差序則肅以節文自戰國已前君臣同書秦漢立儀始有表奏王公國內亦稱奏書張敞奏書於膠后其辭義美哉迄至後漢稍有名品公府奏記而郡將奉牋也

漢書曰蘇武與常惠使匈奴被留昭帝即位數使至匈奴常惠請其守者與俱得夜見漢使具自陳道教使者謂單于言天子射上林中得鴈足有係帛書言武等在某澤中使者大喜如惠語單于單于視左右而驚謝漢使曰武等實在於是遣還漢

又曰陳遵容皃奇偉略涉傳記贍於文辭善書與人尺牘皆以爲榮爲河南太守既至官遣吏西上召善書吏十人於前治私書謝京師故人遵馮机口占目省官事數百封親踈各有意

又曰谷永字子雲便於筆札故時人云谷子雲之筆札婁君卿之脣舌

後漢書曰鄧奉反於南陽趙熹素與奉善數遺書切責之

而讒者因言熹與奉合謀帝以爲疑及奉敗帝得熹書乃驚曰趙熹真長者也即徵熹引見賜鞍馬待詔公車

又曰竇章字伯向好學有文與馬融崔瑗同好更相推薦融與竇書曰孟陵奴來賜書見手迹歡喜何量次於面也書雖一紙八行行七字

吳録曰王宏爲冀州刺史不發私書不交豪族號曰王獨坐

蜀志曰先主辟馬良遂爲掾後遣使吳良請亮曰今銜國命恊穆二家幸爲良介於孫將軍亮曰君試自爲文良即爲草曰寡君遣掾馬良通聘繼好以紹昆吾豕韋之勳其人吉士荊楚之令鮮於造次之華而有克終之美願降心存納以慰將命權大待之

又曰王平字子均生長戎旅手不能書所識不過十字而

占授作書皆有意使人讀史漢諸傳聽之略知其義往往
論說不失其指
晉書曰何曾爲三公人以小紙爲書者勑記室勿報
又曰何綏字伯蔚曾之孫也位至侍中尚書因以繼世名
賢奢侈過度性既輕物翰札甚簡城陽王尼見綏書疏謂
人曰伯蔚居世而務豪乃尓豈其免乎劉輿潘滔譖之於
東海王越越遂誅綏
又曰荀勗傳云勗與裴秀羊祜共管機密時將發使聘吳
並遣當時文士作書與孫晧帝用勗所作晧既報命和親
帝謂勗曰君前作書使吳思順勝十萬之衆也
又曰簡文輔政引高崧爲撫軍司馬桓温擅率衆北伐簡
文忌之崧曰宜致書喻以禍福自當迴旆便於坐爲書草
曰寇讎宜平時會宜接此實爲國遠圖經略之大莫能加

斯非足下而誰
又曰王恭將舉兵討譙王尚之以謀告郗仲堪桓玄玄等
從之推恭爲盟主尅期同赴京師時内外疑阻津邏嚴急
仲堪之信因庾楷達之以斜絹爲書内箭簳中合鏑漆之
楷送於恭恭發絹文角戾不復可識謂楷爲詐
晉陽春秋曰劉弘爲荆州刺史每有興發手書郡國叮嚀
欵密故莫不感悅顛倒奔赴咸曰得公一紙書賢於十部
從事也
沈約宋書曰劉穆之朱齡石並便尺牘嘗於高祖坐與齡
石共答書自旦至日中穆之得百函齡石得八十函而穆
之應對無廢
又曰徐湛之善於尺牘音詞流暢
南齊書曰周顒字彦倫善尺牘沈攸之送絶交書太祖口
授令顒裁答
齊春秋曰吳郡張融字思光臨終及葬徵士何點使汝南
風周英爲書與融謝諭見歎曰此書雖漂宕不倫亦有破
的
後周書曰梁臺性果敢有志操不過識百字口占書詞意
可觀
又曰柳慶時父僧習爲潁川郡地接都畿民多豪右將選
官皆依倚貴勢競來請託選用未定僧習謂子曰權貴請
託吾並不用其使欲還皆須有荅汝等各以意爲吾作書
也慶乃具書草云下官受委大邦選吏之日有能者進不
肖者退此乃朝廷恒典僧習讀書歎曰此兒有意氣丈夫
理當如是即依慶所草以報
後唐書曰李襲吉掌太祖書記襲吉博學多通尤諳悉國

朝近事爲文精意練實動拘典故無所放縱羽檄軍書辭
理尤健自太祖上源之難與朱温不叶乾寧末劉仁恭負
恩其間論列是非交相聘荅者數百篇警策之句播在人
口文士稱之天復中太祖與朱温脩好遣張特致書初叙
相失之由毒手尊拳之句温怡然大笑謂幕吏敬翔曰李
公斗絶一隅削弱如此襲吉一函抵二十萬兵勢所謂彼
有人可當也如吾之智筭得襲吉之筆才虎傅翼矣翔赧
然而退
魯連子曰燕伐齊取七十餘城唯莒與即墨不下齊田單
以即墨破燕軍殺將軍騎刼復齊城唯聊城不下燕將守
城數月魯仲連乃爲書著之於矢以射城中遺燕將書燕
將得書泣三日乃自殺
韓子曰鄭人有遺燕相國書者夜火不明因謂持燭者曰

舉燭而誤於書中云舉燭非書意也燕相國受書而悅之
曰舉燭高明者舉賢而任之因以之治也
皇甫謐高士傳曰光武徵嚴光至司徒侯霸使西之曹屬
侯子道奉書光不起於牀上箕踞發書讀訖問子道曰君
房素癡今爲三公寧小差否子道曰位居台鼎足不癡也
光曰遣卿來何言子道曰公聞先生至區區欲即詣迫於
典司是以不獲願因日暮自屈語言光曰卿言不癡是非
癡語天子徵我三辭乃來人主尚不見當見人臣乎子道
求報光曰我手不得書乃口授之曰君房足下位至鼎司
甚善懷仁輔義天下悅阿諛順旨養領絕無它言使者嫌
少可更足光曰買菜乎求益耶
魯國先賢志曰孔翊爲洛陽令置器水於前庭得私書皆
投其中一無所發彈治貴戚無所迴避○典略曰太祖嘗

使阮瑀作書與韓遂於馬上具草書成呈之太祖攬筆
欲有所定而竟不能增損
語林曰殷洪喬作豫章郡臨去郡人因寄百餘函書至石
頭悉擲水中因視祝之曰沉者自沉浮者自浮殷洪喬不
能作達書郵
魏文帝與吳質書曰元瑜書記翩翩致足樂也
魏文帝集曰上平定漢中族父都尉還書與余盛稱彼土
地形勢觀其詞知陳琳所爲
李充起居誡曰牀頭書疏亦不足視或是他私密事不欲
令人見見之縱不能宣誰與明之若有泄露則傷之者至
矣
嵇康與山濤書曰素不便書不喜作書而人間事堆案盈
几不相酬荅則犯教傷義欲自勉強則不能久堪

延篤荅張奐書曰離別三年夢想言念何日有違伯英來
惠之書盈四紙讀之反覆喜不可言
張奐與陰氏書曰篤念既密文章粲爛奉讀周旋紙弊墨
渝不離於手
金樓子曰劉睦能屬文作春秋旨義終始論及賦頌數十
又善史書當世以爲楷則及寢病帝驛馬令作草書尺牘
十首
古詩曰客從遠方來遺我一書札置之懷袖中三歲字不
滅
又曰客從遠方來遺我雙鯉魚呼兒烹鯉魚中有尺素書
長跪讀素書書中意何如上言加飡食下言長相憶

太平御覽卷第五百九十五

文部十二

誄　弔文　哀辭　哀策

誄

釋名曰誄累也累列其事而稱之也

說文曰誄謚也

周禮春官下曰太史掌建邦之六典大喪執灋以涖勸防鄭司農云勸防引六紼遣之曰讀誄累其行而讀之而之謚也凡喪事攷焉爲有得失

禮記檀弓曰魯哀公誄孔丘曰天不憖遺一老莫相予位焉嗚呼哀哉尼父

小喪賜謚小喪卿大夫也

曾子問曰賤不誄貴幼不誄長禮也唯天子稱天以誄之諸侯相誄非禮也

又檀弓上曰魯莊公及宋人戰于乘丘縣賁父御卜國爲右馬驚敗績公隊佐車授綏公曰末之卜也縣賁父曰它日不敗績而今敗績是無勇也遂死之三人赴敵而死圉人浴馬有流矢在白肉公曰非其罪也流矢中馬非御與右之罪遂誄之士之有誄自此始也

傳曰誄者累其行迹而爲之謚也

漢書曰景帝中二年春二月令諸侯王薨列侯初封及之國大鴻臚奏謚策應劭曰諸侯王皆屬大鴻臚故薨奏其行迹賜與謚及哀策誄文也列侯薨及諸侯太傅初除之官大行謚奏誄策師古曰大鴻臚本名典客行大令即典客之屬其行也官從或曰大行令如淳曰三公薨以策書誄其行

東觀漢記曰杜篤字季雅客居美陽與美陽令遊數從之請託不諧頗相恨令怒收篤送京師會大司馬吳漢薨世祖詔諸儒誄之篤於獄中爲誄辭最高帝美之賜帛免刑

魏志明帝詔曹植曰吾既薄才至於賦誄特不閑從兒陵上還哀懷未散作兒誄爲田家公語耳荅曰奉詔并見聖思所作故平原公主誄文義相扶章章殊興句句感切哀動聖明痛貫天地楚王彪等聞臣爲讀莫不揮涕

晉中興書郗超死之日貴賤操筆爲誄者四十餘人其爲物所宗如此

齊書曰謝超宗有名譽善屬文爲新安王子鸞國常侍王母殷淑儀卒超宗作誄奏帝大嗟賞謂謝莊曰超宗殊有鳳毛

文章流別傳曰詩頌箴銘之篇皆有往古成文可放依而作惟誄無定制故作者多異焉見於典籍者左傳有魯哀公爲孔子誄

文心雕龍曰周世盛德有銘誄之文士大夫之才臨喪能

誄誄者累其德行旌之不朽也夏商以前其詳靡聞周雖有誄未被於士又賤不誄貴幼而不誄長其萬乘則稱天以誄之讀誄定謚其節文大矣自魯莊戰乘丘始及於士逮尼父之卒哀公作誄觀其憖遺之辭嗚呼之歎雖非叡作古式存焉至柳妻之誄惠子則辭哀而韻長矣暨于漢世承流而作楊雄之誄元后文實煩穢沙麓撮其要而執疑成篇安有誄德述遵而闊略四句乎杜篤之誄德有譽前代吳誄雖工而結篇頗踈豈以見稱光武而頎聃千金哉傅毅所製文體倫序孝山崔瑗辨絜相參觀其序事如傳辭靡律調固誄之才也潘岳構意專師孝山巧於叙悲易入新麗所以隔代相望能徵厥聲者也至如崔駰誄趙劉陶誄黃並得憲章貴在簡要陳思功名而體實繁緩文皇誄末百言自陳其乖甚矣若夫殷臣誄湯追

褒玄鳥之祚周史歌文上闡后稷之烈誄述祖宗蓋詩之則也至於序述哀情觸類而長傳毅之誄北海云白日幽光雰霞杳冥始序致感遂爲後式影而效者弥取於切矣詳夫誄之爲制蓋選言以録行傳體而頌文榮始而哀終論其人也曖乎若可覿送其哀也悽焉如可傷此其旨也

文心雕龍曰陳思之文群才之儁也而武帝誄云尊靈永蟄明帝頌云聖體浮輕輕浮有似於蝴蝶永蟄頗擬於昆蟲施之尊極不其嗤乎

南史宋謝莊作宣貴妃誄曰贊堯門方之漢鉤弋也及廢帝即位下莊于獄曰卿作此誄時知有東宮否

列女傳曰柳下惠死門下將誄之妻曰將述夫子德耶二三子不若妾之知之乃爲誄曰夫子之信誠與人無害兮嗚呼哀哉魂神泄兮夫子之謚宜爲惠兮門人從之

世說曰孫長樂作王長史誄云余與夫子交非勢利心猶淡水同此玄味孝伯見云才士不遜亡祖何至與此人周旋

又曰謝太傅問主簿陸退張憑何以作母誄陸荅曰故當是丈夫之德表於事行婦人之美非誄不顯

弔文

文心雕龍曰弔者至也詩云神之弔矣言神至也君子令終定謚事極理哀故賓之慰主亦以至到爲言也壓溺乖道所以不弔矣又宋水鄭火行人奉辭國災人亡故同弔也及晉築虎臺齊襲燕城史趙蘇秦翻賀爲弔害民構怨亦亡之道凡斯之例弔之所設也或驕貴以殞身或狷介以乖道或有志而無時或行美而兼累追而慰之並名爲弔自賈誼浮湘發憤而弔屈體周而事覈辭清而理哀蓋首出之作也及相如之弔二世全爲賦體桓譚以爲其言惻愴讀者歎息及卒章意要切斷而能悲也楊雄序屈思積功寡意深文略故辭韻沉膇班彪蔡邕並敏於致詰然影附賈氏難爲並驅耳故胡阮之弔夷齊褒而無文仲宣所製譏呵實工然則胡阮嘉其清王子傷其隘各其志也祢衡之弔平子縟麗而輕清陸機之弔魏武詞巧而文繁降斯已下未有可稱者矣夫弔雖古義而華辭未造華過韻緩則化而爲賦固宜正義以繩理昭德而塞違析割褒貶哀而有正則無奪倫矣

左傳莊十一年曰秋宋大水公使弔焉曰天作淫雨害於粢盛若之何不弔對曰孤實不敬天降之災又以爲君憂拜命之辱臧文仲曰宋其興乎禹湯罪已其興也敦焉桀紂罪人其亡也忽焉且列國有凶稱孤禮也言懼而名禮其庶乎

史記曰相如從上至長楊還過宜春宮奏賦以哀二世行失也其辭曰東馳工山兮北揭石瀨弭節容與兮歷弔二世持身不謹兮亡國失勢信讒不寤兮宗廟滅絶墳墓蕪穢而不修兮魂無歸而不食

漢書曰楊雄怪屈原文過相如至不容作離騷自投江而死悲其文未嘗不流涕也君子遇不遇命也何必沉身哉迺作書往往摭離騷文而反之自岷山投諸江流以弔屈原名曰反騷

祢衡別傳曰南陽冦栢松記劉景外當暫小出屬守長胡政令給視之栢松父子宿與政不佳景外不在栢松子在後羅人盜迹胡政無狀便尔殺之景外還慙悼無已即治殺胡政爲作三牲醊焉正平爲作板書弔之時當行在焉

上駐馬授筆倚柱而作之
祢衡弔張衡其辭曰南岳有精君誕其姿清和有理君達其機故能下筆繡亂揚手文飛昔伊尹值湯呂尚遇旦嗟矣君生而獨植漢倉蠅爭飛鳳凰已散元龜可羈河龍可絆石堅而朽星華而滅唯道與隆悠悠永絕靡滯君音與浮河水有竭君聲永流周旦先沒發夢孔丘余生雖後身亦存遊士貴知已君其勿憂

糜元弔比干曰余既詰紂之後又感比干亢辭進諫不顧其身而受剡屠之戮殺身之後紂不悔寤適足快凶君之心而無益於世故復責而弔之

糜元弔夷齊曰少承洪烈從戎子王側聞先生餓於首陽敢不敬弔寄之山岡嗚呼哀哉夫五德更運天秩靡常如有絕代之主必有受命之王故堯亢終于虞舜禹殄於成湯

且夏后氏之末祀亦殷氏之所亡若周武爲有失則帝乙亦有傷子不棄殷而餓死何獨背周而深藏所行誰路而子涉之首陽誰山而子匿之彼薇誰菜而子食之行周之道藏周之林讀周之書彈周之琴飲周之水食周之茶而謗周之主謂周之淫是誦聖之文聽聖之音居聖之世而異聖之心

東晳弔蕭孟恩文曰東海蕭惠孟恩者父昔爲御史與晳先君同僚孟恩及晳旦夕同遊分義早著孟恩夫婦皆亡門無立胤時有伯母從兄之憂未獲自往致文一篇以弔其魂并修薄奠其文曰舊友人陽平束晳謹請同業生李察奉脤脩一束麥䅘一器以致詞于處士蕭生之墓曰嗚呼哀哉精爽遐登形骸幽匿有耶亡耶莫之能測敬薦薄饋塊兮來食孟恩孟恩豈猶我識

東晳弔衛巨山曰元康元年楚王瑋矯詔舉兵害太保衛公及公四子三孫公世子黃門郎巨山與晳有交好時自本郡來赴其喪作弔文一篇以告其柩曰同志舊友陽平束晳頃聞飛虎肆暴竊矯皇制禍集于子宗祊幾滅越自與方來赴來祭遥望子弟銘旌萊立既闕子庭其殯盈十徘徊感慟載號載泣斂衽外階子不我揖引衽授袪子不我執塊兮魂兮於焉栖集

李充弔嵇中散曰先生挺邈世之風資高明之質神蕭蕭以宏遠志落落以遐逸忘尊榮於華堂括卑靜於蓬室寧漆園之逍遥安柱下之得一寄欣孤松取樂竹林尚想榮莊聊與抽簪味孫觴之濁醪鳴七弦之清琴慕義人於玄旨詠千載之徽音凌晨風而長嘯託歸流而永吟乃自足於丘壑孰有慍乎陸沉馬樂厚而翹足龜悦塗而曳尾疇顧

堂之是榮豈和鈴之足視以先生之所期差玄達於遐旨尚遺大以出生何殉小而入死嗟乎先生逢時命之不丁冀後凋於歲寒遭繁霜而夏零滅皎皎之玉質絶琅琅之金聲投明珠以彈雀捐所重而爲輕諒心不爽非大雅之所營。袁宏友李氏弔嵇中散曰宣尼有言曰唯仁者能好人能惡人自非賢智之流不可以褒貶明德擬議英哲矣故彼嵇中散之爲人可謂命世之傑矣觀其德奇偉風韻劭邈有似明月之映幽夜清風之過松林也若夫呂安者嵇子之良友也鍾會者天下之惡人也良友不可以不明明之而理全惡人不可以不拒拒之而道顯然夜光匪與魚目比映三秀難與朝華爭榮故布鼓自嫌於雷門礫石有忌於琳琅矣嗟乎道之喪也雖智周萬物不能遺絕糧之困識達去留不能違顛沛之艱故存其心者不以一眚累懷檢乎跡者必以纖芥爲事

達人之獲譏懽高範之莫全凌清風以三歎予撫茲而悵焉聞先覺之高唱理極滯其必宣俟千載之大聖期百五之明賢聊寄憤於斯章忠懷慨男兒而泣然

哀辭

文章流別傳曰哀辭者誄之流也崔瑗蘇順馬融等爲之率以施於童殤夭折不以壽終者建安中文帝臨菑侯各失稚子命徐幹劉禎等爲之哀辭哀辭之體以哀痛爲主緣以歎息之辭

文心雕龍曰哀者依也悲實依心故曰哀也以辭遣哀盖下流之悼故不在黃髮必施夭昏昔三良殉秦百夫莫贖事均夭枉黃鳥賦哀抑亦詩人之哀辭乎漢武封禪而霍嬗暴亡哀傷而作詩亦哀辭之類也降及後漢汝陽主亡崔瑗哀辭始變前式然腹突鬼門怪而不辭駕龍乘雲僊

而不哀又卒章五言頗似歌謠亦彷彿乎漢武也至於顯順張外並述哀文雖發其華而未極心實建安哀辭唯偉長差善行女篇時有惻怛及潘岳繼作實鍾其美觀其慮贍辭變情洞悲苦敘事如傳結言摹詩促節四言鮮有緩句故能義直而文婉體舊而趣新金鹿澤蘭莫之或繼也原夫哀辭大體情主於痛傷而辭窮乎愛惜幼未成性故興言止於察惠弱不勝務故悼惜加乎容色隱心而結文則事愜觀文而屬心則體奢體奢爲辭則雖麗不哀必使情往會悲文來引泣乃其貴耳班固馬仲都哀辭曰車騎將軍順文侯馬仲都明帝舅也從車駕於洛水浮橋馬驚入水溺死帝謂侍御史班固爲馬上三十步哀辭

南史曰劉孝綽三妹一適東海徐悱文尤清壯所謂劉三娘者也悱爲晉安郡卒喪還建業妻爲祭文詞甚悽愴悱父勉欲爲哀辭見之乃閣筆

三國典略曰齊文宣崩楊愔選其挽歌令樂署歌之其魏收四首陽休之祖珽劉逖各二首盧思道八首入用於是晉陽人謂思道爲八采盧郎北營刺史李愔戲謂逖曰盧八問訊劉二逖每銜之至是愔上感恩賦自陳文宣之世遭遇讒諸逖爲常奏其文誹謗先帝齊主怒令鞭之逖喜曰高捷三十熟鞭之一百何如喚劉二時

哀策

文章流別傳論曰今所哀策者古誄之義

世說曰王東亭夢人以大筆與之如椽子大覺曰當有大手筆事少日烈宗崩哀策謚議皆王所作

國朝傳記曰褚遂良爲太宗哀策文自朝還馬誤入人家而不覺也

又曰崔融司業作武后哀文因發疾而卒時人以爲三二百年來無此文

太平御覽卷第五百九十六

太平御覽卷第五百九十七

文部十三

檄　移　露布附

檄

說文曰檄二尺書也

釋文曰檄激也下官所以激迎其上之書也

李充翰林論曰盟檄發於師旅相如喻蜀老可謂德音矣

起居誡曰軍書羽檄非儒者之事曰一家奉道法言不及殺語不虛誕而檄不切厲則敵心陵言不誇壯則軍容弱請姑舍之以待能者

文心雕龍曰昔有虞氏始戒於國夏后初誓於軍殷誓軍門之外周將交刃誓之故知帝世戒兵三王誓師宣訓我衆未及敵人也至周穆西征祭公謀父稱古有威讓之令有文誥之詞即檄之本源也及春秋征伐自諸侯出懼敵不服故兵出須名振此威風曝彼昏亂劉獻公所謂告之以文詞董之以武師者齊桓征楚詰菁茅之闕晉厲伐秦責箕郜之焚管仲呂相奉詞先路詳其意義即今之檄文暨乎戰國始稱為檄檄者皦也宣布於外皦然明白也張儀檄楚書以尺二明白之文或稱露布夫兵以定亂莫敢自專天子親戎稱恭行天罰諸侯禦師則云肅將王誅故分閫推轂奉詞伐罪非唯致果為毅抑亦厲詞為武使聲如衝風所擊氣似欃槍所掃奮其武怒摠其罪人徵其惡稔之時顯其貫盈之數搖姦宄之膽訂信順之心使百尺之衝摧折於咫書萬雉之城顛墜於一檄者也觀隗囂之檄亡新布其三逆文不雕飾而意切事明隴右文得檄之士得檄之體也陳琳之檄壯於骨鯁雖奸閹攜養章實太甚發丘摸金誣過其虐然抗詞書釁皦然暴露鍾會檄蜀徵驗甚明桓溫檄胡觀釁尤切並壯筆也凡檄之大體或述休明或叙否剥指天時審人事驗強弱角權勢標蓍龜於前驗懸鞶鑑於已然雖本國信實參兵詐譎詭以馳旨煒曄以騰說凡此衆作莫之或違者也故其植義颺詞務在剛健插羽以示迅不可使詞緩露板以宣衆不可使義隱必事昭而理辨氣盛而詞斷此其要也若曲趣密巧無所取才矣

史記曰張儀魏人嘗從楚相飲相亡璧意儀盜之掠笞數百後儀既相秦為檄告楚相曰吾從汝飲不盜汝璧善守汝國我且盜汝城

漢書曰申屠嘉為丞相鄧通在上旁怠慢嘉奏事因言曰陛下幸愛群臣則富貴之至於朝廷之禮不可以不肅上曰君勿言吾私之罷朝嘉為檄召通曰不來且斬通恐又言於上上曰速往吾今召汝通至丞相府免冠徒跣頓首謝嘉嘉不為禮責曰朝廷者高帝朝廷也通小臣戲殿上大不敬當斬吏勑史今行斬之通頓首血出不解文帝度嘉已困通持節召通而謝嘉曰此吾弄臣君釋之

東觀漢記曰光武數召諸將置酒賜坐席之間以要其死力當此之時賊檄日以百數憂不可勝上猶以餘閒講經藝

又曰盧江毛義性恭儉謙約家貧以孝行稱南陽張奉聞其名往候之坐有頃府檄到當守令義攝檄持入白毋喜甚 事具孝門

後漢書曰耿恭為戊己校尉移檄烏孫示漢威德大昆彌已下皆喜遣使獻名馬

又曰隗囂故宇府掾吏善為文書每上移檄士大夫莫不諷誦
魏書曰陳琳作檄草成呈太祖太祖先苦頭風是日疾發卧讀琳所作翕然而起曰此愈我疾病太祖平鄴謂陳琳曰君昔為本初作檄書但罪孤而已何乃上及父祖乎琳謝曰矢在弦上不得不發太祖愛其才不咎
又曰劉放善為書檄三祖詔命有所招喻多放之所為
張華別傳曰駕西征鍾會次長安華兼中書侍郎從行掌軍中書疏表檄文帝善之
晉書曰易雄長沙人也為舂陵令刺史譙王承旣拒王敦將謀起兵以赴朝廷雄承符馳檄遠近列王敦罪西城陷為其所虜意氣慷慨神色無怍送到武昌敦遣人持檄示雄而數之雄曰此實有之惜雄位微力弱不能救國之難

王室如燬安用生為今日即戮得作忠鬼乃所願也敦憚其辭正釋之衆人皆賀雄笑曰昨夜夢乘車掛肉其傍夫肉必有筋筋者斤也車傍有斤吾其戮乎尋而敦遣殺之當時見者無不傷惋
又曰張軌為涼州刺史時晉昌張越涼州大族讖言張氏霸涼自以才力應之越初為梁州刺史而志在涼州遂託病歸河西陰謀代軌乃遣兄鎮及曹袪麴佩移檄廢軌軌遣主簿奉表詣闕將歸老宜陽長史王融參軍孟暢蹋折鎮檄排閤入諫軌默然從之
又曰元帝遣揚威將軍甘卓建威將軍郭逸攻周馥于壽春安豐太守孫惠卿衆應之使謝擒為檄擒馥之故將馥見檄流涕曰必謝擒之辭擒聞之遂毀草旬日馥衆潰
續晉陽春秋曰何毋忌母劉牢之姊也無忌與高祖謀夜於屏風裏製檄文毋潛於屏風上窺之旣知其謀大喜謂曰汝能如此吾讎耻雪矣
嵇氏世家曰含字君道為中書郎書檄雲集含不起草
北齊書曰高祖西討命中外府司馬李義深知相府城局李士略共作檄文二人皆辭請以孫搴自代高祖引搴入帳自為吹火催促之搴援筆立成其文甚美高祖大悅即署相府主簿專典文筆
梁書曰元帝擒宋子仙及丁和送之江陵並下于獄子仙檄湘東曰旣瞎且尰尒勇伊何即書記沈炯之文也有司焚毀湘東弗知僧辯購炯獲之酬錢十萬炯旣不敢謁見遂詣事于僧辯自此軍書咸出於炯
又曰偉王洛陽人也學通周易嘗在淮陽賦詩曰平明聽戰鼓薄暮敘存亡楚漢方龍鬭秦關陣未央旣至江陵繫

之於獄以詩贈湘東嬖人曰趙壹能為賦鄒陽解獻書何惜西江水不救轍中魚又上五十韻詩以希不死湘東愛其詞翰猶欲未誅左右嫉之乃曰偉前作檄文言詞不順湘東所覩其檄云項羽重瞳尚有烏江之敗湘東一目寧為赤縣所歸湘東大怒釘其舌於柱剜其臍抽其腸出乃斬之
陳書曰趙知禮涉獵文史善書翰武帝之討元景仲也或薦之引為記室知禮涉文贍速每召製書下筆便就率皆稱旨
又曰顧野王博識治聞侯景之寇郡將袁君正舉兵赴援文檄皆以委之口占便就未嘗立草
國朝記傳曰元万頃初為契苾何力征高麗管記作檄書云不知守鴨綠之險莫離支報云謹聞命矣遂移兵固守

官軍不得入万頃坐流嶺南

唐書曰李巨川爲華州掌書記時李茂貞犯京師天子駐蹕於華韓建以一州之力供億万乘慮其不濟遣巨川傳檄天下請助轉餉同臣王室完葺京城西方書檄酬報輻湊巨川灑翰陳叙文理俱愜昭宗深重之時巨川之名聞於天下

移

文心雕龍曰移者易也移風易俗令往而人隨者也相如之難蜀父文曉而喻博有檄移之骨焉詞剛而義辨文移之首也陸機之移百官言簡而事顯武移之要者也故檄移爲用事兼文武其在金華則逆黨用檄順衆資移所以洗濯民心堅明符契意用小異而體大同也

漢書曰劉歆字子駿成帝時與父向俱領校書講六藝傳記後王莽篡位爲京兆尹哀帝時與五經博士講論諸儒博士不肯置對歆因移書太常博士

後漢書曰韓馥見民情歸袁紹忌方得衆恐將圖己常遣從事守紹門不聽發兵橋瑁乃詐爲三公移書傳驛州郡說董卓罪惡企望義兵以釋國難馥於是方聽紹舉兵

齊書曰孔稚珪字德璋會稽人也周彥倫隱於北山後應詔出爲鹽官令欲過北山乃假山靈之意移書於北山

三國典略曰衛襄字叔遼河東人脩行至孝州郡嘉之時有白波賊衆數萬人官兵誅伐不能乎賊曰使叔遼要我願散於是襄爲移書即平定

王隱晉書曰毛寶攘邾城陷寶尸沉江不出戴洋移告河伯死尸立出

梁裴子野傳曰普通七年大舉北侵勑子野爲移魏文受詔立成武帝以其事體大召尚書僕射徐勉太子詹事周捨鴻臚劉之遴中書侍郎朱异集壽光殿以觀之時並歎服武帝目子野曰其形雖弱其文甚壯勑爲書喻相元乂其夜受旨子野謂可待且方奏未之爲也及五鼓勑催令遣上子野徐起操筆撰之昧爽便就人奏武帝深嘉焉自是凡諸符檄皆令具草子野爲文典而速不尚靡麗制多法古與今文體異當時或有詆訶者及其末翕然重之或問其文速者子野荅言曰云人皆成於手我獨成於心

露布

文心雕龍曰露布者蓋露板不封布諸視聽也

後漢書曰鮑永爲司隸校尉子昱復拜爲後詔昱詣尚書使封胡降檄光武遣小黃門問昱有所怪不對曰臣聞故事通官文書不着姓又當司徒露布怪使司隸下書而著姓也帝報曰吾故令天下知忠臣之子復爲司隸也

後漢書曰邢巒從征漢北巒後至高祖曰至此以來未擒滅城隍土崩想在不遠所以緩攻孝正待中書爲露布耳

又曰高祖每歎曰上馬能擊賊下馬作露板唯傅脩耳

魏書曰高祖車駕南伐以韓顯宗統大軍破蕭鸞軍斬其將高法援等顯宗至新野高祖曰卿破賊斬帥殊益軍勢朕方攻堅何爲不作露布也顯宗曰臣頃聞王肅獲賊二三疋驢馬皆爲露布臣在東觀私每哂之近雖仰憑威靈得摧醜虜斬擒不多脫復高曳長縑虛張功捷尤而効之其罪弥甚所以斂毫卷帛解上而已

又曰彭城王勰從征齊軍帝令勰爲露布露布者布於四海露之群臣以臣小才豈足大用帝曰汝亦才達但可爲

之及就尤類帝文人咸謂御筆帝曰非兄即弟誰能辨之媤對曰子夏被嗤於先聖臣又荷責於今來

後魏書曰宇文神舉幽州人盧昌期祖英伯等聚衆據范陽反詔神舉率兵討擒之齊黄門侍郎盧思道亦在反中賊平見獲解衣將伏法神舉素欽其才名乃釋而禮之即令草露布其待士禮賢如此

又曰周人呂思禮好學有文才雖務兼軍國而手不釋卷晝理政事夜則讀書令蒼頭執燭燭燼夜有數[illegible]苑之捷命為露布食頃便成周文歎其工而且速

北齊書曰杜弼從高祖破西魏於邙山命為露布弼即書絹曾不起於草

世說曰桓武北征時袁虎從被責免官會須露布文喚袁倚馬前令作手不輟俄頃得七紙殊可觀王東亭亦在側絶歎其才

國史補曰李晟破朱泚德宗覽收城露布云　臣已肅清宮禁祇謁寢園鍾簴不移廟皃如故上感涕失聲左右六宮皆嗚咽論者以國朝捷書露布無如此者于公異之詞也公異後為陸贄所忌誣以家行不至賜孝經一卷壈坎而終

太平御覽卷第五百九十七

太平御覽卷第五百九十八

文部十四

符　契券　鐵券

過所　零丁

符

說文曰符信也漢制以竹長六寸分而相合

釋名曰符付也書所勑命於上付使傳行之

文心雕龍曰符者孚也徵召防僞事資中孚三代玉瑞漢世金竹末代從省代以書翰矣

史記曰秦昭王破趙長平又進圍邯鄲魏昭王之子無忌號信陵君其姊爲趙惠文王弟平原君夫人平原君數遺公子書請救於魏魏王使將軍晉鄙將十萬衆救趙實持兩端以觀望平原君使者相屬謂公子曰今邯鄲旦暮降秦

魏救不至獨不憐公子姊也公子患之過侯嬴問屏人語曰嬴聞晉鄙兵符常在王卧內而如姬最幸力能竊之嬴聞如姬父爲人所殺公子使客斬其仇頭敬進如姬姬爲公子死無所辭公子誠一開口以請如姬姬必許諾公子從其計如姬果盜晉鄙兵符與公子遂矯魏王令奪晉鄙兵進擊秦秦軍遂解

又曰呂不韋說華陽夫人請立子楚夫人然之承太子間從容言子楚質於趙者絕賢來往者皆稱譽之乃涕泣曰妾幸得充後宮不幸無子願得子楚立以爲嫡嗣以託妾身安國君許之乃與夫人刻玉符約以爲嫡

漢書曰文帝二年九月初與郡守相爲銅虎竹使符(應劭曰銅虎符第一至第五國家當發兵遣使者郡合符符合及聽之竹使以箭五枚長五寸鐫刻篆書第一至第五張晏曰符以代古之圭璋從簡易)終軍從濟南當詣博士步入關關吏與軍繻(張晏曰繻音須繻符書帛裂而分之曰蘋以爲漢出入關用傳猶今之過所)軍弃繻而去後爲使建節出關關吏識之曰此使者迺前弃繻生也

後漢書曰初禁網尚簡但以璽書發兵未有虎符之信杜詩上疏曰臣聞兵者國之凶器聖人所慎舊制發兵以虎符其餘徵調竹使而已符第合會取爲大信所以明著國命斂持威重也間者發兵但用璽書或以詔令如有姦人詐僞無由知覺愚以爲軍旅尚興賊虜未殄徵兵郡國宜有重慎可立虎符以絕姦端昔魏之公子威傾鄰國猶假兵符以解趙圍若無如姬之仇則其功不顯事有煩而不可省費而不得已蓋謂此也書奏從之

漢記曰延熹五年長沙賊起攻沒蒼梧取銅虎符太守甘定刺史侯輔各奔出城

又曰郭丹字少卿初之長安買符以入函谷關歎曰丹不乘使者車終不出關後果如本心

赤眉欲立宗室以木札符書曰上將軍與兩空札置笥中大集會三老從事令劉盆子等三人居中央一人奉符以年次探之盆子最幼探得將軍三老等即皆稱臣

隋書曰高祖頒青龍符於東方總管刺史西方以騶虞南方以朱雀北方以玄武又頒木魚符於總管刺史雌一雄一又頒木魚符於外官五品已上

煬帝顧謂樊子蓋曰朕遣越王留守東都宗以皇枝盤石社稷大事終以委公特宜持重甲五百人而後出此亦勇夫重閉之義也無賴不軌者便誅鋤之凡可以施行無勞形迹今爲公別造玉麟符以代銅獸

列女傳曰楚昭貞姜者齊侯之女楚昭王之夫人也(昭王平王子昭王軫也)昭王出遊留夫人漸臺而上之去(漸臺水上之臺)王聞江

水大遣使者迎夫人忘持符使者至請夫人曰王召宮人皆以符今使者不持符妾不敢從使者而行（使者反取）反取符未還則大水至臺弛壞夫人流而死王曰嗟乎夫守義死不為苟處約持信以成其貞乃號曰貞姜

契券

釋名曰券綣也相約束繾綣為限以別也大書中央破別之契刻也刻識其數也

說文曰券契也別之書以刀刻其旁也故曰契也

漢書曰高祖微時好酒及色從王媼武負貰酒時飲醉臥武負王媼見其上有怪高祖每酤留飲酒讎數倍及見怪歲竟兩家常折券弃責（以簡牘為契券既不徵索故折毀之弃其所負也）

楚漢春秋曰高帝初侯者皆書券曰使黃河如帶泰山如礪漢有宗廟無絕世也

東觀漢記曰樊重字君雲南陽人家素富外孫何氏兄弟爭財重恥之以田二頃解其忿訟縣中稱美推為三老年八十餘終其所假貸人間數百萬遺令焚削文契債家聞者皆慙爭往償之諸子從勑竟不肯受

晉書曰諸王官司徒吏應給職使者每歲先計偕文書上道五十日宣勑使使各手書書定見破券諸送迎者所受郡別校數寫朱券為簿集上

宋書曰顧綽覬之子也有私財甚豐鄉里士庶多負債覬之禁不能止及覬之為吳郡太守出文券一大廚悉令焚之宣言遠近皆不須還綽懊歎彌日

唐書曰太宗時東謝渠帥來朝東謝者南蠻之別種也在黔安之東地方千里其俗無文書刻木為約

又曰羅讓為福建觀察使兼御史中丞甚著仁惠有以女奴遺讓者讓問其所因者曰本某處家人兄姊九人皆為官所賣其留者唯老母耳讓慘然焚其券書以女奴歸其母

夢書曰券契為有信夢得券契有信士也

文心雕龍曰契者結也上古純質結繩執契今羌胡徵數負販其遺風也

又曰券者束也明白約束以備情偽自形半分故周稱判書古有鐵券以堅信誓王褒髯奴則券之諧也

戰國策曰孟嘗君使馮驩收責於薛曰責畢市吾家所寡者馮驩召民畢集以責賜民因燒其券還見孟嘗君曰君家所寡者義也臣竊矯命舍責以賜民此為君市義也

魏子曰仲尼無券契於天下而德著於古今善惡明也

王褒約僮曰蜀郡王子淵以事到湔上寡婦楊惠舍惠有夫時奴名便了子淵倩奴行酤酒便拽大杖上家巔曰大夫買便時但要守家不要為它人男子酤酒子淵大怒曰奴寧欲賣邪惠曰奴父許人人無欲者子淵即決買券之奴復曰欲使皆上券不上券便不能為也子淵曰諾券文曰神爵三年正月十五日資中男子王子淵從成都安志里女子楊惠買亡夫時戶下髯奴便了決賈萬五千奴當從百役使不得有二言晨起早掃食了洗滌浚渠縛落鉏園研陌杜埤訷地刻大枷屈竹作杷削治鹿盧居當穿臼縛帚裁竽鑿斗織履作麁黏雀張烏結網捕魚種薑養羊長育豚駒二月春（分被隄種瓜作瓠別茄披葱焚槎發芋鷄鳴起舂鮮落三重）調治馬驢滌杯整案園中拔蒜斲蘇切脯飲酒栽得染脣漬口不得傾盂覆斗用錢推紡堊敗樓索綿席買席往來都洛當為婦女求脂澤轉出旁蹊牽犬販鵝武都買茶楊氏池中擔

荷入市不得夷蹲旁臥惡言醜罵樓栟櫚也皮可為繩作麁也音鑿蜀土收芋皆
窖藏之至春乃發馬戶水門也蜀每落流水養魚欲食乃取之詠壁白墻地蹺市名武都縣出名茶楊氏池出好
多作刀弓持入益州貨易羊牛自教精慧不得癡愚持斧
入山斷輮裁轅若有餘殘當作俎几木屐及彘槃焚薪作
炭石礨薄岸治舍蓋屋書削代牘日暮欲歸當送乾薪兩
三束四月當披九月當穫十月拔豆掄麥窖芋南安拾栗
採橘持車載輳多取蒲茅蓋作繩索兩墮所無為當編蔣
織薄植種桃李梨柿柘桑三丈一樹八尺為行果類相從
從橫相當果熟收斂不得吮嘗犬吠當起驚告鄰里棖門
柱戶上樓擊鼓持楯曳矛環落三周勤心疾作不得遨遊
奴老力索種莞織席事訖休息當舂一石夜半無事浣衣
當白若私斂主給賓客奴不得有姦私事當關白奴不聽
教當笞一百讀券文適訖辭窮詐索仡仡叩頭兩手自縛

目淚下落鼻涕長一尺審如王大夫言不如早歸黃土陌
丘蚓鑽額早知當尒王大夫酤酒真不敢作惡也輮車輞也疊石
竹籠盛石以薄岸也豕槃檔槽也南安縣出標掄麥種麥也十月民輸租載輳有利也漢時官不禁報怨民家皆犾
高樓致其上有急則上樓擊以告邑里令救助也
石崇奴券曰余元康之際至在滎陽東住聞主人公言聲
大高須臾出趣吾車曰公府當怪吾家嘵嘵邪中買得一
惡羝奴名宜勤身長九尺餘力舉五千斤挽五石力弓百
步射錢孔言讀書欲使便病日食三斗米不能柰何吾聞
公賣不公喜便下絹百疋聞請吾曰吾胡王子性好讀書
公府事一不上券則不為公府作券文曰取東海巨鹽東
齊羝羊朝歌浦薦八板桃牀真之安邑梨栗之鄉常山細
縑趙國之編許昌總沙房之綿作車當取高平英榆之轂
無尾髑髏之狀太良白槐之輻茱萸之輞河東亂櫛桑轅

太山桑光長安雙入白烏釘鏁巧手出於上方見好弓朴
可斫千張山陰青槐烏嗥柘桑張金好墨過市數之蠡开
市豪筆備郎寫書鼲角讀道金案玉梡宜勤供筆更作多
辭乃斂吾絹而歸
邵氏家傳曰邵仲金好賑施年八十一臨卒取其貸錢物
書券自於目前焚之曰吾不能以德教子孫不欲復以賄
利累之及貸者還錢子孫不受曰不能光顯先人豈可傷
其義乎

鐵券

東觀漢記曰桓帝延熹八年妖賊蓋登稱太皇帝有璧二
十珪五鐵券十一後伏誅
晉中興書曰初閔帝在關中與氐羌破鐵券約不役使
又曰應詹督天門等郡天門武陵谿蠻並反詹誅其魁帥

餘皆當降自元康已來政令不洽谿蠻懷化數郡無憂其
役州郡所有敗唯詹獨保之一境
三國典畧曰梁任果降同果字靜鸞南安人也世為方隅
豪族仕於江左志在立功太祖嘉其遠來待以優禮後除
始州刺史封樂安公賜以鐵券聽世傳襲
又曰侯景圍臺城陳昕說范桃棒令率所領二千人襲殺
王偉宋子仙帶甲歸降桃棒許之使昕夜入宮城密啓梁
主梁主大悅命使納之并鐫銀券賜桃棒曰事定日當封
汝為河南王即有景衆并給金帛女樂以報元功而太子
恐其詭詐猶預不決
隋書曰李穆累以軍功進爵為伯從太祖擊齊師於邙山
太祖臨陣墜馬穆突圍而進以馬策擊太祖而詈之授以
從騎潰圍俱出賊見其輕侮謂太祖非貴人遂緩之以故

得免既而與穆相對泣顧謂左右曰成事我者其此人乎即令撫慰關中所至尅定擢授武衛將軍賜以鐵券恕其十死

又曰越王侗立以段達爲納言右翊衛大將軍攝禮部尚書王世充亦納言左翊衛大將軍攝吏部尚書元文都内史令左驍衛大將軍盧楚亦内史令皇甫無逸兵部尚書右武衛大將軍郭文懿内史侍郎長文黄門侍郎委以機務爲金書鐵券藏之宫掖于時洛陽稱段達等爲七貴

唐書曰李懷光既解奉天之圍不獲朝見因大怒德宗遣中使諭旨加太尉賜鐵券懷光怒甚投券於地曰人臣反則賜鐵券今賜懷光是使反也上遂幸梁洋

過所

釋名曰過所至關津以示之或曰傳傳也轉移所在識以爲信也

史記曰甯成爲右内史外戚多毁成之短抵罪髡鉗是時九卿罪死即死少被刑而成極刑自以不復收於是解脱詐刻傳出關歸家

漢書曰文帝十三年詔除關無用傳張晏注曰傳信也若今過所李奇曰傳棨也顔師古曰或用棨或用繒帛棨者刻木爲合符

魏略曰倉慈爲燉煌太守胡欲詣國家爲封過所廷尉決事曰廷尉上廣平趙禮詣雒治病博士弟子張策門人李臧賫過所詣洛還責禮冒名度津平裴諒議禮一歲半刑策半歲刑

晉令曰諸渡關及乘舡筏上下經津者皆有所寫一通付關吏

零丁

齊諧記曰國步山有廟又一亭呂思與少婦投宿失婦思逐覔見天城廳事一人紗帽馮几左右競來擊之思以刀斫討當殺百餘人餘者便乃大走向人盡成死狸看向廳事乃是古始大冢冢上穿下甚明見一群女子在冢裏見其婦如失性人因抱出冢口又入抱取於先女子有數十中有通身已生毛者亦有毛脚面成狸者須臾天曉將婦還亭亭吏問之具如此答前後有失兒女者零丁有數十吏便斂此零丁至冢口迎此群女隨家遠近而報之各迎取於此後一二年廟無復靈

戴良字文讓失父零丁曰敬白諸君行路者敢告重罪自爲積惡致災交天困我今月七日失阿爹念此酷毒可痛傷當以重幣繒用相賞請爲諸君說事狀我父軀體與衆

異脊背傴僂捲如胾脣吻參差不相值此其庶形何能備請復重陳其面目鴟頭鵠頸獦狗眼淚鼻涕相追逐吻中含納無牙齒食不能嚼左右蹉似西域駱駞請復重陳其形骸爲人雖長甚細材面目芒蒼如死灰眼眶臼陷如米羹柸

太平御覽卷第五百九十八

文部十五

品量文章　歎賞　改定　詆訶

品量文章

後周書薛寘傳曰前中書監盧柔學業優深文藻華贍而寘與之方駕故世號曰盧薛焉

梁書曰何遜文章與劉孝綽並見重時謂之何劉梁元帝著論云詩多而能者沈約文少而能者謝朓何遜

三國典略曰劉逖字子長少好弋獵騎射後發憤讀書頗工詩詠行臺尚書席毗嘗嘲之曰君輩詞藻譬若春榮須臾之翫非宏材也豈比吾徒千丈松樹常有風霜不可雕悴逖報之曰既有寒木又發春榮何如也毗笑曰可矣

唐書曰富嘉謨雍州武功人也舉進士長安中累轉晉陽尉與新安吳少微友善同官先是文士撰碑頌皆以徐庾爲宗氣調漸劣嘉謨與少微屬詞皆以經典爲本時人欽慕之文體一變稱爲富吳體嘉謨作雙龍泉頌千燭谷頌少微撰崇福寺鍾銘詞最高雅作者推重

張鷟字文成九八登甲科員外郎員半千謂人曰張子之文如青銅錢萬選萬中未聞退時時流重之目爲青錢學士

楊盈川華州華陰人少與絳州王勃范陽盧照隣東陽駱賓王皆以文詞知名海內稱爲王楊盧駱亦號爲四傑炯聞之謂人曰吾愧在盧前恥居王後當時議者亦以爲然其後崔融李嶠張說皆爲一時宗匠崔李嘗曰勃文章宏逸有絕塵之跡固非常流所及炯與照隣則可企而致盈川之言不信矣張說謂人曰楊盈川之文如懸河注水酌之不竭既優於盧亦不減王恥居王後則信然愧在盧前爲誤矣

李華善屬文與蘭陵蕭穎士友善華舉進士時著含元殿賦萬餘言穎士見而賞之曰景福之上靈光之下華文體溫麗少宏傑之氣穎士詞鋒俊發華自以所業過之乃爲弔古戰場文燻汙之如故置於佛書之閣華與穎士因閱佛書得之華謂之曰此文何如穎士曰可矣華曰當代秉筆者誰及於此穎士曰君稍加精思便可及此華愕然

又曰元和詞人元稹論杜子美之詩蓋所謂上薄風騷下該沈宋古奪蘇李氣吞曹劉掩顏謝之孤高雜徐庾之流麗盡得古今之體勢而兼人之所獨專矣則詩人已來未有如子美者是時山東人李白亦以文奇取稱時人謂之李杜予觀其壯浪縱恣擺去拘束模寫物象及樂府歌詩誠亦差肩於子美矣至若鋪陳終始排比聲韻大或千言次猶數百詞氣豪邁而風調清深屬對律切而脫棄凡近則李尚不能歷其藩翰況堂奧乎

魏文帝典論曰文人相輕自古而然傅毅之於班固伯仲之間耳而固小之與弟超書曰武仲以能屬文爲蘭臺令史下筆不能自休夫人善於此自見而文非一體鮮能備善是以各以所長相輕所短矣里諺曰家有弊帚享之千金斯不自見之患也今之文人魯國孔融文舉廣陵陳琳孔璋山陽王粲仲宣北海徐幹偉長陳留阮瑀元瑜汝南應瑒德璉東平劉楨公幹斯七子者於學無所遺於辭無所假咸自以騁騄驥於千里仰齊足而並馳以此相服亦良難矣蓋君子審己以度人故能免於斯累而作論文王粲長於辭賦徐幹時有逸氣然粲之匹也如粲之初征登樓槐賦幹之玄猿漏卮貟扇橘賦雖張蔡不過也然於

乇文未能稱是琳瑀之章表書記今之儁也應瑒和而不
壯劉楨壯而不密孔融體氣高妙有過人者然不能持論
理不勝辭至于雜以謿戲及其時有所善楊班之儔也常
人貴遠賤近向聲背實又患闇於自見謂已爲賢夫文本
同而末異蓋奏議宜雅書論宜理銘誄尚實詩賦欲麗此
四科不同故能之者偏也唯通才能備其體文以氣爲主
氣之清濁有體不可力強而致譬諸音樂曲度雖均節奏
同撿至於引氣不齊巧拙有素雖在父兄不能以移子弟
蓋文章經國之大業不朽之盛事年壽有時而盡榮樂止
乎其身二者必至之常期未若文章之無窮是以古之作
者寄身於翰墨見意於篇籍不假良史之辭不託飛馳之
勢而聲名自傳於後故西伯幽而演易周旦顯而制禮不
以隱約而不務不以康樂而加思夫然則古人賤尺璧而

重寸陰懼乎時之過已而人多不強力貧賤則懾於饑寒
富貴則流于逸樂遂營目前之務而遺千載之功日月逝
于上體皃衰於下忽然與萬物遷化斯亦志士大痛也融
等已逝唯幹著論成一家之言
傅子曰或問劉歆劉向孰賢傅子曰向才學俗而志中歆
才學通而行邪詩之雅誦書之典謨文質足以相副玩之
若近尋之益遠陳之若肆研之若隱浩浩乎其文章之淵
府也
李充翰林論曰潘安仁爲文也猶翔禽之羽毛衣被之綃
縠
抱朴子曰世謂王充一代英偉所著文時有小疵猶鄧林
枯枝滄海流芥未易貶者
又曰歐陽生曰張茂先潘正叔潘安仁文遠過二陸又曰

張潘與二陸爲比不徒驟步之間也歐陽曰二陸文詞源
流不出俗撿
又曰秦時不覺無鼻之醜陽翟憎無癭之人陸君深疾文
士放蕩流遁遂往不爲虛誕之言非不能也陸君之文猶
玄圃之積玉無非夜光也吾生之不別陸文猶侏儒測海
非所長也

歎賞

晉書曰張載爲濛汜池賦司隷校尉傅玄見而嗟歎以車
迎之言譚盡日爲之延譽遂知名
又曰張華字茂先阮籍見華鷦鷯賦許以王佐之才中書
郎成公綏亦推華文義勝己
陸機弟雲嘗與機書云君苗見兄文輙欲燒其筆硯後葛
洪著書稱機文猶玄圃之積玉無非夜光焉五河之吐流

源如一焉其弘麗妍贍英銳源逸亦一代之絕乎
南史曰王筠字元禮善屬文沈約每見其文常咨嗟謂曰
昔蔡伯喈見王仲宣曰吾家書籍悉當相與僕雖不敏請
附斯言筠嘗以詩呈約報書歎詠以爲後進擅美約又嘗
謂筠叔志曰賢弟子文章之美可謂後來獨秀
又曰謝眺好獎人才會稽孔闓粗有文筆才未爲時人所
知孔稚珪嘗令草讓表以示眺眺嗟吟良久手自折簡寫
之謂珪曰士子聲名未立應共獎成無惜齒牙餘論其好
善如此
吳均齊春秋曰丘靈鞠善屬文宋孝武殷貴妃亡靈鞠上
挽歌詩云雲橫廣陌闇霜深高殿寒帝摘句咨嗟賞之即
轉爲新安王北平中郎中參軍
唐書曰封敖爲翰林學士拜中書舍人敖構思敏速語近

而理勝不務奇濫武宗深重之嘗草賜陣傷邊將詔警句云傷居尔體痛在朕躬帝覽而善之賜之宮錦李德裕在相位定策破迴鶻誅劉稹議兵之際同列或有不可之言唯德裕籌計相盡竟立奇功武宗賞之封衞國公守太尉其制語有遏横議於風波定奇謀於掌握逆稹盜兵壺關晝鍥造膝嘉話開懷静思意皆我同言不它惑制出教往慶之德裕口誦此數句撫叙曰陸生有言所恨文不迨意如卿此語秉筆者不易措言坐中解其所賜玉帶以遺敎深禮重之

又曰馮定爲太常少卿文宗每臨樂鄙鄭衛詔奉常習開元中霓裳羽衣舞以雲韶樂和之定統樂立於庭文宗以其端凝若植問其姓氏翰林學士李珏奏定之名文宗喜問曰豈非能爲古章句者耶遂召昇階文宗自吟送客西江詩吟罷益喜因錫以禁中瑞錦仍令大録所著古體詩以獻

世說曰孫興公作天台賦成以示范榮期曰卿試擲置地要作金石之聲范曰恐子之金石非宮商中聲然每至佳句輙云應是我輩語

又曰左思字太冲作三都賦時人互有譏訾思意不甚悏後示張華曰此二京可三然君文未重於世宜以示高名之士思乃請序於皇甫謐謐見之嗟嘆遂爲作序於是先相訾者莫不斂袵讃述焉

又曰庾仲初作楊都賦成呈庾亮以親族之懷大爲其名價云可三二京四三都於是人人競寫都下紙爲之貴

顔氏家訓劉孝綽當時旣有重名無所與讓唯服謝詠置几案動輙諷吟味其文

改易

語曰爲命裨諶草創之世叔討論之行人子羽脩飾之東里子産潤色之

漢書曰倪寬善屬文張湯爲廷尉廷尉府盡用文史法律之吏而寬以儒生在其間見謂不習事不署曹除爲從史之北地視畜數年還至府上畜簿會廷尉時疑奏巳再却矣掾吏莫知所爲寬言其意掾吏因使寬爲奏奏成讀之皆服以白廷尉張湯湯大驚召寬與語乃部其材以爲掾上寬所作奏郎時得可意異曰湯見上問曰前奏非俗吏所及誰爲之者湯言兒寬上曰吾固聞之久矣湯由是鄉學以寬爲奏讞掾

晉書曰袁宏從桓温北伐又作北征賦皆其文之高者嘗與王珣伏滔讀其北征賦至聞所傳於相傳云獲麟於此野但靈物以瑞德奚受體於虞者究尼父之慟哭似實慟而非假豈一性之足傷乃致傷於天下至此便改韻珣云此賦必傳千載無容率尔今於天下之後便移韻結事然於寫送之致似未爲盡桓温曰卿思益之宏應聲曰感不絶於予心遡流風而獨寫珣諷味久之謂滔曰當今文章之美當共推此生

宋書曰王誕字茂世有才藻晉孝武帝崩從叔尚書令珣爲哀策出本示誕曰猶少叙節物一句誕便攬筆益之接其秋冬代變云霜繁廣除風回高殿詢歎美因而用之

齊書曰張融作海賦文詞詭激獨與衆異後以示鎮軍將軍徐覬之覬之曰卿此賦實超玄虚但恨不道鹽耳融即求筆注曰漉沙構白熬波出素積雪中春飛霜暑路

齊書劉繪傳曰魚復侯子響誅豫章王嶷欲求葬之召繪

爲表須更便成嶷歎曰祢衡何以過此唯足八字文提挈
鞠養俯見成人
後魏書高祖嘗宴侍臣於清徽堂遂令黄門郎崔光讀暮
春群臣應詔詩至彭城王勰詩高祖仍爲改一字曰昔祁
奚舉子天下謂之至公今見勰詩始知中府之舉非私也
勰曰臣露此拙才見本朝之私賴蒙神筆賜刊得有令譽
高祖曰雖雕琢一字猶是王之本體勰曰臣聞詩一言可
蔽今陛下刊以一字足以價等連城
唐書文苑傳曰李商隱能爲古文不喜偶對從令狐楚幕
楚能章奏遂以其道授商隱自是始爲今體章奏
三國典略曰齊王在東山飲酒投杯怒赫召魏收於前立
爲書曰朕歷數在躬志清四海蕞尒秦隴久阻風化混一
之事期在今日必當訓旅誓衆天動雲臨朕已下木紛流

成舡晉地便當躬先將士入王壁徑掩長安梟彼兇首朕
與梁國舊敦好睦聞其姦計乃欲規謀宜令上黨王渙揔
勒熊熊皇星流風卷王者之言明如日月宜宣內外咸使聞知
書成齊主覽之於兇首下足九言曰雖藏山役水終不縱
赦於是遣渙南侵
曹植與楊脩書曰世人之著述不能無病僕常好譏彈其
文有不善者應時改定昔丁敬禮常作小文使僕潤飾之
僕自以才不過若人辭不爲也敬禮謂僕卿何所疑難文
佳麗吾自得之後世誰相知定吾文者耶常歎此言達以
爲美譚
世說曰司馬景王令中書虞松作表再呈輒不可意令松
更定松思竭不能改心存之形於顏色鍾會察其憂問松
松悅以實荅會取爲定五字悅服之以呈景王景王曰不
當介耶誰所當也曰鍾會向亦欲啓之會公見問不敢饕
其能王曰如此可大用令來日平旦入見王獨撫手歎息
曰此真王佐才也

詆訶

曹植與楊脩書曰劉季緒才不能逮於作者而好詆訶文
章掎摭利病
晉書曰左思字太冲齊國臨淄人也作三都賦構思十年
門庭藩溷皆置筆硯遇得一句即便疏之賦成思恐時人
未之見重先以示皇甫謐謐稱善爲其賦序陸機入洛欲
爲此賦聞思作之撫掌而笑與弟雲書曰此間有傖助庚切
作三都賦須其成當以覆酒瓮耳及思賦出機絶歎服以
爲不能加也遂成當以輟筆焉
三國典略曰齊有大儒劉晝恨不學屬文力役緝綴作賦

一首名爲六合自謂紀倫魏收謂人曰賦名六合其愚已
甚及其見賦又愚於名
又曰邢劭嘗云江南任昉文體本踈魏收非直模擬亦大
偷竊收聞之乃言曰劭常於沈休文集裏作賊何意道我
偷任語任沈俱有重名邢魏各有所好顏之推嘗以二公
之意問於祖珽珽曰見邢魏之臧否即任沈之優劣
又曰魏收言及沈休文集毀短之徐之才怒曰卿讀沈文
集半不能解何事論其得失謂收曰未有與卿談收去避
之
隋書曰高構以老病解職河東薛道衡才高當世每稱構
有清鑒所有文筆必先以草呈構而後出之構有所詆訶
道衡未嘗不嗟伏
隋庾自直少好學屬文於五言詩尤善性恭慎不妄交遊

特爲所愛帝有篇章必先示自直令其詆訶自直所難帝輒改之至於再三俟其稱善然後方出其見親禮如此

唐書曰文苑傳曰天寶末詩人杜甫與李白齊名而白自負文格放達譏甫齷齪而有飯顆山之嘲誚

國朝傳記曰梁常侍徐陵聘於齊時魏收文學北朝之秀録其文集以遺陵令傳之江左陵濟江而沉之從者以問陵曰吾爲魏公藏拙

太平御覽卷第五百九十九

太平御覽卷第六百

文部十六

思疾　思遲

思疾

漢書曰枚皐年十七上書曰自陳乘之子上得大喜武帝春秋二十九乃得皇太子皐與東方朔作皇太子生賦皐爲文疾受詔輒成司馬相如善爲文而遲故所作少(亦具賦門中)

又曰淮南王安作內篇新出上愛祕之使作離騷傳且受詔日食時上

魏志曰陳思王植年十餘歲讀誦持論及辭賦數萬言善屬文太祖嘗視其文謂植曰汝倩人耳植跪曰出言爲論下筆成章願當面試柰何倩人時銅雀臺新成太祖悉將諸子登臺使各爲詩植援筆立成太祖異之文帝嘗欲害植以其無罪令植七步爲詩若不成加軍法植即應聲曰煮豆燃豆萁豆在釜中泣本是同根生相煎何太急文帝善之

又曰王粲善屬文舉筆便成無所改定人常以爲宿構

齊書曰蕭文琰蘭陵人丘令楷吳興人江珙(音拱)濟陽人竟陵王子良嘗夜集學士刻燭爲詩四韻者刻一寸以此爲率文琰曰頓燒一寸燭成四韻詩何難之有乃與丘令楷江珙等共打銅鉢立韻響滅則詩成皆可觀覽

又曰高祖目裴子野曰其形甚弱其文甚壯俄又勑爲書喻魏相文其夜受旨子野謂可待旦方奏未之爲也及五鼓勑促令送上子野徐起操筆昧爽便就既奏高祖深嘉焉自是凡文檄皆令具草

南史曰朱异(音怡音異)又遷散騎常侍异容皃魁梧能舉止雖出自諸生甚閑軍國故實自周捨卒後异代掌機密其軍旅謀謨方鎮改換朝儀國典詔誥勑書並典掌之四方表疏當局簿領諮詳請斷塡委於前异屬辭落紙覽事下議縱橫敏贍不暫停筆頃刻之間諸事便了

又曰蔡景歷陳武帝鎮朱方素聞其名以書要之景歷對使人荅書筆不停綴文無所改帝得書甚加欽賞即日板授北府中記室參軍

崔鴻十六國春秋南涼錄曰禿髮傉(奴沃切)檀子禮年十三命爲高昌殿賦援筆即成影不移漏傉檀覽而異之擬於曹子建

北齊書曰魏收鉅鹿人以文章見知曾奉詔爲封禪文收對曰封禪者帝王之盛事昔司馬長卿尚絕筆於此以臣下材何敢擬議臣雖愚淺敢不竭作乃於御前下筆便就不立藁草文將千言黃門侍郎賈思問侍立深奇之白帝曰雖七步之才無以過此自武定二年以後國家大事詔命軍國文詞皆收所作每有警急不停有同宿構速敏之工邢温之所不逮

梁書范雲少機警有識具善屬文便尺牘下筆輒成未嘗定藁時人疑其宿構

蕭介傳曰初武帝延後進二十餘人置酒賦詩(臧盾以詩不成罰酒)一斗盾飲盡顏色不變言笑自若介染翰便成文無加點帝兩美之曰臧盾之飲蕭介之文即席之美也

三國畧曰高澄嗣渤海王聞謝挺徐陵來聘遣中書侍郎陸昂於滑臺迎勞於席賦詩昂必先成雖未能盡工亦以敏速見美

梁庾肩吾少勤學能鼓琴善屬文宋子仙破會稽購得肩吾謂之曰吾昔聞汝能作詩今可作若能當貰汝命肩吾便操筆立成詩曰髮與年俱暮愁將罪共深聊持轉風燭蹔映廣陵琴子仙乃釋之

又曰陰鏗字子堅梁右衛將軍子春之子也徐陵言之於陳主陳主召使賦新成安樂宮鏗援筆便就陳主甚歎賞之

北史曰隋韋正玄舉秀才楊素志在試退乃手題使擬司馬相如上林賦王褒聖主得賢臣頌班固燕然山銘張載劒閣銘白鸚鵡賦謂曰我不能為君住宿可至未時令就玄正及時並了素讀數遍大驚

隋書曰楊素周武帝以為車騎大將軍儀同三司漸見禮遇帝命素為詔書下筆立成詞義兼美帝嘉之顧謂素曰

善自勉之勿憂不富貴素應聲荅曰臣但恐富貴來逼臣臣無心圖富貴

唐書曰太宗征遼岑文本卒手行驛召許敬宗令草駐蹕山破賊詔書敬宗立於馬前俄頃而就詞甚典麗深見嗟賞

唐賀知章晚年尤加縱誕無復規撿自號四明狂客遨遊里巷醉後屬詞動成卷軸文不加點咸有可觀

又曰王勮(其御切)長壽中累除太子典膳丞知鳳閣舍人事時壽春王成器衡陽王成義五王初出閤同日受冊有司撰儀注不載冊文及百寮在列方知闕禮宰臣相顧失色勮立召小吏五人各執筆口授分授寫一時俱畢詞理典贍時人歎服之尋除鳳閣舍人兼弘文館學士

又曰韋承慶遷鳳閣舍人兼掌天官選事承慶屬文敏捷雖軍國大事下筆輒成未嘗起草

又曰遂逖幼而英俊文思敏速始年十五謁雍州長史崔日用日用小之令為土火爐賦握翰即成辭理典贍日用覽之駭然遂為忘年之交以是價譽益重

又曰玄宗度曲欲造樂府新詞亟召李白白嗜酒巳卧於肆矣召入以水灑面即令秉筆頃之成十餘章帝頗嘉之

又曰韋溫綬之子也以書判拔萃調補祕書省校書郎時綬致仕田園聞溫登第愕然曰判入高等在群士之上得非交結權幸而致耶令設席於庭自出判目試兩節溫命筆即成綬喜曰此無愧也

李端登進士第工詩大曆中與韓翃錢起盧綸等文詠唱和馳名都下號大曆中十才子時郭尚父少子曖尚代宗昇平公主賢明有才思尤喜詩人而端等十人多在曖之門

下每宴集賦詩公主坐視簾中詩之美者賞曖因拜官會十子曰詩先成者賞時端先獻警句云薰香荀令偏憐小傅粉何郎不解愁主即以百縑賞之錢起曰李校書誠有才此篇宿構也願賦一韻正之請以起姓為韻端即襞牋而獻曰方塘似鏡草芊芊初月如鈎未上弦新開金埒教調馬舊賜銅山許鑄錢曖曰此愈工也

令狐楚為太原從事自掌書記至節度判官歷使下侍御史楚才思俊麗德宗好文每太原奏至能辨楚之所為頗稱之鄭儋(都舍切)在鎮暴卒不及處分從事軍中喧譁將有急變中夜忽十數騎持刃迫楚至軍門諸將環之令草遺表楚在白刃之中搦管即成讀示三軍無不感泣軍情乃安自是聲名益重

唐中書舍人陸扆文思敏速初無思慮揮翰如飛文理具

愜同舍服其能天子顧待特異嘗金鑾作賦命學士和表
先成帝覽而嗟挹之曰朕聞貞元時有陸贄吳通玄兄弟
能作内廷文書後來絶不相繼今吾得卿斯文不墜矣
又曰李巨川登進士第巨川乾符中應進士屬天下大亂
流離奔播切於禄仕乃以刀筆從諸侯府王重榮鎮河中
辟爲掌書記時車駕在蜀賊據京師重榮臣合諸藩叶力
弥冠軍書奏請堆案盈几巨川文思敏速翰動如飛傳之
藩隣无不聳動重榮收復之功巨川之助也及重榮爲部
下所朝議罪叅佐貶爲漢中掾時楊守亮帥興元素知之
聞巨川至喜謂客曰天以李書記遺我也即命管記室累
遷幕職
金樓子曰劉備叛走曹操使阮瑀爲書與備馬上立成有
以此爲能者吾以爲兒戲耳

文士傳曰劉楨坐厨人進爪楨爲賦立成
又曰潘尼曾與同僚飲主人有流璃盌使客賦之尼於坐
立成
國朝傳記曰李德林爲内史令與楊素共執朝政素功臣
豪侈後房婦女錦衣玉食千人德林子百藥夜入其室則
其寵妾所召也素拘執於庭將斬之百藥年未二十儀神
雋秀素意惜之曰聞汝善爲文所作詩自叙稱吾意者當
免汝死解縛授以紙筆立就素覽之欣然以妾與之并資
從數千萬
楊德祖荅臨淄侯牋曰又嘗親見執事握牘持筆有所造
作若成誦在心借書於手曾不斯須少留思慮仲尼日月
無得而踰焉脩之仰望殆如此矣且以對鶡鵲而作暑賦
弥日而不獻見西施之容歸憎其白者也（曹植曾作鶡鳥賦命脩作脩辭不爲也又命作暑賦脩雖造然日不敢獻）

思遲
西京雜記曰枚皋文章敏疾長卿製作淹遲而盡延譽然
長卿首尾温麗枚皋時有累句故知疾行無善迹矣
楊子雲曰軍旅之際戎馬之間飛書走檄布用枚皋廊廟
之下朝廷之中文高典册而用相如
後漢書曰張衡字平子少遊大學善屬文太始時天下自
公侯以下莫不踰侈衡乃擬班固兩都遂作二京賦因以
諷諫思十年始成
魏志曰甘露二年帝幸辟雍會命群臣賦詩侍中和道嶠
尚書陳騫等制作稽留有司奏免官詔曰吾以門昧愛好
文雅廣延詩賦以知得失乃介紛紜良用憮然乃共原逌
等
晉書曰左思字太冲齊郡臨淄人思少而好學年四十未
仕潛思爲三都賦十年而成貴勢之家競傳相寫又案郭
伯通衛瓘爲思傳曰思爲三都改易死乃止

宋書曰顔延之與陳郡謝靈運俱以詞彩齊名而遲速懸
絶文帝嘗各勑擬樂府北上篇延之受詔輒成靈運久之
乃就
梁書曰武帝宴壽光殿令劉孺張率賦詩時率與孺並
未及成帝取孺手板戲題之曰張率東南美劉孺洛陽才
覽筆便應就何事久遲迴
隋書曰薛道衡授内史侍郎加上儀同三司道衡每至構
文必隱空齋踢壁而卧聞户外有人便怒其沉思如此
李翰天寶中寓居陽翟爲文精密用思苦澁常從陽翟令
皇甫曾求音樂每思涸則奏樂神逸則著文

唐李建字杓直德宗聞其名擢充翰林學士未幾罷為它官高郢為御史大夫表授殿中侍御四遷兵部郎中知制誥自以草詔思遲不願當其任

談藪曰盧思道與庾知禮作詩知禮詩成而思道未就知禮曰盧詩何太春日思道曰自許編苦疾如他織錦遲

太平御覽卷第六百

文部十七

著書上

張華博物志曰聖人制作曰經賢者著述曰傳

史記太史公自序曰夫詩書隱約者欲遂其志之思也昔西伯拘於羑里演周易孔子戹陳蔡作春秋屈原放逐著離騷左丘明失明厥有國語孫子臏脚而論兵法此人皆意有所欝結不得通道也

漢書曰公孫弘著公孫子言刑名謂字直百金也

又曰淮南王安爲人好書鼓琴不喜弋獵狗馬馳騁招致賓客方術之士數千人作爲內書二十一篇外書甚衆又有中篇八卷言神仙黄白之術亦二十餘萬言初安入朝獻所作內篇新出上愛祕之使爲離騷傳（師古曰傳謂解說之若毛詩傳）曰受詔日食時上

又曰陸賈在高祖前時時稱說詩書帝罵之曰乃公馬上得之賈曰寧可以馬上治乎湯武逆取而順守之文武並用久長之術也帝乃令賈著古今成敗之書名曰新語每奏一篇帝未嘗不稱善

又曰董仲舒作玉杯繁露清明竹林之書曲臺后倉之書禮射之書

又曰王莽傳大司馬護軍褒奏言安漢公遣子宇陷於管蔡之辜愛至深爲帝室故不敢顧私唯宇遭罪喟然憤發作書八篇誡子孫宜班郡國令學官以教授請令天下吏能誦公誡者以著官簿比孝經（師古曰著官者言用之得選舉也）

後漢書曰梁竦以經書自娛著書數篇名曰七序班固見而稱之曰昔孔子作春秋而賊臣亂子懼梁竦作七序而

竊位素食者慙

又曰王充好論說始詭異終有理實以爲俗儒守文多失其真乃閉門潛思絕慶弔之禮戶牖墻壁各置刀筆著論衡八十五篇二十餘萬言

後漢書列傳曰荀悅字仲豫儉之子悅志在獻替而謀無所用乃作申鑒五篇其所論辯通見政體既成而奏之帝覽而善焉帝好典籍常以班固漢書文繁難省乃令依左氏傳體以爲漢紀詔尚書給筆札辭約事詳論辯多美

晉書曰干寶性好陰陽術數留思京房夏侯勝等傳寶父先有所寵侍婢母甚妬忌及亡母乃生埋婢於墓中寶兄弟年少不知審也後十餘年母喪開墓而婢伏棺如生載還經日乃蘇言其父常取飲食與之恩情如生家中吉凶輒語之考校悉驗地中亦不覺爲惡既而嫁之生子又寶兄嘗病氣絕積日不冷後遂悟見天地間鬼神事如夢覺不自知死寶以此遂撰集古今神祇靈異人物變化名爲搜神記凡三十卷以示劉惔惔曰卿可謂鬼之董狐也于寶表曰臣前聊欲撰記古今怪異非常之事會聚散逸使同一貫博訪知之者片紙殘欵事事各畢

又曰孫盛著晉陽秋詞直而理正咸稱良史焉既而桓温見之怒謂盛子曰枋頭誠爲失利何至乃如尊君所說其子遽拜謝曰請删定之時盛年老還家性方嚴有軌憲雖子孫班白而庭訓愈峻至此諸子乃共號泣稽顙請爲百口計盛大怒諸子遂尔改之盛寫定兩本寄於慕容儁泰元中孝武帝博求異聞始於遼東得之以相考校多有不同書遂兩存

又曰曹志植之子也帝嘗閱六代論問志曰是卿先王所

作耶志對曰先王有手所作自録請歸尋案還奏曰案録無此帝曰誰作志曰以臣所聞是臣族父圖所作以先王文髙名著欲令書傳於後是以假託帝曰古來亦有是顧謂公卿曰父子證明足以爲審自今已後可無復疑

又曰王長文字德獻廣漢郪人也少以才學知名而放蕩不羈州府辟命皆不就州辟別駕乃微服竊出舉州莫知之後於成都市中蹲踞齧胡餅刺史知其不出屈禮遣之閉門自守不交人事著書四卷擬易名曰通玄經有文言卦象可用卜筮時人比之楊雄太玄同郡馬秀曰楊雄作太玄唯桓譚以爲必傳後世晚遭陸績玄道遂明長文通玄經未遭陸績君山耳

又曰王隱字處叔太興初典章稍備乃召隱及郭璞俱爲著作郎令撰晉史著作郎虞預私撰晉書而生長東南不

知中朝事數訪於隱并借隱所著書竊寫之所聞漸廣是後更嫉隱形于言色預既豪族交結權貴共爲朋黨以斥隱竟以謗免黜歸于家貧无資用書遂不就乃依征西將軍庾亮供其紙筆書乃得成詣闕上之隱雖好著述而文辭鄙拙蕪舛不倫其書次弟可觀者皆其父所撰文體混雜義不可解者隱之作也

宋書曰王淮之字元曾晉尚書僕射彬玄孫也曾祖彪之位尚書令博聞多見練悉朝儀自是家世並記江左舊事緘之有青箱世謂之王氏青箱學

又曰高平郄紹作晉中興書數以示何法盛法盛有意圖之謂紹曰卿名位貴達不復俟此延譽我寒士無聞於時如袁宏干寶之徒賴有著述流聲於後宜以爲惠紹不與至書成在齋內廚中法盛詣紹紹不在直入竊書紹還失之无復兼本於是遂行何書

齊春秋曰王儉字仲寶以四部衆書盈溢机閣自劉歆七略以來雁更區別乃著七志上之時人以比相如封禪爲

梁書曰武帝取鍾王真迹授周興嗣令選不重復者千字韻而文之興嗣一宿即上鬢髮皆白大被賞遇後興嗣目疾武帝親爲之合樂

又曰劉勰字彦和自齊入梁撰文心雕龍五十篇論古今文體其序畧云予齒在逾立嘗夜夢執丹漆之禮器隨仲尼而南行寤而喜曰大哉聖人之難見也乃小子之垂夢歟自生靈已來未有如夫子者也敷讃聖旨莫若注經而馬鄭諸儒弘之已精唯文章之用實經典之條枝五禮資之以成文六典因之以致用由是搦筆和墨乃始論文其爲文用四十九篇而已既成未爲時流所稱勰欲取定於沈約先

由自達乃負書候約於車前狀若貨鬻者約取讀大重之謂深得文理常陳諸几案

後周書曰齊王憲嘗以古今兵書繁廣難求指要乃自刋定爲五篇表陳髙祖覽而稱善

陳書曰陸瓊字伯玉吳人初瓊父雲公奉武帝勅撰嘉瑞記瓊述其旨而續焉

三國典畧曰齊主如晉陽尚書右僕射祖珽等上言昔魏文帝命韋誕諸人撰著皇覽包括羣言區分義別陛下聽覽餘日眷言緗素究蘭臺之籍窮策府之文以爲觀書貴博博而貴要省日兼功期於易簡前者脩文殿令臣等討尋舊典撰録斯書謹罄庸短登即編次放天地之數爲五十部象乾坤之策成三百六十卷昔漢世諸儒集論經傳奏之白虎閣因名白虎通竊緣斯義仍曰脩文殿御覽今

繕寫已畢并目上呈伏願天鑒賜垂裁覽齊主命付史閣

初齊武成令宋士素録古來帝王言行要事三卷名爲御覽置於齊主巾箱陽休之創意取芳林遍畧加十六國春秋六經拾遺録魏史第書以士素所撰之名稱爲玄洲苑御覽後改爲聖壽堂御覽至是珽等又改爲脩文殿上之徐之才謂人曰此可謂床上之床屋下之屋也

三國典畧齊魏收以子姪少年須誡厲遂著枕中篇以訓之

隋書曰杜臺卿嘗採月令觸類而廣之爲書名玉燭寶典十二卷奏之臺卿患聾不堪吏職請脩國史上許之拜著作郎

國朝傳記曰虞世南之爲祕書也於省後堂集羣書中事可爲文用者號爲北堂書鈔今北堂猶存而書盛行於代

唐書曰太宗以特進魏徵所撰類禮賜皇太子及諸王并藏本於祕府初徵以禮經遭秦滅學戴聖所編條流不次乃刪其所記以類相從爲五十篇合二十卷太宗善之賜物一千段

又曰太宗閱陸德明經典音義美其弘益學者歎曰德明雖亡此書可傳習因賜其家布帛百疋

又曰高宗時太子賢取太子洗馬劉訥言給事中唐之奇並坐私附庶人配流嶺外訥言博學有文詞以漢書授賢賢甚重之嘗撰續排諧集十五卷賢覽之以爲笑樂及賢廢宮中搜得之上怒曰經典誘人猶恐不能遷善排諧鄙説是導之以邪也遂徙于震州而死

又曰天后聖曆中上以御覽及文思博要等書聚事多未周備令麟臺監張昌宗與麟臺少監李嶠廣召文學之士給事中徐彥伯水部郎中員半千等二十六人增損文思

博要勒成一千三百卷於舊書外更加佛教道教及親屬姓氏方域等部至是畢功上親製名曰三教珠英彥伯已下改官加級賜物

又曰天后自咸亨已後嘗召文學之士周思茂范履冰等入禁中令撰玄覽百卷青宮要紀少陽政範各三十卷孝子傳及列女傳維城典訓鳳樓新誡各二十卷古今內範百卷樂書要録十卷百寮新誡五卷垂拱格四卷臣軌二卷兆人本業五卷又有文集一百二十卷並藏於祕閣

又曰劉允濟善屬文與絳州王勃齊名採摭魯哀公後十二代至于戰國遺事撰魯後春秋二十卷表上之遷左右史

又曰許叔牙嘗撰毛詩纂義十卷以進太子賜帛二百段兼令寫本付司經局其後御史大夫高智周謂人曰凡欲言詩者必須先讀此書始可也

又曰大曆中刑部尚書顏真卿以陸法言切韻未弘乃纂九經子史字義著韻海鏡源三百六十卷獻之詔下祕閣及集賢書院貯之

又曰馮伉爲醴泉縣令患百姓多猾爲著諭蒙十四篇大略指明忠孝仁義勸學務農每鄉給壹卷俾其傳習在縣七年韋渠牟薦爲給事中充皇太子及諸王侍讀召見於別殿賜金紫著三傳異同三卷

又曰貞元十三年韓譚進統載三十卷其書採虞夏以來至于周隋録其事跡善於始終者六百六十八人爲立傳

又曰路隋爲侍講學士採三代皇王興衰著六經法言二十卷奏之旋拜諫議大夫依前侍講學士將脩憲宗實録復命兼充史職

又曰貞元十一年左僕射平章事賈躭進海内華夷圖及古今郡國縣道四十卷圖廣三丈率以寸折成百里權德輿作序

又曰韋處厚爲中書舍人侍講學士時穆宗荒恣不親政務旣居納誨之地宜有以啓導情慮乃銓擇經義雅言以類相從爲二十卷謂之六經法言獻之錫以繒帛

又曰唐次貶開州刺史在巴峽閒十餘年不獲進用西川節度使韋臯抗表請爲副使德宗密諭臯令罷之次滯蠻荒孤心抑鬱怨謗所積孰與申明乃採自古忠臣賢士遭罹讒謗放逐遂至殺身而君猶不悟其書三篇謂之辨謗略上之德宗省之猶怒謂左右曰唐次乃以吾爲昏主何自諭如此次卒章武帝明哲嫉惡尤惡人朋比傾陷嘗閱書禁中得次所上書三篇覽而善之謂學士沈傳師曰唐

次所集辨謗之書實君人者時宜觀之朕思古書中多有此事次編録未盡卿家傳史學以類例廣之傳師奉詔與令狐楚杜元穎等分功脩續廣爲十卷號元和辨謗畧

又曰鄭處誨方雅好古勤於著述撰集至多爲校書郎時撰次明皇雜録三篇行於世

又曰裴潾充集賢殿學士集歷代文章續梁昭明太子文選成三十卷目曰大和通選并音義目一卷上之當時文士非素與潾遊者其文章少在其選時論薄之

又曰柳玭嘗著書誡其子弟曰夫門地高者可畏不可恃可畏者立身行巳一事有墜先訓則罪大於它人雖生可以苟取名位死何以見祖先於地下不可恃者門高則自驕族盛則人之所嫉實藝懿行人未必信纖瑕微累十手爭指矣又數其五條詞多不載

太平御覽卷第六百二

文部十八

著書下　㓜屬文

著書下

呂氏春秋曰呂不韋爲秦相國集諸儒使著其所聞爲十二記八覽六論合十餘萬言名爲呂氏春秋暴之咸陽市門懸千金於其上有能增損一字者與之金時人無能增損誘者以爲非不能也蓋憚相國畏其勢耳然其書以道德爲準的以無爲爲紀綱以忠義爲品式以公方爲檢格與孟軻孫卿相表裏也

列仙傳曰李耳字伯陽陳人也生於殷時爲周柱下史好養精氣貴無名接而不施轉爲守藏吏積年乃知其真人也仲尼師之去入大秦過關令尹喜待迎之彊使著書作道德上下經二卷鶡冠子或曰楚人隱居衣弊履穿以鶡爲冠莫測其名因服成號著書言道家事馮煖常師事之

西京雜記曰淮南王著鴻列二十篇鴻大也烈明也言大明禮教也號爲淮南子一曰劉安子自云字中有風霜之氣楊子雲以爲一出一入字直百金

又曰董仲舒夢蛟龍入懷乃作春秋繁露

又曰葛洪家世有劉子駿漢言百卷首尾無題目但以甲乙丙丁記其卷數先父傳之劉歆欲撰書編録漢事類未得締構而亡故書無宗本止雜記而前後無事類後好事者以意次第之始甲之癸爲十帙帙十卷合百卷洪家有小同異

又曰楊雄著太玄經夢吐白鳳皇集其頂上而滅

楊雄傳贊曰雄好古而樂道其志欲窮文辭成名於後世以爲經莫大於易於是故作太玄傳莫大於論語故作法言

桓譚新論曰楊子雲才智聞達卓絶於衆漢興已來未有此也國師子駿曰何以言之答曰通才著書以百數唯太史公爲廣大餘皆藂殘小論不能比之子雲所造法言太玄也人貴所聞賤所見故輕易之若遇上好事必以太玄次五經也

抱朴子曰王充作論衡北方都未有得之者蔡伯喈嘗到江東得之歎其文高度越諸子及還中國諸儒覺其談論更遠嫌得異書或搜求至隱處果得論衡捉取數卷將去伯喈曰唯我與爾共之勿廣也

又曰盧生問曰蔡伯喈張平子才足著子書正恐言遠旨深世人不解故不著也余難云若如來言子雲亦不應作太玄經也瓦甂木柸比門所饒金觴玉爵萬家無一也

又曰孔鄭之門耳聽口受者滅絶而託竹素者爲世寶也

又曰余家遭火典籍蕩盡困於無力不能更得故抄掇衆書撮其精要用功少而所收多思不煩而所見博或謂洪曰流無源則乾條離株則悴吾恐玉屑盈車不如金璧余答曰詠圓流者採珠而捐蚌登荆嶺者拾玉而棄石余之抄畧譬猶摘翡翠之藻羽脫犀象之角牙

又曰嵇君道問二陸優劣

抱朴子曰朱淮南嘗言二陸重規沓矩無多少也一手之中不無鈍利方之它人若江漢之與潢潦陸子十篇誠爲快書若其辭之富者雖覃思不可損也其理之約者雖潛筆腐毫不可益也陸平原作子書未成吾門生有在陸君軍中嘗在左右說陸君臨亡曰窮通時也遭遇命也古人貴立言以爲不朽吾所作子書未成以此爲恨耳余謂仲

長統作昌言未竟而亡後董襲撰次之桓譚新論未備而
終班固謂其成琴道今才士何不贊成陸公子書
顏容春秋例曰著述之事前有司馬遷楊雄後有鄭衆班
固近即馬融鄭玄其所著作違義正者畧舉一兩事以言
之遷史記不識畢公文王之子而言與周同姓楊雄法言
不識六十四卦云所從來尚矣
論衡曰畫工好畫上世人不畫秦漢士者尊古卑今楊子
云作太玄經法言張伯松不肯一觀與並肩故賤其言也
若生周世則爲金匱也
又曰淮南呂覽文不無累害所以出者家富官貴也人有
難充書者穉重云不在多以爲龍少魚衆少者爲神充荅
曰文衆勝寡財富愈貧世無一分吾有百篇人無一字吾
有萬言孰爲賢也充仕數不遇以章和二年徙家避難楊

州丹陽入爲治中才小任大職在刺剡笔札之思歷年寢
廢章和三年罷州還年漸七十時可懸輿鬢白齒落日月
逾邁貧無供養志不娛快乃作養生之書凡十六篇論衡
造於永平末定於建初之年耳
新論曰余亦爲新論術辨古今亦欲與治也何異春秋褒貶
耶今有疑者所謂蚌異蛤二五爲非十也譚見劉向新序
陸賈新語乃爲新論莊周寓言乃云堯問孔子淮南子云
共工爭帝地維絕亦皆爲妄作故世人多云短書不可用
然論天間莫明於聖人莊周等雖虛誕故當採其善何云
盡弃耶
風俗通應邵撰序云風者天氣有寒煖地形有險陽泉水
有美惡草木有剛柔俗者含血之類象而生之百里不同
風千里不同俗周秦嘗以月遣輶軒使采異代方知載之

秘府及嬴氏之亡遺棄殆盡蜀人嚴君平有千餘言林閭
翁儒才有梗槩與楊雄續注二十七年凡九千字猶不如
尔雅之宏麗張竦云縣諸日月不刊之書余不才敢此隆
於斯人
金樓子曰王仲宣昔在荊州著書數十篇荊州壞盡焚其
書今在者一篇知名之士咸重之見虎一毛不知其班
又曰劉輔性矜嚴有盛名沉深好經書善說京氏易論集
經傳及圖讖文作五經通論世號之曰沛王通明帝甚敬
重之賞賜恩寵加異
又曰或問余曰子何不詢之有識共著此書昜爲區區自
勤如此乎曰夫荷旃被毳者難與道絺綌之緻密羹藜含
糗者不足論大牢之滋味故服絺綌之凉者不知盛暑之
鬱燠襲貂狐之煖者不知至寒之悽愴乎之術業豈賓客

之能闕斯盖以莛撞鍾以蠡測海也乎常切齒淮南不韋
之書謂爲賓遊所製每至著述之間不令賓客闕之也
又曰桓譚新論華譚又有新論楊雄有太玄經楊泉有太
元經談此多誤動形色或云桓譚有新論何處復有華譚
楊子但有太玄經何處復聞太元也皆由不學使之然矣
隋大業拾遺曰大業之初勑內史舍人竇威起居舍人崔
祖濬及龍川贊治侯偉等三十餘人撰區宇圖志一部五
百餘卷新成奏之又著丹陽郡風俗乃見以吳人爲東夷
度越禮義及屬辭此事全失脩撰之意帝不悅遣內史舍
人柳逵宣勑責威等云昔漢末三方鼎立大吳之國以稱
人物故晉武帝云江東之有吳會猶江西之有汝潁衣冠
人物千載一時及永嘉之末華夏衣纓盡過江表此乃天
下之名都自平陳之後碩學通儒文人才子莫非彼至尔

等著其風俗乃爲東夷之人度越禮義於尒等可予然於
著術之體又無次序各賜杖一頓即日勑追秘書學士十八
人脩十郡志內史侍郎虞世基惣撿於是世基先令學士
各序一郡風俗擬奏請體式學士著作佐郎虞綽序京兆
郡風俗學士宣惠尉陵敬序河南郡風俗學士宣德郎杜
寶序吳郡風俗四人先成以簡世基世基曰虞綽序京兆
文理俱贍優博有餘然非衆人之所能繼陵敬論河南雖
文華才富序事過繁袁朗杜寶吳蜀二序不畧不繁文理
相副宜具狀以四序奏聞去取聽勑及奏帝曰學士脩書
頗得人意各賜物二十段付世基擇善用之世基乃鈔吳
郡序付諸頭以爲體式及圖志第一副本新成八百卷奏
之帝以部袟太少更遣子細重脩成一千二百卷卷頭有
圖別造新樣紙卷長二尺叙山川則卷首有山水圖叙郡

國則卷首有郭邑圖叙城隍則卷首有公館圖其圖上山
水城邑題書字極細並用歐陽肅書即率更令詢之長子
攻於草隷爲時所重

幼屬文

東觀漢記曰班固字孟堅九歲能作賦頌因數入讀書禁
中每行巡狩輙獻上賦頌
魏志曰陳思王植年十歲善屬文太祖曰汝倩人耶植跪
對曰出言爲論下筆成章願當面試時銅雀臺新成太祖
悉將諸子登臺使各賦之植援筆立就（亦出思疾門）
又曰文帝八歲屬文
魏氏春秋曰阮籍幼有奇才異質八歲能屬文性恬靜兀
然彈琴長嘯以此終日
又曰庾闡字仲初少孤年九歲能屬文鄉里重之
崔鴻十六國春秋曰南凉録禿髮傉檀子歸年十三命爲
高昌殿賦援筆即成影不移漏傉檀覽而異之擬之曹子
建（亦出思疾門）
後魏書曰胡叟入長安觀風化隱匿名行懼人見知時京
兆韋祖思少閱典墳多蔑時彥知叟至召而見之祖思習
常待叟不足聊與温涼拂衣而出祖思固留之曰當與君
論天人之際何遽而反乎叟對曰論天人者其亡久矣與
君相知何夸言若是也遂不坐而去至主人家賦韋杜二
族一宿而成時年十有八矣具述前載無違舊美叙中世
有協時事而末及鄙黷人皆奇其才思其集世猶傳誦之
以爲笑狎
齊書曰張率字士簡性寬雅年十二能屬文常日限爲詩
一篇或數日不作則追補之稍進作賦頌至年十六向作

二千餘首有虞訥者見而詆之率乃一旦焚毀更爲詩示
焉託云沈約訥便向之嗟稱無字不善率曰此吾作也訥
慙而退
南史曰劉孝綽本名冉幼聰敏七歲能屬文舅齊中書郎
王融深賞異之與同載以適親友號曰神童融每曰天下
文章若無我當歸阿士阿士即孝綽小字也
又曰謝貞八歲嘗爲春日閑居詩從舅王筠奇之謂所親
曰至如風定花猶落乃追步惠連矣年十三尤善左氏春
秋工草隷蟲篆
後周書曰李昶幼年已解屬文有聲洛下時洛陽剏置明
堂昶年十歲數爲明堂賦雖優洽未足才制可觀見者咸
曰有家風矣
三國典略曰蕭大心字仁恕小名英童與大臨同年十歲

並能屬文嘗雪朝入見梁武帝詠雪令二童各和並援筆
立成
梁書曰柳惲早有令名少工篇什爲詩云亭皐木葉下隴
首秋雲飛琅邪王融見而嗟賞因書齋壁及所執白團
扇
又曰太祖文帝諱綱字世讚六歲能屬文高祖驚其早就
不之信也及於御前面試辭彩甚美高祖歎曰此子吾家
之東阿也
又曰丘遲字子希年八歲便屬文父靈鞠有才名常謂氣
骨似我徵士何點見而異之
又曰庾肩吾八歲能賦詩特爲兄於陵所友愛
又曰何遜字仲言八歲能賦詩弱冠州舉秀才南鄉范雲
見對策大相稱賞謂所親曰頃觀文人質則過儒文則傷俗

其能含清濁守今古見之何生矣沈約亦愛其文
又曰陸從典字由儀幼聰敏年八歲讀沈約集見迴文妍
麗援筆擬之便有佳致十二作柳賦其辭甚美從父瑜特
所賞愛
隋書曰李德林幼聰敏年數歲誦左思蜀都賦十餘日便
度高隆之見而嗟歎遍告朝士云若假其年必爲天下偉
器鄴京人士多就宅觀之月餘日中車馬不絕年十五誦
五經及古今文集日數千言俄而該博墳典陰陽緯候無
不通涉善屬文辭覈而理暢
又曰于宣敏字仲達少沉審有才思年十一詣周趙王王
命之賦詩宣敏爲詩甚有幽貞之志王大奇之坐客莫不
嗟賞起家右侍上士
文選人名録曰曹植年十歲誦讀詩論及賦數萬言能屬
文
又曰謝靈運幼而聰慧善屬文舉筆立成文章之盛獨絕
當時
幼童傳曰謝瞻字宣遠幼而聰悟五歲能屬文通玄理
又曰孫士潛字石龍六歲上書七歲屬文
金樓子自叙曰余六歲解爲詩奉敕爲詩曰池萍生已合
林花發稍周風入花枝動日照水光浮因尔稍學爲文也

太平御覽卷第六百二

史部十九

史傳上

文心雕龍曰史者使也執筆左右使之謂也古者左史記言右史書事言經尚書事經春秋也

說文曰史記事者也

釋名曰傳傳也以傳示後人也

博物志曰賢者著述曰傳

禮記曰五帝憲養氣體而不乞言有善則記之爲惇史

詩序曰國史明乎得失之迹

韓詩外傳曰周舍對趙簡子曰臣操牘秉筆從君之後司君過而書之

周禮曰外史掌四方之志鄭玄注曰志記也謂若魯之春

秋晉之乘楚之檮杌

左傳昭十五年曰荀躒如周籍談爲介王謂籍譚曰昔而高祖孫自黶司晉之典籍以爲大政曰籍氏及辛有之二子董之晉於是乎有董史汝司典之後也何故忘之籍談不能對

又宣二年傳曰晉趙穿弑靈公宣子未出境而復太史書曰趙盾弑其君以示於朝宣子曰不然對曰子爲正卿亡不越境反不討賊非子而誰宣子曰嗚呼我之懷矣自詒伊慼其我之謂矣孔子曰董狐古之良史也書法不隱趙宣子古之良大夫也爲法受屈惜也越境乃免

又襄二十五年傳曰齊崔杼弑莊公太史書曰崔杼弑其君崔子殺之其弟嗣書而死者二人其弟文書乃舍之南史聞太史盡死執簡以往聞既書矣乃還

又昭十二年傳曰楚王與右尹子革語左史倚相趨而過王曰此良史也能讀三墳五典八索九丘

史記曰秦趙澠池之會其君相爲鼓瑟和缶皆命御史書之

漢書曰司馬喜生談爲太史公談生遷遷爲太史令掌紬史記（紬綴集也）

又曰武帝始置太史天下計書先上太史副上丞相故司馬談父子世居此職得撰史記

又曰劉向楊雄皆稱遷有良史之才服其善序事理辨而不華質而不俚其文直其事該不虛美不隱惡故謂之實録

後漢書曰班彪續司馬遷後傳數十篇未成而卒明帝命其子固續之固以史遷所記乃以漢氏繼百王之末非其

義也大漢當可獨立一史故上自高祖下終王莽爲紀表傳志九十九篇

又曰明德馬后能誦易好讀春秋楚辭尤善周官董仲舒書（周官周禮也仲舒有玉杯繁露清明竹林之屬）自撰顯宗起居注削去兄防參醫藥事章帝請曰黄門舅旦夕供養且一年既無褒異又不録勤勞無乃過乎太后曰吾不欲後代聞先帝數親後宮之家故不録也

東觀漢記曰時人有上言班固私改作史記詔下京兆收繫固弟超詣闕上書具陳固不敢妄作但續父所記述漢事

晉書曰王沉仕魏正元中遷散騎常侍侍中與荀顗阮籍共撰魏書多爲時諱未若陳壽之實録也

又曰華嶠常沉醉所撰書十典未成而終祕書監何劭奏

嶠中子徹爲佐著作郎使踵成之未竟而卒後監繆徵又
奏嶠少子暢爲佐著作郎尅成十典并草魏晉紀傳與著
作郎張載等俱在史官
又曰陳壽撰魏吳蜀三國志九六十五篇時人稱其善叙
事有良史之才夏侯湛時著魏書見壽所作便壞已書而
罷張華善之謂壽曰當以晉書相付耳其爲時重如此
宋書曰王韶之琅耶臨沂人也私撰晉陽秋成時人謂之
宜居史職即除著作郎使續後事訖義熙九年善叙事辭
論可觀爲後世佳史
又曰裴松之字世期注陳壽三國志松之鳩集傳記廣增
異聞既成奏之上覽之曰裴世期爲不朽矣
又曰范曄獄中與諸生姪書曰既造後漢轉得統緒詳觀
古今著述及評論殆少可意者班氏最有高名既任情無

例唯志所推耳博贍不可及之整理未必愧也吾雜傳論
皆有精意深旨至於循吏已下及六夷諸序論筆勢縱放
實天下之奇作中合者往往不減過秦篇嘗共比班氏所
作俱不愧之而已欲遍作諸志前漢所有者悉令備雖事
不必多且使見文得盡此書行故應有賞音者自古體大
而思精未有此也
梁書曰吳均欲撰齊書求借齊起居注及群臣行狀武帝
不許遂私撰奏之稱帝爲齊明帝佐命帝惡其書不實錄
以其書不實使中書舍人劉之遴詰問數十條竟支離無
對敕付省焚之坐免職
又曰裴子野曾祖松之宋元嘉中受詔續脩何承天宋史
未成而卒子野常欲繼成先業及齊永明末沈約所撰宋
書稱松之巳後無聞焉子野更撰爲宋畧二十卷其叙事

評論多善而去戮淮南太守沈璞以其不從義師故也約
懼徒跣謝之請兩釋焉歎其述作曰吾弗逮也蘭陵蕭琛
言其評論可與過秦王命分路楊鑣
後魏書曰毛脩之位次崔浩之下浩以其中國舊門雖學
不博洽而猶涉獵書傳每期重之與論說言次遂及陳壽
三國志有古良史之風其所著述文義典正皆揚于王庭
之言微而顯婉而成章班史以來無及壽者脩之曰昔在
蜀中聞長老言壽曾爲諸葛門下書佐得撻百下故其論
武侯云應變將畧非其所長浩乃與論曰夫亮之相劉備
當九州鼎沸之會英雄奮發之時君臣相得魚水爲喻而
不能與曹氏爭天下委弃荊州退入巴蜀誘奪劉璋偽連
孫氏守窮崎嶇之地僭號邊夷之間此策之下者可與趙
它爲偶而以爲蕭曹亞匹不亦過乎謂壽貶亮非爲失實

三國典畧曰齊主以魏收之卒也命中書監陽休之裁正
其所撰魏書休之以收叙其家事稍美且寡才學淹延歲
時竟不措手唯削去嫡庶一百餘字
又曰周蕭大圜爲滕王逌友逌問於大圜曰吾聞湘東王
作梁史有之乎餘傳乃可抑揚帝紀奚若隱則非實記則
攘羊對曰言之者妄也如使有亦不足怪昔漢明爲世祖
紀章帝爲顯宗紀殷鑒不遠足爲成例且君子之過如日
月之蝕彰於四海安得隱之如有亦安得而不隱蓋子爲
父隱直在其中諱國之惡抑又禮也逌乃大笑
又曰齊主命魏收撰魏史至是未成常令群臣各言其志
收曰臣願得直筆東觀早出魏書齊主乃令收專在史閣
不知郡事謂收曰當直筆我終不學魏太武誅史官於是
廣徵百官傳惣斟酌之既成上之九十二袟一百三十卷

尚書陸操謂楊愔曰魏收可謂博物宏才有大功於魏室
愔曰此不刋之書傳之万古但恨論及諸家枝葉過為繁
碎時論收為介朱榮作傳以榮比韓彭伊霍者盖由得其
子文路黃金故也邢劭父兄書事皆優劭唯笑曰列女傳
悉是史官祖母尚書左丞盧斐臨漳令李庶度支郎中王
松年中書舍人盧潛等言曰魏收誣罔一代其罪合誅盧
思道曰東觀筆殊不直斐庶等與收面相毀辱無所不至
齊主大怒乃親自詰問斐曰臣父位至儀同收附於族祖
中書郎玄傳之下收之外親博陵崔綽位止功曹乃為傳
首齊主問收曰崔綽有何事迹卿為之立傳收曰綽雖無爵
位而道義可嘉魏司空高允曾為其贊稱有道德臣所以
知之齊主曰司空才士為人作贊理合稱揚亦如卿為人
作文章道其好者豈能皆實收不能對以其才名不欲加

罪高德正其家傳甚美乃言於齊主曰國史一定當流天
下人情何由悉稱謗者當加重罪不然不止齊主於是禁
止諸人各杖二百斐庶死於臨漳獄中又北史收所引史
官恐其陵逼唯取諂䝉學流先相依附者其房延祐辛元
植睦仲讓雖夙涉朝伍並非史才刁柔裴昂之以儒業見
知全不堪編緝高孝幹以左道求進脩史諸人父祖姻戚
多被書録飾以美言收性頗不甚能平夙有怨者多沒其
善每言何物小子敢共魏收作隙若擧之則使上天按之
當使入地收在神武時為太常少卿脩國史得陽休之助
因謂休之曰無以謝德當為卿作佳傳休之父固魏世為
北平太守以貪虐為中尉李平所彈獲罪收書云固為北
平甚有惠政坐公事免官又云李平深相敬重群口沸騰
勑魏史且勿施行號為穢史

唐書曰杜正倫知起居注太宗嘗謂侍臣曰朕每日坐朝
欲出一言即思此言於百姓有所益不所以不敢多言正
倫進曰君擧必書言存在史臣職當脩起居注不敢不盡
愚直陛下若一言乖於道理則千載累於聖德非直當今
有損於百姓願陛下慎之太宗大悦
又曰許敬宗初虞世基與敬宗父同為宇文化及所害封
德彝時為內史舍人備見其事因謂人曰世基被戮世南
匍匐而請代善心之死敬宗舞蹈以求生敬宗聞而銜之
及為德彝立傳盛加其罪惡在監門大將軍錢九隴皇家
之隷也敬宗與之結婚乃為九隴曲叙門閥妄加功績又
蠻首龐孝泰率鄉兵從征高麗賊知其怯懦先擊破之敬
宗納其家寶貨妄稱其頻破賊徒斬獲數萬漢將驍健者
唯蘇定方龐孝泰耳曹繼叔劉伯英皆出其下虛美如此

又曰太宗謂諫議大夫褚遂良曰卿猶知起居皆書何等
事大底人君得見否遂良曰今之起居古之左右史書人
君言事且記善惡以為鑒誡庶幾人主不為非法不聞帝
王躬自觀史太宗曰朕有不善卿必記之耶遂良曰守道
不如守官臣職當載筆君擧必記黃門侍郎劉洎曰設令
遂良不記天下之人皆記之矣帝曰然
又曰貞觀十年尚書左僕射房玄齡侍中魏徵散騎常侍
姚思廉太子右庶子李百藥孔穎達守禮部侍郎令狐德
棻守中書侍郎岑文本中書舍人許敬宗等撰成周隋梁
陳齊等五代史詣闕上之太宗勞之曰朕覩前代史書彰
善癉惡足為將來之誡秦始皇奢淫無度焚書坑儒用緘
談者之口隋煬帝雖好文儒尤疾學者前世史籍竟無所
成數代之事殆將泯絶朕意則不然將欲覽前王之得失

爲在身之龜鏡公輩以數年之間勒成五代之史副朕深懷極可嘉尚又詔司空房玄齡等脩晉書以臧榮緒書爲本採摭諸家傳記而益附之爰及晉代文集罔不畢舉爲十本紀二十志七十列傳三十載記其太宗所著宣武二帝及陸機王羲之四論皆稱制焉房玄齡以下爲論皆稱史臣後數載而書就藏之祕府頒賜加級各有差以其書賜皇太子及新羅使者各一部焉

又曰顯慶中高宗以許敬宗所撰太宗實録所紀多非實乃謂劉仁軌曰朕昨觀國史所書多不周悉卿等必須窮微索隱原始要終盛業鴻勳咸使詳備至如先聖作威鳳賦意屬阿舅及士廉敬宗乃移向尉遲敬德傳内又嘗溫湯教習長圍四合萬隊俱前忽然雲霧晝昏部伍亂錯先聖旣覩斯事恐其挂法者多遂潛隱不出待其整理然後

臨觀顧謂朕曰振旅訓兵國之大典此之錯失於法不輕我若見之必須行法我今不出良爲於此今乃移向魏徵傳曰稱是徵之諫語此旣乖於實何以垂之後昆朕嘗從幸未央宮辟仗已過忽於草中見一人身帶横刀其人云聞辟仗至怕不敢出仗家搜索不覺遂伏不敢動先聖歘轡即還顧謂朕曰此事若發數人合死汝可後伺看早放出之史家唯此一事差似不失其真郝處俊曰先聖仁恩綱類皆是臣弟傑往年宿衛之日被差兼攝供奉見有三衛誤拂御衣此人怕懼五情無主先聖謂之曰此間無御史我不爲汝作罪過不須怕懼上謂處俊曰此亦須入史於是處俊等引左史李仁實專掌其事

文部二十

史傳下

唐書曰于休烈脩國史肅宗自鳳翔還京勵精聽受嘗謂休烈曰君舉必書良史也朕有過失卿書之否對曰禹湯罪已其興也勃焉有德之君不忘規過臣不勝大慶

又曰貞元十二年賈躭盧邁皆假故趙憬獨對於延英上問曰近日起居注所記何事憬奏曰古左史記事右史記言人君動止有事言隨即記録令起居之職也國朝自永徽已後起居唯得對仗承旨仗下後謀議皆不得聞其事注記但出於已行制勑內採録更無它事所以長壽中姚璹知政事以爲親承德音謨訓若不宣自宰相史官無由得書遂請仗下後所言軍國政要宰相專知撰録號爲時

政記每月送史館無何此事又廢上曰君舉必書義存勸誡既有時政記宰臣宜依故事爲之

又曰李翺以史官記事不實奏狀曰臣謬得秉筆史館以記注爲職夫勸善懲惡正言直筆紀聖朝功德述忠賢事業載姦臣醜行以傳無窮者史官之任也凡人事迹非大善大惡則衆人無由得知舊例皆訪於人又取行狀謚議以爲一據今之作行狀者多是其門生故吏莫不虛加仁義禮智妄言忠肅惠和柴不唯處其心不實苟欲虛美於受恩之地耳蓋爲文者又非游夏遷雄之列務於華而忘其實溺於文而棄其理故爲文則失六經之古風紀事則非史遷之實録臣今請作行狀者但指事說實直載事功假如作魏徵傳但記其諫諍之詞足以爲正直段秀實但記其倒用司農印以追逆兵以象笏擊朱泚足以爲忠烈若考功視行狀不依此者不得受依此則考功下太常牒史館然後定謚伏乞以臣此奏下考功從之

又曰元和中宰臣已下候對于延英殿上以時政記問於宰臣脩國史李吉甫對曰是宰相記天子事以授史官之實録也古者左史記言今起居舍人是也右史記事今起居郎是也永徽中宰相姚璹監脩國史慮造膝之言或不下聞因請隨奏對而記是也上曰其間或脩或不脩者何也吉甫對曰凡面奉德音未及施行總爲機密固不可書以送史官其間謀議有發自臣下者又不可自書以付史官及事已行者制令昭然天下皆得聞知即史官之記不待書以授也且臣觀時政記者姚璹脩之於長壽及璹罷而事廢賈躭齊抗脩之於貞元躭抗罷而事廢然則關於政化者不虛美不隱惡謂之良史也

又曰憲宗銳意於爲理徧讀列聖實録見貞觀開元故事竦慕不能釋卷嘗謂宰臣曰太宗之創業如此玄宗之致理如此我讀國史始知萬倍不如先聖焉

又曰長慶中中書門下請脩聖政紀云古之王者必置史官以紀善惡國朝貞觀永徽以前宰臣及百官正衙奏事史官載筆於階陛之下所有奏議悉約書之自永徽以後許敬宗李義府作相事多姦蔽遂奏史官與羣僚俱退然後宰臣請事由是君臣之間咨謀啓沃不復知矣左右史唯寫詔誥除授以脩注記長壽二年宰相姚璹以爲史官疎遠不得參聞政事然帝王謨訓不可遂無紀述乃請自今已後所論軍國政要委宰相一人撰録號爲時政記事亦尋廢

又路隨傳曰初韓愈撰順宗實録說禁中事頗切直內官

惡之往往於上前言其不實累朝有詔改脩及脩憲宗實録後文宗復令改正永貞時事隨奏曰臣昨面奉聖旨以順宗實録頗非詳實委臣等重加刊正伏以史冊之作勸誡所存事有當書理宜歸實定夫美惡尚不可誣人君得失無容虛載聖旨以前件實録記貞元末數事稍非摭實蓋出傳聞審知差舛更令刊正頃因坐日屢形聖言通計前後至于數日臣等伏以貞觀已來累朝實録有輕重撰不敢固辭但欲粗刪深悞亦固盡存諸說宗閔僧孺相與商量緣此書成於韓愈今史官李漢蔣係皆愈之子壻若遺衆撰或致私嫌縱臣獲脩成必懼終爲時累且韓愈所書亦非已出元和之後已是相循伏望條示舊記最錯悞者宣付史官委之脩定詔曰其實録中所書德宗順宗朝禁中事尋訪根柢蓋起謬傳諒非信史宜令史官詳正刊去其它不要更脩

又曰文宗嘗問曰順宗實録似未詳實史官韓愈不是當時屈人否李石曰韓愈貞元末爲四門博士上曰司馬遷與任安書全是怨望所以漢武本紀事多不實鄭覃曰漢武中年後大發戎馬拓土開邊生人耗竭糧饟不給本紀所述亦非過言石曰史筆不直率多無後鄭覃所陳志在譏諫欲陛下究竟盛德故言漢武不屈上曰靡不有初鮮克有終此誠可爲戒覃因曰伏知陛下乙夜觀書無不該涉然經典切切不過一二百言聖意所存靡不有初鮮克有終此兩句實可寢食佩服

又曰張次宗有文學稽古屬行開成中爲起居舍人文宗復故事每入閤左右史執筆立于螭頭之下宰相奏事得以備録宰臣既退上召左右更質證所奏是非故開成政事詳於史氏

又曰文宗朝對宰臣退上命起居郎鄭朗等適所紀録者將來一觀鄭朗對曰臣執筆所紀便目爲史臣聞自古帝王不合觀史上曰故事何在朗曰臣不敢遠徵故實嘗聞太宗皇帝欲親覽國史用知得失諫議大夫朱子奢上表云史官所述義歸盡善若至會玄已後或非上智中主庸君飾非護短見極陳善惡致怨史官何地逃刑又問褚遂良對曰今之起居古之左右史以記人君言行善惡必書庶幾不爲非法不聞帝王躬自觀史上又謂朗曰適之所紀且是直書未有否臧一見無爽朗乃進所紀上畧覽曰卿宜門外重寫録進其日晚内出詔示宰臣曰適鄭朗奏朝來所紀之事擬不進本人君之言良史善惡必書或有平生之閑話不關理道之體要垂諸將來實爲愧恥異日臨朝庶幾稍改何妨一見得戒醜言又嘗於紫宸殿對百寮遣閤門使就起居舍人魏謩取注記謩奏曰臣以自古置此以爲聖王鑒戒陛下但爲善勿畏臣不書如陛下所行錯誤臣不書之天下之人皆得書之臣願以陛下爲太宗文皇陛下許臣比褚遂良上曰我前亦嘗觀之謩曰是前起居不詳故事臣今豈得陷陛下爲非若陛下一覽之後自此文字須有迴避如此則善惡不直如何遺後代取信上遂止

周書曰賈緯乾祐中受詔與王伸竇儼脩晉高祖少帝漢高祖三朝實録緯以筆削爲已任然而褒貶任情記注不實晉宰相桑維翰執政嘗薄緯之爲人不甚見禮緯深銜之及叙維翰傳稱維翰身没之後有白金八千鋌他物稱是翰林學士徐台符緯邑人也與緯相善謂緯曰聞吾友書

桑魏公白金之數不亦多乎乃改爲白金數千鋌

太史公自序云夫詩書隱約者欲遂其志之思也故述往事思來者於是乎述陶唐以來至麟德止自黃帝始原始察終考之行事著十二本紀三十世家十表八書七十列傳凢一百三十篇成一家言是也

西京雜記曰司馬遷發憤作史記一百三十篇先達爲良史之才其以伯夷居列傳之首以爲善而無報也爲項羽本紀以據高位者非關有德也及其叙屈原賈誼辭旨抑揚惡事不避亦一代之偉才

又曰漢承周史官至武帝太史公司馬談世爲太史子遷年十三使乘傳行天下求諸侯史記續孔氏古文序世事作亘千卷五十万字談子遷以世官復爲太史公序事如古春秋　司馬氏本古周佚後世作景帝本紀極言其短及武帝之過帝怒而削去坐舉李陵降匈奴下遷蠶室有怨言下獄死宣帝以其官爲太史令行太史公文書而已不復用其子孫

班固典引曰永平十七年詔曰司馬遷著書成一家揚名後世至以身陷刑之故反微文諷刺貶損當代非誼士也

又魏志曰明帝問王肅司馬遷以受刑之故內懷隱切著史記非貶孝武令人切齒

又晉張輔嘗著論論班固司馬遷之著述辭約而事舉叙三千年事唯五十万言班固叙二百年事乃八十萬言煩省不同不如遷一也良史述事善足以奬勸惡足以鑒誡人道之常中流小事亦無取焉而班皆書之不如二也毀貶朝錯傷忠臣之道不如三也遷既造創固又因循難易益不同矣又遷爲蘇秦張儀范雎蔡澤作傳逞辭流離亦足以明其大才故述辯士則藻辭華靡叙實錄則隱核名檢此所以遷稱良史也

文心雕龍曰昔者夫子愍王道之缺傷斯文之墜靜居以歎鳳臨衢而泣麟於是就大師以正雅頌因魯史以脩春秋舉得失以表黜陟徵存亡以標勸戒然叡旨幽祕經文婉約丘明同耻實得微言乃原始要終創爲傳體傳者轉也轉授經旨以授於後實聖文之羽翮記籍之冠冕也及至縱横之世史職猶存秦并七王而戰國有策蓋錄而不序故即簡爲名也漢滅嬴項武功積年陸賈稽古作楚漢春秋爰及史談世惟執簡子長經志甄序帝績比堯稱典則位雜中賢法孔題經則文非元聖故取式呂覽通號曰紀紀綱之號亦宏稱也故本紀以述皇王列傳以摠侯伯八書以鋪政體十表以譜年爵雖殊古式而得事序焉尔其實錄無隱之旨博雅弘辯之才愛奇反經之尤條例踳落之失叔皮論之詳矣及班固述漢因循前業觀史遷之辭思實過半其十志該富讚序弘麗儒雅彬彬信有遺味至於宗經規聖之典端緒豐贍之功遺親攘善之罪徵賄鬻筆之愆公理辨之究矣至于後漢紀傳發源東觀袁張所制偏駁不倫薛謝之作踈謬少信若司馬彪之詳實華嶠之准當則其冠也及魏代三雄記傳並出陽秋魏畧之屬江表吳錄之類或激抗難徵或踈闊寡要惟陳壽三志文質辨洽荀張比之於遷固非妄譽也至於晉代之書繁乎著作陸機肇始而未備王韶續末而不終干寶述紀以審正明序孫盛陽秋以約舉爲能案春秋經傳舉例發目史漢以下莫不准的至鄧粲晉紀始立條例又擺落漢魏憲章殷周雖湘川曲學亦有心放典謨及安

國立例乃鄧氏之規焉
又曰傳記爲式編年經事文非記論按實而書歲遠則周曲難密事積則起記易踈斯固惣合之爲難也或有同歸一事數人分功兩紀則失於複重偏舉則漏於不周此又銓配之易也故張衡摘史班之舛濫傅玄譏後漢之尤煩皆類也若夫追述遠代代遠多僞公羊皐云傳聞異詞荀悦稱録遠畧近蓋文疑則闕貴信史也然俗皆愛奇莫顧理實傳聞而欲偉其事録遠而欲詳其迹於是弃同即異穿鑿傍説舊史所無我書則博此訛濫之本源而述遠之巨蠹也至於記編同時時同多詭雖定哀微詞而世情利害勳榮之家雖庸夫而盡飾迍敗之士雖令德而嗤埋吹霜煦露寒暑筆端此又同時之枉論可爲歎息者也故述遠則誣矯如彼略近則回邪如此折理居正唯懿上心乎

談藪曰後魏太保清河崔光樂陵太守曠之孫長廣太守靈延之子光博學有史才本名孝伯字長仁高祖賜名焉除著作郎撰國史遷黄門侍郎爲高祖所重帝曰孝伯之才渾渾如黄河東注今之文宗也及魏收爲史改渾渾爲浩浩光有大度喜慍不形於色有毀之者必善言以報之雖見誣謗終不自申曲直士君子以此稱之光脩國史第敬友子鴻復撰十六國春秋一門二史當代爲榮

太平御覽卷第六百四

太平御覽卷第六百五

文部二十一

筆　墨　硯　紙

筆

說文曰楚謂聿吳謂之不律燕謂之弗秦謂之筆

釋名曰筆述也述而書之

博物志曰蒙恬造筆

崔豹古今注曰牛亨問曰古有書契已來便應有筆也世稱蒙恬造筆何也答曰自蒙恬始作秦筆耳以柘木爲管以鹿毛爲柱羊毛爲皮所謂鹿毫竹管也非謂古筆也

又問曰筆有彤管何也答曰彤赤漆耳使史官載筆故是赤管言以赤心事也

毛詩柏舟靜女曰靜女其變貽我彤管古者后夫人有女史彤管之法后妃羣妾以禮御于君所女史書其日月授之環以進退也箋云彤管赤管筆也彤管有煒悅懌女美

曲禮曰史載筆士載言也

漢書曰張安世持橐簪筆橐挈囊也近臣負橐簪筆從備顧問或有所記事孝武帝數十年見謂忠謹

東觀漢記曰班超字仲升家貧爲官傭寫書嘗輟業投筆歎曰大丈夫當效傅介子張騫立功異域以取封侯安能久事筆硯乎

吳志曰曹公聞孫權以荊州資劉備方作書不覺落筆於地

齊書曰江淹嘗宿於冶亭夢一丈夫自稱郭璞謂淹曰吾有筆在卿處多年可以見還淹乃探懷中得五色筆一以授之尒後爲詩絕無美句時人謂之才盡

梁書曰紀少瑜嘗夢陸倕以一束青鏤管筆授之云我以此筆猶可用卿自擇其善者其文因此遒進

又曰鄭灼家貧好學抄義疏以日繼夜筆毫盡每削用之

隋書曰高祖復鄭譯官爵令內史令李德林立作詔書高熲戲謂曰筆乾譯荅曰出爲方岳杖策言歸不得一錢何以潤筆上大笑

又曰劉行本累遷掌朝下大夫周代故事天子臨軒掌朝典筆硯持至御座則承御大夫取以進之及行本爲掌朝將進筆於帝承御復欲取之行本抗聲謂承御曰筆不可得帝驚視問之行本言於帝曰臣聞設官分職各有司存臣既不得佩承御刀承御亦焉得取臣筆帝曰然因令二司各行所職

國朝傳記曰虞監草行本師於釋智永智永常樓上學書

成方下其棄筆頭至盈瓮

唐書曰柳公權爲司封員外郎穆宗政僻嘗問公權筆何盡善對曰用筆在心心正則筆正上改容知其筆諫也

五代史周史曰和凝年十七舉明經至京師忽夢人以五色筆一束以與之謂曰子才可以舉進士自是才思敏贍十九登進士第

又曰馬裔孫初爲河中從事因事赴闕宿於邏店其地有上邏神祠夜夢神見召待以優禮手授以筆一大一小覺而異焉及爲翰林學士旋知貢舉私自謂曰此二筆之應也洎入中書吏奉二筆熟視大小如昔時夢中所授者

漢官儀曰尚書令僕丞郎月給赤管大筆一雙篆題曰北宮工作

西京雜記曰漢制天子筆以錯寶爲跗毛皆秋兔之毫官

師曠巵爲之又以雜寶爲匣厠以玉璧翠羽皆直百金
楊子法言曰槌提仁義絶滅禮學吾無取焉五帝者三王
之筆舌寧有書不用筆言不由舌耶刀不利筆不銛宜加
砥削之
論衡曰知能之人須三寸之舌一尺之筆然後能自通
神仙傳曰李仲甫潁川人漢桓帝時賣筆遼東市一筆三
錢如無錢亦與筆
魏末傳曰司馬宣王欲誅曹爽呼何晏作奏曰宜上君名
晏失筆於地
世說曰王東亭嘗夢有人與大筆其管如椽既覺說人云
當有大手筆事不日烈宗晏駕哀策謚議並王所作也
傅子曰漢末一筆之匣雕以黃金飾以和璧綴以隋珠文
以翡翠此筆非文犀之楨必象齒之管豐狐之柱秋兎之

翰用之者必被珠繡之衣踐雕玉之履矣
王羲之筆經曰漢時諸郡獻兎毫出鴻都惟有趙國毫
中用時人咸言兎毫無優劣管手有巧拙
又曰有人以緑沉漆竹管及鏤管見遺録之多年斯亦可
愛玩詎以金寶雕琢然爲貴也
又曰昔人或以瑠璃象牙爲筆管麗飾則有之然筆須輕
便重則躓矣
筆墨法曰作筆當以鐵梳梳兎毫毛及羊青毛去其穢毛
使不髯茹羊青爲心名曰筆柱或曰墨池
東宮舊事曰皇太子初拜給漆筆四枚銅博山筆床副
搜神記曰王祐病有鬼至其家留赤筆十餘枚在薦下曰
可使人簪之出入辟惡凡舉事者皆無恙
荆楚歲時記曰陸士衡云魏武帝劉婕妤以七月七日折

瑠琉筆
嶺表録異曰番禺地無狐兎多用鹿毛野狸毛爲筆又昭
富春勤等州則擇鷄毛爲筆其用也亦與兎毫無異
又曰嶺南無兎嘗有郡牧得其皮使工人削筆者醉失之
大懼因剪鬚鬚爲筆筆甚善更使爲之工者辭焉詰其由
以實對遂下令使一户輸人鬚或不能致輙責其直

墨

釋名曰墨晦也言以物晦墨也
漢書王莽傳曰漢兵起莽以墨汚渭陵延陵周垣
東觀漢記曰和熹鄧后即位万國貢獻悉禁絶惟歲供紙
墨而已
范子計然曰墨出三輔上價石百六十中三十下十
韋仲將筆墨方曰合墨法好醇煙擣訖以細絹篩於缸中

篩去草芥若細沙以細絹篩塵埃此物至輕微不宜露篩
慮失飛去不可不慎墨一斤以好膠五兩浸梣皮汁中梣
江南樊鷄木皮也其皮入水緑色解膠又益墨色可下鷄
子白去黃五枚亦以眞朱一兩麝香一兩皆別治細篩都
合調下鐵臼中寧剛不宜澤擣三万杵杵多益善合墨不
得過二月九月溫時敗臭寒則難乾潼溶見風日碎破重
不得過二兩
蔡質漢官曰尚書令僕丞郎月賜渝麋大墨一枚小墨一
枚
東宮舊事曰皇太子初拜給香墨四丸
脩復山陵故事曰玄宮物有墨五丸
神仙傳曰漢桓帝徵仙人王遠遠乃題宮門四百餘字皆
說方來帝惡之削之外字去內字復見墨入材裏

葛龔與梁相書曰復惠善墨下士所無摧骸骨碎肝膽不足明報

曹植樂府詩曰墨出青松煙筆出狡兔翰古人感鳥跡文字有改刊

葛洪神仙傳曰班孟不知何許人也舒紙於前嚼墨一噴皆成字竟紙各有意義

趙壹非草書曰後世慕崔杜張子專欲草書爲務十日一筆月數丸墨領袖如皂脣齒常黑屈指畫地爪折鰓出亦効嚬之增醜也

陸雲與兄機書曰一日上三臺曹公藏石墨數十萬斤云燒此消復可用然不知兄頗見之不今送二螺

鄭氏婚禮謁文讚曰九子之墨藏于松煙

盛弘之荆州記曰筑陽縣有墨山山石悉如墨

顧微廣州記曰懷化郡掘壍得石墨甚多精好可寫書

戴延之西征記曰石墨山北五十里山多墨可以書

尋陽記曰廬山有石墨可書

災祥集曰天雨墨君臣無道讒人進

李尤研墨銘曰書契既造研墨乃陳煙石相附筆疏以申

顧野王輿地志曰漢時王朗爲會稽太守子肅隨在郡住東齋中夜有女從地出稱越王女與肅語曉别贈一丸墨肅方注周易因此便覺才思開悟

硯

釋名曰硯研也研墨使和濡也

晉書懷帝陷於平陽劉聰引帝入讌謂帝曰卿爲豫章王時朕與王武子俱造卿武子稱朕於卿卿言聞名久矣卿以所作樂府文示朕曰聞君善詞賦試爲看也朕與武子俱爲盛德頌卿稱善者久之又引朕射于皇堂朕得十二籌卿與武子俱得九籌卿又贈朕柘弓銀硯卿頗憶否帝曰安敢忘之恨尔日不得早識龍顔

唐書曰柳公權常寶惜筆硯圖畫自扃鐍之常評硯以青州石末爲第一言墨易冷絳州黑硯次之

太公金匱曰研之書曰石墨相著邪心讒言無得汙白

伍緝之從征記曰夫子牀前有石硯一枚作甚古朴蓋孔子平生時物也

西京雜記曰天子以玉爲硯取其不凍

拾遺記曰張華撰博物志奏武帝帝賜青鐵硯鐵是于闐國所獻鑄以爲硯

魏武帝上雜物䟽曰御物有純銀參帶臺硯一枚純銀參帶員硯大小各一枚

陳留志曰范喬年二歲祖父馨卒臨終撫其首曰恨不見汝成人以吾所用硯與之至五歲祖母以此言告喬便執硯啼哭

東宮舊事曰皇太子初拜給漆石硯一枚。崔寔四民月令曰正月硯凍釋令童幼入小學學篇章十一月硯凍命童幼讀

孝經論語世語曰曹爽與明帝少同硯書

晉傅玄硯賦採陰山之潜璞簡衆材之攸宜節方員以定形鍛金鐵而爲池設上下之剖判配法象乎二儀木貴其能軟石美其潤堅加采漆之膠固含冲德之清玄

永嘉中記曰硯溪一源中多石硯

劉澄之宋永初山川古今記曰輿平石穴深二百許大石青色堪爲硯

紙

釋名曰紙砥也平滑如砥石也

服虔通俗文曰方絮曰紙

東觀漢記曰黄門蔡倫典作尚方作紙所謂蔡侯紙也

董巴記曰東京有蔡侯紙即倫也用故麻名麻紙木皮名穀紙用故魚網作紙名網紙也

王隱晉書曰魏太和六年博士河間張揖上古今字詁其巾部紙今也其字從巾古之素帛依舊長短隨事截絹枚數重沓即名幡紙字從糸此形聲也後和帝元興中中常侍蔡倫以故布擣剉作紙故字從巾是其聲雖同系巾爲殊不得言古紙爲今紙

崔鴻前燕録曰慕容儁三年廣義將軍岷山公黄紙上表儁曰吾名號未異於前何宜便尔自今但可白紙稱疏

沈約宋書曰張永善隷書又有巧思紙及墨皆自營造上每得永表啓輙執玩咨嗟自歎供御者不之及也

唐書曰杜暹爲婺州參軍秩滿將歸州吏以紙万餘張贈之暹唯受一百時人嘆曰昔清吏受一大錢復何異也

語林曰王右軍爲會稽謝公乞牋紙庫中唯有九萬枚悉與之桓帝云逸少不節

拾遺記曰張華獻博物志賜側理紙萬番南越所獻也漢人言陟釐與側理相亂南人以海苔爲紙其理縱横衺側因以爲名

世説曰戴安道就范宣學所爲范宣讀書亦讀書范宣抄紙亦抄紙

桓玄僞事曰古無紙故用簡非主於敬也今諸用簡者皆以黄紙代之

又曰玄令平淮作青赤縹緑桃花紙使極精令速作之

石虎鄴中記曰石虎詔書以五色紙着鳳鶵口中

范甯教曰土紙不可以作文書皆令用藤角紙

盛弘之荊州記曰耒陽縣一百許歩蔡倫宅其中具存其傍有池即名蔡子池倫漢順帝時人始以魚網造紙縣人今猶多能作紙蓋倫之遺業也

異苑曰張仲舒在廣陵晨夕輙見行側有赤氣後空中忽雨絳羅於其庭周廣七八分長五六寸皆箋紙繼之廣長亦與羅等紛紛甚快經宿仲舒累疾死

孫放西寺銘曰長沙西寺層構傾頽謀欲建立其日有童子持紙花揷地故寺東西相去十餘丈於是建刹正當花處

傅咸紙賦曰既作契以代繩又造紙以當策

劉孝威謝官紙啓曰雖復鄴殿鳳銜漢朝魚網平準桃花中宮穀樹固以勲茲靡滑謝此鮮華

東宮舊事曰皇太子初拜給赤紙縹紅麻紙敕紙法各一百

太平御覽卷第六百五

文部二十二

簡　策　牘　札　牒

板　刺　函　袠　槧

桅　封書泥　水滴器

簡

說文曰簡牒也

釋名曰簡書編也言間也

爾雅曰簡謂之畢郭璞曰今簡札也

毛詩鹿鳴曰豈不懷歸畏此簡書

張璠漢記曰吳祐父恢為南海太守欲以殺青寫書祐年十二諫曰海濱多珍玩此書若成載必盈兩昔馬援以薏苡興謗王陽以書槖邀名疑惑之戒先賢所慎恢大喜

范曄後漢書曰大夫司徒鄧禹西征定河東張宗詣禹自歸禹聞宗多權謀乃表為將軍禹軍到栒邑赤眉大衆且至禹以栒邑不足守欲引師進就堅城而衆人多畏賊追憚為後拒禹乃書諸將名於竹簡署其前後亂著笥中令各探之宗獨不肯探曰死生有命宗肯辭難就逸乎禹歎息謂曰愚聞一卒畢力一百人不當萬夫致死可以横行宗今擁兵數千以承天威何遽其必敗乎

魏畧曰宣王討王陵陵面縛迎還謂太傅曰卿直以折簡召我我當不至耶而引軍來乎太傅曰以卿非肯逐折簡者也

瀨鄉記曰老子母碑曰老子把持仙録玉簡金字編以白銀紀善綴惡

楚國先賢傳曰孫敬編楊柳簡以為經本晨夜誦習

劉向別傳曰孫子書以殺青簡編以縹絲繩

文士傳曰人有嵩山下得竹簡一版上有兩行科斗之書中外傳示莫能知張華以問束晳晳曰此明帝顯節陵中策文也驗校果然

風俗通曰劉向別録殺青者直治竹作簡書之耳新竹有汁善折蠹凡作簡者皆於火上炙乾之陳楚間謂之汗汗者去其汁也

吳越曰殺亦治也劉向為孝成皇帝典校書籍二十餘年皆先書竹改易刊定可繕寫者以上素也由是言之殺青者竹斯為明矣

神仙傳曰陰長生裂黄表寫丹經一通封以文石之函著嵩高山一通黄櫨簡漆之書封以青玉之函著華山一通黄金之簡刻而書之封以白銀之函著蜀綏山

策

廣雅曰策謂之簡

釋名曰策書教令於上所以驅策諸夏也漢制約勑封侯曰策策嘖也勑使整嘖不犯法也

史記曰百名以上則書於策

春秋序曰大事書之於策小事簡牘而已

後漢書曰何敞父比干字少卿為汝陰縣獄吏決曹掾平活數千人後為丹陽都尉獄無寃囚征和三年三月辛亥天大陰雨比干在家日中夢車騎滿門覺而語妻語未竟而門有老嫗求寄避雨雨甚而衣不霑雨止送至門謂比干曰公有陰德天賜君以策以廣公之子孫因出懷中符策狀如簡長九寸凡九百九十枚以授比干曰子孫佩印綬者如此數比干年五十八有六男又生三子本始元年

自汝陰徙平陵代爲名族
吳曆曰孫皓時吳郡民掘地得物似銀長一尺三寸刻畫有年月字因改年爲天策
唐書曰貞觀中房玄齡議封禪儀玉策四枚各長一尺三寸廣一寸五分厚五分每策五簡俱以金編其一奠太祖一奠地祇一奠高祖
穆天子傳曰癸巳至於群玉之山阿平無險言邊無險阻也四徹中繩言皆平直先王之謂策府言往古帝王以爲藏書策之府
家語曰哀公問政於孔子孔子曰文武之政布於方策

牘

說文曰牘謂書板也
釋名曰牘睦也身執之以進見所以爲恭睦也
史記曰文帝遺單于尺一寸牘單于以尺二寸牘荅

又曰東方朔初入長安至公車上書凡用三千奏牘公車令兩人共持舉其書僅能勝之人主使從上方讀之止輒記其處讀之二月乃盡詔拜以爲郎
東觀漢記曰時天下墾田多不實詔檢覆覈百姓嗟怨諸郡遣使帝見陳留吏牘上有書視之云潁川弘農可問河南南陽不可問上得之怒時東海公年十二在幄後言曰吏受郡勑欲以墾田相方耳帝曰即如此何故言河南南陽不可問對曰河南帝城多近臣南陽帝鄉多近親田宅踰制不可爲准帝令虎賁詰問吏吏首服遣謁者梼覆實具知姦狀
夢書曰牘札爲薦舉夢得牘札欲薦舉也
韓詩曰趙簡子太子名伯魯小子名無恤簡子自爲二牘親自表之書曰節用聽聰敬賢勿慢使能勿賤與二子使恒誦之居三年簡子坐青臺之上問二子書所在伯魯亡其表令誦不能得無恤出其書於左袂令誦習焉乃黜伯魯而嘉無恤
韓詩外傳曰趙簡子有臣周舍立於門下三日三夜簡子問其故對曰臣爲君諤諤之臣秉筆操牘從君之後伺君過而書之

札

劉熙釋名曰札櫛也編之如櫛齒相比也
晉令曰郡國諸戶口黃籍籍皆用一尺二寸札已在官役者載名
漢書曰司馬長卿未死時爲一卷書曰有使來求奏之其遺札書言封禪事
又曰谷永字子雲便於筆札故時人云子雲之筆札婁君卿之脣舌

後漢書曰樊崇等西攻更始百萬之衆而無稱號欲立帝求軍中景王後者得七十餘人唯盆子與茂及前西安侯爲最崇等議曰聞古天子將兵稱上將軍乃書札爲符曰上將軍又以兩空札置笥中札簡也笥篋也遂於鄭北設壇場祠城陽景王諸三老從事皆大會陛下列盆子三人居中立以年次探札盆子最幼後探得符諸將乃皆稱臣
續漢書曰賈逵字景伯時有神雀入宮章帝勑蘭臺給筆札使逵作神雀頌
晉張華有文雅之才晉儀禮臺華制度勑有司給筆札多有損益
晉陽秋曰梁國張惲字義元爲郡吏入值太守圍棊投札於地惲曰知府君患風取以支戶太守輟棊令坐○漢武故事曰上崩後有一人騎馬馬異於常馬持一尺札賜將作

大匠丞文曰𢼸績克成賜𢼸金十斤因忽不見札變爲金稱之重十斤

抱朴子曰魏武帝以左慈爲妖妄欲殺之使人收之慈故欲見而不去欲拷之而獄中有七慈形狀如一不知何者爲真以白武帝帝使人盡將殺之須臾七慈盡化爲札而一慈徑出走赴群羊詩云有客從南來貽我一書札上叙長相思下言久離別

牒

説文曰牒札也

文心雕龍曰牒者葉也如葉在枝也短簡爲牒議事未定故短牒諮謀牒之尤密謂之籤

左傳昭六年曰趙簡子令諸侯大夫輸王粟宋樂大心曰我不輸粟我於王爲客（二王後爲賓客）晉士伯曰自踐土以來宋何

役不會而何盟不同王室子焉避之右師不敢對受牒而退（右師樂大心也）

漢書曰路温舒字長君鉅鹿東野人父爲里監門使温舒牧羊取澤中蒲截爲牒編用寫書

板

釋名曰板昄昄平廣也（昄半旱切）

春秋演孔圖曰孔子曰丘作春秋天授演孔圖中有大玉刻一版曰璇璣一低一昂是七期驗敗毀滅之徵也

蜀志曰譙周勸劉禪降後元熙二年夏巴郡文立從洛還過見周周語次因書板示立曰典午忽兮月酉没兮典午者謂司馬也月酉八月也至八月而司馬昭果崩

王隱晉書曰惠帝時謡曰二月盡三月初桑生裴雷柳葉舒荆筆楊板行詔書宫中大司馬作幾驢而楊駿荆王反

幽明録曰王文度鎮廣陵忽見二騶持鵠頭板來召之王大驚問騶我作何官云尊作平北將軍徐兖二州刺史王曰吾已作此官何故復召耶鬼云此人間耳且今所作是天上官也王大懼亦尋見迎官玄衣人及鵠衣小吏甚多王尋疾薨

桂陽先賢畫讃曰胡滕部南陽從事遇大駕南巡求索攪猥滕表曰天子無外乘輿所幸便爲京師臣請荆州刺史比司隸臣比都官從事帝奇其才悉許大將軍西曹掾亡馬召滕因作都官鵠頭板召百官敬服

相板經曰板有芒角形勢上狹下廣右薄左厚光釆流澤文色調達木理通直皆爲吉反是凶板細理輕蹙其人性簡達周正其人寛博板有横節爲病在面内喪在背外喪板有蝸穿及節對過其人凶板中字皆令筆迹調利有形

勢字欲當右行空中不用對對則多牽制又上官多憎之官字欲令故官字小新官字大有波勢墨色分明板形平通無絶傷刀迹是元吉官字無形勢點染不分明皆免官或不到官官字小它字墨散入材理中少入獄死板色欲類其姓角家板色青爲吉亦不宜子白不利官屬墨不利父母黄不利妻財九齎板來者其人姓名善爲喜祥不善則否也相板特要以手持板之若手近板後則板前低而落此則左遷板有病累皆可治改治之用庚申寅曰庚更也申伸也寅引也言更引吉祥也

剌

釋名曰畫姓字於奏上曰畫剌作再拜起居字皆達其體使書盡邊徐引筆書之如畫者也下官剌長書中央一行而下也又有爵里剌書其官爵及郡縣鄉里也

典畧曰王符字節信安定人感激著書名曰潛夫論故渡遼將軍皇甫規去官歸安定或有人前以貨買鴈門太守者亦去官歸書刺規規卧不迎使人呼入既坐問咲鴈美乎又以其刺刮髀有須聞王節信在外規乃驚起衣不及帶倒履而出援其手而還與同席坐大設賓日暮別去人或歎曰何有二千石之賤不如諸生之貴乃如此耶

魏名臣奏曰黃門侍郎荀俁奏曰今吏初除有二通爵里刺條疏行狀

夏侯榮傳曰榮字幼權淵第五子幼聰明經目輒識文帝聞而請焉賓客百餘人一奏刺悉書其鄉邑姓名世所謂爵里刺示之一過而使之遍談不謬一人帝奇之

長沙耆舊傳曰夏侯叔仁氏族單微丁毋憂居喪過禮同郡徐元休弱冠知名聞而弔焉旬日之中積刺盈案

吳録曰孟宗爲豫章太守謂舍掾曰君昔負太守一刺寧識之否掾曰不識宗曰吾昔家貧親老爲官債運以刺詣君感見發遣何乃以屈耶

雜事曰高彪字義方吳郡人志尚甚高遊太學博覽經史善屬文嘗詣大儒馬融辭不見彪覆刺其書曰伏聞高問爲日久矣冀一見龍光叙腹心之願以啓其蔽不圖辭之以疾昔周公父文王兄武王九命作相以尹華夏猶握沐吐食以接白屋之士天下歸德歷載遐矣今君不能相見宜哉融省大愧遣人辭謝追請徑去不肯還

郭林宗別傳曰林宗名益顯士爭歸之載刺常盈車

祢衡別傳曰衡初遊許下乃懷一刺既到而無所之適至於刺字漫滅

幽明録曰一士人姓王坐齋中有一人通刺詣之題刺云舒甄仲既去疑非人尋刺曰是子舍西土瓦中人令掘果於瓦器中得一銅人長尺餘

函

吳志曰張温字惠恕使蜀謂先主曰謹奉所賫函書封

晉安帝紀曰朱齡石伐蜀太尉與齡石書署函曰至白帝乃發書曰衆悉從外水取成都臧熹於中水出廣漢使羸弱乘高艦十餘由内水向黃虎

傳子曰太祖徵劉曄授以腹心之任每有疑事輒以函令問曄乃一夜數十至

袠

說文曰袟書衣也

晉中經簿曰盛書有縑袠青縑袠布袠絹袠

後漢書曰楊春卿臨命戒子統曰吾綈袠中（說文曰綈厚繒也綈音提）

有先祖所傳祕記爲漢家用尒其修之統感父遺言服闋辭家從犍爲周循學習先法又就同郡鄭伯山受河洛書及天文推步之術

益部耆舊傳曰廣漢王棠妻文拯其前妻子博學好寫書拯嘗爲手自作袠常過其意

宋謝靈運書袟銘曰懷幽卷賾戢妙抱密用舍以道舒卷不失亮唯勤翫無或暇逸

梁昭明太子詠書帙詩曰擢影兔園池抽莖淇水側幸雜緗囊用聊因班女織

槧

說文曰槧牘牒也

釋名曰槧板長三尺者也槧漸也言漸漸然長也

論衡曰斷木爲槧

楊雄荅劉歆書曰以鉛擿松槧二十七年矣
西京雜記曰楊子雲好事嘗懷鉛提槧從諸計吏訪殊方絶俗四方之語

槴

後漢杜篤書槴賦曰惟書槴之麗容象君子之淑德載方矩而履規加文藻之修飾能屈伸以和禮惟高下而消息雖轉旋而屈橈時傾邪而反側抱六藝而卷舒敷五經之典式

封泥書

春秋説曰龍圖赤玉匣封泥如黄珠
又曰黄龍五采負圖黄玉匣黄金繩纏黄芝泥
王子年拾遺曰元封元年浮折國貢蘭金之泥此金湯淵盛夏之時水常沸湧有若湯火飛鳥不能過國人行者見

水邊有人治此金爲器混混若泥如紫磨之色百鍊其色變白如銀名曰銀燭嘗以此泥封諸函匣令諸宫門鬼魅不敢干當漢世上將出征多以泥爲印封衛青張騫蘇武傅介子之使皆受金泥之璽封也
續漢書曰光武封禪乃求元封封禪事奏用玉牒玉檢以水銀和金爲泥
東觀漢記曰鄧訓嘗將黎陽營兵屯狐奴後遷護烏桓校尉黎陽故吏最貧羸者舉國志訓嘗所服藥北州少乏又知訓好青泥封書從黎陽步推鹿車於洛陽市藥還過趙國易陽并載青泥一樸至上谷遺訓其得人心如是
西京雜記曰漢以武都紫泥爲璽室加緑綈其上

水滴器

西京雜記云晉靈公冢甚瑰壯器物皆朽不可別唯玉蟾蜍一枚大如拳腹空容五合如新王取以成水滴硯
傳玄水龜銘曰鑄兹靈龜躰象自然含源未出有似清泉潤彼玄墨染此弱翰申情寫意經緯群言

太平御覽卷第六百六

太平御覽卷第六百七

學部一　敘學

易文言曰學以聚之問以辯之

白虎通曰學之言覺也覺悟所不知也

論語爲政去子曰學而不思則罔思而不學則殆

又曰衛靈公曰君子謀道不謀食耕也餒在其中學也祿在其中

又曰生而知之者上也學而知之者次也困而學之又其次也困而不學民斯爲下矣

禮記學記曰君子之於學也藏焉脩焉息焉遊焉

又曰善問者如攻堅木先其易者後其節目

又曰學不學操縵不能安弦（操縵雜弄）不學博依不能安詩（博依）

（廣雅言脩也）

又曰善學者師逸而功倍又從而庸之不善學者師勤而功半又從而怨之

又曰凡學之道嚴師爲難師嚴然後道尊道尊然後民知敬學

又曰善待問者如撞鍾叩之以小者則小鳴叩之以大者則大鳴

又曰玉不琢不成器人不學不知道是故古之王者教學爲先也

國語曰文公問元帥於趙衰曰郤縠可行年五十矣守學彌惇夫學先王之法義之府也

又曰范獻子聘於魯問具敖山魯人以鄉對獻子曰不爲具敖乎對曰先君獻武之諱也獻子歸徧戒其所知曰人不可以不學吾適魯而名其二諱爲笑焉唯不學也人之有學猶木之有枝葉猶庇廕人而況君子乎

家語曰子路見孔子孔子問曰何好曰好長劍子曰以子之能加之以學豈可及乎子路曰學豈有益哉子曰狂馬不釋策（御狂馬者不得釋箠策也）操弓不反檠（弓不反檠然後可持）木受繩則正人受諫則聖受學重問孰不順成子路曰南山有竹不揉自直斬而用之達於犀革何學之爲孔子曰括而羽之鏃而厲之其入不益深乎子路拜曰敬受命

又曰孔子謂伯魚曰吾聞可以與人而不倦者其唯學焉其容體不足觀也其勇力不足憚也其先祖不足稱也其族姓不足道也然而以顯聞四方流聲後世者非學之効夫遠而有光者飾也近而愈明者學也譬之汙池水潦注焉雚葦生焉雖觀之孰知其不源乎（源衆流也言益者雖從外入及其用之誰

知其非從已出也）

又曰孔子兄子孔蔑者與宓子賤皆仕孔子問孔蔑曰女之仕何得何亡對曰所亡者三王事若聾（若聾宜爲聾相因聾之也）學焉得習是學不得明也奉祿少饘粥不及親戚是骨肉益疏也公事多急不得弔死問疾是朋友道闕也孔子不悅往過子賤而問之對曰自來仕所得者三始誦之今得行之是學益明也奉祿被親戚是骨肉益親也雖有公事兼之以弔死問疾是朋友信篤也孔子曰君子哉若人魯無君子斯焉取斯

大戴禮曰學不可以已矣青取之於藍而青於藍冰水爲之而寒於水木直中繩　其曲中規揉使之然也是故不登高山不知天之高不臨深淵不知地之厚不聞先王之道不知學問之大也孔子曰吾終日思之不如須臾

之學吾嘗跂而望矣不如升高之愽見也升高而招臂非
加長而見者遠順風而呼聲非加疾而聞者速蓬生麻中
不扶自直積土成山風雨興焉積水成川蛟龍生焉是故
不積跬步無以致千里不積小流無以成江海
莊子曰人而不學謂之視肉學而不行命之撮囊（撮繫者也）
又曰㺦文相莒三年歸其毋自績謂毋曰文相莒三年有
馬千駟今毋猶績文之所得事皆將弃之已毋曰吾聞君
子不學詩書射御必有愽塞之心小人不好田作必有竊
盜之心婦人不好紡績織絍必有淫泆之行好學為福也
猶飛鳥之有羽翼也
又曰魯有兀者叔山無趾踵見仲尼仲尼曰子不謹前既
犯若是矣雖今來何及矣無趾曰吾唯不知務而輕用吾
生是以亡足今吾來也猶有尊足者存焉吾是以務全之

也無趾出孔子曰弟子勉之無趾兀者也猶務學以復補
其前行之惡況全德之人乎
韓子曰如脂粉則嫫毋進御家不潔則西施弃野學之爲
脂粉亦厚矣又桓範世要云學者人之脂粉也
又曰夫耕之用力也勞而民爲之者可得而富之也戰之
爲事也危而民爲之者可得以貴也今脩文學習談論則
無耕之勞而有富之實無戰之危而有貴之尊則人孰不
爲也
管子曰明主不厭人故能成其衆士不厭其學故能成其
身也
曾子曰君子愛人以學及時而行難者弗避易者弗從年
四十無藝則無藝矣五十不以善聞則無聞矣
墨子曰墨子謂門人曰汝何不學對曰吾族無學者墨子
曰不然豈有好美者而曰吾族無此不欲耶富貴者而曰
吾族無此不用也
新序曰齊王問墨子曰古之學者何如對曰古之學得一
善言以附其身今之學得一善言務以說人也
尸子曰未有不因學而鑒道不假學而光身者也
又曰今人皆知砥礪其劒而弗知砥礪其身夫學身之砥
礪也
又曰水積則生吞舟之魚土積則生楩楠豫樟學積亦有
生焉
愼子曰孔子曰立少而好學晚而聞道此以愽矣
孫卿子曰不登高山不知天之高不聞先王之遺言不知
學問之大也
又曰君子之學入乎耳著乎心布乎四支形乎動靜小人

之學出乎口入乎耳口耳之間四寸耳曷足以美七尺之
軀
又曰不學不成堯學於君疇舜學於務成昭禹學於西王
國
文子曰上學以神聽中學以心聽下學以耳聽耳聽者學
在皮膚心聽者學在肌肉神聽者學在骨髓
呂氏春秋曰善學者若齊王善雞必食其跖數千而後足
（跖雞蹠也喻學者食多而後方足也）如學不辯義如被褐而出錦衣而入（被褐
在外衣錦在內故不可也）戎人生乎戎而戎言楚人生乎楚而楚言不
知其所受也今使戎人長呼楚楚人長呼戎則楚人戎言
戎人楚言也
又曰聖人生於疾學而能爲魁士名人者未之聞也
又曰善學者假人道之長以補其短故假而又假遂有天

下
蘇子曰不食八珍何以知味之竒不爲文學何以知世之
賢
孔叢子曰人之進退唯問其志取必以漸勤則得多山溜
至軟石爲之穿蝎蟲至弱木爲之弊夫溜非石之鑿蝎非
木之鑿然而能以微脆之形陷堅剛之體非積漸之致乎
故學者所以飾百行也
說苑曰晉平公問師曠曰吾年七十欲學恐已暮矣對曰
暮何不炳燭乎臣聞少而學者如日出之陽壯而學者如
日中之光老而學者如炳燭之明炳燈之明孰與夜行公
曰善哉
又曰子貢謂子石曰汝不學詩子石曰父母求吾孝兄弟
求吾悌朋友求吾信吾暇乎哉子貢曰請措吾詩以學詩

於子
又曰公明宣學於曽子三年不學書曽子曰汝居參門三
年不學何也對曰安敢不學乎見夫子居家庭親在叱吒
之聲未至於犬馬宣說之見夫子應賓客恭儉而不懈
宣說之見夫子居朝廷嚴臨下而不毀傷宣說之此三者
學之而未能安敢不學乎曽子避席謝之曰參不及宣其
學也
賈誼書曰湯曰學聖王之道譬其如日靜居而獨思譬其
若火夫舍聖王之道而靜居而獨思譬其去日之明於庭
而就火之光於室也
淮南子曰夫明鏡之始不形也矇然未見形容也及其杚
以玄錫摩以砥旃鬢眉微毛可得而察也夫學亦人之砥
礪也

又曰夫心闇於道而強學不已者譬聾者之歌無以自樂
又曰人莫不知學之有益於己也然而不能者嬉戲害之
也人皆多以無用害有用以弋獵博弈之日誦詩讀書則
識必博矣故不學之與學猶瘖聾之比於人也
法言曰學者所以脩性也視聽言貌思性所有也學則正
否則邪
又曰學者所以求爲君子也求而不得者有矣夫未有不
求而得之者也
又曰大人之學爲道小人之學爲利子爲道乎爲利乎或
曰耕不穫獵不饗耕獵乎耕道而得道獵德而得德是穫
饗也
又曰百川學海而歸于海丘陵學山而不至乎山是故惡
夫畫者也

抱朴子曰人知藥理病不知學理身
又曰夫學者所以清澄性理撥揚埃穢啓導聰明飭涤質
素察往知來博涉勸戒御觀術察於是乎在雖云色白匪
涤不麗雖云味甘匪和弗美故瑤華不琢則耀夜之景不
發青萍不治則純鈎之勁不就故質雖在我而成之由彼
登閬風捫晨極然後知井谷之閉隘披七經玩百氏然後
覺面墻之至困粉黛至則西施以加麗而宿瘤以飾醜經
術深則高才者洞逸而魯鈍者醒悟文梓干雲而不可名
之爲臺樹者未知班輸之結構也天倫爽朗而不可謂之
爲君子者未識人倫之臧否也
鹽鐵論曰內無其質而外學其文雖有賢師良友若畫脂
鏤冰費日損功
論衡曰人生懷五常之性好道樂學故別於物今飽食快

飲腹爲飯坑腸爲酒囊是則物也與三百倮蟲何以異乎
又曰手無錢而之市決貨貨主必不與也夫胷中無學亦猶手中無錢
潛夫論曰天地之所貴者人也聖人之所尚者義也德義之所成者智也明智之所求者學問也雖有至聖不生而智雖有至材不生而能由待學問其智乃博其德乃碩而況於凡人乎是以人之學也猶物之有治也夫瑚簋之器朝祭之服其始也乃山野之木蠶繭之絲耳及正之以繩墨制之以機杼則皆成宗廟之器黼黻之章可羞於鬼神可御於王公而君子以身貞之質察敏之才攝之以良朋教之以明師文之以禮樂導之以詩書幽讚之以春秋其有不濟乎
又曰人之情性未能相百其明智有相萬也此非其真性

之材也必有假以致之夫道之於心猶火之於人目也深室幽黑無見乃設燎盛燭則百物彰矣此則火之耀也非目之光也而目假之則爲明矣天地之道神明之爲不可見也學問聖典心思道術則皆覩矣此則非心之明而人假之則爲已知
風俗通曰武帝廣開獻書之路立五經博士開弟子員設科射策勸以官禄訖於元始百有餘年書積如丘山傳業浸衆枝葉繁滋經說百萬言蓋禄利之路然也
徐偉長中論曰學者疏神達思治情理性也初學則如夜在玄室所求不得白日照焉則群物斯辯矯首而徇飛不如脩翼之必獲孤居而願知不如務學之必達
蔣子萬機論曰諺曰學如牛毛成如麟角言其少也
譙周法訓曰爲國者不患學之寡農患治民者之不學

玄晏春秋曰十七年予長七尺四寸未通史書與從姑子梁柳等或編荆爲楯執杖爲戈分陳相刺有若習兵毋數譴予予出得瓜果歸以進毋毋投諸地曰孝經稱日用三牲之養猶爲不孝何孝者莫大於欣親令尔年近乎二十志不存教心不入道曽無怵惕小慰我心脩身篤學尔自得之於我何有因對予流涕予心少感遂伏書史
王粲荆州文學官志曰有漢荆州牧劉君稽古若時將紹厥績乃曰先王之爲世也則象天地軌儀憲極設教導化叙經志業明達雍泮作爲禮樂表陳載籍以持其德上知所以臨下下知所以事上官不失守民聽無悖然後太階平焉故曰物生而蒙事屯而養造昧利有攸適猶金之消鑪水之從器也是以聖人實之於文鑄之於學夫文學也者人倫之首大教之本也

趙子聲書詰鄭康成學曰夫學之於人猶土地之有山川也珍寶於是乎出猶樹木之有枝葉也本根於是乎庇也
虞傳厲學篇曰學之染人甚於丹青丹青吾見其久而渝也不見久而渝於學也
傅子曰人之學者猶渴而飲河海也大飲則大盈小飲則小盈
江表傳曰孫權謂呂蒙及蔣欽曰卿今並當塗掌事宜學問以自開益蒙曰軍中常苦多務權曰孤豈欲卿治經爲博士耶但令涉獵見往事耳如卿二人意性朗悟學必得之宜急讀孫子兵法六韜左傳國語及史孔子曰吾嘗終日不食終夜不寢以思無益不如學也蒙等感悟遂學所博覽儒者不勝魯肅見呂蒙謂曰今者見卿學識英博非復吳下阿蒙 權常歎曰人長而進益如呂蒙蔣欽蓋不可及

世說曰褚裒字季野語孫盛曰北人學問淵㮣博瞻孫荅曰南人學問清通簡要支道林聞之曰余謂北人看書如顯處見月南人學聞如牖中窺日

太平御覽卷第六百七

學部二

叙經典

釋名曰經徑也常典也如徑路無所不通可常用也

白虎通曰五經何謂也易尚書詩禮樂也古者以易書詩禮樂春秋爲六經至秦焚書樂經亡今以易書詩禮春秋爲五經又禮有周禮儀禮

禮記曰三禮春秋有左氏公羊穀梁曰三傳與易書詩通數亦謂之九經

文心雕龍宗經篇曰三極彝訓其書曰經經也者恒久之至道不刊之鴻教也

禮記經解曰孔子曰入其國其教可知也其爲人也温柔敦厚詩教也踈通知遠書教也廣博易良樂教也潔靜精

微易教也恭儉莊敬禮教也屬辭比事春秋教也故詩之失愚書之失誣樂之失奢易之失賊禮之失煩春秋之失亂

左傳曰韓宣子適魯見易象與魯春秋曰周禮盡在魯矣吾乃今知周公之德與周之所以王也

春秋演孔圖曰作法五經東之天地稽之圖象質於三王施之四海也

漢書曰六藝之文樂以和神詩以正言禮以明體

范曄後漢書曰馬融嘗欲訓左氏及見賈逵鄭衆注乃曰賈精而不愽鄭愽而不精既精既愽吾何加焉

又曰桓榮受朱普學章句四十萬言榮入授顯宗減爲二十三萬言却復删省定成十二萬言由是有桓君大小學

後漢書曰許慎字叔重性淳篤少愽學馬融常推敬之時人謂之語曰五經無雙許叔重初慎以五經傳説臧否不同於是撰五經異義傳於世

晉書曰劉殷有七子五子各授一經一子授太史一子授漢書一門之内七業俱興

齊書曰臧榮緒常以宣尼庚子日生其日陳五經拜之自號被褐先生

唐書曰長慶中上謂兵部侍郎薛放曰爲學經史何先放對曰經者古先聖之至言多仲尼所發明皆天人之極致誠萬代不刊之典也史則歷紀成敗雜書善惡各録當時之事亦是鑒其興亡然得失相參是非無所准的固不可以典籍爲比論也上曰六經所尚不一至學之士白首不能盡通如何得其要乎對曰論語者六經之精華孝經者人倫之大本窮理執要真可謂聖人至言是以漢朝論語

首列學官光武令虎賁之士皆習孝經玄宗親爲孝經注解皆使當時大理海内乂安人知孝節氣感和樂之所致也上曰聖人謂孝爲至德要道其信然矣

又曰玄宗時國子司業李元瓘上言三禮三傳及毛詩尚書周易等並聖賢微旨生人教業必事資經遠則斯道不墜今明經所習務在出身咸以禮記文少人皆競讀周禮經邦之軌則儀禮莊敬之楷模公羊穀梁歷代崇習今兩監及州縣以獨學無友四經殆絶既事資訓誘不可因循即望四海均習九經該備從之

又曰文宗每對宰臣未嘗不深言經學李石因奏施士丐春秋可讀上曰朕嘗覽之穿鑿之學貴爲異同耳學者如鑿井然得美水則已何必辛苦旁求然後爲得也

廣雅曰三墳分也論三才之分天地人之治其體有三也

五典鎮也制作教法所以鎮之上下其等有五八索著素王之法若孔子者聖而不王制此法者有八也九丘（九丘者丘區也）別九州土氣教化所宜施者也此皆三王以前上至羲皇時書也今皆亡唯堯典在易變易也禮體也得事體也詩志所之也敷布其義謂之賦事類相比似謂之比言王政事謂之雅稱頌成功謂之頌隨作者之志而別名之也尚書上也以堯為上始而書其時事春秋冬夏終而歲成春秋書人事卒歲而究備春秋溫涼中象政和也故舉以為名也國語記諸國君臣相與言語謀議之得失也

莊子曰詩以導志書以導事禮以導行樂以導和易以導陰陽春秋以道名分其數散於天下而設於中國者百家之學時或稱而導之（皆導古之人陳迹耳而後不能常爾哉）

又曰孔子謂老聃曰丘治詩書禮樂易春秋六經以為文

矣于七十君論先王之道明周邵之迹一無所用甚矣夫人之難說也道之難明耶

老子曰幸子之不遇治世之君也夫六經先王之陳迹也豈其道哉

又曰孔子見聃不許於是繙（繙堆聚之皃）十二經以說老聃曰願聞其要也

孟子曰王者之迹息而詩亡詩亡然後春秋作（王者諸聖王者也太平道衰王迹止息頌聲不作曰詩亡春秋撥亂作衰）晉之乘楚之檮杌魯之春秋一也

淮南子曰五行異氣而皆和六藝異科而皆道溫惠淳良者詩之風也純元敦厚者書之教也清淨條達者易之義也恭儉揖讓者禮之為也寬和簡易者樂之化也刺譏辨議者春秋之靡也故易之失也鬼樂之失也淫詩之失也愚書之失也刼禮之失也亂此六者聖人兼用而裁制之

又曰王石之相類者唯良工能識之書傳之微者唯聖人能論之

揚子法言曰或問周官曰立事左氏曰品藻

又曰書不經非書也

又曰虞夏之書渾渾爾（深大）商書灝灝爾（廣大）周書噩噩爾（不阿）（附他）下周者其書憔悴乎（下周者秦訐酷烈也）

又曰好書不能要諸仲尼書肆也（李軌注曰賣書市）

又曰說天者莫辨乎易說事者莫辨乎書說體者莫辨乎禮說志者莫辨乎詩說理者莫辨乎春秋

又曰或問聖人之經不可使易知歟曰不可天俄而可度則其覆物也淺矣地俄而可測則其載物也薄矣大哉天地之為萬物郭五經之為衆說郛

抱朴子曰正經為道德之淵海子書為增深之川流猶北辰之佐三辰林薄之裨高岳也

又曰隱士以三墳為金玉五典為琴箏講肆為鍾鼓百家為笙簧

孔融與諸卿書曰鄭康成多臆說人見其名學謂有所出也證案大較要在五經四部書如非此文近為妄矣若子所執以為郊天鼓必當騏驎之皮寫孝經本當曾子家策乎

顏延之庭誥曰觀書貴要觀要貴博博而知要萬流可一詠歌之書取其連類合章比物集句採風謠以達民志詩為之祖褒貶之書取其正言晦義轉制衰王微辭豐旨貽意盛聖春秋為上易首體備能事之淵馬陸得其象數而失其成理荀王舉其正宗而略其數象四家之見雖各有

所志摠而論之情理出於微明氣數生於形分然則荀王得之於心馬陸取之於物其無惡乾可知矣夫數象窮則太極著人心極則神功彰若荀王之言易可謂極人心之數者也

鄭玄六藝論曰詩者弦歌諷喻之聲也禮者序尊卑之制崇讓合敬也春秋者古史所記之制動作之事也

桓譚新論曰易一曰連山二曰歸藏三曰周易連山八萬言歸藏四千三百言古文尚書舊有四十五卷爲十八篇古袟禮記有五十六卷古論語二十一卷古孝經一卷二十章千八百七十二字今異者四百餘字蓋嘉論之林藪文義之淵海也

蘇子曰立君臣設尊卑杜將漸防未萌莫過乎禮哀王道傷時政莫過乎詩導陰陽示悔吝莫過乎易明善惡廢興吐辭令莫過乎春秋量遠近賦九州莫過乎尚書和人情動風俗莫過乎樂治刑名審法術莫過乎商韓載百王紀治亂莫過乎史漢孟軻之徒溷淆其間世人見其才易登其意易過於是家著一書人書一法雅人君子投筆硯而高視

傅子曰詩之雅頌書之典謨文足以相副翫之若近尋之若遠浩浩焉文章之淵府也

袁準正論曰公羊高道聽塗説之書欲以鄉曲之辯論聖人之經非其任也

潛夫論曰索物於夜室者莫良於火燭索道於當世者莫良於典籍

物理論曰夫五經則海也他傳記則四瀆也諸子則涇渭也至于百川溝洫畎澮苟能通陰陽之氣達水泉之流以四海爲歸者皆益也

孫綽子曰銜轡衡軛無心於馬而所以御馬典籍禮度無心於治而所以爲治

又曰典籍文章之言也治出於天辭宣於人

杜子新語曰衆儒覩春秋之記録政之失得以立正義以爲聖人起當復作春秋也自通士若太史公亦以爲然余謂之否夫聖賢所陳皆同取道德仁義以爲奇論異文而俱善可觀猶人食皆用魚肉菜茹以爲生熟異和而復俱美也

博物志曰聖人制作曰經賢曰著述曰記曰章句曰解論曰讀

文心雕龍曰自夫子刪述而大寶啓耀於是易張十翼書標七觀詩列四始禮正五經春秋五例義既埏乎性情辭亦匠乎文理故能開學養政昭明有融然而道心惟微聖謨卓絶墻宇重峻吐納者深譬萬鈞之鴻鍾無錚錚之細響矣夫易惟談天入神致用故繫稱旨遠辭文言中事隱韋編三絶固哲人之驪淵也書實紀言而詁訓茫昧通乎尔雅則文意曉然故子貢歎書昭昭若日月之明離離如星辰之行言昭灼也詩主言志詁訓同書摛風裁興藻詞譎喻温柔在誦最附哀矣禮以立體據事章條纖曲執而後顯採掇片言莫非寶也春秋辯理一字見義五石六鷁以詳備成文雉門兩觀以先後顯旨婉章志晦源已邃矣尚書則覽文如詭而尋理則暢春秋則觀辭立曉而訪義方隱此聖文殊致表裏之異體者也

太平御覽卷第六百八

太平御覽卷第六百九

學部三

易 詩 書

易

易乾鑿度曰易者易也變易也不易也管三成德爲道苞籥鄭玄注曰管猶兼也一言而兼此三事以成其德道苞籥齊魯之間名門戶及藏器之管爲管籥

禮記經解曰絜靜精微而不賊則深於易者也

論語曰孔子曰加我數年五十以學易可以無大過矣

易曰易有太極是生兩儀兩儀生四象四象生八卦八卦定吉凶

繫辭曰易之爲書也不可遠爲道也屢遷變動不居周流六虛上下無常剛柔相易不可以爲典要

又曰易之興也其於中古乎作易者其有憂患乎是故履德之基也謙德之柄也復德之本也恒德之固也損德之脩也益德之裕也困德之辯也井德之地也巽德之制也

又曰夫易聖人所以極深而研幾也唯深也故能通天下之志唯幾也故能成天下之務

說卦曰昔者聖人之作易也將以順天地之理是以立天之道曰陰與陽立地之道曰柔與剛立人之道曰仁與義兼三才而兩之故易六畫而成卦分陰分陽迭用柔剛故易六位而成章

又曰昔者聖人之作易也幽贊於神明而生蓍參天兩地而倚數觀變於陰陽而立卦發揮於剛柔而生爻和順於道德而理於義窮理盡性以至於命昔者聖人之作易將以順性命之理也

春秋說題辭曰易者氣之節含精宣律曆上經象天下經計曆文言立符（許信）象出期節（象兩也出期節者若以至日閉關商旅不行后不省方之比也）彖言變化繫設類迹

孝經援神契曰易長於變書考命行授河宋均注曰授河者授河洛以考命行也

帝王世紀曰庖犧氏作八卦神農重之爲六十四卦黃帝堯舜引而伸之分爲二易至夏人因炎帝曰連山殷人因黃帝曰歸藏文王廣六十四卦著九六之爻謂之周易

周易正義曰伏犧重卦周公作爻辭此說與帝王世紀不同

又孔氏作十篇亦曰十翼初卜商爲易傳至西漢傳之有能名家者有施讎孟喜梁丘賀京房費直高相又東漢鄭玄魏王弼並注易施孟諸家自漢及魏並得立而傳者甚衆至西晉梁施高三氏亡孟京二氏有書無師而鄭玄王

弼所傳則費氏之學

漢書藝文志曰虙犧氏仰觀象於天俯觀法於地觀鳥獸之文與地之宜近取諸身遠取諸物於是始作八卦以通神明之德以類萬物之情文王於是重易六爻作上下篇孔氏爲之彖象繫辭文言序卦之屬十篇故曰易道深矣人更三聖（韋昭曰伏犧文王孔子也）世歷三古（易繫辭曰易之興其於中古乎然則伏犧爲上古文王爲中古孔子爲下古也）及秦燔書而筮卜之事傳者不絕

漢書曰京房學易於焦延壽常曰得我道以亡身者京生也

東觀漢記曰任丹傳孟氏易作通論七卷世傳之號曰任君通論

後漢書曰孔融荅虞仲翔書曰示所著易傳自商瞿以來舛錯多矣去聖弥遠衆說騁辭曩聞延陵之理樂今覩吾

君之治易知東南之美者非但會稽之竹箭焉又觀象雲物察應寒温原本禍福與神會契可謂探賾窮道者也

晉書曰王湛字處仲司徒渾之弟也初有隱德人莫能知兄弟宗族皆以為癡其父永獨異焉兄子濟每輕之嘗詣湛見牀頭有周易問曰叔父何用此為湛曰體中不佳時復看耳濟請言之湛因剖析玄理微妙有奇趣皆濟所未聞也濟遂留連彌日累夜自視缺然乃歎曰家有名士三十年而不知濟之罪也

北齊書曰權會本貧生無僕隸初任助教之日恒乘驢上下且職事處多每須經歷及其退食非晚不歸曽夜出城東門鍾漏已盡會唯獨乘驢忽有二人牽頭一人隨後有異生人漸漸失路不由本道會心甚怯之遂誦易經上篇一卷不盡前後二人忽然離散

齊書曰張緒長於周易言精理奥見宗一時常云何平叔所不解易中七事

梁書曰伏曼容字公儀平昌安丘人少篤學善老易倜儻好大言常曰何晏疑易中九事以吾觀之晏了不學也

唐書曰文宗時裴通自祭酒改詹事因中謝上知通有易學因訪以精義仍命進所習經本著易玄解并揔論二十卷易禦寇十三卷易洗心二十卷

世說曰殷荆州仲堪曽問遠公云易以何為體荅曰易以感為體曰銅山西崩靈鍾東應便是易也

淮南子曰孔子讀易至於損益未嘗不喟然而歎曰或欲利之適足以害之或欲害之適足以利之利害禍福之門不可不察

劉向別傳曰所校讎中易傳淮南九師道訓除復重定著十二篇淮南王聘善為易者九人從之採獲故中書署曰淮南九師書

王叔師正部曰易與春秋同經綜一機之織經營天道以放人事

金樓子曰按周禮筮人氏掌三易夏曰連山殷曰歸藏周曰周易解此不同按杜子春云連山伏犧也歸藏黄帝也難曰按禮記曰我欲觀殷道得坤乾焉今歸藏先以坤後乾則知是殷明矣推歸藏既在殷制連山理是夏書

詩

卜商詩序曰詩者志之所之也情動於中而形於言也

又曰在心為志發言為詩

漢書曰通其言謂之詩

左傳襄十六年曰晉侯與諸侯宴于温使諸大夫舞曰歌詩必類（歌古詩當使各從義類）齊高厚之詩不類（齊有二心故）荀偃怒且曰諸侯有異志矣使諸大夫盟高厚高厚逃歸（齊為大國高厚若此小國必當有從者）

又襄二十七年曰鄭伯享趙孟于垂隴子展伯有子西子産大叔二子石從（二子石印段公孫段）趙孟曰七子從君以寵武也請皆賦以卒君貺武亦觀七子之志子展賦草蟲（草蟲召南詩曰未見君子憂心忡忡比趙孟為君子）趙孟曰善哉民之主也抑武也不足以當之伯有賦鶉之賁賁（賁賁鄘詩曰人之無良我以為兄我以為君）趙孟曰牀第之言不踰閾況在野乎非使人之所得聞也子西賦黍苗之四章（黍苗小雅曰肅肅謝功召伯營之列列征師召伯成之比趙孟於召伯）趙孟曰寡君在武何能焉子産賦隰桑（隰桑詩義取思見君子盡心以事之）趙孟曰武請受其卒章（卒章曰心乎愛矣遐不謂矣中心藏之何日忘之趙孟欲子産之見規誨）子太叔

賦野有蔓草野有蔓草詩鄭風取其邂逅相遇適我願兮趙孟曰吾之惠也太叔喜於相遇故趙孟受其惠印段賦蟋蟀蟋蟀詩唐風曰無以太康職思其居好樂無荒良士瞿瞿言瞿瞿然顧禮儀之所趙孟曰善哉保家之主也吾有望矣公孫段賦桑扈桑扈詩小雅義取君子有禮文故能受天之祜趙孟曰匪交匪敖福將焉往若保是言也欲辭福祿得乎卒享文子告叔向曰伯有將為戮矣詩以言志志誣其上而公怨之以為賓榮言誣則鄭伯未有其實趙倡賦詩以自寵其能久乎幸而後亡言必先亡叔向曰然已侈所謂不及五稔者夫子之謂矣

又曰楚靈王與子革語左史倚相趨過倚相楚史名也王曰是良史也子善視之是能讀三墳五典八索九丘皆古書名對曰臣嘗問焉昔穆王欲肆其心周穆王也肆極也周行天下將皆必有車轍馬跡焉祭公謀父作祈招之詩以止王謀父周卿士祈父周司馬掌甲兵之職招其名也祭公方諫遊行故指司馬官而言也此詩逸王是以獲沒於祇宮獲沒不見篡弒臣問其詩而不知若問遠焉能知乎王曰子能乎對曰能其詩曰祈招之愔愔式昭德音愔愔安和皃也式用也思我王度式如玉式如金金玉取其堅重形民之力而無醉飽之心言國之用人當適其力往往如金冶之器而制形故言形民之力去其醉飽過盈之也王揖而入饋不食寢不寐數日深感子革之言

論語孔子曰小子何莫學夫詩詩可以興可以觀可以羣可以怨邇之事父遠之事君多識於鳥獸草木之名

又曰孔子謂伯魚曰汝為周南召南矣乎人而不為周南召南其猶正牆面而立也歟

又子曰起予者商也商子夏始可與言詩已矣

又曰詩三百一言以蔽之曰思無邪

莊子曰詩以道志

毛詩正義曰昔孔子刪古詩三千餘篇上取諸商下取諸魯皆絃歌以合韶武之音凡三百一十一篇至秦滅學亡六篇今在者有三百五篇

正義云初孔子授卜商商為之序以授魯人曾申申授魏人李克克授魯人孟仲子仲子授根牟子根牟子授趙人荀卿荀卿授漢人魯國毛亨作詁訓傳以授於趙國毛萇時人謂亨為大毛公萇為小毛公以其所傳故名其詩曰毛詩

又曰東漢鄭玄取毛氏詁訓所不盡及同異者續為之注解謂曰箋箋薦也言薦成毛意也

詩含神霧曰集微揆著上統元皇下序四始羅列五際宋均注曰集微揆著若綿綿瓜瓞人之初生揆其如是必將至著王有天下也

又曰詩者天地之心君德之祖百福之宗萬物之户也

詩推度災曰建四始五際而八節通卯酉之際為革政午亥之際為革命

春秋演孔圖曰詩含五際六情即六義也一曰風二曰賦三曰比四曰興五曰雅六曰頌

春秋說題辭曰詩者天文之精星辰之度

又曰在事為詩未發為謀恬澹為心思慮為志故詩之為言志也

史記曰古詩三千餘篇孔子刪取三百五篇皆絃歌以合昭武之音然雅音之韻四言為主其餘非音之正也

漢書曰匡衡字稚圭好學家貧傭作以給資用尤精力絕人諸儒為之語曰無說詩匡鼎來應劭曰鼎方也張晏曰匡衡少時字鼎說詩解人頤

又藝文志曰古諸侯卿大夫交隣國之微言相感當揖讓

之時必稱詩以喻其志蓋以別賢不肖而觀盛衰也
又曰哀樂之心感而歌詠之聲發誦其言謂之詩詠其聲謂之歌古有採詩之官王者所以觀風俗知得失自考正也遭秦而全者以其諷誦不獨在竹帛也
晉書曰王裒字偉元性好讀詩至於哀哀父母生我劬勞未嘗不三復流涕門人弟子受業者皆廢蓼莪之篇
又曰王凝之妻謝氏字道韞將軍弈之女也聰識有才辯叔父安嘗問毛詩何句最佳荅曰吉甫作頌穆如清風仲山甫永懷以慰其心安謂其雅人深致○顏延之庭誥曰詠歌之書取其連類合章比物集句詩爲之祖
陸德明經典釋文曰孔子最先刪詩以授於子夏子夏遂作序焉口以相傳未有章句
劉歆七略曰詩以言情情者信之符也書以決斷斷者義之證也

書

釋名曰書者言書其時事也
漢藝文志曰書以廣聽
莊子曰書以道事
顧子曰儀訓云三墳五典粲粲如列宿落落如連珠也
春秋説題辭曰尚書者二帝之迹三王之義所以推其運明命授之際書之言信而明天地之精帝王之功凡百二篇第次委曲尚者上也上帝之書也
尚書正義曰上世帝王之遺書有三墳五典訓誥誓命孔子刪而序之斷自唐虞以下訖于周凡百篇以其上古之書故曰尚書遭秦滅學並亡漢興濟南人伏勝能口誦二十九篇至漢文帝時立尚書學以勝年且九十餘老不能行迺詔太常掌故晁錯就其家傳受之其書四十一篇歐陽大小夏侯傳其學各有能名是曰今文尚書劉向五行傳蔡邕勒石經皆其本其後魯共王壞孔子故宅於壁中得古文尚書論語悉以書還孔氏武帝乃詔孔安國定其書作傳又爲五十八篇安國書成後遭漢武巫蠱事不行至魏晉之際滎陽鄭冲私於人間得而傳之獨未施行東晉汝南梅頤奏上始列於學官此則古文矣
又漢書曰孔氏有古文尚書孔安國以今文尚書字讀之
又古文尚書序曰伏生老言不可曉使其女傳言授晁錯
漢書藝文志曰易曰河出圖洛出書書之所起遠矣至孔子纂焉（音撰）上斷於堯下訖于秦凡百篇而爲之序
劉歆七畧曰尚書直言也始歐陽氏先名之大夏侯小夏侯立於學官三家之學於今傳之

陸德明經典釋文曰漢宣帝太始中河內女子得泰誓一篇獻之與伏生所誦合三十篇漢世行之
漢書曰元帝時豫章內史枚頤奏上孔傳古文尚書中亡舜典一篇乃取王肅注堯典愼徽五典下分爲舜典一篇以續之
後漢書杜林傳曰河南鄭興東海衛宏皆長於古學林嘗言林得興固諧矣使宏得林且有以益之及宏見林闇然而服濟南徐巡始師於宏後更從林學林前於西州得漆書古文尚書一卷常寶愛之雖遭艱困握持不離身嘗以示衛宏曰林流離兵亂常恐斯經將絕何意東海衛子濟南徐生復能傳之是道竟不墜於地也宏巡益重之於是古文遂行
唐書曰開元中宋璟嘗自寫尚書無逸一篇以獻玄宗置

之內殿出入觀省成誦在心每歎古人至言後代莫能及
故任賢誠愨朝夕孜孜開元之末因無逸圖壞始以山水
圖代之及穆宗問宰臣貞觀開元之理崔植因以是對請
復以無逸為誡帝深善其言
又曰高郢子定幼聰警絕倫年七歲時讀尚書
湯誓問郢曰柰何以臣伐君郢曰應天順人不為非道
又問曰用命賞于祖不用命戮于社是順人乎父不能對
巳見幼敏門
又曰文宗纂集尚書中君臣事跡命工圖寫於太液亭朝
夕觀覽

太平御覽卷第六百九

學部四

禮　春秋　孝經

禮

釋名曰禮體也言得事之體也

太公六韜曰禮者理之粉澤

莊子曰三王五帝之禮義法度其猶樝梨橘柚雖其味相反而皆可於口也

論語曰不學禮無以立

詩曰相鼠有體人而無禮人而無禮胡不遄死

禮記樂記曰簠簋俎豆制度文章禮之器也升降上下周旋裼襲禮之文也

又燕居曰禮者何也即事之治也君子有其事必有其治

治國而無禮譬猶瞽之無相與倀倀乎其何之譬如終夜有求於幽室之中非燭何見若無禮則手足無所措耳目無所加進退揖讓無所制（倀丑良切）

又曲禮曰君子恭敬撙節退讓以明禮鸚鵡能言不離飛鳥猩猩能言不離禽獸今人而無禮雖能言不亦禽獸之心乎

又禮運曰禮之於人也猶酒之有糵也君子以厚小人以薄

又樂記曰樂者非謂黃鍾大呂弦歌干楊也樂之末節也故童者舞之鋪筵席陳撙俎列豆籩以升降為禮者禮之末節也故有司掌之

又禮器曰君子之行禮也不可不愼也衆之紀也紀散而衆亂

又曰先王之立禮也有本忠信禮之本也義理禮之文也無本不立無文不行

又經解曰夫禮禁亂之所由生猶坊止水之自來也故以舊坊為無所用而去之者必有水敗以舊禮而無所用而去之者必有亂患

又禮運曰夫禮先王以承天之道以治人之情故失之者死得之者生

詩曰相鼠有體人而無禮胡不遄死是故禮必本於天殽於地列於鬼神達於喪祭射御冠昏朝聘聖人以禮示之天下國家可得而正也

春秋說題辭曰禮者體也人情有哀樂五行有興滅故立鄉飲之禮終始之哀婚姻之宜朝聘之表尊卑有序上下有體王者行禮得天中和（斗居天中而有威儀王者法而備之是亦得天之中和也）

得則天下咸得厥宜陰陽滋液萬物調四時和動靜常用不可須臾惰也

三禮正義曰周禮儀禮並周公所作記所謂禮經三百威儀三千禮經則周禮也威儀則儀禮也周禮遭秦滅學藏於山巖屋壁以故不亡漢武帝時有李氏獲之以上河間獻王獨闕冬官一篇購之千金不得乃以考工記補之遂奏入於祕府時儒以為非是不得至劉歆獨識其書知周公致太平之跡始奏立學官後鄭玄為之注儀禮周衰當戰國之世其書並亡至漢高堂生所傳十七篇唯士禮存焉後世推士禮以致天子之禮而行之至馬融鄭玄王肅並為之注解

禮記正義曰禮記者本孔子門徒共撰所聞也後通儒各有損益子思伋作中庸公孫尼子作緇衣漢文時博士作

王制其餘衆篇皆如此例至漢宣帝世東海后蒼善說禮於曲臺殿撰禮一百八十篇號曰后氏曲臺記后蒼傳於梁國戴德及從子聖德乃刪后氏記爲八十五篇名大戴禮聖又刪大戴禮爲四十六篇名小戴禮其後諸儒又加月令明堂位樂記三篇凡四十九篇則今之禮記也（禮記有馬融鄭玄二家注馬注今亡唯鄭玄行於世矣）

漢書藝文志曰易曰有夫婦父子君臣上下禮義有所錯而帝王質文世有損益至周曲爲之防事爲之制（言委曲防閑每事爲制也）故曰禮經三百威儀三千及周衰諸侯將踰法度惡其害已皆滅去其籍自孔子時而不具至秦大壞漢興魯高堂生傳禮十七篇訖孝宣世后蒼最明戴德戴聖慶普皆其弟子三家立於學官禮古經者出於魯淹中（應邵曰淹中里名也）及孔氏學七十篇文相似多三十九篇及明堂陰陽王史

氏記所見多天子諸侯卿大夫之制雖不能備瘉倉等推士禮而致於天子之說（師古曰瘉與愈同愈勝也）

漢書曰樂以治內而爲同禮以脩外而爲異同則和親異則畏敬也

范曄後漢書曰曹褒論曰漢初朝制無文叔孫通頗採禮經參酌秦法雖適物觀時有救崩弊先王之宏典蓋多闕矣

晉書曰韋逞母宋氏家世儒學其父授以周官音義謂之曰吾家世學周官傳業相繼此周公所制經紀典誥百官品物備於此矣吾無男汝可授之勿令絕世後符堅幸太學博士盧壼奏曰廢學已久書傳零落比年撰綴唯周官禮注未有其師竊見太常韋逞母宋氏傳其父業得周官晉義今年八十視聽無闕非此母無以傳授後生於是就其家立講堂隔絳紗幔而傳受以宋氏爲文宣君賜侍婢十人周官後學傳於世時稱韋氏宋母

唐書曰開元十四年上令太子賓客元行冲撰類禮義疏將立學官疏成右相張說駁奏曰今之禮記是前漢戴德戴聖所編錄歷代傳習已向千年著爲經教不可刊削至魏孫炎始改舊本以類相比有同抄書先儒所非竟不行用貞觀中魏徵因炎所修更加整比兼爲之注先朝雖厚加賞錫其書竟亦不行今行冲等奉詔修撰勒成一家然與先儒義乖章句隔絕若欲行用竊恐未可上然其奏遂不得立學行冲意諸儒排已退著論以自釋

春秋

杜預序云春秋者魯史記之名也楚謂之檮杌晉謂之乘而魯謂之春秋其實一也

釋名曰言春秋冬夏終以成歲舉春秋則冬夏可知也

春秋正義曰孔子授春秋於卜商卜商又授之弟子公羊高穀梁赤又各爲之傳則今公羊穀梁二傳是也左氏傳有賈逵訓服虔杜預注公羊傳有何休解詁穀梁有范甯集解

春秋握成圖曰孔子作春秋陳天人之際記異考符

春秋演孔圖曰作法五經運之天地稽之圖象質於三王施之四海

史記太史公曰先人有言自周公卒五百歲而有孔子孔子卒後至於今五百歲有能紹明世正易傳繼春秋本詩書禮樂之際意在斯乎意在斯乎小子何敢讓耶上大夫壺遂曰昔孔子何爲而作春秋哉太史公曰余聞董生曰周道衰廢孔子爲魯司寇諸侯害之大夫壅之孔子知言

之不用道之不行也是非二百四十二年之中以爲天下儀表貶天子退諸侯討大夫以達王事而已矣子曰我欲載之空言不如見之於行事之深切著明也夫春秋上明三王之道下辯人事之紀別嫌疑明是非定猶豫善善惡惡賢賢賤不肖存亡國繼絶世補敝起廢王道之大者也撥亂世反之正莫近於春秋春秋文成數萬其指數千萬物之散聚皆在春秋春秋之中弑君三十六亡國五十二諸侯奔走不得保其社稷者不可勝數察其所以皆失其本已故易曰失之毫釐差以千里故曰臣弑君子弑父非一朝一夕之故也其漸久矣故有國者不可以不知春秋前有讒而不見後有賊而不知爲人臣者不可以不知春秋守經事而不知其宜遭變事而不知其權爲人君父而不通於春秋之義者必蒙首惡之名爲人臣子而不通於春秋之義者必陷篡弑之誅死罪之名其實皆以爲善爲之不知其義被之空言而不敢亂夫不通禮義之指至於君不君臣不臣父不父子不子夫君不君則犯臣不臣則誅父不父則無道子不子則不孝此四行者天下之大過也以天下之大過予之則受而不敢辭故春秋者禮義之大宗也

漢書藝文志曰古之王者世有史官君舉必書所以愼言行昭法式也左史記言右史記事事爲春秋言爲尚書帝王靡不同之周室既微載籍殘缺仲尼思存前聖之業魯周公之國禮文備物史官有法故與左丘明觀其史記據行事仍人道因興以立功就敗以成罰假日月以定曆數籍朝聘以正禮樂有所褒諱貶損不可書見口授弟子退而異言丘明恐失其真故論本意而作傳明夫子不以空言也

又云劉歆爲左傳學以左氏丘明好惡與聖人同親見夫子而公羊穀梁在七十之後傳聞與親見其詳略不同嘗共父向校書父爲穀梁學數以難其父向向不能報也

漢書曰春秋所貶損當時有威權者是以隱其書而不宣及末世口說流行故有公穀鄒夾之傳四家之中公羊穀梁立於學官

東觀漢記曰張霸字伯饒以樊鯈刪嚴氏春秋猶多繁辭乃減爲二十萬言更名張氏學

鄭玄別傳曰何休字邵公作公羊解注妙得公羊本意作公羊墨守左氏膏肓穀梁廢疾玄後乃發墨守鍼膏肓起廢疾休見而歎曰康成入吾室操吾矛以伐我乎

魏略曰魚豢嘗問魏禧左氏傳禧曰左氏相斫書耳不足精意也

又曰嚴翰字公仲善於春秋公羊時司隸鍾繇不好公羊而好左氏以左氏爲太官厨公羊爲賣餅家故嘗數與辯折長短繇機捷善持論而翰訥口時屈無以應繇曰公羊高竟爲丘明服矣翰曰直故吏爲明公服尔公羊未肯也

蜀志曰孟光字孝裕洛陽人博物識古無書不覽尤銳意三長史於漢家舊典好公羊春秋而譏訶左氏每與來敏爭此二義常譊譊讙咋（讙許袁切咋音詛格切）

晉書曰王濟解相馬又甚愛之而和嶠頗聚斂預嘗稱濟有馬癖嶠有錢癖武帝聞謂曰卿有何癖對曰臣有左傳癖

王隱晉書曰劉兆字延世以春秋一經三家殊途命世名儒是非之議紛然互爲讎敵乃思三家之異合而通之周禮有和怨調人之官遂作春秋調人七萬餘言

又曰杜預大觀群典謂公羊穀梁詭辯之言又非先儒說左氏未究丘明意而橫以二傳亂之乃錯綜微言著春秋左氏經傳集解又參考衆家謂之釋例又作盟會圖春秋長曆備成一家之學至老乃成祕書監摯虞賞之曰左丘明本爲春秋作傳而傳遂自孤行釋例本爲傳設而所發明何但左傳故亦孤行也

三國典略曰張矅好讀春秋每月一遍時人比之賈梁道趙隱嘗謂矅曰君研尋左氏豈求服虔杜預之紕繆耶矅曰何爲其然乎左氏之書備叙言事惡者可以自戒善者可以庶幾故厲已溫習非欲詆訶古人之得失也

梁書曰崔靈恩清河東武城人也少篤學遍習五經尤精三禮傳仕魏爲太常博士天監十三年歸梁累遷步兵校尉兼國子博士靈恩聚徒講授聽者常數百人性拙朴無風采及解析經理甚有精致都下舊儒咸稱重之助教孔僉尤好其學靈恩先習左傳服解不爲江東所行乃改說杜義每文句常申服以難杜遂著左氏條義以明之時助教虞僧誕又精杜學因作申杜難服以荅靈恩世並傳之

顏延之庭誥曰褒貶之書取其正言晦義輔制衰王春秋爲上

三輔決録曰賈逵建初元年受詔列春秋公羊穀梁不如左氏四十事奏之名左氏長義帝大善賜布五百疋

又魏略曰逵好左傳及爲牧守常課之月一遍

桓譚新論曰左氏傳世後百餘年魯穀梁赤爲春秋殘略多有遺失又有齊人公羊高緣經文作傳弥離其本事矣左氏經之與傳猶衣之表裏相持而成經而無傳使聖人閉門思之十年不能知也

又曰劉子政子駿伯玉三人尤珍重左氏下至婦女無不讀誦者

江表傳曰關羽好左氏略諷皆上口

孝經

孝經序曰吾志在春秋行在孝經是知孝者德之本歟

春秋説題辭曰孝經者所以明君父之尊人道之素天地開闢皆有孝人非父不生非母不長天地開闢而生人承天地是故親生膝下以養父母

孝經鉤命決曰孝經者篇題就號也所以表指括意序中書名出義見道曰著就成也孝爲一篇之目十八章也成號序中心之事使孝義見於外一字苞十八章爲天地喉襟道要德本故挺以題符篇冠就

又曰曾子撰斯問曰孝文乎駁不同何撰撰經異同也子曰吾作孝經以素王無爵祿之賞斧鉞之誅故稱避席復坐吾語汝避順以避禍災與先王以託權託先以爲已權勢力目至德要道以題行題行題天子德行致群端巳行及也所首仲尼以立情性情性猶天地巳不正爲天地子故行冠子以立之也言子曰以開號若夫子所以自開於受命也列曾子示撰輔使若得錄圖之故行冠子以立之也佐與共治天下也矣書詩以合謀二人同心其利斷金同心之言其臭如蘭也

孝經中契曰丘作孝經文成道立齋以白天則玄雲踊北紫宮開北門角亢星北落司命天使書題號孝經篇去神星衰孔丘知元令使陽衢乘紫麟下告地主要道之君後年麟至口吐圖文北落郎服書魯立端門隱形不見子夏往觀寫得十七字餘字滅消文其餘飛爲赤烏翔摩青雲

漢書藝文志曰孝經者孔子爲曾子陳孝道也夫孝天之經也地之義也民之行也舉大者言故曰孝經

後漢書曰向栩字輔興張角之亂栩上便宜頗譏刺左右不欲國家興兵但遣人於河上北向讀孝經賊自當消滅中常侍張讓奏栩不欲命將出師疑與角同欲爲內應收

送黄門北寺獄殺之
謝承後漢書曰仇覽字季智一名香陳留考城人也爲縣
陽遂亭長有羊元者凶惡不孝其母詣覽告之覽呼元責
哨元以子道與孝經一卷使誦讀之元深改悔至母前謝
罪曰元少孤爲母所譏曰孤犢觸乳驕子罵母乞今自改
卒成佳士
王隱晉書曰皇甫謐督終論曰氣絶之後以蘧篨裹屍擇
不毛之地葬焉皆無以自隨唯賫孝經一卷示不忘孝道也
吴均齊春秋曰沈士字雲禎臨終遺命曰棺中依皇甫謐
用孝經既殯不須立靈士安亦然也
齊書曰顧懽字景怡有病邪者問懽曰家有何書荅曰唯
有孝經懽曰可取仲尼居置病人枕邊恭敬之自差也病
者果愈後人問其故荅曰善禳惡正勝邪此病者所以差
也

蕭方等三十六國春秋曰漢大將軍東平王約漢王聰戲
之曰汝誦何書味何句也約曰臣誦孝經每詠身體髮膚
受之父母不敢毁傷至於在上不驕高而不危未甞不反
覆誦之聰大悦
後周書曰宇文貴字乾福少聰敏涉獵經史尤便騎射始
讀孝經便謂人曰讀此一經足爲身之本
三國典略曰徐陵子份陵甞遇疾甚篤份燒香泣涕跪誦
孝經晝夜不息如此者三陵疾豁然而愈
隋書曰鄭譯性輕高祖以其定策功不忍廢而陰疎之譯
乃隂呼道士章醮以祈福助其婢奏譯猒蠱左道上謂譯
曰我不負公此何意也譯無以對後憲司劾以不孝由是
除名下詔曰譯嘉謀良策寂尒無聞鬻獄賣官沸騰盈耳
若留之於世在人爲不道之臣戮之於朝入地爲不孝子
鬼有累幽顯無以置之宜賜以孝經令其熟讀復其爵
位
又曰韋師字公穎京兆杜陵人也少沉謹有志性初就學
始讀孝經捨書而歎曰名教之極其在兹
又曰蘇威甞謂煬帝曰先臣謂臣唯讀孝經一卷可以立
身何用多爲帝亦然之何安曰蘇威所學非止孝經厥父
若信有斯言威不從命是其不孝若無斯言而面欺陛下
是其不誠不誠不孝何以事君且夫子曰不學詩無以言
不學禮無以立豈容蘇綽教子獨反聖人之旨乎
唐書曰永徽中上命陳王師趙弘智於百福殿講孝經召
中書門下三品及弘文舘學士國子監學官並令預坐弘
智演暢微言備陳五孝之義學士等難問連環弘智酬應

如響上謂弘智曰宜畧陳此經要道以輔不逮對曰昔者
天子爰及諸侯卿大夫皆有諍臣願以此言奉獻上甚悦
弘智及學士儒官並賚以繒帛
漢實録曰敏使於湖南途出江陵帥高從誨爲贄是時諫
曰祭酒惠及經書從誨所識不過孝經十八章尒敏曰讀
書不在多至德要道十八章足矣敏記諸侯章云在上不
驕高而不危制節謹度滿而不溢此一章皆經要言也時
從誨兵敗於郢謂敏見諷舉觥以自罰

太平御覽卷第六百一十

金

太平御覽卷第六百一十一
學部五

勤學
史記曰蘇秦洛陽人與魏人張儀同師事鬼谷先生讀書
至睡秦輒引錐刺股血流至踝
漢書曰董仲舒廣川人景帝時爲博士少耽學業下帷讀
書弟子傳以相授莫見其面十年不窺園圃乘馬三十年
知牝牡
又曰路温舒字長君父使牧羊温舒取澤中蒲截以爲牒
編用寫書
後漢書曰桓榮字春卿沛國龍亢人也少與兄元卿俱在
田裾拾而榮閑書讀之講誦不息元卿嗤榮曰但自苦氣
力何時復施用乎榮笑不應日夜不倦世祖聞召拜議郎

使入教授太子帝稱善曰得生幾晚後爲太子少傅帝賜
其車馬衣服榮得之陳於庭謂父兄曰此吾稽古之力也
元卿歎曰我本農家子豈意學之爲利乎
又曰法真隱居大澤講論術藝歷年不窺園圃
又曰何休作公羊解詁覃思不窺園者十有七年
又曰趙昱常就處士東莞綦毋公受公羊傳至歷年潛思
不窺園門親踈稀見其面
又曰張霸字伯饒成都人好學七歲通春秋復欲進餘經
父母曰汝小未能也霸曰我饒爲之故字伯饒四遷侍中
謝承後漢書曰臧封字平仲年十五詣太學師事東海申
君申君卒送喪到東海道經其家父母以封當還豫爲娶妻封
覺過拜親不宿而去
又曰高鳳字文通南陽蔡人家以農畝爲業而勤學專精
讀誦妻嘗之田曝麥於庭令鳳護之懼雞以竿授之時天
暴雨而鳳持竿讀書不覺潦水大至流其麥矣
又曰袁閎傳黄巾賊起攻没郡縣百姓驚散閎誦不移賊
相約語不入其閭鄉人就閎避難皆得全免
又曰曹褒博雅踈通尤好禮事常感朝廷制度未備慕叔
孫通爲漢禮儀晝夜研精沉吟專思寢則懷抱筆扎行則
誦習文書當其念至忘所之適
又曰承宫少孤年八歲爲人牧豕鄉里徐子盛者以春秋
經授諸生數百承宫過息廬下樂其業因就聽經遂請留
門下
續漢書曰宫過徐子盛好之因弃其豬而留聽經主怪其
不還求索得宫欲笞之門下生共禁止因留之爲諸生拾
薪執苦數年勤學不倦

又曰崔琦字子瑋濟北相瑗之宗也引古今成敗以誡梁
冀冀不能受乃作外戚箴又作鵠賦以爲諷後除臨濟令
不敢之職解印而去冀令刺客求之見琦耕於陌上懷書
一卷息輒偃而詠之刺客覽之以實告琦因得脫走
又曰荀爽字慈明幼好學太尉杜喬見而稱曰可爲人師
爽遂耽思經籍慶弔不行徵命不應
司馬彪續漢書曰杜喬字叔榮累祖二千石以孝稱雖二
千石子常步擔求師
又曰李固少有儁才雅志好學爲三公子常躬步䭾驢負
書隨師
魏志曰楊浚同郡王蒙少孤爲人僕隸年十七見使牧羊
而私讀書因獲捶楚浚美其才即贖著家中聘娶立屋然
後與別居官至散騎常侍

魏略曰常林少單貧為諸生耕帶經鋤其妻自擔餉餽之相敬如賓

又曰賈逵字梁道好春秋左傳及為牧守常自課讀之月一遍

蜀志曰譙周字允南䏻古篤學家貧未嘗營產業誦讀典籍欣然獨笑以忘寢食研精六經頗曉天文而不留意諸子文章非心所存

吳志曰魯肅為人方嚴寡於玩飾治軍整頓禁令必行雖在軍陣手不釋卷

又曰闞澤字德潤山陰人常為人傭書所寫畢誦之亦遍

虞溥江表傳曰張紘事父至孝居貧躬耕稼帶經而鋤孜孜汲汲以夜繼日至于弱冠無不窮覽

晉書曰王育少孤貧為人傭牧羊豕近學堂育常有暇拾

薪以雇書生抄書後截蒲以學書日夜不止亡失羊豕其主笞之育甚有慙色將鬻己以償於是郭子敬聞而嘉之代育還羊豕給其衣食令育與其子同學育遂博通經史仕偽漢官至太傅

又曰車胤字武子南平人勤學不倦家貧嘗不得油夏月則練囊盛數十螢火虫以照書

晉中興書曰孫盛字安國為祕書監好學自少及長手常不釋卷既居史官乃著三國晉陽秋

又曰劉寔長不滿七尺精學不倦雖居官職至于皓首手不釋卷

崔鴻春秋前燕録曰豫州刺史張悕字文祖清河武城人也悕少孤貧隨毋長於舅氏令其牧牛悕幼而好學事毋以孝聞每日必於牧暇採樵二束菜二本一以供毋一以雇人書晝則折木葉學書夜則誦所書者

宋書曰沈攸之字仲達晚好讀書史漢事多所諳憶常歎曰早知窮達有命恨不十年讀書

又曰鄭鮮之字道子滎陽開封人鮮之下帷讀書絕交遊之務

又曰王歆字休泰琅邪人家貧好學嘗三日絕粮執書不輟父毋家人或謂之曰困窮如此何不耕農為求活乎歆答曰我當以典籍自耕耳武帝以其博學有文才累遷中書侍郎揚州牧

後魏甄琛曰中山人也舉秀才入都累歲常以弈碁通夜不止手下蒼頭奴常令執燭或時睡則加杖之如此非一奴不勝痛楚乃曰郎君辭父毋仕官若為讀書執燭不敢辭罪今博弈是何事也琛惕然大慙遂寫書研習經史聞

見日優仕至侍中

蕭子顯齊書曰顧歡字景怡吳郡鹽官人也年六十歲書甲子有蘭三篇歡推計遂知六甲家貧父使驅田中雀歡作黃雀賦雀食稻過半父怒欲撻之見賦乃止鄉中有學舍歡貧無以受業於舍壁後倚聽無遺忘者八歲誦孝經詩論及長篤志好學毋年老躬耕誦書夜則燃糠自照

又曰隱士沈驎士火燒書數千卷驎士年過八十耳目猶聰明乃故手抄寫火下細書復成二三千卷滿數十篋

南齊春秋曰江泌字士清少貧晝日斫屧夜讀書隨月光握卷外堂

北齊書曰杜弼字輔玄高祖令弼帶州驃騎府長史弼性好名理探味玄宗自在軍旅帶經從役

又曰李鉉字寶鼎家貧苦學春夏務農秋冬入學三冬不

畜枕每至睡時假寐而已

後魏書曰李道固頓丘衛國人高祖賜名焉家寒少孤有大志好學不倦初受業於長樂監伯陽伯陽稱美之晚與漁陽高悦北平陽尼等將隱於名山不果而罷悦兄閭博學高才家富典籍悦遂於悦家手抄口讀不暇寢食

三國典略曰齊右僕射冨平子魏収字伯起鉅鹿曲陽人幼習騎射欲以武藝自達太學博士鄭伯猷調之曰魏郎弄戟多少収慙悟乃折節讀書坐版床積年版亦爲之鋭収甞爲庭竹賦以自發名伯猷謂之曰卿不值老夫猶當逐兎

後周書曰樊深博物性好學老而不怠朝暮還往常據鞍讀書至馬驚墜地損折支體終亦不改後除國子博士

梁史曰沈約十三而遭家難潛竄會赦乃免既而流寓孤

貧篤志好學晝夜不釋卷母恐其以勞生疾常遣減油滅火而晝之所讀夜輒誦之遂博通群籍善屬文濟陽蔡興宗聞其才而善之及爲郢州引爲安西外兵參軍兼記室興宗常謂其諸子曰沈記室人倫師表宜善師之

梁書曰韋叡族弟受字孝友沉毅有器局年十二甞遊京師値天子出遊南苑邑里諠譁老幼争觀受坐讀書不釋卷宗族莫不異之

沈峻字士嵩師事宗人沈驎士嵩在門下積年晝夜自課或睡寢輒以杖自擊其爲志如此

又曰江革字休映考城人吏部郎謝朓常過革第時大寒雪革弊絮單席而耽學不倦朓乃脫其所着衣并手割半氈與革後建安王爲雍州刺史表求記室人或薦之以爲征北記室參軍與弟觀少長共居不忍離别苦求同行參軍沈約任昉同與革書曰此雍府妙選英才文房之職揔卿昆弟可謂馭二龍於長途騁騏驥於千里

又曰劉峻字孝標平原人勤學去學五六里常行讀書不息地有坑坎每常倒躑然後始悟

隋書曰皇甫績字功明三歲而孤爲外祖韋孝寛所鞠養甞與諸外兄博弈孝寛以其惰業篤以嚴訓愍績歎曰我無庭訓養於外氏不能克躬何以成立深自感激命在左右自杖孝寛聞而對之流涕於是學問涉經史

又曰盧思道字子行年十六遇中山劉松爲人作碑以示思道讀之多所不解於是感激閉户讀書師事河間邢子才後思道爲文以示劉松松又不能甚解思道乃喟然歎曰學之有益豈徒然哉

又曰劉炫字光伯少以聰敏見稱與信都劉焯閉户讀書

十年不出

又曰王邵篤學好經史遺落世事用思既專性頗恍忽至對食閉目凝思盤中之肉輒爲僕從之所噉邵弗之覺唯責肉少數罰厨人厨人以情白依前閉目伺而獲之厨人方免笞辱其專固如此

唐書曰李磎昭宗朝爲宰相磎自在臺省聚書至多手不釋卷時人號曰李書樓所撰文章及注解書傳之闕疑近百餘卷經亂悉亡

世説曰管寧華歆甞同席讀書有乘軒冕過門者寧讀書如故歆出觀寧割席分坐曰子非吾友也

邴原別傳曰原字根矩家貧早孤隣有書舍原過其傍而泣師問曰童子何悲原曰一則顧其少孤二則羨其未學師亦哀原之言而爲之泣曰童子苟有志我從相教不之

求費也
楚國先賢傳曰孫敬好學時欲寤寐懸頭至屋梁以自課
常閉戶號爲閉戶先生
廬江七賢傳曰文黨字翁仲欲之學時與人俱入藂木謂
侶人曰吾欲遠學先試投我斧高木上斧當掛乃仰投之
斧果上掛因之長安受經
七賢傳曰阮籍有奇才異質或閉戶讀書連月不出或遊
行丘林經日不返
益都耆舊記曰朱倉字雲卿廣漢人蓄錢八百文之蜀從
處士張寧受春秋粲小豆十斛屑之爲粮閉戶精誦寧矜
之歛得米二十石倉不受
嵇康高士傳曰逢真王莽辟不至嘗爲杜陵門下掾終身
不窺長安城但閉門讀書未嘗問政

呂氏春秋曰甯越中牟之鄙人也苦耕稼之勞謂其友曰
何爲而可以逸此苦也其友曰莫如學學三十年則可以
達矣甯越曰請以十五歲人將休吾不休人將卧吾不卧
學十五歲而周威公師之
世要論曰有讀書倦而刺其掌
墨子曰墨子使衛載書甚多強唐子見而恠之
墨子曰昔周公旦朝讀書百篇夕見七十士相天子猶如
此況無事敢廢此乎
鄒子曰朱買臣孜孜修學不知雨之流粟
漢武帝洞冥記曰董謁字仲玄出隱無常常息人家於座
以筆題掌還以竹簳寫之書竟舐掌中加以少來精勤舐
之累爛世謂之董仲玄掌録
西京雜記云匡衡好學貧無燭隣家甚富穿壁引光照書

漢書曰倪寬千乘人受業孔安國貧無資傭作帶經而鉏
在太學爲弟子都養

太平御覽卷第六百一十

學部六

博學　博物

博學

論語曰大哉孔子博學而無所成名

禮記曰君子之學也博其服也鄉

易大畜卦云君子以多識前言往行以畜其德

續漢書曰班固字孟堅九歲能屬文誦詩賦及長遂博覽載籍九流百家之言無不窮究

東觀漢記曰楊震字伯起受歐陽尚書於桓郁明經博覽無不窮究諸儒爲之語曰關西孔子楊伯起

謝承後漢書曰王充字伯任好學博覽常遊洛陽市閱所賣書一見輒能誦憶遂博通衆流百家之言

又曰黃香知古今羣書無不涉獵帝以香先帝所異每有疑帝時特訪問又詔香詣東觀讀所未嘗見書

又曰賈逵字景伯弱冠誦左氏語云問事不休賈長頭也

王隱晉書曰皇甫謐羸病手不釋卷歷觀今古無不皆綜

又曰張華博覽圖籍四海之內若指諸掌世祖問華千門萬户畫地而成

晉書曰何劭惠帝即位初建東宮太子年幼欲令親萬機以劭爲太子師劭博學善屬文陳説近代事若指諸掌

三國典略曰陳遺兼通直散騎常侍姚察聘於周沛國劉臻竊於公館訪漢書疑事十餘條並爲剖析皆有經據臻謂所親曰名下定無虛士

齊書曰賈希鏡宋孝武時青州人發古冢銘云青州世子東海女郎帝問學士鮑昭徐爰蘇寶生並不能悉希鏡對曰此是司馬越女嫁苟晞兒檢訪果然由是見遇

又崔慰祖傳曰國子祭酒沈約吏部郎中謝朓嘗於吏部省中賓友俱集各問慰祖地理中所不悉十餘事慰祖口吃無華辭而酬據精悉一座稱服之朓歎曰假使班馬復生無以過此

蕭子顯齊書曰王儉自以博聞多識讀書過陸澄澄曰僕少小來無事唯以讀書爲業其年巳倍令君少便鞅掌王務雖復一覽便諳然見卷軸未必多僕儉集學士何憲等盛自商略澄待儉詩畢然後談所遺漏數百千條皆儉所未覩儉乃歎服儉在尚書省出巾箱机案新服飾令學士隸事多者與之人各得一兩物澄後來更出諸人所不知事復各數條并奪物將去

梁書曰韋叡子稜字威直性恬素以書史爲業博物強記當代之士咸就質疑

隋書曰王劭初在齊時祖孝徵魏收陽休之等嘗論古事有遺忘討閱不能得因呼劭問之劭具論所出取書驗之一無舛誤自是大爲時人所許稱其博物

唐書曰李守素尤爲譜學妙諳人物自晉宋以降四海士流及周魏以來諸貴勳等華戎閥閲靡不詳究時號爲肉譜嘗與虞世南等六人同直學館其夜七夕內出珍饌有教賦詩因共談人物初言江左東南猶相酬對及言北臺諸姓次第如流顯其歷葉皆有據證世南但撫掌而笑不復能荅旣而歎曰肉譜定可畏許敬宗因謂世南曰李倉曹以善人物乃得此名雖爲美事然非雅號曰君旣言成準的宜有以改之荅曰卿言是也昔任彥昇善談經籍梁代稱爲五經笥今曰倉曹爲人物志可乎杜如晦等咸以

爲佳
又曰蔣乂幼好學德宗甞幸凌煙閣見左壁頹剥上有殘
缺文記每行可辨三五字命録之以問宰臣宰臣卒然無
以對遽召乂訪之對曰此聖歷年侍臣圖贊也暗誦諷不
失一字宰臣上奏德宗歎曰虞世南暗寫列女傳無以加
也
國語曰晉文公使趙衰爲卿辭云欒枝貞慎先軫有謀胥
臣多聞皆可以爲輔也
孟子曰人皆知糞其田而莫知糞其心何謂糞心博學多
聞也
莊子曰惠施多方其書五車稱連環可解
袁子正書曰學莫大於博行莫過於約聖人者天下之至
智也博學以聚之兼聽而辯之

抱朴子曰洪年十六始習孝經論語易但貪廣覽於衆書
曾披涉自正經諸史百家之言近將萬卷
又曰夫周公上聖而日讀百篇仲尼天縱而韋編三絕墨
翟大賢載文盈車仲舒命世不窺園圃倪寛帶經以芸鋤
路生截蒲以寫書黃霸桎梏以受業甯子夙夜以倍功故
能究覽玄奥窮測微言
典論曰孔融陳琳王粲徐幹阮禹應瑒劉楨七子者於學
無所遺於文無所假
文士傳曰張華窮覽古今甞徙居有書三十乘
金樓子曰丘遲出爲永嘉郡公祖道於東都亭敬子沈隱
侯俱至丘去少來搜集書史頗得諸遺書無復首尾或失
名姓凡有百餘卷皆不得可知今併欲焚之二客乃謂主人
去可皆取出共看之傳金紫末至二客以向諸書示之傳

乃發擿剖判皆究其流出所得三分有二賓客咸所惋伏
國朝傳記曰太宗甞出行有司請載副書以從上曰不須
虞世南在此行祕書
又曰太宗稱虞監博聞德行書翰詞藻忠直一人而已兼
是五善

博物

家語曰夫子曰子產於民爲惠主於學爲博物吾以兄事
之也
左傳昭元年曰晉侯有疾鄭伯使公孫僑如晉聘且問疾
叔向問焉曰寡君之疾病卜人曰實沈臺駘爲崇史莫之
知敢問此何神也子產曰昔高辛氏有二子伯曰閼伯季
曰實沈居于曠林不相能也日尋干戈以相征討后帝不
臧遷閼伯于商丘主辰商人是因故辰爲商星遷實沈于

大夏主參唐人是因以服事夏商其季世曰唐叔虞當武王
邑姜方震大叔夢帝謂巳余命而子曰虞將與之唐屬諸
參而蕃育其子孫及生有文在其手曰虞遂以命之及成
王滅唐而封大叔焉故參爲晉星由是觀之則實沈參神
也昔金天氏有裔子曰昧爲玄冥師生允格臺駘臺駘能
業其官宣汾洮障大澤以處大原帝用嘉之封諸汾川沈
姒蓐黃實守其祀（四國臺駘之後）今晉主汾而滅之矣由是觀之
則臺駘汾神也抑此二者不及君身山川之神則水旱癘
疫之災於是乎禜之日月星辰之神則雪霜風雨之不時
於是乎禜之若君身則亦出入飲食哀樂之事也山川星
辰之神又何爲焉僑聞之君子有四時朝以聽政晝以訪問
夕以修令夜以安身於是乎節宣其氣勿使有所壅閉湫
底以露其體玆心不爽而昏亂百度今無乃一之（同四時也）得

生疾矣僑又聞之內官不及同姓內官嬪御其生不殖殖長也美先盡矣則相生疾同姓之相與先美矣美極則盡盡則生疾之君子是以惡之故志曰買妾不知其姓則卜之違此二者古之慎也一四時取同姓二者古人所慎男女辨姓禮之大司也辨別也今君內實有四姬焉同姓姬四人其無乃德是也乎若由是二者弗可爲也已爲治也四姬有省猶可無則必生疾矣據異姓去同姓故言省叔向曰善哉肸未之聞也晉侯聞子產之言曰博物君子也重賄之

又昭七年傳曰子產聘于晉晉侯有疾韓宣子逆客私焉私語曰寡君寢疾於今三月矣並走群望晉所望祀山川皆走往祈禱有加而無瘳今夢黃熊入於寢門其何厲鬼也對曰以君之明子爲大政其何厲之有昔堯殛鯀于羽山羽山在東海祝其縣西南其神化爲黃熊以入于羽淵實爲夏郊三代祀之鯀禹父夏家郊祭之歷殷周二代又通在群神之數并見祀晉爲盟主其或者未之祀乎言周衰晉爲盟主得佐天子祀群神韓子祀夏郊祀鯀晉侯有間間差也賜子產莒之二方鼎方鼎莒所貢

漢書曰張安世字子孺給事尚書上幸河東亡書三篋詔問莫能知唯安世識之具作其事後求得書以相校無所遺失上奇其材擢尚書令

晉書張華傳曰人有得鳥毛長三丈以示華華見慘然曰此謂海鳧毛也出則天下亂矣陸機嘗餉華鮓于時賓客滿座華發器便曰此龍肉也衆未之信華曰試以苦酒濯之必有異既而五色光起機問鮓主果云園中茅積下得一白魚質狀殊常以作鮓過美故以相獻武庫封閉甚密其中忽有雉雊華曰此必蛇化爲雉開視雉側果有蛇蛻焉吳郡臨平岸崩出一石鼓槌之無聲帝以問華華曰可取蜀中桐材刻爲魚形扣之則鳴矣於是如其言果聲聞數里初吳之未滅也斗牛之間常有紫氣道術者皆以吳方強盛未可圖也唯華以爲不然及吳平之後紫氣愈明華聞豫章雷煥妙達象緯要之宿因登樓仰觀煥曰寶劍之氣耳在豫章豐城因以煥爲豐城令使求之煥到縣掘獄屋基得雙劍其夕斗牛間氣不復見焉煥以南昌西山北巖下土以拭劍光芒艷發遣使送一劍并土與華留一自佩華以南昌土不如華陰赤土因以華陰土一斤致煥煥更以拭劍倍益精明又魏時殿前鍾忽大鳴震駭者華云此蜀山毀故鍾鳴尋蜀郡上其事也

又曰武帝嘗問摯虞三日曲水之義虞對曰漢章帝時平原徐肇以三月生三女至三日俱亡村人以爲怪乃招攜之水濱洗祓遂因水以泛觴其義起此帝曰必如所談便非好事束晳進曰虞小生不足以知臣請言之昔周公城洛邑因流水以泛酒故逸詩云羽觴隨波流又秦昭王以三日置酒河曲見金人奉水心之劍曰令君制有西夏乃霸諸侯因此立爲曲水二漢相緣皆爲盛集帝大悅賜晳金五十斤時有人於嵩高山得竹簡一枚上兩行科斗書傳以相示莫有知者司空張華以問晳晳曰此漢明帝顯節陵中策文也檢驗果然時人伏其博識

又曰桓溫伐蜀初諸葛亮造八陣圖於魚復下砂上壘石八行相去二丈溫見之謂此常山蛇勢也文武皆莫能識之

又曰荀勗嘗在帝坐進飯謂在坐人曰此是勞薪所炊咸未之信帝遣問膳夫乃云實用故車脚舉世伏其明識

宋書曰何承天傳見古今爲一時所重張永嘗開玄武湖遇古冢冢上得一銅斗有柄文帝以訪朝士承天曰此亡

新威斗王莽三公土皆賜之一在冢外一在冢內時三台江左者唯甄邯爲大司徒必邯之墓俄而又啓冢內更得一斗復有一石銘大司徒甄邯之墓

蕭子顯齊書曰東海王摛亦史學博聞歷尚書左丞竟陵王子良校試學士唯摛問無不對永明中天忽黃色照地衆莫能解摛云是榮光世祖大悅

梁書裴子野傳曰時西北遠邊有白題及滑國遣使由岷山道入貢此二國歷代弗賓莫知所出子野曰漢潁陰侯斬胡白題將一人服虔注曰白題胡也又漢定遠侯擊虜入滑此其後乎時人服其博識

又曰樂譪爲御史中丞時長沙宣武王將葬而車府忽於庫失油絡欲推主者譪曰昔晉武庫火張華以爲積油萬石必然今庫若有灰非吏罪也既而檢之果有積灰時稱其

博物弘恕

三國典略曰齊徐之才見有人以五色班蘭骨爲刀把者之才曰此人瘤也問所得處云於塚見髑髏骨長數寸試削視有文理故用之

又曰周平蜀還得樂器者皆莫之識太常少卿斛斯徵（徵直陵切）見之曰此錞于也人弗之信徵遂依于寶周禮注以芒筒捋之其聲極振衆乃歎服徵取以合樂焉

隋書曰崔頤大業四年從駕汾陽宮次河陽鎮藍田令王曇於藍田山得一玉人長三尺四寸着大領衣冠幘奏之詔問群臣莫有識者頤答曰謹案漢文以前未有冠幘即是文帝以來所制作也臣見魏大司農盧元明撰嵩山廟記云有神人以玉爲形像長數寸或出或隱出則世延長伏惟陛下應天順民定鼎嵩雒岳神自見臣敢稱慶因再拜百官畢賀天子大悅賜縑二百

國語曰海鳥爰居止於魯東門之外三日臧文仲使國人祭之（文仲不知以爲神）展禽曰越哉臧孫之爲政也（越迂也言其迂闊不知所要也）夫祀國之大節也而節政之所成也故慎制祀以爲國典今無故而加典非政之宜也夫聖王之制祀也功施於民則祀之以死勤事則祀之以勞定國則祀之能禦大災則祀之能扞大患則祀之非是族也不在祀典今海鳥至已不知而祀之以爲國典難以爲仁且智矣夫仁者講功而智者處物無功而祀之非仁也不知而不問非智也今茲海其有災乎夫廣川之鳥獸恒知而避其災也是歲也海多大風冬煖（爰居所避）文仲聞柳下季之言使書以爲三筴（筴簡書也三筴三卿一通也謂司馬司徒司空）

又曰季桓子穿井獲如土缶其中有羊焉使問之仲尼曰

吾穿井而獲狗何也（獲羊言狗者以孔子博物測也）對曰以丘之所聞羊也丘聞之木石之怪曰夔蝄蜽水之怪曰龍罔象土之怪曰墳羊

又曰吳伐越墮會稽獲骨一節專車（骨一節其長專車專擅也）吳子使來好聘問之仲尼仲尼曰丘聞之禹致群臣於會稽之山防風氏後至禹殺而戮之（防風汪芒氏君之名違命後至故禹殺之陳尸爲戮）其骨專車焉此爲大矣客曰敢問誰守爲神仲尼曰山川之靈足以紀綱天下者其守爲神（紀綱天下謂名山大川能興雲致雨以利天下）社稷之守爲公侯（封國立社稷而令守之山川之祀者爲諸侯是公侯）皆屬於王者客曰防風何守仲尼曰汪芒氏之君（汪芒長翟國名）守封嵎山者也（封封山嵎嵎山在今吳郡永安縣也）爲七姓（汪芒氏之姓）在虞夏商爲汪芒氏於周爲長翟（周世其國北遷爲長翟）今爲大人（今孔子時）客曰人長之極幾何仲尼曰僬僥氏長三尺短之至也（僬僥西南蠻之別也）長者不過十之數之

極也（十之三丈則防風氏）
又曰仲尼在陳有隼集于陳侯之庭而死楛矢貫之石砮
其長尺有咫（隼鷙鳥鶚也楛木名砮鏃也石爲之八寸曰咫楛矢貫之墜而死也）陳惠公使
以隼如仲尼之館問之（惠公哀公之孫悼太子之子吴也）仲尼曰隼之來
也遠矣此肅慎氏之矢也（肅慎北夷之國）昔武王克商通道于九
夷八蠻使各以其方賄來貢使無忘職業於是肅慎氏貢
楛矢石砮其長尺有咫先王欲昭其令德之致遠物也故
銘其栝曰肅慎氏貢楛矢以分大姬配虞胡公而封諸侯（分予
也大姬武王元女胡公舜後虞遏父之子胡滿）古者分同姓以寶玉所以展親也
（展重若夏后氏氏之璜也）異姓以遠方之職貢使無忘服也故分陳以
肅慎氏之貢（陳嬀姓）君若使有司求諸故府其可得也（故府舊府）
使求得之金櫝如之
家語曰楚昭王渡江江中有一物大如斗貟而赤直觸王
舟舟人取之王大怪之徧問群臣莫能識使使聘於魯問
孔子孔子曰此萍實也唯霸者爲能獲之使者返王食之
大美久之使來以告魯大夫大夫因子游問曰何以知其
然曰吾昔之鄭過陳之野聞童謠曰楚王渡江得萍實大
如斗赤如日剖而食之甜如蜜此是武王之應也
益部耆舊傳曰蜀郡張寬漢武帝時爲侍中從祀甘泉至
渭橋有女子浴於渭水乳長七尺上怪其異遣問之女曰
帝後第七車知我所來時寬在第七車對曰天皇主祭祀
者齋戒不嚴則女人見
郭璞注山海經曰漢宣帝使人上郡發盤石石室中得一
人徒裸被髮反縛械一足以問群臣莫能知劉子政對曰
昔貳負之臣曰危與貳負殺窫窳帝乃梏之於疏屬之山
（梏繫縛也音酷）桎其右足反縛兩手繫之山上盤石之下宣帝大

驚於是時人爭學山海經
國朝傳記曰潤州得玉磬十二以獻張率更叩其一曰是
晉某歲所造又有人於古墓中得銅物似琵琶而身正圓
元行沖云此阮咸所造（事並具樂部）

太平御覽卷第六百一十二

學部七

教學

禮記王制曰天子命之教然後爲學小學在公宫南之左太學在郊

又學記曰古之教者家有塾黨有庠術有序國有學術當爲遂周禮五百家爲黨万二千五百家爲遂也一年視離經辨志三年視敬業樂群五年視愽習親師七年視論學取友謂之小成九年知類通達强立而不反謂之大成

又曰學然後知不足教然後知困知不足然後能自反也知困然後能自强也

又曰君子知至學之難易而知其美惡然後能愽喻能愽喻然後能爲師能爲師然後能爲長能爲長然後能爲君

又曰大學之法禁於未發之謂豫當其可之謂時不陵節而施之謂孫相觀而善之謂摩此四者教之所由興也發然後禁則扞格而不勝時過然後學則勤苦而難成雜施而不孫則壞亂而不修獨學而無友則孤陋而寡聞燕朋逆其師燕譬廢其學此六者教之所由廢也

又曰學者有四失教者必知之人之學也或失則多或失則寡或失則易或失則止此四者心之莫同也知其心然後能救其失也

又曰君子之教喻也道而弗牽强而弗抑開而弗達道而弗牽則和强而弗抑則易開而弗達則思和易以思可謂善喻也

又曰教也者長善而救其失者也善歌者使人繼其聲善教者使人繼其志其言也約而達微而臧罕譬而喻可謂繼志也

又曰大學始教皮弁祭菜示敬道也宵音小雅肄三官其始也入學鼓篋遜其業也榎楚二物收其威也未卜禘不視學游其志也時觀而不語存其心也幼者聽而不問學不躐等也此七者教之大倫也

尚書說命下曰惟學遜志務時敏厥修乃來允懷于兹道積于厥躬惟斅學半念終始典于學厥德修罔覺

周禮師氏以三德教國子一曰至德以爲道本二曰敏德以爲行本三曰孝德以知逆惡

穀梁傳昭公曰子既生不免於水火者母之罪也羈貫成童不就師父之罪也羈貫謂交午翦髮以爲飾成童八歲已上者也就師學問無方心不通師之罪也

漢書曰景帝末文翁爲蜀郡守修起學官吏民大化蜀地至於京師者比齊魯焉至武帝乃令天下皆立學校自文翁爲之始

又曰疏廣字仲翁東海蘭陵人少好學明春秋居家教授學者遠至

又曰韋賢子玄成明經至丞相鄒魯諺曰遺子黄金滿籯不如一經

東觀漢記曰永平九年詔爲四姓小侯置學

又曰樊准見當世學者少㦤先王道術陵遲乃上疏曰光武受命中興之初群雄擾於冀州旌旗亂於大澤然猶投戈講學息馬論道孝明皇帝尤垂意於經學即位删定乖疑稽合圖讖封師太常桓榮爲關内侯親自制作五行章句每享射禮正坐自講諸儒並聽四方欣欣是時學者尤盛冠帶搢紳遊辟廱觀化者以億計

後漢書曰樊儵字長魚刪定公羊嚴氏春秋世號樊侯教
學門徒三千餘人
又曰延篤字叔堅南陽犨人能著文章有名京師後以病
免歸居家授教不倦
又曰任安字定祖學圖讖究竟其術還家教授諸生自遠
而至
又曰張興字君上拜太子少傅顯宗數訪問經術聲稱著
聞弟子自遠至者著錄且萬人
又曰樊英字季齊善風角占筭河洛七緯推步災異隱於
壺山之陽受業者四方而至
又曰鄭玄弟子河內趙商等自遠方至者數千人
又曰孫期家貧事母至孝牧豕大澤中賣之以奉供養遠
方人從遊學者皆執經追於澤畔

又曰歐陽歙爲司徒坐在汝南臧下獄中濟陰曹重字伯
山從歙受尚書門徒三千人
又曰丁恭字子然學義精明遷少府諸生自遠方至者數
千人當世稱爲大儒
又曰杜撫字叔和少有高才定韓詩章句後歸鄉里教授
沉靜樂道弟子千餘人
又曰劉昆王莽世教授弟子恒五百餘人每春秋饗射常
備列典儀以素木瓠葉之爲俎豆桑弧蒿矢以射菟首
又曰馬融常在高堂施絳紗帳前授生徒列女樂弟子相
次傳授鮮有入其室者
晉中興書曰范寧字武子解褐爲餘抗令興學校養生徒
潔已志德行之士莫不來宗自中興已來崇學敦教未有
如寧者也

崔鴻十六國春秋後秦錄曰涼州胡辯者河西大儒也前
秦建元末東徙洛陽隨講受弟子千有餘人關中後進多
赴之姚興勑關尉曰諸生諮訪道義修己厲身往來出入
勿拘常限於是學者咸勸儒業盛矣
國語曰晉文公學讀書於臼季三日（曰季睟）曰吾不能行也
咫（咫尺間）聞則多矣對曰然而多聞以待能者不猶愈乎（使能）
（者行之猶愈於不學）
尚書大傳曰古之帝王者必立大學小學使公卿之太子
大夫元士之適子十有三年始入小學見小節焉踐小義
焉年十五入太學見大節焉踐大義焉入小學知父子之
道長幼之序入太學知君臣之義上下之位
墨子曰墨子勸弟子學曰汝若學吾當仕汝弟子學朞年
就墨子求仕墨子曰汝不聞魯人乎昆弟五人父死長子

嗜酒不肯預葬其四弟曰亦若送葬吾當爲汝沽酒葬訖
就弟求酒四弟曰子葬子父豈獨吾父乎吾恐人笑子故
欺子以酒耳今子不學人自笑子故勸子也
孫卿子曰達師之教使弟子安焉樂焉往焉游焉藏
焉嚴此六者得其學則邪僻之道塞矣
楊子曰傅學者所以求爲君子也求而不得鮮矣未有不
求而得之者也夫觀書者譬猶登東岳而知丘陵之崀壘
也浮滄海而知江河之不廣也見日月而知衆星之照微
也仰聖人而知衆說之少觀也
尸子曰學不倦所以治已也教不厭所以治人也夫蠒舍
而不治則腐蠹使上女繅之爲美錦大君朝而服之身者
蠒也舍而不治則知行腐蠹使賢者教之以爲世士則天
下諸侯莫敢不敬

任子曰學所以治已教所以治人不勤學則無以爲智不勤教無以爲仁

郭林宗別傳曰恭以有道君子徵同邑宋子俊勸使往恭遂辭以疾闔門教授

鍾會毋傳曰夫人明於教訓會雖童稚勤見規誨年四歲受孝經十五入太學謂會曰學猥則倦倦則意怠吾懼汝之怠故以漸訓汝今可以獨學矣

王粲儒史謂曰古者八歲入小學學六甲五方書計之事十五入大學學君臣朝廷王事之紀然則文法典藝其存於此矣

虞溥厲學曰文學諸生皆冠帶之流年盛志美如迹學庭講脩典訓此成大業立德之基也夫聖人之道淡而寡味故學者不好也及至期月所觀弥博所習弥多日聞所不

聞日見所不知然後心開意朗敬業樂群忽然不覺大化之陶已至道之入神也夫學者不患才不及而患志不立也

太平御覽卷第六百一十三

學部八

幼學　晚學　好學　廢學

幼學

禮記學記曰幼者聽而不問學不躐等也
論語爲政曰子曰吾十有五而志于學三十而立學成能有所立
又曲禮曰十年曰幼學
漢書曰東方朔十三學書三冬文史足用十五學擊劍十
六學詩書誦二十二萬言十九學孫吳兵法鉦鼓之教亦
誦二十二萬言時莫之比
司馬彪續漢書曰荀悅十二能讀春秋貧無書每至市間
閱篇牘一見多能誦記
後漢書曰張堪早孤讓先父餘財數百萬與兄子年十六

受業長安志美行厲諸儒號曰聖童
魏志曰鍾會母性矜嚴勤見規誨四歲授孝經七歲誦論
語八歲誦詩十歲誦尚書十一誦易十二誦春秋左氏國
語十三誦周禮十四誦成侯易記十五便入太學問四方
奇文異訓謂會曰學很則倦倦則意怠故以漸訓汝今可
以獨學矣
西晉趙至字景真年十四隨人入太學觀書時嵇康於學寫
石經古文異事訖去遂逐車問康異而語之爲諸生
宋書曰王儉幼篤學手不釋卷賓客或相稱美僧虔曰我
不患此兒無名正恐名太盛耳乃手書崔子玉坐右銘以
貽之丹陽尹袁粲聞其名及見之曰宰相之門栝栢豫章
雖小已有棟梁氣矣
南史曰虞荔字山披會稽餘姚人也幼聰敏有志操年九
歲隨從伯闡候太常陸倕問五經十事荔對無遺失倕
甚異之太守衡陽王辟爲主簿荔又辭以年小不就
後魏書曰祖瑩字元珍范陽人年八歲能誦詩書十二爲
中書博學　耽書以晝繼夜父母恐其成疾禁之不
能止常密於灰中藏火驅逐僮僕父母寢睡後燃火讀書
以衣被蔽窗戶恐漏光明爲人所覺內外親戚呼爲聖小
兒
又曰任城王澄子順字子和年九歲師事樂安陳豐初書
王羲之小學篇數千言晝書夜誦旬有五日一皆通利豐
奇之白澄曰豐十五從師迄于白首耳目所經未見此比
江夏黃童不得無雙也澄笑曰藍田生玉何容不尒十六
通杜氏春秋恒集門生討論同異
三國典略曰齊王紘字師羅太安狄郡人北豫州刺史基

之子也年十三揚州刺史郭元貞撫其背曰汝讀何書對
曰誦孝經元貞曰孝經云何曰在上不驕爲下不亂元貞
曰吾作刺史豈其驕乎紘曰雖不驕君子防未萌亦願留
意
梁書曰西陽王大鈞性厚重不妄戲弄年七歲武帝問讀
何書對曰學詩因令諷誦即誦周南音韻清雅帝重之因
賜王羲之書一卷
三國典略曰梁孝元字世誠初年五歲梁武問曰讀何書
對曰能讀曲禮梁武曰汝試言之孝元即誦上篇左右莫
不驚歎及長精神爽儁
殷與通語曰殷禮字往嗣幼而鄉里異之七歲就官學書
在師未嘗戲弄諷誦恒不爲聲潛識而已師殺雞請禮父
頴曰賀此子能與君門行在舟車手不釋卷從曲阿往返

遂不知隈瀆廣狹及行旅喧鬧未嘗視之時人語曰奇才強記殷往嗣後與張溫使蜀至荊州虎牙遭水衆人失色往嗣見之無異諸葛亮見之歎曰東吳菰蘆中乃有此奇偉

晚學

國語曰晉文公問元帥於趙衰（元帥上將）對曰郤縠可行年五十矣（縠晉大夫）守學弥惇夫先王之法德義之府也（志記）德義生民之本也能惇篤者不忘百姓也請使郤縠公從之

說苑曰晉平公問師曠曰吾年七十欲學恐晚如何對曰少年如日出之光二十而學如日中之光老學如炳燭之明孰與夜行乎公曰善哉

後漢書曰獻帝詔曰孔子歎學之不講（講習也）不講則所識日忘今耆儒年踰六十去離本土營求粮資不得專業結童入學白首空歸長委農野永絕榮望朕甚愍焉其依科罷者聽爲太子舍人（劉艾獻帝紀曰時長安中謠曰頭白皓然食不充糧褰衣蹠裳當還故鄉聖主愍念悉用補郎舍是布衣被服玄黃）

晉書曰張充字延將少好逸遊父緒嘗告歸至吳始入西郭逢充獵右臂鷹左牽狗遇船至便放紲脫韝拜於水次父緒曰一身兩役無乃勞乎充曰充聞三十而立今充二十九矣請至來年緒曰過而能改顏氏子焉延明年便改多所該通

唐書曰姚元崇玄宗獵于渭濱上曰卿頗知獵乎元崇曰臣少居廣城大澤不知書唯以射獵爲事年四十方遇張憬藏謂臣當以文學備位將相無爲自弃尔來折節讀書今雖官位過忝至於馳射老而猶能叅是乎驅鷹放犬遲速稱旨上大悅曰久不見卿思有顧問卿可於宰相行中行常後上縱轡久顧之曰卿行何後公曰臣官疎賤不合叅宰相行上曰可兵部尚書平章事

桓子新論曰高君孟頗知律令常自伏寫書署郎哀其老欲代之不肯去我躬自寫乃當十遍讀

魏應璩荅韓文憲書曰昔公孫弘皓首入學顏涿聚五十始涉師門朝聞道夕殞聖人所貴足下之年甫在不惑如以學藝何晚之有若能上追南榮志食之樂下踵甯子東夜之勤窮文盡義無微不綜規富貴之榮取金紫之爵是夏侯勝拾芥之謂也

好學

論語曰子曰十室之邑必有忠信如丘者焉不如丘之好學也已矣

又曰有顏淵者好學不遷怒不貳過不幸短命死矣今也

則亡未聞好學者也

又曰孔文子何以謂之文也子曰敏而好學不恥下問是以謂之文

又曰我非生而知之者好古敏以求之也

又曰子夏曰日知其所亡月無忘其所能可謂好學也已

禮記檀弓上曰孔子與門人立拱而尚右二三子亦皆尚右孔子曰二三子之嗜學我則有姊之喪故也二三子皆尚左

新序曰葉公諸梁問樂王鮒曰晉大夫趙文子爲人何若對曰好學而受規諫仁也江出岷山其源若甕口至楚國其廣十里無它故其下流多也好學受規諫宜乎立哉

漢書曰陳平少時家貧好讀書治黃帝老子之術兄伯常耕田縱平遊學

東觀漢記曰馮豹字仲文好儒學以詩傳教授鄉里爲之
語曰道德斌斌馮仲文
又曰和熹鄧后七歲讀論語志在書傳毋常非之曰當習
女工今不是務寧當學博士耶后重違毋意晝則縫紉夜
私買脂燭讀經傳宗族外内皆號曰諸生
范曄後漢書曰荀爽幼好學太尉杜喬見而稱之曰可爲
人師爽遂耽思經書慶弔不行徵命不應
張璠漢記曰朱穆字公叔好學專精每一思至中食失飡
行墜坑坎士失冠履其父常言穆大專幾不知馬之幾足
後漢書曰張霸就樊鯈受嚴氏公羊春秋遂博覽五經諸
生孫綝劉固等慕之各市宅其傍以就學耶
魏書曰吉茂字叔暢好書不恥惡衣惡食而恥一物之不
知建安初與扶風蘇則共入武功南山精思數歲
北齊書曰劉逖字子長少而聰敏在遊宴之中卷不離手
值有文籍所未見者則終日諷誦或通夜不歸其好學如
此也
文士傳曰李康字蕭遠篤志好學善屬文詞藻清美常燃
柴草火以讀之
南史曰梁劉峻字孝標平原人也永明中從桑乾還自謂
所見不博更求異書聞京師有者必往祈借清河崔尉祖
謂之書淫
北史曰隨劉臻爲儀同性怳忽耽經史經日覃思至於世
事多所遺忘有劉訥者亦任儀同俱爲太子學士情好甚
密臻住南訥住東臻嘗欲尋訥謂從者曰汝知劉儀同家
乎從者不知尋訥謂還家因荅曰知於是引之而去既扣
門臻尚未悟謂至訥家乃據鞌大呼曰劉儀同可出矣其
子迎門臻驚曰汝亦來耶其子荅曰是大人家於是顧眄
父之乃悟叱從者汝大無意吾欲造劉訥耳
杜預自叙曰少而好學在官則勤於吏治在家則滋味典
籍
玄晏春秋曰余家素貧窘晝則務作於勞夜則甘疲寐及
二時之務書卷生塵篋不解緘唯季冬裁得一旬學或兼
夜寐或戲獨否或對食忘飡或不覺日夕是以遊出之事
吉凶略絶富陽男數以全生之道誨子方之好色號予爲
書帙

廢學

毛詩緇衣曰子衿刺學校廢也世亂則學校不脩焉青青
子衿悠悠我心縱我不往子寧不嗣音
尚書曰不學牆面涖事惟煩
論語曰德之不修學之不講是吾憂也
左傳曰學者植也不學將落也
史記曰周道既廢焚燒詩書故明堂石室金匱玉板圖籍
散亂也
又曰始皇諸生到者拜爲郎七百人密種瓜於驪山山温
成實令諸生就視説之人人不同乃爲伏機方難未定機
發從上土填之其坑在陽西南三埿里今爲閔儒鄉也
又曰秦始皇令天下有藏詩書百家語者悉詣守尉燒之
敢偶詩書者棄市以古非今者族之
漢書曰夫子没而微言絶七十子終而大義乖
前漢書曰絳侯不好文學每召諸生東向坐而責之不以
賓主之禮相接
東觀漢記曰班超字仲外家貧爲官傭寫書輟書歎曰丈

夫當効傅介子張騫立功異域以取封侯安能久事筆硯
乎
三國典略曰齊許惇無學術與邢劭魏收等同列諸人談
説經史惇隱几而睡深爲勝流所輕
梁書曰柳津字元擧性強直乏風華或勸之聚書津曰吾
嘗令道士上章驅鬼安用此鬼名耶
隋書曰宇文慶沉深有器局少以聰敏見知周初受業東
觀頗涉經史旣而謂人曰書足記姓名而已安能久事筆
硯爲腐儒之業于時文州民夷相聚爲亂慶應募從征賊
保據巖谷徑路懸絶慶束馬而進襲破之以功授都督
唐書曰馬燧少嘗與諸兄讀書乃輟卷歎曰天下將有事
矣丈夫當立功征伐以濟四海安能矻矻爲一儒也
西京雜記曰傅介子年十四好學書常弃觚而歎曰大丈夫
當立功絶域何能坐爲散儒卒斬匈奴使者還報拜中郎
將後復斬樓蘭王首封義陽侯
金樓子曰曹子文少善射御力格猛獸不避險阻數從征
伐志意慷慨魏武常抑之曰汝不念讀書而好乘馬擊劒
此一夫之用何足貴也

太平御覽卷第六百一十四

學部九

講說

廣雅曰講讀也

說文曰講和解也

易曰麗澤兊君子以朋友講習

論語曰德之不脩學之不講聞義不能徙不善不能改是吾憂也

漢書曰夏侯勝每講常謂諸生曰士病不能明經經術茍明其取青紫如俛拾地芥學經不明不如歸耕

又曰孔光居公輔位前後十七年時會門下大生講問疑難舉大義其弟子多成就爲博士

又曰董仲舒治春秋孝景時爲博士下帷講誦弟子以次授業或莫見其面

又曰班伯爲中常侍成帝方鄉學鄭寬中與張禹朝夕入說尚書論語於金華殿中詔伯授焉

又曰元帝時少府五鹿充宗貴幸爲梁丘易充宗乘貴辯口諸儒莫能與抗皆稱疾不敢會有薦朱雲者召入攝齋外堂抗首而說音動左右既論難連柱五鹿君（文穎曰柱閣也）諸儒爲之語曰五鹿岳岳朱雲折其角由是爲博士遷杜陵令

又西京雜記曰長安有儒生惠莊聞朱雲折五鹿充宗之角乃歎息曰藺栗犢反能尒耶吾終耻溺死溝中遂裹粮從雲雲與言莊不能對逡巡而去拊心語人曰吾不能劇談此中多有人

東觀漢記曰朱祐字仲先初光武學長安時過朱祐祐甞留上須講竟乃談語及車駕幸祐家問主人得無去我講乎

又曰建初四年詔諸儒會白虎觀講五經同異

又曰桓榮爲博士顯宗即位乘輿幸太常府令榮坐東面設几杖會百官數百人天子親自執業

又曰桓榮拜議郎入侍太子每朝會輙令榮於公卿前敷奏經書帝稱善

又曰顯宗親於辟雍自講所制五行章句已復令桓郁說一篇上謂郁曰我爲孔子卿爲子夏起我者商也又問郁曰子幾能傳學郁曰臣子皆未能傳覺孤兄子一人學方起上曰努力教之有起者即白之

又曰楊政字子行治梁丘易與京兆祁聖元同好俱名善說京師號曰說經鏗鏗楊子行論難僠僠祁聖元又周舉字宣光姿皃短陋而博學洽聞爲儒者所宗京師語曰五經縱橫周宣光也

又曰井丹字大春通五經時人謂之語曰五經紛綸井之大春

又陳囂字君期明韓詩時語曰關東說詩陳君期

又曰魯平字叔陵兼通五經關東號曰五經復興魯叔陵也

又曰賈逵字景伯能講左氏及五經本文以大小夏侯尚書教授諸儒爲之語曰問事不休賈長頭

後漢書曰鄭玄西入關因涿郡盧植事扶風馬融融門徒四百餘人外堂者五十餘生融素驕貴玄在門下三年不得見乃使高業弟子傳授於玄玄日夜尋誦未甞怠倦會融集諸生考論圖緯聞玄善筭乃召見於樓下玄因質諸疑義問畢辭歸融喟然謂門人曰鄭生今去吾道東矣又

盧植於馬融受學融列女樂在於前植侍講積年未曾轉眄馬融是以敬之

又曰大將軍袁紹總兵冀州造使要鄭玄大會賓客玄最後至乃延外上座玄身八尺飲酒一斛秀眉明目容儀溫偉紹客多豪俊見玄儒者未以通人許之競設異端百家互起玄依方辯對咸出問表皆得所未聞莫不嗟服

謝承後漢書曰董春字紀陽少好學究極聖旨後還歸立精舍遠方門徒學者常數百人諸生每外講堂鳴鼓三通横經捧手請問者百人追隨上堂難問者百餘人

又曰戴馮字次仲徵拜郎中公卿大會群臣就席馮獨立世祖問之對曰博士說經皆不如臣坐居臣上是以不得就席正旦朝賀帝令群臣說經義有不通輒奪其席以益通者馮重五十席京師諺曰解經不窮戴侍中

後漢書曰丁鴻字孝公少好尚書十六能論難永平中引見說文侯一篇賜衣被章帝會諸儒白虎觀上善鴻難說號之曰殿中無雙丁孝公

魏書曰文帝初在東宮氛癘大起時人凋傷帝深感歎與素所敬者大理正郎書云人生有七尺之形死為一棺之土唯立德揚名可以不朽其次莫如著篇籍疫癘數起士人凋落余獨何人能全其壽故論撰所著典論詩賦蓋百餘篇集諸儒於肅成門內講論大義侃侃無倦

晉書曰鄭玄為散騎常侍光祿勳嘉平三年拜司空及高貴鄉公講尚書沖執經親授

沈約宋書曰魏齊王每講肄經通輒使太常釋奠先聖先師於辟雍

又曰元嘉十五年徵雷次宗至京師開館聚徒授教使丹陽尹何尚之立玄學太子率更令何承天立史學司徒叅軍謝元立文學凡四學並建之

梁書曰中宗於敬賢殿講老子僕射王褒執經百僚皆預講席中宗談折捷辯間以嘲謔在座者相顧解頤

又曰沈峻字士高武康人也博通五經尤長周禮時吏部郎中陸倕與僕射徐勉書薦峻曰凡聖可講之書必以周官立義然則周官一書實為群經源本此學不傳多歷年所唯助教沈峻特精此書比日開講群儒劉嵒沈熊之徒皆執經下座北面受業莫不歎服人無間言也

又伏曼傳曰宋明帝好周易常集朝臣於清暑殿講詔曼容執經曼容素美風采明帝恒以方嵇叔夜使吳人陸探微畫叔夜像以賜之爲尚書外兵郎嘗與袁粲罷朝會言玄理時論以爲一臺絕

又曰盧廣范陽涿人少明經有儒術天監中歸梁位步兵校尉兼國子博士徧講五經時北來人儒學者有崔靈恩孫詳蔣顯並聚徒講說而音辭鄙拙唯廣言論清雅不類北人僕射徐勉兼通經術深相賞好後爲尋陽太守武陵王長史卒官

又曰賀琛字國寶幼孤伯父瑒授其經業一聞便通義理瑒異之常曰此兒當以明經致貴瑒卒後琛家貧常往還諸暨販粟以養母雖自執舟檝閑則習業尤精三禮年二十餘瑒之門徒稍從問道初瑒於鄉里聚徒教授四方受業者三千餘人瑒天監中亡至是復集琛矣琛乃築室郊郭之際茅茨數間年將三十便事講授既世習禮學究其微精占術先儒吐言辯潔坐之聽受終日不疲

後周書梁晉熙郡王蕭大圜當元帝時以世多忌恐讒愬

生焉乃屛絕人事門客左右不過三兩人不妄遊狎恒以講詩書易爲事梁元帝嘗自問五經要事數十條大圜辭約指明應荅無滯梁元帝甚歎美之因曰昔河閒好學尓旣有之臨淄好文尓亦兼之然東平爲善弥高前載吾重之愛之尓當効焉

北史曰後魏元善還國子祭酒上嘗親臨釋奠令善講孝經於是敷陳義理兼之以諫上大悅曰聞江陽之說更起朕心賚絹一百疋衣一襲

又曰盧景裕博通經典齊文襄入相於第開講招延時儁令景裕解所注易景裕理義精微吐發閑雅時有問難或相詆訶大聲厲色言至不遜而景裕神彩儼然風調如一從容往復無際可尋由是士君子嗟美之

後周書曰呂思禮東平壽張人也性温潤不雜交遊年十四受學於徐遵明長於論難諸生爲之語曰講書論易鋒難敵

隋書曰後齊將講於天子先定經於孔父廟置執經一人侍講二人執讀一人擿句二人錄義六人奉經二人講之旦皇帝服通天冠玄紗袍乘象輅至學坐廟堂上講訖還便殿改服絳紗袍乘象輅還宮講畢以一太牢釋奠孔父配以顏回列軒懸樂六佾舞行三獻禮畢皇帝服通天冠絳紗袍外作即座宴畢還宮皇太子每通一經亦釋奠

又曰馬光爲太子博士嘗因釋奠高祖親幸國子學王公已下畢集光升座講禮啓發章句已而諸儒生以次論難者十餘人皆當時碩學光剖析疑滯雖辭非俊辯而理義弘贍論者莫測其淺深咸共推服上嘉而勞焉

又曰元善通博在何妥之下然以風流醞藉俯仰可觀音韻清明聽者忘倦由是爲後進所歸妥每懷不平心欲屈善因善講春秋初發題諸儒畢集善私謂妥曰名望已定幸無相苦妥然之及就講肆妥遂引古今滯義以難善多不能對善深銜之二人由是有隙

唐書曰太宗幸國子學視釋奠祭酒孔穎達講孝經右庶子趙弘智問之曰夫子門人曾閔俱稱大孝而今獨爲曾說不爲閔說何耶荅曰曾孝特優門人不能逮也制旨駮之曰朕聞家語云昔曾晳使曾參鋤瓜而誤斷其本晳怒援大杖以擊其背參手仆地絕而後蘇孔子聞之告門人曰參來勿內旣而曾子請焉孔子曰舜之事父也使之常在側欲殺乃不可得小箠則受大杖則走今參誤於父委身以待暴怒陷父於不義不孝莫大焉由斯而言孰愈於閔子騫也穎達不能對太宗又謂侍臣曰諸儒各生異意皆非聖人論孝之本旨也夫孝者善事父母自家刑國忠

於其君戰陣勇朋友信揚名顯親此之謂孝具在經典而論者多離其文逈出事外以此爲教勞而非法何謂孝之道耶

語林曰劉真長與桓公宣武共聽講禮記桓公云時有入心處便覺咫尺玄門

殷氏世傳曰殷亮建武中徵拜博士諸儒講論勝者賜席亮重至八九

三國典略曰東魏崔暹子達拏年十三暹令儒者教其說周易兩字乃集朝貴名流達拏升高坐開講趙郡眭仲讓陽屈服之暹大悅擢仲讓爲司徒中郎鄴下爲之語曰解義兩行得中郎

太平御覽卷第六百一十五

學部十

讀誦

禮記曲禮下曰居喪未葬讀喪禮既葬讀祭禮喪復常讀樂章

論語曰南容三復白珪孔子以其兄之子妻之

周禮春官下曰太史掌建邦之六典大祭祀與執事卜日執事大卜之屬及宿之日與群執事讀禮書而協事協合也合禮謂習録所當共之事也

又曰小史掌邦國之志大祭祀讀禮法史以書叙昭穆之俎簋讀禮法者大史與群執事史此小史也

史記曰太史公曰予讀孟子書至梁惠王問何以利吾國未嘗不廢書而歎息也曰嗟乎利誠亂之始也夫子罕言利者

又曰孔子晚善易韋編三絶鐵擿三折漆書三滅也

又曰董仲舒下帷讀書三年不窺園圃

漢書曰劉向專精經術晝誦書傳夜觀星宿

又曰楊雄自有大度非聖哲之書不好也非其意雖富貴不事也

東觀漢記曰章帝詔黄香令詣東觀讀所未嘗見書謂諸生曰此日下無雙江夏黄童也

又曰高鳳誦經晝夜不絶聲妻之田曝麥以竿授鳳令護雞鳳受竿誦經如故天暴雨流麥意在經不視麥漂

謝承後漢書曰王充字仲任家貧無書至京師市讀書一見輙能誦憶

又曰應奉字世叔讀書五行俱下

又曰侯瑾字子瑜傭作爲資暮還輙爇火以讀書

後漢書曰和熹鄧后六歲能史書史書周宣王太史史籀所作大篆十五篇十二通詩論語諸兄每讀經傳輙下意難問志在典籍不問居家之事母常非之曰汝不習女工乃更務學欲舉博士耶后重違母言晝脩婦業暮誦經典家人號曰諸生后

又詔中官近臣於東觀受讀經傳以教授宫人左右習誦朝夕濟濟

范曄後漢書曰周盤字伯堅居貧養母儉薄不充常誦詩至汝墳之卒章慨然而歎乃解韋帶就孝廉之舉也

又曰裴駿字仲駒駿從弟安祖少而聡慧年七八歲就師講詩至鹿鳴篇語兄去禽獸得食相呼而况人也自此之後未嘗獨食

又曰尚長字子平河内朝歌人也隠居不仕讀易至損益卦喟然而歎曰吾以知富不如貧貴不如賤但未知死何如生

魏武本紀曰吾讀介之推之避晉封申包胥之逃楚賞未嘗不廢書而歎

魏略曰侍中董遇好學避難採樵負販常挾經書投閑習誦人從學者遇不肯教云當先讀百遍而義自見

吴志曰闞澤字德潤好學居貧常爲人傭書所寫既畢誦亦遍

魏志曰賈逵最好春秋課日讀一遍

吴志曰劉贊字正明性果烈好讀兵書及史傳每覽古良將攻伐之勢輙對書獨歎

晉書曰陶潛字元亮好讀書不求甚解每有會意欣然忘食

又曰殷仲堪能清言善屬文每云三日不讀道德論便覺舌本閒強其談理與韓康伯齊名士咸愛慕之

又曰王恭抗直深存節義讀左傳至奉王命討不庭每輟卷而歎

又曰劉敏元字道光北海人也厲己修學不以險難改心好星曆陰陽術數潛心易太玄不好讀史常謂同志曰誦書當味義根何爲費功於浮辭之文易者義之源太玄理之門能明此者即吾師也

王隱晉書處士傳曰王褒字偉元北海人也讀書至哀哀父母生我劬勞未嘗不反覆流涕霑胷也

沈約齊紀曰顧歡字玄平少喪父事母謹孝母喪於墓側數年好事者或從受書每至哀哀父母生我劬勞悲動不能禁自是學徒廢蓼莪之篇不復講授也

崔鴻十六國春秋前燕錄曰韓景山安平雀津人也年十歲能屬文　博覽經籍無所不通

宋書曰沈演之家世爲將至演之折節好學讀老子百遍以達義理上知名

北齊書曰趙郡王琛字子獻初讀孝經至資於事父輒流涕歔欷

又曰楊愔幼而喪母曾詣舅子恭恭與之飲問汝讀何書荅曰詩恭曰至渭陽未耶愔便號泣感咽子恭亦對之歔欷於是遂爲罷酒

北史曰後魏元暉業領中書監錄尚書事齊文襄嘗問之曰比何所披覽對曰數尋伊霍之傳不讀曹馬之書暉業以時運漸謝不復圖全唯事飲啗一日三羊三日一犢又嘗賦詩云昔居王道泰濟濟富群英今逢世路阻狐兎鬱縱橫

梁書曰武帝每讀孝子傳未曾終軸輒輟書悲慟由是家門愛重探賾索隱窮理盡性究覽墳籍神悟知機讀書不待溫故一閱皆能誦憶

又曰范雲傳初竟陵王子良爲會稽太守雲爲府主簿王未之知後尅日登秦望山乃命雲雲以山上有秦始皇刻石此文三句一韻人多作兩句讀之並不得韻又皆大篆人多不識乃夜取史記讀之令上知明日登山子良命賓僚讀之皆茫然不識末問雲雲曰下官嘗讀史記見此刻石文進乃讀之如流水子良大悅因以爲上賓

又曰昭明太子統字德施美姿皃善舉止讀書數行並下過目皆憶

陳書曰始興王叔陵脩飾虛名每入朝常於車中馬上執卷讀書高聲長誦陽陽自若朝坐齋中或自執斧斤爲沐猴百戲

隋書曰崔儦字岐叔以讀書爲務頗自負而忽人嘗大署其門曰不讀五千卷書無得入我室

又曰來護兒字崇幼而卓詭好立奇節初讀詩至擊鼓其鏜踴躍用兵羔裘豹飾孔武有力捨書而歎曰大丈夫其世當如是爲國滅賊以取功名安能區區久事隴畝群輩嘉其言而壯其志

又曰韋師字公穎少沉謹有慧性初就學始讀孝經捨書而歎曰名教之極其在茲乎

唐書曰章懷太子賢　上深所嗟賞之謂司空李勣曰此兒已讀得尚書禮記曾遣讀論語至賢賢易色再三覆誦之乃云性愛此言固知夙成聰敏出自天性也

又曰蕭德言晚年尤篤志於學自晝達夜略無厭倦每欲開五經必盥濯束帶危坐對之妻子候間請曰終日如是無乃勞乎德言曰敬先聖之言豈憚如此

又曰郭山惲蒲州河東人少通三禮景龍中累遷國子司業時中宗數引近臣及修文學士與之宴集嘗令各效伎埶以爲笑樂工部尚書張錫爲談容娘舞將作大匠宗晉卿舞渾脫左衛將張洽舞黃麞左金吾衛將軍杜元琰誦婆羅門呪給事中李行言唱駕車西河中書舍人盧藏用效道士上章山惲獨奏曰臣無所解請誦古詩兩篇帝從之於是誦鹿鳴蟋蟀之詩奏未畢中書令李嶠以其詞有好樂無荒之語頗涉規諷恐爲忤旨遽止之帝嘉山惲之意

墨子曰周公朝讀書百篇夕見七十五士

莊子曰孔子遊于緇帷之林休于杏壇之上弟子讀書孔

子絃歌鼓琴有漁父聽曲爲法

又曰臧與穀相與牧羊而俱亡其羊問臧奚事挾策讀書問穀奚事博塞以遊

又曰桓公讀書於堂上輪扁斲輪於堂下釋椎鑿而問曰敢問公所讀之書何言也公曰聖人之言曰聖人在乎公曰已死矣曰然則公所讀者古人之糟粕也公曰寡人讀書輪人安得議乎有說則可無說則死扁曰以臣之事觀之斲輪徐則甘而不固疾則苦而不入不徐不疾得於手而應於心口不能言也有數存焉於其間臣不能以喻臣之子臣之子亦不能受之於臣是以行年七十而老斲輪古人物各有信教學之無益也古人與其不可傳者死矣然則君之所讀者古人之糟粕而已

尚書大傳曰子夏讀書畢見夫子夫子問子何爲於書子夏曰書之論事皎皎如日月之代明離離如參辰之錯行商所受於夫子者志之於心弗敢忘也

尸子曰孔子曰誦詩讀書與古人居

說苑曰孔子讀易至於損益則喟然而歎子夏避席而問曰夫子何爲歎孔子曰夫自損者益自益者缺吾是以歎也子夏曰然則學者不可以益乎孔子曰否天之道成而必變未嘗得久也夫學者以虛受之昔堯履天子之位允恭以持之虛靜以待下故百載而逾盛迄今而益章昆吾自臧而滿意窮高而不衰故當時虧敗迄今而逾惡是非益損之徵歟日中則昃月盈則食天地盈虛與時消息是以聖人不敢當盛升輿而遇三人則下二人則軾調其盈虛故能長久也子夏曰善請終身誦之

神仙傳曰孔子讀書老子見而問曰是何書也曰禮也聖

人亦讀之老子曰聖人可也汝曷爲復讀之

洞冥記曰李充者馮翊人也自言三百歲從秦始皇登會稽山以望江漢之流也少而好學爲秦博士門徒萬人伏生時十歲乃就充石壁山中受尚書乃以口傳受伏子四代之事略無遺脫伏子因而誦之常以細繩十餘尋以縛腰誦一遍則結繩一結十尋之繩皆成結矣計誦尚書可數萬遍但食穀損人精意有遺失伏子今所傳百卷得其一二耳故堯舜二典闕漏尤多

家語曰孔子讀史至於楚復陳陳夏徵舒殺其君楚莊王討之因取陳而有之申叔時諫莊王從之乃復陳國也喟然歎曰賢哉楚莊王也輕千乘之國而重一言之信非申叔之忠弗能進其義非莊王之賢弗能受其訓

春秋後語曰蘇周歸周雖多畜亦何以爲於是夜發書篋

數十得周書陰符（戰國策云得太公陰符之謀）伏而讀之欲睡引錐刺其股血流至踝暮年以出揣摩曰此可以說當世之君矣

幽明錄曰襄陽城南有秦氏墓爲性至孝親歿泣血三年人有爲其詠蓼莪詩者民聞其義涕泗不自勝

桓子新論曰劉子政子駿伯玉三人尤珎重左氏教子孫下至婦女無不讀誦

俗說曰劉柳爲僕射傅迪爲左丞傅好讀書而不解其義劉唯讀莊老而已傅道劉云正讀十二卷何足本人劉道傳云讀書雖多而無所解可謂書簏

物理論曰語曰能理亂絲乃可讀詩余雖無治絲之能而悟聞詩之義

華陽國志曰徐誦字子産少讀書日不過五十字誦千遍乃得終成儒學

先賢傳曰延篤從唐季慶受左氏欲寫傳本無紙乃借本誦之及辭歸季慶曰卿欲寫傳何辭歸荅曰已誦之矣

孝德傳曰張楷字公超河南人也至孝自然喪親哀毀每讀詩見素冠棘人未嘗不掩泗焉

列女傳曰班婕妤況之女賢才通辯選入後宮每讀詩及窈窕淑女之篇必三復之

晉潘岳閑居賦序曰岳讀汲黯傳見司馬安四至九卿而良史書之題以巧宦之目未嘗不慨然廢書而歎

金樓子曰有人讀書握卷而輒睡者梁朝有名士呼書卷爲黃妳此蓋言其怡神養性妳媼也

又曰凡讀書必以五經爲本所謂非聖人之書勿讀讀之百遍其義自見此外衆書自可泛而觀耳正史既見得失成敗此經國之所急五經之外宜以正史爲先譜諜所以別貴賤明是非尤宜留意或復中表親疎或復通塞具降百世衣冠不可不悉

又曰自叙云吾時夏夕中下絳紗中有銀甌一枚貯山陰甜酒臥讀有時至曉率以爲常又經病瘡肘膝爛盡比以來三十餘載泛玩衆書萬餘矣曰余年十四苦眼疾沉痼此來轉暗不復能自讀書三十六年來恒令左右唱之曾生所謂誦詩讀書與古人居讀書誦詩與古人期茲言是也

太平御覽卷第六百一十六

太平御覽卷第六百一十七

學部十一

談論

史記儒林傳云清河王太傅轅固以治詩孝景時爲博士與黃生爭論黃生曰湯武非受命乃弒也轅固曰不然桀紂虐亂天下之人心歸湯武湯武誅桀紂非受命謂何黃生曰冠雖敝必加於首履雖新必關於足何者上下之分也今桀紂雖失君上也湯武雖聖臣下也臣下不能匡過以尊主而誅伐非弒而何轅固曰必若云是高祖伐秦耶於是帝曰食肉不食馬肝不爲不知味也學者不言湯武受命不爲非也

漢書儒林傳曰武帝時江公與董仲舒並通五經能持論善屬文江公訥於口上使與舒議不如仲舒

又曰楊雄爲人簡易佚蕩不能劇談而好深沉之思也

又曰賈生徵見孝文帝方受釐坐宣室上因鬼神事而問鬼神之本賈具道所以然之狀至夜半帝前席既罷曰吾久不見賈生自以過之今不及也

東觀漢記曰尹敏與班彪相厚每相與談常奠寀不食晝即至暝夜即徹旦

晉書曰潘京字世長舉秀才到洛尚書令樂廣京州人也共談累日深歎其才謂京曰君天才過人恨不學耳若學必爲一代談宗京感其言遂勤學不倦時武陵太守戴昌亦善談論與京共談假借之昌以爲不如己笑而遣之令過其子若思京方極其言論昌竊聽之乃歎服曰才不可假遂父子俱辱焉

又曰郭象者字子玄少有才理好老莊能清言太尉王衍每云聽象語如懸河瀉水注而不竭

又曰樂廣嘗與裴頠清言欲以理服之而頠辭論豐博廣笑而不言時人謂頠爲言談林藪

又曰朝賢嘗上巳禊飲或問王濟昨遊有何言談濟曰張華善說史漢裴頠論前言往行靡靡可聽王戎子房季扎之間超然玄著

又曰王衍妙善玄言唯談老莊爲事每捉玉柄麈尾與手同色義理有所不安隨即改更世號曰口中雌黃朝野翕然謂之一世龍門矣

又曰胡毋輔之字彥國與王澄等爲友澄嘗與人書曰彥國吐佳言如鋸木屑霏霏不絕誠爲後進領袖也

又曰趙孟字長舒爲尚書都令史善於清談其面有瘢黶時人言諸事不決皆當問瘢面

又曰裴遐善言玄理音辭清暢泠然若琴瑟嘗與河南郭象談論一座嗟服

又曰殷仲堪能清言每云三日不讀道德論便覺舌本間強

晉中興書曰殷浩弱冠與京兆杜人並有美譽善言玄理

又庾亮元規少好黃老能言玄理時人方之夏侯泰初

又曰謝弈女道韞王凝之妻也凝之弟獻之嘗與賓客談議辭理將屈道韞遣婢白獻之曰欲爲小郎解圍乃以青綾步障自蔽申獻之前義客不能屈

又曰孫盛年十歲避難渡江及長博學善理于時殷浩擅名一時與抗論者唯盛嘗詣浩談論對食奮尾毛悉落飯中食冷而復暖者數四至暮忘食理竟不定

沈約宋書曰高祖少事戎旅不經涉學及爲宰相頗慕風

流時或談論人皆依違不敢難也鄭解之難必切至未嘗假借要須高祖辭窮理屈然後置之高祖或時慙恧變色動容既而謂人曰我本無術學談義尤淺比時言論諸賢多見寬容唯鄭不尒獨能盡人之意甚以此感之時人謂之格佞

宋書曰謝靈運辯博辭義鋒起王惠嘗與之談時然後言時荀伯子在座退而告人曰靈運固自蕭散直上王郎有如萬頃陂焉

又曰謝瞻傳曰靈運好臧否人物混患之欲加裁折未有其方謂瞻曰非汝莫能乃與晦曜引微等共遊戲使瞻與靈運共車靈運登車便商較人物瞻謂曰祕書早亡談者亦互有同異靈運默然言論自此衰止

又曰張敷好讀玄言兼屬文論弱冠初父邵使與高士南

陽宗少文談繫象往復數番少文欲屈握麈尾歎曰吾道東矣於是名價日重

後周書曰蘇綽屬太祖與公卿往昆明池觀漁行至城西漢故倉地顧問左右莫有知者或曰蘇綽博物多通請問之太祖乃召綽具以狀對太祖大悅因問天地造化之始歷代興亡之迹綽既有口辯應對如流太祖益喜乃與綽並馬徐行至池竟不設網罟而還遂留綽至夜問以治道太祖卧而聽之綽於是指陳帝王之道兼述申韓之要太祖乃起整衣危坐不覺膝之前席語遂達曙不厭詰朝謂周惠達曰蘇綽真奇士也

又曰裴文舉字道裕少忠謹涉獵經史總管韋孝寛特相欽重每與談論不覺膝前於席

又曰寇儁字祖儁上谷平昌人也世宗尚儒重德特欽賞之與相見同席而坐因顧訪洛陽故事儁容止端詳音韻清朗帝與之談不覺為之前席

齊書曰劉繪傳曰永明末都下人士盛為文章談義皆湊竟陵西邸繪為後進領袖時張融以言辭辯捷周顒彌為清綺而繪音采贍麗雅有風則時人為之語曰三人共宅夾清漳張南周北劉中央言其處二人間也

又曰張緒性清談善談玄王儉嘗云緒過江所未有北士可求之耳不知陳仲弓黃叔度能過之不

三國典略曰陳袁憲樞之弟也幼聰敏好學梁武帝修建庠序別開五館其一館在憲宅西常招引諸生與之談論每有新義出人意表國子博士周弘正謂憲父君正曰賢子今茲欲策試不君正曰經義猶淺未敢令試居數日君正遣門下客岑文豪與憲候弘正將登講座弟子畢集乃

授憲麈尾時謝岐何妥在坐弘正謂曰二賢雖窮奧賾得無憚此後生耶何謝迹起義端憲酬對閑敏神色自若弘正因謂文豪曰卿還諮袁吳郡此郎已堪見代為博士矣

梁書曰沈約齊初為征虜記室帶襄陽令所奉主即齊文惠太子太子入居東宮為步兵校尉管書記時東宮多士約特蒙親遇時王侯列宮或不得進約每以為言太子曰吾生平嬾起是卿所悉得卿談論然後忘寢卿欲我夙興可恒早入

又曰簡文在東宮召戚衮講論又嘗置宴集玄儒之士先命道學幸相質疑次令中庶人徐摛騁大義間以劇談摛辭辯從横難以荅抗諸儒懾氣時衮說朝聘義摛與往復衮精采自若應荅如流簡文深嘉歎之

隋書曰辛彥之拜禮部尚書與祕書監牛弘撰新禮吳興

沈重名爲碩學高祖嘗令彥之與重論議重不能抗於是避席而謝之曰辛君所謂金城湯池無可攻之勢高祖大悅

唐書曰楊綰凡所知友皆一時名士或造之者清談終日未嘗及名利或有客欲以世務干者綰言必玄遠不敢發詞內愧而退大曆中德望日崇天下雅正之士爭趨其門至有數千里來者

莊子曰孔子見老聃歸三日不談弟子問曰夫子見老聃將何規哉孔子曰吾與汝處於魯之時人用意如飛鴻者吾走狗而逐之用意如井魚者吾爲鈎繳以投之吾今見龍合而成體散而成章乘乎雲氣而養乎陰陽余口張不能嗋舌出不能縮又何規哉

戰國策曰蘇秦說李兌明日復見抵掌而談兌送秦明月

之珠和氏之璧

抱朴子曰王充所作論衡北方都未有得之者蔡伯喈嘗到東江見之歎其高文度越諸子恒愛玩而獨祕之及還中國諸儒覺其談論更遠嫌得異書或搜求其隱處果得論衡捉取數卷將去伯喈曰唯我與爾共之勿廣也 亦出著書門

管輅別傳曰輅父爲瑯邪　長輅時年十五瑯邪太守單子春雅有才度聞輅一時之俊欲得相見輅父即遣輅造之大會賓客百餘人坐上有能言之士輅問子春府君多嘉客有雄貴之姿輅既年少膽志未剛若相觀懼　失精神先飲三升清酒盡之然後而言子春大喜便酌三升酒獨使飲之酒盡之後問子春今欲與輅爲對者府君耶四坐之士耶子春曰吾自欲與卿旗鼓相當輅言始讀詩論易　學問微淺未能上引聖人之道陳周漢之事但論金木水火鬼神之情耳子春言此最難者而卿以爲易耶於是唱大論之端遂造陰陽文彩汎流枝葉橫生少引聖籍多發天然子春及衆士互相攻劫請難風起而輅人人荅對言皆有餘至日向暮酒食不行於是發聲徐州號之神童又冀州刺史裴徽召輅爲文學從事相見清論終日不覺罷倦再相見轉爲治中四相見轉爲別駕前至十月舉爲秀才

物理論曰夫虛無之談無異春蛙秋蟬聒耳而已

荊州先德傳曰龐士元師事司馬德操德操蠶月躬採桑後園士元往助之因與共談元善神遂移日忘飡德操於是異之

世說曰何晏爲吏部尚書有位望時談客盈坐王弼年未弱冠往見之晏聞來倒屣出戶迎之因條向者勝理語弼

曰此理僕以爲理極可得復難不弼作難一坐便以爲屈於是弼自爲客主數番皆一坐所不及也

又曰衛玠字叔寶少有名理瑯邪王平子高氣不群邁世獨傲每聞君之語議至乎理會之間要微之際輒絕倒於坐前後三聞爲之三倒時人遂曰衛君談道平子三倒及君年長論者以爲出於王武子之右世咸謂王家三子如衛家一兒玠於武昌見大將軍王敦與之談論彌日信宿敦顧謂僚屬曰昔何王吐金聲於中朝此子復玉振於江表微言之緒絕而復續不悟永嘉之末復有正始之音清言勝詠亹亹入微何平叔在當復倒矣

又曰孝武將講孝經謝太傅與諸人私庭講習車武子謂袁彥伯曰不問則德音有遺多問則重勞二謝袁曰必無此嫌車曰何以知爾袁曰何嘗見明鏡疲於屢照清流憚於

鬼風也

郭子曰張憑舉孝廉出京負其才氣謂必參時彥欲詣劉真長鄉里及同舉者咸共哂之張遂徑往詣劉既前處之下坐通寒暑而已真長方洗濯料事神意不接良久張欲自發而未有其端頃之王長史諸賢來詣言各有隔而不通處張忽遙於末坐判之言約皆遠便足以暢彼我之懷舉坐皆驚真長延之上坐遂清言弥日因留宿遂復至曉張退劉曰卿且前去我正尔往取卿共詣撫軍(撫軍簡文)張既還舡同旅笑之曰卿何許宿還張笑而不答須臾真長至遣教覓張孝廉舡同旅惋愕既同載俱詣撫軍至門劉謂撫軍曰下官今日爲公得一太常博士妙選既前撫軍與之語言咨嗟稱善數日乃止曰張憑勁粹爲理之窟即用爲太常博士

又曰范玄平(汪字玄平)在簡文坐談欲屈引長史曰(長史王仲祖)卿助我王曰此非拔山之力所能助也

異苑曰陸機初入洛次河南偃師時夕結陰望道左人居因往投宿見一年少置易投壺與機談機心伏之而無以酬抗既曉便去稅驂逆旅問嫗嫗曰此東數十里無村落正是山陽王家墓耳機乃怖還睇昨路空野霾雲拱木蔽日知所遇者信王弼也

又曰陸雲獨於空草中忽見一家墻院整頓雲時飢乏因而詣前見一年少可二十餘風姿可嘉論叙平生不異於人尋共説老子極有辭致雲出臨別語云我是山陽王輔嗣雲出門還望向處正是一冢雲始謂俄頃已經三日

幽明録曰阮瞻素秉無鬼論世莫能難每自謂理足可以辯正幽明忽有一鬼通姓名作客詣阮寒温畢聊談名理客甚有才情末及鬼神事返覆甚苦遂屈乃作色曰鬼神古今聖賢所共傳君何獨言無即僕便是鬼於是忽變爲異形須臾消滅阮默然意色大惡後年餘病死

太平御覽卷第六百一十七

太平御覽卷第六百一十八

學部十二

敘圖書　正謬誤

敘圖書

尚書序曰古者伏犧氏之王天下也始畫八卦造書契以代結繩之政由是文籍生焉伏犧神農黃帝之書謂之三墳言大道也少昊顓頊高辛唐虞之書謂之五典言常道也至于夏商周之書雖設教不倫雅誥奧義其歸一揆是故歷代寶之以為大訓八卦之說謂之八索求其義也九州之志謂之九丘丘聚也言九州所有土地所生風氣所宜皆聚此書也春秋左氏傳曰楚左史倚相能讀三墳五典八索九丘即謂上世帝王遺書也

左氏傳曰晉荀躒如周籍談為介謂籍談曰昔高祖孫伯黶司晉之典籍以為大政故曰籍氏汝司典之後何忘之

漢書藝文志曰昔仲尼沒而微言絕七十子終而大義乖故春秋分為五（韋昭曰謂左氏公羊穀梁鄒氏夾氏也）詩分為四（韋昭曰謂毛氏齊魯韓也）易有數家之傳戰國從衡真偽分爭諸子之言紛然殽亂至秦患之乃燔滅文章以愚黔首漢興改秦之敗大收篇籍廣開獻書之路迄孝武世書缺簡脫禮壞樂崩上喟然而稱曰朕甚閔焉於是建藏書之策置寫書之官下及諸子傳說皆充秘府

又曰古文尚書藏於壁中師古注曰家語云孔騰字子襄畏秦法峻急藏尚書論語孝經於夫子堂壁中而漢記曰孔鮒所藏二說不同未知孰是也又後漢王莽徵陳咸咸遂稱疾篤於是乃斂其家律令文書藏於壁中也

後漢書曰吳祐字季英陳留長垣人也父恢為南海太守祐年十二隨父到官恢欲殺青以寫經書祐諫曰大人踰越五嶺越在海濱其俗以陋然舊多珍怪上為國家所疑此書若成則載之兼兩昔馬援以薏苡興謗王陽以衣囊徼名嫌疑之間誠先王之所慎恢乃止撫其首曰吳氏世不乏季子矣

魏志曰王脩家不滿斗斛有書數百卷太祖歎曰士不妄有名也

蜀志曰向朗字巨達潛心典籍積聚篇卷於時最多也

後唐書曰李谿者博學多通文章秀絕家有奇書時號李書樓

呂氏春秋曰先識覽桀將亡太史令終古執其圖書而奔于商紂將亡內史向摯載其圖法出奔周

穆天子傳曰癸巳至于群王之山容成氏之所守山阿平無隘四徹中繩（言皆平直）先王謂之策府（言往古帝王以為藏策之府所謂藏之山）者

莊子曰孔子西藏書於周室（藏其所著書於周者）子路謀曰由聞周之徵藏史有老聃者（徵藏〻名也）免而歸居夫子欲藏書則當試焉孔子至老聃之門而老聃不許也

博物志曰劉德治淮南王獄得枕中鴻寶秘書及其子向咸共奇之信黃白之術可成謂神仙之道可致卒亦無驗乃以罹罪

又曰太古書今見存者有神農山海經山海經或云禹所作素問黃帝作連山歸藏夏所之書周時曰易蔡邕云禮記月令周公所作謚法司馬法亦云周公所作

論衡曰倉頡作書雨粟鬼哭虛也案圖書文章與書何異

鬼神惡書則河出圖何也若不惡爲書何怨致怪或作書時會鬼哭雨粟也耳

伏滔北征記曰皇天塢北古時陶穴晉時有人逐狐入穴行十里許得書二千餘卷

金樓子曰有細書周易尚書周官儀禮禮記毛詩春秋各一部又寫前漢史記三國志晉陽秋莊子老子肘後方離騷等合六百三十四卷悉在一巾箱中書極精細

又曰吾今年四十六歳聚書來四十年得書八萬卷也河間之侔漢室頗謂過之也(此金樓子自稱也)

正謬誤

劉向別傳曰讎校者一人持本一人讀析若怨家相對故曰讎也

左傳曰晉師閏月濟于陰板杜預注云長暦推之此年無閏月疑爲門五日五字上與門合也

覽六百十八　三　畢毛

呂氏春秋曰有讀史者晉師三家涉河子夏曰非也是巳亥也夫巳之與三相近豕之與亥相似至問而問之則曰晉師巳亥涉河也

漢書藝文志曰成帝詔光祿大夫劉向言經傳諸子詩賦步兵校尉任宏校兵書太史令尹咸校術數侍醫李柱國校方技每一書巳(師古曰巳畢也)向輒條其篇目撮其指意録而奏之會向卒哀帝復使向子奉車都尉歆卒父業歆於是總群書而奏其七略故有輯略(師古曰輯與集同謂諸書之總要)有六藝略(師古曰六藝六經)有諸子略有詩賦略有兵書略有術數略有方技略

抱朴子曰書三冩以魯爲胄以帝爲虎

劉向七略曰古文或誤以見爲典以陶爲陰如此類多

穎容春秋例曰漢興博物洽聞著述之士前有司馬遷揚雄劉歆後有鄭衆賈逵班固近即馬融鄭玄其所著作違義正者遷尤多闕略舉一兩事以言之史記不識畢公文王之子而言與周同姓揚雄著法言不識六十四卦云所從來尚矣

後漢書曰和熹鄧太后從曹大家受經書兼天文筭數晝省王政夜則讀誦而患其謬誤懼乖典章乃博選諸儒劉珍等及博士議郎四府掾史五十餘人詣東觀讎校傳記

蜀志曰向朗字巨達年八十手自校書刋定謬誤也

晉書曰鄭默字思元起家秘郎考覈舊文刪省浮穢中書令虞松謂曰而今而後朱紫別矣

又曰齊王攸以禮自拘鮮有過事就人借書必手刋其繆然後反之

覽六百十八　四　田祖七

後周書曰元偉世宗初拜師氏中大夫受詔於麟趾殿刋正經籍

又曰明帝幼而好學博覽群書善屬文詞彩温麗及即位集公卿巳下有文學者八十餘人於麟趾殿刋校經史又据採衆書自羲農以來訖于魏末叙爲世譜凡五百卷云所著文章十卷

唐書曰褚元量以内庫舊書自高宗代即藏在中宮漸致遺逸奏請繕寫刋校以引經籍之道於是上令於東都乾元殿前施架排因大加捜寫廣求天下異本數年間四部充備

又曰貞觀中頒五經於天下初太平以經籍去聖久遠文字訛謬詔前中書侍郎顔師古刋正之及成又詔尚書左僕射房玄齡集諸儒討論得失時諸儒習師説舛謬巳久

皆竊議非之於是異端鋒起師古一一辯荅取晉宋古本以相發明所立援明據或出其意表諸儒皆驚所未聞歎服而去太宗善之

太平御覽卷第六百一十八

學部十三

採求遺逸　圖書下
借書　賜書
寫書　載書附負書　焚書

採求遺逸

史記曰高祖入咸陽蕭何先收秦圖書

劉歆七略曰武帝廣開獻書之路百年之間書積如丘山故外有太史博士之藏內則延閣廣內祕室之府

物理論曰魯恭王壞孔子舊宅得周書闕無冬官漢武購千金而莫有得者遂以考工記備其數

漢書曰成帝河平三年遣謁者陳農求遺書於天下

東觀漢記曰杜林於河西得漆書古文尚書經一卷每遭困厄握抱此經

後魏書曰高謐字安平典祕閣謐以墳典殘缺奏廣訪郡邑大加繕寫由是圖籍莫不審正

又曰李暠署劉昞爲儒林祭酒從事中郎暠好尚文籍典史穿落者親自補治昞時侍側前代暠曰躬自補者欲人重此典籍

隋書曰劉炫除殿內將軍時牛弘奏請購求天下遺逸之書炫遂僞造書百卷題爲連山易魯史記等錄上送官取賞而去後有人訟之經赦免死

北史曰隋裴矩伐陳之役領元帥記室既破丹陽晉王廣令矩與高熲收陳圖籍

又曰隋牛弘上表請開獻書之路曰昔周德既衰舊經紊弃孔子以大聖之才開素王之業憲章祖述制禮刊詩正五始而條春秋闡十翼而弘易道及秦皇馭寓吞滅諸侯先王墳籍掃地皆盡此則書之一厄也漢興建藏書之策置校書之官至孝成之代遣謁者陳農求遺書於天下詔劉向父子讎校篇籍漢之典文於斯爲盛及王莽之末並從焚燼此則書之二厄也光武嗣興尤重經誥未及下車先求文雅至肅宗親臨講肄和帝數幸書林其蘭臺石室鴻都東觀祕牒填委更倍於前及孝獻移都吏人擾亂圖書縑帛皆取爲帷囊所收而西裁七十餘乘屬西京大亂一時燔蕩此則書之三厄也魏文代漢更集經典祕書郎鄭默刪定舊文時之論者美其朱紫有別晉氏承之文籍尤廣晉祕書監荀勗定魏內經更著新簿屬劉石憑陵從而失墜此則書之四厄也永嘉之後寇竊競興其建國立家雖傳名号憲章禮樂寂滅無聞劉裕平姚泓收其圖籍五經子史纔四千卷皆赤軸赤紙文字古拙並歸江左宋祕書丞王儉依劉氏七略撰爲七志梁人阮孝緒亦爲七録總其書數三萬餘卷及侯景渡江攻破梁室秘省經籍雖從兵火其文德殿內書及公私典籍重本七萬餘卷悉送荊州及周師入郢繹悉焚之於外城所收十纔一二此則書之五厄也後魏爰自幽方遷宅伊洛日不暇給經籍闕如周氏創基關右戎車未息保定之始書止八千後加收集方盈萬卷高氏據有山東初亦採訪驗其本目殘闕猶多及東夏初平獲其經史四部重雜三萬餘卷所益舊書五千而已今御書單本合一萬五千餘卷部帙之間仍有殘缺比梁之舊目正有其半至於陰陽河洛之篇醫方圖譜之說弥復爲少臣以經書自仲尼迄今數遭五厄興集之期屬膺聖代今祕籍見書亦足披覽但一時載籍須令大備不可王府所無私家乃有若猥發明詔兼開購賞則異

典必致觀閣斯積上納之於是下詔獻書一卷賚縑一匹一二年間篇籍稍備乃捴加編次召天下工書之士京兆韋霈南陽杜頵等於祕書内補續殘缺爲正副二本藏於宮中其餘以實祕書内外之閣凡三萬餘卷煬帝即位祕閣之書分爲三品於東都觀文殿東西廂屋以貯之東屋藏甲乙西屋藏丙丁

後唐史曰都官郎中庾傳美充三川搜訪圖籍使傳美僞蜀王衍之書舊寮家在成都使於歸計且言成都具有本朝實録及傳美使迴所得纔九朝而已其餘殘缺雜書盖不足紀

借書

西京雜記曰匡衡勤學邑人大姓文不識字家富多書乃與客作不求其價主人怪而問之衡曰願得主人書遍讀

之主感歎給以書後成大儒

後漢書曰王充師事扶風班彪好博覽而不守章句家貧無書常遊洛陽市肆閲賣書一見輙能誦憶遂博通衆流百家之言

蜀志曰李權從秦宓借戰國策宓曰成湯大聖觀野漁而有獵逐之失定公賢者受女樂而弃朝事道家法曰不見可欲使心不亂是故君子先以懿文德也

博物志曰蔡邕有書萬卷漢末年載數車與王粲亡後相國掾魏諷謀反粲子預焉既被誅邕所與粲書悉入粲族子業

王隱晉書曰齊王攸好學不倦借人書皆治護時以還之

又曰皇甫謐表從武帝借書上送一車與之謐羸病手不釋卷歷觀古今無不皆綜

先賢傳曰延篤從唐溪李度受左氏欲寫傳本無紙乃借本誦及篤辭歸李度曰卿欲寫本何故辭歸荅曰已誦之矣

齊張率傳曰時陸少玄家有父澄書萬餘卷率與少玄善遂通書籍盡讀其書

陳書曰孔奐字休文山陰人好學經史百家莫不通涉沛國劉顯時稱學府每共奐討論深相歎乃執奐手曰昔伯喈墳素悉與仲宣吾當希彼蔡君足下無愧王氏所保書籍尋以相付

後魏書曰崔亮家貧傭書自業時隴西李冲當朝任事亮從兄光往依之謂亮曰安能久事筆硯而不往託李氏也彼家饒書因可得學亮曰弟妹飢寒豈可獨飽自可觀書於市安能看人眉睫乎

後周書曰梁蔡文寶字敬仁嘗以書干僕射徐勉大爲勉所賞異乃令與其子遊處所有墳籍盡以給之遂博覽群書學無不綜

北齊書曰劉晝少貧篤從師伏膺無勌恨下里少墳籍便杖策入都知太府少卿宋世良家多書乃造焉世良納之恣意披覽晝夜不倦

隋書曰盧思道字子行聰爽俊辯就魏收借異書數年之間才學兼著

唐書曰裴行儉初以門蔭補弘文生累年在館唯閉户讀書館司將加薦舉固辭左僕射房玄齡問其故對曰遭隋季亂離私門書籍蕩盡與在館披閲有所成耳

又曰中書令李敬玄亳州譙人也博覽群書特善三禮初上在東宮馬周啓薦之召入崇賢館兼預侍讀仍借御書

令讀之

又曰陽城字元宗北平人也代爲官族家貧不能得書乃求爲集賢寫書吏竊官書讀之晝夜不出房經六年乃無所不通

賜書

後漢書曰東平王蒼傳明帝賜蒼以祕書列圖道術祕方

又曰王景永平二年議修汴渠乃引見問景以理水景陳其利害應對敏捷帝善之乃賜景山海經河渠書禹貢圖

又曰章帝賜黃香淮南孟子各一本

又曰班彪字叔皮幼與從兄嗣共遊太學家有賜書內足於財好古之士自遠方來

齊春秋曰蕭晉字元卿蘭陵人家有賜書志學不倦也

陳書曰江揔字揔持幼篤學有詞采家傳賜書數千卷揔尋讀未甞釋手也

唐書曰垂拱三年新羅王金政明遣使請禮記一部并新文章令所司寫吉凶禮禮并於文館詞林掎其詞涉規誡者勒成五十卷賜之

又曰開元十九年命有司寫毛詩禮記左傳文選各一部以賜金城公主從其請也

寫書

王子年拾遺記曰張儀蘇秦二人同志遞剪髮以相活或傭力寫書行遇聖人之文無題記則以墨畫於掌內及股裏夜還更折竹寫之

抱朴子自叙曰葛洪字稚川丹陽句容人也生爲二親所驕饒累遭火典籍蕩盡伐薪賣之給筆夜以寫書家貧乏紙所寫皆反覆有字人少能讀者

桓譚新論曰余同時佐郎官有梁子初楊子林好學所寫萬卷至於白首甞有所不曉百許寄余余觀其事皆略可見

蕭子顯齊書曰隱士沈驎士火燒書數千卷驎士年過八十耳目猶聰明乃手寫細書復成三二年卷滿數十篋

後魏書曰穆子容少好學無所不覽求天下書逢即寫錄所得萬餘卷

三國典略曰郎基字世業中山新市人魯郡太守智之孫也泛涉墳籍清慎無所營求甞語人去任官之所木枕亦不須作况重於此乎唯頗令人寫書樊子蓋曾遺之書曰在官寫書亦是風流罪過基荅曰觀過知仁斯亦可矣

梁書曰袁峻字孝高早孤志篤好學家貧無書從假借必皆抄寫自課日五十紙紙數不登則不止

後周書曰裴漢借人異書必躬自錄本至於疾疹彌年亦未甞釋卷

載書 負書附

史記曰蘇秦說秦王書十上而說不行去秦而歸負書擔橐形容枯槁

續漢書曰李固爲三公子躬步以驢負書從師

墨子曰墨子南使衛載書甚多強唐子見而恠之對曰昔周公曰朝讀書夕見七十二士相天下猶如此吾安敢廢此也

晉書曰張華無餘財唯文史溢几篋徙居載書三十車也

焚書

史記曰秦始皇二十二年令天下敢有藏詩書百家語者悉詣守尉燒之下三十日不燒黥爲城旦所不禁醫藥卜

筮種樹之書耳

風俗通曰董卓盪覆王室天子西移所載書七十車遇雨道難分半投弃即於𠙚燒燔糜爲灰燼

淮南子曰王壽負書而行見徐遹曰事者應變而動書者言之所出智不籍書王壽乃焚其書而舞也

三國典略曰初侯景來既送東宮妓女尚有數百人景乃分給軍士夜於宮中置酒奏樂忽聞火起衆遂驚散東宮圖籍數百厨焚之皆盡初太子夢作秦始皇者云此人復欲焚書既而見爇夢則驗焉

又曰周師陷江陵梁王知事不濟入東閣竹殿命舍人高善寶焚古今圖書十四萬卷欲自投火與之俱滅宮人引衣遂及火滅盡并以寶劍斫柱令折歎曰文武之道今夜窮矣

太平御覽卷第六百十九

太平御覽卷第六百二十

治道部一

君

爾雅曰林烝天帝皇王后辟公侯君也

易師卦曰大君有命開國承家

尚書泰誓曰嗟我友邦冢君越我御事庶士明聽誓惟天地萬物父母惟人萬物之靈亶聰明作元后元后作民父母

又曰洪範曰惟辟作福惟辟作威惟辟玉食

毛詩曰　天保下報上也君能下下以成其政臣能歸美以報其上焉

禮記禮運曰禮者君之大柄也政者君之所以藏身

　子思曰人主自臧則衆謀不進事是而臧之猶卻衆謀況知非以長乎夫不察事之是非而悅人之讚己闇莫甚焉不度理之所在而阿諛求容諂莫甚焉君闇臣諂以居百姓之上民弗與也若此不已國無類矣

荀悅漢紀論曰有王主有治主有存主有衰主有危主有亡主體正性仁心明志固動以爲人不以爲己是謂王主克己恕躬好問力行動以從義不以從情是謂治主勤居守業不敢荒怠動以先公不以先私是謂存主情義交爭公私並行一得一失不純道度是謂衰主情過其義私多於公制度踰限政令失常是謂危主親用邪讒放逐忠賢縱情追欲不顧禮度出入游放不拘儀禁賞賜行禮以越公用忿怒施罰以踰治理遂非文過知而不改忠言壅塞直諫誅戮是謂亡主故王主能致興平治主能脩其政存主能保其國衰主遭無難則庶幾得全苟有難則殆矣危

主遭無難則幸而免有難則亡亡主者必亡而已矣

白虎通曰君者群也群下之所歸心

管仲　曰地之生財有時民之用力有倦而人君之欲無窮以有時與有倦養無窮之君而度量不生於其間則上下相疾也

鄧析書曰君有三累臣有四責何謂三累親所信一累也以名取士二累也近故疏親三累也何謂四責受重賞而無功一責也居大位而不治二責也爲理而不平三責也御軍陣而奔背四責也君無三累臣無四責可謂安國家也

又曰爲君者當若冬日之陽夏至之陰萬物歸之莫之使也偃卧而功自成優游而政自治

又曰爲君者滅形匿影群下無私掩目塞耳萬民恐震循名責實案法立成是謂明主

孟子曰君視臣如手足臣視君如腹心君視臣如犬馬臣視君如國人君視臣如土芥臣視君如寇讎

孫卿子曰君舟也庶人水也水能行舟亦能覆舟

又曰君者義也義正則君正君者盤也水者民也盤方則水方盤貟則水貟君者源也水者流也源清則流清源濁則流濁。鬼谷子曰事聖君有聽從無諫爭事中君有諫諍無諂諛事暴君有補削無矯拂

又曰君得名則群臣恃之君失名則群臣欺之

尸子曰孔子謂子夏曰汝知君乎子夏曰魚失水則死水失魚猶爲水也孔子曰商汝知之

又曰日在井中不能燭遠日在足下不可以視君之有國猶天之有日居不高則不明視不尊則不遠

韓子曰晉平公問叔向齊桓公九合一匡君之力臣之力叔向稱管仲隰朋之力師曠曰君壤地也臣草木也壤地美然後草木碩亦君之力臣何力之有焉

又曰勢者君之輿也威者君之策也臣者君之馬也民者君之輪也勢固則輿安威定則策勁臣順則馬良人和則輪利而爲國皆失此有覆輿走馬折策敗輪矣

又曰爲人君者猶壺也民亦水也壺方水方壺圓水圓

呂氏春秋曰魏文侯燕飲皆令諸大夫論已或言君仁或言君義或言君智至任座曰君不肖君也得中山不封君弟而封君之子是以知君不肖文侯不悅座趍而起次及翟璜曰君賢君也其主賢者其臣之言直今座之言直是以知君賢也

又曰善爲君者蠻夷反舌皆服俗淳也水泉深則魚鼈黿歸

之人君賢則豪傑赴之

又曰君者仁義以治之愛利以安之忠信以道之務除其災致其福故人之於上也若璽之於塗也抑之以方則方以圓則圓若五種之地必應其類而蕃息百倍此五帝三王之所以無敵也

又曰古之王者其所爲少其所爲少因者君術也爲者臣道也爲則擾矣因則靜矣因冬爲寒因夏爲暑君奚事焉故曰君道無爲

又曰昔太古嘗無君其民聚生群處知毋不知父無親戚兄弟夫妻男女之別無上下長幼之道無進退揖讓之禮無衣服履帶宮室畜積之便無器械舟車城郭險阻之備此無君之患故臣之義不可不明也自上世以來天下亡國多矣而君道不廢者天下利之也

又曰齊桓公染於管仲鮑叔晉文染於舅犯郤偃荊莊王染於孫叔敖沈尹承吳闔閭染於伍員文之義越句踐染於范蠡大夫種此五君者所染當故霸諸侯范吉射染於張柳朔王生中行寅染於籍秦高強吳夫差染於王孫雄太宰嚭智伯瑤染於智國張武申尚染於魏義偃長宋康王染於唐鞅田不禮此六君者所染不當故國皆殘亡身或死辱爲君非爲君而因榮也非爲君而安也以爲行理也

又曰先王用非其有如已之有通乎君道者也君者處虛素服而無智故能使衆智也無能故能使衆能也能執無爲故能使衆爲也無智無能無爲此君之所執

又曰鄭君問於被瞻曰聞先生之義不死君信有之乎被瞻對曰有之夫言不能聽道不能行則固不事君也若言聽道行又何死亡故被瞻之不死亡賢於死亡也

又曰豫讓欲報襄子其友謂之曰子之所道甚難而無功謂子有志則然矣謂子智則不然以子之材而索事襄子（索求）襄子必近子子得近之而行所欲此甚易而功必成豫讓笑而應之曰是爲先知報後知也爲故君賊新君矣大亂君臣之義也子無失吾所爲矣凡吾所爲此者所以明君臣之義也非從易也

淮南子曰君根本也臣枝葉也根本不善枝葉茂者未聞也有道之世以人與國（以賢人而與之國堯舜是也）無道之世以國與人（以國與人桀紂與湯武是也）

説苑曰晉平公問於師曠曰人君之道奈何師曠曰人君清靜無爲務在於博愛趣在任賢開耳目以察萬方不囿溺於俗不拘繫於左右廓然遠見踔然獨立屢省考績以臨臣下此人君之操也平公曰善

新序曰趙襄子問於王子維曰吳之所以亡者何也對曰吳君悋而不忍襄子曰宜哉吳之亡也悋則不能賞賢不忍則不能罰姦賢者不賞有罪不罰不亡何待

潛夫論曰凡人君之治莫大於和陰陽夫陰陽者以天爲本天心順則陰陽和天心逆則陰陽乖天以民爲心民安樂則天心順民愁苦則天心逆

抱朴子曰清玄剖而上浮濁黄判而下流尊卑等威於是乎著衆聖取諸兩儀而君臣之道立設官分職而雍熈之化隆君人者必脩諸已以先四海去偏黨以平王道遺私情以樹至公昭德塞違庸親昵賢使規盡其圓矩盡其方矣

太平御覽卷第六百二十

治道部二

臣

韋昭釋名曰臣慎也慎於其事以奉上也

孝經説曰臣者堅也守節明度修義奉職也

易曰王臣蹇蹇匪躬之故(蹇卦)

書曰臣無有作福作威王食臣之有作福作威王食其害于而家凶于而國

又曰熊羆之士不二心之臣保乂王家用端命于上帝

詩曰進厥虎臣闞如虓虎(闞呼檻切)

禮曰衛有大夫曰柳莊寢疾公曰若疾亟雖當祭必告也公再拜稽首請於尸曰有臣柳莊也者非寡人之臣是社稷之臣也聞之死請往不釋服而往遂以襚之

又曰爲人臣者殺其身有益於君則爲之況于其身以善其君乎周公優爲之(于讀爲迂迂廣也大也)

又曰故仕於公曰臣仕於家曰僕

又曰大臣法小臣廉官職相序君臣相正國之肥也

又曰爲人臣下者有諫而無訕有亡而無疾頌而無諂諫而無驕怠則張而相之(相助也)廢則埽而更之謂之社稷之役(役爲也)

又曰子言之事君先資其言拜自獻其身以成其信是故君有責於其臣臣有死於其言故其受祿不誣受罪益寡子曰事君大言入則望大利小言入則望小利故君子不以小言受大祿不以大言受小祿子曰事君不下達不尚辭非其人弗自子曰事君遠而諫則諂也近而不諫則尸利也子曰邇臣守和宰正百官大臣慮四方子曰事君欲諫不欲陳詩云心乎愛矣遐不謂矣中心藏之何日忘之子曰事君難進而易退則位有序易進而難退則亂也子曰事君三違而不出境則利祿也雖曰不要君吾不信也子曰事君慎始而敬終子曰事君可貴可賤可富可貧可生可殺而不可使爲亂(亂謂違廢事君之禮)

又曰子曰大臣不親百姓不寧則忠敬不足而富貴已過也大臣不治而邇臣比矣(忠敬不足謂臣不忠於君君不敬其臣邇近也言近以見遠言大以見小互言之記私相親也)故大臣不可不敬也是民之表也邇臣不可不慎也是民之道也(民之道言民循從也)君毋以小謀大毋以遠言近毋以内圖外則大臣不怨邇臣不疾而遠臣不蔽矣

左傳曰石碏純臣也惡州吁而厚與焉大義滅親其是之謂乎

又曰晉惠公卒懷公立命無從亡人期期而不至無赦狐突之子毛及偃從重耳在秦弗召懷公執狐突曰子來則免對曰子之能仕父教之忠古之制也策名委質貳乃辟也今臣之子名在重耳有年數矣若又召之教之貳也父教子貳何以事君刑之不濫君之明也臣之願也淫刑以逞誰則無罪乃殺之

又曰秦醫和謂晉侯曰良臣將死天命不祐趙孟曰誰當良臣對曰主是謂矣主相晉國於今八年晉國無亂諸侯無闕可謂良矣和聞之國之大臣榮其寵祿任其大節有菑禍興而無改焉必受其咎

又曰陳無宇謂楚王曰天子經略諸侯正封封略之内何非君土食土之毛誰非君臣(毛草也)故詩曰普天之下莫非王土率土之濱莫非王臣(詩小雅濱涯也)天有十日(甲至癸)人有十等下所以事上上所以共神也故王臣公公臣大夫大夫

臣士士臣皁皁臣輿輿臣隸隸臣僚僚臣僕僕臣臺馬有圉牛有牧以待百事

春秋說曰正氣爲帝間氣爲臣臣之

論語曰舜有臣五人而天下治武王曰予有亂臣十人亂治也

又曰季子然問仲由冉求可謂大臣與子曰所謂大臣者以道事君不可則止今由與求也可謂具臣矣言備臣數而已

孝經曰君子之事上也進思盡忠退思補過將順其美匡救其惡故上下能相親也

漢書曰張良未嘗特兵爲將常爲畫策臣

又曰絳侯周勃爲丞相罷趍出意甚得上禮之恭常目送之袁盎進曰丞相何如人也上曰社稷臣盎曰絳侯所謂功臣非社稷臣社稷臣者主存與存主亡與亡

又曰上居禁中召周亞夫賜食因趍出上目送之曰此怏怏非幼主臣也

又曰辛慶忌居處恭儉食飲被服尤節約然性好輿馬號爲鮮明惟是爲奢。荀悅漢記曰臣有六有王臣有良臣有直臣有具臣有嬖臣有佞臣以道事君匪躬之故達節通方立功興化是謂王臣忠順不失夙夜匪懈循理受和以輔上德是謂良臣犯顏拂意砥矢弗撓直諫遏非不避死罪是爲直臣奉法守職無能往來是謂具臣便僻苟容順意從諛是謂嬖臣傾險讒回誣上惑下專權擅寵唯利是務是謂佞臣或有君而無臣或有臣而無君用善則治用惡則亂難則交爭故明主慎所用焉

又東觀記曰祭遵死後每至朝會上常歎曰安得憂國奉公之臣如祭征虜者

沈約宋書曰謝弘微爲鎮西諮議參軍太祖即位爲黄門侍郎與王華王曇首殷景仁劉湛等號曰五臣遷尚書吏部郎。唐書曰或有言魏徵阿黨親戚者帝使御史大夫溫彥博按驗無狀彥博曰徵爲人臣須存形迹不能遠避嫌疑遂招此謗帝令彥博讓徵且曰自今已後不得不存形迹它日徵入奏曰臣聞君臣叶契義同一體不存公道唯事形迹若君臣上下同遵此路則邦之興喪或未可知願陛下使臣爲良臣勿使臣爲忠臣帝曰忠良有異乎徵曰良臣稷契皐陶是也忠臣龍逄比干是也良臣使身獲美名君受顯號子孫傳世福祿無疆忠臣身受誅夷君陷大惡家國並喪空有其名以此而言相去遠矣

又曰盧懷慎臨終遺表曰宋璟立性公直執心貞固文學足以經務識略足以佐時動惟直道行不苟合聞諸朝野

之說實爲社稷之臣

晏子春秋曰景公問於晏子曰忠臣之事君何若對曰有難不死出亡不送公不說曰君裂地而富之疏爵而貴之有難不死出亡不送其說何也對曰言而見用終身無難臣何死焉諫而見從終身不出臣何送焉

孔叢子曰夫爲人臣見非而不爭以陷主於危亡罪之大者也人主疾臣之弼已而惡之資臣以箕子比干之忠惑之大者也

又曰魏王問何如可謂大臣子高答曰大臣則必取衆人之選能犯顏諫爭公正無私者陳計事成主裁其賞事敗執其咎主任之而無疑臣當之而弗避君總其契臣行其義然君不猜其人臣不隱於其君故動無過計舉無敗事是以臣主並有德也

又曰衛出公使人問孔子曰寡人之任臣無大小一自言問觀察之猶復失人何故荅曰如君之言此即所以失之也人既難知非言問所監觀察所盡且人君所慮者多多慮則意不精以不精之意察難知之人宜其有失也君未之聞乎昔者舜臣堯官才任士堯一從之左右曰人君用士當自任耳目而取信於人無乃不可乎堯曰吾之舉舜巳耳目之矣今舜所舉吾又耳目之是則耳目人終無巳巳也君苟付可付者則巳不勞賢才不失矣

又曰孟懿子問書曰欽四隣何謂也孔子曰王者前有疑後有丞左有輔右有弼謂之四近言前後左右近臣當敬畏之不可以非其人也

又曰孟氏之臣畔武伯問孔子曰如何荅曰人臣而畔天下之所不容也其將自反子姑待之三旬果自歸孟氏武

伯將執之訪於夫子夫子曰無世子之於臣禮意不至是以去子今其反罪以反除又何執焉子脩禮以待之則臣去子將安徃哉武伯乃止

孟子曰孟子見齊宣王曰所謂故國者世臣之謂也（世臣先世舊臣也王者當有累世脩德之臣常能輔其君以道也）王無親臣矣（今王無可親任之臣）昔者所進今日不知其亡也（言王取人不詳審往日之所知臣今日為惡當誅亡王無知之）王曰吾何以識其不才而捨之曰國君進賢如不得巳將使卑踰尊踈踰戚可不愼歟（言國君欲進用人當留意考擇如使忽言不精心意如不得巳而取備官則使卑親踈相踰也）

又曰景子曰內則父子外則君臣人之大倫也父子主恩君臣主敬

又曰故將大有為之君必有所不召之臣欲有謀焉則就之故湯之於伊尹學焉而後臣之故不勞而王桓公之於管仲學焉而後臣之故不勞而霸

又曰欲為君盡君道欲為臣盡臣道二者皆法堯舜而巳矣

又曰在國曰市井之臣在野曰草莽之臣

董子曰上臣事君以人中臣事君以身下臣事君以貨

韓子曰為臣也北面委質無有二心朝廷不辭賤軍旅不辭難順主之法而無是非也故有口不以私言有目不以私視

呂氏春秋曰魏襄王與群臣飲酒酣王為群臣祝令群臣皆得志史起興而對曰群臣或賢或不肖賢者得志則可不肖者得志則不可王曰皆如西門豹之為人臣也史起對曰魏氏之行田也以百畝鄴獨二百畝是田惡也漳水在旁而西門豹不知用是其愚也

又曰柱厲叔事莒敖公自以為不知而去居於海上莒敖公有難柱厲叔辭其友而徃死之其友曰子自以為不知故去今又徃死之是知與不知無異別也柱厲叔曰不然自以為不知故去今死而不去是果知我也吾將死之以醜後世之人不知其臣者也所以激君人者之行而厲人臣之節也行激節厲忠臣幸於得察忠臣察則君道固矣

淮南子曰周公事文王行無專制事無由巳身若不勝衣言若不出口有所奉持於前洞洞囑囑如 不能如將失之可謂能子矣及繼文武之業履天子之國則平夷狄之亂誅管蔡之罪無所顧問威動天地聲懾海內可謂能武矣成王長北面致政委質而臣事之請而後行無擅恣之意無矜伐之色可謂能臣矣

說苑曰人臣之術隨順復命無所敢專議不苟合位不苟

尊必有益於國必有補於君故其身尊而子孫保之臣之行有六邪六正行六正則榮犯六邪則辱賢臣處六正之道不行六邪之術故上安而下治生則見樂死則見思此人臣之本也

又曰子貢問孔子爲臣孰大曰齊有鮑叔鄭有東里子皮子貢曰齊無管仲鄭無子産乎孔子曰吾聞進賢爲善鮑叔進管仲子皮進子産未聞管仲子産有所進也新序曰秦欲伐楚使者往觀楚之寶器楚王聞之召令尹子西而問焉曰秦欲觀楚寶器吾和氏之璧隋侯之珠可以示諸乎令尹子西對曰臣不知也召昭奚恤而問焉昭奚恤對曰此欲觀吾國之得失而圖之國之寶器在於賢臣夫珠玉玩好之物非國所重寶者於是遂使昭奚恤應之奚恤稱曰楚國之所寶者賢臣也理百姓實倉廩使民人各得其所令尹子西在此奉珪璋使諸侯解忿悁之難交兩國之忻使無兵革憂大宗子敖在此守封疆謹境界不侵鄰國鄰國亦不見侵葉公子高在此理師徒正兵戎以當強敵提桴鼓以動百萬之衆使赴湯火蹈白刃出萬死不顧一生司馬子反在此若懷霸王之餘義攝治亂之餘風昭奚恤在此唯大國之所觀秦使者瞿然無以對反言於秦曰楚多賢臣未可謀也遂不敢伐

又曰周舍事趙簡子立門三日三夜簡子使人出問之夫子將何以令我周舍曰臣願爲諤諤之臣墨筆操牘隨君之後司君之過而書之日有記也月有効也歳有約也簡子悅之

賈誼新書曰智足以謀國事行足以爲人師仁足以爲上下之聲國有法則守之君有難則死之謂之大臣也古詩爲君既不易爲臣良獨難

應璩百一詩曰茫茫九州内莫非帝者民民有忠信行莫非帝者臣

太平御覽卷第六百二十一

太平御覽卷第六百二十二

治道部三

治政一

釋名曰政者正也下所以取正也

周禮天官太宰之職曰正月之吉始和布治于邦國都鄙乃縣（縣讀爲懸）治象之灋（灋與法同）于象魏使萬民觀法象挾日而斂之（太宰以正月朔日布王治之事於天下至正歲又書而縣於象魏振木鐸以徇之使萬民觀焉小宰亦帥其屬而往皆所以重治法新王事也凡治有故言始和者改造云耳挾日凡十日）乃施典于邦國而建其牧立其監設其叅傅其伍陳其殷置其輔（乃者更申勑之也以侯伯有功德者加命作州長謂之牧所謂八命作牧者也監謂公侯伯子男各監一國也鄭司農云殷治律輔爲民之平也）乃施則于都鄙而建其長立其兩設其伍陳其殷置其輔（長謂公卿大夫兩謂兩卿也）乃施法于官府而建其正立其貳設其攷陳其殷置其輔凡治以典待邦國之治以則待都鄙之治以灋待官府之治以官成待萬民之治以禮待賓客之治凡邦之小治則冢宰聽之待四方賓客之小治（大事決於王小事冢宰專平之）歲終則令百官府各正其治受其會（正正歲也會大計也）聽其政事而詔王廢置（平其事來至者之功狀而奏白王）三歲則大計羣吏之治而誅賞之（事久則聽之大無功不徒廢必罪之有大功不徒置又賞之鄭司農云三載考績是也）

又曰天官小宰之職曰正歲帥治官之屬而觀治象之法徇以木鐸曰不用灋者國有常刑（正歲謂夏之正月得四時之正以出教令者審也古者將有新令必奮木鐸以警衆使明聽之木鐸木舌也文事奮木鐸武事奮金鐸）

禮曰故政者君之所以藏身也（藏謂輝光於外而形體不見若日月星辰之中）是故夫政必本於天殽以降命（降下也殽天之氣以下教令天有運移之期陰陽之節也）命降于社之謂殽地（教謂令由社下者也社土地之主也周禮土會之法有五地之物生也）降於祖廟之謂仁義（謂教令由祖下者大傳曰自禰率而上至于祖遠者輕仁也自至率而下至于禰高者重義也）降於山川之謂興作（謂教令由山川下者也山川有草木禽獸可作器物共國事）降於五祀之謂制度（謂教令由五祀下者五祀有中霤門戶竈行之神此始爲宮室制度）此聖人所以藏身之固也（政之行如此何用城郭溝池之爲）故聖人參於天地並於神鬼以治政也

又曰政以一其行禮樂刑政其極一也（極至也）所以同民心而出治道也是故治世之音安以樂其政和亂世之音怨以怒其政乖聲音之道與政通矣是故審聲以知音審音以知樂審樂以知政而治道備矣

又曰敢問何謂爲政孔子對曰政者正也君爲正則百姓從矣君之所爲百姓之所從也君所不爲百姓何從公曰敢問爲政何如孔子對曰夫婦別父子親君臣嚴三者正則庶物從之矣

又曰哀公問政子曰文武之政布在方策其人存則其政舉其人亡則其政息人道敏政地道敏樹夫政也者蒲盧也（蒲盧蜾蠃謂土蜂也詩曰螟蛉有子蜾蠃負之螟蛉桑蟲也蒲盧取桑蟲之子去而變化之以成爲己子政之於百姓若蒲盧之於桑蟲）故爲政在人

又曰子曰夫人教之以德齊之以禮則民有格心教之以政齊之以刑則民有遯心（格來也遯逃也）

又曰子曰政之不行也教之不成也爵祿不足勸也刑罰不足耻也故上不可以褻刑而輕爵（言政教所以明賞罰也）

又曰聖人南面聽天下所且先者五民不得與焉一曰治親二曰報功三曰舉賢四曰使能五曰存愛五者一得於天下民無不足無不贍者五者一物紕繆民莫得其死（物猶事也紕錯也五事得則民足一事失則民不得其死明政之難）

大戴禮曰曾子曰敢問不費不勞以爲明乎孔子愀然揚眉曰參汝以明主爲勞乎古者舜左禹而右皋陶不下席

而天下治
左氏傳曰宣子於是乎始為國政(宣子趙盾)制事典正法罪辟
獄刑(辟猶理也)董逋逃由質要治舊洿本秩禮續常職出滯淹
旣成以授太傅陽子與大師賈佗使行諸晉國以為常法
又曰晉悼公即位于朝始命百官(始為政)施舍已責(施恩惠舍勞役)
(止逋責)振廢滯(起舊德)匡乏困救災患(亦救也)禁淫慝薄賦斂宥
罪戾(宥寬也)節器用(節省也)時用民(使民以時)欲無犯時(不縱私欲)
又曰季札聘于鄭謂子產曰鄭之執政者侈難將至矣政
必及子子為政愼之以禮不然鄭國將敗
又曰鄭子皮授子產使都鄙有分(國都及邊鄙車服尊卑各有分部)上下
有服(公卿大夫服不相踰)田有封洫廬井有伍大人之忠儉者(謂卿大夫)
從而與之泰侈者因而斃之從政一年輿人誦之曰取我
衣冠而褚之(褚畜也畜侈者畏法故畜藏)取我田疇而伍之孰殺子產

吾其與之及三年又誦之曰我有子弟子產誨之我有田
疇子產殖之(殖生也)子產而死誰其嗣之(嗣續也傳言鄭所以興)
又曰禮之於政如熱之有濯以救熱何患之有
又曰鄭人游于鄉校以論執政(論其得失)然明謂子產曰毀鄉
校如何子產曰何為夫人朝夕退而游焉以議執政之善
否其所善者吾則行之其所惡者吾則改之是吾師也若
之何毀之
又曰子皮欲使尹何為邑子產曰少未知可否子皮曰愿
吾愛之不吾叛也使夫往而學焉夫亦愈知治矣子產曰
不可人之愛人求利之也今吾子愛人則以政(以政與之)猶未
能操刀而使割也其傷實多子之愛人傷之而已其誰敢
求愛於子子於鄭國棟折榱崩僑將厭焉敢不盡言子有
美錦不使人學製焉其為美錦不亦多乎僑聞學而後入
政未聞以政學者也田獵射御貫則能獲禽(貫習也)若未嘗登車
射御敗績厭覆是懼何暇思獲子皮曰善哉學者也若果
行此必有所害
又曰周任有言曰為政者不賞私勞不罰私怨詩云有覺
德行四國順之(詩大雅覺直也言德行直則四方順從之)
又曰鄭子產有疾謂子太叔曰我死子必為政唯有德者
能以寬服民其次莫如猛火烈民望而畏之故鮮死焉水
懦弱民狎而翫之則多死焉故寬難(難以治)疾數月而卒太
叔為政不忍猛而寬鄭國多盜聚大於萑蒲之澤(萑蒲澤名也於)
(澤中劫人音苻浦)太叔悔之曰吾早從夫子不及此興徒兵以攻
蒲之盜盡殺之盜少止仲尼曰善哉政寬則民慢慢則糾
之以猛猛則民殘殘則施之以寬寬以濟猛猛以濟寬政
是以和詩曰民亦勞止汔可小康惠此中國以綏四方施
之以寬也

書大禹謨曰后克艱厥后臣克艱厥臣政乃乂黎民敏德(敏疾也能知為)
(君難為臣不易則其政治而衆民皆疾修德)禹曰於帝念哉德惟善政政在養
民(難而言念重其言為政以德則民懷之)水火金木土穀惟修(言念民之本在先修六府)
正德利用厚生惟和(正德以率下利用以阜財厚生以養民三者和所謂善政)九功惟
敘九敘惟歌(言六府三事之功有次敘皆可歌樂乃德政之所致)戒之用休董之用
威勸之以九歌俾勿壞(言善政之道美以戒之威以督之歌以勸之使政勿壞在此三者而)
已
又太甲下曰德惟治否德亂與治同道罔不興與亂同事
罔不亡(言安危在所念治亂在所法)終始愼厥與惟明明后(明愼其所與治亂之)
(機則為明王明君)
又盤庚上曰古我先王亦惟圖任舊人共政(先王謀任久老成人共治)
(其政)王播告之修不匿厥指(王布告人以所修之政不匿其指)王用丕欽罔

有逸言民用丕變王用大撤其政教無有逸豫之言民用大變從化

又洪範曰乂用三德治民必用剛柔正直之三德一曰正直二曰剛克剛能立事三曰柔克和柔能治三者皆德平康正直世平安用正直治之彊弗友剛克友順也世彊禦不順以剛能治之燮友柔克燮和也世和順以柔能治之沈潛剛克沈潛謂地雖柔亦有剛能出金石高明柔克高明謂天言天爲剛德亦有柔克不干四時喻臣當執剛以正君君亦當執柔以納臣

又立政曰周公若曰拜手稽首告嗣天子王矣用咸戒于王曰王左右常伯常任準人綴衣虎賁周公用王所立政之事皆戒於王曰常所長事常所委任謂三公六卿準人平法謂士官綴衣掌衣服虎賁以武力事王皆左右近臣宜得其人周公曰嗚呼休茲知恤鮮哉歎此五者立政之本知憂得其人者少古之人迪唯有夏乃有室大競籲俊尊上帝古之人道惟有夏禹之時乃有卿大夫室家大強猶乃招呼賢俊與共尊事上帝迪知忱恂于九德之行禹之臣蹈知成信於九德之行謂賢智大臣九德皋陶所謀也乃敢告教厥后曰拜手稽首后矣曰宅乃事宅乃牧宅乃準茲惟后矣知九德之臣乃敢告教其君以立政后矣亦猶王矣宅居也居汝事六卿掌事者數牧民九州之伯居外內之官及平法者皆得其人則此惟君矣嗚呼孺子王矣歎稚子今以爲王矣不可不勤法祖考之德繼自今我其立政立事準人牧夫我其克灼知厥若丕乃俾亂繼用今已往我其立政大臣立事小臣及準人牧夫我其能灼然知其順者則大乃使治之言知臣下之勤勞然後莫不盡心力也相我受民和我庶獄庶慎時則勿有間之能治我所受天民和平我衆獄衆之事如是則勿有以代之言不可復變自一話一言我則末惟成德之彥以乂我受民言政賞用一善善在一言而已欲其口無擇言如此則我終惟有成德之美以治我所受之民嗚呼予旦已受人之徽言咸告孺子王矣歎所受賢聖說禹湯之美言皆以告稚子王矣繼自今文子文孫其勿誤于庶獄庶慎惟正是乂之文子文孫文王之子孫從今已往惟以正是人道治衆獄衆慎無忽誤也

又曰成王既黜殷命滅淮夷還歸在豐作周官王曰若昔大猷制治于未亂保邦于未危言當順古大道制治安國必于未亂未危之前思患預防之曰唐虞稽古建官惟百內有百揆四岳外有州牧侯伯道堯舜考古以建百官內置百揆四岳象天之有五行外置州牧十二及五國之長上下相維內外咸治言有法庶政惟和萬國咸寧官職有序故庶政惟和萬國皆安所以爲治也夏商官倍亦克用乂禹湯建官二百亦能用治言不及唐虞之清要也明王立政不惟其官惟其人言聖帝明王立政修教不惟多其官惟在得其人王曰嗚呼凡我有官君子欽乃攸司愼乃出令令出惟行弗惟反有官君子大夫已上數而戒之使敬汝所司慎汝出令從政之本令出必惟行之不惟反政若二三其令亂之道以公滅私民其允懷學古入官議事以制政乃不迷其爾典常作之君作之師無以利口亂厥官蓄疑敗謀怠忽荒政不學牆面莅事惟煩積疑不決必敗其謀大道怠忽必亂其政人而不學其由正牆面而立臨政事必煩

又君陳曰惟爾令德孝恭惟孝友于兄弟克施有政言善父母若必友于兄弟能施其政令命汝尹茲東郊敬哉圖厥政莫或不艱有廢有興出入自爾師虞庶言同則繹謀其政無有不先慮其難有所發有所起出納之事當用汝衆言度之言同則陳而布之禁其專也衆有弗若于汝政弗化于汝訓辟以止辟乃辟有不順於汝政不變於汝教刑之而止犯刑者乃刑之狃于姦宄敗常亂俗三細不宥習於姦宄毀敗五常之道以亂風俗之教罪雖小三犯不赦所以絕惡源也

論語曰子禽問於子貢曰夫子至於是邦也必聞其政求之與抑與之與子貢曰夫子溫良恭儉讓以得之夫子之求之也其諸異乎人之求之與

又曰爲政以德譬如北辰居其所而衆星拱之

又曰子貢問政子曰足食足兵民信之矣

又曰齊景公問政於孔子孔子對曰君君臣臣父父子子公曰善哉信如君不君臣不臣父不父子不子雖有粟吾得而食諸

又曰子張問政子曰居之無倦行之以忠

又曰季康子問政於孔子孔子對曰政者正也子帥以正
孰敢不正
又曰季康子問於孔子曰如殺無道以就有道何如孔子
對曰子爲政焉用殺子欲善而民善矣君子之德風小人
之德草草上之風必偃
又曰子路問政子曰先之勞之請益曰無倦
又曰子曰魯衛之政兄弟也
又曰衛君待子而爲政子將奚先子曰必也正名乎子路
曰有是哉子之迂也奚其正子曰野哉由也君子於其所
不知蓋闕如也名不正則言不順言不順則事不成事不
成則禮樂不興禮樂不興則刑罰不中刑罰不中則民無
所措手足故君子名之必可言也言之必可行也君子於
其言無所苟而已矣

又曰葉公問政子曰近者說遠者來
又曰子夏爲莒父宰問政子曰無欲速無見小利欲速則
不達見小利則大事不成
又曰無爲而治者其舜也與夫何爲哉恭己正南面而已
矣
又曰子張問於孔子曰何如斯可以從政矣子曰尊五美
屏四惡斯可以從政矣

太平御覽卷第六百二十二

治道部四

治政二

史記曰魯公伯禽初受封之魯三年而後報政周公周公曰何遲伯禽曰變其俗革其禮喪三年然後除之故遲太公亦封於齊五月而報政周公曰何疾也曰吾簡其君臣禮從其俗為也及後聞伯禽報政遲乃歎曰嗚呼魯後世其北面事齊矣夫政不簡不易民不近平易近民民必歸之

又曰齊威王召即墨大夫而語之曰自子之居即墨也毀日至然吾使人視即墨田野辟民人給官無留事東方以寧是子不事吾左右以求譽也封之萬家召阿大夫語曰自子之守阿譽日聞然使人視阿田野不辟民人貧苦昔趙氏攻甄子弗能救衛取薛陵而子不知是子以幣厚吾左右以求譽也是日烹阿大夫及左右嘗譽者於是齊國震懼人人不敢飾非務盡其誠齊國乃大治

又曰公孫鞅西入秦因孝公寵臣景監以求見孝公孝公既見鞅語事良久孝公時睡弗聽罷而孝公怒景監曰子之客妄人耳安足用耶景監以讓鞅鞅曰吾說孝公以帝道其志不開悟後五日復求見鞅鞅復見孝公益愈然而未中旨罷而去孝公復讓監監亦讓鞅鞅曰吾說公以王道而未入也請復見鞅鞅復見孝公善之而未甚也罷而去孝公謂景監曰汝客盖可與語矣鞅曰吾說孝公以霸道其意欲用之矣誠復見我我知之矣鞅復見孝公公與語不自知膝之前於席也語數日不厭景監曰子何以中吾君吾君之驩甚也鞅曰吾說君以帝王之道而吾君曰久遠吾不能待安能邑邑待數十百年而成王道之業乎故吾以強國之術說君君說之然亦難以比德於殷周矣

漢書曰曹參相齊召長老諸先生問以安集百姓而齊故諸儒以百數言人人殊參未知所定聞膠西有盖公善治黃老使人厚幣請之既見盖公盖公為言治道貴清靜而民自定推此類具言之參於是避正堂舍盖公焉其治要用黃老術故相齊九年齊國安集大稱賢相及參去齊屬其後相曰以齊獄市為寄慎勿擾也後相曰治無大於此乎參曰不然夫獄市者所以并容也今君擾之姦人安所容乎吾是以先之

又曰陸賈時時說詩書高帝罵之曰乃公居馬上得之安事詩書賈曰馬上得之寧可以馬上治乎且湯武逆取而順守文武並用長久之術也昔者吳王夫差智伯極武而亡（夫差吳王闔閭子也好用兵卒為越所滅智伯晉卿荀瑤也攻趙襄子襄子與韓魏反而喪之）秦任刑法不變卒滅趙氏（秦之先封於趙）鄉使秦已并天下法先聖陛下安得而有之

又曰賈誼上疏曰夫仁義恩厚人主之芒刃也權勢法制人主之斤斧也

又曰夫三代之所長久者其已事可知也（已事已往之事）然而不能從者是不法聖智也秦世之所以亟絕者其轍迹可見也然而不避是後車又將覆也夫存亡之變治亂之機其要在是而已矣夫人之智能見已然不能見將然夫禮者禁於將然之前而法者禁於已然之後是知法之用易見而禮之所以為至難知也若夫慶賞以勸善刑罰以懲惡先王執此之政堅若金石行此之令信如四時據此之公無私如天地耳豈顧不同哉（顧反也）為人主計者莫如先審

取舍取舍之極定於內安危之萌應是外矣安者非一日而安也危者非一日而危也以禮義治之者積禮義以刑罰治之者積刑罰刑罰積而民怨背禮義積而民和親故世主欲民之善同而所以使民善者或異或道之以德教或歐之以法令道之以德教者德教洽而民氣樂歐之以法令者法令極而民風哀哀樂之感禍福之應也秦王之欲尊社廟而安子孫湯武同然而湯武廣大其德行六七百歲而不失秦王治天下十餘歲則大敗此亡他故矣湯武之定取舍審而秦王之定取舍不審也夫天下大器也今人之置器置諸安處則安置諸危處則危天下之情與器無以異在天子之所置之湯武置天下於仁義禮樂而德澤洽於禽獸草木廣裕累子孫數十世秦王置天下於法令刑罰德澤亡一有禍幾及身子孫誅絕此天下所共

見也

又曰董仲舒對策曰夫人君莫不欲安存而惡危亡然而致亂危者甚衆所任者非其人而所繇音由者非其道也是以政日以仆滅也夫周道衰於幽厲非道亡也幽厲不繇也至宣王明文武之功業周道粲然復興詩人美之上天佑之爲生賢佐行善之所致也孔子曰人能弘道非道弘人故理亂興廢在於已非天降命也臣聞天之所大奉使之王者必有非人力所能致而自至者此受命之符也天下之人同心歸父母故天瑞應誠而至白魚入于王舟有火復于王屋流而爲烏也復歸皆積善累德之效也及後世淫逸不能統理羣生廢德教而任刑罰刑罰不中則生邪氣邪氣積於下怨惡畜於上上下不和陰陽繆盭而妖孽生焉此災異所緣起也臣聞命者天之令也性者生之質也情

者人之欲也或夭或壽或仁或鄙陶冶而成之不能粹美有治亂之所生故不齊也堯舜行德則民仁壽桀紂行暴則民鄙夭夫上之化下下之從上猶泥之在鈞唯甄者之所爲猶金之在鎔惟冶者之所鑄綏之斯來動之斯和也

又曰董仲舒論時政曰爲政不行甚者必變而更化之譬諸琴瑟不調必解而更張之當更張而不更張雖有良工不能善調也當更化而不更化雖有大賢不能善治也

又曰蕭望之上疏曰夫民函陰陽之氣函與含同有仁義欲利之心在教化之所助雖堯在上不能去民欲利心而能令其欲利不勝其好義也雖桀在上不能去民好義之心而能令其好義不勝其欲利也故堯桀之分任於義利而已故道民不可不慎也

又曰匡衡上書言政治曰五帝不同樂三王各異教民俗

殊務所遇之時異也比年大赦而姦邪不爲衰止盖保民者陳之以德義示之以好惡觀其失而制其宜也朝廷者天下之楨幹也公卿大夫相與循禮恭讓則民不爭好仁樂施則下不暴上義高節則民興行寬柔和惠則衆相愛四者明王所以不嚴而成也。又曰元帝時京房問上曰幽厲之君何以危所任者何人也上曰君不明而所任者巧佞房曰知其巧佞而任之也將以爲賢也上曰賢之房曰然則今何以知其不賢也上曰以其時亂而君危知之房曰若是任賢必治不肖必亂必然之道也幽厲何不覺寤而更求賢曷爲卒任不肖以至於是上曰臨亂之君各賢其臣令皆覺寤天下安得危亡之君房曰齊桓公秦二世亦嘗聞此二君而非笑之然則任豎刁趙高政治日亂盜賊滿山何不以幽厲之王而覺悟乎上曰唯有道者能

以往知來耳房因免冠謝曰春秋記二百四十二年災異以示萬世之君今陛下即位已來日月失明星辰錯行山崩泉湧地震石隕夏霜冬雷水旱螟蟲民人飢疫盜賊不禁刑人滿市春秋所記災異盡備陛下視今爲治耶爲亂耶上曰亦極亂耳尚何道房曰今所任者誰歟上曰然幸其瘉於彼又以爲不在此人也（瘉與愈同愈勝也謂其勝於彼也）房曰夫前世之君亦皆然矣臣恐後之視今猶今之視前也

後漢書曰桓譚上疏曰國之廢興在於政事得失由乎輔佐有國之君俱欲興化建善然而治道未洽者所謂賢者要也且設法禁者非能盡塞天下之姦皆合衆人之欲也大底取便國利民多者則可矣夫張官置吏以理萬民懸賞設罰以別善惡惡人誅傷則善人蒙福矣

魏志曰袁渙字曜卿爲梁相每勑諸縣曰世治則禮備世

亂則禮簡方今難以禮化在吾所以爲政

又曰太祖破袁氏領冀州牧辟崔琰爲別駕從事請琰曰昨案戶籍可得三十萬衆故爲大州也琰曰今天下分崩九州幅裂二袁兄弟親尋干戈冀方蒸庶暴骸原野未聞王師仁聲先路存問風俗救其塗炭而較計兵甲唯此爲先豈彼州士女所望於明公哉太祖改容謝之

晉書武帝初受禪駙馬都尉傅玄上疏曰先王之治天下也明其大教長其義節道化行於上清議隆於下上下相奉人懷義心亡秦蕩滅先王之制以法術相御而義心亡矣近者魏武好法術而天下貴刑名魏文慕通達而天下賤守節其後綱維不攝而虛無放誕之論盈於朝野使天下無復清議而亡秦之弊復發焉

崔洪春秋前涼錄曰張天錫時小府長史紀瑞上疏論時政曰臣聞東野善馭而敗其駕秦氏富強而覆其國馬力已盡求之弗休人既勞竭役之無已故也造父之御不盡其馬虞舜之治不窮其人故造父無失御虞舜無失人

唐書曰魏徵上疏曰君人者誠能見可欲則思知足以自誡將有作則思知止以安人念高危則思沖謙而自牧懼驕滿則思江海下百川樂盤游則思三驅爲度恐懈怠則思愼始而敬終慮擁蔽則思虛心以納下想讒邪則思正身以黜惡恩所加則思無喜以謬賞罰所及則思無怒以濫刑然後簡能而任擇善而從之智者盡其謀勇者竭其力仁者播其惠信者効其忠文武爭馳在君無事可以盡豫遊之樂可以養松喬之壽鳴琴垂拱不言而化何必勞神苦思代下司職役聰明之耳目虧無爲之大道也

又曰陳子昂上書言政理曰元氣者天地之始萬物之母

王政之大端也天之道莫大乎陰陽萬物之尊莫大乎黔首王政之貴莫大乎安人故人安則陰陽和則天地平而元氣正矣是以古先帝王見人之通於天地天人相感陰陽相和災害之所不生嘉祥之所以作也遂則象於天則成於地輔相天地之宜以左右民於是養成羣生奉順天德故人得安其俗樂其業甘其食美其服陰陽大和元氣已正天地降瑞風雨以時矣

又曰景雲二年監察御史解琬陳時政曰臣聞國之安危在於爲政若爲政以法雖暫安而必危爲政以德雖不便而終治夫法者智也智所謂權宜道可以長久陛下登位今已逾年上封事者多言明聖述太平或曰功巍巍德赫赫非唯不裨於政化亦乃陛下之厭聞臣以爲當今風俗未甚振理政令未息煩勞陰陽未調和帑藏未充物流離

者尚相望於道路犯禁者猶繼踵於狴牢耳未聞康哉之聲目未覩太平之事且貞觀永徽之天下亦今日之天下相去幾何而風俗淳季相反由理之失也夫霸者任智失德與人故大僞緣生矣然巧智之士浮詭之徒智忠者爲立身之階識仁義爲百行之本託之以求進假之以取容口是而心非言同而意反明君哲后亦何盡能察哉趍競之吏巧知之人欲密網以爲至公殊不知網密而犯者衆用苛細爲勤事殊不知事細而擾愈煩賞貪冒以強能鄙貞正而抑介隨波浮沉者顯之以黠剛毅正直者目之曰愚歲月漸漬日致澆浮朴散淳離流宕忘反若不匡救其弊何由使風俗淳質厥人以康哉

太平御覽卷第六百二十三

治道部五

政治三

管子曰國有四維一維絶則傾二維絶則危三維絶則覆四維絶則滅傾可正危可安覆可起滅不可復措也四維一曰禮二曰義三曰廉四曰耻

又曰政之所行在順民心政之所廢在逆民心民惡憂勞我佚樂之民惡貧賤我富貴之民惡危墜我存安之民惡滅絶我生育之

又曰九牧民者使士無邪行女無淫事士無邪行教也女無淫事訓也教訓成俗而刑罰省也

又曰善爲國者使民若飢魚之歸餌渇馬之走飲

又曰堯舜之民非生而治桀紂之民非生而亂故亂在上也

又曰聖人設度量置儀法如天地之堅如列星之固如日月之明如四時之信然故令往而民從之

老子曰治大國若烹小鮮（烹小鮮不敢撓恐其糜治國煩則亂治身煩則精神散）以道莅天下者其鬼不神（以道德治天下則鬼不敢見其精神以犯人也）

又曰聖人虗其心實其腹弱其志強其骨常使民無知無欲使夫知者不敢爲也爲無爲則無不治矣

又曰聖人無恒心以百姓心爲心善者吾善之不善者吾亦善之信者吾信之不信者吾亦信之（欲善信者吾因而善信之不善信者吾亦以善信教之）聖人在天下慄慄爲天下渾其心（聖人治天下常慄慄心同渾用心皆爲天下）百姓皆注其耳目聖人皆孩之（百姓皆須注耳目以觀聽聖人聖人視百姓如嬰兒）

又曰以政治國以奇用兵以無事取天下（以政教治國以奇詐用兵皆不以合道惟無事可以取天下）吾何以知天下其然哉以此（以此下文知之）天下多忌諱而民弥貧（國多忌諱人失作業故貧）人多伎巧奇物滋起法令滋章盜賊多有（法令益明竊盜爲姦盡成盜賊）故聖人云我無爲而民自化我無事而民自富我好靜而民自正我無欲而民自朴

老子曰其政悶悶其民淳淳其政察察其民缺缺

文子曰水濁則魚險政苛則民亂

墨子曰葉公子高問政於仲尼曰善爲政者若何對曰善爲政者遠者近之而舊者親之墨子聞之曰葉公子高未得其問也仲尼亦未得其對也

孟子曰爲高必因丘陵爲下必因川澤爲政必因先王之道。孫卿子曰魯有子訟父者康子曰殺之孔子曰不教而誅之是虐殺不辜三軍之敗不可誅也獄犴不治不可刑也上陳教而先服之則百姓從風矣先教而後刑則民知

罪矣夫一仞之牆民不能踰百仞之山童子升而遊焉陵遲久矣能謂民弗踰乎訟者聞之乃請無訟

莊子曰至德之世山無蹊隧澤無舟梁烏鵲之巢可攀援而闚

又曰聞在宥天下不聞治天下在之者恐天下之淫其性也宥之者恐天下之遷其德也天下不淫其性不遷其德豈有治天下者哉（不淫不遷無爲守分性既正矣德又安焉人皆治道何勞布政有治天下者哉）昔堯之治天下也使天下欣欣焉人樂其性是不恬也桀之治天下也使天下瘁瘁焉人苦其性是不愉也夫不恬不愉非德也非德而可長久者天下無之也

又曰黄帝將見大隗于具茨之山適遇牧馬童子問塗焉曰若知具茨之山乎曰然若知大隗之存乎曰然黄帝曰異哉小童非徒知具茨之山又知大隗之所存請問爲天

下小童曰夫爲天下者亦奚以異乎牧馬哉亦去其害馬而已矣

又曰黄帝立爲天子十九年令行天下聞廣成子在崆峒之上故往見之曰吾欲取天地之精以佐五穀以養民人又欲官陰陽以遂羣生爲之柰何廣成子曰而所欲問者物之質也而所官者物之殘也自而治天下雲氣不待族而雨草木不待黄而落日月之光益以荒矣而佞人之心翦翦焉又奚足以語至道哉（翦翦狹劣貌）

尸子曰范獻子游於河大夫皆在君曰孰知欒氏之子大夫莫荅舟人清涓捨檝荅曰君奚問欒氏之子若脩晉國之政内得大夫外不失百姓雖欒氏之子其若君何若不脩晉國之政内不得大夫而外失百姓則舟中之人皆欒氏子也君曰善○申子曰明君治國而晦晦而行行而止

故一言正而天下定一言倚而天下靡商君書曰善治者使跖可信不能治者使伯夷可疑

韓子曰或曰景公不知用勢師曠晏子不知除患夫獵者託車輿之安用六馬之足使王良佐轡則身不勞而易及輕獸國者君之車勢者君之馬不乘君之車不因馬之利釋車而下走者也故曰景公不知用勢之主師曠晏子不知除患之臣也

又曰桓公謂管仲曰官少而索者衆（索求也）寡人憂之管仲曰君無聽左右之請因能而授祿因功而與官人莫敢索君何憂焉

又曰夫堯舜在上位雖有十桀紂不能亂者勢治也桀紂在上位雖有十堯而不能治者勢亂也

又曰故善毛嬙西施之美無益吾面用脂澤粉黛則倍其初明法度必賞罰則國富而治法度賞罰者國之脂澤粉黛也

孔叢子曰夫子適齊晏子就其館既燕而私焉曰齊其危夫譬若載無轄之車以臨千仞之谿其不顚覆亦難冀也子吾心也以齊爲遊息之館當或可救子幸不吾隱也夫子曰死病不可爲醫夫政令者人君之銜轡所以制下也今齊君失之已久也子雖欲挾其輈而扶其輪良弗及也抑猶可以没齊君及子身過此而往齊其田氏矣

又曰定公問曰周書所謂庸庸祇祇畏畏顯民何謂也孔子曰不失其道明之於民之謂也夫能用可用則政治矣敬可敬則尚賢矣畏可畏則省刑矣人君審此三者明以示民而國不興未之有也

又曰哀公問書稱夔曰於予擊石拊石百獸率舞庶尹允

諧何謂也孔子對曰此言善政之化乎物也古之帝王功成作樂其功善者樂和樂和則天地且猶應之况百獸乎夔爲帝舜樂正實能以樂盡治理之情公曰然則政之大本莫尚夔乎孔子曰夫樂所以歌其成功非政之本也衆官之長信既咸熙然後樂乃和焉

又曰孔子之衛衛將軍文子問曰吾聞魯公父氏不能聽獄信乎孔子荅曰不知其不能也夫公父氏之聽獄有罪者懼無罪者恥文子曰有罪者懼聽之察刑之當也無罪者恥何乎孔子曰齊之以禮則民恥矣刑以止刑則民懼矣文子曰今齊之以刑刑猶弗勝何禮之齊孔子曰以禮齊民譬之於御則轡也刑以齊民譬之於銜則鞭也執轡於此而動於彼御之良也無轡而用策則馬失道矣文子曰以御言之左手執轡右手運用不亦速乎若任轡無

策馬何懼哉子曰吾聞古之善御者執轡如組兩驂如舞非策之助也是以先王盛於禮而薄於刑故民從命也廢禮而尚刑民弥暴矣

又曰子思問於夫子曰亟問夫子之詔正俗化民之政莫善於禮樂也管子任法以治齊而天下稱仁焉是法與禮樂異用而同功也何必但禮樂哉子曰堯舜之化百世不輟仁愛之風遠矣管仲之智足以定法材非管氏而專任法終必亂成矣

又曰孟軻問子思曰堯舜文武之道可力而致乎子思曰彼人也我人也稱其言履其行夜思之晝行之滋滋焉汲汲焉如農之趍時商之趍利惡有不致者乎

又曰穆公問子思曰吾國可興乎子思曰可公曰爲之柰何對曰苟君與大夫慕周公伯禽之治行其政化開公家之惠杜私門之利結恩百姓脩禮鄰國其興也勃矣

又曰衛君問子思曰寡人之政何如荅曰無非君曰寡人不知其不肖亦望其如此也子思曰希旨容媚則君親之中正弼非則君踈之夫能使人富貴貧賤者君也在朝之士孰肯舍其所以見親而取其所以見踈乎是故競求射君之心而莫有非君之者此臣所謂無非也公曰然乎寡人之過也今知改矣荅曰君弗能焉口順而心不懌者臨事必疵君雖有命臣未敢受也

又曰信陵君問曰古之善爲國至於無訟其道何由荅曰由乎政善也上下勤德而和德無不化俗無不和衆之所譽政之所是也衆之所毀政之所非也毀譽是非與政相應所以無訟也

又曰子順相魏改嬖寵之官以事賢才奪其不任之祿以賜有功諸褻職者不悅造謗言文咨以告且曰夫不善前政而有成孰與變之而起謗哉子順曰民之不可與慮始久矣古之善爲政者其初不能無謗子產相鄭三年而後謗止吾先君之相魯三月而後謗止今吾爲政日新雖不及聖賢庸知謗止獨無時乎文咨曰子產之謗嘗亦聞之未識先君之謗何也子順曰先君初相魯魯人頌曰麛裘而芾投之無戾芾而麛裘投之無郵及三月政化既行民又作頌曰袞衣章甫實獲我所章甫袞衣惠我無私文咨喜曰乃今知先生不異乎聖賢矣

又曰新垣固謂子順曰賢者所在必興化致治今子相魏未聞異政而即自退其身者志不得乎何去之速也荅曰以無異政所以自退也且死病無良醫今秦有吞食天下之心以義事之故不獲安救亡不暇何化之興昔伊摯在夏呂望在商而二國不治豈伊呂之不欲哉勢不可也

又曰尹曾謂子魚曰子之讀先王之書將奚以爲荅曰爲治世世治則助之行道世亂則獨治其身治之至也

又曰建初元年大旱天子憂之問羣臣政教得失子豊乃上疏曰臣聞爲不善而災報得其應也爲善而災至遭時運之會耳非政所治也昔成湯遭旱因自責省畋散積減御損膳而大有年意者陛下未爲成湯之事焉天子納其言

淮南子曰治國者若耨田去害苗而已今沐者墮髮而猶爲之不已以其所去者少所利者多

又曰聖主之治也猶造父之御也和輯乎轡銜之際而緩急乎脣吻之和正度乎胷臆之中而執節乎掌握之間內得於中心而外合於馬志是故能進能退履繩而還曲中

規取道致遠而氣力有餘誠得其術也是權勢者人主之車輿也大臣者人主之四馬也體離車輿之安而手失四馬之心能無危者古今未之聞也是故輿馬不調王良不能以取道理君臣不和唐虞不能爲治執術以御之則管晏之知盡矣明分以視之則跖蹻之姦止矣

又曰惠子爲惠王爲國法（惠王梁惠王也惠子惠王師也）已成而示之諸先生（示爲國法）先生皆善之奏之惠王惠王甚說之以示翟璜曰善惠王曰善可行乎翟璜曰不可惠王曰善而不可行何也翟璜對曰今夫舉大木者前呼邪許後亦應之此舉重勸力之歌也豈無鄭衛激楚之音哉然而不用者不若取是其宜也治國者禮不文辯故老子曰法令滋章盜賊多有此之謂也

又曰田駢以道術說齊王齊王應曰寡人之治齊國也道

術難以除患願聞國之政田駢對曰臣之言無政而可以爲政譬之若林木無林而可以爲林願王察其所謂而自取齊國之政焉已雖無除其患天地之間六合之內可陶冶而變化也齊國之政何足問哉

又曰昔者五帝三王之涖政施教必用參五何謂參五仰取象於天俯取度於地中取法於人乃立明堂之朝行明堂之令（明堂布政之宮有十二月之政令）以調陰陽之氣而和四時之節以辟疾病之蕃俯視地理以制度量察陵水澤肥墽高下之宜立事生財以除飢寒之患中之考乎德以制禮樂行仁義之道以治人倫而除暴亂之禍乃澄列金木水火土之性（澄清）故立父子之親而成家別清濁五音六律相生之數以立君臣之義而成國察四時季孟之序立長幼之禮而成官此之謂參制君臣之義父子之親夫妻之辯長幼之序朋友之際此之謂五乃裂地而州之分職而治之築城而君之割宅而異之分財而衣食之立太學而教誨之夙興夜寐而勞力之此治之紀綱也然得其人則舉失其人則廢

又曰天地之生物也有本末其養物也有先後人之於治國也豈得無終始故仁義者治之本也今不知事脩其本而務治其末是釋其根而灌其枝也且法之生也以輔仁義重法而弃義是貴其冠履而忘其頭足也故仁義者爲厚定者也不益其基而張其廣者毀不益其基而增其高者覆趙政不增其德而累其高故滅智伯不行仁義而務廣地故亡

國語曰不基其棟不能任重重莫若國棟莫若德國主之有民也猶城之有基木之有根根深即本固基美則上寧

又曰禹以夏王桀以夏亡湯以殷王紂以殷亡非法度不存也紀綱不張而風俗壞也三代之法不亡而世不治者無三代之智也六律具存而莫能聽者無師曠之耳也故法雖在必待聖而後治律雖具必待耳而後聽故國之所以存者非以有治也以有賢人也其所以亡者非以無法也以無聖人也

又曰治國譬若張瑟大絃絙（絙急也）則小絃絶矣故急轡數策者非千里之御也清聲不過百里無聲之聲施於四海是故祿過其功者損名過其實者蔽情行合而名副之禍福不虛矣身醜夢不勝正行國有妖祥不勝善政

太平御覽卷第六百二十四

太平御覽卷第六百二十五

治道部六

貢賦上

家語曰哀公問政於孔子孔子對曰政之急者莫大乎使民富且壽也公曰爲之柰何孔子曰省力役薄賦斂則民富矣敦禮教遠罪戾則民壽矣

又曰子貢問於孔子曰昔者齊君問政於夫子夫子曰政在節財魯君問政於夫子夫子曰政在諭臣葉公問政於夫子夫子曰政在悅近而來遠三者之問一也夫子應之不同然則政有異端乎孔子曰各因其事也齊君爲國奢于臺榭淫于苑囿伎樂不解於時一旦而賜人以千乘之家者三故曰政在節財魯君有三人（孟孫叔孫季孫）內比周以愚其君外距諸侯之賓以蔽其明故曰政在諭臣夫荊之地廣而數狹民有離心莫安其居故曰政在悅近而來遠此三者皆所以爲政

又曰閔子騫爲費宰問政於孔子孔子曰以德以法夫德法者御民之具猶御馬之銜勒也子騫曰敢問古之政孔子曰古之政者天子以內史爲左右手（內史掌王八柄及敘事之受納以詔王聽治）以德爲銜勒以百官爲轡以刑罰爲策以萬民爲馬故御天下數百年而不失善御馬者正銜勒齊轡策善御民者一其德法正其百官刑不用而天下治

又曰子游問於孔子曰子亟言子產之惠可得聞乎孔子曰惠在愛民而已子游曰愛民之謂德教何翅於惠哉孔子曰夫子產者猶衆人之母也食之弗能教也子游曰其事可言乎孔子曰子產以其乘車濟冬涉者盡愛而無教也○又曰孔子謂宓子賤曰子治單父衆悅子何施而得之對曰不齊之治也父恤其子其子恤諸孤而哀喪紀孔子曰善小節也小民附矣猶未足也曰不齊所父事者三人所兄事者五人所友事者十一人孔子曰父事三人可以教孝矣兄事五人可以教悌矣友事十一人可以舉善矣中節也中節人附矣猶未足也曰此地民有賢於不齊者五人不齊事之而稟度焉皆教不齊所以治之道孔子歎曰其大者乃於此乎有矣

又曰孔子初仕爲中都宰（中都魯邑名也）爲養生送死之節長幼異食（如五十異粮）強弱異任（謂力作之事各從所任弱困也）男女別塗路不拾遺器不雕僞市不二價（如各其貴不相欺紿）爲四寸棺五寸槨因丘陵爲墳不封不樹行之一年而四方諸侯皆則焉

又曰宓子賤者仕魯爲單父宰恐魯君聽讒使已不得行其政於是辭行故請君之近吏二人與之俱至官令二吏書方書輒掣其肘書不善則從而怒之二吏患焉辭請歸魯子賤曰子之書不善子勉歸之矣二吏歸報於君曰宓子賤使臣書而掣臣肘書惡而又怒臣邑吏皆笑之此臣所以去之而來也魯君以問孔子孔子曰宓不齊君子也其才任霸王之佐屈節而治單父將以自試意者宓子以此諫乎公寤太息曰此寡人之不肖也寡人亂宓子之政而責其善者數矣微二吏則寡人無以知過微夫子則寡人無由自寤遽發所愛之使告宓子曰自今以往單父非魯有也從子之制有便於人者子決之五年一言其要宓子敬奉詔遂得行其政於是單父治焉躬敦厚明親親尚篤敬施至仁加懇誠致忠信百姓化之

又曰孔子兄之子蔑者與宓子賤皆仕孔子往過蔑而問之曰自子之仕何得何亡對曰未有所得而亡者三王事

若聾聾宜爲襲前後相因襲言學焉得習言不得學習也是學不得明也奉禄
少饘粥不及親戚是骨肉益踈也公事多急不得弔死問
疾是朋友道闕也其亡者三即謂此也孔子不悅往過子
賤問如孔蔑對曰自來仕無所亡而所得者三始誦之今
得而行之是學益明也奉禄所供被及親戚是骨肉益親
有公事而兼以弔死問疾是朋友信篤也孔子喟然謂子
賤曰君子哉若人若人猶是人也魯無君子於焉取斯
國語曰齊桓公親逆管仲于郊而與之坐問焉曰昔吾先
君襄公築臺以爲髙位居髙臺以自尊田狩畢弋不聽國政卑聖
侮士而唯女是崇九妃六嬪正適稱妃言九者尊之如一明其淫侈非禮制也姪娣之
屬皆稱嬖嬪婦官也陳妾數百陳列食必粱肉衣必文繡戎士凍餒戎
車待遊車之裂戎士待陳妾之餘戎車兵車遊車遊戲之車裂殘也優笑
在前賢材在後優笑倡俳是以國家不日引引申不月長長益恐

宗社不掃除社稷不血食敢問爲此若何爲治管子對曰昔
吾先王昭王穆王世法文武遠績以成名周管之先績功也言昭王雖有
所闕猶能世法文王武王之典以成其功名也合羣叟比校民之有道合會叟老比方校考
也謂考其德行道藝而興賢設象以爲民紀式權以相應式用也權平也治正用民
使平均相應比綴以度比其衆寡綴連也連失也度法也端本肇末端等肇正也謂先等
其本以正其末勸之以賞賜糾之以刑罰班序顛毛以爲民紀統
班次序列顛等也毛騷也統經也言次列使長幼有序以爲治民之經紀也桓公曰爲之若何
管子對曰昔者聖王之治天下也參其國而伍其鄙參三國也
也郊以內也伍伍也鄙郊以外謂三分國都以爲三軍五分其鄙以爲五屬聖王謂若湯武以定民之居
成民之事使四民各居其職若公就官府農就田野所以成其事陵爲之終以爲葬地而
愼用其六柄焉柄本六柄生殺貧富貴賤
又曰齊桓公問管仲曰國安矣吾欲事於諸侯其可乎管
子對曰未可君若正卒伍脩甲兵周禮五人爲五百人爲卒令管子亦以五人爲
五而以二百人爲卒則大國亦將正卒伍脩甲兵則難以速得志矣
君有攻伐之器小國諸侯有守禦之備則難以速得志矣
君若欲速得志於天下諸侯則事可以隱令可寄政事戎事隱
匿寄託也匿軍令託於國政若有征伐鄰國不知桓公曰爲之若何管子對曰作
内政而寄軍令焉內政國政因治正以寄軍令桓公曰善管子於是制
國五家爲軌軌爲之長軌中一人爲之長十軌爲里里有司爲立有司
四里爲連連爲之長十連爲鄉鄉有良人焉良人鄉士爲大夫也又
以爲軍令爲軍常令五家爲軌故五人爲伍軌長帥之居則爲軌出則
爲伍所謂寄政十軌爲里故五十人爲小戎里有司帥之小戎兵車此有
司之所乘故曰小戎詩云小戎俴收古者戎車一乘步卒二十二人今齊五十人四里爲連故二百
人爲卒連長帥之十里爲鄉故二千人爲旅鄉良人帥之
五鄉一帥故萬民爲一軍五鄉之帥帥之五鄉每一軍有五鄉也鄉帥鄉
也萬人爲軍齊制也周則萬二千五百人爲軍帥長三軍故有中軍之鼓有國子之

鼓有高子之鼓春以搜振旅春田曰搜旅整衆也周禮仲春教振旅遂以搜田秋
以獮治兵秋田曰獮周禮仲秋教治兵遂以獮田也是故卒伍整於里軍旅整
於郊內教既成令勿使遷徙遷徙猶改更伍之人祭祀同福死
喪同恤恤憂禍災共之人與人相疇疇匹世同居少同遊故夜
戰聲相聞足以不乖晝戰目相見足以相識其歡欣足以
相死致死以相救居同樂行同龢與和同死同哀是故守則同固
戰則同強君有此士也三萬人方行於天下方橫以誅無道
以屏周室屏蕃天下大國之君莫之能禦禦當
又曰晉文公元年春屬百官賦職任功屬會賦授也授職事任有功弃
責薄斂施舍分寡弃責除宿責也施施德也舍舍禁也分寡分少財也救乏振滯匡困資無
救救乏絕振極淹滯之士匡正困窮之人資無與無財輕關易道通商寬農輕關輕其稅易道除
盜賊通商利旅寬農寬其政不奪其時茂穡勸分省用足財茂勉稼穡也勸有分無也省減
減國用足財備凶年利器明德以厚民性利器用明明德教厚民性厚其性情也舉善

授能官方定物方常物事上其常官以定百事正名育類正名正上下服位之名育類長育善類
昭舊族昭明舊且有功者之善愛親戚明賢良明顯尊貴寵國之貴且尊禮之
賞功勞事耆老禮賓旅嬖客友故舊故舊公子時胥藉狐箕欒郄
栢先羊舌董韓寔掌近官舊十一姓晉之舊族近官朝廷諸姬之良掌其
中官諸姬同姓中官內官異姓之能掌其遠官遠官縣鄙公食貢大夫食
邑士食田受公田庶人食力各由其力工商食官工百工商官賈周禮府藏皆有
賈人以知物賈食官官稟之皂隸食職士臣皂皂臣輿輿臣隸食職名以其職大小食祿也官宰
食加官宰家臣加大夫之加田也論語原憲為之宰政平民阜財用不匱阜安
呂氏春秋曰吳起行魏武侯自送之絕河謂吳起曰先生
將何以治之西河對曰以忠以信以勇以敢武侯曰四者
足矣請以四者恃先生
又曰宓子賤治單父彈鳴琴身不下堂而單父治巫馬期
以星出以星入日夜不居以身親之而單父亦治巫馬期
問其故於宓子宓子曰我之謂任力任力者固勞任人者

固逸子則君子矣
又曰使民無欲上雖賢不用失無欲者其視為天子與輿
同彭祖與殤子同天子至貴也天下至富也彭祖至壽也
誠無欲則三者不足勸故人之欲多者其可得用亦多也
人之欲少者其可得用亦少也無欲者不可得而用之善
為上者能令人欲無窮故人亦可得用而無窮然欲不正
以治身則夭以治國則亡羣狗相與居皆靜投以炙雞則
相與爭或折其骨或絕其筋爭術在也九治國令其民爭
行義也亂國令其民爭不義也強國令其民爭樂用也弱
國令其民競不用也
又曰桀紂以去之之道致之罰雖重刑雖嚴何益大寒民煖
是利熱在上民清是利走故民無常處見利則去欲為天
子者民之所走不可不察今之世至寒矣至熱矣而民無
走聚則行鈞也等於暴亂民無走則王者廢矣暴君幸矣民絕
望矣
家語曰子路治蒲三年孔子過之入其境三稱善孔貢執
轡而問其善可得聞乎孔子曰吾入其境田疇盡易草萊
甚辟溝洫深潴此恭敬以信故其民盡力入其邑墉屋宅
固樹木甚茂此其忠信而寬故其民不偷也至其庭甚清
閑諸不用命此其言明察以斷故其政不擾也以此觀之
雖三稱善庸盡其美乎

太平御覽卷第六百二十五

太平御覽卷第六百二十六

治道部七

貢賦下

漢書曰孝文時晁錯說上令人入粟得以拜爵邊食足支五歲可令入粟郡縣足支一歲已上可時赦勿收農人租如此德澤加於萬人帝從之後天下充實乃下詔曰農天下之本務莫大焉今勤身從事而有租稅之賦是謂本末者無以異也本農也末賈也言農與賈俱出租無異也於勸農之道未備其除田之租稅

又曰董仲舒說上曰古者稅人不過十一其求易供使人不過三日其力易足秦用商鞅之法加月爲更卒已復爲正卒一歲屯戍一歲力役三十倍於古更卒謂給郡縣一月而更者也正卒謂給中都官者率計令人一歲之中屯戍及力役之事三十倍多於古也田租口賦鹽鐵之利二十倍於古秦賣鹽鐵貴故下人受其用也既收田租又出口賦而官更奪鹽鐵之利率計一歲之中失其資二十倍多於古也或耕豪人之田見稅十五故貧人常衣馬牛之衣而食犬彘之食

又曰倪寬爲左內史勸農業緩刑獄卑體下士務在於得民心收租稅時裁闊狹與民相假貸爲有貧弱及農要之時不即徵收也以故租多不入後有軍發左內史以負租課殿當免皆恐失之大家牛車小家擔負輸租繦屬不絕課吏以最上上由此愈奇寬

又曰元鳳中詔曰夫穀賤則傷農今三輔太常穀減賤減猶少也其令以菽粟當今年賦租稅元年初詔曰天下以農桑爲本日者省用罷不給官減外徭耕桑者益衆而百姓未能家給朕甚愍焉其減口賦錢有司奏請減什三上許之

後漢書曰建武中田租三十稅一有産子者復以三年之筭明帝即位人無橫徭天下安寧時穀尚貴尚書張林上書言穀所以貴由錢賤也可盡封錢一取布帛爲租以通天下之用從之

魏志曰太祖初平袁紹下令田租畝收粟四升戶絹二疋綿二斤餘不得擅興

晉書曰武帝平吳後制戶調之式丁男之戶歲輸絹三疋綿三斤女及次丁男爲戶者半輸諸邊郡或三分之二遠者三分之一夷人輸賨布戶一疋遠者或一丈不果田者輸義米戶三斛遠者五斗極遠者輸筭錢人二十八文

齊書曰高帝初竟陵王子良上表曰今所在穀價雖和而比室飢嗛縑纊雖賤駢門裸質而守宰務在裒刻圍桑品屋以准貲課致令斬樹發瓦以充重賦破人敗產貫利一時進違舊科退容姦利欲人康泰其可得乎

隋書曰初蘇威父綽在西魏時以國用不足爲征租稅之法頗稱爲重既而歎曰今所爲者正如張弓非平世也後之君子誰能弛乎威聞其言每以爲己任至是威爲納言奏減賦役從輕典帝悉從之

又曰開皇元年陳平上御朱雀門觀凱旋因行慶賞頒給所費三百餘萬帝以江表初定給復十年自餘諸州並免當年租賦十二年有司上言庫藏皆滿帝曰朕既薄賦於人又大經賜用何得爾也對曰用處常出納處常入略計每年賜用至數百萬段曾無減損乃更闢左藏之院搆屋以受之詔曰既富而教方知廉恥寧積於人無藏府庫今年田租三分減一兵減半功調全免

唐書曰開元八年二月制曰頃者以庸調無憑好惡須准故遣作樣以頒諸州令其好不得過精惡不得至濫任土

作貢防源斯在諸州送物作巧生端苟欲副於斤兩遂即加其丈尺有至五丈為疋者理甚不然闊尺八長四丈同文共軌其事久行立標之時須載此數若求兩而加尺甚暮四而朝三宜令所司簡閱有踰於比年常例丈尺過多者奏聞

又曰開元二年十五年定令諸課户一丁租調准武德二年之制其調絹絁布並隨鄉土所出絶絹各二丈五尺輸絹絁者綿三兩輸布麻三斤其絹絁為疋布為端綿為屯麻為綟若當户不成疋端屯綟者皆隨近合成其調麻每年支料有餘折一斤輸粟一升與租同受

管子曰地之生財有時人之用力有倦人君之欲無窮以有時與有倦養無窮之君而度量不生於其間（度量不生賦斂無限也）則上下相疾也

又曰桓公伐楚濟汝水踰方城望汶山使貢絲於周室

列子曰周穆王大征西戎西戎獻昆吾之劒切玉如泥

又曰周王時西域國有山人來王為中天之臺月月獻王衣旦旦薦王食王執山人之袪騰而上天

文子曰楚人擔山鷄路人問曰何為也欺之曰鳳凰也路人請十金弗與倍乃與之將獻楚王經宿鳥死路人不惜其金唯恨不得獻國人傳之咸以為真鳳遂聞楚王王感其貴買欲獻於已厚賜之過於買鳥之金十倍

舜子曰齊威王夫人死有十孺子薛公欲知王所立為十王珥而美其一獻於王王以賦十孺子明日坐視美珥所在而勸以為夫人也

孟獻子曰畜馬乘不察於雞豚伐冰之家不畜牛羊百乘之家不畜聚斂之臣與其有聚斂之臣寧有盜臣此謂國不以利為利以義為利也

孟子曰夏后氏五十而貢殷人七十而助周人百畝而徹其實皆什一也徹者徹也助者藉也詩曰雨我公田遂及我私唯助為有公田由此觀之雖周亦助也

又曰尊賢使能則天下之士皆悅而願立於其朝矣市廛而不征則天下之商皆悅而願藏於其市矣（廛市宅也古無征衰世征之王制曰市廛而先稅周禮曰國宅無征法而不廛者當以什一之法征其地耳不當征其廛宅也）關譏而不征則天下之旅皆悅而願出於其路矣（言關禁異服異語耳不征稅也周禮曰關市之賦司關門之征猶譏王制不征謂文王以前文王亦不征也）耕者助而不稅則天下之農皆悅而願耕於其野矣（助者井田什一助佐公家治公田不橫稅賦若履畝之類）廛無夫里之布則天下之人皆悅而願為之氓矣（里居也布錢也夫一夫也周禮曰宅不毛者出里布田不耕者有屋粟九人無職事者出夫家之征衰代緣是之重故孟子欲反則寬夫去里布則人皆樂之人）

○白圭問孟子曰吾欲二十而取一何如孟子曰子之道貉道也萬室之國一人陶則可乎曰不可器不足用也夫貉五穀不生唯黍生之無城郭宮室宗廟祭祀之禮諸侯幣帛饔飧無百官有司故二十取一而足也今居中國去人倫無君子如之何其可也

孫武曰夫帝王處四海之內居五千里之中焉能盡專其利是以分建諸侯以其利而利之使食其土之毛實役其人民之力故賦稅無轉徙之勞徭役無怨曠之歎矣

新序曰楚人有獻魚楚王者曰獲魚食之不盡賣之不售棄之又惜故來獻之左右曰鄙哉辭也楚王曰子不知漁意其以此諭寡人也於是乃遣使恤鰥寡而存孤獨出倉粟發幣而賑不足罷去後宮不御者出人以鰥夫楚民欣欣大悅隣國歸之

荀悅論曰昔文帝十三年六月詔除人田租且古者十一

而稅以爲天下之中正今漢人田或百一而稅可謂鮮矣然豪富強人占田踰多其賦太半官收百一之稅而人輸豪家太半之賦官家之惠優於三代豪強之暴酷於亡秦是以惠不下通而威福分於豪人也今不正其本而務除租稅適足以資富強也

魚豢魏略曰漢陽嘉三年疏勒國王貢西海青石帶冉至皇甫謐帝王世紀曰西王母慕舜德來獻白環及玦并貢益地圖

西京雜記曰初脩上林苑群臣遠方各貢合枝李者楊乎楊孚異物志曰橘爲樹白華而赤實皮既馨香裏又善味交阯有橘官一人秩三百石歲主貢御橘

雜望氣經曰黃白氣潤澤入翼四海有侯王來獻者天子賜四海之國入斬諸侯王者有獻車者出斬天子用車爲幣賜諸侯王

魏文帝與王朗書曰孫權重遣使稱臣奉貢明珠百籠黃金千鎰馴象二頭或牝或牡擾翁鸚鵡其他珎玩盈舟溢航千類萬品

太平御覽卷第六百二十六

太平御覽卷第六百二十七

治道部八

賦斂

周禮天官下掌皮曰掌秋斂皮冬斂革

又地官下旅師曰凡用粟春頒而秋斂之（因時而施之饑時而斂之）委人掌斂野之賦斂薪芻凡疏材木材凡畜聚之物（聚斂野賦物之）（園圃山澤之賦凡疏材草木有實者凡畜聚之物瓜瓠葵芋禦冬之具也）以稍聚待賓客以甸聚待羇旅

又地官下曰掌染草掌以春秋斂染草之物以權量受之待時而頒之

禮記王制曰古者公田藉而不稅（藉之言借也借民力而治田美惡取於此不稅民之所自治也孟子曰夏后氏五十而貢殷人七十而助周人百畝而徹則云古者謂殷時也）市廛而不稅（廛市物邸舍也）關譏而不征（譏異服識異言也征亦稅）

又太學曰百乘之家不畜聚斂之臣與其有聚斂之臣寧有盜臣

左傳宣上曰晉靈公不君厚斂以雕牆從臺上彈人觀其避丸者

又文下曰縉雲氏有不才子（縉雲黃帝時官名）貪于飲食冒于貨賄侵欲崇侈不可盈厭聚斂積實不知紀極不分孤寡不恤窮匱（冒亦貪也盈滿也實財也）天下之民以比三凶（非帝子孫故別以比三凶）謂之饕餮（貪財爲饕貪食爲餮）

穀梁傳文公曰天王使毛伯來求金求車猶可求金甚也

毛詩葛屨曰碩鼠刺重斂也國人刺其君重斂蠶食於民不脩其政貪而畏人若大鼠也碩鼠碩鼠無食我黍三歲貫女莫我肯顧逝將去女適彼樂土樂土樂土爰得我所

論語先進曰季氏富於周公（孔曰周公天子之宰卿士）而求也爲之聚斂而附益之（孔曰冉求爲季氏宰爲之急賦稅）子曰非吾徒也小子鳴鼓而攻之可也（鄭曰小子門人也鳴鼓聲其罪以責之也）

春秋繁露曰木有變春彫冬榮秋水春多雨此繇役衆賦斂重百姓貧窮道多飢人救者省繇役薄賦斂出倉穀振困窮

韓詩外傳曰晉平公藏寶之臺燒士大夫聞者皆趨車馳馬救火三日三夜乃勝之公子晏獨奉束帛而賀曰臣聞王者藏於天下諸侯藏於百姓農夫藏於囷庾商賈藏於篋匱今百姓困乏於外而賦斂無已昔桀紂殘賊爲天下戮今皇天降災於藏臺是君之大福也

漢書曰秦爲亂政虐刑殘滅天下北爲長城之役南有五嶺之戍外內騷動百姓罷敝頭會箕斂（家家箕頭數出穀以箕斂之也）以供軍費財匱力盡

又曰入物者補官出貨者除罪選舉陵夷廉耻相冒武力進用法嚴令具興利之臣自此而始

又曰衛青比擊胡賦稅既竭不足以奉戰士有司請令民得買爵及贖禁錮減罪置賞官名曰武功爵

又曰孝武時山東被水災民多飢乏於是天子遣使虛郡國倉廩以振貧猶不足又募豪富人相假貸而富商賈或滯財役貧轉轂百姓不佐公家之急黎民重困是時禁苑有白鹿而少府多銀錫有司言曰古者皮幣諸侯以聘享金有三等黃金爲上白金爲中赤金爲下乃以白鹿皮方尺緣以繢爲皮幣直四十萬王侯宗室朝覲聘享必以皮幣薦璧然後得行

又曰東郭咸陽孔僅爲大農丞（師古曰姓東郭名咸陽姓孔名僅二人也）領鹽鐵事而桑弘羊貴幸咸陽齊之大煮鹽孔僅南陽大冶皆

致產累千金弘羊洛陽賈人之子以心計故三人言利析
秋毫矣其明年大將軍驃騎大出擊胡賞賜五十萬金是
時財匱戰士頗不得祿矣大農上鹽鐵丞孔僅咸陽言山
海天地之藏宜屬少府陛下弗私以屬大農佐賦願募自
給費因官器作鬻鹽官與牢盆（蘇林曰牢價直今世人言顧手牢）浮食奇
民欲擅斡山海之貨以致富羨役利細民除故鹽鐵家富
者為吏吏益多賈人矣商賈以幣之變多積貨逐利於是
公卿言郡國頗被災害貧民無產業者募徙廣饒之地陛
下損膳省用出禁錢以振元元寬貸而民不齊出南畝商
賈滋衆貧者畜積無有皆仰縣官異時筭軺車賈人之緡
錢皆有差請筭如故率緡錢二千而筭一（師古曰率計有二千錢者則出一筭）
諸作有租及鑄（以手力所作而賣之者）率緡錢四千筭一非吏比者三
老北邊騎士軺車一筭（師古曰比例也身非為吏之例非為三老非為北邊騎士而有軺車

者皆令出一筭比音必寐反）商賈人軺車二筭（商賈人有軺車又使多出一筭重其賦）舡五
丈以上一筭匿不自占占不悉戍邊一歲沒入緡錢（悉猶盡也）
有能告者以其半畀之（畀與也音必寐反）賈人有市籍及家屬皆
無得名田（一人有市籍身及家內皆不得有田地）以便農敢犯令沒入田貨
又曰鼂錯奏古者稅民不過什一其求易供使民不過三
日其力易足至秦則不然用商鞅之法改帝王之制除井
田民得賣買富者田連阡陌貧者亡立錐之地入顓川澤
之利管山林之饒荒淫越制踰侈以相高邑有人君之尊
里有公侯之富小民安得不困
又曰自貢禹在位數言得失書數十上禹以為古民亡賦
筭口錢起武帝征伐四夷重賦於民民產子三歲則出口
錢故民重困至於生子輒殺之甚可悲痛宜令兒七歲去
齒乃出口錢年二十乃筭也

又曰何武兄弟五人皆為郡吏郡縣敬憚之武弟顯家有
市籍租常不入縣數負其課市嗇夫求商捕辱顯家顯怒
欲以吏事中商武曰以吾家租賦繇役不為衆先奉公吏
不亦宜乎
東觀漢記曰馬防多牧馬畜賦斂羌胡帝不喜之數加譴
勑所以禁遏甚備由是權勢稍損賓客亦衰
范曄後漢書曰靈帝南宮災張讓趙忠等說帝令斂天下
田畝稅十錢以修宮室發太原河東狄道諸郡材木及文
石每州郡部送至京師黃門常侍輒令譴呵不中者因強
折賤買十分雇一因復貨之於官官復不為即受遂至腐
積宮室連年不成刺史太守復增私調百姓呼嗟
江表傳曰魏文帝遣使求雀頭香大明珠象牙犀角瑇瑁
孔雀翡翠鬬鴨長鳴鷄群臣奏曰荊揚二州貢有常典魏

所求珎玩物非禮也不宜與權曰彼所求者於我瓦石耳
孤何惜焉彼在諒闇中而求若是寧可與言禮哉皆具與
之
晉中興書曰孔嚴補大中正時東海王弈信用群下上疏
求海鹽錢塘以水牛牽埭稅取錢直嚴啓宜寢表帝詔曰
弈謂此適民無損害豈奪惠邮之旨耶省所啓敬納忠規
又曰謝安弟石尚書令薨時年六十二石無它才望直以
宰相弟兼有大勳遂居清顯而聚斂無厭取譏當世
管子曰鮑叔曰必用夷吾之言公不聽乃令四封之內脩
兵關市之征侈之（侈謂過常也謂重其賦稅）
又曰桓公踐位十九年施關市之征（征賦）五十而取一（取其貨賄
之一）上年什取三中年什取二下年什取一歲飢不稅（歲飢
謂時歲惣飢故不稅）歲飢施而稅（此歲飢謂有飢者有不飢者施故飢而稅不飢）

又曰地辟而國貧者舟輿飾臺榭廣也賞罰信而兵弱者輕用衆使民勞也舟車飾臺榭廣則賦斂厚矣輕用衆使民勞則民力竭矣賦斂厚則下怨上民力竭則令不行下怨上令不行而求敵之勿謀巳不可得也

又曰桓公問曰梁聚謂寡人曰古者輕賦稅而肥籍斂取下無順於此者矣梁聚之言何如管子對曰梁聚之言非也彼輕賦稅則倉廩虛肥籍斂則器械不奉而諸侯之皮幣不至倉廩虛則倳賤無祿皮幣不衣於天下則國倳賤梁聚之言非也

又曰桓公見黃鵠謂管仲曰鴻鵠東西南北儵忽千里所恃者六翼也今仲父寡人之翼也管子對曰民勞而亡使之不時民飢而重斂焉雖黃鵠之有羽翼其若君何

晏子春秋曰為君籍厚斂而託之為民進讒諛而託之用賢遠公正而託之不順君行此三者則危

墨子曰聖王作舟車完固輕利可以任重致遠是以民樂而利之今則厚斂百姓飾車以文采飾舟以刻鏤是以其民飢寒並至而國亂矣

又曰古之民未知飲食故聖人耕稼其為食也以增氣充虛今則厚斂百姓以為美蒸炰魚鼈前則方丈孤寡凍餒雖欲無亂不可得也

孟子曰求也為季氏宰無能改於其德而賦粟倍於他日孔子曰求也非我徒也小子鳴鼓而攻之可也

又曰耕者助而不稅則天下之農皆悅而欲耕於其野也

孫卿子曰成侯嗣君聚斂計數之君也未及取民者也鄭子產取民者也未及為政者也管仲為政者也未及脩禮者也故脩禮者王為政者強取民者安聚斂者亡

莊子曰北宮奢為衛靈公賦斂以鍾為壇于郭門之外三日而成上下之懸王子慶忌見而問焉曰子何術設之奢曰無敢設也奢聞之既琢復歸於朴（還其用本性也）伺乎其無識（任其純朴而也）儻兮其怠疑（無所取也）華兮其送往而迎來（無所欣恍）來者勿禁往者無止（任彼耳也）從其強梁（從于衆也）隨其曲傅（無所係也）因其自窮（用其不得不爾）故朝夕賦斂而毫毛不挫（故無損也）而況有大塗者乎

韓子曰趙簡主出稅吏請輕重簡主曰勿輕勿重則利入於上輕則利歸於民吏無有私利而正矣

孔藂子曰子思言苟變於衛君曰其才可將五百乘衛君曰吾知其才可然變嘗為吏賦於民而食人二鷄子故弗用也子思曰夫聖人之官人如大匠之用木也取其所長弃其所短今君以二卵弃扞城之將不可使聞於隣國也公曰謹受命

淮南子曰或有罪而可賞或有功而可罪者始西門豹治鄴（西門豹魏之官）倉無積粟府無儲錢庫無兵甲官無計會人數言其過於文侯身往行其縣果若人言文侯曰翟璜任子治鄴鄴大亂子能變道則可不能將加誅於子西門豹曰王主富民霸主富武亡國富府庫今君欲為霸者也臣故蓄積於民君以為不然臣請先登鼓之鉀兵粟米可立具也乃登城而鼓之致鉀笴（甲鎧笴箭失也）操兵弩而出再鼓服捷載粟而至（服駕出也捷擔也）文侯曰罷之西門豹曰與民信非一日積也一舉而欺之其後不可復用也燕嘗侵魏八城請北擊之以復侵地遂舉兵擊燕復地而後反此有罪而可賞者也解篇為東封（解篇魏臣治東封也）上計而入三倍有司請賞之文侯曰吾土地非益廣也人民非益衆也何以三倍對

以冬伐木而積之以春浮之河而鬻之文侯曰民寒以力耕暑以強耘秋以收斂冬閒無事又伐林而積之負輓而浮之於河是用民不得休息也民以弊矣雖有三倍之入將焉用之此有功而可罪者也

太公兵法曰武王問太公勝負何如太公對曰夫紂之行不由理精兵酒池賦斂甚數百姓苦之

國語曰鬬且廷見令尹子常（子常令尹子囊之孫囊瓦）子常與之語問畜貨聚馬歸以語其弟曰楚其亡乎不然令尹其不免乎吾見令尹問蓄聚積實若餓豺虎焉殆必亡者

晁錯上書曰陰陽不和水旱爲災一亡也縣官重責更賦租稅二亡也貪吏並出受取不已三亡也

說苑曰晉平公好樂多賦斂不治城郭曰敢諫者死國人憂之有咎犯者諫公曰善乃屏鐘鼓除竽瑟遂與咎犯叅治

國焉

又曰晏子飲景公酒令器必新家老曰財不足斂於民晏子曰止夫樂者上下同之今上樂其樂下傷其費是獨樂者也不可

新序曰魏文侯出遊見路人反裘而負芻文侯曰胡爲反裘而負芻對曰臣愛其毛文侯曰若不知其裏盡而毛無所植明年東陽上計錢十倍大夫畢賀文侯曰此所以賀我者譬無異夫彼路人反裘而負芻也將愛其毛不知其裏盡毛無所植也今吾田地不加廣士民不加衆而錢十倍必取士大夫也吾聞之下不安者其上不可居也此非所以賀我

又曰中行寅將亡乃召其太祝而欲加罪焉祝簡對曰昔吾先君中行密子皮車十乘不憂其薄也憂德義之不足也今主君有車百乘不憂德義之薄也唯患車之不足也夫舡車飾則斂厚斂厚則民怨謗詛矣且君苟以祝爲有益於國乎則詛亦將爲亡矣國亡不亦宜乎

桓譚新論曰漢定以來百姓賦斂一歲爲四十餘萬萬吏俸用其半餘二十萬萬藏於都內爲禁錢少府所領園地作務之八十三萬萬以給宮室供養諸賞賜

郭子曰王夷甫婦郭太寧女才拙而性剛聚斂無厭夷甫患之而不能禁時其鄉人幽州刺史李陽景都大使猶漢之樓護（護字君卿）郭氏甚憚之夷甫驟諫之乃云非但我言卿不可李陽亦謂不可郭氏乃爲少損

京氏別對災異曰火起災何人君負財賦斂盡民貨即火爲起不救必有日蝕之災矣其救之也舉廉貞之士爲首之

太平御覽卷第六百二十七

治道部九

貢舉上

周禮地官鄉大夫之職曰正月之吉受教灋于司徒退而頒之于其鄉吏使各以教其所治以攷其德行察其道藝以歲時登其夫家之衆寡辨其可任者以歲時入其書三年則大比攷其德行道藝而興賢者能者鄉老及鄉大夫帥其吏與其衆寡以禮禮賓之賢者有德行者也能者有道藝者也衆寡謂鄉民之善者無多少也鄭司農云興賢者謂若今之舉孝廉興能者謂若今舉茂才也玄謂變舉言興者謂合衆而尊寵之厥明鄉老及鄉大夫群吏獻賢能之書于王王再拜受之登于天府內史貳之獻猶進也王拜受之重得賢也王上其書於天府天府掌祖廟之寶藏者內史副寫其書者當詔王爵祿之時也

禮記王制曰命鄉論秀士升之司徒曰選士移名於司徒也秀士鄉大夫所考有德行道藝者司徒論選士之秀者而升之學曰俊士可使習禮者學大學升於司徒者不征於鄉升於學者不征於司徒曰造士不征不給其繇役造成也能習禮則爲成士大樂正論造士之秀者以告于王而升諸司馬曰進士司馬夏官卿主邦政者進受爵祿者司馬辨論官材論進士之賢者以告於王而定其論各署其所長論定然後官之任官然後爵之命之位定然後祿之

又曾子問曰九語于郊者語謂論說於郊學必取賢斂才焉或以德進或以事舉或以言揚大樂正論造士之秀者升諸司馬曰進士謂此矣

又射義曰古者天子之制諸侯歲獻貢士於天子天子試之於射宮其容體比於禮其節比於樂而中多者得與於祭其容體不比於禮其節不比於樂而中少者不得與於祭數與於祭而君有慶數不與於祭而君有讓天子將祭必先習射於澤澤者所以擇士也已射於澤而后射於射宮射中者得與於祭不中者不得與於祭

漢書曰高帝十一年詔曰賢士大夫既與我定有天下而不與吾共安利之可乎有肯從我遊者吾能尊顯之以布告天下御史中執法下郡守其有意稱明法者必身勸爲之駕詣丞相府署其行義年有其人而不言者免官

又曰惠帝四年詔舉人孝弟力田者復其身高后元年初置孝弟官二千石者一人特置此官而尊其秩欲以勸免天下各令敦行務本

又景帝後元二年詔曰廉士寡欲易足今訾筭十以上廼得官廉士筭不必衆有市籍不得官無訾又不得官朕甚愍之訾筭四得官有市籍謂賈人有財不得爲吏貲万錢筭百二十七也十万時疾吏之貪以爲衣食足知榮辱故限貲十万乃得爲吏廉士無貲減至四筭乃得官

又曰武帝建元初始詔天下舉賢良方正直言極諫之士其理申商韓非蘇秦張儀之言亂國政者皆罷之

又曰元光元年舉董仲舒對策曰今郡守縣令民之師帥所使承流而宣化也故師帥不賢則王德不宣恩澤不流今吏既亡教訓於下或不承用主上之法暴虐百姓與姦爲市言小吏有爲姦欺者守令不舉乃反與之交易求利也貧窮寡弱冤苦失職甚不稱陛下之意夫長吏多出於郎中中郎吏二千石子弟選郎吏又以富貲未必賢也且古所謂功者以其任官稱職爲差非所謂積日累久也故小材雖累日不離於小官賢材雖未久不害爲輔佐是以有司竭力盡知務理其業而以赴功今則不然累日以取貴積久以致官是以廉恥貿亂賢不肖混殽也諸侯列卿郡守二千石各擇其吏民之賢者歲貢各二人以給宿衛且以觀大臣之能所貢賢者有賞不肖者有罰夫如是諸侯吏二千石皆盡心於求賢天下之士可得而官使也授之以官以使其材無以日月爲功實試用賢能

爲上量材而授官録德而定位(録德存視之也)則廉耻殊路賢不肖異處矣帝因是令郡國舉孝廉各一人又限以四科至五年詔徵吏人有明當代之務習先聖之術者縣次給食令與計偕(計者上計簿使也郡國每歲遣詣京師上之偕者俱也令所徵之人與計者俱來而縣次給之也)

又元朔元年詔曰夫本仁祖義褒德録賢勸善刑暴(本仁祖義謂以仁義爲本始也)五帝三王所繇昌也故詔執事興廉舉孝庶幾成風夫十室之邑必有忠信三人並行厥有我師今或至闔郡而不薦一人是化不下究而積行之君子壅於上聞也(究竟也言見壅遏不得聞於天子也)且進賢受上賞蔽賢蒙顯戮古之道也其與中二千石禮官博士議不舉者罪是時天下愼法莫敢謬舉而貢士蓋鮮故有斯詔有司奏議曰古者諸侯貢士壹適謂之好德再適謂之賢賢三適謂之有功迺加

平六百二十八　三　張冏丙

九錫不貢士一則黜爵再則黜地三而黜爵削地矣夫附下罔上者死附上罔下者刑與聞國政而無益於民者斥在上位而不能進賢者退其不舉孝不奉詔當以不敬論(爲其不求士報國也)不察廉爲不勝任也當免奏可九國之官非傅相其地旣自署置又調屬僚及部人之賢者舉爲秀才廉吏而貢於王庭多拜爲郎居三署無常員或至千人屬光禄勳故卿校牧守居閑待詔或郡國貢送公車徵起悉在焉光禄勳復爲三署中銓第郎吏歲舉秀才廉吏出於他官以補缺員(後漢制同)

又元封五年詔曰蓋有非常之功必待非常之人故馬或奔踶而致千里(踶蹈也奔踶者乘之即奔立則踶人也踶音徒計反)士或有負俗之累而立功名(負俗謂被代譏論也累音力端反)夫泛駕之馬(泛覆也音芳勇反字本作覂覆通用耳覆駕者言馬有逸氣而不循軌轍也)跅弛之士(跅者無檢局也弛者放廢不遵度禮也跅音吐各反弛音式爾反)亦在御之而已其令州縣察吏人有茂材異等(茂材異等者超等軼群不與凡同)可爲將相及使絶國者(絶遠之國)初公孫弘以儒術爲丞相天下之學靡然鄉風時太常孔臧等曰請太常博士官置弟子五十人復其身太常擇人年十八以上儀狀端正者補博士弟子郡國縣道邑有好文學敬長上肅政教順鄉里出入不悖所聞者二千石謹察可者常以計偕詣太常得受業如弟子一歲皆輒通一藝以上補文學掌故缺其高第可以爲郎中者太常籍奏即有秀異等輒以名聞其不事學若不材及不能通一藝輒罷之而諸不稱者罰

又曰孝昭始元初遣故廷尉王平等五人(前爲此官今不居皆謂之故)持節行郡國(行下更反)舉賢良孝宣帝時諫大夫王吉上言曰今使吏得任子弟(子弟以父兄任爲郎)率多驕驁不通古今(驁傲同音)至

覽六百二十八　四　張冏丙

於積功理人無益於人此伐檀所爲作也(伐檀詩篇名刺不用賢也)宜明選求賢除任子弟之令

又曰孝元帝永光元年二月詔丞相御史舉質樸敦厚遜讓有行者光禄歲以此科第郎從官(始令丞相御史舉其四科人以擢用之而見在郎及從官又令光禄每歲依此科考校定其第高下用知其人賢否)又詔列侯舉茂材諫大夫張勃舉太官獻丞陳湯(獻丞主貢獻物)湯有罪勃坐削戸二百會薨故賜謚曰繆侯(以舉所舉不得人故加惡謚繆者妄也)其勸勵也如是故官得其材位必久安爲吏長子孫居官以爲姓號三代以降斯之爲盛

漢書音義曰甲乙科謂作簡策難問列置案上在試者意投射取而荅之謂之射策上者爲甲次爲乙若録政化得失顯而問之謂之對策也

後漢書曰建武七年下詔曰此陰陽錯謬日月薄蝕百姓

有過在予一人公卿司隷州牧舉賢良方正各一人遣詣
公車朕將覽試焉
又曰韋彪上議曰宜以才行爲先不可純以閥閱然其要
歸在於選二千石二千石賢則貢舉皆得其人矣帝深納
之
又曰章帝建初元年詔曰夫鄉舉里選必累功勞今刺史
相不明眞僞茂才孝廉歲以百數既非能顯而當授之政
事甚無謂也每尋前代舉人貢士或起畎畝不繫閥閱史記
明其等曰閥積功曰閱言前代舉人務取賢才不拘門地敷奏以言則文章可採明試
以功則政有異迹文質彬彬朕甚嘉之其令太傅三公中
二千石二千石郡國守相舉賢良方正能直言極諫之士
各一人
又章帝建初五年詔曰公卿已下其舉直言極諫能指朕

過失者各一人遣詣公車將親臨問焉其以巖穴爲先勿
取浮華
漢官儀曰建初八年十二月巳未詔書辟士四科一曰德
行高妙志節清白二曰經明行脩能任博士三曰明曉法
律足以決疑能案章覆問文任御史四曰剛毅多畧遭事
不惑明足照姦勇足決斷才任三輔皆存孝悌清公之行
自今已後審四科辟召及刺史二千石察舉茂才尤異者
孝廉廉吏務實校試以職有非其人不習官事正舉者故
舉不實爲法罪之
後漢書和帝永元五年詔曰選舉賢良爲政之本科別行
能必由鄉曲而郡國舉吏不加簡擇故先帝明勑在所令
試之以職乃得充選又德行尤異不須經職者別署狀上
而宣布以來出入九年二千石曾不承奉恣心從好司隸刺

史訖無糾察今新蒙赦令且復申勑後有犯者顯明其罰
在位不以選舉爲憂督察不以發覺爲負非獨州郡也是
以庶官多非其人下人被姦邪之傷由法不行故也
又永元六年詔曰朕以眇末承奉鴻烈陰陽不和水旱違
度濟河之域凶饉流亡而未獲忠言至謀所以匡救之策
寤寐永歎用思孔疚惟官人不得於上黎民不安於下有
司不念寬和而競爲苛刻覆案不急以妨人事甚非所以
上當天心以濟元元也思得忠良之士以輔朕之不逮其
令三公中二千石二千石內郡守相舉賢良方正能直言
極諫之士各一人昭巖穴披幽隱遣詣公車朕將親覽焉
帝乃親臨策問選補郎吏
又永元七年詔曰元首不明化流無良政失於人謫見於
天深惟庶事五教在寬是以舊典因孝廉之舉以求其人

有司詳選郎官寬博有謀才任典城者三十人既而悉以
所選郎出補長相
又永平十三年詔曰幽并涼州戶口率少邊役衆劇束脩
良吏進仕路狹撫接夷狄以人爲本其令緣邊郡戶口十
萬以上歲舉孝廉一人不滿十萬二歲舉一人五萬以下
三歲舉一人
又曰安帝永初元年詔公卿內外衆官郡國守相舉賢良
方正有道術之士明政術達古今能直言極諫者各一人
又永初二年詔曰昔在帝王承天理人莫不據琁璣玉衡
以齊七政朕以不德遵奉大業而陰陽差越變異並見閒
令公卿郡國舉賢良方正遠求博選開不諱之路冀得至
謀以監不逮而所對皆循尚浮言無卓爾異聞其百僚及
郡國吏人有道術明習災異陰陽之度琁璣之數者各使

指變以聞二千石長吏明以詔書博衍幽隱朕將親覽待以不次冀獲嘉謀以承天誡又詔其經明任博士居鄉里有廉清孝順之稱才任理人者國相歲移名與計偕上五年又詔曰爲政之本莫若得人褒賢顯善聖制所先濟濟多士文王以寧思得忠良正直之臣以輔不逮其令三公特進矦中二千石郡守諸矦相舉賢良方正達於教化能直言極諫之士各一人及至孝與衆卓異者并遣詣公車朕將親覽焉

又曰胡廣南郡人初爲郡散吏太守法雄之子眞從家來省其父眞頗知人會歲終應舉雄勑眞助求其才雄因大會諸吏眞自於牖間密占察之乃指廣以白雄遂察孝廉旣到京師試以章奏安帝以廣爲天下第一旬月拜尚書郎五遷尚書僕射

又陽嘉元年太學新成詔曰試明經者補弟子增甲乙之科員各十人除郡國耆儒九十人皆補郎舍人時尚書令左雄議改察舉之制限年四十以上儒者試經學文吏試章奏如有顏回子奇之類不拘年齒尚書僕射胡廣尚書郭虔等駮之曰選舉因才無拘定制六奇之策不出經學鄭產之政非必章奏甘奇著用年乖強仕終賈揚聲亦在弱冠漢承周秦兼覽殷夏祖德師經參雜霸軌聖主賢臣代以致理貢舉之制莫或迴革今以一臣之言不可剗戾舊章竟從雄議於是雄上言郡國孝廉古之貢士出則宰人宣協風教若其面牆則無所施用孔子曰四十不惑禮稱強仕請自今孝廉年不滿四十不得察舉皆先詣公府諸生試家法文吏課牋奏副之端門練其虛實以觀異能以美風俗有不承科令者正其罪法若有茂才異行自不拘年齒帝從之乃班下郡國明年有廣陵孝廉徐淑年未及舉臺郎疑詰之對曰詔書有如顏回子奇不拘年齒是故本郡以臣充選郎不能屈雄詰之曰昔顏回聞一知十孝廉聞一知幾耶淑無以對乃遣還郡於是濟陰太守胡廣等十餘人皆坐謬舉免黜唯汝南陳蕃潁川李膺下邳陳球等三十餘人得拜郎中自是牧守畏慄莫敢輕舉在尚書迄于永嘉十餘年間察選清平多得其人雄又奏徵海內名儒爲博士使公卿子弟爲諸生有志操者加其俸祿及汝南謝廉河南趙建年始十二各能通經雄並奏拜童子郎自是負書來學雲集京師○又桓帝詔曰孝廉廉吏皆當典城牧人禁姦舉善興化之本常必由之詔書連下分明懇惻而在所翫習遂至怠慢選舉乖錯害及元元頃雖頗繩正猶未懲改方今淮夷未殄軍師屢出百姓疲瘁困於徵發庶望羣吏惠我勞人蠲

滌貪穢以祈休祥其令秩滿百石十歲以上有殊才異行乃得參選臧吏子孫不得察舉杜絕邪僞請託之源令廉白守道者得信其操（信音申古字通）○又曰初平四年試儒生四十餘人上第賜位郎中次太子舍人下第者罷之詔曰孔子歎學之不講則所識日忘今耆儒年踰六十去離本土營求粮資不得專業結童入學白首空歸長委農野永絕榮望朕甚愍焉其依科罷者聽爲太子舍人

齊書左僕射王儉請解領選謂褚彥回曰選曹之始近自漢末今若反古使州郡貢計三府辟士與衆共之猶賢一人之意古者選衆今則不然奇材絕智所以見遺於草澤也

梁書天監中沈約上疏曰當今士子繁多略以万計常患官少才多無地以處秀才自別是一種仕官非若漢代取人之例也假使秀才對五問可稱孝廉答一策能過此乃

雕蟲小道何關理功得失以此求才徒虛語爾

後魏書孝文時韓麒麟子明宗上言曰前代取士必先正名故有賢良方正之稱今州郡貢察徒有秀孝之名無秀孝之實而朝廷但檢其有門地不復彈坐如此則可別貢門地以叙士人何假置秀孝之名也夫門地者是其父祖之貴烈亦何益於皇家苟有奇才雖屠釣奴虜之賤亦可用之苟非其人雖三右之胄自墜於皂隸矣或云代無奇才不若取士於門地此亦失矣豈可以世無周邵便廢宰相而不置哉但當校其寸長銖重者即先叙之則賢才無遺矣

北齊書曰課試之法中書策秀才集書策考貢士考功郎中策廉良天子常服乘輿出坐於朝堂中楹秀才各以班草對字有脫誤者呼起立席後書有濫劣者飲墨水一外文理孟浪者奪席脫容刀

後周書曰宣帝大成元年詔州舉高才博學者爲秀才郡舉經明行脩者爲孝廉上州歲一人下州三歲一人

隋書曰文帝開皇中制諸州貢士歲三人工商不得入仕

太平御覽卷第六百二十八

治道部十　　貢舉下 制舉科附

唐書曰貞觀中諸州所舉孝廉賜坐於御前上問以皇王政術及皇太子問以毛詩孝經並不能答太宗謂曰昔楚莊王議事羣臣莫逮退而有憂色曰諸侯能自得師者王自謀而莫己若者亡今不穀之不德群臣莫吾逮吾國幾於亡乎朕發詔徵天下俊異纔以淺近問之咸不能答海內賢哲將無其人耶朕甚憂之

又曰貞觀中考功員外郎王師旦知舉時冀州進士張昌齡王公直並有俊才聲振京邑而師旦考其文策全下舉朝不知所以及奏等第太宗怪無昌齡等名因召師旦問之曰此輩誠有詞華然其體性輕薄文章浮艶必不成令器臣若擢之恐後生相效有變陛下風雅帝以爲名言後並如其說

又曰貞觀中文皇帝嘗私幸端門見進士綴行而出喜曰天下英雄入吾彀中矣

又曰調露二年劉思立除考功員外郎先時進士但試策而已思立以其膚淺奏請帖經及試雜文自後因以爲常

又曰載初元年試貢舉人于洛城殿前數日方畢殿前試人自茲始也

又曰景雲中制四方選集群才輻湊擯弃伐柯求之不遠其有能習二經通大義者綜一史知本末者通三教宗旨究精微者善六書文字辨聲象者傳雅曲度和六律五音者韜畧學孫吳識天時人事者暢於詞氣聰於受領善敷奏吐納者咸令所司博採明試朕親擇焉

又曰長壽二年左拾遺劉承慶上疏曰伏見比年已來天下諸州所貢物至元日皆陳在御前唯貢人獨於朝堂拜列則金帛羽毛昇於玉陛之下賢良文學弃彼金門之外恐所謂貴財而賤義重物而輕人伏請貢人至元日列在方物之前以備充庭之禮制曰可

又曰開元中詔諸州鄉貢進士見訖宜令引就國子監謁先師學官爲之開講質問疑義仍令所司優厚設食兩館及監內得解舉人亦准此其日清官五品已上及朝集使並往觀禮即爲常式謁先師自此始也

又曰開元中國子祭酒楊瑒上言曰伏聞承前之例每年應舉常有千數及第兩監不過一二十人臣恐三千學徒虛費官廩兩監博士濫糜天祿臣竊見入仕諸色出身每歲向二千餘人方於明經進士多十餘倍自然服勤道業之士不及胥吏以其効官豈識先王之禮義陛下設學教務以勸進之有司爲限約務以黜退之臣之微誠實所未曉今監司課試十已退其八九考功及第十又不收一二若長以此爲限恐儒風漸墜小道將興若以出身人多應須諸色都減豈在獨抑明經進士上然之

又曰開元中勑今之明經進士則古之孝廉秀才近日已來殊乖本意進士以聲韻爲學多昧古今明經以帖誦爲功罕窮旨趣安得爲敦本復古經明行脩以此登科非選士取賢之道其明經自今已後每經宜帖十取通五已上免舊試一帖仍按問大義十條取六已上免試經策十條令若時務策三道取粗有文性者與及第其進士宜停小經准明經帖大經十帖取通四已上然後准例試雜文策考通與及第其明經中有明五經已上試無不通者進士

中兼有精通一史能試策十條得六已上者委所司奏聽進止其應試進士等唱第訖具所試雜文策及送中書門下詳覆其所問明經大義日須對同舉人考試臧能否共知取捨無媿有功者達可不勉歟

又曰乾元初中書舍人李揆兼禮部侍郎揆嘗以主司取士多不考實徒峻其隄防索其書策殊未知藝不至者居文史之圍亦不能摛其詞藻深昧求賢之意也及其試進士文章日於庭中設五經諸史及切韻本於牀而引貢士謂之曰大國選士但務得才經籍在此請恣尋檢由是數日之間美聲上聞

又曰上元年劉嶢上疏曰國家以禮部爲孝廉之門考文章於甲乙故天下響應驅於才藝不務於德行夫德行者可以化人成俗才藝者可以約法立名故有朝登甲科而

夕陷刑辟制法守度使之然也陛下焉得不改而張之至如日誦萬言何關理體文成七步未足化人昔子張學于祿仲尼曰言寡尤行寡悔祿在其中矣又曰行有餘力則以學文今捨其本而條其末況古之作文必諧風雅今之末學不近典謨勞心於卉木之門極筆於煙霞之際以此成俗斯大謬也昔者採詩觀風俗詠卷耳則忠臣喜誦蓼莪而孝子悲溫良敦厚詩教也豈主於淫文哉夫人之愛名如水之務下上有所好下必甚焉陛下若以德行爲先文藝爲末必敦德勵行以佇甲科豐舒俊才没而不齒陳寔長者拔而用之則多士雷奔四方風動俗從於下聖理於上豈有不變者歟

又曰寶應初禮部侍郎楊綰奏請每歲舉人依鄉舉里選察秀才孝廉勅公卿已下集議中書舍人賈至議曰楊綰所奏實爲正論然衣冠遷徙人多僑寓士居鄉土百無一二今依古制恐取士之道未盡今禮部每歲擢甲乙之科祇足長浮薄之風啓僥倖之路矣其國子博士等望加員數十道大郡量置太學館令博士出外兼領郡官召致生徒依乎故事保桑梓者鄉里舉焉在流寓者庠序推焉如此則青青不復興刺擾擾由其歸本焉勅旨每州歲察孝廉取在鄉閭有孝悌廉恥之行薦焉秀才有司以禮待之試其所通之學五通之內精通一經兼能對策達於體理者並量行業授官

又曰寶應初禮部侍郎楊綰奏貢舉條孝廉各令精通一經其取左氏傳公羊穀梁禮記周禮儀禮毛詩尚書周易任通一經每經問義二十條皆取傍通諸義務窮根本試策三道問古今理體及當時要務取堪行用者仍每日一道

三道畢日經義及策全通爲上第其上第者望付吏部便與官其問義每十條通七策通二爲中第與出身下者罷之又論語孝經皆聖人深旨孟子亦儒門之達者其學官望兼習此三者共爲一經其試如上秀才舉望令精通五經問義二十條對策曰試一道全通者爲上第送名中書門下請超與處分問義十條通七策通四爲中第中第者送吏部與官下者罷之孝悌力田但能熟讀一經言音典切即令所司舉送試通便與出身今年舉人或舊業既習理難速改或遠州所送身已在途事須收奬不可中廢其今秋舉人中有情願依舊業舉者亦聽今年之後一依新格勅旨進士明經置來日久今頓令改業恐難有其人諸色舉人宜與舊法兼行

又曰建中初中書舍人權知禮部貢舉趙贊奏應口問大

義明經等舉人明經之目義以爲先比來相承唯務習帖至於義理少有能通經術寖衰莫不由此今若頓取大義恐全少其人欲且因循又無以勸學請約舉司舊例稍示考義之難承前問義不形文字落第之後喧競者多臣今請以所問録於紙上各令直書其義不假文言既與策有殊又事堪徵證憑此取捨庶歸至公如有義策全通者五經舉人請准廣德元年七月勑超與處分明經請減兩選伏請每歲甄奬不過數人庶使經術漸興人知教本勑旨明經義策全通者令所司具名聞奏續商量處分餘依

又曰建中初尚書左選權知禮部貢舉顏少連奏伏以取士之科以明經爲首教人之本則義理爲先至於帖書及以對策皆形文字並易考尋試義之時獨令考對對答之失覆視無憑黜退之中流議遂起伏請准建中二年十二月勑以所問録於紙上各令直書其義不假文言仍請依經疏對勑旨宜依元和二年十二月禮部貢院奏五經舉人請罷試口義准舊試墨義十條五經通六便放入策詔從之

又曰建中三年四月勑禮部應進士舉人等自今已後如試官并不合選諸色出身人有應舉者宜先於舉司陳狀准例考試如才堪及第者送名中書門下重加考覈如實不堪即令所司追納告身注毀官甲准例與及第至選日仍稍優與處分其正員官不在舉限

又曰貞元中兵部侍郎陸贄權知貢舉時崔元翰梁肅文藝冠時贄輸心於肅與元翰推薦藝實之士升第之日雖衆望不惬然一歲選士纔十四五數年之內居臺省者十餘人

又曰元和初四月以起居舍人翰林學士王涯爲都官員

外郎吏部員外郎韋貫之爲果州刺史先是策賢良詔楊於陵鄭敬李益與貫之同考覆是時牛僧孺皇甫湜李宗閔條對甚直無所畏避考官第其策皆居三等權幸或惡其詆己而不中第者乃註解其策同爲唱誹又言涯居翰林其甥皇甫湜中選考覈之際不先上言故同坐焉居數日貫之再黜巴州司馬涯虢州司馬楊於陵遂出爲廣州節度裴垍時爲翰林學士居中覆視無所同異及爲貴倖泣訴請罪於上上不得已罷垍翰林學士除户部侍郎

又曰元和中權知禮部侍郎庾承宣奏臣有親屬應明經進士舉者請准舊例送考功考試從之

又曰長慶元年勑今年錢徽下進士鄭朗等一十四人宜令中書舍人王起主客郎中知制誥白居易等重試覆落十人三月丁未詔曰國家設文學之科本求才實苟容僥倖則異至公訪聞近日浮薄之徒扇爲朋黨謂之關節干擾主司每歲策名無不先定永言敗俗深用興懷鄭朗等昨令重試不求深僻題目貴觀學執淺深孤竹管是祭天之樂出於周禮正經閱其程試之文都不知其本事詞律鄙淺蕪類可知其孔溫業等三人粗通可與及第其餘落第今後禮部舉人宜准開元二十五年勑及第人所試雜文并策先送中書門下詳覆

又曰長慶中禮部侍郎王起奏曰伏以禮部放牓已是成名中書重覆尚未及第若重覆之中万一不定則放牓之後遠近誤傳其於事理實爲非便臣伏請每年進士堪及第者本司考試訖其詩賦先送中書門下詳覆後勑却下本司然後准舊例大字放牓從之

又曰太和初以散騎常侍馮宿太常少卿賈餗庫部郎中

龐嚴爲考官策第二十二人而前進士劉蕡策最切直不
居是選其間指陳時事不避貴近言詞激切士林感動雖
晁董無以過也而考官有所畏忌不敢上聞隨例擯斥識
者之議喧然不平守道正人傳其文至有相對而泣者諫
官等或將其策白於宰相宰臣怯憚亦不敢爲之明白登
科人李郃者深有所愧抗表請讓官於蕡事竟不行天復
初劉季述敗起居郎羅袞上疏請追贈蕡於是下詔贈左
諫議大夫仍訪子孫叙用初蕡條對制策言宦官權盛後
必爲患及是果然也
又曰大和中禮部侍郎李漢奏進大和七年八月勅貢舉
人不要試詩賦策且先帖大經小經共十帖次對正義十
道次試論義各一首訖考覈放及第
又曰大和八年中書門下奏進士放牓舊例禮部侍郎皆

將及第人名先呈宰相然後放牓伏以委在有司固當精
愼宰臣先知取捨事匪至公今年已後請便令放牓不用
先呈人名其及第人所試雜文及鄉貫三代名諱並當日
送中書門下便令定例
又曰會昌三年勅禮部所放進士及第人數目今後但據
才堪者即與不要限人數每年止於十人五人惣得
又曰會昌四年中書門下奏朝廷設文學之科以求髦俊
臺閣清選莫不由茲近緣覈實不在於鄉閭超名頗雜於
非類致有跋扈之地請計交通將澄化源在舉明憲臣等
商量今日以後舉人於禮部納家狀後望依前五人自相
保其衣冠則以親姻故舊久同遊處者其江湖之士則以
封壤接近素所諳知者爲保如有缺孝悌之行資朋黨之
勢迹由邪徑言涉多端者並不在就試之限如容情故自

相隱蔽有人糾舉其同保人並三年不得赴舉仍委禮部
明爲戒勵編入舉格勅旨依奏
又曰大中初禮部侍郎魏扶放及第二十三人續奏堪放
及第三人封彥卿崔琢鄭延休等皆以文藝爲眾所知其
父皆在重任不敢選取其所試詩賦並封奏進止今翰林
學士戶部侍郎知制誥韋琮等考盡合程度其月二十三
日奉進止並付所司放及第有司考試只合在公如徇
私自有刑典從今以後但依常例取捨不得別有奏聞
又曰大中初勅自今放進士牓後杏園任依舊宴集所司
不得禁制（先是武宗好巡遊曲江亭禁人宴聚故也）
又曰大中九年吏部試宏辭舉人漏洩題目爲御史所劾
侍郎裴諗改國子祭酒郎中周敬罰兩月俸考官刑部郎
中唐扶出爲虔州刺史監察御史馮顓罰一月俸其登科

十人並落下
又曰大中十年禮部侍郎鄭顥進諸家科目記十三卷勅付
翰林自今放牓後仰寫及第人姓名及所試詩賦題目進
入仍令所司逐年編次
又曰大中十二年中書舍人李潘知舉放博學宏辭科陳
琬等三人及進詩賦論等召潘謂曰所試詩中重用字何
如潘曰錢起湘靈鼓瑟詩有重用字乃是庶幾上曰此詩
似不及起乃落下
李肇國史補畧曰進士爲時所尚久矣是故俊乂由其中
出者終身爲聞人故爭名常切其都會謂之舉場通稱謂
之秀才投刺謂之鄉貢得第謂之前進士互推敬謂之先
輩俱捷謂之同年有司謂之座主京兆府考而升者謂之
等第外府不試而貢者謂之拔解（然拔解亦須預記人爲詞賦非謂自薦）將

試相保謂之合保群居而賦謂之私試造請權要謂之關
節激揚聲價謂之往還既捷列名於慈恩寺謂之題名會
大讌於曲江亭謂之曲江會曲江大會在關試後亦謂之關宴宴後同年各有所之鍚鄉
并閧謂之離會籍而入選謂之春關不捷而醉飽謂之打毷氉匿
名造謗謂之無名子退而肄業謂之夏課挾藏而入試謂
之書策此其畧也其風俗繫於先達其制置存於有司雖
然賢者得其大志故位極人臣常十有二三登顯列十有
六七

制舉科

唐書顯慶三年二月志烈秋霜科韓思彥及第乾封元年幽素
科蘇瓌解琬苗神客格輔元除昭國訥言崔谷神及第上元三年正月詞殫文律科
崔融及第
永隆元年岳牧舉

垂拱四年十二月詞標文苑科房晉甫夔王旦及第
永昌元年正月蓄文藻之思科彭景直及第抱儒素之業科李文
歷及第
長壽三年四月臨難不顧徇節寧邦科薛稷冠沚及第
證聖元年長才廣度沉迹下僚科張倚及第
通天元年文藝優長科韓琬及第
神功元年九月絕倫科蘇頲崔玄童袁仁敬何鳳孟溫禮洪子輿盧從愿趙不欺及第
大足元年理選使孟詵試拔萃科崔翹鄭徵及第少疾惡科馮万石及第
長安二年龔黃科馬克麾及第
神龍二年才膺管樂科張大求魏啓心觀楷盧絢張文成褚璆咸廙業郭璘趙不爲及第
才高位下科馮万石晁良貞張敬及第
三年材堪經邦科張九齡康元瓌及第賢良方正科蘇晉宋務光寇泚盧怡呂恂及
第

景龍三年抱器懷能科夏侯銛及第茂才異等科王敬從盧重玄及第
景雲二年文以經國科袁暉韓朝宗及第藏名負俗科李俊之及第
先天元年文經邦國科韓休及第藻思清華科趙冬曦及第奇以宣
風則能興化變俗科郭璘之及第道侔伊呂科張九齡及第手筆俊
拔超越輩流科杜昱張子漪張秀明常無名趙居貞賈登鄭巨及第
開元二年直言極諫科梁昇卿袁楚客及第哲人奇士逸淪屠釣科
孫逖及第良才異等科邵閏之崔喬及第
五年文史兼優科李昇期康子元達奚珣及第文儒異等科崔侃褚庭晦及第
六年博學通議科鄭少微蕭咸及第
七年文詞雅麗科邢巨苗晉卿褚思光趙良器及第
十二年將帥科裴彰復房自謙及第
十五年武足安邊科鄭昉樊衡及第高才沉淪草澤自舉科鄧景山及
第

十七年才高未達沉迹下僚科吳鞏及第
十九年博學宏詞科鄭昈陶翰及第
二十一年多才科李史魚及第
二十三年王霸科劉璀杜綰及第智謀將帥科張重光崔圓李廣琛及第
天寶元年文詞秀逸科崔允顏真卿及第
六年風雅古調科薛據及第
十三年二月詞藻宏麗科楊綰及第
大曆二年樂道安貧科楊膺及第
六年諷諫主文科鄭珣瑜李益及第
建中元年賢良方正能直言極諫科姜公輔元友直樊澤呂元膺及第文
詞清麗科奚陟梁肅劉公亮鄭轅沈封吳通玄及第經學優深科孫玭黎逢季隨及第
高蹈丘園科張紳衡良蘇哲及第儒軍謀越衆科夏侯審平知和鄭儋淩正周渭丁倓
緻及第孝悌力田聞於鄉閭科郭黃中崔浩李牧及第

貞元元年九月賢良方正能直言極諫科韋執誼鄭利用穆贇楊郇裴復
柳公綽歸登直李言崔邠鄭敬魏弘簡回元佑徐袞及第博通墳典達於教化科熊執易劉
簡甫及第識洞韜畧堪任將帥科許贊及第
四年四月賢良方正能直言極諫科崔元翰裴次元李彝崔豊史牟陸震柳公
綽趙參徐弘毅韋彭壽鄭儒立王乃杜倫元易王真及第清廉守節政術可稱堪任縣
令科李巽孝悌力田聞於鄉閭科張晧及第
十年十月賢良方正能直言極諫科裴垍王播朱諫裴度熊執易許堯佐徐弘
毅崔群皇甫鏄王仲舒許季同仲子陵鄭士林亡顯及第博通墳典達於教化科朱潁及第
詳明政術可以理人科張平叔李景亮及第
其六年四月才識兼茂明於體用科元稹韋惇獨孤郁白居易曹景伯韋慶復崔琯
羅讓崔護薛存慶韋珩李蟠元脩蕭俛沈傳師柴宿及第達於吏理可使從政科陳岵及第
三年四月賢良方正直言極諫科牛僧孺皇甫湜李宗閔李正封吉弘宗徐晦賈
餗王起郭球姚袞便感及第博通墳典達於教化科馮苞陸亘及第軍謀宏遠

材任將帥科樊宗師及第達於吏理可使從政科蕭睦及第
長慶元年十二月賢良方正能直言極諫科龐嚴任琬呂述姚中韋曙
李回崔嘏崔龜從韋正實崔知㥣白玄錫及第詳明政術可以理人科崔郢及第軍謀
宏遠材任將帥科吳思李商卿及第博通墳典達於教化科李思玄及
第
寶曆元年四月賢良方正能直言極諫科唐申楊儉韋端符舒元褒蕭敞
楊魯士來擇趙祝裴暉韋繇李昌實嚴封李涯蕭夷中求元晦及第詳明吏理達於教化科
韋正實及第軍謀宏遠材任邊將科裴儔侯雲章及第
大和二年閏三月賢良方正能直言極諫科裴休裴素李郃南卓李甘
杜牧馬植鄭亞崔博崔璵王式羅邵京崔渠韓賓崔慎由苗愔韋昶崔煥崔讜及第詳明吏理達於
教化科宋況及第軍謀宏遠堪任將帥科鄭冠李式及第

太平御覽卷第六百二十九

治道部十一

薦舉上

禮記檀弓下曰趙文子知人所舉於晉國管庫之士七十有餘家管庫之士府史以下官長所置也舉之於君以爲大夫士也管鍵也庫物所藏

禮記雜記曰管仲遇盜取二人焉上以爲公臣曰其所與遊辟也可人也言此人可也但居惡人之中使之犯法

又儒行曰儒有內稱不避親外舉不避怨程功積事推賢而進達之不望其報苟利國家不求富貴其舉賢援能有如此者

左傳莊公曰鮑叔帥師來言曰子糾親也請君討之鮑叔乘勝而進畢志在生得管仲故言不忍之辭管召讎也請受而甘心焉管仲射桓公故曰讎甘心言欲快意戮殺之乃殺子糾于生竇召忽死之管仲請囚鮑叔受之及堂阜而稅之堂阜齊地或曰鮑叔解夷吾縛於此因以爲名歸而以告曰管夷吾治於高傒高傒齊卿高敬仲也言管仲治理政事之才多於敬仲使相可也公從之

又僖中曰晉侯問原守於寺人勃鞮對曰昔趙衰以壺飧從徑餒而弗食言其廉且仁不忘君也徑猶行也故使處原從披言也衰雖有大功猶簡小善以進之示不遺勞

又僖下曰楚子將圍宋使子文治兵於睽終朝而畢不戮一人睽楚邑自旦及食時爲終朝復使子玉治兵於蔿終日而畢鞭七人貫三人耳蔿邑自旦及夕爲終日國老皆賀子文子文飲之酒蔿賈尚幼後至不賀子文問之對曰不知所賀子之傳政於子玉曰以靖國也靖諸內而敗諸外所獲幾何子玉之敗子之舉也舉以敗國將何賀焉

又曰初臼季使過冀見冀缺耨其妻饁之敬相待如賓與之

歸言諸文公曰敬德之聚也能敬必有德德以治民請君用之公曰其父有罪可乎對曰舜之罪也殛鯀其舉也興禹管仲桓公之賊也實相以濟康誥曰父不慈子不祇兄不友弟不恭不相及也詩曰采葑采菲無以下體君取節焉可也文公以爲下軍大夫

又曰晉蒐于被廬作三軍謀元帥趙衰曰郤縠可臣亟聞其言矣說禮樂而敦詩書詩書義之府也禮樂德之則也德義利之本也夏書曰賦納以言明試以功車服以庸君其試之乃使郤縠將中軍

又曰秦伯伐晉濟河焚舟取王官及郊晉人不出遂自茅津濟封殽尸而還遂霸西戎用孟明也君子是以知秦穆之爲君也舉人之周也周備也不偏以一惡弃其善與人之壹也壹無二心孟明之臣也其不解也能懼思也子桑之忠也其知人也能舉善也子桑公孫枝舉孟明者詩曰于以采蘩于沼于沚于以用之公侯之事秦穆有焉夙夜匪解以事一人孟明有焉詒厥孫謀以燕翼子子桑有焉子桑有舉善之謀

又曰晉蒐于夷舍二軍使狐射姑將中軍趙盾佐之陽處父至自溫改蒐于董易中軍陽子成季之屬也故黨於趙氏且謂趙盾能曰使能國之利也是以上之宣子於是乎始爲國政

又文下曰昔高陽氏有才子八人高陽帝顓頊之號八人其苗裔蒼舒隤敳檮戭大臨尨降庭堅仲容叔達此即垂益禹皋陶之倫庭堅即皋陶字齊聖廣淵明允篤誠天下之民謂之八愷高辛氏有才子八人伯奮仲堪叔獻季仲伯虎仲熊叔豹季貍高辛帝嚳之號此八人稷契朱虎熊羆之倫忠肅共懿宣慈惠和天下之民謂之八元此十六族也世濟其美不隕其名以至于堯堯不能舉舜臣堯

舉八愷使主后土以揆百事莫不時序地平天成舉八元
使布五教于四方父義母慈兄友弟恭子孝內平外成是
以堯崩而天下如一同心戴舜以爲天子以其舉十六相
去四凶也
又襄三曰祁奚請老老致仕晉侯問嗣焉嗣續其職者稱解狐其
讎也將立之而卒解狐卒又問焉對曰午也可午祁奚子於是羊
舌職死矣晉侯曰孰可以代之對曰赤也可赤職之子伯華於是使
祁午爲中軍尉羊舌赤佐之各祁其父君子謂祁奚於是能舉
善矣稱其讎不爲諂立其子不爲比舉其偏不爲黨商書
曰無偏無黨王道蕩蕩其祁奚之謂矣解狐得舉未得仕故日得
舉祁午得位伯華得官建一官而三物成一官軍尉物事也能舉
善也夫唯善故能舉其類詩云惟其有之是以似之祁奚
有焉

又襄六曰鄭子皮授子產政辭曰國小而偪偪近大國族大寵
多不可爲也子皮曰虎帥以聽誰敢犯子子善相之國
無小言在治政小能事大國乃寬爲大所恤故也
論語子夏曰富哉言乎舜有天下選於衆舉皋陶不仁者
遠矣湯有天下選於衆舉伊尹不仁者遠矣
又曰仲弓爲季氏宰問政子曰先有司赦小過舉賢才曰
焉知賢才而舉之曰舉爾所知爾所不知人其舍諸孔曰女所
不知者人將自舉之各舉其所知則賢才無遺
又曰公叔文子之臣大夫僎與文子同外諸公孔曰大夫僎本文子
家臣薦之使與己並爲大夫同升在公朝子聞之曰可以爲文矣孔曰言行如是可謚爲文
史記曰秦繆公以數羊皮贖百里奚釋其囚與語國事百
里奚讓曰臣不及臣友蹇叔蹇叔賢而世莫知臣嘗遊困
於齊而乞食銍人蹇叔收臣臣困而欲事齊君無知蹇叔止
臣臣得脫齊難遂之周周王子頹好牛臣以養牛干之及
頹欲用臣蹇叔止臣臣去得不誅事虞君蹇叔止臣臣知
虞君不用臣臣誠私利祿爵且留再用其言得脫一不用
及虞君之難是以知其賢於是繆公使人厚幣迎蹇叔以
爲上大夫
又曰秦孝公下令曰賓客群臣有能出奇計強秦者吾且
尊官與之分土衛鞅聞是令下西入秦因景監求見孝公
說孝公變法脩刑內務耕稼外勸戰士明行賞罰孝公善
之卒用鞅法百姓便之乃拜鞅爲左庶長
又曰王稽使於魏問鄭安平魏有賢人可與俱西乎安平
曰臣里中有張祿先生欲見君言天下事王稽知其范雎
乃載以入秦
又曰趙烈侯好音謂相國公仲建曰寡人有愛可以貴之

乎公仲曰富之則可貴之則否烈侯曰然夫鄭歌者槍石
二人吾賜之田人萬畝公仲曰諾不與居一月烈侯問歌
者田公仲曰求未有可者有頃復問公仲終不與乃稱疾
不朝番吾君謂公仲曰君實好善而未知所持今公仲相
趙四年亦有進士乎曰未也番吾君曰牛畜荀欣徐越皆
賢可公仲乃進三人牛畜侍烈侯以仁義約以王道明日
荀欣侍以選練舉賢任官使能明日徐越侍以節財儉用
察度功德所與無不充君悅乃使使謂相國曰歌者之田且
止官牛畜爲師荀欣爲中尉徐越爲內史賜相國衣二襲
史記藺相如者趙人也爲趙宦者令繆賢舍人趙惠文王
時得楚和氏璧秦昭王聞之使人遺趙王書願以十五城
請易璧趙王與諸大臣謀欲與秦恐秦城不得見欺欲勿
與即患秦兵之來計未定求人可使報秦者未得宦者令

畧賢曰臣舍人藺相如可使王問何以知之對曰臣嘗有罪
竊計欲亡走燕舍人藺相如止臣曰君何以知燕王臣語曰
臣嘗從大王與燕王會境上燕王私握臣手曰願結交以此
知之故欲往相如謂臣曰夫趙強而燕弱而君幸於趙王
故燕王欲結交於君今君乃亡趙走燕燕畏趙其勢必不
敢留君而束君歸趙矣君不如肉袒伏斧鑕請罪則幸得
脫矣臣從其計大王亦幸赦臣臣竊以為其人勇士有智
謀宜可使於是王召問藺相如以爲賢遂使奉璧入秦
又曰趙奢趙之田部吏也收租稅而平原君家不肯出趙
奢以法治之殺用事者九人平原君怒將殺奢奢因說曰
君於趙爲貴公子今縱君家而不奉公則法削法削則國
弱國弱則諸侯加兵是無趙也君安得有此富乎當以君
之貴奉公如法則上下平上下平則國強國強趙固而君

爲貴戚豈輕於天下耶平原君以爲賢言之於王王用之
治國賦太平民富而府庫實卒爲名將
又曰陳平亡楚歸漢因魏無知求見漢王與語而說之乃
拜爲都尉使爲參乘典護軍諸將盡讙絳侯灌嬰等咸
讒平曰臣聞平居家時盜其嫂事魏不容亡歸楚歸楚不
忠又忘歸漢今日大王尊官之令護軍臣聞平受諸將金
多者得善處金少者得惡處平反覆亂臣也願王察之漢
王疑召讓魏無知無知曰臣所言者能也陛下所問者行
也今有尾生孝巳之行而無益於勝負之數陛下何暇用之乎
楚漢相距臣進奇謀之士顧其計誠足以利國家不耳且
盜嫂受金又何足疑乎王乃厚賜平拜爲護軍中尉盡護
諸將後高祖定天下與平剖符世世勿絕爲戶牖侯平辭
曰此非臣之功也上曰吾用先生謀計戰勝尅敵非功而

何平曰非魏無知臣安得進上曰若子可謂不背本矣乃
復賞魏無知
漢書曰韓信投漢蕭何等已數言上不用即亡何聞信去
不及以聞自追之人有言上曰丞相何亡上怒如失左右
手一二日何來謁上見怒且喜罵何曰若亡何也曰臣非敢
亡追亡者耳上曰亡者誰曰韓信上曰亡者十數公無所追
追信詐也何曰信國士無雙王必欲長王漢中無所事信
（張晏曰無事用信也）必欲爭天下非信無可與計事者
又曰叔孫通降漢從弟子百餘人然無所進專言諸故群
盜壯士進之弟子皆曰事先生數年幸而得從降漢今不
進臣等專言大猾何通乃言曰漢王方蒙矢石爭天下諸
生寧能鬬乎故先言斬將搴旗之士諸生且待我我不忘之
又曰張釋之字季南陽人與兄中同居以貲爲騎郎事孝

文帝十年不得調亡所知釋之曰久宦減仲之產不遂欲
免歸中郎將爰盎知其賢惜其去乃請從釋之補謁者
又曰賈誼年十八以能誦詩書屬文稱於郡中河南守吳
公聞其秀才召置門下甚愛幸文帝初立聞河南守吳公
治平爲天下第一故與李斯同邑而嘗學事焉徵以爲廷
尉廷尉乃言誼年少頗通諸家之書文帝召以爲博士
又曰武帝初即位是時丞相田蚡每入奏事移日所言皆
聽薦人或起家至二千石權移主上上迺曰君除吏盡未
吾亦欲除吏也
又曰韓安國爲人多大畧知當世取捨而出於忠厚貪嗜
財貨然所推舉士皆賢於己者
又曰張安世嘗有所薦人來謝弗復爲通有郎功高不調
自言安世應曰君之功高明主所知人臣執事何長短而

自言平絶不許已而郎果遷幕府長史辭去之官安世問
以過失長史曰將軍明主股肱而士無所進論者以爲譏
安世曰夫明主在上賢不肖較然臣下自脩而已何知士
而薦之其欲匿名迹遠權勢如此
又曰朱買臣隨上計吏爲卒將重車至長安詣闕上書久
不報待詔公車粮用乏上計吏卒更乞與之會邑子嚴助
貴幸薦買臣召見說春秋言楚辭帝甚悅之拜買臣爲大
夫與嚴助俱侍中
又曰前將軍韓增舉馮奉世以衛侯使持節送大宛諸國
客至伊修城都尉宋昌言莎車與旁國攻殺漢使奉世與
其副嚴昌計遂以節諭諸國王發其兵進擊莎車攻拔其
城莎車王自殺傳其首詣長安諸國悉降威振西域奉世
乃罷兵以聞宣帝召見韓增曰賀將軍所舉得人

又曰王章奏王鳳不忠天子感悟謂章曰微京兆言吾不
聞社稷計且唯賢知賢君誠爲朕求可以自輔者於是章
奏封事薦中山孝王舅瑯琊太守馮野王上欲以代鳳章
於此爲鳳所忌
又曰何武爲人仁厚好進士奬稱人之善爲楚内史厚兩
龔在沛郡厚兩唐及爲公卿薦之朝廷此人顯於世者何
侯之功也世以此多焉
又曰大將軍王鳳用事上遂謙讓無所專左右嘗薦光祿
大夫劉向少子歆通達有異材上乃召見誦讀詩賦甚悅
之欲以爲中常侍召取衣冠臨當拜左右皆曰未曉大將
軍
又曰王鳳病天子數自臨問親執其手垂涕曰將軍病如
有不諱平阿侯譚次將相矣鳳頓首泣曰譚等雖與臣至

親行奢僭無以率導百姓不如御史大夫音臣敢死保之
初譚等倨不肯事鳳而音敬鳳卑恭如子故薦之
又曰哀帝有詔舉太常王莽私從何武求舉武不敢舉後
數月哀帝崩太后即日引莽入收大司馬董賢印綬詔有
司舉可代司馬者莽故大司馬辭位辟丁傅衆庶稱以爲
賢又太后近親自大司徒孔光以下舉朝皆舉莽武爲前
將軍素與大將軍公孫祿相善二人獨謀議以爲往時孝
惠孝昭少主之外戚呂霍上官持權幾危社稷今孝成孝
哀比世無嗣方當選立親近輔幼主宜令異姓大臣持權
親踈相錯爲國計便於是武舉公孫祿可大司馬而祿亦
舉武太后竟自用莽爲大司馬莽諷有司劾奏武公孫祿
互相稱舉皆免
又曰王嘉薦儒者公孫光蒲昌及能吏蕭咸薛脩皆故二

千石有名稱天子納而用之
續漢書曰虞詡以左雄有忠公節上疏薦之曰伏見議郎
左雄數上封事至引陛下身遭危難以爲警戒實有王臣
蹇蹇之節周公謨成王之風宜擢在喉舌之官必有匡弼
之益由是拜雄尚書
又曰陳蕃胡廣等上疏薦徐穉等曰臣聞善人天地之紀
治之所由也伏見處士豫章徐穉彭城姜肱汝南袁閎京
兆韋著潁川李曇德行純備著於民聽若使擢登三事協
亮天工必能翼宣盛美增光日月矣桓帝乃以安車玄纁
徵之
又曰橋玄遷司空轉司徒素與南陽太守陳球有隙及在
公位而薦球爲廷尉
又曰皇甫規字威明安定人拜度遼將軍尚書薦中郎將

張奐自代及黨事起天下名賢多見淥逮規雖爲名將素譽不高自以西州豪傑耻不得豫乃先自上言臣前薦故大司農張奐是附黨朝廷知而不問也

太平御覽卷第六百三十

治道部十二

薦舉中

東觀漢記曰光武召鄧禹曰吾欲北發幽州突騎諸將誰可使者禹曰吳漢與鄧弘俱客蘇弘稱道之禹數與語其人勇鷙有智謀諸將鮮及上以禹爲知人上欲定河內問禹曰諸將誰可守河內者禹曰寇恂文武備足有牧民御衆之才上乃用之

又曰東平王蒼薦吏吳良上以章示公卿曰蕭何薦韓信設壇即拜不復考試以良爲議郎

又曰王丹字仲回初有薦士於丹者丹選舉之而後所舉者陷罪丹免客慙自絕俄而徵丹復爲太子太傅乃呼客見之謂曰何量丹之薄不爲設食以罰之相待如舊

又曰南陽太守杜詩上疏薦伏惠公曰竊見故大司徒陽都侯伏惠公自行束脩訖無毀玷篤信好死守死善道經爲人師行爲儀表衆賢百姓仰望德義微過斥退久不復用識者愍惜儒士痛心

又曰上嘗問宋弘通博之士弘薦沛國桓譚才學洽聞幾近及楊雄劉向父子於是召譚拜議郎給事中上每讌輒令鼓琴好其繁聲弘聞之不悅悔於薦舉聞譚內出遣吏召之譚至不舉席而讓之曰吾所以薦子者欲令輔國家以道而今數進鄭聲以亂雅樂非頌德忠正也後大會群臣上使譚鼓琴見弘失其常度上怪而問之弘乃離席免冠謝曰臣所以薦桓譚者望能以忠正導主而令朝廷欽悅鄭聲臣之罪也

又曰杜林字伯山扶風人爲御史先與鄭興同寓隴右乃薦之上乃徵興爲太中大夫

又曰陳寵字昭公沛人爲尚書寵性純淑周密重慎時有表薦輒自手書削草人莫得知

又曰韋彪字季明數年辟公府輒以事去司徒劉愷辟之謂曰卿輕人好去就故爵位不踰今歲垂盡當辟御史意在相薦子其留乎彪曰犬馬齒衰豈敢久待薦之私非所敢當遂跣而起愷追之遥去不顧

范曄後漢書曰東平王蒼以至戚輔政時班固始弱冠說蒼曰將軍以周邵之德立於本朝今者將軍幕府新開廣延群俊四方之士顛倒衣裳將軍宜効唐殷之舉審伊皋之薦令遠近無偏幽隱必達光名宣於當世貴烈著於無窮竊見故司空掾桓梁京兆祭酒馮晉扶風掾李育北地督郵郭基涼州從事王雍恒農功曹殷肅此六子者皆有殊

行絕才德隆當世如蒙徵納以輔高明此山梁之秋夫子所爲嘆也蒼納之

又曰曹騰加位特進其所進達皆海內名人陳留虞放邊韶南陽延固張溫恒農張奐潁川堂谿等皆所舉也

漢雜事曰傅喜爲右將軍傅太后與政事喜數諫之后不悅喜上印綬病在家司空何武尚書唐林上書曰魯以季友治亂楚以子玉輕重魏以無忌折衝項以范增存亡故楚跨有南土帶甲百萬隣國不以爲難子玉爲將文公仄席而坐及其死君臣相慶百万之衆不及一賢於是上拜喜爲大司馬封高武侯

又曰谷永爲尚書薦薛宣竊見少府宣材茂行潔達於從政有退食自公之節寡移賞遊說之助臣恐陛下忽於羔羊之詩捨功實之臣任虛華之譽是以越陳宣行能唯留

神考察上然之遂以宣爲御史大夫

魏志曰太祖旣定河北而高幹舉并州叛衛固與范先通謀太祖謂荀彧曰河東被山帶河當今天下之要地也君爲我舉蕭何寇恂以鎮之彧曰杜畿可於是拜畿爲河東太守固等卒伏

又曰潁川戲志才籌畫之士太祖甚器之早卒太祖與荀彧書曰自志才亡後莫可與計事者汝潁固多奇士誰可以繼之彧薦郭嘉召見與語天下事太祖曰使孤成大業者必此人也嘉亦喜曰眞吾君矣

又曰張郃字儁乂河間人也郃雖武將而愛儒士嘗薦同郡卑諶經修行明詔曰昔祭遵爲將常置五經大夫居軍中與諸生雅歌投壺今將軍外勤戎旅內存國朝朕嘉將軍之意擢諶爲博士

又曰桓範薦徐宣曰臣聞帝王之用當世俊才爭奪之時以策畧爲先分定之後以忠義爲首故晉文行子犯之計而賞曰季之言高祖用陳平之智而託後於周勃竊見尚書徐宣體忠厚之行秉直亮之性清雅特立不隨世俗確然難動社稷之節今僕射缺宣行掌後事腹心任重莫如宣者帝遂以宣爲右僕射

又曰陳群薦廣陵陳矯丹楊戴乾太祖並用之後乾以忠義死矯爲名臣

蜀志曰諸葛亮自比管仲樂毅時人莫之許唯徐元直（徐庶字元直）謂爲信然時先主屯新野庶謂先主曰諸葛孔明者臥龍也將軍豈願見之乎先主曰君與俱來庶曰此人可就見不可屈致將軍宜枉駕顧之由是先主遂造亮凡三於是情好日密關羽張飛等不悅先主解之曰孤有孔明猶魚之有水也願諸君勿復言羽飛乃止

吳志曰劉繇字正禮東來人兄岱字公山平原陶洪薦繇欲令舉茂才刺史曰前年舉公山柰何復舉正禮乎洪曰若使君用公山於前擢正禮於後所謂御二龍於長衢騁騏驥於千里不亦可乎

又曰周瑜薦魯肅才宜佐時當廣求其比以成功業不可令去也權即召肅與語甚悅之衆賓罷退獨引肅還合榻對食

又曰凌統字公績吳郡人爲孫權將甚見親重時有薦同郡盛暹於權者以爲梗槩大節有過於公績權曰但令如公績足矣後召暹夜至公績已臥聞之攝衣出門執其手以入其愛善不害如此

晉書曰桓彝字茂倫性通朗早有盛名有人倫識鑒拔才取士或出於無聞或得之孩抱時人方之許郭

又曰劉惔嘗薦吳郡張憑卒爲美士衆以此服其人

又曰華譚字令思廣陵人除郟城令過漢水作莊子讚序以示功曹後見敎不常譚疑不能爲私問是廷掾張延所作譚即拔延薦達於部遂得外擢比譚爲廬江延亦已爲郡譚至廬江舉寒族周訪爲孝廉訪果立功名時以譚爲知人

又曰江統爲司徒左長史東海王越爲兗州牧以統爲別駕委以州事與統書曰昔王子師爲豫州未下車辟荀慈明下車辟孔文舉貴州人士有堪應者否統舉高平郗鑒爲賢良陳留阮脩爲直言濟北程收爲方正時以爲知人

徐廣晉紀曰張華少自牧羊而篤志好學初爲縣史盧欽奇其才數稱薦之

晉中興書曰賀循會稽人郡鈴下有楊方者字公迴世爲
郡威儀少好學有竒才以門役在閤下公事之暇輙讀五
經鄉邑未之別也内史諸葛恢聞方學召爲給使見而異
之謂有殊常之才即解役散置左右以門人待焉由是邦
壤敬異方始得周旋鄉貴虞喜兄弟以儒學立名並知拔
之後恢欲薦郡功曹於中宗使方具䙡主簿虞預以薦爲
美送示太常賀循遂向京師稱美之司徒王導辟以爲椽
方始出都交遊人閒縉紳咸厚遇之
傳暢晉諸公讃序曰魏舒雖有宇量衆望未能悉歸侍中
任愷爲世祖所委任泰始中啓舒散騎常侍侍中尚書令
又爲吏部遷僕射舒雖體度弘雅而才鈍無所創設遷光
禄大夫開府領司徒世祖臨軒使太常任愷拜授朝廷以
愷前啓拔舒而爲王人人爲愷怨之也

宋書曰劉穆之爲丹陽尹九所薦達不納不止常云我雖
不及荀文若之舉善然不舉不善
又曰王鎮惡頗讀諸子兵書喜論軍國大事騎射非長而
縱橫善果斷武帝伐廣固鎮惡時爲臨澧令人或薦之武
帝召與語異焉因留宿且謂叅佐曰鎮惡王猛孫所謂將
門有將即署前部賊曹破賊有功封博陸縣五等子
又曰謝晦字宣明初爲昶建威府中兵叅軍孟昶死帝問劉
穆之昶府誰堪入府穆之舉晦即命爲太尉叅軍武帝嘗
訊獄其旦刑獄叅軍有疾晦代之晦車中一覽訊牒隨問
酬對無失即日署刑獄賊曹
又曰張邵元嘉五年爲征虜將軍領寧蠻校尉雍州刺史
加都督初王華與邵不和及華叅要親舊爲之危心邵曰
子陵（華字子陵）方弘至公豈以私隟害正義是任也華實舉之

又曰晉平王休祐爲南徐州帝就褚彦回求幹事人爲上
佐彦回舉沈文季轉騎長史東海太守
又曰劉道產在雍州有恵化遂蠻歸懷皆出緣征爲村落
户口殷盛及產死羣蠻大爲寇暴孝武西鎮襄陽江夏王
義恭薦柳元景乃以爲武威將軍隨郡太守至廣設方畧
斬獲數百郡境肅然
又曰荀伯子好學博覽經傳解褐奉朝請負外散騎侍郎
著作郎徐廣重其才學舉伯子及王韶之並爲佐郎同撰
晉史
齊書曰傅昭字茂遠御史中丞劉休薦於武帝永明初以
爲南郡王侍讀
又曰孔休源字慶緒州舉秀才太尉徐孝嗣省其策深善
之謂同坐曰觀此足稱王佐之才瑯琊王融雅相友善薦

之於司徒竟陵王爲西邸學士
又曰江革字休映弱冠舉南徐州秀才時胡諧之行州事
王融與諧之書令薦舉諧之方貢瑯琊王沉便以革代之
又曰武帝將下都劉懷珍白帝曰夏口是兵衝要地宜得
其人高帝納之與武帝書曰汝既入朝當須文武兼資人
委以後事武帝乃舉柳世隆自代轉爲武陵王前軍長史
江夏内史行郢州事
又曰明帝詔求異士始安王遙光表薦王暕及東海王僧
孺除暕散騎從事中郎將
又曰梁武帝之臨雍州問京兆人杜惲求州綱紀惲言柳
慶遠武帝曰文和吾已知所問未知者耳因辟爲別駕
又曰陸厥字韓卿少好屬文永明元年詔百官舉士同郡
司徒左曹掾顧暠之表薦厥堪舉秀才

梁書曰何遜字伯言八歲能賦沈約嘗謂遜曰吾每讀卿詩一日三復猶不已其為名流所稱如此天監中兼尚書水部員外郎南平王引為賓客後薦之於武帝與吳均俱進倖

又曰朱异字彥和吳郡人也有詔求異能之士五經博士明山賓表异高祖召見使說孝經周易甚說之謂左右曰朱异實異能後見山賓謂曰卿所舉殊得其人仍召异直西省

又曰陸襄字師卿天監三年都官尚書范岫表薦襄起家為著作郎

陳書曰陸瓊字伯玉幼聰惠有令名深為文帝所貴及封周迪陳寶應等都官符及大手筆並中勑付瓊及宣帝為司徒妙簡僚佐吏部尚書徐陵薦瓊於宣帝言其　具覆

敏文史足用近居郎署歲月過淹左曹掾缺允膺茲選雖階次小踰其屈滯已積乃除司徒左曹掾

北齊書曰祖鴻勳范陽人也僕射臨淮王彧表薦鴻勳有文學宜試一官勑除奉朝請人謂之曰臨淮舉卿便以得調竟不相識恐非其宜鴻勳曰為國舉才臨淮之務但鴻勳何從而謝之或聞而喜曰吾得其人矣

太平御覽卷第六百三十一

治道部十三

薦舉下

唐書曰杜如晦少聰悟精彩絕人太宗引為秦府兵曹俄改陝州長史房玄齡白太宗曰餘人不足惜杜如晦聰明敏達王佐之才若大王守藩無所用之必欲經營四方非此人莫可太宗乃請為秦府掾封延平縣男補文館學士貞觀初為右僕射

又曰李大亮隋末為賊所獲同輩百餘人皆死賊帥張弼見而異之獨釋與語遂定交於幕下大亮既貴每懷張弼之恩貞觀末弼為將作丞自匿不言大亮遇諸途識之持弼手而泣悉推家產以遺弼弼辭不受大亮言於太宗曰臣有今日榮貴乃張弼之恩力也乞迴臣之官爵以授之太宗即日以弼為中郎將俄遷代州都督

又曰岑文本初事蕭銑江陵平就授祕書郎直中書省李靖驟稱其才擢拜中書舍人漸蒙恩遇時顏師古諳練故事長於文誥時無逮者冀復用之太宗曰我自舉一人公勿憂也乃以文本為中書侍郎專典樞密

又曰狄仁傑授汴州判佐工部尚書閻立本黜陟河南仁傑為人誣告立本驚謝曰仲尼觀過知人足下可謂海曲之明珠東南之遺寶特薦之遷并州法曹

又曰張柬之進士擢第為清源丞年且七十餘永昌初自免復應判策試畢有傳柬之考入下科柬之歎曰余之命也乃委歸襄陽時中書舍人劉允濟重考策自下昇甲科為天下第一擢拜監察御史累遷荊州長史長安中則天問狄仁傑曰朕要一好人任使有乎仁傑對曰陛下則何任使則天曰朕方待以將相仁傑曰料陛下若求文章資歷則今之宰相李嶠蘇味道亦足為文吏矣豈非文士齷齪思得大才以用之以成天下之務者乎則天悅曰此心也仁傑曰荊州長史張柬之其人雖老真宰相材也且久不遇若用之必盡忠於國家則天召以為洛州司馬他日又求賢仁傑曰臣前言張柬之猶未用也則天曰已遷之矣仁傑曰臣薦之請為相也今為洛州司馬非用之也乃遷秋官侍郎及姚崇將赴靈武則天令舉內外堪為宰相者崇曰張柬之沈厚有謀能斷大事且其人年老惟陛下急用之登時召見為同鳳閣鸞臺平章事年已八十與桓彥範敬暉等誅二張興復社稷忠冠千古功格皇天

又曰張嘉貞落拓有大志亦不自異亦不下人自平鄉丞免歸鄉里布衣環堵之中蕭然自得時人莫之知也張循憲以御史出使還次蒲州驛循憲方復命使務有不決者意頗病之問驛吏曰此有客乎驛吏以嘉貞對循憲召以相見咨以使事積時凝滯者嘉貞隨機應之莫不豁然乃命草表又出其意外他日則天以問循憲其以實對因請以己官讓與之則天曰卿能讓賢美朕豈無一官自進賢耶乃召見內殿隔簾與語嘉貞儀貌甚偉神彩俊傑則天甚異之因奏曰臣生居草萊目不覩朝廷之事陛下過聽引臣天庭此萬代一遇也然咫尺之間若隔雲霧臣恐君臣之道有所未盡則天曰善遽命卷簾翌日拜監察御史開元中用之為相

又曰姜皎薦源乾曜玄宗見之大悅驟拜為相謂左右曰此人儀形莊肅類蕭至忠朕故用之左右曰至忠以犯逆死陛下何故比之玄宗曰我為社稷計所以誅之然其人信

美才也
又曰李勣少與鄉人翟讓聚衆爲盜推李密爲主言於密
曰天下大亂本爲飢苦若得黎陽一倉大事濟矣遂襲取
之時在飢餓就食者數十萬人魏徵高季輔杜正倫郭孝
恪董客遊勣一見便加禮敬引之卧內談論忘疲及虎牢
獲戴胄亟相推薦咸至大官時稱勣有知人之鑒
又曰李義府僑居于蜀袁天綱見而奇之曰此郎貴極人
臣但壽不長耳因請舍之託其子曰此子有七品相願提
挾之義府許諾因問天綱壽幾何對曰五十二此外非所
知也安撫使李大亮侍中劉洎等連薦之召見拜監察御
史後位至宰相
白虎通曰諸侯所以貢士於天子者進賢稱善者也天子
躬求之者貪義也治國之道本在得賢得賢即治失賢即亂

孔叢子曰子高見齊王王問誰可臨淄宰稱管穆焉王曰穆也容皃陋民不敬者子高答曰夫見敬在德且
臣所稱其才也君王聞晏子趙文子乎晏子長不過六尺
面狀醜惡齊國之上下莫不宗爲趙文子其身如不勝衣
其言如不出口非但體陋辭氣又訥其相晉國以寧諸侯
敬服皆德故也以穆軀形方諸二子猶悉賢之昔臣嘗行
臨淄市見屠商焉身長八尺鬚髯如戟面正紅白市之男
女未有敬者無德之故也王曰是所謂祖龍始者也誠如
先生之言於是乃以管穆爲臨淄宰
韓子曰趙武薦四十六人於其君及武之死也四十六人
皆就賓位無私德若此武薦白屋之士六十餘家
戰國策曰淳于髡見七人於宣王王曰子來也寡人聞千
里一士是比肩相望百世一聖若隨踵而至者也今子一日
而見七士不亦衆乎髡曰不然夫鳥同翼者聚居獸同足
者俱行今求茈葫桔梗於沮澤則累世不得一焉若求之梁
甫之陰則連目夫物有等今髡賢者之儔王求士於髡譬
如挹水於河而求火於燧也言易得也
國語曰文公使原季爲卿原季趙衰文公二年爲原大夫辭曰夫三德者
偃之出也三德先軫胥臣也偃狐偃也三子皆偃所進以德紀民其章大矣
不可廢也使狐偃爲卿辭曰毛之智賢於臣其齒又長毛偃
之兄齒年毛也不在位不敢聞命乃使狐毛將上軍狐偃佐之
又曰趙宣子言韓獻子於靈公以爲司馬河曲之役趙孟
使人以其車乘干行秦與晉戰在魯文十二年獻子執而戮之衆咸曰
韓厥必不没矣其主朝升之而暮戮其車其誰安之宣子
召而禮之曰吾聞事君者比而不黨夫周以舉義比也舉
以其私黨也夫軍事無犯犯而不隱義也吾言汝於君懼
汝不能也舉之而不能黨孰大焉勉之長臨晉國者非其

誰勉之告諸大夫曰可賀我矣吾舉厥也而中吾乃今知
免於罪矣免失舉之罪
韓詩外傳曰魏文侯之時子質仕而獲罪焉去而北遊謂
簡主曰吾所樹朝廷之大夫半所樹邊境之人亦半今堂
之士惡我於明君朝廷大夫中我於法邊境之人劫我以兵
是以不復樹德於人簡主曰噫子言過矣春樹桃李夏得
蔭其下秋得食其實春樹蒺藜夏不得採其葉秋得其刺
焉由此觀之在所樹也今子之所樹非其人耳
呂氏春秋曰管仲病桓公往問之曰仲父之病矣言其病困如漬
甚國人弗諱寡人將誰屬國管仲對曰昔者臣盡力竭智
猶未足以知之也今病在於朝夕之中臣奚能言桓公曰
此大事願仲父教之寡人也管仲敬諾曰誰欲相欲用誰相公
曰鮑叔牙可乎管仲對曰不可夷吾善鮑叔牙牙之爲人

也清廉絜直視不已若者不比於人一聞人之過終身不忘勿已則隰朋其可乎隰朋之爲人也上志而下求醜不若黃帝而哀不己若者（自醜其德不如黃帝又愍不若己也）其於國也有不聞（不求聞而善求在利國而已矣）其於物也有不知也（物事也非事職不求知）其於人也有不見也（務在齊民不求見也）勿已則隰朋可矣夫相大官也處大官者不欲小察不欲小智故曰大匠不斲（但規模而已不復自斲削）大庖不豆（調和五味不復自列）大勇不鬭

又曰魏公叔座疾惠王往問之曰公叔之病甚矣將柰社稷何對曰臣之庶子鞅者願王以國聽之若不能聽勿使出境王不應出謂左右曰豈不悲哉夫以公叔之賢今謂寡人必以國聽鞅悖也公叔死公孫鞅西游秦秦孝公聽之秦果强魏果弱

又曰百里奚之未遇時至虢而虜飯牛於秦繚以鬻五羖

之皮公孫枝得悅之獻諸繆公三日請屬事焉公曰買之五羊皮而臣之無乃爲天下笑乎枝曰信賢而任之君之明也讓賢而下之臣之忠也君爲明臣爲忠彼信賢也境內將服敬國且畏夫誰暇笑哉用之謀無不當舉必有功

說苑曰田子方渡西河遇翟黃乘軒車子方曰子何以致此乎曰昔西河無守臣進吳起鄴無令臣進西門豹酉無令臣進北門可君欲攻中山臣進樂羊魏於天下難治臣進李克進此五大夫爵位於此

又曰子貢問孔子曰今之臣孰賢孔子曰齊有鮑叔鄭有子皮子貢曰齊無管仲鄭無子產者乎孔子曰吾聞鮑叔之進管仲子皮之進子產未聞管仲子產有所進也

又曰孟嘗君進客於齊王三年不見用故客反見曰不知臣之罪耶君之過耶孟嘗君曰寡人聞縷因鍼而入不因鍼而急女因媒而嫁不因媒而親夫子之才必薄矣尚怨寡人哉客曰臣聞韓盧天下疾狗也見兔而指屬則不失兔望見而放狗非不能屬者罪於是孟嘗君復屬齊王王遂使爲相

又曰蘧伯玉使之楚逢公子哲濮水之上接草而待曰聞上士可以託邑中士可以託辭下士可以託才三言固可得託也伯玉曰謹受命伯玉見楚王使事畢坐從容言士王曰何國最多士伯玉曰楚最多士而楚不能用王曰是何言也伯玉曰子胥生於楚而吳善用之賁皇生於楚而晉善用之今者臣之來逢子哲曰上士可以託邑中士可以託言下士可以託才三言者固可得託於是楚王發使追公子哲濮水之上子哲還重於楚伯玉之功也

劉向新序曰楚莊王罷朝而晏樊姬問其故莊王曰與賢相語不知晏者也樊姬曰賢相爲誰王曰虞丘子樊姬掩

口而笑王乃問其故曰虞丘子爲相數年未嘗進一賢不知賢是不智知而不進是不忠不忠不智安得爲賢明日朝王以樊姬之言告虞丘子虞丘子稽首曰如姬之言於是辭位而進孫叔敖叔敖相楚而莊王霸樊姬之力

海內先賢傳曰潁川鍾皓字季和爲郡功曹太丘長陳寔爲西門亭長皓深獨敬異歲常禮待與同分義會辟公府臨辭太守問誰可代君曰府君欲得其人西門亭長可用寔卒爲海內高名之臣歸以公相之位

三輔決錄曰潁陽游殷爲郡功曹有童子張既爲書佐殷察畏之具設賓饌以子楚託之後魏王以問既稱楚文武兼學王遂以爲漢興郡

管輅別傳曰趙孔耀至冀州見裴使君問顏色何以清減孔耀曰體本無藥石之疾然見清河內有一騏驥拘繫後廄

歷年去王良伯樂百八十里一不得聘其足以起風塵以此
憔悴耳使君言騏驥今何所在孔耀言平原管輅字公明
年三十六雅性寬大與世無忌觀天則能同妙甘公石申
俯覽同異則能齊司馬季主遊步道術開神無窮抱荆山
之璞懷衣光之寳而爲清河郡所録北黌文學可爲痛心
疾首者裴使君聞言悦慨曰如此便相爲取之即檄召輅
爲文學從事一相見清論終日不覺罷倦天時大熱移床
於庭前樹下乃至鷄鳴向晨復出再相見便轉爲鉅鹿從
事三相見轉爲治中四相見轉別駕前至十月舉爲秀才
文士傳曰張華薦成公綏曰竊見處士東郡成公綏年二
十五字子安體珪璋之質資不器之量知深慮明足以妙
見研恩篤好則仲舒之精引之世貞幹足以敦風篤俗淵
才達學足以弘導世教固逸倫之殊俊搢紳之檢式也

荀爽與郭叔都書曰陳季方才德秀出超世逸羣企相王
質文章席美終軍賈誼誠無以加宜遂貢之宰朝盛其龍
光鹽車之驥自非伯樂無以顯名採光剖璞以獨見寳貴
爲足下利之
孔融薦祢衡表曰伏見處士平原祢衡淑質貞亮英才卓犖
初涉藝文登堂覩奥目所一見輙傳於口耳所一聞不忘
於心性與道合思若有神若得龍躍天衢奮翼雲漢足以
明近署之多士增四門之穆穆
應璩薦貴伯偉文詣曹公曰璩聞景雲浮則應龍翔治道
明則儁乂臻是故良哉之歌興於唐堯之世多士之頌形
於周文之朝竊見太子舍人貴琳字伯偉稟性純和體素
清慤宜授以千里之塗任以列曹之職
陸機薦賀循郭訥表曰伏見武康令賀循德量邃茂才鑒

清遠丞陽令郭訥風度簡曠器識朗拔准其才望資品循
可尚書郎訥可太子洗馬
又陸機薦戴若思文曰蓋聞繁若登御然後高墉之功顯
孤竹在肆然後降神之曲成伏見處士廣陵戴淵年三十
字若思心智足以研幽才鑒足以辦物固窮樂志無風塵
之慕砥節立行有洪井之潔誠東南之貴寳聖朝之奇璞
也
楊方爲虞領軍薦張道順文曰蓋聞驪龍之珠必沉紫泉
之裏垂天之翼必翔青冥之表竊見處士吴國張道順天
挺珪璋明達清秀下筆摛彫龍之文登言吐談天之藻纂
西道之楊生希北巷之顔回若得清水淬其鋒鉞砥礪其
鍔必騰躍天路出覿聖世
琴操曰史魚者衛靈公之相時蘧伯玉執清廉之節脩仁

義之方史魚乃薦伯玉於靈公公曰諾其後未用史魚復
入曰臣聞抱玉朝君不如貢賢夫國危者則思仁思安者
則急賢公何嫌疑靈公謂史魚以庭褒虚飾良久乃應之
史魚出謂其子曰我薦伯玉於公公以我言爲不信將自
殺以明之我死後勿厚歛也用伯玉乃歛語畢進藥自殺
靈公聞之曰痛哉寡人謂史魚徒謙退欲進士者也不意
乃至於身死臨喪拜伯玉代史魚公泣曰寡人負史魚悔
焉無及者也

太平御覽卷第六百三十二

治道部十四

賞賜

說文曰賞賜有功也
傳曰蔡公孫歸主謂楚令尹子木曰善為國者賞不僭刑
不濫賞僭則懼及淫人刑濫則懼及善人若不幸而過寧
僭無濫與其失善寧其利淫無善人則國從之商頌有之
曰不僭不濫不敢怠遑命于下國封建厥福此湯所以獲
天福也古之理民者勸賞而畏刑恤民不倦賞以春夏刑
以秋冬將賞為之加膳加膳則飫賜此所以知其勸賞也
將刑為之不舉不舉則徹樂以此知其畏刑也
又曰晉荀林父滅潞晉侯賞林父狄臣千室亦賞士伯以
瓜衍之縣曰吾獲狄土子之功也微子吾喪伯氏矣羊舌

職悅是賞也曰周書所謂庸庸祇祇者此物也物事也士伯
庸中行伯君信之亦庸士伯此謂明德文王造周不是過
也注云郯之敗晉侯欲殺林父士渥濁諫而止之
又曰虢公晉侯朝王王饗醴命之宥皆賜玉五瑴馬三疋
非禮也饗王為數王命諸侯名位不同禮亦異數
又曰晉侯伐鄭鄭人賂晉侯女樂八人晉侯以樂之半賜
魏絳曰子教寡人和諸戎狄以正諸華八年之中九合諸
侯如樂之和無所不諧請與子樂之魏絳辭曰夫和戎狄
國之福也九合諸侯君之靈也二三子之勞也臣何力之
有抑臣願君安其樂而思其終也公曰子之教敢不承命
夫賞國之典也藏在盟府不可廢也子其受之魏絳於是
始有金石之樂禮也
周禮太宰以八柄詔群臣三曰予以馭其幸注云幸謂言
行偶合於善則有以賜予以勸後也
又曰以九式均節財用八曰匪頒之式注曰式謂財用之
節度也匪分也頒賜也謂分賜群臣
又曰太府以幣餘之賦以待賜予
禮記曰天子賜諸侯樂則以柷將之賜伯子男樂則以鼗將
之將謂執以致命諸侯賜弓矢然後專征賜鈇鉞然後專殺賜珪
瓚然後為鬯未賜珪瓚則資鬯於天子
又曰君賜車馬乘以拜賜衣服服以拜君未有命弗即乘
服凡賜君子與小人同此賞賜之義也
又曰若賜之食而君客人則命之祭然後祭鄭玄曰雖見賓客猶不敢
備禮也侍食則不祭也君若賜之爵則越席再拜稽首受登席祭之飲
卒爵而俟君卒爵然後受虛爵不敢先君盡爵
詩曰陳錫哉周注云言文王能布陳大利以錫

書曰德懋懋官功懋懋賞
又曰用命賞于祖弗用命戮于社
又曰罰弗及嗣賞延于世
又曰功多有厚賞弗迪有顯戮
史記曰紂囚西伯姜里西伯之臣閎夭之徒求美女奇物
以獻紂紂乃赦西伯而賜弓矢斧鉞使得征伐
又曰武王滅紂乃罷兵西歸封諸侯班賜宗彝作分殷之
器物鄭玄曰宗彝宗廟彝樽也作分器著王之命及物也已於是封功臣謀士而師尚
父為首封封尚父於營丘曰齊封弟周公旦於曲阜曰魯
封召公奭於燕封弟叔鮮於管封叔度於蔡餘各以次受
封
又曰禹平水土已成帝錫玄珪禹受曰非予能成亦大費
為輔帝舜曰咨爾費贊禹功其錫爾皁游爾後嗣將大

出遂妻之姚姓之曰王女皇甫謐曰賜之玄王妻姚姓之女
史記曰晉人請公賞從已者臣壺叔曰君三行賞賞不及
臣敢請罪文公報曰夫導我以仁義防我以德惠此受上
賞輔我以行事卒我以成立此受次賞矢石之難汗馬之
勞此復次賞若以力事我而輔吾缺者此復受次賞三賞
之後故及子晉人聞之皆説音悦
又曰晉楚戰于城濮晉侯渡河北歸國行賞狐偃爲首或
曰城濮之事先軫之謀文公曰城濮之事偃説我毋失信
先軫曰軍事勝爲右吾用之以勝然此一時之説偃言萬
世之功柰何以一時之利而加萬世之功乎是以先之
又曰三國攻晉陽引汾水灌其城城不沒者三版城中懸
釜而炊易子而食群臣皆有外心禮益慢唯高共赫一作不
敢廢禮襄子懼乃夜使張孟同私於韓魏韓魏與合謀三

月丙戌三國反滅智氏共分其地於是襄子行賞高共爲
上張孟同曰晉陽之難共無功襄子曰方晉陽急群臣皆
懈唯共不敢失臣禮是以先之
又曰漢五年已殺項羽定天下即皇帝位論功行封以蕭
何功最盛封爲酇侯列侯軍已受封奏位次皆曰平陽曹
叅身被七十創攻城略地功最多宜第一上已撓功臣多封
蕭何至位次未有以復難之然心欲何第一關内侯鄂君進
曰羣臣議皆誤夫曹叅雖有野戰略地之功此特一時之利
耳夫上與楚相拒五歲常失軍亡衆逃身遁者數矣然蕭
何常從關中遣軍補其處非上所詔令召而數萬衆會上
之乏絶者數矣夫漢與楚相守滎陽數年軍無見糧蕭何
轉漕關中給食不乏陛下雖亡山東蕭何尚全關中以待
陛下此萬世之功也今雖亡曹叅等百數何缺於漢漢得
之不必待以全柰何欲以一旦之功而加萬世之功哉
蕭何第一曹叅次之高祖曰善於是乃令蕭何第一賜帶
劒履上殿入朝不趨上曰吾聞進賢受上賞蕭何功雖高
得鄂君乃益明於是因鄂君故食關内侯邑封爲安平侯
又曰項籍死天下定上置酒上折隋何之功謂何腐儒爲
天下安用腐儒隋何跪曰夫陛下引兵攻彭城楚王未去
齊也陛下發步兵卒五萬人騎五千能以取淮南乎上曰
不能隋何曰陛下使何與二十人使淮南至如陛下之意
是何之功賢於步卒五萬騎五千也然而陛下謂何腐儒
爲天下安用腐儒何也上曰吾方圖子之功乃以隋何爲
護軍中尉
又曰漢文帝初即位赦天下賜民爵一級女子百户牛酒蘇林
曰男子賜爵女子賜牛酒也皇帝曰呂産自置爲相國呂禄爲上將軍

擅遣灌將軍嬰將兵擊齊欲代劉氏嬰留滎陽弗擊與諸
侯合謀以誅呂氏呂産欲爲不善丞相陳平與太尉周勃謀
奪呂産等將軍朱虚侯劉章首先捕呂産等太尉身率襄
平侯通持節承詔入北軍典客劉揭身奪趙王軍呂禄益封太
尉勃萬户賜金五千斤丞相陳平灌將軍嬰邑各三千户
金二千斤朱虚侯劉章襄平侯通東牟侯劉興居邑各二
千户金二千斤封典客揭爲陽信侯賜金千斤
漢書曰夏侯嬰自上初起沛常太僕竟高祖以太僕事惠
帝及高后德之脱孝惠魯元於下邑間也乃賜嬰北第第
一師古曰此第者近北闕之第嬰最第一也曰近我以尊異之
又曰景帝賜衛綰劒綰曰先帝賜臣劒凡六不敢奉詔上曰
劒人之施易獨至于今乎綰曰具在上使取六劒劒嘗盛
未嘗服也後遷爲御史大夫代桃侯舍爲丞相然自初官

以至相終無可言上以爲敦厚可相少主尊寵之賞賜甚
多
又曰伏日詔賜從官肉太官承日晏不來東方朔獨拔劒
割肉謂其同官曰伏日當蚤歸請受賜即懷肉去太官奏
之朔後入上曰昨賜肉不待詔以劒割肉而去之何也朔
免冠謝上曰先生起自責也朔來受賜不待詔何無禮也
拔劒割肉一何壯也割之不多一何廉也歸遺細君又何
仁也上笑曰使先生自責乃反自譽復賜酒一石肉百斤
歸遺細君
又曰王成不知何郡人也爲膠東相治甚有聲宣帝先褒
之地節三年下詔曰蓋聞有功不賞有罪不誅雖唐虞不能
以化天下今膠東相成勞求不息民流自占八萬餘口師古曰隱
度名數而來附業也治有異等之致其賜成爵關内侯秩中二千石

又曰黃霸爲潁川太守是時鳳凰神雀數集郡國潁川尤
多天子以霸治行終長者下詔稱揚曰潁川太守霸宣
布詔令百姓鄉化孝子弟悌貞婦順孫日以衆多行者
讓路道不拾遺養視鰥寡贍助貧窮獄無重囚而吏民鄉
于教化可謂賢人君子矣書不云乎股肱良哉其賜霸爵
關内侯黃金百斤秩中二千石而潁川孝悌有行義民三
老力田皆以差賜爵及帛
又曰初霍氏奢侈茂陵徐生曰霍氏必亡夫奢則不遜不遜
必侮上侮上者逆道也在人之右衆必害之霍氏秉權日久
衆欲害之而又行以逆道不亡何待乃上疏言霍氏大盛
陛下即愛厚之宜此時抑制無使至亡書三上輙不報問
其後霍氏誅滅而告霍氏者皆封侯人爲徐生上書曰臣
聞客有過主人者見其竈直突傍有束薪客謂主人更爲

曲突遠徙其薪不者且有火患主人嘿然不應俄而家果
失火鄰里共救之幸而得息於是殺牛置酒謝其鄰人灼
爛者在於上行餘各以功次不録言曲突者人謂主人曰鄉
使聽客之言不費牛酒終亡失火之患今論功而請賓曲
突徙薪亡恩澤燋頭爛額爲上客耶主人乃寤而請之今
茂陵徐福上書言霍氏且有變宜防絶之鄉使福說得行
則國亡裂土出爵之費臣亡逆亂誅滅之敗往事既已而
福不蒙其功唯陛下察之貴徙薪曲突之策使居焦髮灼
爛之右上乃賜福帛十疋後以爲郎
後漢書曰光武召桓榮令說尚書甚善之拜爲議郎賜錢
十萬使授太子每朝會輙令榮於公卿前敷奏經書帝稱
善曰得生幾晚特加賞賜後榮入會廷中詔賜奇菓授者
皆懷之榮獨手捧以拜帝笑之曰此眞儒生也以是愈見敬

厚常令上宿太子宮後拜太子少傅賜輜車乘馬榮大會
諸生陳其車馬印綬曰今日所蒙稽古之力也可不勉乎
又曰明帝初即位賜天下男子爵人二級漢書音義曰男子者謂户内之長也三老孝悌力田人三級過
南齕爲秦制爵二十級又賜爵者罪得贖賞者得賣與人乎
公乘得移與子若同子產漢制賜爵自公士也不得上公乘故過者得移授也同產同毋
兄弟也及流人無名數欲自占者人一級無名數謂文薄也占謂自歸首
又曰館陶公主爲子求郎不許而賜錢千萬謂羣臣曰郎
官上應列宿出宰百里有非其人則人受其殃是以難之
又曰永平中顯宗幸宛詔諸李隨安衆宗室會見並受賀
賜恩寵篤焉
又曰郭伋爲并州牧過京師謝恩帝並召皇太子諸王讌
語終日賞賜車馬衣服什物
又曰肅宗納梁竦女爲貴人生和帝竇皇后養以爲子諸

竇遂譖殺貴人而陷竦等死獄中家屬徙九具和帝立後
貴人姊南陽樊調妻嫕（於計切）上書自訟曰妾同產女弟貴
人前充後宮蒙先帝厚恩得見寵幸誕生聖明爲竇憲兄
弟所見譖訴使妾父竦寃死老母孤弟遠徙萬里今值陛
下神聖之運親統萬機群物得所憲兄弟姦惡旣伏辜誅
妾乃敢昧死自陳所丐帝覽章感悟乃下掖庭令驗問之
嫕辭證明審遂得引見具陳其狀乃留嫕止宮中連月乃
出賞賜衣被錢帛第宅旬月之間累貲千萬嫕素有操行帝
益愛之乃號梁夫人
楚漢春秋曰高帝初封侯者皆賜丹書鐵券曰使黃河如
帶太山如礪漢有宗廟尔無絕世
漢魏春秋曰天子以曹公典任守外臨時之賞或宜速乎
乃命公得承制拜諸侯守相曰夫軍之大事在茲賞罰勸善

懲惡宜不旋時故司馬法曰賞不踰月者欲民速覩爲善
之利也昔在中興鄧禹関承制拜君祭酒李文爲河東太
守來歙又承制拜高峻爲通路將軍察其本傳皆非先請
明臨時刻印也斯則世祖神明權達蓋所用速示威懷而克
成洪勳者也且春秋之義大夫出疆專命之事苟可以利
社稷安國家而已況君秉任二伯師尹九有實征夷夏軍
行藩甸之外得失在於斯須之間停賞後許以滯時務固
非朕之所圖也自今已後臨事所甄當加寵號者其便刻
印章假校咸使忠義得共奬勵勿有疑焉
魏志曰太祖攻城邑靡麗之物則悉賜有勳功勞其賞不
恡千金無功望施分毫不與
又曰袁渙卒太祖賜穀二千斛一教以大倉穀千斛賜郎
中令家一教以垣下穀千斛與耀御家（渙字耀御）外不解其意教

曰以大倉穀者官法也以垣下穀者親舊也
又曰公令曰昔趙奢竇嬰之爲將也受賜千金一朝散之故
能濟成大功永世流聲吾讀其文未嘗不慕其爲人也與
諸將士大夫共從戎事幸賴賢人不愛其謀群士不遺其
力是以夷險平亂而吾得竊大賞戶邑三萬追思趙竇散
金之義今分所受租與諸侯掾屬及故戍於陳蔡者庶以
酬荅衆勞不擅大惠也
又曰鎮東將軍毋丘儉上言昔諸葛恪圍合肥新城中遣
士劉整出圍傳消息爲賊所得考問所傳整曰欲殺我者便
速殺之終無它辭又遣士鄭像出城傳消息恪遣騎尋迹
索得縛將繞城勑像大呼言大軍已還洛不如早降像不
從其言更大呼城中曰大軍近在圍外壯士努力賊以刀
築其口使不得語整像爲兵能守義執節子弟宜有差異

詔曰夫顯爵所以褒元功重賞所以寵列士整像召募通使
越六軍蹈重圍冒突白刃輕身守信不幸見獲抗節弥厲楊
六軍之大勢安城守之懼心臨難不顧畢志傳命今追賜
整像爵関中侯各除士名使子襲爵如部曲將死事科
又曰夏侯惇從征孫權還使都督軍留居巢賜伎樂名倡
令曰魏絳以和戎之功猶受金石之樂況將軍乎
又曰太祖平柳城班所獲器物特以素屛風素机賜毛玠
曰君有古人之風故賜君古人之服玠居顯位撫育孤兄
子甚篤賞賜以施貧族家無所餘
又曰文帝在東宮賜鍾繇五熟釜爲之銘曰於赫有魏作
漢藩屛厥相惟鍾寔幹心膂靖恭夙夜匪皇般耳百寮師
師楷兹矩度
又曰薛夏黃初中爲秘書丞帝與之推論書傳未嘗不終日

帝視其衣薄解袍賜之
晉春秋曰清河崔祖思死家無餘財有書八千卷上聞嗟歎良久之以葛屯穀五百斛賜其家曰葛屯亦吾之垣下
令後世知其見異
晉書曰王沈爲豫州下教曰能陳長史可否說百姓所患者有賞言刺史得失倍賞主簿褚君曰上好下應今宜以賞恐拘介之士憚賞不言貪昧之人慕利妄舉沈從之
宋書曰謝方明爲桓玄著作佐郎後從兄景仁舉爲宋武中軍主簿方明知無不爲帝謂曰愧未有瓜衍之賞且當與卿共豫章國祿屢加賞賚
蕭子顯齊書太祖奇張融賜衣曰見卿衣服麤故交亦藍縷亦虧朝望今送一通衣意謂雖故乃勝新是吾之所着已令裁減稱卿之體

又曰孔靈產爲光祿大夫覽止足之分不肯仕太祖以白毛扇素机遺之曰卿有古人之風故賜以古人之服當代榮之
北齊書曰唐邕字道和太原人邕少明敏有治世之才斛律金啓太后言唐邕強幹一人當千顯祖常解其所着青鼠皮裘賜邕云朕意與卿共弊
家語曰孔子曰自季孫之賜我千鍾也而交友益親得季孫千鍾之賜以施於衆故交友日益親也自南宮敬叔之乘我車也而道加行孔子欲見老聃而觀周室敬叔言於魯君給孔子車馬問禮於老子孔子既郊廟自周而還弟子四方來集也故道雖貴必有時而後動德雖高必有勢而後行微夫二子之賜則丘之道殆於廢矣
太公金匱曰賞一人而千人喜者賞之賞二人而萬人喜者賞之賞三人而三軍勸者賞之

管子曰明賞不費明刑不暴賞罰明德之至也
司馬法曰殺戮於市周賞於朝勸君子懼小人也
鶡冠子曰進賢者受上賞則下不蔽善爲政賞人不多而民喜罰人不多而民畏言賞罰中
尹文子曰祿薄者不可以經乱賞輕者不可以入難此處上者所宜慎者也
慎子曰孔子云有虞氏不賞不罰夏后氏賞而不罰殷人罰而不賞周人賞且罰罰禁也賞使也
文子曰善賞者費少而勸多故聖人賞一人而天下趍之是以至賞不費也
韓子曰司城子罕謂宋君曰慶賞賜與者民之所好也君自行之誅罰殺戮者民之所惡也臣請當之於是戮細而誅大君子與子罕議之居朞年知死生之命制於子罕故一國歸焉

又曰襄子圍於晉陽中出圍賞有功者四人高赫爲賞首張孟談曰晉陽之事赫無大功今爲賞首何也襄子曰晉陽之事國危社稷殆矣群臣無不有驕侮之意者唯赫不失君臣之禮是以先之仲尼聞之曰善賞哉襄子賞一人而天下爲人臣者莫能失禮也
又曰韓昭侯使人藏蔽袴侍者曰君亦不仁矣蔽袴不以賜左右而藏之昭侯曰非子之所知也吾聞明君之愛一嚬有爲嚬一笑有爲笑今夫袴豈特嚬笑哉袴之與嚬笑相去遠矣吾必待之有功故藏之未有與也言不謬賞
尹子曰范獻子遊於河顧問欒氏之子君能反是欒氏之子其如不修政舟中之人皆欒氏之子舟人捨檝對曰君君何獻子稱善乃賜舟人田百畝以田易言也

淮南子曰忠臣之事君也計功而受賞不爲苟得量力而
受官不貪爵祿其所能者受之勿辭也
宋玉等並造集小言賦去楚王既登雲陽之臺乃命諸侯
大夫景差唐勒宋玉等並造大言賦卒而宋玉受賞王曰
復能爲小言賦者與之雲夢之田王又爲賦王曰善遂賜
雲夢之田
說苑曰晉文公亡時陶叔狐從文公反國行三賞而不及
陶叔狐見咎犯曰吾從而亡十有三年顏色黎黑手足胝
胼今吾君反國三賞而不及我也意者君亡我歟我有大
故歟子試爲我言之於君咎犯言之文公文公曰嘻我豈忘
是子哉夫高明至賢德行全成耽我以道說我以仁暴顯我
行昭明我名使我爲成人者吾以爲上賞防我以禮諫我以
義蕃援我不得爲非數引我而請於賢人之門吾以爲次

賞夫勇壯強禦難在前則居前難在後則居後免我於患
難之中者吾又以爲之次且子獨不聞乎死人者不如存
人之身亡人者不如存人之國三行賞之後而勞苦之士
次之夫勞苦之士子固爲首矣吾豈敢忘子哉周內史叔
興聞之曰文公其霸乎昔先王先德而後力文公其當之
矣詩云率禮不越此之謂也
又曰衛君問於田讓曰寡人封侯盡千里之地賞賜盡御
府綿帛而士不至何也田讓乃對曰君之賞賜不可以功
及也君之誅伐不可以理避也言不賞功不辨理也猶舉杖而呪狗
張弓而呪雞矣雖有香餌而不能致害之必也
又曰齊宣王遊於社山有閭丘先生長老十三人於路拜
謁宣王王賜之田不租無徭役諸老皆拜閭丘先生獨不拜
王曰何也對曰來見大王所望者三願賜臣壽願賜臣富
願賜臣貴王曰夫生殺有時命有長短非寡人之所制無
以壽先王倉粟豐盈備災而畜無以富先王大官無缺小
官卑賤無以貴先王閭丘先生曰此非謂也臣所望者願
王選吏平法度政無苛如此臣少得壽焉春夏秋冬使之
以時役無煩擾臣少得富焉願王出令使少者敬長長者
敬老如此則臣得貴矣今王賜臣田不租則倉廩虛無徭
役則官無所使非臣所望也王曰願留先生爲相可乎先
生曰臣願足矣焉用相乎
又曰趙襄子問王離曰國之所以亡者何也對曰君怯而
能忍是以亡亦襄子曰何以爲然也曰怯則不能賞賢忍
則不能罰罪賢者不賞罪者不罰不亡何也
又曰佛肸於中牟叛置鑊於庭召大夫而盟曰從我者賞
之不從我者罰之田英曰吾聞義死者不避鈇鉞之威義

窮者不受軒冕之賜無義而生不如有義而死吾不從也
乃褰裳就鑊佛肸止之及襄子既復中牟之叛聞田英義
召而賞之英辭不受曰一人受賞眾人有慙色英若受賞
則中牟之士盡愧矣
又曰蘇秦至齊齊王厚待之諸大夫妬之使人刺秦而不
死齊王出珍寶賞募求賊不得蘇秦垂死謂齊王曰王誠
能爲臣求賊者臣死後請車裂臣屍於市詢之曰蘇秦爲
燕欲亂齊今日其死寡人甚喜故裂之若得其殺王重封
賞之如此刺臣者必出矣齊王從其言裂屍而詢之刺秦
者果出求賞
新序曰晉文公獵於澤有漁父諫曰夫鴻鵠厭江海而移
入小澤則有矰繳之患今君棄宮殿遊至於此何往之矣
文公納諫而還請賞之漁父辭曰君能尊天事地敬神固

國愛人薄賦徭役以時則臣亦富矣君若不能雖有重賞
亦不能保也
呂氏春秋曰昔晉文公與楚人戰於城濮召咎犯而問焉
楚衆我寡柰何咎犯曰臣聞繁禮之君不足於文繁戰之
君不足於詐君亦詐之而已文公又問雍季雍季曰以詐
導民亦一時之利也用咎犯之言而敗楚人於城濮反而
爲賞雍季在上左右諫曰城濮之功咎犯之謀也君用其
言而賞後其身或者不可乎文公曰雍季之言百世之利也
咎犯之言一時之務也焉有一時之務先百世之利乎
又曰晉文將伐鄴趙襄言所以勝鄴之術文公用之果勝
還將行賞襄曰君將賞其本乎賞其末乎賞其末則騎乘
者存賞其本則臣聞之郤虎公召虎曰襄言所以勝鄴鄴
既勝將賞之曰蓋聞之於子請賞子虎曰言之易行之難

臣言之者也公曰子毋（音無）辭虎乃受凡行賞其博也則多
助今虎非親言者也賞猶及此跡遠者所以盡能竭智者
也晉文亡久矣歸而因大乱之餘猶能以霸其用此歟
風俗通曰俗說有功得賜金者皆黃金案孫子法曰費千
金百萬錢陳平間楚千金賜二踈金五十斤此真黃金也
亦爲一萬錢
裴氏新書曰舟涓有一言之善晉侯賜萬頃田辭而不受
晉侯曰以此田易彼言也於子猶有所亡寡人猶有所得
周生列子曰行賞不洽於仁是春半生也行罰不威是
秋半死也半生之春不洽於仁半死之秋不專於義

太平御覽卷第六百三十三

治道部十五

急假

釋名曰急及也功之使相逮及也

漢書曰高祖常告歸之田李斐注曰告請也言請休謁也寧安也吉曰告凶曰寧也漢律吏二千石有予告有賜告者在官有功最法所當得也賜告 病滿三月當免天子優賜其告使得印綬將官屬歸家理病至成帝時郡國二千石賜告不得歸家自馮野王始也漢律吏五日得一下沐言休息以洗沐也

又曰汲黯多病病且蒲三月上常賜告者數終不愈

又曰馮野王爲瑯琊太守成帝時王鳳輔政京兆尹王章譏鳳顓權薦野王代鳳上初納其言而後誅章於是野王懼

不自安遂病滿三月賜告與妻子歸杜陵大將軍鳳風音諷御史中丞劾奏野王賜告奏病而私自便杜欽素高野王奏記於鳳爲野王言曰竊見令曰吏二千石過長安如淳曰謂者自白得告也不分別予賜予告也賜告也今有司以爲予告得歸賜告不得歸是一律兩科失省刑之意夫三最予告令也在官連有三最則得予告也病滿賜告詔賜也今告則得詔恩不得失輕重之差又二千石病賜告得歸有故事不得去郡亡著令鳳不聽竟免野王官

謝承後漢書曰許荊字子張少喪父養母孝順家貧爲吏無有舟車休假常單步荷擔上下清節稱於鄉里

又曰范丹字史雲陳留人也爲郡功曹每休假上下常單炭策杖同類以車牛與之不取

又曰吳馮字子高爲州郡吏休假先存恤行喪孝子次贍病畢拜覲鄉里耆老先進然後到家名昭遠近

後漢書曰光武皇帝紀告寧之典

魏志曰王思正始中爲大司農年老目暗又少信時有吏父病篤近在外舍自白求假思疑其不實發教曰世有思婦病母者豈此謂乎遂不與假吏父明日死思無恨意其爲刻薄如此

魏志曰祝皓字子春南陽平氏人也志節抗烈篤於仁義爲吏歸休周旋鄉里吊死問疾畢乃還家

晉起居注曰孝武太元元年詔大臣疾病假蒲三月解職

王隱晉書曰王尼音賴字季孫洛中貴盛名士王澄胡毋輔之等皆與尼交時尼爲兵曹左大將軍幕澄等持羊酒詣軍門吏疏名內請入見大將軍澄等既入語吏過王尼炙羊飲酒訖而去竟不見將軍聞之因與尼長假遂得離兵

宋書曰王敬弘字恢之爲祕書郎恢之曾請假還家未定省敬弘尅日見之至輒不果假日將盡恢之乞求奉辭敬弘呼前至閤復不見

又曰謝景仁增弟述嘗設饌請宋武帝帝召述述知非景仁夙意又慮非帝之命請急不從帝馳遣呼述須至乃飡其見重如此

又曰謝靈運自以名輩應參時政王曇首王華名位素不踰之並見任遇意不平多稱疾不朝直出郭遊行或一百六七十里經旬不歸既不表聞又不請急上不欲傷大臣諷旨令自解靈運表陳疾賜假東歸

又曰庾炳之居選部請急還家尚書令史來諮事一人善彈一人工歌留與宿有司以違制奏焉

又曰伏暅暅自以名輩素在始興內史何遠前為吏俱稱
廉白遠累見擢暅循階而已意望不滿多託居家尋求假
到東陽迎妹喪因留會稽築宅自表解職詔以為豫章內
史乃出拜侍御史虞皭奏曰風聞豫章內史伏暅去歲啓
假以迎妹喪為辭因停會稽不去入東始貨宅賣車以此
而推則是本無還意暅深懷誹怨形於辭色請以大不敬
論有詔勿論遂得就郡
又曰謝裕字景仁晦從父也為左僕射裕性矜嚴居家守
靜每唾輒唾左右衣事畢即聽假一日浣濯每唾右右爭
來受之
徐爰宋書曰申恬字道獻少懷貞恪志業介然拜殿中將
軍禁省八載不休急時莫之比
齊書曰衡陽公諶字彥平高帝絕服族子武帝即位除步

兵校尉領御仗主齋內兵仗委付之心膂密事皆使參掌
鬱林即位深委信諶每請急宿出帝通夕不能寐諶還
乃安
梁書曰太清元年大舉北侵初謀元帥帝欲用蕭範時朱
异取急外還聞之遽入曰嗣王雄豪蓋世得人死力然所
至殘暴非常非吊人之才昔陛下登北顧亭以望謂江右
有異氣今日之事尤宜詳矣
後魏書邢虬字神寶為光祿卿虬母在鄉遇患請假而歸
值秋水暴長河梁斷絕虬得一舡而渡舡漏而不溢時人
異之
唐書曰張志寬蒲州安邑人隋末喪父哀毀骨立為州里
所稱賊帥王君廓屢為寇掠聞其名獨不犯其閭隣里賴
之而免者百餘家後為里正詣縣稱母疾取急求歸縣令

問其狀對曰母常有所苦志寬亦所苦向患心痛知母有
疾令怒曰妖妄之辭也繫之於獄馳驗其母竟如所言令
異之慰諭遣去
襄陽耆舊傳曰習溫長子宇為執法郎取急歸賓從甚盛
溫怒杖宇責之曰吾聞生於亂世貴而能貧始可以後士
況侈競乎
文士傳曰顧榮兼侍中安慰河北以前後功封嘉興伯求
急還南既造江渚欣然自得
風俗通曰濟北李登為從事吏病得假歸家復移刺延斯
後被召登自嫌不甚羸瘦謂雙生弟寧曰我兄弟相似人
不能別汝類病者代我至府寧曰府君大嚴得無不可登
曰我新吏耳無能覺者我自行見詐必死寧便詣府醫藥
集診有驗後為人所言事發覺遂殺登

世說曰車武子為侍中與王東亭諸人期共遊集車早請
急出過詣王子敬子敬于時宅在建陽門內道北車求去
王問卿何以忽忽車荅云與東亭諸人期共行王曰卿何
以乃作此不急行車遂不敢去盡急還臺
又曰顧長康作殷州請假還東尔時例不給苦求之乃得
又曰張敷為宋臺祕書郎自彭城請假還東于時相國府
有一參軍皆護亦請假武帝遣傳令語敷云可載之荅曰
自性不雜遂不載
俗說曰張邀在鼓城請假當歸東傳亮時為宋臺侍中
下舫中與張別張不起授兩手指着舫户外傳遂不執其
手熟視張面云據是梨中之不臧者便去
陸機思歸賦序曰余牽役京室去家四載以元康六年冬
取急歸而羌虜作亂王師外征機興憤而成篇○范寧啓國

子生假故事曰國學開建弥歷年載講誦之音靡聞考課之績不著良由導達之訓未弘鑚仰之心弗至陵替文源宜見整正謂應斷假精加督勵嚴其師訓舉善黜違啓斷衆官受假故事曰伏見内外衆官陳假紛紜煩黷無已舊有急假一月五急一年之中六十日爲限不問虚實相率如此誣罔視聽煩穢官曹舉世行之不以爲非急假之制唯以父母妻子爲辭而伯叔兄弟制所不及長偷薄之風傷敦睦之化臣謂宜去病解故之制一年令賜衣假日隨其所欲之適任其取日多少假寧令曰諸内外官五月給田假九月給受衣假爲兩番各十五日田假若風土異宜種收不等通隨給之

又曰諸百官九品私家祔廟除程給假五日四時祭祀各給假四日（並課主祭者）去任所三百里内亦給程（若在京都除祭日仍各依

朝參）

又曰諸文武官若流外已上者父母在三年給定假三十日其拜墓五年一假十日並除程若已經還家者計還後給其五品已上所司勘當於事毋闕者奏不得輙自奏請請冠給假三日五服内親冠給假一日並不給程

又曰諸婚給假九日除程周親婚嫁五日大功三日小功已下一日並不給程周已下無主者百里内除程諸本服周親已上疾病危篤遠行久別及諸急難並量給假

太平御覽卷第六百三十四

太平御覽卷第六百三十五

刑法部一

叙刑上

易蒙卦曰初六發蒙利用刑人象曰利用刑人以正法也（刑人之道道所惡也以正法制故刑人也）

又曰豫卦曰順以動豫聖人以順動則刑罰清而民服

又噬嗑卦曰噬嗑亨利用獄（噬齧也嗑合也凡物之不親由有間也物之不齊由有過也有間與過齧而合之所以通也刑克以通獄之利也）象曰雷電噬嗑先王以明罰勑法

又曰豐卦象曰雷電皆至豐君子以折獄致刑（文明以動不失情理也）

尚書舜典曰象以典刑（象法也法用常刑用不越法）流宥五刑（宥寬也以流放之法寬五刑）鞭作官刑（以鞭為治官事之刑）扑作教刑（扑夏楚也不勤道業則撻之）金作贖刑（金黃金誤而入刑出金以贖罪）眚災肆赦怙終賊刑（眚過也災害肆緩也賊殺也過而有害當緩赦之怙姦自終當刑殺之）欽哉欽哉惟刑之恤哉（舜陳典刑之義勑天下使敬之憂欲得中）

又舜典曰帝曰皋陶蠻夷猾夏寇賊姦宄（猾亂也夏華夏群行攻劫曰寇殺人曰賊在外曰姦在內曰宄言無教之致）汝作士五刑有服（士治獄官也五刑墨劓剕宮大辟服從也言刑得輕重中正之法也）五服三就（既從五刑謂服罪也行刑當就三處大罪於原野大夫於朝士於市）五流有宅五宅三居（謂不忍加刑則流放之若四凶則有五刑之流各有所居五居之差有三等之居大罪四裔次九州之外次千里之外也）惟明克允（言皋陶能明信五刑施之遠近蠻夷猾夏使咸信服無敢犯之者）

又大禹謨曰帝曰皋陶惟茲臣庶罔或干予正（無有干我正言順耳）汝作士明于五刑以弼五教期于予治（弼輔也期當也歎其能以刑輔教當於治體）刑期于無刑民協于中時乃功懋哉（雖或行刑以殺止殺終無犯者刑期於無所刑民皆合於大中之道是汝之功勉之）皋陶曰帝德罔愆臨下以簡御衆以寬罰弗及嗣賞延于世宥過無大刑故無小罪疑惟輕功疑惟重（刑疑附輕賞疑從重忠厚之至）與其殺不辜寧失不經好生之德洽于民心茲用不犯于有司（辜罪也經常也司主也皋陶因帝勉己遂稱帝之德所以明民不犯上也寧失不常之罪不枉不辜之善仁愛之道）

又皋陶謨曰天討有罪五刑五用哉（言天以五刑罰有罪用五刑宜必當）

又呂刑曰穆王訓夏贖刑（呂侯以穆王命作書訓暢夏禹贖刑之法更從輕以布告天下）作呂刑（呂刑後為甫侯故或稱甫刑）惟呂命王享國百年耄荒（言呂侯見命為卿時穆王以享國百年耄亂荒忽穆王即位過四十矣言百年大期雖老而能用賢以揚名）度作刑以詰四方（度時世所宜訓作贖刑以治天下四方之民）

尚書大傳曰子張曰堯舜之王一人刑而天下治何則教誠而愛深也今一夫而被此五刑子龍子曰未可謂能為書（二人俱罪呂侯之說刑也被此五刑喻犯數罪也）孔子曰不然也五刑有此教（教然耳犯數罪猶以上一罪刑之）

又曰子夏曰昔者三王慤然欲錯刑遂罰（錯處也遂行也）平心而應之和然後行之然且曰吾意者以不平慮之乎吾意者以不和平之乎如此者三然後行之此之謂慎罰

又曰孔子曰古之刑者省之今之刑者繁之其教古者有禮然後有刑是以刑省也今也反是無禮而齊之以刑是以繁也

書曰伯夷降典禮析民惟刑謂有禮然後有刑也

又曰茲殷罰有倫今也反是諸侯不同聽每君異法（聽議獄也）聽無有倫是故知法難也

又曰有過赦小罪勿增大罪勿纍（延罪無辜曰纍）老弱不受刑有過不受罰故老而受刑謂之悖弱者受之不克不赦有過謂之賊

詩小雅曰菀柳刺幽王也暴虐無親而刑罰不中也

詩含神霧曰爗爗震電不寧不令此應刑政之大暴故震雷驚人使天下不安

周禮地官上大司徒曰以鄉八刑糾万民一曰不孝之刑二曰不睦之刑三曰不婣之刑四曰不悌之刑五曰不任之刑六曰不恤之刑七曰造言之刑八曰乱民之刑糾猶割察也不弟不敬況師長也造言訛言惑衆乱民乱名改作執左道以亂政也任謂朋友相任也恤謂相憂

又地官下司市曰市刑小刑憲罰中刑徇罰大刑朴罰其附于刑者歸于士徇舉以示其地之衆也朴撻也國君過市則刑人赦夫人過市罰一幕世子過市罰一帟命夫過市罰一蓋命婦過市罰一帷謂諸侯及夫人世子過其國之市大夫內子過其都之市也市者人所交利而行刑之處君子無故不遊觀焉若遊觀則施惠以爲說

又曰秋官上曰大司冦掌建邦之三典以佐王刑邦國詰四方典法也詰謹也書曰穆王耄荒度作詳刑以詰四方也一曰刑新國用輕典新國

平六ヨ卅五　三　壬戌一

新辟地立君之國也用輕法者爲其民之未習於教二曰刑平國用中典平國承平守成之國用中典者常行之法三曰刑亂國用重典亂國篡弑叛逆之國用重典者以其化惡伐滅之也以五刑糾萬民一曰野刑上功糾力功農功力勤力也三曰軍刑上命糾守命將命也守不失部伍也三曰鄉刑上德糾孝德六德也善父母爲孝也四曰官刑上能糾職能能其事也職職事脩理也五曰國刑上愿糾暴愿慤慎也暴當爲恭字之誤也

禮曰刑不上大夫禮不下庶人

又曰九十曰耄七年曰悼悼與耄雖有罪不加刑焉

又曰刑者侀也刑者成也一成而不可變故君子盡心焉

傳曰先君周公作誓命曰毀則爲賊掩賊爲藏竊藏爲盜盜器爲姦主藏之名賴姦之用爲大凶德有常刑無赦在九刑不忌誓命已下皆九刑之書

又曰晉侯之弟楊干亂行於曲梁行陳曲梁地名魏絳戮其僕僕御晉侯怒謂羊舌職曰合諸侯以爲榮楊干爲戮何辱如之必殺魏絳對曰絳無二志事君不避難有罪不逃刑其將來辭何辱命焉言終魏絳至

又曰聲子謂楚令尹子木曰善爲國者賞不僭而刑不濫賞僭則懼及淫人刑濫則懼及善人若不幸而過寧僭無濫與其失善寧其利淫無善人則國從之從之亡也古之治民者勸賞而畏刑恤民而不倦賞以春夏刑以秋冬是以將賞爲之加膳則飫賜此以知其勸賞也將刑爲之不舉不舉則徹樂此以知其畏刑也

又曰初景公欲更晏子之宅曰子之宅近市湫隘囂塵不可以居湫下隘小囂聲塵土請更諸爽塏者爽明塏燥辭曰君之先臣容焉先臣晏子之先人臣不足以嗣之於臣侈矣公笑曰子近市識貴賤乎對曰既利之敢不識乎公曰何貴何賤於是景公

平六ヨ卅五　四　壬戌一

繁於刑有鬻踊者故對曰踊貴屨賤景公爲是省於刑君子曰仁人之言其利博哉晏子一言而齊侯省刑

又曰鄭人鑄刑書鑄刑書於鼎以爲國之常法叔向使謂子産曰昔先王議事以制不爲刑辟懼民之有爭心也夏有亂政而作禹刑商有亂政而作湯刑夏商之亂著禹湯之法言不能議事以制周有亂政而作九刑周之衰亦爲刑書謂之九刑三辟之興皆叔世也言制書不起於始全盛之世今吾子相鄭國作封洫立謗政制三辟鑄刑書制三辟謂用三代之末法將以靖民不亦難乎

又曰爲刑罰威獄使民畏忌以類其震曜殺戮雲雷震曜天地威也刑獄以象類之

論語曰道之以政齊之以刑民免而無耻

又曰禮樂不興則刑罰不中刑罰不中則民無所措手足

孝經曰五刑之屬三千而罪莫大於不孝

家語曰閔子騫問政於孔子孔子對曰以德以法夫德法者御民之具猶御馬之有銜勒也君者人也吏者轡也刑者策也夫人君之政執其轡策而已乎閔子騫曰敢問古之為政孔子曰古者天子以內史為左右手以德法為銜勒以百官為轡以刑罰為策以萬人為馬以御天下數百年而不失也。又曰有父子訟者孔子同狴執之三月不別其父請止夫子赦焉曰上失其道獄犴不治不可刑也書曰義刑義殺勿庸以即汝心三尺之限空車不能登者何峻故也百仞之山重載陟焉何陵遲也俗之陵遲久矣雖有刑法人能勿踰乎

國語曰臧文仲曰大刑用兵甲次刑用斧鉞中刑用刀鋸薄刑用鞭朴以威民也

孔叢子曰仲弓問古之刑教與今之刑教孔子曰古之刑教省今之刑教繁古教有禮然後有刑是以刑省今無禮以教而齊之以刑是以刑繁

史記曰胡亥立以趙高為郎中令令更變律有罪者相坐收族又群盜起胡亥責李斯斯懼上書請行督責刑者相半其後趙高譖斯具五刑腰斬夷三族

又曰申不害韓非好刑名法術之學以為儒者以文亂法俠者以武犯禁

漢書刑法志曰古人有言曰天生五材民並用之廢一不可鞭朴不可弛於家刑罰不可廢於國征伐不可偃於天下用之有本末行之有逆順耳

又曰孝武即位徵發煩數百姓貧窮民被酷吏擊斷姦宄不勝於是招進張湯趙禹之屬修定法令

又曰古之知法者能省刑本也今之知法者不失有罪上下相臨以刻為明深者獲功名平者多後患諺曰鬻棺者欲歲之疫非憎人欲殺之利在於人死

又曰貢禹上言孝文皇帝時貴廉潔賤貪汙賈人贅壻及吏坐贓者皆禁錮不得為吏無贖罪之法故令行禁止海內大化武帝始臨天下尊賢用士開地廣境自見功大遂縱嗜慾迺一時之變使犯法者贖罪入穀者補吏是以官亂民貧盜賊並起

又曰文帝制人有已論其父母妻子同產坐之及收孥律令宜除之孥子也秦法一有罪并收其家也　罪疑者與人從輕斷之於是刑罰大省斷獄四百

又曰秦始皇專任刑罰躬操文墨晝斷獄夜理書

又曰于定國為廷尉季秋後請讞時上常幸宣室齋而居決事刑獄號平反也反音番

又曰董仲舒云陽為德陰為刑陽常居大夏而生養育長為事陰常居大冬而積於虛空不用之處以此見天之任德不任刑也

又曰秦用商鞅之法故帝王之道刑戮妄行人不聊生逃亡山野並為盜賊斷獄一歲八十萬數

又曰刑法志曰古人有言滿堂飲酒有一人嚮隅而泣則一堂不樂王者之於天下猶一堂之上也一人不得平為之悽愴今郡國被刑或冤死者多此和氣所以未洽者也原夫獄刑所以蕃者書曰伯夷降典折民惟刑言伯夷示禮法以道人人習之禮然後用刑也言制禮以上刑猶隄防之隘水也今隄防陵遲禮制未立死刑過制生刑易犯飢寒並至窮斯濫溢豪傑擅私為之囊橐言容隱姦刑若橐盛物姦邪所隱則狃而寖廣狃習也寖漸狃音女九切

後漢書曰光武留心庶獄然自王莽之後舊章不存法網弛縱無以懲肅梁統上疏曰臣愚以爲刑罰在衷無取於輕是以五帝有流殛放殺之誅三王有大辟刻肌之刑所以爲除去亂也高帝定法傳之後代遭世康平因時施恩去肉刑相坐之法天下幾平武帝值中國全盛征伐遠方百姓罷弊豪桀犯禁姦吏弄法故重首匿之科著知縱之律宣帝履道要以御海内臣下奉憲不失繩墨天下稱安孝元孝哀即位日淺丞相王嘉等猥以數年之間虧除先帝舊約穿令斷律九百餘事臣取其尤妨政者條奏伏謂擇其善而從之以定不易之典時廷尉議以爲崇刑峻法非明王急務遂罷之

又曰梁統對尚書問議刑曰聖帝明王制立刑罰故雖堯舜之盛猶誅四凶經曰天討有罪五刑五用哉又曰爰制

百姓于刑之衷孔子曰刑罰不中則民無所措手足（措置也）衷之爲言不輕不重之謂也春秋之誅不避親戚所以防患救亂全安衆庶豈無仁愛之恩貴絶殘賊之路也

又曰郎顗上書言今立春之後火卦用事所當温而寒違反時節由功賞不至而刑罰必加也宜須立秋順氣行罰

太平御覽卷第六百三十五

刑法部二

敘刑下

晉書曰羊亮爲太傅楊駿參軍時京邑多盜竊駿欲更重其法盜百錢加大辟請官屬會議亮曰昔楚江乙母失布以爲盜由令尹公若欲無盜將自止何重法爲駿慙而止

後魏書曰韓麒麟爲齊州刺史寬刑罰從事劉普慶說曰明公杖節分憂無所斬戮何以示威答曰人不犯何以戮乎若須立威當以御始慶慙懼而退

梁書曰武帝敦睦九族優借朝士有犯罪者皆諷臣下屈法申之百姓有罪即按以法其緣坐老幼不免一人逃亡舉家質作人既窮急姦宄益深後帝親南郊秣陵老人遮帝曰陛下爲法急於黎庶緩於權貴非長久之術誠能反是天下幸甚帝銳意儒雅踈簡刑法自公卿大臣咸不以鞠獄留意姦吏招權巧文弄法貨賄成市多致枉濫大率二歲刑以上歲至五千人是時徒居作者具五任其無任者著斗械(任即保也)若疾病權解之

後周書曰大象元年詔罷高祖所約法初高祖作刑書要制用法嚴重及帝即位以海內初平恐物情未附乃除之

隋書曰後周大象元年詔高祖所立刑書用法深重其一切除之然帝數行肆赦爲姦者皆輕犯刑法政令不一下無適從於是又廣刑書要制而更峻其法謂之刑經聖制宿衛之官一日不直罪至削除逃亡者皆死而家口籍沒上書自誤者科其罪鞭杖皆百二十爲度名曰天杖其後人加至二百四十又作礔礰車以威婦人其決人罪云與杖者即一百二十多打者即二百四十

又曰開皇十六年八月景戌詔決死罪者三奏而後行刑

唐書曰貞觀五年詔京師諸司比來奏決死囚雖立五覆一日即了未暇審思五奏何益縱有追悔又無所及自今後宜二日中五覆奏下諸州三覆奏又手勑曰比來斷獄多據律文雖情有可矜而不敢違法守文定罪或恐有寃令門下省覆奏有據法合死而情可矜者宜錄狀以聞

又曰太宗嘗錄囚徒憫其將死爲之動容顧謂侍臣曰刑典仍用蓋風化未洽之咎愚人何罪而肆重刑乎更彰朕之不德也用刑之道當審事理之輕重然後加之以刑罰何有不察其本而一槩加誅非所以恤刑重人命之謂也

又曰貞觀中制從立春至秋分不得奏決死刑其大祭祀及致齋日朔望上下弦二十四氣雨未晴夜未明斷屠日月及假日並不得奏決死刑

又曰貞觀中制古者行刑君爲徹樂減膳令庭無恒設之樂莫知何徹然對食即不啖酒肉自今已後刑人日勿進酒肉內教及太常並宜停教

又曰永徽中高宗謂侍臣曰獄訟繁多皆由刑罰枉濫故禮曰刑者成也一成而不可變末代斷獄之吏皆以苛刻爲明是以秦氏網密秋荼而獲罪者衆今天下無事四海乂安欲與公等共行寬政今日刑罰得無枉濫乎太尉無忌對曰陛下欲致刑網寬平臣下猶不識聖意此法弊來已久非止今日若情存體國即共號癡人意在深文便爲能吏所以罪雖合杖必致遣徒理有可生務入於死非憎前人陷於死刑務取名耳陛下矜而令放法司亦宜固請但陛下喜怒不妄加於人刑罰自然適中高宗曰卿言是矣

又曰神功初天后謂侍臣曰近者朝臣多被周興來俊臣
等推勘遞相牽引咸自承服國家有法朕豈能違中間疑
有枉濫更使近者就獄親問皆自承引不虛朕不以爲疑
即可其奏自周興俊臣死後更無聞有反逆者然則已前
就戮者不有寃濫耶姚元崇對曰自垂拱已後被告身死
破家者皆是枉酷自誣而死告者特以爲功天下號爲羅
織甚於漢之黨錮陛下令近臣就獄問者近臣亦不保何
敢輙有動搖被問者若翻言懼遭其毒手賴上天降靈聖
情發寤誅鋤兇豎朝廷乂安今日已後臣以微軀及一門
百口保見在內外官吏無反逆者若後有徵驗反逆有實
臣請受知而不告之罪上大悅曰前宰相皆順成其事陷
朕爲淫刑之主聞卿所說甚合朕心
又曰陸象先爲益州長史在官務以寬仁爲政司馬韋抱

貞言望明公稍行杖罰以立威名不然恐下人怠惰無所
懼也象先曰爲政者理則可矣何必嚴刑樹威損人益已
恐非仁恕之道
又曰開元二十五年刑部斷獄天下死罪惟有五十八人
大理少卿徐嶠上言大理獄院由來相傳殺氣太盛鳥雀
不栖至是鵲巢其樹於是百寮上表賀以爲幾至刑措
又曰太宗性仁恕言事者諫曰陛下爲政傷於太寬朝典
由是不肅上笑而荅曰今時運艱難凡人臣事朕者寗少
禄利耳今府庫空竭無俸入俾之優乏且峻刑科是君上
有威無恩朕所不忍行也
管子曰夫爭強之國先爭刑令國之輕重者刑也
文子曰道狹然後任智德薄然後任刑明淺然後任察任
智者心亂任刑者上下恐任察者下求善以事其上

莊子曰賞罰利害五刑之辟教之末禮法度數刑名比詳
治之末也
又曰民爲外刑者金與木也爲內刑者動與過也宵人之
離外刑也金木訊之離內刑也陰陽食之免內外之刑者
唯真人能之
司馬法曰先王之治從天之道設地之宜乃作五刑以禁
民僻乃興甲兵以討不義制瑞節以通使巡狩省方以會
諸侯考不同正禮月正時歷（考不同者正法度齊於天子法度也正禮者上下之禮也）
（月正時歷者月正朔名也時歷時氣正月相應也）名文章車服（名月爵稱文章車服所以顯有德異）
（尊卑使不踰制度也天子法度不從命爲亂常法也）比德逆天之時（比敗德不行也不順時生殺之）
（叛也）乃徵師於諸侯征之不會朝過聘則劉（劉殺也諸侯背殺不會朝過聘）
（則殺之）廢貢職擅稱兵相侵削廢天子之命則黜（不從王者法變則征）
（其罪而黜之也）改曆史衣服文章易禮變刑則放（若奉王法則不之遠方）娶同

姓以妾爲妻變太子專罪大夫擅立關絕降交則幽（幽繫）慢
神省哀奪民之時重稅粟畜貨重罰暴虐自佚宮室過度
宮婦過數則削地損爵
尸子曰秦穆公明於聽獄斷刑之日揖士大夫曰寡人不
敏使民入於刑寡人與有戾焉二三子各據尒官無使民
困于刑繆公非樂刑民不得已也此其所以善刑也
又曰車輕道近則鞭策不用鞭策之所用遠道重任也刑
罰也者民之鞭策也
商君書曰晉文將欲明刑於是合諸卿大夫於冀宮顛頡
後至吏請其罪遂斷顛頡之脊人皆懼曰顛頡之有寵也
斷脊以徇而況於我乎乃無犯禁者晉國大理
呂氏春秋曰臯陶作士刑
韓子曰殷之法灰棄於術者刑子貢以爲重問之仲尼仲

尼曰灰棄於術必燔人燔人怒則鬪鬪則三族相殺雖刑之可也

又曰楚國法太子不得乘車王弟門時天大雨至急召太子庭中有淖太子遂馳第門庭理以殳擊馬遂敗其駕太子泣請王誅之王乃益廷理爵三級

淮南子曰聖人因民之所喜而勸善因民之所惡以禁姦故賞一人而天下譽之罰一人而天下畏之故至賞不費至刑不濫孔子誅少正卯而魯國之耶塞子産誅鄧析而鄭國之姦禁

又曰趙政晝決獄夜理書（趙政秦皇帝也）御史冠蓋接於郡縣覆督稽留戍五嶺以備越築城以守胡然姦邪萌生盜賊羣居事愈煩而亂愈多故法者治之具也而非所以中也

又曰子發爲上蔡令民有當刑獄斷論定決於令前子發喟然有憐恤之心罪人以刑而不忘其恩（子發楚威王臣也在春秋後）日此其後子發得罪於威王而奔於刑者於城下之廬追者至蹀足而怒曰子發親決吾罪而吾怨之憯於骨髓使我得肉而食之其知厭乎追者皆以爲然不索其內果活子發

白虎通曰聖人治天下必有刑罰何所以助治順天之度也故懸爵賞者示有所勸也設刑罰者明有所懼也

傳曰三王肉刑應世以立刑者五帝之鞭策刑所以五何法五行也五帝畫其衣象五行也

世本曰伯夷作五刑

會稽典錄曰闞澤字德潤山陰人也初呂壹姦罪發聞有司窮治奏以大辟或以爲宜加焚烈用彰其惡吳王以問澤澤曰盛明之世不宜有此刑遂從之

徐幹中論曰政之大綱有二二者何賞罰之謂也君明乎賞罰之道則治不難矣賞罰者不在乎必重而在於必行必行則雖不重而人肅不行則雖重而人怠故先王務賞罰之必行書曰尔無不信朕不食言汝不從誓言予則孥戮汝

桓範世要論曰德多刑少者五帝也刑德相半者三王也刑多德少者五霸也純用刑而亡者秦也

又曰夫刑辟之作所從來尚矣聖人以治亂人以亡是以古屬帝王莫不詳慎之者以爲人命至重一死不生一斷不屬故堯舜之明猶惟刑之恤是以後聖制法設三槐九棘之吏肺石嘉石之訴然由復三刺僉曰可煞然後殺之罪若有疑即從其輕此蓋詳慎之至也

杜恕篤論曰聖王之制刑也非以害民也將以利民也故民從而安之非以陷民也將以導民也故民從而化之斷一人之獄而天下義之是安之也斷一人之獄而天下伏之是化之也當於民心合於道理所斷於民者不行於身公之也

君臣正論曰書稱欽哉惟刑之恤又曰宥過無大刑故無小此前王明德慎罰之意也昔漢文感緹縈之孝遂去肉刑近則太宗視明堂之圖欲寬背罰于公以陰德救物袁安恥職罪鞫人此前代聖主賢臣欽卹之志也

太平御覽卷第六百三十六

刑法部三

律令上

書曰王曰嗚呼凢我有官君子欽乃攸司慎乃出令令出惟行弗惟反有官君子大夫已上數而誡之使敬汝所司慎汝出令從政之本令出必惟行之不惟反改若二三其令亂之道也

韓詩曰古者必有命民民有能敬長憐孤取舍好讓者命於其君然後得乘飾車駢馬未得命者不得乘車乘車皆有罰故其民雖有餘財侈物而無禮義功德即無所用其餘財侈物故其民皆興仁義而賤不爭貴強不陵弱衆不暴寡是唐虞之所以象典刑而民莫敢犯也

論語子路曰子曰其身正不令而行其身不正雖令不從令教令也

國語曰越王勾踐令民壯者無娶老婦老者無娶壯婦女子十七不嫁丈夫二十不娶其父母有罪將免者以告勉乳公令醫守之醫乳醫也生男二壺酒一犬生女二壺酒一豚生三人與之乳母生二人與之餼三子力不能獨養故與乳母

家語曰孔子初仕爲中都宰制爲養生送死之節長幼異食強弱共任男女別塗路不拾遺器不彫僞市不二價行之一年而四方諸侯皆則焉定公謂孔子曰學子之法以治魯國何如孔子對曰雖天下可也何但魯國而已哉

爾雅曰柯憲刑範辟律矩則法也詩曰伐柯伐柯其則不遠論語曰不踰矩也

釋言曰坎律銓也易坎卦主法法律皆所以銓量輕重

釋名曰法逼也人莫不欲從其志逼正使有所限也令領理使不相犯也律纍也音累也囚人心使不得放肆也

史記曰商鞅定法秦人初言令不便者以千數於是太子犯法衛鞅曰法之不行自上犯之將法太子太子君嗣也不可施刑刑其傅公子虔黥其師公孫賈明日秦人皆趨令行之令初下有言令不便者有來言令便者衛鞅曰此皆亂化之人也盡遷於邊城其後人莫敢議令

漢書曰高祖初入關約法三章曰殺人者死傷人及盜抵罪蠲削煩苛兆民大悅其後四夷未附兵革未息三章之法不足以御姦於是相國蕭何攈摭秦法取其宜於時者作律

又曰惠帝四年除挾書律如淳曰秦始皇令敢有挾詩書偶語者俱爲城旦也

又曰漢王下令軍士不幸死者吏爲衣衾棺斂轉送其家四方歸心焉

又曰元帝爲太子壯好經書寬博謹慎初居桂宮上嘗急召太子出龍樓門張晏曰門樓上有銅龍若白鶴飛廉者也不敢絶馳道應劭曰馳道天子道若中道然古禁甚重西至直城門晉灼曰黃圖西出南頭第二門得絶乃度之還入作室門上遲之問其故以狀對上大悅乃著令令太子得絶馳道

又曰元帝柔仁好儒見宣帝多用文法吏以刑名繩下大臣楊惲蓋寬饒等坐刺譏語而誅嘗侍燕從容言陛下持刑太深宜用儒生宣帝作色曰漢家自有制度本以霸王道雜之柰何純任德教用周政乎姬周之政且俗儒不達時宜好是古非今使人眩於名實眩亂視也音胡眄反切不知所守何足委任乃歎曰亂我家者太子也及即位下詔曰法令者欲其難犯而易避也今律令煩多其文者不能分明是欲罪元元之不逮豈中刑之意哉中常也其議律令可蠲除輕減

又曰成帝河平中詔曰甫刑云五刑之屬三千大辟之罰其屬二百今大辟罪千有餘條律令煩多百有餘萬言奇

請他比日以益滋（奇請謂常文外主者別有所請以定罪也它比謂引它類以附之稍增律條也）（奇音居宜反）其與中二千石博士及明習律令者議減死刑及可蠲除者令較然易知

又曰杜周南陽杜衍人也義縱爲南陽太守以周爲爪牙薦之張湯爲廷尉史使按邊失亡所論殺甚多奏事中意任用與減宣更爲中丞者十餘歲周少言重遲內深次骨宣爲左內史周爲廷尉其治大抵放張湯而善候伺上所欲擠（音若齊切）者因而陷之上所欲釋久繫待問而微見其寃狀客有謂周曰君爲天下決平不循三尺法周曰三尺法安出哉前主所是著爲律後主所是疏爲令當時爲是何古之法乎

又曰主父偃以諸侯莫足遊者乃入關見衛將軍衛將軍數言上上不省資用乏留久諸公賓客多厭之乃上書闕

下朝奏暮召入見所言九事其八者爲律令也

又曰朱博遷琅琊太守文學儒吏時有奏稱說云云博見謂曰如太守漢吏奉三尺律令以從事耳亡柰生所言聖人道何也（言不能用也）且持此道歸堯舜君出爲陳說之遷廷尉職典決疑當讞平天下獄博恐爲官屬所誣視事召見正監典法掾史謂曰廷尉本起於武吏不通法律幸有衆賢亦何憂然廷尉治郡斷獄以來且二十年三尺律令人事出其中（言可以人情知人）掾史試與正監共撰前世決事吏議難知者數十事持以問廷尉得爲諸覆意之（如淳曰但欲用意覆之也）正監以爲博苟強意未必能然即共條白爲博皆召掾史竝坐而問爲平處其輕重十中八九官屬咸服博之疎略才過人也

後漢書曰光武蕭王時在河北祭遵爲軍市令帝舍中兒犯法遵格殺之帝怒收遵主簿陳副諫曰明公常欲衆整齊令遵奉法不避是故令行也帝乃赦之以爲刺姦將軍謂諸將曰當避祭遵吾舍中兒犯法尚殺之必不私公等

又曰桓譚上書言法令決事輕重不齊或一事殊法同罪異論姦吏得因緣爲市欲活則出生議所欲陷則與死比是爲刑開二門也命可令通義理明習法律者校定科比（科謂事條比謂類例）一其法度班下郡國蠲除故條如此天下知方而獄無怨濫矣

又曰馬援在南條越律與漢律駮者十餘事（駮乖事也）與越人申明舊制以約束之自後南越奉行馬將軍故事

又曰王符論明帝時公車反支日不受章奏（凡反支日用月朔爲正戌亥朔一日反支申酉朔二日反支午未朔三日反支辰巳朔四日反支寅卯朔五日反支子丑朔六日反支見陰陽書也）帝聞而怪曰人廢農桑遠來詣闕而復拘以禁忌豈爲政之意乎於是遂蠲其制令

又曰建初中有人侮辱人父者而其子殺之肅宗貰其死刑而降宥之自後因以爲比是時遂定其議以爲輕侮法張敏駮議曰夫輕侮之法先帝一切之恩不有成科班之律令也夫死生之決宜從上下猶天之四時有生有殺若開相容恕著爲定法者則是故設姦萌生長罪隙又輕侮之比浸以繁滋至有四五百科轉相顧望弥復增甚難以垂之萬載臣聞師言救文莫如質故高帝去煩苛之法爲三章之約建初詔書有改於古者可下三公廷尉蠲除其弊

又曰有兄弟共殺人者明帝以兄不訓弟故報兄重（報論也重死制）而減弟死中常侍孫章宣詔言兩報重尚書奏章矯制罪當腰斬帝問郭躬躬曰法令有故誤章傳命之謬於事爲誤誤者其文則輕當罰金帝曰章與囚同縣疑其故躬

曰周道如砥其直如矢（詩小雅如砥貢賦平如矢賞罰中）君子不逆詐君
王法天刑不可以委曲生意帝善之遷躬廷尉躬家代掌
法務在寬平及典理官决獄斷刑多依矜恕乃條諸重又
可從輕者四十一事奏之事皆施行著于令
又曰陳寵鈎校律令條法溢於甫刑者奏除之（鈎猶勘也前書曰鈎校得其姦贓鈎音工侯切溢出也孔安國注尚書曰呂侯後爲甫侯故或稱甫刑也）曰臣聞禮經三
百威儀三千故甫刑大辟二百五刑之屬三千禮之所去
刑之所取（禮之人刑以加之故曰取也）失禮則入刑相爲表裏者也今
律令死刑六百一十耐罪千六百九十八（耐者輕刑之名也）贖罪
以下二千六百八十一溢於甫刑者千九百八十九其四
百一十大辟千五百耐罪七十九贖罪春秋保乾圖曰王
者三百年一蠲法漢興以來三百二年憲令稍增科條無
限又律有三家其說各異宜令三公廷尉平定律令應經

合義者可使大辟二百而耐罪贖罪二千八百并爲三千
悉删除其餘令與禮相應
又曰卓茂爲密令人常有言部亭長受其米肉遺者（部謂所部也）
茂辟左右問之曰亭長爲從汝求乎爲汝有事囑之而
受乎將平居自以恩意遺之乎人曰往遺之耳茂曰遺之
而受何故言邪人曰竊聞賢明之君使人不畏吏吏不取
人今我畏吏是以遺之吏既卒受故來言耳茂曰汝爲弊
人矣凡人所以貴於禽獸者以有仁愛知相敬事也今鄰
里長老尚致饋遺此乃人道所以相親況吏與民乎吏顧
不當乘威力強請求耳凡人之生群居雜處故有經紀禮
義以相交接汝獨不欲修之寧能高飛遠走不在人間邪
亭長素善吏歲時遺之禮也人曰苟如此律何故禁之茂
笑曰律設大法禮順人情今我以禮教汝汝必無怨惡以

律治汝何所措其手足乎一門之內小者可論大者可殺
也且歸念之於是人納其訓吏懷其恩
又曰獻帝初應劭又删定律令撰具律本章句尚書舊事
廷尉板令決事比例司徒都目五曹詔書及春秋獄凡二
百五十篇又集議駮三千篇以類相從凡八十二事於是
舊事存焉
又曰鄭弘建初中爲尚書令舊制尚書郎限滿補縣長令
史補丞尉弘奏以爲臺職雖尊而酬賞甚薄請使郎補二
千石令史爲長帝從其議弘前後所陳有補益王政者皆
著之南宮以爲故事
東觀漢記曰陳寵曾祖父咸成哀間以明律令爲侍御史
王莽簒位父子相將歸鄉里閉門不出入乃收家中律令
文書壁藏之以俟聖主咸常勑戒子孫爲人議法當依輕

者雖有百金之利無與人重故世謂陳氏持法寬
魏書曰司馬景王輔政時犯大逆者其法誅乃已出之女
毋丘儉之誅其子甸妻荀氏應坐死其族兄顗通表魏帝
以乞其命詔聽離婚荀氏所生女芝爲潁川太守劉子元
妻亦坐死以懷妊繫獄荀氏辭詣司隸校尉何曾乞恩求
沒爲官婢以贖之命曾哀之使主簿程咸上議曰臣以爲
女人有三從之義無自專之道出適他族降父母之服所
以明外成之節也而父母有罪則追刑夫黨見誅又隨戮
一人之身內外受辟女既產育則它族之母無辜受戮傷
孝子之心且男既不得罪於他族而女獨嬰戮於二門臣
以爲在室宜從父之誅既醮可隨夫之罰於是有詔改定
律令
魏志曰公軍進令曰吾起義兵爲天下除暴亂舊土人民

死喪略盡國中終日行不見所識使吾悽愴傷懷其舉義兵已來將士絕無後者求親戚以後之授上田官給耕牛置學師教之爲立廟使祀其先人䰟而有靈吾百年之後何恨哉

吳志曰孫權下令諸將曰夫存不忘亡安必慮危古之善教昔雋不疑漢之名臣於安平之世而刀劒不離於身盖君子之於武備 不可以已今處身壃畔狄虜交接而輕忽不豫思變難哉頃聞諸將出入各尚謙多不從人甚非備慮愛身之謂夫保已遺名安君親孰與危辱宜深警戒副孤意焉

晉書曰賈充所定新律既班天下百姓安之詔曰漢氏以來法令嚴峻故自元成之世及建平嘉平之間咸欲辯章舊典刪革刑書述作體大歷年無成先帝愍元元之命陷

於密網親發德音釐正名實車騎將軍賈充將大用聖意諮詢太傅鄭冲又與司空荀顗中書監荀勗中軍將軍羊祜中護軍王業及廷尉杜友河南尹杜預散騎都尉成公綏尚書郎柳軌等典正其事朕每監其用心常慨然嘉之今法律既成始班天下刑寬禁簡足以克當先旨昔蕭何以定律受封叔孫通以制儀爲奉常賜金五百斤子弟皆爲郎夫立功立事古之所重自太傅車騎以下皆加禄賞其詳依故典

又曰杜預與車騎將軍賈充等定律令既成預爲之注解乃奏之曰法者盖繩墨之斷例非窮理盡性之書曰故文約而例直聽省而禁簡例直則易見禁簡則難犯易見則民知所避難犯則幾於刑措古之刑書銘之鍾鼎鑄之金石以塞異端絕異理也然後人知恒禁吏無淫巧也今所注皆網羅法意格之以名分使用之者執名例以審趣舍伸繩墨之直去析薪之理也

晉朝雜事曰泰始四年歲在戊子正月二十日晉律成

宋書曰劉秀之爲尚書右僕射請改定制令疑部人煞長吏科議者謂值赦宜加徙秀之以爲律文雖不明部人煞官長之旨若值赦但止徙遂使與悠悠人曾無一異人敬官長比之父母行害之身雖遇赦謂宜付尚方窮其天命家口令補兵從之

太平御覽卷第六百三十七

太平御覽卷第六百三十八

刑法部四

律令下 科附

齊書曰初江左用晉世張杜律二十卷孔稚珪删注修改與竟陵王議務從輕曰仲尼有言古之聽獄者求所以生之今之聽獄者求所以殺之與殺不辜寧殺有罪則斷獄之職古所難矣寫律上國學置律助教依五經例策試上高第便擢用之

北齊書曰武成帝河清中有司奏上齊律其不可爲定法者別制權令二卷與之並行後平秦王高歸彥謀反須有約罪律無正條於是遂有別條權令與律並行大理明法上下比附欲出則附依輕議欲入則附從重法姦吏因之舞文出沒至于後主權倖用事有不附之者陰中以法綱紀紊亂卒至於亡

三國典略曰齊封述渤海脩人廷尉御軌之子也久爲法官明解律令議斷平允時人稱之

隋書曰李德林開皇元年勑令與太尉任國公于翼高熲等同脩律令事訖別賜九環金帶一駿馬一疋賞損益之多也

又曰劉行本爲侍御史雍州別駕元肇言於上曰有一州吏受人餽錢二百文依律令合杖一百然臣下車之始與其爲約此吏故違請加徒一年行本駁之曰律令之行並發明詔與民約束今肇乃敢重其教命輕忽憲章欲申乞言之必行忘朝廷之大信虧法取罪非人臣之禮上嘉之

唐書曰高祖入關除隋苛政爲約法十二條唯制殺人刼盜背軍叛逆餘並蠲除之及受禪又用開皇律令除其苛細五十三條格務存寬簡取便於時仍遣裴寂殷開山郎楚之沈叔安崔善爲之徒撰定律令太宗即位命長孫無忌房玄齡與當朝通識之士更加釐改戴胄魏徵又言舊律太重於是議絞刑之五十條斷其右趾焉應死者多蒙全活得罪者咸稱賴之

又曰太宗問大理卿劉德威曰近來刑網稍密何也對曰誠在君上不由臣下主好寬則寬好急則急律文失入減三等失出減五等今則反是失入則無辜失出則獲大罪所以吏各自愛競執深文畏罪之所致耳太宗然其言

又曰神龍元年趙冬曦上書曰臣聞夫今之律者乃有千餘條近有隋之姦臣將弄其法故著律曰犯罪而律無正條者應出罪則舉重以明輕應入罪即舉輕以明重立夫一言而廢其數百條自是迄今竟無刊革遂使死生罔由乎法律輕重必因乎愛憎受罰者不知其然舉事者不知其犯臣恐賈誼見之必爲之慟哭矣

又曰時所用舊律其文起自魏文侯師李悝悝撰攻諸國法著經以爲王者之政莫急於盜賊盜賊須劾捕故著囚捕二篇其輕狡越城博戲借假不廉滛多踰制以爲雜律一篇又以具其加減是故所著六篇而已然皆罪名之制也

六韜曰文王問太公曰願聞治國之所貴太公曰貴法令必行法令必行則治道通治道通則民大利民大利則君德彰文王曰法令必行大利人民柰何太公曰法令必行則民俗利民俗利則利天下是法令必行大利人也又曰願聞爲國之大失太公曰爲國之大失者爲上作事不法君不覺悟是大失也文王曰願聞不法法公曰不法法則令不行則主威

傷不法法則邪不正邪不正則禍亂起不法法則刑妄行刑妄行則賞無功不法法則國昏亂國昏亂則臣爲變君不悟則兵華起兵華起則失天下文王曰誡哉

管子曰法者所以興功懼暴律者所以定分止事

又曰凡國無法則衆不知爲無度則事無儀有法不正有度不直則治辟治辟則國亂故曰正法直度罪殺不赦誅戮必信民畏而懼武威既明令不再行

又曰凡君國之重器莫重乎令令重君尊君尊國安令輕君卑君卑國危故安國存乎尊君尊君存乎行令行令存乎嚴罰嚴罰令行則百吏皆恐罰不嚴令不行則百吏皆喜故明君察於治人之本本莫要乎令故曰虧令者死益令者死增益令者殺無赦不行令者死

又曰凡牧民者欲民之可御也欲民之可御則法不可不

重也法者將立朝廷將立朝廷則爵服不可不貴也爵服不可不貴也爵服加於不義則人賤其爵服民賤其爵服則人主不尊人主不尊則令不行矣

又曰法者法天地之位象四時之行所以治天下四時之行有寒有暑聖人法之故有文有武天地之位有前有後有左有右聖人法之以建經紀春生於左秋殺於右夏長於前冬藏於後生長之事文也收藏之事武也是故文事在左武事在右聖人法之以行法令

又曰正月之朝百吏在朝君乃出令布憲于國五鄉之師五屬大夫皆受憲于上大夫

晏子曰君之以尊者令令不行是無君也故明君慎令

文子曰文子問老子曰法安所生曰法生於義義生於衆適衆適合乎人心此治之要也法非從天生非從地出發於人間反已自正

商君書曰凡人主德行非出人也勇力非過人也然民雖有聖智弗敢謀有勇力弗敢殺雖衆弗勝其制民無億万之數雖行重賞而民弗敢爭行重罰而民弗敢怨者法也

又曰法令者民之則也爲治之本也所以備民也知者不得過過者不得不及名分不定而欲天下之治也是猶欲無飢而去食欲無寒而去衣也欲至東而西行其不幾亦明矣一兔走而百人逐之非兔一可以分百也由名之未定也夫賣兔在市盗不敢取分之定也今法令不明其名不定天下之人得議之也

慎子曰法之功莫大使私不行君之功莫大使民不爭今立法而行私是私與法爭其亂甚於無法立君而尊賢是與君爭其亂甚於無君故有道之國法立則私義不行君立則賢者不尊民一於君事斷於法是國之大道也

又曰法雖不善猶愈於無投鉤分財投策分馬非以鉤策爲均也使得美者不知所以德得惡者不知所以怨乃以塞怨望也

又曰堯爲匹夫不能使隣家至爲主則令行禁止由此觀之賢未足以服不肖而勢位足以屈賢

申子曰君必有明法正義若懸權衡以稱輕重所以一群臣也

又曰堯之治也蓋明法察令而已聖君任法而不任智任數而不任説黄帝之治天下置法而不變使民安樂其法也

又曰昔七十九代之君法制不一號令不同然而俱王天下何也必國富而粟多也

韓子曰魯人燒積澤天北風火南向恐燒國哀公自將衆趍救火人盡逐獸而火不救乃召仲尼仲尼下令曰不救火而逐獸者比入禁之罪令下未徧火遂救矣

又曰治大國而數變法則民苦之是以有道之君貴虛靜重變法也

又曰釋法術而爲治堯不能正一國使中正守法術拙匠執規矩尺寸則萬不失一也

又曰董安于爲趙上地之守行石邑山中見深澗峭如墻深百仞因問其鄉左右曰人嘗有入此者乎對曰無有曰嬰兒癡聾狂亂人嘗有入此者乎對曰無有馬羊牛嘗有入此乎對曰無有安于喟然嘆曰吾能治矣使吾法之無赦猶入澗之必死也則民莫知犯何爲不治也

又曰荊莊王有弟門者立法群臣大夫諸侯公子入朝馬

蹄踐霤者廷理斬其輈戮其御於是太子入朝馬蹄踐霤廷理依法太子怒入爲王泣曰必爲誅戮廷理王曰法者所以敬宗廟尊社稷故臣受命尊敬社稷者社稷之臣焉可誅也太子乃還走避舍露宿三日北面再拜請罪

又曰夫人臣之侵其主也如地形焉即漸以往使人主失端東西易面而不自知故先王立敎司南以端朝夕明王使其群臣不遊意於法之外不爲惠於法之内虎所以能服狗者爪牙也使虎釋其爪牙使狗用之則虎反服於狗矣人主者以形德制臣也今君釋其刑德而臣用之則臣反制於君矣

又曰舜車之上無仲尼覆舟之下無伯夷故號令者國之舟車也安則智廉生危則鄙爭起

又曰越王問於大夫種曰吾欲伐吳可乎對曰可以吾賞厚而信罰嚴而必君必欲知之何不試焚於是遂焚宮室民莫救火乃下令曰民之救火而死者比死敵者之賞勝火而死者比勝敵之賞不救火者比降北之罪民之塗其體被濡衣赴火者左三千人右三千人始知必勝之勢也

又曰吳起爲魏武侯西河之守秦有小亭臨境起欲攻之乃倚一車轅於北門之外而令曰有能徙此南門之外賜之上田上宅民莫之徙也及有徙之者遂賜之如令俄又置一石赤菽東門之外而令之曰有能徙之於西門之外者賜之如初民則爭徙之乃下令大夫曰攻亭有能先登者仕之國大夫賜之上田宅民爭上於是攻亭一朝而拔之

阮子曰漁人張網於淵以制吞舟之魚明主張法於天以制強良之人立法以隄民百姓不能干立防以隄水江河

不能犯

傅子曰律是咎繇遺訓漢命蕭何廣之

又曰天爲有形之主君爲有國之主天以春生猶君之有仁令也天以秋殺猶君之有威令也故仁令之發天下樂之威令之發天下畏之樂之故樂從其令畏之故不敢違其令若寬令發而人不樂無以稱仁矣威令發而下不畏無以言威矣無仁可樂無威可畏而能保國致治者未之有也

會稽典録曰董昆字文通餘姚人也少遊學師事潁川荀季卿受春秋治律令明達法理又才能撥煩縣長潘松署功曹史刺史盧孟行部垂念寃結松以孟明察於法令轉署昆爲獄史孟到昆斷正刑法甚得其平孟問昆本學律令所師爲誰昆對事荀季卿孟曰史與刺史同師孟又問

昆從何職為獄史松具以實對孟歎曰刺史學律猶不及
昆召之署文學
杜預律序曰律以正罪名令以存事制
張斐律序曰張湯制越宮律趙禹作朝會正見律
鹽鐵論曰夫善言天者合之於人善言古者考之於今二
尺四寸之律古今一也
又曰昔秦法繁於秋荼而網密於凝脂然而上下相趍姦
僞萌生
崔寔政論曰君以審令為明臣以奉令為忠故背制而行
賞謂之作福背令而行罰謂之作威作威則人畏之作福
則人歸之夫威福者人主之神器也譬之操莫耶矣執其
柄則人莫敢抗失其柄則還見害也
風俗通曰皐陶謨虞始造律蕭何成以九章此關諸百王
不易之道也夫吏者治也當先自正然後正人故承憲履
繩動不失律令也

科

後漢書曰章帝時陳寵代郭躬為廷尉帝納寵言制除鉆（琴嚴切）
鑚諸慘酷之科
又曰明帝永平十二年詔曰車服制度恣極耳目田荒不
耕游食者衆有司其申明科禁宜於今者宣下郡國
魏志曰曹仁少時不脩行檢及長為將嚴耶正奉法令常
置科於左右案以從事
宋書曰顧深之子寶先大明中為尚書水部郎先深之為
左丞荀万秋所劾及寶先為郎万秋猶在職自陳不拜世
祖詔曰憲司之職理有鞏正而頃刻無輕重輙致私絶此
風難長主者可嚴為其科

劉邵律畧曰删舊科採漢律為魏律懸之象魏楊雄劇秦
美新曰金科玉條（科條謂所施法律金玉珍之也）
說文曰科程也程品也十髮為程十程為寸

太平御覽卷第六百三十八

太平御覽卷第六百三十九

刑法部五

聽訟

易訟卦曰天與水違行訟君子以作事謀始

又豐卦曰雷電皆至豐君子以折獄致刑

詩曰蔽芾甘棠勿翦勿伐召伯所茇（箋云茇草舍也夫召伯聽男女之訟不重煩勞百姓止舍于棠之下而聽斷焉）

又曰行露召伯聽訟也

周禮曰以兩造禁民訟入束矢於朝然後聽之（訟謂以財貨相告者造至也使訟者兩至既兩至使入束矢乃治之也不至不入束矢則是自服不直者也必入矢者取其直也詩云其直如矢束矢其百个與）以兩劑禁民獄入鈞金三日乃致于朝然後聽之（獄謂相告以罪名者劑今券書也使獄者各齎券書既兩券書及使人鈞金又三日乃治之重刑也不券書不入金則是自服不直者也夫入金者取其堅也）以嘉石平罷民（嘉石文石也樹之外朝門左平成也成使善也）以肺石達窮民（肺石赤石也窮民天之窮而無告也）凡遠近惸獨老幼之欲有復於上而其長弗達者立於肺石三日士聽其辭以告於上而罪其長○又曰凡諸侯之獄訟以邦典定之（邦典六典也）凡卿大夫之獄訟以邦法斷之（邦法八法也）凡庶民之獄訟以邦成弊之（邦成謂若今時決事比也）

又曰以五刑聽万民之獄訟附于刑用情訊之至于旬乃弊之讀書則用法（附猶著也訊言也用情理言之冀有可以出之者十日乃斷之）以五聲聽獄訟求民情一曰辭聽（觀其出言不直則煩）二曰色聽（觀其顏色不直則赧然）三曰氣聽（觀其氣息不直則喘）四曰耳聽（觀其聽聆不直則惑）五曰目聽（觀其眸子視不直則眊然）

又曰掌都家聽其獄訟之辭辨其死刑之罪而要之三月而上獄訟于國司寇聽其成于朝羣士司刑皆在各麗其法以議獄訟（成平也）獄訟成士師受中書其刑殺之成與其

聽獄訟者

又曰掌三剌三宥三赦之法以賛司寇聽獄訟一剌曰訊群臣再剌曰訊群吏三剌曰訊萬民（訊言也）一宥曰不識再宥曰過失三宥曰遺忘（不識謂愚民無所識則宥之過失若今時律過失殺人不坐死也玄謂識當也若今仇讎當報甲見乙誠以爲甲而殺之者過失若擧刃欲斫伐而誤中人者遺忘若間帷薄忘有在焉者而以兵矢投射也）

禮曰分爭辨訟非禮不决

又曰司寇正刑明辟以聽獄訟（司寇秋官卿掌刑者辟罪也）必三剌（以求民情斷其獄訟之中一曰訊群臣二曰訊群吏三曰訊萬民）有旨無簡不聽（簡誠也有其意無其誠者不論以爲罪）附從輕（附施刑也求出之使從輕）赦從重（雖是罪可重猶赦之）九聽五刑之訟必厚父子之親立君臣之義以權之（權平也）意論輕重之序愼測淺深之量以別之（意思念也淺深謂俱有罪本心有善惡）悉其聰明致其忠愛以盡之（盡其情也）

傳曰王叔陳生與伯輿爭政（二子王卿士）王右伯輿（右助也）王叔陳生怒而出奔晉侯使士丐平王室王叔與伯輿訟焉（爭曲直）王叔之宰與伯輿之大夫瑕禽坐獄於王庭士丐聽之范宣子曰天子所右寡君亦右之所左亦左之使王叔氏與伯輿合要王叔氏不能擧其契王叔奔晉

論語曰子曰聽訟吾猶人也必也使無訟乎

又曰片言可以折獄者其由也與（片讀爲半片言謂單辭也折斷也子路果取所知言必直故可令斷獄也）

又曰孟氏使陽膚爲士師（士師典獄之官）問於曾子曾子曰上失其道民散久矣如得其情則哀矜而勿喜

漢書曰于定國飲酒至數石不亂冬月治獄請讞飲酒益精明

後漢書曰陳寵辟司徒鮑昱府是時三府掾屬專尚交遊

以不肯視事爲高寵常非之獨勤心物務數爲昱陳當代便宜昱高其能轉爲辭曹掌天下獄訟（續漢志曰三公掾屬二十四人有辭曹主辭訟事也）其所平决無不厭服衆心時司徒辭訟久者數十年事類溷錯易爲輕重不良吏得生因緣（因緣謂依附以生輕重也）寵爲昱撰辭訟比七卷决事科二條皆以事類相從昱奏上之其後公府奉以爲法

又曰王渙爲洛陽令以平正居身得寬猛之宜不寃嫌乆訟歷政所不斷法理所難平者莫不曲盡情詐壓塞羣疑又能以譎數發擿姦服（譎詐也數術也）京師稱歎以爲渙有神筭

又曰法雄爲青州刺史界内肅清雄每行部録囚徒察顔色知情偽長吏不奉法即解印去之

魏書曰廷尉高柔時護軍營士竇禮近出不還營以爲亡表言逐捕役其妻盈及男女爲官奴婢盈連至州府稱寃

自訟莫有省者乃辭詣廷尉柔問曰汝何以知夫不亡盈垂泣對曰夫少單特養一老嫗爲母事甚恭謹又哀兒女撫視不離非是輕狡不顧室家者也柔重問曰汝夫不與人有怨讎乎對曰夫良善與人交錢財乎對曰嘗出錢與同營士焦子乆求不得時子適坐小事繫獄柔乃見子問所坐言次汝頗曾舉人錢不子曰自以單貧初不敢舉人物也柔察子色動遂曰汝昔舉竇禮錢何言不耶子怪知事露應對不次柔曰汝已殺禮便宜早服子於是叩頭具首殺禮本末埋藏處所柔便遣吏卒承子辭往掘得其屍詔書復盈母子爲平人

晉書曰陸雲爲浚儀令雲到官肅然下不能欺市無二價人有見殺者主名不立雲録其妻而無所問十許日遣出密令人隨後謂曰不出十里當有男子候之與語便縛來既而果然問之具服云與此妻通共殺其夫聞妻得出欲與語憚近縣故遠相避候於是一縣稱爲神明

又曰鄧攸嘗詣鎮軍將軍賈混混以人訟事示攸使决之攸不視曰孔子稱聽訟吾猶人也必也使無訟乎混奇之以女妻之矣

又曰符融仕符堅爲司隷校尉京兆人董豐遊學三年而返宿妻家妻爲賊所殺妻兄疑豐殺之送豐有司豐不堪楚掠自誣引殺妻融察而疑之問豐曰汝行往還頗有怪異及卜筮否豐曰初將發夜嘗夢乘馬南渡水返而北渡水馬停水中鞭策不去俯而視之見兩日在於水下馬左白而濕右黑而燥寤而心悸竊以爲不祥問筮者筮者曰憂獄訟遠三枕避三沐既至妻爲具沐夜授豐枕豐記筮者之言皆不從之妻乃自沐枕枕而寢融曰吾知之矣馬

左而濕濕水也左水右馬馮字兩日昌字也其馮昌殺之乃獲昌詰之具首服本與其妻謀董豐期以新沐枕枕爲驗乃悞中婦人也

宋書曰傅琰爲山陰令有賣針賣糖嫗爭絲各言已者詣琰琰掛而輕鞭之有鐵屑乃罰賣糖者又有二老爭雞問何食一云食粟一云食豆剖之見粟罰言豆者人畏如神明

後魏書曰辛祥爲并州平北府司馬會刺史喪朝廷以其公清遂越長史勑行州事祥初在司馬失白璧還兵欒道顯被誣爲賊官屬推處咸以爲然祥曰道顯面有悲色察獄以色其此之謂乎苦執申之月餘別獲真賊

又曰李崇爲揚州刺史先是壽春縣人苟泰有子三歲遇賊亡失數年不知所在後見在同縣人趙奉伯家泰以狀

告各言巳子並有隣證郡縣不能斷祟曰此易知耳二父與兒各在別處經禁數旬然後遣人告之曰君兒偶患向巳暴死有教解禁可出奔哀也荀泰即號咷悲不自勝奉伯咨嗟而巳殊無痛意祟知之乃以兒還泰詰奉伯詐狀奉伯乃欵引云先云一子故妄認之

又曰裴安祖弱冠州辟主簿民有兄弟爭財詣州相訟安祖召其兄弟以禮義責讓之此人兄弟明日相率謝罪州内欽服之

又曰唐和爲内都大官評决獄訟不加捶楚欵獲實者甚多世以是稱之

又曰司馬悦字慶宗歷位豫州刺史時有汝南上蔡董毛奴者賫錢五千死於道路郡縣疑人張堤爲刼又堤家得錢五千堤懼掠自誣言殺至州悦觀色疑其不實引見毛奴兄靈之謂曰殺人取錢當時狼狽應有所遺得何物靈之曰唯得一刀削悦取視之曰此非里巷所爲也乃召州内刀匠示之屬有郭門者前曰此刀削門手所作去歲賣與郭人董及祖悦收及祖詰之及祖欵引靈之又於及祖身上得毛奴所着皁襦及祖伏法悦察獄多此類也

後周書曰建德二年冬帝聽訟於正武殿自旦及夜繼之以燭

又曰柳慶爲雍州別駕有賈人持金二十斤詣京師交易寄人停止每欲出行常自執管鑰無何緘閉不異而失之謂是主人所竊郡縣訊問主人遂自誣服慶聞而歎之乃召問賈人曰卿鑰恒置何處對曰恒自帶之慶曰頗與人同宿乎與同飲乎曰日者曾與一沙門再度酣宴醉而晝寢慶曰主人以痛自誣非盜也彼沙門乃真盜耳即遣吏逮捕沙門乃懷金逃匿後捕得盡獲所失之金

又曰柳慶有胡家被刼郡縣按察莫知賊所隣近被囚繫者甚多慶以賊徒既衆似是烏合既非舊交必相疑阻可以譎之乃作匿名書多牓官門曰我等共刼胡家徒侣混雜終恐泄露今欲首懼不免誅若聽先首免罪便欲來告慶乃復施免罪之牓居二日廣陽王欣家奴面縛自告牓下因此推窮盡獲黨與慶守正明察每歎曰昔于公斷獄無私闢高門可以待封儻斯言有驗吾斯庶幾乎

又曰蘇綽爲六條詔書奏施行之其一先修心其二敦教化其三盡地利其四擢賢良其五卹獄訟其六均賦役文帝甚重之常置諸座右

隋書曰韋鼎爲光州刺史有人客遊通主人家之妾及其還去妾盜物於夜逃亡尋於草中爲人所殺主家知與妾通因告客殺之縣司鞫問具得姦狀因斷客辜獄成上於鼎覽之曰此客實姦而非殺也乃某寺僧詃妾盜物令奴殺之贓在某處即放此客遣掩僧并獲贓物自是部内肅然咸稱其有神

又曰辛公義爲牟州刺史下車先至獄中因露坐牢側親自驗問十餘日間决斷咸盡方還大廳受領詞訟皆不立文案遣當直佐寮一人側坐訊問事若不盡應須禁者公義即宿廳事終不還閤人或諫之曰此事有程使君何自苦也荅曰刺史無德可以導人尚令百姓係於囹圄豈有禁人在獄而心自安乎罪人聞之咸自款服後有欲諍訟者其鄉閭父老遽相曉曰此蓋小事何忍勤勞使君訟者多兩讓而止

尚書大傳曰聽獄之術大治有三治必寬寬之術歸於察

察之術歸於義（察猶審也）是故聽而不寬是亂也寬而不察是慢也古之聽獄者言不越辭辭不越情情不越義是故聽民之術怒必思兼怒小罪勿兼（怒責也責因之罪必思義謂思其辭思其主思義重）（大罪求可以出之者也）

又曰孔子如衛人謂曰公甫不能聽獄公（公甫魯大夫）子曰不知公甫之不能聽獄也（答而交之）公甫之聽獄也有罪者懼無罪者耻民近禮矣

春秋元命包曰樹棘槐聽訟於其下棘赤心有刺言治人者原其心不失赤實事所以刺人其情令各歸實槐之言歸也情見歸實也

山海經曰夏后啓之目曰孟徐是祠神于巴人（聽其獄訟謂之神主）訟于孟徐之所（人斷之也）其衣有血者乃執之

會稽典錄曰郡署鍾離意北部督郵烏程男子孫常常弟烈分居各得田半頃烈死歲飢常稍以米粟給烈妻子輒追計直作券沒取其田烈兒長大訟常掾史議皆曰烈孫兒遭饑賴常升合長大成人而更爭訟非順孫也意獨曰常身爲遺父當撫孤弱是人道正義稍以升合券取其田懷挾姦路貪利忘義烈妻子雖以田與常困迫之至非私義也請常田俾烈妻子於是衆議無以奪意之理

又曰謝夷吾字堯卿山陰人也爲荊州刺史行部到南會縣遇孝章皇帝巡狩幸魯陽上未常見刺史班秩有詔勅夷吾入傳錄見囚徒誡長吏勿廢舊儀上林西廂南面夷吾處東分帷以其中夷吾省錄囚徒有亭長姦部民者縣言和姦上意以爲吏姦民何得言和且觀刺夫決當云何頃夷吾呵之曰亭長詔書朱憤之吏職在禁姦今爲惡之端何得言和切讓三老孝悌免長罪其所決正一縣三百餘事與上合章帝歎曰使諸州刺史盡如此者朕不憂天下特遷鉅鹿太守臨發陛見賜車馬劒帶勅之曰鉅鹿劇郡舊爲難治以君有撥煩之才故特授任無毁前勞

張斐律序曰情者心也心感則動情動於中而形於言暢於四支發於事業是故姦人則心愧而面赤內怖而色奪

賈誼新書曰梁嘗有疑獄群臣半以不當半以爲當罪雖然王亦疑梁王曰陶朱公賢以而問曰梁有疑獄吏半以爲不當半以爲當柰何朱公曰臣鄙民也不知家有二白璧其澤相如也然有其價一者千金一者五百金王曰徑與色澤相如也一者千金一者五百金何也朱曰側而覷之一者厚倍是以千金梁王曰善故疑獄則從去賞疑則從與梁國大悅（同新序也）

淮南子曰越王決獄不當援刀自刎而戰士畢死感於恩也

又曰秦始皇晝決獄夜理書

說苑曰邵公述職當桑蚕時不欲變民事故不入邑中舍乎甘棠之下而聽斷焉

風俗通曰沛郡有富家公貲二千餘萬小婦子年裁數歲頃失其母又無親近其女不賢公痛困思念恐爭其財兒必不全因呼族人爲遺令書悉以財屬女但遺一劒云兒年十五以還付之其後又不肯與兒詣郡自言求劒謹案時太守大司空何武也得其辭因錄女及壻省其手書顧謂掾史曰女性強梁壻復貪鄙畏賊害其兒又計小兒正得此則不能全護故且俾與女內實寄之耳不當以劒與

之乎夫劒者亦所以决斷限年十五者智力足以自居度
此女聟必不復還其劒當問縣官縣官或能證察得見伸
展此凡庸何能用慮强遠如是哉渠奪取財以與子曰弊
女惡聟溫飽十歲亦以幸矣於是論者乃服
又曰臨淮有一人持疋縑到市賣之道遇雨被戴後人求
共庇蔭雨霽當別因共争鬭各云我縑詣府自言太守薛
宣劾實兩人莫肯首服宣曰縑直數百錢耳何足紛紛自
致縣官呼騎吏斷縑各與半使追聽之後人曰受恩前撮
之縑主稱怨宣曰然固知其當爾也因詰責之具服悉俾
本主
又曰潁川有富室兄弟同屋兩婦俱懷娠大婦數月胎傷
因閉匿之産期至到乳舍弟婦生男夜因盜取争訟三年
州縣不能决丞相黄覇出殿前使卒抱兒去兩婦各十餘

步叱婦自往取之長婦把持甚急兒大啼弟婦恐傷害之
因乃放與而心甚悽愴覇曰此弟婦子也責問婦乃伏也

趙丙

太平御覽卷第六百三十九

刑法部六

決獄

易曰澤上有風中孚君子以議獄緩死（信發於中雖過可亮）

傳曰晉邢侯與雍子爭鄐田久而無成士景伯如楚（士景伯晉理官）叔魚攝理（攝代景伯）韓宣子命斷舊獄罪在雍子雍子納其女於叔魚叔魚蔽罪邢侯（蔽斷也）邢侯怒殺叔魚與雍子於朝宣子問其罪於叔向叔向曰三人同罪施生戮死可也（施行罪也）雍子自知其罪而賂以買直鮒也鬻獄邢侯專殺其罪一也已惡而掠美為昏（掠取也昏亂也）貪以敗官為墨（墨不潔之稱）殺人不忌為賊夏書曰昏墨賊殺臯陶之刑也請從之乃施邢侯而尸雍子與叔魚於市

漢書曰高帝詔曰獄之疑者吏或不敢決有罪者久而不論無罪者久繫不決自今已後縣道官獄疑者各讞所屬二千石官長二千石官長以其罪名當報之（當謂處斷也讞平議也）所不能決者皆移廷尉廷尉亦當報之廷尉所不能決謹具為奏傅所當比律令以聞

又曰景帝詔曰獄重事也人有智愚官有上下獄疑者讞有司有司所不能決移廷尉有令讞而後不當讞者不為失（假令讞訖其理不當所讞之人不為罪失）欲令理獄者務先寬自此之後獄刑益詳近於五聽三宥之意

又曰張釋之為廷尉頃之上行出中渭橋有一人從橋下走乘輿馬驚於是使騎捕之屬廷尉釋之治問曰縣人來聞蹕匿橋下久以為行過既出見車騎即走耳釋之奏此人犯蹕當罰金上怒曰此人親驚吾馬賴和柔令他馬固不敗傷我乎而廷尉當云罰金釋之曰法者天子所與天

下公共也今法如是更重之是法不信於民也且方其時上使誅之則已今已下廷尉廷尉天下平也一傾天下用法皆為之輕重民安所措其手足惟陛下察之帝良久曰廷尉是也

又曰于定國父于公決獄平羅文法者于公所決皆不恨郡中為立生祠東海有孝婦少寡無子養姑甚謹姑告鄰人曰孝婦養我勤苦哀其無子守寡我老久累丁壯柰何遂自死姑女告吏婦殺我母吏捕孝婦孝婦自誣服于公以為不殺爭之弗能乃抱其獄具哭於府上太守竟殺婦郡中枯旱三年後太守至卜筮其故于公曰咎其殺孝婦太守殺牛祭孝婦墓天乃大雨後于公令高大門閭容駟馬高蓋車我治獄多陰德子孫必有興者至定國為丞相于定國為廷尉人自以不冤張釋之為廷尉天下無冤人

又曰班固云今之聽獄者求所以殺之古之聽獄者求所以生之與其殺不辜寧失有罪今之獄吏上下相驅以刻為明深者獲功名平者多後患諺曰鬻棺者欲歲之疫非憎人欲殺之利在於人死也今治獄吏欲陷害人亦猶此矣

續漢書曰郭躬字仲孫潁川人辟公府以明法律特預朝議時有兄弟共以繩絞殺人各持一端辜不可分中常侍孫章傳詔命兄不教導弟報兄重弟減死章誤言兩報重獄已斷尚書奏矯制當斬上問躬躬曰當罰金上曰矯殺人如何罰金躬曰法令有故有誤章不故指傳命誤即報重是故為無所放也周道如砥其直如矢君子不逆詐王法大刑不可委曲生意上曰善

後魏書曰吳良為議郎永平中車駕近出而信陽侯陰就于突禁衛車府令徐匡鉤就車收御者送獄（鉤留也）詔書遣

臣乃自繫良上言曰信陽侯就倚恃外戚干犯乘輿無人臣禮爲大不敬臣執法守正反下于理臣恐聖化由是而弛帝雖赦臣猶左轉良爲即丘長

又曰寒朗字伯奇永平中以謁者守侍御史與三府掾共按楚獄顏忠王平辭及隧鄉侯耿建曲成侯劉建等辭未嘗與忠平相見是時顯宗怒甚吏皆惶恐諸所連及率一切陷入無敢以情恕者朗心傷其冤試以建等物色獨問忠平而二人錯愕不能對朗知其詐乃上言建等無姦專爲忠平所誣疑天下無辜類多如此帝曰即如是四侯無事何不早奏久繫至今耶朗曰臣恐海內別有發其姦者故未敢時上怒罵曰吏持兩端促提下左右方引去朗曰願一言而死小臣不敢欺欲助國耳臣見拷囚者咸共言妖惡大故臣子所宜同嫉今出之不如入之可無後責是

以考一連十考十連百又公卿朝會陛下問以得失皆言舊制大罪禍及九族陛下大恩纔上於身天下幸甚及其歸舍口雖不言而仰屋竊歎臣今所陳誠死無悔帝意解詔遣朗出後二日車駕幸洛陽獄錄囚徒理出者千餘人

又曰虞詡爲司隸校尉臨終謂其子曰吾爲朝歌長殺賊數百其中必有冤者自此二十餘年家門不增一口斯獲罪於天也

又曰法雄爲青州刺史每行部錄囚徒察顏色多得情僞長吏不奉法者皆解印綬去

又曰三府舉袁安能理劇拜楚郡太守是時楚王英反辭所連及繫者數千人顯宗怒甚吏案之急迫痛自誣死者甚衆安到郡不入府先往案獄理其無明驗者條上出之府丞掾史皆叩頭爭以爲阿附反虜法與同罪不可安曰如有不合太守自當坐之不以相及也遂分別具奏帝感悟即報許得出者四百餘人

又曰郭躬家代衣冠父弘習小杜律（前書杜周武帝時爲廷尉御史大夫斷獄深刻少子延年亦明法律宣帝時又爲御史大夫對父故言小）太守寇恂以弘爲決曹掾斷獄至三十年用法平諸爲弘所決者退無怨情郡內比之東海于公年九十五卒

晉書曰周處爲廣平太守有三十年滯獄一到悉惣決遣之理無不當

又曰安帝義熙中劉毅鎮姑熟嘗出行南陵縣吏陳滿射鳥箭誤中直師雖不傷人處法棄市何承天議曰獄貴情斷疑則從輕昔有驚漢文帝乘輿馬者張釋之斷以犯蹕罪止罰金何者明其無心於驚馬也故不以乘輿之重而加異制今滿意在射鳥非有心於中人按律過誤傷人三歲

刑況不傷乎

後魏書曰眞君中以獄訟留滯始令中書以中經義斷諸疑事高允據律評刑三十餘載內外稱平允獄者民之命也常歎曰臯陶至德也其後英蓼先亡劉項之際英布黥而王經世雖久猶有刑餘之釁況凡人能無咎乎

宋書曰謝莊爲都官尚書奏改定刑獄曰舊官長竟囚畢郡遣督郵案驗仍就施刑督郵賤吏非能異於官長雖有案驗之名而無研究之實愚謂此制宜革自今入重之囚縣考正畢以事言郡并送囚身委二千石親臨覆辯必收聲吞釁然後就戮若二千石不能決乃度廷尉神州統外移之刺史有疑亦歸臺獄必令死者不怨坐者無恨

又曰沛郡相縣唐賜往比村彭家飲酒還因得病吐蠱蟲二十餘物賜妻張從賜臨終言死後親剖腹視五藏悉糜

碎以張忍行刳剖賜子副又不禁止論妻傷夫五歲刑子
不孝父母弃市並非科例三公郎劉勰議賜妻痛往遵言
皃識謝及理孝事源存心非忍害謂宜哀矜顧覬之議以
爲妻子而行忍酷不宜曲通小情謂副爲不孝張同不道
詔如覬之議
隋書曰裴蘊授御史大夫與裴矩虞世基叅掌機密善候
伺人主微意若欲罪者則曲法順情假成其罪所欲宥者
則附從輕典因而釋之是後大小之獄皆以付蘊憲部大
理莫敢與奪必禀進止然後決斷蘊亦機辯所論法理言
若懸河或重或輕皆由其口剖析明敏時人不能致詰
又曰裴政爲少司憲用法寬平無有寃濫囚徒犯極刑者
乃許其妻子入獄就之至冬將行決皆曰裴大夫致我於
死死無所恨其處法詳平如此

又曰郎茂衛國令時有繫囚二百茂親自究審數日釋免
百餘人歷年辭訟不詣州省魏州刺史元暉謂茂曰長史
言衛國民不敢申訴者畏明府耳茂進曰民猶水也法令
爲隄防隄防不固必致奔突苟無決溢使君何患哉暉無
以應之
又曰于仲文字次武爲安固太守始州刺史屈突尚字文
護之黨也先坐事下獄無敢繩者仲文至郡窮治遂竟其
獄蜀中爲之語曰明斷無雙有于公不避強禦有次武未
幾徵爲御正下大夫
又曰梁敬真大業之世爲大理司直時帝欲成光禄大夫
魚俱羅之罪令敬真治其獄遂希旨陷之極刑未幾敬真
有疾見俱羅爲之厲數日而死
唐書曰貞觀初太宗謂侍臣曰死者不可再生用法務從
寬恕古人云賣棺者願歲之病非憎於人利棺之售耳今
司覆一獄必求深刻欲成其考課作何道理令得平允侍
中王珪曰但任公正善人爲法官若斷獄允當則增秩賜
金如此則姦偽息矣太宗曰古者斷獄必訊於三槐九棘
之官今三公九卿是也令後大辟罪結正更取公卿議之
如是四年斷死刑二十九人天下幾致刑措矣
又曰吏部尚書長孫無忌嘗被召不解佩刀入東上閤門
待罪僕射封德彝議云監門校尉不之覺罪當死無忌誤
帶刀入罰銅二十斤從之大理卿帶胄執奏曰校尉不覺
與無忌帶入同爲誤耳臣子之於尊極不得稱悞准律云
供御湯藥飲舟舡悞不如律者皆死陛下若録其功非憲
司所決若當據法罰銅未爲得理太宗嘉之免校尉死
又曰李日知天授中遷司刑丞時用法嚴急日知獨寬平

無寃濫嘗免一死囚少卿胡元禮斷請殺之與日知往復
至于數四元禮怒曰元禮不離刑曹此囚終無生禮荅曰
日知不離刑曹此囚終無死法竟以兩狀列上日知果直
又曰潤州刺史竇孝諶妻龐氏爲奴誣告云夜解祈福則
天令給事中薛季昶鞠之季昶斷鍊成其罪龐氏坐斬侍
御史徐有功執論龐氏罪不至死季昶又劾有功黨惡逆
法司結刑有功當棄市方視事令史垂泣以告有功曰豈
吾獨死諸人長不死耶乃徐起而歸則天覽法司所劾召
有功詰之曰卿此斷獄失出何多耶對曰失出臣下之小
過好生聖人之大德願陛下捨小過弘大德則天下幸甚
則天默然龐氏竟減罪流于嶺表
又曰杜景佺爲司刑丞天授年與徐有功來俊臣侯思正
專理制獄時人稱云遇徐杜者必生遇來侯者必死

又曰李勉爲膳部員外時關東獻俘百人詔並處斬囚有仰天歎者勉偶過問之對曰某被脅制守官非逆者勉哀而上言曰元惡未殄遭點汚者半天下皆欲澡心歸化若盡殺之是驅天下以資兇逆也肅宗遽令奔騎宥釋由是歸化日至

又曰顏真卿爲監察御史五原有寃獄久不決真卿至辨之天方旱獄決乃雨郡人呼之爲御史雨

又曰寶曆中京兆人有姑以小過鞭婦至死者府上其獄刑部郎中竇參斷合償死刑部尚書柳公綽議曰尊毆卑非鬬且其子在以妻而戮其母非敎也竟從公綽之議得減死

又曰竇參爲奉先尉縣人曹芬名隸北軍素兇暴與弟毆其女弟芬父救之不得遂投井死參捕理芬兄弟當死衆官皆請俟免喪參曰子因父生父由子死若以喪延罪是殺父不坐也皆正其罪而殺之一縣皆伏

又曰德宗於朝堂別置三司以決庶獄辨爭者輒擊登聞鼓裴諝上疏曰夫諫鼓謗木之設所以達幽枉延直言今輕猾之徒援桴鳴鼓始動天聽竟因纖微若然者安用吏理乎上然之悉歸有司

風俗通曰南郡讞女子何侍爲許遠妻侍父何陽素酗酒從遠假求不悉如意陽數罵詈遠謂侍汝翁復罵者吾必揣之侍曰共作夫妻柰何相辱揣我翁者搏若母矣其後陽復罵遠遠揣之侍因上堂搏姑耳再三下司徒鮑宣決事曰夫妻所以養姑者也今婿自辱其父非姑所使君子之於凡庸不遷怒況所尊重乎當減死論

又曰趙相汝南李統爲奥妝阬況奏統耳目不聰宜免職任無幾冀州有疑獄章帝問統統處當尉厭上心帝曰君大聰明刺史不親君耳即日免況拜統侍中

董仲舒決獄曰甲父乙與丙爭言相鬬丙以佩刀刺乙甲即以杖擊丙誤傷乙甲當何論或曰毆父也當梟首議曰臣愚以父子至親也聞其鬬莫不有怵悵之心扶伏而救之非所以欲詬父也春秋之義許止父病進藥於其父而卒君子原心赦而不誅甲非律所謂毆父也不當坐

又曰甲夫乙將船會海盛風船沒溺流死亡不得葬四月甲母丙即嫁甲欲當何論或曰甲夫死未葬法無許嫁以私爲人妻當棄市議曰臣愚以爲春秋之義言夫人歸於齊言夫死無男有更嫁之道也婦人無專制擅恣之行聽從爲順嫁之者歸也甲又尊者所嫁無淫衍之心非私爲人妻也明於決事皆無罪名不當坐

太平御覽卷第六百四十

太平御覽卷第六百四十一

刑法部七

贓貨　罪

贓貨

書呂刑曰獄貨非寶惟府辜功報以庶尤（受獄貨非家寶也惟聚罪之事其報則以衆人見罪也）

尚書大傳曰獄貨非可寶也然後寶之者未能行其法者也貧人之寶受人之財未有不受命以矯其上者也親下以欺上者未有能成其功者也

又曰太公之羑里見文王散宜生遂之犬戎氏取美馬駮身朱鬛雞目之西海濱取白狐青翰之於氏取恠獸之有參女取姜女之江淮之浦取大貝如車渠陳於紂庭紂曰非子罪也崇侯也遂遣西伯伐崇

傳曰晉邢侯與雍子爭鄐田（邢侯楚申公巫臣之子也雍子亦楚人也）久而無成士景伯如楚（士景伯晉理官）叔魚攝理韓宣子命斷舊獄罪在雍子雍子納其女於叔魚叔魚蔽罪於邢（蔽斷也已貝戎獄門）

左傳昭六曰叔孫婼如晉晉人執之范獻子求貨於叔孫使請冠焉（以求冠爲辭）取其冠法而與之兩冠曰盡矣（既送作冠模法又進二冠以與之爲若不解其意也）爲叔孫故申豐以貨如晉（欲行貨免叔孫也）叔孫曰見我吾告汝所行貨見而不出（留申豐不使得出不欲以貨免）

又昭六曰梗陽人有獄魏戊不能斷以獄上（上魏子）其大宗賂以女樂（訟者之大宗）魏子將受之魏戊謂閻沒女寬（二人魏子之屬大夫）曰主以不賄聞於諸侯若受梗陽人賄莫甚焉吾子必諫皆許諾退朝待於庭饋入召比置三歎既食使坐魏子曰吾聞諸侯叔彥曰當食忘憂吾子置食之間三歎何也同辭而對曰或賜二小人酒不飲食饋之始至恐其不足是以數中置自咎曰豈將軍食之而有不足是以再歎及饋之畢願以小人之腹爲君子之心屬厭而已獻子辭梗陽人

孔叢子曰子思言苟變於衛君曰其才然變嘗爲吏賦於民而食人二雞子故弗用也子思曰聖人官人如大匠之用木取所長弃其短君以二卵弃扞城之將乎

漢書曰薛宣爲馮翊太守池陽令舉廉吏獄掾王立府未及召聞立受因家錢宣責讓縣縣案驗獄掾其妻獨受繫者錢萬六千受之再宿立實不知慙恐自殺宣聞之移書池陽曰縣所舉吏獄掾王立家私受財而立不知殺身以自明誠廉士甚可閔惜其以府決曹掾書立之柩以顯其魂

又曰王溫舒爲右輔行中尉歲餘會宛軍發（發兵伐大宛也）詔徵豪吏溫舒匿其吏華成及人有變告溫舒受員騎錢他姦利事罪至族自殺其時兩弟及婚家亦各自坐他罪而族光祿徐自爲曰悲夫古者有三族而王溫舒罪至同時而五族乎（溫舒與弟同三族而兩妻家各一故爲五也）溫舒死家累千金

謝承後漢書曰种暠爲益州刺史時永昌太守鑄黃金爲文蛇以獻梁冀暠糺發逮捕馳傳上言而三府畏懦不敢案之冀由是銜怒於暠

華嶠後漢書曰曹嵩靈帝時賂中官及輸西園錢一億萬故位至太尉

袁山松後漢書曰皇甫嵩字義真安定朝那人善用兵歛食必先將士然後乃安兵曹有受賂者嵩曰公素廉必貸乏也乃出錢賜之吏慙而自殺由是衆皆樂爲致死

范曄後漢書曰歐陽歙字正思樂安千乘人爲大司徒坐在汝南贓罪千餘萬發覺下獄諸生守闕爲歙求哀者千餘人至有髡剃者子年十七聞獄當斷馳之京行到河內

獲嘉縣自繫上書求代歆死書奏而歆已死獄中
又曰李膺遷河南尹時宛陵大姓羊元群罷北海郡贓罪狼籍郡舍溷軒有奇巧乃載之以歸膺表欲治其罪元群行賂宦豎膺反坐輸作左校
又曰蔡衍字孟喜汝南南頓人也遷冀州刺史劾河間相曹鼎贓罪千萬鼎者中常侍騰之弟也騰使大將軍梁冀爲書請之衍不荅鼎竟坐輸作左校
後魏書曰鄭義爲兗州性貪怯政以賄成有餉羊西門受入東門責之
又曰崔光韶遷廷尉卿時祕書監祖瑩以贓罪被劾光韶欲置之重法太尉城陽王徽吏部尚書李神儁皆爲瑩求寛光韶正色曰朝賢執事於舜之功未聞有一如何反爲罪人言乎

北史曰後魏就德於營州反使尚書盧同往討之敗而還屬侍中穆紹與元順侍坐因論之同先有近宅與紹紹頗欲爲言順勃然曰盧同終將無罪太后曰何得如侍中之言順曰同好宅與要勢侍中豈有罪也紹慚不敢復言
唐書曰太宗即位務止姧慝風聞諸曹案典多不受賂乃遣左右試以財物遺之有司門下令吏受饋絹一疋太宗怒將殺之裴矩進諫曰此人受賂誠合重誅但陛下試之即行極法所謂陷其入罪恐非導德齊禮之義也太宗納之
又曰開元十年武强令裴景仙犯乞取贓積絹五千疋事發景仙逃走吏捕得之玄宗怒命集衆決殺大理卿李朝隱奏曰裴景仙緣是乞贓犯不至死又景仙曾祖故司空寂往屬締構首豫元勲載初年中家陷非罪凡有兄弟皆被誅戮唯景仙獨存今見承嫡據贓未當死坐有犯猶入議條十代宥賢功多宜録一門絶祀情或可哀詔不許朝隱復奏曰有斷自天處之極法生殺之柄人主合專輕重有條臣下當守枉法者枉理而取十五疋便抵死刑乞取者因乞爲贓數千疋止當流坐今以乞取得罪處斬刑後枉法當科欲何罪且所以爲國𠁊法期律文詔令減死一等杖一百流于嶺南
又曰牛僧孺爲御史長慶元年宿州刺史李直臣坐贓當死直臣賂中貴人爲之伸理僧孺堅執不迴穆宗面喻之曰直臣事雖失此人有經度才可委之邊任朕欲貸其法僧孺對曰凡人之才止於持祿取容耳帝王立法束縛姦雄正爲才多者祿山朱泚以才過人濁乱天下况直臣小才又何屈法哉

又曰山南東道節度使柳公綽自京赴鎮行部過鄧縣縣吏二人犯法在獄一人納賄一吏舞文縣令以公綽持法必贓者必不免及過鄧公綽斷曰贓吏犯法法在姦吏壞法法亡遂殺舞文未下車而襄漢大治
又曰李石用金部員外郎韓益判度支案益坐贓繫臺石奏曰臣以李益曉錢穀録用之不謂貪猥如此帝曰宰相但知人則用有過則懲卿所用人且不掩其惡可謂至公
三輔决録曰馬融爲南郡太守三府以融在郡貪濁受王記掾岐肅錢四十萬融子強又受吏白向錢六十萬布三百疋以肅爲孝廉向爲主簿又坐失大將軍梁冀竟髡徙朔方自刺不死得赦還拜議郎
鍾離意別傳曰顯宗以意爲尚書時交阯太守坐贓千金徵還伏法以資物簿入大司農詔班賜群臣意得珠璣悉

以委地不拜賜帝怪而問其故對曰臣聞孔子忍渴於盜泉之水曾參迴車於聖母之閭惡其名也此贓穢之寶誠不敢拜受帝嗟歎曰清乎尚書之言乃更以庫錢三十萬賜意

罪

書舜典曰流共工于幽州放驩兜于崇山竄三苗于三危殛鯀于羽山四罪而天下咸服

又湯誓曰有夏多罪天命殛之殛誅也

又泰誓曰予克受非予武惟朕文考無罪受克予非朕文考有罪惟予小子無良

韓詩外傳曰齊景公之時民有得罪於景公者景公大怒縛置之殿下召左右支解之晏子左手持頭右手磨刀仰面而問曰古者明王每支解人不審從何支始也景公離席曰縱之罪在寡人

禮曰子夏喪其子而喪其明曾子弔之曰吾聞之朋友喪明則哭曾子哭子夏亦哭曰天乎予之無罪也曾子怒曰商汝何無罪吾與汝事夫子於洙泗之間退而老於西河之上使西河之民疑汝於夫子尒罪一也喪尒親使民未有聞焉尒罪二也喪尒子而喪尒明尒罪三也汝何無罪與子夏投其杖而拜之曰吾過矣吾過矣

傳曰秦伯素服郊次向師而哭曰孤違蹇叔以辱二三子孤之罪也不替孟明孤之過也

又曰潞子嬰兒之夫人晉景公之姊也酆舒為政而殺之又傷潞子之目晉侯將伐之大夫皆曰不可酆舒有三儁才（儁絕異言有藝勝人者三也）伯宗曰必伐之狄有五罪不祀一也嗜酒二也弃仲章而奪黎氏地三也（仲章潞賢人黎氏黎侯地）虐我伯姬四也傷其君目五也怙其儁才而不以茂德滋益罪也

又曰衛獻公使祝宗告亡且告無罪（告宗廟也）定姜曰有罪若何告無罪舍大臣而與小臣謀一罪也先君有冢卿以為師保而蔑之二罪也余以巾櫛事先君而暴妾使余三罪也告亡而已無告無罪

又曰吳公子札自衛過晉將宿於戚聞鍾聲焉曰異哉吾聞之辯而不德必加於戮矣夫子獲罪於君是以在此懼猶不足而又何樂

又曰鄭公孫黑將作乱子產使吏數之曰伯有之乱以大國之事而未尒討也爾有乱心無厭國不汝堪專伐伯有而罪一也昆弟爭室而罪二也薰隧之盟汝矯君位而罪三也有死罪三何以堪之

又曰陳侯之弟招殺太子偃師罪在招也楚人執陳行人于徵師殺之罪不在行人也

論語曰公冶長曰子謂公冶長可妻也雖在縲絏之中非其罪也以其兄之子妻之

又堯曰曰朕躬有罪無以萬方萬方有罪罪在朕躬

孝經曰五刑之屬三千而罪莫大於不孝

家語曰孔子曰大罪有五而殺人為下逆天地者罪及五世誣文武者罪及四世逆人倫者罪及三世誣鬼神者罪及二世手殺人者罪止其身

又曰孔子曰大夫之罪在五刑之域者聞有譴發（譴讓也發始發露也）則白冠氂纓盤水加劍造于闕而自請罪君不使有司執縛牽掣而加之也其有大罪者聞命則北面再拜跪而自裁君不使人捽引而刑殺之也大夫自取之耳吾遇子有禮矣

史記曰范睢盛帷帳侍者甚衆須賈頓首言死罪曰賈不意君能致於青雲之上惟君死生之范睢曰汝罪有幾曰擢賈之髮以續賈之罪尚未足也

漢書曰惠帝二年制曰今法有誹謗訞言之罪是使衆臣不敢盡情而上無由聞過失也將何以來遠方賢良其除之

又曰南越反上復欲使楊僕將爲其伐前勞以書勑責之將軍非有斬將搴旗之實也烏足以驕太哉前破番禺捕降者以爲虜掘死人以爲獲是一過也建德呂嘉（建德他呂嘉孫也嘉他祖也）逆罪不容於天將軍擁精兵不窮追超然以東越爲援是二過也士卒暴露連歲朕爲朝會不置酒將軍不審其勳勞而造佞巧請乘傳行塞因用歸家懷銀黃垂三組夸鄉里三過也失其内顧以道惡爲解失尊之序是四過也

後漢書曰荆州刺史趙凱誣奏楊旋實非身破賊而妄有其功遂檻車徵旋防禁嚴密無由自訟乃噬臂出血書衣爲章具陳破賊形勢及言凱所誣狀潛令親屬詣闕通詔書原旋拜議郎凱反受誣人之罪

宋書曰孔琳之爲御史中丞明憲直法無所屈撓奏尚書令徐羨之劾違憲典時羨之領揚州刺史琳之弟璩之爲中從事羨之使璩之解釋琳之使寢其事琳之不許曰我觸忤宰相正當罪止一身汝必不應從坐何須勤勤耶自是百寮震肅莫敢犯禁

北史曰賀若弼有罪在禁所詠詩自若上數之曰人有性善行惡者公之爲惡乃與行俱有三太猛嫉妬心太猛自是非人心太猛無上心太猛昔在周朝已教他兒子反此心終不能改

唐書曰高祖詔曰朕自起義晉陽遂登皇極經綸天下實仗群才尚書令秦王尚書右僕射寂或契合元謀或同心運始並蹈義輕生捐家殉節艱辛備履金石不移論此忠勤禮宜優異官爵之榮抑惟舊典勳賢之義宜有別恩其罪非叛逆可聽恕一死

說苑曰禹出見罪人下車問而泣左右曰王何爲痛之至於此禹曰堯舜之民皆以堯舜之心爲心今寡人爲君百姓各以其心爲心是以痛之也

風俗通曰皋字爲自辛今爲辛苦憂之也秦皇以爲字似皇故改爲罪

語林曰王子敬疾篤兄弟勸令首罪苔曰無所應首唯遣郗家女以爲恨

雜五行書曰皋陶以壬辰日死不可劾罪人成罪也

太平御覽卷第六百四十一

刑法部八

囚

囚　徒徒作年數附

易坎卦曰上六係用徽纆寘于叢棘三歲不得凶險陗之極不可外也嚴法峻整難可犯也宜其囚執寘于思過之地

書武成曰釋箕子囚封比干墓

又泰誓曰屏弃典刑囚奴正士屏弃常法而不顧箕子正諫而以爲囚奴

又康誥曰要囚服念五六日至于旬時丕蔽要囚要囚謂察其要辭以斷獄既得其辭服膺思念五六日至於十日至于三月乃大斷之言必反覆思念重刑之至也

詩泮水曰矯矯虎臣在泮獻馘淑問如皋陶在泮獻囚囚拘也信公既伐淮夷而反在泮宮使武臣獻馘又使善聽獄之吏如皋陶者獻囚言伐之有功所以任者得其人也

周禮秋官上曰掌囚掌守盜賊凡囚者凡囚者謂非盜賊自以他罪拘者也

禮月令仲夏小暑至挺重囚出輕繫挺猶寬也重囚寬之至秋方決輕輕繫出而舍之也

傳莊公曰乘丘之役公以金僕姑射南宮長萬公右歂孫生搏之宋人請之宋公靳之曰始吾敬子今子魯囚也吾不敬子矣

又曰晉襄公縛秦囚使萊駒以戈斬之囚呼萊駒失戈狼瞫音審取戈以斬囚遂以爲右

又曰鄭公子歸生受命于楚伐宋宋華元樂呂禦之戰于大棘宋師敗績囚華元獲樂呂

又曰晉侯觀于軍府見鍾儀問之曰南冠而縶者誰也南冠楚冠也縶拘縶也有司對曰鄭人所獻楚囚也使稅之召而弔之再拜稽首問其族對曰伶人也公曰能樂乎對曰先父之職官也敢有二事使與之琴操南音公曰君王何如對曰非小人之所得知也固問之對曰其爲太子也師保奉之以朝于嬰齊而夕于側也嬰齊令尹子重也側司馬子反也言其尊卿敬老也不知其他公語范文子文子曰楚囚君子也君盍歸之使合晉楚之成公從之

又曰楚子侵鄭鄭皇頡戍之出與楚師戰敗穿封戌囚皇頡公子圍與之爭之公子圍共王子靈王也正於伯州犁正典直也伯州犁曰請問於囚乃立囚伯州犁曰所爭君子也其何不知上其手曰夫子爲王子圍寡君之貴介弟也介大也下其手曰此子爲穿封戌方城外之縣尹也誰獲子上下手以道囚意囚曰頡遇王子弱焉弱敗也言爲王子所得也戌怒抽戈逐王子圍

又曰衛侯如晉晉人執而囚之于士弱氏士弱晉主獄大夫也

又曰紂囚文王七年諸侯皆從之囚紂於是乎懼而歸

史記曰孟嘗君入秦秦王欲留之人或說秦必先齊而後秦秦其危矣於是秦昭王乃囚孟嘗君

漢書曰雋不疑爲京兆尹每行縣錄囚徒不疑多有所平反音翻母喜笑爲飲食語言異於他時或無所出母怒爲之不食故不疑爲吏嚴而不殘

又曰呂后爲皇太后乃令永巷囚戚夫人

又天文志曰有勾圜十五星屬杓曰賤人之牢牢中星實則囚多虛則囚出

又曰王章下廷尉獄妻子皆繫小女年十二起號哭曰平常獄上夜呼囚數常至九今八而止我君素剛先死者必君果死

又曰蕭育嘗繫乃欲弃官按佩刀曰蕭育杜陵男子何詣曹也

東觀漢記曰和熹鄧后京師旱自三月至五月太后幸洛

陽寺省廡獄舉寃囚徒杜治不殺人自誣被掠羸困便舉見畏吏不敢白吏將去舉頭若有言太后察視覺之即呼還問狀遂得申列即時收令下獄抵罪尹左遷行未還宮澍雨大降

又曰和帝永元六年七月京師旱幸洛陽寺録囚徒舉寃獄未還宮而澍雨

又曰馬援爲郡督郵送囚至府囚有重罪援哀而縱之亡命北地遇赦留

後漢書曰陸續字智初會稽吳人也太守尹興辟爲郡門下掾是時楚王英謀反陰疏天下善士及楚事覺顯宗得其録有尹興名興詣廷尉獄續與主簿梁宏及掾史五百餘人詣洛陽詔獄續母遠至京師覘候消息獄事持急無緣與續相聞母但作饋食付門卒以進之對食悲泣不能

自勝使者恠而問其故續曰母來不得相見故但使泣耳使者大怒以爲門吏通傳意氣將召案之續曰因食餉羮識母所自調和故知來耳非人告也母嘗截肉未嘗不方斷葱以寸爲度是以知之

魏志曰太祖征劉備先遣賈逵至斜谷視形勢道逢水衡載囚數十車逵以運急輒截重者一人皆放其餘太祖善之

晉書曰曹攄爲臨淄令獄有死囚歲夕攄行獄愍之曰卿等不幸至此非所如何新歲人情所重豈欲暫見家耶衆囚皆泣曰若得暫歸死無恨也攄悉開獄出之剋日令還掾吏固爭咸謂不可攄曰此雖小人義不見負自爲諸君任之至日相率而還並無違者一縣歎服号曰聖君

北史曰後魏元麗拜雍州刺史爲政嚴酷吏人惡之其妻崔氏誕一男麗遂出州獄囚死及徒流案未申臺者一時放免

宋書曰王志累遷宣城內史清謹有恩惠郡人張倪吳慶爭田經年不決志到官父老相謂曰王府君有德政吾鄉里乃有如此爭倪慶因相携請罪所訟地遂成閑田後爲東陽太守郡獄有重囚十餘冬至日悉遣還家過節皆反唯一人失期志曰此自太守事主者勿憂明旦果至以婦孕吏人又益歎服之

又曰謝方明爲驃騎長史理南郡年終江陵縣獄囚事無輕重悉放歸家使過正三日還到罪重者二十餘人綱紀巳下莫不疑懼時晉陵郡送故主簿弘季咸徐壽之並隨在西固諫以爲昔人雖有事或是記籍過言且當今人情薄不可以古義相許方明不納一時遣之囚及父兄並驚

喜涕泣以爲就死無恨至期有重罪二人其一醉不能歸逮二日反餘一囚十日不來五官朱千期請見自討之方明知爲囚事使左右謝五官不須入囚當自反囚逡巡墟里不能自歸鄉村責讓率領將送意兆者遠近歎服焉

北齊書曰梁湘東王繹遣世子方諸出鎮郢州顏之推常管記室值侯景陷郢之推被執頻欲殺之賴其行臺郎中王則屢護救免囚送建鄴

北史曰蕭撝入周爲上州刺史爲政以禮讓爲本嘗至元日獄中囚繫悉放歸家聽三日然後赴獄主者爭之撝曰昔王長虞延見稱前史吾雖寡德竊懷景行以之獲罪弥所甘心諸囚荷恩並依限而至吏人稱其惠化

陳書曰張種以外戚賜無錫嘉興縣秩嘗於無錫見有重囚在獄天寒呼囚曝日遂失之陳文帝聞之笑而不責

南史曰吉翰遷豫州梁郡諸軍時有死罪囚典籤意欲活之因翰入閤齋呈事翰省說語令且去明可更呈典籤不敢復入呼之乃來取昨所呈事視訖謂曰卿意當欲宥此囚死命昨於齋坐見其事亦有心活之但此囚罪重不可全貸既欲加恩卿便當代任其罪因命左右收典籤付獄殺之原此囚生命

唐書曰韋仁壽隋大業末爲蜀郡法司書佐獄無冤囚其有得罪者臨將就戮猶西向爲仁壽禮佛而死

又曰太宗親録囚徒多所原宥見死罪者憫之放歸于家限至來秋即戮乃勑天下死囚皆放令入京並依期而集於是天下死罪囚三百九十人皆釋禁自至朝堂不勞督領一無逃散太宗感其奉法竟盡赦之

又曰高宗遵貞觀故事務在恤刑嘗問大理卿唐臨在獄

繫囚之數臨對曰見囚五十餘人唯二人合死上以囚數少甚喜

又曰吕元膺爲蘄州刺史頗著恩信嘗歲終閲郡囚囚有自告者曰某有父母在明日元正不得相見因泣下元膺憫焉盡脫其械縱之與爲期守吏曰賊不可縱元膺曰吾以忠信待之及期無後到者由是群盜感義相引而去

韓子曰溫人入周周不內問之曰客耶對曰主人也問其巷而不知也吏曰囚之君使人問之曰子非周人也而自謂非客何也對曰臣少也誦詩云普天之下莫非王土率土之濱莫非王臣今君天下則我天子臣也

淮南子曰拘囹圄者以日爲脩當市死者以日爲短

吳越春秋曰吳王拘越王勾踐與大夫范蠡於石室吳王疾越王謂太宰嚭曰囚臣請一見問疾太宰入言吳王乃見越王也

列女傳曰嚴延年爲河南太守河南號曰屠伯（以其刑殺爲主若屠者也）其母嘗從東海來欲就延年臘到洛陽適見執囚（所執決刑戮之囚也）母大驚便止都亭不肯入府

會稽典録曰盛吉拜廷尉吉性多仁恩務在哀矜每至冬月罪囚當斷夜省刑狀其妻執燭吉持筆夫妻相向垂泣妻常謂吉曰君爲天下執法不可使一人濫罪

太公金匱曰文王問太公曰天下失道忠諫者死予子伯邑考爲王僕御無故烹之囚予於羑里以其羹歠予

風俗通曰囚遒也言辭窮得罪誅遒也禮罪人寘諸圜土故囚字爲口中人此其象也

陳留耆舊傳曰虞延除細陽令每至歲時伏臘輒休遣囚各歸家囚並感其恩應期而還

韓陽天文要集曰流星入昴貴人有繫囚也

論衡曰李子長爲政欲知囚情以梧桐爲人象囚之形鑿地爲埳臥木囚其中罪正者木囚不動寃侵奪者木囚動出不知囚之精神着木人耶將天神之氣動木囚也

徒

史記曰秦始皇至湘山逢大風不得渡上問博士曰湘君何神對曰堯女舜妻也死而葬此始皇大怒使刑徒三千伐湘山樹赭其山上

又曰高祖以亭長爲縣送徒驪山徒多道亡自度比至多亡之到豐西澤中止飲夜乃解縱所送徒曰公等皆去吾亦從此逝矣徒中壯士願從者十餘人

漢書曰匈奴侵冠王莽大募天下囚徒乃名曰豬突豨勇（服虔曰突者逐也惟觸突人故取以爲喻也）

范曄後漢書曰尚書郎張俊自獄中上書訟罪而俊獄已報廷尉將出穀門臨行刑鄧太后詔馳騎以減死論俊上書謝曰孤恩負義自陷重刑請斷竟訖無所復望廷尉鞠遣刀斧在前棺絮在後魂魄飛揚形容已枯陛下聖澤以臣嘗在近密識其狀皃復其眼目留心曲慮特加偏覆喪車復還白骨更肉披棺發槨起見白日天地父母能生臣俊不能使臣俊當死復生陛下德過天地恩重父母誠非臣俊破碎骸骨舉宗腐爛所報萬一臣俊徒也不得上書不勝去死就生驚死踊躍冒昧拜章世皆哀其文

魏略曰人得崔琰書以裹帳籠持其籠行都道中時有與琰宿不平者遥見琰名著幘籠從而視之遂白太祖以爲琰腹誹心謗乃収付獄髡刑輸徒前所白琰者又白云琰爲徒虯鬚直視心似不平太祖亦以爲然遂殺之

又曰王陵字彥雲太原人陵爲發干長遇事髡刑五年當道掃除時太祖下車過問此何徒左右以狀對太祖曰此所坐亦公耳於是選爲驍騎主簿

三國典略曰太原公洋之赴晉陽也陽休之勸崔季舒曰一日不朝其間容刀季舒 性好聲色心在閑放遂不請行欲恣其淫樂司馬子如等緣宿憾乃奏暹及季舒過狀各鞭二百徒於馬城晝則供役夜置地牢

瑣語曰晉治氏女徒病弃之舞嚚之馬僮飲馬而見之病徒曰吾良夢馬僮曰汝奚夢乎曰吾夢乘水如河汾三馬當以吿舞僮舞嚚自往視之曰尚可活吾買汝荅曰既弃之矣猶未死乎舞嚚曰未遂買之至舞嚚氏而疾有間而生荀林父 神異記又載之

鍾離意別傳曰司徒侯霸辟意署議曹掾以詔書送囚徒三百餘人到河北遭隆冬盛寒徒皆貫連械不復能行到弘農縣使令出見錢爲徒作襦袴各有升數令對曰被詔書不敢妄出錢意曰使者奉詔命寧私行耶出錢便上尚書使者亦當上之光武皇帝得上狀見司徒侯霸曰所使吏何乃仁恕用心乎誠良吏也襦袴既且悉到前縣給賜糜粥後謂徒曰使者不忍善人嬰刑飢寒感惻於心今以得衣矣欲悉解善人械桎得逃去耶皆曰明使君哀徒恩過慈父身成灰土不敢逃亡意復曰徒中無欲歸候親者耶其有節義名者五六十人悉解械桎先遣之與期日會作所徒皆先期至也

劉楨京口記曰有龍目湖秦始皇東遊觀地勢曰有天子氣使赭衣徒三千人鑿此中間長坑使斷因改名爲丹徒

風俗通曰徒不上墓說新遭刑罪原解者不可以上墓祠

祀令人死亡謹案孝經身體髮膚受之父母曾子病困啓手足以歸全也今遭刑者髡首剔髮身被加笞新出狴犴臭穢不潔凡祭祀者孝子致齋貴馨香如親存也時見子被刑心有惻愴緣生事死恐明不歆承當不上墓耳

郭子曰劉道真嘗爲徒扶風王司馬駿以五疋布贖之既而用爲從事中郎當時以爲美談

孔融肉刑論曰今之洛陽道橋作徒囚於厮役十死一生故國家常遣三府請詔月一案行又置南甄官使者主養病徒僅能存之語所謂洛陽豪徒韓伯密加笞三百不中一髡頭至耳髮詣膝此自爲刑非國法之意

徒作年數

周禮秋官上大司寇曰以嘉石平罷民凡萬民之有罪過而未麗於法而害於州里者桎梏而坐諸嘉石役諸司空

重罪旬有三日坐朞役其次九日坐九月役其次七日坐
七月役其次五日坐五月役其下罪三日坐三月役使州
里任之則宥而舍之
又秋官上曰司圜掌收教罷民凡害人者弗使冠飾而加
明刑焉任之以事而收教之能改者上罪三年而舍中罪
二年而舍下罪一年而舍其不能改出圜土者殺
漢書曰罪人獄已決完爲城旦舂滿三歲爲鬼薪白粲應劭
注曰鬼薪爲宗廟取薪白粲擇米使正白鬼薪白粲一歲爲隸臣妾隸臣妾一
歲免爲庶人
晉律曰髡鉗五歲刑笞二百若諸士詐僞將吏越武庫垣兵守逃歸家兄弟保人之屬
並五歲刑也四歲刑若復上闌入殿門上變事漏露泄選舉詐發密事毆兄姊之屬並四歲刑三
歲刑若傷人上而謗僞造官印不憂軍事毆殺人之屬並三歲刑也二歲刑二歲刑減一等入罰金二
歲以至五歲刑皆耐罪若越城作弃走馬衆中有挾天文圖讖之屬並爲二歲刑

張斐律序曰徒加不過六囚加不過五罪已定爲徒未定爲囚累作
不過十一歲五歲徒犯一等加六歲犯六等加爲十一歲作累笞不過千二百五歲
徒加六等笞一千二百

太平御覽卷第六百四十二

太平御覽卷第六百四十三

刑法部九

獄

釋名曰獄确胡角也也言确人情偽也又謂之牢言所在堅牢也又謂之圜土言築土表牆其刑圜也又謂之囹圄囹領也圄御也領錄囚徒禁御之也

急就篇曰皐陶造獄

說文曰獄謂之牢

易曰澤上有風中孚君子以議獄緩死

又曰山下有火賁君子以明庶政無敢折獄

又曰山上有火旅君子以明慎用刑而不留獄

詩小宛曰哀我填寡宜岸宜獄岸亦獄鄉亭之繫曰犴也

詩含神霧曰杓為天獄主天殺也

禮曰孟春之月命有司省囹圄去桎梏止獄訟孟秋之月命有司脩法制繕囹圄具桎梏鄭玄注曰囹圄所以禁守繫者則今之獄矣

周禮秋官司寇曰以圜土聚教罷民圜土獄城也

春秋元命苞曰為獄圓者象斗運還合宋均注曰作獄圓者象斗運

國語曰溫之會晉人執衛成公歸之于周晉侯將煞之王曰不可夫政自上下也上作政而下行之不逆故上下無怨今叔父作政而不行無乃不可乎不行謂不順也夫君臣無獄獄訟也無是非曲直獄訟之義也今元咺雖直不可聽也君臣皆獄父子將獄是無上下也而叔父聽之一逆矣又為臣殺其君安庸刑庸用刑法布刑而不庸再逆矣一合諸侯而有再逆政余懼其無後也在魯僖三十年無後無以後合諸侯不然余何私於衛侯晉人乃歸衛侯

史記曰趙高案治李斯拘執束縛居囹圄中仰天而歎曰嗟乎悲夫不道之君何可為計哉

又曰蕭何卒召曹參參去囑其後相曰以齊獄市為寄慎勿擾也

又曰周勃為丞相十餘月乃免相就國歲餘每河東守尉行縣至絳絳侯勃自畏恐誅常被甲令家人持兵以見之其後有上書告勃反下廷尉勃恐不知置辭吏稍侵辱之勃以千金與獄吏吏乃書牘背示之曰以公主為證公主者孝文女也勃子勝之尚公主故獄吏教引為證薄太后亦以勃無反事文帝朝太后以冒絮提文帝曰絳侯綰皇帝璽將兵於北軍不以此時反今居一小縣顧反耶文帝使持節赦絳侯復爵邑絳侯既出曰吾嘗將百萬軍然安知獄吏之貴也

又曰鉤弋夫人得幸武帝乃生昭帝帝立時年五歲衛太子廢後上幸甘泉宮命畫工圖畫周公負成王於是左右群臣知帝欲立少子後數日帝譴責鉤弋夫人夫人脫簪珥叩頭帝曰引持去送掖庭獄夫人還顧帝曰趣行汝不得活夫人死雲陽宮時暴風揚塵百姓感傷使者持棺往葬之封識其處後帝閑居問左右曰人言何左右對曰人言且立其子何去其母乎帝曰然是非兒曹愚人所知也往古國家所以亂者由主少母壯也女主獨居驕蹇淫亂自恣莫能禁也汝不聞呂后耶故諸為武帝生子者無男女其母無不譴死豈可謂非賢聖哉

漢書曰韓安國坐法抵獄吏田甲辱安國安國曰死灰獨復不然乎田曰然即溺之居無幾安國為梁內史田甲亡

安國曰甲不就官我滅尒宗田甲肉袒謝安國數曰公等
足與治乎卒善遇之
又曰孝宣帝初生号曰皇孫生數月遭巫蠱事收繫郡邸
邴吉爲廷尉監望氣者言長安獄中有天子氣上遣使者
分條中都官獄繫者輕重皆煞之内謁者令郭攘夜至郡
邸獄吉拒關使者不得入皇曽孫賴吉得全
又曰張湯杜陵人父爲長安丞出湯爲兒守舍鼠盗肉父
怒湯湯掘熏得鼠及餘肉劾鼠掠笞并取鼠與肉具獄磔
堂下父見之文辭如老獄吏大驚遂使書獄
又曰夏侯勝爲議不許宣帝尊武帝廟下獄及丞相長史
黄霸坐不舉劾俱下獄霸欲從勝受經勝辞以罪死霸曰
朝聞道夕死可矣勝賢其言遂授之繫更再冬講論不怠
又曰有罪當械者皆頌繫應劭注曰頌者容也言見寛容

但處曹吏不入狴牢
又曰尹賞鉅鹿楊氏人長安中姦多閭里少年群輩煞吏
受財執仇相與探丸得赤丸斫武吏黒者斫文吏白者主
治喪城中薄暮塵起剽劫行者賞以三輔高弟選守長安
令治獄穿地方深各數丈餘乃以大石覆其口名虎牢輕
薄惡子鮮衣凶服被鎧扞持刀兵者捕得數百人内虎牢
中數日一發視皆枕藉死長安中遂無盗賊
又曰天文志曰勾圜十五星屬杓曰賤人之牢星實則囚
多虚則開出
續漢書曰范滂字孟博坐繫黄門北寺獄吏謂曰凡坐繫
皆祭皐陶滂曰皐陶賢者古之直臣知滂無罪持理之上
帝如有其罪祭之何益衆人由此止也
又曰武帝置中都獄官二十六所世祖皆省唯廷尉及洛

陽有詔獄
又曰虞詡字叔卿陳留圉人祖爲獄吏嘗勧于公之治獄
及詡生經曰吾雖不及于公子孫至丞相冀得爲九卿故
字詡曰叔卿至尚書令
又曰李業字巨游廣漢人王莽居攝太守劉咸聞業有德
辟業業稱疾咸怒教曰賢者不避害猶彀射市中命薄者
先死令業詣獄養病客有説咸者乃出業
謝承後漢書曰赤眉入長安時式侯恭以弟盆子爲赤眉
所尊故自繫赤眉至更始奔走式侯從獄中　条械出街
中逢京兆尹解惲呼曰解君載我我更始之忠臣也即帝
敗我弟又爲赤眉所立惲使後車載之前行見定陶王劉
禮解其械言帝在渭中舡上遂相隨見更始
范曄後漢書曰許揚爲都水掾使典復鴻郤陂初豪右大

姓因緣陂役竟欲辜較在所揚一無所聽乃共譖揚取受
財賂遂收揚下獄而械輒自解獄吏見恐遽即夜出揚時
天雨陰晦道中若有火光照之時人異焉
又曰杜篤字季雅居美陽與美陽令遊從數請託不諧頗
相恨令怒收篤送京師會大司馬吴漢薨光武詔諸儒誄
之篤於獄中爲誄辭最高帝美之賜帛免之
東觀漢記曰崔篆爲新建大尹篆歎曰吾生值澆羿之君
上有老母下有兄弟安得獨潔巳而危所生哉乃單車到
官稱疾三年不視事行縣門下掾倪敞諫篆乃強起班春
所至之縣獄犴塡滿篆垂涕曰嗟乎刑罰不中乃陥民於
穽此皆何罪於是乎遂平理所出二千餘人掾吏叩頭諫
曰誠仁者之心然獨爲君子將有悔乎篆曰邾文公不以
一人易其身君子謂之知命如煞大尹贖二千人盖所願

也遂稱疾去
又曰鮑昱爲泚陽長縣人趙堅殺人繫獄其父母詣昱自言年七十餘唯有一子適新娶今繫獄當死長無種類涕泣求哀昱憐其言令將妻入獄解止宿遂任身有子
衛宏漢舊儀曰郡邸獄理天下郡國上計屬大鴻臚東市獄屬京兆尹
王隱晉書曰太康五年夏六月初置黃沙獄晉書曰武帝置黃沙獄以典詔囚以高光歷世明法用爲黃沙御史
又曰帝至平陽爲劉聰所幽辱趙允伏地號哭不能起聰大怒幽之於獄允發憤自殺聰善其忠烈贈車騎將軍節愍侯
又曰喬智明爲殄寇將軍隆慮共二縣令愛之号爲神君部人張兌爲父報仇母老單身有妻無子智明愍之停其

獄歲餘令兌將妻入獄兼陰縱之人有勸兌免兌曰有君如此吾何忍累之縱吾得免作何面目視息世間於獄產一男會赦得免
又曰霍原字休明燕國廣陽人也少有智力叔父坐法當死原入獄訟之摴毒備加終免叔父
晉令曰獄屋皆當完固厚其草蓐家人餉饋獄卒爲温暖傳致去家遠無餉饋者悉給廩獄卒作食寒者與衣疾者給醫藥
宋書曰凱撝明帝立擢爲太子洗馬撝資藉豪富厚自奉養供一身一月十萬宅宇山池妓妾姿藝皆窮上品才調流贍善納交遊愛妓陳玉珠明帝遣求不與逼奪之撝頗怨帝令有司誣奏將殺之撝入獄數宿鬚鬢皆白免死繫尚方

蕭子顯齊書曰戴僧靜會稽永興人也少有膽力便弓馬於都載錦爲歐陽式所得繫兗州獄太祖遣薛深餉僧靜酒食以刀子置魚腹中僧靜與吏飲以刀刻械手自折鎖發屋而出歸太祖送止之齋內以其家貧年給粟千斛
崔鴻後趙錄曰石季龍幽中書令徐光于襄陽國詔獄光在獄中注解經史十餘萬言
三國典略曰周諫仐齋爲楊州刺史平鑒所獲繫之獄妻生男鑒因喜醉擅放免之既醒知非上啓自劾齊主特原其罪
隋書曰裴政爲襄州總管妻子不之官所受秩奉散給寮吏民有犯罪罪者陰悉知之或竟歲不發至再三犯乃因都會時於衆中召出覩案其罪五人處死徒流者甚衆合境惶懾令行禁止小民蘇息稱爲神明尒後不修囹圄殆無爭訟

又曰薛胄爲兗州刺史及到官繫囚數百胄剖斷旬日便了囹圄空虛
又曰柳儉拜蓬州刺史獄訟者庭遣不爲文書約束縱容而已獄無繫囚
唐書曰太宗行次靈石縣指獄而謂皇太子曰此何謂皇太子對曰此所謂圜獄將繫罪人太宗因曰文王作罰刑茲無赦而漢文帝志在輕刑但以詳平爲佳非謂有罪而釋也濫繫無辜則政道欽乂滯有罪則怨氣生圜土之中仰視青天有同懸鏡而鑠械勇體鬱結其中夫循諸已者可以知物傳曰其恕乎由此言之不言不愼
又曰陽城爲道州刺史觀察使判官督其賦至州怪城不出迎以問州吏吏曰刺史聞判官來以爲有罪自囚於獄

不敢出判官大驚馳入謁城於獄曰使君何罪某奉命來
候安否耳留一二日未出去城因不復歸館門外有故問
扇擴地城晝夜坐卧其上判官不自安辭去
晏子春秋曰景公籍重而獄多拘者滿圄怨者滿朝晏子
諫不聽
淮南子曰君不入獄爲恩也
論衡曰獬豸者一角之羊也性知有罪臯陶治其罪疑者
令羊觸之有罪則觸無罪則不斯盖天生一角聖獸助獄
爲驗故臯陶禮羊跪坐事之此則神奇瑞應之類
風俗通曰易噬嗑爲獄獄十月之卦從犬言聲二犬亦存
以守也廷者陽也陽尚生長獄者陰也陰主刑殺故獄皆
在庭北順其位
又曰詩云宜犴宜獄犴司空也周禮凡萬民之有罪過已

離於法者桎梏以上坐諸嘉石役諸司空今平易道路也
又曰周禮三王始有獄夏曰夏臺言不害人若遊觀之臺
桀拘湯是也殷曰羑里言不害人若於閭里紂拘文王是
也周曰囹圄令圄舉也言人幽閑思愆改惡爲善因原之
也今縣官録囚皆舉也
三輔黄圖曰長安有九市二十四獄
扶南傳曰扶南俗理訟無牢獄鞭杖唯以探湯捧鎖没水
爲信先使沐浴齋戒乃令以手内湯或捧熱鎖或没水中
無罪者不爛不燋不没罪者即驗也
會稽典録曰鍾離意爲堂邑令縣民房廣爲父報仇繫獄
其母病死廣聞之號泣獄意爲之悽惻出廣見之曰今欲
出若歸家殯斂有義則還無義則已丞掾諫以爲不可意
曰不還之罪令自受之廣臨殯畢即自獄以狀表上詔減

死一等
又曰盛吉字君達山陰人司徒虞延辟西曹掾時隴西太
守鄧融以贓罪徵詣廷尉前後考驗歷歲不服明帝下三
府遣精能掾屬更就彈劾吉到詔獄但勑主者供湯沐飲
食不去問事明日復往解融桎梏安徐以情責君若無贓
強見誣枉宜具列辭當相伸理如審有罪不得誣罔國家
融感吉意即移辭首服
又曰黄昌爲蜀郡太守密捕得盜師一人悉使疏諸縣強
盜密往捕録其諸小盜皆原其死謫作棧道以代民役由
是道不拾遺獄至連年無有重囚
又曰高豊字文林爲鄴縣獄吏刺史盧孟行部到旬日鄴
縣解勑鄴長將囚徒就所在録見林被文書閉獄下籥不
肯送徒自詣諫曰明使君秉法駕騑轡銜命理寃當縣縣

乃至今乃遥召囚徒欲省更煩盡普天之下莫非王土率
土之濵莫非王臣鄴獄非漢地乎囚徒終不出縣特望朱
軒迴輪向鄴孟遂到鄴
襄陽耆舊記諸葛亮出關中使馬謖統大衆在前爲魏將
張郃所破坐下獄死時年四十九臨終與亮書曰明公視
謖猶子謖視明公猶父願推殛鯀興禹之義使平生之交
不虧謖雖死無恨於黄泉
博物志曰夏曰念室殷曰動止周曰稽留三代之異名也
又狴犴者亦獄別名
韓陽天文要集曰貫索貴人之牢中星實則囚多虛則開
出
搜神記曰漢武帝東遊未出函谷關有物當道其身數丈
其狀像牛青眼而曜精四足入土動而不死百官驚懼東

方朔乃請酒以灌之灌之十斛而物消帝問其故荅曰此名爲患憂之物氣之所生此必秦之獄地不然則罪人徒作者之聚夫酒忘憂故能消之也帝曰吁博物之士至於此乎

東方朔曰孝武皇帝時幸甘泉至長平坂上馳道中央有蟲覆而赤如生肝狀頭目口齒鼻耳盡具先驅旋頭馳還以聞曰道不可御於是上止車遣侍中馳往視之還盡莫知也時東方朔從在後屬車上召朔使馳往視之還對曰恠哉上曰何謂也朔對曰秦始皇時拘繫無罪幽殺無辜衆庶怨恨無所告訴仰天而歎曰恠哉感動皇天此憤氣之所存也故名之曰怪哉是地必秦之獄處也上有詔使丞相公孫弘案地圖果秦之獄處也上曰善當何以去之朔曰夫積憂者得酒而去之以酒置中立消靡上大笑曰東方生真所謂先生也何以報先知之聖人哉乃賜帛百疋

異苑曰建康陵欣景平中死於楊州作部尅辰當葬作部督夢欣云今爲獄公姥祖夕有期莫由自反勞君解謝今得放遣督不信夜後又夢言辭轉切因歌一曲云生時世上人死作獄中鬼不得還墳墓灰沒有餘罪督覺爲謝神從此便絶

劉義慶幽明録曰晉廬陵太守龐企字子及上祖坐事繫獄而非其罪見螻蛄行其左右相謂曰使尔有神能活我死不當善乎因投飯與螻蛄食盡去有頃復來形體稍大意異之復與食數日其大如豚及當行刑螻蛄掘壁根爲大孔道得從此出亡後遇赦得活矣

齊諧記曰呉當陽縣董昭之乏舡過錢塘江中見一蟻著一短蘆惶遽畏死使以繩繫蘆著舡舡至岸蟻得出中夜夢見一人烏衣來謝云僕是蟻中王君有急難當見先語歴十餘年江左刼盗縱横録昭之爲刼主繫餘姚獄昭之自惟蟻王夢云緩急當告今何處告之獄囚言但取兩三蟻著掌中祝之昭之如其言暮果夢昔烏衣人云可急去入餘杭山天下既赦命不久也於是便覺蟻齧械已盡因得出獄過江投餘杭山遇赦遂得免

桓子新論曰近哀平間道士臨淮董仲君坐繫獄病死數日目陷生蟲吏捐弃之便更活去

太平御覽卷第六百四十三

太平御覽卷第六百四十四

刑法部十

械　　拲　　鏁

鉗

械

易蒙卦曰利用刑人用說桎梏

又噬嗑曰初九屨校滅趾無咎校者以木絞者也即械也校者取其通名也

傳曰郤犨與長魚矯爭田執而梏之梏械也與其父母妻子同一轅繫之車轅

又曰宋華弱樂轡少相狎長相優又相謗也優調戲也子蕩怒以弓梏華弱于朝子蕩樂轡也張弓以貫其頸若械之在手故曰梏平公見之曰司武而梏於朝難以勝矣司武司馬也言其懦弱不足以勝敵也

說文曰梏手械所以告天桎足械所以質地也

史記曰桓公乃佯為召管仲欲甘心實欲用之鮑叔牙迎受管仲及堂阜而脫之桎梏

漢書曰有罪當盜械者皆頌繫應劭曰智署令各有當盜但頌繫者言見寬容但處曹吏舍不入狴牢盜着也恐亡故着械不謂盜竊乃械也

謝沈後漢書曰赤眉入長安時式侯恭以弟盆子為赤眉所尊故　自繫赤眉至更始奔走式侯從獄中桊械出街中具獄門中

魏略曰賈逵為丞相主簿王欲征吳逵諫之王怒付獄獄吏以逵主簿不即着械逵曰促我械王且疑我在近職求緩於卿將遣來察着械適訖而果遣視之

江表記曰孫策得太史慈即勑破械使沐浴賜衣巾并設酒食

魏志曰田豫為汝南太守先是郡人侯音反前太守收其黨五百餘人皆當死豫悉見慰喻破械遣之諸囚叩頭願効即相報語群賊解散

吳志曰陳表傾意待士皆樂為用命時有盜官物者疑施明明壯悍收考極毒雖死不伏廷尉以聞權以表使自以意求其情實表便破械沐浴易其衣服厚設酒食欲以誘之明乃首服

晉書曰范廣為堂邑令丞劉榮坐事當死郡以付縣榮即縣人家有老母至節廣輒暫還榮亦如期而返縣堂為野火所及榮脫械救火事畢還自着械

又曰并州刺史司馬騰執諸胡於山東賣充軍實將詣冀州兩胡一枷石勒亦在中

又載記曰苻丕敗徐義為慕容永所獲械埋其足將殺之義誦觀世音經至夜土開械脫出於重禁之中若有人脫

之者遂奔

後魏書曰孝文太和初時法官及州郡縣多為重枷復以縋石懸於囚頸傷肉至骨勒以誣服吏以為能帝聞而傷之乃制非大逆有明證而不疑辭者不得大枷

又曰宋翻為河南令縣舊有大枷時人號曰彌方結切尾青及翻為縣主吏請焚之翻曰且置南墻下以待豪猾未幾有內監楊小駒詣縣請事辭色不遜翻命取青尾以鎮之小駒既免入訴於宣武宣武大怒勑河南尹推之翻具自陳伏詔曰卿固違朝法豈不欲作威以買名翻對曰造具亦非臣所以留者非敢施於百姓欲待兇暴之徒如駒者耳由是威振京師

三國典略曰東魏中尉宋遊道限外受故選狀詞渤海王怒而禁之獄掾欲為之脫枷遊道不肯曰此王命所着不

可輒脫王聞而宥之

北齊書曰庫狄遷封武章郡王其子士文爲貝州刺史性孤直其子嘗官廚餅枷於獄累日杖之二百步送還京

蕭子顯齊書曰戴僧靜會稽永興人也少有膽力便弓馬於都載錦爲歐陽式所得繫兗州獄太祖遣薛淵餉僧靜酒食以刀子置魚腸中僧靜與吏飲醉以刀刻械手自折鎖發屋而出歸太祖

後周書曰柳慶爲雍州別駕廣陵王元欣魏之懿親其甥孟氏屢爲凶横或有告其盜牛慶捕推得實趣令就禁孟氏殊無懼容乃謂慶曰今若加以桎梏後復何以脫之欣亦遣使辨其無罪孟氏由此益驕慶於是大集僚吏盛言孟氏依倚權戚侵虐之狀言畢便令笞殺之此後貴戚歛手不敢侵暴

唐書曰酷吏來俊臣所作大枷凡有十號一曰定百脉二曰喘不得三曰突地吼四曰着即臣五曰失魂膽六曰實同反七曰反是實八曰死豬愁九曰求即死十曰求破家又令寢處糞穢備諸苦毒自非身死終不得出

山海經曰貳負之臣曰危與貳負殺窫窳帝乃梏之疏屬之山桎其右足也桎械反縛兩手與髮繫之山上郭璞注曰漢宣帝使人上郡發盤石石室得一人徒役被髮反縛械一足以問群臣莫能知劉子政案此對之帝大驚於是時人爭學山海經也

又曰大荒之中有宋山者有木生山上名楓木蚩尤所弃桎梏蚩尤黃帝所得械之煞已擲弃其械化而爲樹也

異苑曰新野庾紹之少子道遐與南陽宋協中表之親桓玄時庾爲湘東太守病亡協以義熙中晨起服茱萸酒一小兒通云庾湘東須臾便至兩脚着械脫之而坐

孟子曰盡其道而死者正命也桎梏死者非正命也

呂氏春秋曰齊有善相狗者其隣畜之數年不取鼠以告相者相者曰此良狗也志在麞豕鹿不在鼠也欲其鼠則桎之其隣桎其後足則狗取鼠矣

賈誼書曰紂作梏數千睨諸侯之不諂已者而桎梏之文王桎梏囚于姜里七年而後得免及武王剋紂既定令紂之民連梏而流之於河民輸梏者以手撤之弗敢敗之蹠入之水不敢投也昔者文王擁此故思愛文王猶敬其梏况其法教乎

風俗通曰延嘉中京師長者皆着木屐婦人始嫁至作漆畫五采爲系謹案黨事始發傳詣黃門北寺臨時惶恐不能信天任命多有逃亡不就栲者九族拘繫及所過歷長少婦女皆被桎梏應木屐之像矣

又曰械戒也所以警戒使爲善也桎實也言其下垂至地

然後吐情首實

語林曰嵇中散夜彈琴忽有一鬼着械來歎其手快曰君一絃不調中散與琴調之聲更清婉問姓名不對疑是蔡伯喈伯喈將亡亦被桎梏

拲 音拱

周禮秋官上曰掌囚掌守盜賊凡囚者上罪梏拲而桎王之同族拲有爵者桎以待弊罪拲者兩手共入一木王同世及命上巳上鋊有上罪或拲或桎而已拲猶斷也

晉令曰死罪二械加拲手

趙書曰後石季精騎五千襲邵續一戰生擒續於青丘鉗頸拲手於襄國青陽城門頓頭稱囚

鎖

說文曰銀鐺鏁也
漢書食貨志曰王莽爲貨有誹詛者郡國檻車鐵鏁傳送長安鍾官
又王莽傳曰民犯鑄伍人相坐沒官爲奴婢其檻車兒女步以鐵鏁銀鏁其頸傳至鍾官奴以千萬數
華嶠後漢書曰崔鈞爲西河太守與袁紹起兵董卓收鈞父烈下之郿獄銀鐺卓誅烈得歸長安也
王隱晉書曰石勒鏁荀晞頸以爲司馬而反煞之
南史曰丹徒縣令沈巑之以清廉拉罪巑之吳興武康人性疎直在縣自以清廉不事左右浸潤日至遂鏁繫尚方歎曰一見天子足矣上召問曰復欲何陳荅臣坐清所以獲罪上曰清復何以獲罪曰無以承奉要人上曰要人爲誰巑之以手扶四面指曰此赤衣諸賢皆是若臣得更鳴必令清譽日至巑之雖危言上亦不責後知其無罪重除丹徒令
又曰褚玠除山陰令縣人張次的王休達等與諸猾吏賄賂通姦全丁户類多隱沒玠鏁次的等具狀啓臺宣帝手勑慰勞并遣使助玠搜括所出軍人八百餘户
三國典略曰梁湘東王以鮑泉圍湘州久不陷使平南將軍王僧辯代爲都督數泉十罪舍人羅重懽師 三百 與僧辯俱發先令通泉曰羅舍人被令送王竟陵來泉愕然顧左右曰得王竟陵助我賊不足平俄而重懽先入僧辯繼之泉方拂席而坐僧辯曰鮑郎卿有罪令旨令我鏁卿勿以故意相待羅重懽宣令即鏁之於牀側泉舉止自若謂重懽曰稽緩王師甘受其罪但恐後人更思鮑泉之憤耳僧辯意甚不平泉乃爲啓自申并謝淹遲之罪湘東

怒解遂釋之
宋躬孝子傳曰繆斐字文雅東海蘭陵人父忽得患醫藥不給斐晝夜叩頭不寢不食氣息將盡至三更中忽有二神引鏁而至求哀曰尊府君昔經見侵故有怒報君至孝所感昨爲天曹所攝鏁銀鐺斐驚視父已差父云吾病恒見二人見持向來忽不見斐乃具說父曰吾曾過五子胥廟引二神像置地當此是也
劉欣期交州記曰居風山去郡四里吏人從太守裴岸求市比山云出金既不許尋有一嫗行田見金牛出食斫得鼻鏁長丈餘人後往往見牛夜出其色光耀數十里

鉗

說文曰鉗鐵有所劫束也鈦脛鉗也鈦音遞
史記曰衞青平陽人其父爲與給事平陽侯家妾通生青爲侯家人少時歸其父使牧羊先母之子皆奴畜之不以爲兄弟青嘗至泉居室有一鉗徒相青曰貴人也官至封侯青歎曰人奴得無笞罵即足矣安得封侯
晉令曰徒着鉗者刑竟録輸所送獄官
晉律曰鉗重二斤翹長一尺五寸

太平御覽卷第六百四十四

刑法部十一

象刑　誅　轘
烹

象刑

尚書大傳曰唐虞象刑而民不敢犯苗民用刑而民興相漸唐虞之象刑上刑赭衣不純純緣者時人尚德義犯刑者但易衣服自爲大恥中刑雜屨屨履也下刑墨幪幪巾也使以下得冠飾幪音蒙以居州里而民恥之

漢書刑法志曰孫卿之論刑也曰世俗之爲說者以爲治古無肉刑治古謂上古至治之時也有象刑墨黥之屬菲屨赭衣而不純菲草屨也純緣衣也不加緣示有恥也是不然矣以爲治古則人莫觸罪非獨無肉刑哉亦不待象刑矣人不犯法即象刑無所施也以爲人或觸罪矣而直輕其刑是殺人者不死而傷人者不刑也罪至重而刑至輕民無所畏亂莫大焉故象刑非生於治古方起於亂今也如淳曰古無象刑也所以有象刑之言者近起於今人惡刑之重故遂推言古之聖君但以象刑天下自治

白虎通曰聖人治天下必有刑罰何所以助治順天之度也故懸爵賞者示有所勸也設刑罰者明有所懼也傳曰三王肉刑應世以立刑者五帝之鞭策刑所以五何法五行也五帝畫其衣象五行也

誅

書曰昏迷于天象以干先王之誅

又曰商罪貫盈天命誅之予不順天厥罪惟均

禮曰振書端書於君前有誅倒筴側龜於君前有誅臣不豫事不敬也振去塵也端正也倒顛倒也側反也皆謂甫省視之也

又曰以足蹙路馬芻有誅齒路馬有誅皆廣敬也路馬君之馬誅罰也

周禮秋官下曰布憲掌憲邦之刑禁傷人見血而不以告者攘獄者遏訟者故以告而誅之謂吏民相殺傷見血者攘獄者距卻不受也遏訟者上過

公羊傳曰君親無將將而必誅

傳曰見無禮於君者誅之如鷹鸇之逐鳥雀也

家語曰孔子爲魯司寇七日而誅亂政大夫少正卯戮之于兩觀之下子貢曰少正卯魯之聞人也今夫子爲政而始誅之或者爲失乎孔子曰天下有大惡者五而竊盜不與焉一曰心逆而險二曰行僻而堅三曰言僞而辯四曰記醜而傳五曰順非而澤此五者有一於人則不免君子之誅而少正卯皆兼有之居處足以撮徒成黨談說足以褒飾熒衆強禦足以反是獨立此乃人之姦雄不可不除

夫湯誅尹諧文王誅潘正周公誅管蔡太公誅華士管仲誅付乙子產誅史何此七子皆異世而同誅者七子異世而同惡故不可赦也吾始誅之不亦可乎

史記曰二世遵用趙高之法乃陰與謀曰大臣不服官吏尚強及諸公子必與我爭柰何高曰臣固願言而未敢也先帝之大臣皆天下累世名貴人也積功勞世以相傳久矣今高素小賤陛下幸稱舉令在上位管中事大臣鞅鞅特以貌從臣其心實不服今上出不因此時案郡縣守尉有罪者誅之上以振威天下下以除去上生平所不可者願陛下遂從時無疑二世曰善乃行誅大臣及諸公子

漢書曰誅彭越盛其醢以徧賜諸侯

又曰公孫弘年八十終丞相位其後李蔡嚴青翟趙周石慶公孫賀劉屈氂踵爲丞相自蔡至慶丞相府客館丘墟

而巳至賀屈釐壞爲馬廐車庫奴婢室矣唯慶以惇謹終
丞相位其餘盡伏誅
又曰上遣公孫敖將兵深入匈奴迎李陵敖軍無功還言
陵教單于爲兵以備漢軍故臣無所得上聞於是族陵家
母弟妻子皆伏誅
後漢書曰梁冀誅李固而露尸於衢令有敢臨者加其罪
又曰梁冀專權其同巳者榮顯違迕者㓕死同僚側目臺
閣機事先以聞冀乃得奏御內外恐懼上下鉗口天子恭
巳而巳不有所親任上旣不平之矣冀以私憾專殺議郎邴
遵上愈益忿八月癸酉上問小黃門唐衡曰左右誰與梁
氏不相得者衡荅曰單超左悺體上呼超悺入室上曰梁
將軍兄弟專朝逼脅內外公卿巳下從其風旨今欲誅之
於常侍意如何皆對曰誠國賊當誅之日久臣等弱少未

知聖意如何上曰審然者常侍密圖之對曰圖之易耳但
恐陛下腹中狐疑上曰姦臣脅國當伏其罪復何狐疑於
是命衡呼超等曰陛下今計巳決勿得數言恐爲人疑丁
丑冀心疑超等使中黃門張惲入省宿以防其變瑗勑吏
收惲自外謀圖不軌於是帝幸殿召公卿勒兵使者收冀
大將軍印綬更封比景都鄉侯黃門令瑗將虎賁劒士卒
千人司隷與共捕冀宗親送雒陽獄無少長皆誅之冀自
殺坐冀所連及公卿列侯校尉刺史二千石死者數十人
冀故吏賓客免黜者二百餘人朝廷爲之一空
又曰鍾離意爲瑕丘令吏有擅建者盜竊　縣內意屏人
問狀建叩頭伏罪不忍加刑遣令長休建父聞之爲建設
酒謂曰吾聞無道之君以刃殘人有道之君以義行誅子
罪命也遂令建進藥而死

漢雜事曰上自擊鄧奉破之於長安奉降上以舊功臣不
誅耿弇曰奉背恩反叛曝師連年上旣至奉親在陳兵敗
乃降不誅無以懲惡於是誅之
又曰秦豐田戎連兵黎丘距漢上遣朱祐守豐議者以爲
豐巳連年勢必困上自往豐必降上往招豐出惡言後數
月豐降祐檻車傳及母妻子送洛陽大司馬吳漢劾奏祐
知豐狡猾圍守連年上親至城下而遂悖逆天下所聞當
伏夷滅之誅不時斬截而聽受降無將帥任大不敬上乃
誅豐召祐
王隱晉書曰解結與孫秀不協秀誅張華　幷欲誅
結弟　梁王彤救之秀曰我於水中蟹尙惡之况其兄弟
耶
晉書曰孟玖譖陸機於成都王穎言其有異心將軍王闡

郝昌公師藩等皆玖所用與牽秀等共證之穎大怒使秀
密收機其夕機夢黑幰繞車手決不開天明而秀兵至機
釋戎服着白帢與秀相見神色自若謂秀曰自吳朝傾覆
吾兄弟宗族蒙國重恩入侍幃幄出剖符竹成都命吾以
重任辭不獲巳今日受誅豈非命也因與穎牋詞甚悽惻
旣而歎曰華亭鶴唳豈可復聞乎遂遇害於軍中
又載記曰昌黎尹孫伯仁護弟比支支弟乞拔等俱有才
力以驍勇聞馮跋之立也並冀開府而跋未知所欲由是有
怨言每於朝享之際常拔劒擊柱曰興建大業有功力焉
而滯於散將豈是漢祖山河之義乎跋怒誅之
趙書曰臨沅侯崔約字道恭與太子詹事羯孫珎會朝珎
患目痛問約用何方治爲佳約戲言唯溺取愈珎曰目何
可溺約曰卿目腕腕正可溺中珎入奏天子怒約父子伏

誅

晉書曰劉裕誅諸葛長民士庶咸恨正刑之晚若釋桎梏焉

宋書曰謝朓初告王敬則反朓臨誅歎曰天道其不可昧乎我不殺王公王公因我而死

莊子曰爲不善乎顯明之中者人得而誅之爲不善乎幽闇之中者鬼得而誅之明乎人明乎鬼者然後能獨行也

列子曰鄧析操兩可之説設無窮之辭當子產執政作竹刑鄭國用之數難子產之治子產俄而誅之

愼子曰有虞之誅以幪巾當墨以草纓當劓以菲屨當刖以艾韠當宮布衣無領當大辟此有虞之誅也斬人支體鑿其肌膚謂之刑畫衣冠異章服謂之戮上世用戮而

民不犯也當世用刑而民不從

韓子曰堯欲傳天下於舜鯀諫曰不祥哉孰以天下傳之疋夫堯不聽舉兵誅之於郊共工又諫流於幽都天下莫敢言

又曰太公東封齊齊東海上有居士曰狂矞華士昆弟二人立議曰上不臣天子下不事諸侯耕作而食掘井而飲吾無求於上太公至營丘使執而殺之周公聞發急傳問之太公荅曰今有馬如驥之狀天下至良也驅之不前引之不至左之不左右之不右賢士而不爲主用驥之不可以左右是以誅之

會稽典録曰孟嘗仕郡户曹史上虞有寡婦雙養姑至孝姑卒病士其女言縣以雙煞其母縣不理斷結竟言郡郡報治罪嘗諫以爲此婦素名孝謹此必見誣固諫不聽遂抱其獄文書哭於府門後郡遭大旱三年上虞尤甚太守殷丹下車訪問嘗具陳雙不當死誅姑之女改葬孝婦丹如其言天應雨注

襄陽耆舊記曰李衡聞王衜音道有人物往干之衜曰多士世尚書劇曹郎才也後數年校書郎呂壹操弄權柄大臣逼畏莫敢言或問衜衜曰非李衡無能困之者遂共薦衡爲郎衡一引見口奏壹數千語孫權有愧色劉助復告壹壹卽伏誅

世説曰桓宣武之誅袁眞也未當其罪世以爲寃焉袁眞在壽春嘗與宣武一妾姙焉生玄及篡亦覆桓族識者以爲天理之所至

轘

釋名曰車裂曰轘轘也者散也支體分散

傳曰齊人殺子亹而轘高渠彌車裂曰轘

又曰楚子爲陳夏氏亂故伐陳謂陳人無動將討於少西氏遂入陳煞夏徵舒轘之栗門

又曰楚觀起有寵於令尹子南未益禄而有馬數十乘楚人患之王煞子南於朝轘觀起於四境

孔叢子曰齊王行車裂之刑群臣諫不聽子高見齊王曰聞君行車裂之刑夫車裂之刑無道之刑也而君行之臣切以爲下吏之過也王曰寡人耳民多犯法爲法之輕也子高曰然此誠君之盛意也夫人含五常之性有哀樂喜怒無不過其節節過則毀於義多犯法以法之重無所措手足故也今天下悠悠士無定處有德則往無德則去欲規霸王之業與衆大國爲難而行酷刑以懼遠近國内之民將畔四方之士不至此乃士國之道君之下吏不得以

聞是爲自居於中正之地而闇推之君至使同於桀紂也且夫爲人臣見主非而不爭以陷主於危亡罪之大者也人主疾　臣之弼已而惡之資臣以箕子比干之忠惑之大者也齊王曰謹聞命遂除車裂之法焉

史記曰秦發兵攻商君殺之於鄭澠池秦惠王車裂商君徇曰莫如鞅反滅商君之家

又曰張儀西說趙王曰蘇秦熒惑諸侯以是爲非以非爲是欲反之不可一亦以明矣

漢書曰陳勝初令銍人宋留將兵定南陽入武關留已徇南陽聞勝死南陽復爲秦宋留不能入武關乃東至新蔡遇秦軍宋留以軍降秦傳留至咸陽車裂留以徇

續漢書曰張角別黨馬元義爲山陽所捕得鎖送京師車裂於市

崔鴻前涼錄曰武威姑臧氏名白興以女爲妻其妻妬之興怒以妻爲婢爲女給使郡縣以聞張駿大驚曰自古所未聞也將爲㤜乎於姑臧市轘殺之是月沈陰昏霧霾四塞

又曰前秦錄曰泄陽民惑其婦言而欲殺母遂車載母辭詣親家入南山母曰汝詣親家何至是也兒曰老婢何言遂下母於峪谷之間脫衣將殺之初婦謂其夫曰不可不得中衣來也兒不欲手脫背坐厲聲令母自脫母泣曰我生汝養汝至於今日汝信婦言枉殺我不可不乞我此衣兒怒曰老婢復何言母呼曰天神山神當見此不言未卒聲見所持刀忽貫其項而殺投於山穴母乘車却歸氏具而反家婦謂其夫還逆問曰得中衣來不母馳告鄰里收其婦送官郡縣以聞堅驚曰宇宙之內乃有此事將非㤜乎於是轘而殺之

崔鴻南燕錄曰慕容超即位太后告超曰左僕射封嵩數遣黃門令牟裳說吾云帝非太后所生依如故法宜勤兵廢帝立鍾爲主超命執嵩斬之嵩請與母別超曰汝尚知有母何意問人之親以五車裂之

又前秦錄曰有司奏人有盜其母之錢而逃者請投之四裔太后聞而怒曰三千之罪莫大於不孝當弃之市朝奈何投之方外乎方外豈有無父母之鄉乎於是轘而殺之

淮南子曰萇弘周宣之執數者也天地之氣日月之行風雨之變律曆之數無所不通也然不自知車裂而死

劉向說苑曰秦始皇太后不謹幸郎嫪毒封爲信侯專國事驕奢與侍中左右貴臣俱博飲酒醉爭言而鬪與鬪者走白皇帝大怒毒因作亂咸陽宮始皇取毒四支車裂之取皇后遷之長樂宮

桓寬鹽鐵論曰李斯相秦藉天下之勢志小萬乘及其囚於囹圄車裂於雲陽之市願負薪入東門行上蔡徑不可得也

烹

釋名曰煑之於鑊曰烹若烹禽獸之內也

傳曰寒浞伯明氏之讒子弟也伯明后寒弃之夷羿收之(夷氏也)信而使之以爲己相浞行媚于內(內宮人)信施賂于外愚弄其民(欺罔也)而虞羿于田(樂之以游田)樹之詐慝以取其國家(樹立也)外內咸服(信足詐)羿猶不悛(悛改也)將歸自田(羿獵還)家衆殺而烹之以食其子(食羿子)其子不忍食諸死于窮門(殺之於國門)

又曰楚客聘於晉過宋太子知之請野烹之公使往伊戾

請從之公曰夫不惡汝乎對曰小人之事君也惡之不敢遠好之不敢近敬以待命敢有二心乎縱有供其內莫供其外臣請往也遣之至則歃用牲加書徵之（書作盟處爲太子反徵驗也）而騁告公曰太子將爲亂既與楚客盟矣公囚太子乃縊而死公徐聞其無罪也乃烹伊戾

又曰楚白公爲亂既死其徒微之生拘石乞而問白公之死焉乞曰此事也克則卿不克則烹何害固其所也乃烹石乞

史記曰齊威王召阿大夫語曰自子之守阿譽言日聞然使使視阿田野不辟民貧苦昔者趙攻甄子弗能救衛取薛陵子弗知是子以幣厚吾左右以求譽也是日烹阿大夫及左右嘗譽者并烹之

又曰主父偃曰丈夫生不五鼎食死則五鼎烹

漢書曰韓信聞酈食其憑軾下齊七十餘城迺夜渡兵平原襲齊齊王田廣聞漢兵至以爲食其賣已（言其與韓信同謀）迺烹食其

又曰韓信以罪廢爲淮陰侯謀反誅臨死歎曰悔不用蒯通之言高帝曰是齊辯士蒯通迺詔蒯通通至上欲烹之曰若教韓信反何也通曰狗各吠非其主當彼時臣獨知齊王韓信非知陛下也且秦失其鹿天下共逐之高材者先得天下匈匈爭欲爲陛下所爲顧力不能可殫誅邪上乃赦之

晉中興書曰劉寅於厭次縣築壘拒石勒勒後虜執寅以鑊湯煮之

韓子曰樂羊爲魏將攻中山其子在中山中山之君烹其子而遺之樂羊坐於幕下而饗之

呂氏春秋曰　齊王疾痛使人迎文摯至視王疾謂太子曰非怒王則疾不可治王怒則摯必死太子頓首強請曰苟已王疾臣與母以死事之願先生勿患也摯曰諾與太子期而至將往不當者三齊王固已怒矣摯至不解屨登牀問疾王怒不與言摯因出固辭以重怒王吐而起疾乃遂已王大怒不悅將烹摯太子與王左右急爭之不得果以鼎烹摯爨之三日三夜顏色不變摯曰誠欲殺我則胡不覆之以絶陰陽之氣王使覆之乃死

新序曰田卑處中牟佛肸以中牟叛置鼎於庭致士大夫曰與我者受邑不吾與者烹大夫從之至於田卑曰義士死不避斧鉞之罪窮不受軒冕之服無義而生不仁而富不若死褰衣將入鼎佛肸說乃止趙氏攻取之聞田卑不肯與也求而賞之卑曰不可也一人舉而萬夫俛首智者不爲賞一人而勲萬夫義者不取我受賞使中牟之士皆耻不義吾去耳遂之南楚

英雄記曰董卓攻得李旻張安畢圭死中生烹之二人臨入鼎相謂曰不同日生而同日烹

太平御覽卷第六百四十五

太平御覽卷第六百四十六

刑法部十二

斬　梟首　弃市

考竟

斬

釋名曰斬蹔也蹔加兵即斷也

周書曰武王使尚父以士卒馳商師大崩商辛乃內登于鹿臺之上自燔王崩于火武王先入乃射三發而後下車擊之以輕呂（輕呂劒名也）斬之黃鉞懸諸大白旗乃適二女之所射之三發擊之以輕呂斬之以玄鉞懸諸小白旗

左傳成上曰韓獻子將斬人郤獻子馳將救之至則既斬之矣郤子使速以徇告其僕曰吾以分謗也

家語曰夾谷之會齊侯奏宮中之樂俳優侏儒戲於公前孔子趨進歷階而上不盡一等曰匹夫而熒侮諸侯者罪應誅請有司速加法焉於是斬侏儒手足異處齊侯懼有慙色

史記韓信亡楚歸漢未知名爲連敖坐法當斬其輩十三人已斬次當至信信乃仰視適見滕公曰上不欲就天下乎何爲斬壯士滕公奇其言狀其皃釋而不斬與語大悅之

又曰張蒼坐法當斬解衣身長肥白如瓠時王陵見而怪其美士乃言沛公赦勿斬

漢書曰王訢濟南人以郡縣吏積功稍遷爲被（音罷）陽令武帝末軍旅數發郡國盜賊群起繡衣御史暴勝之逐捕盜賊以軍興從事誅二千石以下勝之過被陽欲斬訢訢解衣伏鑕仰天言曰使君專殺生之柄威震郡國今復斬一訢不足以增威不如時有所寬以明恩貸令盡死力勝之壯其言貰不誅因與相結厚也

東觀漢記曰任光字伯卿初爲鄉嗇夫漢兵攻宛軍人見光冠服鮮明令解衣將斬而奪之會光祿勳劉賜適至視光容皃長者乃救全之

後漢書曰趙王在長安爲赤眉所得赤眉欲斬之白馬從事見趙王儀狀驤眉美好絕衆護而活之

又曰獻帝疾愈大會未央殿董卓朝服升車而馬驚墮泥還入更衣其少妻止之卓不從遂行乃陳兵夾道自壘及宮左騎右步屯衛周匝令呂布扞前後王允乃與士孫瑞密表其事使瑞自書詔以授布令騎都尉李肅與同心勇士十餘人僞着衛士服於北掖門內以待卓卓將至馬驚不行恠懼欲還呂布勸令進遂入門肅以戟刺之卓衣甲不入傷臂墮車顧大呼曰呂布何在布曰有詔討賊臣卓大罵曰庸狗敢如是耶布應聲持矛刺卓趣兵斬之主簿田儀及卓倉頭前赴其尸布又殺之馳賫赦書以令宮陛內外士卒皆稱萬歲

魏略曰京兆鮑出字文才値世飢餓出覓食後噉人賊以繩貫其母手掌驅去出走追斬賊得其母還

魏志曰于禁字文則昌豨叛太祖遣禁征之禁急進攻豨與禁有舊詣禁降諸將皆以爲豨已降當送太祖也禁曰諸君不知公常令先圍而後降者不赦夫奉法行令事上之節也豨雖舊交禁可失節乎自臨與豨訣霣涕而斬之郡中震慄無求不獲

又曰夏侯玄雅量弘濟臨斬東市顏色不變舉動自若

又曰鄧艾父子既囚鍾會至成都先送艾然後作亂會已

死本營將士追艾檻車迎還衛瓘遣田續等討艾遇於綿竹西斬之

蜀志曰魏延夢頭上生角以問占夢趙直直詐延曰夫麟有角而不用此不戰而賊欲自破之象也退而告人曰角之爲字刀下用也頭上用刀其凶甚矣後爲馬岱所斬

又曰劉璋勑關戍諸將文書勿復通先主先主大怒召璋白水軍督陽琛責以無禮斬之

又曰張松書與先主及法正曰今日大事垂可立功如何釋此去乎松兄廣漢太守肅懼禍退以白璋發其謀於是璋收斬松

晉書曰楚王瑋旣誅汝南王亮衛瓘尋又詔解嚴云瑋矯詔解嚴斬刑臨死出其懷中青紙詔以示監刑尚書劉頌流涕言此詔書也奉此而行謂爲社稷今更爲罪託體先

帝受枉如此幸見申列頌亦歔欷不能仰視

又曰荀晞字道將河南山陽人爲兖州刺史斷決如流人不敢欺以從母子爲都護犯法晞斬之旣而素服哭曰殺汝者兖州刺史哭弟者荀道將以嚴刻斬戮號曰屠伯後爲石勒所殺

又曰石閔仕僞趙石鑒爲侍中録尚書事鑒使石苞夜誅閔不剋反爲閔攻殺鑒苞等殺胡人斬關踰城不可勝數閔知胡人不爲巳用須令下每人斬一胡文官賜爵一級武官立拜牙門于時一日之中斬胡萬人於是鼻高多鬚濫死者甚衆胡人死至二十餘萬

又曰皇甫謐字子方少遵父操永嘉中愽士徵不起避亂荆州閉門居未嘗入城府蠶而後衣耕而後食南土人士咸尊敬之刺史陶侃禮之甚厚王敦弟王廙代侃廙至荆州大失物情百姓叛廙大行誅戮立威以方回爲侃所禮責其不來詣巳乃收而斬焉荆土華夷莫不流涕

三十國春秋曰丙寅丞相府斬督運令史淳于伯于建康於是以刀拭柱血逆流上二丈三尺下四尺五寸其直如絃

後魏書曰叚暉從世祖至長安有人告暉欲南奔世祖問曰何以知之告者曰暉置金於馬鞴中不欲逃走何由尒也世祖密遣視之果如告者之言斬之於市

齊書曰庾弘遠字士操清實有士譽仕齊爲江州長史刺史陳顯達舉兵敗斬於朱雀航將刑索帽着之曰子路結纓吾不可以不冠而死

又曰陳顯達起兵官軍繼至顯達不能抗退走至西州趙譚注矟刺落馬斬之於籬側血涌湔籬似淳于伯之被刑

也

崔鴻前趙録曰卜翊隱于龍門山嘗與郭璞論易翊曰吾大厄在四十亦未見子之令終璞曰戮吾禍在江南不在此也鎮北靳冲攻太原不剋歸罪於翊輒斬之劉聰大怒曰此人朕所不得加刑冲何人哉遣御史丞詰衍持節斬冲也

隋書曰刑部侍郎辛亶嘗衣緋褌俗云利於官上以爲厭蠱將斬之蘇綽曰據法不當死臣不敢奉詔上怒甚謂綽曰卿惜辛亶而不自惜也命左僕射高熲將綽斬之綽曰陛下寧可殺臣不得殺辛亶至朝堂解衣當斬上使人謂綽曰竟何如對曰執法一心不敢惜死上拂衣而入良久乃釋之明日謝綽勞勉之賜物三百段

漢新事曰奉車都尉竇固征匈奴騎都尉秦彭副固令彭

別屯彭擅斬軍司馬固奏彭不由督率賊殺人公卿議皆以爲固議是公府掾郭躬以爲彭得專斬人上曰軍正校尉一統督何以得專殺躬對曰一統將者謂在部曲也今彭別將兵軍事至急勢不得關督將有詔躬上殿令尚書令與公卿雜難躬曰督將授斧鉞稱令故得擅行法都尉別得行軍法何以明之躬對曰軍正校尉別將兵假斧鉞即得專軍法難者曰今不假故不得擅殺躬曰漢制假棨戟以當斧鉞議者皆屈上從之

晉朝雜事曰夜遣通事令史張林黃門令史駱休開神虎門迎故太傅趙王至太極前召收中書監張華侍中朝訟尚書裴頠解結侍郎杜斌等斬之於東鍾下華等大呼自稱忠臣張林詰之曰公等知太子無罪何不諫諫若不從何不去也遂斬之

華陽國志曰王濬自成都帥水陸軍及梁州又率七萬人伐吳臨發斬牙門將李延所愛將也以爭騎斬之衆莫不肅

商君書曰晉文公將欲明刑以親百姓顛頡後至吏請其罪君曰用事焉吏遂斷顛頡之首以徇晉國之士皆懼曰顛頡之有寵斬以徇而況我乎

韓子曰禹遇諸侯會稽之上防風後至禹斬之

王韶孝子傳曰周青東郡人也母患積年青扶侍左右五體羸瘦村里乃歛錢營助湯藥母瘥許嫁同郡周小君小君疾未獲成禮乃求見青屬累父母青許之俄而命終青供養爲務十年中翁姑感之勸令更嫁青誓以匪石翁姑並自殺女姑告青害殺收考遂以誣欵七月刑青於市青謂監殺者曰乞樹長竿擊白幡青若殺翁姑血入泉不殺血上天既斬血乃緣竿上天

梟首

傳曰叔孫昭子殺豎牛投其首於寧風棘上

漢書曰三族令先黥劓斬左右趾梟首葅其骨謂之具五刑

又曰漢王病愈西入關至櫟陽存問父老梟故塞王欣頭櫟陽市

又五行志曰江充掘巫蠱太子宮太子乃斬充舉兵與丞相劉屈釐戰太子敗走自殺明年屈釐復坐祝詛要斬妻子梟首

續漢書曰張濟爲河南令中常侍段珪奴乘犢車于道濟即收捕梟首懸尸珪門也

後魏書曰宋鴻貴爲定州平北府參軍送戍兵於荊州坐

取兵絹四百疋兵欲告之乃斬兵十人又踈凡不達律令見律有梟首之罪乃生斷兵手以水洗然後斬決尋坐伏法時人哀兵之苦嘆鴻貴之愚也

廷尉決事曰河內太守上民張太有狂病病發殺母弟應梟首遇赦議不當除之梟首如故

棄市

禮曰刑人於市與衆弃之

史記秦皇平六國制天下藏詩書及偶語者弃市

漢書曰中元二年改磔曰弃市（應劭曰先諸死刑皆死之市令改曰弃市自非妖逆不復磔也）

又曰竇嬰矯先帝詔當棄市嬰陽病痱不食欲死或聞上無意殺嬰復食治病

晉書曰范堅遷尚書右丞時廷尉奏殿中吏劭廣盜官幔

二張合布三十疋有司正刑棄市廣二子宗年十三雲年十一撾黃幡撾登聞鼓乞恩辭求自沒爲奚官奴以贖父命尚書朱暎議以爲天下之人無子者少事遂行便成永制堅亦同暎議

又曰咸和二年句容令孔恢罪棄市詔曰恢自陷刑綱罪當大辟但以其父年老而有一子以爲惻然可特原之

隋書曰文帝意每尚慘急姦回不止京市白日公行劓盜人間強盜亦往往而有帝患之問群臣斷禁之法楊素等未及言帝曰朕知之矣詔有人能糾告者沒賊家產業以賞糾人時月之間内外寧息其後無賴之徒候富人子弟出路者而故遺物於其前偶拾取則擒以送官而取其賞大抵被陷者甚衆帝知乃命盜一錢已上皆棄市行旅皆晏起早宿天下懍懍焉

考竟

釋名曰獄死曰考竟考竟者考得其情竟其命於獄也

後漢書曰陽嘉三年春詔以久旱京師諸獄無輕重皆且勿考竟須得澍雨

又曰丹陽方儲明風角爲洛陽令功曹是竇憲客客爲憲所諷夜殺人斷頭着盆中置廳門下欲令儲去官儲摩死者耳邊問誰所殺有頃曰死人言爲功曹所殺收功曹考竟

又曰向相字甫興性卓詭不倫狀如學道又似狂生張角起相不欲國家興兵但遣將河上北向讀孝經賊自滅張讓讒相與角同心收送黃門北寺獄考竟之

又曰董卓被誅蔡邕在司徒王允坐殊不意言之而歎有動於色允勃然叱之曰董卓國之大賊幾傾漢室君爲王臣所宜同忿而懷其私遇以忘大節今天誅有罪而反相傷痛豈不與爲逆哉即收付廷尉考竟其罪邕陳辭謝乞黥首刖足繼成漢史士大夫多矜救之不能得太尉馬日磾馳往謂允曰伯喈曠世逸才多識漢事當續成史爲一代典且忠孝素著而所坐無名之誅無乃失名望乎允曰昔武帝不殺司馬遷使作謗書流於後世方今國祚中衰不可令佞臣執筆在幼主左右既無益聖德復使吾黨蒙其訕議日磾退而告人曰王公其不長世乎善人國之紀制作國之典滅紀廢典其能久乎邕遂死獄中

晉書曰王豹上書勸齊王冏與成都王穎如分陝之利會長沙王乂至於冏案上見豹牋謂冏曰小子離間骨肉何不銅駝下打殺冏既不能嘉豹之策遂納乂言乃奏豹臣不忠不順不義輙都街考竟以明邪正豹將死曰懸吾頭大司馬門見兵之攻齊也衆庶寃之俄而冏敗

三國典略曰齊兗州刺史武城縣公崔陵恃預舊恩頗自矜縱寵妾馮氏假其威刑恣情取納風政不立爲御史所劾召收繫廷尉考竟遂死獄中

太平御覽卷第六百四十六

刑法部十三

殺　三族刑(雜死刑附)

殺

釋名曰殺竄也埋之使不復見也

周禮秋官上曰掌戮掌斬殺諜而搏之(斬以鈇鉞若今要斬也殺以刀刃若今弃市也諜爲姦寇反間者斬之小者殺之)凡殺其親者焚之殺王之親者辜之(焚之燒也易曰焚如死如弃如辜之言枯也謂磔之也)凡殺人者踣諸市肆之三日刑盜于市(踣僵尸也肆猶陳也)

又司刑職曰殺罪五百(鄭玄曰煞死刑)

尚書大傳曰武王殺紂而繼公子禄父使管叔康叔監禄父武王死成王幼周公盛養成王(盛猶長之)使召公奭爲傳周公身居位聽天下爲政管叔疑周公流言於國曰公將不利王奄君薄姑謂禄父曰武王已死矣成王幼周公見疑矣此世之時也請舉事(言周弱旦不和欲代之而復政也)然後禄父三監叛周公以成王之命殺禄父

禮曰邾婁定公時有殺其父者有司以告公瞿然失席曰是寡人之罪也寡人嘗學斷斯獄矣臣弑君凡在官者殺無赦子弑父凡在官者殺無赦(言諸臣子孫無尊卑皆得殺之其罪無赦也)殺其人壞其室洿其宮而瀦焉(明其大逆不欲人復之也)盡君踰月而後舉爵(自貶損也)

又王制曰析言破律亂名改作執左道以亂政者殺(析言破律巧賣法令也亂名改作謂變易官與物之名更作法度也左道若巫蠱及俗禁也)作淫聲異服奇技奇器以疑衆殺(淫聲鄭衛之聲異服若聚鷸冠瑰弁奇技奇器若公輸般請以機窆也)行僞而堅言僞而辯學非而博順非而澤以疑衆殺(皆謂虛華捷給無誠也)假於鬼神時日卜筮以疑衆殺(今時持喪葬築蓋嫁娶卜數文書使民倍禮違制者也)此四誅者不以聽

左傳襄六年曰齊子尾害閭丘嬰欲殺之使帥師以伐陽州我問師故(魯以師往問齊何故伐我)子尾殺閭丘嬰以説于我師

又昭四年曰楚子謂成虎若敖之餘也遂殺之書曰楚殺其大夫成虎懷寵也

又昭四年曰楚子伏甲而饗蔡侯於申醉執而殺之刑其士七十人

論語顏淵曰如殺無道以就有道何如子曰子爲政焉用殺子欲善而民善矣

史記曰二世使使殺公子將閭將閭曰朝廷之禮吾未嘗敢不從賓贊也廊廟之位吾未嘗敢失節也御天而大呼天者三昆弟皆流涕自殺

又曰二世又遣使者之陽周令蒙恬曰君之過多矣而卿弟毅有大罪法及内史蒙恬喟然太息曰我何罪於天無過而死良久徐曰恬罪固當死矣起臨洮壍萬餘里此其中不能無斷地脉此乃恬之罪也吞藥自殺

又曰秦昭王賜白起劒令自殺武安君曰我固當死矣長平之戰趙卒降者數十萬人我詐而坑之是以死乃引劒自殺秦人憐之鄉邑皆祭祀

華嶠後漢書曰梁冀聞崔琦才請與交冀行多不軌琦數誡之不能受琦以言不從失意爲白鵠賦冀知與巳大怒幽之室谷數月得出後竟殺之

范曄後漢書曰陳蕃上疏欲急誅侯覽等太后不納朝廷聞者莫不震恐蕃因與竇武謀殺之及事泄曹節等矯詔誅武等蕃時年七十餘聞難作將官屬諸生八十餘人並拔刃入丞相門攘臂呼曰大將軍忠以衛國黄門反逆何云竇

氏不道耶王甫時出與蕃相迕讓蕃曰先帝新弃天下山陵未成竇武何功兄弟父子一門三侯又多取掖庭宮人作樂飲讌旬月之間貲財億計大臣若此是爲道耶公爲揀㮇枉撓阿黨復焉求賊遂令收蕃蕃拔劒叱甫甫兵不敢近乃益人圍之數十里遂執蕃送黄門北寺獄黄門從官騶蹋蹴蕃曰死老魅復能損我曹員數奪我曹廩假否即害之

吳志曰人詐告樓玄謗訕政事華覈上疏乞玄自新孫皓疾玄名聲復徙玄及子男據付交阯將張奕使以戰自効陰別勑奕令殺之據到交阯病死玄一身隨奕討賊持刃步見奕輒拜奕不忍殺玄會奕暴疾卒玄殯斂奕於器中見勑書還自殺也

王隱晉書曰周處字子隱陽羡人姑爲中書省事時女子

李忩齊覓父北叛時殺父處奏曰覓父以偷生破家以邀福子圄告歸懷羸結舌忩無人子之道證父攘羊傷化汙俗宜在投畀以彰凶逆平刑市朝不足塞責奏可殺忩

唐書曰宰相宋申錫爲鄭注所搆獄自內起崔玄亮首率諫官請對與文宗往復數百言文宗不省其詐欲寘申錫於法玄亮泣曰孟軻有言衆人皆曰殺之未可也諸大夫皆曰殺之未可也天下皆曰殺之然後察之方寘於法今至聖之代殺一凡庶尚須合於典法況無辜殺一宰相乎且爲陛下惜天下法實不爲申錫也文宗爲之感悟玄亮由此名重於朝

又曰興平縣人上官興因醉格殺人亡竄吏執其父下獄興自首請罪以出其父京兆尹杜悰以其首罪免父有光教義請減死配流王彥威曰殺人者死百王共守若許殺人不死是教殺人興雖免父不合減死

山海經曰共工氏之臣曰相柳氏九首以食于九山（頭各自食一山之物言貪暴難饜也）相柳之所抵厥爲溪澤（抵觸）禹殺相柳其血腥不可以樹穀乃以爲衆帝之臺

曹操別傳曰始袁忠爲沛相薄待操沛國桓劭亦輕之及在兖州陳留邊讓頗笑操操殺讓族其家忠劭俱避難交州操遣使就太守士燮盡族劭劭得出首拜謝於中庭操謂曰跪可解死耶遂殺之

孟子曰孟子謂齊宣王曰左右皆曰可殺勿聽諸大夫皆曰可殺勿聽國人皆曰可殺然後察之見可殺焉然後殺之故曰國人殺之也（言當眞行大辟之罪）如此而後可以爲民父母

又曰或問勸齊伐燕有諸曰未也今有殺人者或問之曰人可殺與則將應之曰可彼如曰孰可以殺之則將應之曰爲士師則可以殺之今以燕伐燕何爲勸之哉（燕有罪王者當誅之燕猶齊故不可）

搜神記曰漢宣帝之世燕代之間有三男共取一婦生四子及其將分妻子而不可均反致爭訟廷尉范延壽斷之曰此非人類當以禽獸處之禽獸從母不從父也請戮三男以兒還母帝嗟嘆曰何必古若此則可謂當於理而厭人情也延壽蓋見人事而知用刑矣

太公金匱曰殺一人而千人恐者殺之殺二人而萬人動者殺之殺三人而君振者殺之

三族刑（雜死刑附）

尚書泰誓曰今商王受弗敬上天降災下民沉湎冒色敢行暴虐罪人以族官人以世（一人有罪刑及父母兄弟妻子言淫濫也）

史記曰秦始皇平六國制天下以古非今者族吏見知不

擧與同罪

又曰陳豨反韓信欲謀發兵欲以襲呂后太子其舍人得罪於信告信欲反於呂后呂后使武士縛信斬之長樂鍾室信方斬歎曰吾悔不用蒯通計乃爲兒女子所詐豈非天哉遂夷信三族

漢書刑法志曰漢興尚有夷三族之令令曰當三族者先黥劓斬左右趾笞殺之梟其首葅其骨肉於市其誹謗詈又先斷舌故謂之具五刑彭越韓信之屬皆受此誅至高后元年乃除三族罪妖言令後新垣平謀逆復行三族之誅

又五行志曰趙人新垣平以望氣得幸以玉上立渭陽五帝廟欲出周鼎夏四月郊見上帝歲餘懼誅謀爲逆發覺要斬夷三族

後漢書曰少府耿紀丞相司直韋晃起兵誅曹操不尅夷三族

又曰建安五年車騎將軍董承越騎校尉种輯受密詔誅曹操事泄壬午曹操殺董承夷三族

魏志曰建安二年遣謁者僕射裴茂率關西諸將誅李傕夷三族

又曰太傅司馬宣王奏免大將軍曹爽又尚書丁謐鄧颺何晏司隷校尉畢軌荊州刺史李勝大司農桓範皆與爽通姦夷三族

三十國春秋曰魏帝謁陵曹爽及弟羲訓彥皆從高祖命授兵召公卿於廟堂奏皇太后廢爽丁酉斬爽羲訓彥夷三族

雜死刑

韓子曰齊國好厚葬布帛盡於衣衾林木盡於棺槨桓公患之以告管仲曰布帛盡則無以爲幣林木盡則無以爲守備如民之厚葬不休柰何管仲對曰凡民之有爲也非名之則利之於是乃下令曰棺過度者戮其尸罪當喪者夫戮尸無名罪當喪者無利無名無利民何故爲之

呂氏春秋曰趙簡子沉鸞徼於河曰吾嘗好聲色矣而鸞徼致之吾嘗好宮室臺榭矣而鸞徼來之今吾好士六年矣而鸞徼未嘗進一人也是長吾過而絀吾善也

淮南子曰夏桀殷紂生燔人辜諫者爲炮烙鑄金柱（鑄金柱然火其下以人置上人火中而對笑之）

符子曰桀觀炮烙於瑤臺謂龍逄曰樂乎龍逄曰樂桀曰觀刑何無惻怛之心龍逄曰天下苦之而君以爲樂臣君之股肱何不悅乎桀曰聽子諫諫得我改之諫不得我刑之

龍逄曰臣觀君冠危石也臣觀君履春冰也未有冠石而不壓蹈春冰而不陷桀笑曰是曰亡則與俱亡子知我之亡而不自知乎亡子就炮烙之刑吾觀子龍逄歌趍造作勞我以生息我以炮烙故涉新我樂人不知走火而死

太平御覽卷第六百四十七

太平御覽卷第六百四十八
刑法部十四
黥　劓　臏
刖　宮割　造肉刑
除肉刑　論肉刑
黥
尚書呂刑曰墨辟疑赦其罰百鍰孔安國曰刻其顙而涅之曰墨刑疑則赦從罰六兩曰鍰鍰黃鐵也
尚書刑德放曰涿鹿者竿人顙也黥者馬羈竿人面也鄭玄曰涿鹿黥皆先以刀鑿傷人墨窒其中故後世謂之墨土民也
尚書大傳曰非事之事入不以道義而誦不祥之辭者其刑墨注曰非事而事之今所不當得為也
周禮秋官司刑職曰墨者使守門鄭玄曰墨黥也先刻面以墨窒之
白虎通曰墨墨其額也取法火之勝金也得火亦變而墨也○說文曰黥刑在面也
史記曰秦太子犯法衛鞅曰法之不行自上犯之將刑太子君嗣也不可施刑刑其傅公子虔黥其師公孫賈明日秦民皆隨令行之十年秦民大悅道不拾遺山無盜賊民勇於公戰怯於私鬭
又曰黥布秦時為布衣年少客相之當刑而王及壯坐黥布欣然笑曰人相我當刑而王幾是乎
漢書曰文帝除肉刑當黥者髡為城旦舂律說曰男女論決髡鉗輸邊畫日防寇虜夜暮築長城女子無軍警之事但舂食徒者也
又曰黥劓之罪不及大夫故里諺曰欲投鼠而忌器器君也大夫近於君
晉令曰奴婢亡加銅青若墨黥黥兩眼後再亡黥兩頰上

三亡橫點目下皆長一寸五分廣五分
唐通典曰梁制劫身皆斬妻子補兵遇赦降死者黵面為劫字黵音都感反十四年又除黵面之刑
劓
尚書呂刑曰劓辟疑赦其罰惟倍也孔安國曰劓截鼻者也
尚書大傳曰觸易君命革輿服制度姦宄攘傷人者其刑劓鄭玄曰攘竊也
周禮秋官司刑職曰劓罪五百鄭玄曰劓截鼻令今東夷或以墨劓為俗古刑人亡逃者之類與劓者使守關
禮統曰劓刑法木勝土決其皮革也
白虎通曰劓劓其鼻也法木之穿土也去鼻亦孔見
漢書曰文帝除肉刑當劓者笞三百
楚漢春秋曰正疆數言事而當上使參乘解玉劍以佩之天下定出以為守有告之者上曰天下方急汝何在曰亡上曰正疆沐浴霜露與我從軍而汝亡告之何也下廷尉

臏
尚書大傳曰決關梁踰城郭而略盜者其刑臏
尚書刑德放曰臏者脫去人之臏也臏罰之屬五百象七精七宿昏中變易節氣之精也
禮統曰臏刑法金勝木去其節目也
周禮秋官上司刑曰刖罪五百鄭玄注曰周改臏作刖
白虎通曰臏者脫其臏也取法金之刻木也
風俗通曰俗說臈正祖食得兎者名之曰幸幸者善祥令人吉利也或說兎髕者令人面皃生髕露見醜惡令覺得之嘉不為巳疾也謹案尚書夏禹始作肉刑則天象而慎

其過故穿踰盜竊者髕去其臏骨也逮至暴秦亂獄糺紛烹俎車裂黥首窮愁飲泣求數凡人食得免髕以為佳瑞物類以感冀全己之臏也

刖

尚書呂刑曰剕辟疑赦其罰倍差（孔安國曰刖足曰剕也）

周禮秋官司刑職曰刖罪五百（鄭玄曰刖斷足也周改髕作刖也）刖者使守門

家語曰季羔為衛士師刖人之足俄而衛亂季羔逃刖者守門焉曰彼有缺季羔曰君子不踰曰彼有竇季羔曰君子不隊曰此有室季羔入焉既而問其故刖者曰斷足固我罪也臨當刑君愀然不樂見於顏色此臣之所以脫君也

史記曰孫臏與龐涓學兵法龐涓既事魏得為惠王將軍

而自以為能不及孫臏陰使召孫臏臏到龐恐其賢以刑法斷其兩足而黥之欲隱而勿見齊使者如梁孫臏以刑徒陰見說齊使以為奇竊載與之齊

列子曰魯施氏有二子其一好學其一好兵好學者以術干齊侯齊侯以為公子傅好兵者以法干楚王楚王以為軍政鄰人孟氏有二子所業亦同問施氏之方施氏告之一子以術干秦王秦王曰今諸侯力爭安得用仁義遂宮而放之一子以法干衛侯衛侯曰吾弱國豈可稱兵遂以刖之二人讓施氏曰子不得時也

韓子曰楚人和氏得璞玉於楚山之中獻之武王武王使玉人相之曰石也王以和為慢刖其左足及文王即位和又奉其璞王又使玉人相之又曰石也文王刖其右足文王薨成王即位和乃抱其璞而哭於荊山之下三日三夜泣盡而繼之血成王問其故曰天下刖者多矣子何哭之悲也和曰吾非悲刖也夫寶玉而題之以石直士命之以慢此吾之所以悲也王乃使玉人剖其璞而得寶焉遂名曰和氏之璧

宮割

尚書呂刑曰宮辟疑赦其罰六百鍰（宮淫刑也男子割勢婦人幽閉次死之刑也）

尚書大傳曰男女不以義交者其刑宮

尚書刑德放曰宮者女子淫亂執置宮中不得出割者丈夫淫割其勢也已

周禮秋官上司刑職曰宮罪五百（宮者丈夫割其勢女子閉於宮若今官男女也）

又掌戮曰宮者使守內也（以其人道絶也今世或然）

禮曰文王世子曰公族無宮刑也

漢書曰漢聞李陵降匈奴上怒甚群臣皆罪陵上以問太史令司馬遷遷盛言陵事親孝與士信嘗奮不顧身以殉國家之急彼之不死宜欲得當以報漢也初上遣貳師大軍出財令陵為助兵上以遷誣罔欲沮貳師為陵遊說下遷腐刑

造肉刑

尚書呂刑曰王享國百年耄荒度作刑以詰四方（度時世所宜訓作贖刑以治天下四方之民）王曰若古有訓蚩尤惟始作亂延及于平民罔不寇賊鴟義姦宄奪攘矯虔（為鴟梟之義以鈔奪攘）苗民弗用靈制以刑惟作五虐之刑曰法殺戮無辜爰始淫為劓刵椓黥（三苗之主頑凶若民敢行虐刑以殺戮無罪於是始大為截人耳鼻椓陰黥面以加無辜故曰五虐）

商君書曰斷人之足黥人之面非求傷民也以禁姦止過故禁姦止過莫若重刑

除肉刑

漢書曰齊太倉令淳于公有罪當刑詔獄逮繫長安淳于公無男有五女當行會逮罵其女曰生子不生男緩急非有益也其少女緹縈自傷悲泣廼隨其父至長安上書曰妾父爲吏齊中皆稱其廉平今坐法當刑妾傷夫死者不可復生刑者不可復屬雖欲改過自新其道無由天子憐悲其意遂下令曰制詔御史蓋聞有虞氏之時畫衣冠異章服以爲戮而民不犯何治之至也今法有肉刑三孟康曰黥劓二刖左右趾合一凡三也而姦不止其咎安在無乃朕德之薄而教不明與夫刑至斷支體刻肌膚終身不息息生也何其刑之痛而不德也豈稱爲民父母之意哉除肉刑者有以易之丞相張蒼御史大夫馮敬奏言肉刑所以禁姦所由來者久矣陛下下明詔憐萬民之一有過被刑者終身不息及罪人欲改行爲善而道亡繇至於盛德臣等所不及也臣謹議請定律曰諸當完者完爲城旦舂文帝除肉刑皆有以易之故以完易髡以笞代劓以鈦左右趾代刖此言髡者完之也當黥者髡鉗爲城旦舂當劓者笞三百當斬左趾者笞五百當斬右趾及殺人先自告及吏坐受賕枉法守縣官財物而即盜之已論命復有笞罪者皆棄市命者名也成其罪也趾足也當斬右足以其罪次重故從棄市也殺人先自告謂殺人而自首吏受賕枉法守縣官財物而盜之者此三罪已論名而又犯笞罪即皆棄市也罪人獄已決完爲城旦舂滿三歲爲鬼薪白粲鬼薪白粲一歲爲隸臣妾隸臣妾一歲免爲庶人應劭曰取薪給宗廟爲鬼薪白粲生擇使正白粲然

單遠

論肉刑

續漢書曰時論者多欲復肉刑孔融乃建議曰古者敦庬善否區別吏端刑清政無過失百姓有罪皆自取之末世陵遲風化壞亂政撓其俗法害其民故曰上失其道民散久矣而欲繩之以古刑投之以殘棄非所謂與時消息者也紂斮朝涉之脛天下謂爲無道夫九牧之地千八百君若各刖一人是天下常有千八百紂也求俗休和弗可得已且被刑之人慮不念生志在思死類多趨惡莫復歸正夙沙亂齊伊戾禍宋趙高英布爲世大患不能正人遂爲非也故明德之君遠度深惟棄短就長不苟革其政者也朝廷善之卒不改焉

魏志曰鍾繇上疏曰大魏受命繼蹤虞夏孝文革法不合古道先帝聖德固天所縱墳典之業一以貫之是以繼世仍發明詔思復古刑爲一代法連有軍事遂未施行陛下遠追二祖遺意惜斬趾可以禁惡恨入死之無辜使明習律令與群臣共議出本當右趾而入大辟者復行此刑書云皇帝清問下民鰥寡有辭於苗此言堯當除蚩尤有苗之刑先審問於下民之有辭者也若今蔽獄之時訊問三槐九棘群吏萬民使如孝景之令其當棄市欲斬右趾者許之其黥劓左趾宮刑者如孝文易以髡笞能爲姦者率年二十至四五十雖斬其足猶任生育今天下人少於孝文之世下計所全歲三千人張蒼除肉刑所殺歲以萬計臣欲復肉害刑歲生三千人疏奏詔曰太傅學廣才高留心政事文於刑理深遠此大事公卿群僚善共平議司徒王朗議以爲繇欲輕減大辟之條增益刖刑之數此則起偃爲豎化屍爲人矣然臣之愚猶有未合微異之意夫五刑之屬著在科律科律自有減死一等之法不死即爲減死施行已久不待遠假斧鑿於彼肉刑然後罪次也前世仁者不忍肉刑之慘酷是以廢而不用不用已來歷年數百今復行之恐其所減之文未彰於萬民之目而肉刑之問已宣於寇讎之耳非所以來遠人也議者百餘人與朗同者多帝

田劉

以吳蜀未平且寢

王隱晉書曰曹彥議云嚴刑以殺犯之者寡刑輕易犯蹈惡者多臣謂玩常苟免犯法乃衆黥刖彰刑而民甚耻且創黥刖見者知禁彰罪表惡亦足以畏所以易曰小懲大戒豈蹈惡者多耶假使惡多尚不至死無妨產育苟必行殺爲惡縱寡而不已將至無人天無以神君無以尊矣故人寧過不殺是以爲上寧寬得衆若乃于張聽訟刑以止刑可不革舊過此以往肉刑宜復肉刑於死爲輕減死五百爲重重不害生足以懲姦輕則知禁禁民爲非所謂相濟經常之法議去不可或未知之也

又曰尚書梅陶問光禄大夫祖納漢文帝故當爲英雄既除肉刑而五六百歲無能復者納荅曰諸聖制肉刑而漢文擅除已來無勝漢文帝者故不能復非聖人者無法何足爲英雄於是陶不能對隱白征西大將軍曰夫政未可立則思制度全育民命富國強兵叛盜之屬斷支而已是好生惡殺叛盜皆死是好殺惡生也斷支君謂之酷截頭更不謂之虐何其乖哉刑罰不中則民無所措手足也蠻夷猾夏則皐陶作士此欲善其末則先制其本也自古多人猶惜民命得以御寇況今千不遺一益宜存在以伐大賊今若得攺之則歲活數萬生數亦如之若此十載生各數萬斷支之後隨刑使役不失民不乏用富國強兵此之謂也

又曰劉頌上書曰古者刑以止刑及今反於刑生刑以徒生徒諸重犯亡者髮過三寸輒重髡之此以刑生刑亡加作一歲此以徒生徒也亡者積多繫囚猥蓄議者因曰不可不赦復從而赦之此爲刑不制罪法不勝姦民知法之不勝相聚而謀爲不軌故自頃以來姦惡陵暴所在充斥漸以滋蔓日積不已弊將所歸議者不深思此故而曰肉刑於名忤聽忤聽孰與盜賊不禁聖王之制肉刑遠有深重其事可得而言非徒懲其畏剝割之痛而不爲也乃去其爲惡之具使夫姦民無用不復肆其志止姦絕本理之盡也亡者刖其足無所用復亡盜者截其手無所用復盜淫者割其勢理亦如之除惡塞源莫善於此又非徒然也此等已刑之後便各歸家父母妻子共相養恤瘡愈可役上準古制隨宜業作雖已刑殘不爲虐也生育繁阜之道自若也今宜取死刑之限重生刑之限輕及三犯逃亡淫盜悉以肉刑代之其三歲刑以下宜杖罰及宜制其罰數使有常限後刑不復生刑徒不復生徒而殘體爲戮終身作誡民見其痛畏而不犯必數倍於今且爲惡者隨發被刑去其爲惡之具豈與全其爲姦之手足而戚居必死之窮地哉而猶曰肉刑不可用臣切以爲識務之甚也

博物志曰肉刑明王之制荀卿每論之漢興文帝感太倉公女之言而廢之班固著論云宜復之迄漢末魏初陳紀又論宜申古制孔融謂不可復魏武帝輔漢欲申之鍾繇王朗不同遂寢夏侯玄李勝曹義達丁謐私議各有彼此多言時未可復故遂寢

崔寔政論曰高祖非九章之律尚后深三族之罪文帝去肉刑景帝減加笞由此言之世有所更何獨拘前

太平御覽卷第六百四十八

刑法部十五

髡　鞭

笞　考掠

髡

周禮秋官上掌戮曰髡者使守積（鄭司農曰髡當爲完謂但居作三年不虧其體者也五刑之中而髡者必王之同族不割者宮之爲翦傷其類髡仍似守積也）

後漢書曰鄧騭子侍中鳳嘗與尚書郎張龕書屬郎中馬融宜在臺閣又中郎將任尚遺鳳馬後尚坐斷盜軍粮檻車徵詣廷尉鳳懼事洩先自首於騭騭畏太后遂髡妻以謝

曹瞞別傳曰太祖常行經麦中令士卒犯麦者死騎士皆下馬持麦以相付時太祖馬騰入麦中　主簿對以春秋之義罰不加於尊太祖曰制法而自犯之何以率下然孤爲軍師不可殺請自刑因拔劍割髮以置地

會稽典錄曰吳範與鄱陽太守魏騰少相友善騰嘗有罪吳主怒甚敢有諫者死範謂騰曰與汝皆死騰曰死無益何死爲範曰安能慮此坐汝耶乃髡頭自縛詣閤下使鈴下以聞鈴下不敢曰必死不可範曰汝有子曰有使汝爲吳範死汝子屬我鈴下曰諾乃排閤入　吳主大怒欲投以戟逡巡走出範因突入叩頭流血言與涕并良久吳主意釋乃免騰

晉律曰髡鉗五歲刑

張斐律序曰髡者刑之威秋彫落之像

後魏書曰李訢負罪得降免有旨鞭髡刑配爲廝役訢之廢也平壽侯張讜見與語奇之謂人曰此佳士也終不久屈未幾而復爲太倉尚書

風俗通曰秦始皇遣蒙恬築長城徒士犯罪亡依鮮卑山後遂繁息今皆髡頭衣赭亡徒之明効也

鞭

書曰鞭作官刑（爲辦治官事之刑也）

傳曰齊襄公田于貝丘見大豕從者曰公子彭生也公怒曰彭生敢見射之豕人立而啼公懼墜于車傷足喪屨反誅屨於徒人費弗得鞭之見血

又曰重耳過衞衞文公不禮焉出於五鹿乞食於野人與之塊公子欲鞭之子犯曰天賜也稽首受而載之

又曰楚子將圍宋使子文治兵於睽終朝而畢不戮一人子玉復治兵於蔿終日而畢鞭七人貫三人耳

又曰衞獻公初有嬖妾使師曹誨之琴（誨教也）師曹鞭之公怒鞭師曹三百

穀梁傳成公曰梁山崩壅河三日不流晉君召伯遵而問焉伯遵來遇輦者不辟使車右下而鞭之輦者曰所以鞭我者取道遠矣伯遵下車問焉曰子有聞乎對曰梁山崩壅河三日不流伯遵曰君爲此召我如之何輦者曰天有山天崩之天壅之雖召伯遵其若之何伯遵由悉問焉（悉至氣欲重問之也）輦者曰君親素縞帥臣而哭之既祀焉

後漢書曰劉寬遷南陽太守典歷三郡溫仁多恕雖在倉卒未嘗疾言遽色常以爲齊之以刑民免而無恥吏人有過但用蒲鞭罰之示辱而已

漢晉春秋曰明帝勤於吏事苛察踰甚或於殿前鞭殺尚書郎

晉中興書曰謝鯤字幼輿弱冠知名值中朝大亂長沙王

又輔政親媚小人忌害君子時疾鯤名譖之又遂執欲
鞭之鯤解衣伏鑕神無遽容又異而釋之文無喜色
又曰皇帝詔飛督王饒忽上吾鴆鳥口去以辟惡此凶
物豈宜妄進於是頻鞭饒二百使殿中御史孫雲監於
四衢道焚燒之
後魏書曰甄琛監決趙脩鞭猶相隱惻然告人曰趙脩
小人背如土牛殊耐鞭杖有識以此非之
三國典略曰齊崔讜遷鉅鹿太守恩信大行政鞭用
熟皮為之不忍見血示恥而已有貧弱未理者皆曰
我自造白牘公不慮不決在郡七載獄無停囚
齊春秋曰齊景真為晉平太守有惠政常懸一蒲鞭
未嘗用之
齊書曰薛安都從弟道生以軍功為大司馬參軍犯

罪為秣陵令庾淑之所鞭安都大怒乃乘馬從數十
人令左右執矟欲往殺淑之行至朱雀航逢柳元景
遙問曰薛公何之安都躍馬至車後曰小子庾淑之
鞭我從弟今往刺殺之元景慮其不可駐紿之曰小
子無宜適御往與手甚快安都既迴馬元景復呼之
令下馬入車因讓之曰御從弟服章言論與寒細不
異且人身犯罪理應加罰御朝廷勳臣云何放恣輒
於都邑殺人非唯科律所不容主上亦無辭相宥因
載俱歸安都乃止
南史曰褚玠為山陰令時舍人曹義達為宣帝
寵縣人陳信家富諂事義達信父顯文恃勢橫
恣玠乃遣使執顯文鞭之一百於是吏人股
慄

唐書曰太宗以暇日遍閱群書因讀明堂孔穴云人五藏
之系咸附背脊針灸失所皆有損害乃廢書而歎曰今律
決笞者皆六髀背分受乃有邂逅致死之義撻人之背理
則宜然夫箠五刑之最輕者死者人生之至重者也豈容
犯最輕之刑而或鞭笞致死自古帝王由來未悟不亦悲
夫即頒制決罪人不得鞭背
晉令曰應得法鞭者即執以鞭過五十稍行之有所督罪皆
隨過大小大過五十小過二十鞭皆用牛皮革廉成法鞭
生葦去四廉常鞭用熟靼（之列反柔革也）不去廉作鵠頭紛長一
尺一寸鞘長二尺二寸廣三分厚一分柄皆長二尺五寸
搜神記曰神農以赭鞭鞭百草盡知其毒寒溫臭味所主
故天下号曰神農也
異苑曰河內司馬惟之奴天雄死死後還其婦來善聞體

有鞭瘡而却着鑠問去有何遇至如此曰曾因醉竊罵大
家今受此罪
列女傳曰楚野辯女者昭氏妻也鄭簡公使大夫聘於荆
至於狹路有一婦人乘車與大夫遇擊折大夫車之軸大
夫怒將執而鞭之女曰妾聞君子不遷怒不貳過今狹路
之中妾之避已極矣而子大夫之僕不肯少伺是以發于
大夫之車而反執妾豈非遷怒哉不怒僕而反怒妾豈不
貳過哉
會稽典録曰鍾離意為尚書僕射時匈奴有降者詔賜縑
三百疋尚書郎暨鄴誤以三千疋賜之上大怒鞭鄴殿下
重痛將死意直排閣入諫曰陛下德被四表恩及夷狄是
以左袵之徒稽首來服愚聞刑疑從輕賞疑從重今陛下
以鄴賞誤發雷霆之威海內謂陛下貴微財而賤士命也

又曰謝夷吾爲郡功曹史太守第五倫妻車馬入府無所關啓夷吾鞭功曹佐史門闌卒牽車馬出之收其人從倫爲解之良久乃已

汝南先賢傳曰許嘉年十三父給亭治道坐不竟當得鞭嘉叩頭流血請得免由是感激讀書

梅陶自叙曰余居中丞曽以鞭皇太子傅親友莫不致諫余笑而應之曰堂高由階皇太子所以得崇於上由吾奉王憲於下也豈其枉道取媚後皇太子特見延賜以清讌

笞

史記曰張儀嘗從楚相亡璧意疑盜執掠笞數百不服釋之

漢書曰曹參子窋爲中大夫惠帝怪相國不治事謂窋曰汝歸私從容問乃父曰高帝新棄群臣帝富於春秋君爲相國日飲無所請何事以憂天下然無言吾告汝也窋既洗沐歸時閒自從帝所陳參怒而笞之二百曰趍入侍天下事非乃所當言也

又曰景帝元年下詔曰加笞與重罪無異（重罪謂死刑）幸而不死不可爲人（謂不能自起居也）其定律笞五百曰三百笞三百曰二百猶尚不存至中六年又下詔曰加笞者或至死而笞未畢朕甚憐之其減笞三百曰二百笞二百曰一百

又曰笞者所以教之也其定箠令（箠策也所以擊者也）丞相劉舍御史大夫衛綰請笞者箠長五尺其本大一寸其竹也末薄半寸皆平其節當笞者笞臀毋得更人畢一罪乃更人自是笞者得全

又曰車千秋爲高廟寢郎會衛太子爲江充所譖敗之千秋上急言訟太子寃曰子弄父兵罪當笞耳天子之子過誤殺人當何罪哉臣嘗夢見一白頭翁教臣之言是時上頗知太子惶恐無他意乃大感悟焉

又曰孝平后有節操自劉氏廢常稱疾不朝會莽敬憚傷哀欲嫁之迺更號爲皇新室主令立國將軍成新公孫建世子豫（成飾也音象）飭醫往問后疾后大怒笞鞭其傍侍御因發疾不肯起莽遂不敢強也及漢兵誅莽燔燒未央宮后曰何面目以見漢家自投火而死

楚漢春秋曰上敗彭城　丁固追上被髮而顧曰丁公何相逼之甚乃迴馬而去上即位欲陳功上曰使項氏失天下是子也爲人臣用兩心非忠也使下吏笞殺之

東觀漢記曰鄧禹攻赤眉曰無穀食自當來吾折箠笞之非諸將憂也

後漢書曰汝南太守宗資署范滂功曹委任政事滂外甥西平李頌公族子孫而爲鄉曲所棄中常侍唐衡以頌請資資用爲吏滂以非其人寢而不召資遷怒捶書佐朱零零仰曰范滂清裁猶以利刃齗腐朽今日寧受笞死而滂不可違資乃止

又曰橋玄再遷上谷太守又爲漢陽太守時上邽令皇甫禎有贓罪玄收考髡笞死于冀市

隋書曰劉行本爲治書侍御史未幾遷黃門侍郎上嘗怒一郎於殿前笞之行本進曰此人素清其過又小願陛下少寬假之上不顧行本於是正當上前曰陛下不以臣不肖置臣左右臣言若是陛下安得不聽臣言若非當致之於理以明國法豈得輕臣而不顧也臣所言非私因　置笏於地而退上斂容謝之遂原所笞者

管子曰棟橈不勝任則屋覆而人不怒者其理然也弱子

慈母所愛也不以其理下瓦則慈母笞之
說苑曰韓伯瑜有過其母笞之泣其母問曰他日笞之未嘗泣今何泣對曰他日瑜得笞常痛今母力之衰笞不痛是以泣之
益部耆舊傳曰杜真字孟宗廣漢緜竹人也少有孝行習春秋誦百萬言兄事同郡翟酺酺後被繫獄真上檄章救酺繫獄笞六百竟免酺難京師莫不壯之

拷掠

釋名曰搥而死曰掠掠狠也用威如狼也
漢書曰景帝詔曰死者不可復生刑者不可復息此先帝之所重也而吏未稱職以掠辜苦飢寒瘦死獄中何用心逆人道也朕甚痛之其令郡國歲上繫囚以掠若瘦死者坐名縣爵里丞相御史課殿最以聞也

後漢書曰薛安為楊州從事戴就字景成會稽上虞人為倉曹掾受贓穢刺史歐陽操遣安撿治拷覆取實安乃收就拷訊五毒乃以針刺就手十指甲使令爬土又燒鐵令赤使挾之肘腋內燋爛肉墮地就乃取而食之終無款伏安乃覆就於舡下而燒馬糞於舡兩頭熏之火滅謂就已死發舡視之乃張目謂其主者曰公何不益糞添火而使絕之何也主者乃報安安大驚遂引就共坐談論乃解其事耳（會稽典錄又載）
又曰遭黨事當考實李膺等案經三府太尉陳蕃却之曰今　所考案皆海內人譽憂國忠公之臣此等猶十代宥也豈有罪名不彰而致收掠者乎不肯平署（平署猶連署也）帝愈怒遂下膺等於黃門北寺獄
又曰周紆遷司隸校尉六年夏旱駕自幸洛陽錄囚徒二人被掠而垂生者轉騎都尉
後魏書曰盧度世以崔浩事棄官逃於高陽鄭羆家羆匿之使者囚羆長子將加箠楚羆戒之曰君子殺身以成仁汝雖死勿言子奉命遂被考掠至于火爇其體因以物故卒無所言度世後令弟娶羆妹以報其恩
又曰尉古真代人也道武之在賀蘭部賀染干遣侯引乞突等將肆逆古真知之密馳以告染干疑古真泄其謀乃執持之以兩車軸挾其頭傷其目不服乃免之
梁書曰梁代舊律測囚之法日一上起自晡鼓盡于二更及比部郎中泉刪定律令以舊法測立持久非人所堪分其刻數日再上廷尉以為新制過輕請集八座議之尚書周弘正議曰凡小大之獄必應以情豈可恣考掠以判刑罪且測人時節本非古制近代以來方有此法起自晡鼓

迄于二更豈是常人所能堪忍所以重械之下誣枉者多朝晚二時同等刻進退而求於事為衷
會稽典錄曰梁宏句章人也太守尹興召署主簿是時楚王英謀反妄疏天下牧守謀發興在疏中徵詣廷尉宏與門下掾陸續等傳考詔獄掠毒備至辭氣益壯

太平御覽卷第六百四十九

刑法部十六

杖　督　流徒

杖

尚書堯典曰朴作教刑（朴檟楚也不勤道業則撻之）

禮記學記曰檟楚二物收其威也

家語曰舜之事父小杖則受大杖則走

後漢記曰明帝時政事嚴峻九卿皆鞭杖左雄上言九卿位次三事班在大臣行有佩玉之節動有庠序之儀加以鞭杖誠非古典上即除之

魏志曰楊阜字義山爲大匠御上疏欲省宮人諸不見幸者乃召御府吏問後宮人數吏崔令對曰禁密不得宣露阜怒杖百數之曰國家不與九卿爲密乃與小吏爲密乎

帝聞而愈敬憚之

又曰周宣字孔和樂安人爲郡吏太守楊沛夢八月一日曹公當至必與君杖飲以藥酒使宣占之對曰夫杖起弱藥治人病八月一日賊必除滅至期賊果破

蜀志曰劉琰妻胡入賀太后太后令特留胡經日乃歸胡有美色琰疑其與後主有私呼卒伍撾胡至於以杖傳面而後棄遣胡具以告琰坐下獄有司議卒非撾妻之人面非受杖之地琰竟棄市

王隱晉書曰武帝以山濤爲司徒頻讓不許出而徑歸家左丞白褒又奏濤違詔杖褒五十

晉陽秋曰諸葛武侯杖十以上親決宣王聞之喜曰吾無患矣

後周書曰宣帝自公卿已下皆被楚撻其間誅戮黜免者不可勝言每笞箠人以百二十爲度名曰天杖宮人內職亦如之后妃嬪御雖被寵嬖亦多被杖背於是內外恐懼人不自安

北史曰盧潛爲黄門鄭子默奏潛從清河王岳南討岳令潛說梁將侯瑱大納瑱賂遣還不奏聞文宣杖潛一百仍截其鬚潛顏色不變

三國典略曰齊義寧太守荀仲舉字士高潁川汝陰人也在郡清簡亦工詩詠嘗與長樂王尉粲劇飲齧粲指至骨齊文宣知之賜杖一百或問其故云我那許當時正疑是鹿尾耳

又曰齊馮翊王潤字子澤神武第十四子也廉慎方雅習於吏職神武嘗稱之曰此是吾家千里駒也初爲定州刺史開府王迴洛潤省獨孤拔侵竊官田受納贈賂潤案舉

其事二人上言潤出送臺使登魏文舊壇南望歎息不測其意武成宣命於州曰馮翊王少小謹慎內外所知不爲非法朕信之矣登高遠望人之常情何足可道凡輩輕相間搆理應從斬猶以舊人未忍致法迴洛決鞭二百拔宜決杖一百

隋書曰高祖性猜忌素不悅學既任智而獲大位因以文法自矜明察臨下恒令左右覘視內外有小過失則加以重罪又患令史贓汙因私使人以錢帛遺之得犯立斬每於殿庭打人一日之中或至數四嘗怒問事揮楚不甚即命斬之十年尚書左僕射高熲治書侍御史柳彧等諫以爲朝堂非殺人之所殿庭非決罰之地帝不納熲等乃盡詣朝堂請罪曰陛下子育群生務在去弊而百姓無知犯者不息致陛下決罰過嚴皆臣等不能有所裨益請自退

屏以避賢路帝於是顧謂領左右都督田元曰吾杖重乎元曰重帝問其狀元舉手曰陛下杖大如指捶楚人三十者比常杖數百故多致死帝不懌乃令殿內去杖欲有決罰各付所由

又曰庫狄士文拜貝州刺史性清苦不受公料家無餘財其子嘗噉官厨餅士文枷之於獄累日杖一百步送還京僮隸無敢出門

又曰燕榮為幽州總管按部道次見蕀荆堪為笞棰命取之輒以試人人或自陳無咎榮曰後若有罪當免尔及後犯細過將撾之人曰前日被杖使君許有罪宥之榮曰無過尚尔況有過耶榜捶如舊

唐書曰開元二年監察御史蔣挺有所犯勑朝堂杖之黄門侍郎張廷珪曰御史憲司清望耳目之官有犯當殺即殺當流即流不可決杖可殺不可辱也

又曰開元中前廣州都督裴伷先下獄中書令張嘉貞奏請決杖兵部尚書張説進曰臣聞刑不上大夫以其近於君也故曰士可殺不可辱臣今秋巡邊中途聞姜皎朝堂決杖流皎是三品亦有微功不宜決廷辱以卒伍待之且律有八議勳貴在焉今伷先不可輕行決罰上然其言嘉貞不悦退而謂悦曰何言事之深也説曰宰相者時來即為豈能長據若貴臣盡當可杖但恐吾等行當及之此言非為伷先乃為天下士君子也

又曰王遂為浙西觀察使每有笞撻其杖率過常制既遇禍監軍使封其杖來獻命中人出示於朝以作誡

世祖曰桓宣武在荆州欲以德被江漢耻以威刑肅物令史受正從朱衣上過桓室年少從外來云向從門下過令史受杖上稍雲根下拂地足意譏其不着宣武云我猶患其重

傅集曰咸為左丞楊濟與咸書曰昨遣人相視受罰云大重以為恒然相念杖痕不耐風寒宜深慎護不可輕也當飲酒令體中常煖為佳蘇治瘡上急痛故寄往之咸荅違距上命稽停詔罰退思此罪在於不測纔加罰黜退用戰悸何復以杖重為劇小人不德所好唯酒宜於養瘡可數致也

襄陽耆舊記曰羅尚為右丞是時左丞處事失武帝意大怒欲案入重罪事連尚於是尚為坐受杖一百時論美之

益部耆舊傳曰常播字文平蜀郡江源人仕縣主簿縣長廣都朱淑以官穀割設當論重罪播争獄訟身受杖數千披肌割膚更歷三獄幽閉二年每將掠拷吏先驗問伏不播荅言忽得罰無所多問辭終不撓事遂見明也

三輔決録曰丁邯字叔春正直不撓舉孝廉為郎以令史次補也世祖改用孝廉選邯補為郎邯稱疾不就詔問實病羞為郎乎對曰臣實不病以孝廉為令史職尔世祖怒使虎賁杖之數千詔問欲為郎不邯曰能殺臣者陛下不能為郎者臣也詔出不為郎

督

晉書曰魏明帝改士庶罰金之令婦人加笞還從鞭督之例以其刑體裸露故也

晉律曰諸有所督罰五十以下鞭如令平心無私而以辜死者二歲刑

晉令曰應受杖而體有瘡者督之也

東晳勸農賦曰乃有老閑舊猥欺狡難覺時雖被考不過

校督歌對図圖笑向桎梏

流徒

書曰五流有宅五宅三居謂不忍加刑則流放之若四凶者五刑之流各有所居大罪四裔次九州之外次千里之外也

又曰流宥五刑流共工於幽州放驩兜于崇山竄三苗于三危殛鯀于羽山四罪而天下咸服

後魏書曰高聰有罪恕死徙平州爲民届瀛州屬刺史王質獲白兎將獻託聰爲表高祖見表顧謂王肅曰在下那得復有此才而令朕不知也肅曰此高聰比徙此文或其所製表高祖悟曰必應然也

隋書曰王伽開皇末爲齊州行參軍初無足稱後被州使送流囚李參等七十餘人詣京師時制流人並枷鎖傳送

伽行次滎陽哀其辛苦悉呼而謂之曰汝等雖犯憲法枷鎖亦大辛苦吾欲與汝等脫去行至京師惣集能不違期不皆拜謝曰必不敢違伽於是悉脫其枷停援卒與期曰某日當至京師如致前却吾當爲汝受死舍之而去流人感悅依期而至一無離叛上聞而異之於是悉召流人并令携負妻子俱入賜宴於殿庭而赦之擢伽爲雍令

太平御覽卷第六百五十

刑法部十七

除名　免官　收贖

禁錮

除名

何法盛晉中興書曰胡毋崇爲永康令多受貨賂政治苛暴詔郡街頓鞭一百除名爲民

隋書曰賀若弼被除名每出怨言晉公護徵還令自殺臨刑呼子弼謂曰吾欲必平江南然此心不果汝當成之吾以舌死汝不可不思引錐刺弼舌出血誡以愼口

又曰賀若弼坐免官弼怨望愈甚後數年下弼獄上謂之曰我以高熲楊素爲宰相汝唱言云此二人唯堪啗飯耳是何意也弼曰熲臣之故人素臣之舅子臣並知其爲人誠有此語公卿奏弼怨望罪當死上惜其功於是除名爲民

又曰高熲得罪除名爲民熲初爲僕射其母誡之曰汝富貴已極但有一斫頭耳尔其愼之熲由是常恐禍變及此熲懽然無恨色以爲得免於禍

又曰權武爲潭州總管晚生子與親客宴集酒酣遂擅赦所部內獄囚武帝以南越邊遠治從其俗務適便宜不依律令而每言當今法急官不可爲上令有司案其事皆驗上大怒命斬之武於獄中上書言其父爲武元皇帝戰死於馬前以此求哀由是除名爲民

晉律曰吏犯不孝謀殺其國王侯伯子男官長誣偷受財枉法及掠人和賣誘藏亡奴婢雖遇赦皆除名爲民

又曰除名比三歲刑

又曰其當除名而所取飲食之用之物非以爲財利者應罰金四兩以下勿除名

晉潘岳閑居賦叙曰今天子諒闇之際領太傅主簿府誅除名爲民俄而復官

免官

後漢書曰梁松遷太僕數爲私書請託郡縣二年發覺免官遂懷怨望四年冬乃懸飛書誹謗下獄死

宋書曰庾登之爲司徒長史南東海太守府公彭城王義康專覽政事不欲自下眉意而登之性剛每陳己志義康不悅出爲吳郡太守以贓貨免官

又曰謝靈運在會稽亦多徒衆驚動縣邑太守孟顗因靈運横恣表其異志靈運馳詣闕上表自陳本末文帝知其見誣不罪也以爲臨川內史在郡遊放不異永嘉爲有司遣使隨州從事鄭望生收靈運興兵叛逸遂有逆志爲詩

曰韓亡子房奮秦帝魯連耻本自江海人忠義感君子追討禽之送廷尉廷尉論上斬刑上愛其才欲免官而已彭城王義康堅執謂不宜恕詔以謝玄勳參微管宜宥及後嗣降死徙廣州

晉律曰免官比三歲刑其無眞官而應免者正刑召還也

又曰有罪應免官而有文武加官者皆免所居職官

又曰其犯免官之罪不得減也

又曰其當免官者先上（免官謂不聽應收治者也）

收贖

書曰金作贖刑

又曰墨辟疑赦其罰百鍰（六兩曰鍰鍰黃鐵也）劓辟疑赦其罰惟倍（倍百爲二百也）剕辟疑赦其罰倍差（倍差謂俗之文半爲五百鍰）宮辟疑赦其

罰六百鍰大辟疑赦其罰千鍰

國語曰桓公問齊國寡甲兵爲之若何甲鎧兵弓矢之屬管仲對曰輕過而移諸甲兵諸之也謂輕其過使以甲兵贖罪制重罪贖以犀甲一戟重罪死罪犀皮可爲甲戟戟也秋長二丈六尺輕罪贖以鞼劬位切盾一戟輕罪劓刖之屬鞼盾綴革有文加繢小罪讁以金分小罪不入五刑者以金贖分兩之差今之罪金是也書曰金作贖刑也

家語曰魯國之政法贖人臣妾於諸侯者皆取金於府子貢贖之而辭不取孔子聞之曰賜失之矣夫聖人舉事可以移風易俗而教導不可施於百姓非獨適身之行也今魯國富者寡貧者多贖人受金則爲不廉則何以相贖乎自今已後魯人不復贖人法於諸侯矣

漢書曰文帝常行中渭橋有一人聞蹕匿橋下乆以爲蹕過走出乘輿馬驚廷尉張釋之奏犯蹕當罰金帝怒曰賴

吾馬柔他馬已傷敗我廷尉迺罰金耶

又曰張敞上書論死刑以下出粟贖罪以給軍用蕭望之以爲父兄囚執子弟將不顧死亡之患敗亂之行以赴財利求救一人得生十人以喪且富者得生貧者獨死刑法不一也

又曰禹貢上言孝文皇帝時貴廉潔賤貪行賈人贅壻及吏坐臟者皆禁錮不得爲吏無贖罪之法欲令禁止海內大化武帝始臨天下尊賢用正開地廣境日見功大遂縱嗜欲迺行一時之變使犯法者贖罪入穀者補吏是以官民貧盜賊並起

又曰衛青爲太中大夫元光六年拜爲車騎將軍擊匈奴出上谷公孫敖出代郡李廣出鴈門敖以七千騎廣爲虜所得得脫歸皆當斬贖爲庶人

又曰趙食其穀栩人也穀丁外切栩許羽切爲右將軍從大將軍出定襄迷失道當斬贖爲庶人

又曰博望侯張騫郎中令李廣俱出右北平異道匈奴左賢王將數萬騎圍廣廣與戰二日騫至匈奴引兵出騫坐行留當斬贖爲庶人

又曰右衛將軍蘇建亡軍獨身脫還贖爲庶人

後漢書曰孝明時詔亡命自殊死以下贖死罪縑四十疋左趾至髡鉗城旦舂十疋完城旦至司寇五疋犯罪未發覺詔書到日自告者半入贖

晉書曰王宏有政績後爲河南尹苛碎坐桎梏罪人以泥墨塗面置深坑中餓不與食又擅縱五歲刑以下二十人爲有司所劾帝以宏累有功績聽以贖論

又曰烈王無忌閔王承之子也承爲荊州刺史王廙所害

江州刺史褚裒當之鎮無忌及丹陽尹桓景等餞於版橋時王廙子丹陽丞耆之在坐無忌志欲復讎拔刀將手刃之裒景命左右救捍獲免御史中丞車灌奏無忌欲專殺人付廷尉科罪成帝詔曰王當以體國爲大豈可尋繹由來以亂朝憲主者其申明法令自今已往有犯必誅於是聽以贖論

齊書曰到撝永明元年爲御史中丞車駕幸丹陽郡宴飲撝恃舊酒後狎侮同列謂庾景之蠢尒蠻荊其俗鄙復謂虞悰曰斷髮文身其風陋王晏既貴雅步從容又問曰王散騎復可故尒晏先爲國常侍轉員外散騎郎此二職清華所不爲故以此嘲之王敬則執楨查以刀子削之又曰此非元徽頭何事自契之爲左丞庾景之所糾以贖論

唐書曰後魏起自北方屬晉室之亂部落漸盛其主乃峻

刑法每以軍令從事人乗寛政多以違令得罪死者以萬
計於是國落騷然其後當死者聽其家獻金馬以贖
會稽典録曰楊𡺸爲右丞詣南宮取急案條閣舊事於複
道中逢太常羊柔不避車又下𡺸糺奏柔以爲知丞郎應
行威儀有序九列外官而公干犯請廷尉治柔罪詔勿治
以三月俸贖罪
晉律曰其年老小篤癃病及女徒皆收贖
又曰諸應收贖者皆月入中絹一疋老小女人半之
又曰贖死金二斤也
又曰失贖罪囚罰金四兩也
又曰以金罰相代者率金一兩以當罰十也

禁錮

傳曰楚共王即位將爲陽楊橋之役使屈巫聘于齊且告

師期巫臣盡室以行遂奔晉晉人使爲刑大夫子反請以
重幣錮之禁錮勿令仕王曰其自爲謀也則過矣其爲吾先
君謀也則忠忠社稷之固也所盖多矣盖覆也且彼若能利
國家雖重幣晉將可乎言不許若無益於晉晉將弃之何勞
錮焉
又曰會於商任錮欒氏也禁錮欒盈使諸侯不得受之二十二年會于
沙隨復錮欒氏也晉知欒盈在齊故復錮也
後漢書曰河内張成善説風角推占當赦遂教子殺人李
膺爲河南尹督促收捕既而逢宥獲免膺愈懷憤疾竟案
殺之初成以方伎交通宦官帝亦頗訊其占成弟子牢脩
因上書誣告膺等養太學游士交結諸郡生徒更相駈馳
共爲部黨誹訕朝廷疑亂風俗於是天子震怒班下郡國
逮捕黨人布告天下使同忿疾遂收執膺等其辭所連及

陳寔之徒二百餘人或有逃遁不獲皆懸金構募使者四
出相望於道明年尚書霍諝城門校尉竇武並表爲請帝
意稍解乃皆赦歸田里禁錮終身而黨人之名猶書王府
熹平五年永昌太守曹鸞上書大訟黨人言甚方切帝省
奏大怒即詔司隷益州檻車收鸞送槐里獄掠殺之於是
又詔州郡更考黨人門生故吏父子兄弟其在位者免官
禁錮爰及五屬謂斬縗齊縗大功小功緦麻也
又韓稜初爲郡功曹太守葛興中風病不能聽政稜陰代
興視事出入二年令無違者興　嘗發教欲署吏稜拒執
不從因令怨者章之章謂上章告言之事下案驗吏以稜掩蔽興
病專典郡職遂致禁錮顯宗知其忠後詔特原之
又曰第五倫上疏云三輔論議者至云以貴戚廢錮當復
以貴戚浣濯之猶解酲當以酒也病酒曰酲詖險趍勢之徒誠

不可親近
齊書曰王晏弟詡位少府卿敕未登黄門郎不得畜女伎
詡與射聲校尉陰玄知坐畜伎免官禁錮十年敕特原
典略曰馬騁在東觀十六年以爲久貫精思非養生之道
擅去離署免官禁六年
崔鴻前燕録曰遼東内史宋該舉侍郎韓偏爲孝廉慕
容儁令曰夫孝廉者道德沈敏貢之王庭偏往助叛徒
迷固之罪及王威臨討憑城醜詈此則勃之甚者何舉之
該下吏可正四歳刑偏行財祈進虧亂王典可免官禁錮
終身
晉令曰犯免官禁錮三年
鄭玄別傳曰玄病篤與益恩書曰吾預黨禁錮十四年也
太平御覽卷第六百五十一

刑法部十八

赦

易曰雷雨作解君子以赦過宥罪

書曰眚災肆赦（眚過災害肆緩言大過害當緩赦之）

又曰五刑之疑有赦五罰之疑有赦其審克之（刑疑赦從罰罰疑赦從免其當倚察能得其礼）

周禮曰國君過市刑人赦

又曰司刺掌三宥三赦之法一宥曰不識再宥曰過失三宥曰遺忘一赦曰幼弱再赦曰老耄三赦曰惷愚

爾雅曰赦舍也（舍放置也）

論語曰子路問政子曰先有司赦小過舉賢才

史記曰陶朱公子殺人囚於楚公曰煞人而死職也使少

子往視之乃裝黄金千溢以置褐器中載以一牛車遣其少子長男固請欲行公不許長男曰長子家督也今弟有罪大人不遣是吾不肖欲自殺其母爲言不得已而遣長子爲一封書及金令遺故所善莊生生乃見楚王曰某星犯某宿獨以德爲可以除之王乃使封三錢之府長男以赦弟固當出也重千金虚弃無所爲也乃復見莊生曰弟今自赦故辭去生知其意曰自入室取金莊生耻爲兒所賣乃入見楚王曰臣出道路皆言陶之富人朱公子多將金賂王左右王非能恤楚而恩赦乃以陶朱公子也楚王大怒遂殺陶朱公子明日乃赦令長子持其弟喪歸也

漢書曰惠帝冠赦天下省法令妨吏民者除挾書律（如淳曰秦皇令敢有挾持書偶語者爲城旦舂）

又曰惠帝崩太子立爲皇帝年幼太后臨朝稱制大赦天下

又曰成帝元封二年四月臨決河塞隄作瓠子歌赦所過徒六月詔曰甘泉宮内銅池中産芝九莖連葉赦天下作芝房之歌五年冬行南巡還至泰山增脩封禪赦天下六年詔曰朕禮首山昆田出珍物化爲黄金祭后土神光三燭其赦汾陰殊死以下賜天下貧民布帛人一疋益州昆明反赦京師亡命令從軍擊之後元年三月詔曰朕郊見上帝巡于北邊見群鶴留止以不羅網靡所獲薦獻于泰時光景並見其赦天下也

又曰宣帝地節元年四月鳳凰集魯群鳥從之戊申立皇太子赦天下神爵四年春二月詔曰喜瑞並見脩興太一五帝后土之祠祈爲百姓蒙福鸞鳳萬舞集止于傍齋戒之暮神光顯著薦獻之夕神光交錯或降于天或登于地

或從四方來集于壇上帝嘉饗海内承福其赦天下

又曰成帝建始元年二月詔曰迺者火災降于祖廟有星孛于東井其大赦天下咸得自新永嘉元年丙寅立皇后趙氏大赦天下四年正月行幸甘泉郊泰畤神光降集紫殿大赦天下

又曰哀帝建平二年四月詔曰漢家之制推親親以顯尊尊定陶恭皇之号不宜復稱定陶尊恭皇太后稱永信宮立恭皇后廟於京師赦天下

東觀漢記曰吴漢疾篤上乃親自臨問所欲言對曰臣愚無所識知唯願無赦而已

又曰郭躬家世掌法務在寛平章和赦天下繫囚在四月丙子以前減死罪一等勿笞詣金城而文不及亡命躬上封事曰伏惟大恩莫不蕩宥死罪以下並蒙更生而亡命

捕得獨不沾澤臣以爲赦前犯死罪而繫在赦後者可皆
勿治詔金城以全民命益邊上善之即下詔赦焉
謝承後漢書曰學士中諸生與李膺等更相褒重莫不畏
其貶議時河内張成善說風角推占當赦遂教子殺人李
膺爲河南尹督促收捕既而逢宥獲免膺愈懷憤疾竟案
殺之
又曰度尚爲荊州刺史尚見胡蘭餘黨南走蒼梧懼爲
已負仍僞上言蒼梧賊入荊州界於是徵交趾刺史張磐
下廷尉辭狀未正會赦見原磐不肯出獄方更牢持械節
獄吏謂磐曰天恩曠然而君不出何乎磐因自列曰前長
沙賊胡蘭作難荊州餘黨散入交趾磐身嬰甲冑涉危履
險討擊凶患斬殄渠帥餘燼烏竄冒遁還奔荊州刺史度
尚懼磐先言怖畏罪戾伏奏見誣磐備位方伯爲國爪牙

而爲尚所枉受罪牢獄夫事有虛實法有是非磐若實不辜
赦無所除如忍以苟免永受侵辱之恥生爲惡吏死爲弊
鬼乞傳尚詣廷尉面對曲直廷尉以其狀上詔書徵尚到
廷尉辭窮受罪以先有功得原
又曰董卓死陜中諸將後共相要遣使詣長安相聞求乞
大赦尚書令王允等以爲殺卓時已赦今復求一歲不可
再赦李傕等曰京師不赦我我當死不若決之若攻長安克
之則可大得天下不克則盡鈔取三輔婦女財物西上隴
歸鄉里作賊延命尚可數年於是帥兵西向長安
魏志曰文帝延康元年受禪即位改延康爲黃初大赦天
下
又曰陳留王奐即位咸熙二年二月加相國晉王冕十二
旒天子旌旗出警入蹕乘金銀車等癸未大赦八月辛卯

晉王薨壬辰晉太子紹封襲位襄武縣言有大人見長三
丈餘跡長尺二寸白鬚着黃單衣黃巾柱杖呼人王始語
云今當太平九月乙未大赦
吳志曰呂蒙病發孫權迎置内殿夜不能寐病中有瘳爲
下赦令
又曰孫皓天璽元年吳郡言臨平湖自漢末草穢擁塞今
更開通長老相傳此湖邊石函中有小石青白色長四寸
廣刻作皇帝字於是改年大赦
蜀志曰孟光字孝裕河南人延熙九年秋大赦光責大將軍
費禕曰夫赦者偏枯之物非明世所宜有也衰弊窮極必
不得已然後乃可權而行之耳今主上仁賢百僚稱職有
何旦夕之危倒懸之急而數施非常之恩以惠姦宄之惡
乎又鷹隼始擊而更原宥有罪上犯天時下違人理老夫

耄朽不達治體竊謂斯法難以經久豈具瞻之高美所望
於明德哉禕但顧謝踧踖而已
于寶晉紀曰庶人楊氏卒于金墉城陳留董仲道遊於太
學喟然而歎曰建斯室也何爲者乎每見國家赦書謀反
大逆皆除其殺祖父母父母者不除以爲道法所不容也
何今日公卿而處議文飾禮典以至此事乎天人之理既
惑大亂將作矣顧謂謝鯤阮千里等曰易稱知幾其神御
等各可深逃乃身荷檐妻子惟鹿車以入于蜀山莫知所
至
王隱晉書曰武帝咸熙二年十二月丙寅上乃設壇受命
于郊即洛陽宮幸太極前殿大赦天下
又曰愍帝建興元年夏四月壬申上即位于長安宮改年
大赦天下與之更始前後不及者皆除之

崔鴻前秦錄曰王猛疾病未瘳苻堅大赦死巳下

又曰永興元年苻堅將爲赦與尚書左僕射王猛右僕射苻融密議於露堂屏左右爲赦文有一大蒼蠅入自牖間鳴聲甚大集于筆端驅而復來乆之乃去俄而長安市里相告曰官今大赦有司以聞堅驚謂猛融曰禁中何從泄也於是敕外推之咸言有一小人衣黑衣大呼于市曰官今大赦須臾不見堅歎曰其向者蒼蠅也

後魏書曰崔玄伯太宗時郡國豪右大爲人蠹乃優詔徵之人多戀本而長吏逼遣於是輕薄少年因相扇動所在聚結討之不能禁太宗乃引玄伯及元成侯屈等議赦之屈曰人逃不罪而反赦之似若有求於下不如先誅首惡赦其黨類玄伯曰王者治天下安人爲本何能顧小曲直也譬琴瑟不調必改絃而更張夫赦雖非正道而可以權

行自秦漢已來莫不相踵屈言先誅後赦會於不能兩去孰與一行便定若其赦而不改者誅之不晚太宗從之

後周書曰明帝二年夏詔此屢有糺發官司赦前事此雖意在疾惡但先王制肆眚之道令天下自新若又推問自新何由哉如此之徒有司勿爲推究惟庫廐倉廩與海內所共漢帝有云朕天下守財耳若有侵盗公家財畜錢粟者魏朝之事年月既遠一不須問自周有天下以來雖經赦宥而事跡知者有司宜即推窮得實之日但免其罪徵備如法

北齊書曰宋良字元友爲清河太守甚有善政天保初大赦清河獄内蓬蒿但蒲無囚可赦唯率將吏拜詔而巳

又曰後主將大赦時臨漳令李世業爲臺所劾贓多至死世業即穆提婆對門陛令萱言於齊主所以大赦後由是頻赦遂以爲常平恩縣尹曹賀既小人萎貪數犯刑憲但入狴牢無不遇赦故世人以既爲赦之候

又曰赦日武庫令設金雞及鼓於閶闔門外之右勒集囚徒於闕前撾鼓千聲脫枷鏁遣之

隋書曰張煚爲天官司會與宗伯斛斯徵素不協徵出爲齊州刺史坐事下獄自知罪重遂踰獄而走帝大怒購之急煚上密奏曰徵自以負罪深重懼死遁逃若不北竄匈奴則南投吳越徵雖愚陋乆歷清顯奔波敵國無益聖朝今者炎旱爲災可因茲大赦帝從之徵賴以獲免煚卒不言

唐書曰太宗以法吏舞文尤留意於刑政每親錄囚徒貞觀初時方發生乃悉放京城死罪繫囚徒歸家期以秋分還繫所因勅天下皆放之是歲天下死罪囚如期而還者

九二百九十人太宗愍其奉法悉赦之自是犯法者鮮貞觀二年上謂侍臣曰凡赦唯及不軌之輩古語曰小人之幸君子不幸一歲再赦奴人喑啞凡養稂莠者傷禾稼惠姦宄者賊良人昔文王作罰刑茲無赦夫小仁者大仁之賊故我有天下以來不甚放赦今四海安靜禮義興行數赦則愚人常冀僥倖唯欲犯法不能改過當須慎赦

尚書大傳曰有過必赦小罪勿增大罪勿增老弱不受刑有過不受罰故老而受刑謂之悖弱而受刑謂之克不赦有過謂之賊故與其殺不辜寧失有罪與其增以有罪寧失過以有赦

家語曰孔子爲司寇有父子訟者夫子同狴（狴獄也）而執之三月而不別也其父請止夫子赦焉季孫聞之不悅曰司寇欺余曩告余曰爲國家必先以孝余今戮一不孝以教民

孝不亦可乎又赦之何哉冉有以其言告孔子喟然歎曰上失其道而殺其下非理也不教以孝而聽以獄是殺不辜三軍大敗不可斬也獄犴不理不可刑也何者上教之不行罪不在民故也

管子曰凡赦者小利而大害也故久而不勝其禍無赦者小害而大利也故久而不勝其福故赦者奔馬之委轡也無赦者痤疽之砭石也

又曰赦者先易後難法者先難後易故惠者民之仇讎也法者民之父母也

莊子曰聞在宥天下不聞治天下郭象注曰宥使自有則治治之則乱在也者恐天下之淫其性也宥也者恐天下之遷其德也天下不淫其性不遷其德有治天下者哉無治乃不遷淫耳

淮南子曰或曰知天且赦也而殺人或曰知天且赦而活

人其望赦同其所利害異故或吹火而燈或吹火而滅所以吹者異也

李燮別傳曰燮年逃亡匿臨淄男爲酒家傭靈帝即位時月經陰道暈五車史官曰有流星昇漢而北陽芒迫卯熒惑入大角犯帝座其占當有大臣被誅者故太尉李固西土人占在固今月經陰道圍五車宜有赦令以除此異上感此變大赦天下求公子孫酒家具車乘厚送之

漢舊儀曰踐祚改元立皇后太子赦天下每赦自殊死以下及謀反大逆不道諸不當得赦者皆赦除之令下丞相御史復奏可分遣丞相御史乘傳駕行郡國解囚徒布詔書郡國各分遣吏傳廐車馬行屬縣解囚徒

海內先賢傳曰王允字子師誅董卓卓將郭汜李傕等聞卓死引兵還圍長安燔掠官省死者萬數大赦天下允忠節三朝更赦書去其赦射帝營宮闕不從此令是日遂及於難

華陽國志曰丞相諸葛亮時有言公惜赦亮荅曰治世以大德不以小惠故匡衡吳漢不願爲赦先帝亦言吾周旋陳元方鄭康成間每見啓亂之道悉矣曾不語赦也若劉景升父子歲歲赦宥何益於治也

王符潛夫論曰凡治疾者必先知脉之虛實氣之所結然後爲之方故疾可愈也爲國者必先知人之所苦禍之所起然後爲之禁故姦可塞也夫賊良人之甚者莫大數赦赦數則惡人昌而善人傷矣養稂莠者傷禾稼惠姦宄者賊良人書曰文王作罰刑茲無赦孝明帝時荆州舉茂才初過謝恩賜食事訖問何異聞曰巫有劇賊九人刺史數以牙郡訖不能得帝曰汝非部南郡從事耶對曰是帝

乃震怒曰賊發部中不能擒然才何以爲茂乃棰數百便免官而切讓州郡十日之間賊即伏誅由此觀之擒盜賊在於明法不在數赦

崔寔政論曰孝文皇帝即位二十三年乃赦示不廢舊章而已近永平建初之際亦六七年乃赦亡命之子皆老於草野窮困懲艾皆至於死頃間以來歲且赦百姓輕爲姦非前年一朞之中大小四赦諺曰一歲再赦奴兒喑啞況不軌之民孰不肆意遂赦爲常俗赦以趣赦轉相驅蹴而不得息雖日赦之亂捕擊耳

郭子曰孫秀降晉武帝厚存寵之妻以姨妹蒯氏室家甚睦妻嘗怒乃罵秀爲貉子秀大不平遂出不復入蒯氏自悔責遂請救於帝時大赦群臣咸見既出帝獨留秀從容言天下曠蕩蒯夫人可得從其例不秀免冠謝爲夫婦如初

傅子曰若親貴犯罪大者必議小者必赦是縱封豕於境內放長蛇於左右也

荀悅漢紀論曰夫赦權時之宜非常典也漢興承兵革之後大過之代比屋可刑故設三章之法申以大赦之令蕩滌穢流與人更始時勢然也後代承業習而不革失時宜矣

風角書曰春甲寅日風高去地三四丈鳴條從甲上來為大赦期六十日

又曰候赦法冬至後盡丁巳之日南風從巳上來滿三日以上必有大赦

望氣經曰黃氣四出迮期五十日赦

古樂府歌詩曰始出上西門遥望秦氏樓秦氏有好女自名為女休女休年十五為宗行報讎左執白楊刀右據宛

景矛上山四五里門吏得女休女休前置辭平生為燕王婦於今為詔獄囚刀矛未及下㦃橦擊鼓赦書下

太平御覽卷第六百五十二

太平御覽卷第六百五十三

釋部一

叙佛

漢書曰漢使驃騎將軍霍去病出隴過焉耆山得休屠王祭天金人顔師古注曰作金人以爲天神之主而祭之即今佛像是其遺法也

後漢紀曰浮圖者佛圖也西域天竺國有佛道焉佛者漢言覺也將以覺悟群生也統其教以脩善慈心爲主不殺生類專務清淨其精進者號爲沙門漢言息自心蓋息意去欲而歸無爲也又以爲人死精神不滅隨復受形所行善惡皆有報應故所貴行善脩道以練精神練而不已以至無生而得佛也身長一丈六尺黃金色項佩日月光變化無常無所不入故能化通萬物而大濟羣生初帝夢見金人長大項有日月光以問群臣或曰西方有神其名曰佛其形長大而黃金色陛下之所夢得無是乎於是遣使天竺而問道術遂於中國而圖其形像焉有經書數千卷以虛無爲宗包羅精麤無所不統善爲宏闊勝大之言所求在於一躰之內而所明在於視聽之表故世俗之人以爲虛誕然歸於玄微深遠難測故王公大人觀死生報應之際莫不矍然自失也

晉書曰後趙百姓以佛圖澄故多奉佛皆營造寺廟相競出家真僞混淆多生愆過季龍下書料簡其著作郎王度奏曰佛外國之神非諸華所應祠奉漢代初傳其道唯聽西域人等得立寺都邑以奉其神漢人皆不出家魏承漢制亦修前軌今可斷趙人悉不聽詣寺燒香禮拜以遵典禮

宋書曰顧歡以佛道二家教異學者互相非毀乃著夷夏論曰道經云老子入關之天竺維衛國國王夫人名曰淨妙老子因其晝寢乘日精入淨妙口中後年四月八日夜半時剖左腋而生墜地即行七步於是佛道由此而始興焉又玄妙內篇佛經云釋迦成佛有塵劫之數出法華無量壽然二經所說如合符契道則佛也佛則道也其聖則符其迹則反歡雖同二注而意黨道教司徒袁粲託爲道人以駮之

後魏書釋老志曰九說教大抵言生生之類皆因行業而起有過去當今未來歷三世識神不滅凡爲善惡必有報應漸積勝業陶冶麤鄙經無數形澡練神明乃致無生而得佛道 其門階次二行等級非一皆緣淺以致深藉微而爲著率在於積仁順蠲嗜欲習虛靜而成通照也其始修心則依佛法僧謂之三歸又有五誡去殺盜婬妄言飲酒大意與仁義禮智信同

梁書曰郭祖深以武帝溺情內教朝政弛縱輿櫬詣闕上封事曰比來慕法普天信向家家齋戒人人懺礼不事農業空談彼岸夫農業者今日濟育功德者將來勝因豈可惰本勤末置近効賒也時帝大弘釋典將以易俗故祖深尤言其事以爲都下佛寺五百餘所窮極宏麗僧尼十餘萬資產濃沃所在郡縣不可勝言道人又有白徒尼則畜養女皆不貫人藉天下戶口幾亡其半而僧尼多非法養女皆服羅紈其蠹俗傷法抑由於此恐方來處處成寺家家剃落尺土一人非復國有

南史曰天竺諸國皆事佛道自後漢明帝法始東流自此以來其教稍廣別爲一家之學元嘉十二年丹楊尹蕭摹之奏曰佛教被于中國已歷四代而自頃以來更以奢競

為重請自今以後有欲鑄銅像者悉詣臺自聞興造塔寺
精舍皆先列言須許報然後就功先是晉世庾冰始創議
欲使沙門敬王者後桓玄復述其議並不果行宋大明六
年孝武使有司奏沙門接見皆尽敬詔可
隋書經籍志曰釋迦在世四十九年教化乃至天龍人鬼
並來聽法弟子多有得道證果後於拘尸那城娑羅雙樹
間二月十五日入般涅槃譯言滅度亦言常樂我淨弟子迦
葉等追共撰述教為十二部經
唐書曰傅奕上疏請除去釋教高祖付群官詳議太僕卿
張道源稱奕奏合理中書令蕭瑀與之爭論曰佛聖人也
奕為此議非聖人者無法請寘嚴刑奕曰禮本於事親終
於奉上則忠孝之理著臣子之行成而佛踰城出家逃背
其父以匹夫抗天子以繼躰悖所親瑀非出於空桑乃遵

無父之教臣聞非孝者無親瑀之謂矣瑀不能荅但合掌
曰地獄所設正為是人
又曰會昌中道士趙歸真與羅浮道士鄧元起有長年之
術帝遣中使迎之縣是與衡山道士劉玄靜膠固而排釋
氏
牟子曰或問曰佛從何而生寧有先祖牟子曰佛生天竺
假形王家父曰白淨夫人字曰淨妙四月八日佛精從天
來夫人晝寢夢見象六牙欣然悅之遂感而孕因以八日
從母右脇而生太子有三十二相八十種好頰如師子皮
不受塵水手足皆鉤鏁毛悉向上
又曰子得佛道以來良有益否牟子曰吾自得佛道來如
開浮雲見白日如執火炬入冥室矣
建康實錄曰吳赤烏十年胡人康僧會入境置經行所朝

夕禮念有司以聞帝曰昔漢明帝感夢金人使往西方求
之得摩騰竺法蘭來中國立經行教今無乃是遺類乎因
引見僧會其言佛教滅度已久唯有舍利可以求請遂於
大內立壇結靜三七日得之帝崇佛道以是江東初有佛
法
高僧傳曰釋慧嚴宋高祖素所知重文帝在位情好尤密
先是帝未甚崇信京尹蕭摹之上啓請制起寺及鑄像帝
迺與侍中何尚之吏部郎羊玄保等議之謂尚之曰謝靈
運常言六經典文本在濟俗為治必求靈性真奧豈得不
以佛經為指南耶近摹之推達性論尤為名理羊玄保進
曰此談蓋天人之際豈臣所宜預竊恐秦楚論強兵之術
孫吳盡吞併之計將無取此耶帝曰此非戰國之具良如
卿言尚之曰夫　禮隱逸則戰士怠貴仁德則兵氣衰若

以孫吳為志苟在吞噬亦無堯舜之道豈唯釋教而已邪
帝悅曰釋門有卿亦猶孔氏之有季路
世說曰殷中軍見佛經云理應在阿堵上注云佛經之行
東國尚焉而記傳無聞莫詳其始牟子曰漢明帝夜夢見
神人身有日光飛止殿前意甚忻悅明日問群臣有通人
傅毅對曰聞天竺有得道者號曰佛身有日光殆將其神
於是上悟遣羽林郎秦景博士弟子等十二人之大月氏
寫取佛經四十二章在蘭臺石室
又曰庾公常入佛圖見臥佛曰此子疲於津梁時人以為
名言涅槃經云如來背痛於雙樹間北首而臥故後之圖繪者為此像也
佛地論曰佛者覺也覺一切種智復能開覺有情如睡夢
覺故名為佛姓釋迦號牟尼佛
普曜經曰從兜率天降神於西域迦維衛國淨飯王宮摩

耶夫人剖左脅而生時多靈瑞生而能言

本相經曰年十九踰城出家學道勤行精進禪定六年成道具三十二相八十種好

涅槃經曰醍醐之教喻於佛性從乳出酪從酪出蘇從生蘇出熟蘇熟蘇出醍醐醍醐蘇之精也

法顯記曰佛生於殷末道成於周初至成王十二年經律始到新頭河（河即張騫所到之處）

佛國記曰佛有四牙廣半寸長半寸一牙在呵條國又一牙在天上又一牙在海龍王宮又一牙在乹陁國國王使大臣九人守保之月朝捧擎牙出牙或時放光明香花數十斛散牙上而牙不沒

唐韓愈論佛骨䟽曰伏以佛者夷狄之一法耳後漢時流入中國上古未嘗有也昔黄帝在位百年年一百一十歳

少昊在位八十年年一百八十歳此時天下太平百姓安樂壽考然而此時未有佛也至殷湯亦年百歳湯孫太戊在位七十五年武丁在位五十九年書史不言其年壽考所極盖亦非因事佛而致然漢明帝時始有佛法明帝在位纔十八年耳其後亂亡相繼運祚不長宋齊梁陳元魏已下事佛漸謹年代尤促唯梁武帝在位三十八年前後三度捨身施佛宗廟之祭不用牲牢盡日一食止於菜菓其後竟爲侯景所逼餓死臺城國亦尋滅事佛求福乃更爲禍由此觀之佛不足信也亦可知矣高祖始受隋禪則議除之當時群臣才識不遠不審知先王之道古今之宜推闡聖明以正斯弊其事遂止陛下神聖英武數百年已來未有倫比即位之初不許度人爲僧尼道士又不許創立寺觀臣愚以爲高祖之志必行於陛下之身縱未能行豈可恣之轉令盛矣今聞陛下令群僧迎佛骨於鳳翔樓以舁入内又令諸寺送迎供養臣雖至愚必知陛下不惑於佛以祈福也直以年豊人樂徇人之心爲京都士庶設詭異之觀戲翫之具耳然百姓愚冥易惑難曉苟見陛下如此將謂眞心信佛皆云天子大聖猶一心敬信百姓何人更惜身命以至焚頂燒指百十爲群觧衣散錢自朝至暮轉相倣傚唯恐後時老少奔波弃其業次若不明加禁遏更歴諸寺必有断臂臠身以爲供養者傷風敗俗傳笑四方非細事也夫佛本夷狄之人與中國言語不通衣服殊制口不言先王之法言身不服先王之法服不知君臣之義父子之恩假如其身至今尚在奉其國命來朝京師陛下容而接之不過宣政一見禮賓一設賜衣一襲衛而出境不令惑衆也况其身死已久枯朽之骨凶穢之餘豈令

入宫禁孔子曰敬鬼神而遠之古之諸侯行弔於國尚令巫祝以桃茢拂除不祥然後進弔今無故取朽穢之物親臨視之巫祝不先桃茢不用群臣不言其非御史不舉其失臣實恥之乞以此骨付有司投水火永絶根本断天下之疑絶後代之惑使天下之人知大聖之作爲出於尋常萬萬也豈不盛哉豈不快哉

太平御覽卷第六百五十三

釋部二　奉佛

袁宏後漢紀曰楚王英好遊俠交通賓客晚節喜黄老脩浮圖祠八年上臨辟雍禮畢詔天下死罪得以縑贖罪英遣郎中令詣彭城曰臣託在藩蔽無以率先天下過惡素積喜聞大恩謹奉黄縑二十五疋白紈五疋以贖其僁楚相以聞詔曰楚王誦黄老之微言尚浮圖之仁祠潔齋三月與神為誓有何嫌懼而贖其罪令還縑紈以供桑門之盛饌

晉書曰何充性好釋典崇修佛寺供給沙門以數百糜費巨億而不恡也親友至貧乏無所施遺以此獲譏於世阮裕常戲之曰卿志大宇宙勇邁終古充問其故裕曰我圖

數千戶郡尚不能得卿圖作佛不亦大乎于時郗愔及弟曇奉天師道而充與弟準崇信釋氏謝萬譏之云二郗諂於道二何佞於佛(世說云)

又曰王恭性雖抗直而闇於機會自矜貴不閑用兵尤信佛道臨刑猶誦經神色無懼

宋書謝靈運傳曰會稽太守孟顗事佛精懇而為靈運所譏嘗謂顗曰得道應須慧業丈人生天當在靈運前成佛必在靈運後顗深恨此言

又曰袁粲字景倩幼孤祖哀之名曰愍孫孝武即位稍遷尚書吏部郎文帝諱日君臣並於中興寺八關齋中食竟愍孫別與黄門郎張淹更進魚肉食尚書令何尚之奉法素謹密以白孝武並免官

又曰范泰暮年事佛甚精於宅西立祇洹精舍

又曰宋明帝頗好玄理以周顒有辭義引入殿內親近宿直帝所為慘毒之事顒不敢顯諫誦經中因緣罪福事帝亦為之止顒音辭辯麗長於佛理著三宗論言空假義西涼州智林道人遺顒書深相贊美言捉麈尾來四十餘載頗見宗録唯此塗白黒無一又得者為之發病非意此音猥來入耳其見重如此

齊書曰竟陵王子良嘗招致名僧講論佛法造經唄新聲又文惠太子同好釋氏甚相友悌子良敬信尤篤數於邸園營齋戒大集朝臣衆僧至賦食行水或躬親其事世頗以為失宰相躰武帝不豫子良啓進沙門於殿戶前誦經武帝為感夢見優曇鉢花于經案宣旨使御府以銅為華插御床四角

又曰晉安王子懋字雲昌武帝第七子也廉讓好學年七歲時母阮淑媛嘗病危篤請僧行道有獻花供佛者衆僧以銅甖盛水漬其莖欲花不萎子懋流涕禮佛曰若使阿姨因此和勝願諸佛令花竟齋不萎七日齋畢花更鮮紅視甖中稍有根鬚

又曰吴興有項羽神護郡廳事太守到郡必須祀以軛下牛李安人奉佛法不與神牛着屐上廳事又於廳上設八關齋俄而牛死

又曰滕曇恭南昌人也年五歲母楊氏患熱思食寒瓜土俗所不產曇恭歷訪不能得銜悲哀切俄遇一桑門問其故曇恭具以告桑門曰我有兩瓜分一相遺還以與母舉室驚異尋訪桑門莫知所在及父母卒晝夜哀慟時忽有神光自門而起俄見佛像及夾侍之儀容光顯昔自門而入曇恭家人大小咸共禮拜久之乃滅遠近道俗咸傳之

梁書曰廬江何伯璵(與弟幼璵俱隱)節操伯璵卒幼璵好佛法翦落
長齋持行精苦兄弟年並八十餘
又曰范雲從父毋兄縝字子真時竟陵王子良盛招賓客
縝亦預焉子良精信釋教而縝盛稱無佛子良曰君不信
因果何得有富貴貧賤縝荅曰人生如樹花同發隨風而
墮自有拂簾幌墮於茵席之上有關籬墻落於溷糞之中
墮茵席者殿下是也落糞溷者下官是也貴賤雖復殊途
因果竟在何處乎子良不能屈
又曰武帝大弘佛教而親自講說太子亦素信三寶徧覽
衆經乃於宮内別立慧義殿專爲法集之所招引名僧自
立三諦法義普通元年甘露降於慧義殿咸以爲至德所
感
又曰何胤居虎丘西寺講經學僧徒隨之常禁殺有虞人

逐鹿經來趍胤伏不動又有異鳥如鶴紅色集講堂馴狎如
家禽初開善寺藏法師與胤遇於秦望山後還都卒於鍾
山死日胤在波若寺見一名僧授胤香炉奩并函書曰貧
道發自楊都呈何居士言訖失所在開函乃是大莊嚴論
世中未有訪之香炉乃藏公所常用又於寺内立明珠柱
柱乃七日夜放光昭明太子欽其德遣舍人何思澄致手
令以襃美之
又曰建平王大球簡文第十七子也性明惠夙成初侯景
圍臺城武帝素歸心釋教每發誓願恒云若有衆生應受
諸苦諱身當代時大球年甫七歲聞而驚謂母曰官家尚
爾兒安敢辭乃六時禮佛亦曰凡有衆生應獲苦報悉大
球代受其早惠如此
又曰大中元年都下疫甚帝於重雲殿爲萬姓設救苦齋
以身爲禱九日辛未幸同泰寺設四部無遮大會上釋服
御法衣清淨大捨以便省爲房用素瓦器乘小車私人執
役甲午昇法座爲大衆講涅槃經癸卯群臣以億萬奉贖
衆僧默然乙酉百辟詣寺東門奉表請還宮三請乃許帝
三荅書前後並稱頓首中大同元年三月幸同泰寺講三
惠經乃捨身爲奴皇太子已下群臣出錢億萬奉贖是夜
同泰寺爲天火所燒略盡二年帝昇光嚴殿講三惠經又
捨身群臣以億萬奉贖僧衆嘿然百辟詣鳳莊門上表請
帝帝三荅皆稱頓首丁亥服袞冕還宮高祖自初捨身後
或書經坐禪盡日不食又於元光殿坐師子座講金字經
又曰貞陽侯明得執至魏魏帝引見明及諸將送晉陽渤
海王高澄禮明甚重謂曰王與梁主和好十有餘年聞彼
禮佛文常云爲魏主及先王此甚是梁主厚意不謂一朝

失信致使紛擾因欲與梁通和
又曰初武帝軍東下用不足建安王偉取襄陽寺銅佛以
爲錢富僧藏鏹多加毒害後遂惡疾性多恩惠尤愍窮乏
每祁寒積雪則遣人載樵米隨乏絶者賦給之晚年崇信
佛理尤精玄學著二暗義製性情幾神等論義僧寵及
周捨殷鈞陸倕並名精解而不能屈
又曰到漑少有美名家門雍睦兄弟特相友愛初與弟洽
恒同居一齋洽卒後便捨宅爲寺蔣山有延賢寺漑家世
所立漑所得祿俸皆充二寺因斷腥羶終身蔬食別營小
室朝夕僧徒禮誦武帝每月三致淨饌恩禮甚篤性不好
交遊及卧疾門可羅雀太清二年卒臨終勅子孫薄葬之
禮言訖便屏家人請僧讀經讚唄及卒顏色如恒手屈二
指即佛道所云得果也

又曰周弘正善玄理爲當世所宗藏法師於開善寺講說
門徒數百弘正年少未知名着紅褌錦絞髻踞門而聽衆
人蔑之弗譴也旣而乘間進難舉座盡傾聽法師疑非世
人覘知大相賞狎
又曰劉慧斐字宣文彭城人也少博學能屬文起家梁安
成王法曹行參軍常還都途經尋陽遊於匡山遇處士張
孝秀相得甚懽遂有終焉之志因不仕居東林寺又於山
北構園一所號曰離垢園時人仍謂爲離垢先生慧斐先
明釋典攻篆隸在山手寫佛經二千餘卷常所讀者百餘
卷晝夜行道孜孜不怠遠近欽慕之簡文臨江州遺以几
杖論者云自遠法師沒後將二百年始有張劉之盛矣
又曰庾詵普通中詔以爲黃門侍郎稱疾不起晚年尤遵
釋教宅內立道場環繞禮懺六時不輟誦法華經每日一

偏後夜中忽見一道人自稱願公容止甚異呼詵爲上行
先生授香而去中大通四年因寢忽驚覺曰願公復來不
可久駐顏色不變言終而亡舉室咸聞空中唱上行先生
已去彌陀淨域矣武帝聞而下詔諡節處士以顯高烈
又曰張孝秀字文逸長六尺餘白皙美鬚眉仕州中從事
史後歸山居東林寺有田數十頃部曲數百人率以力田
盡供山衆博涉群書專精釋典僧有虧戒律者集衆佛前
作羯磨而笞之多能改過
又曰馬樞字理要扶風郿人也博極經史尤善佛教邵陵
王綸爲南徐州刺史素聞其名引爲學士綸時自講大品
經令樞講維摩老子周易同日發題道俗聽者二千人王欲
極觀優劣乃謂衆曰與馬學士論議必使屈服不得空立
主客於是學者各起問端樞依次剖判開其宗旨論者拱

默聽授而已綸甚佳之
陳書曰後主沈皇后諱婺華身居儉約唯尋閱圖史及釋
典爲事常遇歲旱自暴而誦佛經應時雨降陳亡入隋及
煬帝崩自廣陵過江於毗陵天靜寺爲尼名觀音
又曰孫瑒常於山齋設講肆集玄儒之士冬夏資奉爲學
者所稱而處已率易不以名位驕物時皇興寺朗法師該
通釋典瑒每造講筵時有抗論法侶莫不傾心
又曰徐陵少而崇信釋教經論多所解釋後主在東宮令
陵講大品經義學名僧自遠雲集每講筵商較四座莫能
與之抗
又曰徐孝克後東遊居錢塘之仕義里與論釋典遂通三
論每日二時旦講佛經晚講禮傳道俗受旨數百人天嘉
中除剡令非其好也太建四年徵爲祕書丞不就乃蔬食

長齋持菩薩戒晝夜講誦法華經陳亡入長安隋文帝聞
名行召令於尚書都堂講金剛般若經尋授國子博士
以疾卒年七十三臨終正坐念佛室內有非常香氣隣里
皆驚異之
又曰傅縡幼聰敏七歲誦古詩賦至十餘萬言長好學能
屬文陳文帝召爲撰史學士縡篤信佛教從興皇惠明法
師三論盡通其學初有大心寺暠法師著無諍論以詆之
縡乃爲明道論用釋其難
隋書曰姚察煬帝即位授太子內舍人大業二年終于東
都遺命薄葬每日設清水齋食菜菓　菓初察欲讀
一藏經並已究竟將終曾無痛惱但西向坐正念云一切
空寂其後身軀柔軟顏色如恒
唐書曰白居易會昌中罷太子少傅致仕與香山僧如滿

結香火社每肩輿往來自稱香山居士常寫其文集送江州東西二林寺洛城香山聖善寺如佛書雜傳例流行之遺命葬於香山如蒲師塔之側

又曰裴休家世奉佛休尤深於釋典太原鳳翔近名山多僧寺視事之隙遊踐山林與義學僧講求佛理中年後不食葷血恒齋戒屏嗜欲香炉貝典不離齋中詠歌贊唄以為法樂與尚書紇干泉皆以法號相字　時人重其高潔而鄙其太過

又曰元和中憲宗迎鳳翔法門寺佛骨至京師留禁中三日乃送諸寺王公士庶奔走施捨如不及韓愈上疏極陳其弊貶潮州刺史

洛陽伽藍記曰奉朝請孟仲暉者武威人也父金城太守暉志性聰朗學兼釋氏四諦之義窮其指歸恒與沙門論

議時號為玄宗先生

談藪曰王玄謨爽邁不群北征失律法當死夢人謂之曰汝誦觀音經千遍可免禍謨曰命懸旦夕千遍何由可得乃口授云觀世音南無佛與佛有因與佛有緣佛法相緣常樂我淨朝念觀世音暮念觀世音念念從心起念佛不離心而誦滿千遍將就戮將軍沈慶之諫遂免

又曰梁高祖崇信佛道於建業起同泰寺又於故宅立光宅寺皆窮極工巧殫竭財力百姓怨苦殆不聊生自以其身施同泰寺為奴朝廷共斂珍寶贖之有事佛精苦者輒加以菩薩之號其下書皆云皇帝菩薩

又曰崔光常晝坐讀佛經有鴿入懷緣臂上肩久之道俗嗟異

太平御覽卷第六百五十四

太平御覽卷第六百五十五
釋部三
僧　玄僧上
僧
宋書僧道　生彭城人幼而聰悟年十五便能講經及長
有異解立頓悟義時人推服元嘉十一年卒於廬山
又曰徐湛之爲南兖州刺史招集文士盡遊玩之適時有
沙門釋休善屬文湛之與之甚厚孝武命使還俗姓湯位
至楊州從事
又曰沙門慧琳秦郡秦縣人姓劉氏少出家住治城寺有
才章兼內外之學爲廬陵王義真所知嘗著均善論頗貶
裁佛法云有白學先生以爲中國聖人經綸百世其德弘
矣智周萬變天人之理盡矣道無隱旨教罔遺筌聰叡迪
哲何負於殊論哉有黑學道士陋之謂不照幽冥之途弗
及來生之化雖尚虛心未能虛事不逮西域之深也爲主
客酬荅其歸以爲六度與五教並行信順與慈悲齊伍論
行於世文帝見論賞之元嘉中遂參權要朝廷大事皆與
議焉權侔宰相會稽孔顗常詣之慨然歎曰遂有黑衣宰
相可謂冠屨失所矣
齊書曰趙僧岩北海人寥廓無常人不能測後忽爲沙門
棲遲山谷常挈一壺自隨一旦謂弟子曰吾今夕當死壺
中大錢一千以通九泉之路蠟燭一鋌以照七尺之尸至
夜而亡時人以爲知命
建康實錄曰沙門支遁字道林常隱跡東山不遊人事好
養鷹馬而不乘放人或譏之遁曰貧道愛其神駿耳卒後
戴安道常經其墓歎曰德音未遠而拱木已積盖神理綿

綿不與氣運俱盡耳
支遁傳云本姓關氏陳留人或云河東林慮人幼有神理
聰明秀徹初至京師太原王濛甚重之曰造微之功不減
輔嗣
又曰王坦之初與沙門竺法仰甚厚每共論幽冥報應便
要先死者當報其事後經歲師忽來云貧道已死罪福皆
不虛唯當勤修道德以外濟神明爾言訖不見坦之尋亦
病卒
梁書曰有惠岩惠議道人並住東安寺學行精整爲道俗
所推時闘場　寺多禪都下爲之語曰闘場
禪師窟東安談議林
高僧傳曰攝摩騰中天竺人漢明帝遣郎中蔡愔等往天
竺尋訪佛法於彼見摩騰乃要還漢地明帝甚加賞接於
城西門外立精舍以處之漢地有沙門之始也大法初傳未
有歸信故蘊其深解無所宣述後卒於洛陽騰譯四十二
章經一卷初緘在蘭臺騰所住處今雒城西白馬寺是也
又曰竺法蘭亦天竺人自言誦經論數萬章爲天竺學者
之師時蔡愔既至蘭與摩騰共契遊化遂相隨而來昔漢
武穿昆明池底得黑灰問東方朔朔云不經可問西域胡
後法蘭至衆人追以問之蘭　云世界終盡刼火
洞燒此灰是也後卒於雒
又曰康僧會其先康居人吳地初染大法風化未全僧會
欲使道振江左乃杖錫東遊以吳赤烏十年初達建業營
立茆茨設像行道時吳初見沙門疑爲矯異有司奏曰有
胡人入境自稱沙門容服非常事應檢察權曰昔漢明帝
夢神號稱爲佛彼之所事豈非其遺風耶即召僧會詰問

有靈驗不會曰如來遷逝忽逾千載遺骨舍利神曜無方
昔阿育起塔八萬四千塔寺之興以表遺化也會乃潔齋
靜室以銅瓶加几燒香禮請三七日果獲舍利權大歎服
即為建塔號建初寺名其地為佛陁里
又曰帛尸梨蜜多羅此云吉友西域人呼為高座傳云國
王之子當承繼世而以國讓弟遂為沙門蜜天姿高朗風
神超邁晉永嘉初始到中國值亂仍過江止建初寺丞相
王導一見而奇之以為吾之徒也蜜常在石子岡東行道頭
陁既卒因葬于此成帝懷其風為樹剎於塚後有關右沙
門來遊乃於家處起寺陳郡謝混贊成其業仍曰高座寺
也
又曰釋道安姓衛氏常山扶柳人也形雖不逮於人而聰
俊罕儔七歲讀書再覽能誦年至十三出家日誦萬言師

敬異之為受具戒至鄴遇佛圖澄而見嗟賞與語終日因
事澄為師澄講安覆疑難鋒起安挫銳解紛行有餘力後
避地南投襄陽時襄陽習鑿齒鋒辯天逸籠罩當時其先
籍安高名早以致書通好及聞安至即往修造既坐稱言
四海習鑿齒安曰彌天釋道安時人以為名荅安常注諸
經恐不合理乃誓曰若所說不甚違理願見瑞相乃夢見
胡道人頭白眉毛長語安云君所注經殊合道理我不入
涅洹住在西域當相助弘通可時設食後至遠公乃知和
上所夢賓頭盧也以晉太元十年卒年七十二羅什在西
國聞安風謂是東方聖人恒遙禮之初安生而便左臂有
一皮廣寸許着臂上可得上下之唯不得出手時人謂之
為印手菩薩
又曰惠遠姓賈鴈門樓煩人也届尋陽見廬峯清靖足以

息心始住龍泉精舍刺史桓伊乃為遠又於山東立房殿
即東林是也絶塵清信之賓並不期而至彭城劉遺民豫
章雷次宗鴈門周續之新蔡畢頴之南陽宗炳等並弃世
遺榮依遠遊止著法性論羅什見而歎曰邊國未有經便
闇與理合豈不妙哉遠卜居廬阜三十餘年影不出山迹
不入俗每送客常以虎溪為界焉惠遠集云隆安六年桓
玄遺書於惠遠言沙門令致敬王者惠遠荅書論不可致
之意又言袈裟非朝廷之服鉢盂非廊廟之器軍國非沙
門之像竊所未安遂著沙門不敬王者論五篇一論家二
論出家三論出求宗不順化四論躰不兼應五論形盡神
不滅著是五論以明出家之法不合同俗以致敬於王者
又曰竺道生姓魏鉅鹿人幼而頴悟聰哲若神初入廬山
幽栖七年後還都止青園寺王弘范泰顔延之並挹敬風

猷從之問道生曰夫象以盡意得意則忘象言以詮理入
理則言息自經典東流譯人重阻多守滯文鮮見圓義若
忘筌取魚始可與言道矣於是校閱真俗研思因果迺言
善不受報頓誤成佛剖析經理洞入幽微迺説阿闡提人
皆得成佛于時大部未傳舊學以為邪說譏憤滋甚後涅
槃大本至于南京果稱闡提悉有佛性與前所說若合符
契
又曰釋惠觀姓崔清河人十歲便以博見馳名晚適廬山
諮稟惠遠什公入關乃自南徂北訪覈異同詳辯新舊風
神秀雅思入玄微時人稱之曰通情則生融上首精難則
觀肇第
洛陽伽藍記曰融覺寺比丘曇謨最善於釋學講涅槃花
嚴僧徒千人天竺國胡沙門菩提流支見其徒禮之號為

菩薩流支解佛義知名西土西土諸夷號爲羅漢流支讀
曇謨最大乘義章每彈指賛歎唱言微妙即爲胡書寫之
傳於西域西域沙門常東向遥禮之號爲東方聖人
又曰僧肇法師制四論合爲一卷曾呈廬山遠大師大師
歎仰不已又呈劉遺民歎曰不意方袍復有平叔方袍之
語出遺民也
又曰佛耶舍此云覺明日誦三萬言洞明三藏與羅什法
師情好共出毗婆沙論及四分律爲人鬚赤時號爲赤鬚
三藏
談藪曰北齊高祖多殺戮有稠禪師者以業行著稱箴之
曰陛下羅刹化臨水必自見之如其言果見群羅刹在其
後於是乃禁斷鷹鷂造佛寺斷屠殺不食肉
又曰洪南周檜清信士也學通内外兼有口才謂沙門法

雲曰孔子不飲盜泉之水法師何以捉鍮石香鑪荅曰檀
越既能載轟轟負道何爲不執鍮僕射徐孝嗣修緝高座寺
多在彼宴息法雲曰法師亦治蕭寺日夕遊此二寺隣接
而不相往來嗣常謂法師常在高座不遊高座寺荅曰檀
越既事蕭門何不至蕭寺
又曰魏李恕聘梁沙門重公接恕曰向來全無菹䐜户佳切
恕父名諧以爲犯諱恕曰短髮粗疎重公曰貧道短髮沙
門種類以君交聘二國不辨䐜諧重公常謁高祖問曰弟
子聞在外有四聲何者爲是重公應聲荅曰天保寺刹及
出向劉孝綽道以此爲能綽曰何如道天子萬福
高僧傳曰三藏法師玄奘陳留人姓陳氏貞觀初肇自咸
京誓往西國窮覽聖迹經六載至摩伽陁城九十二年備
歷聖君龍庭之文就瑣之祕皆研機覩奧矣又造伽葉結

集之墟千聖道成之樹虔心頂禮焚香散花設大施會於
是五天億衆十八國王獻氈投珠積如山岳咸稱法師爲
大乘也及東歸太宗詔留於弘福道場乃召名德僧靈濶
等二十人譯梵自菩薩戒至摩訶般若惣七十四部一千
三百餘軸法師身長八尺眉目疎朗九所遊歷一百二十
八國
長阿含經曰九沙門衣鉢隨身譬如飛鳥
四十二章經曰僧行道如牛負深泥中疲極不敢左右顧
增一阿含經曰沙門皆草蓐爲床
又曰四河入海無復河名四姓爲沙門皆稱釋種
無爲經曰沙門有三坐禪爲上葦誦經爲中葦助衆爲下
葦
道安傳曰初魏晋沙門依師爲姓故姓各不同安以爲大

師之本莫尊釋迦乃以釋命氏後獲增一阿含經果稱四
河入海無復河名既懸與經符遂爲永式
異僧上
晋書曰鳩摩羅什天竺人也世爲國相父鳩摩炎聰懿有
大節將嗣相位乃辭出家東度葱嶺龜茲王聞其名郊迎
之請爲國師王有妹年十二才悟明敏諸國交聘並不許
及見炎心欲當之乃逼以妻焉既而羅什在胎其母慧解
倍常及年七歲母遂與俱出家羅什從師受經日誦千偈
義亦自通年十二其母携到沙勒國王甚重之遂停沙勒
一年博覽五經爲性率達不拘小檢專以大乘爲化諸學
者共師焉年二十龜茲王迎之還國廣說諸經四遠學徒
莫之能抗西域諸國咸伏羅什神儁符堅聞之乃遣呂光
率兵伐龜茲謂光曰若獲羅什即馳驛送之光還至涼州聞

符堅爲姚萇所害於是竊號河右羅什在涼州積年姚興
破呂隆乃迎羅什待以國師之禮嘗講經于草堂寺忽下
高座謂興曰有二小兒登吾肩欲鄣須婦人興以宮女進
之生二子焉
又曰沙門曇瞿禿髮傉檀時從河南來持一錫杖令人跪
曰此是波若眼奉之可以得道或人藏其錫杖曇瞿大哭
數聲開目須臾起而取之咸奇其神異莫能測也後兵亂
不知所如
又曰佛圖澄天竺人也姓白氏少學道妙通玄術永嘉四
年來適洛陽自云百有餘歲常服氣自養能積日不食善
誦神呪能役使鬼神以油麻雜茵支塗掌千里外事皆徹
見掌中如對面焉腹旁有一孔常以絮塞之每夜讀書則
拔絮孔中出光照于一室又常齋時平旦流水側從腹旁

孔中引出五藏六腑洗之還內腹中卒於鄴宮寺復　有
沙門從雍州來稱見澄西入關石季龍掘而觀之唯有一
石而無尸季龍惡曰石者朕也葬我而去吾將死矣明年
季龍死
梁書曰沙門釋寶誌不知何許也於宋太始中見之出入
鍾山往來都邑年已五六十矣宋齊之交稍顯靈迹被髮
徒跣語嘿不論或被錦袍飲啖同於凡俗恒以鏡銅剪刀
鑷屬挂杖負之好爲讖記所謂志公符是也天監十三年
卒將死忽移寺金剛像出置戶外語人云菩薩當去旬日
無疾而終先是琅琊王筠至莊嚴寺寶誌遇之與交言歡
飲至亡勑令筠爲碑蓋先覺也
洛陽伽藍記曰沙門寶公不知何許人也形皃寢陋心識
通達過去未來預覩三世發言似讖不可得解事過之後
始驗其實胡太后問以世事寶公曰把粟與雞喚朱朱時
人莫解建義元年后爲爾朱榮所害始驗其言
又曰法雲寺西域烏長國胡沙門曇摩羅所立摩羅聰惠
利根學窮釋氏至中國即曉魏言及隸書凡所聞見無不
通解京都沙門好胡法者皆就摩羅授持之戒行真苦秘
呪神驗呪枯樹能生枝葉呪人變爲驢馬見者莫不驚怖
西域所賫舍利骨及佛牙經像皆在此寺
高僧傳曰耆域天竺人以晉惠之末至于洛陽見洛陽宮
城云髣髴似忉利天宮但自然之與人事不同耳又曰匠
此宮者從忉利天來成便還天上矣
又曰犍陁勒者本西域人來至洛陽積年雖敬其風操而
終莫能測後謂衆僧曰洛東南有槃鵄山山有寺廟處基
墌猶存可共修立衆未之信試遂撿視入山到一處四面

平坦勒示云此山寺基也即掘之果得寺下石基後示講
堂僧房處如言皆驗衆咸驚歎因共修立焉
又曰釋曇始關中人晉孝武太元末賫經律數十部往遼
東宣化顯授三乘高句驪聞道之始也義熙初復還關中
始足白於面雖跣涉泥水未常沾濕天下咸稱白足和尚
又曰釋法成涼州人十六出家學經律不餌五穀唯食松
脂隱居岩穴習禪爲務後小疾便告衆云亡常誦寶積經
於是自力誦之始得半卷氣劣不堪乃令人讀之一遍裁
竟合掌而卒侍疾十餘人咸見空有紺馬負金棺昇空而
逝
又曰竺曇猷燉煌人少苦行習禪定遊江左止剡之石城
山乞食坐禪後有神見形詣猷曰師威德既重來止此山
弟子輒推室以相奉天台山懸崖峻峙峯嶺切天古老相

傳云上有釋舍得道者居之雖有石橋跨澗而橫石斷之自終古以來無得至者猷行至橋所聞空中聲曰知君誠篤今未得度却後十日自當來也猷每恨不得度石洞開度橋必許覩精舍神僧果如前所説因共燒香中食食畢神僧謂猷曰却後十年自當來此今得住於是而返

又曰釋曇諦其先康居人母黄氏晝寢夢見一僧呼黄爲母寄一麈尾并鐵鏤書鎮二枚眠覺見兩物具存因而懷孕生諦諦年五歲以麈尾等示之諦曰秦王所餉母曰汝置何處答曰不憶至年十歲出家學不從師悟自天發後見僧䂮音略法師䂮曰即先師弘覺法師䂮晚入吴居虎丘寺

唐高僧傳曰萬迴姓張氏閿鄉人其形如愚蒙其跡乃神聖若樂貴賤不關其心歌哭隱顯不恒其性剃髮褐衣遊伽藍年十歲有兄戍遼陽其母憶甚飯僧祈福師忽

然裏齋餘出門徑去晚際執兄書至母驚問其由默然而無對後兄來還言是日萬迴云從家來啖齋餘取書而反始知其靈神焉中宗賜號玄通大居士封雲誨公

太平御覽卷第六百五十五

釋部四

異僧下

高僧傳曰安清字世高安息國王正后之太子也幼以孝行見稱雖居家而奉戒清峻王薨便嗣位乃深惟苦空厭離形器行服既畢遂讓國與叔出家修道博曉經藏而遊方弘化遍歷諸國以漢桓帝之初始到中夏多有神迹世莫能量自稱先身已經出家有一同學多瞋分別值世主不稱每輒恚恨高屢加訶諫終不悛改如此二十餘年乃與同學辭訣云卿明經精勤不在吾後然性多恚怒命過當受惡形我若得道必當相度既而值靈帝之末振錫江南云我當過廬山度昔同學行過宮亭湖廟此廟舊有靈威商旅祈禱乃分風上下各無留滯嘗有乞神竹者未許

輒取舫即覆沒竹還本處自是舟人敬憚莫不懾影時商旅三十餘船奉牲請福乃降祝曰舫有沙門可更呼上客咸驚愕請高入廟神告高曰吾昔外國與子俱出家學道好行布施而性多瞋怒今為宮亭廟神周迴千里並吾所治以布施故珎玩甚豐以瞋恚故墮此神報今見同學悲欣何言壽盡旦夕而醜形長大若於此捨命穢汚江湖當渡山西澤中此身滅後恐墮地獄吾有絹千疋并雜寶物可為立法營塔使生善處也高曰故來相度何不出形神曰形甚醜異衆人必懼高曰但出衆不怪也神從牀後出頭乃是大蟒不知尾之長短至高膝邊高向之梵語數番讚唄數契蟒悲淚如雨須臾還隱高即取絹物辭別而去舟侶颺帆蟒復出身登山而望衆人舉手然後乃滅倏忽之頃便達豫章即以廟物為造東寺高去後神即命過暮有一少年上船長跪高前受其呪願忽然不見高謂船人曰向之少年即宮亭廟神也得離惡形矣

又曰竺曇摩羅剎此云法護其先月支人本姓支氏世居燉煌郡年八歲出家遂隨師至西域遊歷諸國遂通外國之言三十六種書亦如之以晉武之末隱居深山山有清泉恒取澡漱後有採薪者穢其水側俄頃而燥護乃徘徊歎曰人之無德遂使清泉□輟流水若永竭真無以自給正當移去耳言訖而泉流滿澗法護以世居燉煌而化道周洽時人咸謂燉煌菩薩也

又曰帛遠字法祖才思俊徹敏朗絕倫誦經日八九千言研味方等妙入幽微世俗墳典多所該貫晉惠之末太宰河間王顒鎮關中虛心敬重待以師友之禮每至閑晨靜夜輒談講道德于時西府初建俊乂甚盛能言之士咸伏

其遠達後奄然命終群胡各起塔廟少時有一人姓李名通死而更蘇云見祖法師在閻羅王處為王講首楞嚴經云講畢往忉利天又見祭酒王浮被鎖械求祖懺悔昔祖平素之日與浮每爭邪正浮屢屈既瞋不自忍乃作老子化胡經以誣謗佛法殃有所歸故死方思悔

又曰佛馱跋陁羅此云覺賢本姓釋迦氏維羅衛國甘露飯王之苗裔也父少亡賢三歲孤與母居五歲復喪母為外氏所養從祖鳩婆利聞其聰敏兼悼其孤露乃迎還度為沙彌至年十七與同學數人俱以習誦為業衆皆一月賢一日誦畢其師歎曰賢一日敵三十夫也及受具戒修業精勤博學群經多所通達少以禪律馳名常與同學僧迦達多共遊罽賓同處積歲達多雖伏其才明而未測其為人也後於密室閉戶坐禪忽見賢來驚問何來答云蹔

至兜率致敬彌勒言訖便隱達多知是聖人未測淺深後
屢見神變乃歸心祈問方知得不還果然常欲遊方弘化
備觀風俗會有秦沙門智嚴西至罽賓既要請苦遂愍而
許焉於是既度葱嶺路經六國國主矜其遠化並傾懷資
奉至交趾乃附舶循海而行經一島下賢以手指山曰可
止於此舶主曰客行惜日調風難遇不可停也行二百餘
里忽風轉吹舶還向島下衆人方悟其神咸師事之於後
闇夜之中忽令衆船俱發無肯從者賢自起收纜一舶獨
發俄爾賊至留者悉被抄害頃之至青州東萊郡聞鳩摩
羅什在長安即往從之什大悅秦太子泓欲聞賢說法乃
要命羣僧集論東宮羅什與賢數番往復什問法云何空
答曰衆微成色色自無性故雖色常空又問既以極微破
色空微復去何破一微答曰羣師或折一微我意謂不爾

又問微是常耶答曰以一微故衆微空以衆微故一微空
時寶雲譯出此語不解其意道俗咸謂賢之所計微塵是
常餘日長安學僧復請更釋賢曰夫法不自生緣會故生
緣一微故有衆微微自無性則為空矣寧可言不破一微
常而不空乎此是問答之大意也
又曰曇無讖天竺人明解呪術所向皆驗西域號為大呪
師後隨王（王即天竺王也）入山王渴須水不能得讖乃密呪石出
水因讚曰大王聖化所感遂使枯石生泉隣國聞者皆歎
王德于時雨澤甚調百姓稱詠王悅其道深加優寵後至
涼涼王沮渠蒙遜聞讖名呼與相見接待甚厚嘗告蒙遜
云有鬼入聚落必多災疫遜不信欲躬見為驗讖即以術
加之遜見而駭怖讖曰宜潔誠齋戒神呪以驅之乃讀呪
三日謂遜曰鬼已去矣時境首有見鬼者云見數百疫鬼
奔驟而逝境內獲安讖之力也
又曰釋法顯姓龔平陽武陽人也三歲便度為沙彌十歲
遭父母憂孝性過人葬事畢仍即還寺嘗與同學數十人
於田中刈稻時有飢賊欲奪其穀諸沙彌悉走唯顯獨留
語賊曰若欲須穀隨意所取但君等昔不布施故致飢貧
今復奪人恐來世彌甚貧道預為君憂耳言訖即還賊弃
穀而去及受大戒常慨經律舛闕誓志尋求以晉隆安三
年西度流沙將至天竺去王舍城三十餘里有一寺逼瞑
過之顯欲詣耆闍崛山寺僧諫曰路甚艱阻多黑師子亟
經噉人何由可至顯曰遠涉數萬里誓到靈鷲身命不期
出息非保豈可使積年之誠既至而廢雖有險難吾不懼
也衆莫能止乃遣兩僧送之既至山日將曛夕遂欲停宿
兩僧危懼捨之而還顯獨留山中燒香禮拜翹感舊跡如

覩聖儀至夜有三黑師子來蹲踞顯前舐脣搖尾顯誦經
不輟一心念佛師子乃低頭下尾伏顯足前顯以手摩之
呪曰若欲相害待我誦竟若見試者便可退矣師子良久
乃去明晨乃還路窮幽梗止有一徑通行未至里餘忽逢
一道人年可九十餘容服麁素而神氣儁遠顯雖覺其韻
高而不悟是神人後又逢一少僧顯問曰向者耆年是誰
耶答云頭陁迦葉大弟子也顯方大恨更追至山所有橫
石塞于室口遂不得入顯流涕而去
又曰曇無竭此云法勇至罽賓國禮拜佛鉢住歲餘學梵
書語求得觀世音受記經梵文一部復西行雖屢經危險
而繫念所賫觀世音經未嘗暫廢將至舍衛國中野逢山
象一羣無竭稱名歸命即有師子從林中出象驚惶奔走
後渡恒河值野牛一羣鳴吼而來將欲害人無竭歸命如

初尋有大鷲飛來野牛驚散其誠心所感在險克濟皆此
類
又曰釋智嚴晉義熙十三年宋武帝西伐長安尅捷旋斾
塗出山東時始興公王恢從駕遊觀山川至嚴精舍見其
同止三僧各坐繩床禪思湛然恢至良久不覺彈指三人
開眼俄而還閉不與言恢心敬其奇訪諸耆老皆云此三
僧隱居求志高潔法師也恢卽啓宋武延請還都莫肯行
者旣屢請懇至二人推嚴隨行恢道懷素篤禮事甚勤還
都卽住始興寺嚴性虛靜志避諠塵恢乃爲於東郊起精
舍卽枳園寺也嚴在寺不受別請常分衛自資道化所被
幽顯咸伏有見鬼者云見西州太社聞鬼相謂云嚴公當
至當辟易此人未之解俄而嚴至聊問姓字果稱智嚴默
而識之密加禮異

又曰求那跋摩此云功德鎧累世爲王年十四便機見儁
遠深有遠度仁愛汎博崇德務善其母嘗須野肉令跋摩
辦之跋摩曰有命之類莫不貪生夭彼之命非仁人矣母
怒曰設令得罪吾當代汝跋摩他日煑油誤澆其指因謂
母曰代兒忍痛母曰痛在汝身吾何能代跋摩曰眼前之
苦尚不能代況三塗耶母乃悔悟終身斷殺至年十八相
工見而謂曰君年三十當臨大國南面稱尊若不樂世榮
當獲聖果至年二十出家受戒乃辭師違衆林棲谷飲孤
行山野遯迹人世往師子國觀風闡教識眞之衆咸謂已
得初果儀形感物見者發心元嘉初文帝知跋摩已至南
海於是勅州郡令資發下京路由始興經停歲許始興有
虎市山峯嶺高絕跋摩謂其髣髴耆闍乃改名靈鷲於山
寺之外別立禪室去寺數里磬音不聞每至鳴權跋摩已
至或冒雨不霑或履泥不濕時道俗莫不肅然增敬寺有
寶月殿跋摩於殿北壁手自畫作羅漢像乃作定光儒童
有布髮之形像始成之後每夕放光此山本多虎災自跋
摩居之晝行夜往或値虎者以杖按頭戲之而去於是山
旅水賓去來無梗嘗於別室入禪累日不出寺僧遣沙彌
候之見一白師子緣柱而立亘室彌漫生靑蓮華沙彌驚
恐大呼往逐師子豁無所見後文帝重勅觀寺等復更敦
請乃泛舟下都以元嘉八年正月達于建業文帝引見因
問曰弟子常欲持齋不殺迫以身殉物不獲從志法師旣
不遠萬里來化此國將何以教之跋摩曰夫道在心不在
事法由己非由人且帝王與匹夫所脩各異匹夫身賤名
劣言令不威若不尅己苦躬將何爲用帝王以四海爲家
萬民爲子出一嘉言則士庶咸悅布一善政則神人以和

刑不夭命役無勞力乃則使風雨適時寒暖應節百穀滋
繁桑麻鬱茂如此持齋亦以大矣不殺亦以衆矣寧在闕
半日之飡全一禽之命然後方爲弘濟耶帝乃撫几歎曰
夫俗人迷於遠理沙門滯於近教迷遠理者謂至道虛誕
滯近教者則拘攣篇章至如法師所言眞謂開悟明達可
與言天人之際矣乃勅住祇洹寺供給隆厚
又曰曇摩密多此云法秀罽賓人也年至七歲神明澄正
每見法事輒自然欣躍其親愛而異之遂令出家罽賓多
出聖達屢値明師博貫群經特深禪法所得門戶極其微
奧爲人沉邃有慧解儀軌詳正生而連眉故世號連眉禪
師少好遊方有如毗羅神王衛送遂至龜茲於中路欲迴
乃現形告辭密多曰汝神力通變自在遊處將不相隨共
往南方語畢卽收影不現遂從至都卽於上寺圖像于壁

迄今猶有聲影之驗潔誠祈福其不響應

又曰釋智猛雍州新豐人每聞外國道人說天竺國有釋迦遺迹及方等經常慨然有感馳心遐外以爲萬里咫尺千載可追遂發長安到罽賓國有五百羅漢常往返於阿耨達地有大阿羅漢見猛至歡喜猛諮問方士爲說四天子事猛於奇沙國見佛文石唾壺又於此國見佛鉢光色紫紺四際盡然以香花供養頂戴發願鉢若有應能輕能重旣而轉重力遂不堪及下鉢時復不覺重至迦維羅衛國見佛髮佛牙及肉髻骨佛影佛迹炳然具存其所遊踐究觀靈變天梯地龍之事不可勝數

又曰天竺沙門僧伽達禪學深明來遊宋境嘗在中坐禪日時將迫念欲虛齋乃有群鳥銜果飛來授之達多思惟彌猴奉蜜佛亦受而食之今鳥授食何爲不可於是授而進之

又曰求那跋陁羅此云功德賢中天竺人以大乘學故世號摩訶衍譙王欲請講華嚴經而跋陁自忖未善宋言有懷愧歎卽旦夕禮懺於觀世音乞求冥應遂夢有人白衣持劍擎一人首來至其前曰何故憂耶跋陁具以事對荅曰無所多憂卽以劍易首更安新頭語令迴轉曰得無痛也荅曰不痛豁然便覺心神喜悅且起道義皆通備領宋言於是就講

又曰沙門寶意世居天竺以宋孝建中來止京師瓦官禪房恒於寺中樹下坐禪又曉經律時人號爲三藏常轉側數百具子立知吉凶善能神呪以香塗掌亦見人往事宋祖施一銅唾壺高二尺許常在牀前忽有人竊之意取竹蓆一領空卷之呪數通經于三夕唾壺還在蓆中莫測其然

又曰竺法崇嘗遊湘州麓山山精化爲夫人詣崇請戒捨所住山以爲寺崇居之少時化洽湘土

又曰釋法安一名慈欽未詳何許人善能開化愚蒙拔邪歸正晉義熙中新陽虎災縣有大社樹下築神廟左右居民以百數遭虎死者夕有一兩安嘗遊於其縣暮經此宿民以畏虎早閉門閭安徑之樹下通夜坐禪向曉聞虎負人而至投之樹北見安如喜驚跳伏安前安爲說法授戒虎踞地不動有頃而去及旦村人追虎至樹下見安大驚謂是神人遂傳之一縣士庶莫不崇奉虎災由此遂息因改神廟留安立寺

又曰釋曇邕於廬山之西南營立茅宇與弟子曇果澄思禪門嘗於一時果夢山神求受五戒果曰家師在此可往諮受少時邕見一人着單衣袷風姿端雅從者二十餘人請受五戒邕以果先夢知是神仙乃爲說法受戒神嚫以外國匕筯禮拜辭別倏忽不見

又曰釋僧苞建三七日普賢齋懺至第十七日有白鵠飛來集普賢座前至行香畢乃去至二十一日將暮有黃衣者四人繞塔數匝忽然不見

又曰支曇蘭晉太元中遊剡縣後憩始豐赤城山見一處林泉清曠而居之經于數日忽見一人長數丈呼蘭令去又見諸異形禽獸以恐蘭見蘭恬然自得乃屈膝禮拜云珠欺王是家舅今往韋鄉山就之推此處以相奉爾後三年忽聞車騎隱隱從者弥衆俄而有人着幘稱珠欺王通旣前從其妻子男女等二十三人並形皃端正有逾於世旣至蘭所暄涼訖蘭問住在何處荅曰在樂安縣韋鄉山

久服風問與家累仰投乞授歸戒蘭即爲授之受法竟䞋
錢一萬密二器辭別而去便聞鳴笳動吹響振山谷禪衆
十餘共所聞見
又曰釋玄高母夢梵僧散華滿室覺便懷胎及生男家內
忽有異香光明照壁迄旦乃息母以兒生瑞兆因名靈育
出家改名玄高聰敏生知學不加思至年十五已爲山僧
說法受戒林陽堂山古老相傳云是群仙所宅高徒衆三
百往居山舍多有靈異磬不擊而鳴香亦自然有氣應眞
仙士往往來遊學徒之中有玄紹者學究諸禪神力自在
手指出水供高洗漱其水香藉倍異於常每得非世華香
以獻三寶其靈如紹者有十一人西海有梵僧印亦從高
受學志隘量褊得少爲足便謂已得羅漢頓盡禪門高乃
密以神力令印於定中備見十方無極世界諸佛說法不

同印於一夏尋其所見永不能盡方知定水無底大生愧
懼
又曰釋僧周韜光晦迹人莫能知居寒山山在長安南四
百里將殂告弟子曰吾將去矣其夕見火從繩床後出燒
身經二日方盡煙焰張天而房不燼弟子收遺灰架以塼
塔
又曰阿訶羅竭者多行頭陀獨宿山野晉惠帝元康元年
乃西入止婁至山石室中坐禪此室水既遠將人欲爲開
澗竭曰不假相勞乃自起以左脚𨂝（尺展反）室西壁陷沒指
既拔足水從中出清香軟美四時不絕來飲者皆止飢渴
除病
又曰竺法慧本關中人晉康帝建元中至襄陽止羊叔子
寺不受別請每乞食輒賫繩牀自隨於閑曠之路則施之
而坐時或遇雨以油帔自覆雨止唯見繩床不知慧所在
訊問未息慧已在繩床每語弟子法照曰汝過去時折一
雞脚其殃尋至俄而照爲人所擲脚遂永疾
又曰涉公西域人言未然之事驗若指掌以苻堅建元十
一年至長安能以祕呪呪下神龍每旱堅常請之呪龍俄
而龍下鉢中天輒大雨堅及羣臣親就鉢觀之咸歎其異
又曰杯渡者不知姓名常以木杯渡水因而爲目不脩細
行神力卓越世莫測其由來唯持一蘆圖子更無餘物向
廣陵遇村舍有李家設八關齋先不相識乃直入齋堂而
坐置蘆圖於中庭衆以其形陋無恭敬心李見蘆圖當道
欲移置墻邊數人舉不能動渡食竟提之而去笑曰四天
王福于李家于時有一竪子窺其圖中見四小兒並長四
寸面目端正衣裳鮮潔於是追覓不知所在後三日乃見

西界蒙籠樹下坐李禮拜請還家供養渡不堪持齋飲酒
噉肉至於辛鱠與俗不殊淸且忽云欲得一袈裟中時令
辦李即經營至中時未成渡云暫出至冥不返合境聞有
異香疑之爲怪處處覓渡乃見在北岩下敷敗袈裟於地
卧之而死頭前脚後皆生蓮花花極鮮香邑共殯之後數
日有人從北來云見渡負蘆圖行向彭城乃共開棺唯見
鞋履既至彭城有白衣黃欣深信佛法見渡禮拜請還處
家家至貧但有麥飯而已渡甘之怡焉止得半年忽語欣
云可覓蘆圖三十六枚吾須用之荅云此間正可有十枚
貧無以買恐不盡辦渡曰汝但檢覓宅中應有欣即窮檢
果得三十六枚列之庭中雖有其數亦多破損比欣次第
熟視皆新完渡密封之因語欣令開乃見錢帛皆滿可百
許萬識者謂是杯渡分身他土所得䞋施迴以施欣欣受

之皆爲功德經一年許渡辭去欣爲辦粮食明晨見粮食具存不知渡所在

續高僧傳曰釋慧恭者益州成都人也與同寺慧遠結契勤學遠直詣長安恭往荆揚訪道從江左來還□二人相遇欣歡共敘別離三十餘年同宿數夜遠言誠泉湧恭音無所道遠問恭曰離別多時今得相見慶此歡會伊何可論但覺仁者無所說將無所得耶恭對曰爲性闇劣都無所解遠曰大無所解可不誦得一部經乎恭曰唯誦得觀世音經一卷遠厲聲曰觀世音經小兒皆能誦之何煩汝大許人且向爲童子出家與遠立誓望登道果豈復三十餘年唯誦一卷經如指許大是非闇鈍嬾惰所爲請與斷交願法師早去無增遠之煩惱也恭曰經卷雖小佛口所說遵敬者得無量福輕慢者得無量罪仰願暫息瞋心當爲法師誦一遍即與長別遠大笑曰觀世音經是法華普門品遠己講之數百遍如何欲鬧人耳乎恭曰外書云人能弘道非道弘人但至心聽佛語豈得以人棄法乃於庭前結壇壇中安高座繞壇數匝頂禮昇高座遠不得已於簷下據胡床坐聽恭始發聲唱經題異香氛氳遍滿房宇及入經文天上作樂雨四種花樂則寥亮振空花則雰霏滿地誦經訖下座自爲解座梵訖花樂方歇慧遠接足頂禮淚下交流謝曰慧遠臭穢死尸敢行天日之下乞暫留賜見教誨恭曰非恭所能諸佛力耳即拂衣長揖沿流而去爾後訪問竟不知其所之

太平御覽卷第六百五十六

太平御覽卷第六百五十七

釋部五

經　　像

經

晉書曰姚興如逍遙園引沙門于澄玄堂聽鳩摩羅什演佛經羅什通辯夏言尋覽舊經多有乖謬不與胡本相應興與羅什及沙門僧䂮曇順等八百人更出大品羅什持胡本興執舊經以相考校其新文異舊者皆會於理義續出諸經并諸論三百餘卷今之新經皆此羅什所譯興既託意於佛道公卿已下莫不欽附沙門自遠而至者五千餘人起浮圖于永貴里立波若臺于中宫沙門坐禪者恒有千數州郡化之事佛者十室而九矣

齊書曰張緒爲中書令善談玄嘗幸莊嚴寺聽僧達道人講維摩坐遠不聞緒言上難移緒乃遷僧達

梁書曰張稷出爲青冀二州刺史不得志嘗閑閤讀佛經

又曰劉勰字彦和早孤篤志好學家貧不婚娶依沙門僧祐居遂博通經論因區別部類録而序之定林寺經藏勰所定也勰爲文長於佛理都下寺塔及名僧碑誌必請勰製文勑與惠震沙門於定林寺撰經證功畢遂求出家先燔鬚髮自誓勑許之乃變服改名惠地

又曰任孝恭少從蕭寺雲法師讀經論明佛理至是蔬食齋戒信受甚篤而性頗自伐以才能尚人於流輩中多有忽略世以此少之

又曰皇侃性至孝常日誦孝經二十遍以擬觀世音經

又曰梁蕭眘謂其度支尚書宋如周曰卿何爲謗經如周䟕踖自陳不謗眘又謂之如初如周懼出告蔡大寶大寶知其旨笑謂之曰君當不謗餘經正應不信法華耳如周乃悟然法華云聞經隨喜面不狹長如周面狹且長由是眘有此戲

陳書曰王固清虚寡欲信佛法及丁所生憂遂終身蔬食夜則坐禪晝誦佛經嘗聘魏宴于昆明池魏人以南人嗜魚大設罟網固以佛法呪之遂一鱗不獲

後魏書曰裴宣高祖會令集沙門講佛經因命宣論難甚有理詣高祖稱善

唐書曰韋綬字子章京兆人少有至性喪父刺血寫佛經

又曰貞元十四年南天竺國進花嚴經夾梵夾令僧般若三藏於保壽寺僧智柔圓照同於崇福寺翻譯成四十卷

高僧傳曰釋道安姓衛氏常山人初經出已久而舊譯時謬致使深義隱没未通每至講說唯叙大意安窮覽經典鉤深致遠並尋文比句爲起盡之義經義克明自安始也

洛陽伽藍記曰神龜九年十一月太后遣崇靈寺比丘惠生向西域取經凡得一百七十部皆是大乘妙典

涅槃經曰是諸大乘經爲滿字無欠少之義也小乘諸教悉爲半字義未圓故云半字

像

晉書曰恭帝深信浮圖道鑄貨千萬造丈六金像於瓦官寺帝親迎之羣臣步從滿十許里

又曰彭城王紘上言樂賢堂有先帝手畫佛像經歷寇難而此堂猶存宜勑作頌帝下其議蔡謨曰佛者夷狄之俗非經典之制先帝量同天地多才多藝聊因臨時而畫此像至於雅好佛道所未承聞也今欲發王命勑史官上稱先帝好佛之志下爲夷狄作一像之頌於義有疑焉於是

遂寢
又曰秦將呂光伐龜茲將軍杜進夢金像飛越龜茲之城曰所謂佛神去之胡亡必矣
又曰咸和中丹陽尹高悝行張侯橋見浦中五色光長數尺不知何怪乃令人於光處得金像無有光趺悝乃下車載像還至長干巷首牛不肯進悝乃令馭人任牛所之牛徑牽至寺經一歲臨海漁人張係世於海口忽見銅花趺浮出取送縣以送臺乃施像足宛然合會簡文咸安元年交州合浦人董宗之採珠沒水底得佛光豔交州送臺以施像又合焉自咸和中得像至咸安初歷三十餘年光趺始具初高悝得像後有西域胡五人來詣悝曰昔於天竺得阿育王造像來至鄴下逢胡亂埋於河邊今尋覓失所五人嘗一夜俱夢見像曰已出江東爲高悝所得悝乃送

此五僧至寺見像歔欷涕泣像便放光照燭殿宇像趺先有外國書莫有識者後有三藏那跋摩識之云是阿育王爲第四女所造也
宋書曰劉牢之子敬宣八歲喪母晝夜號泣四月八日見衆人灌佛乃下頭上金鏡爲母灌像因悲泣不自勝
又曰沉道虔累世事佛推父祖舊宅爲寺至四月八日每設像之日輒舉家慟焉
又曰自漢世始有佛像形製未工戴逵特善其事顒亦參焉宋世子鑄丈六銅像於瓦官寺既成面恨瘦工人亦不能改乃迎戴顒顒曰非面瘦乃臂胛肥耳及減臂胛瘦患即除無不歎服
梁書曰阮孝緒末年蔬食斷酒恒供養石像先有損壞心欲補之罄心敬禮經一夜忽然完復衆並異之

又曰大通四年又造一丈六尺旃檀像量之剩二尺成丈八形次衣文及手足更重量又剩一尺五分至大通五年寺僧洽重量又剩七寸即是長二丈矣大同四年移入大殿勅主書吳文寵更量又剩五寸凡五度量即長二丈七寸豈非精誠所感耶
又曰武帝捨宅造寺未成於小莊嚴寺造無量壽像長一丈八尺及鑄而銅不足帝又給功德銅三千斤臺內送銅未至像處已見銅車到爐所於是就冶一灌便足在後臺司銅至方知向來送銅靈感所致及開模像以成丈九而相好不差又有大錢二枚見在衣條音不銷鑠其年欲移像還寺未移前淮中估客每夜輒聞大橋上如有人修道路往視不見人俄而像度光彩輝煥觀者莫不歸心
北齊書曰有沙門曇通於道傍造大漆像教化乞財所得

物咸以入常以杖敲此像號曰出課烏奴
又曰封述勃海蓨人一息娶隴西李士元女大輸財娉及將成禮猶責懸違述忽取所供養像對士元搖而示之士元笑曰封公何處常得應急像
洛陽伽藍記曰西域捍魔城南十五里有一大寺三百餘僧有像一軀舉高丈面常東立不肯西顧父老相傳云此像本從南方騰空而來于寘國王親來敬禮請像載歸中路夜宿忽然不見遣人尋之還來本處王即起塔封四百戶以供洒掃人有患者以金薄帖像所患處即得除愈後人於此像邊造丈六像及諸像塔乃至數千懸彩幡蓋亦有萬計魏國之幡過半幡上隸書多云太和景明延昌唯有一幡觀其年號是姚興時幡
西京記曰光福坊大興寺有阿育金像歷宋齊梁陳數有

奇異陳國亡忽面自西向雖止之還爾隋文帝載入長安內中供養後移置此寺寺衆以殿大像小不可當陽置之於北面明日乃自轉正陽衆咸驚異復置北面明日復還轉南面衆乃懺謝不復更動

又曰崇敬寺有石像一軀高五尺製作麁惡甚有靈驗傳云是阿育王第四女所造其女皃醜常自慨恨多作佛像及成皆類如此千數乃至誠祈禱忽感佛見形更造諸像相好方具其父使鬼神遍散諸像於天下此其一也

高僧傳曰釋曇翼出家事安公爲師後居長沙寺翼常歎寺立僧足而形像尚少阿育王所造多布在餘方嘗聞外國僧說有至誠所請者亦爲之降見乃專精懇惻更求誠應以晉太元中忽有一金像現於渚宮城北路上光明照灼百姓驚駭翼聞乃往祇禮謂衆人曰當是阿育王像降

我長沙寺焉即令弟子數人捧接迎至長沙寺其後罽賓禪師從蜀下入寺禮拜見像光生有胡字便曰是阿育王像何時來此時人方知翼之不謬

又曰漢明帝使蔡愔於西域得畫釋迦奇像是優由王旃檀像既至雒明帝即令圖畫寫置清涼臺中及顯節陵上

增一阿含經曰優填王勑國內巧匠會以牛頭旃檀作佛像形供養晨夕禮拜是時波斯匿王聞優填王作佛像供養亦召巧匠語言如來形體煌若天金今當以直金作佛形像即以紫磨作如來像亦高五尺爾時閻浮提中始有三像

法顯記曰僧尼羅國王以金等身而鑄像髻裝寶珠有盜者以梯取之像漸高而不及盜歎其不救衆生像俯首而與之後市人擒盜盜言其事視像尚俯王重贖其珠而復裝之○像記曰梁武帝天監元年正月八日夢檀像入國因發詔往迎像按佛遊天竺記及優填王經云佛上忉利天一夏爲母說法王臣思見優填國王遣三十二匠及賫旃檀請大目連神力運往令圖佛相既如所願圖了還返坐高五尺在祇洹寺至今供養帝欲迎請此像遣決勝將軍郝騫等八十人應募往達具狀祈請舍衛王曰此中天正像不可適邊乃命三十二匠更刻紫檀人圖一相卯時運手至午便就相好具足而像頂放光降微細雨并有異香故優填王經云眞身既隱次二像現普爲衆生深作利益者是也騫等負第二像行數萬里度大海冒涉風波隨浪至山糧食又盡所將人衆及傳送者身多亡歿逢諸猛獸一心念佛乃聞像後有甲冑聲又聞鍾聲岩側有僧端坐樹下登負像下置其前僧起禮像騫等禮僧僧投澡鑵

令飲並得飽滿僧曰此像名三藐三佛陁金毗羅王自從至彼大作佛事語頃失之爾夜僉夢見神曉共圖之至天監十年四月五日騫等達于揚都帝與百僚迎還太極殿至大清三年湘東王在江陵即位遣大從揚都迎上至荊都後梁大定八年城北靜陵造大明寺乃以像歸之今見在多有傳寫流被京國云

太平御覽卷第六百五十七

太平御覽卷第六百五十八

釋部六

戒律　禪　塔

寺

戒律

梁書曰武帝惑於佛教朝賢多啓求受戒江革精信因果而帝未知謂革不奉佛法乃賜革覺意詩五百字又手勑革曰果報不可不信革因乞受菩薩戒

又曰陶弘景曾夢佛授其菩薩記云名爲勝力菩薩乃詣鄮縣阿育王塔自誓受五大戒大同二年卒遺令不須沐浴以大袈裟覆衾蒙首足弟子遵而行之

又曰陸杲素信佛法持戒甚精著沙門傳三十卷

又曰蕭昱字子真歷位中書侍郎每求試邊州武帝以其輕脫無威望抑而不許普通五年徙臨海郡行至上虞勑追還令受菩薩戒既至恂恂盡禮改意蹈道持戒又精潔帝甚善之

北齊書曰趙隱字彥深專意玄門崇敬佛道雖年期頤常持戒行

高僧傳曰弗若多羅此云功德華罽賓人也少出家專精十誦律部僞秦中振錫入關姚興待以上賓之禮先是經法雖傳律藏未闡鳩摩羅什聞多羅既善斯部以秦弘始六年集僧數百餘人延請多羅誦出十誦胡本羅什譯爲晉文三分獲二多羅遘疾弃世後有曇摩流支此云法樂西域人弃家入道偏以律藏馳名以弘始七年秋達關中初弗若多羅誦出十誦未竟而亡廬山釋惠遠聞支既善毗尼希得究竟律部乃遣書通好流支既得遠書乃與羅

什共譯十誦都畢支曰吾當更行無律教處於是遊化餘方不知所卒

毗婆沙論曰善分別戒名爲毗尼藏大智論曰諸羅漢問誰能明了集毗尼藏皆言優婆離持律第一請就師子座問佛在何處説初毗尼戒優婆離言我聞佛在毗舍離爾時須隣那迦蘭陀長者子初犯戒以是因緣故結初罪如是二百五十戒義三部七法八法尼律增一開雜部善部如是等八部十作毗尼藏經云五戒一不殺生二不偷盜三不邪婬四不妄語五不飲酒食肉故云五戒布施持戒忍辱精進禪定智惠以法能度生死故云六度色聲香味觸法能坌汙人之淨心故曰六塵

禪

寶林傳曰佛未涅槃時每告弟子迦葉曰吾以清淨法眼涅槃妙心實相正法將付於汝汝可流布無令斷絕迦葉敬諾唯然受教迦葉傳阿難阿難付商那和脩自此轉相傳授至般若多羅并佛二十八師般若多羅付菩提達磨菩提達磨者南天竺人也梁普通中泛海至于廣州後過江上嵩山少林寺達磨傳惠可惠可傳僧璨隱於皖山璨傳道信道信傳弘忍弘忍傳惠能惠能住韶州曹溪是爲六祖

高僧傳曰釋道立不知何許人出家事安公爲師隱覆舟山岩居獨立不受供養每潛入禪輒七日不起

塔

宋書曰謝尚嘗夢其父曰西南有氣至衝人必死汝當其鋒家無一全汝宜修福建塔寺可禳之若未暇立寺可杖頭刻作塔形見有氣來可擬之倘悟懼未及造塔寺遂刻

小塔施杖頭恒置左右後果有異氣遥見西南從天而下始如車輪漸弥大直衝尚家尚以杖指之氣便迴散闔門獲全氣所經處數里無復孑遺遂於永和四年捨宅造寺名莊嚴寺宋大明中路太后於宣陽門外造莊嚴寺改此爲謝鎮西寺

又曰阿育王寺塔阿育王即鐵輪王王閻浮提一天下佛滅後一日一夜役鬼神造八萬四千塔此即其一吳時居其地以爲精舍孫綝尋除毀之塔亦同滅吳平後諸道人復於舊處建立焉晉元帝初渡江更脩飾之其後有西河離石縣胡人劉薩阿遇疾暴亡七日更蘇說云觀世音語云汝縁未盡當得活可作沙門洛下齊丹陽會稽並有阿育王塔可往禮拜忽然醒寤因此出家名惠達遊行至丹陽未知塔處及登越城四望見長千里氣色因就禮拜果

是先阿育王塔所屢放光明由是定知必有舍利集衆就掘得三石碑有鐵函函中有銀函函中又有盛三舍利及爪髮長一丈七尺詔遣沙門釋雲隨使往迎之先是武帝改造阿育王等塔出舊塔下舍利及佛爪髮髮青紺色衆僧以手伸之隨手長短放之則旋屈爲蠡形按經云佛髮青而細猶如藕莖絲佛三昧經云我昔在宮沐頭以尺自量髮長一丈二尺放已右旋還成蠡文則與帝所得同也

佛圖澄傳曰後趙尚書張離張良家富事佛起大塔澄謂曰事佛在於清淨無欲慈矜爲心檀越雖儀奉大法而貪悋未已遊獵無度積聚不窮方受見世之罪何福報之可希也

洛陽茄藍記曰永寧寺熙平元年靈太后胡氏所立也在宮前閶闔門南一里中有九層浮圖初掘基至黃泉下得金像三十軀太后以爲信法之徵永熙三年浮圖爲火所燒後有人從東萊郡來云見浮圖於海中光明照耀儼然若新海上之民咸皆見之俄然霧起浮圖遂隱

又曰西方佛沙伏國國王造一塔初成用真珠爲羅網覆其上於後數年王乃思量此珠羅網價直萬金我崩之後恐人侵奪復慮大塔破壞無人脩補因解珠網以銅鑊盛之在塔西北百步掘地埋之上種樹名菩提枝條四布密葉蔽天樹下四面坐像各高丈五恒有四龍典掌此珠若興心欲取卽有禍變刻石爲銘屬語將來若此塔壞勞煩後賢出珠修治

寺

後漢書曰陶謙同郡人笮融聚衆數百往依於謙謙使督廣陵下邳彭城運糧遂大起浮圖寺上累金盤下爲重樓

又堂閣周回可容三千許人作黃金塗像衣以錦綵每浴佛輒多設飲飯布席於路其有就食及觀者且萬餘人

宋書曰明帝以故宅起湘宮寺費極奢侈以孝武莊嚴寺刹七層帝欲起十層不可立分爲兩刹各五層新安太守巢尚之罷郡還見帝曰卿至湘宮寺未我起此寺是大功德虞愿在側曰陛下起此寺皆是百姓賣兒貼婦錢佛若有知當悲哭哀愍罪高佛圖有何功德帝大怒驅曳下殿愿徐去無異容

又曰巢尚之甚聰敏時百姓欲爲孝武立寺疑其名尚之應聲曰宜名天保詩云天保下報上也時服其機速

又曰蕭惠開丁父難家素事佛凡爲起四寺南岡下名曰禪岡寺曲阿舊鄉宅名曰禪鄉寺京口墓亭名曰禪亭寺所封陽縣名曰禪封寺

梁書曰何氏自晉司空充宋司空尚之奉佛法建立塔寺至敬容又捨宅東爲伽藍趍權者因助造搆敬容並不拒故寺堂宇頗爲宏麗時輕薄者因呼爲衆造寺及敬容免職出宅止有常用器物及囊衣而已竟無餘財

又曰謝舉宅內山齋捨以爲寺泉石之美殆若自然舉託情玄勝尤長佛理注淨名經嘗自講說

又曰武帝以三橋舊宅爲光宅寺勑周興嗣與陸倕各製寺碑及成俱奏帝以興嗣所製自題

又曰江紑字含潔幼有孝性年十三父蒨患眼紑侍疾將朞月衣不解帶夜夢一僧云患眼者飲慧眼水必差及覺說之莫能解者與草堂寺智者法師善往訪之智者曰無量壽經云慧眼見眞能度彼岸蒨乃因智者啓捨同夏縣界牛屯里舍爲寺乞賜嘉名勑荅曰近見智者云慧眼則

五眼之一號可以慧眼爲名及就剏造浚故井水清冽異於常水夢中取水洗眼及煮藥稍覺有瘳因此遂得差

南史曰王懿字仲德父苗仕苻堅至二千石苻堅之敗仲德年十七及兄叡同起義兵與慕容垂戰敗被重創走與家屬相失路經大澤困未能去臥林中有一小兒青衣年可七八歲騎牛行見仲德驚曰漢已食未仲德言飢小兒去須臾復來得飯與之食畢欲行而暴雨莫知津徑有一白狼至前仰天而號號訖銜仲德衣因渡水仲德隨後得濟與叡相及渡河至滑臺復爲翟遼所留積年仲德欲南歸乃棄遼奔泰山晉太元末徙居彭城宋元嘉九年又爲徐州刺史仲德三臨徐州威德著於彭城立佛寺作白狼童子像於塔中以在河北所遇也

又曰波斯國城外佛寺二三百所梁大通二年遣使獻佛牙

又曰劉孝綽與到溉兄弟甚狎溉少孤宅近僧寺孝綽謂僧物也撫手笑溉知其旨奮拳擊之傷口而去

三國典略曰齊主初爲胡昭儀起大慈寺未成改爲穆皇后大寶林寺運石塡泉牛死無數

唐書曰會昌五年四月括天下寺凡大寺四千二百蘭若四萬僧尼二十六萬五百七月勑併省天下佛寺上州各留寺一所中下州寺並廢上都東都各留十寺寺僧十人

洛陽伽藍記曰白馬寺漢明帝所立也佛教入中國之始寺在西陽門外御道南明帝夢見金人長丈六項佩日月光明胡神號曰佛遣使向西域求之乃得金像焉時以白馬負經而來因以爲名寺上經函常存時放光明曜於堂宇是以道俗禮敬之如仰眞容

又曰崇義里有京兆人杜子休宅時有隱士趙逸云是晉武時人晉朝舊事多所記錄正光初來至京師見子休宅歎息曰此中朝時太康寺也時人未之信遂問寺之由逸云龍驤將軍王濬平吳之後始立此寺本有三層浮圖用塼爲之指子休園中曰此是故處子休掘而驗之果得塼數萬并有石銘云晉太康六年歲次乙巳九月甲戌朔八日辛巳儀同三司襄陽侯王濬敬造子休遂捨宅爲靈應寺

又曰宜壽里內苞信縣令段暉宅地下常聞有鍾聲時見五色光明照於堂宇暉甚異之遂掘光所得金像一軀高三尺并二菩薩趺上銘云晉泰始二年五月十五日侍中中書監荀勗造暉遂捨宅爲光明寺時人咸云此地是荀勗宅

又曰脩梵寺有金剛鳩鴿不入鳥雀不栖菩薩達摩云得其眞相

建康實錄曰晉許詢捨永興山陰二宅爲寺家財珍異悉皆是給既成啓奏孝宗詔曰山陰舊爲衹洹寺永興居爲崇化寺造四層塔物產既罄猶欠露槃相輪一朝風雨相輪等自備時所訪問乃是剡縣飛來

又曰一乘寺梁邵陵王綸造梁末賊起遂延燒陳尚書令江摠捨堂宇寺今之堂是也寺門遍畫凹凸花代稱張僧繇手跡其花乃天竺遺法朱及青綠所成遠望眼暈如凹凸就視卽平世咸異之乃名凹凸寺

又曰牛頭山西峯中有窟不測深淺古老相傳云辟支佛所出梁武帝於窟穴下置寺名曰仙窟寺窟有一石鉢盂莫知所由來形狀甚古唐神龍初鄭克俊取將入長安乃

開禪寺志公嚴展也

高僧傳曰釋法度少出家高士明僧紹隱居瑯琊之攝山及亡捨所居山爲棲霞精舍請度居之經歲許忽聞人馬鼓角之聲俄見一人持名紙通曰靳尚前度見尚形甚都羽衛亦嚴致敬巳乃言曰弟子主有此山七百餘年法師道德所歸謹捨以奉給并願受五戒永結來緣度爲設會受戒而去

又曰孫放西寺甞措傾頹沙門支雲惠謀欲建立其日有童子持紙蓮花插故寺東面相去十餘丈於是建剎中標正當華所

太平御覽卷第六百五十八

太平御覽卷第六百五十九

道部一

道

老子曰道可道非常道虛極之妙也無名天地之始有名萬物之母無名者妙本也道沖而用之或似不盈淵乎似萬物之宗天地之間其由橐籥乎玄牝之門是謂天地根天地所以能長且久者以其不自生故能長生生而不有爲而不恃長而不宰是謂玄德執古之道以御今之有能知古始是謂道紀萬物並作吾以觀其復功成事遂百姓皆謂我自然絕聖弃智民利百倍孔德之容惟道是從以閱衆甫吾何以知衆甫之然哉曲則全謂曲巳以應務則全也枉則直謂枉己以伸人則直也窪則盈謂執謙則常盈也弊則新謂守弊薄則日新也少則得謂抱一不離則

無失也多則惑謂有爲多門則惑亂也是以聖人抱一爲天下式希言自然者謂因言悟道不滯於言合自然也有物混成先天地生寂兮寥兮獨立而不改周行而不殆吾不知其名字之曰道強爲之名曰大域中有四大王居其一謂王者人靈之主萬物繫其興亡也人法地地法天天法道道法自然重爲輕根靜爲躁君善行無轍迹謂體了眞性行無行相則心與道冥也善言無瑕讁謂遣象求意理證心忘也善計不用籌筭謂一以貫之不生他見也善閉無關楗而不可開謂心無逐境之迷境無起心之累也善結無繩約而不可解謂心與道合雖無約束其不可解也是以聖人常善救人故無弃人常善救物故無弃物是謂襲明知其雄守其雌知其白守其黑知其榮守其辱謂含德內融則復歸於朴常德聽用則散而爲器旣涉形器必有精麤聖人用之則爲群材之官長矣故大制不割謂聖人用道大制群生萬物不謝於自然曾不割傷也道之在天下猶川谷之與江海死而不亡者壽謂死者分理之終亡者夭折之數壽者一期之盡夫知足力行者徇天常也死而不亡是一期之盡可謂壽矣執大象天下往往而不害安於太平化而欲作吾將鎮之無名之朴謂道也失道而後德失德而後仁失仁而後義失義而後禮天下之物生於有有生於無明道若昧進道若退夷道若類上德若谷謂虛浴而容物也大白若辱謂能潔而含垢也廣德若不足謂大成而執謙也建德若渝謂立功而不衒也體眞若渝謂淳一而和光也大方無隅謂不小立圭角也大器晚成謂且無近功也大音希聲謂不飾小說也大象無形謂能應萬類也道隱無名謂功用不彰也道生一一生

二二生三三生萬物萬物負陰而抱陽沖氣以爲和爲道日損損之又損以至無爲故塞其兌閉其門終身不勤也謂不縱六根愛悅則禍患之門閉矣終身不勤勞也開其兌濟其事終身不救謂開縱視聽以成其愛悅之事故有禍患不救也無遺自殃是謂襲常謂不爲身災是謂密用眞常之道也

又曰知者不言言者不知所以言者以音相聞譬如知音者識音以絃心知其音口不能傳道深微妙知者不言也

太上曰知者不言言能以救物

又曰上士學道受之以神中士受之以心下士受之以耳以神聽者通無形以心聽者知內情以耳聽者聞外聲

又曰知者不言言者不知故聖人云我無爲而民自化我無事而民自富我好靜而民自正我無欲而民自樸脩之

於身天下自化深根固蔕長生久視之道以道莅天下其鬼不神道者萬物之奧爲者敗之執者失之是以聖人無爲故無敗無執故無失

太上經曰混茫之氣變化爲眞人與時翱翔有名無體

仙經曰神仙輕舉謂之天仙列位太清度名祕籍

祕要經曰五岳洞府隱處地仙保其神形遠其憂患

又曰太清九宫皆有僚屬其最高者稱太皇紫皇玉皇其高揔稱大道君次稱眞人眞卿其閒有御史凡稱太上者一宫之尊也德高無踰故曰太上

又曰仙者川也身者舟也濟川得岸何假舟焉

太眞科曰玉皇譜錄有百八道君羣仙隨業以補其職三善道者聖眞仙也上品曰聖中品曰眞下品曰仙三清之間各有正位聖登玉清眞登上清仙登太清玉清有大帝

宫殿皇帝王公卿大夫吏民率以聖呼之如聖皇聖帝之類是也男女貴賤各有次第上清有玄都玉京七寶紫微率以眞呼之太清有太極宫殿率以仙呼之其上清太清之品位男女次第之統數與玉清同

大洞經曰從生得道從道得仙從仙得眞從眞得爲上清君

五符經曰二十四眞圖五岳之靈寶也能得之必能仙去飛步太清欲得道法先沐浴去穢當得東井圖欲定五帝役山精當得五岳圖欲通神靈法仙訣當得八史眞形圖欲通五行廚當得六甲通靈圖欲存吾身致天神當得九宫紫房圖欲奉道法常得太清圖欲奉順道當得混成圖欲通道機當得西昇保錄圖欲通變化當得靈化圖欲躡大道當得九天圖欲胱身形當得九變圖欲隱存守身神當得養身圖欲定身守神寶當得合影圖欲恬泊守一以存身當得養身圖欲寂默養志當得精誠守志圖欲清淨潔白致其芝英當得芝英玉女圖欲騁六丁當得六陰玉女圖欲致仙籙當得九九道仙圖欲食道氣當得導引圖欲治道術當得洞中皇寶圖欲爲變化當得偃息圖欲臨爐定九丹金液當得太一圖欲登五岳求神仙芝藥當得開山芝藥圖欲保神形別邪精當得明鏡圖

上清經曰氣之所守隨神所生神在則氣在神去則氣去氣散則爲雲霧合則爲形影出之爲仙化入之爲眞一上結三元下結萬物靜用爲兆身動用爲兆神

洞眞經曰凡讀太丹隱書洞眞玄經能研精密感通玄達雲過釋玄元味景太清者得爲玄中法師也

葛洪神仙傳曰自伏羲至三代顯名道士世世有之其老

子蓋得道尤精者也內實自然欲正定本末當以史傳爲據并仙經祕文以相參會其他俗說文多虛妄其後道士私有增益非眞文也著道德二篇尹喜行其道至漢竇太后好黃老言孝文帝及外戚諸竇皆令讀之故莊周之徒以老子爲宗

太上玄一眞人經曰衆眞高仙皆有師也奉受上清三洞寶經爲學無師則道不成八景龍輿焉可得乘太極玉闕焉可得登凡學上清之道豈肉飛之舉若慢於師道則失拔夜光也以是言之道固難知也至於聖賢皆尊其師所以尊道也

太上太霄琅書曰天地布氣師教之眞身仙登聖非師不成心不可師師心必敗

寶玄經曰裁制偏邪必歸中正能及流末還至本源道本

無形假言立象雖言沖用用實無物
道與曰制殺生者天也順性命者人也非逆天者勿殺也
非逆人者勿伐也爲政如是蓋道之極也
七聖紀曰南岳赤君下教變迹爲道士與六弟子俱顯姓
名
太一帝君經曰求道者使其心正則天地不能違也捨色
累而不顧避榮利而自遠甘寒苦以存思樂靜齋於隱山
則學道之人始可與言矣
太上三五順行經曰天者道之應形也應有時漸交以引
之玄象虛文其過三五三五順行運周則變通不窮三才
合度太一者天也天之受一氣蕩蕩而致清道者天之積
靈也
昇玄經曰道之玄妙出於自然生於無生先於無先弥綸

無外布神化氣淡然無上制御諸天
玄妙内篇曰大道起於無爲萬物之祖也
正一眞人經曰道之淳眞非有言也借言通意因置玄都
正一之化去眞近矣
寶玄經曰正則道合合則言志志言在正正以絕邪齋戒
通經仙道自成成仙之大莫過太上太上無言言以應感
感應之道表信成經也
三皇經曰求索自然脫身當道三光發明天地常然
智惠經曰與人君言則惠於國人父言則慈於子人師言
則愛於衆人兄言則悌於行人臣言則忠於上人子言則
孝於親人友言則信於交人婦言則志於夫人夫言則和
於室人弟言則恭於禮野人言則勸於農道士言則止於
道與國人言則各守其域奴婢言則愼於事

太上經曰親近賢智博問善道賢者論議不可專執
又曰末世道士講經說法儀軌云何若說五千文者亦依
靈寶
太上三洞寶經曰三洞傳法之師一人度世勝黃衣道士
千人也
又曰大茅山有銅鐵鼎可容四五斛刻甚精好在山最高
處入土八尺餘上有盤石掩鼎每吉日遠近道士咸登山
瞻視無復草木壘石爲小壇昔有小瓦屋爲風所倒兩釵
法日月也三足法三才也羽山之銅所作神變隱顯
眞誥曰大茅山西南有四平山俗謂之方山其下有洞室
名曰方臺洞有兩口見於山外與華陽通號爲別宇幽館
矣得道者處焉
又曰脩於身其德乃眞君子立身道德爲任清淨爲師太

和爲友爲玄爲默與道窮極治於根本求於未兆爲善者
自賞爲惡者自刑故不爭無不勝不言無不應
又曰能以至心學道當以道授學者裴君曰我師南岳赤
松子爲大虛眞人昔太上以德教老子以得道松子以道
授我而得仙
又曰仙道十二試觀之法試皆過然後授之經此十二事
大試也皆太極眞人臨見之可不愼焉昔彭祖弟子青烏
公受明師之教審仙妙之理入華陰山學道積年十二試
有三不過後服金液而升太極道君以爲試三不過但仙
人而已不得爲眞人
又曰裴君云學道者有九患若審之則仙不遠也患人有
志無時有時無友有友無志有志不遇其師遇師不學學
師不勤勤不守道或志不固一心如此則不須友而成亦

不須感而動此學仙之廣要也師有憂感弟子出入無善
爲學無師道則不成心存目想見師如經學非師授不可
以教人恐疑悟後學故不得傳求法事師莫擇貴賤勿疑
長幼言我年大而彼年小彼是賤而我是貴此是未解正
眞平等之要人無貴賤有道則尊所謂長老不必耆年要
當多識多見以爲先生不得言彼學在我後云何更反師
彼作此念者非學道也當謙下推能讓德惟善是從不得
獨是非彼得道度世莫不由師也學之有師亦如樹之有
根也太智既成復能成就小智由樹根生子子復能生根
展轉相生種類不絕從師變道道過於師還教於師所謂
道貴人賤義類如此先師並須尊異所以爾者本師者學
之根也譬爲山一簣之土漸得高大本師者發蒙之基也
後師者備成也諭如嚴裝服飾衆事已辦惟未加冠不可

以行人事也妄生下想所以然者論議言說爲人模範師
不明道焉能解疑難也古者賢聖上學得其師名爲更生
不得其師名爲亂經無其師道不自生也
太平經曰上士學道輔佐帝王好生之德也中士學道欲
度其家下士學道才脫其身
又曰言則道不成多言則爲害閉口不言萬歲無患
又曰人得善師乃使凡賤之人成善人善不止更賢賢不
止乃聖聖不止乃得深知眞道守道不止乃得仙仙不止
乃與天比其神神不止乃得與元氣比其得元氣乃包天
地八方莫不受其氣而生是善師之功也不得其善師失
路矣故師師相傳迺堅於金石不以師傳之名爲妄作則
致邪矣叛去其師是去其眞道自窮之術也道有宗師祖
師

定眞玉籙曰治心之最不忘須臾心神乃定定則入道其
狀在外慎其言語懼觸物也節其飲食慮食叨也衣麄而
靜在素淡也居陋而隱守靜篤也恭謹一切避凌辱也不
敢爲先免嫉謗也始終淳信潛化尊也進止和光密行教
也挫銳解紛明道有時也出處變化見神應之速也
又曰九宫眞人出入皆從黄闕絳臺中聞爲道故以道之
左右置臺闕者以司非常之氣伺迎眞人之往來也
道基經曰服藥食麥爲善麥有甘始道士御氣食麥而度
世也
又云合道不言得無之眞晝夜不卧日月合光不飢不渴
龜龍胎息也
又云食穀者名之穀仙行之不休則可延久長也不食穀
者可以度世

又曰無賣吾道以行求錢無衒吾道强授豪榮無損吾道
以與讒佞
黄庭經曰仙人道士服氣非有神也養生所致和氣專也
若道士恐畏存神可鳴天鼓聲聞太極
太眞科曰道士修經習業以五千文爲先
又曰道有寂動氣化之有形智化之有聲
又曰皇教道也帝教德也王教仁也
抱朴子曰求師必須深博猶涉滄海造長洲獨以力劣爲
患豈以物少爲憂哉夫虎豹之所餘乃狸鼠之所飫陶朱
之所弃乃原憲之所無專心憑師依法行道濟身度世利
在永享事師盡敬得道爲期承閒候色也不盡力明其師
道則罪不可除也學道得師明事之害亂不得發也
三無眞一經曰有大洞守一經者則爲師也太清經云天

地以道資聖人以道師也資者持道以養育當生也師者以教人不知而當成也

又曰有大洞守一經者則爲師也所以崇建本末盡善明天戒之苦至期神靈之所宗託階級以自始所以師友垣其外三一鑑其內帝君忻其□赤子悅其宅者乎云天地以道資聖人以道師資者持道以養育當生也師者以教人不知而當成也○上清紫宸經曰經不師受竊天之寶受無盟信怨天之道○太上八素眞經曰太上玄人所以與天地等者貴其能相教導也先覺悟於後覺反流歸於一源也

天眞皇人曰此□諸君皆積學滅度道業垂成而得受此文以還生人中皆超虛步空上昇金闕受號自然也其並悠遠人世所不能明考其延者羨門子師夜光高丘子師

石公洪崖先生師金母並受靈寶滅度五錬之法昇天之傳

又曰正一法文曰若衒法求利不明正典傳非習謬迷誤後生後生緣薄率爾逐易不尋高德苟貪愛名名而無實望福得禍禍加深也傳授苟非其人道不虛授常恐浮淺之輩匹生誹謗貽災致罪爲累不輕所以立信効心因以爲施授受之中有以分別

洞眞經曰修太一之道忌見血穢之類亦不可泣

大有經曰受上清寶經者不得哭泣

玄母入門經曰存金華睢一之精深戒哭泣令身多感擾

太平御覽卷第六百五十九

道部二　　眞人上

太上經曰大微天中有二十四氣混黃雜聚結有名無氣變化爲眞人道之積成托形立影與時翱翔有名無體謂之眞人○八素眞經曰若精勤得道者皆當書以藥簡刻以瓊文位爲上清左眞公

又曰龍衣鳳帔虎帶皆是羣眞所獻於帝皇

眞誥曰中皇君者天帝君之弟子也生知長生之要天仙之法夙會玄感於是太上授以帝君九眞之經八道祕言之章道成授書爲太極眞人

又曰清虛眞人於太素眞人受三奔之道桐柏眞人脩解劒之法有太上奔日之文得爲下元眞人

又曰不知迴元隱道者不得刻名上眞迴元者太上更新之日也常以其日思存吉事

又曰虛妄者德之病華衒者身之災執滯者失之由恥辱者行之玷遣此四者然後可以問道耳有淫衒之心不可行上眞之道也昨見清虛宮正除落此輩人名又考付三官推之可不愼乎紫微眞仙之才內明外知錄名太極金書東州內累既息積之勿休

又曰脩道之本則爲上清眞人仙眞妙方能盡梗槩之道者便爲九宮眞人若各備具其道則爲太極眞人

又曰鍊形於太陰易皃於三官受學化神濯景易氣俯仰四運得爲眞人

金根經曰天圖玉闕主監衆眞遊宴之所也

又曰天關上有六層玉臺太上眞人集宴之處也

又曰玉保青宮北殿上有金格格上有金章鳳璽玉札丹青羽蓋升仙法服以給成眞之人

大有經曰玉華青宮有寶經玉訣應有爲眞人者授之

又曰太上素靈洞玄經上化三眞又大洞眞經云道有三眞不可去身紫霞變景三光映眞

大洞玉經曰太無山中有洞宮玉戶在峨嵋之上諸得道眞仙之名刊列此宮也

又曰云上清有宮門有兩闕左金闕右玉闕有羽衣守士內有玉芝流霞之泉刻金題衆眞飛仙之號又云玉清中有太暉殿玉眞遊宴之所也

又曰九眞仙伯上帝司禁之君濯纓帝川之池也

又曰太一上元君者萬仙之司主方岳眞氣太上眞人步五星之道以致降于室

大洞眞經曰赤城朱憁上清紹境乃帝一內宅三眞寶堂

又曰上清眞人揔仙大司馬長生法師登大帝滄浪山洞臺中雙玉穴酣飲紫明芝液

又曰長生存神者好山水之人仁知動靜所依也依仁者靜而壽依智者動而樂當投簡送名俾崇仁智朱書白簡移籍太清發爐拜手用青紙青絲裹絡巖石上詣水泛舟中流讀簡以名係之必能降眞也

上清九眞中經內訣曰有玉保公太素遺下迎九眞之人也

又曰欲行九眞之法者齋戒淨室並爲天帝君所見記錄也

太眞科曰羽仙侍郎上都官典格列其職位都統玉眞太上眞人在五岳華房之內非有仙籍不得聞見丹簡校定

名入南宮
又曰虛皇金闕玉帝最貴最尊號曰自然其能使之然其能使之不然也和光於人似同而異惟得道者乃能知之
又曰上清禹餘天有三官眞人主治過刑殺伐陰賊不軌嫉害賢哲心懷進退穢慢眞人之罪者
玉淸隱書曰玉名金格當爲上眞三天眞皇佩神虎之符在太極上位上眞則飛龍異輳中眞則紫毛持節下眞則太極參軒
又曰太微天帝君命太微上眞勑使群靈
又曰上皇玉帝命玄羽眞人出迎太微天帝又命太上眞人開瓊珠之篋出玉眞隱書玄羽之經以傳太微天帝之君
內音玉字經曰眞人散香於玉庭又云飛散百和之香流

五雲之華以觀飛天眞人
又曰四極眞人主人命籍常乘蒙眞之車校人罪籙
又曰九華眞人治於南上宮中校人功過善惡三官列言
又曰天眞皇人曰諸天內音自然玉字其大梵隱語上帝命天眞皇人注解其正音足以開度天人
登眞隱訣曰崑崙瑤臺刊定眞經之所也上品居上淸擬帝皇之尊中品處中道皆公卿之位下品居三元之末並大夫之流三眞品經各有條次
又曰三昧眞人乘鳳雲龍車下衛齋戒之士太素眞人辟始學者惡夢之法金華眞人刻大洞上經於天帝紫微宮玄琳玉殿東壁牖上太虛眞人說鴻鳥之經太極眞人誦王母之辭典禁眞人察人之善惡妙行眞人推劫會之數
又曰太極眞人常以立春日日中會諸仙人於太極宮刻玉簡記仙名至春分之日日中崑崙瑤臺太素眞人會諸仙人刊定眞經也崑崙瑤臺是西母之宮所謂西瑤上臺天眞祕文盡在其中矣太素眞人治白水沙洲之上定其眞經也至立夏日日中上淸五帝會諸仙於紫微宮見四眞人論求道之功罪至夏至日日中天上三官會于司命河候校定萬民罪福增減年筭至立秋日日中五岳諸眞人詣中央黃房定天下祀圖靈藥至立冬日日中陽臺眞人會集列仙定新得道人始入名仙籙至冬至日日中諸仙詣方諸宮東海靑童君刻其仙籙金書內字凡學道之人常以夕半日中謝罪罪名自陳尅身歸善以求長生神仙秋分之節氣處淸虛太和正日也衆眞諸仙是日聽訟又剌姦吏及部內諸仙官並糺奏在處道士之功過及含生有罪應死生者故仙忌眞記曰子欲升天愼秋分罪無

大小皆上聞此朱火丹陵宮仲陽先生之要言也又云此辭出列紀是靑童君述古眞人之言以傳襲氏言罪福纖介刻于丹城之籍也伏匿之善惡陰德之細功無不纏陳也
又曰上眞人之道有七第一太上鬱儀奔日文二太上結隣奔月章三太上八素奔辰章四太微飛天上經五高上太洞眞經六金闕靈書紫文七九眞中經也上眞之位爲諸天帝行則三七色節萬眞前導中眞之道有六大丹隱書九眞玄文太上金策方諸上經三皇內文紫書訣籙中眞之位上淸卿相之列也紫毛持節玉帝參轅下眞之道有八上淸七變隱地八術玄皇玉書神州洞經紫庭中方降籙黃道素奏中章上元玉書下眞之位上淸大夫之流五色節旄飛行倒景

又曰有得見聖列紀者玄籙書名奏之上淸位爲仙卿若能行金闕眞事則拜爲大夫此謂列紀重於紫文也旣見之非眞受佩而已謂知其中經目之輕重求道之梯級依此尋學故勝於守紫文之單事也

上皇玉籙曰二十四眞人有佩玉籙以行山川者則河海上神奉迎啓道

靈寶隱書曰中極眞人主人命籍九華眞人主九幽之下宿對生死太元眞人受天之符度長夜之魂太極眞人治赤城玉洞之府司校太山死生之錄三元眞人主紫微行道

赤書玉訣經曰凡月十四日上帝眞皇勅太一使者下與北酆都伯使者同行天地司察人神功過深淺列言上宮又勅太一八神使者下與三官司察天人善惡列言也又

遣九部刺姦周行五岳三宮水府條正鬼事司人功過列言上天

白羽經曰太眞丈人登白鸞之車駕黑鳳於九源自天已下莫不範德又太極眞人有仙眞相好者要在慈心觸物以輔相好然後得仙矣不能忍性則仙相敗矣故修道會眞必以精思爲本神爲本存神入觀魂以靜念爲先

大劫經曰上景眞人將天下力士元洪水母決逆萬川

海空經曰何監者天人之隱名魂玉樓之上列眞仙之館

又高眞者體有眞氣玉眸誂誂

南眞傳曰昨與叔申詣淸虛宮校定眞仙得失之事近頓除落四十七人復上三人耳內明眞正乃艮材也九宮眞人出入皆從黃闕絳臺中開爲道故以道之左右置臺闕者以何非常之氣眞人往來者

太上正法經曰九眞者九天之眞氣凝而成也上中下三眞生於太淸是元始之澄氣也各置官室次第上淸宮衛之官太上大道君萬眞之主也居玉殿造上帝之章以爲寶經於玉淸宮中以度後學得眞之士

三元品戒經曰紫微宮有延生之儀格又云赤帝玉司君玉景度治南方朱陽之臺摠統上眞之士

景林眞人曰勤感累世念眞期靈皇鑒其用思太極注名玉劄於是細書紫虛之宮朱書東華之闕刻名上淸丹文錦籍

空洞靈章曰眞人彈雲璈吹九鳳之簫神州之笙其音逸響流激千霄

後聖列紀曰上淸金闕後聖君少好道樂眞紫微上眞天帝玉淸宮賜紫藥剛丹鳳璽得在上淸中遊太極下治諸

天封掌兆民

仙誌曰凡修行太一之事眞人之道不得有所拜但心拜而已不形屈也思眞行道通而無窮顯驗應期登眞必速也

黑籙上篇曰聖眞仙者共行道德俱宗太玄

戒文經曰太上眞人居仙府中世人得仙者皆先過此

自然玉字經曰七寶林中有上眞之遊圃眞人之戲園

太霄琅書曰元皇玉靈之胄位登太眞理二儀於玄圃掌玉籙於萬仙摠地司於五岳領上眞於三關上統無涯下攝洞源自天以下莫不咸隸

又曰太素三元君稟靈和玉宸上氣故結生虛無含眞秀景機洞妙無神齊廣暉道周九玄呼吸未兆觸物對應太上之凝結也

太上四明玉經曰眞仙之道以耳目爲主淫色則目闇廣

愛則耳閉此二病從中來而外奔也非復有他今令其聰明益易耳但不爲之當洗心絕念放弃淫貪所謂嚴其始矣保利雙關啓徹九門朝液泥丸列爲上眞視徹甚遠聽於絕響此眞仙之高不但明耳目而已

三洞珠囊曰高上玉清刻石隱銘曰酆都山在北內有空洞洞中有六宮書此銘於宮北壁制檢群凶不使橫暴生民學者得佩此刻石文則北酆落名南宮度命爲其眞人

太平經曰後學得道各有品階至于指極聖眞仙人

定眞玉籙經曰凡欲定心當受上皇民籍定眞玉籙此至要爲學之先也先能定心仙名乃定是三天正一先生所佩以定得仙之名

太上經曰玉清者如玉堅不可毀淨不可污也堅淳無變穢累都盡一而無雜故名爲眞人

太上丹簡曰凡學道居眞人之位者名入南宮

三五順行經曰合德入道號曰眞人太上遣四極眞人來迎授三天靈籙之文於上清宮

上清八景經曰精思百日眞人降形也

葛玄五千文序曰精思遠感而上遠則太上遣眞人下授希微之旨又云靜思期眞則眾妙感會內觀形影則神氣長有體洽道德則百神震服

大洞雌一篇曰金姿曜於東華玉形恍於帝門神映五老騰躍三元頂負寶曜浮遊九晨分形散景位爲上眞

昇玄經曰惟須忠直尋道求眞改惡從善得爲眞人

三元玉檢經曰歲庚寅九月九日甲辰元始於上清宮告盟授三元玉檢使付後學有玄名應爲上清眞人者

太平御覽卷第六百六十

太平御覽卷第六百六十一

道部三　　眞人下

集仙錄曰王母者龜山金母也西華至精之氣化而生金母生而飛翔處極陰元位配西方母養群品所居宮闕在春山崑崙之圃閬風之苑有城千里樓十二非飈車羽輪不可到也蓬髮虎齒非西母之眞形蓋金方之神也元始授以萬天元統龜山九光之籙使制召萬靈統括衆眞總諸天之羽儀天帝朝宴之會上淸寶經三洞玉書凡所授度咸所關預黃帝在位王母遣使乘白鹿集帝庭授以地圖其後舜在位遣使獻白玉環及益地圖遂廣黃帝九州爲十二州又遣獻舜玉琯吹之以和八風

又尚書帝驗期曰王母之國在西荒凡得道授書者皆朝

王母於崑崙之闕王褒字子登齋戒三月王母授以瓊花寶曜七晨素經茅盈從西城王君詣白玉龜臺朝謁王母求長生之道王母授以玄眞之經又授寶書童散四方洎周穆王駕黿鼉魚鱉爲梁以濟弱水而升崑崙玄圃閬苑之野而會于王母歌白雲之謠刻石紀迹于弇山之下而還

漢武帝好長生之道元封元年登嵩岳築尋眞之臺齋戒思道王母於七月七日乘紫雲之輦駕九色斑龍帶天眞之策佩金剛靈璽黃錦之服金光奕奕結飛雲文綬戴天太眞晨纓之冠躡方瓊鳳文之履天姿奄藹眞絕世之人也下車扶二侍女登床東向而坐命侍女取桃以玉盤盛至七枚四與帝食母自食三帝欲收核種之母曰此桃三千歲一實中土地薄種之不生問長生之道母曰賤榮樂卑自復佳爾養性之道理身之要在不怠耳欲長生者先取諸身堅守三一保靈根青白分明適泥丸三宮備衛在絳宮黃庭戊己無流源此所謂呼吸太和保守自然眞要之道也至若太上靈藥上帝之奇物也下陰生重雲妙草皆神仙之藥也得上品者後天而老乃太上之所服非中仙之所寶其中品者有得服之後天而遊乃天眞之所服非下仙之所及其次藥有九丹金液紫虹華英太淸九轉五雲之漿玄霜絳雪騰躍三黃東瀛白香玄洲飛生八石千芝威喜九光西流石膽東滄青錢高丘餘粮積石瓊田太靈還丹盛以金蘭長光絳草雲童飛于此飛仙之所服非地仙之所聞也其下藥茯苓昌蒲巨勝黃精之類服之可以延年雖不得長享無期亦以身生光澤得爲地仙求道者要先憑此階漸而能致遠勝也若能呼吸服御保固

神氣此上品自然之要道也且夫一人之身天付之以神地付之以形道付之以氣萬物草木亦如之身以道爲本豈可不養神固氣以全爾形也形神俱全上聖所貴王母命上元夫人出八會之書五岳眞圖五帝六甲靈飛之符凡十二事以授帝不能用其道而多所惑焉後三祠王母復下降所授之書置柏梁臺上爲天災所焚李少君解形而去巫蠱事起帝愈悔恨

又大茅君盈南治句曲之山元壽二年八月已酉南岳眞人赤君西城王君方諸青童並從王母降於茅盈之室

又王母命上元夫人授盈二第茅固茅衷太霄隱書其後紫靈元君魏華存齋戒於陽洛山隱元之臺王母與金闕聖君降於臺中乘八景之輿同詣淸虛上宮傳玉淸隱書四卷以授魏夫人時太虛眞人等歌太極歌王母曰逍遙

玄精際萬流無暫停哀此去留會刧盡天地傾當尋無中景不死亦不生體被自然道寂觀合大冥南岳挺眞幹玉映耀頴精有任靡其事虛心自受靈嘉會絳河曲相與樂未央王母復還龜臺

三一經曰黃帝遊靈臺青城山絕巖之下見天眞皇人以蒼玉爲屋黃玉爲牀翠羅之帷侍者皆天人

又曰高丘子商時人也好道入六景山積年但讀黃素道經服餌朮後服鴻丹得陸仙遊行五岳復飲金液爲中岳眞人

又曰郭崇子商時人也彭眞人弟子嘗山行盜困崇諸子弟欲追擒之崇子曰縱去其盜後仕官而崇子譽之數數往彼謝之曰我昔盜也不可受大君子之譽遂自殺後崇子得道太極眞人以爲有殺人之罪不得爲眞人此爲善之過尚致人自斃況爲惡乎

又曰楚莊公時市長宋萊子常洒掃一市久時有一乞食翁入市經日行歌道中曰天庭發雙華山源彰陰邪清晨案天馬來詣太眞家眞人無奈隱又以滅百魔常歌此乞食市人無解此者獨萊子悟疑其眞人然未全解其歌耳遂師此翁而去積十餘年翁遂授以中仙之道萊子今在中岳也乞食翁者西岳眞人馮延壽周宣王時人也天庭任兩眉之下是徹視之津梁亦謂之華庭也山源是鼻下人中之本側在鼻下小入谷中也天馬手也以手按鼻下則杜絕百邪

又曰眞人尹喜周大夫也爲關令少好學善天文祕緯鬼神無以匿其情狀瓌傑不撿榮戚不形於色志懷逍遙天性玄湛忽登樓四望見東極有紫氣西邁喜曰夫陽數度盡九星度値合歲月並正應有異人過此乃齋戒掃道以俟之及老子度關喜先誡關吏曰若有翁乘青牛薄板車者勿聽過止以白之果至吏白願少止喜帶印綬設師事之禮老子重辭之喜曰願爲我著書說大道之意得奉而行焉於是著道德經上下二篇喜於是俱去玄洲上卿

蘇林傳曰林字子玄濮陽曲水人也父秀含德隱曜居於恒山林少稟異操至趙師琴高先生授鍊氣益命之道又師華山仇先生授還神之術曰子眞人也當學眞道乃致林於涓子未遂告林眞訣先生曰必作地上眞人當先去三尸林後授紫陽眞人道訣凡二百餘事至于守玄丹洞房三元眞人具標上焉林爲中岳眞人

茅君傳曰盈字叔申咸陽人也父祚有三子盈固衷也盈少稟奇操矯俗抗邁不求聞達不交非類入恒山讀老易餌朮潛影在山中六年精思念道誠感密應夢太玄玉女

持玉劄而攜之曰西城有王君得眞道可爲師明發乃尋求至西城齋戒三月果見王君盈乃叩頭再拜懃懇乞長生之術乃得在西城洞臺之中金玉上宮親侍旦夕執巾屨之役積十七年專一不懈復二年王君命駕造白玉龜山謁王母於青琳宮將盈同行王君見西王母稽首於前盈乃叩頭再拜自陳於王母前得治身之要道行其事歸家數十年以漢元帝時天官下迎來渡江東治句曲山於是天皇大帝遣授黃金紫玉策爲太元眞人東岳上卿司命神君仗紫毛之節十絕靈幡巾藕華冠繡羽紫帔丹青飛羣斑龍輿素虎軿曲晨寶蓋瓊帷綠寶執神流火雙珠月明錦旌白羽玄千金鍾玉磬紫琳之腴玉漿金嬰治赤城山玉洞之府上綰上淸下宴太極封掌吳越司校太山

死生錄朝籍衆眞定箓金名領授學道試校群仙時茅君
弟吏二千石當之官鄉人多送之茅君亦在座曰余亦有
職某月日當之官賓客曰願奉送茅君言不須有所損費
吾有以供帳至期大作宴會皆青縑帷幄下鋪重白氈奇
饌異果羅列妓樂合奏聞數里從者千餘人文吏則朱衣
素帶武吏則戎備曜日茅君乃登羽蓋車去以晉興寧三
年七月四日夜初降楊君家着青錦繡裙紫毛帔巾芙蓉
冠侍從七人入戶一人執紫毛節一人執十絶幡一人帶
綠章囊一人握流金鈴三人奉白牙箱並朱衣以後數數
來降弟子迎候仙人李遵撰傳光顯于世閒也
三洞珠囊曰王褒字子登前漢王陵七世孫服青精䬾飯
趍步峻峰如飛鳥無津梁直度積水又服雲碧晨飛丹腴
視見甚遠太上大道君遣正一左玄執蓋郎封瑋音賜王

君素明瓊玕丹紱綿旌號清虛眞人
眞誥曰赤松子黃帝時雨師號太極眞人
又曰九疑眞人韓偉遠昔師中岳宋德玄德玄者周宣王
時人也服靈飛六甲得道能遠行數變隱得玄靈之道今
在嵩山偉遠入而隨得其道九疑眞人
又曰裴玄仁右扶風陽夏人也漢文帝二年始生爲裴君
得道將入室弟子鄧雲亦得道將鄧登太華山入西洞玄
石室中積三十二年忽見五老人賜裴君神芝之術亦號
清虛眞人○又曰中岳眞人王仲甫少好仙道常吸引二
景及飡霞法四十餘年都不覺益其子亦服之十八年仙
去後南眞人忽降仲甫家而教之曰于胐衆虧滅津液不
注雖接眞景以飡霞故未爲身益仲甫遂因藥治病兼修
眞道又積年方成今在玄洲受書爲中岳眞人領九玄之

司
又曰范伯慈桂陽人也家本事俗忽得狂病經年不愈聞
沈道士治病多驗乃弃家求療五十日病愈後入天目山
餌胡麻精思十七年又服丹砂得道爲玄一眞人
又曰許謐字思玄一名穆晉簡文皇帝以爲護軍長史雖
外混俗務而內修眞學得爲上清眞人
又曰紫虛元君領上眞司命南岳魏夫人玉清虛弟子名
華存楊司命之師也任城人晉司徒文康公魏舒之女年
二十四適南陽劉幼彥幼彥爲汲縣修武夫人齋戒念道
入室百日十二月夜半青童君及王君四眞人同降授上
經三十一卷至洛陽亂夫人渡江居豫章隨子璞往江州
安城郡因居彼年八十三以成帝咸和九年青童清虛又
降授劍解之道稱疾隱化乘飈車往陽洛山明日有四十

七眞人降教道法積十六年西母與金闕南極同降迎夫
人北詣上清宮玉闕下受神鳳章龍衣虎帶丹飛裙十絶
華幡流金火鈴九蓋芝軿九色之節雙珠月明神虎之符
錦旂虎旌給西華玉女八景飛輿玄景九龍又受扶桑大
帝君玉劄金文位爲紫虛元君領上眞司命主諸學道死
生圖籍攝御三官關校罪考又受金闕聖君青瓊板丹籙
文位爲南岳夫人給曲晨飛蓋治天台大霍山洞臺中下
訓奉道教授當爲眞仙者一月再登玉清三登太素四謁
玉晨遨宴扶桑仰招天眞總括神籙刊書九天佐命東華
叶翼帝晨飛步太霞參轡九虛以興寧中降揚君又授許
掾上經自此後數數來降也玉清虛令弟子范邈作內傳
顯于世也
又曰紫清上宮九華安眞妃晉興寧三年年十三四着雲

錦裙上丹下青腰絲繡帶右帶係十餘小鈴鈴子青色又黃色相間左帶玉珮指着金鐶白珠約臂作髻在頂中餘鬟垂至腰一侍女朱衣帶青章囊長尺餘以盛書書可十餘卷白玉檢囊口上刻字玉清神虛內眞紫元丹章一侍女赤衣捧白玉箱絳帶絡之年並十七八自此後數數來降授書作詩

眞人傳曰馬明生者齊國臨淄人也本姓帛名和字君賢爲縣吏捕賊所傷遇太眞元君與藥卽愈隨至太山石室中金床玉几珎物奇偉人跡所不能及事之勤亦至矣太眞乃授以長生之方曰我所受服太和自然龍胎之體適所以授三天眞人不可以教始學者後隋安期先生服餌仙去爲眞人裴眞人弟子三十四人其十八人學眞道餘學仙道

太平御覽卷第六百六十一

太平御覽卷第六百六十二

道部四

天仙

天仙品曰飛行雲中神化輕舉以爲天仙亦云飛仙

神仙眾眞戒經曰大方諸山對會稽之東上有天仙宮室金玉雜爲棟宇○金根經曰天關上有層樓玉臺主衆仙出入之所也○玉清刻石隱銘曰佩玉帝隱文者得爲上仙○戒文經曰天西北有仙堂差次職署則度名著九宮五斗仙府中天上有東西南北及中央也皆有石城應其方位百官曹局皆在斗中列紀

後聖列紀曰若斗中有玄玉籙籍者皆爲上仙

登眞隱訣曰三清九宮並有僚屬例左勝於右其高總稱曰道君次眞人眞公眞卿其中有御史玉郎諸小號官位

甚多也女眞則稱元君夫人其名仙夫人之秩比仙公也夫人亦隨仙之大小男女皆取所治處以爲署號並有左右凡稱太上者皆一宮之所尊又有太清右仙公蓬萊左仙公太極仙侯眞伯仙監仙郎仙賓

皇民譜錄曰自三象明曜巳來至于累億劫會天地成敗非可勝載數極唐堯是爲小劫丁亥之後甲申之年陽九百六之氣離合壬辰之始數有九周至庚子之年赤星見于東方白彗見于月窟唐堯之後四十六丁亥是小劫之周又五十五丁亥至壬辰癸巳是大劫之周也六合冥一二道盈虧時運周劫始轉一仙階

金根下經曰有學仙品目進敘退降簿錄侍仙玉晨之典祀○集仙籙曰後漢南陽公主降駙馬都尉王咸公主素尚至道屬漢末亂離謂咸曰但當自保必可延生若祿祿隨時與世進退恐不免乖離之苦奔迫之患也咸眷戀世利未從其言公主遂入華陰山長往咸入山追之無見忽於嶺上見朱履一雙前取之化爲石謂其山爲公主峯

又曰張正禮漢末在衡山學道服黃精受西城君虹景丹患藥之難得至廣州爲道士遂得內外洞徹砂兼修守一之法仙去

眞誥曰章震南郡人少學經書周幽王時入而常歎曰人生世間日失一日去生轉遠乃著道書百餘篇精於五行演其微妙以養性治病爲旨後入崆峒山仙去

又曰王遠字方平東海人舉孝廉除郎中累遷至中散大夫博學九明天文圖讖河洛之要逆知天下盛衰之期漢桓帝嗣位聞之連詔不出使郡國逼載以至京師但低頭閉口不荅詔乃題宮門板四百餘字皆說方來帝惡之歸

鄉里同郡故太尉公陳躭爲方平鶩道室旦夕事之方平在躭家四十餘年後語躭云吾當去明日日中發至明日果卒躭知仙去曰先生捨我矣

又曰嚴青會稽人家貧常於山中作炭忽有一人與青語不知其異人也臨別以一卷書與青曰汝得長生故以相授當以潔器盛之置于高處青受之後得其術入霍山仙去

又曰張慶字輔漢沛國豐人也本大儒晩學長生之道得九鼎丹經聞蜀中多名山乃入鳴鵠山著道書二十餘篇仙去

又曰趙廣信陽城人魏末來渡江入剡小白山中學道受左慈玄中之道并徹視法如此積年周行郡國或賣藥人莫知也多來都下市丹砂作九華丹仙去

又曰郭景世晉初學道於廬江灊山中受孟德然口訣兼
服胡麻玄丹仙去矣
又曰趙伯威東郡人也少學於邯鄲張先生晚在中岳受
玉珮金璫經道成仙去主仙籍并記學道者
又曰李方回晉武帝時人也學道在華山受管成子蒸丹
餌朮法又受蘇門周壽陵丹霞之法五十年清心內視仙
去
又曰李脩著書四十篇名曰道源其書曰弱能制强陰能
蔽陽常若臨深履危御奔乘朽長生之道也年四百歲顏
色不衰後仙去
劉向列仙傳曰馬師皇者黃帝馬師後數有病龍出於水
治之一旦仙去
又曰王子喬周靈王太子晉也好吹笙作鳳鳴浮丘公接

上嵩山三十餘年仙去
葛洪神仙傳曰蘇仙公名林字子玄周武王時人也家濮
陽曲水林少孤以仁孝聞貧常自牧牛得道毋食思鮓仙
公以匕著置器中擕錢去即以鮓至毋曰便縣有魚去此
百餘里汝欺我哉仙公跪曰不妄明日舅至云昨見仙公
便縣市鮓毋方駭其神異後仙去有白鶴來止郡城東北
樓以爪畫樓板似漆書云城郭是人民非于今仙公故第
猶在丁令威亦如此
又曰沈文泰者九疑人得紅泉神丹法去土符還年之道
服之甚効欲之崑崙留息積年以傳李文淵曰土符不去
服藥行道無益也文淵遂受其祕要後亦仙去今以竹根
汁煑丹及黃神去三尸法
又曰沈羲吳郡人學道於蜀能治病救人甚有恩德後遇
羽衣持節人以白玉版青玉丹書授羲羲不能讀須臾大
霧霧解失其人羲還後仙去
又曰陳安世京兆人爲灌叔本傭稟性慈仁叔本好道有
二道人託爲書生從叔本遊以觀試之叔本不知其異人
也久而益怠書生乃問安世曰爾好道否曰無緣知之曰
審好道明日早會道北大樹下安世承言早往無所見日
書生詐我哉三期安世輒早至乃以藥授安世後仙去
又曰吳睦長安人少爲縣吏掌局枉尅人民訟之睦逃去
入山林飢累日行至石室遇孫先生令學種黍及胡麻掃
除驅使經四年先生遂授其道後服丹仙去
又曰董威輦不知何許人晉武帝末在洛陽白社中寢息
土上衣服籃縷常吞一石子經日不食或市乞傭作人或
往觀之亦不與言時或著詩莫知所終

又曰蕭史秦繆公時人善吹簫能致孔雀白鵠公女字弄
玉好之以妻焉遂教弄玉作鳳鳴居十數年鳳凰來止公
爲作鳳臺夫婦止其上數年仙去故秦人爲作鳳女祠雍
宮世有簫聲
又曰河上公莫知姓名也漢孝景時結草菴於河上常讀
老子經景帝好其言有所不解聞公以問之以素書二卷
與帝曰讀此析疑勿示於非人公後仙去
又曰黃子陽少知長生之道隱博落山中九十餘年但食
桃飲石泉後逢司馬季主季主以導仙八方與之遂度世
仙去
又曰王生陽城人居壺谷中不知時漢武帝登嵩山東方
朔等從忽見一神人長丈餘帝禮而問之曰某九疑山人
也聞中岳有石菖蒲一寸九節食可長生故來採之忽失

神人帝遂採服之帝性熱煩悶不快從官皆服皆能遲久
惟王生聞神人教服遂採食之仙去
又曰劉根字君安京兆長安人少明五經漢成帝時人也
入嵩山石室峻絶之處嘗曰上藥有九轉還丹太一金液
次有雲母雄黃之屬亦可長生次乃草木之藥能治病益
氣上可數百歲下即全其所禀而已必欲長生即先定心
志除嗜慾乃可授神方五色篇根後入雞頭山仙去
又曰陰長生新野人後漢陰皇后之屬籍也少居富貴不
好榮利知馬明生得度世之術乃尋求之遂相見執御者
之禮事之十餘年不懈明生曰子真得道矣乃入青城山
授以太清神丹經告别後於平都山仙去
風俗通曰漢明帝時尚書郎王喬爲葉令月朔常詣朝堂
明帝知其來而無車騎密令太史候望言其臨至時常有

雙鳧從東南飛來使因見鳧舉羅得一舄使尚方識之乃
四年所賜尚書官履也每朝葉門下鼓不擊自鳴聞於京
師後天上乃下一玉棺於廳前喬曰天帝召我沐浴寢其
中蓋便上覆葬於城東土自成墳百姓爲立祠號葉君祠
三洞珠囊曰壺公謝元歷陽人賣藥於市不二價治病皆
愈語人曰服此藥必吐某物某日當愈事無不効日收錢
數萬施市内貧乏飢凍者費長房爲市令知其人後詣公
公攜長房去授以治病之術令還壺公後仙去戴公柏有
太微黄書十餘卷即壺公之師也
又曰樂子長齊人也少好道到霍林山服巨勝赤松散方
去仙
又曰衛叔卿中山人服雲母子度世入山見父叔卿語曰
吾齊書室西北墉大柱下有玉函中有書取而按合服之

度世歸果如言餌五色雲母仙去
又曰魏伯陽者吳人也好道不仕封已養高後入山餌神
丹仙去撰參同契其說以周易爻象論作丹之意而世不
知神丹之事多作陰陽注之殊失其旨
又曰尹軌字公度太原人博極羣書曉乃學道常服黃精
年百餘歲言天下盛衰安危吉凶未嘗不効入太和山仙
去
又曰東郭延年者山陽人也服靈飛散能在暗室中夜書
又身生光遠照小物見其采色一旦數十人乘虎豹來迎
之延年遂詣崑崙山仙去
又曰王真上黨人七十九乃學道徐行若飛有兼人之力
鄒元節事真十餘年真以蒸丹小餌法授之容常不衰鄉
人計真之年以四百餘歲後登女几山仙去

又曰平中節河東人晉以羯胡亂華遂隱蒼梧山受宋君
存心之道積四十五年精思不懈體有真氣後仙去
又曰葛玄善於變幻拙於用身初在長山近入蓋竹亦能
乘虎使鬼但未得受職耳常與謝稚堅黃子陽郭聲子相
隨也葛玄是抱朴子從祖即鄭思遠之師也時人莫測所
處傳言東海中仙人寄書呼爲仙公
又曰魯妙典者九疑山女道士也生而好道忽謂母曰人
之上壽所傳得者稀喜樂悲哀日以相害況埋沒真性混
于流浴乎有道士過其門授以大洞黃庭經謂曰所患人
不能知知不能修修不能精精不能久不惟有玄科之責
亦將苦報無窮也妙典奉其言入九疑山累有魔試介特
不撓山上一石盆中有泉用之不竭又有大鐵臼不知何
虛來今並在山中石壇上宛然有仙履跡及古鐐一廣三

尺古鐘一形如偃月在無爲觀中妙典後仙去

又曰謝自然女道士也果州人詞氣高異其家在大方山下頂有古像老君其形自然因拜禮不願下山母從之乃遷居山頂自此常誦道德經黄庭内篇於開元觀受紫虚寶籙於金泉山居之山有石壇煙籮脩竹一十三年晝夜不寐兩膝上忽有印似小於人間官印四埇若朱有古篆六字粲如白玉忽於金泉道場有雲氣遮亘一川散漫彌从仙去其金泉碑畧曰天上有白玉堂壁上列髙仙真仙之名如人閒壁記時有朱書注其字下曰降世爲某官某職又自然於所居堂東壁上書數字皆道德之意真跡有焉

又曰王奉仙宣州當塗縣民家女也得其道嘗以忠孝正直之道清淨儉約之言修身密行之要訓于人故遠近贍仰金玉委前弃而不顧後入洞庭山無病而化有雲鶴異香之瑞仙去

太平御覽卷第六百六十二

太平御覽卷第六百六十三

道部五

地仙

史記曰蓬萊方丈瀛洲在渤海中去人不遠蓋常有至者諸仙及靈藥在焉其物禽獸盡白未至望之如雲

祕要經曰立三百善功可得存爲地仙居五岳洞府之中

抱朴子曰彭祖言天上多尊官太神新仙者位卑所奉事者非一但更益勞苦耳故不切於升騰而止乎人間者八百年

述異記曰廬山上有三石梁長數十丈廣不盈尺俯眄而杳不見底晉咸康中江州刺史庾亮迎吳猛將弟子登山遊覽因過此梁見一翁坐桂樹下以玉杯承甘露與猛猛分賜弟子又進至一處見崇臺廣厦金玉房宇器物不可

識與猛言若舊設玉膏終日

裴君傳曰西玄三山洞周千里西山有相連各一宮金城九重潛通洞道距玄洲崑崙非人跡所及裴君周君分處其內

五岳圖曰青城山洞周二千里蜀郡界黃帝拜五爲岳丈人

又名山記曰北接嶓冢南接峨嵋東至成都山形似城其山有赤壁張天師所治處今遺跡猶存

魏夫人傳曰赤城丹山洞周三百里有日月伏根三辰之光照洞中五岳圖云此山在會稽羅江其西北有赤城按茅君傳云霍林司命治赤城丹山玉洞之府齊永明中忽有大羣鵠從西北來下集霍門溪溪谷塡塞彌漫數里多所蹹藉狀如爲物所驚一夕還飛向西北計是赤城上都泉湖中物也羅浮山山洞周五百里眞誥呼爲層城葛洪交州遠停此解化

茅君傳曰句曲山洞周一百五十里秦時名爲句金之壇漢時三茅君得道來治此山

五符曰林屋山周四百里一名苞山在太湖中下有洞潛通五岳號天后別宮夏禹治水平後藏五符於此吳王闔閭使龍威丈人入山所得是也

眞誥云包山下有石室銀房方圓百里又有白芝隱泉泉水紫色

又曰城玉山洞周三千里周司命先在恒山中太玄玉女語令往西城師王君於是往焉即此山也

又曰厚載之中有洞天三十六所又八海中諸山亦有洞宮或方千里五百里非三十六洞天之例也五岳名山皆

有洞宮或三十里二十里並舍神仙又非小天之數也

名山記曰岳洞方百里在終南太一間或名桂陽宮多諸靈異王屋山洞周迴萬里名曰小有清虛天按王君內傳云在河內沁水縣界濟水所出之源也北有太行東南有北邙嵩山內洞天□日月星辰雲氣草木萬類無異矣宮闕相映金玉鏤飾皆地仙所處即清虛王君所居也

眞誥云此諸天所謂陽臺也諸得道者皆詣焉委羽山在海中司馬季主所處也

又曰括蒼山洞周三百里東岳佐命也在會稽東南群帝之所遊山多神異又有緇雲堂孤峯直聳巖嶺秀傑特冠群山山中茅玄嶺獨高處有司命埋丹砂六千斤深二丈盤石壇上其山左右泉皆小赤色人飲之壽茅山天帝壇石正當洞天之中央玄廳之上也昔東海青童君乘風飇

飛輪車接行洞天曾來於此
劉向列仙傳曰赤松子神農時雨師服水玉至崑崙山上常止西王母石室隨風雨上下仙去
又曰渥佺槐山採藥父也好食松實體生毛目方瞳能飛行
又曰廣成子古仙也居崆峒山石室中黃帝聞而造焉問其道要廣成子曰帝治天下雲不待族而飛草木不待黃而落何足語至道黃帝退居三日順風再拜廣成子曰至道之精杳杳冥冥無視無聽抱神以靜形將自正必靖必淸吾將去無窮之門遊無極之野
又曰白石先生者中黃道人弟子也常煮白石爲粮因就白石山居亦食脯飲酒食穀日行三四百里容貌不衰
又曰黃山君者脩彭祖之術百餘歲有少容彭祖去乃追

論其言爲經
又曰上淸六甲經曰宋玄德周宣時人也服六甲靈飛符得眞靈之道止嵩高山
又曰李意期蜀人也世常見之行道行於人於蜀城角穴土居之當劉備欲東伐吳報關羽之怨使迎意期到甚重之問其伐吳不荅而求紙畫兵馬器仗萬數乃一一裂壞之又畫一尊官掘地埋之乃徑去備不悅後果爲吳所破大敗十餘萬衆纔數百人還器甲軍資略盡備恚怒病終於永安宮意期少言人有所問都不對蜀中人有憂患往問之曰吉凶自有常候但占其顏色慘悅耳後入琅琊山不復出
又曰封君達隴西人服黃連五十年餘入鳥鼠山中服練百餘歲往來故里常騎靑牛施藥愈病人惟呼靑牛道士

居人間積年後入虎丘山仙去
又曰王仲都西漢人也少修道德孝文以積寒之日令仲都單衣載四馬於上林昆明環水而馳御者原衣狐裘而寒慄垂死仲都色曾不變體和氣溢如焰及盛暑閉以烈火體亦不汗後不知所之
又曰有稷丘公者太山下道士也漢武帝東巡狩至泰山稷丘公乃冠章甫衣黃擁琴來迎上曰陛下勿上也恐傷足帝必欲上及數里果如言但諱之故但祠而還爲稷丘公立祠復百戶使奉承之也
又曰戴孟本姓燕名濟字仲微漢明帝時人入華山及武當山受裴君玉佩金璫經及受石精金光符復有太微黃書能周旋名山○又曰左慈字元放廬江人也明五經通星氣見漢祚衰微乃學道精思於天柱山得石室中九丹金液經是太淸中經法也師李仲甫又爲玄師於慈曹操聞而召之問學道之由慈不荅操怒欲規殺之乃爲置酒

俄失慈建安末渡江尋山入洞在小括山顏色甚好
又曰王遙字伯遼鄱陽人也頗行治病皆愈遙有篋長數寸一弟子姓錢隨遙十數年未嘗見開之一夕天雨晦冥遙使錢以九節杖負此篋將錢出行所道非所曾經度行十數里登一小山入石室中先有二人遙見既至取篋發之中有五舌竹簧三枚三人各鼓一簧良久復內篋中辭石室中人及還家着奮葛單衣及自負竹篋而去遂不復還後三十年弟子見遙在馬蹄山下顏更少蓋地仙也
又曰陳子皇濟陰人也得餌朮方服之絕穀初年七十餘衰老及服餌反少在民間積年入霍山去
又曰葛洪字稚川琅邪人不好榮爵閉門却掃尚神仙道

術未嘗交遊於餘杭山見何多道郭文舉目擊而已各無所言從祖玄吳時學道得成以其鍊丹術授弟子鄭隱字思遠洪就隱學悉得其法

道學傳曰鮑靚字太玄以太興元年八月二十日步道上京行達龍山見前有一少年姿容整茂徒行甚徐而去殊疾靚乘名馬密逐數里終不能及意甚異之及問曰視君似有道者少年荅曰我中山陰長生也

又曰介像字元則會稽人也學通五經能屬文後學道聞有還丹經周疑天下求之不得其師乃入山精思遇一人授以還丹經告曰得此便仙勿復他爲也乃辭歸像嘗往弟子駱延雅舍帷下平牀中有諸生論左氏義不平像傍聞爲辨正諸生知非常人密表薦於吳主像欲去吳主詔至武昌甚尊異之稱爲介君爲賜第供帳黃金千斤像後

告病須臾便死詔葬之爲立廟先主時躬祭常有白鶴集座上徘徊而去

又曰李根字子側許昌人也昔往壽春吳太文家弟子知根有道術竊竊視其器見素書一卷自記學道服藥時日又太文說根目瞳子方根乃地仙耳

又曰伯山甫者雍州人也入華山中二百年不到人家即言人先世以來善惡功過有如臨見又知方來吉凶

又曰劉政沛人也高才博物尋考異聞苟勝己雖隸奴必師事之求養生之術餌丹年四百餘歲

又曰王烈字長休邯鄲人也常黃精及鉛二百餘歲行步若飛博極群書嵇甚重之數數就學共入太行山見山裂有青石髓流出烈取髓丸之成石氣如米飯嚼之亦然烈因携少歸欲遺康康取而視之已成青石擊之錚錚康即與往視斷山山已如故烈入河東抱犢山見一石室室中有石架架上有素書兩卷莫識其字暗記數十字以示康康盡識之烈喜乃與康共往讀之至其所失其石室烈私語弟子曰叔夜來合得道故也按神仙經云神仙五百年山輒一開其中石髓出得而服之壽老烈後莫知所之

又曰步正者字玄眞巴東人也說秦始皇時事了如目前漢末將數十弟子入吳授以服氣及石髓方小丹法年四百歲

又曰焦光字孝然河東人也常食白石煑如芋每入山伐薪負之與人魏受禪與人別去不知所適

又曰孫登不知何許人常止山門穴地而坐彈琴讀易冬單衣天大寒人視之被髮丈餘自覆身歷世見之顏色如故更無餘資亦不食時楊駿爲太傅使迎問之不荅駿遺

布袍登出門借刀斷袍上下異處置駿門下知駿當伏誅時會稽嵇康會詣登登不與語康乃扣難之登彈琴自若久之康退登曰康才高識寡劣於保身

又曰帛和字仲理遼東人也入地肺山事董奉奉以行氣服朮法授之告和曰吾道盡此不能得神丹金沙周遊天下無山不往汝今少壯廣求索之和乃到西城山事王君君語和大道訣曰此山石室中當熟視北壁當見壁有文字則得道矣視壁三年方見文字乃古人之所刻刻太清中經神丹方及三皇天文大字五岳眞形圖皆著石壁和諷誦其萬言義有所不解王君乃授之訣曰作地仙在林慮山

又曰宮嵩瑯邪人也能文著道書二百卷服雲母爲地仙

又曰李常在蜀郡人也少治道術世常見之在虎壽山下

陶潛桃源記曰晉太康中武陵人捕魚從溪而行忘路遠近忽逢桃花林夾岸芳華鮮美落英繽紛林盡得山山下有一小口初極狹行四五步豁然開朗屋宇連接雞犬相聞男女衣着悉如外人見漁父驚爲設酒食云先世避秦難率妻子來此遂與外隔問今是何代不知有漢魏晉旣出白太守遣人隨往尋之迷不復得

眞誥曰劉憑沛人也學道於稷丘子常服石英年三百餘歲有少容嘗到長安諸貴人聞憑有道乃往拜見之又有百餘人隨憑語賊曰汝輩作人何犲狼其心相教斷道危人利己此是伏尸都市肉饗烏鳶之法賊怨頓伏駭去憑後入太白山數十年歸鄉里顏色更少

又曰尹思字少龍安定人晉元康五年正月十五日夜坐屋中遣兒視月中有異物否兒曰今當有大水月中有一

人披蓑帶劒思自視之曰月中人乃帶劒伏矛當大亂三十年復當小淸思後不知所之

又曰皇初平者丹谿人年十五家使牧羊有道士見其良謹便將至金華山石室中四十餘年不復念家其兄初起尋索歷年後見市中一道士言其與初起即隨去得見語畢問羊何在曰近在東耳初起往視之但見白石初平乃往叱石爲羊數萬頭初起知得仙道便棄家共服松脂茯苓至五百歲初平改字爲赤松子初起改字爲赤魯班

又曰呂恭字文敬於太行山採藥忽逢人授以仙方得道因遣恭去曰可視鄉里及孫呂習者作道士民多奉事之恭傳言到習家扣門問訊奴出問公從何來恭曰此是家習聞驚喜出拜恭乃以神方授習而去習時已年八十服之還少至二百歲乃入山中子孫世不復老

又曰沈建丹陽人世爲長吏建好道不仕學服餌之術能治病飛行或去還如此三百餘年乃絕跡不知所之

又曰許遠遊第三男名翽字道翔小名王斧糠粃世務居雷平山下修業精勤常願早遊洞室不欲久停人世遂詣北洞以梁太和六年於茅山舊宅年三十而告終即居方隅山洞方園館中常去來四平方臺後爲上淸仙去

又曰馬明生臨淄人爲縣吏逐賊被傷遇太眞以靈丸得差後師安期生受服太淸丹在世五百年漢靈帝光和中去世

集仙籙曰楊平不知名姓在楊平山居多變化之術或問之乃曰我楊平洞中仙人耳稱每歲三元大節諸天各有上眞下游洞天以觀其善惡人世死生興廢水旱風雨預關報洞中其龍神祠廟血食之司皆爲洞府所統洞中仙

曹如人間郡縣聚落耳不可一一詳記也言訖而去

太平御覽卷第六百六十三

太平御覽卷第六百六十四

道部六

尸解

西城王眞人傳曰解化之道尸不不能俱神化者也

寶劍上經曰尸解之法有死而更生者有頭斷從一旁出者有形存而無骨者

又曰夫尸解者本眞之鍊蛻也五屬之隱適也雖仙品之下第其稟受亦不輕也所謂隱回三光白日陸沉者也夫修下尸解者皆不得返望故鄉此謂上解之道也名配紫簡三官不得復窺其間隟雖獲隱遯世志未厭又不得返歸故遊棲不定也

又曰以九藥和水而飲之又并抱草而卧則傷死於空室中謂之兵解

又曰上品惟八素列紀受而不行餘皆白日尸解得爲飛仙

登眞隱訣曰尸解者當死之時或刀兵水火痛楚之切不異世人也既死之後其神方得遷逝形不能去尔

又曰董仲居淮南人也少時服氣鍊形年百餘歲不老常見誣繫獄尸解仙去

又曰清平吉沛人也漢高祖時卒也至光武時故不老後尸解去

眞誥曰顧歡字玄平吳郡人齊永平中卒於剡山葬鹽官樂附里木連理生墓縣令江山圖表狀歡尸解而去

又曰辛玄子字延期隴西定谷人好道行渡秦川長梁津致溺水解而去之

又曰張祖常者彭城人吳時北來行入方山洞室中託形墮車隱化幽館而修守一之業

又曰劉平河者無名字漢末爲九江平河長行醫術有功德救人疾患如己之病行遇仙人周正時授以隱存之道居於方山洞室常服日月晨氣顏皃甚少後尸解而去

又曰受大戒者死滅度鍊神上補天官謂之尸解

又曰人死必視其形如生人視足不青皮不皺目光不毀者皆尸解也白日尸解自是仙也非尸解之例其用藥得尸解非是用靈丸之解化者皆不得返故鄉三官執之也白日去謂之上尸解夜半去謂之下尸解向曉暮之際去者謂之地下主者也

瓊文四紀篇曰得九眞中經者白日尸解或曰飛行羽經輕也

又六紀篇曰靈書紫芝或五老寶經有之者尸解

神仙傳曰介象字元則會稽人也吳先主甚重之常謂曰介君象速求去先主不聽象言病先主使左右賜美梨一奩須臾象死解去

又曰紫淸上宮九華安祀謂楊君曰可尋解劍之道作吉終之術自盡出默之會隱顯之迹

又曰葛玄字孝先從左慈受九丹金液經常餌术語弟子張奉曰當尸解去八月十二日時當發至期玄衣冠而卧無氣而色不變尸解而去

又曰壺公謝元歷陽人也費長房師之及道士李意期將兩弟子去積年長房及兩弟子皆隱變解化

又曰鮑靚字太玄琅邪人晉明帝時人葛洪妻父陰君授其尸解法一說云靚上黨人漢司隸鮑宣之後修身養性年過七十而解去有徐寧者師事靚寧夜聞靚室有琴聲

而問焉荅曰嵇叔夜昔示迹東市而實兵解耳
晉中興書曰葛洪赴岣嶁令行至廣州其刺史鄧岱留不
聽去洪乃止羅浮山中鍊丹積年忽與岱書當遠行尋藥
岱得書徑往別而洪已亡年八十一顏色如平生入棺輕
如空衣尸解而去
道學傳曰吳猛字雲世有道術庾亮聞其神異厚禮迎之
來武昌尋求歸辭以筭盡請具棺庾公閔然卽日發遣未
達家五十里而終形狀如生
又曰若六行未通宿植尚少則入中品以爲尸解遁變也
降此以下是正服御功行淺劣則入階下階勝者則滅度
更生更生之後修道隨功多少方始得道
太上太霄琅書曰修學上法時入山林服餌靈藥因緣應
過雖復尸解和光世禮與世大異者不棺不槨拂山平之

上掃深樹之下單衾覆於地○太上太眞科曰若祠祀先
人應知歸否者有功德升度得道子孫仁孝則化形來遊
歆所設也亦尸解之類
金闕聖君傳曰靈書紫文者或曰五老寶經有之者尸解
行之者成道
東海青童傳曰保洞觀經曰雲靈上玄品有之者白日尸
解
抱朴子曰道林中有五種尸解符今太玄陰生符及是一
病解者
列仙傳曰甯封黃帝時爲陶正以火自燒而隨煙上下眞
誥云甯生服石腦而火則是作火解也
又曰司馬季主漢文帝時人受西靈子都劒解之道在委
羽山大有宫服明丹之華挹扶晨之暉皃如女子鬚長三
尺一男名法育一女名濟華同得道眞訣云季主服霓散
潛升猶首足異處此語似作劒兵解法兵解則不得在太
極而其女尚讀洞經便是別修高法也
守玄白術隱居太茅山東守玄白能隱形亦數見身介琰
者白羊公弟子也今在建安方山琰初爲孫權所殺解化
而去
又曰愕綠華者女仙也顏整晉穆帝昇平三年己未十一
月十日降於羊權家自云南山人權字道學卽晉簡文時
黃門侍郎羊欣之祖也權及欣皆潛修道要躭玄味眞緑
華云凡修道之士視爵位如過客視金玉如瓦礫則得長
生因授權尸解法亦隱景化去
又曰中侯王夫人於兒子晉處受飛解脫網之道
又曰蔡天生上谷人少賣香於野外性仁好道逢河伯少

女市香天山
又曰韓崇字長季吳郡人也漢明帝時人少好道林屋仙
人王瑋玄曾授以流珠丹一法崇奉而修之太有驗後瑋
玄授以隱解而去入大霍山度世爲右理中監
漢起居注曰李少君之將去也武帝夢共登高山見使者
稱太一之命召請既覺語左右曰少君將去數日果病死
解去
靈寶赤書曰三元王符與靈寶五篇眞文同出太玄都玉
京山紫微上宫此文禳陽九百六刼會之數度學者之身
玄都有此經佩之得爲聖上朝太清功德未滿卽得尸解
又曰社契字廣平京兆人建安初來江東依孫策後遇介
琰先生授之以稱異人再拜奉其香火少女乃教其朝天
帝王皇之法尸解而去隱存方臺○老君傳九眞五石並

日暫入太陰權過三官者始得上解之法
又曰紫陽公傳西城劍解之法修佩神劒七年朱書符解化去若以曲晨飛精題之者立能變遁隱化太一遣吉光寶衣來迎
又曰王遠字方平見蔡經骨相當尸解且告以要言方平冠遠遊冠朱衣虎頭鞶囊五色綬帶劒黃色少鬚長短中人也乘羽車駕五龍異色綬帶前後麾節幡旗自天而下須臾引見經父兄因遣之召麻姑姑報先被詔按行蓬萊今便往願還來卽去如此兩時聞麻姑來先聞人馬聲從官當半於遠姑至經舉家亦見之是好年才如笄於頂上作髻餘髮散垂至腰衣有文彩又非錦繡光彩曜日不可名狀皆世所無也入拜遠遠爲之起立各進行廚脯行云是麟脯遠去經父母怪私問經經曰王君常在崑崙山往

來羅浮等山山上有宮室王君出唯乘一黃麟十數侍者每行山海神皆奉迎拜謁也遠有書與陳尉其書廓落大而不正先是無人知方平名遠用此知之陳存錄王君手書於小箱中也經後尸解而去
又曰張微子漢昭帝時將作大匠張慶女也微子好道得尸解
又曰蘇平訓者齊人也人莫知其有道在鄉里行信讓積年顏色不老人追隨之不見所常服餌好清談常閑居讀易爲文皆有意義京師貴人聞之莫不虛心謁見不可致之後至適出門諸貴人冠蓋塞路諸生具言適去矣東陌上乘驢者是也各奔馬逐之不及子訓至陳公家言曰吾明日當去不復還也陳公以葛布單衣一送之至時子訓死解化仙去

又曰陰長生新野人也後漢戚里專務道術聞馬明生得度世之道乃造焉明生但日夕別與之高談論語當世之事治田農之業如此十餘年長生不懈同事明生者十二人皆恚歸唯長生彌肅明生曰子眞得道矣乃將入青城山以太清神丹經授之丹成仙去著書九篇云上古仙者多矣但漢興以來四十五人連余爲六矣三十人尸解餘並白日仙去
陰君自序曰漢延光元年新野山北之子受仙君神丹要訣道成去世付之名山於是陰君裂黃素寫丹經一通函以文石置嵩高山一通黃櫨簡漆書之函以青玉置太華山一通黃金之簡刻而書之函以白銀著蜀經山一封緘書合爲一篇付弟子使世世當有所傳付又著詩三篇以示將來也

又曰成仙公名武丁桂陽人也後漢時爲縣小吏少言大度博通經學不從師授有自然之性時先被使京還過長沙郡投郵舍不及遂宿於野忽聞樹上人語云向長沙市藥平旦視之乃二白鶴仙公異之遂往市見二人張白蓋相從而行謂仙公曰君當得地仙耳令還仙公病卒尸解
又曰龍伯高者後漢伏波將軍馬援戒其兄子稱此人之美可法者也伯高後從仙人刁道林受服胎氣之法又受服青餌方醉亡隱處方臺師定籙君伯高名述京兆人漢建武中爲仙都長至零陵太守馬援戒兄子嚴書曰龍伯高敦厚周愼口無擇言謙約節儉公廉有威吾愛之重之願汝曹効之
又曰漢期門郎程偉妻得道者也能通變化偉逼求術妻不傳逼之不已妻蹷然而死尸解而去

南岳魏夫人內傳曰清虛眞人王子登與東華青童君來
降授夫人曰隱遷白驎神散一劑又與白石精金化形靈
丸使頓服之稱疾勿行尅期有定俱會丹壠之南陽洛山
陽洛宫言畢二眞人去卽服藥因稱脚疾閉目寢息飲而
不食夜半之後太一玄仙遣飈車來迎駕氣騁御徑入帷
中其時弟子侍疾衆親滿側莫之覺也陽洛山昔夏禹巡
諸名山刻石於此下有洞臺神仙學者萬餘人
又曰王晉賢晉王夷甫女也爲愍懷太子妃洛城亂劉曜
略晉賢欲妻之晉賢大罵曰我皇太子婦司徒公之女胡
羌小醜敢欲干我乎言畢投河其侍婢名六出投河死時
遇嵩高女眞韓西華出遊遂俱獲內救外示其死體實密
濟將入嵩高山今華陽內洞中六出年二十餘體貌脩整
有節操姓田漁陽人魏故浚儀令田諷之孫諷有陰德以

及六出耳
又曰董奉字君異候官人也吳先主時有少年爲奉本縣
長見奉年四十餘不知有道罷官去後五十餘年復見他
職行經候官諸故吏人皆往見之奉顏皃一如往日奉居
山不種田爲人治病亦不取錢愈者使裁五株杏數年計
十餘萬株令人將穀一器自往取杏一器貨杏得穀賑救
貧乏供給行旅不逮者歲二萬餘斛乃尸解去
裴君曰尸解之仙不得御華蓋乘飛龍登太極遊九宫也
諸有單用曲晨飛精劒解者得八素列紀惟奉寶祕不修
行皆白日尸解其有作水火兵病及用大刀竹杖解去者
先詣名山並爲太清尸解凡修劒解之道並紀名紫簡上
隸嵩高仙諸有宿功善業陰德信仙其神得詣朱火丹陵宫
受學仙道爲九宫眞人諸有用大極尸解之道夜半去者
職爲地眞應尸解者或學功淺深志尚頹廢或爲祭酒精
勤救治者並得爲三十六洞天文解地下主者一百四十
年一轉武解鬼師二百八十年一轉凡有三等乃得進補
仙職○九天生神章經曰夫學上道希慕神仙及得尸解
者終歸仙道神化則同不相逢雜俱入道眞
明眞科曰生世好道精功布德名書上清者得尸解下仙
遊行五岳後生人中更受經法爲人宗師
太微經曰諸尸解者按四極眞科云一百四十年乃得神
中眞官於是始得飛華蓋乘輦龍登太極遊九宫也
雌一五老經曰夫仙之去世也或絕跡藏往而內栖事外
或解劒遺杖飄然雲霧延神寄玄莫知其端緒也
又曰若有此五老經雖不齋戒存思與俗混雜故不失隱
存下神白日尸解及命過大陰地下主者或遺骨胎變受

化南宫是必宿有骨緣也
上清經曰元始天帝以上清變化七十四方解形之道授
南極元君
太清眞人內傳及名山記曰羅浮山洞周五百里在會稽
南行三十里其山絕高葛洪解化處眞誥謂之增城山
集仙錄曰張天師道陵隱龍虎山修三元默朝之道得黃
帝龍虎中丹之術丹成服之能分形散景天師白鄱陽入
嵩高山得隱書制命之術
又曰周爰友者汝南安城人也漢河南尹周暢女也暢平
生多陰德爰友小好道餌伏苓四十年後遇石先生教其
遁化及隱景之道解形而去
又曰唐廬眉娘者生而眉綠性機巧南海太守進至闕順
宗歎其在宫內謂之神姑但食胡麻飯一三合至元和中

憲宗嘉其聰惠因賜金鳳環以束其腕久之不願在宮掖
乃度爲女道士放歸南海賜號逍遥數年不食尸解化去

太平御覽卷第六百六十四

太平御覽卷第六百六十五

道部七　劍解

太極眞人石精金光藏景錄形神經日制劍之法上宰總眞西城王君昔授之於紫陽公施行道成總眞昔用劍解之道又授九轉丹方於長里先生此即周人也

東鄉序云漱龍胎而死決服瓊英先師王西城此是飲丹後用劍解而不言服九轉者當是雖授而不遂合用後以付門弟子茅君亦是受而不用故云付耳茅君傳南岳魏夫人傳楊君故安妃云可尋劍解之道但不知遂用不耳許長史既服腴石或當不必爲其事掾從鎮南夜解則又非此法掾許長史子也若是太清解及單用劍者應不得反望故鄉而掾遊處方臺還本居邪也神劍用之而解化

則能遊宴太極採五星之靈軌煥七元之威光以軌儀烈映眞氣故軒轅喬山之葬劍舄在焉王子渤海之冢劍鳴空槨王喬有京陵之墓劍飛冲霄斯實眞驗九玄精應太靈神方靈致威劍之妙化也諸以劍尸解者以劍代身五百年之後此劍皆自然還其處諸以劍解者不必止是用丹書者空劍亦可幽響無間恍惚難尋不可得言矣不可得爲之者見之者惟當應之於心耳神奇歘悦變動無方非復物理所期正當心任化卽事從宜耳爲之者亦不覺其所以見之者固莫測其所然軒轅採百山之銅以鑄鼎虎豹百禽爲之視火參鑪鼎而軒轅疾崩葬喬山五百年後山崩寶劍赤舄在焉一旦又失王子喬者曾詣鍾山獲九化十變經以隱遁日月遊行星辰後一旦疾終營冢渤海山夏襄時有發王子墓者一劍在北寢上自作龍鳴人無敢近後亦失所之王子喬墓在景陵戰國時復有發其墓者見一劍人適欲取視其劍忽然上飛去王子喬事旹詭浮丘公携與乘鶴北登嵩山此事不同解化時年五十五六耳故戴遠遊冠者昔葛洪云陰君授鮑靚尸解之法後死埋石平崗有人發其棺見一大刀冢左右有人馬之聲遂不敢取此似劍解法而不能飛去此是用靈寶太玄陰生符朱書刀矣太清之下故得生者而已按玉清靈傳說總眞帶劍揚君說桐柏帶劍此並應是先解劍化也眞人用寶劍以尸解蟬蛻化之上品也夫尸解之法多如蟬蛻今此劍非蛻也故云上品明變遁之高道營造劍之時先齋戒百日乃於幽隱處近清泉立西向屋作竈口亦西向善鍛人鍊好鐵生鋌合鍊成令得八斤爲足也若欲窮其精理當用竹炭又以銅錫柔澳如此用歲月功夫殊多

所以古人作劍三年然後成也薛燭云歐冶鑄劍赤鍾之山破而出錫若耶之溪涸而出銅今以此合燒則煉多而不燥剛利而銷其鍛人亦須温良新衣沐浴造劍之日九不得飲酒食肉及遊履淹穢用七月庚申日八月辛酉日使長三尺九寸廣一寸四分厚三分半謂背脊上近柄間令厚三分半也至兩刃際可減一二釐耳又向刃邊先殺背二分乃立刃至杪亦以漸令薄也杪九寸爲左右刃處當從鐶項定度整二尺刻背爲刃亦廣三分八釐必使中脊餘六分也杪九分合殺兩邊令尖殺杪鋒令有兩稜如戟杪殺鋒也其柄用長短適令鐶高二寸四分身長二尺四寸則餘一尺二寸六分以爲柄鐵因當中央令廣九分厚二分與鐶相連柄操梓材近環圍四寸九分刃圍三寸九分皆以卸音爲正若作劍裝則促扁於此也劍頭可安

錄鏝謂發始鍊剛仍使鏝身相連勿別作模合作釘連之都使外形大小厚薄相似乃鑿除應空之內亦可先鑽作數孔鑿爲易其伏基處鑿鏝之都畢令大鏝高二寸四分橫分廣處對中徑二寸八分內方員徑四分鏝形古今多法或正圓或狹長或如鼎耳乃有十許種今此經中所圖亦是顯其左右法耳非正定形也謹准製古今取其合度立圖如右又鏝之內不得正圓如竹亦不得正方如界尺當令內而小方而外落稜角必令得刻己刃字不甚邪轉惟使長三尺九寸耳尺寸度數厚薄形制並備如別圖尋古今尺長短不同九章筭法皆積毫釐之度晉中書監荀勗善音律伎藝嘗恨八音不調後有人掘地得一玉律銘題周世短晉尺四分半以改定音律聲韻合度今宜用此尺爲准所以尒者捴眞桐柏並以周時作劒用周尺也

錄鏝者鏤刻劒鏝鏝左右面刻之作刃字面有九刃字也鏝背上刻作九己字也深刻字皆從刃背而下順刃謂兩邊刃及已字皆對從刃皆邊起俱下就刃故曰順刃也順環而刻之隨鏝曲轉故曰順鏝也謂刻處得以金銀閒之益分明佳也劒身刻象鏝中央復有竪起如小手鏝者名之曰伏基伏基之義謂爲日月之基隱秋光景也內鏝左面爲日字內鏝者卽小環之中伏基也刻右面爲月字先又圓刻日月之外爲郭也五百年還出以揮五岳入以藏無間謂潛靈遁迹隱影藏形也下以制九陰謂可以攝召九陰之神也上以承玄冥謂北斗玄冥星主隱變也衛足以逐邪魔威足以鑒七精謂控威秉勢鑒照七星也仰以映五氣謂五行之氣常栖映也俯以代身化形矣欲知劒之左右內外以劒正指南使劒背在上使劒刃在下也於

是以東面爲右西面爲左東爲內面西爲外面此劒尺度長短廣狹厚薄刻鏤文字乃太極四眞人靈劒之模範也上清眞人亦皆帶劒上清之劒並是太極所造耳故此經爲太極之法乃四眞人定範何必須昆吾之金割玉之鋌耶此蓋明不必須精鐵所存者模範而已王子喬劒乃凡下之鐵耳喬山尸解之劒非昆吾之流金也（此太極眞人紫陽公詞以告王君也）軒轅駕龍玄圃是步綱之術爲解化後乃行前眞多有此例（此劒經前章也）太極上化符以飛精書紙盛以紫囊欲去時以係劒鏝右以曲晨飛精書劒左面令至劒抄也又太極藏景符飛精書紙盛以絳囊欲去時以係劒鞘右以曲晨飛精書劒右面令至劒杪也又太極籙形符以飛精書紙臨去之日服之身生七色之雲自有電光右以曲晨飛精書劒背令皆兩刃之際也又太極解化符恒日服一符

七年化去朱書竹中帛裓要也是合曲晨丹成臨欲解化時以題劒七年以後朱題劒亦能解化

陶隱居曰晉永嘉中劉㦎（呼麥切）多奇識亦云是異人作此劒乃方佛符字殊細設要羅鏝曰大乘法而鐵甚快利宋來便恒供御衛名曰劉㦎鈒尚千牛刀同寶女已易去鏝磨刻處亦漸漸欲滅又見有四五故鏝並相似如一不知其劒身何在東山顧居上亦造此劒諸人有同時共製者今猶存焉大抵違謬不可具說乃有鋼鑄作鏝以釘鑄着故刀如此並可以類推今此儀式惟是陶隱居所匠深措心解亦謂理極未知必同太極模範不耳凡試刃之利鈍取中形芒數枚急束以一髮懸其抄繫於杖頭令一人執之乃以刃一斫芒斷而髮猶連計芒多少爲優劣劉㦎鈒千牛刀皆舊斫十三芒又有一百鍊剛刀斫十二芒國中

惟稱此爲絕而近造神劒斫十五芒觀其鐵色青微光采
有異蓋薛燭所謂渙如冰之將釋者矣項來有作者十餘
人皆不及此作剛朴是上虞謝平鑿鏤裝治平聲是石尚方
師黃文慶並是中國絕手以齊建武元年甲戌歲八月十
九日辛酉建於茅山造至梁天監四年乙酉歲勑令造刀
劒形供御用窮極精功奇麗絕世別有橫法剛公家自作
百鍊黃文慶因此得免隸役爲山館道士也周禮制劒長
三尺柄居五寸是六分之一也內刃廣二寸半重古秤一
斤四兩今秤三斤十兩也今公家劒長四尺七寸柄居一尺
五寸是三分之一小減也刃廣一寸六分輕重不定此寶
劒長三尺九寸廣一寸四分而經有刀劒兩名晉武帝大
始十年中書監荀勗及張華等校定鍾律八音不與古樂
相諧由漢來用尺漸長乃更依周禮積黍法制尺以量鑄

新器募求古物得周世正玉律比之毫釐無差因攀古鍾
以律命之亦皆響合兼以七種古物相課皆會又得汲冢
竹簡亦長二尺四寸於是施用謂之古尺阮咸聽荀樂聲
以爲高功非興國之音咸亡後有人掘地得銅尺長荀尺
古尺之四分半時人以阮咸之解音遂復施行謂之官尺
令司農相承以制五尺并取積寸以作斗斛也宋元嘉中
大將軍彭城王義康製物每欲廣大又加官尺寸半民間
復有相與用之至今謂之爲尚方御府都水材官用尺乃
復長民一分推如衆例則以古尺爲勝鍾律宮商自然響
會是合神精冥數且周世又二眞製劒之時兼荀張窮極
精功時又有束晳雷煥之徒妙賞神鬼阮咸雖善音樂而
性度縱誕不能清切故以單綴爲姧耳掘地銅尺猶應是
後漢時物也梁天監四年又更校尺以調正鍾律定用張
荀古尺半分於事合衷今施用名曰法尺又曰若欲潛遁
名山隨時觀化不願眞官隱浪自足者當修劒尸解之道
以曲晨飛精書劒左右面先逆自託疾然後當抱劒而臥
也謂先僞稱疾寢臥數日乃密脫劒靑囊拔出題書及紫
符都畢於是抱之而祝須天馬迎至解衣而遊勿令人知
覺也又以飛精藥密拭劒鐶呼劒名字祝畢忽見太一以
天馬來迎於寢臥之前於是上馬若女子則以輜軿來迎
古來諸仙多有託以餘物或用竹杖或巾履惟鮑靚用太
清刀法此神變欻恍假類會形不可以理趣相求眞奇事
矣天馬者吉光騰黃之獸也古畫圖有此獸形皆昔眞人
所顯相傳示也吉光似鹿騰黃類馬男則單騎女則駕軿
也太極眞人命太一使者賚馬執控并迎以寶衣欻忽而
來不知所以然也太一主仙變也馬去之時雖衆醫侍疾

子孫滿側則我易服束劒流景變跡而不覺我之云爲也
所謂化遁三辰巔徊月精呼吸萬變非復故形者也
又曰極上化符以飛精書紙盛以紫囊欲去時以係劒鐶
藏景符以飛精書紙盛以絳囊欲去時以係劒鞘諸仙人
多以竹杖不必盡得劒法或是太清術耳假物變化不可
一類求之
又曰夫修下尸解者皆不得反望故鄉上解之道名配紫
簡三官不得復窺其隙但畜神劒與之起居相隨十三年
自能化形不必須藥書之若不辨作藥七年之後但以丹
書劒亦能潛化也單行此法似不得反故鄉矣自不及曲
晨之妙精吉光騰黃之延控也雖單此猶賢於太清雜法
兼得改形練化遊宴太極其用他藥得尸解非是靈丸之
化者皆不得反故鄉反故鄉三官執之也太清尸解之法

那得比太極之化遁乎太清尸解法五符中有太玄陰生符又用牛脂煎錫藥丸兩事耳無復餘方也佩用制劒之法具在符圖訣中其後用解化之道又非常修之事故並不載

太平御覽卷第六百六十五

太平御覽卷第六百六十六

道部八

道士

太霄經曰人行大道謂之道士又玄從道爲事故稱也周穆王因尹軌眞人制樓觀遂召幽逸之人置爲道士平王東遷洛邑置道士七人漢明帝永平年置二十一人魏武帝爲九州置壇度三十五人魏文帝幸雍謁陳熾法師置道士五十人晉惠帝度四十九人給户三百

眞誥曰劉翊字子相後漢人也世居頴川家富以濟貧爲事爲陳留太守後去官入山爲道士

又曰淳于斟字叔顗會稽人漢桓帝時爲縣令入山修道

又曰劉寬字文饒後漢南陽太守年七十三入華山服丹棗

又曰王旳字法明太原人也入茅山師陶隱居以梁大通三年正月十四日化隱居爲制銘誌并設奠云紩冕豈榮蹈璜非寶萬里求眞緘茲内抱

又曰陶弘景父貞寶清辯有才學工草隷閑騎射藥術而陶隱居亦善隷書雖効王書而別爲一法文章尺牘爲世所重

又曰孫韜字文藏會稽剡人也入山師潘四明柔受眞法學摹寫遂大巧妙後學王書殊有深意當時稱之南洞大碑及許長史壇碑並是韜跡也陶隱居手爲經題榁中祕訣門人罕能見之惟傳孫韜與桓闓鵩二人而已

又曰朱仲嘗於會稽賣珠漢高后時人也仲以素書倚酒於女几家几盜寫學其術

又曰道士不欲臨喪損神壞氣所以去世不仕而獨存焉惟父母及師不懼性命之傷必臨其喪以此而傷是無傷也

抱朴子曰薛旅字季和燕代人周武王時學道於鍾山北河經七試而不過者由淫佚鄙滯敗其試耳

又曰郭文舉河内軹縣人入陸渾山學道獨能無情意不生也

又曰吴大帝時蜀中有李阿者穴居不食累世見之號八百歲翁人往問事阿無所言但占阿顔色若欣然則事吉若慘戚則凶若含笑則大慶微歎則深憂如此之候未曾不審也一旦忽去不知所之

又曰范零子少好仙道如此積年後遇司馬季主季主同入常山中積七年入石室北東角有石㪅或作石牖季主出行懇戒之曰愼勿開零子忽發視之季主還乃遣歸後

復召至使守一銅匱又戒勿發零子復發之季主乃遣之遂不得道

又曰馮良者南陽人少作縣吏年三十爲尉佐史迎督郵自恥無志乃毀車殺牛裂敗衣幘去從師受詩傳禮易復學道術占遊候十五年乃還州郡禮辟不就詔特舉賢良高第半道委還家年六十七弃世東度入山在鹿迹洞中

又曰安丘望之字仲都京兆長陵人也修尚黄老漢成帝重其道德常宗師之愈自損退成帝請之若值望之章醮則待事畢然後往老子章句有安丘之學望之忽病篤弟子公沙都興於庭樹下望之曉然有痊時冬月鼻聞李香開目則見雙赤李著枯枝望之仰手承李李自墮掌中因食李所苦盡除身輕目明遂去莫知何在也

道學傳曰燕濟字仲微漢明帝時人也少好道德不仕周

遊名山後居武當山寢息無常所或因積石或倚大樹四
時衣服不變恒散髮亦有練巾
又曰鮑靚字太玄上黨人也漢司隸鮑宣之後稟性清慧
學通經史修身養性蠕而允切動不犯聞人之惡如犯家諱
人多從受業揚道化物號曰儒林
又曰王嘉字子年隴西人也在東陽谷口鑿岸穴居其徒
數百各自穴處爲人皃短陋而聰察滑稽有問世事善惡
終不直說過率有驗
又曰嚴遵字君平蜀郡人也修道自保與人子言孝與人
臣言忠與人弟言順各因其發導之以善
又曰王遠字方平常降蔡經家須臾麻姑至騎從半於方平
麻姑手爪如鳥經私心曰時背養得搔之佳也方平曰姑
神人汝何遽此遂鞭之經願從方平學道方平使背立從
後觀之曰心邪不可教之仙道乃與度世術

又曰庾承仙字崇光潁川人明老莊隱文江縣白水臺立
廬舍講肄儒士釋老受其學隱居江南累詔不出後來始
興講道德經剖析凝滯
又曰薛玉寶字延世沛國人也梁時師玄圃先生以文章見
美善書翰嘗書一章於崇靈觀道正省壁上見者翫之也
又曰東鄉宗超字逸倫高密黔陬人也嘗露壇行道奩中
香盡自然滿溢又爐中無火而烟氣自生氤氳周遍久之
不歇
又曰張裕天師十二世孫起招眞觀植名果盡山栖之趣
梁簡文爲製碑
又曰晉陵人錢妙眞於茅山燕口洞得道門人立碑於茅
山邵陵王爲觀序今具存焉

又曰梁武帝天監二年置大小道正平昌孟景翼字道輔
時爲大正屢爲國講說四年建安王偉於座問曰道家經
教科禁甚重老子二篇盟誓乃授豈先聖之旨非凡所說
耶景翼曰崇祕嚴科正宗妙化理在相成事非乖越
又曰劉法先彭城人也時顧歡著道經義於孔德璋多有
與奪法先與書討論同異顧道屈服乃答曰吾自古之遺
狂水火不避得足下此箴始覺醒悟既往狂言不足在怀
又去法先每見道釋二衆亟相是非乃著息爭之論顧歡
又作夷夏辯或及三科論明釋老同異
又曰張譏吳郡嘉興人也善玄言屢講老子修行上道討
論上經人自遠來集也譏尋求眞祕甚識宗尚
又曰陳景尚吳人也善講誦道釋中皆不可及制靈書經
大行於世梁邵陵王甚重之召景尚隨王之郢終於江夏

又曰桓闓字音舒東海丹徒人也梁初崑崙山渚平沙中
有三古漆笥内有黃素寫千君所出太平經三部村人驚
異於經所起靜供養先呈陶隱居隱居云此眞千君古本
闓將經至都便苦勞瘠諸治不愈陶隱居聞云此病非餘
恐取經爲咎何不送經還本即依二日送尋愈
又曰曹賓字世珎丹陽人善爲步虛兩京冠絕貴遊見者
皆稱賞焉
又曰嚴智明字惠識晉陵人也受性有善聲幼工誦詠聲
明帝有疾每引法衆於内殿行道聞智明詠經甚懷賞悅
玄疾爲之愈及法席既解智明還外帝中夜不安寢勑呼
智明對御轉誦即覺歡
又曰徐師子字德威東海人也陳武帝立宗靈大觀引德
威爲觀主後卒文皇勑賁祕器葬焉

太平經曰嚴寄之字静處丹陽句容人也爲道士事親至孝住石渚覿母老不敢遠離乃迎母於觀邊立小屋以盡溫清母終毀瘠過禮識者嘉之

又曰鄰愔字方回高平金鄉人爲晉鎮軍將軍心尚道法密自遵行善隸書與右軍相埒手自起寫道經將盈百卷于今多有在者

又曰張孝秀以王元規筆跡妙巧頻相請屈元規但乱泉石終日撫琴嘯詠了不執筆臨還止爲行書數行而已孝秀雅相推憚弗敢固祈今簡寂館長牓猶有筆迹也

又曰許思玄者許遠遊之弟也生而好道儒雅知名晉簡文帝爲俗外之交也

又曰任敦尚博昌人永嘉中投茅山講道集衆敦竊歎曰衆人雖去藥善皆外好耳未見眞心可與斷金者

又曰晉陸納爲尚書令時年四十病瘡告杜恭云弈世短壽臨終皆患此瘡恭爲奏章又與雲飛散謂納曰君命至七十果如其言王右軍病請恭恭謂弟子曰右軍病不差何用吾十餘日果卒

又曰蔣負芻義興人也與晉陵薛彪之爲俗外之交去來茅山有志栖託齊永明中勅下都陶隱居一遇便盡素契陶後解紱結宇中茅山（中茅山也）仍請負芻度領相就經典藥術常共論之

又曰楊超字超遠東海人也出入事陶隱居徃復與陶論難得爲入室

又曰諸慧開字智遠吳興烏程人也每以戒行自修拯濟爲務齊大明八年天下飢饉慧開有少穀實乃悉分賑鄉邑賴之有三人積飢食飽而致死其家訴縣稱慧開飼殺餓人苦相誣謗邑令笑曰乞食飽死反怨主人法無此科遣而不問

又曰濮陽者不知何許人事道專心祈請皆驗鄭鮷（音帝）女足跛陽療之尋差晉簡文廢世子無嗣時使人祈請於陽於是中夜有黃氣起自西南遙墮室內時李皇后懷孝武

又曰許邁字叔玄少名映後改名遠遊志求仙道入臨安西山經月不返人亦不知其所之先娶散騎常侍吳郡孫宏女爲妻邁居臨安山中爲書謝遣其妻云欲聞懸雷之響山鳥之鳴自爲簫韶九成不勝能也偶景青葱之下栖息巖岫之室以爲殿堂廣廈不能過也情願所終志絕於此吾其去矣長離別矣

又曰褚伯玉字元璩吳郡錢塘人早慕冲虛年十八父爲娶婦入前門伯玉後門出徃剡居瀑布山性耐寒暑在山

三十餘年隔絕人事一說云伯玉初遊南岳路入閩中飛湍走險伯玉泊舟晚瀨衝飈忽起山水暴至激船上巔崩落絕嶂徒侶以爲水碎緣阻尋求見伯玉自若以小杖撟舟涉不測之泉衆以駭伏入霍山而去初隱瀑布山齊高祖欽其風欲與相見辭以疾而去帝追恨詔瀑布山下立太平觀孔稚圭立碑

又曰張陵博學及河洛天文悉窮其妙靜處衡門不求聞達彈琴詠詩順志而已

又曰龍威丈人山中得道者也時人莫知其名號曰山隱居慠然不群高絕人世

又曰陶弘景字道明魏郡平陽人也自號華陽隱居常謂人曰我心恒如懸鏡觸物不遺好行陰德拯濟困窮合施諸藥遠近賴之平生未甞晝眠看書必至半夜好聞松風

之聲少絶肥羶晩惟進飯餚苔紫菜生薑飲酒能至一斗
而斷不醉也
老氏聖紀曰神盤中岳仙人成公興以姚氏泓十五年七
月六日仙化門徒欲厚葬之興忽然重起曰道士絶累與
俗有殊胡為哀哭厚葬但建修齋功此乃合太古淳真人
法世言訖而化明日中時有叩石室者門人出視見兩童
子引入户公與欻起去葬於華縣界潔素里
又曰孟道養字孝元外名援平昌人少時聞有法席不問
遠近往觀聽焉及長性沉靜學專為已不求聞達閑户開
窻披書玩古及入室讀誦聲纔出口有劉綬戴詵相造研論
窮玄理各歎伏以為邁絶
又曰吳猛字世雲豫章人也性純孝夏夜在父母側不敢
驅拂蚊蚋恐去已而集親年三十邑人丁義士奉道以術
傳之鄉人隱銅為設酒既去酒在器中不耗道士舒道雲
病瘧比年猛授以三皇詩使諷之頓愈嘗還豫章以白羽
畫江而渡縣東有石筍歷代未嘗開猛往發之多得簡牒
古字不可識縣南有峻石時立千仞猨狖不能上猛仗策
登之縣令新蔡千慶好畋獵猛屢諫不聽後慶大獵四面
引火烘天而猛坐草中自若鳥獸依附左右火不能及慶
大駭因是悔王敦於坐收猛餓失之敦大怒是歲敦敗猛
登廬山見一叟坐樹下以玉杯承甘露授猛又有玉房金
室見數人與猛語若舊相識設玉膏終日猛又乘鐵舡於
廬山頂
又曰錢妙真晉陵人也幼而好道便欲離俗親族逼以適
人泣涕固免遂居大小二　茅山後往鸞口洞手裁書并
詩七章與陶隱居

又曰孔靈産會稽山陰人也遭母憂以孝聞宴酌珍羞自
此而絶饘蔬布素志畢終身父見過毀惻然命具饌靈産
勉從父命咽以成疾父以人有天性不可移遂不復逼深
研道幾遍覽仙籍宋明帝於禹穴之側立懷仙觀詔使居
之遷太中大夫加給事高帝賜以鹿巾猿裘竹素之器手
詔曰君有古人之風賜以林下之服登泛之日可以相存
也
又曰張繹字士和吳郡人也弃勵學徒整肅法事屢講衆
經理致深密詞端華辯當時所宗梁武帝雅相欽賞時陶
隱居著法檢論明釋老二教繹往復討論甚有條理隱居
嘉焉專心道法居貧守約善八體書別制雲篆作茅山南
洞碑甚工
又曰宋文同字文明吳郡人也梁簡文時文明以道家諸
經莫不數釋撰靈寶經義疏題曰謂之通門又作大義名義淵
學者宗賴四方延請長於著撰訥於口辭
又曰王遂起太原人為集真觀主性少眠縱臥熟猶覺人
語言論相涉即領其辭莫不歎其清寤
又曰晝夜不卧日月合光

太平御覽卷第六百六十六

太平御覽卷第六百六十七

道部九

齋戒

太上經曰思神錄氣習法登階名之爲齋

太極眞人曰齋莫過乎靈寶其法高妙不宣於世仙聖口訣祕而不書太一齋法玄之又玄

指教經曰奉道不齋戒如無燭夜行失道自苦耳

太眞科曰修三守一齋爲本基學道以齋戒爲本太上所重老氏所營仙眞所賴

又曰道士能日中一食不飡穢惡隨月齋戒晝夜不息不害一切拔度蜎飛當得至道

又曰道士修經習業以道德二篇爲先齋戒受之度人濟已也

又曰救解父母疾病當齋官靈臺齋中奏子午章苦到必感

又曰玄清玉皇之道上皇天帝授太微天帝君三元紫精君眞陽元老君後以付太上道君以傳金闕李君李君傳太靈眞人南岳赤君又紫元夫人以傳清靈王君王君傳南岳魏夫人夫人傳楊君使授許長史及掾授受者齋戒七日

又曰衆眞授道先齋戒百日或三十日或十日又當先告齋一日以洗素心三千年六傳尋上經齋戒無如此者行之十四年太上迎以玉輪登上清爲上眞

三皇經曰九齋戒三事以定心口身之業也

又曰九齋戒講讀元譜大經佩服內文以成其道

又曰九齋者佩服三皇內文以成隱顯道

登眞隱訣曰道齋謂之守靜謂齋定其心潔靜其體在乎澄神遣務檢陽內外心齋者也

又曰修道之人須齋戒禮謝七世之愆

又曰上清每以吉日會五眞九修道之人當其吉日思存吉事心願飛仙立德施惠振救窮乏此太上之事也當須齋戒遣諸雜念密處靜室

眞誥曰齋戒不可雜處必亂正道也凡甲寅庚申之日是尸鬼競亂精神躁穢之日當齋戒不寢遣諸可欲九五卯之日常當齋戒入室東向心拜在神念氣適意所陳

又曰漢建安中左慈聞句曲山在金陵通峨眉羅浮故渡江尋之遂齋戒三月而登此山乃得其門入茅君受以三種神芝宿啓功儀曰捧香仙女下衛齋戒之人

又曰太極眞人受太上口訣千歲五傳依隱書之制齋戒五日乃授立約

珠囊曰九入五岳以甲子上旬之日沐浴齋戒七日乃行若名山有芝英奇藥者奏之作素奏丹書其文乞登仙度世飛行上清再拜放白鷄犬各一於石上而去然後求芝英奇藥所欲必獲惡鬼老魅不敢試人若學道不知此術入山多厄

抱朴子曰家有三皇圖必先齋戒百日乃召致天地五岳社稷之神後聖君命清虛小有眞人撰集上仙眞籙總名爲上眞正法以帽萬邪百年再授于人須齋戒方得

三元品經曰學道之本當先修中元齋戒之法贖罪謝過於太眞則書名玄圖

靈寶赤書曰元始五老諸天帝皇帝以歲六齋之月會於上三天靈都宮元陽紫微之臺集算天元推校運度又玄

紫微宮舊格丹書白素齋戒百日誦之
太素玉籙經曰齋戒存思誦習此經精進無怠神通智達
位爲太素眞人
太平經曰眞人去人之精神常居空閑之處不居汙濁之
間也欲思還神皆當齋戒香室中百病自除不齋戒則精
神不肯返人也皆上天共訴人所以人病積多死者不絶
若晦冥之夕皆於寢室存念齋戒修行如存奔日月之法
八素奔辰訣曰七曜五星審識形色見之早晚於庭伺之
日中赤氣紫芒者爲曜靈九神華芒也月中黄氣白光八
朗之芒是爲月華夜精道人皆知服日月之氣而吸九華靈
芒能修存奔日月之道安妃授楊君書二卷皆是奇法日
月之道甚多高妙
上清金闕靈書曰太上之吉會日者高眞集宴慶獻之日

也迴元者太上之更始日也甲子陰陽之首氣月晦啟度
之初萌故爲新日也不知此日者不得解罪除過不得刻
簡上眞當須齋戒於是日思存吉事此迴元訣也
又曰黄庭内景經一名太上琴心文又名大帝金書扶桑
大帝君宮中盡誦此經金簡刻書之故曰金書又名東華
玉篇東華者方諸宮名東海青童君所居也其中仙曹多
齋戒誦詠刻玉書之
又曰太極左眞人曲素訣辭一名九天鳳氣玄丘大眞書
太上授太極左眞人眞人傳東海方諸宮青童大君使傳
道士宿有名應神仙眞人者佩之二十年得見三元君齋
戒青金之誓以代盟約
八道祕言曰欲行九眞之法者齋戒靜室至須專寂念禱
飛仙上登紫庭

又曰九天鳳氣玄丘眞書玄都丈人仙科授佩齋戒三日
佩之者得仙
道德經序訣曰尹喜知紫氣西邁齋戒想見道眞及老子
度關授二篇經義
靈書經曰十部妙經金字玉簡諸天眞仙齋戒月日上詣
玉京誦其文
威儀經曰齋戒景福度人先爲先人後已與志玄同一
本行書曰授靈寶赤書者必先齋戒
東卿司命經曰先師王君昔見授太上明堂玄眞上經齋
戒休粮存念日月咽服光芒之液常密行之此上眞道也
太上玄眞經先盟而後行行之然後可聞王佩金璫之道
耳季偉昔長齋三年竭誠殫思乃能得之神光映身然後
受書此眞玄之道要而不煩吾常祕寶藏之囊肘故以相

示愼密者也好道者欲求神山宜先齋戒登山昔左慈齋
戒三月拜禮靈山竭誠三年然後二茅君引前
又曰黄庭内景玉經曰扶桑太帝君命暘谷神王傳南岳
夫人授受齋戒九日
又曰三元眞一經金闕帝君所守東海小童以傳涓子涓
子傳蘇君蘇君傳周君授受齋百日或五十日或三十日
或七日四十年傳一人十人止後聖道君命清靈小有天
王修集上仙眞籙總名紫元夫人傳王君王君傳南岳魏
夫人夫人傳楊君楊君傳許掾授受齋三日或七日鳳眞
之文大上授太極左眞人眞人傳東海方諸君青童君此
亦衆眞相傳授受齋三日佩之九年得見三元君於上清金
闕
又曰太上智慧經太上付上相又紫元夫人傳王君而王

君傳韓偵傳楊君今授許長史掾授受齋戒五十日

又曰太丹隱書飛真之道存想之法也此蓋楊君止抄一經誦以與長史耳亦獨九真之龍書也未見齋戒之法不可遵行真誥有朝太素法云受洞房旋行太丹隱書存三元洞房者即謂此也但不具耳世有周君學注洞房事亦是抄耳此經語而注之爲施修之法未見真本而事旨不具

名山記曰大茅山有小穴口石塡之但精心齋戒可得而遊中茅山東亦有小穴穴口如狗竇劣容人入耳愈入愈闊外以盤石掩塞穴口故餘小穿如杯大使山靈守衛之此磐石亦時開發若勤懇齋戒尋之得從而入易於常洞口好道者欲求神仙宜預齋戒則三茅君於句曲見之授以要道入洞門句曲有五門立志齋戒三月尋登此門者可入矣

九天經曰王輔上宰齋戒建節侍於太清

法輪經曰仙公齋戒未及歲年而感召天真下降淨室

又曰念真齋戒緘口慎言

靈寶大戒經曰不受大戒徒爲長齋

四極明科經曰九學上清之道奉其宗師入室齋戒

太上科曰九經從師受皆具官侍衛須齋戒講誦

雌一五老經曰長修善行日中乃飾齋戒三年乃得受太洞真經

大上丹簡墨籙曰道之去聖日已遠矣傳寫科戒謬誤者衆若有所疑師不能解者可齋戒一月求靈應之密曲靈仙感降報語於人

傳授經曰齋者簡素爲上神先映身

集仙録曰崑崙玄圃見正一真人勤苦齋戒讀經崇道

太霄琅書曰立三木書一爲長鎮一爲供齋一爲研習者常自隨所住室中別置格上躬自出入勿使委非其所寫經之時須先齋戒經中有圖圖或別卷各有侍官典圖真吏請問經曰道不存師齋誦無感

玉佩金璫經曰衆真登太瓊臺齋戒三月

崆峒經曰太上道君齋戒於西那玉國羅浮之岳

又曰青精飷飰方太極真人傳王君授受之際齋戒十日二千六百年傳十人雲牙王方王君傳南岳魏夫人齋戒五日服之可以絶穀去尸虫王君遊觀天下詣龜山齋三月又齋戒三年詣太素還西城又齋三月受書周君少遇中央黄老君遊丹城乞長生度世之道授以上真之道乃還登常山石室中齋戒念慮又歷歲時後仙去

道學傳曰左敦字尚隱雲陽人雲陽山即茅山也敦所居山舍西十五里有一石室西南二里復有一石室皆容數十人西南室父老傳云有銅牛出背銅斵銅巻相傳號爲銅室曲入至深立北通潢池而洞崑崙每三元齋戒之日敦往二室祈禱皆髣髴真形

又曰陸脩靜字元德吳興人太始七年率衆建三元露齋

太真上倉元上録經曰九有生之域清少濁多穢障相纏行善不立邪氣來侵強魔守試上學之人齋戒存思禁隔囂塵非類之物唐突去來皆是穢濁當擇日齋戒佩破淹之符以昇玉清

太平御覽卷第六百六十七

道部十

養生

太平經曰養生之道安身養氣不欲喜怒也人無憂故自
壽也
又曰一者數之始也生之道也元氣所起也天之大綱也
故守而思一也子欲養老守一最壽平氣徐卧與一相守
氣若泉源其身何咎是謂眞寶老衰自去
又曰古者三皇之時人皆氣清深知天地之至情故悉學
眞道乃復得天地之公求道之法靜爲基先心神已明與
道爲一開蒙洞白類如晝日不學其道若處暗室而迷方
也故聖賢遑駭
太上經曰守一則諦定心源守靜則存神忘形定氣通無

道成眞降
三元眞一經曰體百神者耳爲帝君之牕門目者太一之
日月鼻者三元之丘山口者絳宮之朱淵眉者白元之華
蓋鬚者明堂之林精舌者元英之龍轅齒者胃宮之威力
手者膽神之外援足者腎元之靈關陰極者洞房之眞機
也
又曰涓子授蘇林守三眞一之道後林復詣涓子寢靜之
室無復之矣留一紙書置卧內以與林也其文曰五斗三
一大帝所祕精思十二年三一見相授子書矣但有三一
長生不滅況復守之乎能守三一名刋玉札況與三一相
見乎加存洞房爲上清公加知三元爲五帝君後金闕帝
君所以乘景廻雲周行十天者寔由洞房三元眞一之道
也世之學者皆尊守一當令心朴神凝體專誠感所以百

念不生精意不散但有三月內視注心一神繫念不散專
氣致和由朴之至也得之速也自朴散眞離華僞互起爭
競亂生故一不卒感神不即應非不欲往存之者不專思
之者不審故起積年之功絕有髣髴耳三一之法上清眞
書之首篇高上之玉道神仙之津塗衆眞之妙訣子能守
一亦守子子能見一一亦見子一須身而立身須一而生
守一之戒戒於不專專復不久久不能精精不能固固而
不恒則三一去矣身爲空宅
五符經曰知一者無一不知也不知一者無一能知也一
者至貴無偶之號必欲長生三一當明思一至飢一與之
粮思一至渴一與之漿一能成陰生陽推行寒暑其大不
可以六合隱其小不可以毫芒兆能暇能豫一乃不去存
一至勤一能通神少飲約食一乃留息知一不難難在於
終知眞不爲與不知同求之不已登彼玉清

又曰養其氣所以全其身
又曰食氣者常有少容
老子曰道言微深子未能別攝其樞畧愼戒勿失先損諸
欲莫令意逸閑居靜處精細齋室丹書萬卷不如守一當
制念以定志靜身以安神寶氣以存血思慮兼忘冥想內
視則身神並一靜思期眞則衆妙感會專精積神不與物
雜謂之清反神服氣安而不動謂之道
又曰善攝生者陸行不遇兕虎入軍不被甲兵兕無所投
其角虎無所措其爪兵無所容其刃
太上眞經曰一乃無像求之難得守之易失易失由識劣
貪欲滯心廓然無爲惟在守一積而未極皆由漸升當在
三元諦識神氣狀皃名字出入有無生鎭三宮尸毒自去

聖眞仙經隨因授之
八素經曰九學至道諦定其心除患清身知變革慮正身
清然後心定心定則道成道成則眞降九存一守神要在
正化正化由定心心定則識清識清則會于道
又太極眞人曰古人爲道也玄寂靜神念眞存元示漸引
末歸識源神知而能見見而能從從而能習習而能堅堅
而能成成而不居善人在於天下如槖籥乎非與萬物交
爭其德常歸焉以其謙虛無欲也欲者凶害之根也無者
天地之元也莫知其根莫知其源聖人者去欲入無以輔
其身也
太一洞眞經曰兩耳名爲六合之高牕也
又云齊中名曰受命之宮也
又曰養生之道耳目爲主雜視則目闇廣聽則耳閉

裴君內傳曰夫求道者要先令目清耳聰爲主也且耳目
是尋眞之梯級綜靈之門戶得失繫之仙經曰養生以不
傷爲本此要言也
太清眞經曰一切含氣莫不貴生生爲天地之大德德莫
過於長生長生者必其外身也不以身害物非惟不害而
已乃濟物忘其身忘其身而身不忘是爲善攝生者也眞
道養神神能飛化
太上三元經曰養生之道必愛氣存神不可劇語大呼使
神勞氣損是以眞人道士常吐納以和六液
玄示經曰夫形體者特生之具也非所以生生也生生乃
以素朴爲體以氣爲元以神爲形此乃生之宮庭也以無
爲首其神舒釋玄妙之門往來無形之間休息於無隣此
所謂得玄明之生源又云外想宜絕內注玄眞然後長生

可保
妙眞經曰道人謀生不謀於名胷中絕白意無所傾志若
流水居若空城積守無爲乃能長生
衆眞戒曰性躁暴者一身之劇賊求道之散梯也用之者
眞去啟之者道來每事觸類皆當柔遲而盡精潔之理如
此幾乎道也神者天地之所馳也順神養性行生道氣以
度難也此乃上聖眞人達識也夫爲道者當行此以載其
身
太一帝君經曰若能常行九晨照洞房泥丸之法者檢魂
魄制萬邪清淨行之以致靈仙之氣降于寢室所謂引三
光九星以照百神者也
上清列紀曰胎閉靜息內保百神吞景咽液飲食自然身
必壽考可得陸仙矣

太上眞人祕要曰夫氣者神明之器清濁之宗處玄則天
清在人則身存夫生死虧盈蓋順乎攝御之間也
太洞玉經曰食玄根之氣者使人體中清朗神明八聰身
有日映面有玉澤服餌朝液懸粮絕粒道要於金醴事妙
於水玉所謂吐納自然之太和御九精之靈氣者也
抱朴子曰長生之要在乎還年之道也延年除病其次焉
有不以自伐若年尚少壯而知還年陰丹以補腦采七益
於長谷者不服餌藥亦不失一二百歲凡傷之道有數焉
才所不逮而困思之力所不勝而張舉之深憂重恚悲哀
喜樂汲汲所欲戚戚所患寢息失時沉醉吐嘔飽食即臥
跳走喘息歡呼哭泣陰陽不交積傷至盡乘養性之方耳
不極聽目不久視坐不至疲先寒而衣先熱而解不欲極
飢而食食不過飽極渴而飲飲不過多不欲甚勞不欲多

汗及多唾奔車走馬極目遠望多食生冷久不欲極溫夏
不欲極涼大寒大熱大風大霧不欲冒之五味不可偏多
凡言傷者亦不便覺久則損壽耳是以善攝生者卧起有
四時之早晚興居有至和之常制調利筋骨有偃仰之方
杜疾閑邪有吞吐之術流衛營胃有補瀉之法節宣勞逸
有與奪之要忍怒以全陰抑喜以養陽然後先將服草木
以救虧缺後服金丹以定無窮長生之理盡於此矣若有
欲決意任懷自謂達識知命不泥異端極情不營久生者
安可告養生之言哉
登真隱訣曰方諸青童太人學道亦苦不學亦苦二苦之
始乃同爲苦之終則異爲道者緣苦得樂不爲道者從辛
苦而已矣惟人自生至老自老至病獲身至死其苦甚矣
心腦積罪生死不絕其苦難說況復不終其天之年老哉此

不爲道之苦也爲道亦苦者清淨存真守玄思靈尋師勞
苦歷試數百用志不墮亦苦之至也此爲道之苦數十年
中爲苦之理乃有甚於彼得道之日乃頓忘此苦猶百日
之飢一朝而飽豈復覺向者之餒乏耶非道則不可
右英真人曰夫內接家業以自羈外綜王事以雜役此亦
道之不專也夫抱道不行猶無道也握寶不用猶無寶也
紫微元君曰疾之所生生乎念多邪之所兆兆於心散念
多則事廣事廣則累繁浮泛莫撿紛競不息內煎萬慮外
勞百役形神弊矣衆病安得不興高墉重閑猶恐冦至況
闢扉去防自我致冦也智以無涯傷性心以爲惡蕩真飛
來在眼聲發入聽其爲關意屬想實有增羨魂者正神神
貴明信魄者邪鬼鬼尚狂悖飛仙之想觸見必念慈護之
情遇物斯極以此爲心心即道矣

九華經曰眼者身之鏡耳者躰之牖視多則鏡昏聽衆則
牖閉磨鏡決牖則能徹洞萬靈耿察絕響面者神之庭髮
者腦之華心悲則面焦腦減則髮素所以精氣內養丹津
損竭精者躰之神明者身之寶勞多則精散營竟則明消
所以老隨氣落耄已及之
眞誥曰富貴者破骨之斧鋸載罪之舟車適足誨從要辱
爲伐命之兵非佳事也是故古之高人覽罪咎之難豫知
富貴之不可享矣遂肥遯長林栖景名山欲遠此迹自求
多福保全至素者也裴君曰三關常調是長生之道也口
爲天關手爲人關足爲地關調則五藏安安則無病又存
五神於躰謂兩手兩足頭也頭想恒青兩手俱赤二足常
白者則去仙近矣昔徐季道學仙於鵠鳴山中亦時時出
市道間忽見一人着皮袴褶柱桃杖季道乃拜之因語季

道曰欲學道者當巾天青詠大曆踏雙白佪二赤此五神
之事其語隱也大曆三皇文也此即太素五神事別有經
品
黃老經曰士能遺物乃可議生生本無邪爲物所嬰久久
易志志欲外無能守以道爲貴生
太上太真科曰一在人身鎮定三處能守三一動止不忘
三尸自去九虫自消不假藥餌不須禁防久視之要守一
爲先次行師教授職隨才依功進位積德居尊宣揚妙氣
開導後生
三皇經曰天能守一覆而不舉地能守一靜而能處岳能
守一不避寒暑海能守一流而不還人能守一必得真仙
昇玄經曰道有大法得之立得是謂三一之道當有將軍
吏兵斷絕惡道

上清玉皇曰三眞者兆一身之帝君百神之內始變化離合與眞洞靈微哉難言非仙不傳

太上素靈經曰三一者一身之靈宗百神之命根津液之山源魂精之玉室是以胃池體方而受物腦宮圓虛而適眞太上曰眞人所以貴一爲眞者一而已一之所契元氣造化一之變通天地冥合是以上一爲身之天帝中一爲絳宮之丹皇下一爲黃庭之元主而三之一眞並統身內二十四氣以授生生立一於身上應太微二十四氣眞眞氣徊和品物流形玄神運分紫房杳眞上一眞帝之極也中一眞皇之主也下一眞王之妙也天皇得極故上成皇極地皇得主故上成正一人皇得妙故上成衆妙三皇體眞而守一其眞極也得一而已

集仙錄曰九動作視息飲食語言好惡是非人各有歲月

日時隨其所屬以定其分此物理之常數也身有應敗之患神有應散之期命有必盡之勢夫神在則人神去則尸蓋由嗜慾亂心不能忘色味之適夫修其道者在適而無累和而常通善惡各在報應之理毫釐無失長生之本惟善爲基人生天地間各成其性夫氣清者聰明賢達氣濁者凶虐癡頑氣剛者高嚴壯烈氣柔者慈仁淳篤夫明者伏其性以延命暗者恣其欲而傷性性者命之原命者生之根勉而修之所以營生以養其性守神以養其命人之生也皆由於神神鎭則生神斷則死所以積氣爲精積精爲神故仙者內求內寄則道來眞者修寂修靜則合眞神者須積感則靈通常能守一則仙近矣則與天地共寄於太無中矣又能洞靈體無則太無共寄於寂寥中矣能洞寂則聽視不聞見與道冥矣道者靈通之至眞也術者變化之伎玄也道無形因術以濟人人之有靈因修而契道道之要者在深簡易功術之秘者惟藥與氣也上士服之外爲仙官中士服之栖集崑崙下士服之長生人間於是太一元君述還丹金液之要行於世

又曰木公金母者二氣之祖宗陰陽之原本仙眞之主宰造化之元先凝氣成眞與道合體且氣之彌綸天地經營動植在人爲人在物爲物發大蘊散無窮性發乎天而命成乎人立之者天行之者道玄老去致虛極守靜篤萬物將自復復謂歸于道而常存也長久之要者天保其玄地守其物人養其氣

又曰商王聞彭祖有道拜爲大夫每稱疾閑居不預政事服雲母粉麋鹿角水挂常有少容性深靜不自言有道王詣問莫之告王於掖庭立華屋紫閣使祖居之問延年益

壽之道答曰欲登天上補仙官者當服元君太一金丹此道至大其次當愛精養神服食草藥可以長生其次陰陽運氣導養屈伸使百節氣行關機無滯此可以無使病所侵思神念眞坐忘鍊液皆可以令人長壽若游流補腦之要此甚難行有懷棘履刃之危又非王之所爲也吾所聞淺薄道止於此不足宣傳人生於世但養之得宜可至百餘歲不及此者是皆傷之也大醉大喜大怒大溫大寒大勞大極皆傷也至樂至憂至畏至怖至撓至躁至耆至淫皆傷也甚飢甚渴甚思甚慮皆傷也久坐久立久臥久行皆傷也寒溫得節飢飽適宜無思無爲惟清惟靜此可與言修身耳已得其壽復養之得宜則宜長壽但要莫傷也冬溫夏涼不失四時之和者所以適身也美色曼態不至思欲之惑者所以通神也車服威儀知足不求者所以一其志也八

音五色不至躭溺者所以導心也凡此之物本以養人人之不能斟酌得中反以為患故聖賢垂戒懼下士溺之流遁忘返用之失所故修道之士皆令禁之欲以檢制之易也亦由水火用之過當反為害耳人不知經脉損血氣不足內理空踈髓腦不實體已先病故為外物所犯因風寒酒慾以發之若本充實豈有病耶凡遠思羨慕傷人也憂恚悲哀人情過樂忿怒不解汲汲所愛戚戚所患寒温失節陰陽不交皆所傷也男女相成猶天地相生也所以導養神氣使人不失其和天地晝離而夜合一歲三百六十交故四時均而萬物生生成不知窮極所以天不失其動地不失其和物不失其生而能長久也人不能法天地而有常滅衣絕食自取死病愚之甚也去此修攝節宣之外則有服元和之氣得其道則邪不能入此理身之本也其

餘含景思神歷藏導引吞餌服御之事千七百餘條及四時首月責己謝過卧起早晏之法可以教初學之士引進向善之門漸正其心而除其罪咎非使能致人得道也若血脉枯竭神氣凋敗豈鬼神念眞而能守之固未知其益矣此由凡人爲道而求其末不務其本也

又曰內不養神外勞其形元精漸虧神氣困竭而晝夜服勤讀誦經訣此亦無益也諸經萬三千首皆示以始涉之門庭耳商王具受諸要行彭祖之亦壽但不能戒其淫慾耳

集仙録曰女凡者陳市上酒婦也作酒美有仙人過其家飲酒即以素書五卷質酒凡開視之乃仙方養性長生之術也凡私寫其要訣依而修之三年顏色更少數歲質酒仙人復來笑謂之曰盜道無師有翅不飛女凡隨仙人去不知所之

又曰太陽女朱翼得吐納之道事絕洞子李脩脩著書二十篇名曰道源常行之道以柔勝剛弱制強如臨深履危御奔乘朽差之毫氂喪尔之策勤而行之可以長壽

又曰太陰女盧金學道未成當道沽酒密訪其師會客過使問客土數為歲但南三北五東九西北中耳一還報曰客大賢者至得道人也我始問一知五矣遂問長生之道得補導之要蒸丹之方

又曰太玄女顓和常曰人之處世一失不可復得一死不可復生況壽限之促非修道不可延也遂洗心求道而得其術

太平御覽卷第六百六十八

道部十一　服餌上

神農經曰上藥令人身安命延又云餌五芝丹砂曾青雲母太一禹餘粮各以單服令人長生中藥養性下藥除病此上聖之至言方術之實録也仙藥之上者丹砂次者黄金白銀衆芝五玉五雲明珠也黄精與朮餌之却粒或遇凶年可以絶粒謂之米脯

西極明科曰上清金液丹經九鼎神圖太一九轉大丹等九一百四十卷

五符經曰胡麻本生大宛又名巨勝服之不息與世長存五穀之長也服之可以知萬物通神明

又曰眞人謂黄精獲天地之淳精依山寄居神化者也天

仙名此爲戊己芝

王訣經曰元始五常氣以陽光初明散元始之暉眞人食其景而無窮

三光經曰三光者仙道鍊胎之術也泥丸者體形之上神也

吐納經曰八公有言食草者力食肉者勇食穀者智食氣者神

仙經曰丹爲金服之上士也茹芝導引咽氣者中士也食餌草木者下士也食金丹大藥雖未去世百邪不近也若但服草木及餌八石適可令疾除命益耳不足却外禍也惟守眞一則剝性不犯昔仙公各服一物以得數百年乃合神丹金液韓衆服菖蒲十三年身生毛日視書萬言皆誦之冬袒不寒又菖蒲生須石上一寸九節已上紫花者尤善

又曰黄石方東府左卿白石先生造也皆眞人所授但未見眞本世有兩本以省少者爲佳

又東華眞人食石法即東府也亦是太清法

又曰紫微夫人撰朮序其畧曰吾俱察草木之勝負若速益於己者並已不及朮之多驗乎所以長生久視遠而更靈我北謂諸物皆當臧於朮也眞以朮之用今之所要末世多疾宜當服餌夫道有内足猶畏外事之禍有外足者亦或中崩之弊我見山林隱逸得服朮者千年八百年以肩五岳矣今撰朮數方以傳好尚若必信用庶無横暴之災矣

又曰南陽酈縣山中有甘谷水所以甘者谷山左右皆生甘菊菊花墮其中歷世彌久臨此谷中居民皆不穿井悉

食甘谷水食者無不壽高者百四五十歲下者不失八九十歲故司空王暢太尉劉寬太傅袁隗皆爲南陽太守每到官常使酈縣月送甘谷水四十斛以爲飲食此諸公多患風痺及眩冒皆得愈但不能大得其益如甘谷上居民從幼便飲食此水又菊花與薏花相似直以甘苦別之耳菊甘而薏苦今眞菊甚少耳率多生於水側緱氏山與酈縣最多仙方所謂曰精更生周盈皆一菊而根莖花實異名矣其説甚美而近來服之者畧無所効正由不得眞也

八素經曰太上曰飛鍊之法未可得眞人之門戶又四極明科云金液丹經九鼎神圖並眞仙之祕書藏于名山

太上太霄朗書曰除欲滅私服御吐納

上清列紀曰中黄之書皆白帝君所藏於瑤臺説丹藥祕法非有眞籙不得其道也

太上丹簡墨籙曰修金液之術當得太清丹經
太丹隱書曰感召靈跡則天人下降上學之士服日月黃
華金精飛根黃氣
五厨經曰修奉和太不虧不盈
天交上經曰太古之人所以壽考者不食穀也身安神樂
修道易成五符經云食月之精可以長生食星之精上外
太清登眞隱訣云服雲牙可絶穀去尸虫也可修眞一之
道裴眞人曰喜怒損志哀樂損性榮華減德陰陽竭身皆
學道之大忌仙法之所疾也莫若知而不爲爲而不敢散
此仙之要道生生之本業也欲得延年當吞日華食物多
飲愼便臥多則生病臥則蕩心心蕩則失性病生則藥不
行學道者愼此
劉向列仙傳曰務光夏時人好琴服蒲韭根又彭祖多服

水桂雲母中岳人蘇林字子玄本衛人靈公末年師仇公
教以服氣之法
又尹喜之長沙服巨勝實
又曰劉奉林周時人也學道嵩高山積年後之委羽山能
閉氣三日不息但服黃連已及千歲不能有所役使
又曰董威輦不知何許人晉武帝末在洛陽白社中藍縷
不蔽恒吞一石子終日不食
南岳魏夫人内傳曰夫人名華存字賢安任城人也晉成
帝時服金屑得道
太元眞人茅盈内傳曰金闕聖君命太極眞人使正一玄
王郎王忠鮑丘等與茅盈四節燕胎流明神芝長躍雙飛
夜光洞草使拜而食之佩璽服衣正冠北首帶符握鈴畢
四使者告盈曰食太極四節隱芝者位爲眞卿食金闕燕
胎玉芝者位爲司命食東宮流明金英者位爲司祿食長
躍雙飛者位爲眞伯食夜光洞草者位爲主惣左右御史
之任子今盡食之矣壽畢天地位當爲司命上眞東岳卿
君都統吳越之神仙
眞人周君内傳曰紫陽眞人周義山字季通汝陰人也漢
丞相勃七世孫父浚官至陳留内史君年十六隨浚在郡
爲人沉重喜怒不形好獨坐靜處精思微密常以平旦出
日之初面東嗽日服氣旦旦如此
眞誥曰衡山張正禮漢末受西城君虹景神丹方患丹砂
難得去廣州爲道士仙去飈室爲上仙
又曰張玄賓定襄人也魏武帝時曾舉茂才歸鄉里師事
西河蘭公受服餌术方後遇眞人樊子明於少室授以遁
變隱景之道昔在天柱山今來華陽内爲理禁伯

又曰廬江潛山中有學道者鄭景世張重華並以晉初受
仙人孟德然口訣以入山行守五藏含日法兼服胡麻又
服玄丹
又曰平仲節河東人也劉聰亂中夏仲節度江入括蒼山
體有眞氣服餌仙去
又曰趙廣信陽城人魏末渡江入剡小白山受李法服氣
又受左君守玄中之道如此積年或賣藥人間多來都下
市丹砂作九華丹仙去
又曰虞翁生會稽人也受仙人介君食日精法吳時來隱
狼伍山兼行雲氣迴形之道精思積久仙去
又曰朱孺子吳末入赤水山中服菊華及术後遇西歸子
從乞度世西歸子授以要言仙去
又曰明星玉女者居華山服玉漿山中頂上有石龜其廣

數畝高且三仞其側有梯磴莛龜背見玉女祠前有五石
臼号曰玉女洗頭盆其中水碧綠澄澈雨不加溢旱不減
耗內有玉女馬一疋
又曰華陰山中有學道者尹處子張石生李方回並晉武
帝時人受仙人管成子蒸丹餌朮法又授蘇門周壽陵服
丹霞之法
又曰范幼沖遼西人恒服三氣法青白赤氣各如綖服之
十年遂得仙此高元君太素內景法旦旦爲之視日益佳
其法簡其事驗
又曰姜伯眞在大横山服石腦石腦如石小班色而軟又
大茅山東亦有形狀員小如曾青而色似鐘乳繁陽子昔
亦服此
裴君內傳曰佛西道人支子元裴君授以長生內術又云

尋藥之與存思雖致道同津而闕源異緒服藥所以保形
形康則神安存思所以安神神通則形保二理乃成相資
而有
道學傳曰許邁字叔玄少名映後改名遠遊與王羲之父
子爲世外之交羲之亦辭榮養生每造遠弥日忘歸詩書
往復多論服餌
又曰上清左卿黃觀子學道服金丹讀大洞經得道東府
左卿白玉生有黃石方文德石仙監張叔隱受青精方太
清右公李抱祖岷山人受青精飳飯方
葛洪神仙傳曰劉京從邯鄲張君受餌雲丸
又曰封君達隴西人入鳥鼠山服餌年百餘歲常乘青牛
又曰衛叔卿中山人也服雲母
又曰孔元許昌人常服松脂伏苓

又曰焦先字孝然河東人也常食白石以分人熟如煑芋
又曰靈壽光扶風人年七十餘乃得朱英丸方服之年二
百餘歲不老
又曰中候上仙范邈字度世舊名冰服虹景丹得道撰魏
夫人傳
又曰清虛眞人王褒字子登前漢安國侯王陵七世孫主
仙道君以雲碧陽水晨飛丹腴二斗賜褒服之視見甚遠
坐在立亡役使群神

太平御覽卷第六百六十九

道部十二

服餌中

眞誥曰七月十五日夜清虚眞人與許玉斧言曰五公石腴彼體所便急宜服之可以少顏朮散除疾是亦所宜次服餌飦兼穀勿違

又曰明大洞爲仙卿服金丹爲大夫服衆芝爲御史若得太極隱芝服之便爲左仙公

又曰性幾乎道用之眞來紫陽眞人云可令許玉斧數沐浴濯其水疾之氣消其積考之瑕此致眞之階也學養生之道不可泣淚涕唾所損甚多是以眞人道士常吐納咽味以和六液

又曰昔漢成帝獵於終南山中見一人無衣身生毛飛騰不可及乃圍得之問之乃秦宮人說秦王子嬰軹道之事因宮室燒燔驚走入山飢無所食垂當餓死有一老人令食松葉松實其獵者將歸以穀食之歐吐累日乃安一年餘死向不爲人獲即仙矣

又曰龍述字伯高京兆人也後漢從仙人刀道林受胎氣之法又受餌飦方託形醉亡隱處

又曰武當山道士戴孟者本姓燕名濟字仲微漢明帝時人也少修道德不仕入華山餌芝木黄精雲母丹砂受法於清靈眞人王君得長生之道又裴眞人授以玉佩金璫經并石精金光符

又曰食草木之藥不知行氣導引服藥無益也終不得道若志之感靈所存必至者亦不須草藥之益也若但知行氣不知神丹之法亦不仙也若得金液神丹不須他術也

若大洞眞經不須得金丹之道而仙也人生有骨籙必有篤志道使之然故不學而仙道自來也過此以下皆須篤志

又曰東海玉華妃青童君之妹降授張微子服霧之法

又曰栢成納氣腸胃三腐

三五順行經曰廣平眞人項負圓光執華幡於上帝前問修鍊之法

又曰羅江大霍山洞臺中有五色隱芝之華陽山亦有五種夜光芝良常山有螢火芝其實似草其在地如螢狀大如豆如紫華夜視有光得食之者心明可夜書計得食四十七枚者壽

又曰包山中有白芝又有隱泉其色紫華陽雷平山有田公泉且玉沙之流津用以浣衣佳

又曰服九靈日月華者得降太極之家玄眞之法也

又曰郎宗字仲綏北海安丘人少士官後漢時人也爲吳令學精道術占候風氣後一旦有暴風庭起占知洛陽大火燒長夏門遣人往參問果尔朝廷聞之以博士徵宗宗恥以占術就徵夜解印綬負笈遁去居華山下服胡麻得道今在洞中

又曰傳禮和漢桓帝外孫傳建安也常服五星氣得道爲含眞臺主

抱朴子曰余祖鴻臚少時甞爲臨沅令云此縣有民家皆壽考後徙去子孫轉多夭折他人居其故宅又累世眉壽疑其井水殊赤乃試掘井左右得古人埋丹砂數十斛況餌丹砂者乎

又曰上黨趙瞿者病癩歷年衆治之不愈垂死其家輿載

弃之賫粮送置山谷中瞿自怨不幸晝夜悲歎涕泣弥月有仙人行過穴口見而哀之具問訊瞿知異人乃叩頭自陳乞哀於是仙人以囊藥賜之教其服法瞿服以病愈顏色豐悅肌膚玉澤仙人又過視之瞿謝之乞其方仙人告曰此松脂耳此山中多汝鍊之可以長生瞿乃歸家家甚駭問得愈狀瞿年百七十歲齒髮豪徙在人間二百餘年入抱犢山去

又曰要於長生去留各從所好耳服還丹金液之後若且欲世間者但服其半若求仙去當盡服之昔安期先生龍眉寧公脩羊公陰長生皆服金丹半劑者也其止人間或近千年然後去耳

又曰按玉鈐經中篇云立功爲上除過次之爲道者以救人危爲上功也欲求仙者要當以忠孝和順仁信爲本若

德行不修而但務方術終不得長生也行惡事大者奪紀小過奪筭積善未滿雖服仙藥亦無益也余覽養生之書莫不以還丹金液爲大要蓋仙道之極也昔左慈字元放於天柱山中精思積久乃神人授以金丹仙經會漢末大亂不遑修鍊而避地來渡江東志欲投名山以修斯道從祖仙公又從元放受之凡授太清丹經三卷及九鼎丹經一卷金液經一卷予師鄭君者仙公之弟子也又於從祖受之而家貧無用買藥予親事之灑掃積久乃於馬迹山中立壇盟受之并具諸口訣之不書者江東先無此書出於左慈慈授從祖仙公仙公授鄭君鄭君授予故它道士了無知者此盗假求於外物以自堅固復有太清神丹其法出於元君元君者老子師也太清觀天經有十篇云其上七篇不可以教授其下三篇世無足傳當沉之三泉也

下三篇者正是丹經其經曰上士得道昇爲天官中士得道棲集崑崙下士得道長生世間近後漢末新野陰君合此太清丹其人有才氣著詩及丹經讚序言初學道隨師本末列已所知識之得道者四十餘人甚分明也又有九光丹與九轉異法又有岷山丹法道士張盖蹹精思於岷山石室中得此方也至於諸丹法各別也金液者太一所服而仙者也

又曰長生制在大藥非祠醮之所定也秦漢二代大興祈禱所祭太一五帝陳寶八神之屬動費億萬絕無所益況匹夫無德欲以三牲妄祝以祈延年惑亦甚矣

又曰合金丹之大藥鍊八石之氣英者尤忌凡俗聞見則仙物不成或去上士得道於軍旅中士得道於都市下士得道於山林此謂仙藥已成未欲輕舉雖三軍兵刃不能

傷都市凶禍不能加下士未及於此故上山林耳古之道士飛鍊神藥必入名山又按入山經可以精思修餌其藥有太華恒霍嵩少太白終南女几地肺王屋抱犢安丘衡灊青城峨嵋雲臺羅浮陽駕黃金大小天台蓋竹括蒼四望山皆是正神在其中其上皆生芝草可以避大兵大水不但中以合藥也若有道者登之則此山之神必助之爲福其藥必成不成錯誥此諸山者海中大島嶼亦可合藥

又曰余師鄭君年出八十先鬢髮班白數年間復黑又顏色豐澤能引強弩日行數百里飲酒二斗不醉上山又體力輕便年少追之不及飲食與凡人無異又不見其絕穀余問先生隨之弟子黃章言鄭君常從豫章還於浦中連值大風遇盗君推粮以給諸人已不復食五十日亦不飢又不見其所施爲不知以何事也燈下細書過少年性解

音律閑夜鼓琴侍坐數人口荅咨闡其言不輟響而耳益料聽左右操弦者數譴長短無毫氂得逃余晚爲鄭君門人請見方書告余曰要道不過尺素上足以度世又曰君所知者雖多而未精又意存於外學不能專一未可以經深涉遠耳自當以佳書相示也久許漸得見短書縑素所寫者積年之中合集所見當出二百許卷經不可頓得了也

又曰語余曰新書卷卷有佳事但當校其精麁擇所施行若金丹一成此書等一切不用也亦或當有所教授宜得本末先從淺始以勸進學者無所希准階由也鄭君亦不肯悉令人寫其書皆當訣其意雖久借之然莫有敢盜寫一字者也鄭君本大儒晚而好道由以禮記尚書教授不絕其體望高亮風格方整接見者肅然每咨問恒待其溫顏不敢輕脫也門人五十餘人惟余見受金丹之經及三皇內文枕中五行記其餘人不得一覲此書首題者

集仙録曰夫茂實者翹春之明珠也巨勝者玄秋之沉靈也丹棗者盛陽之雲芝也伏苓者絳神之伏胎也五華含烟三氣陶精調安六氣養魄護神

又曰太玄玉女者帝少昊時人也居蜀之長松山修長生之道遇山中人授以八天隱文使之修佩謂曰修道之要以無爲爲本八天之書眞無爲也而道自成然而琅玕曲晨之液八瓊九華之丹使鍊而餌之即太極所祕可以入侍帝宸下覽萬化授九華方於江上鍊丹江畔有金砂泉是其遺迹

又曰高辛時有仙人展上公常說昔在華陽下食白李異美憶之未久而忽已三千年矣

又曰李脫居蜀金堂山龍橋峯下修道蜀人歷代見之約其來往八百餘年因號曰李八百初以周穆王時來居廣漢栖玄山合九華丹成去遊五岳十二洞二百餘年於海上遇紫陽君授水王之道又來龍橋峯作金鼎鍊九丹丹成三於此山學道故世號此山爲三學山亦號爲栖賢山

又曰南陽文氏說其先祖漢末大亂逃壺山中飢困殆絕有一人教食朮遂不飢十年來歸鄉里顏色更少身輕欲飛履險不倦行氷雪內了不知寒朮一名山薊一名山精

又曰薛女眞者不知何許人也晉室亂離人多栖寓林藪服餌避世因居衡山尋眞臺外出行常有黃鳥白猿白豹隨之不知所修何道

又曰玉姜者毛女也居華山自言秦人始學食松葉不飢寒止巖中其行如飛今號其處爲毛女峯

又曰涓子齊人子餌朮著三才經淮南王劉安得其文不解其旨又著琴書三篇甚有條理

又曰張微子漢昭帝時將作大匠張慶女也微子好道常服霧氣自云霧是山澤水火之精金石之盈氣久服之則能散形入空與雲氣合體微子自言受此法於東海東華玉妃淳文期青童君妹也微子亦以此霧法教諸學者

九眞華妃曰日者霞之實霞者日之精人惟聞服日實之法未見其知霞之精也夫食霞之經甚祕致霞之道甚易此謂體生玉光霞映上清之法也

太平御覽卷第六百七十

道部十三

服餌下

登眞隱訣曰太極眞人昔以神方一首傳長里先生先生姓薛自號長里周武王時人也先生以傳西域揔眞王君卽金闕聖君之上宰也按餌飯方受西梁眞人所傳時在大宛北谷今長里傳九轉乃周初間是爲受服餌飯三四百年後乃合此丹蓋司命劒經序也揔眞王君傳太元眞人卽東卿司命茅大君也以漢武帝天漢三年受之時年四十八後又以付二弟并各賜成丹一劑司命旣傳二弟而不載於此當以王君命使付非正次傳授也自二君以後惟定籙與楊君使示許長史并掾乃至于今故漢晉之世諸學道人各六合服金液昇仙無言九轉則此眞人方下

授以來未有營之者受經皆登壇盟誓割帛跪金爲敢宣之約不敢也前盟則金龍玉魚後代止布帛而已違盟負信三祖獲考於水官謂妄傳非人也傳授須齋盟用金玉偃鐶以代剪髮歃血之誓也欲合九轉先作神釜當用滎陽長沙豫章土釜謂瓦釜也昔黃帝火九鼎於荆山太清中經亦有九鼎丹法卽是丹釜從來咸呼爲鼎用穀糠燒之當在名山深僻處臨水上作竈屋屋長四丈廣二丈開南東西三戶先齋戒百日乃泥作神釜釜成擣藥令計至九月九日平旦發火按合諸丹無用年歲好惡惟日月中有期限及吉凶琅玕以四月七月十二月中旬間發火曲最以五月中起火太清九丹起火雖無定月而去作六一五月七月九月爲佳自齋以始便斷絕人事令待丹成也合丹可將同志及有心者四五人耳皆當同齋戒齋起日先投玄酒五斛於所止之流水中若地無流水當作好井亦投酒於井中以鎭地氣令齋者皆飲食此水也合丹法又令以青石函盛好龍骨十斤沉于東流水中名曰青龍液飲食之以通水靈也取東海左顧牡蠣吳郡白石脂雲母屑蚯蚓土滑石礬九六物等分太極眞人以太上天帝君鎭生五藏上經刻于太極紫微玄琳殿東殿墉上此乃上清八龍大書非世之學者可得悟了也南岳赤松子受而服之求其注釋於太極眞人

又青童君云五公之腴鎭生五藏鍊白易軀可以少顏色須齊戒泥竈修鍊也雲腴之味香甘異美強血補骨守氣凝液鎭生五藏長養魂魄眞上藥也眞人去此愈於鍊八石餌雲母也眞人鍊形於太陽易皃於三官者此之謂也

又曰太極眞人　青精餌飯方授彭祖傳云大宛有青

精先生能一日九食亦能終歲不飢卽是此矣眞上仙之妙方斷穀之奇靈也淸虛眞人說霍山中有學道者鄧伯元王玄甫受服青精石飯吞日景之法能夜中書又仙人龍伯高受服青餌方酔士隱處方臺又定錄君命告掾云次服餌飯兼穀勿違益髓除患肌膚充肥又掾書告長史覔米藥來山淶作飯恐草燥又長史與大掾書令餉小掾白米是淶作飯凡此六事有書者也太極眞人青精十石餌飯上仙靈方王君注解其後大書者是太素本經及西梁口訣墨注者是清虛王君所釋南岳魏夫人敷撰而使司命楊君書之五眞共成一法足稱靈妙矣

上元寶經曰子食草木之王氣與神通子食青燭之津此之謂也此太素所傳太極所撰上眞靈仙之至要不同餘術也服餌飯百害不能傷疾疫不能干去諸思念絕滅三

尸耳目聰明行步輕捷能隱化遁變長服益壽茅司命大君語二弟云宜服四扇散昔黄帝授風后却老還少之道也我昔授之於嵩丘先生今以相付耳又語小弟保命君曰卿宜服王母四童散此反嬰之祕道也體中少損宜服此方以補腦耳按小茅君服時已一百二十歲也夫此二方皆妙法也當齋戒修制

又曰裴君受支子元服食茯苓之法焦山將山人所傳能長生久視修合之際須謹密齊戒裴君又受支子元胡麻之法蔣先生惟服此二方位爲仙眞此二方書與世少異裴君所祕用者驗而有實丸服伏苓胡麻之方甚衆此法旣眞人所經用眞人手所書記必當最神勝於諸法若能常服仙道可期但患人服未覺其益便不服之故少有尅終之効若體先不虛損及年少之時當服伏苓若年三十歲當服胡麻蔣先生曰此二方是大有之要法長生神仙之祕寶也大有者謂委羽山洞天大有宫中之書法彼人當有服之者寶玄經云伏苓治少胡麻治老合以齊戒服以朝早卉醴華腴（密也百卉之花以成腴醴五公謂爲卉醴華英）火精水寶（火精伏苓也性熱而合火伏苓則其精矣水寶胡麻也性冷色黑而含津澤故謂之水寶）和以爲一還精歸寶此之謂也裴君以年少時所用故服伏苓也清虛眞人年十二便受此方于時未必虧損所以云服伏苓夜視有光也二方同耳皆長年之奇方也若合二物倍用密共煎搗爲丸乃佳按青精方伏苓禁食酸此專用伏苓不必禁酸味

又曰清虛王眞人授南岳魏夫人穀仙甘草丸方魏夫人少多病疾王君於脩武縣中告夫人曰學道者當去病先令五藏充盈耳目聰明乃可存思服御耳按王君初降眞

之時是晉元康九年冬於汲郡脩武縣廨内夫人時應年四十八也夫人按而服之及隱景去世之時年八十三歲也此晉成帝咸和八年甲午歲則夫人從服藥已來三十五年矣其間或不必常相續也了無復他患先疢都愈鬓不白齒不落耳目聰明常月中書道家章符夫人旣爲女官祭酒故猶以章符示迹耳存思入室動百日數十日了不覺勞旣在俗世家事相亂欲脩齋研誦便託以入室也食飲通快四體充盈即甘草丸之驗也謂之穀仙方脾胃旣和則能食而不害膚充而精察起居調節無溢利之患矣食穀而得仙故謂之穀仙也此本九宫右眞公郭少金撰集此方諸宫久已有之至郭氏更撰集次第序說所治耳猶如青精乃太素之法而今謂太極眞人也學仙道者宜先服之昔少金以此方授介象又授劉根張陵等數十人亦稱此丸爲少金丸宜齋戒修合並無毒無所禁食一年大益無責旦夕之効也俗人亦皆可服之

又曰雲芝英不擇日而修合治三尸伏疾服食一劑則穀虫死則三尸枯若道士固食穀者乃宜服也穀虫旣滅使人食穀而無病過飽而不傷去尸虫之藥甚多莫出於此昔脩羊公稷丘子東方朔崔文子商丘子但服此藥以協穀而皆得仙也漢景帝及武帝求索東方朔脩羊公祕方終不傳

又曰北海公涓子名姓不顯青童君弟子蘇林之師也少餌术黄精授守一玄丹之道在世二千八百年玄洲上卿蘇林字子玄涓子弟子也同紫陽之師濮陽曲水人年二十餘辭家學道後授三元眞一遊變人間

又曰太清正一眞人張道陵沛國人本大儒漢延光四年

始學道至漢末於鳥鵠山仙官來降授以正一盟威之教
施化領民之法號天師即眞誥云奉張道陵正一平氣者
是也天師靈寶伍符序及太清金液丹序並佳筆別有傳
已行於世
又曰服五石者亦能一日九食百關流淳亦能終歲不飢
還老反嬰遇食則食不食亦平眞上仙之妙方斷穀之奇
靈也陶隱居注云雖一日九食而吸饗流變不爲滓終歲
不飯而容色更鮮又云吸引之易感無責於七曜修行之
早成不過於九道保守之堅固莫踰於鎮生衛用之急防
無起於渾神藥石之速効豈勝於青精祈拜之感孰賢於
朝謝也
又曰服五石鎮五藏不壞
又曰九苞鳳腦太極隱芝之丹鑪金液紫華虹英太清九轉

五雲之漿東瀛白香滄浪青錢高丘餘精積石飛田能使
人壽考琴高先生受鎮氣益命之道又行補腦反丹之法
寶劒上終曰太極曲晨八景丸服之能飛行太虛
又曰太虛眞人服四極雲牙也
又曰飛龍雲腴方鍊五石之華膏身有玉光能夜書此藥
愈於八石之餌
又曰服日月之華者欲得恒食竹笋竹笋者日華之胎也
一名太明又欲恒食松葉松者木之秀也欲服日月當食
此物氣以感運也
太虛眞人云松栢者木之秀
又曰眞人挹五方元晨之暉食九霞之精（注曰謂清晨之元氣始暉之霞
精日陽數九謂之九霞本文云神光內耀朱華外陳）
太上黃素經曰九道士臨食常上饗食太和

太平經曰青童君採飛根吞日景空洞靈章云朝飡五雲
氣夕噏三晨光又云食黃琬紫眞之粕
眞誥曰崑崙有絳山石髓玉樹之實
又曰上清金闕靈書紫文採服陰華吞月精之法昔授之
於大微天帝君一名黃氣陽精藏天隱月之經也
又曰諸爲道者酒肉最爲大忌酒之爲物能使人識慮昏
迷性懷亂僻案諸藥中惟　四童丸云用酒亦可以水
又朮丸以酒和煎之其餘不云酒服餌
又曰後漢左慈就司命乞丹砂得十二斤以合九華丹
又曰治明期與後漢末人張正禮在衡山中受服王君虹
景丹積三十餘年
又曰趙廣信陽城人也魏末來剡山受服氣法守玄中之
道後服九華丹

又曰朱孺子吳末人入赤水山服菊花餌木又受西歸子
入室存泥丸法三十三章
又曰鄭景世與張重華俱晉初人也在灊山受行守五藏
含日法服胡麻及玄丹
又曰馬明生臨淄人爲縣吏逐賊被傷太眞夫人以靈元
救得差後師安期生受服太清丹
又曰王玄甫沛人與鄧伯元俱在霍山受服青精石飯吞
日丹景之法
又曰黃山訣云養性服食藥物不欲食蒜及石榴子道士
自不可食
列仙傳曰赤將子轝者黃帝時人不食五穀而食百草華
又曰天仙偓佺者槐山採藥人也好食松實體生毛目方
能飛行及走馬

又曰務光夏時人耳長七寸好琴服蒲韭根
又曰涓子齊人好餌术著天地之經三十八篇後釣於澤
得符鯉中隱宕山能致風雨
吉伯陽九仙法淮南王少得其文不能解也其琴心三篇
有旨焉
又曰劉景前漢時人也從邯鄲張君受餌雲母知其吉凶
抱朴子曰修道餌藥及隱居入山不得入山法者多遇害
萬物之老者悉能爲恠常試人耳惟不能於鏡中易其眞
形耳是以古之入山道士皆以明鏡徑九寸已上懸於背
後則老魅不敢近人或有來試人者則當顧視鏡中是列
仙山神者如人形是鳥獸邪鬼亦見昔人有於蜀雲臺山
石室中忽有一人着黄練單衣葛巾至其前於是人顧鏡
中乃鹿也因叱而成鹿徑去又林慮山下有一亭每宿者

或死或病常夜有十數人衣或白或黑或婦人男子後郅
伯夷過宿明燭而坐夜半果見來以鏡照之乃羣犬也伯
夷乃執燭起詐誤以燭燼落其衣聞燎毛遂以刀刺殺一
犬餘駭去每入山須擇吉日
抱朴子曰天地之情狀陰陽之吉凶茫茫乎其亦難詳也
吾亦不必謂之有又亦不敢保其無然黄帝吕望皆所信
伏近代嚴君平司馬遷皆所據用而經傳有歷剛日吉日
有自來矣王者立太史官封拜置立有事宗廟社稷郊祀
天地皆擇其日也
按王鈐經云欲入山不可不知遁甲之祕術而不爲人委
曲說其事也
太平御覽卷第六百七十一

道部十四

仙經上

仙經曰九轉丹金液經守一訣皆在崑崙五城　內藏以玉函書以金札封以紫泥印以中章

抱朴子曰余聞鄭君言道書之重者莫過於三皇內文五岳眞形圖古者仙官志人尊祕此道非有仙名者不授也受之四十年一傳傳之訣朱而盟委信爲約諸名山五岳皆此書但藏於石室幽隱之地應得道者入山精誠思之則山神自開山令人見之如帛仲理者於山中得之是也有此書者當須清絜每有所爲必先白之如奉君父其經曰有三皇文者辟邪惡鬼温疫横禍又次有玉女隱微一卷可化形爲飛龍雜獸金玉木石興致雲雨之類亦大術

也其淮南鴻寶萬畢之書不能過也鄭君博極五經知道者也兼綜九宮三棊推步天下河雒（與洛同）讖緯太和元年知季辰之亂江南將鼎沸負笈將仙藥東入霍山莫所知之

又曰家有五岳眞形圖辟惡人不能害

又曰黃老玄聖深識獨見開祕文於名山受仙經於神人蹶埃塵以遺累凌太遐以高躋金石龜鶴與之等壽念有志於將來愍信者之無聞垂以方法炳然著明淺見之徒區區所守甘於藜而酣於醨知飲食過度而速病而不能節知極情恣慾而致殞而不能割神仙可得安能信乎按仙經以爲諸得仙者皆其受命偶值神仙之氣自然所稟故胎育之中已含道性（及其有識必好其事）必遇明師而得其法不然則不信不求求亦不得夫百年之壽三萬餘日幼弱則未有所知衰邁則懽樂並廢童蒙昏老除數十年而險厄憂病又相尋焉居世之年畧銷其半人九得壽不過五六十咄（丁骨切）嗟咸盡除哀憂昏耄六七千日耳顧眄已盡况於全百年者萬無一焉諦而念之亦無笑夏虫朝菌也蓋知道者所至悲也

太上太霄琅書曰道本無形應感生象大象無象象妙難明故見眞文結空成字

又曰大上眞人靈寶祕文內符者九天眞王三天眞皇以授帝嚳藏於鍾山北阿夏禹治水畢詣鍾山鍾山眞人以授之禹還會稽更撰定爲二通一通藏苗山山㵎須萬年劫會乃出一通緗寫付雲水洞室須甲申期至令與理水傳伯長等

又曰吳王闔閭十二年正月使龍威丈人入包山洞庭取

之以出有符而無說又齊人樂子長受之於霍林仙人韓衆乃敷演服御之方藏於東海北陰之室太一金液經者按劒經序云高丘子服金液水長史書云欲合金液意皆是此方今有葛洪注是郗愔黃素書又有別訣一卷此亦太清上丹法也

登眞隱訣曰楊君許長史共書洞房經於小碧牋紙又云篆書白麻紙

又曰八素之經是聖君以白素之繒八色之彩筆自書也

靈書經曰昔龍漢之年高上大聖以紫筆書空青之林撰出妙經靈寶眞文出法度人也

金根經曰太陽金童太陰玉女侍紫書上法

又曰西華玉女在仙都守衛藏天隱月之經龍飛尺素隱訣云天帝君命羽仙侍郎執金案以請經

眞誥曰上清九眞中經内訣是太極眞人赤松子撰
又曰華陽中玉碣文太養存三元徊我王文領理八老二
十四眞不眠内視此仙之要言也
又曰寶神經裴清虛裴眞君也錦囊中書也侍者常所帶者裴
昔從紫微夫人受此書也
又曰玄圃北壇西瑶之上臺也天眞祕文盡在其内
又曰九華眞妃與紫微王夫人南岳魏夫人同降眞妃坐
良久乃命侍女發檢囊中出二卷書付楊君一上清玉霞
紫映内觀隱書一上清還晨歸童日暉中玄書此是三元
八會之書楊君旣究識眞字令作隸字顯之耳道有八素
眞經太上之隱書也
又有九眞中經老君之祕言也黄書亦要長生之訣也青
要紫書金根衆文王清眞訣三九素言丹景道精隱地八

平六百七十二　三　王福

術白簡青籙紫度炎老此皆道之經也
又有飛步七元天綱之經七變神法七轉之經
又大洞眞經三十九篇太丹隱書八禀十訣天關三圖七
星移度九丹變化胎精中記九赤班符封山隧海金液神
丹太極隱芝五行祕符曲素辟訣黄水月華佪水玉精水
陽青英絳樹青實琅玕華丹天皇象符以合元氣白羽紫
蓋以遊五岳三皇内文以召天地神靈玉佩金璫以登太
極素奏丹符以召六甲金眞玉光以映天下八景之輿遊
行太清飛行之羽以超虛空
劉向列仙傳叙曰列仙傳漢光祿大夫劉向所撰也初武
帝好方士淮南王安亦招賓客有枕中鴻寶之書先是安
謀叛伏誅向父德爲武帝治淮南獄得其書向幼而讀之
以爲奇及宣帝即位修武帝故事向與王褒等以通博有

俊才進侍左右向又見淮南鑄金之術上言黄金可成上
使向與典尚方鑄金費多不驗下吏當死兄安陽成侯安
民乞入國户半贖向罪上亦奇其村得減死論詔爲黄門
侍郎講五經於石渠至成帝時向旣司典籍見上頗脩神
仙事遂修上古以來及三代秦漢傳採諸家言神仙事
穆天子傳曰外崑崙之墟以觀黄帝之宫具齋戒以祀登
春山即玄圃也崑崙之山地方二千里有曾城九重是謂
閬風玄圃
山海經云明明崑崙玄圃其上穆天子勒銘於玄圃以昭
後世天子與王母觴於瑶池之上王母爲謡白雲在天於
是天子外于崦嵫日入處山也乃紀迹於崦山
茅盈傳曰王母謂茅盈曰玉珮金璫之道太極玄眞之經
能之者皆飛行太虛王母命西城王物眞一一解釋玄眞

平六百七十二　四　福

之經又自敷演金璫之經口授於盈曰金璫者上清之華
蓋陰景之内眞玉珮者太上之隱玄洞飛之寶章得其道
者上陟雲漢宴寢太極元始太常之言是太霄二景隱書
玉珮金璫之文章也又有陰陽二景内眞符與本文相隨
太上法惟令授諸司命子玉札玄挺綠字刋金黄映内曜
素書上清與當爲上卿之君司命之任矣然不先聞明堂
玄眞之道亦未由得太霄隱書也玄眞之道是食日月之
法鍊五神之術耳其經曰太上玄玄雙神四明玄眞内映
明堂外清吞息二暉長生神精上補司命監御萬靈六華
充溢徹視黄寧九四十字太上刻於鳳臺南闕也非物眞
弟子而不教非司命之挺而不傳也太上眞官用日霞之
道挹二景之法使通靈致眞體生玉映役命萬神上昇帝
房昔鍾山眞公用此玄眞法耳王君乃將盈歸西城依承

眞訣按而行之三年之中面生玉澤後王君又賜盈九轉還丹及方一首立壇結盟約不得傳泄乃遣令歸告曰復百年求我於南岳將授汝仙官於吳越盈後得仙居句曲山邦人因改句曲之名爲茅君之山時茅君二弟聞盈方信有仙矣弃官而去渡江求兄相見告二弟眞訣一十八年道成因使更齋戒三年授以上道使存明堂玄眞之氣盈乃啓王君自說二弟得爲地仙之法要當受爵佩帶眞極之符王君賜玄水玉液絳日丹芝可使二弟齋戒三月而服之盈命飈車與二弟詣青洲請書名金簡

又詣西城洞宮朝見揔眞上宰次南詣衡山之朱臺謁太虛赤眞人歸方諸請地仙二眞之策造赤城受眞變神符又之羅酆求華旌繡幡又上登九宮詣金闕之下受聖君之書頓首於闕下三月於是聖君命九微太眞上相王大

司命高晨師青童君使上詣太上請朱冠使者下拜二弟於金闕下授二弟眞簡而還

又曰神仙經黄白方二十五卷千有餘首然率多深微難知其可解分明者少許耳世人多疑此事爲虛誕與不信神仙者正同耳余昔從鄭君受九丹及金液經因復求授黄白中經五卷鄭君言曾與左慈於盧江銅山中試作皆成也然齋潔禁忌之勤苦與合九丹神仙藥無異也俗人多譏余好攻異端謂余欲強通天下之不通若方諸所得水火豈與常水火別哉皆自然之所感致非窮理盡性不能究其指歸非原始要終不能得其情狀成都内史吳太文博達多知亦自說昔事道士李根見根術有所成不得其術令百日齋戒太史文連在官終不能得恒歎息言人間不足處也

太眞科曰清虛小有天王撰三天正法經

金液經曰太初混元皇經以陳上眞絳晨封之玉函至道之大合符天圖三丹要言太皇所紀祕之玉堂勿傳其旨

太眞玄丹經刻于清虛之堂太皇君之寶章也命曰紫藥明珠之丹開元迴化混尔而分陰陽屢變其道自然玄圖七轉至九而還大黄首篇是曰玉虛上眞保之命曰元經

上清洞眞玉經曰太上八景章皆刻於東華仙臺不宣於世其受帝君九陰訣盟用素絲絳幣此日曄之誓也其受太上結璘章盟用碧幣此月華之誓也

太一帝君洞眞玄經曰有玉女在太上六合紫房之内侍衛太丹隱書

馬明生内傳曰靈寶天書封於九天之上大有之宮西華玉女金晨紫童典衛之

玉光八景經曰金華之玉晨晨童侍衛玉光八景之經

太上黄素經曰九讀太丹隱書金華洞房及雌一寶章者是能飡味玄眞觸類無滯感召太素陟降九眞得稱爲三元丹法師揔領上眞

九眞中經曰西玄山洞臺中有鬱儀隣結二經玉簡金字玉檢曰青筆書三元玉檢上元檢

後太洞經曰西靈玉童在當寒臺侍衛八景玉籙經

後聖君列紀曰龜毋按筆玉童結編名曰靈書紫文上經

三皇經内音曰九書此内音之符以黄筆爲文成篆隸科斗之字記造化人倫之始

酆都六宮下制北帝文曰人之死生玉帝刻石隱銘以書六宮北壁制檢羣凶

又玄刻石隱文以朱書青繒三尺佩之萬神朝已此玄古

之道也
又云酆都山洞中玉帝隱銘九九十一言刻石書酆都山洞天六宮北壁六宮萬神之靈也
又云玉清隱書洞景金玄之章刻石隱銘此音發於自然之篇九天玉章其詞幽奥非始學凡夫所可竟通非大帝下降不得演究此銘也
又金根經云凡修金玄當珮隱銘
玉帝七聖玄記曰列名上清者皆刻注於玄圃得爲太平之眞也故太上誥命記乎玉文非以簡札翰墨所能宣也
玉清隱書曰玄羽玉郎以玄羽玉經授太素三元高上玉賢之賓
又曰景玉童在靈景之關瓊霞之房侍衛上皇玉惠玉清之隱書

太平御覽卷第六百七十二

太平御覽卷第六百七十三

道部十五

仙經下

玉帝七聖玄記曰舊文有十萬玉言自非上聖莫能意通題崑崙之堂北洞之源

又曰崑崙之室北洞之眞源迴九乙天齊白簡青籙在其內也

太平行經曰九都之上金格玉書並題得道人名展轉胡數

又曰紫蘭臺瓊文紫字在其中

西極明科曰龜山西室王屋南洞天經備足也

又曰玉清洞房三氣金章封於玉京紫戶之內

又曰玉篆寶章藏紫房九戶之內大洞雌一經玄有玄琳玉殿五老鎮生上經藏在其中

又曰四極明科封於金闕紫臺

又曰華耀景眞經秘在九天之上大有之宮金映七寶臺

又有三寶玄臺上清隱書秘其中

登眞隱訣曰上清仙臺金書在其中太極九玄臺碧簡文在其中玄眞皇龜臺明堂玄眞經在其中

又曰崑崙瑶臺西母之宮所謂西瑶上臺天眞秘文在其中

金書玉字上經曰西玄洞臺有金書洞房經

又曰胃命已定於玄闕緑字已有生名仙籍故也

洞玄經曰有始陽臺在阮樂天中內音書在其上

又曰三層玉臺在九天闕之上臺上有太清寶經三百卷及眞人學仙簿籙簡目太帝監眞玉司郎典之

又曰瑶臺者高上帝藏金玄羽章萬神隱音在其內紫書

金根經曰九學者勤尚苦志則玉皇三元東華太上當遣眞人授其眞經後聖衆眞莫不先奏金簡於東華投玉札於上清然後得授大洞眞經而或青宮無金簡之籙玉格無玄編之名則神經亦不可得而授也

金根經曰開雲鳳之蘊紫錦之囊出紫書眞訣玉篇

太有經曰帝御執大洞眞經盛以紫玉函

又曰太一君執素靈洞玄大有妙經盛以黃玉函

又曰大有經金縷玉字以明其篇

又曰大有妙經九眞科檢校秘於金藏玉匱

大洞雌一篇目曰大洞眞經在九天之上大有宮太玄靈臺

又曰華玉堂仙丹金丹在其內奔日月二景

隱文曰西玄山下洞臺中有鬱儀結璘經也王屋山清虛

中亦有此經也而不備惟太上玄宮高上臺及蓬萊府北室金柱玉壁刻此並備

八素經曰太上曰諸學眞人而受玄清八素經皆有太帝篇目西華宮有玉簡藻書當爲眞人者乃得此文也

又曰西龜之山玄圃之上積石之陰八素眞經在其內

龜山元籙曰龜山丹皇飛玄紫文西母常所寶秘其旨隱奧自無仙名不得眄其篇目得者皆九天書籙名題龜山

又曰玉華之室丹景玉文在其內

飛行羽經曰峨嵋山金臺之室飛玄羽經秘其內

又曰太上飛經藏於玉清上宮七映紫臺

五寶經曰靈寶紫文秘在九天之上太玄靈臺

又曰神州七轉舞天經秘於紫天元臺

三元玉檢曰九天三關之門九天龍書三元空洞玉檢飛

玄之文刻題其内
又曰三玄臺玉檢紫文九天眞書在其内
又曰西沙方臺上眞三元之檢在其中也
又曰晨燈之臺飛天檢文在其中明照九天之上
又曰金牖臺三元玉檢刻題其中
又曰鳳生臺太眞金書在其内
金簡玉字經曰有洞天陽臺玉佩金璫經在其内
洞景金玄經曰自非眞仙之名帝國玉籙者不得聞見此
經得見此經者飛仙上清
法輪經曰太上玄一眞人曰吾昔受無極太上大道君無
上八門經道成位加眞人此文與元始同生包含天地億
劫長存自非仙籙不得妄傳
天地綱紀經曰太上玉經隱書皆盛以別笈

道迹經曰東井華林堂元洞天中内音玉書置其上
大有經曰太玄靈臺玄都九眞明科在其内
飛龍隱訣曰飛行羽經封之峨嵋山金臺室
道學傳曰洞室中有金城玉屋眞文所在
上清九眞中經内訣曰太上宮高上臺有太上玉晨鬱儀
奔日赤玉文及太上玉晨結璘奔月黃景玉章此二經刻
以玉簡金字
内音玉字經曰内音封於南河洞室石匱之中
五符經曰九天靈書封於石匱
玉訣經曰南圃丹霍之河三元洞室封題玉匱
消魔經曰仙經一藏於荒山觀試九心也
像天地品曰後漢順帝時曲陽泉上得神仙經一百卷内
七十卷皆白素朱界青標朱書號曰太平青道陰行品曰

度代君司馬生以白玉板青玉界丹玉字以授吳郡沈羲
又曰上清以丹金書白玉之紫金爲界
三元眞一經曰琳霄之室者三元眞一之法藏在其中也
玉光八景經曰金輝紫殿金眞玉光八景經藏其内
上清經曰南極藏上清經於瑶臺
茅君傳曰金臺者上眞内經封其中
三道順行經曰南洞之室王君封三道經在其中
玄眞經曰高玄之妙道玉清之祕篇皆授金名玉字高仙
之人
九眞中經曰奔日月之道太上上清太極九皇四司眞人
之所寶祕玄元君之玉章也自非有金闕玉名及東華紫
字皆不得聞見此鬱儀奔日結璘奔月二章之篇目
三元布經曰南極上上寶祕玉檢之文自無玄名帝圖不

得見其篇第也
又金羽玄章經此文隱藏不傳於世自無蘭臺丹字不得
見聞
靈寶眞一訣曰洞玄自然經本文出乎太上道也者弥綸
無極微妙無形
老子曰天下莫柔弱於氣氣莫柔弱於道道之所以柔弱
者包乎天地萬物夫柔之生剛弱之生強而　天下莫能
知其根本所從生者乎是故有以無爲母無以虛爲母虛
以道爲母自然者道之根本也人能以自然爲道眞則道
可得而通也
太上經曰道實無形隱爲化本經有文字顯爲教端師
有形言出處爲法語默隨時爲存爲最功至乎道白經與
師師經及道號爲三寶

又玄化本有三道經師也大道無形須經爲階經文玄妙非凡所知聖降爲師示人旨訣老子云道者萬物之奥善人之寶賢者得之以爲眞寶愚者得之不敢失道道無常術德無常方神無常體和無常容道爲中主與靜爲友

又曰龍景九文紫鳳赤書經舊文藏在大上六合紫房之內天人侍衛其經

太微黄書經曰天眞三皇藏八會之文於委羽山太微天帝藏一通於龜山其靈書八會字無正形趣究乎奥難可尋詳得爲天書自然至眞斯八會之氣全五和之音非淺近者所能洞明天眞皇人竭其所見注解其意八會多文者生天立地開化人神萬物之本主召九天上帝校定神仙圖籙政天分度安國息民攝制酆都降魔伏鬼勑命水帝召龍上雲論天地刼期辨聖眞名氏所理城臺種種因緣廣宣區別五方元精服御求仙化形之法皆演玄妙自然虛無正眞妙趣明了具足也又有玉訣者天眞上聖述釋天書八會之文以爲正音又有靈圖者玄聖表化示以靈變像形述理令物易悟也玉皇譜籙者衆聖紀述聖君名姓宗本繼嗣神官位緒也誡律者玄聖製勑詮量罪福輕重科條防檢過失也威儀自然經者具示齋戒奉法俯仰進止容式軌範節度也方法者衆聖著述丹藥祕要神草靈芝柔金水玉修養之道也術數者明辨思神存眞念道齋心虛志遊空飛步飡吸元和導引三光仙度之法也記傳者衆聖載述學業得道成眞證果衆事之迹也

昇玄經曰太上以靈寶内教經者咸信著萬民乃可傳授奉戒完具内無毀滅賑恤孤弱遠惡修善不求名譽稱毀如一幽僻之處勤行其道使人信之如四時不欺與賢者論議不自專執者可傳授也又有好求勝法從善如流好近賢智無猜疑行聰明而賞別眞僞謹愼而言不過行柔弱而無過惡能師勝己而無悖慢重其師教如貧之得寶尊奉師長而不辭勤勞請益之心夙夜不懈如此之類方可授經

又曰有上清列紀經者得爲太極仙人益能誦之者遂爲上清之君也有玉清隱書者旦夕當致眞仙論道講妙有四極明科經者則玉帝遣五方神兵左右三官檢制靈文

靈寶經曰元始洞玄靈寶赤書五篇眞文者於元始之先空洞之中天地未根日月未光幽幽冥冥無祖無宗靈文闇藹乍存乍亡二儀待之以分太陽待之以明靈圖革運玄象推遷乘機應運於是存焉天地得之而分判三景得之而發光靈文鬱秀洞映上清發乎始青之天而色無定方支勢曲折不可尋究元始鍊之於洞陽之館治于飛火之庭鮮其正文瑩發光芒洞陽氣赤故號赤書天寶之以致浮地祕之以致安五帝賞之以得鎭三光乘之以高明上聖奉之以致眞五岳從之以得靈天子得之以致治國享之太平寔靈文之妙德標天地之玄根威靈恢廓普加無窮蕩蕩大化爲神明之宗其量莫測巍巍太空生天立地開化神明上謂之靈施鎭五岳安國長存下謂之寶靈寶玄妙爲萬物之尊

又曰太上八威策文（今靈寶五符後有一符名太上八威策以制虎豹山精也）太上隱書金眞玉光經即太上玉晨傳也素靈洞玄大有妙經即西王母傳也王佩金璫太極金書即扶桑大帝君傳也飛行羽經即中央黄老君傳也太宵隱書瓊文玉章即太帝傳也（此九傳並有眞經或人高而法下或術重而位輕此傳雖有新法以黄庭内經爲主是爲太極經也）赤

丹金精石景水母經（此似紫文服日精法）天皇象符以合元氣黃
書亦昇長生之要
洞眞玄經曰無太一金闕五星隱籙後聖七符空山石函
丹臺章玄黃五行天母抱圖者皆不得聞見至道也
洞眞經曰玉室者三九素語玄丹上化三眞洞元之道藏
於內
又曰高上藏三元玉檢三元布經於其內曲室者太微天
帝君祕九丹上仙文之所也元始五老又祕五篇眞文於
其內
又曰東海青華小童治玉華青宮內其東殿架上有寶經
三百卷玉訣九千篇主學仙簿籙應爲眞人者授之玉晨
監仙侍郎典之
又曰玄靈臺五老寶經及玄母八門金臺玄丹三眞洞元
之經藏其內
又曰九天闕臺上有上皇太眞高帝王名及後聖眞人簿
籙太虛玉晨監典之
太洞玉經曰玉晨延以金華之堂太上書以明玉之札
又曰龍山是玉清天中高臺名也天帝玉字在其中
又曰萬華宮有上帝寶經玉清隱書
大洞經曰有玄雲羽室黃老元君經封在其中
又曰黃老元君經封在素瑤臺及北寒金臺
又曰有闇風玉臺揔司學道仙籍
又曰雌一玉檢祕在九天之上太有之名太玄靈臺
又曰有混成玉堂大洞眞經在其中
又曰大洞眞經者三五之祕號眞道之至精三一之極章
並玉清之禁訣高上之祕篇也又太上九眞明科經云大

洞眞經雌一寶經素靈妙經三奇之章高上玉皇寶篇祕
在九天之上大有之宮太玄靈臺玉房之中也三籙者衆
經之端也金籙黃籙玉籙也夫靈寶經者有內外外教雜
教隨人所悟說之不必盡言也趣令前人受悟爲限也內
教者眞一妙術發自內心行善得道非從外來若道可假
外而得者便應以道授至眞不變湛然常存也三皇經者
玉清洞眞上清洞玄太清洞神
又太極隱注寶訣經云受三洞經當絕人事而行之也惣
三洞名太上洞一高上之經矣
大洞眞經或曰太眞道經或曰太清上道觀天內經上清
之高旨極眞之微辭飛仙之妙經也
靈寶經或曰洞玄或云太上昇玄經曰皆高仙之上品虛
無之至眞大道之幽賛也三皇天文或云洞神或云洞
仙或玄太上玉策此三洞經符道之綱紀太虛之玄宗上
眞之首經矣豈中仙之所聞哉
又金籙簡文經曰三洞寶經自然天文也
又太上太眞科經云大化始立人風眞淳故三寶度三品
人洞神名仙寶之道接三皇之世洞玄名靈寶之道明三
才度五帝之世洞眞名天寶之道紀清正之方濟三代之
後
又太上倉元經云三洞經者洞眞上清也洞玄靈寶也洞
神三皇也
又靈書經曰元始以龍漢之年撰十部經告西母曰太上
紫微宮中金格玉書靈寶眞文篇目有妙經其篇目今以
相示皆刻金爲字書於玉簡題其篇目於紫微宮南軒太
玄都玉京山亦具記其文

道君列紀曰若三元宮有珠札青書者則紫腦錦舌此爲
仙相也

太平御覽卷第六百七十三

道部十六

理所

五岳山名圖曰性命魂神之所屬皆有理所

神異經曰崑崙有銅柱其髙凌雲所謂天柱圍三千里員曲如削下有仙曹九府治所

又曰崑崙三角其一角正北干辰星名曰閬風巔其一角正西名曰玄圃臺其一角正東名曰崑崙宮上有玉樓十二景雲映日朱霞九光西王母之治所眞官仙靈之所宗

登眞隱訣曰上清之境九天之門上皇太皇帝君玉尊集羣神於其中以定天下萬民之罪福

又曰西華堂在上清王母所居

又曰文德宮張叔隱處之

又曰八景城在上清玉晨道君所居

又曰赤城太元眞人所居

又曰上清有楊冡殿上皇太帝玉尊集羣眞於内

又曰希琳殿在上清東海八停山上太帝君所居

又曰琅玕殿在上清金闕聖君所居也

又曰上清之境有丹城紫臺上皇大帝君玉尊集處

又曰七靈臺在上清境玉晨道君所居

又曰明眞臺在上清境東海八停太山上帝所居

又曰郁弗臺在上清境方諸東華山上青童君所居

又曰上清境有希林臺太帝道君居之

東方朔十洲記曰有光碧堂西王母所處也

三九素語曰蘭臺宮朱桂玉女處之玉房宮黃帝之女處之

十洲記曰滄浪海島上有積石室多石象八石腦石桂英也

又曰紫石宮室九老仙都治處也

又曰崑崙山一名昆陵山一名玄圃臺上有積石圃大治井西王母宴會之所也

又曰崑崙有瓊華室西王母處之

又曰玄洲在北海亥地有太玄仙都伯眞公所治也

又曰聚窟洲在西海中北接崑崙上多眞仙宮第有辟邪天鹿之獸洲上有大樹與楓木相似而芳華聞數里

又曰神仙島有紫石宮室九老仙都治處仙官數萬人

又曰方丈在東海中三天司命所居處羣仙皆往來其上

太洞眞經曰太素三元山有中黃太一上帝之館

又曰玉晨大道君治蘂珠貝闕

又曰玉皇道君居青雲之城玉堦文陛

又曰玉寥堂者虛無眞人之逸宅亦眞君氣之明堂

又曰玉容堂者太上之明堂也得道符籍之所在

又曰萬華宮在小有玉眞之天小有先生之所治

又曰絶空之宮在玄洲之北九眞仙上帝司禁君會仙處也

又曰圓華宮黃老之所處

又曰太霞之中太虛元君之所處也

又曰秀華山太極眞人呼曰圓明丹室五靈眞君處之

又曰青精君登紫空之山化玉室之内

又曰崑崙山有金丹流雲之堂上接琁璣之輪下在太室之中西王母所治眞仙之女所處也

又曰玉室青精君之所處

又曰王華三元君處流逸之室
又曰太虛有太霞之室合九雲而立宇太虛元君之所處也
又曰青華之室青童君乘玉彫之軿御圓珠之氣而入山室
又曰大老之室在上清八皇老君乘廣琅車而入
又曰流剛山上有暉景之室西王母治所也
金根經曰青要帝君在丘玉國黃金紫殿青要帝君所處
又曰八闕天人散香其間闕上有金臺九層臺上玉晨鎮君所進居也有金輝紫殿後聖金闕帝君所居處也
上清經曰上清南極長生司命君藏瑶臺丹靈宮又在蘭庭雲臺又登絕空之中紫碧玄臺
又曰有紫微玄琳殿中央黃老君居之

又曰協晨虛觀巍層之室太上大道君閑居處也
又曰元始居紫雲之闕碧霞爲城
又曰有黃房之室一石玉容之堂眞晨道君治其中太眞升崇玄臺天師朝禮處
又曰有蘂仙室天師教化處也
南眞說曰西王母女媚蘭字申林治滄浪山受書爲雲林天人
又曰北元中玄道君李慶賓女受書爲東宮靈昭文人治方丈臺第十三朱館中
又曰閬野者閬風之府是也崑崙上有九府是爲九宮太極爲太宮諸仙皆是九宮之官僚耳至於眞人乃九宮之公卿也
又曰大方諸宮青君常治處也其上人皆天眞高仙太極公卿諸司命所處有服日月芒法雖已得道爲眞猶故服之霍山赤城亦爲司命之府惟太元眞人南岳夫人在焉李仲甫在西方韓衆在南方餘三十二司命當皆在東華東華青童爲大司命總統也揚君亦去東軿執事不知當在第幾耳
又曰句曲山漢三茅君治其上各乘一白鵠集於處所時人乎有見者山生黃金漢靈帝時詔勑郡縣採句曲之金以充武庫至孫權時又遣宿衛人採金常輸於官
又曰方丈西北有陰成大山滄浪西南有陽長大山其山多眞仙之所處是陽九百六應數之標揭也秀華山有玉堂乃五靈眞君所處也
又曰金華山上有五宮太一所處
又曰玄洲之上有景暉之室西母之治所

神洲七轉七變經曰西隴濛汜之濵紫微玉堂王母請誥靈素章之處也
飛龍隱訣曰北極眞公治於北極廣虛之室○大洞雌一篇曰三元君在元虛之室○元始序曰寒靈丹殿在上清太玄玉都道君請眞文之處又有玉寶之殿帝尊所處也
王君內傳曰紫清太素瓊闕太素三元道君之所治也
洞玄經曰太極紫瑶之闕太極玄元眞君所治之處自天地已來人之生死簿籍在其中
玉清書曰玉戶瓊門九皇上眞在其中
茅君內傳曰玉清天中有散華臺是四斗七晨道君之所治也
列仙傳曰太空瓊臺太平道君處之
上清八景飛經曰玉寶臺三元君所登處也

三元眞一經曰黄闕紫戶玄精之室身中三一尊君常栖
息之所
神祝經曰太上玄堂天人所止
本行經曰有三元洞室妙眞人所處也
道學傳曰茅山鷰口洞玄冠錢妙眞登壇處也
定志經曰天尊靜處玄都元陽七寶紫微宮
太一洞眞經曰有太極紫房宮天帝寶神所處也
玉清經曰玉清宮高眞玉皇出入處
洞眞記曰宜都崇堂在紫泥之海東方朔宴息之所也
洞眞經曰大老寢堂八皇老君居處也
三元玉檢經曰廣靈之堂太素三元君處之在上清天
玄毋八門經曰五通仙堂者五通帝君在其內
又曰散花玉室三素元君在其內

玉清隱書曰瓊琳堂上皇玉帝寢宴處也
道學傳曰洞室中有太陰堂龍威丈人所見眞文之所處
也
龜山元籙曰文龜洞室上元君坐之處也
葛洪神仙傳曰金華山有石室一所丹溪人皇初平之隱
處也
清虛眞人王君內傳曰委羽山洞周迴萬里名曰大有空
明天司馬季主在其中
又曰西域王山洞周迴三千里名太玄惣眞天司命君之
所處也
名山記曰益州西南青城山一名青城郡山形似城其山
有崖舍赤壁張天師所治處南連峨嵋山山遥望唯見兩
青嶺山如蚕蛾之眉亦有洞天諸靈書所藏不知當是第
幾洞天也
又曰赤城丹山洞周三百里名曰上清玉平天此山下洞
臺方二百里司命君之府也
玉京經曰玄都玉京山有七寶城太上無極大道虛皇君
之所治也高仙之玄都焉
大有經曰太清極玄宮在元景之上太上君居之
三元布經曰上清玉景宮佩三元布人在其中
道迹經曰秀華玉堂五靈眞之所處也
又曰洞眞堂元始天王太一高聖君説觀身大戒之所也
昇玄經曰玉清臺仙聖遊行之所
七星移度經曰帝君上登太極瓊臺
上原經曰眉笠仙公住南岳
五符經曰皇人在峨嵋山北絶巖之下蒼玉爲屋

龜山元籙曰紫閣西華玉女居之
神祝經曰九合之室太上在其內
玉晨明鏡經曰有太玄玉晨金華之室三素元君處之
眞誥曰大茅山西南有四平山俗呼爲方山其下有洞室
名曰方臺洞與華陽通號爲別宇幽館得道者處之
又曰方偶山下有洞室名曰方源館幽人居之
又曰包山下有石室銀戶方圓百里
又曰有天市壇范丘林受口訣處
又曰存方臺仙人蔡天生隱其內
又曰清虛宮司馬季主隱處也
又曰積石臺朱孺子處之
又曰寢靜之室消子處之
又曰蓬萊仙公洛廣休治蓬萊山

又曰許玉斧居方山洞爲上清仙公
又曰羨門今在蒙山大洞黄金之庭受書爲中元仙卿
又曰廣漢郡綿竹縣東九里有山昔韓衆於上得仙有大石銅爲誌治應箕宿
又曰廣漢郡新都縣去成都一百五十里山有芝草神藥前有池水中有神魚五頭昔王方平於此與太上相見治應斗宿
又曰越嶲郡邛都縣有小山大山名蒙治山甚高無踰伊尹於此學道上有芝英金液草服之度世治應奎宿
又曰雲臺山有桃一樹三年一花五年一實懸絶無底之谷唯趙昇乃自擲取得桃子餘者無能取之治應胃宿
又曰天柱山有玉女乘白鶴仙人乘白鹿在雲臺治前有兩碑

又曰玉局治在成都南永壽元年正月七日太上乘白鹿張天師乘白鶴來至此坐局腳玉牀即名玉局治應鬼宿
又曰鍾山在北海子地隅弱水自生神草仙家種芝課計頃畝如稻狀亦有玉石泉上有九源丈人宮主領天下水神
又曰扶桑在碧海中大帝宮太眞東主所治處也
又曰蓬萊山上有九天眞宮蓋太眞仙人所居
玉京仙山經曰方諸宮青童君治之太丹宮南極元君治之白山宮太素眞君治之西城宮惣眞王君治之
太眞科曰有無央宮高上太眞居之
龜山元籙曰金華宮西華玉女處之
上清經曰啓金宮玉寶九霄丈人居之七映宮紫映九霄眞人居之玉清元寶宮高上虛皇君處之金靈宮紫虛高上元皇道君居之朱靈宮上皇虛君居之洞雲宮皇上帝君處之金輝宮紫皇君居之靈映宮高亭君居之變化宮王皇先生居之玉寶宮紫精君居之飛玄宮玄一君居之玄上宮玉皇先生居之變靈宮太帝君居之金門宮皇上帝君居之陽明宮洞眞君居之元景宮太素君處之紫瑶宮北玄君居之紬靈宮南朱君居之音光宮西華君居之靈金宮中元君居之紫微宮東明君居之鳳生宮高上君居之朗範宮元辰君居之十瑶宮九元君居之欝森宮太明君居之雲森宮元靈君居之洞霄宮三元君居之返香宮元昭君居之長命宮太極元君居之高虛宮紫元君居之飛玄宮上眞老君居之瓊容宮洞景君居之耀瓊宮大陽君居之明眞宮景元君居之紫曜宮司命君居之通妙宮天皇君居之金華宮黄房君居之天皇宮太一君居之

開清府九天丈人居之又有丹府三天玉童居之又有重冥府玉寶九霄丈人居之鳳生府九霄眞人居之金府靈皇君居之丹神府上皇元道君居之生眞府玉虛君居之金魂府萬始先生居之務虛府皇帝君居之紫曜府紫皇君居之神變府中元君居之九合府玉皇先生居之
又曰有陵層之室玉晨道君處之
又曰幃緑之室太元眞人處之
漢武内傳曰有紫桂宮太上丈人居之

太平御覽卷第六百七十四

道部十七

冠　幘　帔　褐　褵

袍　裘　衣　珮　綬

板　笏　帬　鈴　杖

節　屐　舄　帷帳　席

冠

眞誥曰有一老人着繡裳戴芙蓉冠倚赤九節杖而立芙蓉冠即禮之爵弁粗欲相似但不知眞人以何物作之耳自非已成眞不得冠此

又曰遠遊冠桐栢眞人戴此冠女眞已笄者亦戴冠惟西王母首戴玉勝又女眞未笄者則三環角結或飛雲編結餘髮垂兩肩至膂中也龍冠金精巾虎巾青巾虎文巾金

巾此天眞冠巾之名不詳其製

又曰男眞　冠眞並飛天交結

道學傳曰王母二玉女侍王母上殿戴太眞晨纓之冠履玄瓊鳳文之舄

又曰孟景翼字輔明義嘉搆難景翼星夜往赴經行失道時一人黃衣黃冠在其前引路旣得道乃失所在

海空經曰眞仙道士並戴玄冠披翠帔

太眞科曰解褐披絳綃之衣䙝巾著遠遊之冠

又曰人皇著七寶珠冠

上清經曰元始皇上丈人戴紫曜之冠佩九色自然之綬

又曰高靈九天建金華七曜之冠

又曰玉眞九天丈人建飛精百變之冠佩九元道眞之策

又曰上三天玉童建三華寶曜洞天玉冠

四明科曰九脩上清道經大洞眞經入宣之日當身冠法服

又曰九女子學上清之法受寶經玉訣脩行大洞皆元君夫人之位入宣之曰當冠元君之服方眞束帶玉童玉女各二十人其掌法服無此服不得外於上清

洞神經曰受道之人皆玄冠草履

傳授經曰老子去周左慈在魏並葛巾單裙不著褐

又曰陸先生云對上下接謂之俯仰之格披褐二服也

又玄冠戴二儀衣被四象故謂之法服

道學傳曰西母結大華之髻戴太眞晨纓之冠履玄瓊鳳文之舄

上清變化經玄紫映玉青眞王建華天冠帶交金之鉤

又曰上皇玉靈君建七曜華冠佩丹文紫綬

又曰皇上帝君建七色朱精華冠

又曰太素高虛上極紫皇建七寶冠帶神精交蛇之綬

又曰虛明紫蘭中元高嶂君建三華之冠帶流金紫章

又曰太素眞君建紫晨巾乘青龍紫羽蓋

玉珮金璫經曰元始天王披九色離羅之帔帶寶冠

又曰太帝建七氣朱冠

又曰太岳君建三寶九光夜冠

又曰華山君建六元通神飛冠佩交靈之綬

又曰嵩高君建中元黃晨玉冠佩黃神中皇之章

又曰玉佩帝君建紫冠

眞誥曰上元夫人服赤霜袍披青毛錦裘頭作三角髻散髮至於腰戴元晨夜月之冠帶六山火玉之佩曳鳳文琳華太綬執流黃揮精之劒

上清變化經曰太元眞人巾芙蓉冠
上清元籙曰九天元父戴寶天之冠
太上五帝内眞經曰青帝君建九天通天冠
又曰赤帝君建三氣玄梁寶冠
又曰白帝君建七氣明光寶冠
又曰黑帝君建五氣玄晨之冠
又曰黄帝建黄晨通天冠佩黄晨越元之策帶靈飛紫綬
太上飛行羽經曰九晨君建飛精玉冠衣九色之鳳帔
又曰元晨君建飛天玉冠衣九龍天衣
又曰蓋晨君建三晨寶冠衣丹錦飛裳
又曰上晨君建玄精玉冠衣玄羽飛裳
又曰華晨君建飛晨寶冠衣青羽飛裳
太上飛行羽經曰靈妃元皇夫人建晨纓寶冠
昇玄經曰仙人定子明着黄褐玄巾
大洞玉訣曰皇初紫元天中眞人披朱錦之服巾緑霞之冠
山西經曰玉女建白冠
洞神經曰天皇君戴九元冠地皇君戴二晨玉冠執元皇定籙策人皇君戴七色冠執上皇保命玉策
又曰上清瓊宫南極玉眞赤帝君建進賢之冠
又曰北極玉眞黑帝君建玄寶之冠西極玉眞白帝君建通天寶冠中極玉眞黄帝君建通元五氣之冠
土精眞訣曰東方九靈眞人戴九氣冠南極眞人戴進賢冠衣絳章之衣西方素靈眞人戴三寶玄冠北方玄靈眞人戴玄冠中央總元三靈眞人戴黄晨玉冠

玉光八景經曰東元景道君冠七色耀天玉冠躡九色之履
金根經曰九天元父戴七色朱玉之幘無極進賢之冠
又曰九天玄母著青寶神光錦繡霜羅九色之綬戴紫元玄黄寶冠
大有經曰玉清之母戴七神朱玉之髻巾無極進賢之冠著玄黄素靈之綬在太極朱宫
又曰九天眞女戴玄黄七稱進賢之冠
又曰上清眞女戴玉冠著九色之綬居太幽宫中
又曰太極帝妃冠無極進賢之冠衣五色鳳文之綬在太清極玄宫中
又曰太上君戴三寶玉冠著九色之綬在無極眞宫中
又曰啓明天君冠青精進晨玉冠
太一洞眞玄經曰三素老君服錦衣建龍虎冠
又曰太一公子白元司命桃君五人皆着朱衣絳巾典主符籍在太微紫房宫中
登眞隱訣曰太玄上丹霞玉女戴紫巾又戴紫華芙蓉巾又金精巾飛巾虎文巾金巾
龜山元籙曰元始皇上丈人冠九氣紫曜之冠衣九光錦袍佩九色無縫自然之綬帶六山火玉在上清之上又帶九天仙鍊之劒衣九色班文袍常乘十二飛麟帶金虎鳳文之綬
金眞玉光經曰元景道君曳玄黄之綬建七色玉冠
又曰元景道君衣丹錦之綬戴進賢玉冠乘玄景緑輿參駕鳳皇又太陽上府紫微宫中道君曳絳錦丹綬戴玉冠躡九色之履執制魔之章又元景太一君曳玄黄素綬戴

七寶冠執命神之策乘玉輦五采蓋紫雲車𩦎駕六龍
又曰桐栢山真人王子喬年甚少整頓非常建芙蓉冠着朱衣以白珠綴衣縫帶劒多論金庭山中事言於衆真
太上素靈經曰太上神仙戴飛晨寶冠又戴青精辰玉冠遊雲寶冠玉精寶冠通天玉寶冠三玄寶冠上清仙公並建扶華沓霞大冠道君冠九德之冠
太極左仙公起居注曰太上三天錫仙公芙蓉晨冠
靈飛六甲經曰上清瓊宮東極王真建九氣通精之冠玉京真人戴通陽玉晨冠少陽真人戴通曜之冠太素三元君建寶晨扶晨羽冠紫素元君建太真晨纓之冠三角髻餘髮散之於胥
太極金書曰元始建洞天之冠上君建青精天玉之冠太真丈人建三寶玉冠三天童建三華寶曜洞天玉冠

太洞玉經云紫元真人被朱錦之服巾綠霞之冠
五岳真形圖曰東岳太山戴倉碧七稱之冠南岳衡山戴九丹日精之冠中岳嵩山冠黃玉太玄之冠西岳華山建太初九流之冠北岳恒山建太真靈陰之冠青城丈人戴蓋天之冠
昇玄經曰昔有仙人丑子明建黃褐玄巾

幘

紫書金根經曰九天元父戴七稱珠玉之幘
敷齋經曰正一功曹冠朱陽之幘

帔

太極金書曰元始天帝被九色羅帔丹絳之裾珠繡霞帔
太極左仙公起居注曰太上三天錫仙公丹錦繡帔
靈書紫文經曰青童大君衣飛青翠羽龍帔
雌一五老經曰太素三元君服紫氣浮雲錦帔又紫繡毛帔又鳳文錦帔
無上真人內傳曰九色錦繡華文之帔
太元真人茅君內傳曰繡羽紫帔
九真中經云青玉錦帔絳玉素玉玄玉黃玉錦帔
又云青華丹蘂玉白琳四出龍帔玄玉九道雲錦帔黃雲山文錦帔

褐

仙公請問經曰太極真人曰夫學道當潔淨衣服備巾褐制度名曰道之法服
靈寶真一自然經訣曰至真已得道人披九光七色法服
靈飛六甲經曰南極玉真着緋羅法服
上清紫宸經曰修七轉之道者上皇君以法服飛仙羽章

授之仍戴以紫元飛霜七色之冠

褵

上清經曰高上玉皇衣玉文明光飛雲之褵
龜山元籙曰九天玄母衣霜羅九色之褵又衣青羅之褵
五岳真形圖曰五岳使者服緋褵
三元布經曰紫素元君衣紫錦帔褵曰素元君衣白錦光明之褵
龜山元籙曰九色飛雲錦褵九色自然之褵玉文明光飛錦之褵九色珠絳雲光錦褵丹錦七色文光之褵

袍

太極金書曰元始披霜珠之袍
上清經曰三天玉童衣青黃錦袍
五岳真形圖曰東岳君服朱光袍

龜山元籙曰有明光飛錦珠袍五色雲羅之袍七色鳳雲
之袍九色班文羽袍
茅君內傳曰有赤霜之袍
裘
大洞玉經曰司禁眞伯乘日月之輧披虎文之裘
八素經曰白素元君衣黃緣曜光雲文之裘
五帝內眞經曰有玄文明光之裘九色斑裘
龜山元籙曰有雲文丹錦之裘
衣
三道順行經曰玉景眞人衣玄雲錦衣
老子歷藏中經曰東父者清陽之氣万神之先衣五采衣
龜山元籙曰有明光錦九朱飛文法衣三素飛文錦衣五
色班衣九色龍衣又有青黃紫三色羽衣又有九色鳳衣

亦有九天鳳衣
珮
大戒經曰太極眞人曰九謹事法服則者冠冕玉珮
三元布經曰六山大玉之珮
綬
八素經曰太素元君衣流光雲文綬始素元君衣紫光雲
文素綬玄素元君衣飛雲九變綬紫素元君衣玄黃九色
素羅之綬黃素九君衣飛雲素錦之綬
三元布經玄紫素元君交帶靈飛大綬白素元君珮文琳
華之綬
太上飛行羽經曰九鈴之綬飛靈紫綬六山飛晨之綬九
光之綬
金眞玉光經玄紫青之綬丹錦之綬絳丹綬玄黃素綬白

文素靈之綬玄靈五色之綬
元始經曰九天玄毋帶流蘇紫綬
又曰九元光延紫綬靈飛紫綬交靈素綬九色自然之綬
金虎鳳文之綬
又曰太上九氣命靈之章帶翠羽交靈之綬
板
昇玄經曰太上曰十方奉經眞官五帝眞事符童傳言謁
者皆冠帶垂纓齊執玉板羅列鹵簿對我前後左右
笏
昇玄經曰太上勑陵陽監受敎稽首而起執笏東面西
而立
帬
太上飛行羽經曰上君衣鳳衣班文虎帬

太上素靈經曰太上神仙衣青錦單帬青綾帬雲錦絳
章丹帬絳衣飛帬黃雲錦帬
三元布經曰太素三元君服九色龍錦羽帬紫素元君衣
飛霜羅帬
太極左仙公起居注曰太上三天錫仙公緋羅帬
龜山元籙曰有丹錦飛帬九色龍錦羽帬
太上飛行羽經曰七色夜光雲錦帬
九眞中經曰蒼華飛羽帬丹華飛羽帬白羽飛華帬亦有
黑羽黃羽飛華帬
又曰翠龍華文飛羽帬朱華鳳帬素羽寫章帬黑羽龍文
帬綠羽鳳華繡帬
鈐
移度曰南方眞皇君垂靈霜鳳華龍鈐帶虎書建玄晨之

冠飛青錦衣秉丹霞絳輿

龜山元籙曰有玉鈴又有晨光明月之鈴

列仙傳曰北元中玄道君李慶賓女爲靈昭夫人着紫錦衣帶神虎符握流金鈴有兩侍女侍女年可二十許夫人年可十三四閒呼一侍女名隱暉侍女皆青綾衣捧赤玉箱二枚青帶絡之題白玉檢曰太上章一檢曰太上文夫人帶青玉色綬如世人帶章囊狀隱章當長五丈許大三四尺

又曰太極有四眞人中黃君處其左佩神虎之符帶流金之鈴執紫毛之節頂金精之巾

又曰仙道有紫繡毛帔丹青飛裙翠羽華衣金鈴青帶曲晨飛蓋御之自飛

杖

龜山元籙曰冬三月三天玉童化爲老人手把九節金杖洞耀玉清之中

聖紀經曰有老人握青竹杖與老子談天地之數

赤書玉訣上經曰當取靈山向陽竹令長丈有七節作神杖使長上下通直甘竹乃佳印以元始之章動息坐起恒以自隨有五帝眞符吏輔翼上眞

茅君傳曰朱官使者把綠節杖瓊干羽旄

又曰太素眞人把八景飛杖九色之節出入上清三天玉童頭連三角黃巾手把九節金杖

節

列仙傳曰太元眞人杖紫毛之節紫微王夫人與一神女俱降神女着雲錦襹上丹下青文采相明着有綠繡帶帶係十餘小鈴鈴青色黃色更相參厠左帶玉珮珮如人間珮珮但幾小耳衣服倏倏有光照映室內如日中視雲母也雲髮鬒鬒整頓絶倫髻在頂中垂餘髮至要指着金鐶白珠約臂視之年可堪十三四左右兩侍女其一侍女着朱衣帶青章囊手中又持一錦囊囊長尺餘以盛書十餘卷以白玉檢上刻字玄玉清神虎內眞紫元丹章其一侍女着青衣捧一白箱以絳帶絡之箱似象牙箱形二侍女年可堪十七八整飾非常

又曰裴眞人從者持青毛之節一童帶繡囊周君從者持黃毛之節無囊二君各有六童

又曰東卿大臣見降侍從七人一人執紫毛節一人執華幡一名十絶靈幡一人帶綠章囊三人捧牙箱一人握流金鈴侍者並朱衣東卿形甚少於二弟二弟著青錦繡帬紫毛帔巾芙蓉冠二弟並同來倚立東卿命坐言語良久

時乙丑歲晉興寧三年七月四日降於楊君之家也

又曰先道有三十七種色之節以給仙人

履

九眞中經曰九學道者勿令人犯履履行道尤多禁忌

金眞玉光經曰有五色九色師子之履

玉光八景經曰東北始陽宮牛元景足躡五色履

舄

龜山元籙曰領仙玉奉元始命使賫晨纓玉冠鳳雲之舄給上眞仙母又有神雲鳳舄

列仙傳曰安期先生賣藥海邊時人言千歲翁秦始皇召見與語三日夕賜金璧數千万出於阜鄉亭皆置去留書以赤玉舄一量爲報曰後千歲求我蓬萊山下始皇即遣使者入海未至蓬萊山輒風波而還

上眞元籙曰九天元父曳神雲鳳舃帶素雲之綬

帷帳

神州經曰九河帝君坐玉床五色帷帳內外光明玉珮千垂

席

玉珮金璫經曰仙人鄭段者坐玉華之席

太平御覽卷第六百七十五

道部十八

簡章

玉帝七聖玄記曰七聖定簡五帝記名
登眞隱訣曰小有天王太素清虛眞人登白空山詣紫虛
太眞三元君受流金火鈴豁落七元八景飛晨策玉璽
又曰太一有玉璽金丹虎符
又曰玉璽鳳函金眞玉光紫文單章在其內
玉清隱書曰有太上飛行九晨玉經金簡內文
又曰善功注名黃籙金格玉簡陳列三清四極
九幽經曰帝尊在三元宮中揔校圖籙
明科經曰若有玄名帝圖紫簡綠字千年得傳也
又曰五老寶經青綠爲字以書其章又八素眞經太上之

隱書也八色采筆金闕帝君自書之爲致眞之法以付太
虛眞人南岳赤松子使下授學道宿有眞金玉字刻在金
閣當爲眞人者不得越傳地仙又五符經一道通書以南
和丹繒封以金英之函印以玄都之章付震水洞室之君
又靈寶眞一自然經衆眞佩此經者以黃錦爲地丹金書
之永谷道眞享之無期也元始說經中所言並是諸天上
帝內名隱韻之音非世之常辭也
又曰唯一玉檢五寶經祕在九天之上大有之宮太玄靈
寶臺玉房之中紫金爲素以撰其文青綠爲字以書其章
又曰有妙經刻玉爲簡傳於天帝君
太上八素眞經曰司命著籍玉簡丹書編以金縷纏以青
絲千億万年無所復疑
又曰太上吉日即以三元之章又印以太玄之章又印以
高皇之章又印以中黃之章
又曰西華宮有琅簡蘂書也
又曰太上以白玉爲簡丹玉書亦用青碧玄玉黃金爲之
八素經曰八素眞經玄文生於太空之內見於西龜之山
玄圃之上積石之陰高玄羽章衆眞宴禮稱慶上清
上清經曰三天玉童帶朱精赤天之章高玉皇佩丹皇玉
章
又曰紫映九霄眞王佩金鳳璽
又曰太素三元君有雲瓊之板九變虎書
又曰高靈九帝帶元光紫綬流精飛瓊之章
又曰三天玉童帶九天之章
又曰高上虛皇君佩丹皇玉章
又曰玉眞九天丈人佩九元通眞之策

又曰紫靈皇上元皇佩封靈召眞玉策帶流光鳳章
又曰上皇玉虛君佩丹文紫綬
又曰三元大明上皇君帶神虎紫章
又曰皇上万始先生佩金虎鳳文帶丹皇紫章
又曰皇上帝君帶神虎玉章
又曰上極紫皇君佩六山玉帶神精交虵之章綬
太霄琅書曰太微天帝君以紫簡結紫度經篇目也
又曰有帝章之印
又曰瓊文帝章當刻書棗心之木受於絕巖之中
又曰太霄琅書乃九天飛霄之典瓊文帝章乃上文也並
以元始生於自然空洞之中靈皇玉帝受於九玄鑄金爲
簡刻玉結篇金鏤玉字以明寶文祕於九天之上
洞神經曰有三都印三皇印九天印鎮天下

又曰有三皇玉券一名金契
又曰受三皇法須玉簡長一尺二寸廣一寸厚三分無者
權桐准也
又曰通謁三皇之簡以青玉作之赤金爲字
金根經曰金簡玉札出自大上靈都之宮書以朱文編以
朱繩
又曰有神華玉門眞人投金簡之處
又曰領仙玉郎賫金簡紫籍來於東華青宮校定玉名
又曰玉皇刻降丹精玉芝金璽鳳章也玉寶青宮之內有
金章鳳璽
又曰青宮北殿上有金章鳳璽眞人得之
又曰青宮之內北殿上有仙格金架也格上有學仙簿籙及
玄名年月深淺金簡玉札有十萬篇領仙玉郎之典也

又曰青宮無金簡之籙玉格無玄編之名神經亦不可得
披
大洞玉經曰讀玄一洞經者神臺刊名於福連之簡太上
金簡玉札名爲福連之書也
又曰眞陽者上清之宮名福連之簡刊其內
五符經曰眞一食五牙天文西母刻以黃金之札封以丹
芝光草印以太上中章
茅君内傳曰茅盈在恒山内夢太玄玉女把玉札携之
又曰天上道君有玉輿鳳璽
又曰太元眞人有一人帶籙章囊又一人帶繡章囊又一人
帶錦囊書
金眞玉光經曰有昭靈之章保生玉章
又曰此經高妙衆經之尊總御萬眞臣御羣仙玄符流映

洞明紫晨秘於九天之宮鑄金爲簡以撰靈文刻玉丹書
八明其篇也
又靈寶自然經曰太上諸仙眞以黃金爲簡丹玉書之又
太眞科以玉牒金書七寶爲簡玉帝
七聖玄紀曰刻以白銀之簡結以飛青之文
又曰廣靈之堂迴天九霄白簡青籙刻其內
太眞科曰丹簡者以朱漆簡明火立陽也墨籙者以墨書
文明水主陰人學長生故名丹簡墨籙秘不妄傳
又曰天皇執飛仙玉策人皇執上皇保命玉策地皇執元
皇定籙之策
三華寶曜內眞上經曰太帝靈都宮中有二十四万上眞
仙人皆鑄金爲簡白銀結編紫華書文誦詠此篇
三天正法曰三天九微玄都大眞靈籙者秘在太上靈都
之宮刻以紫玉爲簡黃金爲文付五老上眞仙都左公封
以紫蘂玉笈盛以雲錦之囊

南岳夫人內傳曰白簡素籙以白玉爲簡以青玉爲字故
謂之白簡青籙皆記得道之人名姓
道學傳曰金簡有玉元規之筆迹
太上素經曰九受太上黃素經者傳盟用玉札一枚長一
尺五分廣一寸四分又云有三元秀簡
眞誥曰清虛眞人詣三元君受玉璽金眞
龜山元籙曰丹文紫章神虎玉章七元交光之章流金紫
章太上命神之章夜光寶章九色離羅之章
靈書紫文經曰靈書紫文上經刻以紫玉爲簡青金爲文
黃籙簡文經曰投金龍一枚丹書玉札青絲纏之以關靈
五帝昇度之信封於絕巖之中一依舊法

又曰丹書玉札一枚金龍一以青絲繫石沉三河以闕水
帝昇度之信一依玉訣舊文
太洞玉經曰太上經簡玉札名爲福連之書
又曰太上書以彤玉之札則玉映之堂可見四明之門可
入也
後聖道君列紀曰刻以紫玉爲簡青金爲文龜毋按筆眞
童拂筵玉童結編名之曰靈書
龍飛尺素隱訣曰太微天帝君命羽仙侍郎奉金按以請
飛行羽章
太一洞眞玄經曰白元司命五人朱衣絳巾各捧一白玉
案上有所主簡
紫度炎光經曰龜毋捧筆太一拂筵天妃侍香玉童結編
以白玉爲簡金書保仙上符仙都也左公封以玉笈雲錦

之囊
變化經曰金光立空之案雲錦之囊封九赤班符於玄元
之中南極長生司命君得之
玉佩金璫上經曰九老仙都捧金精立空之案上請寶文
以授衆眞
空洞靈章經曰白簡度品青籙定仙
太元上上經曰非有瓊籙玉名刻簡三清者不得金虎內
符
靈書經曰東方九氣天中靈寶度命品章出自元始東華
青童君封之青玉寶函之中印以元始九氣之章
神仙中經曰老子度關時爲尹喜著五千言解五十五章
是手所書也能行此道知元氣父母天地之先不知此者
徒自苦耳太微天帝君以紫簡注紫度炎光經篇目金簡

書其正文玄章在焉
玉皇譜錄曰高上衆眞結自然之章
金玄羽章經曰玉清八景隱書金玄內文生於元始之先
即天之書也以威百神諸天
內音經曰天有飛玄自然之氣合和五音以成天中無量
洞章
赤書玉訣上曰無始靈寶眞告水帝削除罪簡上聞九天金
龍驛傳在朱書銀木簡以投三河之淵初用金鈕九雙連
簡沉之於清泠之泉埋本命之岳三官九府書人功過其
理甚明
隱元內文經曰青童君延万帝於曲宇講寶訣之妙章
洞眞經曰六層玉臺在九天圖之上臺上有金簡玉札及
紫鳳丹章十万篇太上眞文玉郎典之

玉光八景經曰玉寶書臺太空之章封其內
飛行羽經曰上皇九轉之道絳簡紫書祕於紫天元臺
二十四生圖曰披九光玉蘊出金書紫字玉文丹章三部
八景二十四生圖置白玉案上
靈寶隱書曰玉誕者曇誓天十都名也上有大洞之章紫
書玉字煥乎上清
玉京山齋曰諸高仙眞人人會太上玄都披空洞歌章
靈書經曰東方九氣天中靈書度命品章出自天元始東
華青宮青童君封之青玉寶函之中印以元始九氣之章
又南方三氣丹天靈書度命玉章出自元始朱陵上宮南
極上元君封之赤玉寶函之中印以太丹三氣之章又西
方七氣天中靈書度命玉章出自元始西華宮中金毋封
之白玉寶函之中印以太素七氣之章

又云北方五氣天靈書度命玉章出自元始北上宮中玉
晨君封之玄玉變之中印以太玄五氣之章
三元布經曰高上三元經者乃三清眞書也上眞玉檢飛
空之篇上元檢天大籙中元檢仙眞書下元檢地玉文如
是寶篇高上皆刻金丹書盛以自然雲錦囊封以三元寶
神之章藏於九天之上大有之宮金臺玉室九曲丹房
靈寶赤書曰元始命太眞按筆玉妃拂筵鑄金爲簡刻書
玉篇五老賞籙祕於九天靈都之宮
廻天九霄經曰於是大一拂筵天妃持香玉華執巾丹書
紫字刻於白金隱起靈顏結於玉篇題以青籙得道之名
龍景九文
紫鳳赤書經曰太上命太極眞人授以玉簡金書寶洞飛
霄絶玄之章

玉帝玄記曰中皇元年九月七日七聖齋靈清長宮記其
得道之篇刻以白銀之簡藏於雲錦之囊封以啓命之章
付以五老仙都左公掌籙瓊宮
又曰古空洞之中有廻天上文四司所保五帝所詮七聖
定簡舉形合先
大有經曰太上玉章刻玉爲簡揔御万眞
眞經曰東方歲星青帝勾芒佩通明之印南方熒惑赤帝
太昊佩太陽之印西方太白白帝少昊佩通陰之印北方辰
星黑帝顓頊佩通神之印中央鎮星大帝文昌佩方神之
印
本際經曰有十二法印
紫書金根經曰有青精玉璽
金房上經曰大帝靈神都宮中有金房度命延年之訣鑄

金爲簡刻白銀之編紫筆書文
消魔經曰發九天之朱匱瑩上清之瓊札玄書旣刻於玉
章絳名始刊於靈闕
大洞眞經曰八景玉籙藏於太素瑶臺玄雲羽室封以齎
森之笈玉清三元之章簡札品曰青童君曰無金簡者銀
木亦可當也無玉札者桐木亦可當但令精好也眞理無
有闇節當取札於雲錦之囊此上眞之至號玉帝之靈篇
也
上清九眞中經內訣有玄靈元君寶祕太奔日月之玉章
神州七變經曰太陰玉晨九天眞妃紫晨君受流精飛景
寶章
太清中經曰有天一八極璽
龜山元籙曰有流金鳳璽

又曰天皇太帝遣繡衣使者泠廣子期授茅盈以神璽玉
章金闕聖君命太極眞人使正一上玄玉郎王忠鮑兵等
與茅盈佩璽
太上飛行羽經曰太眞丈人衣九色飛雲曜光羽章
靈飛六甲經曰玉眞青君帶流金鳳章太上九赤班符
五帝內眞經曰封靈制魔之章黃神中皇之章
三皇經曰三皇自然之文皆以金玉爲用天皇所授玄玉
爲簡青玉爲文地皇所授黃玉爲簡白玉爲文綴以金鉤
聯以金鏁置以玉案覆以珠巾寶蓋彌床安之青宮閉之
紫閣芬以五香侍以十華也
神州七轉七變經曰流金鳳璽紫宸上皇先生所佩
三皇序目曰九天印文以召九天校事也
上清變化經曰高上虛皇君佩丹皇玉章

又玄三元大明上皇君帶神虎紫章又有皇上帝君佩金
虎鳳文帶神虎玉章
又曰九霄眞王佩金鳳璽
歷藏經曰天王侯帶紫綬金印
五岳眞圖曰太山君佩通陽大明之印衡山君佩夜光天
眞之印嵩高山君佩神宗陽和之印華山君佩開天通眞之
印恒山君佩長津悟眞之印青城丈人佩三庭之印
後聖列紀曰紫微上眞天帝玉清君遣八景瓊輿來迎聖
君以登上清宮賜蘂剛丹玉鳳璽
後聖九玄道君列紀曰太陰法有死生有黑籙白簿眞青
丹編簡受生先後之相次也
後聖道君列紀曰玉清君賜道君玉鳳璽
飛行三界經曰下有太一紫綬金印威喜天帝信璽修靈

寶飛行三界之道眞人所佩
五稱符上經曰五星通靈之印印五星靈符
道學傳曰吳王闔閭得眞文不解封以黃金之檢印以王
皇之章以問魯大夫孔子
又曰禹封五符以金英之函檢以玄都之印
神仙傳曰衛叔卿語其子度世云可於室西北柱下取我
仙方按而服之令人長生度世掘得玉函封以飛仙之印
取按之服五色靈母仙去
北帝經曰酆都祕印用救世間攝制鬼神
集仙籙曰杜蘭香女仙也於洞庭包山降張碩家碩蓋修
道者也授以飛化之道留玉簡玉唾盂又賫黃麟羽帔此
上仙之所服非洞天之所有也

太平御覽卷第六百七十六

太平御覽卷第六百七十七

道部十九

几案　輿輦　闕　殿　堂

臺　閣　樓　觀　宮

室　房　舍　窻　户

門　庭　壇　府

几案

十洲記曰瀛州金鑾觀中有青離玉几覆以雲紈之素刻水碧爲倒龍之牀

玉光八景經曰衆眞宴禮大帝歷節於几前

太一洞眞玄經曰太微紫房中有一童子名子景精字會元當帝君之前捧赤玉案上有所主命籍

又曰太一公子白元司命桃君五人皆著朱衣絳巾各捧一白玉案上有所主簡

玉清隱書曰太微天帝君進拜於帝皇之几

又曰上皇帝君乃推几偃詠虛眺太空吟玉清之隱書歌元景之靈章揚音霞際清徹玉振

太洞經曰太微小童五符命籍捧持玉案帝君所臨主通諸神

變化經曰有金光立空之案

又曰元始拊几高詠嘯朗太空

玉珮金璫上經曰九老仙都捧金精之案上請寶文以授衆眞也

洞神經曰拂拭几案置經于前也

像名經曰東方上尊凭七寶鳳文之曲几敷說道要眞經

法輪經曰三眞立空之案以七寶懸覆經上

衆篇經曰元始上尊凝眞遐想撫几高抗命召五帝論定陰陽推數刼會移校河源檢籙天度

洞神經曰有局脚案以置經符也

太上黄素經曰凡修受大洞眞經雌一奇文者恒置經於几格絜静之處

九幽經曰帝尊在九清妙境三元宮中御三氣之華寶案玉座惣校圖籙拔濟諸苦

二十四生圖曰披九光玉蘊出金書紫字玉文丹章三部八景二十四生圖盛以白玉立空之按九色之中飛文錦蓋懸覆經上

龍飛尺素隱訣曰太微天帝君命羽仙侍郎捧金案以請飛行羽章也

上清眞文王經朝文曰有流明大靈侍言玉案十二枚

又始内傳曰諸天各奉道華座以寶蓋覆之

神仙傳曰黄老遣仙官玉女持金案玉杯盛藥以賜沈羲

又曰淮南王爲八公進金玉之几執門弟子之禮

四極科曰凡寶經之具几案巾帙不可妄借於人

太玄經曰老子傳授經戒籙儀注訣曰以局脚小案置經絲巾覆上

洞眞玄經曰太一洞眞玄經者別爲囊笈封以寶器盛之几上

無量經曰太上座高三丈又於紫臺之宮布一高座六尺

金眞玉光經曰九天之帝施玉几金牀

山海經曰西母悌几戴勝悌凭也戴者戴其玉勝也他說西母頭類戴勝甚失之

本際經曰元始上尊在長樂舍寶飾高座雖有座形不障

於物人所往來亦無隔礙復有小琉璃座行列兩邊悉高
五尺
茅君内傳曰白玉龜山連玉牀帳西母處之
太上黃素方曰青精執在紫巫之山化王之室内有玉案
也
洞眞七聖玄記曰左仙上跣九天帝王七聖几下
飛行羽經曰修存三一道法坐金牀玉几金鑪玉匕
太眞人詩曰太微啓玉案
列仙傳曰太室山中有地仙卭跣卧牀几案
眞誥曰鹿迹山中有絶洞洞中自有石牀石榻曲夾
輿輦
太上飛行羽書曰玉清則上清之高眞上清則太清之高
神太清則飛仙之高靈凡行玉清之道出則諸天侍衛建

七色之節駕紫雲軒十二玉輪六師啓路飛龍翼轅行上
清之道出則五帝侍衛建紫毛之節駕飛雲丹車位准上
清左右仙卿行太清之道出則五帝侍衛建五色之節駕
龍輿白虬啓道太極叅軒
又曰王惣眞爲茅盈召朱冠使者二人乘流景之輿蒼虬
把緑節仗瓊竿羽旄橫曰朱雲騶景使者並繡衣芙蓉冠
持紫素之書各百字以付茅盈二弟固衷是以固有地眞
上仙定籙神君之號衷有司三官保命仙君之位各依紫
素之命封莅所任神宫上府亦隨事而資給二君焉漢平
帝元壽二年八月巳酉南岳眞人西城王君龜山王母方
諸青童君並乘緑景之輿駕神虎之軿同造茅盈於句曲
之山金壇之陰
又曰飛仙祕道招五辰之晨常能行之十五年則南極老
人丹陵上眞迎以緑雲之輦西極老人素靈子期迎以黃
颷之車北極老人玄上仙皇迎以玄景之龍東極老人扶
陽公子迎以青軿之輦中元老人上玄子迎以曲晨之蓋
五老會合俱升紫虛此五老蓋五星之眞人也非如裴君
星中五帝之公又異乎雲牙五方之老上學之法順之者
飛仙也
又曰八道祕言者道有八條其言高妙閑心靜室寥朗虛
眞亦將得見丹景之氣三素飛雲八輿朱輦紫霞瓊輪上
清靜聢迴鑾三元高皇秉節靈臺擊轅太素擁蓋南極臨
軒於是溟光外映象燭太虛子能見之不煩凝霜濯華玄
腴金丹也○一道祕言曰以八節日清朝北望清朝小早於
清旦也有紫緑白雲者是爲三元君三素飛雲也其時三
元君乘八輿上詣天帝玉清君也子候見當再拜自陳乞

侍輪轂○二道祕言曰以八節日夜半東北望有玄青黃雲
者是爲太極天帝君乘八景之輿上詣高上玉皇○三道祕
言曰以甲子上旬戊辰巳巳之日清旦西北望有紫青黃
雲者是爲太極眞君三素雲也其時太極眞君及上眞人
乘玄景緑輿上詣紫微宫○四道祕言曰以甲戌上旬戊寅
巳夘之日清旦東南望有赤白青雲者是爲扶桑太帝君
三素雲也其時扶桑太帝君乘光明八道之輦上詣紫微
宫○五道祕言曰以甲申上旬戊子巳丑之日清旦正西望
見白赤紫雲者是爲太素上眞白帝君三素雲也其時太
素上眞人白帝君乘脩條玉輦上詣玉天玄皇高眞也○六
道祕言曰甲午上旬戊戌巳亥之日清旦正南望有青赤
黃雲者是爲南極上眞赤帝君其時乘絳琳碧輦上詣閬
風臺○七道祕言曰以甲辰上旬戊申巳酉之日清旦西南

望見緑紫青黃雲者是爲上清眞人時乘玄景八光丹輦上詣高上天帝。八道祕言曰以甲寅上旬戊午巳未之日清旦正東望有朱碧黃雲者是太虛上眞人其時乘徘徊玉輿上詣大帝君八節日見三素雲者紫雲在上緑雲次之白雲在下共相沓也子謹視之

移度經曰眞皇紊駕黃霞周行四方飛蓋緑軿上造金闕

靈寶赤書曰諸天眞人乘碧霞玉輿

太洞眞經曰太上乘一景之輿受九暉太晨隱符

上清隱書龍文經曰王母乘九蓋華輿衆眞侍衛

紫文經曰方諸東玄東海青童大君齊戒於丹闕黃房之內三年乘碧雲輿

太元眞人傳曰有班龍之輿

金眞玉光經曰有玉華又上清三天列紀有紫輦

太洞玉經曰青童君乘雕玉之軿司禁眞伯乘日月之軿

又曰太極元君乘陵羽之車

太上經曰有白鸞之車

茅君內傳曰東海青童君乘飈車

葛玄傳曰鶴鳴山石室中設自然座有金華蓋

又曰五帝眞人並乘八景玉輿

二十四生圖經曰後聖李君遊西河歷觀八方值元始乘八景玉輿駕玄龍而來李君問天書玉字未究妙章元始俾極道眞於是吐洞玄內觀玉符以授之

變化經曰景輿丹軿紫軒九天帝王所乘也

上清訣曰玄母乘三素之輿

又曰元父所控赤羽飛車左御絳鸞右駕紫鳳

尸素訣曰太微天帝君登白鸞之車駕黑羽之鳳遊碧[illegible]之境

大洞玉經曰皇上帝乘明玉之輪轉宴於日中矣

茅君內傳曰無上道君成給八景瓊輿鳳蓋金眞曲晨飛蓋

又曰青華小童道君乘碧霞之輿

又曰上眞君赤帝乘絳琳碧輦

又曰太清眞君乘青龍紫羽蓋

又曰太元眞人杖紫雲之節乘班龍之轝白虎之軿曲晨寶蓋

又曰太素眞君乘虎旗虎輦金蓋玉輪仗九色之節出入太清

金眞上光經曰太上大道君乘瓊輿碧輦和太道君乘白雲之車

又玄玄和道君驂駕玄龍

太洞玉經曰八皇老君乘黃琅之車把紫鳳之節入太老之室

万華先生乘三素之景羽明之軿宴寢万乘之室

八素章曰四老迴錦軿万仙朝帝房

茅君內傳曰朱官使者駕蒼虬把緑杖

眞誥曰紫元夫人乘羽寶雲車駕九龍女騎九千披錦服青羽裙

自然經曰龍轡昂昂雲蓋巍巍仙童玉女與我昇龍

太上眞經曰東方青帝九龍雲輿

空洞經曰元始天尊從諸天人並乘玉輦瓊輪

元始五老赤書玉篇眞文序曰太上道君十方至眞乘五色玉輪九色龍妙行眞人乘象雲玉輦上詣玉都中極眞

人常乘象輪車上飛眞人常乘九色龍遊玉清雲中飛天之神乘碧霞之輦遊於玉隆之天黒帝君乘四景之輿

三元布經曰元始上尊乘紫輦

茅君內傳曰王君乘九蓋之輦

洞天經曰靈景道君乘赤雲車

太上飛行羽經曰中和之眞駕錦輿

茅君內傳曰王母乘緑景輿

玉光八景經曰東方始景道君乘青雲之車駕蒼龍

又曰南方玄景道君乘五色雲車駕鳳皇

又曰南方靈景道君乘赤雲車西南方元景道君乘紫雲車駕六龍西方明景道君乘白雲車駕白虎北方玄和道君乘珠玉之車

金根經曰玉帝君乘碧霞九鳳飛行之輿

玉清隱書曰太微君登八瓊之輦傾蓋霞城

又曰東北方道君葛獻乘八輿飛龜車下治人泥丸宮

登眞隱訣曰太元眞人乘白虎輿有八色雲軿

眞誥曰仙人許玉斧乘一新青犢車

又曰王眉壽小妹中候夫人乘白牛車

上清九眞中經內訣曰南極老人丹陵上眞迎以緑雲之輿蓋西極老人素靈于期迎以黄飈車人元老人中央上玄迎以曲晨之蓋五老一合俱升紫靈

王君傳曰王君乘虎輦金蓋玉輪出入上清受事太素

南岳魏夫人傳曰夫人乘虎輦玉輿隱輪之車

眞誥曰南岳夫人駕九蓋之軿

搜神記曰玉女成智瓊駕輜軿車從八婢

闕

五符經曰鍾山上有金臺七寶紫闕元氣之所含天帝君所治處也

殿

太洞玉經曰大暉者玉清天中殿名也上皇玉眞之所遊處也

太平經曰大空瓊臺洞眞之殿金華之內侍女衆眞之所處

靈書紫文上經曰有太空瓊臺丹玕之殿

靈寶赤書曰妙行眞人詣元始受赤書五篇眞文於是元始命衆眞入太空金臺玉寶之殿九光華房

紫書金根經曰有黄金殿

玄妙內篇曰有七寶殿

堂

太洞玉經曰有羽景之堂在太無之庭玉容者太上之明

堂也

洞景金玄經曰玉帝命太微天帝君坐万靈於房軒散華香於玉宇留連八瓊之室曲宴九琳之堂

外國放品經曰有光碧之堂

臺

大洞玉經訣曰西田之瑤臺大帝所處有玉清臺也又有散花臺

太上玉京經曰玉京有七寶宮宮有七寶玄臺即太上治所又有天寶臺

上清經曰有紫碧玄臺

大洞眞經曰上清眞人惣仙大司馬長生法師登太常滄浪山洞臺中雙玉穴酣飲紫明芝液

眞誥曰有玉華室有刻石眞人

五勝文曰駕飛龍於西華之臺謁拜帝眞赤書

玉訣經曰太玄上宮太素眞人常以春分之日會諸仙官於崑崙瑤臺校定靈寶眞經

又曰陽臺眞人常以立冬之日會諸仙官玉女於靈寶陽臺之上校定學道簿籙。本行經曰有壽眞玉臺

衆篇經曰帝尊引衆眞人集太空金臺內音

王字經曰九層之臺處乎玉京之山煥乎玄都之上有太眞玉印

又曰馥朗天中玉京玄臺之別號西靈眞人常誦無量洞章遊行其上

大洞玉經曰九天之上有明眞臺

茅君內傳曰辰中眞人帶廷生符於滄浪之臺

導引三光經曰定光眞人在皇曾天絕觀臺中導引元氣

又曰九變眞人在玉完天誥陽無臺中

又曰導仙眞人在何童天華林藤雲臺中

又曰雲華眞人在平育天玄唱寶蓋臺中

又曰陽王眞人在太眞臺中

又曰法氣眞人在飛臺臺中

又曰澤嬰眞人在越衡天無極觀臺中

眞誥曰白玉龜臺九靈太眞元君封此

閣

三皇經曰人皇所受皇文帝書赤玉爲簡黃玉爲文安之青宮閉之紫閣

太洞眞經曰九天繼仙才名刊金閣

金玄羽章曰紫閣之下受事於玉清九有玉閣黃閣青閣

樓

歷藏中經曰崑崙山有金城九重玉樓十二神仙所治也

龜山元籙曰龜山上有十二玉樓峩峩曜景太清有金華樓諸眞仙玉籙皆在金樓之中

觀

靈書經曰有洞靈之觀金字題觀四面又有九靈之觀紫陽之觀又紫微上宮有通陽之觀主得度之人功德輕重

宮

三元品戒經曰九氣始凝三光發明結青黃白之氣置上元三宮

太洞玉經曰太初有華陽之宮會方之宮小有眞天中有万華之宮玉君之治所玉晨宮中有玉映之宮又有元君六淵之宮黃老圓華之宮上清眞陽之宮太極上宮主衆仙誦詠

室

大洞玉經曰太霞之中有白雲之室太虛元君所處

三皇經曰蜀郡西峩嵋山石室舊有三皇文此文不與天下衆文同百万人中未有一人得者

龜山元籙曰有瓊瑤之室

外國放品經云有瓊華之室

洞景金玄經曰八瓊之室

又三華寶曜內眞上經曰玉室上清經有碧室

房

大洞玉經曰三華城者玉清之房名也在玉城之中陽安元君所處

無上眞人內傳曰有流雲九色之房

仙公內傳曰崑崙山上有積石瑤房

太上紫書籙曰白玉冊入於龜山王闕處於青玉宮中朱紫之房

靈寶赤書曰有九光華房

外國放品經曰紫翠丹房

舍

道典曰道之清淨者吾舍也道因天清而清之因地靜而靜之因日月之光而明之因星辰之行而正之因萬物之性而消息之萬物中人爲貴能使形無事神無體以清淨致無爲之意即道爲舍也

窻

諸天內音經曰天眞皇人開寒靈之窻

又曰南極玄窻主諸得道人受鍊品目

户

諸天內音經曰九玄丈人封於玉京紫户之內洞景金玄經有玉户

門

大洞玉經曰太素在幽玄之上九宮列金門於太素之天瓊羽之門蘭室上清宮中門户名也太上有瓊羽之門四明門者上清玉帝之南門也

紫書金根經曰東華方諸青童宮有六門門內周迴三千里東有青華門西有玉洞門北有瓊門東北有寒水門東南有天關門

庭

二道順行經曰峒陽之宮下有流火之庭

大洞玉經曰廣寒宮中有寒庭太一之所處又有雲珠之庭

太上眞文曰上帝朝眞金童楊烟流薰紫庭

壇

二十四生圖曰元始敷五色金爲壇

王皇譜籙曰元始丈人登玉虛之壇受九天譜籙上皇寶經玉符祕章

府

龜山元籙曰元始丈人在上清瓊天府太清府開清府玉寶洞元府金融府丹明府重貫府鳳生府

太平御覽卷第六百七十七

道部二十

傳授上

五岳眞形圖經曰若道士得祕聖之經皆當杜祕於一人之口者即眞靈之文將墜於獨見何緣得存於末代乎傳授但當必得其人豈可祕而不出是斯文永翳也

太極經曰太上玉經隱注寶訣衆經之祖也太上令傳太極諸侯公王卿伯未得此位不得之矣道士有見此書則皆應爲仙公也玄籙宿名將定焉

靈寶眞一經曰太靈眞人告太極左宮仙公曰吾昔授太上靈寶洞玄自然太眞上寶經爲太極眞人依太上法傳授於人

定志經曰元始告右玄眞人曰汝授此經可擇其人傳之弥布無外

三皇經曰百萬人中或有一人應得此文者皆有仙籙宿命者也欲有所授當擇其人入諸名山八極周流天下鬼神無敢犯之者太清元始天中之王毋初學道之師也

又曰皇人者太帝所使在峨嵋山黄帝往授眞一五牙法

抱朴子曰黄帝東至青丘過風山見紫府先生受三皇內文以劾召萬神南至圜壠陰建木觀百靈西至中黄子受九加之方過崆峒從廣成子授自然之經北至洪隄上具茨見大隗君黄蓋童子受神芝之圖還陟王屋得神丹注記至峨嵋山見黄人於玉堂問眞一之道曰夫長生仙方惟有金液守形却惡獨有眞一之道古人尤重也黄帝自然體道者也猶復陟王屋而受丹經登崆峒而問廣成往具茨而事大隗適東岱而奉中黄入金谷而咨子心論道養而諮玄素精推步而授雷岐窮神姦記而白澤相地理而書青烏救傷殘而綴金冶故能畢該秘要窮盡道眞按神仙經云昔黄帝老子奉事元君元君以受要訣況乎不逮彼二君者安能自得仙度世者乎按荆山經及龍首記皆云黄帝服神丹

又曰彭祖八百年安期千年斯其壽之過人遠矣若果有不死之道彼何不遂仙乎豈非禀命受氣偶得其多者乎按彭祖經云佐堯曆夏至商爲大夫商王從受還年之術行之有効欲殺彭祖以絕其術祖覺而逃去去時年八百

又曰紫微玄宮王飛天眞書太清元始授西母佩之位登仙宗眞人衛從

又曰玄洲仙伯關天丐仙眞書東海小童授以得道人佩之一名仙人道籙一名鳳眞籙太玄登仙盟文又崑崙臺靈飛太眞太上丈人以授得道者佩之周行五岳山神授職一名五岳兵符佩之金石爲開

又曰蓬來高上眞書成青天上皇以傳甯封佩此眞符橫行江海一名蓬萊太玄玉札一名九流眞書北陵文人授以馬師皇致龍來又天帝丈人黄上眞書佩之知吉凶未兆之事

上清經曰上清眞人登大帝滄浪山諸太極眞人授以丹青玉鑪鍊雲根經

三元布經曰昔甯玄甫受此經於皇上眞人九年祕藏白空山齋戒百日忽見其巖有玉文銀簡今封一通於白空山中

本行經曰丹靈眞人遇玄和先生受靈寶赤書五氣玄文黑帝眞文一篇

高玄經曰昔上元以隱文授太和玉女玉女授幼陽君以
文封於九疑洞室
登眞隱訣曰太極帝君寶章者東海青童君授消子以封
掌名山消子剖鯉所獲是太上召三一守形也以朱書素
佩之左肘勿經履汙穢佩之八年而三一俱見矣三一者
三元眞一君也授其封掌之教
又曰李翼字仲甫以七變法傳左慈慈修之以變化万端
此經在茅眞人傳後道士以還丹方殊秘故畧出別爲一
卷
茅君傳曰太眞元君西母授説明堂玄眞經云太上立玄
雙神四明玄眞內映明堂外清吞息二曈長生神精上補
司命監御万靈六華充溢撤視黃寧此四十字即玄眞之
本經也其後王母惣眞更演説行事之法猶如九眞中經

惟以龍書爲璽也太上刻於鳳臺南軒非惣眞弟子不教
非司命之玄挺不傳
又曰西母携王君茅盈以詣固衷之宮固衷盈二弟也西
母撫背告之曰汝道雖成所闕未足我有所授汝乃遣侍
女郭密香與上元夫人相聞云但不相見四千餘年天事
勞我致以罕面可暫來否當此相待上元夫人遣一侍女
荅曰阿環再拜上問起居遠隔絳河擾以官事遂違顏色
近五千年仰戀光潤情係無違密香至奉信承降尊於茅
固處闕命之際即當飾駕先被太帝君勑使諸希林校定
三元之籙正尔暫往如是當還還便束帶願暫少留茅固
因問王母不審上元夫人何眞也曰三天眞皇之母上元
之高眞統領十方玉女之名籙者也及上元夫人來聞雲
中簫鼓聲龍馬嘶鳴既至從者甚衆皆女子齊年十六七

容色明逸多服青綾之衣光彩奪目上元年未笄天姿絶
艷服赤霜之袍披青錦裘頭作三角髻餘髮散於背戴九
晨夜月之冠鳴六山火藻之佩曳鳳文琳華大綬執流黃
揮精劒入室向王母拜王母坐止呼之與同座北向上元
夫人設厨王君勑茅盈二弟固衷起拜稽首而立命坐復
席上元乃勑侍女出紫錦囊開綠金之笈三元流珠經丹
景道精經隱地八術經太極綠景經凡四部以傳固衷西
王母勑侍女李方明出丹瓊之函披雲珠之笈以玉珮金
璫太霄隱書洞飛二景內眞符以傳司命茅君上元曰阿
母隱書之妙上眞內經天仙所寶封之金臺佩入太微動
則八景玉輿靜則宴寢金堂此文妙矣阿環太極綠經等
可以致明月黃華得白日之赤精也及西母上元俱去惟
王君獨留經日於是盈與二弟訣別而與王君俱去到赤

城玉洞之府告二弟曰吾今去便有局任不得復數相往
來句曲是治所也漢光武建武七年三月丁巳遣使者呉
倫賫黃金五十斤置于茅三君廟下四時祠以太牢至明
帝永平二年詔丹陽句容茅眞人廟使營護脩守時邑人
通呼此廟爲白鵠廟句曲之洞宮有五門石堦曲山以水
其門今得往來上下也句曲洞天東通林屋北通岱宗西
通峨嵋南通羅浮皆大道也其間小徑新路阡陌沙澮非
一處也漢建安之末左慈聞江東有此山故尋之齊戒三
月而登山乃得其門入洞虛造陰宮二茅君授以神芝三
種慈周旋洞室經年制度甚肅歎曰不圖天下復有如此
之異乎至于地中洞天有三十六所王屋委羽西城西玄
青城赤城羅浮句曲林屋括蒼崑崙蓬萊瀛州方丈滄浪
白山八停之屬也五岳及諸名山皆有洞室或三十里二

十里十里岳洞方百里也句曲山秦時名爲句金壇以洞天内有金壇百丈因以致名也漢靈帝時勑郡縣採句曲之金以充武庫孫權時又遣宿衛人採金常輸官句曲山每至三月十八日十二月二日東卿司命茅君當是日請揔真王君太虛真人東海青童君會于句曲之上好道者欲求神仙宜先齋戒俟此日登山陳乞也茅君即授以要道得入洞門

又曰紫微元靈白玉龜臺九靈太真元君即西王母也上宰揔真王君東卿司命茅君之師右英紫微夫人之母也居崑崙墉臺別治白玉龜山青琳之宫朱紫之房首戴華勝覆帶虎章蓀蓋沓暎羽旌䕅庭以漢平帝時來降句曲華陽宫授司命茅君玉佩金璫經又奬教中小二君至晉成帝時與金闕聖君同降陽洛隱元臺授魏夫人玉清隱

書四卷又穆天子傳所載詣西王母及降漢武者皆是也別有傳紀名靈鏡洞玄上經或曰大有妙經即今所存中元輔卿手執者是未顯于世主訓教天下學真之人

又曰西極揔真君者茅司命之師也生於商末服青精䭀飯九轉丹用曲晨劒解之道治西城山宫年三十着繡衣芙蓉冠把鈴帶劒一漢元帝時降陽洛山授玉清虛上經三十一卷晉時又降魏夫人於陽洛臺每以三月十二月亦同來句曲推校學仙別有傳未顯於世神仙傳云降蔡經家者是此君也

又曰清虛王真人揔真王君弟子南岳魏夫人師漢元帝時辭家人華陰山九年太極真人降授二法後入地肺山（終南山一名地肺）又登陽洛山平帝時南極夫人西城王君同降授上經三十一卷王君共詣玄洲請書真名乃還西城修

行道成於是乘飛飆車遊行天下後登白空山詣紫清太素三元君受流金火鈴豁落七元八景飛晨神案玉璽畢又還西城太上遣賜繡羽晨蓋雙珠月明素羽瓊干丹紋錦旌太素又遣齎成命之書以爲太素清虛真人治王屋山主領寶經乘虎旆虎輦金蓋玉輪八景飛輿杖九色節出入上清受事太素寢宴太極南岳魏夫人師之撰傳顯於世

南岳魏夫人内傳曰夫人姓魏諱華存字賢安任城人晉司徒文康公魏舒女也少讀老莊春秋三傳五經百子事常別居一園獨立閑處服餌胡麻父母偪之強適太保公掾南陽劉幼彥疇昔之志存而不虧後幼彥爲修武令隨之縣舍閑齋別寢入室百日所期仙靈季冬月夜半四真人來降于室太極真人安度明東華青童

君碧海景林真清虛真人王子登於是夫人拜乞長生度世青童君曰此清虛真人者爾之師也當受業焉景林真曰爾應爲紫虛元君上真司命封南岳夫人也夫人謝曰此是婢子有幸賜以性命自陳畢東華小童指而笑曰丹心苦哉於是清虛真人王君乃命侍女華散條李明鶯等川披雲蘊開玉笈出太上寶文八經隱書大洞真經靈書八道紫度炎光石精玉馬神真虎文高仙羽玄三十一卷即手授夫人也王君昔學道在陽洛山遇南極夫人西城王君授此三十一卷經行之成真人今所授者是南極西城之本經也陽洛山有洞臺是清虛之別宫也王君當授魏夫人經之時起立北向而誓曰太上三玄九皇高真太帝太帝使教子魏華存於是景林真又授夫人黄庭内景經一名太上

琴心一名大帝金書一名東華玉篇令晝夜誦之王君又告曰子若不在山中隱身齋戒則大洞眞經不可妄讀也至于虎經龍書八素隱文之屬奇祕玄奥若不齋戒絶世不可施行子今且可誦黄庭内經步躡七元存五星之神而已人間行之亦足感通變化欲成際會我有以相迎矣方諸青童怡然小留四眞吟唱乃命北寒玉女宋聯涓彈九氣之璈東華玉女煙景珠擊西盈之鐘雲林玉女賈屈庭吹鳳矣之簫飛玄玉女鮮于靈金拊九合玉節王君乃語夫人曰訣諸要訖乃別去夫人守靜日進在世八十三年以晉成帝咸和九年王君與東華青童來降時歲在甲午二眞人與夫人藥題曰隱遷白醫川神散石精金光化形靈丸使稱疾忽行尅期有定俱會陽洛宫言畢二眞人去夫人即服藥因稱脚疾閉目寢息飲而不食到七日其

夜半之後太一玄仙遣飈車來迎駕氣騁御徑入帷寢其時子弟侍疾衆親滿側莫之覺也夫人遂用藏景之法託形劒化徐登飈輪徑之陽洛居隱元之臺志栖上元誠感九天丹心眞契澄神太素夫人遂北詣上清宫太微天帝遣九宫太眞侍玉元晨郎李明期授夫人神鳳之章使封山召雲中央黄老君遣正一羽晨侯公陽子明授夫人龍衣虎帶丹青飛裙十絶華幡使川登行上清攝眞命仙三素高元君遣左華九成夫人范定英授夫人流金火鈴九蓋之軿使彈制万魔飛輪太無太上玉晨大道君遣繡衣使者孟六奇授九色之節雙珠月明神虎之符錦旂虎旌使位主羣神以威六天太素三元君遣保禁仙都袁文堅右嬪元姬趙約羅授夫人西華玉女三百八景飛輿玄景九龍使侍衛執巾上詣三清扶桑太帝君遣八玄仙伯柯

原首五方天帝君簡肅正等授夫人玉札金文位爲紫虚元君領上眞司命使主諸學道死生圖籍攝御之官關校罪考金闕後聖君命仙伯牙叔平授夫人青瓊之板丹緑爲文位爲南岳夫人比秩仙公給曲晨飛蓋以遊九宫使治天台大霍山洞臺之中主下訓奉道教授當爲眞仙者令一月再登玉清三登太素四謁玉晨宫宴扶桑之高臺於是夫人授王母之命且還王屋山小有之中吏齋戒三月九微元君龜山王母西城眞人王方平太虚眞人赤松子桐栢眞人王子喬並降小有清虚上宫絳房之中各命侍女金石發響於是西母徘徊起立折菁俯唱曰哀此去留會刼盡天地傾嘉會絳河内相與樂未央歌畢須臾司命神仙諸隸屬及南岳神靈迎官並至西母等與夫人同去詣天台霍山臺

登眞隱訣曰太微天帝金虎符太上玉眞保皇道君以授於太上太微天帝君

又曰太一有玉璽金眞虎符方丈臺昭靈李夫人治方丈臺第十三朱館中以晉興寧中降楊君曳紫錦衣帶神虎符流金鈴帶青玉色綬有兩侍女年二十許著青綾衣一侍女名隱暉捧赤玉箱二枚青帶絡玉檢文題檢一曰太上章一曰太上文自此後數數來降授書作詩

集仙録曰驪山姥不知何代人也李筌好神仙之道常歷名山愽採方術至嵩山石室中得黄帝陰符經本絹素書緘之甚密題云大魏眞君二年七月七日道士寇謙之藏之名山用傳同好筌竟不曉其義因入秦至驪山下逢一老母髽髻當頂餘髮半垂弊衣扶杖神狀甚異路傍見遺火燒樹因自語曰火生於木禍發必尅筌聞之前謁曰此

黃帝陰符經祕文也毋曰吾受此經已三元六周甲子少年從何而得知筌稽首再拜具告得經之所因請問玄義盡得之俄失姥

太平御覽卷第六百七十八

道部二十

傳授下

金簡玉字經曰黄帝受襄城小童步六紀之法

又曰黄累小童受步三經之法也

又曰廣成受東中元童步六官之法也

文始内傳曰太上遣繡衣使者傳命尹喜

玉帝七聖玄紀曰七聖撰上玄之章以付五老上真仙都左公藏於紫蘂玉笈封以啓命之章西龜定籙東華校名

三天正法曰太真靈籙祕在太上靈都之宮付五老上真仙都左公

四極明科曰帝嚳之時九天真王駕九龍之輿降牧德之臺授帝此真文也

又曰九授上清寶經皆當備信信以誓心以寶於道無信而受經謂之越天道無盟而傳經謂之泄天寶

玉清隱書曰有帝簡金書玄玉緑籍可以傳玄羽玉經玄羽玉經付玄羽玉郎以授上清真人

又曰傳授上皇玉慧玉清之隱書金玄隱玄之羽書經者皆五老校圖太一式觀

又曰上皇玉帝命太老真人開瓊珠之簏出玉清隱書玄羽玉經以傳太微天帝君

二十四生圖曰元始天帝於長桑碧林園中聞帝尊普告元聖尊神洞玄天文靈寶玉輿也

又曰依舊典府仰之格付度道君女青律玄太真王帝上宫府仰之格舊經億劫不傳也

又曰帝尊在協晨靈觀登白玉座具宣祕要開闡妙門

太玄經曰老子傳授經戒籙儀注訣曰以高脚小案置經絲巾覆上

明真經曰元始尊在香林園中說明真經

太清中經曰道曰慎無賣吾以求寶也慎無傳吾非其人也慎無閉吾絕吾學也

又曰太真經曰師之傳授選其上有仙相中有仁孝下有才能篤志者然後授之

太上真經曰太上曰成道歸本混同無初出三界外濟九天中接生與善授記德人

玄羽經曰元嬉金爲簡刻玉篇授葛玄

金根經曰太上以大洞真經付上相青童君掌録於東華青宫使傳後聖應爲真人者此金簡玉札出自太上靈都之宫刻玉爲札結金爲簡書以朱文編以朱繩之結

太真科曰太上告張陵天師曰内外法契與天地水三官折石飲丹爲誓也張陵受命爲天師命弟子扶翼爲嗣師上崇虚之堂登白虚之壇醮奏太一傳授口訣傳命嗣師承代基業行教天人

真誥曰裴君曰大洞真經讀之者輕舉昔中央黄君隱祕此經世不知也若知之祕而不傳

又曰紫陽真人受蘇君三一玄丹之道

又曰有北海公涓子受守一玄丹之道

又曰東宫中候真夫人受桐柏真人飛解脱綱之道

又曰昔周君學道常山中積年精思忽見老人知是神異乃叩頭請道老人出素書七篇令誦之周君仙去

又曰趙叔期學道王屋山時出民間聞有卜者在市肆叔期曰欲入天門調三關存朱衣正崑崙叔期知神人因拜

乞要訣因出一書與之是胎精中記拜此書入山誦之後
合神丹服而外天
王君內傳曰王子登得太上丈人授以瓊蘊隱書并雲碧
陽水飛丹法君服之絕見遠物坐在立亡役使羣神
又曰太素三元君遣西華靈妃甄幽籥齎成命之書以雲
瓊爲板紫金刻之以授王君子登後聖
道君列紀曰道君命五老上真開紫藥玉笈雲錦囊出靈
書紫文上經以付青童君
八素眞經曰若精勤皆當書以藥簡刻以瓊文位爲上清
左眞公
昇玄經曰張道陵曰不敢以身傳此教太上曰何得顧難
廢不通法汝當建意無謂不可傳若世有道士得此仙經
披尋首尾知是真要無師可授便得奉行

天戒經曰葛玄告弟子鄭隱云吾昔所授善道太上所責
令爲師友是以相授吾去世也將有樂道慈心居士來生
吾門者子當以今道業事一通付之法應世世傳授也子
以一通依科傳付弟子佳者也若無其人一通封五岳名
山可也
又曰劉翊字子翔潁川人有道德家世子仁感濟於人遇
師皇先生告翊曰子仁感天地陰德鬼神太上嘉子之用
心使我授汝以長生之道吾仙官也尔能從我去否翊曰
願從教乃特入桐柏山中授以隱地八術服五星之華而
今度名東華來在洞中爲定籙府右理中監
又曰淳于斟字叔通會稽人漢桓帝時爲徐縣令好道術
數服餌胡麻黃精後入吳烏目山中隱居人授以虹景丹
經修行得道在洞中爲典柏執法郎主誠有道者

又曰桃俊錢塘人少爲郡吏漢末入增城山中學道遇東
郭幼平幼平秦時人久隱增城得道者也幼平授俊服九
精練氣輔星存心之術俊修之道成在東華宮中爲北河
司命
又曰張奉字公先河內人也太傅袁隗常歎其高操後入
剡山遇山圖公子授奉九雲水强梁鍊桂法在東華宮爲
太極仙侯
又曰夏馥字子治陳留人也少好道服朮餌和雲母後入
吳山從赤須先生受鍊魂法又遇桐柏真人授以黃水雲
漿法得道在洞中爲明晨侍郎
又曰後漢劉寬字文饒少好道爲司徒太尉年七十三遇
青谷先生降於寢室授其杖解法入太華山行九息服氣
及授以爐丹方修之道成在洞中作童初府上師主始學
者

又曰劉少翁數入太華山中遇西岳丈人授其仙道
又曰黃景華司空黃瓊女韓衆授以岷山丹服得仙法
又曰趙威伯東郡人少好道師邯鄲張先生晚在中岳受
玉珮金璫經於丘林乃漢樓船將軍衛行道婦也遂受行
挹日月之景又服九靈明鏡華遂得道在華陽內爲保命
承主仙籍并記學道者并主纍泰兩水領五芝金玉章
又曰張玄賓魏武帝時人也遇真人樊子明於少室授以
道變隱景之道在天柱山
靈寶經曰迦羅山樹下有三天人講元陽經
明眞科曰元始尊在香林園中與衆教化諸法
內音玉字經曰大梵隱語西母以上皇元年七月丙午於
洞室下教以授清虛眞人王君傳於夏禹封文於南浮洞

室石匱故五符經云九天靈書猶封於石匱是也玉訣下云五老真人封題玉匱亦其例也孔靈符云會稽山南有宛委山其上石俗呼爲石匱壁立于雲縣梯然後至焉昔禹治洪水其功未就乃齋於此山發石匱得金簡玉字以知山河躰勢於是疏道百川各盡其宜

上清經曰元始天帝與南極元君登太空瓊臺五老上真仙都公開鬱林之笈雲錦之囊上清變化七十四方解形之道三元布經以授於元君

道學傳曰王母云此靈光生經聽四千年得傳一人无其人聽八千年頓傳二人授非其人是爲泄天道可傳而不授是爲閉天寶不計限而妄授之是爲輕天苍受而不敬是爲慢天藻泄閉輕慢四者延禍之事也同道謂之天親同心謂之地愛傳授當相親愛共均榮辱

又曰漢武帝自撰西王母所說集爲一卷及所與經圖之屬盛以黄金之几封以白玉之函安着栢梁臺上

像名經曰東方上尊凭七寶鳳文之曲几敷說道要真經

太上黄素經曰凡修受太洞真經雌一奇文常置經於几格潔淨處

法輪經曰夫欲授經皆當齋金寶之信詣師請受道貴法重道非言不行輕傳則爲非寶空修則爲賤道

衆篇經曰古人非心不仙末世非財不度所以尓者末世貴財賤道也以黄金万斤仙經一部施于窮山末世乃取金弃經黄金刻爲身患仙經刻得長生公知如此不能免貪也非道弘人此之謂也

大有經曰大上寶章傳太帝君太帝君傳天帝君天帝君傳太微天帝太微天帝傳金闕帝君金闕帝君傳東海青

受之以金爲盟長九寸廣四寸厚三分刻而書之以封山川五岳之真精也

三元真一經曰盟誓三官委帛血壇割華大約乃得授付受者盟者保神以堅心故萬物不能犯天地不能違以素絲一兩齋百日或五十日或三十日或二十日十日也法以四十年得傳一

受玄丹玉經曰青布三十二尺朱帛三十二尺明鏡二枚告誓爲不泄之約

八術神虎隱文曰欲受八術隱文者齎金龍玉魚盟誓而受之受大洞真經亦用此

又曰上金十兩以爲神真之信也錦九十尺以誓九天青繒四十尺以盟其文好道樂真勤心注玄輕物貴道者始可與之言

又曰受三天虎書者齎金虎玉鈴素錦玄羅各四十尺以爲金真之誓盟于天地不宣之約也

太一洞真玄經曰古者傳經盟誓皆歃血斷髮立壇盟天今自可以金青代髮膚之軀又云違此者失兩明

玄母八門經曰琅玕華丹五石玄胑之法皆結盟

真一修檢經曰受太一法二十四年得傳

又曰東海王華妃停文朔青童君之妹降授張微子服霧之方

又曰主仙道君即命侍女范運華趙峻珠王抱臺等發瓊笈披緑蘊出上清隱書龍文八靈真經二卷授范襄平

太行經曰仁安遠遊山林於寒靈洞穴遇玄和先生授靈寶黑帝真文

又曰西方有九光靈童以白帝真文授皇妃

又曰央有無生童子於色之國授元君信然靈寶赤帝真
文
三元經曰元始於明霞觀以上真玉檢下授三天玉童
馬明生内傳曰龔仲陽受嵩高小童步紀之法
珠囊曰陸元德吳興東遷人宋文帝召入内服膺尊異時
太后王氏雅信黄老降母后之尊執門徒之禮
又曰陶弘景字通明魏郡平陽人也自太華陽隱居梁高
祖太子從而受道梁簡文邵陵諸王謝覽沈約阮怤虞權
並服膺師事之
又曰劉法先彭城人也為宋明帝崇靈館主帝先師陸元
德元德卒又師事法先盡北面之禮
又曰薛彪之晉陵人也煙爐神鼎之法无不辯其精麤究
其難易門人有所請益必誨示勤懇隨量而退

又曰謝暄字元映陳郡陽夏人也年十一辭親入高壽山
師朱天賜菜食長齋專務修道朱性嚴厲入室者惟暄一
人也隱虞山雖居幽寂遠近歸向林谷常滿
又曰庾承仙字崇光潁川隱陵人也幼聰悟博極羣書時
處士劉弘碩學尤明老莊隱于荊州之沙洲承仙師之講
習多所該究家貧無書每事假借一覽便誦
又曰孫遊岳字玄達東陽永康人也宋泰始中陸元德自
廬岳下都闡揚至教遊岳乃出京師問道親侍惟席頃入
室之流其宏言奧旨非遊岳不傳
太一記曰裴君精思五年五帝曰君登八極城明真靈臺
授揮神九有之術
玉皇譜錄曰元始丈人登玉虛之壇受九天譜錄
葛洪神仙傳曰嚴青者會稽人也居貧常於山逢一人與
青語臨別贈素書一軸但以絜器盛之置高處幷教青
服石腦法

太平御覽卷第六百七十九

儀式部一

太常 旂 旌 旆 旟

旐 幡 麾 旄頭 雲罕

黃鉞 豹尾 警蹕

太常

釋名曰九旗之名日月爲常畫日月於其端天子所建言常明

周禮曰司常掌九旗之物名日月爲常

又曰節服氏掌祭祀朝覲袞冕六人維王之太常

禮記曰成王封周公於曲阜命魯公世世祀周公以天子之禮樂是以魯君乘大路載弧韣旂十有二旒日月之章

又曰旂十有二旒龍章而設日月以象天也

旂

釋名曰交龍爲旂旂依倚也通以一赤色爲之無文采諸侯所建也

爾雅曰有鈴曰旂懸鈴於竿頭畫交龍於旐也

詩曰載見辟王曰求厥章龍旂陽陽

又曰魯侯戾止言觀其旂其旂茷茷鸞聲噦噦

周禮曰龍旂九斿以象大火也

傳曰臧哀伯諫曰三辰旂旗昭其明也三辰日月星也於旂旗象天之明

又曰子魚曰以先王觀之則尚德也昔武王克商成王定之選建明德以藩屏周故周公相王室以尹天下所同爲睦分魯公以大路大旂交龍爲旂周禮同姓以封

旌

釋名曰折羽爲旌旌精也有精光也

爾雅曰注旄首曰旌載旌於竿頭也

周禮曰析羽爲旌九軍士建旌旟旬亦如之凡射共獲旌歲時共更旌取舊與新

禮記曰武車綏旌綏垂舒之德車結旌不畫飾結謂收斂之也

左傳曰初衛宣公烝於夷姜生伋子屬諸右公子爲之娶於齊而美公取之生壽及朔屬壽於左公子夷姜縊宣姜與公子朔構伋子公使諸齊將殺之壽子告之使行不可曰棄父之命惡用子矣有無父之國則可也及行飲以酒壽子載其旌以先盜殺之伋子至曰我之求也彼何罪請殺我乎又殺之

又曰楚許伯御樂伯攝叔爲右以致晉師許伯曰吾聞致師者御靡旌摩壘而還

又曰宋公享晉侯于楚丘請以桑林舞師題以旌夏旌夏大旌也以大旌表識其行列晉侯懼退入于房去旌卒享而還

詩曰孑孑干旌在浚之城

史記曰蘇秦說楚合從楚王曰寡人自料以楚當秦不見勝也內與羣臣謀不足恃也寡人卧不安席食不甘味心搖搖然如懸旌而無所終薄今主君欲一天下收諸侯存危國寡人謹奉社稷以從

旆

釋名曰雜帛爲旆以新色綴其邊爲翅尾也將帥所建象物雜色也

爾雅曰繼旐曰旆續旐末爲燕尾

詩曰蕭蕭馬鳴悠悠旆旌

又曰織文鳥章白旆央央鳥章鳥之文章也央央鮮明皃

左傳曰晉或以廣隊不能進楚人惎之脫扃少進馬還又惎

之甚敎之拔旆投衡乃出
又曰晉侯伐齊齊登巫山以望晉師晉人使司馬斥山澤之險雖所不至必旆而踈陳之使乗車者左實右僞以旆先輿曳柴而從之齊侯見之其衆也乃脫歸
又曰八月辛未治兵建而不旆建立旌旗不曳其旆旆游也壬申復旆之諸侯畏之

旟

爾雅曰錯革鳥曰旟
釋名曰鳥隼爲旟旟舉也軍吏所建急疾趨事則有稱舉矣
周禮曰鳥旟七斿以象鶉火也
詩曰衆維魚矣旐維旟矣大人占之衆維魚矣實維豐年旐維旟矣室家溱溱

旐

釋名曰龜蛇爲旐旐兆也龜知氣兆之吉凶建之於後察事宜之形兆也
爾雅曰緇廣充幅長尋曰旐
周禮曰龜蛇四游以象營室
詩曰我出我車于彼郊矣設此旐矣建彼旄矣彼旟旐斯胡不旆旆旆旆旒垂皃
又曰出車彭彭旂旐央央

幡

釋名曰幡幡也其皃旛旛然也
魏志曰陶謙字恭祖少孤以不羈聞年十四猶綴帛爲幡乗竹馬戲邑中
宋書曰高祖討盧循戰于左里高祖麾之竿折幡沉于水衆咸懼高祖笑曰昔覆舟之役亦如之今勝必矣果破賊

麾

蔡邕月令章句曰麾鳥翼以爲旌幢麾也
魏志曰張遼從征袁尚於柳城卒與虜遇遼勸太祖戰氣甚奮太祖壯之自以所持麾授遼遂擊大破之斬單于蹋頓

旄頭

史記曰昴星曰旄頭
漢書曰梁丘賀字長翁宣帝祠孝昭廟先驅旄頭劒挺墮音地首垂乖泥中挺引也劒自然引挺出也刃鄉乗輿車馬驚於是召賀筮之有兵謀不吉上還使有司侍祠是時霍氏外孫任宣坐逆謀反宣子章夜玄服入廟執戟欲爲逆發覺伏誅
東觀漢記曰東海王強置虎賁旄頭
應劭漢官儀曰舊曰羽林郎爲旄頭放髮駈今但用營士

玄中記曰秦始皇時終南公有梓樹大數百圍蔭宮中始皇惡之興兵伐之天輒大風雨飛沙石人皆疾走至夜瘡合有一人中風雨傷寒不能去留宿夜聞有鬼來問樹言秦王亟暴相伐得不困耶樹曰來即作風雨擊之其柰吾何鬼又曰秦王使三百人被頭以赤絲繞樹伐汝得無敗乎樹漠然無言疾人報秦皇案言伐斷中央有一青牛出逐之入水秦王因立旄頭騎
摯虞決疑録要注曰世祖武皇帝因會問侍臣曰旄頭之義何謂耶侍中彭權對曰秦記云國有奇怪觸山截水無不崩潰唯畏旄頭故使虎士服之衛至尊也中書令張華曰有是言而事不經臣以爲壯士之怒髮踴衝冠義取於此也
徐爰釋疑畧曰乗輿黃麾內羽林班弓箭左罼右罕者熊

皮謂之旄頭
魏武表曰不悟陛下復加後命命置旄頭以比東海
雲罕
徐廣車服注曰雲罕畢罕也
司馬相如上林賦曰弋玄鶴弄干鏚載雲罕揜羣雅
張衡東京賦曰雲罕九斿闟戟轇轕
潘岳籍田賦曰五輅鳴鑾九旗揚旆瓊鈒入蔡雲罕曖藹
黃鉞
說文曰鉞大斧也夏執玄戉殷執白戚周左仗黃鉞
字林曰鉞斧也
書曰武王左仗黃鉞右秉白旄
周書曰武王陳牧野既誓以馳商師大崩商辛自燔于火
王斬之以黃鉞懸諸大白

左傳曰楚王將戮齊慶封負之斧鉞以徇於諸侯曰無或
如齊慶封殺其君弱其孤以盟其大夫封反曰無或如楚
恭王之子圍殺其君之子而自立以盟諸侯
漢書曰王莽使司徒王尋鎮洛陽初發長安宿霸昌廐亡
其黃鉞尋士房揚素狂直乃哭曰此經所謂喪其資斧者
也莽聞乃殺之
吳志曰假陸遜黃鉞吳王親執鞭以見之
晉公卿禮秩曰太尉賈充河間王顒梁王肜司徒王衍汝
南王亮太傅楊駿東海王越義陽王望齊王攸琅琊王伷
東平公苟晞皆假黃鉞
晉書曰石勒王弥寇京師以王衍都督征諸軍持節假黃
鉞以伐之
齊書曰高帝輔政王儉議加黃鉞任遐曰此大事應報褚
公彥回帝曰褚脫不與卿將何計遐曰彥回保妻子愛性
命非有奇才異節遐能制之果無違異
崔豹古今注曰今斧黃鉞鐵斧玄鉞三代通用之以斷斬
今以黃鉞爲乘輿之飾玄鉞諸公王得建之武王以黃鉞
斷紂頭故王者以爲戒太公以玄鉞斬妲己故婦人以爲
戒漢制諸公建玄鉞以太公助武王斷斬故爲諸公之飾
大將出征特加黃鉞者以銅爲之黃金塗刃及柄不得純
金也
淮南子曰至精之感無所不通昔武王渡孟津而陽侯之
波逆流而擊疾風晦冥武王舉黃鉞瞋目麾之曰予在天
下誰敢害吾意者於是風去而波罷遂得濟
又曰國有難召將詔之曰社稷之命在將軍身今國有難
願子將而應之將軍受命乃令祝史太卜齋三日之太廟

鑽靈龜卜吉日以受旗鼓君入廟門西面而趨至堂下北
面立王親操鉞持頭授將軍柄曰從此上至天者將軍制
之又復操斧持頭授將軍其柄曰從此下至淵者將軍制之
世說曰諸葛亮之次渭濱也魏明帝遣辛毗爲軍司宣王
既與亮對渭而陣亮設誘譎萬方宣王果大怒憤將應以
重兵亮遣間諜視之還曰有一老夫毅然仗黃鉞當軍門
立軍不得出亮曰此辛毗也
徐爰釋疑略注曰豹尾黃鉞金鉦舊載馬車晉江左乘馬
執之宋元嘉中復舊典
豹尾
崔豹古今注曰豹尾車周制也象君子豹變尾言謙也古
軍正建之今唯乘輿焉
漢書曰成帝趙昭儀方大幸每上甘泉嘗從在屬車豹尾

中

晉中興書徵祥說曰海西公初即位忘設豹尾亦服妖也豹尾儀服之主大人所以豹變也西海凢庸不可以主社稷故忘其豹尾示不能終

晉書曰王敦謀逆以沈充錢鳳爲謀主明帝討之使充鄉人沈禎徃吳興喻充以爲司空曰丈夫共事終始當同寧可中道改易禎陳成敗苦勸之充不納率兵臨發謂妻子曰男兒不竪豹尾終不還也

齊書曰高昭劉皇后年十七裴方明爲子求婚酬許已定后夢見先有迎車至猶如常家迎法后不肯去次有迎至龍旂豹尾有異於常后喜而從之既而與裴氏不成婚竟嬪于上○武昌記曰樊口南百步有樊山孫權獵于山下依夕見一姥問權獵何所得對云正得一豹姥曰何不竪其尾語竟忽然不見因爲立廟以其處楚山神故名爲樊山大姥

蔡邕獨斷曰大駕屬車八十一乘最後一車懸豹尾豹尾已前皆省中

警蹕

周禮曰夏官隷僕掌蹕宮中之事（蹕止行者）

又曰師氏掌以媺詔王（告王以善道也）使其屬師四夷之隷各以其兵服守王之門外且蹕（蹕止行人使不得近王宮）

又曰鄉士掌大賓客率其屬夾道而蹕

史記曰文帝過渭橋有一人橋下走出乘輿馬驚捕屬之廷尉曰縣人來聞蹕聲匿橋下久之出見車騎即走尒廷尉張釋之奏此人犯蹕當罰金（事見刑法門）

漢書曰梁孝王竇太君少子愛之得賜天子旌旗從千車萬騎出稱蹕入言警擬於天子

又曰上官桀與燕王詐上書奏霍光道上稱蹕

續漢書曰建安二十二年命魏王建天子旌旗出警入蹕

東觀漢記曰姚期次䝉爲光武賊曹掾從平河北上至薊中應王郎上驚去吏民遮道不得行期瞋目道左曰蹕大衆披辟後上即位上笑曰卿欲遂蹕耶

又曰楊秉諫桓帝曰王者至尊出入有常警蹕而行清室而止

漢舊儀曰皇帝出殿則傳蹕止人先置索室清宮而後徃

晉書曰桓玄至京都警蹕不絕於音玄篡盜八旬而奔敗

宋書曰竟陵王誕在石頭城內脩乘輿法物習唱警蹕

梁書曰武帝永明末與兄懿卜居東郊之外范雲亦築室相依梁武每至其所妻常聞蹕聲又常與梁武同宿顧曷之舍妻方産雲在外曰武帝有王者相雲起曰王當仰屬相以見歸因是盡心推事

又曰侯景即位唱警蹕識者以爲名景而言警蹕非久祥也景聞惡之改爲備蹕人又曰備於此便畢矣

周生列子曰庖饌班錯所享不過一味華蓋結駟列道警蹕其榮不過容膝

蘇子曰夫走卒警蹕列呼而行此諸侯之所謂榮華世俗之謂富者也

楊雄甘泉賦曰八神奔而警蹕

太平御覽卷第六百八十

太平御覽卷第六百八十

儀式部二

鹵簿　班劒

棨戟　節

鹵簿

漢官儀曰漢乘輿大駕儀公卿奉引太僕御大將軍參乘屬車八十一乘備千乘萬騎法駕公卿不在鹵簿中河南尹執金吾洛陽令奉車都尉侍中參乘屬車三十六乘

蔡邕獨斷曰天子出車駕謂之鹵簿有大駕有小駕上所乘曰金根車駕六馬五色安車五色立車各一皆四馬是爲五時副車俗人號之曰五帝車非也

又曰前驅有九旒雲罕闒戟皮軒鑾旗車皆大夫載鑾旗者編羽毛列繫幢旁俗人名之曰鷄翹車非也後有金鉦黃鉞黃門鼓車

又曰古者諸侯貳車九乘秦滅六國兼其服故大駕屬車八十一乘

又曰凡乘輿車皆羽蓋金華爪黃屋左纛金鍐插翟方釳繁纓重轂副鎋黃屋者蓋以黃爲裏也左纛者以氂牛尾爲之大如斗在最後左騑馬頭上金鍐者馬冠也高廣各五寸上如三華形在馬髦前方釳者鐵也廣數寸在馬髦後有三孔垂翟尾其中繁纓在馬膺前重轂者轂外復有小轂施轄

晉諸公贊曰賈后女宣華公主薨皆羽葆鼓吹熊渠次飛爲鹵簿

晉書曰帝自鄴還洛河間王顒將張方遣三千騎奉迎將渡河橋方又以新乘陽燧車青蓋三百人爲小鹵簿迎帝至邙山下

又曰王浚都督幽州和演欲殺浚并其衆演與烏丸單于審登謀之於是與浚期游薊城南清泉水上薊城內西行有二道演浚各從一道演與浚欲合鹵簿因而圖之值天暴雨兵器霑濕不果而還單于由是與其種人謀曰演圖殺浚事垂克而天卒雨使不得果是天助浚也違天不祥我不可久與演同乃以謀告浚浚密嚴兵夜與單于圍演演持白幡詣浚降浚遂斬之

又載記曰石季龍常以女騎一千爲鹵簿皆着紫綸巾熟錦袴金銀鏤帶五文織成鞾游于戲馬觀上安詔書五色在木鳳之口鹿盧迴轉狀若飛翔焉

宋書曰孝武舉義兵沈慶之有功初慶之嘗夢引鹵簿入厠中慶之甚惡入厠之鄙時有善占夢者爲解之曰君必大富貴然未在旦夕問其故荅云鹵簿故是富貴容厠中所謂後帝也知君富貴不在今主及中興之功自五校至是而登三事

又曰宗劉韞字彥文歷湘雍二州刺史令畫工圖鹵簿羽儀常自披翫以示蔡興宗興宗佯不知指韞所畫形云是誰韞曰是我也其庸如此

又曰顏延之子竣旣貴重權傾一朝凡所資供延之一無所受器服不改居宅如舊常乘羸牛車逢竣鹵簿即屏往道側

又曰文帝鎮江陵王華爲西中郎主簿諮議參軍文帝未親政事悉委司馬張邵華性尚物不欲人在己前邵性豪每行來常引夾轂華出入乘牛車從者不過兩三人以矯

之常相逢華陽若不知是邵謂左右曰此鹵簿甚盛必是殿下乃下牽車立於道側及邵至乃驚

齊書曰虞悰遷太子右率永明八年大水百官戎服救太廟悰朱衣乘車鹵簿於宣陽門外入行馬內驅逐入被奏見原

又曰陳顯達建武世心懷不安深自貶退車乘朽故導從鹵簿皆用羸小

梁書曰朱异起宅東陂窮采功晚日麗來下酣飲其中每迫曛黃慮臺門將闔乃引其鹵簿自宅至城使捉城門停留管籥

又曰呂僧珍爲兗州刺史姊適于氏住市西小屋臨路與列肆雜僧珍常導從鹵簿到其宅不以爲恥

南史曰王僧孺爲尚書右丞僧孺少孤貧與母鬻紗爲業

毋嘗攜之至市道遇中丞鹵簿驅迫墜溝及是拜日引騶清道悲感不自勝

陳書曰長沙王叔堅與始興王叔陵並招聚賓客各爭權寵甚不平每朝會鹵簿不肯爲先後必分道而趍左右或爭道而鬭至有死者

隋書曰晉氏鹵簿御史軺車行中道

班劒

晉公卿禮秩曰諸公及開府位從公者給虎賁二十人持班劒

晉中興書曰大和元年詔曰會稽王其以爲丞相給羽葆鼓吹班劒六十人

宋書曰張敬兒加開府儀同既得開府又望班劒語人曰我車邊猶少班闌物

又曰大明元年制大臣加班劒者不入宮城門泰豫元年班劒依舊入殿

徐邈奏議曰東宮班劒議者不處數案公卿故事給虎賁二十人持劒安平獻王加青蓋九旒前後鼓吹虎賁亦二十人依准此數東宮班劒當不過二十

棨戟

漢書曰韓延壽在東郡殖羽葆鼓車功曹引車皆駕駟馬載戟五騎爲伍

東觀漢記曰王郎遣諫議大夫杜威持節詣軍門上遣棨戟迎延請入軍威稱說實成帝遺體子輿也上曰設使成帝復生天下不可復得況詐子輿乎

又曰建武元年杜詩爲侍御史安集洛陽時將軍蕭廣放縱兵士暴橫民間詩勑曉不改遂格殺廣還以狀聞上召見賜以棨戟復使之河東誅降逆賊楊異等

漢雜事曰奉車都尉竇固征匈奴騎都尉秦彭副令彭別屯彭擅斬軍司馬固奏彭不由督率專賊殺人公卿議皆以爲固議是公府掾郎躬以爲彭得斬人上曰軍正校尉一統督將何以得專殺躬對曰一統將者謂在部曲也今彭別將軍事至急勢不得關督漢制假棨戟以當斧鉞議者皆屈上從之

吳志曰孫權拜諸葛恪撫越將軍領丹陽太守棨戟武騎三百拜軍令作鼓吹導引歸家時年三十二

又曰陸遜字伯言少爲孫權帳下右部督授棨戟督會稽鄱陽丹陽三郡

晉書曰羊祜在軍頗以畋漁廢政嘗欲夜出軍司徐胤執棨當營門曰將軍都督萬里安可輕出今日胤死此門乃開

爾祐改容謝之此後稀出
宋書曰王曇首領驍騎將軍元嘉四年車駕出北堂使三更竟開廣莫門南臺云應須白獸幡銀字棨不肯開門尚書左丞羊玄保奏免御史丞傅隆已下曇首曰既無異勑又闕幡棨雖稱上旨不異單刺其不請白獸幡銀字棨致開門不時由尚書相承之失亦合紏正上特無問更立科條
唐書曰龍朔中左衛大將軍范陽郡公張延師東夷都護儉弟也與兄太僕卿大師次兄儉同時三品宅中棨戟齊列時號三戟張家
又曰徐泗節度李愿奏請換戟有司以官戟五年一換私家不在易限詔以李晟忠勳之家特許之
又曰呂諲為相有司送戟至宅諲釋縗服以受之時譏其失

襄陽記曰李衡字叔平為丹陽太守孫休加威遠將軍授以棨戟
荊州先賢傳曰羅獻字令則以泰始三年進位冠軍假節增鼓吹棨戟
崔豹古今注曰殳戟前驅之器也以木為之後世僭偽無復典刑以赤油韜之謂之油戟亦曰棨戟公主以下通之以前驅
王昶謝棨表曰復假臣棨光榮照赫非臣怯弱所當荷受

節

說文曰節信也象相合之形
釋名曰節者號令賞罰之節也
後漢書注曰節所以為信以竹為之長八尺以旄牛尾為其眊三重

周禮地官下掌節曰掌守邦節而辯其用以輔王命邦節者鎮圭牙璋穀圭也王有命則別其節之用以授使者輔王命執以行為信守邦國者用玉節守都鄙者用角節角用犀角其制未聞凡邦國之使節山國用虎節土國用人節澤國用龍節皆金也以英蕩輔之杜子春云函器盛此節或曰英蕩書函也門關用符節貨賄用璽節道路用旌節皆有期以反命門關司門司關也貨賄者主通貨符節官中諸官府也璽節者今之印章也旌節者今使者所擁也凡通達於天下者必有節以傳輔之無節者有幾則不達
禮記玉藻曰凡君召以三節二節以走一節以趨節所以明信輔君命也使使召臣急則持二緩則持一
傳曰宋襄夫人襄王之姊也昭公不禮焉昭公適祖母夫人因戴氏之族華樂皇皆族戴以殺襄王之孫孔叔公孫鍾離及大司馬公子卬皆昭公黨也司馬握節以死故書以官節國之符信也握之以死示不廢命

公羊傳哀公曰齊景公謂陳乞曰吾欲立舍何如陳乞曰君欲立請立之陽生謂陳乞曰聞子將不立我也陳乞曰夫千乘之主將廢正而立不正必殺正者吾不立子者所以生也與之玉節而走之節信也折玉與陽生留其半為後當迎之合以信防稱矯也景公死而舍立陳乞使人迎陽生
史記曰袁盎使吳吳王囚之盎解節毛懷之遂歸報吳楚已破
漢書曰劉章已殺呂產帝令謁者持節勞章章欲奪節謁者不肯章迺從與載因節信持斬長樂衛尉呂更始因謁者所持之節用為信還入北軍復報太尉勃勃賀章曰所患獨產今已誅天下定矣
又曰吳王反周丘者下邳人亡命於吳酤酒無行王薄不任周丘乃上說王曰臣以無能不得待罪行間臣非敢求

有所將也願請王以一漢節必有以報王迺與之周丘得節夜持入下邳至傳舍召令斬之遂召昆弟所善豪吏一夜得三萬人

又西域傳曰初公主侍者馮嫽繚能史書習事常持節為公主使行賞賜於城郭諸國敬信之號曰馮大夫

又曰蘇武使匈奴單于乃徙武北海上武仗節牧羊臥起操持節毛盡落

又曰戾太子誅江充初漢節純赤以太子持赤節故更為黃毛加上以相別

又曰張騫使月氏匈奴得之謂曰吾欲使越漢肯聽我乎留騫十餘歲予妻有子然騫持漢節不失

又曰諸葛豐字少季為司隸校尉剌舉無所避侍中許章以外屬貴幸賓客犯事與章相連豐案劾章欲奏其事適逢許侍中私出豐駐車舉節詔章曰下欲收之章馳車去豐追之許因得入宮門自歸奏於是收豐節司隸去節自豐始也

又南越傳曰遣韓千秋入越越以兵擊千秋等滅之函封漢節置塞上好為慢辭謝罪

又匈奴傳曰漢使王烏等窺匈奴匈奴曰漢使不去節不以墨黥其面不得入穹廬王烏北地人習胡俗去其節黥面入穹廬單于愛之

又曰王莽篡位皇孫功崇公宗被誅宗姊妨為衛將軍王興夫人祝祖姑被殺婢以絕口事發覺事連及司命孔仁妻亦自殺仁見莽免冠謝莽使尚書劾仁乘乾車駕坤馬左蒼龍右白虎前朱鳥後玄武右仗威節左負威斗號曰赤皇非以驕仁乃以尊新室之威命也仁擅免天文冠大

不敬有詔勿劾更易新冠其恠如此

荀悅漢紀曰征和二年長安擾亂言太子反任安受太子節懷二心要斬

續漢書曰鮑永為更始大將將兵安集河東赤眉害更始三輔道絕世祖即位遣諫議大夫儲大伯持節徵永永疑為不審收繫大伯封節傳舍壁中遣人持至長安知更始審亡即發喪出降

東觀漢記曰光武拜岑彭為刺姦大將軍督察營眾授以常所持節從平河北

又曰郭丹為更始諫議大夫更始敗諸將軍悉歸上普獲封爵丹無所歸節傳以弊布纏裹節合如擔書伏夜行詣更始妻子奉還節傳因歸鄉里

又曰永平中遣鄭衆北使匈奴衆因上言臣前奉使不為匈奴拜單于恚恨遣兵圍臣今復銜命必見凌折臣誠不忍持大漢節對氈裘獨拜如今匈奴遂能服臣將有損大漢之強上不聽

又曰溫序字次房遷護羌校尉為隗囂別將苟宇所拘劫序素氣力大怒叱宇等曰虜何敢迫脅漢因以節撾殺數人宇曰此義士可賜以劍序受劍銜鬚於口顧左右曰既為賊所迫殺無令鬚污地遂伏劍而死

張璠漢記曰董卓謂袁紹曰劉氏種不足復遺紹勃然曰天下健者豈唯董公橫刀長揖徑出懸節於上東門而奔冀州

獻帝春秋曰太傅司馬日磾假節循撫州郡袁術在壽春借節觀之因奪不還日磾失節憂恚而死

魏書曰鎮北將軍劉靜卒朝廷以許允代靜已受節傳出

止外舍大將軍與允書曰鎮北雖少事而都典一方念足下震華鼓建朱節歷本州此所謂着繡晝行也允甚悦

又曰桓範黄初中爲洛陽典農中郎將使持節都督青徐諸軍事治下邳與徐州刺史鄒岐爭屋引節欲斬岐爲岐奏不直坐免

吴書曰婁圭字子伯初依劉表後歸曹公曹公向荆州表子琮降以節迎曹公諸將皆疑曹公以問子伯子伯曰天下擾攘皆貪王命以自重今以節來必至誠公善之

晉書曰石苞還徐州刺史文帝之敗於東關也苞獨全軍而返帝指所持節謂苞曰恨不以此授卿以究大事

又曰京師危逼王澄率衆軍將赴國難而飄風折其節柱

又曰何無忌自豫章拒盧循軍敗握節受害

王隱晉書曰段疋磾降石勒常着朝服持晉節勒亦不問

晉中興書曰廣州人背刺史郭訥迎王機遂入廣州訥乃持節出機就訥求節訥曰昔蘇武不失節人以爲美今寧可以與賊乎義不可得相與自可遣兵來取之機慙而止

又曰王機篡廣州懼王敦來討杜弢在鬱林與機結好機勸弢取交州弢至機執節曰節當相與迭持何可獨挺機遂以節與弢後並爲陶侃所殺

晉永昌起居注曰元帝使司空王導距王敦詔曰以吾征東時節給司空

晉令曰使信節皆鳥書之

唐書曰潁王璬爲劔南節度大使時玄宗將幸蜀璬赴藩卒遽不遑受節或説假大槊油囊蒙之璬曰但爲眞王何用假節

漢武内傳曰西王母降殿前有五十大仙童執綵旄之節

俗説曰郗伯第爲何無忌參軍在尋陽與何共樗蒲得何百便住何守請求贖決不聽何大怒罵郗曰贛子敢爾取節來郗猶慠然謂何曰朝廷授將軍三千羸兵狗頭節以威蠻獠乃復擬議國士異事何使令百人收郗付獄中吴歌嘯自若經一日遂置恚

太平御覽卷第六百八十一

儀式部三

璽　綬

璽

說文曰璽王者印也以守土故字從土籒文從玉
春秋後語曰秦破魏軍於華陽走我將軍孟卯王使段干
木子崇與秦南陽以和蘇代謂王曰欲璽者段干木
子也欲地者秦也今王使欲地者制璽欲璽者制地魏地
不盡則不和言段干木子以地免秦而求相印且夫以地事秦譬猶以薪
救火薪不盡火不滅也王曰是則然矣雖然事始已行不
可更矣
史記曰沛公先至霸上秦王子嬰係頸以組封皇帝璽符
節降軹道旁

又曰人有告絳侯周勃欲反下捕勃治之文帝曰絳侯綰
皇帝璽將兵於北軍不以此時反今居一小縣顧欲反耶
漢書曰初高祖入咸陽得秦璽及即天子位因御服其璽
世世傳受號曰傳國璽以孺子未立璽藏長樂宮及莽即
位請璽元后后不肯以授莽莽使安陽侯王舜諭旨太后
怒罵之曰而屬父子宗族蒙漢家力富貴累世旣無以報
受人孤寄便奪取其國爲人如此者狗不食其餘若自以
金匱符命爲新皇帝當自更作璽何以用此亡國不祥璽
我爲漢家老寡婦旦暮且死欲與此璽俱葬終不可得也太后
因涕泣舜曰莽必欲得傳國璽寧能終不與耶太后聞舜語
切乃出璽投之地以授舜曰我老已知而兄弟今族滅也
又王莽傳曰梓潼人哀章素無行好爲大言見莽居攝即
作銅匱爲兩檢署其一曰天帝行璽金匱其二署曰赤帝
行璽莽至高廟拜授
又曰王閎王莽叔父哀帝世爲中常侍時董賢爲大司馬
帝臨崩以璽綬付賢曰無妄以與人時國無嗣主內外恐
懼閎白元后請奪之即帶劒至宣德闥謂賢曰宮車晏駕
國嗣未立君受恩深重當俯伏號泣何事久持璽綬以待
禍至耶賢不敢拒乃跪授璽綬
後漢書曰涿郡太守張豐執使者舉兵反自稱無上大將
軍與彭寵連兵四年祭遵朱祐破之初豐好方術有道士
言豐當爲天子以五綵囊裹石繫豐肘云石中有玉璽豐
信之遂反及執當斬猶曰肘石有玉璽遵爲椎破之豐乃
知被詐仰天歎曰當死無所恨
又曰延熹八年渤海妖賊蓋登等稱太上皇帝有玉印珪
璧鐵券相署置皆伏誅續漢書曰時登等有玉印五皆如白石文曰皇帝信璽皇帝行璽其三無文字

續漢書曰獻穆曹后曹操之女也魏受禪遣使求璽綬后
怒以璽綬抵軒下因涕泣橫流曰天不祚此璽
魏志曰太祖崩洛陽時陰陵侯彰行越騎將軍從長安來
赴問賈逵先王璽綬所在逵正色曰太子在鄴國有儲副
先君璽綬非君所宜問也
又曰太和元年以中山魏昌之安城鄉追封甄逸謚曰敬
侯孫豫襲爵初營宗廟掘地得玉璽方一寸九分其文曰
天子羨思慈親明帝爲之改容
魏略曰司馬景王廢齊王芳使郭芝入白太后取璽綬太
后取璽綬置坐側及迎高貴鄉公又請璽綬太后曰我見
高貴鄉公小時識之明白我欲自以璽綬手付之
吳書曰漢大亂天子北詣河上六璽不自隨掌璽者以投

井孫堅討董卓頓軍洛南其井每有五色氣從井中出堅使人浚之得漢傳國玉璽其文曰受命于天既壽永昌方圓四寸上紐交蟠五龍龍上一角鈌

蜀志曰太傅許靖等上言先主曰前關羽圍于禁襄陽襄陽子張嘉王休獻玉璽潛漢水伏於淵泉暉景燭燿靈光徹天夫漢者高祖本所起定天下之國號也大王襲先帝軌迹興於漢中也今天子玉璽神光見璽出襄陽漢水之末明大王承其下流授與以天子位瑞命符應非人力所致

鄧粲晉紀曰江寧民虞迪墾地得白玉麟璽一鈕以獻文曰長壽萬年

晉書曰義陽王威無操行謟附趙王倫倫將簒使威與黃門郎駱休逼帝奪璽綬倫敗惠帝反正曰阿皮捩吾指奪吾璽綬不可不殺阿皮威小字也於是誅威

又曰冉閔子智以鄴來降安西將軍謝尚使濮陽太守戴施應之進據枋頭會冉智行人劉猗至施乃止使猗求傳國璽猗歸以告智智猶豫不許施因遣參軍何融率壯士百人入鄴登三臺助戍譎之曰今且出璽付我凶寇在外道路梗澁亦未敢即送當遣單使馳告天子天子聞璽已在吾邊知卿至誠當遣重兵相援智信之乃出璽付融融詣施施使賫璽馳還璽自秦傳漢漢入魏魏入西晉永嘉末洛京不守璽爲劉聰所得及石勒滅劉氏璽入僞趙冉閔誅石氏又入閔及是四十二年而璽復歸於晉

晉中興書曰義熙十二年左衛兵陳陽於府前淮水中得璽王者不隱其過則玉璧見璽亦璧也

崔鴻十六國春秋前趙録曰河瑞元年汾水中得玉璽高一寸二分方四寸文曰有新保之蓋王莽時璽也獻者因增淵海光三字淵以爲巳瑞大赦

又前趙録曰光初五年并州牧安定王策獻玉璽一文曰趙盛

又前凉録曰張寔元年蘭池趙嬰上言於青澗水中得一玉璽鈕鈕光照水外文曰皇帝璽群寮上賀寔曰何忽有此言乃送之於京師

晉書載記曰石季龍尅上邽遣主簿趙封送傳國玉璽太子玉璽各一于勒

又曰符堅奔五將山姚萇遣將軍吳忠圍之堅衆奔散獨侍御十數人而已神色自若坐而待之召宰人進食俄而忠至執堅以歸新平幽之于別室萇求傳國璽於堅曰萇次膺符曆可以爲惠堅瞋目叱之曰小羌乃敢干逼天子豈以傳國璽授汝羌也圖緯符命何所依據五胡次序無汝羌名違天不祥其能久乎璽已送晉不可得也

又曰冉閔殺石祗僭大號遣其使人常煒聘慕容儁儁使記室封裕詰之曰石祗去歲使張舉請援云璽在襄國其言信不煒曰誅胡之日在鄴者略無所遺璽何從而向襄國此求救之辭耳

又曰冉閔敗蔣幹以傳國璽送于建鄴慕容儁欲神其事業言曆運在巳乃詐云閔妻得之以獻賜號曰奉璽君因以永和八年僭即皇帝位大赦境内建元曰元璽

宋書曰元凶劭既敗時不見傳國璽問劭云在嚴道育處就取得之

又曰蔡興宗拜侍中每正言得失無所顧憚孝武新拜陵興宗負璽陪乘

齊書曰謝朏爲宋侍郎領秘書監及高帝受禪朏當日在

直百僚陪位侍中當解璽朏陽不知曰有何公事傳詔云
解璽授齊王朏曰齊自應有侍中乃引枕卧傳詔懼乃使
稱疾欲取兼人朏曰我無疾何所道遂朝服步出東掖門
乃得車仍還宅是日遂以王儉為侍中解璽既而武帝請
誅朏高帝曰殺之則成其名正應容之度外
北史曰后妃傳典琮三人掌琮璽詭器
北齊書曰辛術鎮廣陵獲傳國璽送鄴文宣以璽告於太
廟此璽即秦所制方四寸上紐交盤龍其文曰受命于天
既壽永昌二漢相傳又歷魏晉晉懷帝敗没於劉聰聰敗
没於石氏石氏敗晉穆帝永和中濮陽太守戴僧施得之
遣督護何融送于建鄴歷宋齊梁敗侯景得之景敗侍中
趙思賢以璽投景南兗州刺史郭元建送于術故術以進
焉

又曰元暉業天保二年從駕至晉陽於宮門外罵元韶曰
爾不及一老嫗背負璽與人何不打碎之我出此言知即
死然爾詎得幾時文宣聞而殺之
後周書曰宇文氏其先曰普迴因狩得玉璽三鈕有文曰
皇帝璽普迴異之以為天授其俗謂天曰宇因號宇文國
并以為氏
唐書曰貞元二年神策將溫嘉順得白玉印其文曰天子
之寶獻之即傳國八寶之一上幸奉天後失之及是方獲
玉璽譜曰傳國璽是秦始皇所刻其玉出藍田山是丞相
李斯所書其文曰受命于天既壽永昌漢高祖定三秦秦
王子嬰獻此璽及漢高即位仍佩之因以相傳故號曰傳
國璽漢昭帝時殿中一夜相驚霍光即召持節郎取璽郎
不與光欲奪之郎案劍曰頭可得璽不可得光善之明日

遷郎秩二等光後廢昌邑王賀立宣帝光自手解取賀璽
扶令下殿至漢平帝王莽篡位就元后求璽乃出璽投之
於地璽上螭一角缺及莽敗時帶璽綬避火於漸臺商人
杜吳殺莽取綬不知取璽及莽頭公賓就見綬問綬主所
在乃斬莽首幷璽與王憲憲得無所送又自乘天子車輦
李松入長安斬憲送璽詣宛上更始赤眉大司馬謝祿至
高陵更始奉璽赤眉赤眉立劉盆子建武三年盆子敗於
宜陽璽還光武孫堅從桂陽入討董卓卓時已焚燒洛邑
徙都長安堅軍於城南見井中旦旦有光軍人莫敢汲堅
乃採得璽初卓作亂掌璽者投于井中故堅得之袁紹有
僭盜意乃拘堅妻逼求之紹得璽見魏舉以向肘魏武惡
之紹敗得璽還漢以禪魏魏以禪晉趙王倫篡立使義陽
王威就惠帝取璽帝不與強奪之晉懷帝永嘉五年王弥

入洛陽執懷帝及傳國六璽詣劉曜後為石勒所幷璽復
屬勒勒刻一邊云天命石氏此題今不復存勒為冉閔所
滅此璽屬閔閔敗璽存閔大將軍蔣幹晉鎮西將軍謝尚
遣督護何融至購賞得之以晉穆帝永和八年還江南晉
元帝東度歷數帝無玉璽北人皆云司馬家是白板天子
又曰雍州璽者晉泰光十九年雍州刺史郗恢表慕容永
稱藩奉璽方六寸厚七分上蟠螭為鼻合高四寸六分四
邊龜文下有八字其文曰受天之命皇帝壽昌鳥篆隱起
巧麗驚絕是慕容所制源其所由未詳厥始也
呂氏春秋曰民之於上若璽於塗印方則方印圓則圓
山陽公載記曰袁術將僭號聞孫堅得傳國璽乃拘堅夫
人而奪之（王璽譜云袁紹拘堅夫人奪之）
應劭漢官儀曰孔子稱封泰山禪梁父可得而數七十有

二傳曰封者以金泥銀繩印之以璽璽施也信也古者尊卑
共之月令曰固封璽春秋傳襄公在楚武子使季冶問璽
書而與之是也秦漢以來尊者以爲名乃始避
又曰天子有傳國璽文曰受命於天既壽且康
漢舊儀曰秦巳前民皆以金玉銀銅犀象爲方寸璽各服
所好漢巳來天子獨稱璽又以玉群臣莫敢用也
又曰皇帝六璽皆白玉螭虎鈕文曰皇帝行璽皇帝之璽
皇帝信璽天子行璽天子之璽天子信璽九六璽皇帝行
璽賜諸侯王書信璽發兵徵大臣天子行璽外國事天子
之璽事天地鬼神璽皆以武都紫泥封青布囊白表裏兩
端尺一櫃中約署
崔浩漢紀音義曰傳國璽是和氏璧作之
趙書曰劉曜於龍門河水中得玉璽文融尅昌曜以爲天

錫神璽齋而受之
石虎别傳曰武鄉長城縣民韓强在長城西山巖石間得
玄璽一方四寸厚二寸與璽同文曰受命于天既壽永昌
虎以爲瑞
燕書曰元璽六年蔣幹遣太子啓事劉猗賫傳國璽詣晉
求救猗負璽行數里天黄霧四塞不得進易取行璽始得
去
段龜龍凉州記曰呂光時州人陳冲得玉璽廣三寸長四
寸直看無文字向日視之字在腹裏言光當王
王彪之議曰未詳傳國璽造創之始歷代以來揖讓禪位
以玆相授故是傳國之守器也
拾遺録曰武王滅紂樵夫牧豎探鳥巢得赤玉璽文曰水
德方滅火作方盛文皆大篆故三分天下而二分歸周

又曰晉太康元年孫皓送六金璽云時無玉工故以金爲
印璽
漢武内傳曰西王母佩金剛靈璽
鄧析書曰爲之符璽以信之則并與符璽而竊之

綬

爾雅曰縌綬也（即佩玉之組也所以連繫瑞玉者因通謂之縌也）
禮記玉藻曰天子佩白玉而玄組綬公侯佩山玄玉而朱
組綬大夫佩水倉玉而純組綬世子佩瑜玉而綦組綬士
佩瓀玟緼組綬
說文曰緺紫青色綬也
應劭漢官儀云綬者有所受以别尊卑彰有德也
又云綬長一丈二尺法十二月闊三尺法天地人
董巴輿服志曰戰國解去紱珮留其絲縌以爲章表秦乃

以采組連結於縌光明章表轉相結綬故謂之綬乘輿黄
赤綬四采黄赤縹紺淳黄圭長二丈九尺五百首（太皇太后皇太后皆同又漢官儀云乘輿綬黄地冒白羽青絳緑五采四百首長二丈三尺）王赤綬四采赤
黄縹紺淳赤圭長二丈八尺三百首（公主大貴人諸侯皆同又漢官儀云四采絳地冒白羽青黄赤緑二丈一尺二百六首）諸國貴人相國緑綬三采緑紫白
淳緑圭長二丈一尺百四十首將軍紫綬二采紫白淳紫
圭長一丈七尺百八十首（公主封君同又漢官儀云丞相御史大夫匈奴亦同）九卿
中二千石一云青緺綬（緺紫青色緺音瓜）二千石青綬三采青白
紅淳青圭長一丈八尺一百二十首（又漢官儀綬羽青桃花縹長丈八尺）
自青綬巳上縌（縌音逆）皆長三尺二寸與綬同采而首半之縌
者古佩璲也佩璲相迎受故曰縌紫綬之間得施玉環玦
千石六百石黒綬三采青赤紺淳青圭長丈六尺八十首黝
（官儀云墨綬白羽青地絳二采長丈七尺）四百石丞尉三百石長相二百石皆黄綬

一采淳黃圭長丈五尺六十首又漢官儀太黃綬絲八十首長丈七尺自黑
綬以下縌長三尺綬同采而首半之百石青紺綬一采宛
轉繆織圭長丈二尺九先合單紡爲一絲四絲爲一扶五
扶爲一首五首成一文文采淳爲一圭首多者絲細少者
麤皆廣六寸
史記曰武帝召東郭先生出拜爲郡都尉先生久待詔公
車行雪中履有上無下及其拜爲二千石佩青緺之綬也
漢書曰諸侯王高帝初置金璽盭綬如淳曰盭音戾綠也晉灼曰盭草也出瑯耶平昌縣
又曰朱買臣字翁子拜會稽太守上謂之曰富貴不歸故
鄉如衣錦夜行買臣頓首謝乃微行懷其印綬步歸郡邸
邸吏方與群飲不視買臣買臣共飲醉飽少間守邸微見
其綬而引之即會稽太守章也守邸驚出相語掾吏皆去
妄誕守邸曰試觀之素輕買臣者入見皆驚走大呼曰實
然乃推排庭中拜謁
又曰蕭育字次君與朱博友善人稱曰蕭朱結綬
又曰南越反楊僕拜樓船將軍東越反上復欲使爲將僕
甚伐前勞勑責之曰士卒暴露連歲將軍不念其勤勞而
造佞巧請乗傳行塞因用歸家懷銀黃垂三組誇鄉里是
三過也
又曰金日磾兩子賞建俱侍中與昭帝同共卧起賞爲奉
車都尉建附馬都尉及賞嗣侯佩侯綬上謂霍將軍曰金
氏兄弟兩人不可使俱兩綬耶霍光曰賞自嗣爲侯耳上
笑曰侯不在我與將軍乎光曰高帝之約有功乃得封侯
時年俱八九歲
又曰莽上漸臺商人杜吳殺莽取其綬

覽六百八十二　九　甲劉

漢名臣奏云大司空朱浮奏曰車府承宏受詔乗輿綬五
采何多黃也可更用赤絲爲地
東觀漢記曰沛王楚王來朝就國明帝告諸王傅相王之
子年五歲以上皆令帶列侯綬復送綬十九枚爲諸子在
道欲急帶之也
又曰李忠仲都發兵奉世祖封武固侯時無綬上自解所
佩綬以賜忠
又曰第五倫諸王當歸國詔書選三署郎補王家長史除
倫爲淮陽王醫工長時輩除者多綬盡但假印倫請於王
王賜之綬
又曰馬防爲車騎將軍城門校尉置掾史位在九卿上絕
席詔封潁陽侯特以前參醫藥勤恣勞省闥以襄城羌亭千
二百五十户增防身帶三綬寵貴至盛
又曰掠得羌侯君長紫綬十七艾綬二十八黃綬二枚皆
入薄貴人相國緑綬三綵緑紫白純緑圭公侯將軍紫綬
二彩紫白純紫圭公主封君同九卿中二千石青綬三彩
青白紅純青圭千石六百石黑綬二彩青紺純青圭四百
三百二百石黃綬純黃一彩百石青紺綬一彩宛轉繆織
魏志曰太祖與呂布書國家無好金孤自取家好金更相
爲作印國家無紫綬自取所帶綬以藉心
又曰丁謐父斐字文侯建安末太祖征吳斐隨行自以家
牛羸困私易官牛被收送獄奪官後太祖嘲斐曰文侯印
綬何在斐亦知見戲也對曰以易餅。晉輿服志曰諸假印
綬而官不給鞶囊得自具作其但假印不假綬者不得佩
綬也
晉書曰衛瓘錄尚書事加緑綟綬履上殿入朝不趍

覽六百八十二　十　田劉

晉令曰皇太子及妃諸王纁朱綬郡公主朱綬郡侯青朱綬
梁書曰張纘為尚書僕射議南郊印綬官若備朝服宜並着綬時並施行
博物志曰光武嫌二千石綬不青而細朱浮議更用青羽
又曰太僕朱浮言詔書曰百官皆帶王莽時綬又不齊因前袁安故綬二李涉等六家所織綬不能具丙丁文能如組狀募能為丙丁文謹圖畫一綬丙丁制度賜縑五十疋今王莽時六安都尉留應募能為丙丁文謹如武庫給食留晝夜思念諷誦狂癡三十日病愈今文以成請賜縑五十疋
西京雜記曰昭陽殿上設五色流蘇帶以綠文紫綬
又曰趙飛燕為皇后其弟上遺五色文綬
蔡邕獨斷曰皇后赤綬玉璽貴人緺綬金印五色也

蔡邕雜章曰相國金印綠綬位在公上所以殊異休烈群臣莫得而齊
新序曰昌邑王取侯王二千石黑綬黃綬與左右佩之龔遂諫曰高皇帝造花綬五等陛下取之而與賤人臣以為不可願陛下收之
風俗通曰車騎將軍馮緄字鴻卿為議郎發綬笥有二赤虵可長二尺分南北走大用憂怖李山孫字寧方得其先人秘要緄請使卜玄君後三歲當為邊將東北四五千里官以東為名復五年為大將軍南征此吉祥也居無幾拜遼東太守會武陵蠻夷黃高攻燒南郡鴻卿以威名素著選登亞將奮虓虎之勢
又曰秦昭王遣李冰為蜀郡太守開成都兩江闢田萬頃江神每歲須童女二人不然為水災冰曰以女與神因責之良久有蒼牛鬭於岸上有間冰還謂官屬曰鬭太極可相助也若欲知向南腰中正白者我綬也主簿刺殺北向者神遂絕○管氏易林曰遘鼎咋紫綬衣服皆迂之象新
五行書曰懸虎鼻門上子孫帶綬
張衡集曰南陽太守鮑得有詔所賜先公綬笥傳世用之時得吏治笥平子為主簿作銘
陸機弔魏武曰令為著作郎遊祕閣見魏武遺令云吾衣裳可為一藏歷官所著者綬內藏中

太平御覽卷第六百八十二

儀式部四

印

許慎說文曰印執政所持信也

劉熙釋名曰印信也所以封物爲驗也亦言因也封物相因付也

史記蘇秦曰使我有洛陽負郭田二頃豈能佩印乎

又曰犀首司馬彪曰魏官名也如今虎牙將軍也姓公孫名衍張儀卒後犀首入相秦佩五國相印爲從約長

又曰漢王與酈食其謀撓楚權食其曰今秦失德弃義侵伐諸侯滅六國之後無立錐之地陛下德義莫不嚮風慕義願爲臣妾莫若立六國後漢王曰善趣刻印先生因行佩之矣張良從外謁漢王方食具以酈生語告子房曰誰爲陛下畫此計者陛下事去矣漢王曰何哉良曰臣請借前箸爲大王籌之漢王輟食吐哺罵曰豎儒幾敗迺公事令趣銷印

又曰酈寄與典客劉揭說呂祿曰帝使太尉守北軍欲足下之國急歸將印辭去不然禍且起呂祿遂解印屬典客而以兵授太尉太尉將之行令軍中

又曰欒大言方伎乃拜大爲五利將軍居月餘得四印佩天士將軍地士將軍大通將軍印又封大樂通侯天子刻玉印曰大通將軍使者衣羽衣夜立白茅上五利亦衣羽衣立白茅上受印以示不臣也數月佩六印貴振天下

漢書藝文志曰六體者古文奇字篆書隸書繆書蟲書師古曰繆篆謂古文屈曲纏繞所以摹印章也皆所以通知古今文字摹印章書幡信也

又曰酈食其說齊王曰項氏爲人刻印玩而不能授臣瓚曰項羽性於爵賞玩惜侯印不能封人韓信傳作刓義兩通

又曰張耳責讓陳餘餘怒曰不意君之望臣深也豈以臣重去將哉乃脫解印綬與耳耳不敢受餘走如廁客有說耳天子不取返受不祥急取之耳乃佩其印遂收其兵由此大有隙

又曰夏侯嬰從捕虜降卒得印一匱

又趙堯傳曰御史大夫周昌爲趙相高祖持御史大夫印弄之曰誰可以爲御史大夫者孰視堯曰無以易堯遂拜爲御史大夫

又曰嚴助曰陛下以方寸之印丈二之組鎭撫方外不勞一卒不損一戟而威德並行如使越人蒙死徼倖以逆執事之顏行文穎曰顏行猶鴈行在前行故曰顏也斯輿之卒有一不備而歸者雖得越王之首臣猶竊爲大漢羞之

又曰武帝遺詔以討莽何羅功封金日磾爲秺侯日磾以帝少不受封輔政歲餘病困大將軍光白封日磾臥受印綬

又曰王莽簒位遣謁者即拜龔勝太子師友祭酒以印綬就加勝輒推不受曰吾受漢家厚恩無以報今老矣旦暮入地豈宜以一身事二姓下見故主哉

又曰王莽簒位遣五威將王駿率甄阜等六人多齎金帛遺單于諭曉以受命代漢狀因易單于印故文曰匈奴單于璽莽更曰新匈奴單于章詔命令上故印左姑夕侯蘇從旁謂單于曰未見新印文宜勿與單于曰印文何由變更遂解故印綬奉上將率受著新綬不能視印飲食至夜迺罷右率陳饒謂諸將率曰鄉者姑夕侯疑印文幾令單

于不與人如令視印見其變改必求故印此非辭說所能距也即引斧椎壞之明日單于果遣右骨都侯當白將率曰漢賜單于璽言璽不言章又無漢字諸王以下廼有漢言章今即去璽加新與臣下無別願得故印將率示以故印謂曰新室順天制作單于宜承天命奉新室之制當還白單于知已無可柰何又多得賂遺即遣弟右賢王奉馬牛隨將率入謝

又曰王莽篡位莽皇孫功崇公宗坐自畫容貌被服天子衣冠刻印三一曰維祉冠存已夏處南山藏薄冰（祉福也冠存已夏處南山就陰宗也藏薄冰亦陰）二曰肅聖寶繼（莽自謂舜後能肅敬得天寶龜宗欲繼之也）三曰德封昌圖（宗自言以德見封當昌圖受圖籍也）後事發覺驗宗自殺

東觀漢記曰更始立以上爲太常偏將軍時無印得定武侯家丞印佩之

又曰馬援上書曰印書成睪令而睪爲白下羊丞印四下羊尉印白下人人下牛正一縣長吏文不同恐天下不正者多符印所以爲信宜齊同事下大司空正郡國印章奏可

又曰段熲上書曰掠得羌侯君長金印三十一錫印一枚皆簿入

後漢書曰寇恂初爲功曹太守耿況甚重之王莽敗更始立使使者徇郡國曰先降者復爵位恂從耿況迎使者於界上況上印綬使者納之宿無還意恂勒兵入見使者就請之使者不與曰天王使者功曹欲脅之邪恂曰非敢脅使君（君者尊之之稱也）竊傷計之不詳也今天下初定國信未宣使君建節銜命以臨四方郡國莫不延頸傾耳望風歸命今始至上谷而先隳大信（隳毀也）沮向化之心生離叛之隙將復何以號令它郡乎且耿府君在上谷久爲吏人所親今易之得賢則造次未安不賢秖更生亂爲使君計莫若復之以安百姓使者不應恂叱左右以使者命召況至恂進印綬帶於況使者不得已乃承制詔之況受而歸

又曰獻帝遷許徐璆以廷尉徵當詣京道爲袁術所劫術死軍破璆送前所假汝南東海二郡印綬司徒趙溫謂璆曰君遭大難猶存此邪璆曰昔蘇武困於匈奴不墜七尺之節況此方寸印乎

又曰延熹八年沛國戴異得黃金印無文字遂與廣陵人龍尚等共祭井作符書稱太上皇伏誅

又曰張魯在漢中民有地中得玉印者羣下欲尊魯爲漢寧王功曹閻諫以必爲禍先魯從而止

魏志曰袁紹欲立幽州牧劉虞爲帝太祖拒之紹又嘗得一玉印於太祖坐中舉向其肘太祖笑而惡焉

又曰楊奉以天子都安邑醫師走卒皆爲校尉御史刻印不供乃以錐畫示有文字或不時得

又曰許允善相印出爲鎮北將軍將拜以印不善使更刻之如此者三允曰印雖始成而已被辱問送印者果懷之而墜于廁

又曰平原太守劉邠取印囊及山鷄毛著器中使管輅筮之輅曰內方外圓五色成文合寶守信出則有章此印囊也

又曰咸熙元年鎮西將軍衛瓘上雍州兵於成都縣得璧玉印各一印文似成信字依周成王歸禾之義宣示百官相國府

吳志曰劉禪襲位諸葛亮秉政與權連和時事所宜權輙

輒令陸遜報語并刻權印以置其所權每與禪亮書常過
示遜輕重可否有所不安便令改以封行之
晉書曰孔愉封餘不亭侯愉曾行經餘不亭見籠龜於路
者買而放之溪中流左顧者數四及是鑄侯印而左顧三
改如初印工告愉愉悟乃佩焉
又曰趙王倫僭位而以苟且之恵取悅人情金銀冶鑄不
給於印故有白板之侯君子耻服其章
宋書曰孔琳之爲尚書左丞楊州中從事史所居著續時
責衆官獻便宜琳建言曰夫璽印者所以辨章官爵立契
符信官莫大於皇帝爵莫尊於公侯而傳國之璽歷代遞用
襲封之印奕世相傳貴在仍舊無取改作今世唯尉一
職獨用一印至內外羣官每遷悉改討尋其義私所未達
若謂官各異姓與傳襲不同則未若異代之爲殊也若論

其名器雖有公卿之貴未若帝王之重若以或有誅夷之
臣忌其凶穢則漢用秦璽延祚四百未聞以子嬰身戮國
亡而棄之不佩帝王公侯之尊不疑於傳璽人臣衆僚之
卑何嫌於即印載籍未聞其說推例自乖其准而終年刻
鑄喪功消實金銀銅炭之費不可稱言非所以因循舊貫
易簡之道愚請衆官即用一印無煩改作若新置官官多
印少又或零失然後乃鑄則仰裨天府非唯小益
齊書曰巴西人趙續伯反奉其鄉人李弘爲聖王弘乗佛
輿以五綵裹青石誑百姓云天與巴王印當王蜀後敗
梁書曰何思澄自廷尉正遷治書侍御史宋齊巳來此職
甚輕天監初始重其選車前依尚書二丞給三騶執盛印
青囊舊事糺彈印綬在前故也
又曰王瑩拜將軍印工鑄其印六鑄而龜六毀既成鎮空

不實補而用之居職六日暴卒
後魏書曰祖瑩爲散騎侍郎孝昌中於廣平王第掘得古
玉印勑召瑩與黄門侍郎李琰之令辨何世之物瑩云此
是于闐國王晉太康中所獻乃以墨塗字觀之果如瑩言
時人稱爲博物
又曰高祖詔軍警給雀印傳符次給馬印
又曰高祖承明元年上谷郡人獻玉印有蛟龍之文
唐書曰朱泚遣其將韓旻領兵三千趣奉天時奉天未有
武備泚召叚秀實與謀秀實詐從之乃與將吏謀殺泚且
欲追韓旻兵迴竊姚令言印不遂乃以司農寺印倒印符
牒旻莫辨其印遑遽而迴
應劭漢官儀曰印者因也正所以虎紐者陽類虎獸之長
取其威猛以執伏群下龜者陰物隨時蟄藏以示臣道功

成而退也孝武皇帝元狩四年令通官印五分王公侯金
二千石銀千石以下銅
漢舊儀曰諸侯王黄金橐駝印文曰璽列侯黄金龜紐文
曰之印丞相大將軍黄金印龜紐文曰章御史大夫章匈
奴單于黄金印橐駝紐文曰章御史二千石銀印龜紐文
曰章千石六百石四百石皆銅印鼻紐文曰印章二百石
以上皆爲通官印
續漢禮儀志曰印璽柙金鏤大貴人長公主銅鏤
江表傳曰吳歷陵縣有名山臨水高百丈其上三十丈有
七穿相傳謂之石印石印神有三郎時歷陵長表言石印文
發孫皓大喜遣使祭歷陵使者以高梯上省印文詐以朱
書曰楚九州都楊　作天子遝以印文啓皓皓曰太平
之主非孫復誰以印綬拜三郎爲王

又曰諸葛恪被誅弟融刮金龜印服之而死

抱朴子曰古之入山者佩黄神越章印其闊四寸其字百二十以封泥著所住之四方各百步則虎狼不敢近

崔豹古今注曰奏劾者綈爲囊盛印於前示奉法而行非奏劾者以青繒爲囊盛印於後

郭子曰大將軍王敦起事丞相導兄弟詣門謝甚有憂色尚書周顗始入丞相呼顗曰伯仁以百口頼卿顗直過不應旣入苦相申救甚至旣釋顗大悅飲酒致醉而出導等猶在門又呼顗顗不與言顧左右曰今年殺諸賊奴當取一金印如斗大繫肘也

列仙傳曰方回者堯時人至夏桀末爲官士爲人所刧閉之宫中從求道因化而得去更以方回印封其户時人言得方回一丸泥門户不可開

拾遺録曰禹治水黄龍曳尾於前玄龜負青泥於後玄龜河精之使者龜頷下有印文皆古文作九州山水之字禹所穿鑿之處皆使青泥封記其所使玄龜印其上今之人聚土爲界乃遺象也

又曰王溥即王吉之後世傭書於洛美形皃又多文辭來僦其書者丈夫贈其衣冠婦人遺其珠玉一日之中衣寶盈車而歸積粟十廩九族莫不仰其衣食洛陽稱其爲善而得富也溥先時家貧穿井得鐵印銘曰傭力得富錢至億庚一土三田軍門主簿後以一億庚錢輸官得中壘校尉三田一土壘字也中壘校尉掌北軍壘門故曰軍門主簿也善積降福明神之報也

博物志曰常山張顥爲梁相天新雨後有鳥如山鵲飛翔近地令人擿之墮地爲圓石顥令椎破得一金印文曰忠孝侯印顥上之藏之秘府後議郎汝南樊行校書東觀表上言堯舜之時舊有此官今天降印宜可復置

述異記曰張軌字士彦爲使持節護羌校尉凉州刺史客相印曰祚傳子孫長有西夏關洛傾陷而凉土獨全在職十三年傳國三世八主一十六載

風土記曰豫章新淦縣令刻印而誤作淦

相印書曰相印法本出陳長文長文以語韋仲將印士楊利從仲將受法以語許士宗私以法術占吉凶十可八九仲將問長文從誰得法長文曰本出漢世又印工宗養以法語程申伯

相印經曰印有八角十二芒印欲得周正上穩下平光明潔清如此皆吉

夢書曰印鈎爲人子所保也夢見印鈎人得子含吞印鈎懷姙婦也失印子傷墮

傳玄印銘曰惟昔先王配天垂則乃設印章作信万國取象晷儀是銘是刻文明慎密直方其德本立道生歸乎玄黑

太平御覽卷第六百八十三

太平御覽卷第六百八十四

服章部一

總敘冠

說文曰冠絭也所以絭髮弁冕之總名也

釋名曰冠貫也所以貫韜髮也

董巴漢輿服志曰上古穴居野處衣毛而冒皮未有制度後世聖人易之以絲麻觀翬翟之文榮華之色乃染帛以効之始作五綵成爲五緌

又曰衛氏冠有五彩衣青玄裳前員其制差池四重趙氏靈王好服之今不施用也

白虎通曰人所以有冠者帣也所以帣持髮也人懷五德莫不貴德示成禮有脩飾文章故制冠以飾首別成人也

三禮圖曰緇布冠始冠之冠也太古冠布齊則緇之今武冠則其遺象也太古未有絲繒始麻布耳

又曰建華冠祠天地五郊八佾舞人服之以鐵爲柱卷貫雜大珠九枚

禮記檀弓曰古者冠縮縫今也衡縫（縮從也今禮制衡讀爲橫今冠橫縫以其辟積多）故喪冠之反吉非古也（解時人之喪冠縮縫古冠耳）

又郊特牲曰冠義始冠之緇布之冠也（始冠三加先加緇布冠）太古冠布齊則緇之其緌也（齊則緇之鬼神重幽闇也）孔子曰吾未之聞也冠而敝之可也（三代改制齊冠不用）適子冠於阼以著代也醮於客位加有成也（始加緇布冠次皮弁次爵弁冠益尊而志益大）三加彌尊喻其志也冠而字之敬其名也委貌周道也章甫殷道也毋追（上音牟下音堆）夏后氏之道也周弁殷哻（音詡）夏收三王共皮弁素積（所不易於先代）

又曰黃衣黃冠而祭息田夫也野夫黃冠黃冠草服也（以息民服象季秋草木黃落）

又玉藻曰始冠緇布冠自諸侯下達冠而敝之可也（本大古耳非時王之法服也）玄冠朱組纓天子之冠也緇布冠繢緌諸侯之冠也（皆始冠之冠也玄冠委貌也諸侯緇布冠有緌尊者飾也繢或作繪緌或作蕤）玄冠丹組纓諸侯之齋冠也玄冠綦組纓士之齋冠也（言齋時所服也四命巳上齋祭異冠也）縞冠玄武子姓之冠也（謂父有喪服子爲之不純吉也武冠卷也古者冠卷也）縞冠素紕既祥之冠也（紕緣邊也紕讀如埤益之埤既祥祭而服之也）垂緌五寸惰游之士也（惰游罷民也亦縞冠素紕垂長緌明非既祥）玄冠縞武不齒之服也（所放不帥教者）居冠屬武（謂燕居冠也著冠於武少威儀）自天子下達有事然後緌（燕無事者去飾）

又曰玄冠紫緌自魯桓公始也（蓋僭宋王者之後服也緌當用繢）

又冠義曰冠者禮之始也古者冠禮筮日筮賓所以敬冠事敬冠事所以重禮重禮所以爲國本也

傳曰狄人滅衛齊桓公封衛于楚丘衛國忘亡（忘其滅亡之困）衛文公大布之衣大帛之冠（用諸侯詩閭之服）

又曰鄭子華之弟子臧出奔宋好聚鷸冠（鷸鳥名聚鷸羽爲冠言非法之服）鄭伯聞而惡之使盗誘之八月盗殺之陳宋之間君子曰服之不衷身之災也

又曰衛獻公戒孫文子甯惠子食皆服而朝日旰不召而射鴻於囿二子從之不釋皮冠而與之言

又曰齊侯田于沛招虞人以弓不進使人執而問之辭曰昔我先君之田也旃以招大夫弓以招士皮冠以招虞人臣不見皮冠故不敢進乃舍之

又曰范獻子求貨於叔孫使請冠焉（以求冠爲辭）取其冠法而與之兩冠曰盡矣

詩曰彼都人士臺笠緇撮（緇撮緇布冠也）

穀梁傳哀公曰公會晉侯吳子于黃池吳王夫差曰好冠來孔子曰大矣夫差未能言冠而欲冠也范甯曰不知冠有差等唯欲好冠

史記曰高祖時籍孺孝惠時閎孺姣佞貴倖與上卧起故惠帝時郎中皆冠鵕鸃貝帶傅脂粉比閎籍之屬

又曰丞相公孫弘燕見上或時不冠至如汲黯見上不冠不見嘗坐武帳中黯前奏事上不冠望見黯避帳中敬禮如此

漢書曰高祖為亭長以竹皮為冠及貴所謂劉氏冠也後令爵非公乘以上毋得冠劉氏冠也應劭注曰竹皮今之鵲尾冠是也

又曰沛公畧地陳留麾下騎士酈食其里中子也食其見之曰沛公吾所欲從騎士曰沛公不喜儒諸客冠來者沛公輒解其冠溺其中未可以儒生說也

又曰杜欽字子夏家富而目偏盲茂陵杜業亦字子夏時人號欽為盲杜子夏以相別欽惡以疾詆迺為小冠廣裁一寸由是京師更謂欽為小冠杜子夏而業為大冠杜子夏

又曰蓋寬饒初拜衛司馬冠大冠帶長劍躬按行士卒之室

又曰江充召見衣紗縠襌衣冠蟬纚步搖冠上見之曰燕趙固多奇士

又曰王陽與貢禹為友陽為益州刺史禹聞之彈其冠以待陽薦陽薦禹於成帝召為大夫

東觀漢記曰莽居攝子宇諫莽而莽殺之逢萌謂其友人曰三綱絕矣不去禍將及人即解冠掛東門而去

又曰段熲滅羌詔賜熲赤幘大冠一具

又曰馬援與公孫述有舊援入蜀述見之甚喜冠之交內之冠立舊交之位

後漢書曰劉虞為公孫瓚所誅初虞以儉素為操冠敝不改乃就補其穿及遇害瓚兵搜其內而妻妾服羅紈盛綺飾時人以此疑之

續漢書曰梁冀改輿服別制埤幘狹冠

晉書曰劉暾字長升轉侍御史武庫火尚書郭彰率百人自衛而不救火暾正色詰之彰怒曰我能截君角也暾勃然謂彰曰君何敢恃寵作威作福天子法冠而欲截角乎求紙筆奏之彰伏不敢言衆人解釋乃止

崔鴻十六國春秋前燕錄曰慕容廆曾祖父慕容跂見燕代少年多冠步搖冠好之乃斂髮襲冠諸部因呼之為步搖其後音訛而為慕容遂以慕容為氏

又曰慕容儁下書曰周禮冠冕體制君臣畧同中世已來亦无常體今特制燕平上冠悉賜廷尉已下使瞻冠思事刑斷詳平諸公冠悉顏裹屈竹鎔鑾作公字以代梁甗施之金瑱令僕尚書置瑱而已秘監令別施珠瑱庶能敬慎威儀示民軌則

齊書曰武帝幸劉悛第帝着鹿皮冠劉悛設兔毛衾於牖中宴樂以冠賜悛至夜乃去

梁書曰陳伯之濟陰睢陵人也年十三四好着獺皮冠

又曰張欣泰為直閣步兵校尉領羽林監欣泰通涉雅好交結多是名素正直輒着鹿皮冠披素琴有以啓武帝曰將家兒何敢作此舉止

又曰婆利國以瓔珞繞身頭着金長冠高尺餘形如弁綴

以七寶之飾

後魏書曰崔休兼給事黄門侍郎參定禮儀帝常閲故府得舊冠題曰南部尚書崔逞制顧謂休曰此卿家舊事也

唐書曰貞觀中太宗初服翼善冠賜貴臣進德冠因謂侍臣曰幞頭起自周武帝蓋以便於軍容今四海無虞息武事此冠頗採古様兼類幞頭乃宜常服可與袴褶通用

又曰肅宗時司天韓穎奏五官正其官配五方臣請冠上加一星衣從方色

國語曰定王使單襄聘于宋遂假道於陳以聘于楚及陳陳靈公與孔寧儀行父南冠以如夏氏單子歸告王曰陳我大姬之後也棄袞冕而南冠以出不亦簡彝乎（言簡略常服也）

家語曰哀公問孔子曰昔舜何冠孔子不對公曰有問於子不對何也對曰舜之爲君好生惡殺任能授賢君舍此不遵而冠是問是以緩對

又曰大夫請罪用白冠氂纓

周書曰成王將加元服周公使人來零陵取文竹爲冠

春秋繁露曰冠之在首玄武之象也玄武貌之最嚴威者其象在後反居首者武之至而不用者矣

春秋合誠圖曰天皇大帝北辰星也含元秉陽舒精吐光居紫宫中制御四方冠有五采

戰國策曰王外謂齊宣王曰王之憂國愛民不若王愛尺縠也王曰何謂外曰王使人爲冠不使左右便辟而使工者何也爲能之也今王治齊非左右便辟無使也臣故曰不如愛尺縠也

桓子新論曰傳記言魏牟北見趙王王方使冠工制冠於前問治國於牟對曰大王誠能重國若此二尺縰則國治且安王曰國所受於先人宗廟社稷至重而比之二尺縰何也牟曰大王制冠不使親近而必求良工者非爲其敗縰而冠不成與今治國不善則社稷不安宗廟不血食大王不求良士而任使其私愛此非輕國於二尺縰之制耶王無以應

又曰宋康王爲無頭之冠以示勇

六韜曰冠雖弊禮加之於首履雖新法踐之於地

莊子曰宋銒尹文爲華山之冠以自表

又曰盜跖責孔子曰爾詐言造語妄稱文武冠技木之冠帶死牛之脅搖唇鼓舌擅生是非以迷天下之主

尉繚子曰天子玄冠玄纓諸侯素冠素纓大夫已下練冠練纓

墨子曰昔齊桓公高冠博帶以治其國楚莊王鮮冠組纓絳衣博袍以治其國

孟子曰陳相道許子之行言於孟子孟子曰許子必種粟而後食乎曰然許子冠乎曰冠曰奚冠曰冠素曰自織之與曰以粟易之曰許子奚爲不自織曰害於耕

韓子曰齊桓公飲酒遺其冠恥之三日不朝管仲曰此有國者之恥公胡不雪之以政公曰善因發囷倉賜貧窮論囹圄出薄罪處三日而民謌之曰公胡不復遺其冠乎

晏子春秋曰景公爲巨冠長衣以聽朝

淮南子曰莊王誅史里孫叔敖制冠澣衣（史里佞臣也恐人死自知當見用故作冠澣衣）

又曰楚莊王好觟（胡瓦切）冠楚國効之也（許慎注曰今力士冠）

又曰冠之於人也寒不能煖風弗能鄣暴不能蔽然而戴冠履履者其所自託者然

又曰魯人身善制冠妻善織履徃徙於越而大困以有用
遊於不用之鄉也
瑣語曰范獻子卜獵命人占之　其繇也曰君子得龜小
人遺冠范獻子獵而無得遺其豹冠
語林曰丞相拜司空諸葛道明在坐王指冠冕曰君當復
着此乎
古今注曰曾參鋤瓜三足烏來萃其冠
漢武內傳曰上元夫人戴九星靈芝夜光之冠西王母戴
太真晨嬰之冠
神仙服食經曰漢武帝閑居未央殿有人乘白雲車駕白
鹿冠芙蓉冠曰我中山衛叔卿也
楚辭曰余幼好此奇服年既老而不衰帶長鋏之陸離冠
青雲之崔嵬

又曰高余冠之岌岌長余珮之陸離
又曰握申椒與杜若冠浮雲之峩峩
摯虞遊思賦曰戴朗月之高冠綴大珠之明璫
傅玄冠銘曰居高無忘危在上無忘敬懼則安敬則正
曹植與陳琳書曰夫披翠雲以爲衣戴北斗以爲冠帶虹
蜺以爲紳連日月以爲珮此服非不美也然而帝王不服
者望殊於天志絕於心矣
張衡七辯曰織霧之冠飛翮之纓

太平御覽卷第六百八十四

服章部二

通天冠　進賢冠　遠遊冠　章甫冠
牟追(堆音)　收　哻(呼況切)　委貌冠
高山冠　法冠　武弁　鶡冠
却敵冠　却非冠　巧士冠　方山冠
樊噲冠
長冠

通天冠

三禮圖曰通天冠一曰高山冠上之所服

蔡邕獨斷曰天子冠通天漢制之秦禮無文祀天地明堂平冕郤人不識謂之平天冠

徐廣輿服雜注曰天子通天冠高九寸黑介幘金博山

徐爰釋問曰通天冠金博山蟬謂之金顏

進賢冠

三禮圖曰進賢冠前高七寸長八寸後高三寸一梁下大夫一命所服兩梁再命大夫二千石所服三梁三命上大夫公侯之服

董巴漢輿服志曰進賢冠古緇布冠文儒者之服也前高七寸後三寸長八寸公侯三梁中二千石已下至博士兩梁千石已下至小史私學弟子皆一梁宗室劉氏亦兩梁

蔡邕獨斷曰進賢冠文官服之漢制尚書兩梁禮無文

徐廣輿服志雜注曰天子雜服介幘五梁進賢冠太子諸王三梁進賢冠

北齊書曰文襄嗣業以前司徒侯景進賢冠賜李繪曰卿但直心事孤當用卿爲三公勿學侯景叛也

遠遊冠

三禮圖曰遠遊冠諸王所服

徐廣輿服雜注曰天子雜服遠遊冠太子及諸王遠遊冠制似通天也天子五梁太子三梁

董巴漢輿服志曰遠遊冠制如通天有展筩橫之于前無山

張鏡東宮儀記曰皇太子遠遊冠翠緌

魏文帝與于禁詔曰昔漢高祖脫衣以衣韓信光武解綬以帶李忠誠皆人主當時貴敬功勞今以遠遊冠與將軍

舊制太子着遠遊冠金蟬翠緌纓至是詔加金博山

梁書曰天監十四年正月朔旦帝臨軒冠太子于太極殿

淮南子曰楚莊王通梁組纓(高誘曰通梁遠遊冠)

羅浮山記曰王方平着遠遊冠五色綬

章甫

釋名曰章甫殷冠名甫大夫也殷以之表章大夫也

白虎通曰殷統十二月爲正其飾微大故爲章甫

儀禮士冠禮曰章甫殷道也(鄭玄曰章明也殷質信以表明大夫也甫或爲斧所以服行道也)

禮記儒行曰孔子曰丘長居宋冠章甫之冠

論語先進曰赤爾何如對曰宗廟之事如會同端章甫願爲小相焉

莊子曰宋人有資章甫而適於越越人斷髮文身無所用之

孔叢子曰先君相魯三月政化既行頌曰衮衣章甫實獲我所章甫衮衣惠我無私

列仙傳曰稷丘君泰山下道士漢武帝東巡君乃冠章甫擁琴而見之

牟追

釋名曰牟追牟冒也言其形冒髮追追然也

周禮春官曰追師掌王后之首服爲副編次追衡笄鄭司農云追冠名也禮曰牟追夏后氏之道也副者婦人之首服衡維持冠者

儀禮士冠禮曰毋追夏后氏之道也

白虎通曰夏正十三月其飾最大故爲無追無追者言其追大也制冠法天天色玄不失其質夏之冠色純玄

收

釋名曰收夏后氏冠名也言收斂髮也

白虎通曰夏收而祭謂之收者十三月陽氣收本舉生萬物而達出之故謂之收

禮王制曰夏后氏收而祭燕衣而養老

又郊特牲曰周弁殷冔夏收

五經通義曰王冠夏曰收以入宗廟長尺六寸廣八寸前起

史記曰堯黃衣純冠

冔

詩曰殷士膚敏祼將于京厥作祼將常服黼冔黼白與黑也冔殷冠也

白虎通曰殷冔而祭謂之冔者十二月施氣受化冔張而後得牙

禮王制曰殷人冔而祭縞衣而養老

委貌冠

釋名曰委貌其形委曲之貌上小下大

儀禮士冠禮曰委貌周道鄭玄曰委猶安也言所以安正容貌也

三禮圖曰玄冠一曰委貌今之進賢則其遺象也夏曰毋追殷曰章甫周曰委貌後世轉以巧意改易其名耳

國語曰周襄王賜晉文公命晉侯端委而入孔晁曰玄端之衣委貌之冠也

白虎通曰委貌者何周朝廷理正事行道德之冠名所謂委貌者周統十一月爲正萬物始萌冠飾最小故爲委貌言委曲有貌也

董巴漢輿服志曰委貌冠以皁繒爲之大射辟雍公卿諸侯大夫冠委貌續漢輿服志同○神異經曰西荒有人不讀五經而意合不覿天文而心通不誦禮律而精當天賜其衣男朱衣縞帶委貌冠女碧衣戴勝皆無縫

高山冠

三禮圖曰高山冠一曰側注高九寸鐵爲卷梁秦制行人使者所服今謁者服之

續漢輿服志曰安帝立太子太子謁高廟洗馬冠高山冠侍御史奏謂不宜事下有司尚書陳忠奏洗馬職如謁者服其服先帝之舊也奏可謁者古二名洗馬

董巴漢輿服志曰高山冠一曰側注如通天謁者僕射所服

太傅南郡胡廣說曰高山冠蓋齊王冠也秦滅齊以其君冠賜近臣謁者服之

傅子曰魏明帝以高山制似通天遠遊乃毀變先形令行人使者服之

會稽先賢像讚曰綦毋文後爲交阯刺史詔賜高山冠

法冠

三禮圖曰法冠一曰柱後惠文一曰獬豸冠柱高五寸以縰裹鐵柱卷秦制法官服之禮不記

蔡邕獨斷曰法冠秦制執法者服之天子冠通天漢制之侍中中常侍皆冠惠文加貂附蟬

董巴漢輿服志曰太傅胡公說春秋左氏傳有南冠而縶者則楚冠也秦滅楚以其服賜執法近臣御史服之

又曰武冠一曰武弁大冠侍中中常侍加黃金璫附蟬爲文貂尾爲飾謂之趙惠文冠

國語曰定王使單襄公聘於宋假道於陳陳靈公與孔寧儀行父南冠以如夏氏留賓不見單子歸告王曰陳侯弁袞冕而南冠以出不亦彝簡乎（簡畧彝常也言簡畧常服）犯先王之令國其士乎（賈逵曰南冠楚冠也）

漢書曰張敞弟武爲梁相敞遣吏送之曰何以治梁武曰馭黠馬者利其銜策當以柱後惠文彈治之耳（秦獄吏冠柱後惠文冠如淳曰蟪蟬也冠細如蟬翅今御史冠也）

又曰昌邑王賀短衣大袴冠惠文冠（服虔曰武冠也趙惠文所服故號惠文）

應劭漢官儀曰侍御史周官也爲柱下史冠法冠一曰柱後以鐵爲柱言其審固不撓或說古有獬豸獸主觸不直故執憲者以其角形爲冠耳

唐書曰侍御史朱放請復置朱衣豸冠於內廊有犯者御史服以彈後御史張著服之以彈京兆尹嚴郢

武弁

三禮圖曰武弁大冠也士服之或曰千歲涸澤之神名慶忌冠大冠乘小車馬好疾馳齊人服之

董巴漢輿服志曰武冠一曰武弁大冠武官冠之侍中常侍加黃金璫附蟬爲飾謂之趙惠文冠

蔡邕獨斷曰武冠或曰繁冠今謂之大冠

魏志曰陳思王植上疏曰臣若得辭遠遊戴武弁解朱組佩青紱乃臣之至願也

徐爰宋志曰武弁世謂籠冠也

鶡冠

應劭漢官儀曰虎賁冠插鶡尾鶡鷙鳥中之果勁者也每所攫撮應爪摧碎尾上黨所貢

董巴漢輿服志曰武冠加雙鶡尾爲鶡冠羽林虎賁冠之鶡鷄勇鬭死乃止故趙武靈王以表武士秦施用之

劉向七畧曰鶡冠子常居深山以鶡爲冠故號冠子

却敵冠

三禮圖曰却敵冠前廣四寸後三寸衞士服之

董巴漢輿服志曰却敵冠制似進賢衞士服之

却非冠

三禮圖曰却非冠宮殿門僕射服高五寸禮不記

又司馬彪續漢書云插以鶡尾

董巴漢輿服志曰却非冠似長冠

巧士冠

三禮圖曰巧士冠前高五寸後相通掃除從官服之禮不記

董巴漢輿服志曰巧士冠高七寸不常服唯郊天黃門從官四人冠之在鹵簿中次乘輿車前以備宦者四星

方山冠

三禮圖曰五彩方山冠各以其綵縠爲之祠廟天子八佾樂五行舞人所服

董巴輿服志曰方山冠似進賢冠以五彩縠爲之

漢書五行志曰昌邑王賀爲王時冠方山冠

長冠

三禮圖曰長冠竹裹高七寸廣三寸漢高祖以竹皮作之世云劉氏冠楚制禮不記
蔡邕獨斷曰小史祠宗廟則長冠

樊噲冠

周遷輿服雜事曰樊噲冠楚漢會於鴻門項羽圖危高祖樊噲聞急乃裂衣苞楯戴以爲冠排入羽營
董巴漢輿服志曰樊噲造次所冠以入項羽軍廣九寸前後各出四寸制似冕司馬殿門衛士服之

太平御覽卷第六百八十五

太平御覽卷第六百八十六

服章部三

冕

冕　纓　弁

說文曰冕大夫以上冠邃延垂旒紞纊昔者黃帝初作冕

釋名曰祭服曰冕冕猶俛俛平直皃也玄上纁下前後垂珠有文飾也

白虎通曰麻冕者何周宗廟之冠也十一月之時陽氣俛仰黃泉之下萬物被施如冕冕前俛而後仰故謂之冕也所以用麻爲之者女功之始示不忘本不以皮反太古未有禮文之服也

又曰冕所以前後邃延者何示進賢退不能也垂旒者示不視邪纊塞耳示不聽讒故水清無魚人察無徒明不尚極知下故禮曰天子玉藻十有二旒前後邃延也

世本曰黃帝作旒冕（宋均曰通帛爲旒冕冠之有旒應劭云周始垂旒也）

又三禮圖曰黃帝戴黃冕

周禮曰弁師掌王之五冕朱裏延紐（冕綖之覆也紐小鼻貫所貫）五采繅十有二就（繅合五色絲爲之垂之延之前後各十有二所謂邃延也就成也繩之每一匝而貫五采玉十二旒則十二玉也）

又曰司服掌王之服祀昊天上帝則大裘而冕祀五帝亦如之（六服同冕）享先王則衮冕享先公射享則鷩冕祀四望山川則毳冕祭社稷五祀則絺冕祭羣小五祀則玄冕

禮曰有虞氏皇而祭周人冕而祭（皇冕屬畫羽飾之）

又曰諸侯冕而舞大武諸侯之僭禮也

又曰王戴冕璪十有二旒則天數也

又曰玄冕齋戒鬼神陰陽也（陰陽夫婦）

又曰天子之冕朱綠藻十有二諸侯九上大夫七下大夫五士三此以文爲貴也

又曰魏文侯問於子夏曰吾端冕而聽古樂則唯恐臥（鄭玄曰端玄衣）

又曰君子端冕則有敬色

大戴禮曰古者冕而前旒所以蔽明黈纊塞耳所以掩聽也

書曰王麻冕黼裳由賓階隮（鄭玄曰三十升布冠也）卿士邦君麻冕蟻裳入即位（蟻謂色玄也）太保太史太宗皆麻冕彤裳

左傳曰晉士會帥師滅赤狄晉侯請于王以冠冕命士會將中軍且爲太傅

又曰公還及方城季武子使公冶問（問公起居公冶季氏屬大夫）公與公冶冕服（以卿玄冕賞之）固讓而後受公冶疾聚其臣曰我死必無以冕服斂非德賞也（言公畏季氏而賞其使非以我有德）

又曰王使詹桓伯辭於晉曰我在伯父猶衣服之有冠冕木土之有本源民人之有謀主伯父若裂冠毀冕拔本塞源專弃謀主雖戎狄其何有余一人

論語曰子曰禹吾無間然矣菲飲食而致孝乎鬼神惡衣服而致美乎黼冕

又曰子曰行夏之時乘殷之輅服周之冕

又曰麻冕禮也今也純儉吾從衆

國語曰周襄王賜晉文公命晉侯端委而入大宰以王命命之冕服內史贊之三命而後即冕服

家語曰子路問於孔子曰有人於此被褐而懷玉如何子曰國無道隱者可也國有道則衮冕而執玉

五經通義曰冕制柰何禮器曰冕冠長六寸廣八寸員前

冕繒布在上五采組十二旒夏殷之冕如周制矣其旒色異夏冕黒白赤組旒殷冕黒黄青組旒

應劭漢官儀曰周冕與古冕畧等周加垂旒天子前後垂真白珠各十二

蔡邕獨斷曰漢明帝採尚書臯繇及周官禮記以定冕制皆廣七寸長尺二寸係白珠于其端十二旒三公及諸侯九旒卿七旒

又曰祀天地明堂平冕

崔豹古今注云牛亨問曰冕旒如繁露何也荅曰綴而下垂如露之繁多故曰繁露

摯氏決疑要注曰秦除六冕之制明帝（漢明帝也）永平中使諸儒案古文始復造袞冕

符子曰龍逢諫桀曰臣觀君之冕非冕冕危石觀君之履

非履履春冰未有冠危石而不壓蹈春冰而不陷也

陳壽益部耆舊傳曰鄭賀拜荆州刺史明帝巡狩到南陽特見嗟嘆賜以三公之服黼黻旒冕勑去幨露冕使百姓見此衣服以彰其德

何法盛晉中興書曰初中興儀服不備又冕旒飾以翡翠珊瑚雜珠顧和奏舊冕十二旒皆用玉今不能得玉可用白璇珠於是始下太常治改

王智深宋記曰明帝詔曰朕以大冕郊祀天宗祀明堂以法冕祀太廟元正大會朝諸侯以絺冕小會宴饗餞送諸侯臨軒命王公以繡冕征伐不賓講武校獵

南齊書曰六等之冕皆有黈纊黄綿爲之其大如橘自皇太子以下並畢導青纓

纓

説文曰纓冠系也綏系冠纓也

釋名曰纓頸也自上而下繫於頸也

禮曰玄冠丹組纓諸侯之齋冠也玄冠綦組纓士之齋冠也

又曰玄冠紫緌自魯桓公始也

傳曰石乞盂黶敵子路以戈擊之斷纓子路曰君子死冠不免（不使冠在地）結纓而死

漢書曰冠高山之冠飛羽之纓

又曰終軍字子雲濟南人上書請受長纓必羈南越王而致之闕下乃使使越越王舉國内屬

又曰江充召見犬臺宫（晉灼曰黄圖上林有犬臺宫也）冠蟬纚步摇冠飛翮之纓（張晏曰冠蟬纓小步則揺纓隨冠而動若鳥翮然）

晉書曰石季龍子義陽公鑒時鎮關中役煩賦重失關右

之和其女官李松勸鑒文武有長鬚者拔爲冠纓餘以給宫人季龍聞之大怒以其右僕射張離爲雍州刺史以察之信然徵鑒還鄴収松下廷尉

後魏書曰李彪嘗使齊着大頭纓纓裾至膂張融笑之曰北國士大夫帽裾亦有等級不彪曰上士至膂中士至頸下士之徒蓋鬚而已

山海經曰拘纓之國一手把纓

管子曰桓公親郊管仲詘纓捷衽

孟子曰孺子歌曰滄浪之水清兮可以濯我纓（楚詞亦同）

莊子曰昔趙惠文王喜劔太子悝之募左右孰能説王左右曰莊子當能太子乃使人以千金奉莊子莊子不受與使者俱往太子曰吾王所見唯劔士蓬頭突鬢冠曼胡之纓短後之衣瞋目而語難王乃説之今大夫必儒服而見

士事必大逆莊子曰請爲劍服
又曰原子居衛正冠而纓絶斂衿而肘見言貧也
淮南子曰聖人見鳥獸鬚胡之制作綾纓之首飾
韓子曰鄒君好服長纓左右皆作長纓纓甚貴鄒君患之問左右左右對曰君服之百姓亦多服是故貴鄒君因先自斷其纓而出國中皆不服長纓
說苑曰楚莊王賜群臣酒日暮燭滅乃有人引美人之衣者美人援絶其冠纓告王趣火來視絶纓者王曰賜人酒使醉失禮柰何欲顯婦人之節而辱士乎乃命皆絶去其冠纓
尉繚子曰天子玄冠玄纓諸侯素冠素纓自大夫以下皆皂冠皂纓
後漢崔駰達指曰有事則褰裳濡足無事則攝纓整衿

平六八十六　五　張壽一

魏徐幹齊都賦曰纖纚細纓輕配蟬翼自尊及卑須我元服
晉陸機詩曰冠冕無醜士長纓皆儁民
晉成公綏七唱曰瓊弁曜首王纓照目
宋謝靈運七濟曰翠綾媚眉朱裳妍形
劉梁七舉曰華組之纓從風紛紜

弁

釋名曰弁如兩手相合抃時也以爵韋爲之謂之爵弁以鹿皮爲之謂之皮弁以韎韋爲之謂之韋弁也
系本曰魯昭公作弁宋均曰作素弁也
五經通義曰皮弁冠前後玉飾
白虎通曰皮弁者何謂也所以法古至質冠之名也弁之爲言攀也所以持髮也上古先賢服鹿皮取其文章也故

禮曰三王共皮弁素積爵弁何謂也其色如爵頭周人宗廟士之冠也周尚赤所以不純赤但如爵頭也
三禮圖曰爵弁士助君祭之服以祭其廟無旒韋弁王及諸侯兵服也
三禮冠弁圖曰皮弁以鹿皮淺毛黃白色者爲之高尺二寸春三月習大射冠之行事
輿服志曰皮弁與委貌同制長七寸高四寸制似覆杯前高廣後卑銳所謂夏之毋追上音牟下音堆殷之章甫者也行大射禮辟雍公卿諸侯大夫行禮者冠委貌執事者冠皮弁衣都麻衣
董巴輿服志曰爵弁一名冕廣八寸長二寸如爵形前小後大其上似爵頭色有收持笄所謂夏收殷冔况羽切者也祠天地五郊明堂雲翹舞樂人服之

平六八十六　六　壽一

詩曰淑人君子其帶伊絲其帶伊絲其弁伊騏毛萇曰騏其文也弁皮弁也
又曰有匪君子充耳琇瑩會弁如星弁皮弁所以會髮也
又曰有頍丘弭切者弁實維伊何
又曰側弁峩峩屢儛傞傞
禮曰三王共皮弁素服
又曰祭之日王皮弁以聽祭報
又曰太學始教皮弁祭菜示敬道也
又曰古者天子諸侯必有公桑大昕之朝君皮弁素積卜三宮夫人桑于公桑
左傳曰楚子玉自爲瓊弁玉纓未之服也先戰夢河神謂巳曰畀予予賜汝孟諸之麋
又曰天王使劉定公勞趙孟於潁館於洛汭劉子曰美哉

禹功明德遠矣微禹吾其魚乎吾與子弁冕端委以治民臨諸侯禹之力也

周禮曰司服掌王之吉凶衣服凡兵事韋弁服鄭玄曰以韎韋爲弁也春秋傳曰晉郤至衣韎韋之跗注是也眡朝則皮弁服鄭玄曰視朝視內外之事也皮弁之服十五升白布衣積素以爲裳也九甸冠弁服鄭玄曰甸獵也冠弁委貌也其服緇布衣亦積素以爲裳諸侯以爲視朝之服凡凶事服弁服弁服喪冠也其服斬衰齊衰凡弔事弁絰服弁絰者如爵弁而素加環絰

又曰弁師掌王之皮弁會五采玉璂象邸玉笄璂結也皮弁之縫中貫結五采玉以爲飾邸下柢也以象骨爲之諸侯及孤卿大夫之冕韋弁皮弁弁絰各以其等爲之

儀禮曰士冠服爵弁服鄭玄曰此與君祭之服同也

穀梁曰弁冠雖舊必加於首周室雖衰必先諸侯

家語曰諸侯皮弁以告朔于太廟卒朔然後服之以視朝

漢書曰韓延壽爲潁川太守令文學校官諸生弁執俎豆

又曰王莽初獻新樂於明堂太廟羣臣始冠麟韋之弁

魏志曰帝以楊彪故漢太尉使著鹿皮冠彪辭讓不聽竟著布單衣皮弁以見

隋書曰新羅嘗遣使朝貢李子雄至朝堂與語因問其冠制所由其使者曰皮弁遺象安有大國君子而不識皮弁也子雄因曰中國無禮求諸四夷使者曰自至已來此言之外未見無禮憲司以子雄失詞奏劾其事竟坐免

又曰何稠參會今古多所改創魏晉以來皮弁有纓而無笄導稠曰此古田獵之服也今服以入朝宜變其制故弁施象牙簪導自稠始也

鄴中記曰石季龍宮婢數十盡著皂褠頭著神弁如今之禮先冠也

太平御覽卷第六百八十六

太平御覽卷第六百八十七

服章部四

幘　帽　巾　接䍦　障日

幘　幘

釋名曰幘賾也下齊眉賾然也

楊雄方言曰覆髻謂之幘巾或謂之承露或謂之覆髻皆趙魏之間通語也

應劭漢官儀曰幘古卑賤執事不冠者之所服也

徐廣輿服雜注曰天子郊廟則黑介幘

漢書曰武帝從館陶公主飲董偃綠幘傅韝伏殿下乃贊曰館陶公主庖人臣偃昧死再拜謁

後漢書曰劉盆子探得符後棄之復還依俠卿俠卿為制絳單衣半頭赤幘幘巾所以覆髻也續漢書曰童子幘無屋示未成人也半頭幘即空頂幘也其上無屋故以為名董仲舒繁露曰以赤統者幘尚赤盆子承漢統故用赤也東宮故事曰太子有空頂幘一枚即半頭幘之制也

東觀漢記曰光武初起與諸李市弓弩絳衣赤幘

又曰詔賜段熲赤幘大冠一具

又曰馬援外類儻蕩簡易而內重禮事寡嫂雖在閨內必幘然後見

又曰馬援初見帝令中黃門引入上在宣德殿南廡下但幘坐援曰陛下何知臣非刺客姦臣而簡易若是

謝承後漢書曰巴祗字敬祖為楊州刺史黑幘毀壞不復改易以水澡墨傳而用之許慎說文曰澡洗也

續漢書曰許劭字子將劭知人入幘肆拔樊子昭

袁曄漢獻帝春秋曰孫堅屯梁東為董卓所攻眾少而不敵與其驍騎潰圍得出常著赤罽幘卓騎追堅堅脫罽幘令親近將祖茂著之堅從間道得去

吳書曰顧悌字子通疾篤妻出省之悌命左右自扶起冠幘加襲令妻還貞潔不黷如此

晉書曰庾敳字子嵩性儉家富劉輿說東海王越令就換錢千萬冀其有吝因此可乘越於眾坐中問敳敳頹然已醉幘墮机上以頭就穿取徐答云下官家故有兩千萬隨公所取矣輿於是乃服越甚悅

又曰易雄字興長長沙瀏陽人也少為縣吏自念卑賤無由自達乃脫幘挂縣門而去

宋書曰檀道濟數拒魏有功及誅憤怒氣盛目光如炬俄爾間引飲一斛乃脫幘投地曰乃壞汝萬里長城

齊書曰卞彬字士蔚濟陰冤句人也祖嗣之中領軍父延之弱冠為上虞令有剛氣會稽太守孟彭以令長裁之積

不能容脫幘投地曰我所以屈卿者政為此幘耳今已投之卿以一世勳門而傲天下國士拂衣而去

梁書曰謝舉臨川始興諸王常所遊踐邵陵王綸於婁湖立園廣讌酒後好聚眾賓冠手自裂破投之唾壺皆莫敢言舉嘗預宴王欲取舉幘舉正色曰裂冠毀冕下官弗敢聞命拂衣而退王屢召不反甚有慙色

北齊書曰平秦王歸彥額骨三道着幘不安文宣見之怒使以馬鞭擊其額血被面曰爾反時當以此骨嫌漢後歸彥竟反云

漢官儀曰謁者著緗幘大冠

司馬彪續漢書曰梁冀改易輿服之制作平上軿車庳幘狹冠也

衞宏漢舊儀曰九齋紺幘耕青幘

周遷輿服雜事曰漢桓帝延熹中梁冀誅後京師作幘皆顏短耳長短上長下以爲服袟

董巴漢輿服志曰古者有冠無幘秦加其武將首飾爲絳袙以表貴賤後稍作顏題漢興續其顏却結之施巾連題却覆之今喪幘是也至孝文乃高顏續爲之耳崇其巾爲屋貴賤皆服之

蔡邕獨斷曰漢元　帝額有壯髮不欲使人見始進幘服群臣皆隨焉尚無巾王莽頭秃因施巾故里語曰王莽秃幘施屋

傅暢晉公卿禮秩曰中書監令着介幘

晉氏要事曰哀帝隆和元年太學博士曹弘之等議立秋應讀令不應着緗幘改爲素

英雄記曰公孫瓚字伯珪上計吏郡太守劉基以事公車徵伯珪褠衣平幘御車洛陽身執徒養

張敞晉東宮舊事曰太子衣冠有空頂幘一○摯虞决疑曰凡救日蝕者皆著赤幘以助陽也侍臣皆赤幘帶劍

干寶搜神記曰昔魏武軍中無故作白帢此喪徵也初横縫其前名之曰顏帢晉永嘉初乃去其縫名無顏幘其後二年四海分崩下人悲歎無顏以生也

廣志曰交阯蒼梧俗以翡翠爲幘

董仲舒止雨書曰執事者赤幘由是言之知不著冠之所服也

裴啓語林曰晉明帝年少不倫常微行詔叟人以衣幘迎之涉水過衣幘悉濕元帝已不重明帝忽復有此以爲無不廢理既入幘不正元帝自爲正之明帝大喜

劉楨荅魏文帝書曰南垠之金登窈窕之首貂蟬之尾綴侍臣之幘

魏武遺令曰吾有頭病自先着帽幘持大服如存時勿遺

陸雲與兄書曰一日案行視曹公器物有一介幘如吳幘

帽

釋名曰帽冒也

釋志曰楊阜字義山拜城門校尉嘗見明帝着帽披縹綾半袖阜問帝曰此於禮何法服也帝默然不荅自是不法服不以見阜

又曰管寧在家恒着皂帽布裙隨時單複

魚豢魏略曰夫餘國以金銀飾帽

韋昭吳書曰朱然破魏將李典等軍斬首五百級得鼓車三乘拜然左大司馬加錫御織成帽

又曰陸遜破曹休於石亭還上脫翠帽以遺遜

晉書曰王濛字仲祖美姿容居貧帽敗自入肆買之嫗悅其貌爭遺新帽

蕭方等三十國春秋曰石季龍將獵輕冠金縷之帽

又陸翽鄴中記云季龍獵着金縷織成合歡帽

宋書曰沈慶之隨宗慤等伐沔北諸山蠻大破之威震諸山羣蠻皆稽顙慶之患頭風好着狐皮帽群蠻惡之號曰蒼頭公

又曰元凶劭始生三日帝往視之簪帽甚堅無風而墜于劭側上不悅

又曰何尚之大明二年以左光祿開府儀同三司侍中如故尚之在家常着鹿皮帽及拜開府天子臨軒百僚陪位沈慶之於殿庭戲之曰今日何不着鹿皮冠

蕭子顯齊書曰東昏侯自造遊宴之服綴以花采錦繡群

小又造四種帽帽因勢為名一曰山鵲歸林者詩曰鵲巢
夫人之德東昏寵嬖淫亂故鵲反巢二曰兎度坑天意言
天下將有逐兎之事也三曰反縛黃離嘍黃口小鳥也反
縛之應也四曰鳳凰度三橋鳳凰者嘉瑞三橋梁王宅處
也
又曰永明中蕭諶開博風帽後裹之製又為破後帽世祖
崩後建謀廢立誅滅諸王
又曰茹法亮吳興武康人也為前軍延昌殿為世祖陰室
藏諸御高宗即位開陰室出世祖白紗帽防身刀法亮歔
欷流涕
又曰徐龍駒常住含章殿着黃綸帽被貂裘南面向案代
帝書勑
又曰豫章王嶷妃庾氏嘗有疾瘳上幸嶷邸後堂設金石
樂宮人畢至登桐臺使嶷着烏紗帽因極宴盡歡
梁書曰到溉嘗夢武帝遍見諸子至湘東而脫帽與之於
是密敬事焉
又曰初賀革之江陵也意甚不悅過別御史中丞江革以
情告之荅曰吾常夢主上遍見諸子唯至湘東王所手脫
帽以與之此人後必當璧卿其行乎
又曰沙門寳誌忽重着三布帽亦不知於何得之俄而武
帝崩文惠太子豫章文獻王相繼薨
又曰鄧至國其俗呼帽曰災何
又曰倭國男女皆露髻富貴者以錦繡雜采為帽似中國
胡公頭
又曰庾弘遠字士操清實有士譽仕齊為江州長史刺史
陳顯達舉兵敗斬於朱雀航將刑索帽着之曰子路結纓

吾不可以不冠而死
又曰垣崇祖為豫州刺史魏攻壽春崇祖着白紗帽肩輿
上城決水破之
後魏書曰辛紹先有至孝性丁父憂三年口不甘味頭不櫛
沐髮遂落盡故常垂裙皂帽
又曰高昂轉司徒公好着小帽世因稱司徒帽
北齊書曰齊制宮內唯天子紗帽臣下皆戎帽特賜平秦
王歸彥紗帽以寵之
後周書曰獨孤信在秦州嘗因獵日暮馳馬入城其帽微
側詰旦而吏人有戴帽者咸慕信而側帽焉
隋書曰後周之時着突騎帽如今胡帽垂裙覆帶蓋索髮
之遺象也又文帝項有瘤疾不欲人見每常着焉相魏之
時着而謁帝故後周一代將為雅服小朝公宴咸許戴之
唐書曰代宗時禁民皂衫壓耳帽以異官健
西京雜記曰趙飛燕為皇后其弟在昭陽殿遺飛燕書曰
今月嘉辰貴姊懋膺大冊上遺金花紫綸帽以陳踴躍
孟嘉別傳曰嘉為桓溫參軍九月九日溫遊龍山參僚悉
集時佐吏並戎服有風吹嘉帽墮初不覺良久如廁溫命
還之授孫盛紙筆嘲之置嘉坐處嘉還見之請筆即荅四
坐嗟歎
幽明録曰安開者安成之俗師也善於幻術時王凝之為
江州向王當行陽為王刷頭髻荷葉以為帽與王着當時
亦不覺帽之有異到座之後荷葉乃見舉坐驚駭王不知
魏文帝與劉曄書曰劉生帽裁製微不長有似里父之服
孟達與諸葛亮書曰貢白綸帽一頂以示微意○劉謐之下
野賦曰頭戴鹿心帽足着狗皮靴面傅黃灰滓髭揷蕪菁

北男女四五人皆如燒蝦蟆
東晳近遊賦曰帽引四角之縫裠有參條之殺
又曰老公戴合歡之帽少年着蕞角之巾

巾

釋名曰巾謹也二十成人士冠庶人巾當自謹修四教也
方言曰兩複結謂之幘巾或謂之承露巾或謂覆髮巾也
續漢書曰鉅鹿張角自稱天師弟子數十萬人始起兵皆着黄巾以相識別故世謂黄巾賊
後漢書曰光武徵鮑永永疑不至及更始亡乃發去上將軍列侯印綬悉罷兵但幅巾與諸將詣河内幅巾謂不着冠但幅巾束首也
又曰何進表隗欲特表陳寔以不次之位寔謝曰久絶人事飾巾待終而已

又曰曹操旣猜嫌忌孔融令丞相軍謀祭酒路粹枉狀奏融去位爲九列不遵朝儀禿巾微行唐突宫掖
魏志曰諸葛亮出斜谷司馬宣王拒之堅壁不與戰亮致巾幗婦人之飾以怒宣王
又曰華歆爲豫章太守孫策略地江東歆知策善用兵乃幅巾迎策
蜀書曰諸葛武侯與宣王在渭濱將戰宣王戎服涖事使人視武侯乘素輿葛巾毛扇指麾三軍皆隨其進止宣王聞而嘆曰可謂名士矣
鄧粲晉書曰王敦欲伐甘卓遣使送大巾
又曰謝万字万石簡文辟爲從事中郎着白綸巾鶴氅裘版而前帝與談移日
沈約宋書曰陶潛在家郡將侯潛值其酒熟取頭上葛巾漉酒還暴着之
梁書曰武帝賜陶弘景以鹿皮巾後屢加禮聘並不出
又曰賀德基少遊學都下積年不歸衣資罄乏又耻服故弊盛冬止衣袷襦袴嘗於白馬寺前逢一婦人容服甚盛呼德基入寺門脱白綸巾以贈之仍謂曰君方爲重器不久貧寒故以此相遺耳問姓名不荅而去
又曰武帝與何點有舊及踐祚手詔論舊賜以鹿皮巾等召之點以巾褐引入華林園
又曰王僧孺遷尚書左丞俄兼御史中丞僧孺幼貧其母鬻紗巾以自業
後周書曰宣政元年初服常冠以皂紗爲之加簪而不施纓其制若今之折角巾也
唐書曰張易之同休嘗請公王大臣宴於司禮寺因謂

御史大夫楊再思曰公面似高麗請作高麗舞再思忻然剪紙自帖其巾反紫袍遂作之
陸翽鄴中記曰皇后出女騎一千爲鹵簿冬月皆着紫綸巾熟錦袴褶
郭林宗別傳曰林宗嘗行陳梁間遇雨故其巾一角沾而折二國學士着巾莫不折其角云作林宗巾其見儀則如此
傅子曰漢末王公多以幅巾爲雅是以袁紹之徒雖爲將帥皆着縑巾
張華博物志曰魏文帝彈棊能用手巾角時有一書生又能低頭以所冠葛巾角撇棊○羊祜與從弟護軍書曰年已朽老旣定邊事當角巾東路還歸鄉里

接離

郭璞注爾雅曰白鷺翅上有長翰毛江東取爲接離

世說曰山簡爲荆州時酣暢人爲之歌曰山公時一醉逕造高陽池日暮倒戴歸酩酊無所知時復乘駿馬倒著白接離舉手謝葛強何如并州兒高陽池在襄陽強是其愛將并州人也

鄣日

晉八王故事曰初趙王倫將篡位洛下童謡曰屠蘇鄣日覆兩耳當有瞎兒作天子于時商農通著大裁障日倫實眇目也

孫楚謝賚曰大恩賜鄣日其器雖小而禮遇甚弘昔衛綰錫六劒珎而不用楚雖不敏且愛而藏之

太平御覽卷第六百八十七

服章部五

貂蟬　簪導　白筆　帢
幍　㡌頭 纓鬚繩附

貂蟬

徐廣車服雜注曰蟬取清高飲露而不食貂取紫蔚温潤而光彩不彰灼

又曰武官皆惠文冠本趙服也一名武弁大冠凡侍臣加貂蟬畧謂北土寒凉本以貂皮煖附施於冠因遂變而成飾也

應劭漢官儀曰侍中金蟬左貂金取堅剛不朽蟬居高食潔貂內勁悍而外温潤貂蟬不見傳記者因物論義予覽戰國策乃知昔趙武靈王胡服也其後秦始皇破趙得其冠以賜侍中高祖滅秦亦復如之　末侍中皇權叅秉問貂璫何法不知其説復問地震云不爲災還宫左遷議郎

又曰中常侍秦官也漢興或用士人銀璫左貂世祖以來專用宦者右貂金璫

漢書曰燕　王旦郎中侍從着貂羽黄金附蟬

又曰劉向上封事曰今王氏一姓乘朱輪華轂者二十三人皆青紫貂蟬充盈幄內

又曰王莽簒位更漢　黒貂爲黄貂又改漢正朔臘日太后命其官屬黒貂至漢家正臘日獨與其左右相對飲酒食肉

晉書曰趙王倫簒位同謀者咸超階越次不可勝紀至於奴卒厮役亦加以爵位每朝會貂蟬盈坐故時嗟曰貂不足狗尾續

又曰劉聰破洛城將壞帝還平陽作赦書以六月十一日破洛羣王十二束手軍門貂蟬羽葆以充王府

又曰阮孚字遥集爲安東府參軍蓬髮飲酒不以王務嬰心後拜散騎常侍性既嗜酒常以金貂換酒爲所司所彈帝宥之

蕭子顯齊書曰侍中世爲親近職魏晉選用稍增華重宋文帝元嘉中王曇首殷景仁等並爲侍中情任親密景仁與帝接膝共語貂拂帝手拔貂置案上語畢復手插之

又曰王儉以朝儀草創衣服制則未有定準議曰漢景六年梁王入朝中郎謁者金貂出入殿門左思魏都賦云藹藹列侍金貂齊光此藩國侍臣有貂明文

又曰張敬兒被收敬兒脫冠貂投地曰用此物誤我

又曰武陵昭王曄武帝即位歷中書祠部尚書巫覡或言曄有非常之相以此自負武帝聞之故無寵未嘗處方岳於御座曲宴醉伏地貂抄肉柈帝笑曰汙貂對曰陛下愛其順毛而踈其骨肉帝不悦

又曰何戢爲侍中上欲轉戢領選問尚書令褚彦回以戢資重欲加散騎常侍彦回曰宋時王球從侍中中書令單作吏部尚書資與戢相似領選職方昔小輕不容頓加常侍聖旨每以蟬冕不宜過多臣與既已左珥若復加戢則八座便有三蟬若帖以驍游亦不爲少廼以戢爲吏部尚書加驍騎將軍

又曰江淹累遷秘書監侍中衛尉卿初淹年十三時孤貧嘗採薪以養母曾於樵所得貂蟬一具將鬻以供養其母曰此故汝之休徵也汝才行若此豈長賤耶可留待得侍中

著之至是果如毋言
又曰周盤龍爲東平太守求解職見許還爲散騎常侍武帝戲之卿著貂蟬何如兜鍪盤龍曰此貂蟬從兜鍪中生耳
梁書朱异除中書郎時秋日始拜有飛蟬正集异武冠上時咸謂蟬珥之兆後果如其言
又曰王規爲晉安王長史王立爲太子仍爲散騎常侍太子中庶子侍東宮太子賜以所服貂蟬并降令書悅是舉也
又曰陸雲　善弈棊常夜侍坐武帝冠觸燭火帝笑謂曰燭燒卿貂帝將用爲侍中故以此戲之
後魏書曰神龜元年詔加女侍中貂蟬同外侍中之飾任城王澄　上表諫曰高祖世宗皆有女侍中官未見綴金蟬於象珥極鼲貂於騷鬆江南僞晉穆何后有女尚書而加貂璫此乃衰亂之世妓妾之服請依常儀追還前詔帝從之
鄴中記曰石虎征討所得婦女美色萬餘選爲女侍中着貂璫直皇后
劉楨荅魏文帝牋曰貂鼲之尾挂侍目之幘
潘岳興賦曰登春臺之熙熙珥金貂之熲熲
成公綏七唱曰金璫煌煌貂珥巍峩也
孫楚會王侍中座上詩曰顯允君子時惟英卲玄貂左移華蟬增曜

簪導

釋名曰簪連也所以簪冠於髮也導所以導擽鬢髮使入巾幘之裏也或曰擽鬢以事名之也

服虔通俗文曰幘導曰簪
史記曰趙平原君使人於春申君趙使欲夸楚爲玳瑁簪春申君客三千餘人上客皆躡珠履趙使大慙也
又曰李斯上書曰宛珠之簪傅璣之珥
漢書曰上從館陶公主飲上曰願謁主人公主乃下殿去簪珥徒跣頓首謝自引董君董君隨主前伏殿下
又劉向列女傳曰周宣姜后齊女也宣王常晏起姜后脫簪珥待罪於永巷也
又佞幸傳曰景帝没入鄧通家財一簪不得著身
燕書曰高祖慕容廆晉安北將軍張華雅有人鑒鎭薊撫御諸部高祖童兒往見華甚異之謂高祖曰君後爲命世之器匡難濟時者也脫所著幘簪以遺高祖結慇懃而別
梁書曰羊侃家妓孫荆玉能反腰帖地銜得席上玉簪
後魏書曰胡太后幸闕口溫水登雞頭山自射象牙簪一發中之
董巴漢輿服志曰太皇太后入朝服紺上皂下簪以瑇瑁爲擿長一尺端爲華勝上爲鳳凰爵以翡翠爲毛羽下有白珠垂黃金鑷左右各一横簪之以安幗結諸簪珥
又曰公卿列侯中二千石夫人紺繒幗黃金龍首銜白珠魚須長尺爲簪
江表傳曰魏文帝遣使於吳求通犀簪群臣曰貢有常典魏所求非法宜勿與孫權曰彼在諒闇之中而所求若此寧可復與言禮皆備以付使
韓詩外傳曰孔子遊少原之野有婦人央澤而哭夫子怪之使弟子問焉婦人對曰向者刈蓍薪而亡簪是以哀孔子曰刈蓍而亡簪有何悲焉婦人曰非傷亡簪吾所悲者

不忘故也
淮南子曰楚將子發好伎道之士有善爲偷者往見子發子發禮之無幾何齊伐楚子發將師當之兵三却齊師逾強於是善偷則夜出取幘明夕取枕明夕又取簪悉歸之齊師大駭謀曰今夕不去楚軍恐取吾首還師而去之故伎無細能無薄在人君用之也
臨鐵論曰禹理水過門不入當此之時墮簪不顧
郭子橫洞冥記曰帝好微行於長安城西夜見一王螭遊於路董謁曰昔桀媚末嬉於膝上以金簪貫玉螭腹爲戲弄今螭腹有金穿痕安知非此耶
神仙傳曰左慈能分盃飲酒曹公聞試之慈拔簪以畫盃即斷其間相去數寸
幽明録曰孫權時南方遣吏獻簪吏過宮亭湖廬山君廟

請福下教求簪吏叩頭曰簪獻天子必乞哀念神云臨入石頭當相還吏遂去達石頭有三尺鯉魚跳入船吏破腹得之
吳均續齊諧記曰東海蔣潛嘗至不其縣於林野中見一死人烏來食之輒見一小兒長三尺許來駈烏乃起去潛乃往看之見有犀導乃拔取衆烏爭集無復駈者
夢書曰簪者爲身簪者已之尊也夢者好簪身歡喜
班固與竇憲牋曰將軍哀憐賜以玉躬所喜駭玳瑁簪絳單衣以魯縞之質被服鸞鳳之彩飾諸葛恢集詔荅恢曰今送一犀導小物耳然是情發於中而寄乎物
班固與弟超書令遺仲叔瑇瑁黒犀簪
西京雜記曰武帝過李夫人就取玉簪搔頭宮中爭効之玉價倍貴

漢鐃歌有所思曲曰有所思乃在大海南何以爲問遺雙珠玳瑁簪

白筆

魏略曰明帝時嘗大會殿中御史簪白筆側階而坐上問左右此何官侍中辛毗對曰此謂御史舊簪筆以奏不法今但備官耳
徐廣車服雜注曰古者貴賤皆執笏有事則書之常簪筆今之白筆是其遺象

帢 苦洽切

服虔通俗文曰帛幘曰帢
王隱晉書曰陳舒議至尊臨温公夫人喪議曰今白帢深衣當古弔服至尊臨弔謂深衣而已
崔鴻十六國春秋西凉録曰燉煌父老令狐熾夢白頭公

衣帢謂熾曰南風動吹長木胡桐椎不中轂言訖忽然不見李歆小字桐椎至期而亡
南史曰何胤夢見神女二十許人並衣帢行列在前俱拜牀下覺又見之便命營凶具既而疾困不復瘳
後魏書曰宋遊道與頓丘李奘一面便善奘曰我年位已高會用弟爲佐史令弟北面於我足矣遊道曰不能既而奘爲河南尹辟遊道爲中正使者相屬以衣帢待之握手歡謔
潘京別傳曰陳躭初爲州主簿司空何次道帢偏岸謝躭頓帢有所蔽也應聲報曰躭頓以蔽有明府岸以示無
宜都山川記曰鹽水上有石室民駱都到室邊採蜜見一仙人裙衫白帢坐見都凝瞻不轉
傅子曰漢末魏太祖以天下凶荒資財乏匱擬古皮弁裁

練帛以爲帢合乎簡易隨時之義以色別貴賤于今施行可謂軍容非國容也

世說曰陸雲好笑著帢眹水見影笑不能止

高惠文婦與惠文書曰今奉緫帢拾枚

帞

傅子云帞先未有岐荀文若巾觸樹成岐時人慕之因而弗改今通爲慶弔之服白紗爲之或單或裌初婚冠送餞亦服之

後魏書曰太和中文明太后崩齊遣其散騎常侍裴昭明謝峻等弔欲以朝服行事主客不許昭明等執志不移孝文勅尚書李沖選一學識者更與論執冲奏遣成淹昭明言不聽朝服行禮議出何典淹言玄冠不弔童孺共聞昔季孫將行請遭喪之禮千載之下猶共稱之卿方謂議出何

典何其異哉昭明言唯賁袴褶不可以弔幸借衣帢以申國命敕送衣帢給昭明等明且引入皆令文武盡哀

後魏書裴植傳曰植母夏侯道遷姊也性甚剛峻於諸子皆如嚴君長成後非衣帢不見小有罪過必束帶伏門經五三日乃引見之督以嚴訓唯少子衍得以常服見之

幧頭 取遥反

釋名曰幧鈔也鈔髮使上從也或謂之陌頭言其從橫陌而前也齊人謂之奄髮使上也

禮記玉藻曰士練帶率下辟 士以下皆禪不合而緶積如今作幧頭爲之

東觀漢記曰建武中徵周黨黨著短布單衣穀皮幧頭待見尚書欲令更服黨曰朝廷本以是故徵之安可復更遂以見自陳願守之所志上聽之

後漢書曰向栩河内朝歌人少爲書生性卓詭不倫恒讀老子狀如學道又似狂生好被髮着絳幧頭

吳越春秋曰勾踐與妻入臣吳王衣獨鼻幧頭夫人衣無緣衣裳左開之襦以養馬

古詩曰羅敷好蠶桑採桑城南隅少年見羅敷脫巾着絹頭

繁欽定情詩曰何以結相於金薄畫幧頭

太平御覽卷第六百八十八

服章部六

衣

白虎通曰衣者隱也裳者鄣也所以隱形自鄣蔽也

釋名曰衣者依也人所依以庇寒暑也

爾雅曰衣裗音裗謂之視音覓衣褸也齊人謂之攎或曰袿衣之飾也黼領謂之襮繡刺黼文以褗領也襮音博緣謂之純衣緣飾也袕謂之褮衣開孔也孔音穴褮音營衣眥謂之襟交領衱居業切謂之裾衣後裾也衿謂之袸辭見切衿衣小帶佩衿謂之褑佩玉之帶上屬執衽謂之袺持衣上衽扱衽謂之襭音擷扱衣上衽於帶衣蔽前謂之襜今蔽膝也婦人之褘謂之縭縭緌也即今之香纓也褘邪交絡帶繫於體因名爲褘緌繫也裳削幅謂之纀削殺其幅深衣之裳

世本曰胡曹作衣宋衷注曰黄帝臣也

易曰黄帝堯舜垂衣裳而天下治蓋取諸乾坤上衣下裳乾坤之象

又曰訟卦上九或錫之鞶帶終朝三褫之象曰以訟受服亦不足敬也

書曰予欲觀古人之象日月星辰山龍華蟲作會宗彝藻火粉米黼黻絺繡以五采彰施于五色作服汝明

又說命曰唯衣裳在笥

禮曰夫爲人子者父母存衣冠不純素孤子當室衣冠不純采純緣

又曰季康之母死陳褻衣褻衣非上服敬姜曰婦人不飾不敢見舅姑將有四方之賓來褻衣何爲陳於斯命撤之

又曰孔子曰昔先王未有火化食草木之實鳥獸之肉飲其血茹其毛未有絲麻衣其羽皮後聖有作治其絲麻以爲布帛

又曰朝玄端夕深衣深衣三袪謂大夫士也袪尺二寸縫齊倍要衽

當旁袂可以回肘長中繼掩尺袷二寸袪尺二寸緣廣寸半以帛裏布非禮也士不衣織無君者不貳采衣正色裳間色非列采不入公門振絺綌不入公門表裘不入公門襲裘不入公門纊爲繭縕爲袍襌爲絅帛爲褶

又緇衣曰子曰長民者衣服不貳從容有常以齊其民則民德歸一

左傳曰衮冕黻珽黻韋韠以蔽膝也珽玉笏也帶裳幅舄帶革帶也衣下曰裳幅今之行縢者舄複履衡紞紘綖衡持冠者紞冠之垂者紘冠下而上者綖冠上覆昭其度也藻率鞞鞛藻率以韋爲之所以藉玉鞞佩刀削上飾鞛下飾鞶厲游纓鞶紳帶也一名大帶厲大帶之垂者游旌旗之游纓在馬膺前昭其文也

又曰狄人伐衛衛懿公與石祁子玦與甯莊子矢使守曰以此贊國擇利而爲之與夫人繡衣曰聽於二子取其文章順序

又曰欒武子曰若敖蚡冒篳路藍縷以啓山林若敖蚡冒皆楚之先君篳路柴車藍縷敝衣也

又曰吳季札聘於鄭見子産如舊相識與之縞帶子産獻紵衣焉

詩曰碩人其頎衣錦褧衣褧襌也尚以襌衣襲其文之大著

又曰縞衣綦巾聊樂我員

又曰蜉蝣之羽衣裳楚楚蜉蝣之翼采采衣服蜉蝣掘閱麻衣如雪

又曰青青子衿悠悠我心青衿青領也學子之所服

又曰山有樞隰有榆子有衣裳弗曳弗婁

又曰緇衣美鄭武公也緇衣之宜兮敝予又改爲兮緇衣之好兮敝予又改造兮緇衣之蓆兮敝予又改作兮蓆大也

又曰衣錦褧衣裳錦褧裳

又曰豈曰無衣七兮不如子之衣安且吉兮豈曰無衣六兮

不如子之衣安且燠兮
又豈曰無衣與子同袍豈曰無衣與子同澤澤褻衣豈曰無
衣與子同裳
又曰君子至止黻衣繡裳
又曰七月流火九月授衣一之日觱發二之日栗烈無衣
無褐何以卒歲
史記曰文帝衣弋綈所幸愼夫人令衣不得曳地
漢書曰齊國有三服之官春獻冠幘縰爲首服紈素爲冬
服輕綃爲夏服
又曰韓信旣平齊項羽使武涉說信背漢歸楚信曰臣事
項王官不過郎中位不過執戟漢王予我上將軍印授我
兵數萬解衣衣我推食食我夫人深親信我我背之不祥
雖死不易幸爲信謝項王

又曰武帝末郡國賊盜羣起暴勝之爲直指使者衣繡衣
持斧捕之
又曰朱博爲琅琊太守勑官屬多作衣褒大袑音紹袑襗也不
中節度自令掾吏令去地三寸
又曰帝賜南粵王他上褚五十衣中褚三十衣下褚二十
衣以綿裝衣曰褚上中下者綿之多少厚薄差
又曰江充初召見犬臺宮自請願以所常被服冠見上上
許之充衣紗縠單衣曲裾後垂交輸如淳曰交輸割正幅使一頭狹若燕尾垂之兩旁見於後也冠禪纚步搖冠飛翮之纓服虔曰冠禪纚故行步則搖以鳥羽作纓也
容貌甚壯帝望而異之謂左右曰燕趙固多奇士
又曰雋不疑佩環玦褒衣博帶盛服至門下謁暴勝之
又曰王吉字子陽好車馬衣服自奉養極爲鮮明而遷徙
所載不過囊衣天下服其廉而怪其奢世傳子陽能作黃金

後漢書曰更始時授官爵皆羣小賈豎膳夫庖人多著繡
面衣錦袴襜褕諸于罵詈道中時智者見之以爲服之不
中身之災也漢書音義曰諸于大掖衣也如婦人之袿衣楊雄方言曰襜褕其短者自關之西謂之統褊郭璞注曰俗名褊掖據此即是諸于上加襈褊如今之半臂也統音充褊音匾
又曰光武見來歙大歡即解衣以衣之
又曰祭遵爲人廉約家無私財常衣韋袴寢布被夫人裳
不加緣
又曰祭彤在遼東幾三十年衣無兼副顯宗美其淸約賜
之衣被什物無不悉備
又曰耿恭自疏勒迴衣屨穿決形容枯槁
又曰東平憲王蒼侍肅宗饗衛士於南宮因從皇太后周
行掖庭池閣陰太后舊時器服愴然動容乃命留五時衣
各一襲五時衣謂春青夏朱季夏黃秋白冬黑也衣單複具曰襲及常所御衣合五十

篋餘悉分布諸王公主及子孫在京師者各有差特賜蒼
及琅邪王京書曰間饗衛士於南宮因閱視舊時衣物惟
王有孝友之德今送光烈皇后假髻帛各一及衣一篋可
時奉瞻以慰凱風寒泉之思又欲令後生子孫得見先后
衣服之製
又曰明德馬后身長七尺二寸方口美髮能誦易好讀春
秋常衣大練裙不加緣大練大帛也杜預注左傳曰大帛厚繒也朔望諸姬主
朝請望見后袍衣踈麤反以爲綺縠就視乃笑后辭曰此
繒特宜深色故用之耳六宮莫不歎息
謝承後漢書曰袁忠乘舡戴笠詣王朗見朗左右僮從皆
著靑絳采衣非其奢麗即辭疾發而退也
又曰郭賀拜荆州刺史有殊政顯宗巡狩到南陽特見嗟
歎賜以三公之服黼黻冕旒勑行部去幨帷令百姓見其

容服以彰有德
魏志曰文帝詔曰三世長者知被服五世長者知飲食此
言被服飲食難曉也
又曰明帝徵管寧爲光祿勳辭不就詔問青州刺史程喜
寧守節高乎審疾尫頓耶喜上言寧恒著皂帽布襦袴布
裙時單複出入閨庭能自柱杖不須扶持四時祭祀輒自
力強改加衣服著絮巾故在遼東所有白布單衣親薦饋
饌跪拜成禮
魏略曰文昭甄后以漢光和五年十二月丁酉生每寢寐
家中髣髴見有人持玉衣覆其上者常共怪之
魏氏春秋曰王允爲吏部郎中選郡守明帝疑其所用非
次召入將加罪允妻阮出謂曰明主可以理奪難以情求
允領之而入帝怒詰之允對曰某郡太守雖限滿文書先

至年限在後月限在前帝取事視之乃釋遣出望其衣敗
曰清吏也
吳書曰孫權每賜周瑜衣寒暑皆白領諸將皆不及
晉書曰石崇以奢豪矜物廁常有十餘婢列侍置香粉有
客如廁皆易新衣而出客多羞脫故而王敦脫故著新意
氣無怍婢相謂曰此必能作賊
又曰高士郭文字文舉河內軹人也洛陽陷奔吳居大辟
山恒著鹿裘葛巾餘杭令顧颺與葛洪造之颺使致韋衣
不納使置室中乃爛於內竟不服用
王隱晉書曰董威輦不知何許人忽見洛陽止宿白社於
市得殘繒輒結以爲衣號曰百結衣
宋書曰沈慶之領隊防東掖門劉湛被收之夕上開門召
慶之慶之戎服履韈縛袴入上見而驚曰卿何意乃爾急

裝慶之曰夜半喚隊主不容換服
又曰明帝體肥憎風夏月常著小皮衣
又曰明帝疾召褚彥回入帝坐帳中流涕曰吾近危篤故
召卿欲使著黃羅𧝑可耳指牀頭大函曰文書皆函得不
復開彥回亦悲不自勝黃羅 乳母服也
又曰范曄性精微有思致觸類多善衣裳器服莫不增損
制度世人皆法學之
又曰江湛字徽深爲吏部尚書家甚貧不營財利餉饋盈
門一無所受無兼衣餘食嘗爲上所召遇澣衣稱疾經日
衣成然後赴
又曰謝超宗爲義興太守昇明二年公事免詣東府門自
通其日風寒高帝謂四座曰此客至使人不衣自暖矣
齊書曰宋元嘉制諸王入齋閤得自服裙帽見人主唯出

太極西廂乃備朝衣車駕幸其第乃白服烏紗帽以侍宴
焉至於衣服制度動皆陳啓事無專制
又曰高帝即位後手詔賜張融衣曰見卿衣服麤故誠乃
素懷有本交爾藍縷亦虧朝望今送一通故衣意謂雖故
乃勝新也是吾所著已令裁減稱卿之體并履一量
又曰陶弘景永明十年脫朝服挂神武門上表辭祿詔許
之
又曰王思遠立身簡潔諸客詣已者覘知衣服垢穢
不前形儀新楚乃與促膝雖然及去之後猶令二人交帚
拂其坐處
又曰王琨性儉約景和中討義陽王昶六軍誡嚴應須紫
服左右欲營辦琨曰元嘉初征謝晦有紫服在匣不須更
製檢取果得焉

梁書曰到溉性率儉不好聲色庭室單牀傍無姬侍冠履十年一易朝服或至穿補

又曰波斯國婚姻法一聘財訖女壻將數十人迎婦壻着金綖錦袴戴天冠婦亦如之

又曰新羅呼其冠曰遺子禮襦曰尉解袴曰柯半靴曰洗百濟呼帽曰冠襦曰複衫袴曰褌

又曰張嵊(盛音)稷之子也稷初爲剡令至嵊亭生之因名嵊字四山少敦孝行年三十餘猶班衣受稷杖動至數百收淚歡然

又曰胡緝(胡貴切)隨陳伯之入魏時元會緝戲爲詩曰帽上着籠冠袴上着朱衣不知是今是不知非昔非

又曰何敬容爲吏部尚書侍中領太子中庶子敬容身長八尺白晳美鬚眉性矜莊衣冠鮮麗武帝　衣而左右衣必須潔嘗有侍臣衣帶卷摺帝怒曰卿衣帶如繩欲何所縛敬容希旨故益鮮明常以膠清刷鬚衣裳不整伏牀熨之或暑月背爲之燋

又曰任昉有子東里西華南容北叟西華冬月著葛帔練裙(韋具交皮部)

又曰任昉爲義興太守友人彭城到溉弟洽從昉共爲山澤遊及被代登舟止有絹七疋米五石至都無衣鎮軍將軍沈約遺裙衫迎之

後魏書曰樂浪王万壽孫忠明帝時位太常少卿孝武帝汎舟天泉池命宗室諸王陪宴忠愚而無智性好衣服着紅羅襦繡作領碧紬袴錦爲緣帝謂曰朝廷衣冠應有常式何爲着百戲衣忠曰臣少來所愛情存綺羅歌衣舞服是臣所願帝曰人之無良乃至此乎

又曰胡叟於高允館見中書侍郎李璨被服華靡叟貧老衣褐璨頗忽之叟謂曰老子今若相肬體上袴褶衣帽君欲作何許也譏其唯假盛服璨惕然失色

又曰文宣四元韶幽於京畿地牢絕食啗衣袖而死

北齊書曰爾朱敞字乾羅彦伯之誅敞小隨母養於宮中年十二敞自竇走至大街見童兒群戲敞解所着綺羅金翠服易衣而遁追騎至不識敞便執綺衣兒比究問知非會日已暮由是免

陳書曰徐陵爲吏部尚書精簡人物搢紳之士皆嚮慕焉陳暄以玉帽簪插髻紅絲布裹頭袍拂踝靴至膝不陳爵里直上陵坐陵不知識命吏持下暄徐步而出舉止自若竟無怍容作書謗陵陵甚病之

隋書曰齊後主於苑內作貧兒村親衣藍縷之服而行乞其間以爲笑樂多令人服烏衣以相執縛後主果爲周所敗被虜困至以賣燭爲業

唐書曰太宗詔冠冕制度已備令文尋常服飾未爲差等於是三品已上服紫四品已上服緋六品七品以緑八品九品以青婦人從夫之色仍通服黄

又曰楊妃寵愛特甚宮中主貴妃刺繡者七百人揚益及諸戚里每歲進衣服布之於庭光奪人目

又曰肅宗性節儉嘗出衣袖示近臣曰此衣已三浣矣

又曰貞元六年德宗初賜節度觀察使新製時服尚方織作呈閱所宜上曰頃來賜衣文綵不恒非制也朕今思之節度使以鶻銜綬帶取武毅以靖封内觀察使以鴈銜威儀委(威儀委瑞草也)取其行列有序牧人有威儀也

又曰文宗朝淮南節度使李德裕奏比以婦人長裾大袖

朝廷制度尚未須行微臣之分合副天心比聞閭閻之間袖闊四尺今令闊一尺五寸裙曳四尺今曳五寸初延安公主以衣服踰制駙馬竇澣得罪德裕因而奏之

六韜曰武王伐紂蒙寶衣投火而死

國語曰晉獻公使太子申生伐東山衣之偏裻(音督)之衣

又魯語曰季文子相宣成無衣帛之妾無食粟之馬仲孫它諫曰(仲孫它孟獻子之子子服也)子為上卿妾不衣帛馬不食粟人其以子為愛且不華國乎(愛吝也)文子以告孟獻子獻子囚之七日(囚子服也)自是子服之妾衣不過七升之布

春秋後語曰田文謂其父靖郭君曰君下宮蹈綺縠之衣而士不得短褐

又曰趙襄子既滅智伯智伯之臣豫讓變姓名入宮塗廁以刺襄子襄子覺而赦之後讓伏於橋下襄子至橋馬驚

使視之復得讓襄子歎曰嗟乎豫讓之為智伯名既成矣寡人赦子名亦足矣子自為計寡人不釋子矣讓曰臣固伏誅願得君之衣而擊之於是襄子義之脫付身之衣以與之讓拔劍三躍呼而擊之曰吾可以下報智伯矣遂伏劍而死

漢雜事曰高祖時大謁者臣章受詔長樂宮令群臣議天子所衣服以安天下謁者趙堯舉春李舜舉夏倪湯舉秋貢禹舉冬四人各職一時制曰可舉者以各舉一時之事白之五服衣始於此

董巴漢輿服志曰上古穴居衣毛未有制度後世聖人易之以絲麻觀翬翟之文榮華之色乃染帛以効之始作五采成以為服九十二章

莊子曰莊子衣大布之衣而過魏王魏王曰何先生之憊耶莊子曰士有道德不能行憊也衣弊履穿貧也非憊也

商君書曰上世之人衣不煖膚食不滿腹

孫卿子曰子夏家貧衣若懸鶉人曰子何不仕曰諸侯之驕我者吾不為臣大夫驕我者吾不復見

尹文子曰昔晉國苦奢文公以儉矯之乃衣不重帛食不兼肉無幾時國人皆大布之衣脫粟之飯

韓子曰晏嬰相齊妻不衣帛馬不食粟

又曰齊桓好服紫國人盡服之公患之管仲曰君謂左右甚惡紫臭於是三日境內莫有紫衣者

又曰楊朱之弟楊布衣素衣而出天雨緇衣而反其狗吠之布恐將擊之朱曰使汝狗白而往黑而來能不怪哉(事具猗門)

墨子曰古之人未知衣服之制故聖人作之冬則絹帛輕

且溫夏則絺綌清且涼所以適身體和肌膚也

又曰晉文公好士之惡衣故文公之臣皆牂羊之裘韋以為帶

呂氏春秋曰戎夷違齊如魯天大寒而後與門弟子一人宿於郭外寒逾急謂其弟子曰子與我衣我活我與子衣子活我國士也為天子惜死子不肖也不足愛子與我衣弟子曰夫不肖之人安能與國士衣哉戎夷解衣與弟子夜半而死弟子遂活

淮南子曰林類榮啓期衣若懸鶉

說苑曰齊林既著衣韋朝景公公曰何忽服小人衣耶林既曰衣狗裘者不必羊鳴今君衣狐裘音能不狐乎

又曰魏文侯封太子擊於中山三年使不往來舍人趙倉唐奉使文侯問子之君長大孰與寡人倉唐曰君賜之外

府之衣則能勝之文侯遣倉唐賜太子衣一襲令倉唐雞鳴時至太子迎拜賜發篋衣盡顛倒太子趣具駕曰賜之衣非以爲寒也欲召擊知無誰與謀故遣子以衣詩曰東方未明顛倒衣裳顛之倒之自公召之韓具奉使門

鹽鐵論曰古者庶人老耋而後衣絲其餘則麻枲而已

拾遺錄曰宋景公之時懸四時衣春夏以珠玉爲飾秋冬以翡翠爲溫

又曰禮敬國其俗人年三百歲而織芳茅以爲衣蓋尚書云島夷卉服之類也

又曰任末年十四好學觀書有合意處則題其衣裳及掌裏以記其事門徒悅其勤學更以靜衣易之

又曰太始元年魏帝以陳留王之歲有頻斯國人來朝以五色玉爲衣如今之鎧

又曰天漢三渠搜國之西有折論國其俗淳和人壽三百歲有大木一樹千尋若經此木下皆不死不病或有泛海繩山來會其國綴草毛爲繩網其衣如今之羅紈也至元狩六年獻網衣一襲帝焚於九達之道恐後人徵求此物故燒之煙如金石之氣

又曰負嶠山南有泄移國人長三尺壽萬歲茅爲衣衣服皆長裾大袖因風以昇烟霞若鳥用羽毛也

鍾會母傳曰夫人幼少衣不過青紺

世說曰齊王冏爲大司馬輔政嵇紹爲侍中詣冏諮事冏召葛旟董艾等共論時宜旟等白冏曰嵇侍中善於絲竹公可能操之遂進樂器紹推却不受冏曰今共爲歡何爲却耶紹曰公協輔皇室令作事可法紹雖職卑忝備常伯豈可以先王之服爲伶人之業今逼高命不敢有辭當釋冠冕襲私服此紹之心旟等不自得而退

又曰桓車騎不好着新衣浴訖婦故送新衣車騎大怒催使將去婦便持還沖妻王恬女也傳語云衣不經新何由而故桓大笑而著之

又阮宣子論鬼神有無或以人死有鬼阮子獨以爲無曰今見者云著生時衣服若人死有鬼衣服亦有鬼乎

孝子傳曰老萊子年七十父母猶在萊子常服斑斕衣爲嬰兒戲

曹肇傳曰明帝寵愛肇與帝戲賭衣物有所獲輒入御帳服之遙出親狎如此

襄陽耆舊記曰王昌字公伯爲東平相散騎常侍早卒婦是任城王曹子文女昌弟式字公儀爲渡遼將軍長史婦是尚書令桓階女昌母聰明有典數二婦入門皆令變服下車不得踰後後階子嘉尚魏主欲金縷衣見式婦嘉止之曰其嫗嚴固不聽善耳不須持往犯人家法

列仙傳曰道士徐延年平陽人也見人持新黃羅衣云延年五百夜半夜明如晝從五億萬人登仙也

古艷歌曰煢煢白兔東走西顧衣不如新人不如故

離騷屈原曰新沐者必彈冠新浴者必振衣

太平御覽卷第六百八十九

太平御覽卷第六百九十

服章部七

衮衣 鷩衣 毳衣 絺衣 玄衣

褘衣 褕狄褕音搖 闕翟 鞠衣 展衣展涉箭切檀

褖衣褖通貫切 袗衣 朱衣

衮衣

說文曰衮天子享先王卷音衮龍繡於下幡一龍蟠向上鄉

釋名曰衮卷也畫卷龍於衣也

書曰帝曰予欲觀古人之象孔安國曰欲觀衣法象衣服制日月星辰山龍華蟲日月星爲三辰華象草華蟲雉也畫三辰山龍華蟲於衣服旌旗作會宗彝會五采也以五采成此畫焉宗廟彝樽亦以山龍華蟲爲飾藻火粉米黼黻絺繡藻水草有文者火爲火字粉若粟米若聚米黼若斧形黻爲兩已相背葛之精者曰絺五色備曰繡也以五采彰施于五色作服汝明以五色明施五采作尊卑服汝制之也

尚書大傳曰山龍青華蟲黃作績黑宗彝白藻火赤天子五服

詩曰九罭之魚鱒魴我覯之子衮衣繡裳

又曰君子來朝何錫予之雖無予之路車乘馬又何予之玄衮及黼

又曰衮職有闕仲山甫補之

左傳曰諸侯伐楚許男斯卒于師凡諸侯薨于朝會加一等死王事加二等於是以衮斂衮衣公服也謂加二等

禮曰有以大爲貴者天子龍卷諸侯黼大夫黻士玄衣纁裳

郊特牲曰祭之日王被衮以象天戴冕藻十有二旒則天數也

又明堂位曰衮冕立於阼

周禮春官上司服曰王之吉服享先王則衮冕○又夏官下曰節服氏掌祭禮朝覲衮冕六人維王之太常鄭玄曰服冕者從王服也維維之以縷王旌十二旒兩兩也縷綴連其旁三人持之禮天子旌曳地

儀禮覲禮曰天子衮冕負斧扆

漢書曰韋孟詩云肅肅我祖家自豕韋衮衣朱黻四牡龍旂

後秦記曰姚襄夢弟萇上御座着衮服謂官屬曰此兒或能大起吾族

齊書曰陸澄兼左丞泰始六年詔皇太子朝賀服衮冕九章澄與議曹郎丘仲起議服冕以朝實着經文秦除六冕漢明還備魏晉已來不欲令臣下服冕故位公者加侍官今皇太子禮絶群臣宜遵聖王盛典革近代之制

唐書曰代宗時渤海質子盜衮龍服捕得之詞云慕中國

衣服上赦之

董巴漢輿服志曰上古衣毛而冒皮後世聖人易之以絲麻觀翬翟之文榮華之色乃染帛以効之始作五采成以爲服黃帝堯舜垂衣裳蓋取諸乾坤有文故上衣玄而下裳黃秦以戰國即天子位滅去禮學郊祀之服皆以袀玄漢承秦故至顯宗初服冕旒衣章以祀天地養三老五更於三雍三公九卿郊祀天地明堂皆冠冕垂旒衣裳玄上纁下乘輿備文日月辰星十二章三公諸侯用山龍九章九卿以下用華蟲七章皆五采衣裳乘輿刺史公侯九卿已下皆織成陳留襄邑獻之

續漢輿服志曰聖人處天子位服日月昇龍所以福其德章其功也賢人佐聖封國愛民黼黻文繡降龍所以顯其仁光其能也

環濟要略曰天子龍冕諸侯黼大夫黻白與黑謂之黼黑與青謂之黻青與赤謂之文赤與白謂之章五色備謂之繡諸侯去日月星辰服山龍華蟲卿大夫去山龍華蟲服藻火服粉米

摯虞決疑要注曰秦除衮冕之制唯爲玄衣絳裳一具而已漢興亦如之中興後明帝永平中使諸儒案古文依圖書始復造衮冕之服至于今用之

穀梁傳序曰一字之褒寵逾華衮片言之貶誅深斧鉞

六韜曰昔帝堯王天下黼衣絓履不斃盡不更爲也

傅子曰魏明帝疑三公衮冕之服似天子減其采章

陳留風俗傳曰襄邑縣南有渙水有睢水傳曰睢渙之水出文章故有黼黻藻錦日月華蟲以奉天子宗廟御服焉

鷩衣

釋名曰鷩雉山雉也鷩憋(并列切)也性急憋不可生必自殺故畫其形於衣以象人執耿介之節也

周禮春官上司服曰王之吉服享先公饗射則鷩冕(鄭玄曰先公謂后稷之後也饗射饗食及與諸侯射也鷩畫以雉也)

三禮圖曰鷩冕服者王祭先公及饗射之服也以朝天子助祭玄衣纁裳以華蟲火宗彝三章畫以爲績裳藻粉米黼黻四章黹(步里切)以爲繡九七章

毳衣

釋名曰毳芮也畫藻文於衣象水草之毳芮溫暖而潔也

詩曰大車檻檻毳衣如菼(毳衣大夫之服菼騅也蘆之初生者也古者天子大夫服毳冕以巡行)大車哼哼(他昆切)毳衣如璊(璊頳也音門)

周禮春官上司服曰王之吉服祀四望山川則毳冕(鄭玄曰毳其衣三章裳三章也)

三禮圖曰毳冕王祀四望山川服也子男服以朝天子

絺衣

周禮春官上司服曰王之吉服祭社稷五祀則絺冕(鄭玄曰絺或作絺字之誤也繡刺粉米無畫也)

玄衣

詩曰緇衣美武公之德父子並爲周司徒善於其職國人宜之緇衣之宜兮弊予又改爲兮(緇衣黑色上卿聽朝之正服也)

周禮春官上司服曰王之吉服祭群小祀玄冕(鄭玄曰群小祀林澤墳衍四方百物之屬也玄者衣無文裳刺黻而已凡冕服玄衣纁衣也)

禮玉藻曰天子玄端而朝日於東門之外(鄭玄曰端當爲冕字之誤朝日春分時也)

魏臺訪議曰禮天子大夫玄冕而執鴈今秩中二千石六

百石者可使玄冕而執鴈

禕衣

釋名曰王后之上服曰禕衣畫翬雉之文於衣也伊洛而西雉青質五色備曰翬也

周禮天官下內司服曰內司服掌王后之六服禕衣(王后之服刻繒爲翬之形而采畫之綴於衣從王祭先王則服禕衣也)

禮明堂位曰夫人副禕立于房中(鄭玄曰副首飾也今之步搖是也周禮追師掌王后之首服爲副禕王后之上服也唯魯及王者之後夫人服之諸侯夫人自褕翟而下也)

又曰祭義曰歲既單世婦獻繭于夫人夫人副禕而受之

董巴漢輿服志曰太皇太后入廟服紺上皁下后謁廟服白上皁下皆深衣製(徐廣云深衣即單衣)公卿列侯中二千石夫人入廟佐祭者服皁絹上下皆深衣制

穆天子傳曰吉日戊午天子大服冕禕(冕冠禕衣王后之上服今帝服之末)

岸也授河宗璧

褕狄

釋名曰揺翟畫雉雉之文於衣也江淮而南雉素質五采皆備成章

周禮天官下内司服曰内司服掌王后之六服褕狄（鄭玄曰褕狄闕狄畫羽飾也玄謂褕狄青也）

三禮六服圖曰褕翟王后從王祭先公之服也侯伯之夫人服以從君祭宗廟

闕翟

釋名曰闕翟翦闕繒為翟雉形以綴衣也

詩曰委委蛇蛇象服是宜（義曰象服者謂褕狄闕狄也）

周禮天官下内司服曰内司服掌王后之六服闕狄（鄭司農曰褕狄闕狄畫羽飾也鄭玄曰闕狄刻而不畫者也此三者皆祭服玄謂今世有袿衣者蓋三狄之遺象也以推次其色闕狄赤也）

三禮六服圖曰闕翟王后從祭群小祀服也亦子男夫人服以從君祭宗廟

鞠衣

釋名曰鞠衣如菊花色也

周禮天官下内司服曰内司服掌王右六服鞠衣（鄭司農曰鞠衣黄桑服也色如麴塵像桑葉始生）

三禮六服圖曰鞠衣王后桑之服也孤之妻服以從助君祭

董巴漢輿服志曰太皇太后皇太后蠶服青上縹下深衣制貴人助蠶服純縹上下深衣制公卿列侯中二千石夫人助蠶服縹絹上下深衣制自二千石夫人已上至皇后皆以蠶衣為朝服

徐廣輿服雜注曰晉先蠶儀注皇后衣純青之衣特進卿世婦二千石命婦助蠶則青絹上下

展衣

周禮天官下内司服曰内司服掌王右之六服展衣（展衣白衣）

三禮六服圖曰展衣王右以禮見王及賓客之服也卿大夫之妻以從助君祭

釋名曰襢（展字或作此）襢也坦然正白無文采也

褖衣（通貫反）

釋名曰褖衣褖然黒色也

詩邶柏舟褖衣曰褖兮衣兮褖衣黄裏（褖間色黄正色義云褖兮衣兮褖衣自有禮制也諸侯大夫祭服之下鞠衣為上展衣次之衆妾亦有貴賤之等服鞠衣黄展衣白褖衣黒皆以素紗為裏非其制故以喻妾上僭焉）褖兮衣兮褖衣黄裳（義云婦人之服不殊衣裳衣裳同色今衣黒裳黄喻亂嫡妾之禮也）

周禮天官下内司服曰内司服掌王右六服褖衣素紗（褖衣御於王者之服也亦似燕居君子之褖衣黒則是亦黒也）

袗衣

三禮圖曰傅母婚禮從者袗衣古者傅母選無夫與子而老賤曉習婦道者使之應對也

朱衣

應劭漢官儀曰虎賁中郎衣紗縠單衣（續漢志同晉令絳紗縠）

東觀漢記曰光武起義衣絳單衣赤幘初伯升之起諸家子弟皆曰伯升殺我及見上絳衣大冠乃驚曰謹厚者亦復為之

晉義熙起居注曰安帝自荆州至新亭詔曰諸侍官戎行之時不備朱服悉令袴褶從也

宋元嘉起居注曰治書侍御史朱興啓彈朝請向騰之坐

同僚會故貞外散騎侍郎楊琳之喪侍兵唱變服然後唱衆官下階位而騰之着單衣在朱衣上於禮有虧請免所居官詔可

齊書曰呂安國爲右衞將軍加給事中後改封湘鄉侯武帝即位累遷光祿大夫加散騎常侍安國欣有文授謂其子曰汝後勿袴褶駈使單衣猶恨不稱當爲朱官也

神異經曰西荒有一人不讀五經而意合不觀天文而心通不誦禮律而精當天賜其衣男朱衣縞帶委皃冠女碧衣戴金勝皆無縫

墨子曰楚莊王絳衣博袍

語林曰何平叔面絕白魏文帝疑其着粉夏日喚與熱餅既噉大汗出以朱衣自拭色轉皎然時帝始信之

班彪便宜事曰可選師傅將相子孫有行好學者以備絳衣舍人

班固與竇憲牋曰將軍哀憐賜固手迹告以中軍宜鮮明乃賜以瑇瑁簪絳紗單衣

太平御覽卷第六百九十

太平御覽卷第六百九十一

章服部八

單衣　中衣　曲領附方領

袿襡圭蜀二音　韍音弗　鞶囊般

單衣

衣釋名曰單衣言無裏也

方言曰單衣江淮南楚之間謂之𧝓毛音褋牒關之東西謂之單趙魏之間謂之左衣古謂之深衣是也

禮王制曰有虞氏深衣而養老又深衣曰古者深衣蓋有制度以應規矩繩權衡短毋見膚長毋被土帶下毋厭髀上毋厭脅制十有二幅以應十二月袂圓以應規曲袷如矩以應方負繩及踝以應直下齊如權衡以應平耆緝故規者行舉手以爲容負繩抱方者以直其政方其義也故易曰坤六二之動直以方也下齊如權衡者以安其志而平其心也五法以施故聖人服之故規矩取其無私繩取其直權衡取其平故先王貴之故可以爲文可以爲武可以擯相可以治軍旅

又儒行曰丘少居魯衣縫掖之衣鄭玄曰縫猶大也大掖衣大袂單衣君子有道藝者所衣也

漢書曰江充召見上衣紗縠單衣曲裾後垂交輸張晏曰曲裾者人衣也後垂䙝帶半之也

又曰趙王彭祖爲人巧佞持詭辯以中人每二千石至彭祖衣皁布單衣自行迎多設疑事以詐動之得二千石失言中忌諱輒書之

又曰蓋寬饒左遷爲衛司馬未出殿門斷其單衣短令離地躬按行士卒廬室

後漢書曰馬援爲隗囂使公孫述述盛陳陛衛以延援入交拜禮畢使出就館更爲援制都布單衣東觀記曰都作荅史記曰荅布千疋前書音義曰荅布白疊也

謝承後漢書曰陸閎建武中爲尚書令美姿皃喜著越布單衣上見而好之自是常勑會稽郡獻越布

又曰陳留尹苞字延博與同郡范史雲善二人俱貧出入共一單衣到人門外苞年長常先着單衣前入須臾出解與史雲

魏志曰管寧四時祭祀在遼東時布單衣親薦饌

王隱晉書曰梁孝王肜宣帝子將單衣補車幰以爲清恭軍王銓曰晏嬰大官稱清者以爲御食七百家也公無此費宜美衣服使內外相稱

晉書曰桓溫廢東海王王着白帢單衣步下西堂群臣拜辭莫不歔欷

又曰簡文初立於朝堂服着平巾幘單衣東向拜受璽綬

又曰王導傳蘇峻平後帑藏空竭庫中唯有練數千萬疋賣之不售而國用不足導患之與朝賢俱制練布單衣於是士庶翕然競服之練遂貴端至一金

晉令曰朝服皁緣中單衣

趙書曰勒叅軍周承爲館陶令斷官絹數百疋獄以八坐議有之後每讌大會使俳兒著介幘黃絹單衣優問曰汝何官荅我本爲館陶令斗藪單衣曰正坐取是故入汝輩以爲大笑事具樂部

梁書曰劉曇靜母亡時天寒曇靜身衣單布衣廬於墓所晝夜哭臨不絕聲

又曰張稷爲吳郡太守就僕射徵道由吳鄉人候稷者滿

水陸稷單衣裝徑還都下人莫之識其率素如此
董巴輿服志曰羽林左監虎賁冠鶡着紗縠單衣
又曰虎賁武騎皆衣虎文單衣襄邑歲獻織成虎文
應劭漢官儀曰謁者皆着緗幘大冠白絹單衣
徐野民車服雜注曰元帝召陳郡王隱待詔著作單衣幘
朝望於著作之省
又曰天子郊禮釋奠中單衣絳緣其領袖其朝服皂緣也
燕丹子曰荆軻抱秦王乞聽琴聲而死召姬人鼓琴聲曰
羅縠單衣可掣而絶八尺屏風可超而越
齊桓公夜出迎客甯戚叩牛角而歌曰短布單衣適至骭
終朝飯牛至夜半
仲長統昌言曰蓟子訓不知何郡人到陳公舍自云今日
當死陳公與之一着單衣於是入室寢日中果死

傅子曰梁冀作火浣布衣會賓客行酒失盃而汚之僞怒
解衣而燒之垢盡火滅粲然潔白
世說曰王戎性儉爲其從子婚與一單衣後更責償之
陳留耆舊傳曰吳祐爲膠東相嗇夫孫性盗富民錢五百
爲父市單衣父恐便以單衣詣門自勑祐以單衣遺其父
梁冀別傳曰冀作狐尾單衣上短下長
邊讓別傳曰讓才辯俊逸孔融薦讓於武帝曰邊讓爲九
州之被則不足爲單衣襜褕則有餘
楊彪別傳曰魏文帝令彪着布單衣待以賓客之禮
拾遺記曰漢末羽山之民獻赤布梁冀製衣爲衣謂之丹衣
而史家云單衣則今縫掖也字異聲同未知孰是也
神仙傳曰曹公欲殺左慈將出市忽失慈所在乃閉市索
之傳曰一目眇着葛巾幘單衣正爾視之一市中數萬人
皆眇一目葛巾幘單衣竟不知所取
搜神記曰永嘉以來士大夫競服生單衣識者怪之曰此
古練縗之布諸大夫所以服天子其後愍懷晏駕
馬融遺令曰穿中除五時衣但得施絳絹單衣

中衣

禮郊特牲曰繡黼丹朱中衣士大夫僭禮（鄭玄注曰繡讀爲綃綃繒名也衣制即今中單也）
董巴漢輿服志曰祀宗廟初玄絳領袖爲中衣絳袴袜示
其赤心奉神五郊各從其色
徐廣輿服雜注曰天子郊禮釋奠中衣以絳緣其領袖其
朝皂緣
魏官儀曰皂緣領袖中單衣
會稽典錄曰鄭弘爲縣嗇夫民有弟斥兄錢者未還之嫂
領詣弘責中單爲叔還錢兄聞之慙遣婦賫錢還弘不受

曲領

釋名曰曲領在上横壅頸其狀曲也
禮深衣曰曲袷如矩以應方（袷曲領也古者方領）
後漢書曰朱勃字叔陽年十二能誦詩書嘗候馬援兄況
勃衣方領能矩步（前書音義曰頸下施領正方學者之服也）

袿襹

廣雅曰襹長襦也
釋名曰婦人上服曰袿其下垂者上廣下狹如刀圭也襹
屬也衣裳上下相連屬也
徐廣輿服雜注曰今皇后謁廟服袿襹大衣
後漢書曰和熹鄧后性儉約每有讌會諸姬貴人競自脩
整簪珥光采袿裳鮮明（説文曰簪笄也珥瑱也以玉充耳）后獨着素無飾

其衣有與陰后同色即時解易
南史曰南岳鄧先生名郁隱居不仕魏夫人忽來臨降乘雲而至從少嫗三十並著絳紫羅繡袿襹年皆可十七八許
傅毅舞賦曰珠翠的皪而炤耀華袿飛綃而雜纖羅
婦人集張君平與妹憲書曰念諸里舍皆富財賄袿襹襲蔽紛華照曜於是之際想汝懷愧

韍

釋名曰韍韠所以蔽前也婦人蔽膝亦如之齊人謂之巨巾田家婦女出至田野以覆其頭故因以爲名也
又曰跪襜跪時襜然張也
爾雅曰衣蔽前謂之襜（今蔽膝也）
易困卦曰朱韍方來

詩曰赤芾在股邪　在下（芾大古蔽膝之象也冕服謂之芾其他服謂之韠以韋爲之）
禮曰一命縕韍幽衡再命赤韍葱衡（韍之言蔽也縕赤黃之色所謂韍也）
又曰韠君朱大夫素士爵韋（韠以言蔽也爲之象裳也）以圜殺直（曰韠制）天子直公侯前後方大夫前方後挫角士前後正韠下廣二尺上廣一尺長三尺
又明堂位曰有虞氏服韍夏后氏山殷火周龍章（鄭玄曰韍韠也舜始作之以尊祭服禹湯至周增以畫文後王彌飾也）
漢書東方朔傳曰館陶公主迎武帝蔽膝登階也
又曰王莽妻著布蔽膝見客
魏志曰武帝內誡令云今貴人位爲貴人金印藍紱女人爵位之極
又文帝與于禁詔曰昔漢高祖脫衣以衣韓信光武解紱以帶李忠誠皆人主當時貴敬功勞勤心之至也封賜將軍以魏王時自所佩朱韍及遠遊冠
吳志曰孫權潘夫人有娠夢人以龍頭授已以蔽膝受之生亮
五經要義曰韠者舜所制也
又云天子朱紱諸侯赤紱赤盛色也
又曰太古之時未有布帛人食禽獸肉而衣其皮知蔽前未知蔽後至舜冕服既備故復制之示不忘古韠名有三朝廷則謂之韠宗廟謂之韍鞈（上音昧下音閤）
五經異義曰韍者大帶之飾非韠也
董巴漢輿服志曰五霸遞興戰兵不息韍非兵飾於是去

韍

白虎通曰紼有何謂也紼者蔽也行蔽前者示有事因以別尊卑彰有德也

徐廣輿服儀注曰蔽膝古之韍也戰國連兵以韍非兵飾去之漢明帝復制紱
璅濟要略曰凡韍以韋爲之以象裳色湯至周增以畫文夏山取仁可依殷火取其明周龍章取其變化
莊子曰祝牧謂其妻曰天下有道我韍子佩天下無道我負子戴（當隱藏也）
拾遺錄曰孔子生有麟吐玉書於闕里人家文云水精之子繼商周而素王出故蒼龍繞室五星降庭徵在賢明知爲神異乃以繡紱繫麟角而去夫子係殷湯水德而素王至敬王之末魯定公二十四年魯人鉏商田於大澤得麟以示夫子知命之終乃抱麟解紱而涕泗焉

鞶囊

禮曰男鞶革女鞶絲（鞶小囊盛帨巾者男用韋女用繒）

禮曰鞶厲游纓（杜預曰鞶紳帶一名大帶厲大帶之垂也）

白虎通曰男子有鞶者示有金革之事

東觀漢記曰鄧遵破諸羌詔賜遵金剛鮮卑緄帶一具虎頭鞶囊一

晉書曰鄧攸祖殷亮直強正為淮南太守夢行水邊見一女子猛獸自後斷其鞶囊占者以為水邊有女汝字也斷鞶囊新虎頭代故虎頭也若不作汝陰當作汝南後為汝南太守

曹瞞傳曰太祖為人坦易無威重身佩小鞶囊以盛手巾細物

鄴中記曰石虎改虎頭鞶囊為龍頭鞶囊

楊子法言曰今之學也非獨為之華藻（文也）從而繡其鞶帨

班固與弟超書曰遺仲叔虎頭旁囊金銀鉤

謝承與步騭書曰所在近北無它異物裁奉織成虎頭綬囊可以服之

孔珠與王佐長史書朝不着鞶囊不知為何不荅曰尋此鞶囊是內則施鞶之遺象此為箴線之屬非朝服所宜著

太平御覽卷第六百九十一

太平御覽卷第六百九十二

服章部九

珮 環 玦 笏

珮

說文曰珮大帶佩也珮必有巾故從巾故

釋名曰珮倍也言其非一物有倍貳也有珠有玉有容刀有帨巾有觽之屬也

詩曰青青子珮悠悠我思（佩玉也）

又曰有女同車顏如舜華將翱將翔佩玉瓊琚

又曰知子之來之雜珮以贈之（雜珮者珩璜琚瑀衝牙之類）知子之順之雜珮以問之（問遺也）知子之好之雜珮以報之

又曰彼留之子貽我珮玖

又曰我送舅氏悠悠我思何以贈之瓊瑰玉珮

又曰巧笑之瑳珮玉之儺

又曰鞙鞙[illegible]珮璲不以其長（鞙鞙玉貌璲瑞也以瑞玉爲佩佩之鞙鞙然）

周禮曰玉府掌王之金玉玩好共王之服玉佩玉禮曰主珮倚則臣珮垂主佩垂則臣珮委

又曰石駘仲卒無適子有庶子六人卜所以爲後者曰沐浴珮玉則兆五人者皆沐浴珮玉石祁子曰孰有執親之喪而沐浴珮玉者乎不沐浴佩玉石祁子兆

又曰古之君子必珮玉右徵角左宮羽趨以采齊（路門之外樂節也）行以肆夏（登堂之樂節也）周旋中規折旋中矩進則揖之退則揚之然後玉鏘鳴也故君子在車則聞和鸞之聲行則鳴珮玉是以非辟之心無自而入也君在不佩玉左結珮右設珮（朝於君亦結左）齊則綪結珮而爵韠凡帶必有佩玉唯喪否珮玉有衡牙（居中央以前後觸）君子無故玉不去身君子於玉比德焉天子佩白玉而玄組綬公侯佩山玄玉而朱組綬大夫珮水蒼玉而純組綬世子珮瑜玉而綦組綬士珮瓀玟而緼組綬孔子珮象環五寸而綦組綬

大戴禮曰上車以和鸞爲節下車以珮玉爲度

左傳曰蔡昭侯爲兩佩與兩裘以如楚獻一珮一裘於昭王王服之以享蔡侯亦服其一子常欲之弗與三年止之（事具王部）

又曰吳申叔儀乞糧於公孫有山氏（申叔儀吳大夫公孫有山魯大夫舊相識）曰珮玉繠兮余無所繫之（繠然服飾備也無以繫佩言吳王不恤下也）

魚豢魏略曰有雙璜雙珩琚瑀衝牙瑸珠爲珮者乃漢明帝采古文始制也

晉書曰王祥著遺令子孫云吾氣絕不須沐浴勿纏尸皆澣故衣隨時所服所賜山玄玉珮衛氏玉玦綬笥皆勿以斂

齊書曰永明元年有司奏貴妃淑妃並加金章紫綬珮于寘玉

隋書曰何稠參會古今多所改創從省之服初無珮綬稠曰此乃晦朔小朝之服安有人臣謁帝而除去印綬兼無珮玉之節乎乃加獸頭小綬及珮一隻

國語曰秦穆公使公子縶弔公子夷吾于梁退而私於縶曰請以黃金三十鎰白玉之珩六雙不敢當公子納之左右

又曰王孫圉聘於晉定公饗之趙簡子鳴玉以相（鳴珮玉以相禮）問於王孫圉楚之白珩猶在乎（珩珮上之璜者）對曰然簡子曰其爲寶也幾何矣曰未嘗爲寶先王之玩也

周書曰武王俘商得舊寶玉萬四千珮玉億有八萬石

摯虞決疑要注曰漢末喪亂絕無玉佩魏侍中王粲識舊

珮始復作之今主珮受法於綦

三禮圖曰九玉珮上有雙衡長五寸博一寸下有雙璜徑三寸衝牙蠙珠以納其間上下爲衡半壁爲璜璜中横以衝牙以蒼珠爲瑀

董巴漢輿服志曰古者君臣珮玉三代同之五霸興兵珮非戰器去珮留其係襚以爲章表秦乃以采組連結謂之綬漢承秦制用而弗改至孝明皇帝乃爲大珮衝牙雙琚璜皆以白玉乘輿絡以白珠公卿諸貴以采絲其玉視冕旒

蔡邕輿服志曰孝明帝作蠙珠之珮以郊祀天地

白虎通曰所以必有珮者表意見所能故脩道無窮即珮環能大道德即珮琨能决嫌疑即珮玦是以其所佩即知其所能若農夫佩其耒耜工匠珮其斧斤婦人珮其針縷也

孔叢子曰子產死鄭人丈夫舍玦珮婦女舍珠玉

說苑曰襄成君始封之日衣翠衣帶玉珮至流水之上大夫莊辛見而悅之

又曰經侯過魏太子左服玉具劒右帶珮環左光照左右光照右太子不視經侯曰魏國有寶乎太子曰主信臣忠百姓戴上此魏國寶也經侯應聲解劒而去珮

鹽鐵論曰子思銀珮

尚書舊傳曰淑妃脩媛脩華脩容婕妤佩彩瓊玉貴人珮于寘玉

鄴中記曰石虎后出行有女鼓吹尚書官屬皆着錦袴珮玉

晉令曰皇太子妃珮瑜玉諸王郡公太宰太傅太保司空諸長公主諸王世子大司馬大將軍太尉珮玄玉

晉宋舊事曰太后皇后白玉佩

穆天子傳曰七萃之士天子賜以左佩玉華(玉華之珮珮之精者)

又曰天子渴於沙中(沙中無水)七萃之士高奔戎刺其左驂之頸取其清血而飲天子天子美之乃賜奔戎珮玉一雙

列仙傳曰江濱二女者不知何許人步游江濱逢鄭交甫挑之不知神人也女遂解珮與之交甫悅乃受珮而去數十步空懷無珮女亦不見

拾遺録曰燕昭王時西王母降與昭王遊乎燧林之下說炎皇鑽火之術取綠桂之膏然以照夜忽有飛蛾銜火狀如丹雀來拂桂膏之上此蛾出負丘之穴穴洞達於九天中有細珠流沙可穿而結因用爲珮

又曰漢成帝時乘輿服皆尚黑宮中美女服皂班姬以下

皆玄綬璽珮

又曰漢昭帝元始元年穿林池廣千步中植分枝荷一莖四葉狀如駢蓋日照則葉低蔭根莖若葵之衛足也名曰低光荷實如玄珠可以飾珮

漢武內傳曰上元夫人帶六出火玉之珮

搜神記曰元康中婦人之飾有五兵珮

楚辭曰扈江離與薜荔(扈被也)紉秋蘭以爲珮(紉索蘭香草也)

又曰雲衣兮披披(披披長皃)玉珮兮陸離(陸離光彩皃)

又曰連蕙若以爲珮兮過鮑肆而失香

又曰盍吾遊此春宮(春宮東方青帝宮)折瓊枝以繼珮

潘岳西征賦曰飛翠緌拖鳴玉出入禁門者衆矣想珮聲之遺響若鏗鎗之在耳

劉梁七舉曰珮則結綠懸黎寶之妙微符彩照爛流景揚

暉○曹植與陳琳書曰帶蜺虹以爲紳連日月以爲珮
殷仲堪與相王牋曰所致玉佩光潤清越
傅玄大言賦曰䨓珮六氣首戴天文

環

說文曰好倍肉謂之瑗肉好若一謂之環
禮曰孔子佩象環五寸而綦組綬謙不比德亦不事也象有文環者也環者取其脩無窮
左傳曰穆叔之子仲壬與公御萊書觀於公宮公予之環使牛人入示之不入示出命佩之
又曰宣子有玉環其一在鄭商玉環同工共朴自共爲雙宣子謁諸鄭伯謁請也子產弗與事具玉部
宋書曰江夏王義恭孝武即位以其藩所服玉環大綬賜之
梁書曰柳惔武帝之鎮襄陽惔祖道帝解玉環贈之天監二年元會帝謂曰卿珮玉環是新亭所贈耶對曰既瑞感神衷臣謹服之無斁
白虎通曰修道無窮即珮環也
瑞應圖曰黃帝時西王毋乘白鹿來獻白環舜時復來獻白環
王子年拾遺録曰顓頊時濵海之北有勤題國皆衣毛無翼而飛帝乃更衣以文豹爲飾獻黑玉之環色如淳漆
荀卿子曰大夫待放于境君賜以環即返以玦即去
西京雜記曰趙飛鷰爲后女弟昭儀上五色玉環
春秋後語曰秦始皇聞齊王后賢嘗使遺之連環曰齊人多智能解此乎后以示群臣莫能解乃引椎破之謝秦使曰謹以解矣以報始皇壯其志益不敢謀齊

劉向列女傳曰齊桓公行霸諸侯朝之衛獨不至公謀伐衛衛姬脫簪珥解環再拜請徵之罪
莊子內篇云彼是莫得其偶謂之道樞樞得其環中以應於無窮夫是非反覆相尋無窮故謂之環環中空矣今以是非爲環而得其中者也無是非者也無是非故能夫是非無窮故應亦無窮

玦

說文曰玦玉珮珮如環而有玦故云玦
詩曰芄蘭之葉童子佩韘韘玦也
左傳曰狄人伐衛將戰衛懿公與石祁子玦與甯莊子矢使守莊子甯速也玦玉玦曰以此贊國擇利而爲之贊助也玦示以當決斷矢示以禦難
又曰晉侯使申生伐山皐落氏珮之金玦狐突曰金寒玦離胡可恃也罕夷曰金玦不復雖復何爲君有心矣
國語曰獻公使申生伐東山衣偏裻音篤之衣佩之金玦太子見理克曰君賜我以偏衣金玦何也克曰孺子懼乎衣金之偏而握金不偷矣太子遂行狐突御戎先友爲右告先友曰君與我此衣何也先友曰中分而金玦之權在此行也狐突歎曰以尨衣純尨雜色純德謂太子而玦之以金銑者寒甚矣胡可恃也
典略曰項羽與沛公飲范增數目羽舉所佩玉以示之者三羽默然
後漢書曰更始謀殺外伯伯升光武兄乃會諸將以成其計繡衣御史申徒建隨獻玉玦更始竟不能殺
東觀漢記曰明帝詔曰馮魴以忠孝出入八年數進忠言正諫賜以玉玦
續漢書曰桓帝永興二年光禄勳吏舍壁下夜有青氣視之得玉鉤玦各一

魏氏春秋曰明帝張掖郡金山玄川溢涌寶石負圖有玉匣開盖於前上有玉玦二璜一

魏略曰太祖征漢中太子在孟津聞鍾繇有玉玦使臨淄侯（曹子建也）因人說之繇遂送焉太子與繇書曰南陽宗惠叔稱君侯昔有美玦聞之驚　喜笑與抃會當自白書恐傳言未審是以令舍弟子建因荀仲茂時從容喻鄙指鄴騎既到寶玦初至捧押跪發五內震駭繩窮押開爛然滿目猥以蒙鄙之姿得覩希世之寶不煩一介之使不損連成之價既有秦昭章臺之觀而無藺生詭奪之誑嘉貺益腆敢不欽承謹奉賦一篇

王隱晉書曰禮能使決疑者珮玦故遣其臣亦授之以玦今璽命有二玦其一當魏曆數既終當禪大晉故與之玦凡受命將即天子之位皆衆人之所疑以武皇帝能斷決應天順民受曹氏禪而無疑德應珮玦故以賜焉是以有二玦

蕭子顯齊書曰太祖在淮陰治城得錫玦大數尺下有篆字人莫識紀僧真曰何須辯文此自久遠之物即九錫之徵也太祖曰卿勿妄言

北齊書曰樂陵王百年傳博陵人賈德胄教百年嘗作數勑字德胄封以奏帝帝怒召百年百年知不免割帶玦留與妃斛律氏及百年被誅妃把玦哀號不食而死玦猶在手拳不可開其父自擘之乃開

白虎通曰能決嫌疑則佩玦

瑞應圖曰舜時西王母獻白環玦

隨巢子曰召人以環絕人以玦

莊子曰儒者緩佩玦者事至而斷

西京雜記曰趙飛鷰爲皇后女弟昭儀上珊瑚玦

孟達與諸葛亮書曰今送綸帽玉玦各一以徵意焉

笏

釋名曰笏忽也君有教命及所啓白則書其上備忽忘也或曰薄可以薄疏物

禮曰笏天子以球玉諸侯以象大夫以魚須（與鬚同）文竹士竹本象可也見於天子與射無說（音脫）笏入太廟說笏非古也小功不說笏當事免則說之（免悲哀哭踊之時）凡有指畫於君前用笏造受命於君前則書於笏笏畢用也因飾焉（畢盡也）笏度二尺有六寸其中博三寸其殺六分而去一（殺猶杼也天子杼上終葵首諸侯不終葵首）

又曰將適公所書思對命（思所思念將以告君書之於笏爲失忘也）

又曰侍坐於君子君子欠伸運笏澤劒首還屨問日之蚤（音早）莫請退可也（運澤猶翫弄也）

大戴禮曰天子御珽（珽言珽然方玉正於天下）諸侯御荼（荼前詘後直下天子也荼音舒）大夫服笏（前詘後詘無所不讓也）

又曰五經要義曰天子之笏謂之珽珽然無所屈也

周書曰武王不閑外門以示無懼去釼搢笏以示無仇

後漢書曰陳蕃爲光祿勳范滂爲主事以公儀詣蕃執板入閤至坐不奪滂投板振衣而去郭泰責蕃曰以階級言滂宜有敬以類數推之至閤宜省（所景切）

吳志曰朱治領吳郡舉孫權爲孝廉後權爲吳王治每見權常執板交拜（板即笏也）

晉書曰王敦表溫嶠爲丹陽尹因餞會錢鳳自起行酒至鳳未飲嶠僞醉以手板擊鳳幘墜作色曰錢鳳何人溫太真行酒敦不悅兩釋之

又曰桓温秉政謝安王坦之徃候之坦之倒持手板
宋書曰建平王宏文帝子也元凶劭弒立孝武入討劭録宏
殿內自拔莫由孝武先嘗以一手板於宏遣左右親信周
法道齎手板詣孝武事以爲尚書左僕射
又曰庾道愍尤精相板宋明帝時山陽王休祐屢以言
語忤顏見道愍託以己板爲他物令道愍占之道愍曰此
乃甚貴然使人多愆忤祐以褚彥同詳密求換其板他日
彥回侍明帝自稱下官帝多忌甚不悅休祐具以狀言帝
乃意解
又曰綦毋珎之在西州時有一手板相者云當貴每以此
言動帝又圖黃門郎帝嘗罵之曰西州時手板何在珎之
曰此是黃門手板官何須問帝大笑
齊書曰豫章王嶷薨見形於第居第也後園乘腰輿指麾處

分呼直兵直兵無手板左右授一玉手板與之謂曰橋樹
一株死可覓補之因出後園閣直兵倒地仍失手板
宋書曰明帝起事諸方並舉兵帝謂蔡興宗曰須日人情
言何事當濟不興宗曰今米甚豊賤而人情更安以此論
之清蕩可必但臣之所憂更在事後猶羊公言既平之後
方當勞聖慮耳尚書褚彥回以手板築興宗不已上曰如
卿言
北齊書曰尒朱榮既誅得其手板上有數牒啓皆左右去
留人名非其腹心在出限帝曰豎子若過今日便不可制
又曰文襄疑文宣佯愚慮其有後變將陰圖之以問崔暹
暹曰嘗與二郎俱在行位試以手板柏其背而不瞋乃將
筆手板撥暹竹者自揩拭而熟視之以是知其實癡不足
慮也帝既鑠暹責其徃昔打背暹自陳所對文襄之言已

功以贖死帝悟曰我免禍乃暹之力釋而勞之
唐書曰高宗欲立武昭儀褚遂良諫不從置其笏殿街曰還
陛下此笏乃解巾叩頭流血
又曰崔滌玄宗時嘗朝夕宮掖出入無間慮有所漏洩乃
於滌笏上親札愼密二字以誡之
又曰玄宗以張九齡體弱贅笏不勝命置笏囊
又曰李絳面論吐突承璀用兵無功合從顯責又論承璀
於軍中立聖政碑事不可許上初怒色變絳語不已詞旨
懇切因泣下上察其意乃大開忭拜絳爲中書舍人即命
曳去所立碑曰微降言吾不知爲損又面賜絳紫親爲絳
擇笏以賜之因謂之曰爾他時勿易此心
又曰朱泚盜據宮闕乃遣將韓旻領兵疾趨奉天召段秀
實與之謀議秀實從欲圖之陰說大將劉海賓何明禮

等同謀殺泚明日泚召秀實議事秀實勃然而起奪源休
笏以擊泚傷額流血海賓等不至秀實遂被害
又曰魏謩文宗時爲起居舍人上謂之曰卿家有何舊書
詔對曰比多失墜唯簪笏獨存輒令進之鄭覃曰在人不
在笏上曰覃不解我意乃此甘棠之義非在笏而巳
三禮圖曰士竹笏飾以象骨大夫飾以魚須
輿服雜事曰古者貴賤皆執笏主書君上之政令有事則
搢之於要帶中近代以來唯八座尚書執笏者白筆綴手
板頭以紫囊裹之其餘王公卿士但執手板主于敬不執
笏亦非記事官也
周遷輿服雜事曰應仲遠云昔荆軻逐秦王其後謁者持
匕首以備不虞從此侍官執刀劍漢高祖偃武脩文始制
以手板代焉

江表傳曰孫權既即尊位請會百官歸功周瑜初張昭勸迎
曹公權不從而周瑜敗之及是昭舉笏欲褒贊功德未及
言權曰如張公之計今已乞食矣昭大慙伏地流汗
又曰獻帝嘗見郗慮及少府孔融問融曰鴻豫(慮字鴻豫)何所
優長融曰可與適道未可與權慮舉笏曰融昔宰北海政
散民流其權安在遂與融平相長短
穆天子傳曰天子大服冕褘帗帶搢笏夾佩(郭璞注云沃䍐也夾佩左右兩佩也奉璧南面立于寨下受何築也)
郭子横洞冥記曰孟岐清河之逸人也年可七百歲語及
周初時事如目前岐時侍周公升壇上政以手摩成王之
足周公以玉笏與之
郡國志曰晉明爲太子時嘗戲殿前以玉手板弄銅蟠螭
口手傾溜入螭腹中不能出人後見一白鼠出入螭口

世說曰王子猷作桓車騎兵參軍桓曰卿在府久此當
相料理初不荅高視以手板柱頰云西山朝來致有爽氣
相手板經曰相手板法出蕭何或曰四皓初出殆不行世
東方朔見而善之曰此非庸人所解至魏司空陳長史見此書
歎伏以示許士宗韋仲將管輅見而推歎郭景純以夜兼
晝方得其妙理相手板將以開太之時取五行尋四時定
八節明二十四氣百不失一板長一尺五寸廣一寸五分
上狹而薄下廣而厚八角十二芒並欲端平板形皆完淨
板凶少吉多者可用吉少凶多者不可用服也舊用白直
檀刺榆桑柘四材也番當令理通直從上至下直如絃不
得出邊絶理板頭是君坐板頭鈠與君共事必不得終分板
作四分上一分爲二親左爲父右爲母第二分都爲婦第
三分左爲男右爲女第四分左爲奴右爲婢婢之不辟方
留爲田宅財物牛馬猪羊鷄犬之屬以五行十二時分君
其處崩毁傷蹈破裂衣帛節蝎穿兆隨所屬物必損失死亡
板兩邊左爲城右爲社寬博文彩班班光澤清淨必得封
邑口仲長子曰笏以書君教令記善剌過今之板以象焉
劉義恭啓事曰聖恩優重猥賜華纓玉笏珎冠飾首琛板
耀握非臣朽薄所宜服之

太平御覽卷第六百九十二

太平御覽卷第六百九十三

服章部十

袍　褶　衫　襜褕

袍

說文曰以絮曰襺以緼曰袍

禮記玉藻曰纊爲襺緼爲袍緼舊絮纊綿也

釋名曰袍丈夫着下至跗者袍苞也内衣也

論語曰衣弊緼袍與衣狐貉者立而不恥者其由也與

詩曰豈曰無衣與子同袍

史記曰秦相范雎與魏人須賈有隙及賈使秦雎自稱張禄先生見賈寒取一綈袍以賜之及數其罪曰尒得無死者將以綈袍有戀戀故人之意

漢書曰文帝使遺單于繡袷長襦錦袷袍各一

續漢書曰袁安爲光禄勳至清鹿袍糲食

又曰三老五更皆服都禄大袍

又曰輿服志曰公主貴人妃以上嫁娶得服錦繡羅縠十二色緑袍

東觀漢記曰明德馬右袍極麄踈諸王朝望見反以爲綺

華矯

後漢書曰欒崧者家貧爲主無被糟食自此詔給帷被皂袍

袁山松後漢書曰靈帝欲以羊續爲太尉時拜三公者皆輸東園禮錢千萬中使取之續乃舉緼袍以示之曰臣之所資惟斯而已故不登公位

古今善言曰續出黄紙補袍以示使人時人謡曰天下清苦羊續祖

又曰桓鸞字始春焉弟也少立志行緼袍糟食不求盈餘以濁世恥不肯仕

魏略曰薛夏字宣聲黄初中爲祕書丞帝與夏推論書傳未嘗不終日也帝見其衣薄解所御袍賜之

蜀志曰彭羕字永年姿性驕傲多所輕忽唯敬同郡秦安薦之於太守許靖曰竊見處士綿竹秦安應山甫之德履雋生之直枕石漱流吟詠緼袍也

王隱晉書曰江東賜涼州刺史張駿真金印大袍

又曰鄭冲以儒雅爲德莅職無幹局之譽簞食緼袍不營資產世以此重之

又曰惠帝自鄴還洛陽賜中書監盧士鶴綾袍一領

又曰武帝賜桓伊錢百萬袍裹千端

又曰慕容冲進逼苻堅送一領錦袍遺冲詔曰古者交兵使在其間今送一袍以明本懷

齊書曰卞彬蚤虱賦序曰余居貧布衣十年不製一袍之緼有生所託資其寒暑無與易之爲之多病起居甚踈縈寢敗絮不能自釋

梁書曰侯景將爲亂時謡曰青袍白馬壽陽來後景軍中悉着青袍景長乘白馬

又曰臨賀王正德侯景之亂正德爲平北將軍屯朱雀航景至正德乃北向望闕三拜歔欷流涕引賊入宣陽門與景交揖馬上退據左衛府先是其軍普着絳袍裏皆碧至是悉反之賊以正德爲天子

唐書曰武后出緋紫單羅銘襟背袍以賜文武臣其袍文各有炯戒諸王則飾以盤石及鹿宰相飾以鳳池尚書飾以對鴈左右衛將軍飾以麒麟左右武衛飾以對虎左右

鷹對飾以鷹左右千牛飾以牛左右豹韜飾以師子左右
金吾飾以象又銘其襟背作八字迴文焉
又曰肅宗爲皇太子受冊當彼絳紗袍太子以爲與皇帝
同稱辭不敢當下百官議帝手敕改爲米明服
又曰薛平能守法度理身儉薄一緑袍十年不易恩加朱
紱然始解去
莊子曰曾子居衛緼袍無表十年不制衣
墨子曰楚莊王鮮冠緼組纓絳衣博袍以理其國政也
説苑曰子思居衛緼袍無裏田子方遺狐白之裘恐其不
受謂之曰吾假人遂忘之子思竟不受
鹽鐵論曰原憲之緼袍賢於季孫之狐貉
又曰倪寬練袍衣若僕妾食若庸夫
東宮舊事曰太子納妃有絳綾袍一領

漢武内傳曰上元夫人降武帝服赤霜之袍雲綵亂色非
錦非繡不可得名
神仙傳曰太傅楊駿使人迎孫登共語不荅以複布袍賜
之登出門從人借刀斷袍上下異處放駿門下又大譃
斫刺當時人謂爲狂後乃知駿當誅斬其人
王襃内傳曰真人將襃見太上文人着流霞羽袍芙蓉冠
搜神記曰有談生者年四十無婦夜有女年十五六姿顔
無雙來爲生妻經三年遂乃生一兒曰慎勿以火照我後三
年可照耳生不能忍照之腰上肉如人腰以下但枯骨婦求
去將生入華堂奥室以珠袍與之生至市賣袍睢陽王識
是女袍收栲談生談生具對呼兒似王女
又曰郭璞每自爲卦知其凶終嘗逢一趍走少年便脫青
絲袍與之此人不解其意璞曰身命卒當在君手故逆相

屬耳及當死果此人行刑傍人皆爲屬求利璞曰我常託
之久矣此人爲之歔欷哽咽行刑既畢乃説如此
鄴中記曰石虎臨軒大會着丹紗袍
鍾岏良吏傳曰袁彭字伯楚爲南陽太守政以清潔糲食
緼袍不改其操
古樂府曰紵歌曰紵實如月輕如雲色似銀袍以光軀巾
拂塵製以爲袍餘作巾
古詩曰青袍似春草長條隨風舒
魏武帝與楊彪書曰今遺足下貴室錯綵羅縠錦袍一領
劉弘教曰將士寒窮者給一韋袍複帽
劉義恭啓事曰詔旨以赦日所制綾紋綿布袍放生古具
袍垂重賜
劉謐之與天公牋曰體戰身禁脫衣凍坐賴詹公借袍南
城送火

褐

説文曰褐短衣也
詩曰無衣無褐何以卒歳（褐毛布也）
左傳曰吳申叔儀乞食於公孫有山氏曰佩玉蕊兮余無
繫之旨酒一盛兮余與褐之父睨之對曰粱則無矣麤則有
之若登首山以呼曰庚癸乎則諾（軍中不得出粮故爲私隱庚西方主穀癸北方主水）
（傳言吳子不與士共飢渴所以亡）
韓詩外傳曰東郭書知宋之將亡故褰褐而過萬其朝曰
宋將有棘荆故褰褐而避之也居三年宋果亡
史記曰五羖大夫鄙人也聞秦繆公之賢自粥秦客被褐
食牛朞年舉之牛口之下加之百姓之上
又曰趙惠文王得楚和氏璧秦昭王遺趙王書願以十城易

壁趙遣藺相如奉壁秦王無償城色相如使從者衣褐懷
壁便道亡歸
又曰婁敬齊人戍隴西過洛陽衣羊裘因齊人虞將軍求
見上虞將軍欲爲易其衣不肯曰臣衣帛衣帛見衣褐衣
褐見遂見上說上西都長安
漢書曰貢禹上書云年老貧窮家貲不滿萬錢妻子穅豆
不贍短褐不完
范曄後漢書曰張玄處徵有才畧以世亂不仕司空張溫
數以禮辟不能致後溫以車騎將軍出征涼州將行玄自
廬被褐帶索要說溫不能用
晉書曰皇甫謐字士安上䟽曰咎繇振褐不仁者遠矣
陶潛五柳先生傳曰短褐穿結簞瓢屢空晏如也
孝子曰聖人被褐而懷玉

墨子曰人不可衣短褐衣服不美身體從容不足觀也
新序曰齊有婦人極醜無雙號無鹽女行年四十無所容
入衒嫁不售乃拂短褐自詣宣王曰願當君王盛顏
符子曰有澤父者冠葭蘆之笠納蔍之屨泧裳褐衣
裴淵記曰蠻夷取榖樹皮熟搥之以爲褐
趙壹疾邪賦曰勢家多所宜欬唾自成珠被褐懷金玉
蘭蕙化爲芻
古詩曰短褐中無絮帶斷續以繩

衫

釋名曰衫芟也衫乘無袖端也襦襠者當胷一當背也
揚雄方言曰陳魏宋楚之間謂之襜或謂之單襦
沈約宋書曰徐湛之母會稽公主高祖微時有納布衫襖
等衣皆是武敬皇后手自作高祖旣貴以此衣付公主曰
後代若驕奢不節者可以此示之
又曰到溉爲建安太守任昉以詩贈之求二衫云鐵錢兩
當一百代易名實爲惠當及時無待凉秋日溉荅云余衣
本百結閩中徒八蠶假令金如粟詎使廉夫貪
宋書曰薛安都與魏戰魏多縱突騎衆軍患之安都怒甚
乃脫兜鍪解所帶鎧唯着絳衲兩襠衫馬亦去具裝馳入
賊陣猛氣咆㘚所向無當其鋒者
又曰渴盤陁國土人剪髮着氊帽小袖衣爲衫則開頸縫
前
齊書曰陽休之除散騎常侍監修起居注頃之坐事左遷
驍騎將軍衣兩襠文宣郊天百僚咸從休之爲驍騎將軍
衣兩襠用手持白棓時魏收爲中書令嘲之曰義真服采
休之曰我昔爲常伯首戴蟬冕今處驍游身被衫甲允文

允武何必減卿談笑晏然議曰服其夷曠
唐書曰德宗在梁州地熱未給將士春衣上亦御夾服以
視朝左右請御衫上曰從我者冬服未易我豈可獨衣衫
乎將士聞之莫不流涕
魏文帝別傳曰吳選曹令史長沙劉卓字德然病荒夢
見一人以白越單衫與之言曰汝着衫汗火燒便潔也卓覺
果有衫在側汗輙火浣之
晉惠帝起居注曰愍懷以體上白絹單衣一領　寄與

帔

宋起居注曰太始二年御史丞羊希奏山陰令謝沈親憂
未除常著青絳衲兩襠請免沈前所居官也
晉東宮舊事曰太子納妃有白縠白紗白絹衫並紫玉綾
祖台之志怪曰建康小吏曹著爲廬山使君所迎配以女

婉著形意不安屢求諫退婉潸然流涕賦詩序別并贈
織褌衫也
劉敬叔異苑曰毋丘儉征沏淏使王頎窮其東界父老云
曾有破舡從漢海流得布衫身如中國人但兩袖俱長三
文

襜褕

方言曰襜褕江淮之間謂之襢（常容反）容自關而西謂之襜
褕以布而無緣謂之藍縷
漢書曰元始五年有一男子乘黄犢車建黄旐衣黄襜褕
着黄帽詣北闕自謂衛太子
又曰何並爲長陵令侍中王林卿通輕俠傾京師至寺拔
刀剌其建鼓並追之卿迫窘乃令奴冠被其襜褕自代乘
變服馳去

東觀漢記曰耿純率宗族賔客二千人皆縑襜褕絳巾迎
上
又曰更始在長安自恣三輔苦之又所官爵多羣小或繡
面衣錦袴襜褕罵詈道路
又曰王阜爲益州太守大將軍竇憲貴盛以絳罽襜褕
與阜阜不受
又曰段熲滅羗詔賜熲錢十萬絳襜褕一領
又曰延岑上光武皮襜褕宿下邑亭亭長白言睢陽賊衣
絳罽襜今宿客疑是乃發卒來岑卧不動吏謝去
邊讓別傳曰讓字文禮孔融薦讓於武帝曰邊讓爲九
州衣被則不足爲單衣襜褕則有餘
恒譚新論曰余自長安歸道病蒙絮被罽襜褕宿下邑亭
太平御覽卷第六百九十三

太平御覽卷第六百九十四

服章部十一

裘

說文曰裘皮衣也

禮曰十月之節天子始裘

又曰唯君黼裘以誓省大裘非古也君衣狐白裘錦衣以裼之君之右虎裘厥左狼裘士不衣狐白君子狐青裘豹褎玄綃衣以裼之麛裘青豻褎絞衣以裼之豻胡犬也音岸絞蒼黃之色羔裘豹飾緇衣以裼之狐裘黃衣以裼之錦衣狐裘諸侯之飾也犬羊之裘不裼庶人無文飾裘之裼也見美也

又曰童子不衣裘裳裘大溫

又曰有若曰晏子一狐裘三十年言其太儉偪下

又曰良冶之子必學爲裘補器者其金柔乃合有似於裘

詩曰羔裘如濡洵直且侯羔裘豹飾孔武有力羔裘晏兮三英粲兮晏鮮盛貌三英三德剛克柔克正直也

又曰君子至止錦衣狐裘顏如渥丹其君也哉

又曰一之日于貉取彼狐狸爲公子裘

又曰羔裘逍遙狐裘以朝羔裘翶翔狐裘在堂羔裘如膏日出有曜

又曰彼都人士狐裘黃黃

又曰狐裘尨茸一國三公吾誰適從

又曰齊人以郲寄衛侯右宰穀從而逃歸衛人將殺之辭曰余不悅初矣余狐裘而羔袖乃赦之狐裘羔袖言一身盡善唯少有惡喻已雖從出其罪不多

又傳曰公賜公衍羔裘使獻龍輔於齊侯龍輔玉名遂入羔裘齊嘉與之陽穀陽穀齊色

又傳曰齊侯伐晉夷儀東郭書讓登犂弥從之齊侯賞犂弥辭曰有先登者臣從之皙幘而衣貍製皙白也幘齒上下相值製裘也公使視東郭書曰乃夫子也

論語曰緇衣羔裘素衣麑裘黃衣狐裘褻裘長短右袂

周禮曰司裘掌爲大裘以供王祀天之服仲秋獻良裘季秋獻功裘良善也仲秋鳥獸毛毨因良時而用之功裘人功微麤謂狐青麛裘之屬也大喪廞裘飾皮車廞淫也鄭司農云淫裘陳裘也

又曰宮伯掌王宮之士庶子庶子宿衛之言月終則均秩歲終則均敘以時頒其衣裘

史記曰秦昭王囚孟嘗君欲殺之孟嘗使人抵昭王幸姬求解姬曰妾願得君狐白裘此時孟嘗君有一狐白裘直千金天下無雙入秦獻之昭王更無他裘孟嘗君患之客最下坐爲狗盜者曰臣能得狐白裘乃夜爲狗盜以入秦

宮藏中取所獻裘奉姬姬爲言於王王釋孟嘗君

漢書曰賈誼上書諫文帝曰天下咸知陛下之義臥赤子天下之上而安植遺腹朝委裘服虔曰言天下安雖赤子遺腹在位猶不危也孟康曰委裘若容衣太子未坐朝事先帝衣裘也

東觀漢記曰東平王蒼來朝章帝以王觸寒涉道賜乘輿貂裘

又曰祭彤爲遼東太守鮮卑奉馬一疋貂裘二領

後漢書曰馬援歎曰殖貨財產貴其能施賑也不則守錢虜耳乃盡散以班昆弟故舊身服羊裘皮袴

又曰嚴光世祖時遊學及世祖即位乃變名隱身不見帝思其賢乃令以物色訪之後齊國上言曰有男子披羊裘釣澤中帝令齎玄纁聘之三聘而後至

謝承後漢書曰劉虞爲幽州刺史常着氈裘

魏氏春秋曰高文惠爲刺姦令史夙夜匪懈至擁膝抱文書而寤寐太祖嘗夜微出觀察諸吏見而哀之徐解裘覆之而去

吳志曰陸遜破曹休上爲羣僚大會酒與遜對舞解所着褌子裘賜遜

晉書曰趙王倫字子彝初封琅邪郡王坐使散騎劉緝買工所將盜御裘廷尉杜友正緝弃市倫當與緝同罪有司奏倫爵重屬親可不坐諫議大夫劉毅駮曰王者之法罰不阿貴賤然後可以齊禮制而明典刑也倫知裘非常蔽不語吏與緝同罪

又曰桓玄殺羅企生先是玄以羔裘遺企生所生毋氏及企生遇害即日焚裘

又曰王恭嘗披鶴氅裘涉雪行孟旭曰此神仙中人也

王隱晉書曰步熊字叔罷好學兼術數趙王倫辟熊熊言倫死不久不足應有人告倫倫遣圍之熊使諸生着已裘南走圍者皆奔之熊密從北道走得脫

又曰王敦參軍摯瞻見敦以故懷裘賜老外部都督昆裘雖故不如與小吏敦曰何故瞻曰上服賜下貂蟬亦可賜下乎

齊書曰文帝製孔雀毛裘

又曰文惠太子性奢侈製珍玩之物織孔雀毛爲裘光采金翠過於雉頭遠矣

北齊書曰唐邕字道和少明敏有治世才斛律金啓太后曰唐邕強幹一人當千顯祖乃解所服青鼠皮裘賜之云意在與卿共弊

趙書曰汲桑盛暑著重裘重茵使人扇之恚不清涼斬扇者軍中爲之語曰仕爲將軍何可著六月重茵披狐裘不識寒暑斷人頭

晉咸寧起居注曰大司馬程據上雉頭裘一領詔曰據此裘非常衣服消費功用其於殿前燒之勑內外有造異服詔罪之

晉令曰山鹿白狗游毛狐白貂蟬黃貂班白䶕子渠搜國裘皆禁服也

瑞應圖曰王者奉五行教民種植以事則渠搜國來獻裘王者德茂不恥惡衣服則四夷乘白鹿來獻白裘

黃帝出軍決曰黃帝伐蚩尤未克夢西王母遣道人披玄狐之裘以符授之

管子曰武王爲役靡令曰貂襜貂裘方得入朝故貂皮百金功臣之家糴千鍾未得一貂皮

晏子曰景公時雨雪三日公披狐白之裘曰怪哉雨雪三日不寒晏子曰古之賢者君飽而知人飢溫而知人寒今君不知也公乃命出裘以與寒發粟以與飢

又曰晏子適晉至中牟睹弊冠皮裘負芻者晏子曰子何者對曰我越石父也不免凍餓爲人僕三年晏子解左驂贖之也

又曰景公賜晏子狐白裘其貿千金晏子辭而不受三反曰君服之上而使嬰服之下不可以爲教

墨子曰江河之水非一源千鎰之裘非一狐

又曰晉文公好士之惡衣故文公之臣皆牂裘

列子曰林類年且百歲（書傳无聞蓋古之隱士）底春而裘於畦（底當也）

秦青子曰有千金之裘而無千金之布

田休子曰渠搜之人服夏禹德獻其珍裘毛出五彩光曜

五色
又曰少昊氏都於曲阜鞬鞮毛人獻其羽裘
韓子曰齊有盜狗子與胡跪子相誇盜狗子曰吾父之裘獨有尾胡跪子曰吾父冬夏獨有一足袴
又曰堯之王天下也冬則鹿裘夏則葛絺
又曰孫叔敖相楚衣羖羊裘
又孔藂子曰田子方遺孔子思狐白裘也
符子曰爲千金之裘而與狐謀之其皮不可得
呂氏春秋曰天下無粹白之狐而有粹白之裘（粹純）取之於衆白也
又曰孔子始用於魯魯人謗之曰麛裘而韠投之無戾韠而麛裘投之無郵用三年男行乎途左女行乎途右物之遺者民莫之舉

淮南子曰夫夏日之不披裘者非愛之也煖有餘於身也裘與蓑孰急見雨則裘不用上堂則蓑不御此代爲帝者（代更帝王）豔白狐之裘天子之被也而在朝堂然爲狐計者不若走於澤披羊裘而貰固其事也狐裘而負蘢甚可惟也
抱朴子曰狐白不可以當暑
說苑曰晉平公使叔嚮聘吳吳人飾舟以送左右各五百人有繡衣而貂裘者
說苑曰林既衣韋衣而朝齊景公曰此君子服耶既作色曰服何足以端士行如君言衣狗裘當犬號羊裘當羊鳴乎今君衣狐意得無變乎
又曰千金之裘非一狐之皮也
說苑曰晉平出朝有鳥環平公不去平公謂師曠曰吾聞之霸王之主鳳下之今者出朝有鳥環寡人終朝不去是其鳳鳥耶曠對曰東方有鳥名諫珂其爲鳥也文身而朱足憎鳥而愛狐今者君必衣狐裘以朝乎平公曰然
又曰趙簡子乘車瘦馬衣羖羊之裘其宰曰車新則安馬肥則疾狐裘則溫君宜改之簡子曰君子服善則益恭小人服善則益踞
新序曰魏文侯出遊見反裘負芻者問之對曰愛毛者文侯曰尔不知皮盡而毛無所附耶明年東陽上計其布十倍大夫賀之文侯曰民不憎而稅倍亦何異反裘負芻者厚取於下則上不安此自危之道也子何用賀乎
新論曰振裘時領萬毛皆整
潛夫論曰扶夫私計以論公政與狐議裘無時可得也
西京雜記曰司馬相如初與卓文君至成都居貧愁懣以所服鷫鸘裘貰酒與文君爲歡

又曰慶安爲十五爲成帝侍郎善鼓琴趙后悅之白上得出入御內絕見愛幸常着輕絲履招風紫綈裘與后同居
又曰成帝好蹴鞠群臣以勞體非尊者所宜帝曰可擇似而不勞者奏之劉向作彈棊以獻帝大悅賜青羔裘紫絲履
拾遺錄曰周昭王綴青鳳毛爲二裘一名燠質一名暄風可以禦寒也至厲王流于彘人得而奇之以裂此裘遍彘罪人大辟者抽裘一毛以贖死價直萬金也
五經要義曰古者著裘於內而以繒衣覆之乃加以朝服會之時袒其朝服見裘裹覆彼衣謂之裼之言露可見之辭所以示美呈好而爲飾加以朝服謂之襲袒謂之裼大裘不覆反本以其質也
又曰諸侯黼裘以誓省新羔狐爲黼文也

白虎通曰裘所以佐女工助温也古者緇衣羔裘黃衣狐裘禽獸衆多獨以狐羔取其輕暖因狐死首丘明君子不忘本也羔取其跪乳遜順也

帝王世紀曰夏禹時渠搜國來獻裼裘也

春秋後語曰淳于髡見鄒忌曰狐裘雖弊不可補以黃犬之皮忌曰諾謹受教請擇君子無雜小人其間

戰國策曰蘇秦說李兌兌送秦黑貂裘黃衣百鎰

又曰蘇秦說秦王上書十上而說不行黑貂之裘弊黃金百鎰盡形容枯槁及歸妻不爲下機嫂不爲炊

又曰或謂孟嘗君曰太廟之椽非一木之枝也千鎰之裘非一狐之皮也

吳越春秋曰延陵季子適齊見路有遺金當夏五月有披裘而薪者季子呼取金薪者曰吾五月披裘而薪資以金者哉○外國圖曰毛民國出名裘去胡方七千里

十洲記曰漢武帝天漢三年西國獻吉光裘色黃蓋神馬之類入水不沉入火不灼

管寧別傳曰寧字幼安至孝每祭祀未嘗不伏地流涕恒着布裳貂裘

會稽典略曰魏朗字少英爲郡功曹佐正旦椽吏顧龕被裘以加朝服朗以裘非臣服龕不敬勃令撤去龕恚而不聽朗右手鳴鼓左手撤裘以聞府君喜朗遂退龕以朗代之朗辭病不就

語林曰謝萬就安乞裘云畏寒荅曰君妄語正欲以爲豪具耳若畏寒無復勝綿者以三十斤綿與謝

世說曰謝萬與安共詣簡文萬來無衣幘可前簡文曰但前不須衣幘即呼使入萬着白綸布鶴氅裘履板而前共談移日大器重之

宋玉風賦曰主人之女被翠雲之裘

崔寔四民月令曰囊中並輿以灰藏氊裘

魏武與楊彪書曰今贈足下錦裘二領

魏文與孫權書曰今因趙咨致文馬一疋貂子裘一領

王昶家戒曰止寒莫若重裘止謗莫若自脩

太平御覽卷第六百九十四

太平御覽卷第六百九十五

服章部十二

襦　袴　袴褶

襦

說文曰襦短衣也一曰羅衣（羅温也如索反）

釋名曰襦煗也言温煗也單襦如襦而無絮也反閈襦之小者也却向着之領含於項反於背後開其衿

漢書曰班伯爲侍中與王許子弟爲群在於綺襦紈袴之間非其好也

又曰昌邑王被廢太后被珠襦（如淳曰以珠飾襦晉書曰貫珠爲襦）盛服坐武帳中王前聽詔

又曰哀帝以東園祕器珠襦玉押皆豫以賜董賢

東觀漢記曰廉范字叔度爲蜀郡太守舊禁制民夜作范毀削先令百姓爲便歌之曰廉叔度來何暮不禁火民安作平生無襦今有五袴

又曰來歙詣雒見上上大喜解所被襜襦衣賜歙

又曰第五倫性節儉爲二千石常衣布襦

又曰梁鴻妻孟氏女布襦袴裙鴻曰此真梁鴻妻也

魏志曰管寧常着皂帽布襦隨時單複

晉令曰旄頭羽林着韋要（腰）襦

齊書曰武陵昭王曄過竟陵王子良宅冬月道逢乞人脫襦與之子良見曄衣單進襦於曄曄曰我與向人亦復何異

梁書曰顧協少清介有志操初爲廷尉正冬服單薄寺卿蔡法度欲解襦與之憚其清嚴不敢發口謂人曰我願解身上襦與顧郎難衣食者竟不敢以遺之

又曰郭祖深清儉常服故布襦

又曰索君正爲豫章內史性不信巫邪有師世榮稱道術爲一郡巫長君正在郡小疾主簿熊岳問巫師云須疾者衣爲信命君正以所着襦與之事竟取襦云神將送與北斗君君正使檢諸身於衣裏獲之以爲亂政即刑於市而焚神一郡無敢行巫

後魏書曰高祖復至鄴見公卿曰朕昨日入城見車上婦人冠帽而着小襦襖者尚書何爲不察任城王澄曰着者猶少帝曰任城意欲全着乎一言可以喪邦其斯之謂可命史官書之

東宮舊事曰太子納妃有紫縠襦絳紗繡縠襦

吳越春秋曰勾踐與妻入臣吳夫人衣無緣之裳左開之襦銼以養馬

又曰吳王闔閭葬女以珠襦之寶

鍾離意別傳曰意爲司徒侯霸府議曹掾詔送三百人到河北遇隆冬到弘農意輒使屬縣令出錢與徒作襦袴光武謂侯霸曰君所使吏仁恕用心乎

列仙傳曰細伯子者冬着單衣盛暑襦袴

列異傳曰東海君以織成青襦遺陳節方

述異記曰乾羅者慕容廆之十一世祖也着金銀襦鎧乘白馬金銀鞍勒自天而墜鮮卑神之推爲君長

西京雜記曰趙飛鷰爲皇后其弟在昭陽殿上遺織成上襦

呂氏春秋曰子産治鄭鄧析務難之約民大獄一衣小獄襦袴鄭國大亂子産殺鄧析而民服

桓譚新論曰待詔景子春素善占坐事繫其婦朱君至獄

門通言遺襦袴子春驚曰朱君來言與朱爲殊袴而襦中絕者也我當誅斷也後遂腰斬

世說曰司馬宣王從遼東還有六十假士寒凍乞一襦公乞之酒左右曰官不少襦可賜之公乞之酒曰襦官中物臣無私施

語林曰謝鎭西着紫羅襦據胡牀彈琵琶作大道曲

夢書曰上襦爲大夫婦人夢之得賢夫也

東晳近遊賦曰繫明襦以御冬

古詩曰羅敷好蠶桑採桑城南隅緗綺爲下裳紫綺爲上襦

又曰妾有繡腰襦葳蕤金縷光

陸機與長沙夫人書曰士璜亡恨一襦少便以機新襦衣與之

袴

說文曰袴脛衣也

釋名曰袴跨也兩股各跨別也留冀州所名大褟下至膝者也留牢也幕絡在衣表

方言曰齊魯之間袴謂之褰或謂之襱音籠關西謂之袴大袴謂之倒頓小袴謂之芺蓉衫楚通語也

史記曰屠岸賈攻趙朔等妻晉成公姊有遺腹公宮匿之生男屠岸賈索於宮中夫人置兒袴中祝曰趙宗若滅即號若不滅即無聲乃索兒竟無聲

又後魏書云平文皇后王氏年十三因事入宮得幸於平文生昭成平文崩昭成在襁褓時國有內難將害帝子后匿帝於袴中呪曰若天祚未終者汝無聲遂良久不啼得免於難。又曰淮陰屠中少年有侮韓信者衆辱之曰信能死刺我不能出我袴徐廣曰袴服也袴亦作跨於是視之俛出袴下蒲伏一市皆笑信以爲怯

又曰周仁爲人陰重不泄常衣敝補衣溺袴張晏曰陰重不泄下不絜故溺袴甚爲不絜清以是得幸景帝

漢書曰昌邑王賀衣短衣大袴

又曰朱博瑯琊郡功曹官屬多褒衣大袑孟康曰袑音紹謂大袴也

又曰昭帝上官后霍光外孫光欲后擅寵有子帝體不安左右及醫皆阿意言宜內宮人使令皆爲窮袴多其帶後宮無進者張晏曰窮袴前後有襠使不得交通

東觀漢記曰更始所爵多群小被服威儀不以衣冠或繡面衣錦袴

後漢書曰馬援田牧至有牛馬羊數千頭盡散昆弟故舊身衣羊裘皮袴

又曰祭遵賞賜與士共之家無私財身衣韋袴

又曰吳良字大儀齊國臨淄人以清白守正稱爲郡議曹掾正旦掾吏入賀門下掾王望擧觴上壽曰齊郡遭離盜賊今明府視事五年家給人足良跪曰門下掾佞諂明府勿受其觴盜賊未盡人庶困乏今良曹掾尚無袴望曰議曹惰窳自無袴寧足爲不家給人足耶太守曰此生言是賜良鰒魚百枚

謝承後漢書曰秦護清廉不受禮賂家貧衣服單露鄉人歌之曰冬無袴有秦護

魏略曰賈逵居貧無袴過其妻兄栁孚家宿其明無何着孚袴去時人謂爲通達

又曰許允聞李豐等被收欲往見大將軍已出門迴遑不定中道還取袴豐等已收訖大將軍聞允前遽怪之曰我自收豐等不知士大夫何爲怱怱乎

又曰趙䟦避難至北海着布袴褁巾在市中賣餅
宋書曰劉穆之壞布裳爲袴往見武帝帝謂曰我始舉大義須一軍中甚急誰堪其選穆之曰無見踰者帝笑曰卿能自屈吾事濟矣
梁書曰周劉顯將之尋陽朝賢畢祖道顯懸帛十疋約曰儉衣來者以賞之衆人競取常服不過短長之間顯曰將有甚於此矣旣而周弘正綠絲布袴軒昂而至折標取帛
又曰元帝愍懷太子昵狎群下好着微服常入朝公服中着碧絲布袴搵衣元帝見之帝大怪遣尚書周弘正責之
又曰安成王秀爲郢州冬月常作襦以賜凍者
又曰王裕之常使二老婦女戴五條辮着青絞羅袴飾以朱彩
又曰何點永元中崔惠景圍城人間無薪點悉伐園樹以

贍親黨惠景性好俠義慕交點點不顧之至是乃逼召點點裂裙衣爲袴往赴其軍終日談說不及軍事其語默之迹如此
北齊書曰承相司馬任胄主簿李世林都督鄭仲禮房子遠等潛謀害神武自魏氏舊俗以正月十五日夜爲打簇戲能中者即時賞帛胄令仲禮藏刀於袴中因神武臨觀謀竊發後敗
韓子曰鄭人卜子使妻爲袴曰爲吾故袴妻因鑿新袴爲孔效之
又曰韓昭侯使人藏弊袴侍者曰君上不以賜左右而藏之昭侯曰吾聞明主之愛一嚬一笑有爲嚬而嚬有爲笑而笑今袴豈特嚬笑哉（嚬笑不妄爲袴豈無功而與之）吾必待有功者故藏之（事具賞賜門）

鹽鐵論曰古者鹿裘皮帽及其後大夫士狐貉庶人則毛

袴

高士論曰孫略冬日見貧士脫袴遺之
列士傳曰孟嘗君食客三千人上客食肉中客食魚下客食菜馮援經冬無袴面有飢色
郭子曰孫興公道曹輔佐才云白地明光錦裁爲負板袴非無文綵然酷無裁製
俗說曰謝仁祖年少時喜着刺文袴出郊郭外其叔父謂責之仁祖於是自改遂爲名流
董巴輿服志曰祀宗廟絳袴示赤心奉神也
搜神記曰晉中興作袴者直幅爲口無殺不大夫裁也王敦之徵
東宮舊事曰皇太子納妃有絳直文羅袴七綵杯文綺袴

鄴中記曰石虎獵着金縷合歡袴
廣州先賢傳曰申朔字元遊蒼梧人爲九真都尉布襦布袴鄉邑歎慕之
蔡廓彈事曰兼司徒舍外散騎常侍謝蘂應着絳袴而蘂披袴不以貫足有虧常體
應劭漢官儀曰司空騎吏以下皂袴因秦水行今漢家火行宜絳袴
又曰虎賁中郎將衣紗縠單衣虎紋錦袴
魏舊事曰楊平善裁袴以官絹百疋作小袴百枚
世說曰武帝嘗降王武子婢子百餘人皆綾羅袴褶手擎飲食

袴褶

釋名曰褶襲也覆上之言也

晉書曰楊濟字文通歷位鎮南征北將軍遷太子太傅濟有才藝嘗從武帝校獵北邙下與侍中王濟俱著布袴褶騎馬執角弓在輦前

晉中興書曰郭文舉上餘杭大辟山令顧颺以文山行與韋袴褶一具文不納使者置衣室中而去文亦無言袴褶爛于戶內

趙書曰中書令徐光奏耕服介幘青縑袴褶

宋書曰元凶劭弑逆來淑止之劭因起賜淑等袴褶又就主衣取錦裁三尺爲一段又中裂之與淑及左右使以縛袴褶

又曰張暢爲南譙王義宣司空長史南郡太守元凶弑逆義宣發哀之日即便兵暢爲元佐位居僚首哀容俯仰蔭映當時舉哀改服着黃韋袴褶出射堂簡人音姿容止莫不矚目見者皆願爲盡命

蕭子顯齊書曰東昏侯拜愛姬潘氏爲貴妃乘臥輿侯騎馬爲從着織成袴褶

後魏書曰傳靈根及弟靈越南走靈根叔乾愛先在南遣舸迎之得免靈根差期不得俱渡臨濟人知剉斬殺之乾愛出郡迎靈越問靈根愆期狀靈越殘不應荅乾愛不以爲惡勑左右取匣中烏皮袴褶令靈越代所常服虛越言不須乾愛云汝可着體上衣服見桓公耶桓公護之爲刺史靈越竟不肯着

唐書曰玄宗時御史大夫李適之奏每大禮六品官並服朱衣自是以下許通着袴褶如有慘故不合着朱衣袴褶者聽不入自餘應着而不着者請奪俸以懲不恪

西河記曰西河無蚕桑婦女以外國異色錦爲袴褶

魏百官名曰三公朔賜青林文綺長袖袴褶一方道盛此

北疆記曰盧圭南郊著皇班褶繡袴

江表傳曰呂範願暫領督出釋褠著袴褶執鞭詣閤下啓事

語林曰夏少明在東不知名聞裴逸民知人乃褁粮寄載入洛從之未至家少許見一人着黃皮袴褶乘馬將獵夏問曰裴逸民家近遠荅曰君何以問夏曰聞其名知人故從會稽來投之裴曰身是逸民君明可更來明往逸民果知之乃用爲西門侯於此遂知名

傅暢自序曰余年五歲散騎常侍曾叔虎與先公甚友善每來往喜與余戲嘗解余衣褶披其背脫余金環與侍者謂余恡惜而余笑與之經數日不索

太平御覽卷第六百九十五

太平御覽卷第六百九十六

服章部十三

帶　大帶　裳　裙　裩

帶

說文曰帶紳也男子鞶帶婦人帶絲象繫佩之形帶必有巾故從巾

釋名曰帶蔕也着於身如物蔕也

易訟卦曰或錫之鞶帶終朝三褫之（鞶命服之上飾革帶也）

禮記玉藻曰革帶博二寸

漢書曰文帝遺匈奴黃金飾具帶一黃金犀毗

又班固與竇將軍牋云復賜固犀毗金頭帶此將軍所帶也

東觀漢記曰楊賜拜太常詔賜自所服冠幘綬玉兼革帶

又曰鄧遵破匈奴上賜金剛鮮卑緄帶一具

典略曰文帝嘗賜劉楨廓落帶其後師死欲取以爲象因書嘲楨云夫物因人而貴故在賤者之所不御至尊之側楨答曰荆山之璞耀元后之寶隨侯之珠燭衆女之好南垠之金登窈窕之首鼲貂之尾綴侍臣之幘此皆伏朽壞之下潛汙泥之中而揚光千載之上發采疇昔之外楨所帶無他妙飾若實殊異上可納也

魏略曰踈勒王獻大秦赤石帶一枚

又曰漢陽嘉三年踈勒王獻海西青石金帶

吳書曰陸遜破曹休於石亭上脫御金校帶以賜遜又親以帶帶之爲鉤絡帶

吳録曰鉤絡者鞍飾革帶也世名爲鉤絡帶

齊書曰張融形貌短醜精神清徹王敬則見融革帶寬殆將至骼謂曰革帶太急融曰既非步吏急帶何爲

後周書曰隋文作相李穆曰周德既衰愚智共悉天時若此豈能違天乃遣使謁隨文帝并上十三鐶金帶蓋天子服也以微申其意

戰國策曰魯仲連謂田單曰將軍黃金橫帶而馳乎淄繩之間有生之樂無死之心

楚漢春秋曰北郭先生獻帶於淮陰侯曰牛爲人任用力盡猶不置其革

吳時外國傳曰大秦國人皆着袴褶絡帶

又曰扶南人悉着鉤絡帶

穆天子傳曰天子北征舍于珠澤獻白玉食天子賜黃金之環三五朱帶貝飾三十西征至赤烏氏先出自周宗乃賜赤烏之人貝帶五十

鄴中記曰石虎皇后女騎腰中着金環參鏤帶

述異記曰夏侯祖欣爲兖州刺史喪於官沈僧榮代之祖欣見形詣僧榮沈牀上有一織成寶飾絡帶夏侯曰此帶殊好豈能見之與沈曰甚善夏侯曰卿直許終不見關必以爲施可命焚與沈對前燒視此帶已在夏侯要矣

應璩新詩曰革帶綿爲複易穿無底

大帶

論語衛靈公曰子張問行子曰言忠信行篤敬雖蠻貊之邦行矣言不忠信行不篤敬雖州里行乎哉子張書諸紳（紳大帶）

詩芄蘭曰容兮遂兮垂帶悸兮（容儀可觀佩玉遂遂然垂其紳帶悸悸焉有節度）

又野有死麕曰無感我帨兮無使尨也吠

又都人士曰彼都人士垂帶而厲彼君子女卷髮如蠆匪

伊垂之帶則有餘匪伊卷之髮則有旟（旟揚也）

又鳲鳩曰淑人君子其帶伊絲其帶伊絲其弁伊騏（騏騏文也弁皮弁也其帶伊絲謂大帶也大帶用素絲以雜色飾焉騏當作璂以玉爲之）

禮王藻曰凢侍於君紳垂足如履齊（紳垂則磬折齊裳下緝）

又曰紳長制士三尺有司二尺有五寸子游曰三分帶下紳居二焉韠結三齊

又曰素帶終辟大夫素帶辟垂士練帶率下辟居士錦帶弟子縞帶（素帶終辟謂諸侯也辟讀如裨冕之裨謂以繒采飾其側也）

裳

釋名曰上曰衣下曰裳裳障也以自障也

易坤卦六五曰黃裳元吉象曰黃裳元吉文在中也

又易繫曰黃帝堯舜垂衣裳而天下治

尚書大傳曰舜曰精華已竭褰裳去之

詩緇衣曰子惠思我褰裳涉洧

又鷄鳴曰東方未明顚倒衣裳（挈壺氏掌漏刻之節東方未明而爲已明也）

又葛屨曰摻摻女手可以縫裳（摻摻猶纖纖也）要之襋之好人服之（要褄也襋領也）

又七月曰載玄載黃我朱孔陽爲公子裳（陽明也）

又鴻鴈曰乃生男子載衣之裳載弄之璋

禮王藻曰衣正色裳間色

又曲禮上曰諸母不漱裳

左傳曰華登以吳師救華氏齊烏枝鳴曰用少莫如齊致死齊致死莫如去備彼多兵矣請皆用劒從之華氏北復即之廚人濮以裳裹首而荷以走曰得華登矣遂敗華氏于新里

春秋演孔圖曰駈除名政衣吾衣裳坐吾曲牀濫長九州滅六王至于沙丘亡

後漢書曰祭遵爲人廉約夫人裳不加縁

東觀漢記曰鮑宣妻桓氏女字少君宣嘗就少君父學父奇其精苦以女妻之裝送甚盛宣謂妻曰少君生富驕習美飾而吾貧賤不敢當禮妻乃悉歸侍御服飾更着短布之裳

續漢書輿服志曰樊噲常持鐵楯聞項羽有意殺漢王噲裂裳以裹楯冠之入軍門立漢王旁

管子曰桀之時女樂三千人無不服文繡衣裳者

鄧析子曰責疲者以舉千鈞責跛者以及走兎驅騏驥於廷求猨猴於檻斯逆理而求之猶倒裳以索領也

晏子春秋曰景公飲酒數士衣縠繡之裳一衣而五采具焉

又曰景公飲酒數日去冠披裳自鼓盆甕而已

淮南子曰楚欲攻宋墨子聞之自魯趍而往十日十夜足重繭而不休息裂裳裹足至于郢見楚王

風俗通曰禹入裸國欣起而解裳俗說禹治洪水乃播入裸國君子入俗不敢其恒於是欣然而解裳也原其所以當言皆裳裸國今吳郎是也被髮文身裸以爲飾蓋正朔所不及也猥見大聖之君悅禹文德欣然皆着衣裳矣

郭子橫洞冥記曰東方朔生三日而母死隣母得而養之經歲母忽失朔累月暫歸後復去家萬里見一枯樹脫白布裳掛樹裳化爲龍

嵇康集自録曰孫登字公和於汲郡北山中爲土窟夏則編草爲裳冬則以髮自覆

崔駰達旨曰有事則褰裳濡足

劉梁七舉曰黼黻之服紗穀之裳繁飾參差微鮮若霜
古樂府陌上桑曰秦氏有好女自名爲羅敷緗綺爲下裳
紫綺爲上襦
傅玄裳銘曰上衣下裳天地則也服從其宜君子德也
楚辭曰青雲衣兮白蜺裳
又曰採薜荔以爲裳
又曰披綵裳之芬芳
又曰制芰荷以爲衣兮集芙蓉以爲裳
楊雄反騷曰被芙蓉之朱裳

裙

釋名曰裙下裳也連接裙幅也緝下横縫緝其下也緣裙
之拖緣也
又曰裙裏衣也古服裙不居外皆有衣籠之

楊雄方言曰陳魏之間謂裙爲帔音披繞衿謂之裙
東觀漢記曰王良爲司徒司直妻布裙徒跣曳柴
續漢書曰漢明德太后秃裙不緣
又五行志曰獻帝時女子好爲長裙而上甚短
魏略曰燉煌俗婦人作裙攣縮如羊腸用布一疋皇甫隆
爲太守禁改之
魏志曰管寧恒着布裙
宋書曰羊欣字敬元年十二時王獻之爲吳興太守甚知
愛之欣嘗夏月着新絹裙晝寢獻之入縣見之書裙數幅
而去欣書本工因此弥善
齊書曰魚復侯子響旣不道帝以兵圍之有司奏絶子響屬
籍賜爲蛸氏子響密作啓數紙藏妃王氏裙腰中具自申
明云輕舸還闕而不得見此苦之深唯願矜之無使竹帛
齊有反父之子父有害子之名
後魏書曰河間人齊與太武攻赫連昌帝以微服入其城
齊固諫不許乃與數人從帝入城內旣覺諸門悉閉帝及
齊等因入其宮中得婦人裙繫之槊帝乘而上因此得拔
於齊有力焉
北齊書曰世祖爲胡皇后造真珠裙積所費不可勝計後
被火燒之
晉東宮舊事曰皇太子納妃有絳紗複裙絳碧結綾複裙
丹碧紗紋雙裙紫碧紗紋雙裙紫碧紗紋繡纓雙裙紫碧
紗縠雙裙丹碧杯文雙裙
山陵故事曰梓宮有緗絳雙裙無晉
晉宋舊事曰崇進皇太后爲太皇太后有絳碧絹雙裙絳
絹褥裙緗絳紗複裙白絹裙

四王起事曰惠帝還洛陽得鹿犢車一乘以單帛裙爲幃
河東記曰西河無蠶桑婦女着碧纈裙上加細布裳
秦州記曰婦人着裙制乃三千餘幅
崔鴻十六國春秋後趙録曰孟卓字君偉少脩苦之志着
單裙十年不換
西京雜記曰趙飛鷰爲皇后其女弟上織成　裙
列女傳曰梁鴻妻孟光布裙荊釵
汝南先賢傳曰戴良嫁五女皆布裙無緣裙四等
眞人內傳曰南極夫人被錦服青羽裙
俗說曰車武子婦大妬夜恒出掩襲車車後呼其婦兄顗
熙夜宿共眠取一絳裙掛着屛風上其婦果來拔刀逕上
牀發欲刃牀上人定看乃是其兄於是慙羞而退
繁欽定情詩曰何以合懽欣紈素三條裙

束晳近遊賦曰着紫褠之褌襪
又曰帽有四角之隆褶有三條之殺
裩
晉書曰王澄之荆州送者傾城澄脫衣着犢鼻裩上樹取鵲鷇雛傍若無人
晉記曰客詣劉伶值其裸袒因責伶伶笑曰吾以天爲屋以屋爲裩諸君不當入何怨乎
宋書曰桂陽侯義融孫晃字茂德性庸鄙爲郢州刺史暑月露褌上聽事
齊書曰鬱林王常裸袒着紅縠緄
梁書曰周弘正善玄理爲當世所宗藏法師於開善寺講說門徒數百弘正年少未知名着紅褌錦紋髻踞闕而聽衆人蔑之弗譴也既而乘間進難舉坐盡傾法師疑非世人覘知相賞押弘正後爲左民尚書夏月着犢鼻裩衣朱衣爲有司所奏彈其放達如此
又曰吉士瞻少時嘗於南蠻國中樗蒱無褌褰露於儕輩所侮及平魯休烈軍得絹三萬疋乃作百裩其外並賜軍士不以入室
又曰謝幾卿性通脫在省署夜着犢鼻裩與門生登閣道飲酒酣呼爲有司糾奏坐免
西京雜記曰司馬相如初與卓文君至成都遂相謀還成都賣酒相如自着犢鼻裩滌器以耻王孫也
世說曰范宣潔行廉約韓伯字康伯爲豫章太守遺宣疋絹不受減五十疋復不受如是減半遂至一疋既終不受韓後與范載就車中裂二丈與范云人寧可使婦無裩耶范笑而受之

阮籍大人先生傳曰羣虱之處褌逃于深縫自以爲吉宅君子之處城中何異虱處褌中乎
竹林七賢論曰諸阮皆儒學富財唯阮咸好酒家貧俗七月七日曬衣諸阮庭中並列絺錦咸以長竿掛犢鼻布裩人問之曰未能免俗聊復爾耳
語林曰桓宣武性儉着故褌上馬不調裩敗五形遂露

太平御覽卷第六百九十六

太平御覽卷第六百九十七

服章部十四

履　舄　韈

履

釋名曰履禮也飾足所以爲禮亦曰抱也所以抱足也複其下曰舄舄腊也久立地濕故複其下使乾腊也不借言賤易有宜各自蓄不假借之也齊人曰搏借搏借猶把鮓麤之貌也曰麤絲麻韋草皆同名麤麤措也言所以安措足也

說文曰履足所依也鞁小兒履也鞮革履也

廣雅曰履紟謂之綦

世本曰於則作履扉於則黃帝臣草曰扉麻曰屨也

方言曰絲作之麻作之不借組者謂之履屨朝鮮洌水之

上謂之卬角南方江沔之間揔謂之麤西南梁益謂之屝或謂之㞜下几反音盡履其通語也徐土邳沂之間邳音下邳沂音圻謂之卬角緉緵上兩下襲關之東西或謂之緉或謂之緵其通語也

史記曰張良甞遊於下邳圯上有一老父至良所墮其履圯下顧謂良曰孺子下取之父曰履我良業爲取履因長跪進之

又曰東郭先生待詔公車貧困飢寒衣幣不完行雪中履有上無下足盡踐地道中人笑之

又曰趙平原君使人於春申君欲誇楚爲瑇瑁簪刀劍室飾以珠玉而春申君客三千餘人其上客皆躡珠履趙使大慙

又曰淳于髡曰杯盤狼籍履舄交錯

漢書曰王莽好高冠厚履

又曰鄭崇哀帝擢爲尚書僕射數諫爭每見曳革履上笑曰我識鄭尚書履聲

魏志曰曹公令曰議者以祠廟當解履吾受賜命帶劒不解履上殿今有事于廟而解履是尊先公而替王命敬父祖而簡君主也吾不敢脫履上殿

蜀志曰先主少孤織履爲業曹公罵云賣履舍長

又曰劉琰妻胡入賀太后太后特留胡經月乃出胡有美色琰疑其與後主有私呼卒伍伯撾胡以履搏面胡具以言告琰坐下獄有司議曰卒非撾妻之人面非受履之地琰竟弃市

晉書曰夜武庫火累代之寶皆焚焉孔子履漢祖斬蛇劍王莽頭竝失

又曰苻健時霖雨河水溢蒲津監寇登得一履於河長七

尺三寸內指跡長一尺深三寸

續晉陽秋曰江州刺史王弘造陶淵明無履弘從人脫履以給之語左右爲彭澤作履左右請履度淵明於衆坐伸脚令度及履至着而不疑

晉惠帝起居注曰帝還洛陽至陵下謁無履取左右履着下拜

趙錄曰佛圖澄卒葬後鄴門吏報石季龍云是師擕一履西去季龍發其墓唯見一履與一石

後魏書曰王遵業從容恬素若處丘園嘗着穿履好事者多毀新履以學之

宋書曰益州道士邵碩元徽二年忽告人云吾命終因卧而死後人見碩在荊州上明以一隻故履縛左脚而行甚狭遂不知所之

齊書曰高祖儉素宮人盡令着紫絲履太公金匱履之書
曰行必慮正
六韜崇侯虎曰今周伯昌懷仁而善謀冠雖弊禮加於首
履雖新法以踐地可及其未成而圖之
又曰昔帝堯王天下黼衣綷履不弊不更爲也
晏子曰公問曰子近市識貴賤乎時公繁刑晏子曰踊貴
履賤公愀然遂緩刑
又曰景公爲履黃金之綦飾以銀連以珠良玉之約其長
尺
又曰景公爲履飾以金玉服以聽朝履重僅不能舉之問
曰天寒乎晏子曰古之制衣服冬輕而煖夏重而清金玉
之履是重而寒也公入徹履
孫卿子曰大布之衣麤紃之履可以養體也

莊子曰儒者冠圜冠者知天時履方履者知地形
又曰曾子居衞捉衿而肘見納履而踵決
韓子曰鄭人有欲買履者先自度足而置其坐往市而忘
操之見履乃曰吾忘度足乃歸取之市罷不得履人曰何
不試以足曰寧信度數無自信也
又曰文王履係解視左右盡賢無可使係者因俛而係之
又曰魯人身善織履其妻善織縞而徙於越或謂之曰子
必窮履飾足也而越人跣縞爲冠之也而越人被髮欲不
窮可得乎
賈子曰天子黒方履諸侯素方履大夫素圓履
賈誼書曰昔楚昭王與吳戰楚軍敗昭王走而履決失之
行三十步復旋取左右問曰何惜此一踦履乎王曰楚國
雖貧豈愛一踦履哉惡與偕出弗與俱反也自是之後楚
國之俗無相棄者
又曰履雖鮮弗加之於枕冠雖弊弗以苴履
又曰二世胡亥之爲公子曰詔置酒享羣臣召諸子賜食
先罷胡亥下階羣臣陳履狀善者因行踐敗而去諸侯聞
之者莫不太息及二世即位皆知天下必棄之
淮南子曰禹之趍時冠挂而弗顧履遺而不取
鹽鐵論曰古者庶人麤菲草履今富者韋沓絲履
風俗通論數曰踦者奇也履舄之一也
夢書曰履轋爲子屬體末也若夢得履轋者必有子息也
履者爲男轋者爲女也
西京雜記曰趙飛鷰爲皇后其弟上遺同心七寶綦履
又曰慶安世年十五爲成帝侍郎常着輕絲履
又曰匡衡邑人有說詩者衡從與語質疑邑人推服到履

而去
拾遺録曰穆王起春宵之宮西王母來焉納丹豹文履
魏武帝遺令曰諸舍中可學作組履賣之
又內式令曰吏民多製文繡之服履絲不得過絳紫金黃
絲織履前於江陵得雜綵絲履以與家約當着盡此履不
得效作也
晉令曰士卒百工履色無過綠青白婢履色無過紅青古
儈沽會賣者皆當着巾帖額題所儈賣者及姓名一足着
黒履一足着白履
東宮舊事曰太子妃有絳地絞履一緉
漢舊儀曰乘輿帶七尺斬蛇劒履虎尾絇履
徐乹古履儀曰正會大司馬問劒履上殿義徐言所以遂
見從着履上殿時人見咸譏古無履但有舄今當着舄上

殿不宜着履案周禮天王赤舃黑舃后素舃葛屨鄭君注曰
複下曰舃單下曰屨是則古有屨也蔡謨答臺符分別屨
舃之名事曰被符小會義注侍臣劔履升殿而摯虞注疑
言劔舃履之名宜審謹案今時所謂屨者自漢以前皆名
屨屨屨左傳曰踊貴屨賤禮曰户外有二屨不言二屨賈誼
曰冠雖弊不以苴屨亦不言苴屨言屨者猶足所屨踐耳
詩云糾糾葛屨可以履霜舃者一物之別名履者足踐之
通稱稱先代以來優崇重臣言劔履則包舃也又大臣昇
殿不唯朝會或私覿獨見臨時所着不必是舃故揔言屨
以明不跣而已摯虞中朝宿臣多識往行親覩其禮退而
書之即是晉之故典令決疑言舃者書時事也儀注言履
者舉揔名也尋文揔意所稱雖異其制一也
鄧德明南康記曰昔有盧躭仕州爲治中當元會至晚不

及朝化爲白鵠至閤前迴翔欲不威儀以帚擲之得一雙
履躭驚還就列内外左右莫不駭異時步騭爲廣州刺史
意甚惡之便以狀聞遂至誅滅
荆州記曰興安水邊平石上有石履
搜神記曰宫亭湖孤石有一估客下都經其下見二女子
云可爲妾買兩緉絲履自厚相報估客至都與買之並一
箱置履在内留廟中去兼一書一刀忘而和留之及下去
乘舟忽有鯉魚躍入剖之得刀與書
幽明録曰晉太寧元年餘杭人姓王失其名往上舍過廟
乞福既去亡履已行五六里嬾復更反取一白衣人持履
後至云宫使還君化爲鵠飛入田中
列仙傳曰嘯父冀州人在曲周市補履數十年不老人奇
之

又曰昭帝既葬鈎弋夫人空棺無屍但有絲履
列異傳曰胡母班爲太山府君賚書詣河伯貽其青絲履
甚精巧也
漢武内傳曰七月七日西王母降履玄璚鳳文之舃
列女傳曰翟方進學於京師後母憐其幼隨之長安織履
以給之
皇甫謐高士傳曰陳仲子字子終自齊適楚楚王欲以爲相
其妻子曰家織履以食淡然而無爲樂在其中矣謝使者
秦嘉與婦淑書曰今枉虎龍組緹履一緉
高文惠婦與文惠書曰今聊奉組生履一緉
曹植賀冬表曰獻白文履七緉韈百副
崔寔四民月令曰八月制韋履十月作白履
劉楨魯都賦曰纖纖絲履粲爛鮮新表以文組綴以朱蠙

曹植洛神賦曰踐遠遊之人履曳霜綃之輕裾
古樂府詩曰君子防未然不處嫌疑間瓜田不納履李下
不正冠
張華輕薄篇曰足下黄金履手中雙莫耶
甄述女詩曰足躡承雲履豐趺𥇍春錦
古詩曰頭上金釵十二行足下絲履五文章
傅玄履銘曰戒之哉念履正無履邪正者吉之路邪者凶
之徵
賈誼弔屈原文曰章甫薦履漸不可久嗟苦先生獨離此
咎

舃

崔豹古今注曰舃以木置履下乾腊不畏泥濕也
方言曰履中有木者謂之複舃自關而東謂之複履其上

單者謂之宛下單者謂之鞮
詩曰公孫碩膚赤舄几几
又南有嘉魚車攻曰赤芾金舄箋云金舄黄朱色也
周禮天官下曰屨人掌王及后之服屨爲赤舄黒舄赤繶
黄繶青句素屨葛屨鄭玄曰王吉服有九舄有三等赤舄爲上冕服之舄也王后亦服六唯祭服有舄鄭司農云赤繶黄繶黄繶以黄赤六絲爲下緣繶音憶
左傳曰楚子次于乾谿雨雪王皮冠秦復陶秦所遺羽衣也翠被以翠羽飾被豹舄以豹皮爲履執鞭以出
三禮六服圖曰王后褘衣玄舄褕翟赤舄鞠衣着履鞠衣以下皆履之
三禮圖曰複下曰舄單下曰履夏葛冬皮也
説苑曰襄成君始封之時衣翠衣帶玉佩玉劒履縞舄
典論曰中常侍張讓子奉爲太醫令與人飲酒輒掣引衣

掌發露形體以爲戲樂將罷又亂其舄履無不顛倒
漢武内傳曰西王母履文鳳之舄
列仙傳曰安期先生瑯琊阜鄉人秦始皇請見與語三日
三夜賜金璧千萬出於阜鄉皆置去留書以赤玉舄一扱
以報
拾遺録曰秦王子嬰寢於望夷宫夜夢有人長文鬚鬢絶
青納王舄而乗丹車告云天下當亂王乃殺趙高所夢則
始皇之靈所着舄則安期所遺者
列仙傳曰黄帝葬橋山山崩無尸唯劒舄存
衡波傳曰足履萬錢之舄漂如日光宛如遊龍
風俗通曰孝文身履革舄而衣弋綈
又曰俗説明帝時尚書郎鄴令王喬毎月朔常詣臺朝帝
恠其來數而無車馬密令太史候望言其臨至時常有雙

鳬從東南飛來因舉羅得一隻舄使上方識是四年中所
賜尚書履也
杜氏幽求曰褎衣愽帶高冠厚舄佩以珠璣結之纓蕤
陳思王七啓曰金華之舄動趾遺光

韈

説文曰韈足衣
釋名曰韈末在脚也
左傳曰衛侯與諸大夫飲酒褚聲子韈而登席公怒
帝王世紀曰武王伐紂行至商山韈係解五人在前莫肯
係皆曰臣所以事君非爲係韈
漢書曰中山王來朝成帝賜食後飽起下韈係解成帝以
爲不能而賢定陶王
又曰景帝時王生者善爲黄老言甞召居廷中公卿盡會

張釋之爲廷尉王生顧曰吾韈解爲我結韈釋之跪而結之
人或譏王生獨奈何辱張廷尉如此王生曰吾老且賤自
度終亡益於張廷尉方今天下名臣吾故聊使廷尉跪結韈
欲以重之諸公聞之賢王生而重釋之
東觀漢記曰和帝召諸儒侍中賈逵黄香相難罷朝特須
賜履韈
文子曰均爲縞也或爲冠或爲韈則履之
又曰文王伐崇至鳳皇之墟而韈係解文王自結之太公
問焉文王曰吾聞亡君所與處盡其役寡人雖不肖所與
處皆先君之人也故無令結之漢舊儀曰凡齋玄豹韈耕用青韈
會稽典録曰賀劭爲人美容止與人交久益敬之在官府
常著韈希見其足
崔浩女儀曰近古婦以冬至日進履韈於舅姑

張衡南都賦曰羅韈躡跡而容與

曹植洛神賦曰凌波微步羅韈生塵也

皇甫規與馬融書曰謹上韈一量以通微薄

秦嘉婦與嘉書曰今奉細布韈二量

高文惠婦與文惠書曰今奉織成韈一量

曹植賀冬表曰獻韈七量并爲韈頌曰玉趾既御履和蹈貞行與録邁動以福并

後漢崔駰作韈銘

太平御覽卷第六百九十七

服章部十五

屨　屐　屣

鞾　屩　屧

屨

釋名曰屨拘也所以拘足也

說文曰屨履也一曰鞮也

詩曰葛屨五兩冠緌雙止葛屨服之賤者也冠緌服之尊者箋云以喻不宜同處

又葛屨曰糾糾葛屨可以履霜夏葛屨冬皮屨葛屨非所以履霜

周禮曰屨人掌王及后之服屨爲赤舃黑舃赤繶黃繶青句素屨葛屨複下曰舃單下曰履古人言屨以通於複今人言屨以通於單句當爲絇赤繶黃繶以赤黃之絲爲下緣也辨外內命夫命婦之屨功屨散屨功屨次命屨散屨去飾者

大戴禮曰入於戶未嘗越屨是高柴之行也

禮曰侍坐於長者屨不上堂解屨不敢當階就屨跪而舉之屛於側向長者而屨跪而遷屨俯而納屨

又曰戶外有二屨言聞則入言不聞則不入毋踐屨毋踖席

又曰國家靡敝君子不履絲屨

左傳曰齊侯遊于姑棼遂田于貝丘貝丘齊地見大豕從者曰公子彭生也公怒曰彭生敢見射之豕人立而啼公懼墜於車傷足喪屨反誅屨於徒人費弗得鞭之見血

又曰楚子使申舟使于齊曰無假道于宋及宋華元曰過我而不假道鄙我也鄙我亡也亡一也乃殺之楚子聞之投袂而起屨及於窒皇劒及於寢門之外

又曰齊晉戰于鞌郤克傷於矢流血及屨未絕鼓音

又曰吳伐越越子禦之大敗之靈姑浮以戈擊闔廬靈姑浮越大夫廬吳王闔傷將指取其一履其足大指見斬遂失履姑浮取之

穀梁傳曰公弟叔肹其曰弟叔肹賢之也宣公殺赤而非之宣公殺子赤叔肹非責云織屨而食終身不食宣公之食

孟子曰許行自楚之滕其徒數十人皆衣褐捆屨織席以爲食捆音閫猶叩椓也織屨欲使堅故叩之賣屨席以供飲食也

屐

釋名曰屐搘以踐泥也爲兩足搘以踐泥也帛屐作之如屩者也不曰帛屩而曰帛屐者屩不可以踐泥屐可以踐泥也故謂之屐

漢書曰袁盎使吳吳王使圍守之乃刀決帳直出屐行七十里

東觀漢記曰范外奏云伏見太原周黨東海王良山陽王戎使者三到乃肯就車脫衣解屐昇于華轂

晉書曰宣王初欲追諸葛於關中多蒺藜乃使軍吏二千人着軟材木屐前行秋後辛進爲晉宣帝雜教太當預作大平木屐遂賤時有蒺藜屐行蒺藜悉着屐底

又曰謝安遣弟石及從子玄征符堅所在克捷安方對客圍碁有驛書到碁畢還內過戶限心喜不覺屐折齒

又曰王述性急嘗食雞子以箸刺之不得便怒擲於地雞子圓轉不止便下以屐齒踏之不得嗔甚掇口中嚼而吐之

又曰祖約好財阮孚好着蠟屐同是累而未判其得失有詣約見正料財物客至屛當不盡餘兩小簏着背後傾身障之意未能平或有詣阮正見蠟屐因歎曰未知一生當着幾量屐神色閑暢於是勝負始分

又曰石勒擊劉曜使人着鐵屐施釘登城

晉中興徵祥說曰舊爲屐者齒皆達名曰露卯泰元中忽不復徹名陰卯亦服妖也識者以爲卯謀也必有陰謀烈宗末驃騎參軍袁悅之始有陰謀之事及隆安遂致大亂

宋書曰謝靈運好山水尋山陟嶺必造幽峻巖嶂數十重莫不備盡登躡常着木屐上山則去其前齒下則去其後齒

又曰虞玩之高帝鎮東府朝廷致敬玩之爲少府猶躡屐造席高帝取屐視之訛黑斜銳蔑斷以芒接之問曰卿此屐已幾載玩之曰初釋褐拜征北行佐買之着已三十年貧士竟不易辦高帝咨嗟因賜以新屐玩之不受問其故荅曰公之賜恩華俱重但蓍簪弊席復不可遺所以不敢當帝善之

又曰劉凝之有嘗認其着屐笑曰僕着已敗令家中覓新

者償君此人後田中得所失送還不肯復取

齊書曰沈驎士昔嘗行路鄰人認其所着屐驎士曰是卿屐耶即跣而反鄰人得屐送前者還之驎士曰非卿屐耶笑而受之

蕭子顯齊書曰襄陽有盜發古塚者傳云是楚王冢獲玉屐玉屏風

梁書曰范廉爲吳興太守廣陵高爽有俊薄于客於廉委以文記爽嘗有求不遂乃爲屐斷以喻廉曰刺鼻不知嚏蹋面不知瞋齧齒作步數持此得勝人識其不計恥辱以此取名位

論語隱義注曰孔子至蔡解於客舍人夜有取孔子一隻屐去盜者置屐於受盜家孔子屐長一尺四寸與凡人屐異○孔叢子曰孔穿振方屐見平原君

宋元嘉起居注曰劉禎彈廣州刺史韋朗贓有白荊屐六七十量

風俗通曰延嘉中京師長者皆着木屐婦女始嫁作漆畫屐五色綵爲系後黨事起九族俱繫婦人桎蓋木屐之像

世說曰王子敬兄弟見郗公躡履問訊甚脩外生禮及嘉賓死着高屐儀容輕慢每命坐皆云有事不暇坐郗公慨然曰若使嘉賓不死鼠輩敢爾

語林曰鄭玄在馬融門下業成辭歸融心忌之鄭玄亦疑有追乃坐橋下據屐融果轉式逐之告左右曰玄在上下水上而據木此必死矣遂罷追矣竟以免

華陽國志曰何隨家養竹人盜其笋隨行見恐盜者覺挈屐而歸

皇甫謐高士傳曰袁閎字夏甫汝南人也築室於庭首不

着布身無單衣足着木屐

汝南先賢傳曰戴良嫁女布裳木屐

秦記曰符健皇始四年新平縣有長人見語民張靖曰符氏應天受命當太平使以爲妖妄下靖獄是月河渭蒲坂津竪寇登於河中得隻屐長七尺二寸稱履五指長尺餘指尺深寸登以獻健因赦靖

劉欣期交州記曰趙嫗者九真軍安縣女子乳長數尺不嫁入山聚羣盜常着金擒䩮屐

庚仲雍荊州記云劉盛公杖江人桓司空臨州與上佐遊於靈溪盛公詣市還着皂蓋布裙以杖荷屐詣桓司空

神仙傳曰左慈見孫討逆着鞭駐馬慈着木屐策杖徐步然終不能及乃止

搜神記曰昔作屐婦人圓頭男子方頭蓋作意欲別男女

也太康婦人皆方頭屐與男無別

集異記曰廣平游先期妾見一人着赤袴褶知是其魅乃以刀斫之乃死良父方變是所常着屐

異苑曰介子推逃禄隱跡抱樹燒死文公拊木哀嗟伐而製屐每懷割股之功俯視其屐曰悲乎足下足下之稱將起於此

又曰丹陽縣有梅姑廟姑生時有道術能着屐行水上後負道法壻怒殺之投其屍於水上乃隨波流漂至今廟處晦望之日時見水霧中曖然有屐

夢書曰龕屐為使令卑賤類也夢得龕屐得僮使也

王襃僮約曰持斧入山斷䡞裁轅若有餘材當作俎几木屐

屣

說文曰屣䩮屬也䩮革履也

史記曰漢孝武帝云使朕誠得如黃帝視弃妻子如脫屣耳

魏志曰王粲字仲宣蔡邕見而奇之賓客盈坐聞王到倒屣迎之

後漢書曰皇甫規有當世重望鄉人有行賄為郡守謁規規卧不起聞王符至遂倒屣而迎

春秋後語曰魏太子擊逢文侯之師田子方於朝歌（朝歌紂之所都今衛州地）引車避下謁之田子方不為禮太子擊因問曰富貴者驕人乎貧賤者驕人乎子方曰貧賤者驕人耳夫諸侯而驕則失國大夫而驕則失家富貴者安敢驕人貧賤驕人耳行不合言不從則去之楚越若脫屣然太子不懌而去

淮南子曰堯之有天下也年衰志憫舉天下而傳之舜猶却行而脫屣

孟子曰舜視弃天下猶弃弊屣也

世說曰何晏為吏部尚書王弼未弱冠往見之晏倒屣迎之

鞾（與靴同）

釋名曰鞾本胡服也趙武靈王始服之

北齊書曰鄭太妃初與神武避葛榮同走并州貧困燃馬矢自作鞾

又曰任王諧為并州刺史有婦人臨汾水浣衣有乘馬人換其新靴而去婦人持故靴詣州言之諧召城外諸嫗以靴示之紿曰有乘馬人於路被賊劫害遺此靴焉得無親屬乎一嫗撫膺哭曰兒昨着此靴向妻家如其語捕獲一時稱明察

後魏書曰有人遺趙柔鞾數百枚柔與子善明鬻之於市有人從柔買柔索絹三十疋有商人知其賤與柔三十疋善明欲取之柔曰與人交易一言便定豈可以利動心也遂與之

唐書曰建中初贈司徒沈易良之妻崔氏即太后之季父母也上見之方屣而鞾

鄴中記曰石虎皇后出女騎千人皆着五綵織成靴

列仙傳曰仙人文賓太丘人也賣靴為業

魏武與楊彪書曰今足下織成靴一量

慕容晃與顧和書曰今致繡靴一量

傅咸表曰凉州氏先辨靴從軍之物然後作衣

屩（音腳）

說文曰屩屐也
釋名曰屩草屨也出行着之屩輕便因以爲名也
春秋後語曰趙相虞卿躡屩檐簦來說孝成王一說賜白
壁一雙黃金百鎰再見拜爲上卿故號虞卿
謝承後漢書曰江夏劉勤字伯家貧作屩供食常作一量
屨斷勤置不賣出行妻賣以糴米勤歸炊熟怪問何所得
米妻以實告勤責曰妻賣毀物欺取其直也因弃不食仕
至司徒
宋書曰劉敬宣嘗夜與僚佐宴空中有投一隻芒屩於坐
墜敬宣食盤上長三尺寸已經人着耳鼻間並欲壞頃之
敬宣叅軍司馬道賜反敬宣爲其所害
又曰張暢在彭城爲魏太武所圍太武遣李孝伯至城欲
與暢語李伯曰君南土膏粱何爲着屩君而着此使將士
云何暢曰膏粱之言武誠爲愧但以不武受命統軍戎陣
之間不容緌服

齊書曰沈瑀爲餘姚令瑀初至富吏皆鮮衣美服自彰別
瑀怒曰汝等下縣吏何得自擬貴人悉使著芒屩麄布侍
立終日足有蹉跌輙加榜捶
又曰褚彥回幼有清譽宋元嘉末魏軍逼瓜步百姓咸負
檐而立時父湛之爲丹陽尹使其子弟並着芒屩於齋前
習行或譏之湛之曰安不忘危彥回時年十餘甚有慙色
梁書曰侯景即位童謡曰脫青袍着芒屩荊州天子定應
着
又曰何點方尚書乘柴車躡草屩恣心所適致醉而歸
陳書曰沈衆武帝時兼吏部尚書監起太極殿恒卧布袍
芒屩以麻繩爲帶朝士咸共誚其所爲

唐書曰孟元陽起於陳許軍中理戎整肅曲環主屯作西
華元陽芒屩立稻田中須役者退而方去
風土記曰美朱爽之輕履復龍鳥之文章爽藤也赤色緣
木而長大如箭竿越人以爲屩經以青芒行山草使於用
靴故越人重之
搜神記曰元康之末至太安之間江浦之域有敗屩自聚
於道多或至四五十兩人散去之投林草中明日視之悉
復矣民或云見狸銜而聚之世之所說屩者人之賤服而
當勞辱下民之象也敗者疲弊之像也道者地理四方所
以交通王命所由往來也今敗屩聚於道者象下民疲病
將相聚爲乱絶四方而壅王命
臨海水土記曰屩魚長一尺狀如屩形
俗說曰劉真長少時居丹徒家至貧劇方回數出南射堂

射劉往市賣屩路經射堂邊過人無不看射劉過初不
迴顧方回異之遣問信荅云老母朝來未得食至市貨屩
不得展詣後過劇呼之使來與共語覺其佳
笑林曰南方人至京師者人戒之曰汝得物唯食慎勿問
其名也後詣主人入門內見馬矢便食惡臭乃步進見敗
屩弃於路因復嚼殊不可咽顧伴曰且止人言不可皆信
後詣貴官爲設饌因相視曰故是首物且當勿食
屧 音燮
宋書曰袁粲爲丹陽尹步屧白陽郊野間遇一士人便呼
與飲明日此人謂被知到門求進粲曰昨飲酒無偶聊相
要耳竟不與相見
齊書曰江泌字士倩濟陽人也少貧好學晝則斫屧爲業
夜則讀書隨月光光斜則握卷升屋

梁書曰臨川王宏奢侈過度後庭數百千人皆極天下之選所倖江無畏服玩侔於齊東昏潘妃寶屧直千萬

太平御覽卷第六百九十八

太平御覽卷第六百九十九

服用部一

帳 幔 幌 幬 牀幨 青廬

帳

釋名曰帳張也張施於牀上也小帳曰斗形如覆斗也

尔雅曰幬謂之帳

史記曰丞相公孫弘燕見上或時不冠至如汲黯不冠不見也上嘗坐武帳中黯前奏事上不冠望見黯避帳中使人可其奏其見敬禮如此

漢書曰東方朔曰陛下誠能用臣朔之計推甲乙之帳(甲乙帳名讚曰造甲乙之帳絡以隨珠)燔之於四達之衢

東觀漢記曰馮魴永平中上行幸諸國勑魴車駕發後將緹騎宿玄武門複道上詔南宮複道多惡風寒老人居之且病痱(音肥風病)苦内者多取帷帳東西竟塞諸窻望令致密

漢官儀曰祭天有紺幄帳

魏略曰大秦國金織成五色帳又以明月夜光珠爲帳

又吳時外國傳云斯條國王作白珠交結帳

魏志曰呂布將辭袁紹還洛紹欲殺之明日當發紹遣甲兵三十人辭以送布布使止於帳側僞使人於帳中鼓箏紹兵卧布無何出去而兵不覺夜半兵起亂斫布床被謂爲巳死明旦紹訊問知布尚在(事見樂部)

又曰太祖幃壞即補納

又曰典韋拜都尉太祖引置左右將親兵數百人常繞帳晝立侍終日夜宿帳左右

又曰曹爽從帝朝高平陵司馬宣王語弟孚曰陛下在外不可露宿促送帳幔諧行在所也

吳志曰蔣欽字公奕拜左護軍權嘗入其内母疏帳縹被權歎其貴而守約勑御府爲母作錦被改易帷帳

晉令曰錦帳爲禁物

晉後略曰張方兵入洛御寶織成流蘇武帳皆割分爲馬韉矣

晉令曰元帝時有奏太極殿施絳帳帝詔曰漢文以上書皂囊爲帷冬可青布夏青疏

又曰桓玄小會於西堂殿施絳綾帳鏤黄金龍銜五色羽葆流蘇群臣切相語曰此頗似轜車亦王莽仙蓋之流

沈約宋書曰高祖圍廣固夜忽有鳥大如鵝蒼黑色飛入高祖帳中胡蕃起賀曰蒼黑胡虜之色胡虜歸我大吉之祥也明旦攻城陷之

齊書曰高祖儉素内殿施黄紗帳

又曰吐谷渾王河南其國多善馬有屋宇雜以百子帳即穹廬也

隋書曰煬帝北巡欲誇戎狄令宇文愷爲大帳其下坐數千人帝大悦賜物千段又造觀風行殿上容侍衛者數百人離合爲之下施輪軸推移倏忽有若神功戎狄見之莫不驚駭

唐書曰高祖時吳王杜伏威獻竹帳上以勞人不受

又曰始畢可汗衙帳無故自破高祖曰此何祥也内史令蕭瑀進曰昔魏文帝幸許昌城門無故自壞帝惡之而返其年文帝崩始畢帳壞即其類也高祖然之

抱朴子曰蔡伯喈到江東得論衡中國諸儒覺其談論更遠嫌得異書求其帳中隱處果得之

傅子曰太祖武皇帝(魏武帝)愍嫁娶之僭上公主適人不過

皁帳
郭子曰許侍中顧司空俱作王丞相從事常夜在丞相許
戲二人歡極丞相便使入巳帳中眠顧至曉猶展轉不得
熟寐許上床便大鼾丞相語諸客曰此中亦是難眠處耳
東宮舊事曰皇太子納妃有熟絳綾帳絳綃幄
又曰東齊夏施烏紗單帳四率坊洗馬坊烏練帳
三輔事曰秦時奢侈綈帳綺繡土木朱紫
漢武故事曰上以瑠璃珠玉明月夜光雜錯天下珎寶爲
甲帳其次爲乙帳甲以居神乙以自居
桓譚新論曰李少君置武帝李夫人神影於帳中令帝觀
見之
燕丹太子曰秦始皇置高漸離於帳中擊筑
又時外國傳曰斯調王作白珠交結帳金牀上天竺佛精

舍天竺王見珠圓好意欲留焉臣下諫乃止
拾遺錄曰蜀先主甘后坐於白綃帳中於外望之如月下
聚雪
益部耆舊傳曰翟酺上事云漢文帝連上事書囊以爲帳
惡聞紈素之聲
神仙傳曰茅君當受神靈之職衆賓皆至忽然有素縑帳
於屋下敷數重白氈金案玉杯人皆飽醉
又曰茅君仙去民爲立廟茅在帳中與人言
鄴中記曰石虎御床辟方三丈冬月施熟錦流蘇斗帳四
角安純金龍頭銜五色流蘇或用青綈光錦或用緋綈登
高文錦或用紫綈大小錦絮以房子錦百二十斤白綈爲裏
名爲裹複帳帳四角安純金銀鑿金香爐以石墨燒集和
名香帳頂上安金蓮花花中懸金薄織成棫囊春秋但錦

帳表以五色總爲夾帳夏用紗羅或綦文丹羅或紫縠文
爲單帳
鄧德明南康記曰陽道士葬巖室經數年尸猶儼然葛帳
覆之
幽明錄曰晉朱黃祖奉親至孝母病篤天漢開明有一
老翁將小兒持箱自通即以兩丸藥賜母服之患頓消因
停宿夜中廳事上有五色氣徐天琴歌清好祖往視
之翁坐斗帳裏四角及頂上各有一大珠形如鷄子明彩
炫耀
馬融別傳曰融爲通儒善鼓琴好吹笛達生任性不拘儒
者節居宇器服多存侈飾常坐高堂施絳紗帳前授生徒
後列女樂弟子以次相傳授鮮有入其室者
風俗通曰靈帝好胡服帳京師皆競爲之後董卓擁胡兵

掠宮掖
語林曰劉植詣石崇如厠見有絳文帳大牀茵褥甚麗不
得行乃更如他厠
俗說曰桓玄在南州妾當產畏風應須帳桓曰不須作帳
可以到夫人故帳與之
世說曰郗超爲桓溫參軍時謝安王坦之嘗詣溫溫令超
帳中臥聽論事風動帳開見超安笑曰郗生可謂入幕之
賓矣
又曰卞範爲丹陽羊孚於南州暫還往卞許云下疾動不
堪坐卞便開帳拂褥羊逕上卞大床枕入被下乃迴坐傾
睞移辰達暮羊去卞執手曰我第一理其卿卿莫負我
魏武遺令曰吾與妓女皆着銅雀臺上施六尺牀繐帳月
朝十五輒向帳作樂

古詩曰紅羅複斗帳四角垂香囊
柴子大七折曰錦衾內設羅幬繢帳也
江淹別賦曰春宮閟此青苔色秋帳含茲明月光
孔稚珪北山文曰蕙帳空兮夜鶴怨山人去兮曉猨驚
離騷曰翡翠羽帳飾高堂
劉玄休詩曰羅帳延秋月

幔

說文曰幔幕也
釋名曰幔幔相連綴之言也
廣雅曰幔𢃼也
東觀漢記曰岑彭與吳漢圍隗囂壅谷水以縑幔盛土爲
堤灌城
宋書曰晉安王子勛叛逆取所乘車除脚以爲輦其冬有

鵄集其幔
梁書曰曹景宗爲揚州刺史性躁動不能沉默出行常欲
褰車帷幔左右輒諫以位望隆重人所具瞻不宜然景宗
謂所親曰我昔在鄉里平澤中逐麞數助射之此樂使人
忘死不知老之將至今來揚州作貴人動轉不得路行開
車幔小人輒言不可閉置車中如三日新婦此邑邑使人
無氣
又曰柳惔諧甚重婦頗成畏憚性愛音樂女妓精麗略不
敢視僕射張稷與惔狎密而爲惔妻賓敬稷每詣惔必先
相聞夫人惔每欲見妓但因稷請奏其妻隔幔坐妓然後
出惔因得留目
六韜曰將冬不服裘夏不操扇天雨不張帳蓋名曰禮將
不躬禮無以知士卒寒暑也

軍令曰戰時皆取船上布幔布衣漬水中積聚之賊有炬
火火箭以掩滅之
拾遺錄曰周穆王時鸞章錦幔者摩連國獻焉錦文如鸞
翔
又曰吳主趙夫人巧妙無雙權居昭陽宮倦暑乃褰紫綃
之帷夫人曰此不足貴也權使夫人曆其思焉荅曰妾欲
窮慮盡思能使下綃帷而清風自入視外無有蔽礙列侍
者飄然自涼若馭風而行權稱善夫人乃拆髮以神膠續
之神膠出鬱夷國接弓弩之弦百絕百續乃織爲羅縠累月
而成裁之爲幔內外視之飄飄如煙氣輕動而房內自涼
時權尚軍旅常以此幔自隨以爲征幕舒之則廣縱一丈
卷之內文漆枕中謂之絲絕
秦記曰苻堅以太常韋逞母宋傳其父業得周官音義

乃就家立講堂書生百人隔紗幔而授業焉
陸機別傳曰機夢黑幔繞車手決不開至明見誅
世說曰庾太尉亮有兒年數歲溫太真常隱幔怛（怛驚也）之
此兒神色恬然乃徐跪曰君侯何以爲此論者乃謂不減亮
王融詠幔詩曰幸得與珠綴冪歷君之楹日暎不辭卷風
來輒自輕每聚金鑪氣時駐玉琴聲但願置樽酒蘭釭當
夜明

幌（說文作㨪）

說文曰㨪帷屏風之屬
晉惠帝起居注曰有雲母幌
鄴中記曰石虎太武殿西有崑華殿閣上輒開大窻皆絳
紗幌
華延儁洛陽記曰洛陽城十八觀皆籠雲母幌

幬

說文曰幬單帳也

謝承後漢書曰黃昌夏多蚊貧無幬傭債爲作幬

又曰羊續爲廬江太守卧一幅布幬幬穿敗糊紙補之

淮南子曰楚將子發來伎道之士楚有善爲偷者願以伎自効子發禮之後齊伐楚偷乃夜解齊將之幬獻之子發因復還之齊將懼而退

楚辭曰翡翠幬高堂紗版玄玉梁

又曰翡翠珠被錽被爛齊光弱何拂璧羅幬張

馬融廣成頌曰張雲帆施蜺幬

曹植九詠曰蕙幬兮荃牀

牀幨

通俗文曰障牀曰幨幨唱塩切

釋名曰牀前帷曰幨幨垂也

東宮舊事曰皇太子納妃有綠石綺絹裏牀幨二

青廬

世說曰魏武帝少時常與袁紹好爲游俠觀人新婚因潛入主人園中夜叫呼云偷青廬中人皆出觀帝乃抽刀刼新婦與紹還出失道棘林中紹不能動帝復大叫偷人今在此紹惶迫自擲出遂俱免

唐書曰建中中議公主出降之儀曰近代設氈帳擇地而置此乃北胡穹廬之制不可以爲佳宜於堂室中置帳以紫綾縵爲之

太平御覽卷第六百九十九

太平御覽卷第七百
服用部二
簾 帷 幄 幕 帟
簾
釋名曰簾廉也自障蔽爲廉耻也
聲類曰簾户蔽也
通俗文曰户幃曰簾
楊雄方言曰宋魏陳楚謂之曲或謂之𥯤自關以西謂之
箔南楚謂之蓬薄
漢書曰周勃以織薄曲爲業 蘇林曰薄一名曲也
又曰嚴君平筮卜成都市日得百錢則閉肆下簾而授老
子
梁書曰夏侯亶性節儉不事華侈晚頗好音樂有妓妾十

數人無被服姿容每有客常隔簾奏時謂簾曰夏侯妓衣
齊書曰沈驎士字雲禎有高尚之心居貧織簾誦書号爲
織簾先生
又曰柳世隆善卜別龜甲價至萬永明初世隆曰永明九
年我亡後三年丘山崩齊亦於此季矣屏人命典籤李黨
取筆及高齒屐題簾箔旌曰永明十一年因流涕謂黨曰
汝當見吾不見也
唐書曰張嘉貞蒲州猗氏人也弱冠應五經舉拜平鄉尉
坐事免歸侍御史張循憲爲河東採訪使薦嘉貞材堪憲
官請以己之官秩授之則天召見垂簾與之言嘉貞奏曰
以臣草萊而得入謁九重是千載一遇也咫尺之間如隔
雲霧竟不覩日月恐君臣之道有所未盡則天遽令卷簾
與語大悦擢拜監察御史

又曰王鍔爲淮南作法軍中無一弃物至故簾亦令收之
他日付舡坊以爲蔡箬 上作含切下而灼切 他皆如此
莊子曰河上有家貧窮緯蕭以爲業 司馬彪注曰蕭蒿也織緯蒿爲薄簾也
又曰張毅者高門懸薄無不奏也
漢武故事曰甲帳居神以白珠爲簾箔玳瑁押之象牙爲
蔑
洞冥記曰漢武元鼎元年甘泉宮起招仙靈閣編翠羽麟
毫以爲簾
西京雜記曰漢諸陵寢皆以竹爲簾簾皆爲水文及龍鳳
像
又曰昭陽殿織珠爲簾風至聲如珩珮
拾遺記曰石虎於太武殿前起樓高十丈結珠爲簾垂五
色玉珮至鏗鏘和鳴

晉東宮故事曰簾箔皆以青布緣純
三秦記曰明光宮在漸臺西以金玉珠璣爲簾箔皆龜龍
涼州記曰呂纂時胡人發張駿塚得白珠薄簾
汝南先賢傳曰范滂被收曰願得一幡薄埋於首陽山上
不負皇天下不愧夷齊
謝綽拾遺曰戴明寶歷朝寵倖家累千金大兒嬌淫爲
五色珠簾明寶不能禁之
崔寔政論曰珠璣玩飾匿若懷袖文繡蔽於帷簾
夢書曰夢簾屏風蔽匿一身也
唐國史補曰尚書李廙有清德其妻劉晏妹也晏嘗造廙
見其門簾甚弊乃暗度廣狹以麄竹織成不加緣飾將以
贈廙三攜 至門不敢發言而去
帷

說文曰在旁曰帷
釋名曰帷圍也以自障圍也
禮記曲禮曰帷簿之外不趨
又曰弊帷不棄爲埋馬也
又曰路馬死埋之以帷
周禮春官下曰掌舍掌王之會同之舍帷宮設旌門（謂王行晝止有所展肆若食息張帷爲官樹旌表門）
左傳曰齊歸公孫敖之喪爲孟氏且國故也（爲惠叔毁請且國之之族故聽其歸殯而書之）葬視共仲（制如慶父皆以罪降）聲己不視帷堂而哭（聲己惠叔母怨敖從莒女故帷堂）
又曰公孫歸父以襄仲之立也有寵欲去三桓以張公室與公謀而聘于晉欲以晉人去之冬公薨季孫言於朝曰使我殺適立庶以失大援者仲也夫遂逐東門氏（襄仲居東門）子家還及笙（子家歸父）壇帷復命於介（除地爲壇而張帷介副也使副反命於君）
又曰閭丘嬰以帷縛（音篆）其妻而載之與申鮮虞乘而出（杜子莊公倍日也）鮮虞推而下之（下嬰妻也）曰君昏不能匡危不能救死不能死而知匿其暱（匿藏也暱親也）其誰納之
又曰公孟有事於蓋獲之門外齊子氏帷於門外而伏甲焉
禮記曰士喪君使人弔撤帷主人迎弔于寢門外
史記曰孔子見衛夫人夫人在絺幃中而拜
又曰蘇秦說齊宣王曰臨菑之衆連袵成帷
又曰高祖曰運籌帷幄之中決勝千里之外子房功也
又曰文帝幃帳不得文繡
又曰董仲舒爲博士下帷講誦弟子以次相授或莫見其面三年不窺舍園

漢書曰秦起咸陽而至西雍離宮三百帷帳不移而具
又曰成都侯王商弟內大池以行舡立羽蓋張周帷
又曰東方朔上疏云文帝集上書囊裹爲殿帷
後漢書曰更始委於趙萌日夜與婦人飲宴後庭群臣欲言事輙醉不能見時不得已令侍中坐帷內與語諸將識非更始聲出皆怨曰成敗未可知遽自縱放若此
華嶠後漢書曰班始尚陰城公主公主順帝之姑貴驕淫亂與所嬖居帷中而始入使伏牀下
袁宏漢記曰獻帝出長安李傕來追董承懼射之以被爲帳幔
又曰賈琮爲冀州刺史垂帷而行及至州曰刺史當遠視廣聽反垂帷以自掩蔽乃命褰帷
東觀漢記曰張奐字然明使匈奴中郎將時休屠各及朔方烏丸並反燒度遼將軍門煙火相望兵衆大恐各欲亡走奐安坐車中與弟子講書自若
魏志曰司馬景王奏太后廢齊王芳曰帝於陵雲臺曲室中施帷見九親婦女
吳志曰孫峻欲誅諸葛恪置酒伏兵於帷中
晉書曰穆帝立年始二歲皇太后褚氏設白紗帷於太極前殿抱帝臨軒
晉陽春秋曰武帝令曰殿前織成帷不須施也
宋書曰袁粲每經傳昭戶輙歎曰經其戶寂若無人披其帷其人斯在豈非名賢乎
齊書曰毛惠素爲少府卿性孝毋服除後更修母所住處幃屏每月朝十五向帷悲泣傍人爲之感傷終身如此
呂氏春秋曰伍子胥將欲見吳王而不得客有言之於王

子光者王子光見而惡其貌客以告子胥曰此易改也願令王子光居於堂上重帷而見其衣王子光許之子胥說之半王子光舉帷搏其手而與之坐

淮南子曰先鍼而後縷可以成帷先縷而後鍼不可以成衣

漢武帝内傳曰七月七日宮掖之内張雲錦之帷然九光之燈候西王母至也王母以紫錦爲帷

神仙傳曰淮南王見八公至足不及履迎之登思仙之臺張綺羅之帷

西京雜記曰趙飛鷰爲皇后其弟上遺金錯繡帷

拾遺記曰漢安帝好微行於郊間或露起帷宮千間皆用錦蜀文繡

風俗通曰俗說帷帳車不可作衣令人病癘

東宮舊事曰太子納妃有青布碧裏梁下幃一紺絹青布窻戶幃各一

夢書曰夢見帷帳憂陰事

離騷曰細薜荔而爲帷

楚詞曰翡翠幬飾高堂

張衡南都賦曰暮春之禊元巳之辰朱帷連綱曜野映雲

左太冲吳都賦曰藹藹翠帷嫋嫋素女

潘岳寡婦賦曰入空室兮望靈座帷飄飄兮燈熒熒

庾闡楊都賦曰皇帝迺坐路寢御組帷

阮籍詩曰薄帷鑒明月清風吹我衿

幄

尒雅曰以覆帷謂之幄

說文曰幄木帳也

三禮圖曰在上曰帟四傍及上曰帷上下四傍悉周曰幄幄大帷也

書曰成王疾大漸出綴衣於庭（孔安國曰綴衣幄帳）

周禮天官曰幕人掌帷幕幄帟（皆以布爲之四合象室宮曰幄至所居之幄也）

左傳曰楚子伐鄭諸侯還救鄭晉侯使張骼輔躒致楚師求御于鄭鄭人卜宛射犬吉二子在幄坐射犬于外

又曰子産子太叔相鄭伯以會子産以幄幕九張行子太叔以四十既而悔之每舍損焉及會亦如之（亦九張也）

又曰衛侯爲虎幄於籍圃（於籍田之圃幄幕以虎獸爲飾也）

漢書曰元后未央宮置酒内者令爲傅太后張幄坐於太皇后旁王莽案行責内者令曰定陶太后藩妾何得與至尊並撤去更設座傅太后聞之大怒不肯會

漢書儀曰祭天紫壇有紺幄帳

西京雜記曰成帝設雲幄雲幕於甘泉紫殿世謂爲三雲殿

拾遺録曰燕昭三年廣延之國獻善舞者二人王處以丹綃華幄

物理論曰漢末黄門張讓段珪等於靈帝幄後相對泣帝驚問尚復幾時哉於是大收諸黨

劉楨魯都賦曰緹幄弥津丹帷覆洲

幕

廣雅曰幕帳也

釋名曰幕絡也在裏之稱也

說文曰帷在上曰幕蒙之覆寀食亦曰幕

周禮天官下曰幕人掌帷幕幄帟綬之事（在旁曰帷在上曰幕）

又曰國君過市刑人赦夫人過市罰一幕（世子過市罰一帟命夫過市罰一）過市罰一

蓋命婦過市罰一帷謂諸侯及夫人世子過其國市大夫內子過其都之市者人之所交利而行刑之處君子無故不遊觀之若遊觀之則施惠

儀禮曰國君與卿圖事管人布幕寢門外

左傳曰楚子元伐鄭楚師夜遁諜告曰楚幕有烏乃止諜間也鄭所使間候伺楚也幕帳也

又曰吳季札來聘過衛夜宿於戚戚孫子邑也聞鍾聲季子曰異哉夫子之在此猶燕之巢於幕上而又何樂乎文子聞之終身不聽琴瑟

又曰晉人執季孫意如以幕蒙之

漢書曰衛青征匈奴大尅武帝就拜大將軍於幕下府中因號幕府

東觀漢記曰明德馬皇后既處椒房太官上飯重加幕覆輒撤去

晉書曰郗超字嘉賓桓公與謝安論大事令超卧帳內聽之風動帳開安笑曰郗生可謂入幕之賓

宋書曰劉穆之孫瑀仕官甚不得意至江陵與顔峻書曰朱脩之三世叛兵一日居荆州青油幕下作謝宣明面

唐書曰杜暹爲監察御史往磧西覆屯蕃人賫金以遺暹固辭不受左右言不可逆其情乃受而埋之幕下既去乃移牒令取之

黄石公三略曰軍幕未設將不言熱此謂之禮將

說苑曰晏子謂景公曰合疏縷之緯以成幕

兵書曰將軍帳幕無故動敵人散走

魚豢典略曰孔子反衛見夫人在錦帷中孔子北面稽首夫人自帷中再拜環佩之聲璆璆然

王子年拾遺記曰漢成帝好微行於太液池傍起宵游宮鋪黑綈幕器服皆尚黑色

漢武內傳曰李夫人既死帝思之命工人作夫人形狀置於輕紗幕中宛然如生帝大悅

楚辭曰離榭脩幕侍君之閒閒靜

潘安仁籍田賦曰青壇蔚其岳立翠幕黕以雲布

張景洛陽禊賦曰停輿蕙渚息駕蘭田朱幔虹舒翠幕蜺連

劉楨詩曰明月照緹幕華燭散炎暉

帟

釋名曰小幕曰帟張在上帟帟然也

周禮曰幕人掌帷帟鄭司農云帟平帳也凡喪王則張帟三重諸侯再重卿大夫不重

又掌次曰師田則設重帟

禮曰君於士有賜帟

太平御覽卷第七百

太平御覽卷第七百一

服用部三

屛風　步障　承塵

屛風

釋名曰屛風以屛障風也扆在後所依倚也

周禮天官掌次曰王大旅上帝掌次設皇邸（大旅上帝祭天於圓丘也鄭司農曰皇羽覆也玄謂後板屛風與染羽象鳳皇色以爲飾也）

禮記明堂位曰天子負斧扆南面而立（鄭玄曰斧扆畫屛風）

又三禮圖曰扆縱廣八尺畫斧文今之屛風則遺象也

漢書曰陳萬年字幼公善人事賂外戚爲御史大夫子咸字子康年十八有異材抗直數言事刺譏近臣萬年嘗病召咸教誡於牀下語至夜半咸睡着頭觸屛風萬年大怒欲杖之曰乃公教戒汝汝反睡不聽吾言何也咸叩頭謝曰具曉所言大要教咸諂也萬年因不復言

又曰班伯以侍中光祿大夫養疾久之成帝出過臨侯伯伯乃再視事自大將軍薨後（師古曰王鳳也）富平定陵侯張放淳于長等始愛幸出爲微行行則同輿執轡入則侍中設宴飲之會及趙李諸侍中皆引滿擧白時乘輿幄坐張畫屛風（師古曰坐音才卧反）畫紂醉踞妲己作長夜之樂上以伯新起數目禮之因顧指畫而問伯紂爲無道至於是虖伯對曰書云迺用婦女之言何有踞肆於朝所謂衆惡歸之不如是之甚者也上曰苟不居此此圖何戒伯曰沈湎于酒微子所以告去也式號式謼大雅所以留連也（師古曰大雅蕩之詩云式號式謼俾晝作夜醉號謼以晝爲夜流連作詩之歎而泣涕流連也而諸書乃以留連荒亡蓋失之矣大雅以流連不謂飲酒之人也謼音大故反）詩書淫亂之戒其原皆在於酒上迺喟然歎曰吾久不見班生今日復聞讜言放等不懌

又曰成帝省減椒房掖庭用度許皇后上疏曰設妾欲作某屛風張於某所必繩妾以詔書矣

又曰王莽常翳雲母屛風

東觀漢記曰宋弘嘗讌見御座新施屛風圖畫列女帝數顧視之弘正容言曰未見好德如好色者上即爲撤之上姉湖陽公主新寡上與共論朝臣微觀其意主曰宋公威容德器群臣莫及上曰方圖之後弘見上令主坐屛風後因謂弘曰諺言貴易交富易妻人情乎弘曰臣聞貧賤之交不可忘糟糠之妻不下堂上顧謂主曰事不諧矣

謝承後漢書曰鄭弘爲太尉舉第五倫爲司空班次在下每正朔朝見弘曲躬自卑上問知其故遂聽置雲母屛風分隔其間由此爲故事

吳志曰景帝時紀亮爲尚書令子騭爲中書令每朝會詔

以御屛風隔其座焉（或曰隔以雲母屛風）

又曰曹不興善畫孫權使畫屛風誤筆落點素因就以作蠅權以爲生蠅擧手彈之

魏書曰太祖雅性節儉帷帳屛風壞則補納

魏志曰太祖平柳城班所獲器物特以素屛風素憑几賜毛玠曰以君有古人之風故賜君以古人之服

晉書曰吳隱之字處默清貧劉裕拜太常卿以竹蓬爲屛風坐無氊席

續晉陽秋曰何無忌母劉牢之姉無忌與宋高祖謀夜於屛風中製檄文母登屛風窺之大喜曰汝能如此吾讎雪矣

宋書曰顏延之愛姬死以冬日臨哭忽見妾排屛風以壓延之延之懼墜地因病

又曰王珉儉於財用設酒不過兩爵輒云此酒難遇鹽豉
薑菜之屬並掛屏風酒幾悉置牀下內外有求珉手自付
之
宋起居注曰元嘉中中丞劉禎奏風聞廣州刺史韋朗於
州作緑沉銀泥漆屏風二十三牀請以事免朗官
王琰宋春秋曰明帝性多忌諱禁制廻避者數十百品亦
惡白字屏風書古來名文有白字輒加改易玄黃朱紫隨
宜代之
齊書曰宜都王鏗年十歲時與吉景曜商略先言往行左
右誤排㭊瘤屏風倒壓其背顏色不異言談無輟亦不顧視
又皇太子在雍有發古　得玉屏風遣將還都
又劉悛傳武帝常在東宮每幸悛坊閑言至夕賜屏風帷帳
南史曰王遠字景舒位光祿勳時人謂遠如屏風屈曲從
俗能蔽風露言能不虧物理也

唐書曰太宗引虞世南爲秦府十八學士嘗令寫列女傳
以裝屏風于時無本世南書之一無遺失
又曰田神功卒賜屏風茵褥於靈座
又曰憲宗以天下無事留心典墳著書十四篇名曰前代
君臣事跡寫於六扇屏風以示宰相
春秋後語曰孟嘗君每待客坐語屏風後常有侍吏主記
所與客語知其親戚居處客去後使使謝餽無所遺失
鹽鐵論曰一杯棬(去遠反說文曰棬粉)用百人之力一屏風就萬人
之功其爲多矣功積於無用財盡於不急
桓譚新論曰五聲各從其方春角夏徵秋商冬羽宮居中
央而兼四季以五音須宮而成可以殿上五色錦屏風諭
而示之望視則青赤白黃各各異類就視則皆以其色

爲地五色文之世其欲爲四時五行之樂亦當各以聲爲
地而用四聲文飾之猶被五色屏風矣
西京雜記曰廣川王去疾發魏哀王冢有石屏風
又曰趙飛鷰爲皇后其女弟遺雲母屏風瑠璃屏風
又曰漢江都王建勁健嘗跳越七尺屏風
漢武舊事曰帝起神臺其上扉屏風悉以白琉璃作之光
冶洞澈也
郭子橫洞冥記曰上起神明臺上有金牀象席雜玉爲龜
甲屏風
拾遺録曰董偃常卧延清之室設紫瑠璃屏風列麻油燈
於戶外視屏風若無屏風矣侍人唯見燈明以言無礙乃
於屏風外扇偃曰玉石豈須扇而後清涼也侍者乃屏風
扇以手摸之方知有屏風之礙矣

又曰孫亮作瑠璃屏風甚薄而徹每於月下清夜舒之常
愛寵四姬使坐屏風中外望之乃如無隔唯香氣不通於
外
劉向七略別傳曰臣與黃門侍郎歆以列女傳種類相從
爲七篇以著禍福榮辱之効是非得失之分畫之於屏風
四堵
桓任別傳曰任子亡慇念之爲作象著屏風置座邊
古今注曰孫亮作瑠璃屏風鏤作瑞應圖一百二十種
鄴中記曰石虎作金銀鈕屈膝屏風衣以白縑畫義士仙
人禽獸之像讚者皆三十二言高施則八尺下施四尺或
施六尺隨意所欲也
三輔決録曰何敞爲汝南太守和帝南巡過郡有刻鏤屏
風爲帝設之帝命侍中黃香銘之曰古典務農雕鏤傷

民忠在竭節義在脩身
風土記曰陽羨縣令袁起生有神異無病而亡塚東面有屏風蓋神之所坐
東宮舊事曰皇太子納妃有牀上屏風十二牒織成漆連銀鈎紐織成連地屏風十四牒銅環鈕
京兆舊事曰杜陵蕭虎字伯文爲巴郡太守以父老歸供養父有客常立屏風後自應使命
三秦記曰荊軻入秦爲燕太子報讎把秦王衣袂曰寧爲秦地鬼不爲燕地囚王美人彈琴作語曰三尺羅衣何不掣四面屏風何不越王因掣衣而走得免
叚龜龍凉州記曰有人發張駿墓得眞珠簾箔雲母屏風
語林曰滿奮字武秋羸惡風侍坐武帝屢顧看雲母幌或云北窻琉璃屏風實密似踈有難色武帝笑之荅曰臣如吳牛見月則喘或云是胡質侍魏明帝坐
俗說曰荀介子爲荆州刺史荀婦大妬恒在介子齋中客來便閉屏風有桓客者時爲中兵參軍來諮荀諮事論事已訖爲復作餘語桓時年少殊有姿容荀婦在屏風裏便語桓云桓參軍君知作人不論事已訖何以不去桓狼狽便走○又曰謝萬作吳興郡其兄安時隨至郡中萬眠常晏起安清朝便往牀前叩屏風呼萬起
淮南王屏風賦曰列在左右近君頭足不逢仁人永爲朽木
曹毗詩叙曰余爲黄門在直多懷遂作詩書屏風
李尤屏風銘曰舍則潜辟用則設張立必端直處必廉方壅閼風邪霧露是抗奉上蔽下無失其常
王羲之與殷浩書曰勸令畫廉藺於屏風

步障

晉書曰石崇與王愷相尚愷以紫絲步障四十里崇以錦步障五十里以敵之
又曰王凝之妻謝氏有才辯凝之嘗與賓談論詞理將屈謝氏遣婢白獻之曰欲與小郎解圍乃施青綾步障自蔽與客申獻之前議客不能屈
齊書曰江夏王寶玄與崔慧景叛景敗寶玄逃奔數日乃出帝召入後堂以步障裹圍之令羣小數十人鳴鼓角繞其外遣人謂曰汝近圍我亦如此少日乃殺之
北齊書曰琅琊王儼字仁威武成第三子也武成甚愛之儀衛甚盛帝嘗與后在華林園東門外張幕施青綾步障以觀之
東宮舊事曰太子納妃有絲布碧裏步障三十漆竿銅鈎
拾遺記曰石虎爲浴臺列鳳文錦步障縈蔽於浴所
語林曰許玄度將弟出都婚諸人聞是玄度弟欲遲之既見乃甚癡便欲嘲弄之玄度爲之解紛諸人遂不能犯境劉眞長歎曰玄度爲弟婚施十重鐵步障
語林曰大將軍刑周伯仁以步障繞之經日已具王曰周伯仁子弟癡何以不知取其翁屍周家然後收之

承塵

釋名曰承塵施於上以承塵土也
周禮春官下曰幕人掌帝綬之事（云謂帝在王幕若幄中坐上承塵也）
後漢書曰雷義字仲公豫章鄱陽人也初爲郡功曹嘗擢舉善人不伐其功義嘗濟人死罪罪者後以金二斤謝之義不受金主伺義不在默投金於承塵上後葺理屋宇乃得金金主已死無所復還義乃以付縣曹

宋書曰建平王宏子景素在南徐甚得人心而謗聲日積深懷憂懼嘗與故吏劉璡獨處曲臺有鵲集於承塵飛鳴相追景素泫然曰若斯鳥者遊則參于風煙之上止則隱于林木之下飢則啄渴則飲形體無累于物得失不關於心一何樂哉

搜神記曰長安有張氏者獨處一室有鳩自外入止于牀張氏惡之披懷而祝曰鳩尒來爲我禍耶飛上承塵爲我福也來入我懷鳩翻飛入懷乃化爲一鉤從尒貲產巨萬

又曰傅陵劉伯祖爲河東太守所止承塵上有神能語京師詔書誥下消息輒豫告伯祖伯祖問其所食啖欲得羊肝於前切之纔墮刀不見盡兩羊肝有一老狸眇眇在案前持刀者舉刀欲斫之伯祖訶止自舉着承塵上須臾大笑曰向者啖肝醉忽失形與府君相見大慚愧後伯祖當

爲司隸復先語伯祖云某月某日書當到期如言及入司隸府神隨逐承塵上輒言省内事伯祖大恐怖謂神曰今職在剌舉左右貴人聞神在此因以相害神荅曰如府君所慮當相捨去遂無聲

支僧載外國事曰斯訶調國有大富長者條三弥與佛作金薄承塵一佛作兩重承塵

抱朴子曰余友人滕永叔嘗養大獮猴以鐵鏁鏁之着牀間而犬忽齧殺之永叔便合鏁埋之後百許日有鬼者見獮猴走上承塵上不悟是獮猴鬼也驚指之曰獮猴何以被傷流血斷走乎永叔曰始乃今日知猴死復有鬼乎

語林曰傅信忩毋毋羸病恒驚悸信乃取鶵鴨去毛置承塵上行落地毋輒恐怖

楚辭曰經堂入奥朱塵筵几塵承塵也

太平御覽卷第七百一

服用部

扇　蓋

扇

揚雄方言曰扇自關而東謂之扇自關而西謂之箑世本曰武王作箑

帝王世紀曰武王自盟津還返于國見暍人王自左擁而以扇之

續漢書曰梁冀輿服之制作擁身扇

東觀漢記曰黄香至孝夏則以扇侍于親側

魏畧曰韓宣字景然爲丞相軍謀掾步入宫門内與臨淄侯相遇時新雨地有泥潦宣礙不得去以扇自障

晉書曰武帝太始中博選良家以充後宫先下書禁天下

嫁娶使宦者馳傳州縣召充選者使楊后選所取后妬不取端正好唯取長白時卞藩女有美色帝舉扇鄣面語后云卞藩女好后曰藩三世后族不宜枉以卑位帝乃止

又曰何楨字元幹常以縛筆織扇爲業以奉供養

又曰庾亮出鎮於外以帝舅故執朝權王導不能平嘗遇西風起輒舉扇自蔽曰元規塵汚人

又曰王羲之字逸少居蕺山見一老姥持六角扇賣之羲之書其扇各爲五字姥初歎惋因謂姥曰旡苦但言是王右軍書以求百金價姥如言人競買之後姥復將數扇來請書羲之不荅○又顧榮傳曰廣陵相陳敏反渡江攻楊州刺史劉機阻兵據州郡有鼎峙之意遣顧榮歛舟於岸敏率萬人出不獲濟榮自麾羽扇敏衆大潰也

晉中興書曰安帝義熙元年禁絹扇及摴蒲

續晉陽秋曰謝安賞袁宏機對辯速宏爲東陽郡時賢祖道治亭安起執宏手顧左右取一扇授云聊以贈行宏應聲曰輒當奉揚仁風慰彼黎庶合坐稱其率要

又曰謝安鄉人有罷中宿縣者還詣安問其歸貨荅曰嶺南彫獘唯有五萬蒲葵扇謂非時爲滯貨安乃取其中者捉之於是京都士庶競而慕焉增價數倍旬日則無所賣

宋書曰明帝王皇后上嘗宫内大集而裸婦人觀之以爲歡笑后以扇鄣面獨無所言

又明恭王后傳曰廢帝失德太后每加勗譬始猶見順後狂慝稍甚太后嘗賜帝玉柄毛扇帝嫌毛柄不華因此欲加酖害令太醫煑藥左右止之乃止

又曰范曄謀逆被擊上有白團扇甚佳送曄令書詩賦美句曄受旨援筆而書曰去白日之炤炤襲長夜之悠悠上

循覽悽然

齊書曰竟陵王子良孫賁字文奐形不滿六尺神識耿介幼好學有文才能書善畫於扇上圖山水咫尺之内便覺萬里爲遥

又曰劉祥字顯徵輕言肆行不避高下建元中爲正員郎司徒褚彦回入朝以腰扇鄣日祥從側過曰作如此舉止羞面見人扇鄣何益彦回曰寒士不遜祥曰不能殺袁劉安得免寒士

又曰蕭子顯頗負才氣及掌選見九流賓客不與交言但舉扇一撝而已衣冠竊恨

梁書曰臨川王宏子正表幼不慧常執白團扇湘東王取題八字銘玩之正信不知咄之終常摇握

又曰柳惲早有令名少工篇什爲詩云亭皐木葉下隴首

秋雲飛琅琊王融見而嗟賞因書齋壁及所執白團扇
南史張敷字景胤生而母亡年數歲問之雖童蒙便有感
慕之色至十歲許求母遺物而散施已盡唯得一畫扇乃
緘録之每至感思輙開笥流涕
又曰羊欣字敬元會稽王世子元顯每使書扇常不奉命
元顯怒乃以爲後軍府舍人
又曰何戢美容儀動止與褚彦回相慕效時人呼爲小褚公
家業富盛性又華侈衣被服飾極爲奢麗出爲吳興太守
頗好畫扇宋武賜戢蟬雀扇善畫者顧景秀所畫時吳郡
陸探微顧寶元皆能畫歎其巧絶戢因王晏獻之
後魏書曰尒朱弼字輔伯節閔帝時封河間郡公尋爲青
州刺史韓陵之敗欲奔梁數日與左右割扇爲約弼帳下都
督馮紹隆爲弼信待說弼曰今方同契闊宜當心瀝血示衆
以爲信弼從之大集部下弼乃踞胡牀令紹隆持刀破心紹
隆因推刃殺之
唐書曰中宗爲皇太子天后以時熱令皇太子外朝用扇
郭日太子讓之詔不許
太公六韜云將冬不衣裘將夏不操扇名禮將之也
管子曰夏行五政三曰禁扇去笠
淮南子曰失火而鑿池披裘而用扇不能救也
又曰夫夏日不披裘非愛之也煖有餘於身也冬日不用
箑者非簡之也清有餘也
抱朴子曰風不輟則扇不用日不出則燭不息
春秋繁露曰以龍致雨以扇逐暑
崔豹古今注曰雉尾扇起於殷高宗有雊雉之祥服章多
用翟羽周制以爲皇后夫人車服輦車有翣即緝雉羽爲之

以障翳風塵也漢朝乘輿服之後以賜梁孝王魏晉以來
以爲常准諸王皆得用之
又曰郭扇長柄扇也漢世多豪俠爲雉尾而制長扇也
又曰五明扇舜所作也既受堯禪廣開視聽求賢人以自
輔故作五明扇秦漢公卿大夫皆用之魏晉非乘輿不得
用也
東宮舊事曰皇太子初拜供漆要弱青竹扇各一太子納
妃同心扇三十單竹扇二十
脩復山陵故事曰玄宮中用絹團扇六枚
西京雜記曰朱買臣爲會稽太守懷章綬還至舍堂而國
人未知也所知錢穀見其墨露乃勞之曰得无罷乎遺以
紈扇買臣至郡引爲上客
又曰長安巧工丁緩作七輪扇連七輪大皆徑尺相連續
一人運之則滿堂寒戰
又曰趙飛燕爲皇后其弟上遺雲母扇五明扇七華扇翟
扇蟬翼扇
又曰天子夏則設羽扇冬則設繒扇
晉中興徵祥說曰舊爲羽扇柄者刻木以象骨翮用十毛
取全數也中興初王敦始改用長柄使其下出可捉而減
其羽用八識者以爲服妖也柄使可執者國柄之象毛減
用八是羽翮損少而飛羽不終之應也
鄴中記曰石虎作雲母五明金薄莫難扇此一扇之名也
薄打純金如蟬翼二面彩漆畫列仙奇鳥異獸其五明方
中辟方三寸或五寸隨扇大小雲母帖其中細縷縫爲其
際唯畫而彩色明徹看之如謂可取故名莫難也虎出時
以此扇挾乘輿亦用象牙桃枝扇其上竹或緑沉色或木

蘭色或作紫紺色或作鬱金色
異物志曰扶南國昔但知作大扇遣人持之不知人各自用也及今熱時各自用也
拾遺録曰周昭王時塗脩國獻青鳳丹鵲各一雌一雄夏至取鵲翅爲扇一名施風一名條翮一名反影時有南歐獻二美女更摇此扇侍於王側
世説曰王大將軍在西朝時見周侯轉扇鄣面而得佳後度江左不能復尓王歎曰不知吾進伯仁退勃性強梁自少而長季倫斬妓曾無異色如斯傲恨憚於周顗斯不然之言
又曰温嶠娶姑女既婚交禮女以手披紗扇撫掌大笑我嫌是老奴果如所疑
又曰羊孚作雪讃云資清以化乘氣以霏值象能鮮即潔成暉桓胤遂以書扇

語林曰諸葛武侯與宣王在渭濵將戰武侯乘素輿葛巾白羽扇指麾三軍三軍皆隨其進止
又曰胡毋彦國至湘州坐廳事斷官事忝時三伏中傍摇扇視事其兒子光從容顧謂曰彦國復何爲自貽伊戚
又曰庾翼爲荆州都督以毛扇上城帝疑是故物侍中劉邵曰栢梁雲構匠者先居其下管弦繁奏夔牙先聆其音翼之上扇以好不以新季恭聞之曰此人宜在帝左右
俗説曰顧虎頭爲人畫扇作嵇阮而都不點眼精主問之顧荅曰那可點精點精便語
列仙傳曰介之推隨晋重耳去國後辭禄與毋入介山從伯陽遊後世見在東海王治賣扇
捜神記曰魯少千山陽人漢文帝微服懷金欲問其道少千執象牙扇出應門

續捜神記曰吴猛好道術嘗渡江以白羽扇畫水横流直過不用舟檝
異苑曰高平檀茂宗義熈中喪亡其母劉氏夢見宗云方永違離今以此扇奉别毋流涕覺於屏風間得扇上皆如蜘蛛網絡
婦人集曰没太子妻季氏爲夫所遺婦與夫書并致安衆扇兩隻
古詩曰綾扇如團月出自機中素畫作秦女形乘鸞入煙露班婕妤扇詩曰新裂齊紈素鮮潔如霜雪裁爲合歡扇團團似明月出入君懷袖動揺微風發
魏陳王曹植九華扇賦曰昔吾先君常侍得幸漢桓帝帝賜尚方竹扇不方不員其中結成文名曰九華其辭曰形五離而九折篾氂解而縷分效虬龍之蜿蟬法雲霓之

烟熅因形致好不常厥儀方不應矩圓不中規隨皓腕以徐轉發惠風之微寒時氣清以芳厲紛飂動乎綺紈
徐幹團扇賦曰於帷合歡之奇扇肇伊洛之纖素仰明月以取象規圓體之儀度
傅咸狗脊扇賦曰蓋畢以自居君子之經孤寡不穀王侯脩名尚不媿狗脊之爲號亦焉顧九華之妙形

蓋

釋名曰蓋在上覆蓋人也
通俗文曰張帛避雨謂之繖蓋
禮檀弓下曰敝蓋不棄爲埋狗也
左傳定曰齊侯伐晋夷儀敝無存死於霤下鬭死於齊侯門霤下謂夷儀人曰得敝無存者以五家免給其五家命常不供役事乃得其尸公三襚之襚衣也殯三加襚深禮厚之與之犀軒直蓋犀軒卿車直蓋高蓋

家語曰孔子將行命從者持蓋既而果雨（聖人無所不通也）
又曰孔子將行雨無蓋門人曰商也有焉孔子曰商之爲人也甚短於財吾聞與人交者推其長者違其短者故能以久也
史記曰五羖大夫相秦也勞不坐乘暑不張蓋
漢書曰上官桀少時爲羽林郎從武帝上甘泉天大風車不得行解蓋授之桀奉蓋雖風常屬車雨下蓋輒御上奇其材力焉
又曰黄霸爲楊州刺史三年宣帝詔賜車蓋特高一尺以彰有德
又王莽傳曰或言黄帝時建華蓋登仙莽乃造華蓋高八丈一尺皆全瑵羽蓋載以秘機四輪車駕六馬輓者皆呼登山

續漢書曰靈帝時講武平樂觀建十重五彩華蓋高十丈建九重華蓋高九丈
又曰祠老子於濯龍中設華蓋八座
東觀漢記曰隗囂破上歸過汧幸祭遵勞之時遵有疾詔賜重茵覆以御蓋
後漢書曰光武東巡虞延從駕到魯還經封丘城門門小不容羽蓋（封丘今東京縣也）帝怒使撻御史延救之乃止（事具門部）
吳志曰曹休入晥城陸遜破之權令左右以御蓋覆遜
又曰周泰字幼平數戰有功孫權覆以御蓋（江表傳曰青縑蓋也）
又曰劉基孫權愛敬之嘗從御樓舡上時雨甚權以蓋自覆又令覆基餘人不得也
又曰賀齊爲將綺飾所乘舡青蓋絳幨
晉安帝記曰桓玄遊於水南飄風飛其輓蓋後義兵起遂敗
宋元嘉十年起居注曰御史中丞荀伯子奏左衛將軍何尚之公事每卑笠有虧體制建野笠於公門棄華繖而不御
宋元嘉二十九年起居注曰訶羅單國奉孔雀蓋一具
齊書曰始安王遥光傳江祐被誅東昏召遥光入殿告以祐罪遥光懼還省便陽狂號哭自此稱疾不復入臺先是遥光行還入風飄儀繖出城外遥光後敗
梁書曰王籍爲中散大夫彌日忽忌不樂乃至徒行市道不擇交遊有時途中見相識輒以笠傘覆面
南史曰殷孝祖與賊合戰每常以鼓蓋自隨軍中人相謂曰殷統軍可謂死將至矣今與賊交鋒而以羽儀自標顯若此射者十手攢射欲不斃得乎是日中流矢死

又曰扶南其俗卑古具繖
文子曰大丈夫恬然無思淡然無慮以天爲蓋以地爲輿
又宋玉大言賦曰圓天爲蓋方地爲輿
淮南子曰蓋非橑不能蔽日輪非輻不能追疾然而橑蓋未足恃也（橑蓋骨也）
孔叢子曰夫子適郯郯子遇子於塗傾蓋而語終日而別命子路將束帛贈焉
尉繚子曰吳起與秦人戰僕嗽之蓋足以蔽霜露
說苑曰田子方遇翟璜乘軒車戴華蓋疑以爲人君也
崔豹古今注曰華蓋黄帝所作也與蚩尤戰于涿鹿之野常有五色雲氣金枝玉葉於帝上有花蘤之象故因而作華蓋（蘤韋委切）
又曰曲蓋太公所作武王伐紂大風折蓋太公因折蓋之

形而制曲盖焉戰國常以賜將軍自漢朝乘輿用之因謂

睥睨蓋有軍號者賜其一焉（睥疋詣切睨五計切）

搜神記曰湖陂吏丁初忽見少婦人姿容可愛青衣戴傘呼初初疑而待顧視婦自投陂中是大蒼獺衣傘皆是蓮荷異苑曰義熈中烏陽小吏見女子戴青繖姿容甚麗遂要之女至多電光乃是大狸柚刀研殺其繖乃枯荷葉（事具獸部）

眞人周君傳曰紫陽眞人周義山子通合會仙人在金屋銅門之内以紫雲爲蓋

眞人王君傳曰太上大道君授務成君繡羽蓋雙明珠

俗說曰徐于木年少時嘗夜夢見烏從天上飛銜繖樹其廷中如此九三過銜來作惡聲而去徐後果得繖遂以惡終

青烏子葬書曰作墓發土夕夢見皁繖入市者富貴

楚辭曰孔蓋兮翠旍（言以孔雀翅爲車蓋翠羽爲旍旗也）登九天兮撫彗星

又曰乘水車兮荷蓋駕兩龍兮驂螭

宋玉高唐賦曰蜺爲旍翠爲蓋風起雨霽千里而逝

司馬相如大人賦曰屯余車其萬乘兮綷雲而樹華旗（綷子對切）

阮籍清思賦曰折丹木以蔽陽竦芝蓋之三重

劉楨魯都賦曰蓋如飛鵠馬如游魚

宋玉大言賦曰圓天爲蓋方地爲輿

太平御覽卷第七百二

太平御覽卷第七百三

服用部五

麈尾　如意

拂　唾壺

書臺　香爐

麈尾

晉陽秋曰石勒僞事王浚遺勒麈尾勒爲不執置之於壁朝拜之云見王公所賜如見公也

晉書曰王衍夷甫盛才美貌明悟若神毎捉玉柄麈尾與手同色

又曰王導妻曹氏妬導令別修館以安衆妾曹氏知之導將恐有他喧辱命駕恐遲以所執麈尾柄驅牛而進司徒蔡謨聞之謂導曰朝廷欲加公九錫導不之覺但謙退而已謨曰不聞餘物唯有短轅犢車長柄麈尾導大怒

宋書曰張融字思光弱冠有名道士同郡陸脩静以白鷺羽麈尾扇遺之曰此既異物以奉異人又融臨卒遺令建白旐無旒不設祭令人捉麈尾登屋復魂

又曰張敷好讀玄言兼屬文論弱冠初父邵使與高士南陽宗少文談繫象往復數番少文欲屈握麈尾歎曰吾道東矣於是名價日重

齊書曰周顒音辭辯麗長於佛理著三宗論言空假義西涼州智林道人遺顒書深相贊美言捉麈尾來四十餘載頗見宗録唯此塗白黑無一人得者非意此音猥來入耳見重如此

梁書曰盧廣有儒術爲國子博士於學中講說僕射徐勉以下畢至謝舉造坐屢折廣詞理遒邁廣深歎服仍以所執麈尾贈之以況重席焉

陳書曰張譏善講論後主在東宮集宮僚置宴時造玉柄麈尾新成後主親執之曰當今雖復多士如林至於堪捉此者獨張譏耳即手授譏後主嘗幸鍾山開善寺召從臣坐於寺西南松下勑譏講義時索麈尾未至後主勑取松枝手以屬譏曰可代麈尾

郭子曰何次道嘗詣王丞相以麈尾敲牀呼何共坐曰此君子坐也

又曰孫安國往殷中軍許共語左右進食冷而復煖者數四彼我奮擲麈尾悉墮落滿飯中賓主遂至莫忘食也

又曰王長史病已篤寢燈下轉麈尾而視之歎曰如此人曾不得滿四十及亡劉尹臨殯以犀柄麈尾置柩中因慟哭○世說曰王丞相常懸一麈尾著帳中及殷中軍來乃取之曰今當遺汝○又曰客問樂令旨不至者樂亦不復剖析文句以麈尾柄敲机曰至不客曰至樂因又舉麈尾曰若至者那得去客乃悟服○語林曰康法暢造庾公捉麈尾至彼公曰麈尾過麗何以得在荅曰廉者不求貪者不與故得在耳○華陽國志曰宜君山出麈尾

王道麈尾銘曰誰謂質卑御於君子拂穢静暑虛心以俟

許詢白麈尾銘曰蔚蔚秀格偉偉奇姿荏弱軟潤雲散雪霏君子運之探玄理微

如意

齊書曰蒼梧欲害高帝帝嘗以書案下安鼻爲楯以鐵爲書鎮如意甚大以備不虞欲以代仗

蕭子顯齊書曰明僧紹字承烈平原鬲人也隱長廣郡勞山詔徵爲正員郎稱疾不就賜竹根如意筍籜冠隱者以

爲榮

梁書曰席闡文武帝將起兵闡文勸蕭穎胄同焉仍遣客田祖恭私報帝并獻銀裝刀帝報以金如意

又曰韋叡拒魏於邵陽叡乘素木輿執白角如意以麾軍一日數合

又曰殷鈞字季和梁武與鈞父叡有舊以女永興公主妻鈞公主驕淫險虐鈞形皃短小爲主所憎每被召入先滿壁爲殷叡字鈞輒流涕以出主命婢束而反之鈞不勝怒言於帝帝以犀如意擊主碎於背然猶恨鈞自侍中出爲王府諮議

又曰李膺字公胤有才辯西昌侯藻爲益州以爲主簿使至都武帝悅之謂曰今李膺何如昔膺對曰今勝昔問其故對曰昔事桓靈之主今逢堯舜之君帝嘉其對以如意擊席者久之乃以爲益州別駕

平七百三　三　張寅

後魏書曰高祖孝文欲試諸子志尚乃大陳寶物任其所取京兆王愉等競取寶玩宣武皇帝惟取骨如意而已帝大奇之

又曰廣陵王羽爲太子太保録尚書事孝文將南討遣羽持節安撫六鎮發其突騎夷夏寧悅還領廷尉卿及車駕發羽與太尉元丕留守帝賜羽如意以表心焉

拾遺記曰吳主潘夫人之父坐法夫人輸入織室夫人容態少儔爲江東絕色同幽者百餘人謂夫人爲神女敬而遠之有司聞於吳主使圖其容皃夫人憂感不食減瘦改形工人寫其眞狀以進吳主吳主見圖而嘉之以虎魄如意撫案碎折嗟曰此神女也遂納之

又曰孫和悅鄧夫人常置膝上和月下舞水精如意誤傷夫人頰

胡綜別傳曰時有掘得銅匣長二尺七寸以琉璃爲蓋布雲母於其上開之得白玉如意所執處皆刻螭虎文蠅蟬等形時人莫有識者太常以問綜綜荅曰昔秦始皇帝東遊以金陵有天子氣乃改名掘鑿江湖平諸山南處處輙理寶物以當王氣其事見於秦記

石季倫本事曰崇有珊瑚如意長三尺二寸

世說曰殷荊州有所識作賦（示東晳慢戲之殷甚以爲有才）語王恭適見新文甚可觀便於手巾函出之王既讀殷笑不自勝王看竟既不笑亦不言好惡但以如意點之而已殷悵然自失

又曰謝萬北征而常嘯詠自高未嘗撫慰衆士萬兄安謂萬曰汝爲元帥宜數呼諸將宴以悅其心萬從之於是召集諸將帥無所說直以如意指四坐曰諸軍皆是勁卒諸將甚恨之

平七百三　四　寅

語林曰石崇與王愷爭豪晉武帝愷之甥也每助愷以珊瑚高二尺許愷以示之崇以鐵如意擊之應手而碎愷聲色俱厲崇曰此不足恨乃命取珊瑚有三尺光彩溢目者六七枚愷悵然自失

異苑曰太原郭澄之義熙初諸葛長民欲取爲輔國諮議澄之不樂後爲南康太守盧循反自廣州長民以其謀先告因騁私惡收澄之以付廷尉將致大辟夜夢見一神人以烏角如意與之覺便在其頭側可長尺餘形制甚陋澄之遂得無它後從入關齋以自隨忽失所在

劉義慶啓事曰恩旨賜臣犀鏤竹節如意目所未覩

拂

晉書曰武帝泰康四年有司奏先帝舊物麻繩爲細拂以明儉約

宋書曰孝武大明中壞高祖所居陰壁於其處起玉燭殿與群臣觀之牀頭有土障壁上掛葛燈籠麻繩拂侍中袁覬盛稱上儉素之德孝武曰田舍翁得此已爲過矣

齊書曰陳顯達子休尚爲郢府主簿過九江拜別顯達謂曰凡奢侈者鮮有不敗麈尾繩拂是王謝家許汝不須捉此即取於前燒除之

東宮舊事曰太子有白毦拂二

秦嘉婦與嘉書曰今奉旄牛尾拂一枚可拂塵垢

唾壺

晉書曰王敦爲荊州牧既專外任有問鼎之志引劉隗刀協爲腹心及隗用事頗間王氏敦怒疏隗之自尒憤憤不

平安每酒後詠魏武帝樂府歌曰老驥伏櫪志在千里烈士暮年壯心不已以鐵如意擊唾壺爲節壺邊盡缺

梁書曰天監中中天竺國奉表獻琉璃唾壺

脩復山陵故事曰皇后玄宮有白瓦唾壺五枚

東宮舊事曰太子納妃有漆書銀帶唾壺一

魏武帝上雜物疏曰御雜物用有純金唾壺一枚漆圓油唾壺四枚貴人有純銀參帶唾壺三十枚

王子年拾遺記曰魏文帝納薛靈芸靈芸別父母歔欷累日淚下沾衣至升車就路之時玉唾壺承淚壺即如紅色及至京師壺之淚如凝血矣

又曰吳主潘夫人帝嘗與夫人遊昭宣之臺恣意幸適既盡酣醉唾於玉壺中使侍婢寫於臺下

西京雜記曰廣川王發魏襄王塚得玉唾壺一枚

交州雜記事曰太康四年臨邑王范熊獻紫水精唾壺一口青白水精唾壺各二口續齊諧記曰武昌小吏吳龕渡水得五色石夜化爲女子稱是龕婦至家見婦翁被白羅袍隱漆几銅唾壺狀如天府自稱河泊

馬融遺令曰冢中不得下銅唾壺

賀循葬禮曰藏物今用瓦唾壺一枚

蔡邕表曰詔賜薰鑪唾壺朝廷之恩前後重疊父母於子無以加此

孔臧與子琳書曰侍中安國群臣近見崇禮不供褻器猶復掌御唾壺朝廷之士莫不榮之

書臺

東宮舊事曰皇太子初拜有柏書臺

又曰太子妃有漆書臺

香爐

漢官典職曰尚書郎給女史二人絜衣服執香爐燒薰從入臺中給使護衣服

梁書曰侯景即位景牀東邊香爐無故墮地景呼東西南北皆謂爲廂景曰此東廂香爐那忽下地議者以爲湘東軍下之徵

南史曰陶弘景字通明丹陽秣陵人也父貞孝昌令初弘景母郝氏夢天人手執香爐來至其所已而有娠

又曰庾仲文貪賄何尚之奏選令史龍向臣說亦歎其受納之過言實得嫁女具銅鑪四人舉乃勝細葛斗帳等物不可稱數

齊書曰江泌爲南康王子琳侍讀建武中明帝召諸王後泌憂念子琳訪誌公道人問其禍福誌公覆香爐灰示之

曰都盡無餘後子琳被害
東宮舊事曰皇太子初拜有銅博山香爐一枚
晉東宮舊事曰泰元中皇太子納妃王氏有銀塗博山連盤三斗香爐一
西京雜記曰長安巧工丁諼作卧褥香爐一名被中香爐爲機環轉四周而爐體常平可置之褥被故取被褥以爲名又作九層博山香爐鏤以奇禽怪獸
魏武上雜物疏曰御物三十種有純金香爐一枚貴人公主有純銀香爐四枚
襄陽記曰劉和季性愛香上厠置香爐主簿張坦曰人名公作俗人眞不虛也和季曰荀令君至人家坐處三日香君何惡我愛好也
鄴中記曰石虎冬月爲複帳四角安純金銀鑿鏤香爐
徐先生南岳記曰衡山石室中有几及香爐
盧諶祭法曰香爐四時祠坐側皆置也
徐爰家儀曰婚迎車前用銅香爐二
集異記曰吳郡吳泰能筮會稽盧氏失博山香爐使泰筮之泰曰此物質雖爲金其象實山有樹非林有孔非泉閶闔風至時發青煙此香爐也語其主處求即得之
古詩曰四坐且莫諠願聽歌一言請說銅鑪器崔嵬象南山上以植松柏下根據銅盤雕文各異類離婁自相連末火然其中青煙颺其間順風入君懷四坐莫不歎香風難久居空令蕙草殘
梁昭明太子銅博士香鑪賦曰禀至精之純質産靈嶽之幽深經般倕之妙指運公輸之巧心有蕙帶而巖隱亦霓裳而昇仙寫嵩山之龍嵸象鄧林之仟眠

太平御覽卷第七百三

服用部

囊　帊幞

囊

說文曰囊謂橐也橐車上大囊也

方言曰自關而西食囊謂之掩囊

周易坤卦六四曰括囊無咎象曰括囊無咎愼不害也

焦贛易林歸妹之損曰爭鷄失羊亡其金囊利得不長

毛詩公劉曰迺裹餱糧于橐于囊

公羊傳哀公曰齊景公死舍立陳乞迎陽生使力士舉巨囊巨大也而至開之則公子陽生也乞曰此君也諸大夫皆再拜稽首自是往殺舍

史記曰韓信已定臨淄楚使龍且救齊夾濰水陣韓信乃夜令人爲萬餘囊盛沙以壅水上流引軍半渡擊龍且佯不勝遂走龍且追信信渡水使人決壅水大至急擊殺龍且

戰國策曰荆軻逐秦王時侍醫夏無且以藥囊提軻提擲也

漢書曰陸賈使尉佗佗賜賈囊中裝直千金

又曰東方朔曰侏儒長三尺奉一囊粟錢二百四十朔長九尺餘亦一囊粟錢二百四十侏儒飽欲死臣朔飢欲死

又曰楊王孫病且終先令其子曰吾欲贏葬以反吾眞死則爲布囊盛入地七尺旣下從足脫其囊以身親土

又東方朔傳曰文帝集上書囊以爲殿帷

又曰張安世持橐簪筆事孝武數十年見謂忠謹橐挈橐也近臣負也

又曰邴吉馭吏嘗知邊塞吏出適見驛持赤白囊邊郡發奔命書馳來至虜入雲中代郡遽歸府見吉白狀

又曰成帝許美人乳詔使婢嚴持乳醫及藥篋至美人所後詔使嚴持綠囊書與許美人告嚴曰美人當有以予女受來置飾室中美人葦篋一合盛所生兒死緘封及綠囊報書予嚴

又曰王陽好車馬衣服鮮明而遷徙轉移所載不過囊橐時人怪其奢伏其儉故俗傳王陽能作黃金

東觀漢記曰岑彭與吳漢圍隗囂雍谷水以縑囊盛土爲堤灌西城

後漢書張湛傳曰光武嘗召見諸郡計吏問前後守令能否蜀郡計掾樊顯曰漁陽太守張堪昔在蜀仁以惠下威能討姦前公孫述破時珍寶山積捲握之物足富十世而堪去職之日乘折轅車布被囊而已

范曄後漢書曰楊璇爲零陵太守以緋囊盛石灰於車上繫布索於馬尾會戰從風鼓灰賊不得視因以火燒布布燒馬驚奔突賊陣

又曰和熹鄧后臨朝杜根以安帝長宜親政事乃上書直諫太后怒收根盛以縑囊撲殺之執法者以根知名私語行事人使不加力而載出城外根得蘇

典略曰馬略爲司隸督軍從事討郭援爲飛矢所中乃以囊裹其足而戰斬援首詔拜徐州刺史

魏略曰大秦國王有五宮相去各十里王一旦至一宮聽事止宿明旦復至一宮遍而還出行常以一吏持囊自隨有上言者收辭囊中還宮乃省之

吳錄曰步騭表言北降王潜等說北簿部伍圖以東向多作布囊欲以盛沙塞江孫權見呂範諸葛恪云每讀騭表輒

獨失笑此江與開闢俱生寧有可囊塞埋乎
王隱晉書曰棗嵩用事於王浚時謡曰十囊五囊入棗郎
晉中興書曰孫恩敗以囊簏盛嬰兒投之於外而告之曰
賀汝先登仙堂我尋而後就汝
晉書曰郭公居河東精卜筮郭璞從而受業公以青囊中
書九卷與之璞由是洞曉其術
宋書曰吳郡人陳遺少為郡吏母好食鐺底飯遺在役恒
帶一囊每煮食輒録其焦以貽母
陳書曰後主怠於政事每啓奏後主倚隱囊置張貴妃於
膝上共決之
隋書曰張虔威嘗在塗見一遺囊恐其主求失因令左右
負之而行後數日物主來認悉以付之
莊子曰人而不學命之曰視皮學而不行命之曰輒囊

又曰胠篋探囊發匱之盜而為守備則必攝緘縢固
扃鐍此世俗所謂智也然巨盜至則負匱揭篋擔囊而趨
唯恐緘縢之不固也
淮南萬畢術曰鴻毛囊之可以渡江（盛鴻毛滿囊可渡江不溺也）
東宮舊事曰太子納妃有絳石綺絹裹被囊一丹羅長命
綺絹裹椀囊一紫基文綺絳絹裹椀囊二
晉中經簿曰盛書皁縹囊書函中皆有香囊二
世說曰謝玄年少時好着紫羅香囊垂覆手太傅患之而
而不欲傷其意乃譎與戲賭得即燒之
語林曰劉承胤少有淹雅之度王庾温公皆素與周旋聞
其至共載看之劉倚被囊了不與王公言神味亦不相酬
俄頃賓退王庾甚怪此意未能解温曰承胤好賄被下必
有珍寶當有市井事令人視之果見向囊皆珍玩焉與胡父諧

賈（諸賈賣鬻）
又曰石崇廁內兩婢持錦囊是籌也
俗說曰何承天顏延年俱為郎何問顏曰韲囊是何物顏
荅曰此當復何解耶韲囊將是御（言腹中無所有純是韲此是世俗相調之辭也）
西京雜記曰惠帝與趙王同寢處后殺之不得後帝早獵
后命力士於被中搤殺之乃死呂后不信以綠囊盛之載
以小軿車入見厚賜之力士東都門外官奴帝後知腰斬
之
拾遺録曰蘇秦張儀二人假食於路剝樹皮為囊以盛天
下良書
又曰燕昭王夢西方羽人從雲中來曰大王精智未開求
恒生久視之覩不可得也以指畫王心應手而裂王乃驚
悟血濕於襟王復見所夢人曰本欲易王之心乃出方寸

綠囊囊中有續脈石名丸補血精散摩王之臆俄而即愈
又曰石虎為浴臺皆用鍮石珷玞為隄岸或以虎魄車渠
為缾杓夏則自渠水以內池池中皆紗縠為囊盛百雜香
漬於水裏
王肅喪服要記曰昔魯哀公祖載其父孔子問曰寧設五
穀囊乎哀公曰五穀囊者起伯夷叔齊讓國不食周粟而餓
首陽之山恐魂之飢故作五穀囊吾父食味含哺而死何
以此為
國語曰吳王殺申胥盛以鴟鴺而投之於江（鴟鴺革囊）
春秋後語曰趙王使平原君入楚求其從約其客有文武
者二十人偕得十九人未有可以備二十者毛遂請行平
原君曰賢士處世譬如錐之處囊其銳立見今先生處勝
門下三年無所聞是先生無所能也遂曰臣乃今日請處

囊中耳若早處囊中乃穎脫而出非特末見也平原乃許
與偕
江表傳曰魏太祖與馬超單馬會語超負其多力嘗置六
斛米囊東西走馬輒製米囊以量太祖輕重太祖尋知之
曰幾爲狡虜所欺
漢武內傳曰帝見王母有一卷書盛以紫錦之囊母曰此
吾真形圖也
曹瞞傳曰操性佻易自佩小鞶囊盛手巾細物
益部耆舊傳曰閻憲字孟度爲綿竹令男子杜成行於路
得遺裝囊開視有錦帛二十五疋明送詣吏
汝南先賢傳曰范滂被詰受幾許贓滂曰曾爲北部督
郵汝陽令有記囊表裹六尺若以此爲贓贓直六十耳
郭文舉別傳曰文舉河內人也懷帝末濟江至餘杭市賣

蒻笠易鹽米以樹皮作囊得米鹽以內囊中
裴淵廣州記曰州廳事梁上畫五羊象又作五穀囊隨象
懸之云昔高固爲楚相五年街穀萃於楚庭因是圖其象
荊楚歲時記八月民俗以錦綵爲眼明囊記曰赤松子此
日以囊承柏樹下露以爲相貽或以金薄爲之遞相餉遺
幽明錄曰習鑿齒爲荊州主簿從桓宣武出獵見黃物射
之即死是老雄狐臂帶絳綾香囊
又曰廣陵韓略將下馬覺鞭重見有綠錦囊中有短卷書
着鞭鞘皆不知所從來開視之故穀紙祝經乃世之常聞
也
異苑曰信安鄭微年少時見人遺一囊云中有物欲碎便
爲凶兆微密開看乃是一挺炭意甚祕之年八十病篤語
子弟云吾齒老矣可試啓此囊見炭悉碎折於是遂死
趙一秦客詩曰文籍雖滿腹不如一囊錢
宋劉義恭啓曰垂賜金虎魄茱萸囊七寶校裝玉眼明囊

帊幞

通俗文曰帛三幅曰帊帊衣曰幞
職官曰尚書郎入直中宮供青縑曰綾幞
晉中興書曰陸納爲吳興太守徵拜左右尚書臨發止
留被幞餘悉還官
梁書曰張纘幼喪母有錯綵絲經帕即母之遺製及有所
識家人具以告之每歲時輒對帕哽咽不能自勝
南史曰關康之寓居南平昌特進顏延之等當時名士十
許人入山候之見其散髮被黃布帊而卧了不相聘延之
等咨嗟而退不敢干也
北史曰後魏元文既專政於禁中自作別庫掌握之珍寶充

牣其中又曾卧婦人於食輿以帊覆之令人輿入禁內出亦
如之直衛雖知無敢言者
東宮舊事曰皇太子納妃有絳綾裹幞帊五具絹裹帊五

太平御覽卷第七百四

太平御覽卷第七百五

服用部

簾

篋

簾

說文曰簾竹高篋世字或作簾

通俗文曰簾謂之匽笥

魏晉世語曰武帝欲以臨淄侯植爲嗣世子患之以車載簾內諸朝歌長吳質與謀楊脩以白太祖不推世子懼質曰明後簾受絹車內以惑之脩必復白推之無人脩受罪矣世子從之脩果白推而無人太祖繇是疑焉

王隱晉書曰洛陽有尉部小吏忽有好物尉疑詰問云先行逢一老嫗說有病師卜當得城南年少暫相煩相報乃上車內着漆簾中行十餘里過六七門開簾忽見樓閣好屋問此何處云是天上見一婦人三十五六短青黑色眉後有疵時賈后疎親聞其狀知是賈后慙而去

晉書云陸納性慳每自筭料財物有客入見之畫帊以身映簾

晉中興書曰王敦害周顗籍其家止見素簾中有故絮

脩復山陵故事曰武悼皇后玄宮酎衣蝦蟇簾二

東宮舊事曰皇太子初拜有漆馬齒書簾金薄綵花簾

古詩曰交文象牙簾婉轉青絲繩

篋

左傳昭四曰叔鮒求貨於衛淫芻蕘者衛人使屠伯饋叔向羹與一篋錦

春秋後語曰魏文侯命樂羊將攻中山三年而拔之樂羊反而論功文侯示之謗書一篋

漢書曰張安世字子孺以父任爲郎用善書給事尚書精力於職上行幸河東嘗亡書三篋詔問莫能知唯安世識之具作其事後購求得書以相校無遺失

魏志曰胡質爲荊州刺史薨無餘財唯有賜衣書篋而已

晉書曰張華身死之日家無遺財有文史溢于几篋

太平御覽卷第七百五

太平御覽卷第七百六

服用部八

牀　榻　胡床

牀

許愼說文曰牀身之安也

釋名曰牀裝也所以自裝載也

方言曰牀齊魯謂之簀陳楚之間謂之笫(音滓一音姊)北燕朝鮮謂之樹秦晉之間謂之杠南楚趙東齊海岱之間謂之䍐(音詭)謂之北郊趙魏之間謂之牒

易曰初六剝牀以足蔑貞凶象曰剝牀以足以滅下也六二剝牀以辨蔑貞凶象曰剝牀以辨未有與也六四剝牀以膚凶象曰剝牀以膚切近災也

又曰巽在牀下象曰巽在牀下上窮也

詩曰乃生男子載寢之牀

禮曰曾子寢疾樂正子春坐於牀下曾元曾申坐於足童子隅坐而執燭童子曰華而睆大夫之簀與(華盖也簀牀笫也)曾子曰然斯季孫之賜也我未之能易也元起易簀(命元起也)曾元曰夫子之病革(音棘)矣不可以變幸而至於旦請敬易之曾子曰尔之愛我也不如彼君子之愛人也以德細人之愛人也以姑息吾何求哉吾得正而斃焉斯已矣舉扶而易之反席未安而沒

左傳曰齊無知弒其君殺孟陽于牀注云陽小臣代公居牀(事具逐門)

又曰楚子圍宋宋人懼使華元夜入楚師登子反之牀曰寡君使元以病告

又曰夏子庚卒楚子使薳子馮爲令尹訪於申叔豫叔豫曰國多寵而王弱國不可爲也遂以疾辭方暑掘地下冰而牀焉重繭衣裘鮮食而寢楚子使醫視之復曰瘠則甚矣而血氣未動乃使子南爲令尹

周禮曰玉府掌王之衽席牀笫

國語曰晉獻公寢而不寐郤叔虎曰牀笫之不安耶驪姬之不側耶

戰國策曰孟嘗君至楚獻象牀郢之登徒直送之不欲行見孟嘗君門人公孫戍曰象牀之直千金傷此若髮標賣妻息不足以償足下能使僕無行先人有寶劒願獻之戍曰諾

范曄後漢書曰袁術僭號人情離叛欲北至青州曹操使劉備邀之至江亭坐簀牀而歎曰袁術乃至於此乎歐血而死

又曰向栩性卓詭常於竈北坐板牀上如是積久板乃有膝踝足指之處

又曰羊茂自季寶爲東郡太守冬日坐百羊皮夏月坐一榆木板牀蔬食出界買鹽豉食之

又曰薛淳爲漢中太守夏但坐板牀不設席冬坐羊皮河內高弘爲琅琊相亦然也

魏志曰陳登字元龍許汜與劉備並在荊州牧劉表坐汜曰陳元龍河海之士豪氣不除備問汜君言豪有事耶汜曰昔遭亂過下邳見元龍元龍無主客之意不相與語自上牀臥使客臥下牀備曰君有國士之名今天下大亂帝王失所望君憂國忘家有濟世之意而君求田問舍言無所采是元龍所諱何緣當與君語如小人欲臥百尺樓上臥君於地下何但上下牀之間耶表大笑

晉書曰武帝會宴淩雲臺衛瓘託醉因跪帝牀前曰臣欲有言因以手撫帝牀曰此座可惜帝意乃悟因謬曰公真大醉也瓘於此不復言

又曰齊獻王攸特爲文帝所寵愛每見攸輒撫牀呼其小字曰此桃符坐也幾爲太子者數矣

又曰中宗元帝既登尊號百官陪列詔王導升御牀共座導固辭曰太陽下同万物蒼生何由仰照中宗乃止

又曰陶淡字處靜好道養年十五六便絶穀設小床常獨坐不與人共

又曰太尉郗鑒使人求女壻於王導問令就東廂遍觀諸子使者歸謂鑒曰王氏諸少年並佳然聞信至咸自矜持唯一人在東牀坦腹而食獨若不聞鑒曰正此佳壻訪之乃逸少也遂以女妻之

又曰桓玄從荊州下都墓位所坐御牀忽陷殷仲文進曰將由聖德淵重厚地不能載玄大悅

燕書曰公孫鳳隱於昌黎九城寢於土牀也

沈約宋書曰武帝初開國有司奏東西堂施高腳床銀塗釘上不許使用直腳床釘用鐵也

又曰江湛爲元兇劭所害初湛家數見怪異未敗之日所眠床忽有數斗血

又曰王微不仕元兇之變微尋書玩古遂至足不履地終日端坐床皆生埃唯當坐處獨淨

又曰羊戎好爲雙聲江夏王義恭嘗設齋使戎布牀須史王出以牀狹乃自開牀戎曰官家恨狹更廣七寸王笑曰卿豈唯善雙聲乃辨士也

又曰張敷爲中書舍人狄當周赳善管要務以敷同省名家欲詣之赳曰彼若不相容接便不如不往詎可輕行當日吾等並已員外郎矣何憂不得共坐敷先設二床去壁三四尺二客就席敷呼左右曰移我遠客赳等失色而去其自摽遇如此

又曰王僧達大明中以歸順功封寧陵縣五等侯遷中書舍黃門郎路瓊之太后兄慶之孫也宅與僧達門並嘗盛車服詣僧達僧達將獵已改服瓊之就坐僧達了不與語謂曰身昔門下騶人路慶之者是何親遂焚瓊之所坐床

齊書曰紀僧真幸於武帝稍歷軍校容表有士風謂帝曰臣小人出自本縣武吏遭逢聖時陛勞至此爲兒婚得荀昭先女即時無復所須唯就陛下乞作士大夫帝曰江斅謝瀹我不得歷此意可自詣之僧真承旨斅登榻坐定斅便命左右曰移吾牀讓客僧真喪氣而退之

又曰虞愿除後軍將軍褚彥回詣愿不在見其眠床上積塵埃有書數卷彥回歎曰虞君之清乃至於此令人掃地拂床而去

又曰竟陵王子良爲會稽郡閣下有虞翻舊床罷任還乃致以歸後於西邸起古齋多聚古人器服以充之

又曰少帝夜醉蕭坦之與曹道剛扶抱還延昌殿置牀瑁牀上

梁書曰侯景既纂位聞義師轉近猜忌弥深床前蘭錡自遶然後見客

又曰長沙王懿孫植性恬靜獨處一室牀有膝痕宗室衣冠莫不揩則

又曰兼弘性奢侈侍妾百餘人不勝金翠服翫車馬皆一時之絶有眠床一張皆是蹙柏四面周匝無一有異通用

銀鏤金花兩重爲脚也
又曰賀華字文明少以家貧躬耕供養年二十如輟耒就父受業精力不怠有六尺方牀思義未達則横卧其上不盡其義終不肯食
又曰西域龜兹等國其王坐金牀隨太歲轉與妻並坐接客
後魏書曰魏收讀書夏月坐板床隨樹陰諷誦積年牀版爲之鋭減而精力不輟
又曰韓務除龍驤將軍鄧州刺史獻七寶牀象牙席
唐書曰貞觀十八年召三品已上賜宴於玄武門太宗操筆作飛白書羣臣乘醉就太宗手中相競散騎常侍劉洎登御牀引手然後得之其不得者咸稱洎登床罪當死請付法太宗笑曰昔聞婕妤辭輦今見常侍登床
莊子曰驪姬之父封人之子晉國之始得也日涕泣沾衿及其與同匡床食芻養而後悔其涕泣也
商君書曰明者無所不見人主處匡床之上而天下治
論衡曰孔子將死遺䜟書曰不知何一男子自謂秦始皇上我堂踞我床
世本曰紂爲玉床
南方志曰南方老人以龜支床及老人亡昇牀龜尚活
天文集曰紫宫門外有天床六星
東宫舊事曰太子有素栢局脚床七具
漢武帝内傳曰武帝受西王母眞刑六甲雲飛十二事帝盛以黄金封以白玉函珊瑚爲床紫錦爲帷安着柏梁臺上
皇甫謐高士傳曰老萊子隱蒙山之陽支木爲床
神仙傳曰衛叔卿入華山有紫雲鬱鬱白玉爲床
眞人周君傳曰周義山字季通令會仙人在金屋太室以

彩玉爲牀
馬明先生別傳曰明生隨神女還岱宗石室中金床玉几
西京雜記曰武帝爲七寶床雜寶屏風列寶帳設於桂宫中時人謂爲寶宫
又曰昭陽殿設玉牀
又曰韓嫣以玳瑁爲床
拾遺録曰董偃常卧延清之室畫石爲床石文如畫體甚輕出郅支國上設紫瑠璃帳火齊屏風
又曰石季倫屑沉水之香如塵沫布置象床上使所愛者踐之無跡則賜眞珠百琲(珠百枚日琲)若有跡者則節其飲食令體弱故閨中相戲曰尔非細骨輕軀那得百琲眞珠
又曰頻斯國有楓林林東有大石室可容萬人坐壁上尅爲三皇之像天皇十二頭地皇一十一頭人皇九頭皆龍身亦有膏燭之處緝石爲床床上有膝痕深二三寸
衡山記曰仙人室中有黄玉牀
盛弘之荆州記曰長沙郡有賈誼所穿井旁局脚石床一床可容一人坐其形古制傳云誼所坐床也
西征記曰金鄉焦氏山北有漢司隸校尉曾峻塚前有石床長八尺瑩摩鮮明叩之即鳴時太尉從事中郎傅珎之諮議叅軍周室穆折石床各取一頭爲曾氏之後所訟
鄴中記曰石虎御床辟方三丈其餘床皆局脚高下六寸後宫別坊中有小形玉床又有轉關牀射鳥獸
異物志曰麔(賫紫二音)狼狀如麋而角向前入林則得之角正四據人因以作踞牀
異苑曰沙門支法存有八尺沉香板床刺史王淡息切求不與遂殺而籍焉(籍沒也)後息疾法存出爲祟也

世說曰袁紹年少時曾夜以劍遣人擲魏武小下不着帝
揆其後必高因帖卧床劍至果高
語林曰簡文爲撫軍時所坐床上塵不聽左右拂見鼠行
跡視以爲佳
雜五行書曰凡安床東首貧賤疾病西首富南首貴北首
死兵書曰將坐床無故自動下欲害之
夢書曰夢牀所壞者爲憂妻也
曹植九詠曰蕙幬兮荃牀
紫子太七折曰下莞上簟華鏤之床
劉禎續處賦曰布玳瑁之薦設觜蠵（觜蠵大龜也蠵音惟）之床馮玫
瑤之几對金精之盤合李尤卧牀銘曰體之所安寢處之
歡夕則敬愼崇德遠姦

榻

堅牀銘曰體之所安寢處知歡夕則敬愼崇德遠姦
釋名曰長狹而卑曰榻言其榻然近地也小者坐主人無
二獨所坐也
謝承後漢書曰徐穉字孺子豫章人陳蕃爲太守不接賓
客唯穉來特設一榻去則懸之
又曰周璆字孟玉陳蕃爲太守璆來置一榻去則懸之也
蜀志曰簡雍性簡傲跌蕩自諸葛亮以下則獨擅一榻須
枕卧語無所爲屈
吳志曰周瑜薦魯肅孫權引肅合榻對飲言議
宋議書曰當陽侯劉彥節既貴士子自非三署不得上方
榻時以此少之
又曰顏延之爲祕書監光祿勳太常時沙門釋惠林以才
學爲文帝所賞朝廷政事多與之謀遂士庶歸仰上每引
見常外獨榻延之甚嫉焉因醉曰昔子同騎乘袁絲正色
此三台之座豈可使刑餘居之上變色
又曰王瞻字明遠一字叔鸞負氣傲俗好貶裁人物仕宋
爲王府參軍常詣劉彥節直登榻曰君侯是公孫僕是公
子引滿促膝唯余二人彥節外雖酬之意甚不悅
齊書曰孔休源字慶緒博學爲晉安王府長史甚得人譽
王深相倚仗常於中齋別施榻云此是孔長史坐人莫得
預焉其見敬如此
馬魏書曰元順爲吏部尚書右僕射上省登階向榻見榻
甚故問都令史徐忻起曰此榻曾見先王坐順即哽塞涕
泗交流久而不能言遂令換之
梁書曰臨汝侯猷爲益州頗僭濫客遊內遂有香燈（都稜切）
不置連榻武帝知之以此爲僭還都以憂愧成疾卒

唐書曰玄宗命太常韋縚讀時令每月一篇每孟月朔日
上御宣政殿側置一榻東置案令韋縚坐而讀之
又曰李峴爲相元載於政事堂置榻邀宣事中官坐峴至
叱左右去榻
唐高士傳曰管寧自越海及歸常坐一木榻積五十餘年
未嘗箕股榻上當膝處皆穿
郭子曰杜預拜鎮南將軍朝士悉至客皆在連榻于稚舒
後至曰杜元凱復以連榻坐客不坐便去
列仙傳曰脩羊公者魏人也止華陰山石室有懸石榻卧
其上石盡穿陷

胡牀

風俗通曰靈帝好胡牀董卓權胡兵之應也
魏志曰裴潛爲兗州刺史常作一胡牀及去官留以掛柱

齊書曰張景眞僣侈武帝拜陵還景眞白服乘舴艋坐胡牀觀者咸疑是太子

梁書曰武帝軍至新林楊公則自越城移此領軍府壘北樓與南掖門相對嘗登樓望戰城中遥見麾蓋縱神鋒弩射之矢貫胡牀左右皆失色公則曰虜幾中吾脚談笑如初

又曰侯景既簒位時着白紗帽而尚披青袍頭插象牙梳殿上常設胡床及荃蹄着靴垂脚坐

北齊書曰武成胡后與沙門曇獻通布金錢於獻席下又掛寶裝胡牀於獻屋壁武成平生之所御者也

庾肩吾賦胡牀詩曰傳名乃外域入用信中京足欹形巳正文邪體自平臨堂對遠客命旅誓初征

太平御覽卷第七百六

太平御覽卷第七百七

服用部九

枕　被

枕

說文曰枕卧爲所薦首者也
釋名曰枕檢也所以檢項也
詩曰角枕粲兮錦衾爛兮
又曰有美一人碩大且儼寤寐無爲展轉伏枕
周禮曰王府掌王之金玉玩好大喪則供角枕
禮曰鷄鳴咸盥漱斂枕簟（斂枕簟不欲人見）
國語曰楚靈王敗於乾谿王親獨行彷徨於山林之中三
日乃見其涓人疇（疇）王呼之曰余不食三日矣疇趨而進王
枕其股以寢於地王寐疇枕王以墣而去之（墣堛也）

洞林曰丞相從事中郎王文英家枕自作聲
漢書曰淮南王有枕中鴻寶祕苑書言使鬼物爲金之術
及鄒衍重道延命方世人莫知劉更生父於武帝時治淮
南獄得書更生以爲奇獻之言黃金可成上命典作方鑄
事費甚多不驗
後漢書曰樂崧天性朴忠家貧爲郎嘗獨直臺上無被枕
杫（杫音思漬切謂俎也蜀漢之郊曰杫）九食糟糠帝每夜入臺輒見崧問其
故甚嘉之自此詔太常賜尚書以下朝夕飡給幃帳
東觀漢記曰黃香事親暑則扇枕寒則以身溫席
後漢書曰魏高昌有白盞其形如玉高昌人取以爲枕貢
之中國
魏志曰蘇則爲侍中董昭嘗枕則膝卧則推下之曰蘇則
膝非佞人枕也

魏畧曰大秦國出五色枕
吳書曰張紘作柟榴枕賦陳琳在此得之因以示士人曰
此吾鄉里張子㓜作也
晉書曰王敦鎭豫章爲王澄以舊意所侮敦益忿怒請澄
入宿陰欲殺之而澄左右二十人持鐵馬鞭爲衛澄手恒
捉玉枕以自防故敦未之得發後敦賜澄左右酒皆醉借
王枕觀之因下牀而謂澄曰何與杜弢通信敦令力士路
戎搤殺之
又曰筮者謂董豐曰君憂獄遠三枕避三沐豐旣歸妻具
枕授沐豐皆不從其夜果誤殺妻也
沈約宋書曰武帝紀曰寧州嘗獻虎魄枕光色甚麗時北
征以虎魄治金瘡上大悅命擣碎分諸將
又曰武昌王渾少而凶戾爲中書令每夕裸身露頭往

散騎省戲因彎弓射通直郎周朗中枕以爲笑樂又朱齡
石少好武不事崖檢舅淮南蔣氏才劣齡石使舅卧聽事
剪紙方一寸帖着舅枕以刀子懸擲之相去八九尺百擲
百中舅畏齡石終不敢動
齊書曰陳顯達建武世不自安侍宴酒後啓上借枕帝令
與之顯達撫枕曰臣年已老富貴已足唯少枕死特就陛
下乞之上失色曰公醉矣
北齊書曰郎基自世業清愼嘗語人曰任官之所木枕亦
不須作況重於此者也
梁書曰王茂爲雍州長史人或譖茂反武帝弗之信令鄭紹
叔往候之遇其卧因問疾茂曰我病可耳紹叔曰都下
殺害日甚使君家門塗炭今欲起義長史那猶卧茂因擲
枕起即袴褶隨紹叔入見武帝

唐書曰玄宗嘗製大被長枕與寧王憲申共之
又曰貴妃姊虢國夫人豪侈尤甚所枕照夜枕不知其價
夜中照廡其光如晝
尸子曰孝子一夕五起視親衣之厚薄枕之高下
淮南子曰楚將子發好伎道之士有善偷者往見子發學
禮之無幾齊伐楚偷夜出盜其齊將軍枕歸之明夕復
取其簪又以歸之齊師大駭還師而去
越絕書曰越王問范子曰寡人已問陰陽之事穀之貴賤
可得而知乎曰陽者主穀貴陰者主穀賤故當寒而不寒
穀為之暴貴當溫而不溫者穀為之暴賤王曰善書帛藏
之枕中以為國寶
范子曰堯舜禹湯皆有預見之明雖有凶年而民不窮王
曰善以丹書置之枕中以為邦寶

東宮舊事曰皇太子納妃有龍頭舊髹枕銀鏤鉤副之
蔡質漢官儀曰尚書郎直給通中枕
西京雜記曰趙飛燕為皇后其女弟上遺虎珀枕龜文枕
拾遺錄曰魏咸熙二年宮中夜夜有異或吼呼驚人乃有
傷害者詔使宦者闇中伺候有白虎毛色凈密以戈投
虎即中左目俄而往取虎已隱形更搜覓乃於藏中得一
玉虎枕左目有血帝嗟其大異問諸大臣荅云昔誅梁冀
得玉虎枕一枚云此枕單池國所獻膻下有題云帝辛九
年獻帝辛紂也金玉久而有神
神仙傳曰泰山父者漢武帝東巡狩見父頭頂白光高數
尺帝呼問之曰有道士教臣作神枕枕有三十二物二十
四物以應二十四氣八物應八風臣行之轉少而齒生
列異傳曰景初中咸陽縣吏王臣夜倦枕枕臥有頃聞竈
下有呼曰文納何不以之頭下應曰我見枕不得動汝來就
我至乃飯甑也
集異記曰中山劉玄暮忽見一人著烏袴褶取火照之面
首無七孔面莽黨然乃請師筮之師曰此是君家先世物
久則為魅劉因執縛刀斫數下變為一枕乃是其先祖時
枕
異苑曰滕放枕文石枕臥忽暴雷震其枕傍人莫不為之
怖懾微覺有聲不為驚也
楚宋玉高唐賦曰楚王嘗遊高唐怠而晝寢夢見一婦人
曰妾巫山之女也願薦枕蓆
司馬相如長門賦曰摶芳若以為枕席荃蘭而為香
又美人賦曰高茵重設角枕橫施
劉向別錄曰向有芳松枕賦後漢張紘瓌材枕賦曰有卓

爾之殊瓌超詭異以邈絕且其色也如芸之黃其為香也
如蘭之芳其文綵也霜地金莖紫葉而紅榮
蔡邕警枕銘曰應龍蟠蟄潛德保靈制器像物示有其形
哲人降鑒居安慮傾
崔駰六安枕銘曰枕有規矩恭一其德承元寧躬終始不
忒六安言六面安也
蘇彥楠榴枕銘曰珎木之奇文鬱理鮮廉稜方正密滑貞
堅卞敬宗作無患枕讚無患木名也言人枕之無患也
江文通詩曰撫枕懷百慮

被

說文曰衾大被也
釋名曰被所以被覆人也衾也其下廣大如岸一受人也
論語曰必有寢衣長一身有半

詩曰錦衾爛兮
又曰肅肅宵征抱衾與裯（裯單被也）
傳曰楚子次于乾谿雨雪楚王皮冠秦復陶翠被豹舄執
鞭以出
史記曰王章字仲卿疾無被臥牛衣中
又曰汲黯曰公孫弘位至三公俸祿甚厚爲布被此詐也
上問弘弘謝曰有之夫九卿與臣善者無過黯然今日廷
詰臣誠中臣之病夫以三公爲布被飾詐以釣名且臣聞
管仲相齊有三歸侈擬於君桓公亦霸晏嬰相景公食不
重肉妾不衣絲齊國亦治今臣位爲御史大夫而爲布被
自九卿以下至小吏無差誠如黯言且無汲黯申之陛下
安聞此言天子以爲謙讓愈益厚之
漢書曰廣川王去疾妃昭信甚研王愛姬陶望卿昭信妬

千七百七　五　王森

之譖於王曰望卿視有姦窺即言郎中令臥錦被王信之
擊殺之
又曰李夫人病篤上自臨候之夫人蒙被謝曰妾久寢病
形貌壞不可以見帝願以王及兄弟爲託
又曰霍光薨詔賜繡被百領
後漢書曰祭遵奉公家無私財布被夫人裳不加緣
又曰宣秉性節儉常服布被蔬食
華嶠後漢書曰樂崧爲郎獨宿眞臺上無被帝推被與之
袁山松後漢書曰范丹爲萊蕪長去官無被空囊自隨也
謝承漢書曰京兆朱寵字仲威爲太尉家貧臥布被朝廷
賜錦被臥兼布被
又曰羊續字興祖爲南陽太守以清率下唯臥一幅布絢
敗糊紙補之（絢與裯同）

東觀漢記曰王良爲大司徒在位恭儉妻子不入官舍布
被瓦器
又曰馮豹字仲文後母惡之嘗因豹夜臥引刀斫之正值
其起中被獲免
又曰馮豹每奏事未報常服省閤下或從昏至明天子默
使小黃門持被覆之曰勿驚之
漢官典職曰尚書郎入直供青縑白綾被或錦被
魏書曰文帝詔朝臣三代大夫知被服五代大夫知飲食
此言被服飲食難曉也
晉陽春秋曰景帝有目疾文鴦之來攻驚而目出懼六軍
恐蒙以被痛甚齧被破
晉書曰魏舒爲尚書郎或有非其人論者欲有沙汰
之言舒乃曰吾即其人也襆被徑出論者咸自愧之

平七百七　六　王森

也
又曰楊駿被誅初駿徵高士孫登遺以布被登截被於門
外大呼曰斫刺旬日託疾死及是其言果驗
又曰光逸字孟祖爲博昌小吏令使之冒雨還令不在逸
解衣臥衾被中令還詰之逸曰衣單冒雨如不易衣衣必
致凍死何惜一被而殺一人耶令奇之而不問
又曰祖逖字士雅與琨共被寢中夜聞鷄鳴蹴琨覺曰起
舞此非惡聲
又曰吳納爲吳興守徵爲尚書去任有被襆而已
又曰禿髮烏孤之祖壽闐之在孕母胡掖氏因寢而產於
被中鮮卑謂被爲禿髮因而氏焉
宋書曰虞龢位中書郎廷尉少好學居貧屋漏恐濕墳典
乃舒被覆書書獲全而被大濕時人以比高鳳

又曰沈麟士以楊王孫皇甫謐深達生死而終禮矯俗乃自爲終制遺令氣絶剔被取三幅布以覆尸及歛仍移布於尸下以爲歛服反被左右兩際以周上

又曰康沙門釋寶志王亮欲以衲被遺之未及有言寶志忽來牽被而去

又曰羅研齊苟兒之役臨汝侯嘲之曰卿蜀人樂禍貪亂一至於此對曰蜀中積弊實非一朝百家爲林不過數家有食貧亂樂禍無足多怪若令牀上有百錢布被甑中有數升麥飯寧肯爲亂乎

梁書曰裴之横字如岳少好賓重氣俠不事産業兄之高以其縱誕乃爲狹被蔬食以激厲之之横歎曰大丈夫富貴必作百幅被後爲吳興太守作百幅被以成其志

陳書曰高宗時豫州獻織成羅文錦被詔於雲龍門外焚之

孫卿子曰天子至尊重無上矣衣被則五彩雜閒色重文繡加飾之以珠玉

家語曰黔婁先生死被短覆足孔子及門人見之謂其妻曰寧使正之不足不可斜之有餘

說苑曰鄂君乘青翰之舟張翠華之蓋越人擁檝而歌曰山有木兮木有枝心悅君兮君不知於是鄂君舉繡被而覆之

夏侯孝子集曰羊太常辛夫人字憲英性不好華麗從外孫胡毋楊上夫人錦被夫人取反卧之

晉惠帝起居注曰帝至朝歌無被中黄門以兩幅布被給帝

東宫舊事曰太子納妃有緑絓文綺被一絳具文羅一幅被一絳被羅繡文四五幅被一

東宫故事曰太子有七彩文綺被又有絳文羅被

京兆舊事曰長安孫晨家貧爲郡功曹十月無被夜卧蒿東晝收之

西京雜記曰趙飛鷰爲皇后其女弟上遺鴛鴦被

晉陸雲與兄機書曰一日按行曹公器物有寒夏被七枚

海内先賢傳曰姜肱字伯淮事繼母年少肱兄弟感凱風之孝同被而寢不入室以慰母心也

邊讓別傳曰讓字元禮才辯俊逸孔融薦於魏武曰邊讓爲九州之被則不足爲單衣襜則有餘

益部耆舊傳曰王忳字少林於客舍見諸生疾甚困謂忳曰要下有金十斤願以相與乞收藏屍骸未及問其姓名呼吸困絶忳賣金一斤以給棺柩餘九斤置生要下後署大度亭長到亭有白大馬一疋入亭中其日大風有一

繡被隨風來而後忳乘馬馬突入金彥父家彥父見曰眞得盜矣忳說得馬之狀又取被示之彥父曰卿有何陰德曰念葬諸生事且説形狀彥父曰眞我子也忳即以被馬歸之彥父不受遣迎生喪金具存焉

列女後傳曰江夏孟宗少遊學與同學共處母爲作十二幅被其隣婦怪問之母曰少兒無異操懼明類之不願大其被以招貧生之卧庶聞君子之言耳

桓任傳曰任後母酷惡常憎任爲作一幅箕踵被

杜祭酒別傳曰君曾新作被煖眠不覺晏起乃歎煖眠使人忘起畢事因命著陌上有寒苦人舉被乞之常眠布被中

孫畧別傳曰親親有窮老者畧或推被以恤之竟寒不解帶而寢

郭子曰郗浩好作楊州劉君行曰小欲暮便令左右取被
幞人問其故荅云刺史嚴不敢夜行
語林曰魏武云我眠中不可妄近近輙斫人不覺左右宜
慎之後乃陽凍眠所幸小兒竊以被覆之因便斫殺自尔
莫敢近之
又曰傅信字子思遭父喪哀慟骨立母憐之竊以錦被蒙
其上林宗往吊之見被謂之曰卿海内之儁四方是則如
何當喪錦被蒙上郭奮衣而去自後賓客絶百許日
古詩曰客從遠方來遺我一端綺文彩雙鴛鴦裁爲合歡
被着以長相思縁以結不解
樂府詩曰天寒知被薄憂思知夜長
楚辭曰翡翠珠爛齊光
陸雲芙蓉詩曰寢共織成被絮以同攻綿

傅玄被銘曰被雖温無忘人之寒無厚於己無薄於人
張華苦行曰重無暖氣輕被覆空牀
潘岳悼亡詩凜凜涼風外始覺夏衾單豈曰無重纊詩與
同歲寒
劉孝威謝賚錦被啓曰色豔蒲萄采踰聯璧鄂君歎繡楚
侍羞朱雖復帝賜鶴綾客贈鴛綺高懃藻麗遠謝鮮明漢
老恍其帳文魏馬驚其香氣

太平御覽卷第七百七

服用部

簟　褥　氊

臥具　氍毹　毾㲪

簟

說文曰簟竹席也
釋名曰簟簟也布之簟簟然正平
禮曰莞簟之安藁秸之設
又曰父母舅姑之簟席枕几不傳
詩曰下莞上簟乃安斯寢（莞蒲曰席蒲竹葦曰簟）
方言曰簟宋魏之間謂之笙或謂之䈴曲自關而東謂之
簟其粗者謂之籧篨行唐（以籧篨直如而粗也）自關而東周楚魏之
間謂之倚佯䈴自關而西謂之行唐

東觀漢記曰殤帝詔省荏弱平簟
又曰馬棱為會稽太守詔詰會稽車牛不務堅強車皆以
桃枝細簟
又曰尚書令王允奏曰太史令王立說孝經六隱事能消
卻姦邪常以良月允與立入為獻帝誦孝經一章以杖二
竹簟畫九宮其上隨日時入焉及允被害乃不復行也
晉書曰王恭字孝伯與王忱齊名友善恭有六尺簟忱見
之謂其有餘因求之恭輒以送遂坐薦上忱聞而大驚恭
曰吾平生無長物
王隱晉書曰車永為廣州刺史永子溢使工作象牙細簟
工患之
晉公卿禮秩曰太宰何曾遜位賜簟褥一具
蕭子顯齊書曰林邑王永明九年遣使貢獻金簟等物

孫卿子曰輕煖平簟而體不知其安
淮南子曰席之上先萑簟尊之上先玄酒王貴之先本而
後末也
東宮舊事曰太子納妃有赤花雙文簟
西京雜記曰武帝以象牙為簟賜李大夫
又曰會稽獻竹簟供御世號為流黃簟
諸葛亮轉教曰計一歲運用蓬旅簟十萬具
庾翼與王書曰今致八尺文二細桃枝簟十枚黃篾雙文
簟二領黃篾獨坐雙文簟一枚
王廙春可樂曰弱簟平端
潘岳悼亡詩曰展轉眄枕席長簟竟床空
左思吳都賦曰桃笙象簟韜於筒中
王褒竹簟賦曰楚簟陳於王房巴箱列於椒臺

褥

爾雅曰褥謂之茲
釋名曰褥人所坐褻辱也
又曰茵車中所坐用虎皮也
詩曰文茵暢轂駕我騏馵（文茵虎皮）
漢書曰霍禹廣治第室作乘輿輦加繡茵馮黃金塗（如淳曰馮謂所馮者也金塗以黃金塗飾之也韋昭曰以韋絮薦輪晉灼曰御輦以韋緣輪射之如絮也）
東觀漢記曰祭遵有疾詔賜重茵
魏略曰焦先字孝然河東人也高尚不仕自作蝸牛廬淨
掃其中榮木為床布蓐其上天寒構火以自炙
魏志曰太祖性節儉帷帳屏風壞則補納茵褥取溫無有
緣飾
又曰王朗上疏曰老臣慺慺願國家同祚於軒轅之伍其

少小常苦被褥泰溫則不能使軟膚弱體是以難可防護
而易用感慨若常全小縕袍不至於甚厚則必咸保金石
之性而比壽於南山矣
吳録曰孟仁字恭武江夏人也從李肅學其母爲作厚
褥大被人問其故母曰小兒無德客多貧故爲廣被大
褥
齊書曰宗測高尚不仕王儉亦雅重之贈以蒲褥筍席
又曰褚彥回弟澄爲左戶尚書彥回薨澄以錢一萬一千
就招提寺贖高帝所賜彥回白豹坐褥
又柳慶遠爲儀同初慶遠從父兄世隆嘗謂慶遠曰吾夢
太尉以褥席見賜吾遂亞台司適又夢以吾褥席與汝汝
必光我門族至是慶遠亦繼世隆焉太尉謂元景也
後魏書曰尒朱世隆將被誅此年正月晦日令僕並不上

省西門不開忽有河內太守田怗家奴告省門亭長云今
且爲令王借車牛一乘終日於洛濱遊觀至晚王還省將
軍自東掖門始覺車上無褥請爲之記識
世說曰晉孝武年十三四時冬天晝日不着衣夜則累茵
褥謝公云體宜令常和陛下晝過冷夜過熱恐非攝生之
術帝曰夜靜宜溫謝公出歎之也
南越傳曰尉佗朝象牀錦茵（茵褥也）
東宮舊事曰皇太子拜有八尺檮一重中褥一步輿褥一
納妃有承床檮三
會稽後賢傳曰丁潭以光祿大夫還第詔賜床帳席褥
鄴中記曰石虎作褥長三丈用綿緣之
神異經曰北方有冰萬里厚百丈奚鼠在冰下土中其毛
長八尺可以爲褥也

西京雜記曰趙飛燕爲皇后其女弟上遺鴛鴦褥
拾遺録曰周穆王時紫羅文褥者壇孫國獻之
語林曰大將軍牧周侯至石頭坐南門石盤上將戮之送
已褥與周
司馬相如美人賦曰高茵重設

氈

說文曰蚤毛可以爲氈
釋名曰氈旃也毛相著旃旃然也
韻集曰氈細罽也
周禮春官掌次曰王大旅上帝則張氈案（大旅上帝祭天於圜丘也張氈案以氈爲牀於幄中）
又曰掌皮供其毳爲氈以待邦用事
漢書曰蘇武使匈奴匈奴絶不與食天雨雪武卧齧雪與

氈毛褱咽之也
漢書曰王吉諫昌邑王遊獵曰夫廣厦之下細氈之上明
師居前勸誦在後上論唐虞之際下及殷周之盛其樂豈
徒銜橛之間也哉
又曰江都王女細君歌云遠適異國烏孫王穹廬爲室氈
爲墻
魏志曰李勝爲荆州刺史往辭太傅曹爽因察之太傅曰
謬問勝曰并州有佳氈可致之勝出曰太傅耄無能爲也
又曰鄧艾伐蜀自陰平行無人之地鑿山通道作橋以氈
自褁推轉而下
魏武帝與楊彪書曰今贈足下青氈牀褥三具也
晉書曰杜預子錫爲愍懷太子舍人屢直諫於太子太子
患之置針於錫坐處氈中錫上刺足血出

又曰戴記曰慕容熙后符氏卒慕容隆妻張氏熙之嫂也美姿容有巧思熙將以符氏之殉欲以罪殺之乃毀其襚韡有中弊氊遂賜死三女叩頭求哀熙不許

齊書曰孔奐爲晉陵太守清白自守妻子並不之官唯以單舡臨郡所得秩俸隨即分贍孤寡郡中號曰神君曲阿富人殷綺見奐居處儉素乃餉以衣氊一具奐辭不受

北齊書曰裴寛與東魏將彭樂戰於新城因傷被擒至河陰見齊文襄寛舉止閑雅善於占對文襄甚賞異之解鏁付館厚加禮遇寛乃裁所卧氊夜縋而出因得逍還

又曰清河三年周師及突厥至并州突厥謂周人曰尒言齊亂故我伐之今齊人眼中有鐵何可當耶乃還至陘嶺凍滑乃鋪氊以渡之

又曰綦儁倭巧能候當途斛斯椿賀拔勝皆與友善性多詐賀拔勝出鎮荊州過儁別因辭儁故見敗氊擲被更遺之錢物

廣志曰羌女人披大華氊以爲盛服

拾遺録曰漢武帝以氊綈藉地惡轊之喧也

搜神記曰太康中天下以氊爲陌頭及帶身袴口於是百姓相戲曰中國其必爲胡所破也夫氊胡之產者也而今天下以爲陌頭帶身袴口胡旣三制之矣

淮南子曰夫胡人見麻不知其可以爲布越人見毳不知其可以爲氊故不通於物者不可與言俗

俗說曰桓豹奴病勞冷無氊可卧桓車騎自撤已眠氊與之

語林曰王子敬在齋中卧偷人取物一室之內畧盡子敬卧而不動偷遂登榻欲有所覔子敬因呼曰偷兒石染青氊是我家舊物可特置否於是羣偷置物驚走

南傳曰調斯國有青石染氊絳染氊也

王褒聖主得賢臣頌曰夫荷氊被毳者難與道純錦之麗密

陸雲詩曰冬〻坐比肩氊（比肩獸名也取其毛爲氊）

卧具

風俗通曰扶風蘇不違父爲司隷李暠所遷司農不違穿府北垣徑上廳事斫暠卧具暠一宿數遷

沈約宋書曰朱百年隱居山陰家素貧毋以冬月亡衣並無絮自此不衣綿帛嘗寒時就孔覬飲酒醉眠覬以卧具覆之百年不覺也既覺引卧具去體謂覬曰綿定奇溫因流涕悲慟覬亦爲之感傷

齊書曰謝朓嘗行還過候江革時大寒雪見革弊絮單席而耽覽不倦朓嗟歎久之乃脫其所着襦并手割半氊與革充卧具而去

又曰劉孝綽與到溉兄弟甚狎溉少孤宅近僧寺孝綽往溉宅適見黃卧具孝綽謂僧物色也撫手笑溉知其旨奮拳擊之傷口而去

氍毹

通俗文曰織毛褥謂之氍毹

聲類曰氍毹毛席也

廣志曰氍毹田氍毛織也近出南海文稱北漢之氍毹非其所生

魏畧曰大秦國以野蠒作織成氍毹文出黃白黑綠氍毹

後周書波斯國大月氏之別種也其地出氍毹

吳時外國傳曰天竺國出細靡氍毹
陶侃別傳曰外國獻氍毹公舉之曰我還國當與牙共眠牙名惔之字處靜是公庶孫小而被知以為後嗣
南州異物志曰氍毹以羊毳雜群獸之毛為之鳥獸人物草木雲氣作鸚鵡遠望軒若飛也
古樂府詩曰請客上北堂坐氊及氍毹
張衡四愁詩曰美人贈我氊氍毹
諸葛亮集詔荅恢曰行當離別以為悁悵今致氍毹一以達心也

毾㲪（上音榻下音登）

通俗文曰氍毹細者謂之毾㲪名毾㲪者施大牀之前小榻之上所以登而上牀也
東觀漢記曰景丹率衆至廣阿光武出城外馬坐按氊毾

㲪上設酒肉
魏略曰大秦國以羊毳木皮野絲作毾㲪之屬有五色九色毾㲪其毛鮮於海東諸國所作也
南史中天竺國出好裘毾㲪
世說曰王子猷詣郄雍州雍州在內未出王見鋪毾㲪云阿乞那得此　令左右送向家郄出王曰向有大力者負之以趍郄無忤（郄恢為雍州刺史阿乞恢小字）
異苑曰沙門有法存者生廣州善醫術遂富有八尺毾㲪作百種形像又有沉香八尺板牀太原王淡為刺史大兒邵之屢求二物法存不與王殺而藉焉法存後形見於府內經日王尋得疾亡邵之又喪
杜篤邊論曰匈奴請降毾㲪罽褥帳幔氊裘積如丘山
班固與弟超書曰月支毾㲪大小相雜但細好而已

馬融奏馬賢於軍中帳內施毾㲪士卒飄於風雪

太平御覽卷第七百八

太平御覽卷第七百九

服用部　薦席

說文曰席籍也禮天子諸侯席有黼繡純
又曰筵竹席也
又曰蒻蒲子也可以爲薦
釋名曰薦所以自薦藉也蒲平以蒲作之其體平也席釋也可卷可釋也
書曰牖間南嚮敷重篾席黼純華玉仍几（篾桃枝竹白黑雜繒緣之華彩色華玉以飾憑几仍因也因生時几不改作）西序東嚮敷重底席綴純文貝仍几（東西廂謂之序底蒻苹綴雜綵有文之貝飾美）東序西嚮敷重豐席畫純雕玉仍几（豐莞彩色爲畫雕刻鐫此養國老饗羣臣之坐）西序南嚮敷重筍席玄紛純漆仍几（筍蒻竹玄紛黑綬此親屬私宴之坐）

詩邶栢舟曰我心匪席不可卷也（席雖平尚可卷）
禮曲禮上曰羣居五人則長者必異席（席以四人爲節）爲人子者坐不中席
又曰有憂者側席而坐（側猶特也）有喪者專席而坐（專猶單也）侍坐於所尊敬無餘席（必盡其近者尊之端爲其後來也）
又曰姑姊妹女子子已嫁而反兄弟不與同席而坐不與同器而食
又曰奉席如橋衡（奉之令左昂右低如有首尾然橋井上㮇槔衡上低昂）請席何鄉請衽何趾（順尊者所安也衽卧席也坐問鄉卧問趾因於陰陽也）席南鄉北鄉以西方爲上東鄉西鄉以南方爲上若非飲食之客則布席席間函丈（謂講問客也函猶容也講問宜相對容丈足以指畫也飲食之客布席於牖前）主人跪正席客跪撫席而辭客徹重席主人固辭客踐席乃坐
又檀弓下曰仲尼之畜狗死使子貢埋之曰丘也貧無蓋與之以席
傳曰大輅越席昭其儉也（服虔曰越席結草爲席）
又曰臧文仲不仁者三下展禽廢六關妾織蒲（杜預曰家人販席與民爭利也）
周禮天官王府曰王府掌王之衽（鄭司農云衽席許慎曰衽衽席軟弱布也）
又春官曰司几筵掌五席大朝覲大饗射凡封國命諸侯王位設黼依依前南鄉設莞筵紛純加繅席畫純加次席黼純（鄭司農云紛白繡也純緣也謂紛有文如綬而狹者也繅席削蒲蒻以五彩若今合歡也畫謂雲氣也次席有次列之也）諸侯祭祀席蒲筵繢純加莞席紛純右彫几昨席莞筵紛純加繅席畫純筵甸役則設熊席凡喪事設葦席○大戴禮曰武王踐祚席前左端之銘曰安樂必敬前右端之銘曰無行所悔後左端之銘曰一反一側亦不可

志後右端之銘曰所鑒不遠視尒所代也
論語曰席不正不坐君賜食必正席先嘗之
史記曰蘇秦激張儀令相秦以馬薦席坐之
又曰任安田仁俱爲衛將軍舍人居門下衛將軍從此兩人過平陽至主家令兩人與騎奴同席而食此二子拔刀斷席而坐主家皆怪而惡之莫敢問也
又曰陳平以弊席爲門
漢書曰文帝以莞蒲爲席
又曰元帝病史丹以親密侍疾候上獨寢直入卧内頓首伏青蒲上（服虔曰青緣蒲席也應劭曰以青規地曰青蒲自非皇后不得至此孟康曰以蒲青席弊地也）
後漢書曰更始至長安居長樂宮升前殿郎吏以次列庭中更始羞怍俛首刮席不敢視
又曰來歙征隗囂徑至洛陽隗囂守將固保其城囂乃悉

兵圍洛陽築堤灌城歆固守矢盡發屋斷木爲兵上自將
上隴囂衆潰走於是置酒高會勞賜歆班坐絶席在諸將
之上
又曰鄧訓於閨門甚嚴兄弟莫不敬憚諸子進見未嘗賜
席接以温色
又曰趙丙有術嘗至渡頭求舡不得乃布席於水而坐呼
風乃過
又曰李恂遷武威太守坐事逸織席自給
東觀漢記曰郭丹師事公孫昌敬重常持蒲編席人異之
又曰王常爲横野大將軍位次與諸將絶席
又曰黄香家貧躬執勤苦盡心供養暑則扇床枕寒則自
温席
又曰張禹爲太傅尚書鄧太后以殤帝初育欲令重臣居

禁内乃詔禹與三公絶席
又曰宣秉建武元年拜御史中丞上特詔御史中丞與司
隸校尉尚書令會同並專席而坐故京師號曰三獨
謝承後漢書曰戴憑徵博士詔公卿大會羣臣皆就席憑
獨立世祖問其意憑對曰博士説經皆不如臣而坐居臣
上是以不得就席令與諸儒難説善之後正旦朝賀令群
臣説經更相難詰義有不通輙奪其席以益通者憑重五
十席京師議曰解經不窮戴侍中
又曰郡亮爲博士講學大夫諸儒論勝者賜席亮　重八
九席帝曰學不當如是也
又曰許敬字鴻卿其鄉吏有誣君者會於縣令坐敬拔刀斷
席曰敬不忍與惡人同席
又曰汝南薛惇字子禮爲北海長史家貧坐無完席妻曰

君無俸禄給子孫復無完席耶惇以善與妻自坐敗者又
衛良字叔賢拜尚書令病罷官還家家無完席賓客省之
者坐桑下談論飲水去
典略曰袁尚袁熙奔遼東公孫康先置精勇於廐中請熙
尚熙尚入乃縛之坐於凍地尚寒求席熙曰頭顱方行萬
里何席之爲
蜀志曰先主少孤毋販履織席爲業
晉書曰王渾爲將軍鎮壽陽虚懷撫士坐無空席
王隱晉書曰陶侃字士衡親人過侃宿時大雪無草侃母
湛撤牀雜蒋手剉給客牛馬晉陽春秋云蒋薦也
晉中興書曰王乾死裹以席塗以蠟埋齋中
晉建武起居注曰立敬后廟薦席不用緑緣
晉前燕書曰高祖廆年十五出避難追者急走避民家入

其屋以席自障追者入屋發視無所見遂免
宋書曰林邑王陽邁初在孕其毋夢生兒有人以金席籍
之其色光麗夷人謂金之精者爲陽邁中國云紫磨者因
以爲名
宋起居注曰元嘉中劉禎爲御史中丞奏風聞廣州刺史
韋朗於州部作白莞席三百二十領請以事追免朗官
吳均齊春秋曰劉璡字子璥耿介好禮嘗與故人共車於
津陽内見一女子容質甚麗眄睞之璡因抽坐席懸車中
以隔絶之其正如此
唐書曰代宗時晉州男子郇模以麻辮髮持竹筐葦席哭
於東市三十字論時政每字條一事上即召見
又曰玄宗子潁王璬爲劒南節度大使玄宗將幸蜀遣璬
先赴本郡渡綿州江乘舡見以絲緣席而籍者頗曰此可

以為寢處奈何賊之令撤去
六韜曰桀紂之時婦人坐文綺之席衣以紈綺之衣
家語曰明王之守也則必折衝千里之外其征也還師衽
席之上
漢書儀曰祭天紫壇紺席登地用六彩席六重
呂氏春秋曰衛靈公天寒鑿池宛春諫曰天寒起土恐傷
民曰天寒乎哉宛春曰公衣狐裘坐熊席陬隅有竈是以
不寒
莊子曰申屠嘉兀者也與鄭子產同師伯昏瞀人合堂同席
而坐也
魯連子曰人君所察者三不可以不知不知行與不行譬
以方為輪也不知宜與不宜譬以錦緣薦也
列子曰陽朱南之沛之梁而過老子老子曰睢睢盱盱而

誰與居夫太白若辱盛德如不足楊朱曰聞命矣其往也
舍者避席其來也煬者與之爭竈席
晏子曰景公獵休坐地而食晏子後至戍葭而席公不悅
曰子猶席何也對曰臣聞介冑坐陳不席獄尸不席二者
皆憂也臣故不敢以憂侍坐公曰善令大夫皆席
又曰景公飲酒移於晏子晏子曰夫鋪薦陳簋有人臣不
敢與焉又移於司馬穰苴曰鋪薦席陳簠簋者有人臣不
敢與焉
范子計然曰六尺藺席出河東上價七十蒲席出三輔上
價百
子思子曰舜不降席而天下治桀紂不降席而天下亂
韓子曰趙簡子謂左右曰車席泰美夫冠雖惡頭必戴之
履雖善足必履之今車如此其太美也吾將何以履之直

夫美而耗上方義之道也
又曰衛嗣公使縣有人於令左右縣令發褥而席弊嗣公
令人遺席曰吾聞汝發褥而席弊甚賜汝席縣令大驚以
君為神
又曰孟獻伯相魯不坐重席
又曰禹為蔣席頗緣此弥侈矣而國不服者三十三邦作
茵席彫文弥侈矣國之不服者五十三
又曰文公至河令席衽捐之咎犯聞之曰席蓐所臥也而
君弃之臣不勝其哀
說苑曰孔子困於陳蔡之間居環堵之內席三經之席
鹽鐵論曰古者庶人蒲席以草經及後踐蒲蒻複莚方薦
帛緣者也
又曰古者大夫複薦草緣蒲平單莞今富者繡茵

崔豹古今注曰草名虎鬚者江東織以為席曰西王母席
也
東宮舊事曰太子有獨坐龍鬚席赤皮花經席一領
山海經曰鵲山至箕尾山其神皆鳥身龍首祠之用白菅
為席
西京雜記曰昭陽殿設緣熊席毛皆長一尺餘眠而擁毛
自弊望之者不能見也坐則沒膝其中雜薰諸香一坐此
席餘香百日不歇也
又曰趙飛鷰為皇后其女弟上遺迴風席
漢武帝內傳曰帝齋於尋真臺紫羅薦地夜二更後西王
母至也
王子年拾遺録曰軒皇使百辟羣臣受教者先列珪玉於
蘭蒲席上

又曰蕖䕸草高五丈葉色如紺葉形如半月之勢亦曰半月花草無實其質溫柔可以為薦
又曰方丈山有草名濡葤葉色如紺莖色㵒細軟可縈海人織以為薦席卷之不盈一手舒之列
又曰崑崙山有葭紅色可編為席溫柔如毯毳焉
又曰瀛州南有金巒之舘有青斑几覆以雲紈之素席用香水柔莞
又曰岱輿山有草名莽䒥煌葉圓如荷去之十步炙人衣服則蕉鳥獸不敢近也刈以為席方冬弥溫以枝相磨則火出矣
又曰穆王時西王母來敷碧蒲之席黃莞之薦莞色若金之狀
又曰燕昭王設麟文席麟文者錯雜寶飾席為雲霞麟鳳

神仙傳曰淮南王為八公設象牙席
異苑曰庾寔妻毛氏五月曬暴薦席忽見其三歲女在薦上卧驚怛便滅女眞形在別床如故不旬日而夭世傳仲夏忌移床
搜神記曰羅威字德行以至孝毋老天寒以身溫席而後授其處
鄴中記曰石虎作席以錦裹五雜香以五䋲綖編蒲皮緣之錦
范汪荊州記曰安城郡今屬江州出桃枝薦
成公興內傳曰登白鹿山延成君入為敷魚鱗之席
文士傳曰張儼朱異張純三人共詣驃騎將軍朱據聞三人才名告各為賦然後乃坐純席曰薦為冬設簟為夏施揖讓而坐君子攸宜

皇甫謐高士傳曰嚴君平成都市賣卜詔徵不起蜀有富人羅仲與君平善問何以不仕曰無車粮中即為具車焉粮糾平君曰吾病身非不足也我有餘而子不足也我有餘而子不足柰何以不足奉有餘也仲曰吾一席直萬金子無檐石乃云有餘謬矣
又曰老萊子親没隱蒙山之陽枝木為床薦艾為薦
益部耆舊傳曰張充為州治中從事刺史每自坐高床為從事設單薦於地
鍾玩良吏傳曰吳隱之字處默鄄城人也轉廣州刺史返舟之日唯身而已宅有茅茨六間坐無完薦以蓬為屛風
會稽先賢讃曰董昆字文通為太農丞坐無完薦
盧毓冀州論常山為林大陸曰澤兼葭蒲葦雲毋御薦地產不為無珎也

汝南先賢傳曰鄭敬以茅葭為薦常隨杞柳之陰
會稽典録曰隆脩字奉遷為豫章太守廳事薦編絶不改以郡風俗不整常卷坐薦唯徐穉李贄數詣問乃待以殊禮
世說曰管寧與華歆同薦嘗讀書有乘軒冕過門者廢書出看寧割薦分坐曰子非吾友也
楚辭曰瑤薦兮玉鎮
楊雄甘泉賦去靡薜荔以為薦兮折瓊枝以為芳
魏劉楨清慮賦曰布玳瑁之薦設蠵蠵之筵（蠵悅吹切蠵蠵大龜也）

太平御覽卷第七百九

太平御覽卷第七百十

服用部十二

几　案　杖

几

釋名曰几庋也所以庋物也（庋者軌）

書顧命曰王乃洮頮水相被冕服憑玉几（王疾發大命臨羣臣必齊戒沐浴今疾病故但洮頮面扶相被以冠冕憑玉几以出命）

易渙卦九二曰渙奔其几悔亡象曰渙奔其几得願也（几承物者）

詩行葦曰戚戚兄弟莫遠具尒或肆之筵或授之几

周禮春官曰司几筵掌五几大朝覲大饗射几封國命諸侯王設左右玉几祀先王昨席亦如之諸侯祭祀右雕几筵國賓于牖前亦如之左彤几（國賓老也）甸役則右漆几凡喪事右素几吉事變几凶事仍几

禮記曰謀於長者必操几杖以從之

又曰獻几杖者拂

又曰大夫七十而致仕若不得謝（謝去君貪其德而留之也）則必賜之以几杖

又曰乘車必以几

又曰龜筴几杖不入公門（龜筴問家之吉凶几杖嫌自長老）

又月令曰八月之節養衰老授几杖

又內則曰父母舅姑坐御者舉几斂席

又曰始死綴足用燕几

傳語曰諸侯之師久於偪陽荀偃士匄請於荀罃曰水潦將降懼不能歸班師（班還也）智伯怒（智伯荀罃）投之以几出於其間（出偃正之間也）

又曰薳啟疆曰聖王務行禮不求恥人設几而不倚爵盈而不飲禮之至也

國語楚語曰左史倚相曰倚几有訓誦之戒（訓誦上師所謂之諫書之於几）

漢書曰吳王稱疾不朝驗問不實及後使人為秋請（律春曰朝秋曰請如古諸侯朝聘也）上復責問吳使使者曰察見淵中魚不祥（張晏曰喻人君不當見臣下之私也）於是天子賜吳王几杖

又曰朱博遷琅瑘太守齊郡舒緩養名博奮髯抵几曰觀齊兒欲以為俗耶皆斥罷諸病吏

續漢書曰魏文帝賜楊彪几杖以彰舊德

東觀漢記曰黃香為尚書郎以香父尚左賜卧几靈壽杖

又曰上初即位先訪求賢茂詔曰前密令卓茂名冠天下當受天下重賞今以茂為太傅封褒德侯賜几杖

魏志曰太祖為司空丞相毛玠為東曹掾太祖平柳城頒所獲物特以素屏風素凴几以賜玠曰君有古人之風故賜古人之物

又曰呂布遣陳登因陳布勇而無謀宜早謀之太祖悅始因登求徐州牧不獲及登還布拔戟斫几責之

晉書曰劉毅仲雄以太康六年卒帝撫几驚曰失吾名臣不得生作三公即贈儀同三司

又曰魏舒以年老稱疾遜位詔賜几杖不朝及錢百万牀帳簟褥

又曰王羲之字逸少嘗往門生家見棐几滑淨因書之真草相半後其父誤刮去之門生驚懊累日

宋書曰沈驎士字雲禎隱居以篤學為務恒凴素几鼓素琴

吳均齊春秋曰孔靈產為光祿大夫覽止足之分不肯仕

太祖以白麈毛扇素几遺之曰以君有古人風故賜卿古人之物也

陳書曰王冲爲太子少傅武帝以冲前代舊臣特申長幼之敬文帝即位益加尊大嘗從幸司空徐度宅宴筵之上賜之以几

後魏書曰咸陽王僖謀逆誅其宫人爲之歌曰可憐咸陽王柰何作事誤金床玉几不能眠夜蹋霜與露

莊子曰南郭子綦隱几而坐仰天而噓嗒焉似喪其偶

孟子曰孟子去齊宿於晝有欲爲王留行者坐而言不應隱几而卧客不悦曰弟子齊宿而後敢言夫子卧而不聽請勿復敢見矣（晝齊邑也齊人欲爲君留孟子行孟子不以倚几而卧也）

山海經曰西王母梯几而戴勝（梯謂憑也）

漢舊儀曰天子用玉几

拾遺録曰瀛州南有金巒之觀中藏寶几覆以雲紈之素

漢武帝内傳曰帝受西王母五岳眞形經盛以黄金之几

西京雜記曰漢制天子玉几冬則加綈錦其上謂之綈几公侯皆以木爲几冬則以細罽爲囊憑之不得加綈錦之飾於几案

會稽典録曰葛仙公憑白桐几學數十年白日登仙几化爲白虎三脚兩頭往往人見之

魏武上雜物䟽曰御物三十種有上車漆畫重几大小各一枚

語林曰任元褒爲光禄勳孫憑翊往詣之見門吏憑几視之孫入語任曰吏几對客爲不禮任便推之吏荅云得罰體痛以横木扶持非憑几也孫曰直木横施植其兩足便爲憑几何必孤蹯鵲膝曲木抱膂

姚信士語曰馬援憑几而見梁竇子弟文舉坐榻而受徐文高拜

戴勝竹林七賢論曰魏朝封文王固讓公卿皆當詣府司空鄭冲等馳使從阮籍求其文立待之籍時在袁孝尼家宿扶而起書几板爲文無所治定乃寫付信

鄴中記曰石虎御座几悉漆雕畫皆爲五色花也

南岳記曰衡山有石室内有石牀石几

異苑曰曆陽石秀之欻有一人着平巾袴褶語秀云聞君巧倕班爾刻几尤妙太山府君相召秀之自陳云劉政能造數旬而殞石氏猶存劉作几有名遂以致斃

幽明録曰海中有金臺水出百丈臺其内有金几雕文備制上有百味之食

李尤几銘叙曰昔帝軒轅仁智恐事之有闕作　几之法

張華倚几銘曰倚几之設設而倚作器此成於彼也

案

説文曰檈（似緣切）圜案也

方言曰陳楚宋魏謂案爲寫

楚漢春秋曰項王使武涉説淮陰侯淮陰侯曰臣故事項王位不過中郎官不過執戟及去項歸漢漢王賜臣玉案食臣具之劒臣背之内愧於心

史記曰高祖過趙趙王張敖自持案進食甚恭上箕踞罵之

漢書曰萬石君石奮子孫有過失不誚讓爲便坐對案不食

又曰貢禹奏曰見賜杯案畫文金銀飾非當所以食臣下也

又曰朱博爲人廉儉自微賤至富貴不食重味案上不過三杯酒

又曰許后五日一朝皇太后於長樂宮親奉案上食

東觀漢記曰更始韓夫人嗜酒每侍飲見常侍奏事輒怒曰帝方對我飲正用此時持事來乎起抵破書案

又曰魏霸延平元年仕爲光祿大夫妻死長兄伯爲娶妻送至官舍霸曰年老兒子備具何用空養他家老嫗爲即自入拜其妻手奉案前肉跪曰不敢相屈而妻慙求去

又曰尹敏字幼季與班彪相友每相與談論輒屏案不食

又曰梁鴻常賃舂每歸妻爲具擧案齊眉

又曰蔡彤素清在遼東三十年衣無儲副賜錢百萬下至杯案食物大小重沓

南史曰江東之爲新安太守在郡作書案一枚去官留以付庫

梁書曰郭祖深清儉素木案食不過一肉

漢舊儀曰丈二旋案以陳三十六肉九穀飲食

東宮舊事曰皇太子妃初拜有漆金度足奏案一枚

魏武上雜物疏曰御物有純銀參鏤帶漆畫案一枚

江表傳曰曹公平荊州欲伐吳張昭等皆勸迎曹公唯周瑜魯肅陳距北之計孫權拔刀斫前奏案曰諸將復有言迎北軍與此同也

西京雜記曰武帝爲七寶牀雜寶案於桂宮中

漢武故事曰武帝時東郡獻短人長五寸上疑是山精常令在案行東方朔問曰巨靈汝何以叛阿母徒否

廣陵傳曰吳戒字貴齊性剛直同業生陳外爲賊戒見之外爲設食戒曰汝巳爲賊柰何爲設食因舉按投江中令

其趣降

神仙傳曰吳興人沈羲爲仙人所迎上見老君玉女以金案玉杯藥賜羲曰此神仙丹不死之藥

鄴中記曰石虎以宮人爲女官門下通事以玉案行文書

燕丹子曰太子常與荊軻同案而食

鹽鐵論曰文杯畫案婢妾衣紈履絲所以亂治也

潛夫論曰前羌始叛器械未備虜或以銅鏡以象兵或負板案以類楯誠易戰耳

異苑曰百丈山上有石房內有案置石書二卷

夢書曰夢見杯案賓客到也多客大案少客小案也

陸雲與兄機書曰按行曹公器物有奏按五枚又作欹枕以卧視書

張衡四愁詩曰美人贈我錦繡段何以報之青玉案

李尤書案銘曰居則致樂承顏接賓承卷奏記通達謂刺尊上荅下道合仁義

梁簡文帝書案銘曰刻香鏤采纖銀卷足漆花曜紫畫製舒錄怪廣知平人雕非曲刖貿錦帳承芳綺褥披古道今察姦糾俗

杖

說文曰杖持也

大戴禮曰武王踐祚杖之銘曰惡乎失道於嗜欲相忘於富貴

周禮秋官上曰伊耆氏掌國之大祭祀共其杖咸（咸讀曰函老臣雖杖於朝事鬼神尚敬去之有司以此函藏之既事乃授之）軍旅授有爵者杖（吏卒且以杖尊者將軍杖鉞）共王之齒杖（王者所以賜老者之杖）

禮記曰獻杖者執末○又檀弓上曰孔子蚤作（作作㢟）負手曳

杖逍遥於門歌曰太山其頽乎梁木其壞乎哲人其萎乎
子貢聞之曰夫子殆將病也
又曰子夏喪其子而喪其明曾子弔之子夏曰天乎余之無罪也曾子怒曰商汝何無罪也吾與汝事夫子於洙泗之間退而老於西河之上使西河之民疑汝於夫子爾罪一也喪爾親使民未有聞焉爾罪二也喪爾子而喪爾明爾罪三也而曰汝何無罪與子夏投其杖而拜曰吾過矣
又曰王制曰五十杖於家六十杖於國八十杖於朝
傳曰邾莊公與夷射姑飲酒私出閽乞肉焉奪之杖以敲之
論語曰鄉人飲酒杖者出斯出矣
又曰子路從而後遇丈人以杖荷蓧子路問曰子見夫子乎丈人曰四體不勤五穀不分孰爲夫子植其杖而耘

史記曰張騫去臣前在大夏時見邛竹杖蜀布問曰安得此大夏國人曰賈人往市之身毒在大夏之東南可數千里
續漢禮儀　曰三老五更杖玉杖
又曰　秋之月按户比民年七十者授之以王杖八十禮有加賜玉杖長九尺端爲飾鳩鳩者不噎之鳥欲老人不噎
華嶠後漢書曰嘉平中袁逢爲三　賜玉杖
魏志曰文帝引漢太尉楊彪待以客禮賜之几杖詔曰夫先王制几杖之錫所以賓禮黄耇褒崇元老也昔孔光卓茂並以淑德高年受玆嘉錫其賜公延年杖及憑几
又曰周宣爲郡史太守楊沛夢人曰八月一日曹公當至必與君杖飲以藥酒宣占之曰夫杖起弱藥治人病八月一日黄巾賊必滅至時果敗

吳書曰全綜年高賜以御杖
晉書曰魏帝嘗賜景帝春服帝以賜山濤又以其母老年并贈藜杖一枚
又曰阮宣子出行常以百錢掛杖頭每至酒家輒醉而歸
後魏書曰甄琛拜侍中以其衰老詔賜御府杖朝直杖以出入
莊子曰子貢乘大馬軒車不容巷往見原憲杖藜應門
山海經曰夸父與日競走渴飲河渭不足北走大澤未至道死弃其杖化爲鄧林
廣志曰九真出靈壽杖
呂氏春秋曰孔子弟子從遠方來者孔子荷杖而問曰子之父不有恙乎持杖而揖之問曰子之母不有恙乎置杖而問曰子之兄弟不有恙乎杖歩而倚之問子之妻子不

有恙乎故孔子以六尺之杖諭貴賤之等辨親疎之義
陸賈新語曰夫居高者自處不可以不安履危者任杖不可以不固自處不安則墜任杖不固則顛是聖人居高處上則以仁義爲巢乘危履傾則以聖賢爲杖也
新序曰昌邑王徵爲天子到營陽買積竹刺杖二枚龔遂諫曰積竹刺杖者驕蹇少年杖也大王奉大喪當柱竹杖
風俗通曰漢高祖與項籍戰京索間遁叢薄中時有鳩鳴其上追者不疑遂得脫及即位異此鳥故作鳩杖賜老人也
拾遺録曰老子當周之末居山與世人絶迹唯有黄髮老叟五人手　捉青節之杖出入室中與老子談
又曰糜竺用陶朱計術日益富有寶庫千間竺常賑生恤死家馬厩旁有古冢夜聞泣聲尋之見婦訴云漢末爲赤

眉所害剖棺見剥乞更深埋并乞弊衣自掩笠從其言後
歷一年復見前婦云君財寶可支一世應遭火厄今以青
蘆杖一枚長九尺報君衣棺之恵笠挾杖而歸而後隣家
常見笠家有一青氣如龍虵之形又有青衣童子數人來
云糜笠家當有火賴君能恤斂枯骨天道不孤君德故來
攘却此災使君財物不盡旬日火從庫起燒其珠玉十分
遺一火盛之時見青衣童子十數來撲火又有氣如雲覆
火上即滅
又曰劉向於成帝之末校書天禄閣專精覃思夜有老人
着黄衣植藜杖扣閣而進向闇中獨坐頌書老人乃吹
端火出具以照向具説開闢以前向因受五行鴻範之文
恐辭説繁廣向乃裂裳及紳以記其言至曙而去請問姓
名答曰我是太一之精天帝聞金夘之姓有博學者下而

觀焉乃出懷中竹牒有天文地圖之書余畧授子焉至向
子歆從授術亦不語人焉
漢武内傳曰帝先有玉箱杖是西湖毋所獻帝甚愛之崩
後故以入槨其年人有於扶風郿市中買得者帝時左右
侍人識之告有司詰問云見市中有一人賣之實不知賣
杖主名也
神仙傳曰費長房欲求道而顧家憂壺公乃斷一青竹杖
與長房身等使懸之舍後家人見以為縊死大小驚號遂
殯葬之長房立其傍人無見者後長房歸家人不信是房
房曰往日所葬竹杖耳發冢視杖猶存
又曰壺公遣費長房歸以一竹杖與之騎此當到家以杖
投葛陂中長房騎杖忽然如睡便到家以杖投葛陂中頭
之乃青龍也

又曰介象令人騎青竹自呉往蜀
劉根別傳曰孝武皇帝登少室見一女子以九節杖仰指
日閉左目開右目氣且絶乆乃蘇息武帝使問之所行何
等女子不荅東方朔曰婦人食日精者
劉向別傳曰有騏驎角杖。塔寺記曰謝尚夢其父告之曰
西南有氣至衝人必死勿當其鋒見塔寺可禳未暇立寺
可杖頭刻作塔形見有氣來擬之尚如其言置杖左右果
有黒氣衝尚家尚以杖指之氣即廻散闔門獲全氣所經
處數里無復孑遺
三石僞事曰佛澄死以澄生所服金杖銀鉢内着棺中經
後冉閔開棺視之不見體骨唯見杖鉢
武當山記曰山有石室有板床銅杖長七尺三分
交州記曰合浦圍州有石室其裏一石如鼓形見櫑木杖

倚着石壁採珠人常致祭焉
魏文典論曰嘗與平虜將軍劉勳奮威鄧展共食飲宿聞
展有手臂曉五兵余與論劔酒酣耳熱方食甘蔗便以為
杖下殿交三中其臂
談藪曰後魏河間邢巒字山賓遷殿中侍御史嘗有疾筞
山桃杖帝問此何杖荅曰巨源杖太武諱壽故言焉
法顯記曰那竭國有佛錫杖牛頭旃檀上長丈六七許以
筒盛之百千人舉不能移
又曰秖垣精舍西北四里有榛林名曰得眼本有五百盲
人佛為説法盡得眼開盲人喜刺杖着地頭面作禮杖遂
生長成榛
鄧徳明南康記曰南野縣有漢監匠陳憐其人通靈夜嘗
乗龍還家其婦懷身憐母疑與外人通密看乃知是憐乗

龍至家輒化成青竹杖擲內致戶前毋不知因將杖去須
臾光彩滿堂俄尒飛失憐失杖乃御雙鵠還

搜神記曰漢文帝微服　過魯少千少千杖金杖出應
門

列異傳曰陳留史均字威明嘗得病臨死謂其母曰我得
復生埋我杖竪我塚上若杖拔出之及死埋杖如其言七
日往視杖果拔即掘出之便平復如故

神異記曰陳敏孫皓之世為江夏太守自建業赴職聞宮
亭廟驗言靈驗過乞在任安穩當上銀杖一枚年限既滿作
杖擬以還廟撫捶鐵以為幹以銀塗之尋徵為散騎常侍
往宮亭送杖於廟中乞即進路日晚降神至宣教曰陳敏
許我銀杖今以塗杖見與便投杖水中當送以還之欺蔑
之罪不可容也於是取杖看之剖視衆見鐵幹乃置之湖
中杖浮在水上其疾如飛遥到敏舫前敏舟遂覆也

魏武帝與楊彪書曰今贈足下銀角桃杖一枚

崔瑗杖銘云乗危履險非杖不行年老力竭非杖不強諸
蔗雖美猶不可杖　人悅已亦不可相

太平御覽卷第七百一十

太平御覽卷第七百一十一

服用部十三

箱　巾箱　笥　笈　火籠

箱

東宮舊事曰皇太子初拜有馬齒呈事箱四枚

漢武帝內傳曰帝崩時遺詔以雜道書四十卷置棺中至延康二年河東功曹李友入上黨抱犢山採藥於巖室中得此書盛以金箱卷後題曰月是武帝時河東太守張純以箱及書奏上之武帝時左右見之涕泣曰此是帝崩時殯殮物宣帝愴然以書付茂陵安合如故

晉陸雲與兄機書曰一日行曹公器物有書箱五枚想兄識彥高書箱甚似之

巾箱

漢武內傳曰武帝見西王母巾箱中有一卷書王母曰此五岳真形圖昨青城諸仙就我求今當付之

宋書曰元凶劭弑逆南陽公主見女巫嚴道育云天神當賜符應時主夕卧見流光相隨狀若螢火遂入巾箱化爲雙珠圓青可愛因是巫蠱而敗

齊書曰衡陽王鈞常手自細書寫五經部爲一卷置于巾箱中以備遺忘侍讀賀玠問曰殿下家自有墳素復何須蠅頭細書別藏巾箱中荅曰巾箱中有五經於撿閱易且一更手寫則永不忘諸王聞而爭效爲巾箱五經自此始也

世說曰咸法濟者義興人其兒年二十得病經年有神來語言牀席不淨神何處得坐曰有漆內箱甚淨神何不入中因內新果於箱中覺有聲以箱蓋覆之於是便聞箱中動搖即以衣傳之可五升米重而病愈

異苑曰晉孝武太元末每聞手巾箱中有鼓吹鞞角之音帝是歲崩天下大亂

笥

說文曰簞笥飯及衣之器也

尚書曰惟衣裳在笥○論語曰一簞食一瓢飲簞笥也

東觀漢記曰上問第五倫卿爲市掾人有遺卿母一笥餅卿從外來見之奪母笥探口中餅出之倫對曰實無此衆人以臣愚蔽故爲生此語

東觀漢記曰上聞王郎將軍至復驚去馮異進笥麥飯兎肩

續漢書曰世祖微時繫南鳴市獄市吏以一笥飯與之

吳越春秋曰越以文笥七枚獻吳王

西京雜記曰宣帝以虎魄笥盛身毒寶鏡

風俗通曰孝靈帝建寧中京師長者皆以葦辟方笥爲粧具時有識者竊言葦方笥郡國讞篋也今珍用天下皆當有罪讞於理官也後黨錮皆讞廷尉人名悉入方葦笥中斯爲驗矣

張衡綬笥銘曰南陽太守鮑德有詔所賜先公綬笥傳世用之吏治笥平子爲德主簿故爲之銘也

笈

說文作极曰笈驢上負也

風俗記曰笈學士所以負書箱如冠籍箱也

謝承後漢書曰徐稚字孺子公車五徵皆不降志其有喪負笈赴弔行五里也

又曰袁閎字夏甫汝南人也博覽群書常負笈尋師變易姓名

又曰高弘字伯武河内山陽人爲琅琊相到官自負笈單步入界聽採風俗

又曰蘇章字士成北海人負笈追師不遠万里

又曰方儲字聖明負笈到三輔無術不覽

又曰郎宗負笈賣卜給食諸公表上博士徵宗宗負笈遁去

李固傳曰固父爲三公而固步行負笈千里從師

拾遺録曰漢惠帝時有仙人韓稚東至泥離國遇其人洞室負笈而問其年幾何

漢武内傳曰上元夫人語武帝曰阿毋令以瓊笈妙韞發紫臺之文賜汝

火籠

方言曰南楚江沔之間籠謂之䈙或謂之笯陳楚宋魏之間謂之廧居今薰籠是也

齊書曰卞彬性飲酒火籠什物多諸詭異自稱卞田居

又曰范述曾爲永嘉太守有善政徵爲游擊將軍郡故舊送錢二十餘萬一無所受唯得白桐皮火籠朴十餘枚而已○梁書曰臨賀王正德爲吳郡太守正德自謂應居儲嫡心常怏怏後奔魏初去之始爲詩一絶内火籠曰楨幹屈曲盡蘭麝氣氤銷欲知懷炭日正是履氷朝

脩復山陵故事曰當梓宮中有象牙火籠

東宮舊事曰太子納妃有漆畫手巾薰籠二條大被薰籠三

西京雜記曰漢制天子以象牙爲籠上皆散花文後宮則五色綾文

劉向別録曰淮南王有薰籠賦

齊謝朓詠竹火籠詩曰庭雪亂如花井氷粲成玉因炎入豹袖懷温奉芳蓐體密用宜通文斜性非曲

梁沈靜妻沈詠五彩竹火籠詩曰可憐潤霜雪纖剖後毫分織作迴風苫製爲縈騎文含芳出珠被耀緑接緗裙徒嗟今麗飾豈念昔凌雲

太平御覽卷第七百一十一

太平御覽卷第七百一十二　

服用部十四

熨斗　澡盤

澡灌　伏虎

熨斗

通俗文曰火斗曰熨

帝王世紀曰紂欲重刑乃先作大熨斗以火爇之使人舉不能勝輒爛手與妲己爲戲笑

魏末傳曰優人欲使幼帝取大將軍昭昌熨斗柄帝不敢發

晉書曰韓康伯年數歲殷氏高明時大寒母方爲作襦令康伯捉熨斗而謂之曰且着襦尋當作複袴康伯曰火在斗中而柄尚熱今既着襦下亦當煖

又張蕪別傳曰蕪小時母謂其寒且作袴蕪曰且作襦如熨斗着火柄亦熱

隋書曰尉遲迥反於鄴時李穆在并州高祖獻慮其爲迥所誘遣使往布腹心穆遽奉熨斗於高祖曰願以此慰安天下也高祖大悦

三輔故事曰董卓壞銅人十枚爲小錢熨斗

淮南子曰糟丘生於象箸炮烙始於熱斗（許慎曰熱斗熨斗也爛人手遂作炮烙之刑也）

晉東宮舊事曰皇太子納妃有金塗熨斗三枚

魏武帝集上騰所得順帝賜物銅熨斗二枚

澡盤

魏武上雜物疏曰御物有純銀盤又有容五石銅澡盤也

杜預奏事曰澡盤熨斗民間要用

世說曰大將軍王敦至石崇家如厠還有數十婢曳羅縠擎金澡盤盛水琉璃盌盛澡豆因令著水調而飲之謂是乾飯群婢莫不大笑也

述征記云長安逍遥宮門裏有澡盤面徑丈二也

異苑曰中朝有人畜銅澡盤旦夕恒鳴張華曰與洛鍾宮商相諧故聲相應錯鑢之乃止

傅玄澡盤銘曰與其澡於水寧澡於德水之清猶可穢也德之興不可塵也

澡灌

四王起事曰惠帝征成都軍敗帝渴帳下齋五升銅灌就民家取水就灌飲之

齊書曰劉悛少與齊武欵好帝常至悛宅晝卧覺悛自奉金澡灌受四升水以沃盥因以與帝前後所納稱此

東宮舊事曰皇太子初拜有金塗澡灌一枚青絲三合繩一枚長二丈五尺

又曰皇太子納妃有金澡灌二枚

西域諸國志曰月支國有佛澡灌受二升許青石名羅勒色碧玉班白受水無定隨其多少

惠遠法師澡灌銘序曰得摩羅偷石澡灌一枚故以此銘答之

伏虎

周禮天官曰大尉掌王褻衣服凡褻器（鄭司農云褻器溺器虎子也）

春秋後語曰智伯圍趙襄子於晉陽襄子大敗智伯軍殺智伯漆其頭以爲飲器（飲器虎子也）

史記曰匈奴破月氏王以其頭爲飲器

魏略曰蘇則爲侍中舊侍中親省起居故俗因謂執虎子

始蘇則同隱吉茂後見嘲之曰仕宦不已執虎子

録異傳曰吳時嘉興倪彥思忽有鬼魅其家能與人語飲食如人唯不見形思乃延道士逐之酒肴既設道士便擊鼓召請諸神魅乃取伏虎於神坐吹作角聲以亂音頃道士忽覺背中冷驚起解衣乃伏虎也

馬融遺令曰穿中不得下銅虎況它銅物

太平御覽卷第七百一十二

服用部十五

匣　匱　厨

匣

說文曰匣匱也

論語季氏曰孔子謂冉求曰虎兕出於匣

拾遺錄曰含塗國人善服鳥獸雞犬皆使之能言雞犬牛豕死者以玉爲匣埋海上其主遊戲海上於地中聞犬豕雞之聲主者猶識掘而取之還養如昔焉唯毛羽禿落更悅弄

魏武帝上雜物疏曰銀鏤漆匣四枚

古歌曰流塵生玉匣

匱

說文曰匱櫝也匣也

論語子罕云韞櫝而藏諸求善價而沽諸櫝匱也

論語季氏曰龜玉毀於櫝中

左傳曰昭七年傳曰燕人歸燕姬以瑤甕玉櫝

國語曰夏之衰也褒人之神化爲二龍而言曰余褒之二君也夏后布幣而策告之龍亡而漦在櫝而藏之漦俟淄切龍涎也

王隱晉書曰甘卓家金匱鳴聲似槌鏡清而悲師言金匱將離是以悲鳴尋而卓下將軍周慮等承望鄧意害卓

唐書曰王伾下劣闒茸不能如叔文有大志唯務金帛寶玩爲無門大櫃上開一孔使足以受物夫妻寢止其上

韓子曰楚人賣其珠於鄭者爲木蘭之櫝薰以桂椒綴以珠玉飾以玫瑰緝以翡翠鄭人買櫝而還珠未可謂善鬻珠也

李尤匱匣銘曰國有都邑家有匣匱貨賄之用我之利器

厨

魏略曰扈累字伯重京兆人常隨青牛先生先生字方正曉知星曆風角鳥情累得其術有婦無子後亦喪婦獨居道側以塼爲障施一厨牀食宿其中

晉陽秋曰顧愷之尤好丹青嘗以一厨畫寄桓玄悉糊題其前玄乃發厨後而取之封題如舊以還之愷之見封題如初但失其畫直云妙畫通靈變化而去猶人登仙也

沈約宋書曰收范曄家樂器服玩並皆珍麗妓妾亦盛飾母住止單陋唯有一厨盛樵薪

齊書曰衡陽王鈞母區貴人卒鈞哀毀甚先是貴人花釵厨子賜鈞以爲玩弄貴人亡後每歲時及朔望輙開禮再拜鯁咽見者皆爲之悲

又曰陸澄當世稱爲碩學讀易三年不解文義欲撰宋書竟不成王儉戲之曰陸公書厨也

南史記謝弘微臨終語左右曰有二厨書須劉領軍至可於前燒之愼勿開也

拾遺錄曰郭況家富以玉器盛食故東京謂郭家爲瓊厨金屈

東宮舊事曰皇太子拜有栢書厨一梓書厨一

范甯教曰籍官之大信而比散在衆曹此不可也可今作十五籍厨一縣一厨

太平御覽卷第七百一十三

太平御覽卷第七百一十四

服用部十六

梳篦　刷　鑷

鑴　剔齒纖

梳篦

說文曰櫛梳枇揔名也

釋名曰梳言其齒疏也枇言其細相枇也

禮記曲禮上曰男女不同巾櫛

又玉藻曰櫛用樿櫛髮晞用象櫛

左傳僖公中曰晉太子圉爲質於秦將逃歸請嬴氏曰與子歸乎對曰寡君之使婢子侍執巾櫛以固子也從子而歸弃君命也不敢從亦不敢言

漢書曰孝文帝遺匈奴櫛袍梳枇各一也

續漢書曰李文德素善延篤謂公卿曰延篤有王佐之才欲引進之篤聞爲書止文德曰吾常昧爽櫛梳坐於客堂朝則誦虞夏之書歷公旦之典禮覽仲尼之春秋當此之時不知天之爲蓋地之爲輿愼勿迷其本棄其生也

魏志曰徐季龍取十三種物著大篋中使管輅占之輅先說雞子後道蠶蛹遂一一名之唯以梳爲枇耳

脩復山陵故事曰梓宮用象牙梳五枚后梓宮物象牙梳六枚瑇瑁梳六枚

東宮舊事曰太子納妃有瑇瑁梳三枚

盛弘之荆州記曰臨賀興安縣東邊有平石其上有櫛履各一具俗云越王渡溪脫履墜櫛於此

崔寔政論曰無賞罰而欲世之治是猶不畜梳枇而欲髮之治

物理論曰威行法明漏吞舟之魚法之不明則數於細櫛細櫛則苛慝生也

夢書曰夢梳枇爲憂解也虱盡去百病愈

傅咸櫛賦叙曰夫才之治世猶櫛之理髮

涂岑詩曰思見君巾櫛以弭我勞勲

蔡邕女誡曰用櫛則思其心之理

高文惠與婦書曰今致瑇瑁梳一枚

陸雲與兄機書曰按行視曹公器物梳枇皆在

四愁詩曰美人遺我旃檀梳

晉傅咸櫛賦曰我嘉茲櫛惡亂好理一髮不順實以爲耻雖日用而匪懈不告勞而自已苟以理而委任期竭力以沒齒

刷

說文曰荔草似蒲而小根可作刷

通俗文曰所以理髮謂之刷

釋名曰刷帥也帥髮長短皆令上從也

東宮舊事曰太子納妃有七猪氂刷

嵇康養生論曰勁刷理髮僅乃得之

陸雲與機書曰按行視曹公器物刷膩處尚識

鑷

釋名曰鑷攝也攝取髮也

通俗文曰拔減鬚鬢謂之鑷

說文曰作箱曰籋箱也

洞林曰卷縣令施安上懷鑷令郭璞射之璞曰此是鏡物有兩歧

沈約宋書曰彭城王義康餉沈熙光銅鑷

脩復山陵故事曰梓宮中用鐵鑲鑷五枚
臨海水土記曰鑷魚長七寸頭如鑷
齊書曰高祖恒令左右拔白髮隆昌王高祖之孫年五歲戲於牀前帝曰兒言我是誰荅曰太翁帝曰豈有為人曾祖拔白髮乎即擲去鏡鑷

觿

説文曰觿角鋭端可以解結
毛詩淇澳曰芄蘭之支童子佩觿芄蘭草觿所以解結
禮記內則曰子事父母左佩小觿金燧右佩大觿木燧

剔齒纖

陸雲與兄機書曰一日行曹公器物有剔齒纖令以一枚寄兄

太平御覽卷第七百一十四

太平御覽卷第七百一十五

服用部一十七

步搖　假髻　髲

步搖

釋名曰后首飾曰副副覆也以覆於首上有垂珠步則搖也

周禮曰王后首服爲副所以副首爲飾若今步搖也

續漢書輿服志曰皇后入廟步搖以黄金爲山題貫白珠桂枝相紏八爵九華熊虎赤罷天鹿辟邪

後漢書曰和熹鄧后賜馮貴人赤綬以未有步搖環佩各加賜一具

晉書曰慕容廆曾祖莫護跋魏初率其諸部入居遼西從宣帝伐公孫氏以功拜率義王始建國於棘城之北時燕代多冠步搖冠護跋見之乃斂髮襲冠諸部因呼之爲步搖其後音訛遂爲慕容焉

江表傳曰孫皓使尚方以金作步搖假髻以千數令宮人着以相撲朝成夕敗輒命更作

晉令曰步搖敵髻皆爲禁物

西京雜記曰趙飛鷰爲皇后其女弟上遺黄金步搖

宋玉風賦曰主人之女垂珠步搖

梁沈靖妻沈氏步搖花詩曰珠花縈翡翠寶葉間金瓊剪荷不似製爲花如自生低枝拂衣領微步動搖英

假髻

周禮曰追師掌王后首服爲副

鄭玄云副婦人首飾三輔謂之假髻

東觀漢記曰章帝詔東平王蒼惟王孝友之德今以光烈皇后假髻帛巾各一衣一篋遺王可時瞻視以慰凱風寒泉之思

晉中興書徵祥說曰太元中公主婦女緩鬢假髻以爲盛飾用髮豐多不可恒戴乃先於籠上扶之名曰假髻或名假頭至於貧人不能自辦自號無頭就人借髻後孫恩桓玄之亂死者万計被戮之家多亡頭首至大斂時皆以藤縛菰草爲頭是假髻之應也。晉令曰士卒百工不得着假髻

髲

釋名曰髲被也髲少者得以被助其髲也

詩曰鬒髮如雲不屑髢也　髢髲也

傳曰衛莊公自城上見戎州己氏之妻髮美使髡之以爲呂姜髢後爲己氏所殺也

吳志薛綜上事云漢時朱崖叛以長吏覩其人好髮髡取爲髲故百姓怨叛

南越志曰開安縣出頭髲

異苑曰琅瑘費縣民家恒患失物作繩彄施穿穴口因繫得一髲長三尺許後不復失物

太平御覽卷第七百一十五

服用部一十八

手巾　帤巾

手巾

漢名臣奏曰王莽斥出王閎太后憐之閎伏泣失聲太后親自以手巾拭閎泣

英雄記曰在尊者前宜各具一手巾不宜借人巾用

江表傳曰孫權尅荆州將吏悉皆歸附而潘濬涕泣交橫慰勞與語使親近手巾拭其面

東宮舊事曰太子納妃有百濟白手巾也

廣志曰炎州以火浣布爲手巾

博物志曰魏文帝善彈碁能用手巾角

竹林七賢論曰王戎雖爲三司率尓私行巡省園田不從一人以手巾揷腰戎故吏多大官相逢輙下道避之

名山畧記曰鬱州道祭酒徐誕常以治病爲事有吳人姓夏侯來師誕忽暴病死終、冬、涉春有長沙門從北來於道中見夏侯云被崑崙召不得辭師寄手巾爲信誕得手巾乃本所送入棺者○志怪曰會稽人吳詳見一女子溪邊洗脚呼詳共宿明旦別去女贈詳以紫巾詳荅以白布手巾

神仙服食經曰伏苓如拳者着手巾中百鬼消滅

秦嘉婦與嘉書曰今奉越布手巾二枚

帤巾

漢書儀曰皇后親蚕絲絮織室作祭服皇后得以作絮巾

魏畧曰趙岐避難至北海着絮巾市賣餅

鄴中記曰石虎皇后出以女騎一千爲鹵簿冬、月皆紫綸巾

博物志曰蜀人以絮巾爲帽絮

太平御覽卷第七百一十六

服用部一十九

鏡　鏡臺　奩

合　多羅　嚴器

鏡

釋名曰鏡景也有光景也

廣雅曰鑒謂之鏡

玄中記曰尹壽作鏡

大戴禮曰武王踐阼鏡之銘曰見尔前必慮尔後

尚書帝命期曰桀失其玉鏡用之噬虎（鄭玄注曰鏡喻清明之道虎喻暴也）

尚書考靈耀曰秦失金鏡魚目入珠（金鏡喻明道也始皇不韋子言亂真也）

詩鄘柏舟曰我心匪鑒不可以茹（鑒所以察形茹度也）

漢書東方朔傳曰郭舍人曰四銖鎦文章皆有組索兩人相見朔能知之爲上客朔曰此玉之瑩石之精表如日光裏如衆星兩人相視見相知情此名爲鏡

魏略曰夏侯惇從征呂布爲流矢所中傷左目時夏侯淵俱爲將軍軍中號惇爲盲夏惇惡之每照鏡恚發輒撲鏡着地

蜀志曰張裕曉相術每舉鏡視面自知刑死未嘗不撲之于地

沈約宋書曰劉敬宣八歲喪母四月八日敬宣見衆人灌佛乃拔頭上金鏡以爲母灌因悲泣不勝

又曰殷仲文在東陽照鏡而不見其頭面旬日而戮

又蕭方等三十國春秋曰甘卓將被誅引鏡不見其頭

又曰慕容垂攻鄴苻丕遣其從弟龍請救乃遺謝玄青銅鏡黃金宛轉繩等以爲之信

齊書曰蔡母珎之有一銅鏡背有三公字常語人云徵祥如此何患三公不至

又曰陸慧曉還太子洗馬廬江何點常稱慧曉心如照鏡遇形觸物無不朗然

梁書曰王珎國武帝起兵東昏召珎國以衆還都使屯朱雀門爲王茂所敗及入城密遣鄒纂奉明鏡獻誠於梁帝帝斷金以報之後侍宴帝曰卿明鏡尚存昔金何在珎國曰黃金謹在臣不敢失墜○又曰到溉子鏡字圓照初在孕其母夢懷鏡及生因以名焉

隋書曰文帝委任高熲後右衛將軍龐晃及將軍盧賁等前後短熲於上上怒之皆被疎黜因謂熲曰獨孤公猶鏡也每被磨瑩皎然益明

唐書曰太宗謂群臣曰夫以銅爲鏡可以正衣冠以古爲鏡可以知興替以人爲鏡可以明得失朕常保此三鏡以防己過今魏徵殂猶一鏡亡矣

莊子曰至人之用心也若鏡不將不迎應而不藏故勝物而無傷

符子曰心能善知人如明鏡善自知者如淵蚌鏡以曜明故鑒人蚌以含珠故內照

韓子曰古之人目短於自見故以鏡觀面智短於自知故以道正己鏡無見疵之罪道無明過之惡面失鏡則無以正鬚眉身失道則無以知迷惑

呂氏春秋曰人之阿甚矣而無所鏡其殘亡無日矣孰當可鏡其唯士人乎鏡明己也細士明己也大

淮南子曰明鏡之始朦然未見形容也及其扸之以玄錫磨之以白氊則鬚眉微毛可得而察

又曰鏡便於照形承食不如竹簞

又曰聖人若鏡不將不迎也（將送）應而不倡故萬化無傷其得之乃失之也

又曰高懸大鏡坐見四隣（取大鏡高懸盆中水晃見四隣）

又曰人莫鑒於沫雨而鑒於止水者以其靜也（沫雨潦上沫起言其濁擾也）莫窺形於生鏡而窺形於明鏡者以其易也

抱朴子內篇曰或問知將來吉凶爲有道乎荅曰用鏡九寸自照有所思存七月則神仙千里事也明鏡用一或二謂之日月或用四謂之四規鏡

又曰萬物之老者其精皆能假託人形以炫人於鏡中不能易其真形是以入山道士以明鏡徑九寸懸於背有老魅未敢近或後來者視鏡中其是仙人及山中好神者鏡中故如人形

蜀王本紀曰武都大夫化爲女子蜀王娶以爲夫人無幾物故葬於武都以石作鏡一枚表其墓

魏名臣高堂隆奏曰陽符一名陽燧取火於日陰符一名陰燧取水於月並八銅作鏡名曰水火之鏡

東宮舊事曰皇太子納妃有着衣大鏡尺八寸銀花小鏡尺二寸漆匣盛蓋銀華金薄鏡三枚銀龍頭受福蓮華鈎鏁四副

魏武帝上雜物疏曰御物有尺二寸金錯鏡一枚皇太子雜純銀錯七寸鐵鏡四枚貴人至公主九寸鐵鏡四十枚

鄴中記曰石虎三人臺及內宮中鏡有徑二三尺者純金蟠龍雕飾

世說曰晉孝武將軍講孝經謝公兄弟與諸人私相講習車武子苦問謝謂袁羊曰不問則德音有遺多問則重勞二謝袁曰何嘗見明鏡疲於屢照

益部耆舊傳曰杜貞孟宗周覽求師經歷淶曽資用將乏磨鏡自給

南蠻獠人俗曰諸婚姻以奴婢一人爲娉無奴婢以銅鏡當人婢

吳興郡記曰臨安縣東石鏡山山東有石鏡一徑二尺四寸甚清亮

山謙之尋陽記曰盧山東面有一石若鏡懸崖明凈照見人形。海內士品曰徐孺子嘗事江夏黃公黃公薨往會其葬家貧無以自致賷磨鏡具自隨賃磨取資然後得前既至祭而退。荀悅申鑒曰君子三鑒鑒乎前鑒乎人鑒乎鏡前惟人訓人惟明商德之衰不鑒於湯禹也周秦之弊不鑒於羣下也側弁垢顏不鑒於明鏡也

古今注曰平帝元始三年延陵西園神寢內御户座前大鏡皆清液如汙水出狀

西京雜記曰高祖入咸陽宮周行府庫有方鏡九寸表裏明人直來照之影則側見以手掩心而來即腸胃五藏歷然無礙人有病在內則掩心而照之即知病之所在女子有邪心則膽張心動秦始皇帝以照宮人膽張心動者則殺之

又曰宣帝被收繫郡邸獄臂上猶帶史良娣合綵婉轉繩繫身毒寶鏡一枚如八銖錢舊傳此鏡照見妖魅佩之者爲天神所福宣帝從危獲濟及紹大位每持此鏡感咽移辰帝崩鏡不知所在

拾遺録曰周穆王時渠國貢火齊鏡廣三尺六寸闇中視物如晝人向鏡語鏡中則響應之也

又曰周穆王時有如石之鏡此石色白如月照面如雪謂
之月鏡
又曰方丈山池泥百鍊成金鏡色青可照魑魅
洞冥記曰望蟾閣上有青金鏡廣四尺元光年中祗國獻
此鏡照見魑魅百鬼不能隱形
列仙傳曰負局先生負石磨鏡局徇吳中衒磨鏡得一錢
因磨之
神仙傳曰河東孫博能引鏡爲刀屈刀爲鏡
劉根別傳曰思形狀可以長生以九寸明鏡照面熟視之
令自識已身形常令不忘乆則身神不散疾患不入
搜神記曰孫策既殺于吉每獨自髣髴見在其左右引鏡
自照見在鏡中因拊大叫瘡皆裂須臾而死又吳曆曰策
爲許貢客所傷引鏡自照曰面如此當可復建功立事乎
因椎几大叫瘡裂而卒

續搜神記曰文獻文獻王道讖曾令郭璞筮已一年中吉凶璞
曰當有小不吉利可取廣州二大甖盛水置床帳二角
名曰鏡耗以厭之某時撤甖去水如此其災可消至日忘
之尋失銅鏡不知所在後撤去水乃見所失鏡在於甖中
甖口數寸鏡大尺餘王公後令筮鏡甖之意璞云撤甖違
期故致此妖邪魅所爲無他故也使燒車轄以擬鏡立出
又曰林慮山下有一亭人過宿者或病或死常云十許男
女各雜衣或白或黑輙來爲害有郅伯夷者過宿於此獨坐
誦經忽有十餘人來與伯夷並坐因共蒱博於是伯夷密以
鏡照之乃是一群犬因執燭而起佯誤以燭燒其衣毛乃
樵伯夷懷刀投一人中之遂死成犬餘悉走去
神異經曰昔有夫婦將別破鏡人執半以爲信其妻與人

通其鏡化鵲飛至夫前其夫乃知之後人因鑄鏡爲鵲安
背上自此始也
幽明録曰宮亭湖邊傍山門有石數枚形圓若鏡明可以
鑑人謂之石鏡後有行人過以火燎一枚至不復明其人
眼乃失明
地鏡圖曰欲知寶所在地以大鏡夜照見影若光在鏡中者
物在下也
風角要占曰厭盜賊法三月以小形銅鏡七枚埋於申地
秤七百斤土覆之坎深二尺五寸廣二尺五寸築令堅固
孟達與劉封書曰天地初生如鏡
陸機與弟雲書曰仁壽殿前有大方銅鏡高五尺餘廣三
尺二寸立着庭中向之便寫人形體了了亦怪也
秦嘉與婦徐淑書曰頃得此鏡既明且好形觀文藻世所

希有意甚愛之故以相與明鏡可以鑒形淑荅書曰今君
征未旋鏡將何施行明鏡鑒形當待君至
傅咸鏡賦曰從陰位於清商採秋金之剛精醮祝融以致
度命歐冶而是營睎日月之光列儀厥象乎躍靈

鏡臺

世說曰溫嶠爲劉越石長史北討劉聰得玉鏡臺嶠從姑
劉氏有女美嶠有意自媒數日乃下玉鏡臺姑喜既婚交
禮女曰我固疑是老奴果如所卜也
三國典略曰胡太后使沙門靈昭造七寶鏡臺合有三十
六戶每室別有一婦人手各執鏁才下一關三十六戶一
時自閉若抽此關諸門皆啓婦人各出戶前
魏武雜物疏曰鏡臺出魏宮中有純銀參帶鏡臺一純銀
七貴人公主鏡臺四

晉東宮舊事曰皇太子納妃有玳瑁鈿鏤鏡臺一

宋起居注曰元嘉中韋朗為廣州刺史作銅鏡臺一具御史中丞劉禎請以事追免朗官

謝朓詩曰玲瓏類丹檻孤高似玄闕對鳳臨清水乘龍掛明月照粉拂紅粧揷花理雲鬢玉顏徒自見畏見君情歇

古詩曰珊瑚掛鏡爛生光

奩

後漢書曰陰太后崩明帝性孝愛追慕無已謁原陵帝從席前伏御牀視太后鏡奩中物感慟悲涕令易脂澤裝具左右皆泣莫能仰視焉

拾遺記曰陰貴人夢食瓜美帝使求之時有燉煌獻異瓜云是空峒靈瓜又常山獻巨桃及后崩侍者見鏡奩中有瓜桃之核視之涕零也

列仙傳曰朱崖令死當還法內珠於關者死其繼母弃其繫臂珠其男年九歲好之置鏡奩中皆不知也至海關吏收得十枚乃母子爭死吏遂弃而遣之事具義門

語林曰范汪至能噉梅人致一斛奩噉須臾盡也

蔡邕表曰賜鏡奩等前後重疊父母於子無以加此

魏武上雜物疏曰純銀藻豆奩純銀括摟奩

孫仲寄妹臨亡書曰鏡與粉盤與郎香奩與若欲令其行身如明鏡純如粉譽如香

合

宋元嘉起居注曰廣州刺史韋朗被彈事有金鏤合二枚銀鏤合二枚。劉向別傳曰向有合賦

祖台之志怪曰吳中有王大夫行至曲阿回塘上有一女子便留住宿解臂上金合繫其肘下令暮更來遂不至更使尋求都無女人過猪欄邊見猪胛有合

多羅

纂文曰多羅粉器

扶南傳曰扶南國王以純金多羅遺毗騫王

嚴器

魏武內嚴器誡令曰孤不好鮮飾嚴具用新皮韋笥以黃韋緣中遇亂世無韋笥乃更作方竹嚴具以皂韋衣之麄布裹此孤平常之用者也內中婦曾置嚴具于時為之推壞今方竹嚴具緣漆甚華好。魏武上雜物疏曰油漆畫嚴器一純金參帶畫方嚴器一。齊書曰宜都王鏗鎮姑熟于時人發桓溫女冢得金巾箱織金篾為嚴器條以啓聞鬱林勑以賜之鏗曰今取往物後取今物如此循環尓豈可不熟念使長史蔡約自往脩復纖毫不犯

北史后妃傳曰舊儀司飾三人掌簪珥花嚴

脩復山陵故事曰梓宮用嚴器五具馬齒嚴器五具

汝南先賢傳曰戴良嫁女以笥為嚴器

秦嘉婦與嘉書曰今奉嚴器中物幾具

陸雲與兄機書曰按行視曹公器物嚴器方六七寸高四寸

太平御覽卷第七百一十七

服用部二十

笄　釵　鑷釵類
瑇瑁　釧跳脫附　指環

笄

釋名曰笄係也所以拘冠使不墜也

三禮圖曰笄簪也士以骨大夫以象詩曰君子偕老副笄六珈副后夫人之首飾編髮為之珈笄飾之最盛者

白虎通曰男子幼娶必冠女子幼嫁必笄禮曰女子許嫁笄而字

國語曰司馬子期欲以妾為子內子卿之嫡妻訪於左史倚相曰吾有妾而願欲笄之倚相止之

又曰范文子暮退於朝武子曰何暮也對曰有秦客庾辭於朝庾隱也大夫莫之能對也吾知三焉解其三事武子怒曰大夫非不能也讓父兄也尔童子而三掩人於朝吾不在晉國亡無日矣擊之以杖折其委笄

春秋後語曰趙襄子之姊為代王夫人襄子併代殺王平其地其姊聞之泣而呼天磨笄自殺代人憐之名其地為磨笄山○齊淳于髡十酒說曰羅襦排門翠笄窺牖

釵

釋名曰釵枝形也因名之也爵釵者釵頭施爵

曹植美女篇曰頭揷金爵釵

續漢書曰靈帝時江夏黃氏毋浴而化為黿入于深淵其後人時見出浴簪一銀釵猶在其首

又輿服志曰貴人助蠶瑇瑁釵

江表傳曰魏文帝遣使於吳求玳瑁三點釵群臣以為非禮咸亼不與孫權勑付使者

晉記云王達妻衛氏太安中為鮮卑所掠路由章武臺留書并釵釧訪其家

晉令曰六品下得服金釵以蔽髻○又曰女奴不得服銀釵○晉山陵故事曰后服有瑇瑁釵三十隻

沈約宋書曰泰始三年以皇后已下六宮金釵千枚班賜北征將士

列女傳曰梁鴻妻孟光荊釵布裙

洞冥記曰元鼎元年起招靈閣有神女留一玉釵與帝帝以賜趙婕妤至昭帝元鳳中宮人猶見此釵共謀欲碎之明旦視之匣唯見白鷰直升天去故宮人作玉釵因改名玉鷰釵言其吉祥

拾遺録曰漢獻帝為李傕所敗帝傷指伏后以繡被拭血刮玉釵以拂於創應手則愈

又曰魏文帝納美女薛靈芸有獻火珠龍鸞釵帝曰珠翠尚不能勝況龍鸞之重乎

又曰魏明帝時昆明國貢嗽金鳥鳥常吐金屑如粟用飾釵珮謂之辟寒金宮人相嘲曰不服辟寒金那得帝王心

又曰石季倫愛婢翔風別玉聲金色為倒龍之佩縈金為鳳冠之釵言刻玉如倒龍之勢鑄金象鳳皇之狀結袖繞楹舞於晝夜使聲聲相接謂之恒舞欲有所召者不呼姓名悉聽珮聲視釵色玉輕聲者居前金色艷者居後以為行次而進也○華陽國志曰涪陽大龜其甲可卜其緣可作釵世號靈釵○裴淵廣州記曰臺富女子以金銀為大釵執以叩銅皷號為銅皷釵

崔豹古今注曰蟠龍釵梁冀婦所制

異苑曰吳郡有徐君廟東陽長山縣吏李瑫義熙中遭事
在都婦過廟乞恩拔銀釵為願未至富陽有白魚跳婦前
剖腹得所願釵夫事尋解
幽明録曰尋陽參軍夢一婦人前跪自稱先葬近水淪沒
識能見救雖不能富貴可令君薄免禍參軍答曰何以為
誌婦人曰君見渚邊上有魚釵即我也參軍明旦覔果見
一毀墳其上有釵移置高燥處却十餘日參軍行至東橋
牛奔直趣水垂墮忽轉正得無恙也
録異傳曰吳人費季客賈去家與諸賈人語曰吾臨行就
婦求金釵婦與之吾乃置戶楣上忘白婦說妻夢見季死
前金釵在戶上妻取得發哀一年季却還
神仙占曰頭上着釵夜卧墮靴履中者婦人與外夫殺之
司馬相如美人賦曰玉釵掛臣冠羅袖拂臣衣

黄香九宮賦曰剥駭雞以為釵（駭雞犀也）。古歌辭曰頭上金
釵十二行足下絲履五文章。陳司馬美女篇曰頭戴金
雀釵腰佩翠琅玕。崔瑗三子釵銘曰元正上日百福孔
靈鬢髮如雲乃象衆星三珠横釵攝嫈讚靈
魏陳思王美女篇曰頭戴合歡釵
梁陽濟泄井得金釵詩曰昔日倡家女摘華露井邊摘華
還自比插映還自憐窺窺終不已笑笑自成妍寶釵於此
落從來非一年翠羽成泥去金色尚如先此人今不在此
物今空傳
秦嘉與婦淑書曰今致寶釵一雙價直千金可以耀首淑
答曰未奉光儀則寶釵不設。靈帖曰吳興妖童贈謝府
君詩曰玉釵空中墜金鈿色已歇獨泣謝春風良夜臯明月

齊書曰文安王后為皇太子妃無寵太子為宮人製新麗
衣裳及首飾而后牀惟陳故古舊釵鑷數枚
又曰周盤龍為右將軍建元元年魏攻壽春以盤龍為
軍主假節助豫州刺史桓崇祖拒魏大破之上聞之喜
下詔美稱送金釵鑷二十枚與其愛妾杜氏
王仲宣七釋曰戴明中之羽雀雜華鑷之威蕤
孔偉七别曰長袖隨腕而遺耀紫鑷承鬢而騁輝

璫珥

說文曰珥瑱也瑱以玉充耳也
釋名曰瑱鎮也懸璫耳旁不欲使人妄聽自鎮重也此本
出於蠻夷蠻夷婦女輕浮好走以此璫錘之也今中國傚
之也
風俗通曰耳珠曰璫

周書曰武王馳紂商師大崩帝辛登廩臺取天知玉珥
及鹿玉衣身以自焚鹿玉則銷天知珥在火中不銷
詩曰玉之瑱也象之揥也（瑱塞耳也）
又曰有匪君子充耳琇瑩（琇瑩美玉）
傳曰夏齊侯將納公（魯昭公也）命無受魯貨申豐從女賈以
幣錦二兩縛一如瑱瑱充耳也縛卷也急卷使如充耳
易懷藏
史記曰淳于髠謂齊威王曰前有墮珥後有遺簪此可
飲八斗
又曰武帝譴責鉤弋夫人夫人脫簪珥叩頭
魏書曰卞太后性約儉不尚華麗無文繡珠玉器皆黑
漆太祖嘗得名璫數具命后自選一具后取其中者太
祖問其故對曰取其上者為貪取其下者為詐故取其

中者耳

具録曰袁愽出遊其女榮得壞墟齋璫珥百枚於是封上之詔以賜愽也

晉令曰士卒百工不得服真珠璫

又諸葛恪別傳曰范慎不　馬耳璫恪荅曰母之於女天下至親穿耳附珠何傷於仁

戰國策曰齊王夫人有七美珥

韓子曰齊威王夫人死有十孺子所寵者九十人薛公欲知所立人為十王珥而美其一獻於王以付十孺子明曰視美珥所在乃立之

西京雜記曰趙飛鷰為皇后其女弟上遺合浦圓珠珥

夢書曰珠珥為人子之所貴夢得珠珥得子也

魏陳思王洛神賦曰不江南之明璫

劉禎魯都賦曰含冊吮素巧笑妍詳捶曜日之犇珥明月之璫

繁欽定情詩曰何以致區區耳中雙明珠

王粲七釋曰抗照夜之明璫煥煜爚以垂暉

傅玄七謀曰佩崑山之美玉珥南海之明璫

釧　跳脫附

通文俗曰環臂謂之釧

東宮舊事曰皇太子納妃有金釧二雙

祖台之志怪曰建安中河間太守劉照夫人卒於府後太守至夢見一好婦人就為室家持一雙金鐶古奠切與太守不能名婦人乃曰此鋑竹志切鐶鋑鐶者其狀如紐珠大如指屈伸在人太守得置枕中前太守迎喪言有鋑鐶開棺視夫人臂果無復有鋑鐶焉

甄異記曰樂安章沉病死未殯而蘇云被録到天曹主者是其外兄斷理得免見一女同時被録乃説金釧二雙記沉以與主者亦得還遂共譙㨗女去家在呉姓徐名秋英沉後尋問遂得之女父母因以女妻沉

高文惠與婦書曰今致金鐶一雙

交州記曰波斯王以金釧聘斯調王女也

唐書曰交河王麴崇裕兄昭少好學嘗有鬻異事書於市者其母將為買之搜索家財不足其價唯篋中有金釧數枚既而歎曰何愛此物令吾子不有異聞乎促令貨易此書昭後歷位司膳卿頗以詩詠流譽

繁欽定情詩曰何以致契闊繞臂金跳脫

指環

春秋繁露曰紂刑鬼侯之女取其環

五經要義曰古者后妃群妾禮御於君所

女史書曰授其環以進退之有娠則以金環退之當御者以銀環進之進者着於左手陽也以當就男故着左手右手陰也既御而復故此女史之職

漢書儀曰宮人御幸賜銀環

後漢書曰孫程等十九人立順帝有功各賜金指釧環

晉書曰羊祜年五歳令乳母取所弄玉環乳母曰汝先無此物祜乃於隣人李氏東墻桑樹中探得之李氏見驚曰余亡兒所失物也乳母具言前事李氏悲惋時人異之李氏之子即羊祜前身也

又曰傅暢年五歳父友見而戲解暢衣取其金環與左右暢不惜以此賞之後選入侍講東宮

宋書曰西南夷元嘉七年遣使獻金剛指環

梁書曰武丁貴嬪武帝鎮樊城嘗登樓以望見漢濵五彩

如龍丁有女子臂繞統則貴嬪也帝贈以金環納之時年
十四
後魏書曰咸陽王禧弟樹字秀和位宗正卿後奔梁武帝
尤器之後復歸魏初辭梁其愛妹玉兒以金指環與樹常着
之寄以還梁表必還之意朝廷知之俄而賜死
拾遺録曰吳王潘夫人以火齊指環挂石榴枝上因其處
臺名曰環榴臺時有諫者云今吳蜀爭雄還劉之名將為
妖乎權乃翻其名為榴還臺也
西京雜記曰戚姬以百鍊金為彄照見指上骨惡之以賜
侍兒
益部耆舊傳曰劉寵喪毋時危亂墳墓發傷寵乃矯毋令
家貧無財唯有手上金環責造墓供送免發掘
西戎傳曰大宛國人深目多鬚娶婦人以金同心指環為
聘

外國雜俗曰諸問婦許婚下金同心指環保同志不改
林道記曰林邑王獻金指環於吳主
胡俗傳曰始結婚姻相然許便下金同心指環
扶南傳曰扶南有訟者煑水令沸以金指環投湯中然後
以手探湯其直者手不爛有罪者入湯即燋
茅君傳曰句曲山上有神芝五種求之法當以三月登山
賫金環二雙啓以奉誓如此者三以為盟也必得芝草投
環於石間志碩念
集靈記曰王諱琅耶人也仕梁為南康王記室亡後數年
妻子困於衣食歲暮諱見形謂婦曰卿困乏衣食妻因與
之酒別而去諱曰我若得財物當以相寄後月小女探得
金指環一隻

甄異傳曰沛郡秦𣓁義熙中至曲阿村日暮失路遠見火
光投之屋有少女因寄宿曉臨別女以指環與𣓁𣓁去迴
顧乃是冢焉

太平御覽卷第七百一十八

太平御覽卷第七百一十九
服用部二十一
粉　黛　脂澤
燕支　的　花勝
粉
釋名曰粉分也研米使分散也經(勅貞切)粉者赤也染粉使赤以着頰也
墨子曰禹造粉
博物志曰紂燒鉛錫作粉
漢書曰廣川王去疾幸姬陶望卿去疾后昭信謂去疾曰前畫工畫望卿袒裼傅粉疑有姦
又曰惠帝侍中皆傅脂粉
續漢書曰順帝時所除官多不次李固奏免百餘人此等

既怨共作飛章誣固曰大行在殯路人掩涕固獨胡粉飾貌搔頭弄姿盤旋偃仰曾無慘怛之心
魏書曰何晏自喜動靜粉白不去手行步顧影
魏略曰邯鄲淳詣臨淄侯植時天暑植取水浴以粉自傅科頭胡舞擊劒誦小說顧謂淳曰邯鄲生何如也
韓子曰若毛嬙西施之美麗無益吾面用脂澤粉黛則倍其初言先王仁義無益於治明法度必賞罰則國之脂澤粉黛
淮南子曰漆不厭墨粉不厭白
抱朴子曰或問涉海之法答曰先於川次破雞子一枚以少粉雜香末合攪水中則不畏風波
又曰民不信黃丹及胡粉是化鉛所作
神仙傳曰眞人南極子能含粉成雞子吐之數十枚煑之雞子黄中皆有少粉也
華陽國志曰巴郡江西縣有清水穴巴人以此水爲粉則皜曜鮮芳嘗貢京師名爲粉水
扶南傳曰頓遜國有磨夷花末之爲粉大香
夢書曰婦人夢粉飾爲懷姙
神農本草曰粉錫一名鮮錫
語林曰石崇廁置甲煎粉沉香汁之屬
漢官儀曰省中以胡粉塗壁
鄴中記云石虎以胡粉和椒塗壁曰椒房
宋玉登徒子賦曰着粉太白施朱太赤
蔡邕女誡曰弘粉則思其心之鮮
曹植樂府曰御巾粉於君傍中有霍納都梁
傅長虞感涼賦曰珠汗隕於王躬粉附身而沾凝

黛
說文作黱畫眉也(黱與黛同)
釋名曰黛代也滅去眉毛以此代其處也
通俗文云染青石謂之點黛
後漢書曰明德馬后眉不施黛獨左眉角小缺補之如粟
宋起居注曰河西王沮渠蒙遜獻青雀頭黛百斤
楚詞曰粉白黛黑施芳澤長袂拂面善留客
脂澤
釋名曰澤人髮恒枯瘁以此濡澤之脣脂以丹作象脣赤也
廣志曰面脂魏興已來始有之
漢書曰翁伯販脂而傾縣邑
又曰孔奮爲姑臧長清儉人或譏之以身處脂膏不能自

潤

北史后妃傳曰晉舊儀典櫛三人掌宮中櫛膏沐

世說曰江淮以北謂面脂爲面澤

蔡邕女誡曰傅脂則思其心之和澤髮則思其心之潤

馮衍集曰衍與婦弟任武達書曰惟一婢武所見頭無釵澤面無脂粉

燕脂

博物志曰作燕支法取藍蘤（嚏委）擣以水洮去黃汁作十餅如手掌着濕草卧一宿便陰乾欲用燕支以水浸之三四日以水洮赤黃汁盡得赤汁而止也

西河舊事曰祁連山焉支山宜畜養匈奴失此二山乃歌曰失我祁連山使我六畜不蕃息失我焉支山使我婦女無顏色

崔豹古今注曰燕支葉似薊花似菖蒲出西方土人以染名爲燕支中國人謂紅藍以染紛爲婦人面色謂爲燕支粉也

習鑿齒與燕王書曰此下有紅藍足下先知之不北方人採取其花染緋黃接其上英者作燕支婦人用爲顏色可愛

班固曰匈奴名妻作閼氏言可愛如燕支

的

釋名曰以丹注面曰的的灼也此本天子諸侯有羣妾者以次進御有月事者止不御重不口說故注此於面灼然而識也

王粲神女賦曰施華的結羽釵

傅玄鏡賦曰珥明璫之迢迢點雙的以發姿

花勝

釋名曰花勝草化也言人形容正筆著之則勝

續漢書輿服志曰皇后入廟爲花勝上爲鳳皇以翡翠爲毛羽下有白珠垂金緌鑷横簪之

山海經曰西王母梯几戴勝

符瑞圖曰金勝者仁寳也不斵自成光若明月

晉中興書曰一名金稱䇿神契曰神靈滋液百珎寳用有金勝晉孝武時陽穀氏得金勝一枚長五寸形如織勝

太平御覽卷第七百十九

方術部一
養生
易曰天地之大德曰生
傳曰君子有四時朝以聽政(聽國政)晝以訪問(問可否)夕以脩
令(念所施)夜以安身於是節宣其氣(宣散也)勿使有所壅閉湫
底(湫音子小切底音止)以露其體(湫集也底滯也露羸也宣之則血氣集滯而體羸露)茲心不爽
而昏亂百度(爽明也茲此也百度百事之節)
老子養生要訣曰一人之身一國之象胷臆之設猶宮室
也支體之位猶郊境也骨節之分猶百川也腠(七搆切)理之
間猶四衢也神猶君也血猶臣也氣猶民也故志人能理
其身亦猶明君能治其國夫愛其民所以安其國愛其氣
所以全其身民弊即國亡氣衰即身謝是以志人上士當

施醫於未病之間不追修施於既敗之後故知國難保而
易喪氣難清而易濁審機權可以安社稷制嗜慾可以保
性命若能攝生者當先除六害然後可以延駐何名六害
一曰薄名利二曰禁聲色三曰廉貨財四曰損滋味五曰
屏虛妄六曰除疸妬六者若存則養生之道徒設耳蓋未
見其有益也雖心希妙理口念眞經咀(才與切)嚼英華呼吸
景象不能補其促矣誠者所以保和全眞當須少思少念
少笑少言少喜少怒少樂少愁少惡少好少事少機夫多思
則神散多念則心勞多笑則臟腑上翻多言則氣海虛脫多
喜則膀胱納客風多怒則腠理奔浮血多樂則心神邪蕩多
愁則頭面焦枯多好則氣智潰溢多惡則精爽奔騰多事
則筋脉乾急多機則智慮沉迷茲乃伐人之生甚於斤斧
蝕人之性猛於豺狼無久行無久坐無久立無久臥無久
視無久聽不飢強食則脾勞不渴強飲則胃脹體欲少勞
食欲常少勞則勿過少勿令虛冬則朝勿虛夏則夜勿飽
早起不在雞鳴前晚起不過日出後心內澄則眞人守其位
氣內定則邪物去其身行欺詐則神悲行爭競則神沮輕
侮於人當減筭殺害於物必傷年行一善則魂神歡搆一
惡則魄神喜魂神欲人生魄神欲人死常欲寬泰自居恬
惔自守則神形安靜災病不生仙録必書其名死籍必消
其咎養生之理盡在此矣至於鍊瓊丹而補腦化金液以
留神此上眞之妙道非食穀啗血越分而修之萬人之中
得者殊少深可誠焉
莊子曰善養生若牧羊視其後者而鞭之周威公曰何謂
曰魯有單豹者巖居而谷飲不與民共利行年七十而猶
有嬰兒之色不幸遇餓虎殺而食之有張毅者高門縣薄

無不走也行年四十而有內熱之病以死豹養其內而虎
食其外毅養其外而病攻其內此二子者皆不鞭其後者
(夫守一方之事至於過理者不及於會通之適者鞭其後者去其不及耳)
又曰養形必先無 物物有餘而形不養者有之
矣有生必先無離形形離而生亡者有之矣其來不能却
其去不能止也悲夫世之人以爲養形足以存養形神清
果不足以存生
文子曰太上養神其次養形神清意平百節皆寧養生之
本也肥肌膚充腹腸開嗜欲養生之末也(淮南子同)
韓子曰神不注於外則身全身全之謂得得者得身也
呂氏春秋曰凡生之長也順之也使生不順者欲也故聖
人必先適欲(適節也)室大則多陰臺高則多陽多陰則蹷多陽
則痿(蹷逆寒疾也痿躄不能行)此陰陽不適之患也是故先王不處大室

不爲高臺味不衆珍衣不燀（之演切）熱燀熱則理塞（脉閉結則）理塞則氣不達味衆珍則胃充胃充則中大鞔（音懣也）中大鞔則氣不達以此求長生其可得乎昔先聖王之爲苑囿園池也足以觀望勞形而已矣其爲宮室臺榭也足以辟燥濕而已矣其爲輿馬衣裘也足以逸身煖骸而已矣其爲飲食酏（糟）醴也足以適味充虛而已矣其爲聲色音樂也足以安性自娛而已矣此五者之所以養性也非好儉而惡費也節乎性也

又曰天生陰陽寒暑燥濕四時之化萬物之變莫不爲利莫不爲害聖人察之以便生故精神安乎形而年壽長焉長也者非短而續之者也畢其數也畢數之務在去乎害何謂去害大甘大酸大苦大辛大鹹五者充形則生害矣大喜大怒大憂大恐大哀五者接神則生害矣大寒大熱大燥大濕大風大霧六者動精則生害矣（諸言大者皆謂過制）故凡養生莫若知本知本則疾無由至矣

又曰湯問伊尹曰欲取天下若何伊尹曰欲取天下天下可取身將先取（身先爲天下所取也）凡事之本必先治身嗇其大寶（大寶身也）用新棄其陳湊理遂通精氣日新邪氣盡去及其天年此之謂眞人昔先聖王成其身而天下成治其身而天下治故善響者不於響於聲善景者不於景於形爲天下者不於天下於身詩曰淑人君子其儀不忒其儀不忒正是四國言正諸身也故反道而身善矣行義而人善矣

淮南子曰君子行正氣不行邪氣內便於性外合於義循理而動不繫於物而者正氣也推於滋味淫於聲色發於喜怒不顧後患者邪氣也邪與正相傷欲與性相害不可兩立一植一廢故聖人損欲而從事於性凡治身養性節寢處適飲食和喜怒便動靜而邪氣自不生豈若憂瘕疵之與痤疽之廢而豫備之哉

又曰今萬物之來擢拔吾性攓取吾精有若泉原雖欲勿稟庸可得乎今夫樹木灌以潦水疇以肥壤十人養之一人拔之則必無餘蘖況以一國同伐之雖欲久生豈可得哉今盆水在廷清之終日未能見眉睫濁之不過　撓而不能察方員人神易濁而難清猶盆水之類也

又曰夫水之性清而沙土汩之人之性安而嗜慾亂之夫人之所受於性者耳目之於聲色也鼻口之於芳臭也肌膚之於寒煖也其情一也或通於神明或不免於癡狂者世其所以爲制者異也是故神者智之淵也神清則智明矣智心之府也智公則心平矣人莫鑒於沫洒而鑒於止

水者以其靜也莫窺於生鐵而窺於明鏡者以其易也夫惟易且靜故能形物之情性由此觀之用者也是故虛室生白吉祥止焉

又曰聖人　不變其宜不易其常放准修繩曲因其當夫喜怒者道之邪悲憂者德之失好憎者心之過嗜慾者性之累夫大怒破陰大喜墜陽薄氣發瘖驚怖爲狂憂悲多恚病乃成積好憎繁多禍乃相隨故心不憂樂德之至也性而不變靜之至也嗜欲不載虛之至也無所愛憎平之至也不與物散粹之至也能此五者則通於神明通於神明者得其內者也

抱朴子　內篇曰夫太元之山難知易求不天不地不沉不浮絕險綿邈崔巍崎嶇和氣烟熅神蕈並遊玉井泓窈灌溉匪休百二十官曹府相由離坎列位玄芝萬株絳

樹特生其寶如珠金玉嵯峨醴泉出隅還年之士甘其清流于能修之松喬同儔此一山也長谷之山杳杳巍巍玄靈飄飄玉液霏霏金紫彪在乎其隈愚人競往至皆歸有道至士登之不衰採服黃精以致天飛此二山也古賢之所祕子思之

又曰凡養生者欲令多聞而貴要博見而擇善偏修一事不足必賴也又患好事之徒各伏其所長知玄素之術者則曰唯房中之術可以度世矣明吐納之道者則曰唯行氣足以延壽矣知屈伸之法者則曰唯道引可以難老矣知草木之方者則曰唯奇藥可以無窮矣學道之不能成就由偏枯之若此也

又曰余祖鴻臚少時嘗爲臨沅令云此縣有民家世壽考或出百歲或八九十後徙去子孫轉多夭折他人居其故

宅後亦累世壽考由此乃覺是宅之所爲而不知何疑其井水殊赤乃試掘井左右得古人理丹砂數十斛去井數尺此丹沙汁因泉漸入井是以飲其水而得壽況乃鍊丹沙而服之乎

又曰人亦有不病者各有所制攝生食不欲飽眠不欲扇星下不卧里語曰人在人間日失一日如牽牛以詣屠所每進一步去死轉近也夫入九泉之下長夜罔極始爲螻蟻之粮終與塵埃合體令人恒然心熱求生之志何可不營

新論曰曲陽侯王根迎方士西門君惠從其學養生却老之術君惠曰龜鶴稱三千歲以人之才何乃不如蟲鳥耶

白虎通曰男子六十閉房户所以輔衰故重性命也

會稽典錄曰王充年漸七十乃作養生之書凡十六篇養氣自守閉明塞聰愛精自輔服藥道引庶幾獲道

劉根別傳曰取七歲男齒女髮與己頭垢合燒服之一歲則不知老常爲之使老有少容也

嵇康養生論曰養生有五難名利不滅此一難也喜怒不除此二難也聲色不去此三難也滋味不絶此四難也神慮精散此五難也五者必存雖心希難老口誦至言咀嚼英華呼吸太陽不能不夭其年也五者無於胷中則信順日深玄德日全不祈喜而自福不求壽而自延此養生大理所歸也

又曰夫爲稼於陽世偏有一溉之功者雖終歸於焦爛必一溉者後枯然則一溉之益固不可誣也而世常謂一怒不足以侵性一哀不足以傷身輕而肆之是猶不識一溉之益而望嘉穀於旱苗者也是以君子知形恃神以立神

須形以存悟生理之易失知一過之害生故脩性以保神安心以全身愛憎不棲於情憂喜不留於心泊然無感而體氣和平又呼吸吐納服食養身使形神相親表裏俱濟也夫種田者一畝十斛謂之良田此天下通稱也不知區種可百餘斛田種一也至於樹養不同則功收相懸謂商無十倍之價農無百斛之望此守常而不變者也且豆令人重榆令人瞑合歡蠲忿萱草忘憂愚智所知也薰辛害同豚魚不養世所識也虱處頭而黑麝食柏而香頸處險而瘿齒居晉而黃推此而言凡所食之氣蒸性染身莫不相應豈惟蒸之使重而無使輕害之使闇而無使明薰之使黃而無使堅芬之使香而無使延哉神農曰上藥養命中藥養性者誠知性命之理因輔養以通也而世人不察唯五穀是嗜聲色是躭目惑玄黃耳務淫哇滋味煎其

腑臟醴醪煑其腸胃香芳腐其骨髓喜怒悖其正氣思慮消其精神哀樂殃其平粹夫以蕞尒之軀攻之者非一塗易竭之身而内外受敵身非木石其能久乎

神仙傳曰彭祖云養壽之道但莫傷之而巳夫冬温夏凉不失四時之和所以適身也美色淑姿安閑性樂不致思欲之惑所以通神也車服威儀知足無求所以一志也八音五色以養視聽之懽所以導心也凡此皆以養壽而不能斟酌之者反以速患古之智人恐下才之子不識事宜流遁不還故絶其源故經有上士别牀中士異被服藥百過不如獨卧色使目盲聲使耳聾味令口爽言若能節宣其宜適抑揚其通塞者不減年筭而得其益凡此之類譬猶水火可否失適反為害耳人不知其經脉損傷血氣不足肉理空踈髓腦不實體巳先病故為外物所犯因風寒

酒色以發之耳若本充實豈有病乎凡遠思強健傷人憂愁悲哀傷人喜樂過量傷人忿怒不解傷人汲汲所願傷人慼慼所患傷人寒煖失節傷人陰陽不交傷人人所傷者甚衆而獨責房室不亦惑哉男女相成猶天地相生也所以道養神氣使人不失其和天地得交接之道故無終竟之限人失交接之道故有殘折之期能避衆傷之事得陰陽之術則不死之道也天地晝離而夜合一歳三百六十交精氣和合者有四故能生育萬物不知窮極人能則之可以長存次則有服氣得其道則邪氣不能入治身之本要也其餘歷藏導引之術及念體中萬神有含影中形之事不然于心志也人能愛精養體服氣錬神則萬神自守其不然者營衛枯瘁萬神自逝悲思念所留者也

魏志曰吳普甞問道於華佗佗謂普曰人體欲得勞動但不當使極耳如揺動則穀氣易消血脉通流病不得生譬猶户樞不蠧流水不腐以其常動故也是以仙者及漢時有士君蒨為導引之事熊經鴟顧引挽腰體動諸關節以求難老吾有一術名五禽之戲汝可行之一曰虎二曰鹿三曰熊四曰猨五曰鳥亦以除疾並利蹄足以當導引體中不快起作一禽之戲普施行之遂年九十餘

博物志曰魏武帝問封君達養生之術君達曰體欲常勞食欲常少勞無過虚省肥濃節醎酸減思慮損喜怒除馳逐慎房室春夏施冩秋冬閉藏武帝行之有効

高湛養生論曰王叔和高平人也博好經方洞識攝生之道甞謂人曰食不欲雜雜則或有所犯當時或無災患積久為人作疾尋常飲食每令得所多飡令人彭亨短氣或致暴疾夏至秋分少食肥膩餅臛之屬此物與酒食瓜果相

妨當時不必習病入秋節變陽消陰息寒氣惣至多諸暴卒良由涉夏取冷大過飲食不節故也而不達者皆以病至之日便謂是受病之始而不知其所由來者漸矣豈不惑哉

養生要曰起東向坐以兩手相摩令熱以手摩額上至頂上滿二九止名曰存泥丸又清旦初起以兩手人兩耳極上下之三七止令人不聾次縮鼻閉氣右手從頭上引左耳二七止次引兩鬢髮舉之令人血氣流通頭不白又摩手令熱以摩身體從上至下名乾浴令人勝風寒時氣寒熱頭痛百病皆除

莊子曰吹呴呼吸吐故納新熊經鳥伸為壽而巳矣此道引之士養形之人也彭祖壽考者之所好也

養生要伏氣經曰道者氣也寶氣得道長存神者精也寶

精則神明長生精者血脉之川流守骨之靈神精去則骨
枯骨枯則死矣是以為道者務寶其精從夜半至日中為
生氣時正偃仆瞑目握固（握固者如嬰兒之拳手）閉氣不息於心中
數至二百乃口吐氣出之曰增息如此身神具五藏安能
閉氣數至二百五十華蓋明（華蓋眉也）耳目聰舉無病邪不入
寶氣一名曰行氣一名長息其法正偃仆徐漱醴泉（醴泉唾也）
而咽之因行氣口但吐氣鼻但內氣徐縮引之莫大極滿
者難還入五息已一息自可吐也一息數之至九十息頻
伸訖復為之滿四九三百六十息為一竟咽之乃鼻內氣
也不尒或令欬凡內氣上外吐氣則氣不流自覺周身也
抱朴子曰城陽郄儉少時行獵墮空塚中飢餓見塚中先
有大龜數數迴轉所向無常張口吞氣或俛或仰儉素亦
聞龜能導引乃試隨龜所為遂不復飢百餘日後人有偶

窺塚中見儉而出之後竟能咽氣斷穀魏王拘置土室中
閉試之一年不食顏色悅澤氣力自若
又曰尒乃咀吸寶華谷神太清外琳五耀內守九精
修養雜訣曰老子云玄牝之門是謂天地根綿綿若存用
之不勤言口鼻也天地之門以吐納陰陽生死之氣每至
旦面向午展兩手於膝之上徐按捺百節口吐濁氣鼻引
清氣所以吐故納新是蹙氣良久徐徐吐之仍以左右手
上下前後拓取氣之時意想太和元氣下入毛際流於五
臟四支皆受其潤如山納雲如地受澤若氣通則覺腹中
咽咽轉動若得十通即覺身體潤澤面色光澤耳目聰明
飲食有味氣力倍加諸疾去矣○守九精法言曰生氣時牀
鋪厚軟枕與身平仰卧展脚握固去身四五寸兩手亦去
身四五寸微微鼻引太陽清氣入意送此氣遍身體即閉

氣至極然後細從口吐之勿令耳聞吐氣之聲也
著生論曰大凡著生先調元氣身有四氣人多不明四氣
之中各主生死一曰乾元之氣化為精精反為氣精者連
於神精益則神明精固則神暢神暢則生健若精散則神
疲精竭則神去神去則死二曰坤元之氣化為血血復為
氣氣血者通於內血壯則體豐血固則顏盛顏盛則生合
若血衰即髮變血敗則腦空腦空則死三曰庶氣庶氣者
三元交氣氣化為津津復為氣氣運於生生託於氣陰陽動
息滋潤形骸氣通即生氣乏則死四曰衆氣衆氣者穀氣也
穀濟於生終誤於命食穀味雖生蘊穀氣還死精能附血
氣能附生常使循環即身永固乾元之陽陽居陰位臍下
氣海是也坤元之陰陰居陽位腦中血海是也生者屬
陽陽貫五臟喘息之氣是也死者屬陰陰納五味穢惡之

氣是也氣海之氣以壯精神以填骨髓血海之氣以補肌
膚以流血脉喘息之氣以通六腑以扶四支穢惡之氣以
亂身神以腐五臟
修養雜訣氣銘曰一氣未分三才同源清濁既異元精各
存天法象我我法象天我命在我不在於天昧用者夭善
用者延性和者寂守一神閑靈芝在身不在於山返一守
和理合玄玄精極乃明神極乃靈氣極乃精無精氣乃真
因氣而衰因氣而榮因氣而死因氣而生喜怒亂氣性情
交爭擁搆成患神形豈寧鍊陽銷陰其氣自行以正遣邪
其患自平乾坤澄淨子後午前閉目平坐握固冥然納息
盧中吐息天關入息微微出息綿綿以意引氣臟腑迴旋
然後呵之榮衛通宣但有不和遣之踵前五呵六呵無疾
不躅九欲胎息導引為先經脉不擁關節不煩或如射雕

側身彎環或舉腰膝如蟾半圓交技腦後左旋右旋勁展兩足氣出指端擺掣四肢捉搦三關熟摩尺澤氣海亦然叩齒集神合胖固閑冥心亡形任意往還覺氣調勻擁塞喉間擁氣則咽三咽相連轉舌漱入咽下丹田以意送之令聲汩然一咽三咽再咽如前三十六咽胎息成焉大道無爲爲於無爲不爲無爲莫若無爲不思爲思莫若無思萬法自然不假施爲不寒不熱不渴不飢恬淡無爲以道自怡妙中之妙微中之微懷道君子銘之佩之

太平御覽卷第七百二十

方術部二

醫一

周禮天官下曰醫師掌醫之政令聚毒藥以共醫事凡邦之有疾病者疕瘍者造焉則使醫分而治之歲終則稽其醫事以制其食十全為上十失一次之十失四為下

又天官疾醫職曰疾醫掌養萬民之疾病四時皆有癘疾春時有痟首疾夏時有痒疥疾秋時有瘧寒疾冬時有嗽上氣疾以五味五穀五藥養其病以五氣五聲五色視其死生兩之以九竅之變參之以九藏之動凡民之有疾病者分而治之死終則各書其所以而入于醫師瘍醫掌腫瘍潰瘍金瘍折瘍之祝(音注)藥劀(音刮)殺之齊凡療瘍以五毒攻之以五氣養之以五藥療之以五味節之凡藥以酸養骨以辛養筋以鹹養脉以苦養氣以甘養肉以滑養竅凡有瘍者受其藥焉

禮記曲禮曰君有疾飲藥臣先嘗之親有疾飲藥子先嘗之醫不三世不服其藥

又王制曰凡執技以事上者祝史射御醫卜及百工

又曾子問世子之記曰若內豎言疾藥必親嘗之

左傳曰晉侯疾求醫於秦秦伯使醫緩為之(緩醫名為猶治也)未至公夢疾為二豎子曰彼良醫也懼傷我焉逃之其一曰居肓之上膏之下若我何(肓鬲也心下為膏)醫至曰疾不可為也在肓之上膏之下攻之不可達之不及藥不至焉不可為也公曰良醫也厚為之禮而歸之

又襄三曰楚子使薳子馮為令尹訪於申叔豫叔豫曰國多寵而王弱國不可為也遂以疾辭方暑闕地下冰而床焉重繭衣裘鮮食而寢楚子使醫視之復曰瘠則甚矣而血氣未動乃使子南為令尹

又昭元曰晉侯求醫於秦秦伯使醫和視之曰疾不可為也是謂近女室疾如蠱(惑女色而失志)非鬼非食惑以喪志良臣將死天命不祐(良臣不匡救君過故將死而不為天所祐)公曰女不可近乎對曰節之先王之樂所以節百事也故有五節(五聲之節)遲速本末以相及中聲以降五降之後不容彈矣於是有煩手淫聲慆堙心耳乃志平和君子弗聽也物亦如之至於煩乃舍也已無以生疾君子之近琴瑟以儀節也非以慆心也天有六氣(謂陰陽風雨晦明也)降生五味發為五色徵為五聲淫生六疾六氣曰陰陽風雨晦明也分為四時序為五節過則為菑陰淫寒疾陽淫熱疾風淫末疾雨淫腹疾晦淫惑疾明淫心疾女陽物而晦時淫則生內熱惑蠱之疾今君不節不時能無及此乎趙孟曰何謂蠱對曰淫溺惑亂之所生也於文皿蟲為蠱穀之飛亦為蠱在周易女惑男風落山謂之蠱皆同物也趙孟曰良醫也厚其禮而歸之

又昭五曰許悼公瘧飲太子止之藥卒太子奔晉書曰弒其君君子曰盡心力以事君舍藥物可也(藥物有毒當由醫非凡人所知譏止不舍藥物所以加弒君之名)

尚書說命曰若藥弗瞑眩厥疾弗瘳(開汝心以沃我心如服藥必瞑眩極其病乃除欲其出言以自警也)

論語曰子曰人而無恒不可以作巫醫

帝王世紀曰伏羲氏仰觀象於天俯觀法於地觀鳥獸之文與地之宜近取諸身遠取諸物於是造書契以代結繩之政畫八卦以通神明之德以類萬物之情所以六氣六府五藏五行陰陽四時水火昇降得以有象百病之理得

以有類乃嘗味百藥而制九針以拯夭枉焉
又曰炎帝神農氏長於姜水始教天下耕種五穀而食之
以省殺生嘗味草木宣藥療疾救夭傷之命百姓日用而
不知著本草四卷
又曰黃帝有熊氏命雷公岐伯論經脉傍通問難八十一
為難經教制九針著內外術經十八卷
又曰岐伯黃帝臣也帝使岐伯嘗味草木典主醫病經方
本草素問之書咸出焉
素問曰黃帝坐明堂召雷公而問之曰子知醫之道乎雷
公對曰誦而未能解解而未能別別而未能明明而未能
彰足以治羣僚不足至侯王願得受樹天之度四時陰陽
合之別星辰與日月光以彰經術後世益明上通神農著
至教疑於二黃帝曰善無失之此皆陰陽表裏上下雌雄
相輸應也而道上知天文下知地理中知人事可以長久
以教衆庶亦不疑殆醫道論篇可傳後世可以為寶
世本曰巫咸堯臣也以鴻術為帝堯之醫
史記曰扁鵲渤海鄭人姓秦名越人少時為人舍客桑君
過扁鵲扁鵲獨奇之常謹遇之長桑君亦知扁鵲非常人
乃呼鵲與語曰我有禁方年老欲傳與公公無泄乃出其懷
中藥與扁鵲飲是以上池之水三十日當知物矣乃悉取
禁方盡與扁鵲以其飲藥三十日視見垣外一方人以此
視疾盡見五藏癥結特以診脉為名耳為醫或在齊或在
趙趙簡子疾五日不知人召扁鵲入視疾出董安于問扁
鵲扁鵲曰血脉滯也而何怪昔秦穆公嘗如此七日而寤
居二日半簡子寤語諸大夫曰我之帝所甚樂與百神遊
于鈞天廣樂九奏萬舞不類三代之樂其聲動心有一熊欲

援我帝命我射之中熊熊死有羆來我又射之中羆羆死
帝甚喜賜我二笥皆有副吾見兒在帝側屬我一翟犬曰及
而子之壯也以賜之帝告我晉國且世衰七世而亡嬴姓
將大敗周人於范魁之西而亦不能有也董安于受言書而
藏之以扁鵲言告簡子簡子賜扁鵲田四萬畝其後扁鵲
過虢虢太子死扁鵲至虢宮門下問中庶子喜百者曰太
子何病國中治穰過於衆事中庶子曰太子病血氣不時
交錯而不得泄暴發於外則為中害精神不能止邪氣邪
氣畜積而不得泄是以陽緩而陰急故暴蹷而死扁鵲曰
其死何時曰雞鳴時至今曰收乎曰未也收謂棺斂其死未能
半日鵲曰臣齊渤海秦越人也家在鄭未嘗得望清光侍
謁於前也聞太子不幸而死臣能生之中庶子曰先生得
無誕乎何以言太子之可生也臣聞上古之時醫有俞附
治病不以湯液醴灑鑱石撟引案抗毒熨一撥見病之應
因五藏之輸乃割皮解肌訣脉結筋搦髓析肓爪膜湔浣
腸胃漱滌五藏鍊精易形先生之方能若是則太子可生
也若不如是而欲生之曾不可以告孩嬰之兒扁鵲仰天
嘆曰夫子之為方也若以管窺天以隙視文越人之為方
也不待切脉望色聽聲寫形言病之所在聞病之陽論得
其陰聞病之陰論得其陽病應見於大表不出千里決者
至衆不可曲止也子以吾言為不誠試入診太子當聞其
耳中鳴而鼻張循其兩股以至於陰當尚溫也中庶子聞
扁鵲言目眩然而不瞚舌撟然而不能下乃以扁鵲言
入報虢君虢君聞之大驚出見扁鵲於中闕曰竊聞高義
之日久矣然未嘗得拜謁於前也先生過小國幸而舉之偏
國寡臣幸甚有先生則活無先生則弃捐溝壑長終而不反

言未及畢因噓欷服（皮力切）臆涕泣攅流不能自止容皃變
更扁鵲曰太子病者所謂尸蹷者也夫以陽入陰中動胃
纏緣中經維絡別下於三焦膀胱是以陽脉下遂陰脉上
爭會氣閉而不通陰上而陽內行下內鼓而不起上外絕而
不為使上有絕陽之絡下有破陰之紐破陰絕陽之色已廢
脉亂故形靜如死狀太子未死也夫以陽入陰支蘭藏者
生以陰入陽支蘭藏者死凡此數事者皆五藏蹷中之時
暴作也良工取之拙者疑殆扁鵲乃使弟子子陽厲鍼砥
石以取外三陽五會有間太子蘇乃使子豹為五分之熨
以八減之齊和煑之以更熨兩脇下太子起坐更適陰陽
但服湯二旬而復故故天下盡以扁鵲為能生死人扁鵲
曰越人非能生死人也此自當生者越人能使之起耳扁鵲
過齊齊桓侯客之入朝見曰君有疾在腠理不治將深桓侯

曰寡人無疾扁鵲出桓侯謂左右曰醫之好利欲以不病
者為功後五日復見曰君有疾在血脉不治將深桓侯曰
寡人無疾扁鵲出桓侯不悅後五日扁鵲復見曰君有疾
在腸胃不治將深桓侯不應扁鵲出桓侯不悅後五日扁
鵲復見望桓侯退走桓侯使人問其故扁鵲曰疾在腠理
湯熨所及其在血脉鍼石可理其在腸胃酒醪所能及其
在骨髓雖司命無柰之何今在骨髓臣是以無請後五日
桓侯體病使人召扁鵲鵲已逃遁焉桓侯遂卒扁鵲名滿
天下旁遊六國至邯鄲聞趙貴女病扁鵲即為帶下醫過
洛陽聞周人愛老人扁鵲即為耳目痺醫入咸陽聞秦人
愛小兒即為小兒醫隨俗改變無所滯礙秦太醫令李醯
自知伎不如遂密使人刺殺之
又曰公孫光齊淄川唐里人善為古方及傳語法淳于意

師之悉授其書意欲盡求他精方光曰吾方盡矣吾身已
衰無所事之是吾少年所受妙方也公毋以教人意曰悉
得禁方幸甚死不妄傳人光喜曰公後必為國工臨菑楊
慶有奇方吾不如之汝可謹事必得之意遂捨光而事慶
焉
又曰楊慶齊人也年七十餘有古先黃帝扁鵲脉書五色
診病知人死生決嫌疑定可否治及藥論之書甚精妙又
家自給富不肯為人治病亦不敎子孫後淳于意以父道
事之甚謹慶愛之盡以其禁方與之曰汝慎勿令我子孫
知汝學吾此法意曰謹聞命矣意行用其方遂盡其妙焉
又曰太倉公者齊太倉長臨淄人姓淳于名意少而喜醫
方術更受師同郡元里公乘楊慶慶年七十餘無子使意
盡去其故方更悉以禁方受之傳黃帝扁鵲脉書五色診

疾知人死生多驗齊郎中令循病衆醫皆以蹷入中而刺
之意診之曰湧疝也令人不得前後溲循曰不得前後溲
三日矣意飲以火齊湯一飲得前後溲再飲得大溲三飲
而疾愈淄川王美人懷子而不乳來召意意往飲以莨礍
藥一撮以酒飲之旋乳意復診其脉躁躁者有餘疾即飲以
消石一齊即出血如豆比五六枚濟北王侍者韓女病意
診脉曰內寒月事不下也即竄以藥旋下病已病得之欲
男子而不可得也菑川王病召意診脉曰蹷上為重頭痛身
熱使人煩懣意即以寒水拊其頭刺足陽明脉左右各三所
疾旋已病得之沐髮未乾而臥診如前所以蹷頭熱至肩齊
王黃姬兄黃長卿家有酒召客意與諸客坐未上食意望
見王后弟宋建告曰君有病往四五日君要脅痛不可以
俛仰又不得小溲不亟治病即入濡腎及其未舍五藏急

治之病方今在客腎濡此所謂腎痹也宋建曰然建故有要脊痛往四五日天雨黄氏諸倩(方言曰東齊之閒壻謂之倩)見建家京下方石(京者倉廪之屬)取弄之建亦欲效之效之不能起即復置之暮要脊痛不能溺至今不愈建病得之好持重所以知建病者意見其色太陽色乾腎部上及界要以下者枯四分所故以往四五日知其發也意即爲柔湯使服之十八日而病愈臨菑女子薄吾病甚衆醫皆以爲寒熱篤當死不治意診其脈曰蟯瘕(蟯音饒)蟯瘕爲病腹大上膚黄麄循之戚戚然意飲以芫華一撮即出蟯可數升病愈三十日如故齊王侍醫遂病自鍊五石服之意往過之遂謂意曰不肖有病幸診遂也意即診之告曰公病中熱論曰中熱不溲者不可服五石石之爲藥精悍公服之不得數溲亟勿服色將發癰遂曰扁鵲曰陰石以治陰病陽石以治陽病夫藥石者有陰陽水火之齊故中熱即爲陰石柔齊治之中寒即爲陽石剛齊治之意曰公所論遠矣扁鵲雖言若是然必審診起度量立規矩稱權衡合色脈表裏有餘不足逆順之法參其人動靜與息相應乃可以論論曰陽疾處内陰形應外者不加悍藥及鑱石夫悍藥入中則邪氣辟矣而宛氣愈深診法曰二陰應外一陽接内者不可以剛藥剛藥入則動陽陰病益衰陽病益著邪氣流行爲重困於俞(如喻切)忿發爲疽意告之後百餘日果病疽發乳上入缺盆死此所謂論之大體也必有經紀拙工有一不習文理陰陽失矣齊丞相舍人奴從朝入宫意見之食閨門外望其色有病氣意即告宦者平平好爲脈學意所即示之舍人奴病告之曰此傷脾氣也當至春鬲塞不通不能飲食法至夏泄血而死宦者平即往告相曰君之舍人奴有病重

死期有日相君曰何以知之曰君朝入宫君之舍人奴盡食閨門外平與倉公立公乃示平曰病如是者必死相即召舍人奴而謂之曰奴有病不舍人奴曰無病身無痛者至春果病四月泄血死所以知奴病者脾氣周乘五藏傷部而交外故傷脾之色也望之殺然黄(殺蘇葛切)察之如死青之滋衆醫不知以爲大蟲不知傷脾所以至春死者胃氣黄黄者土氣也土不勝木故至春死所以至夏死者脈法曰病重而脈順清者曰内關内關之病人不知其所痛心急然無若若加以一病死中春一愈順及一時其所以四月死者診其人時愈順愈順者人尚肥也奴之病得之流汗數出灸於火而以出見大風也齊淳于司馬病意診其脈告曰當病迵(音洞)風迵風之狀飲食下嗌輒後之(如字)病得之飽食而疾走淳于司馬曰我之王家食馬肝飽甚見酒來即出驅疾至舍即泄數十餘出意告曰爲火齊米汁飲之七八日當愈時醫秦信在旁意出信謂左右閣都尉曰意以淳于司馬病爲何曰以爲迵風可治信即笑曰是不知也淳于司馬病法當後九日死即後九日不死其家復召意意往問之盡如意診即爲一火齊米汁使服之七八日病愈或問其故意曰診其脈時切之盡如法其病順故不死

又曰宋邑臨淄人師倉公授五診脈論之術

太平御覽卷第七百二十一

太平御覽卷第七百二十二

方術部三

醫二

史記曰馮信臨淄人爲齊太倉長好醫淄川王令就淳于意學方意教以審法逆順論藥法定五味及和劑湯法信受之擅名漢世

又曰高期仕濟北王爲大醫王遣就倉公淳于意學經脉高下及奇絡結當論俞所居及氣當上下出入邪正逆順之宜鑱石定砭炙之法歲餘亦頗通之

又曰唐安臨淄人也雅性好醫倉公淳于意教五診上下經脉奇咳四時應陰陽之法爲齊侍醫

又曰杜信高永侯家丞自知身病乃專心學醫倉公甚憐之教以上下經脉五診之法

又曰鄧訓爲護烏桓校尉羗胡俗恥病死每病臨困取以刀自刺訓聞有病困者輙拘縛束不與兵刃使醫藥療之愈者非一小大莫不感悅

又王符論曰凡療病者必先知脉之虗實氣之所結然後爲之方故疾可愈而壽可長也爲國者必先知人之所苦禍之所起然後爲之禁故姧可塞而國可安也

又曰郭玉者廣漢人也初有老父不知何出常漁釣於涪水因號涪翁乞食人間見有疾者時下針石輙應時而効乃著針經診脉法傳於代弟子程高尋求積年翁乃授之高亦隱跡不仕玉少師事高學方診六微之技陰陽不測之術和帝時爲大醫丞多有効應帝奇之仍試令嬖臣美手腕者與女子雜處帷中使玉各診一手問所疾若玉曰左陽右陰脉有男女狀若異人臣疑其故帝歎息稱善玉仁愛不矜雖貧賤厮養必盡其心力而醫療貴人時或不愈帝乃試令貴人羸服變處一針即差召玉詰問其狀對曰醫之爲言意也腠理至微腠理皮膚之間也韓子曰扁鵲見晉桓侯曰君有病在腠理也隨氣用巧針石之間毫芒即乖神存於心手之際可得解而不可得言也夫貴者處尊高以臨臣臣懷怖懾以承之其爲療也有四難焉自用意而不任臣一難也將身不謹二難也骨節不強不能使藥三難也好逸惡勞四難也針有分寸時有破漏分寸淺深之度破漏日有衝破者也重以恐懼之心加以裁慎之志臣意且猶不盡何有於病哉此其所爲不愈也帝善其對年老卒宮

又曰曹褒遷城門校尉將作大匠時有疾疫褒巡行病徒爲致醫藥經理饘粥多蒙濟活

東觀漢記曰鄧訓謙恕下士無貴賤見之如舊朋友往來門內視之如子有過如鞭扑之教大醫皮巡從獵上林還暮宿殿門下寒疝病發時訓直事聞巡聲起往問之巡曰異得火以熨背訓身至太官門爲求火不得乃以口噓其背復呼同廬郎共更噓至朝遂愈

鍾離意別傳曰黃讜爲會稽太守建武十四年吳大疾疫署意中部尉督郵意乃露車不冠身循行病者門入家至賜與醫藥詣神廟爲民禱祭召錄醫師百人合和草藥恐醫小子或不良毒藥齊賊害民命先自吞嘗然後施行其所臨護四千餘人並得差愈後日府君出行災害百姓攀車涕泣曰明府君不須出也但得鍾督郵民皆活也

何顒別傳曰同郡張仲景總角造顒謂曰君用思精而韻不高後將爲良醫卒如其言顒先識獨覺言無虛發王仲宣年十七嘗遇仲景仲景曰君有病宜服五石湯不治且

成門後年三十當眉落仲宣以其貰賒音長也遠不治也後
至三十疾果成竟眉落其精如此仲景之方術今傳於世
張仲景方序曰衛汎好醫術少師仲景有才識撰四逆三
部厥經及婦人胎藏經小兒顱顖方三卷皆行於世
高湛養生論曰王叔和性沉靜好著述考覈遺文採摭羣
論撰成脉經十卷編次張仲景方論編爲三十六卷大行
於世
魏志曰華他字元化沛國譙人遊學徐土兼通數經曉養
性之術年且百歲而猶有壯容時人以爲仙沛相陳珪舉
孝廉太尉黄琬辟皆不就精於方藥處齊不過數種心分
銖不假秤量鍼灸不過數處裁七八壯若疾發結於内鍼藥
所不能及者乃令先以酒服麻沸散既醉無所覺因刳破
腹背抽割積聚若在腸胃則截斷湔除去疾穢既而縫合

傅以神膏四五日瘥愈一月之間皆平復
又曰甘陵相夫人有娠六月腹痛不安他視脉曰胎已死矣
使人手摸知所在在右即女在左即男人云在左於是爲
湯下之果下男形即愈
又曰縣吏尹世苦四支煩口乾不欲聞人聲小便不利他
曰試作熱食得汗即愈不汗後三日死即作熱食而汗不
出他曰藏氣已絶於内當啼泣而絶果如他言
又府吏倪尋李延共止俱患頭痛身熱所苦正同他曰尋
當下之延當發汗或難其病同療異他曰尋内實延外實
故治之宜殊即各與藥明旦並起
又督郵徐毅得病他往省之毅謂他曰昨使醫曹吏劉祖
鍼胃管訖便苦欬嗽卧不安他曰刺不到胃管誤中肝也
食當日減後五日不救遂如他言

又東陽陳叔山小男三歲得下痢常先啼日以羸困問他
他曰其母懷軀陽氣内養乳中虚冷兒得母寒故令不時
愈他與四物紫菀九十日即除
又至軍吏梅平得病除名還家家居廣陵未至二百里止
親人舍有頃他偶至主人許主人令他視平他謂平曰君
早見我不應至此今疾已結促去可得與家人相見五日
平應時歸果如他言
又他行道見一人病噎塞嗜食而不得下家人車載欲往
就醫他聞其呻吟駐車往視語之曰向來道傍有賣餅家
蒜虀大酢從取三升飲之病自當差即如他言立吐虵一
條遂懸之車邊欲造他他尚未還他家小兒戲門前逆見
自相謂曰客車邊有物必是逢我公也疾者前入坐見他
壁北懸此虵輩以十數

又有一郡守病他以爲其人盛怒則差乃多受其貨而不
加功無何弃去留書罵之守果大怒令人追殺守子知之
屬使勿逐守瞋恚吐黑血數升而愈
又有一士大夫患體中不快詣他他云君病至深當破腹
取之然君壽亦不過十年病不能殺君君忍痛十歲壽俱
當盡不足故自刳裂也士大夫曰余不耐痛必請治之他
遂下手所患尋差十年竟死
又廣陵太守陳登得胷中煩懣面赤不食他診脉曰府君
胃中有蟲數升欲成内疽食腥物所爲也即作湯二升先
服一升斯須盡服之食頃吐出三升許蟲赤頭皆動半身
猶是生魚膾也所苦便愈他曰此病後三朞當發遇良醫
乃可濟依期果發時他不在遂死
又有婦人長病經年世謂爲寒熱注病冬月中他令坐石

槽中平旦用冷水汲灌云當滿百始七十灌冷戰欲死佗令滿數至八十灌熱氣乃蒸出囂囂高二三尺滿百灌佗乃使然火溫牀厚覆衣良久汗洽出着粉燥便愈

又有人病腹中攻痛十餘日鬢眉墮落佗曰是脾半腐可刳腹治也使飲藥令卧破腹就視脾果半腐壞以刀斷之割去惡肉以膏傅之即差太祖聞而異之召佗常在左右太祖苦頭風每發心亂目眩佗針鬲隨手而愈

又軍吏李成苦欬晝夜不寐時吐膿血以問佗佗言君病腸癰欬之所吐非從肺來也與君散兩錢匕已服當吐二外餘膿血訖快自養一月小起好自將愛一年便健十八歲當一小發服此亦復差若不得此藥故當死復與兩錢散成得五六歲親人有病如成者謂成曰卿今強健我見欲死何忍急去袪舉切藏藥以待不祥先特貸我差爲卿從華佗更索成與藥已故到譙從索藥適會值佗見收怱怱不忍從求後十八歲病發無藥可療以至死

又曰樊阿彭城人少師華佗嘗問佗求服食法佗受以漆葉青黏散子方云服之去三蟲利五藏輕身益氣使人頭不白阿從其言年百餘歲漆葉所在有之青黏生於豐沛彭城及朝歌青黏一名地節一名黃芝主理五藏益精氣本出於迷人入山者見仙人服之以告佗佗以爲佳語阿阿秘之近者人見阿之壽而氣力強盛怪而問之所服食阿因醉亂誤説之人服多驗

蜀志曰關羽爲流矢貫臂每陰雨常疼痛醫曰矢鏃有在當破臂刮骨去毒乃可除之

晉書曰裴頠通博多聞兼明醫術荀勗之修定律度也檢得古尺短世所用四分有餘頠上言宜以改諸度量若是未能悉革可先改太醫權衡此若差違遂失神農岐伯之正藥物輕重分兩乖互所可傷夭爲害尤深古壽考而今短折者未必不由此世卒不能用

又曰顏含兄畿咸寧中得疾就醫自療遂死於醫家家人迎喪旐每繞樹而不可解引喪者顛仆稱畿言曰我壽命未死但服藥太多傷我五藏耳今當復活慎無葬也其父祝之曰若尔有命復生豈非骨肉所願今但欲還家不尔葬也旐乃解

又曰張苗雅好醫術善消息診處陳廩丘得病連服藥發汗汗不出衆醫皆云發汗不出者死自思可蒸之如中風法令溫氣於外迎之必得汗也復以問苗云曾有人疲極汗出卧簟中冷得病苦增寒諸醫與散四日九八過發汗汗不出苗乃燒地布桃葉於上蒸之即得大汗便於被下傳粉身極燥乃起即愈廩丘如其言果差

又曰趙泉性好醫方拯救無倦善療衆疾於瘧尤工甚爲當時所歎伏焉

晉中興書曰葛洪字稚川丹陽句容人幼覽衆書近得萬卷自號抱朴子善養性之術撰經用救驗方三卷號曰肘後方又撰玉函方一百卷于今行用

晉書曰皇甫謐字士安幼沉靜寡欲有高尚之志以著述爲務自號玄晏先生後得風痺疾因而學醫習覽經方手不輟卷遂盡其妙

又曰劉德彭城人也少以醫方自達衆疾於虛勞尤爲精妙療之隨手而愈猶是向風千里而至者多矣官至太醫校尉

又曰史脫性器沉毅志行敦簡善診候明消息多辨論以

醫術精傳拜太醫校尉治黃疸病最爲高手
又曰宮泰幼好墳典雅尚方術有一藝長於已者必千里
尋之以此精心善極諸疾於氣尤精制三物散方治喘嗽
上氣甚有異效世所貴焉
又曰靳邵性明敏有才術本草經方誦覽通究裁方治療
意出衆表創制五石散方晉朝士大夫無不服餌皆獲異
效
又曰程據爲太醫令武帝初受魏禪改元爲太始而據貢
雉頭裘帝以奇伎異服典禮所禁焚之于殿前據以醫術
承恩出入禁闥因爲賈后合巴豆杏子丸害愍懷太子遂
就戮焉
又曰范汪字玄平性仁愛善醫術常以拯恤爲事凡有疾
病不限貴賤皆爲治之十能愈其八九撰方五百餘卷又
一百七卷後人詳用多獲其效

又曰殷仲堪陳郡人能清言善屬文名士咸愛之謝玄以
爲長史厚遇之仲堪父病積年衣不解帶躬本醫術究其
精妙執書揮淚遂眇一目
又曰魏詠之字長道任城人也家貧素而躬耕爲事好學
不倦生而兔缺有善相者謂之曰卿當富貴年十八聞荊
州刺史殷仲堪帳下有名醫能療之貧無行裝謂家人曰
殘醜如此用活何爲遂齎數斛米西上以投仲堪既至造
門自通仲堪嘉其盛意召醫語視之醫曰可割而補之但
須百日進粥不得語笑詠之曰半生不語而有半生亦當
療之況百日耶仲堪於是處之別屋令醫善療之詠之遂
閉口不言唯食薄粥其厲志如此及差仲堪厚資遣之
劉敬叔異苑曰王纂海陵人少習經方尤精針石宋元嘉
中縣人張方女日暮宿廣陵廟門下夜有物假作其壻來
魅惑成病纂爲治之始下一針有獺從女被內走出病遂
愈。宋書曰徐文伯字德秀濮陽太守熙曾孫也熙好黃老
隱於秦望山有道士過求飲留一瓠蘆與之曰君子孫宜
以道術救世當得二千石熙開之乃扁鵲鏡經一卷因精
心學之遂名震海內生子秋夫弥工其術仕至射陽令嘗
夜有鬼聲甚悽愴秋夫問何所須荅言姓斯家在東陽
患腰痛死爲鬼痛猶難忍請療之秋夫曰云何厝法鬼
請爲芻人案孔穴針之秋夫如言爲灸四處又針肩井三
處設祭埋之明日見一人謝恩忽然不見當世伏其通靈
又宋明帝宮人患腰痛牽心每至輒氣欲絕衆醫以爲肉
癥文伯曰此髮瘕以油投之即吐得物如髮稍引之長三
尺頭已成蛇能動懸柱上水滴盡一髮而已病都差

又宋後廢帝出樂遊苑門逢一婦人有娠帝亦善診脉爲
診之曰此腹是女也問文伯文伯曰腹有兩子一男一女
女左邊青黑形小於女帝性急便欲使剖文伯惻然曰若
加刀斧恐其變異請針之立落便瀉足太陰補手陽明胎
便應針而落兩兒相續出如其言
又曰孫法宗忽苦頭創夜有女人至曰我是天使來相謝
行創本不關善人使者誤相及但取牛糞煮傅之即驗一
傳便差一境賴之
又曰羊欣字敬元性好文儒兼善醫藥撰方三十卷爲代
所重焉
又曰秦承祖性耿介專好藝術於方藥不問貴賤皆治療
之多所全護當時稱之爲工手撰方二十卷大行於世
太平御覽卷第七百二十二

方術部四

醫三

齊書曰徐嗣伯爲臨川王映所重時直閤將軍房伯玉服五石散十許劑無益更患冷夏日常複衣嗣伯爲診之曰卿伏熱應須以水發之非冬月不可至十一月氷雪大盛令二人夾捉伯玉伯玉解衣坐石上取冷水從頭澆之盡二十斛伯玉口噤氣絶家人啼哭請止嗣伯遣人執杖防閤敢有諫者撾之又盡水五斛伯玉始能動而見背上彭彭有氣俄而起坐曰熱不可忍乞冷飲嗣伯以水與之一飲一升病都差自尓恒發熱冬月猶單衣體更肥壯又甞有傴人患滯冷積年不差嗣伯爲診之曰此尸注也當得死人枕煑服之乃愈於是徃古冢中取枕枕巳一邊腐缺

服之卽差後秣陵人張景年十五腹脹面黄衆醫不能療以問嗣伯嗣伯曰此石蚘(音迴)耳極難療當得死人枕煑之依語煑枕以湯投之得大痢并蚘蟲頭堅如石者五升病卽差後沈僧翼患眼痛又多見鬼物以問嗣伯嗣伯曰邪氣入肝可覔死人枕煑服之服竟可埋枕於故處如其言又愈王晏問之曰三病不同而皆用死人枕而俱差何也荅曰尸注者鬼氣伏而未起故令人沉滯得死人枕促之䰟氣飛越不得復附體故尸注可差石蚘者久蚘也醫療旣僻蚘蟲轉堅世間藥不能遣所以須鬼物驅之然後可散故令煑死人枕也夫邪氣入肝故使眼痛而見魍魎應須邪物以鈎之故用死人枕也氣因枕去故復埋於冢間也又春月出南籬門戲聞草屋中有呻吟聲嗣伯曰此病甚重更二日不療必死乃徃視見一老姥稱體痛而處處有黝(音[illegible])黑無數嗣伯還煑斗餘湯送令服之服之訖痛勢愈甚跳投牀者無數須臾所黝處皆拔出長寸許乃以膏塗諸瘡口三日而復云此名釘疽也又薛伯宗善徙癰疽公孫泰患發背伯宗爲氣封之徙置齋前柳樹上明日癰消樹邊便起一瘤如拳大稍稍長二十餘日瘤大膿爛出黄赤汁斗餘樹爲之痿損

齊書曰褚澄字彦道建元中爲吴郡太守百姓李道念以事到郡澄見謂曰汝有重病荅曰舊有冷病至今五年衆醫不差澄爲診脉曰汝病非冷非熱當是食雞子過多所致令取蒜一升煑之服一服乃吐一物如升許涎裹之而動開視乃雞鶵十二頭而病都愈

吴均齊春秋曰顧歡字玄平吴都人也隱於會稽山陰白石村歡率性仁愛素有道風其濟人也或以禳厭而多全

護有病邪者造之歡問君家有書乎荅曰唯有孝經三篇歡曰取置病人枕邊恭敬之當自差如言果愈後問其故歡曰善禳惡正勝邪故尓

梁書曰陶弘景字通明丹陽人性愛林泉尤好著述常曰我讀書未滿萬卷以内典叅之乃當小出耳先生性好醫方專以拯濟欲利益羣品故修撰神農本草經三卷爲七卷撰眞誥十卷集驗方五卷廣肘後爲百一之製世所行用多獲異効焉

又曰范雲疾召醫徐文伯視之文伯曰緩之一月乃復欲速卽時愈正恐二年不復可救雲曰朝聞道夕死可矣而況二年文伯乃下火而壯焉重衣以覆之有頃許汗流於此卽起二年果卒

又曰王僧孺工屬文善楷隸多識古事侍郎金元起欲工

素問訪以砭石僧孺荅曰古人當以石為針必不用鐵說
文有此砭字許慎云以石刺病也東山經高氏之山多針
石郭璞云可以為砭針春秋美疢不如惡石服子慎注云
石砭石也季世無復佳石故以鐵代也
後魏書曰王顯字世榮陽平人也頗參士流雖以醫術自
達而明敏有決斷才用初聞昭懷后之懷世宗也夢為日
所逐化龍而遶后后寤而驚悸遂成心疾勑召諸醫診脉
徐謇云是微風入藏宜進湯藥顯云案三部脉非有心疾
將是懷孕生男之象後果如顯言乃補御史常在御營進
藥出入禁内世宗詔顯撰藥方三十卷頒布天下
又曰徐謇字伯城丹陽人也兄文伯皆善醫藥謇性秘忌
承奉不得其意雖貴為王公不為措療魏孝文遷洛除中
散大夫子雄亦以醫術稱

又曰裴宣惠篤世宗遣太醫令馳驛就視并賜御藥宣素
明陰陽之書自始患便知不起因自尅亡日果如其言
又曰高允微有不適猶不寢卧呼醫請藥出入行止吟咏
如常高祖文明太后聞而遣醫李循往脉視之告以無恙
循入密陳允榮衛有異懼其不久於是遣使備賜御膳珍
羞自酒米至於鹽醢百有餘品皆盡時味及牀帳衣服茵
被几杖羅列於庭王官往還慰問相屬允喜形於色語人
曰天恩以我篤老大有所賚得非以贍客矣表謝而已不
有他慮如是數日夜中卒家人莫覺
北齊書曰張子信少以醫術知名隱於白鹿山時出京師
甚為魏收崔季舒所知常以詩酬贈大寧中徵為尚藥典
御歲餘謝病歸
又曰馬嗣明河内野王人少明醫術診脉預知生死邢劭
子實十七八苦傷寒嗣明診其脉告楊愔曰此子今病不
療自愈然不踰年必死覺之少晚不可為也數日而公侍
宴酒酣顯祖曰子才兒聰宜以近郡處之愔曰年少未可
劭出愔以嗣明言奏乃止實未朞而卒其驗如此背發腫
嗣明以鑪理色石大如鵝卵烈火燒令黃赤投醋中使屑
落盡暴乾擣篩和傅之立愈嗣明從駕之晉陽至遼陽見
榜云女病能差之與錢拾萬衆醫視之無敢措手嗣明見
榜笑曰眞得汝矣乃抵其家問其由云曾將麥穗見赤物
長二尺似蛇入指中因驚倒手臂疼重月餘日漸及半身
腫痛不可忍呻吟晝夜不絕嗣明曰毒蛇為鵜所啄遺血
於此犯而得之即受方令服十餘劑以湯散補之明年還
鄴女疾都愈載錢而歸嗣明恃其伎視徐之才崔叔鸞等
蔑如也隋開皇中卒

又曰李元忠趙郡栢仁人也代為著姓元忠倜儻博學通
陰陽術數初以母老多患乃專心醫藥研習積年遂善於
方技性仁恕人有疾病無問貴賤咸為療之故鄉里推敬
聲稱益遠後拜南郡太守族弟密性方直亦以母老習醫
遂成妙手
又曰崔季舒字叔正博陵安平人少孤明敏有識幹精於
醫術經方本草常所披覽天保中於徙所無事更銳意研
精後雖位望顯貴亦不懈怠
張太素齊書曰徐之才字士茂高平金鄉人五葉祖仲融
隱於秦望山有道士過之求飲因留瓠蘆遺之曰君此子
孫當以道術救世位至二千石開視乃扁鵲鏡經一卷書
之遂為良醫至濮陽太守父雄員外散騎侍郎代傳其術
號為神明而之才幼而俊發尤為精敏仕梁為豫章王綜

鎮東右常侍隨綜鎮彭城綜降魏之才走至呂梁爲魏所獲既羇旅以醫自業文諧隱滑稽無方王公貴人爭饋之爲貴人居矣稍遷員外散騎常侍加中軍金紫天平中高祖詣晉陽恒居内館所療十全皇建中除兗州刺史未行武明皇太后不豫之才奉藥立愈賞賜巨萬有人脚跟腫痛不堪忍諸醫莫識之才視曰蛤精也當乘舡入海出脚水中得之疾者曰是世之才爲割得兩蛤子大如榆莢或以五色骨爲佩刀靶之才曰此人瘤也何從得之對曰於古冢見髑髏額骨長數寸試削視文理故用之其通識類此武成王酒色過度恍惚不恒曾病發自言初見空中有五色物稍近變成一美婦人去地數丈亭而立之才曰此色慾過多大虛所致即進藥一服稍稍遠變成五色物數服而愈病發輙馳召之針藥所加無不愈者齻音顛武成王生齻牙遍召諸醫尚藥典御鄧宣文以實對帝怒而撻之之才拜賀曰此謂智牙生則聖明而壽帝大悅賜帛萬疋加金玉重寶

又曰張遠遊齊人以醫藥道術知名尋有詔徵令與術士同合九轉金丹成顯祖置之玉匣曰我貪人間樂不能飛上天待我臨死方可服之

後周書曰姚僧垣字法衛吳興武康人也父菩提梁高平令嘗嬰疾歷年乃留心醫藥梁武帝性又好之每召菩提討論方術言多會意由是頗禮之僧垣幼通洽居喪盡禮年二十四即傳家業梁武帝召入禁中面加討試僧垣酬對無滯梁武甚奇之時武陵王所生葛脩華宿患積時方術莫効帝令僧垣視之僧垣還說其狀武帝歎曰卿用意綿密乃至於此以此候疾何疾可逃朕每留情頗識治體今

聞卿說益開人意十一年帝因發熱欲服大黃僧垣曰大黃乃是快藥然至尊年高不宜輕用帝弗從遂至危篤梁元帝嘗有心腹疾諸醫咸謂宜用平藥可漸宣通僧垣曰脉洪而實此有宿妨非用大黃必無差理帝從而愈及大軍克荊州爲燕公于謹所召大相禮接太祖遣使馳驛徵僧垣謹固留不遣謂使人曰吾年時衰暮疾疹嬰沉今得此人望與之偕老太祖以謹勳隆重乃止明年隨至長安伊婁穆以疾還京請僧垣省疾自云自腰至臍似有三縛兩脚緩縱不復自持僧垣即爲診脉處湯三劑穆初服一劑上縛解再服中縛解又服三縛悉除而兩脚疼痺猶自攣弱更爲合散稍得屈伸至九月遂能起行大將軍襄樂公賀蘭隆先有氣疾加以水腫喘息奔急坐卧不安或有勸其服决命大散者其家疑未能决乃問僧垣僧垣曰意謂此患不與大散相當若欲自服不煩賜問因而委去其子殷勤拜請曰多時仰屈今日始來竟不下治意實未盡僧垣知其可差即爲處方諸患悉愈大將軍樂平公竇集暴感風疾精神瞀亂無所覺知諸醫先視者皆云已不可救僧垣後至曰困矣終當不死若專以見付相爲治之其家欣然僧垣爲合湯散所患即瘳大將軍永世公叱伏列椿苦痢積時而不廢朝謁燕公于謹嘗問僧垣曰樂平永世俱有痼疾若如僕意永世差輕對曰夫患有深淺時有克殺樂平雖困終當保全永世雖輕必不免死謹曰君言必死當在何時對曰不出四月果如其言謹歎異之文宣太后寢疾醫巫雜說各有同異高祖引僧垣問曰太后患勢不輕諸醫並云無慮朕人子之情可以意得君臣之義言在無隱公以爲何如對曰臣無聽聲視色之妙特以經事

巳夕雖之常人竊巳憂懼帝泣曰公旣決之矣知復何言
尋而太后崩四年高祖親戎東討至河陰遇疾口不能言
瞼垂覆目不得視一足短縮又不得行僧坦以爲諸藏俱
病不可並治軍中之事莫先於語乃處方進藥帝遂得言
又治目疾便愈未及治足疾亦瘳比至華州帝已痊復
是歲高祖幸雲陽遂寢疾乃召僧坦赴行在所內史柳昂
私問曰至尊貶膳日久脉候何如對曰天子上應天心或
當非愚所及若凡庶如此萬無一全尋而帝崩宣帝初在
東宮嘗苦心痛乃令僧坦治之其疾即愈及即位恩禮弥
隆大象二年除太醫下大夫帝尋有疾僧坦宿直侍疾帝
謂隋公曰今日性命唯委此人僧坦詠候知帝危殆乃對
曰臣荷恩旣重思在効力但恐庸短不逮敢不盡心帝頷
之及靜帝嗣位遷上開府儀同大將軍隋開皇初卒僧坦

撰集驗方十二卷行紀三卷行於世
隋書曰許智藏高陽人也祖道幼嘗以母疾覽醫方因而
究極世號名醫誡其諸子曰爲人子者嘗膳視藥不知方
術豈謂孝乎由是世相傳授仕梁官至員外散騎侍郎父
景武竟陵王諮議參軍智藏少以醫術自達仕陳爲散騎
常侍及陳滅高祖以爲員外散騎侍郎使詣楊州會秦孝
王俊有疾上馳召之俊夜中夢其妃崔氏泣曰本來相迎
如許智藏將至其人若到當必相苦爲之柰何明夜俊又
夢崔氏曰妾得計矣當入靈府中以避之及智藏至爲俊
診脉曰疾已入心即當發癇不可救也果如言俊數日而
薨上奇其妙賚物百段煬帝即位智藏時致仕于家帝每
有所苦輒令中使就詢訪或以轝迎入殿扶登御牀智藏
爲方奏之用無不効

唐書曰甄權許州扶溝人也嘗以母疾與弟立言專醫方
得其旨趣隋開皇初爲祕書省正字後稱疾免隋魯州刺
史庫狄嶔若風患手不得引弓諸醫莫能療權謂之曰欽
但將弓箭向垛一針可以射矣針其肩偶一穴應時射
貞觀十七年權年一百三歲太宗幸其家視其飲食訪以
藥性因授朝散大夫賜几杖衣服其年卒撰脉經針方明
堂人形圖各一卷弟立言武德中累遷太常丞御史大夫
杜淹患風毒發腫太宗令立言視之旣而奏曰從今更十
一日午時必死果如其言時有尼明律年六十餘患心腹
鼓脹身體羸瘦已經二年立言詠其脉曰腹內有蟲當是
誤食髮爲之耳因令服雄黃須臾吐一蛇如人手小指唯
無眼燒之猶有髮氣其疾乃愈
又曰許裔宗常州義興人也初仕陳爲新蔡王外兵參軍

時柳太后感風不能言名醫療皆不愈脉益沉而噤裔宗
曰口不可下藥宜以湯氣薰之令藥入腠理周時可差乃
造黃耆防風湯數十斛置於牀下氣如煙霧其夜便得語武
德初關中多骨蒸病得之必死遞相連染諸醫無能療者
裔宗每療無不愈或謂曰公醫術若神何不著書以貽將
來裔宗曰醫乃意也在人思慮又脉候幽微若其難別意
之所解口莫能宣且古之名手唯是別脉脉旣精別然後
識病夫病之於藥有正相當者唯須單用一味直攻彼病
藥力旣純病即立愈今人不能別脉莫識病源以情臆度
多安藥味譬之於獵未知兎所多發人馬空地遮圍或冀
一人偶然逢也如此療疾不亦疎乎假令一藥偶然當病
復共他味相和君臣相制氣勢不行所以難差諒由於此
脉之深趣旣不可言虛設經方豈加於舊吾思之乆矣故

不能著述耳年七十餘卒
又曰秦鳴鶴爲侍醫高宗苦風眩頭重目不能視武后亦幸災異逞其志至是疾甚召鳴鶴張文仲診之鳴鶴曰風毒上攻若刺頭出少血即愈矣天后自簾中怒曰此可斬也天子頭上豈是試出血處耶上曰醫之議病理不加罪且吾頭重悶殆不能忍出血未必不佳命刺之鳴鶴刺百會及腦户出血上曰吾眼明也言未畢后自簾中頂禮拜謝之曰此天賜我師也躬負繒寶以遺鳴鶴
又曰安金藏爲太常工人時睿宗爲皇嗣或有誣告皇嗣潛有異謀者則天令來俊臣按之左右不勝楚毒皆欲自誣唯金藏大呼謂俊臣曰公既不信金藏言請剖心以明皇嗣不反即引佩刀自剖其胷五藏並出血流被地氣遂絶則天聞之令舁入宫中遣醫人却内五藏以桑白皮縫合之傅藥經宿乃蘇

太平御覽卷第七百二十三

太平御覽卷第七百二十四

方術部五

醫四

唐書曰孫思邈京兆華原人也七歲就學日誦千餘言弱冠善談莊老及百家之說周宣帝時思邈以王室多故乃隱居太白山隋文帝輔政徵為國子博士稱疾不起嘗謂所親曰過五十年當有聖人出吾方助之以濟人及太宗即位召詣京師嗟其容色甚少謂曰故知有道者誠可尊重羨門廣成豈虛言哉將授以爵位固辭不受顯慶四年高宗召見拜諫議大夫又固辭不受上元元年辭疾請歸特賜良馬及鄱陽公主邑司以居焉當時知名之士宋令文孟詵盧照隣等執師資之禮以事焉照隣有惡疾醫所不能愈乃問思邈名醫愈疾其道何如思邈曰吾聞善言

天者必質之於人善言人者亦本之於天天有四時五行寒暑迭代其轉運也和而為雨怒而為風凝而為雪霜張而為虹蜺此天地之常數也人有四肢五藏一覺一寢呼吸吐納精氣往來流而為榮衛彰而為氣色發而為音聲此人之常數也陽用其形陰用其精天人之所同也及其失也蒸則生熱否則生寒結而為瘤贅陷而為癰疽奔而為喘乏竭而為燋枯診發乎面變動乎形推此以及天地亦如之故五緯盈縮星辰錯行日月薄蝕孛彗飛流此天地之危診也寒暑不時天地之蒸否也石立土踊天地之瘤贅也山崩土陷天地之癰疽也奔風暴雨天地之喘乏也川瀆竭涸天地之燋枯也良醫導之以藥石救之以鍼（音針）劑（才齊切）聖人和之以至德輔之以人事故形體有可愈之疾天地有可消之災又曰膽欲大而心欲小智欲圓而

仁欲方詩曰如臨深淵如履薄冰謂小心也赳赳武夫公侯干城謂大膽也不為利回不為義疚仁之方也見幾而作不俟終日智之圓也思邈自云開皇辛酉歲生至今年九十三矣詢之鄉里咸云數百歲人話周齊間事歷歷如眼見以此參之不啻百歲人矣然猶視聽不衰神彩甚茂可謂古之聰明博達不死者也撰千金方三十卷行於代

又曰張文仲洛州洛陽人也少與鄉人李虔縱京兆人韋慈藏並以醫術知名文仲則天初為侍御醫時特進蘇良嗣於殿庭因拜跪絕倒則天令文仲慈藏隨至宅候之文仲曰此因憂憤邪氣激也若痛衝脅則劇難救自朝候之未及食時苦衝脅絞痛文仲曰若入心不可療俄頃心痛不復下藥日旰而卒文仲尤善療風疾其後則天令文仲集當時名醫共撰療風氣諸方仍令麟臺監王方慶監其

修撰文仲奏曰風有一百二十種氣有八十種大體醫藥雖同人性各異庸醫不達藥之行使冬夏失節因此殺人唯腳氣頭風上氣常須服藥不絕自餘則隨其發動臨時消息之但有風氣之人春末夏初及秋暮要得通洩即不困劇於是撰四時常服及輕重大小諸方十八首表上之文仲久視年終於尚藥奉御撰隨身備急方三卷行於代

又曰孟詵汝州梁人也以進士擢第垂拱初累遷鳳閣舍人詵學方術嘗於鳳閣侍郎劉禕（音暉）之家見其敕賜金盤謂禕之曰此藥金也若燒之上有五色試之果然則天聞之不悅因事出為台州司馬撰補養方必効方各三卷

又曰王方慶太原人也雅有材度博學多聞篤好經方精於藥性則天令監領尚藥奉御張文仲侍醫李虔縱光祿韋慈藏等撰諸藥方方慶撰隨身左右百發百中備急方

十卷大行於代

又曰天寶中詔曰朕頃者所撰廣濟方救人疾患頒行已从傳習亦多猶慮單貧之家未能繕寫閭閻之內或有不知儻醫療失時因致夭橫性命之際寧忘惻隱宜命郡縣長官就廣濟方中逐要者於大板上件録當村方要路牓示仍委採訪使勾當無令脫錯

又曰德宗撰貞元集要廣利方親爲之制序敢題於天下通衢其方惣六千三種五百八十六首

莊子曰秦王有病召醫䑛痔者得車五乘也

韓子曰醫善吮人腸含人血非有肌骨之親也利之所加也

列子曰龍叔謂文摯曰子之術微矣吾有疾子能已乎文摯即命龍叔背明而立文摯從向明望之既而曰嘻吾見

子之心矣方寸之地虛矣幾聖人也子心六孔流通一孔不達（舊說聖人心七孔）今以聖智爲疾者或由此乎矣

又曰楊朱之友季梁得疾七日大漸其子請三醫一曰矯氏二曰俞氏三曰盧氏脉其所疾矯氏謂季梁曰汝寒溫不節虛實失度疾由飢飽色欲精慮非人非鬼雖漸可攻也季梁曰衆醫也亟屏之俞氏曰汝始則胎氣不足乳湩（多貢切）有餘病非一朝一夕之故其所由來者漸矣弗可已也季梁曰良醫也且食之盧氏曰汝病不由天亦不由人亦不由鬼稟生受形既有制之者亦有知之者矣藥石其如汝何季梁曰神醫也重貺遣之俄而季梁病自瘳

又曰魯公扈趙齊嬰二人有疾同請扁鵲求治扁鵲治之同愈謂曰汝曩之所疾自外而干腑藏固藥石之所已今有偕生之病與體偕長爲汝攻之何如二人曰願先聞其驗扁鵲謂公扈曰汝志強而氣弱故足於謀而寡於斷齊嬰志弱而氣強故少於慮而傷於專若換汝之心則均於善矣遂飲二人毒酒迷死三日剖胷探心易而置之投以神藥既寤如初

尸子曰有醫竘（音驅主反）者秦之良醫也爲宣王割痤（音在戈反）爲惠王療痔皆愈張子之背腫命竘治之謂醫竘曰背非吾背也任子制焉治之遂愈竘誠善治疾也張子委制焉夫身與國亦猶此必有所委制然後治

孔叢子曰宰我使齊反見夫子曰梁丘據遇虺毒三旬而後瘳朝齊君齊君會大夫衆賓而慶焉弟子與在賓列大夫衆賓並復獻攻療之方弟子謂之曰夫所獻方者將爲病也今梁丘子已瘳矣而諸夫子復驟獻方意欲梁丘大夫後有虺害當用之乎衆座默然無辭弟子此言何如孔

子曰女說非也夫三折股而後爲醫梁丘子遇虺害而獲瘳慮有與之同疾者必問所以已之方焉衆人爲此之故各言其方欲售之以已人疾也凡言其方者稱其良也且以參觀所以已之方之優劣也

公孫尼子曰孔子有疾哀公使醫視之醫曰居處飲食何如子曰丘春之居葛籠夏居密陽秋不風冬不煬飲食不饋飲酒不勸醫曰是良藥也

鶡冠子曰扁鵲兄弟三人並善醫魏文侯問曰子昆弟三人孰最善對曰長兄視色故名不出家仲兄視毫毛故名不出門鵲鍼人血脉投人毒藥故名聞諸侯

呂氏春秋曰齊王疾使人之宋迎文摯文摯至視王疾謂太子曰非怒則王疾不可治怒王則文摯死太子曰苟已王疾臣與母以死爭之願先生勿患也文摯曰諾與太子

期而將往不當者三齊王固已怒文摯至不解履登牀履
王衣問疾王怒不與言摯因出固辭以重怒王王吐而起
疾乃遂已王不悅果以鼎生烹摯太子與母合爭之不得
夫忠於平世易忠於濁世難也
又曰魯有公孫綽者告人曰我能治偏枯今吾倍爲偏枯
之藥則可以起死人矣
又曰用藥者得良藥則活人得惡藥則殺人
楚辭九章曰九折臂而成醫兮吾今而知其信然○神仙
傳曰李少君與議郎董仲舒相親見仲舒宿有固疾體枯
氣少少君乃與其成藥二劑并方用戊巳之草后土脂黄
良歠沉肪先義之根百卉華釀亥月上旬合煎銅鼎中童
男沐浴潔淨調其湯火合藥成服如雞子三劑齒落更生
服盡五劑命不復傾

又曰鳳綱者漁陽人也常採百藥華以水漬封泥之自正
月始盡五月末埋之百日煎丸之卒死者以此藥內口中
皆立生綱服此藥得數百歲不老
又曰士燮爲交州刺史得毒病死經三日董奉時在南方
乃往以三丸藥內死人口中以寒水含之令人舉死人頭
搖消之食頃士燮開目動手足半日能起坐遂活活後四
日能語云死時奄然有數十馬卒收之將載轞車上去入
大赤門徑以付獄獄中人各一戶戶纔容一人以燮內一
戶中以土從外封之不復見外恍惚聞人言太一遣使者
來召士燮急開出之聞人以鍤掘其居戶良久引之見外
有馬赤蓋三人共坐車上一人持節呼燮上車將還至門
而活奉還廬山了不田作爲人治病亦不取錢重病愈者
令種杏五株輕者種一株數年之間杏樹成林縣令親故

有女病醫療不差令請奉曰若能治之便以妻君奉使勑
召鬼魅有大白鼉長數尺陸行詣病者門奉使人斬之女
病即愈遂以妻子
又曰封君達年百餘歲往來鄉里視之年三十許人常騎
青牛行聞有疾病死者識與不識遇便以藥治之應手皆
愈不以姓字語人能騎乘青牛故號青牛道士
列仙傳曰負局先生者吳郡人莫知姓名負石磨鏡局循
吳中磨鏡輒問人得無有疾苦乎有即出紫丸赤丸與之
服服藥病無不差如此數年後吳有大疫先生家至戶到
與藥活數萬許人後上吳山絕崖懸藥與人欲去時語人
曰吾欲還蓬萊山爲汝曹下神水崖頭一日有水色白從
石間流下服之疾愈
玉匱針經序曰呂博少以醫術知名善診脈論疾多所著
述吳赤烏二年爲太醫令撰玉匱針經及注八十一難經

大行於代
千金序曰沙門支法存嶺表人性敦方藥自永嘉南渡士
大夫不襲水土多患脚弱唯法存能拯濟之
又曰仰道人嶺表僧也雖以聰惠入道長以醫術開懷因
晉朝南移衣纓士族不襲水土皆患軟脚之疾染者無不
斃踣而此僧獨能療之天下知名焉
又曰僧深齊宋間道人善療脚弱氣之疾撰錄法在存等
諸家醫方三十餘卷經用多効時人號曰深師方焉
龔慶宣鬼遺方序曰劉涓子不知何許人也晉末於丹陽郊
外照射忽見一物高二丈許因射而中之走如電激聲若
風雨夜不敢追明旦率門人弟子隣伍數十人尋其蹤跡
至山見一小兒問之何姓小兒云主人昨夜爲涓子所射

今欲取水以洗瘡因問小兒主人是誰荅曰是黄父鬼乃將小兒還來至聞擣藥聲遥見三人一人臥一人開書一人擣藥比及齊呌突而前三人並走遺一帙癰疽方并一臼藥人有云癰者塗之隨手而愈

太平御覽卷第七百二十四

方術部六

卜上

說文曰灼龜也象兆之縱橫也

周禮天官太宰職曰祀五帝則掌百官之誓戒與其具脩前期十日帥執事而卜日遂戒前期前所諏之日也十日容散齊七日致齊三日執事宗伯太卜之屬也既卜又戒百官以始齊

又春官嘗之日涖卜來歲之芟卜者問後歲宜芟不獮之日涖卜來歲之戒秋田爲獮卜者問後歲兵冠之備社之日涖卜來歲之稼卜問後歲稼所宜矣

又曰太卜掌三兆之法一曰玉兆二曰瓦兆三曰原兆兆者灼龜發於火其形可占者原原田也象似玉瓦原之璺罅是用名之焉其經兆之體皆百有二十其頌皆千有二百

又卜師職曰卜師掌開龜之四兆一曰方兆二曰功兆三曰義兆四曰弓兆開開出其占書也經兆百二十體言此四兆者分之爲四部若易之二篇書金滕曰開籥見書是也

又曰龜人掌六龜之屬各有名物天龜曰靈屬地龜曰繹屬東龜曰果屬西龜曰雷屬南龜曰獵屬北龜曰若屬各以其方之色與其體辨之上春釁龜祭祀先卜釁者殺牲以血之神之也鄭司農云祭卜其日與牲也

又曰占人掌占龜以八筮占八頌以八卦占筮之八故以眡吉凶凡卜筮君占體大夫占色史占墨卜人占坼

禮記曰正月命有司釁龜筴占兆審卦吉凶周官龜人上春釁龜謂建寅之月

曲禮曰凡筮日旬之外曰遠某日旬之內曰近某日喪事先遠日吉事先近日曰假爾泰龜有常假爾泰筮有常命龜筮辭龜筮於吉凶有常大事卜小事筮卜筮不過三卜筮不相襲龜爲卜筴爲筮卜筮者先聖王之所以使民信時日敬鬼神畏法令也所以使民決嫌疑定猶與也故曰疑而筮之

又檀弓下曰石駘仲卒駘仲衛大夫石碏之族無適子有庶子六人卜所以爲後者曰沐浴佩玉則兆言齊潔則得吉兆也五人皆沐浴佩玉石祁子曰孰有執親之喪而沐浴佩玉者乎不沐浴佩玉石祁子兆衛人以龜爲有知也

又禮運曰龜爲前列先知也龜知事情者陳於庭在前

又郊特牲曰卜郊受命于祖廟作龜于禰宮尊祖親考之義也受命謂告之退而卜卜之日王立于澤親聽誓命受教諫之義也

又曰國君世子生三日卜士負之

又玉藻曰卜人定龜史定墨視兆坼君定體視兆所得也

又少儀問卜筮曰義與志與義則問志則否大卜問來卜筮者也義正事也志私意也

又曰雜記曰大夫之喪太宗人相小宗人命龜卜人作龜

又祭義曰昔者聖人建陰陽天地之情立以爲易易抱龜南面天子卷音衮冕北面雖有明知之心必進斷其志焉示不敢專以尊天也善則稱人過則稱已教不伐以尊賢也立以爲易謂作易易抱龜易官名周禮曰大卜大卜主兆三易三夢之吉

又曰表記曰南人有言曰人而無恒不可以爲卜筮古之遺言與龜筮猶不能知也而況於人乎

又曰子言之昔三代明王皆事天地之神明無非卜筮之用不敢以其私褻事上帝言動任卜筮也神明謂群神也是故不犯日月不違卜筮日月謂冬夏至及四時也所不違者日與牲尸也卜筮不相襲也襲因也大事則卜小事則筮也大事有時日大事有事於大神有常時常日也小事無時日有

筮外事用剛日內事用柔日不違龜筮

左傳曰楚伐鄖莫敖曰盍請濟師於王鬬廉曰師克在和不在衆商周之不敵君之所聞也成軍以出又何濟焉莫敖曰卜之對曰卜以決疑不疑何卜遂敗鄖師於蒲騷

又曰初懿氏卜妻敬仲其妻占之曰吉事具筮門

又僖上曰初晉獻公欲以驪姬爲夫人卜之不吉筮之吉公曰從筮卜人曰筮短龜長不如從長

又僖中曰狐偃言於晉侯曰求諸侯莫如勤王諸侯信之且大義也繼文之業而信宣於諸侯今爲可矣使卜偃卜之曰吉遇黃帝戰于阪泉之兆

又曰晉惠公之在梁也梁伯妻之梁嬴孕過期卜招父與其子卜之（杜預注曰卜招梁太卜也）其子曰將生一男一女招曰然男爲人臣女爲人妾故名男曰圉女曰妾及子圉西質妾爲宦女焉

又曰夏四月卜郊不從乃免牲非禮也（諸侯不得郊天魯以周公故得用天子禮樂故郊爲魯常祀）猶三望亦非禮也禮不卜常祀而卜其牲日牛卜日曰牲牲成而卜郊上怠慢也望郊之細也不郊亦無望可也

又曰衞遷于帝丘卜曰三百年

又文下曰邾文公卜遷于繹史曰利於民而不利於君邾子曰苟利於民孤之利也天生民而樹之君以利之也民既利矣孤必與焉左右曰命可長也君何弗爲邾子曰命在養民死之長短時也民苟利矣遷也吉莫如之遂遷于繹五月邾文公卒君子曰知命也

又曰春齊侯戒師期而有疾醫曰不及秋將死公聞之卜曰尚無及期惠伯令龜卜楚丘占之齊侯不及期非疾也君亦不聞令龜有咎二月丁丑公薨

又宣上曰郊牛之口傷改卜牛牛死乃不郊

又宣下曰楚子圍鄭旬有七日鄭人卜行成不吉卜臨于大宮且巷出車吉國人大臨守陴者皆哭楚子退師

又成上曰鼷鼠食郊牛角改卜牛

又襄元曰夏四月三卜郊不從乃免牲孟獻子曰吾乃今而後知有卜筮夫郊祀后稷以祈農事也是故啓蟄而郊郊而後耕今既耕而後卜郊宜其不從也

又襄二曰鄭皇耳帥師侵衛楚令也（亦秉受楚之勑命皇耳皇戌子）孫文子卜追之獻兆於定姜姜氏問繇曰兆如山陵有夫出征而喪其雄姜氏曰征者喪雄禦寇之利也大夫圖之衛人追之孫蒯獲鄭皇耳于犬丘

又曰晉侯逕及著雍疾卜桑林見（事具樂部）

又曰鄭石臭言於子囊曰先王卜征五年（先征五年而卜吉凶也征謂巡狩）而歲習祥祥習其則行不習則增脩德而改卜

又襄五曰盧蒲癸王何卜攻慶氏示子之兆曰或卜攻讎敢獻其兆子之曰克見血慶封田于萊陳無宇從文子使召之請曰無宇之母疾病請歸慶季卜之示之兆曰死奉龜而泣乃使歸

又昭二曰越大夫常壽過帥師會楚子於瑣（瑣楚地也）聞吳出師薳啓彊帥師從之（從吳師也）遽不設備吳人敗諸鵲岸（廬江舒縣有鵲尾渚）楚子以馹至於羅汭（馹傳也羅水名）吳子使其弟蹶由犒師（犒勞）楚人執之將以釁鼓王使問焉曰汝卜來吉乎對曰吉寡君聞君將治兵於弊邑（卜之以守龜）曰余亟使人犒師請行以觀王怒之疾徐而爲之備尚克知之龜兆吉吉曰克可知也君若驩焉好逆使臣滋弊邑休怠（休解）而忘其死亡無日

矣今君奮焉震電憑怒（憑盛也）虐執使臣將以釁鼓則吳知所備矣敝邑雖羸若早脩完其可以息師難易有備可謂吉矣且吳社稷是卜豈爲一人使臣獲釁軍鼓而敝邑知備以禦不虞其爲吉孰大焉國之守龜其何事不卜一臧一否其誰能常之城濮之兆其報在邲今此行也其庸有報志乃弗殺

又昭三日公卜使王黑以靈姑銔（音丕）率吉請斷三尺焉而用之（靈姑銔公旗也斷三尺不敢與君同）

又昭四日楚召觀從日唯爾所欲對曰臣之先佐開卜乃使爲卜尹（佐卜人開龜兆）

又曰初靈王卜曰余尚得天下不吉投龜詬天而呼曰是區區者而不余畀余必自取之民患王之無厭也故從亂如歸

又曰吳伐楚陽匄爲令尹卜戰不吉司馬子魚曰我得上流何故不吉且楚故司馬令龜我請改卜令曰魴也以其屬死之楚師繼之尚大克之吉戰于長岸子魚先死楚師繼之大敗吳師

又昭六日初臧昭伯如晉臧會竊其寶龜僂句（僂句龜所出地名）以卜爲信與僭僭吉

又定下曰晉車千乘在中牟衛侯將如五氏卜過之龜焦衛侯曰可也衛車當其半寡人當其半敵矣乃過中牟

又哀上曰楚子在城父將救陳卜戰不吉卜退不吉王曰然則死也再敗楚師不如死棄盟逃讎亦不如死死一也其死讎乎命公子申爲王不可則命公子結亦不可則命公子啓五辭而後許將戰王有疾庚寅昭王攻大冥卒于城父

又曰楚昭王有疾卜曰河爲祟王弗祭（事具江部）

又曰晉趙鞅卜救鄭遇水適火（水火之兆）占諸史趙史墨史龜（皆晉史也）史龜曰是謂沈陽（火陽得水故沈）可以興兵（兵陰類也故可以興兵）利以伐姜不利子商（姜齊姓也子商謂宋）伐齊則可敵宋不吉史墨曰盈水名也子水位也名位敵不可干也炎帝爲火師姜姓其後也水勝火伐姜則可史趙曰是謂如川之滿不可游也鄭方有罪不可救也救鄭則不吉不知其他陽虎以周易筮之遇泰之需曰宋方吉不可與也微子啓帝乙之元子也宋鄭甥舅也祉祿也若帝乙之元子歸妹而有吉祿我安得吉焉乃止

毛詩曰升彼虛矣以望楚矣望楚與堂景山與京降觀于桑卜云其吉終然允臧（龜曰卜建国必卜之）

又曰爾卜爾筮體無咎言

又曰君曰卜爾萬壽無疆

又曰卜筮偕止會言近止征夫邇止（卜之筮之會人占之云或卜或筮俱占之言於繇爲近征夫如今近耳）

又曰我龜既厭不我告猶（卜筮數而瀆龜龜靈厭之不復告其所圖之吉凶言雖不兆占繇不中）

又曰爰始爰謀爰契我龜

又曰考卜維王宅是鎬京維龜正之武王成之

又曰哀哉塡寡宜岸宜獄握粟出卜自何能穀（哀我窮盡寡財之民仍有獄訟之事持粟行卜求其勝負從何能得生）

尚書大禹謨曰枚卜功臣惟吉之從帝曰禹官占惟先蔽志昆命于元龜朕志先定詢謀僉同鬼神其依龜筮協從卜不習吉

又洪範曰七稽疑擇建立卜筮人（龜曰卜著曰筮）乃命卜筮曰雨

曰霽（龜兆形也有似雨者又有似雨止）曰蒙曰驛（氣落驛不連屬）曰克曰貞曰悔（兆相交錯五者卜兆之常法內卦曰貞外卦曰悔）凡七卜五占用二衍忒立時人作卜筮三人占則從二人之言汝則有大疑謀及乃心謀及卿士謀及庶人謀及卜筮汝則從龜從龜從卿士從庶民從是之謂大同身其康彊子孫其逢吉汝則從龜從筮從卿士逆庶民逆吉卿士從龜從筮從汝則逆庶民逆吉庶民從龜從筮從汝則逆卿士逆吉汝則從筮從筮逆卿士逆庶民逆作內吉作外凶龜筮共違于人用靜吉用作凶

又金縢曰既克商二年王有疾弗豫（伐紂明年武王有疾不悅豫）二公曰我其為王穆卜（穆敬也）周公曰未可以戚我先王（戚近也召公太公言王疾當卜吉凶周公言未可以死近我先王相順之辭）公乃為三壇同墠乃卜三龜一習吉（習因也以三王之龜卜一相因而吉也）

又大誥曰寧王遺我大寶龜紹天明即命我有大事休朕卜并吉天休于寧王興我小邦周寧王惟卜用克綏受茲命

又洛誥曰予惟乙卯朝至于洛師（致政在冬本其春來至洛衆說始卜定都之意）我卜河朔黎水我乃卜澗水東瀍水西惟洛食（我使人卜澗瀍之間南近洛吉）我又卜瀍水東亦惟洛食伻來以圖及獻卜

史記曰宋元王二年江使神龜使於河至泉陽漁者豫且舉網得而囚之置籠中夜而見夢於元王曰我為江使於河豫且得我我不能去身在患中莫可告語王有德義故來告愬元王召博士衛平問之平乃援式而起仰天視月之光觀斗所指定日處鄉規矩為輔副以權衡四維以定八卦相望視其吉凶介蟲先見乃對曰今昔斗壬子宿在牽牛河水大會神鬼相謀漢正南北江河固期南風新至江使先來白雲擁漢萬物盡留斗柄指日使者當囚玄服而乘輜車其名為龜使人問泉陽令取龜獻使者載行出於泉陽之門正晝無見風雨晦冥雲蓋其上五采青黃雷雨並起將入端門見於東箱身如流水潤澤有光望見元王延頸而前三步而止縮頭而却復其故處元王見而怪之問衛平平對曰龜在患中而終夕囚王有德義使人活之今延頸而前以當謝也縮頸而却欲亟去也元王曰善哉趣駕送龜毋令失期平對曰龜者是天下之寶先得此龜者為天子且十言十當十戰十勝生於深淵長於黃土知天之道明於上古遊三千歲不出其域安平靜正動不用力壽蔽天地莫知其極與物變化四時變色居而自匿伏而不食春蒼夏黃秋白冬黑明於陰陽審於刑德先知利害察於禍福以言而當以戰而勝王能寶之諸侯盡服

王勿遣也王大悅於是向日而謝再拜而受擇日齋戒甲乙最良乃刑白雉以血灌龜於壇中央以刀剝之身全不傷脯酒禮之橫其腹腸荊支卜之必制其脩程達於理文相錯迎使工占之所言盡當

又曰沛父老率子弟共殺沛令開城門迎劉季欲以為沛令父老皆曰平生所聞劉季奇怪當貴且卜筮莫如劉季於是乃立為沛公

又曰陳平等遣人迎代王欲立為帝代王卜之龜卦兆得大橫占曰大橫庚庚余為天王夏啓以光曰寡人固已為王矣又何王卜人曰所謂天王迺天子也

又曰常以月旦祓龜先以清水澡之以卵祓之乃持龜而遂之若常已卜不中皆祓之以卵東鄉立居取生荊枝及堅木堅木枝燒之斬取熟處以灼龜所卜處灼以荊若卵

指之者三持龜以外周環之祝曰今日吉謹以粱外被去玉靈之不祥玉靈必信以誠知萬事之情辯兆皆可占不信不誠則燒玉靈揚其灰以懲後龜

又曰竇皇后弟廣國字少君年四五歲時家貧爲人所略賣至宜陽爲其主入山作炭寒臥岸岸崩獨得脫不死自卜數日當爲侯

又曰司馬季主楚人也卜於長安東市宋忠爲中大夫賈誼爲博士俱出洗沐相從論議誦者先王聖人之道術究徧人情相視而歎賈誼曰吾聞古之賢人不居朝必在卜醫之中今吾已見三公九卿朝士大夫皆可知矣試之卜數中觀采其人二人卽同輿之市游於卜中天新雨道少人司馬季主閒坐弟子三四人侍方辯天地之道日月之運陰陽吉凶之本二大夫再拜謁司馬季主季主視其狀

貌類有道者卽禮之使弟子延之坐坐定司馬季主復理前語分別天地之終始日月星辰之紀差次仁義之際列吉凶之符語數千言莫不順理宋忠賈誼瞿然而悟獵纓正衿危坐曰吾望先生之狀聽先生之辭小子竊觀於世未嘗見也今何居之卑何行之汙也司馬季主捧腹大笑曰觀大夫之貌類有道術者今何言之陋也何辭之野也今夫子所賢者誰也所高者何也公何以卑汙長者乎二君曰尊官厚祿之所高也賢材處之今所處非其地故謂之卑言不信行不驗取不當故謂之汙夫卜筮者世之所賤簡也世皆言曰夫卜者多言誇嚴以得人情虛高人祿命以說人志擅言禍災以傷人心矯言鬼神以盡人財厚求拜謝以私於己此吾之所恥故謂之卑汙也司馬季主曰公且安坐公見夫被髮童子乎日月照之則行不照則止然問日月疵瑕吉凶則弗能理也今夫卜者必法天地象四時順於仁義分策定卦旋式正棊然後别天地之利害事之成敗昔者先王定國必先龜策日月而後乃敢代也正時日乃後入家產子必先占吉凶後乃有之自伏犧作八卦周文王演三百八十四爻而天下治越王勾踐倣周文王八卦以破敵國霸天下由是觀之卜筮有何負哉且夫卜者掃設坐位正其冠帶然後乃言事此有禮也言鬼神或以饗忠臣以事其上孝子以養其親慈父以畜其子此有德者也而以義置數十百錢病者或以愈且死或以生患或以勉事或以成嫁子娶婦或以養生此之爲德豈直數十百錢哉此老子所謂上德不德是以有德今夫卜筮者利大謝少老子之言豈異於是乎莊子曰君子內無飢寒之患外無劫奪之憂居上而敬居下而不爲害君

子之道也今夫卜筮者之爲業也積之無聚委藏之不用府庫徙之不用車輜負裝之不重止而用之無盡索之時持不盡索之物游於毋窮之世雖莊氏之行未能增也予何故而云而可卜哉天不足西北星辰西北移地不足東南以海爲池日中必移月滿必虧先王之道乍存乍亡公責卜者言必信不亦惑乎公見夫談士辨人乎慮事定計必是人也然不能一言說人主意故言必稱先王語必道上古慮事定計飾先王之成功語其敗害以恐喜人主之志以求其欲多言誇嚴徐廣曰一作險莫大於此矣然欲强國成功盡忠於上非此不立今夫卜者導惑教愚也夫愚惑之人豈能以一言知之哉言不厭多故騏驥不能與罷驢爲駟鳳皇不與燕雀爲羣而賢者亦不與不肖者同列故君子處卑隱以避衆自匿以避倫微見德順以除衆害以明

天性助上養下多其功利不求尊譽公等喁喁者也何知長者之道乎

漢書曰谷口有鄭子眞蜀有嚴君平皆脩身自保非其服弗服非其食弗食成帝時元舅大將軍王鳳以禮聘子眞子眞遂不詘而終君平卜筮於成都市以爲卜筮賤業以惠衆人有邪惡非正之問則依著龜爲言利害與人子言依於孝與人臣言依於忠各因其勢道之以善

又曰張禹字子文父徙家蓮勺上音輦下音酌禹爲兒數隨家至市憙觀於卜相者前久願曉其別著布卦意時從旁言卜者愛之又奇其面貌謂禹父是兒多知可令學經及禹至長安學從沛郡施讎受易

謝承後漢書曰姜肱桓帝時再以玄纁聘不就卽拜太中大夫詔書至門肱使家人對云久病就醫遂羸服閒行竄伏青州界中賣卜給衣召命得斷家亦不知其處歷年乃還

又曰田戎擁衆夷陵聞秦豐被圍懼大兵方至欲降而妻兄辛臣諫戎曰今四方豪傑各據郡國洛陽地如掌耳不如按甲以觀其變戎不從乃留辛臣守夷陵自將兵沿江泝沔止黎丘刻日當降而辛臣於後盜戎珍寶從閒道先降於岑彭而以書招戎戎疑必賣己乃灼龜卜降兆不吉中折遂止不降

又曰范丹字史雲朝議欲以爲侍御史因遁身逃命於梁沛之閒徙行幣服賣卜於市

魏志管公明傳曰洛中有一小人失婢輅爲卦教明旦東明城門中伺擔豚人牽與共鬭具如其言豚逸走卽追之豚入人舍突破主人甕婢從甕中出輅在田舍時嘗候遠鄰主人患失火輅卜教使明日於陌上伺有一角巾書生駕黑牛故車必引留宿此能除之卽從輅語得書生遂留宿意甚不安主人睡入生乃抱刀出門薪積欻有一小物直來如獸手中持火以口吹之生舉刀斫斷腰視之狐也自此無復火災

太平御覽卷第七百二十五

太平御覽卷第七百二十六

方術部七

卜下 諸雜卜附

晉書曰郭公者客居河東精於卜筮郭璞從之受業公以青囊中書九卷與之由是遂洞五行天文卜筮之術禳災轉禍通致無方雖京房管輅不能過也璞門人趙載嘗竊青囊書未及讀而爲火所焚

又曰宣城邊洪以四月中就韓友卜家中安否友曰卿家有兵殃其禍甚重可伐七十束柴積於庚地至七月丁酉放火燒之咎可消也不尒其凶難言洪即聚柴至日大風不敢發火洪後爲廣陽領校遭母喪歸家友來投之時日已暮告從者速裝束吾當夜去從者曰今日已暝數十里何急復去友曰非汝所知也此間血覆地寧可復住洪苦

留之不待食而去其夜洪欻發狂絞殺兩子并殺婦又斫父妾二人皆被創因出亡走明日其族往收殯亡者尋索洪數日於宅前林中得之已自經死宣城太守殷祐病友筮之曰七月晦日將有太鸜鳥來集廳事上宜勤伺取若獲者爲善不獲將成禍祐乃謹爲其備至日果有大鸜東尾九尺來集廳事上掩捕得祐仍遷石頭督護後爲吳郡太守友卜占神効甚多而消殃轉禍無不皆驗

王隱晉書曰步熊字叔羆陽平人少好卜筮術數門徒甚盛熊學舍側有燒死人吏疑是熊諸生失火持諸生急熊曰吾已爲卜得其人矣使從道南行當有一人來問得火主來者便縛之吏如熊言果是耕人自言草惡難耕故燒之忽風起延燒實不知草中有人又鄰人兒遠行或告已死其父母號哭制服熊爲卜卦曰當還如期果至

宋書曰蔡興宗初爲郢府參軍彭城顏敬以式卜曰亥年當作某官有大字者不可受也及有開府之授而太歲在亥果薨於光祿大夫

又曰荀伯玉爲晉安王子勛鎮軍行參軍泰始初還都賣卜自業

齊書曰王敬則少時於草中射獵有蟲如烏豆集其身摘去乃脫其處皆流血敬則惡之詣道士卜道士曰此封侯瑞也敬則聞之喜故出都自効

又曰柳世隆善卜別龜甲價至萬永明初世隆曰永明九年我亡後三年丘山崩齊亦於此季矣屏人命典籤李黨取筆及高齒屐題簾箔旌曰永明十一年因流涕謂黨曰汝當見吾不見也

梁書曰吉士瞻年逾四十忽忽不得志乃就江陵卜者王

先生計祿命王生曰君擁旄仗節非一州後一年當得戎馬大郡

三國典略曰梁武昌太守朱買臣聞元帝議遷都入勸梁主云建鄴舊都塋陵攸在荊鎮邊疆非王者宅願陛下勿疑致後悔也臣家在荊州豈不願陛下但恐是臣富貴非陛下富貴耳乃召卜者杜景豪決去留遇兆不吉荅云未去景豪退而言曰此兆爲鬼賊所留也 事具京都部

又曰周文育隨盧安興征俚獠有功除南海令監州王勵深委任之勵被代文育與俱下至大庾嶺詣卜者卜者曰君北下不過作令長南入則爲公侯文育曰足錢便可誰望公侯之事卜人曰君須臾當暴得銀至二千兩若不見信以此爲驗其夕宿逆旅有賈人求與文育博文育勝之得銀二千兩旦辭勵勵問其故文育以告勵乃遣之

又曰東魏相齊王澄以舟師還次於小平津北岸古塚崩骨見銘曰今卜高原千秋之後化爲下泉當逢霸主必爲改遷王曰古人之卜其何至也令更葬之

又曰齊害其廢主濟南王也長廣王湛懼高元海爲畫三策湛不能斷令鄭道謙吳導世等卜以決之道謙等曰不利舉事靜則吉

又曰初鄴有賣卜者相趙隱嘗大貴及隱自黃門侍郎遷祕書監崔肇師呼卜者而問己焉卜者對曰公令望雖高爵位難進肇師不悅終如其言

隋書曰獻皇后崩上令蕭吉卜擇葬所吉歷筮山原至一處云卜年二千卜世二百具圖而奏之上曰吉凶由人不在於地高緯父葬豈不卜乎國尋滅亡正如家墓田若不吉朕不當爲天子若云不凶我弟不當戰沒然竟從吉言

唐書曰王遠知事梁貞白先生陶弘景隱居茅山盡傳其符籙隋煬帝爲晉王出鎮揚州遣人迎致及即位於東都起玉清觀以處之太宗之爲秦王也既平王世充與記室房玄齡往詣之立枚以問其吉凶遠知指秦王之枚曰此當上應天命下濟蒼生者又指玄齡之枚云聖之輔也及太宗踐祚恩禮甚厚

又曰城陽公主初適杜如晦之子荷荷貞觀中爲尚衣奉御坐承乾事伏誅公主改適饒州刺史薛昱之子瓘將成婚太宗使卜之卜人曰兩火俱食始則同榮末亦雙悴若晝日行合巹之禮則終吉太宗將從之馬周諫曰臣聞朝謁以朝思相戒也講習以晝思相成也讌飲以昃思相歡也婚合以夜思相親也是以上下有威內外有規動息有時吉凶有儀先王之教不可黷也今陛下欲謀其始而亂其終不可爲也夫卜筮者所以定猶豫決嫌疑若黷禮亂常先王所不用也太宗又從其言而止

又曰憲宗嘗謂李絳曰卜筮之事習者罕精或中或否近日風俗尤更崇尚何也對曰臣聞古先哲王畏天命示不敢專邦國有大事可疑者故謀於卿士庶人決於卜筮俱吉則行之末俗浮僞幸以徼福正行慮危邪謀覬安持疑昏惑謂小數能決之而愚夫愚婦假時日鬼神者欲利欺詐參之見聞用以刺射小近其事神而異之近者風尚卜筮此誠弊俗聖旨所及實辨邪源但存而不論弊斯息矣

六韜曰文王卜田史偏曰卜田渭陽將大得焉非熊非羆非虎非狼兆曰得公侯天遣汝師以之佐昌施及三王大吉

又曰文王問散宜生卜伐殷吉乎鑽龜龜不兆祖行之日雨輜至軫行之日幟折爲三散宜生曰此凶四不祥不可舉事太公進曰非子之所知也龜不兆聖人生天地之閒承衰亂而起龜者枯骨著者朽草不足以辨吉凶祖行之日雨輜至軫是洗濯甲兵也行之日幟折爲三此軍分爲三如此斬紂首之象

國語曰晉獻公卜伐驪戎史蘇占之曰勝不吉公曰何謂也遇兆挾以銜骨齒牙爲猾（遇見也挾會也骨所以鯁刺人猾弄也齒牙謂兆端左右折有似齒牙中有從畫故曰銜骨骨在口中齒牙弄之以象讒口之爲害也禮太卜掌龜大夫占色史占墨、）戎夏交捽（兆有二畫外象戎內象諸夏夏謂晉也兆端會齒牙交有似捽捽交對也）交捽是交勝也臣故云（言晉勝戎戎復勝晉）且懼有口（齒牙銜骨皆在口也）攜人國移心焉（攜離）公曰何口之有口在寡人寡人弗受誰敢與之對曰苟可以攜其入也必甘逞而不知故胡可壅也（期何逞快壅防也甘言入耳心以爲快而不知其惡何可止也）公不聽遂伐尅之（克勝）獲驪姬以歸有寵

立爲夫人
春秋後語曰二世夢白虎齧其左驂殺之心惡怪之卜云
涇水爲祟鬼物爲災曰祟音思醉切
又曰鄒忌與田忌不相善公孫閱謂鄒忌曰何不詐令人
操千金卜於市曰我田忌之人也吾三戰而三勝聲威天
下欲爲大事亦吉乎卜者出因令人捕爲卜者驗其辭於
王之所鄒忌從之田忌懼無以自白遂率其徒攻臨菑欲
殺鄒忌不勝而奔
說苑曰成王卜洛事曰昔有周成王之卜居成周也其命
龜曰予一人兼有天下辟就百姓敢無中土乎使予有罪
則四方伐之無難得也周公卜居曲阜其命龜曰作邑乎
山之陽賢則茂昌不賢則速亡季孫行父戒其子也曰吾
欲室之夾於兩社之間也使吾後世有不能事上者使其

替之益速如是則曰賢則茂昌不賢則速亡安有擇地而
封哉示有天固也
又曰孔子問漆雕馬人曰子事臧文仲武仲孺子容三大
夫者孰爲賢馬人對曰臧文氏家有龜焉名曰蔡文仲立
三年爲一兆焉武仲立三年爲二兆焉孺子容立三年爲
三兆焉馬人見之矣若夫三大夫之賢不賢馬人不識也
孔子曰君子哉漆雕氏之子其言人美也隱而顯其言人
之過也又微而著故智不能及明不能見得無數卜乎
楚辭卜居曰屈原既放三年不得復見竭智盡忠而蔽障
於讒心煩慮亂不知所從往見太卜鄭詹尹曰余有所疑
願因先生決之詹尹乃端策拂龜曰君何以教之原曰吾
寧悃悃款款朴以忠乎將送往勞來斯無窮乎寧誅鋤草
茅以力耕乎將遊大人以成名乎寧正言不諱以危身乎
將從俗富貴以偷生乎寧超然高舉以保眞乎將哫音足柴
栗斯喔咿嚅唲以事婦人乎寧廉潔正直以自清乎將突
梯滑稽如脂如韋以潔楹乎寧昂昂若千里之駒乎將泛
泛若水中之鳧隨波上下偷以全吾軀乎寧與騏驥抗軛
乎將隨駑馬之迹乎寧與黃鵠比翼乎將與雞鶩爭食乎
此孰吉孰凶何去何從世溷濁而不清蟬翼爲重千鈞爲
輕黃鍾毀弃瓦釜雷鳴讒人高張賢士無名吁嗟默默兮
誰知吾之廉貞詹尹乃釋策而謝曰夫尺有所短寸有所
長物有所不足知有所不明數有所不逮神有所不通用
君之心行君之意龜策誠不能知此事
司馬遷與任安書曰僕先人非有丹書剖符之功依倚卜
祝之間人主以排優遇之
白虎通曰乾草槁骨衆多獨以著龜何龜之言久也著之

言者也
尚書洪範五行傳曰此禽獸草木之久而能知吉凶也
蔡邕月令章句曰太卜官各以牲祠龜策塗以牲血謂之
釁者龜甲所以卜也著草所以筮也
三禮圖曰龜以春灼後左夏灼前左秋灼前右冬灼後右
楚焞他昆切以荊爲然以灼龜正以荊者凡木心皆圓而荊
心方是以用之
抱朴子曰卜者小數飾禍者謂知來之妙
異苑曰會稽餘姚錢祐以元嘉四年五月二日夜出屋後
爲虎所取十八日乃自還說虎初取之時至一官府入重
門見一人憑机而坐形貌偉壯左右侍者三十余人謂祐
曰吾欲使汝知術數之法故令虎迎汝無懼也留十五日
晝夜語諸要術盡敎道之方祐受法畢便遣令還而不知

道郎使人送出門仍見歸路既得還家大知卜占無幽不驗經年乃卒

又曰北海任詡字彥期從軍遠征十年乃歸臨還握粟出卜師云非屋莫宿非時莫沐詡結伴數十共行遇雷雨不可蒙冒相與庇於巖下想非屋莫宿之戒遂負擔榆沐於是巖崩壓伴死至家妻先與外人通謀共殺之請以濕髮爲認婦宵則勸詡令沐復憶非時莫沐之忌收髮而止婦心慙負詐乃自沐髮而同寢通者夜來不知婦也斬首而去

述異記曰宋車騎將軍南譙王劉義宣鎮荆州府吏蔡鐵（音犬）善卜能悉驗時有妙見精究如神公嘗在內齋見一白鼠緣屋命左右射之內置函中時侍者六人悉驅入齋後小小戶內別呼人召鐵鐵至使卜函中物謂曰中則厚賞

僻加重罰鐵卜兆成笑曰知之矣公曰何鐵曰兌色之鼠背明向戶彎弧射之絕其左股孕五子三雄二雌若謂不信剖腹立知公使剖鼠腹皆如鐵言卽賜錢一萬

蠡卜

春秋後語曰蘇秦事鬼谷子學終辭歸道乏困行以燕八蠡卜傳說自給（燕人用蠡卜秦託此以取資自給傳會事以爲詞說）各解臧獲之裘（臧獲役人解其衣裘以賞其怪說之言也）

虎卜

博物志虎知衝破又能畫地卜今人有畫物上下者推其奇偶謂虎卜

雞卜

史記曰越巫立越祀而以雞卜

鳥卜

隋書曰女國在葱嶺之南其國俗事阿脩羅神及樹神歲初以人祭或用獼猴祭畢入山祝之有一鳥如雌雉來集掌上破其腹而視之有粟則年豐沙石則有災謂之鳥卜開皇六年遣使朝貢其後遂絕

樗蒲卜

博物志曰老子入西戎造樗蒲樗蒲五木也或云胡人亦爲樗蒲卜後傳樗蒲陰善其功

十二棊卜

異苑曰十二棊卜出自張文成受法於黃石公行師用兵萬不失一逮至東方朔密以占衆事自此以後秘而不傳晉寧康初襄城寺法味道人忽見一老公着黃皮衣竹筒盛此書以授法味無何失所在遂復流於世

齊書曰江謐出爲鎮北長史東海太守未發憂甚乃以靈

棊經占卦云有客南來金椀玉杯上使御史太夫沈沖奏謐前後罪收付廷尉賜死果以金罌盛藥鴆之

竹卜

荆楚歲時記曰秋分以牲祠社其供帳盛於仲春之月社之餘胙悉貢饋鄉里周於族社餘之會其在茲乎此其會也擲教於社神以占來歲豐儉或折竹以卜

楚詞曰索瓊茅以筳篿（楚人折竹結草以卜謂爲篿也）

牛蹄卜

晉書曰夫餘國若有軍事殺牛祭天以其蹄占吉凶蹄解者爲凶合者爲吉

楊方五經鉤沉曰東夷之人以牛骨占事呈吉示凶無往不中牛非智之物骨者若此之效

太平御覽卷第七百二十六

太平御覽卷第七百二十七

方術部八

筮上

說文曰筭易卦用蓍也從竹𢍜𢍜古文也

周禮春官上曰筮人掌三易以辨九筮之名一曰連山二曰歸藏三曰周易九筮之名一曰巫更二曰巫咸三曰巫式四曰巫目五曰巫易六曰巫比七曰巫祠八曰巫參九曰巫環以辨吉凶鄭玄曰此九巫讀皆當爲筮字之誤也更謂筮遷都邑也凡國之事先筮而後卜

禮記典禮曰假爾大龜有常假爾太筮有常卜筮不過三求吉不過三也卜筮不相襲也卜不吉則又筮筮不吉則又卜是瀆龜筮卜筮者先聖之所以使民信時日敬鬼神畏法令決嫌疑定猶豫也

又表記曰天子無筮謂出征巡狩也天子至尊大事皆用卜春秋傳曰先王卜征伍年歲襲其祥也諸侯有守筮守筮守國之筮也有事則用天子道以筮諸侯非其國不以筮

左傳莊公曰初懿氏卜妻敬仲懿氏陳大夫也龜曰卜其妻占之曰吉是謂鳳皇于飛和鳴鏘鏘雄曰鳳雌曰皇雄雌相和而鳴鏘鏘然猶敬仲夫妻相隨適齊有聲譽有嬀之後將育于姜嬀陳姓也姜齊姓也五世其昌並爲正卿八世之後莫之與京京大也陳厲公蔡出也姊妹之子曰出也故蔡人殺五父而立之五父陳佗生敬仲其少也周內史有以周易見陳侯者周太史也陳侯使筮之遇觀之否曰是謂觀國之光利用賓于王此其代陳有國乎不在此其在異國乎非在其身在其子孫光遠而自他有耀者也坤土也巽風也乾天也風爲天於土上山也巽變爲乾故曰風爲天自二至四有艮象艮爲山也有山之材而照之以天光於是乎居土上故曰觀國之光利用賓于王庭實旅百奉之以玉帛天地之美具焉故曰利用賓于王艮爲門庭乾爲金玉坤爲布帛諸侯朝王陳贄幣之象也旅陳也百言物備也已矣猶有觀焉故曰其在後乎因觀文以博占故言猶有觀非在已之言故知在子孫也風行而著於土故曰其在異國乎若在異國必姜姓也姜太嶽之後也山嶽則配天物莫能兩大陳衰此其昌乎變而象艮故知當興於太嶽之後也得太嶽之權則有配天之大功故知陳必衰也

又閔公曰晉獻公以魏賜畢萬卜偃曰畢萬之後必大卜偃晉掌卜大夫也萬盈數也魏大名也以是始賞天啓之矣天子曰兆民諸侯曰萬民今名之大以從盈數其必有衆初畢萬筮仕於晉遇屯之比辛廖占之吉辛廖晉大夫也屯固比入吉孰大焉其必蕃昌震爲土車從馬足居之兄長之母覆之衆歸之六體不可易合而能固安而能殺此公侯之卦也公侯之子孫必復其始

又閔公曰成季之將生也桓公使卜楚丘之父卜之曰男也其名曰友在公之右在右言用事閒于兩社爲公室輔兩社同社亳社也兩社之間朝廷執政所在季氏亡則魯不昌又筮之遇大有之乾曰同復于父敬如君所及生有文在其手曰友遂以命之

又僖上曰秦伯伐晉卜徒父筮之吉涉河侯車敗詰之秦伯涉河則晉侯車敗則秦伯不解謂敗在己故詰之對曰乃大吉也三敗必獲晉君其卦遇蠱曰千乘三去三去之餘獲其雄狐夫蠱必其君也於周易卦利涉大川往有事也亦秦勝晉之卦也今此所言蓋卜筮書雜辭以狐蠱爲君其義欲以喻晉惠公其象未聞蠱之貞風也其悔山也內卦爲貞外卦爲悔歲云秋矣我落其實而取其材所以克也今歲已秋風吹落山木之實則爲人所取實落材亡不敗何待三敗及韓晉侯車三壞也

又曰初晉獻公筮嫁伯姬於秦遇歸妹之睽史蘇占之曰不吉其繇曰士封羊亦無血也女承筐亦無貺也周易歸妹上六

爻辭也衁血也既賜也刲羊士之功承筐女之職也離爲中女震爲長男故稱上女也西隣責言不可償也將嫁女於西而遇不吉之卦知有責讓之言不可報償也故歸妹之睽猶無相也歸妹女嫁之卦也睽乖離之象故曰無相相助也震之離亦離之震爲雷爲火爲嬴敗姬車說其輹火焚其旗不利行師敗于宗丘歸妹睽孤寇之張弧姪其從姑六年其逋逃歸其國而棄其家明年其死於高梁之虛及惠公之在秦曰先君若從史蘇之占吾不及此矣韓簡侍曰龜象也筮數也物生而後有象象而後有滋滋而後有數先君之敗德其可數乎史蘇是占勿從何益

又傳中曰狐偃言於晉侯曰求諸侯莫如勤王諸侯信之且大義也繼文之業而信宣於諸侯今爲可矣使卜偃卜之曰吉遇黃帝戰于阪泉之兆公曰吾不堪也對曰周禮未改今之王古之帝也公曰筮之遇大有之睽曰吉遇公

用享于天子之卦戰克而王饗吉孰大焉且是卦也天爲澤以當日天子降心以逆公不亦可乎大有去睽而復亦其所也

又成下曰晉楚將戰苗賁皇言於晉侯曰楚之良在其中軍王族而已請分良以擊其左右而三軍萃於王卒必大敗之公曰筮之史曰吉其卦遇復曰南國蹙射其元王中厥目復陽長之卦陽氣起子南行推陰故曰南國蹙也南國蹙勢則離受其咎離爲諸侯又爲目陽氣激南飛失之象故曰射其元國蹙王傷不敗何待公從之

又襄元曰穆姜薨于東宮太子宮也穆姜婚淫僑如欲廢成公徙從居東宮事在成十六年始往而筮之遇艮之八艮下艮上周禮大卜掌三易然則雜用連山歸藏周易也二易皆以八爲占故言遇艮之八也史曰是謂艮之隨震下兌上隨史疑占易遇八爲不利故更以周易占變爻得隨卦而論之隨其出也史謂隨非閉固之卦君必速出姜曰亡亡無也是於周易有曰隨元亨利貞无咎元善之長也亨嘉之會也利義之和也貞事之幹也體仁足以長人嘉會足以合禮利物足以和義貞固足以幹事然故不可誣也是以雖隨无咎今我婦人而與於亂固在下位婦人卑於丈夫而有不仁不可謂元不靖國家不可謂亨作而害身不可謂利棄位而姣姣淫別名之不可謂貞有四德者雖隨而无咎我皆无之豈隨也哉我則取惡能无咎乎必死於此弗得出矣

又襄四曰齊棠公之妻東郭偃之姊也棠公齊棠邑大夫可也偃臣崔武子棠公死偃御武子以弔焉見棠姜而美之使偃娶之爲己娶也偃曰男女辨姓今君出自丁成出自桓不可武子筮之遇困之太過史皆曰吉示陳文子曰夫從風坎爲中男故曰夫也變而爲巽故曰從風也風隕妻不可娶也風能隕落變隕落故不可也且其繇曰困于石據于蒺藜入于其宮不見其妻凶用六三爻辭也困于石往不濟也據于蒺藜所恃傷也入于其宮不見其妻凶

無所歸也崔子曰嫠也何害先夫當之矣寡婦曰嫠言棠公已當此凶也遂取之

又昭二曰初穆子之生也莊叔以周易筮之莊叔穆子父得臣也遇明夷之謙以示卜楚丘楚丘卜人姓名也楚丘曰是將行行出奔也而歸爲子祀奉祭祀也以讒人入其名曰牛卒以餒死明夷日也日之數十故有十時亦當十位自王已下其二爲公其三爲卿日上其中食日爲二旦日爲三明夷之謙明而未融其當旦乎故曰爲子祀日之謙當鳥故曰明夷于飛明而未融故曰垂其翼象日之動故曰君子于行當三在旦故曰三日不食離火也艮山也離爲火火焚山山敗於人爲言敗言爲讒故曰有攸往主人有言言必讒也純離爲牛世亂讒勝勝將適離山焚則離勝故曰其名曰牛謙不足飛不翔垂不峻翼不廣故曰其爲子後乎吾子亞卿也抑少不

終
又曰衛襄公嬖人婤姶上音周下音闔生子名之曰元孔成子以
周易筮之曰元尚享衛國主其社稷遇屯又曰余尚立縶
尚克嘉之遇屯之比以示史朝史朝曰元亨又何疑焉成
子曰非長之謂乎對曰康叔名之可謂長矣孟非人也將
不列於宗不可謂長且其繇曰利建侯嗣吉何建建非嗣
也二卦皆云子其建之康叔命之二卦告之筮襲於夢武
王所用也弗從何爲
又昭三日南蒯之將叛也枚筮之遇坤之比曰黄裳元吉
以爲大吉也示子服惠伯曰即欲有事何如惠伯曰吾嘗
學此矣忠信之事則可不然必敗外彊内温忠也和以率
貞信也故曰黄裳元吉黄中之色也裳下之飾也元善之
長也中不忠不得其色下不共不得其飾事不善不得其

極外内倡和爲忠率事以信爲共供養三德爲善非此三
者弗當且夫易不可以占險將何事也且可飾乎中美能
黄上美爲元下美則裳參成可筮猶有闕也筮雖吉未也
又哀下日衛侯夢于北宮見人登昆吾之觀被髮北面而
譟曰登此昆吾之虚緜緜生之瓜余爲渾良夫叫天無辜
公親筮之胥彌赦占之曰不害與之邑寘之而逃奔宋衛侯貞卜其
繇曰如魚竀音赬尾衡流而方羊裔焉大國滅之將亡闔門
塞竇乃自後踰
又曰巴人伐楚圍鄾初右司馬子國之卜也觀瞻曰如志
故命之及巴師至將卜帥王曰寧如志何卜焉使帥師而
行敗巴師于鄾故封子國於析君子曰惠王知志夏書曰
官占惟先蔽志昆命于元龜其是之謂乎志曰聖人不煩
卜筮惠王其有焉

又曰晉荀瑤伐齊將戰長武子請卜知伯曰君告于天子
而卜之以守龜於宗祧吉矣吾又何卜焉且齊人取我英
丘君命瑤非敢耀武也治英丘也以辭伐罪足矣何必卜
周易上繫辭曰大衍之數五十其用四十有九王弼曰演天地之數
所賴者五十也其用四十有九則其一不用而用以之通非數而數以之成斯易之大極也四十有九數之極也夫
無不可以無明必因於有故常於有物之極而必明其所由之宗也分而爲二以象兩掛一
以象三揲之以四以象四時歸奇於扐以象閏五歲再閏
故再扐而後掛奇凡四揲之餘不足復揲者也分而爲二既揲之餘合掛於一故曰再扐而後掛凡
閏十九年七閏爲一章五歲再閏者二故略舉其凡也天數五五奇也地數五五奇合爲二十
五五位相得而各有合天數二十有五地數三十五耦合爲三十
凡天地之數五十有五此所以成變化而行鬼神也變化以此
成鬼神以此行乾之策二百一十有六陽爻六一爻三十六策六爻二百一十六策坤
之策百四十有四陰爻六一爻二十四策六爻百四十四策凡三百有六十當

期之日二篇之策萬有一千五百二十當萬物之數也二篇
三百八十四爻陰陽各半合萬一千五百二十策是故四營而成易分而爲二以象兩一營也
掛一以象三二營也揲之以四三營也歸奇於扐四營也十有八變而成卦八卦而小
成引而伸之伸之六十四卦觸類而長之天下之能事畢矣顯道
顯明也神德行由神以成其用是故可與酬酢可與祐神矣可以應對萬物
之求助成神化之功也酬酢應對也
又曰蓍之德圓而神卦之德方以知神以知來知以藏往
探賾索隱鉤深致遠以定天下之吉凶成天下之亹亹者
莫大乎蓍龜
歸藏曰蓍末大於本爲上吉蒿末大於本次吉荆末大於
本次吉箭末大於本次吉竹末大於本次吉蓍一五神蒿
二四神荆三三神箭四二神竹五一神蓍五犯皆臧五筮
之神明皆聚焉

洪範五行傳曰若煩數瀆或不精嚴神不告也或觀卦察兆占不得也或龜不神蓍不靈此其所以過差聖人不得專用也龜筮共違于人神靈不祐也

漢書曰宣帝八月飲酎行祠孝昭廟先驅旄頭劒挺墮首拂泥中刃向乘輿車馬驚於是召梁丘賀筮之有兵謀不吉上還使有司行祠是時霍氏外孫代郡太守任宣坐謀反誅宣子章爲公車丞亡在渭城中夜玄服入廟居郎閒執戟立廟門待上至欲爲逆事發伏誅

後漢書曰許曼者汝南平輿人也祖父峻字季山善卜占之術多有顯驗時人方之前代京房自云少嘗篤病三年不愈乃謁太山請命（太山主人生死故請命也）行遇道士張巨君授以方術所著易林至今行於代曼少傳峻學桓帝時隴西太守馬緄始拜郡開綬笥有兩赤虵分南北走緄令曼筮之

卦成曼曰三歲之後君當爲邊將官有東名當東北行三千里復五年更爲大將軍南征延熹元年緄出爲遼東太守討鮮卑至五年復拜車騎將軍擊武陵蠻賊皆如占其餘多此類云

東觀漢記曰沛獻王輔善京氏易永平五年京師少雨上饗雲臺自作卦以周易林占之其繇曰蟻封穴戶大雨將至上以問輔輔上書曰蹇艮下坎上艮爲山坎爲水山出雲爲雨蟻穴居知雨將至故以蟻爲興

又曰孝順梁皇后永建三年春三月丙午選入掖庭相工通見之瞿然驚駭却再拜賀曰此所謂日角偃月相之極貴臣所未嘗見太史卜之兆得壽房又筮之得坤之比

又曰明德皇后嘗久病至卜者家爲卦問咎祟所在卜者卦定釋蓍仰天歎息卜者乃曰此女明年小疾必將貴遂爲帝妃不可言也

魏志曰管輅父爲利漕利漕民郭恩兄弟三人皆得躄疾不知何故使輅筮其所由輅曰卦中有君本墓中有女鬼非君伯母當叔母也昔飢荒之世當有利其數斗米者排著井中嘖嘖有聲推一大石下破其頭孤魂冤痛自訴於天於是恩涕泣服罪

又曰管輅往見安平太守王基基令作卦輅曰當有賤婦人生一男兒墮地便走入竈中死又牀上當有一大蛇銜筆小大共視須臾便去又烏來入室與鷰共鬬鷰死烏去有此三怪基大驚問其吉凶輅曰直官舍久遠魑魅魍魎爲怪耳兒生便走非能自走直宋無忌之妖將其入竈也大蛇銜筆直老書佐耳烏與鷰鬬直老鈴下耳今卦見其象而不見其凶非妖咎之徵自無所憂也後卒無患

又曰館陶令諸葛原遷新興太守管輅往祖餞賓客並會原自起取鷰卵蜂窠蜘蛛著於器中使射覆卦成輅曰第一物含氣須變依乎宇堂雄雌以形分翼翅舒張此鷰卵也第二物家室倒懸門戶衆多藏精育毒得秋乃化此蜂窠也第三物觳觫長足吐絲成羅尋網求食利在昏夜此蜘蛛也舉坐驚歎

又曰管輅舉秀才吏部尚書何晏請之曰聞君著爻神妙試爲作一卦知位當至三公不又問連夜夢青蠅數十頭來鼻上驅之不肯去有何意故輅曰夫飛鴞天下賤鳥及其在林食椹則懷我好音況輅心非草木不敢不盡忠昔元凱之弼重華宣慈惠和周公之翼成王坐而待旦故能流光六合萬國咸寧此乃履道之休應非卜筮之所明也今君侯位重山嶽勢若雷電而懷德者鮮畏威者衆殆非

小心翼翼多福之人又鼻者艮此天中之山臣松之案相書鼻爲天中鼻有山象故曰天中之山高而不危所以長守貴也今青蠅臭惡而集之爲位峻者顛輕豪者亡不可不思害盈之數盛衰之期是故山在地中曰謙雷在天上曰壯謙則裒多益寡壯則非禮不履未有損已而不光大行非而不傷敗願君侯上追文王六爻之旨下思尼父彖象之義然後三公可決青蠅可驅也

又管輅過魏郡太守鍾毓共論易義輅因言卜可知君生死之日毓使筮其生日月如言無蹉跌毓大愕曰君可畏人也命以付天不以付君遂不復問

又曰平原太守劉邠取印囊及山雞毛着器中使筮輅曰内方外圓五色成文含寶守信出則有章此印囊也高岳巖巖有鳥朱身羽翼玄黃鳴不失晨此山雞毛也

又曰清河令徐季龍使人行獵令管輅筮其所得輅曰當獲其小獸復非食禽雖有爪牙微而不彊雖有文章蔚而不明非虎非雉其名曰狸獵人暮歸果如輅言

又曰鄧艾當伐蜀夢坐山上而有流水以問殄虜護軍表紹紹曰易卦山上有水曰蹇蹇繇曰蹇利西南不利東北孔子曰蹇利西南往有功也不利東北其道窮也往必尅蜀殆不還乎艾憮然不樂

吳志曰虞翻字仲翔會稽人嘗與孔融書示以所著易注融荅書曰聞延陵之理樂覩吾子之理易乃知東南之美者非徒會稽之竹箭也可謂探賾窮通矣關羽既敗權使筮遇節之臨翻曰不出二日必當斷頭果如其言權曰卿不及伏羲可與東方朔爲比矣

又曰陸抗之克步闡孫晧意張乃使尚廣筮并天下遇同人之頤對曰吉庚子歲青蓋當入洛陽故晧不脩其政而常有窺上國之志

王隱晉書曰淳于智字叔平濟北人也性沉深有思義少爲諸生善易高平劉柔夜臥鼠齧其左手中指意甚惡之以問智智爲筮之曰鼠本欲殺君而不能當相爲使之反死乃以朱書其手腕横文後二寸爲田字辟方一寸二分使夜露手臥以其明有大鼠伏死手前譙國夏侯藻母病因五鼓中出詣智卜有一狐當門向之嗥喚藻愁愕遂馳詣智智曰其禍甚急君速歸在狐嗥處拊心啼哭令家人驚怪大小畢出一人不出啼哭勿休然後其禍僅可救也藻如之母亦扶病而出啼家人既集堂屋五間拉然暴崩護軍張劭母病篤智筮之使西出市外猴繫母臂令傍人捶拍恒使作聲三日三夜放去劭從之其猴出門即爲犬

所咋死母於此漸差

又曰上黨鮑瑗家多喪病貧苦或謂之曰淳于叔平神人也君何不試就卜知禍所在瑗性質直不信卜筮曰人生有命豈卜筮所移會智適來應思遠謂之曰君有通靈之思而但爲貴人用此君寒士貧苦多屯蹇可爲一卦智乃令瞻作卦卦成謂瑗曰爲君安宅者女子耶瑗曰是也此人安宅失宜既害其身又令君不利君舍東北有大桑樹君徑至市入門數十步當有一人持新馬鞭者便就請買還以懸此桑樹三年當暴得財也瑗承其言詣市果得馬鞭懸之正三年浚井得錢十萬銅鐵雜器復可二十餘萬於是家業用展病者亦愈搜神記同

又曰韓友字光景廬江舒人也善卜占行京費厭勝之術龍舒長鄧子林婦病積年垂死醫巫皆息友爲筮之使晝

作野猪象着卧處屏風上一宿覺佳於是遂差舒縣廷掾王睦病卒已復魄友爲卜之令以丹畫板作日月置床頭及卧虎皮馬鄣泥登時大愈劉世則女病鬼魅積年巫爲祈禱伐空冢故城閒得鼉數十猶不差友筮之令作布囊女發時張囊着窻牖閒友閉戸作氣若有所驅逐斯須之閒囊大脹如吹𤎅棐因便敗女仍大發友乃便作皮囊二枚沓張之施如前囊復脹滿因急縛囊口懸着樹閒二十許日漸消下開視有一二斤毛狀如狐毛女遂大差

太平御覽卷第七百二十七

太平御覽卷第七百二十八

方術部九

筮下

晉書曰嚴卿會稽人也善卜筮鄉人魏序欲暫東行荒年多抄盜令卿筮之卿筮曰君慎不可東行必遭暴害之氣而非劫也序之不信卿曰既必不信宜有以禳之可索西郭外獨母家白雄狗繫着船前求索正得駮狗無白卿曰駮者亦足然猶恨其色不純當餘小毒正及六畜輩耳無所復憂序行半路狗忽作聲甚急有如人打之者比視已死吐黑血斗餘其夕序墅上白鵝數頭無故自死而序家無恙

又曰郭璞既過江宣城太守殷祐引爲參軍時有物大如水牛灰色卑腳腳類象胷前尾上皆白大力而遲鈍來到

城下衆咸異焉祐使人伏而取之令璞作卦遇遯之蠱其卦曰艮體連乾其物壯巨山潛之畜匪兕匪虎身與鬼并精見二午法當爲禽兩靈不許遂被一創還其本墅按卦是爲驢鼠卜適了伏者以戟刺之深尺餘遂去不復見巫云廟神不悅曰此是邺亭驢山君鼠使詣荊山暫來過我不須觸之其精妙如此

又曰王導深重郭璞引參己軍事導令作掛璞言公有震厄可命駕西出數十里得一柏樹截斷如身長置常寢處災當可消矣導從其言數日果震柏木粉碎時元帝初鎮建鄴導令璞筮之遇咸之井璞曰東北郡縣有武名者當出鐸以著受命之符西南郡縣有陽名者井當沸其後晉陵武進縣人於田中得銅鐸五枚歷陽縣中井沸經日乃止及帝爲晉王又使璞筮遇豫之睽璞曰會稽當出鐘以告成功上有勒銘應在人家井泥中得之繇辭所謂先王以作樂崇德殷薦之上帝者也及帝即位太興初會稽剡縣人果於井中得一鍾長七尺二分口徑四寸半上有古文奇書十八字云會稽嶽命餘字時人莫識之

又曰王敦之謀逆也溫嶠庾亮使郭璞筮之璞對不決嶠亮復令占己之吉凶璞曰元吉嶠等退相謂曰璞對不了是不敢言或天奪敦魄令吾等與國家共舉大事而璞云元吉是爲舉事必有成也於是勸帝討敦初璞每言殺我者山宗至是果有姓崇者構璞於敦敦將舉兵又使璞筮璞曰無成敦因疑璞之勸嶠亮又聞卦凶乃問璞曰卿更筮吾壽幾何荅曰思向卦明公起事必禍不久若往武昌壽不可測敦大怒曰卿壽幾何曰命盡今日中敦怒收璞詣南崗而斬之璞臨出謂行刑者欲何之曰南崗頭璞曰

必在雙柏樹下既至果然復云此樹應有大鵲巢衆索云不見璞更令尋覓果於枝間得一大巢密葉蔽之

又曰庾翼幼時嘗令璞筮公家及身卦成曰立始之末丘山傾長順之初子衡零及康帝即位將改元爲建元或謂庾冰曰子忘郭生之言邪立始建元也丘山上名此號不宜用冰撫心歎恨帝崩何充改元爲永和庾翼歎曰天道精微乃當如是長順者永和也吾庸得免乎其年翼卒冰又令筮其後嗣卦成曰卿諸子並當貴盛然有白龍者凶徵至矣若墓碑生金庾氏之大忌也後冰子蘊爲廣州刺史妾房內忽有一新生白狗子莫知所由來其妾秘愛之不令蘊知狗轉長大蘊入見狗眉眼分明又身至長又弱異於常狗蘊甚怪之將出共視在衆人前忽失所在蘊慨然曰殆白龍乎庾氏之禍至矣又墓碑生金俄而爲桓溫

所滅終如其言矣之占驗皆此類也撰前後筮驗六十餘事名爲洞林又抄京費諸家要最更撰新林十篇卜韻十篇

載記曰秦苻融爲司隸校尉京兆人董豐遊三年而返過宿妻家是夜妻爲賊所殺兄疑豐殺之送豐有司不堪楚掠誣引殺妻融察而疑之問曰汝行往還頗有怪異及卜筮以不豐曰初將發夜夢乘馬南渡水返而北渡復自北而南馬停水中鞭策不去俯而視之見兩日在于水下左白而濕右黑而燥寤而心悸以爲不祥還之夕復夢如初問筮者筮者云憂獄訟遠三枕避三沐既至妻爲具沐夜授豐枕豐記筮者之言皆不從之乃自沐枕枕而寢融曰吾知之矣周易坎爲馬爲離三爻同變而成離離爲中女坎爲中男兩日二夫之象坎爲執法吏吏詰其夫婦人被

流血而死坎二陰一陽離三陽一陰相承易位離下坎上既濟文王遇之囚羑里有禮而生無禮而死馬左而濕水也左水右馬馮字也兩日昌字也其馮昌殺之乎於是推驗獲昌詰之具首服曰本與妻謀殺董豐期以沐新枕爲驗是以誤中婦人

宋書曰劉休善筮因尚書令吳喜事明帝遂見親賞長直殿內後宮孕者帝使筮其男女無不如占

齊書曰賀瑒伯祖道養工卜筮經遇工歌女人病死爲筮之曰此非死也天帝召之歌耳乃以土塊加其心上俄頃而蘇

南史曰梁大同中同泰寺災帝召太史令虞履筮之遇坤之履曰無害其繇曰西南得朋東北喪朋安貞吉文言曰東北喪朋乃終有慶帝曰斯魔也酉應見卯金來尅木卯爲陰賊鬼而帶賊非魔孰爲致之酉爲口舌當就說言乎災故知善言乎宜前爲法事於是人人贊善其不從風

梁書曰鄧元起初爲益州刺史及巴東聞蜀亂使蔣光濟筮之遇蹇喟然歎曰吾豈鄧艾而及此乎後果如筮

又阮孝緒傳曰孝緒見善筮者張有道曰見子隱迹而心難明自非考之龜著無以驗也及布卦既揲五爻曰此將爲應感之法非嘉遁之兆孝緒曰安知後爻不爲上九果成遁卦有道歎曰此所謂肥遁無不利象實應德心迹并也孝緒曰雖獲遁卦而上九爻不發升遐之道便當高謝

又曰阮孝緒自筮卦曰吾壽與劉著作同年及劉著卒孝緒曰劉侯逝矣吾其幾何其年十月卒

後魏書曰任城王澄高祖外示南討意在謀遷齋於明堂左个詔太常卿王諶親令龜易筮南伐之事其兆遇革高

祖曰此是湯武革順之卦也羣臣莫敢言澄曰革者更也將欲應天順人革君臣之命湯武得之爲吉陛下帝有天下重光累葉今日卜征乃可伐叛不得云革命此非君人卦未可爲吉也高祖厲聲曰此象云大人虎變何云不吉也澄曰陛下龍興既久不宜方同虎變高祖勃然作色曰社稷我社稷任城而欲沮衆也澄曰社稷誠知陛下之社稷然臣是社稷之臣也務參顧問敢盡愚衷高祖久之乃解曰各言其志亦復何傷車駕還宮便召澄未及昇階遥謂曰向者之革今更欲論之明堂之忿懼衆人競言沮我計故厲色怖文武耳想解朕意也

又曰鄧淵博覽經書長於易筮太祖定中原擢爲吏部郎

又曰許彥少孤貧好讀書後從沙門法叡受易世祖被徵以卜筮頻驗遂在左右參與謀議

北史曰後魏樂平王丕坐事以憂斃及日者董道秀之死
也高允遂著筮論曰昔明元末起白臺其高二十餘丈樂
平王嘗夢登其上四望無所見王以問日者董道秀筮之
曰大吉王默而有喜色後事發王遂憂死而道秀棄市道
秀善推六爻以對王曰易稱亢龍有悔窮高曰亢高而無
人不爲善也夫如是則可上寧於王下保於己福祿方至
豈有禍哉今舍於本而從其末咎釁之至不亦宜乎
三國典略曰西魏孝武帝字孝則孝文皇帝之孫也性沉
厚少言體有鱗文初封汝陽公夢人謂己曰汝當大貴得
二十五年將卽位使吳遵世筮之遇明夷之賁曰初登于
天後入于地帝曰何謂也遵曰初登于天當作天子也後
入于地不得久也
又曰淸河王岳神武從父弟也初家于洛邑神武奉使入

洛常止岳舍母山氏嘗夜起見神武室中有光竊而無火
移於東屋其光復存以爲恠也詣卜者筮之遇乾之大有
占曰吉易稱飛龍在天大人造也飛龍九五大人之卦當
大貴主人蒙其福神武起兵於信都山氏聞之大喜謂岳
曰赤光之瑞今當驗矣可間從之共圖大計岳至信都神
武以爲散騎常侍封山氏爲郡君授女侍中入侍皇后
又曰齊趙輔和明易善筮後宮誕男女時日筮無不中有
人父疾輔和筮之遇乾之晉告之以吉退而謂人曰乾爲
天天變爲鬼而昇於天能無死乎果如其言
又曰齊許遵高陽新城人也明易善筮兼曉天文齊神武
引爲館客自言祿命不富貴終必横死是以任情疎誕多
所犯忤時齊主無道旣甚遵語人曰多折筭求吾筮此狂
夫何時當死於是布筭滿床大言曰不出冬我乃不見

又後周書曰梁孝元凡諸伎術無所不該南平嗣王恪嘗
以銅合盛金玉虎珀指環請孝元射覆卦遇姤之履林曰
上旣爲天其體則圓指環之象金玉在焉寅爻帶牛寅則
爲虎琥珀生光在合中央合中之物凡有三種案卦而談
或輕或重恪於是神服又以壬申日寅時筮南軍何時有
信遇剝之艮孝元曰使還已在門外遣人往看果如所說
賓客驚其妙而問之孝元曰艮爲門時在寅與日辰幷故
知之耳凡所占決萬不失一及我軍之伐援著爲卦取龜
式驗之因抵於地曰吾若死此下豈非命乎
隋書曰楊伯醜馮翊武鄉人也好讀易隱於華山開皇初
被徵入朝見公卿不爲禮無貴賤皆汝之人不能測也高
祖召與語意無所答上賜之衣服至朝堂捨之而去於是
被髮陽狂遊行市里形體垢穢未嘗櫛沐時有張永樂者

賣卜京師伯醜每從之遊永樂爲卦有不能決者伯醜輒
爲分折爻象尋幽入微永樂嗟服自以爲非及也伯醜亦
開肆賣卜有人嘗失子就伯醜筮者卦成伯醜曰汝子在
懷遠坊南門道東北壁上有靑裙女子抱之可往取也如
言果得或有金數兩夫妻共藏之於後失金其夫意妻有
異志將逐之其妻稱寃以詣伯醜伯醜爲筮之曰金在矣
悉呼其家人指一人曰可取金來其人赧然應聲而取之
道士韋知常詣伯醜問吉凶伯醜曰汝勿東北行必不得
已當早還不然者楊素斬汝頭未幾上令知常事漢王諒
俄而上崩諒舉兵反知常逃歸京師知常先與楊素有隙
及素平幷州先訪知常將斬之賴此獲免又有失馬來詣
伯醜卜者將伯醜爲皇[illegible]子所召在塗遇之立爲作卦卦
成曰我不遑爲卿占之卿且向西市東壁門南第三店爲

我買魚作膾當得馬矣其人如此言須臾有一人牽所失馬而至遂擒之崖州嘗獻徑寸珠其使者陰易之上疑焉召伯醜筮曰有物出自水中質圓而色光是大珠也今爲人所隱具隱者姓名容狀上如言簿責之果得本珠上奇之賜帛二十疋

唐書曰太宗皇后長孫氏隋大業中歸寧於永興里后舅高士廉有姬張氏於后所宿舍側見一大馬二丈餘鞍勒備具士廉筮之遇坤彖曰至哉坤元萬物資生乃順承天坤厚載物德合無疆象曰牝馬地類行地無疆也泰彖曰内陽而外陰内健而外順則是天地交而萬物通也象曰后以輔相天地之宜而左右人也卜人曰龍乾之象也馬坤之象也變而爲泰天地交也繇協於歸妹婦人兆也案王弼云婦人謂嫁曰歸女處尊位履中居順也此女當大貴也其可盡言乎士廉志之而心獨喜親戚知者咸敬異焉

又曰衛大經篤學善易口無二言則天降詔徵之辭疾不起嘗預筮死日先鑿墓自爲誌文如筮而終

又曰玄宗之爲潞州別駕將入朝有軍人韓凝禮自謂知五兆上因以食箸試之既布卦一箸無故自起凡三偃三起觀者以爲大吉徵既而誅韋氏定天保因此行也凝禮起家五品

家語曰孔子嘗自筮而卦得賁愀然有不樂之狀子張進曰師聞卜者得賁是吉卦也而夫子之色不平何也孔子曰以其離也在周易山下有火謂之賁非正色之卦也夫質也白宜正白黑宜正黑今而以賁非吉兆也吾聞丹漆不文白玉不雕何者質之有餘質有餘者不受飾故也說苑同

古史考曰庖羲作卦始有筮

衛波傳曰孔子使子貢往外而未來謂弟子占之遇鼎皆言無下足不來顏子掩口而笑曰無足者乘舟而來賜至矣清朝也子貢果朝至

國語曰晉公子在秦筮之曰尚有晉國得貞屯悔豫皆八也（内曰貞外曰悔震下坎上屯坤下震上豫得此兩卦震在屯爲貞在豫爲悔八謂震兩陰爻在悔皆不動故曰皆八諸爻無爲也）筮史占之皆曰不吉閉而不通爻無爲也司空季子曰吉是在周易皆利建侯不有晉國以輔王室安能建侯我命筮曰尚有晉國筮告曰利建侯得國之務也吉孰大焉是二者得國之卦也（二者屯豫）

又曰惠公卒秦伯納公子董因逆公於河公問焉曰吾其濟乎對曰歲在大梁集天行元年始受實沉之星也實沉

之虛晉人是居所以興也今君當之無不濟矣君之行也歲在大火大火閼伯之星也是謂大辰臣筮之得泰之八（乾下坤上泰遇泰無動爻筮爲侯也泰三至五震爲陰爻不動其數皆八故得泰之八與貞屯悔豫皆八義同）曰是謂天地配亨小往大來今及之矣何不濟之有且以辰出而以參入皆晉祥也濟且秉成必伯諸侯（秉執）子孫賴之君無懼矣

又曰晉孫談之子適周事單襄公襄公有疾召頃公而告之曰吾聞晉之筮之也遇乾之否曰配而不終君三出焉一既往矣後之不知其次必此且吾聞之成公之生也其母夢神規其臀以黑曰使有晉國（規畫臀尻）三世而畀驩之孫故名之曰黑臀於今再矣襄公曰驩此其孫也（此周子者晉襄公之孫也）而令德孝恭非此其誰且其夢曰必驩之孫實有晉國其卦曰必三取君於周其德又可以君國三襲焉（襲合也三合德）

夢卦也吾聞之泰誓曰朕夢協于朕卜襲于休祥戎商必尅
以三合襲晉仍無道而鮮冑其將失之矣早善晉子其當
之晉子周子頃公許諾及厲公之亂召周子而立之是爲悼公
亂謂殺之
智瓊傳曰弦超爲神女所降論者以爲神仙或以爲鬼魅
不可得正也著作郎干寶以周易筮之遇頤之益以示同
寮郎郭璞曰頤貞吉正以養身雷動山下氣性唯新變而
之益延壽永年乘龍銜風乃升于天此仙人之卦也
搜神記曰橋玄字公祖梁國人也初爲司徒長史五月末
夜臥見東壁正白如門呼左右左右莫見因起自往手捫
摸之壁如故還牀又見心大恐其旦應劭往候之玄告劭
曰鄉人有童彥興者許季山外孫也其探頤索隱窮神知
化然天性褊狹羞於卜筮者玄聞往請之公祖虛禮盛饌

下席行觴彥興辭公祖讓再三爾乃應之曰府君怍見白
光如門明者然不爲害也六月上旬雞鳴時聞南家哭即
吉到秋節遷北行郡以金爲名位至將軍三公到六月九
日太尉楊秉薨七月拜鉅鹿太守鉅邊有金焉復爲度遼
將軍遂登三事
續搜神記曰郭璞每自爲卦知其凶終嘗行建康柵塘逢
一趨走少年便牽任脫絲布袍與之此人乃受及當死果
此人行刑傍人皆爲求屬璞曰我託之久矣此人爲之歔
欷哽咽
又曰郗超年二十餘得重病盧江杜不愆始學易卜屢有
驗超令試筮之卦成不愆曰案卦言之卿所苦尋除然宜
於東北三十里上宮姓家索其先養雄雞籠而絆之置東
簷下却後九日辰加午必當有野雌雉飛來與交合既畢
雙飛去若如此不出二十日病都除又是休應年將八十
位極人臣若但雌逝雄留者病一周方差年半八十名位
亦失超依其言索雉果得至期日超卧南軒下觀之至日
晏果有雌雉飛入籠與雄交而去雄雉不動超歎息曰雖
管郭之奇何以尚此超病弥年乃起至四十卒於中書郎
錄異傳曰隗炤者汝陰鴻壽亭人也善於易臨死書板授
其妻曰吾亡後當大荒窮雖尔慎莫賣宅也却後五年春
當有詔使來頓此亭姓龔此人負吾金卿以此板往責之
勿違吾言訖而卒後果大困乏欲賣宅憶夫言輒止期
日有龔使者至亭妻遂賫板往使者執板惘然不知所以
乃言曰我生不蹤此何緣尔耶妻曰夫臨亡手書板見命
如此不敢妄也使者沉吟良久而寤謂曰賢夫何善妻曰
亡夫善於易而未曾爲人卜也使者曰噫可知矣乃命取

蓍筮之卦成撫掌而歎曰妙哉隗生含明隱迹可謂鏡窮
達而洞吉凶者也於是告炤妻曰吾不可相負金也賢夫
自有金耳知亡後蹔窮故藏金以待泰平所以不告婦兒
者恐金盡而困無巳也知吾善易故書板以寄意耳金有
五百斤盛以青甖覆以銅柈埋在堂屋東頭去壁一丈入
地九尺妻還掘之皆如其言
金樓子自敘云初至荆州卜雨聊附見首末孟秋之月亢
陽日久月旦雖雨俄尒便晴有人云諺曰雨月額千里赤
蓋旱之徵也吾乃端策拂蓍遇動不動既而言曰庚子爻
爲世於金七月建申申子辰又三五合必在此月五日庚
子果值甘雨余又以十七日筮何時雲卷金魍日耀合璧
紅塵晴陌丹霞映峙謂亢陽之勢未霔膏澤筮遇坎之比
於是斂蓍而歎曰坎者水也子爻爲世其在金今夜三更

平地上有水稱之爲比其方有甘雨乎欣然有自得之志
又曰桃文烈善龜卜謂余曰此二十一日將雨其在虞淵之時余乃筮之遇謙之小過既言曰坤艮二象俱在土宮非直無雨乃應開霽俄而星如玉李月上金波霧生猶轂河垂似帶余乃欣然
異苑曰潁川庾嘉德善於蓍蔡之事有一人失婢庾卦云君可出東陵口伺候有姓曹乘車者無問識否但就其載得與不得殆一理也旦出郭果有曹郎上墓還便升車曹大駭呼牛驚奔入草刺一死屍下視乃其婢也
博物志曰龜三千歲遊於卷耳之上蓍千歲而三百莖同本以老故知吉凶
又曰筮必沐浴齋潔燒香每朔望浴著必五浴之浴龜亦然

鬼谷子曰夫決情定疑萬事之基以正亂治天決誠爲難者也先生乃用著龜以助自決也

太平御覽卷第七百二十八

太平御覽卷第七百二十九

方術部十

相上

左傳文上曰王使內史叔服來會葬公孫敖聞其能相人也見其二子焉叔服曰穀也食子難也收子(穀文伯難惠叔也食子奉祭祀供養者也收子葬子身也)穀也豐下必有後於魯國(豐下蓋方面也)

又曰初楚子將以商臣爲太子訪諸令尹子上子上曰君之齒未也而又多愛黜乃亂也楚國之舉恒在少者且是人也蜂目而豺聲忍人也不可立也弗聽

又宣上曰楚司馬子良生子越椒子文曰必殺之是子也熊虎之狀而豺狼之聲不殺必滅若敖氏矣諺曰狼子野心是乃狼也其可畜乎子良不可子文以爲大慼及將死聚其族曰椒也知政乃速行矣無及於難且泣曰鬼猶求

食若敖氏之鬼不其餒而

周書曰師曠見太子晉曰汝聲淸淨汝色赤火色不壽王子曰後三年上賓於帝汝愼毋言殃將及汝師曠歸未及三年告死者至

史記曰秦王見尉繚亢禮衣服食飲與繚同繚曰秦王爲人蜂準(徐廣曰蜂一作隆)長目鷙喙鳥膺豺聲少恩而虎狼心居約易出人下得志亦輕食人我布衣也然見我常身自下我誠使秦王得志於天下天下皆爲虜矣不可與久遊乃亡去王覺固止之以爲秦國尉

又曰呂公曰臣少好相人相人多矣無如季相願季自愛臣有息女願爲箕帚妾呂公女乃呂后也(季漢高祖字也)

又曰呂后與兩子居田中耨有一老父過請飲呂后因餔之老父相后曰夫人天下貴人令相兩子見孝惠曰夫人所以貴乃由此男相魯元亦皆貴

又曰薄姬母媼之許負相薄姬當生天子薄姬少時與管夫人趙子兒相約曰先貴無相忘而管趙先幸漢王漢王坐河南城皐臺兩美人相與笑薄姬初約漢王問其故以實告漢王心憐薄姬召一幸生代王(即文帝也)

又曰姑布子卿見趙簡子簡子徧召其子使相之子卿曰無爲將軍者簡子曰趙氏其滅乎子卿曰吾嘗見一子於路殆君之子也簡子召子毋恤毋恤至則子卿起曰此眞將軍矣簡子曰其母賤翟婢也奚道貴哉子卿曰天所授也雖賤必貴自是之後簡子盡召諸子與語毋恤最賢簡子乃告諸子曰吾藏寶符於常山之上先得者賞諸子馳之恒山求無所得毋恤還曰已得符矣簡子曰奏之毋恤曰從常山臨代代可取也簡子於是知毋恤果賢乃廢太

子伯魯而以毋恤爲太子

又曰平原君對趙王曰澠池之會臣察武安君之爲人小頭銳上瞳子白黑分明眂瞻不轉小頭銳上斷敢行也瞳子白黑分明者見事明也眂瞻不轉者執志彊也(眂讀如視古文通用)可與持久難與爭鋒廉頗爲人勇鷙而愛士知難而忍恥與之野戰則恐不如守足以當之王從其計

又曰蔡澤者燕人也遊學干諸侯大小甚衆而不遇因從唐舉相曰聞子相李兌百日之內持國秉政有之乎曰有之曰若臣者如何唐舉熟視而笑曰先生曷鼻(曷鼻如謂蝎蟲也)巨肩(巨肩謂頂低而肩豎)魋顏蹙齃(謂蹙鼻於眉)膝攣(兩腳曲也)吾聞聖人不相殆先生乎蔡澤知唐舉戲之乃曰富貴吾所自有吾所不知者壽也願聞之舉曰先生之壽從今已往四十三歲矣蔡澤笑謝而去謂其御者曰吾持粱齧肥躍馬疾驅懷

黃金之印結紫綬於腰揖讓人主之前肉食富貴四十三歲亦足矣

又曰英布少時遇相者曰當黥而王後布被刑欣然果爲王

又曰上使善相者相鄧通曰當貧餓死文帝曰能富通者在我於是賜通蜀嚴銅山得自鑄錢景帝立有告通盜出徼鑄錢下吏驗問頗有遂竟案盡没其家一簪不得着身遂寄死人家

又曰條侯周亞夫爲河內太守時許負相之曰君三歲而侯侯八歲爲將相貴重於人臣無兩其後九歲而餓死負指其口有從理入口此餓死法也

又曰韋賢爲吏至大鴻臚有工相之至丞相有男四人使相之至第二子玄成相工曰此子貴當封侯韋爲丞相

又曰衛青爲侯家人少時歸其父使牧牛母子皆奴畜之不以爲兄弟數青嘗從上至甘泉居室有一鉗徒相青曰貴人也官至封侯青笑曰人之奴得無笞駡即足矣安得封侯

漢書曰上立劉濞於沛爲吳王王郡五十三城已拜受印高帝召濞相之曰若狀有反相因拊其背曰漢後五十年東南有亂者豈汝耶然天下同姓一家愼無反濞頓首曰不敢

又曰李陵爲匈奴所圍上欲陵戰死召陵毋及婦使相者視之無死喪色後聞降上甚怒

又曰翟方進字子威汝南上蔡人家世微賤方進年十二三失父孤學給事大守府爲小吏號遲鈍不及事數爲掾史所詈辱方進自傷乃從汝南蔡父相問已能所宜蔡父大奇其形皃謂曰小吏有封侯骨當以經術進方進聞蔡父言心喜因病歸家辭其後母欲西至京師受經後母憐其幼隨之長安織履以給方進

又曰黃霸與善相者共載出見一婦人相者言此婦人當貴不然相書不可用矣霸推問之乃其鄉里巫家女也霸即娶爲妻與之終身後爲丞相

後漢書曰世祖以朱祐爲護軍常見親幸舍止於中祐侍讌從容曰長安亂公有日角之相此天命也

又曰龍淵善相劉宏造淵淵聞宏聲乃起迎曰公當極位也宏曰家貧負債何得貴乎淵曰公相然也張濟就淵相淵曰事劉宏可至三公濟事宏宏後爲解犢侯既去南陽桓帝崩迎解犢侯爲天子是爲靈帝濟爲司空也

又曰明德馬皇后伏波將軍援女其母嘗使善相者看后

曰此女必將大貴遂爲帝王妃然而少子養他子得力乃當踰於所生耳

又曰章德竇皇后扶風平陵人大司徒融之曾孫也父勳尚東海恭王彊女沘陽公主后其長女也家既廢壞數呼相工問息耗（薛氏韓詩章句曰耗惡也息耗猶言善惡也）見后者皆言當大尊貴非臣妾容貌

又曰和熹鄧后傳曰幼時嘗有相者蘇大見后大驚曰此成湯之骨法也貴不可言家人竊喜而不敢宣

又曰漢法常因八月筭人（漢儀注曰八月初爲筭賦故曰筭人）遣中大夫與掖庭丞及相工於洛陽鄉中閱視良家童女十三以上二十已下姿色端麗合法相者載還後宮擇視可否乃用登御所以愼𡟪納詳求淑哲

東觀漢記曰班超行詣相者相者曰祭酒布衣諸生耳而

當封侯萬里之外超問其狀相者指曰生燕頷虎頸飛而食肉此萬里侯相也

又曰李固字子堅漢中南鄭人也司徒郃之子固貌狀有奇表鼎角匿犀足履龜文少好學常步行隨師不遠千里

魏志曰管輅族兄李國居在斥丘輅往從之與二客會客去後輅謂國曰此二人天廷及耳口之間同有凶氣異變俱起雙魂無宅（輅別傳曰厚味腊毒天精幽夕坎爲棺槨兌爲喪車）流魂于海骨歸于家少許時當並死後十數日二人飲酒醉夜共載車牛渴下道入漳河中皆即溺死矣

又曰鍾繇嘗與族父瑜俱至洛陽道遇相者曰此童有貴相然當厄於水努力慎之行未十里度橋馬驚墮水幾死瑜以相者言中益貴繇是供給資費使得專學舉孝廉

又曰朱建平沛國人善相術潁川荀脩鍾繇相與親善脩

先亡子幼繇經紀其門戶欲嫁其女與人書曰吾與公達曾共使朱建平相建平曰荀君雖少然當以後事付鍾君吾時嘲之曰唯當嫁卿阿騖耳何意此子竟早殞歿戲言遂驗乎今欲嫁阿騖使得善處焉追思建平之妙雖唐舉許負何以復加耶

又曰文帝爲五官將坐上會客三十餘人文帝問朱建平已年壽又命徧相衆賓建平曰將軍當壽八十至四十時當小有厄願謹護之謂夏侯威曰君四十九位爲州牧而當有厄厄若得過可年至七十致位公輔謂應璩曰君六十二位爲常伯而當有厄先此一年獨見白狗而旁人不見也謂曹彪曰君據藩國至五十七當厄於兵宜善防之後文帝黃初七年年四十病困左右曰建平所言八十謂晝夜也吾其決矣頃之果崩夏侯威爲兗州刺史年四十九十二月上旬得疾念建平之言自分必死至三十日夜半卒應璩六十一爲侍中直省內欻見白狗問之衆人悉無見者於是數聚會并急遊田里飲宴自娛過期一年而卒曹彪封王五十七坐與王陵通謀賜死凡說此輩無不如言

魏書曰文帝甄皇后漢光和五年十二月丁酉生每寢寐家中髣髴見如人持玉衣覆其上常共怪之後相者劉良相后及諸姉指后曰此貴乃不可言

蜀志曰先主穆皇后陳留人也兄吳壹少孤壹父素與劉焉有舊焉有異志聞善相者相后當大貴遂爲子瑁納后瑁死后寡居先主旣定益州而孫夫人還吳羣下勸先主娉后先主疑與瑁同族法正進曰論其親疎何與晉文之於子圉乎於是納后爲夫人

又曰張裕曉相術每舉鏡視面自知刑死未嘗不撲之于地也

又曰鄧芝字伯苗義陽新野人也漢末入蜀郊益州從事張裕善相芝往從之裕謂曰君年過七十位至大將軍封侯

吳志曰漢以孫策遠脩職貢遣使者劉琬加錫命琬語人曰吾觀孫氏兄弟才秀明達然皆祿祚不終唯中弟孝廉形貌奇偉骨體不恒有大貴之表年又最壽爾其識之

晉書裴秀傳曰文帝未定嗣而屬意舞陽侯攸武帝懼不得立問秀曰人有相否因以奇表示之秀後言於文帝曰中撫軍人望旣茂文表如此固非人臣之相也由是世子乃定

又曰孝武李太后諱陵容本出微賤始簡文帝爲會稽王

有三子繼天自道生廢黜獄王早世其後諸姬絕孕將十年帝乃令善相者召諸愛妾而示之皆云非其人又悉以諸婢媵示焉時后爲宮人在織坊中形長而色黑宮人皆謂之崑崙既至相者驚云此其人也帝以大計召之侍寢后數夢兩龍枕膝日月入懷意以爲吉祥向儕類說之帝聞而異焉遂生孝武帝及會稽文孝王鄱陽長公主

晉書曰王覽祥之弟也初呂虔有佩刀工相之以爲必登三公可服此刀虔謂祥曰苟非其人刀或爲害卿有公輔之量故以相與祥始固辭强之乃受祥臨薨以刀授覽曰汝後必興足稱此刀覽後奕世多賢才興於江左矣

又曰羊祜少喪父遊汶水之濱父老謂之曰子有好相年未滿六十必建大功於天下既而去莫知所在

又羊祜傳曰祜幼時有喜相墓者言祜墓有帝王氣若鑿之則無後祜遂鑿之相者見曰猶出折臂三公而祜竟墮馬折臂位至三公而無子

又曰豫章人雷煥妙達緯象張華乃要煥宿屏人曰可共尋天文知將來吉凶因登樓仰觀煥曰僕察之久矣唯牛斗之間頗有異氣華曰是何祥也煥曰寶劒之精上徹於天耳華曰君言得之吾少時有相者言吾年六十位登三事當得寶劒佩之斯言豈效歟

又曰檀憑之嘗有善相者晉陵韋叟見憑之大驚曰卿有急兵之厄其候不過三四日耳宜深藏以避之不可輕出及桓玄將皇甫敷之至羅落橋也憑之與劉裕各領一隊而戰軍敗爲敷軍所害

又曰魏詠之字長道任城人家素貧而躬耕爲事好學不倦生而兔缺有善相者謂之曰卿當富貴後果如言

又曰王弥少遊俠京師隱者董仲道見而謂之曰君豺聲豹視好亂樂禍若天下騷擾不作士大夫矣

晉中興書曰陶侃少漁雷澤夢生八翼飛至天門而不入相者師圭曰君位當上公爲八州都督

太平御覽卷第七百二十九

太平御覽卷第七百三十

方術部十一

相中

宋書高帝紀曰晉陵人韋叟善相術桓脩令相帝當得州不叟曰當得邊州刺史退而私於帝曰君相貴不可言帝笑曰若相中當用爲司馬至是叟謂帝曰成王不負桐葉之信公亦應不忘司馬之言然不敢希鎮軍司馬願得領軍佐於是用焉

又曰初桓玄簒位遷晉帝於尋陽桓脩入朝高祖從至建業玄見高祖謂司徒王謐曰昨見劉裕其風骨不恒蓋人傑也每遊集贈賜甚厚玄妻劉氏尚書令躭之女也聰明有智鑒嘗見帝因謂玄曰劉裕龍行虎步瞻視不凡恐不爲人下宜早爲之所玄曰我方平蕩中原非裕莫可待關

隴平定然後議之

又曰柳元景少時貧苦嘗至下都值大雷雨日暮寒甚頗有羇旅之歎岸側有一老父自稱善相謂元景曰方大富貴位至三公元景曰以爲幸甚豈望富貴老父曰後當相憶及貴求之不知所在

又曰明帝大會新亭接會諸軍主摴蒱官賭李安人五擲皆盧帝大驚目安人曰卿面方如田封侯狀也安人少時貧有一人從門過相之曰君後當富貴與天子交手共戲至是安人尋此人不知所在

孫巖宋書曰沈攸之字仲達少孤貧與吳郡孫超之全景文共乘小船出京都三人共上引埭有一人止之而相曰君三人皆當至方伯攸之曰豈有三人俱有相相者曰骨法如此若不驗便是相書謬耳後攸之爲荆郢二州超之廣州景文南豫州

又曰徐羨之年少時嘗有一人來謂曰我是汝祖羨之拜此人汝曰有貴相而有大厄宜以錢二十八文埋宅四角可以免災過此可位極人臣後羨之隨親之縣內嘗暫出而賊自後破縣縣內人無免者雞犬亦盡唯羨之在外獲全

齊書曰太祖初爲建康令有能名少府蕭惠開雅有知人鑒謂人曰昔魏武爲洛陽北部人服其英今看蕭建康但當過之耳

又曰張欣泰少時有人相當得三公而年纔三十後屋瓦墜傷額又問相者云無復公相年壽可更增亦可得方伯之任耳後爲刺史年三十六卒

又曰曹武雖武士頗有知人之鑒性儉嗇無所餉遺獨餉

梁武謂曰卿必大貴我當不及見今以弱子相託每密遺錢物并好馬時帝在戎多乏就武換借未嘗不得遂至十七萬

又曰明帝體上有赤誌常秘不言既而江祏勸帝出以示人晉壽陽太守王洪軌罷任還上袒示之曰皆謂此是日月相卿幸無泄軌曰公日月在軀如何可隱輒當言之公卿上大悅

梁書曰梁武帝初爲衛軍王儉東閤祭酒儉一見深相器異請爲戶曹屬謂廬江何憲曰此蕭郎三十內當作侍中出此則貴不可言

又曰梁武帝還隋王鎮西諮議參軍行經牛渚逢風入泊龍瀆有一老人謂帝曰君龍行虎步相不可言天下將亂安之者其在君乎問其名氏忽然不見

又曰梁武帝初爲司州刺史有沙門自稱僧惲謂帝曰君頂有伏龍非人臣也復求莫知所之

又曰武帝起兵時呂僧珍一夜忽頭痛壯熱及明而顙骨益大其骨法蓋有異焉又嘗語親舊曰吾昔在蒙縣熱病發黃時必謂不濟主上見卿有富貴相必當不死俄而果愈又僧珍童兒時從學有相工歷觀諸生指僧珍曰此有奇聲封侯相也後隨武帝起義平東昏封平固侯南兗州刺史

後魏書曰李訢字元盛訢母賤爲諸兄所輕父崇曰此子相者言貴吾每觀察或未可知遂使入都爲中書學生世祖幸中書學見而異之謂從者曰此小兒終效用於朕之子孫矣目識眪之世祖舅陽平王杜超有女將許貴戚世祖聞之謂超曰李訢後必官達益人門戶可以女妻之遂勸成婚南人李哲嘗言訢必當貴達杜超之死也世祖親哭三日訢以超婚得在喪位出入帝目而指之謂左右觀此人舉動豈不有異於衆必爲朕家幹事之臣

又曰寇讚字奉國上谷人嘗從相者唐文相曰君額上黑子入幘位當方伯封公及爲上谷太守文以百姓禮拜謁文曰明公憶疇昔言乎爾日但知公當貴不知得爲州人讚曰往時卿言杜瓊不得官人咸謂不然後瓊得盩厔令卿猶言相中不見而瓊未拜果暴終昔魏舒見主兒死自知己必至三公吾恒以卿言瓊之驗亦復不息此望也

又曰盧淵出鎮關右詔兼侍中初淵年十四嘗詣長安將還餞送者五十餘人別於渭北有相者扶風人王伯達曰諸君皆不如此盧郎雖位不副實然德聲甚盛望踰公輔後二十餘年當制命關右願不相忘此行也相者年過八十詣軍門請見言敘平生

南史曰梁元帝初從劉景授相術因訊以年答曰未至五十當有小厄禳之可免帝曰苟有期會禳之何益及四十七爲魏所滅

崔鴻十六國春秋後趙錄曰石勒東至平原賣與茌平人師懽爲奴有一老父謂勒曰君龍角髮際上四道已成當貴爲人主甲戌之歲王彭祖可圖勒曰若如公言不敢忘德忽然不見

又曰張秀字文伯羌渠部人也頗曉相法常謂石虎曰明公之相非人臣骨虎掩其口曰君勿妄言族吾父子

又南燕錄曰慕容德年十八身長八尺二寸姿貌雄異額上有日月兩角足下有偃月重文太史公黃泓善相謂德曰殿下相法當先爲人臣然後爲人君但恐下官入地不見殿下昇天耳德拜范陽王建元年即帝位

又前涼錄曰況瑗與同郡陳琠(他典反)宗配遇相者於路相者曰三人皆二千石封然況瑗腹有逆毛當兵死無後

北齊書曰房豹遷侍御史王思政入據潁川隨慕容紹宗出討乃爲紹宗開府主簿兼行臺郎中紹宗自云有水厄遂於戰艦中浴并自投於水中冀以厭當之豹謂紹宗曰夫命也在天豈人理所能延公若實有災厄非禳避所免若其實無何禳之有今三軍之事在於明公唯應達命任理以保之元吉未幾而紹宗遇溺死

又曰慕容顯時幼見一沙門指之曰此郎子有好相表大必爲良將貴極人臣語終失僧莫知所在後果遷特進驃騎大將軍封定陽王

又曰尉瑾爲聘梁使人陳昭善相謂瑾曰二十年後當爲

宰相瑾出昭謂人曰此公爲宰相後不過三年當死昭後
爲陳後主兼散騎常侍至齊瑾時兼右僕射鳴騶鐃吹昭
復謂人曰二年當死果如言焉
又曰盧潛陷陳時李騊駼將逃歸并要潛潛曰我此頭面
何可誑人吾少時相者云没在吳越死生已定弟其行也
因寄書與弟士邃曰吾夢汝以其日得患某月某日漸損
皆如其言既而歎曰壽陽陷吾以頸血濺城而死佛教不
聽自殺故荏苒偷生今可死矣於是閉氣而絕其家購屍
歸葬
又曰遼西段長太原龐倉鷹俱有先知之鑒長爲魏懷朔
鎮將見高祖甚異之謂高祖云君有康世之才終不徒然
也請以子孫爲託興和中啓贈司空公子寧相府從事中
郎天祿初兼南中郎將倉鷹交遊豪俠厚待賓旅居於州

城高祖客其舍初居處於蝸牛廬中倉鷹母數見廬上赤
氣屬天倉鷹亦知高祖有霸王之相每私加敬割其宅半
以奉高祖由此遂蒙親識
三國典略曰高澄嗣渤海王朝於鄴時有吳士目盲而妙
於聲相王使試之聞劉桃枝之聲曰有所繫屬當大富
貴王侯將相多死於其手譬如鷹犬爲人所使聞趙道德
之聲曰亦繫屬人聞太原公之聲曰當爲人主聞王之聲
崔暹私稱之謬曰亦有國主也曰我家羣奴猶當極貴況
吾身也
又曰齊文宣字子進神武第二子也婁太后初孕文宣每
夜有赤光照室既生數月后乃與親姻相對共憂寒餒文
宣忽應曰得活故名侯尼干鮮卑言有相子也及長黑色
大頰兌下鱗身重踝瞻視審定不好戲弄深沈有大度晉

陽有沙門乍愚乍智時人不測呼爲阿禿師婁后見其諸
子歷問祿位至文宣再三舉手指天而已口無所言見者
異之
又曰梁宣豐侯脩參軍陳晃善相人脩因法會將晃自隨
令相簡文有天下否晃言簡文九州骨成必踐帝位而地
部過弱非但王畿蹙侵兼恐不得善終
又曰東魏御史賈子儒善相太常卿崔暹私引子儒潛觀
齊王儒曰人有七尺之形不如一尺之面一尺之面不如
一寸之眼大將軍臉薄眄速非帝王相也皇甫玉又竊觀
王於道曰此不作物會是垂涕者垂涕者謂太原公洋
又曰齊高歸彥嘗令皇甫玉相己玉曰公位極人臣必可
反歸彥曰我爲何須反玉曰公有反骨
又曰周王軌以隋公楊堅相表殊異因入侍讌陽醉撥去

堅帽言曰是何物頭額帝謂之雖大而却無所至也皇甫
后見堅又舉手自拍其額帝謂堅曰皇后道公額也帝乃
密使來和相堅和詭對曰堅相貌是守節忠臣宜作總管
大將作總管則能靜肅一方作大將則能全軍破敵
陳書曰長沙王叔堅母本吳中酒家婢相者言當生貴子
宣帝微時因飲通焉生叔堅及即位召拜淑儀
又曰章昭達字伯通少時遇相者謂曰卿容貌甚善須少
虧則當富貴梁大司中昭達爲東宮直後因醉墮馬鬢角
小傷昭達喜之相者曰未也侯景之亂昭達率鄉人援臺
城爲流矢所中眇其目相者見曰卿相善矣不久當貴後
還鄉里與陳文帝遊因結君臣之分以功進位司空
後周書曰太祖身長八尺方顙廣額美鬚髯長至委地垂
手過膝背有黑子宛轉若龍盤之形面有紫光人望而敬

畏之
又曰孝閔帝覺太祖第三子九歲封略陽郡公時有善相者史元華見帝退謂所親曰此公子有至貴之相但恨其壽不足以稱之耳
隋書曰高祖生於馮翊波若寺紫氣充庭有尼來自河東謂皇妣曰此兒所從來甚異不可俗間處之尼將高祖舍於別館躬自撫養皇妣嘗抱高祖忽見頭上角出遍體鱗起皇妣大駭墜高祖於地尼自外入見曰已驚我兒致令晚得天下爲人龍顏額有五柱入頂目光外射有文在手曰王長上短下沉深嚴重
又曰高祖在周明帝即位授右小宮伯進封大興郡公帝嘗遣善相者趙照視之照詭對曰不過作柱國耳旣而陰謂高祖曰公當爲天下君必大誅殺而後定善記鄙言也
又曰韋鼎仕梁爲太府卿初鼎之聘周也嘗與高祖相遇鼎謂高祖曰觀公容貌故非常人而神監深遠亦非羣賢所逮也不久必大貴貴則天下一家歲一周天老夫當委質願深自愛及陳平上馳召之授上儀同三司待遇甚厚
又曰龐晃知高祖非常人深自結納及高祖去官歸京師晃迎見高祖於襄邑高祖甚歡晃因白高祖曰公相貌非常名在圖籙九五之日希願不忘高祖笑曰何妄言也頃之有一雄雉鳴於庭高祖命晃射之曰中則有賞然富貴之日特以爲驗晃旣射而中高祖撫掌大笑曰此是天意公能感之而中也
又曰來和好相術高祖微時來詣和相和待人去私謂高祖曰公當王有四海及爲丞相拜儀同旣受禪進爵爲子開皇末和上表自陳曰臣早奉龍顏自周代天和三年已

來數蒙陛下顧問當時具言至尊膺圖受命光宅區宇此乃天授非由人事所及臣無勞効坐致五品二十餘年臣是何人敢不慚懼愚臣不任區區之至謹錄陛下龍潛之時臣有所言一得書之祕府死無所恨昔陛下在周嘗與永富公竇榮之語臣曰我聞有行聲卽識其人臣當時卽言公眼如曙星無所不照當王有天下願忍誅殺建德四年五月周武帝在雲陽宮謂臣曰諸公皆汝所識隋公相祿何如臣報武帝曰隋公止是守節人可鎮一方若爲將領陣無不破臣卽於宮東南奏聞陛下謂臣此語不忘明年烏丸軌言於武帝曰隋公非人臣帝尋以問臣臣知帝有疑臣詭報曰是節臣更無異相于時王誼梁彥光等知臣此語大象二年五月至尊從永巷東門入臣在永巷東門北面陛下問臣曰我得無災鄣不臣奏陛下曰骨法氣色相應天命已有付屬未幾遂總百揆上覽之大悅進位開府賜物五百段米三百石地十頃
又曰煬帝在藩時好學善屬文沉深嚴重朝野屬望高祖密令善相者來和遍視諸子和曰晉王眉上雙骨隆起貴不可言
又曰宇文述年十一時有相者謂述曰公子善自愛後當位極人臣周武帝時以父軍功起家拜開府
又曰李景遼東之役爲馬軍總管及還事漢王高祖奇其壯武使祖而觀之曰卿相表當位極人臣
又曰帝嘗謂趙綽曰朕於卿無所愛惜但卿骨相不當貴耳仁壽中卒
又曰文帝時蘭陵公主寡上爲之求夫選親衛柳述及蕭瑒等以示韋鼎鼎曰瑒當封侯而無貴妻之相述亦通顯

而守位不終上日位由我耳遂以主降
又曰來和善相術同郡韓則嘗詣和相謂之曰後四五當
大官人初不知所謂則至開皇十五年五月而終人問其
故和曰十五年爲三五加以五月爲四五大官槨也和言
多此類著相經四十卷
北史曰李賢幼有志節不妄舉動常出遊逢一老人鬚眉
皎白謂曰我年八十觀士多矣未有如卿卿必爲台牧努
力勉之九歲從師受業略觀大指而已或譏其不精荅曰
賢豈能領師徒授業王如忠孝之道實銘於心問者慙服
又曰牛弘初在繈褓有相者見之謂其父曰此兒當貴善
愛養之及長鬚皃甚偉性寬裕好學博聞
又曰隋齊王暕妃早卒遂與妃姊元氏婦通生一女外人
皆不得知陰引喬令則於第內宴召相工遍視後庭相工
指妃姊曰此產子者當爲皇后貴不可言

太平御覽卷第七百三十

太平御覽卷第七百三十一

方術部十二

相下

唐書曰高祖生長安紫氣充庭神光照室體有三乳左腋下有紫誌如龍初有善相者史良言於高祖曰公骨法非常必爲人主至於命也非所敢知久之史良復遇高祖乃大驚曰骨法如舊年壽之相頓異昔時勿忘鄙言願深自愛高祖心益自負

又曰隋尚食奉御郭弘道字大寶弘農華陰人也性寬厚如愚而內敏仕隋歷通事舍人滄州長史煬帝時徵爲奉御時高祖爲殿內少監深善之亟相往來情契愈昵弘道善相因言曰公天中伏犀下相接於眉此非人臣之相願深自愛高祖取弘道銀盆置之於地引弓射之謂弘道曰

向言有驗當一發中之既發應弦而中弘道曰願公事驗之後賜償金盆高祖大悅

又曰太宗年四歲時忽有書生自言善相詣高祖門曰公是貴人有大貴子因目太宗曰龍鳳之姿天日之表也公之貴以此兒後必由之而創功業年將二十必能濟世安民高祖聞其言甚懼及書生辭出使人捕欲殺之以滅口而不知所在高祖以爲神陰採濟世安民之義遂以名焉

又曰乙弗弘禮貝州高唐人也隋煬帝居藩召令相己弘禮跪而賀曰大王骨法非常必爲萬乘之主誠願誠之在德煬帝即位召天下道術人置坊以居之仍令弘禮統攝帝見海內漸亂玄象錯謬內懷憂恐嘗謂弘禮曰卿昔相朕其言已驗且占相道術朕頗自知卿更相朕終當何如弘禮逡巡不敢荅帝迫之曰卿言與朕術不同罪當死弘禮曰臣本觀相書凡人之相有類於陛下者不得善終臣聞聖人不相故知凡聖不同耳自是帝常遣人監之不得與人交言

又曰則天初在襁褓袁天綱來第中謂其母氏曰唯夫人骨法必生貴子乃召諸子令天綱相之見元慶元爽曰此二子皆保家之主官可至三品見韓國夫人曰此女亦大貴然不利其夫乳母時抱則天衣男子之服天綱曰此郎君子神形爽徹不易可知試令行看於是步於牀前仍令舉目天綱大驚曰龍睛鳳頸貴人之極也更轉側視之曰若是女後當爲天下之主也

又曰乙弗弘禮善占相初泗州刺史薛大鼎隋時嘗坐事没爲奴貞觀初與數人詣弘禮次至大鼎曰君奴也欲何所相咸曰何以知之弘禮曰觀其頭目眞是賊人但不知

餘處何如耳大鼎有慚色乃解衣視之弘禮曰看面不異前言占君自腰已下當爲方岳之任其占相皆此類也貞觀末卒焉

又曰袁天綱成都人也尤工相術以大業元年至洛陽時杜淹王珪韋挺就之相天綱謂淹曰公蘭臺成就學堂寬博必得親糺察之官以文藻見知謂王曰公三亭成就天地相臨從今十年已外必得五品要職謂韋曰公面似大獸之面交友極誠必得士友攜接初爲武職復語淹等二十年外終恐三賢同被責黜暫去即還淹尋遷侍御史武德中爲天策府兵曹文學館學士王珪爲太子中允韋挺隋末與隱太子友善後太子引以爲率至武德六年俱配流嶲州淹等至益州見天綱曰袁公洛邑之言則信矣未知今日之後何如天綱曰公等骨法大勝往時終當俱受

榮貴至九年被召入京共造天綱天綱謂杜公曰當即得三品要職年壽非天綱所知王韋兩公在後當得三品官兼有年壽然晚途皆不稱愜韋公九甚淹至京拜御史大夫撿校吏部尚書王珪尋授侍中出爲同州刺史韋挺歷御史大夫大常卿貶授象州刺史皆如天綱之言大業末竇軌客遊德陽嘗求問天綱天綱謂曰君額上伏犀貫玉枕輔角又成必於梁益州大樹功業武德初軌爲益州行臺僕射引天綱深禮之天綱又謂軌曰骨法成就不異往時之言然目氣赤脉貫瞳子語則赤氣浮面如爲將軍恐多殺人願深自誡慎武德九年軌坐事被徵將赴京謂天綱曰更得何官曰面上家人坐仍未見動輔角右畔光澤更有喜色至京必承恩還來此任其年果重授益州都督貞觀八年太宗聞其名召至九成宮時中書舍人岑文本

令視之天綱曰舍人學堂成就眉覆過目文才振於海內頭又生骨猶未大成若得三品恐是損壽之徵文本官至中書令尋卒其年侍御史張行成馬周同問天綱天綱曰馬侍御伏犀貫腦兼有玉枕文背如負物當富貴不可言近古已來君臣道合罕有如公者公面色赤命門色暗耳後骨不起耳無根只恐非壽者周後位至中書令兼吏部尚書年四十八卒謂行成曰公五嶽四瀆成就下亭豐滿得官雖晚終居宰輔之地行成後至尚書右僕射天綱相人所中皆此類也申國公高士廉嘗謂曰君更作何官天綱曰自知相命今年四月盡矣果至是月而卒

又曰劉仁軌初爲陳倉尉相工袁天綱謂曰君相當位隣台輔年將九十後果如其言

又曰張憬藏許州長社人少工相術與袁天綱齊名太子詹事蔣儼年少時常遇憬藏因問祿命憬藏曰公從今二年當得東宮掌兵之官秩未終而免職免職之後厄在三尺土下又經六年據此合是死徵而後當享富貴名位俱盛即又不合中夭至六十一爲蒲州刺史十月三十日午時祿絕儼後皆如其言嘗奉使往高麗被莫離支囚於地窖中經六年然後得歸及在蒲州年六十一矣至期召人吏及妻子與之告別云當死俄而有勑許令致仕左僕射劉仁軌微時嘗與鄉人靖思賢各賫縑贈憬藏以問官祿憬藏謂仁軌曰公居五品要官雖暫解黜終當位極人臣仁軌後自給事中坐事令白衣海東效力固辭思賢之贈曰公當孤獨客死及仁軌爲僕射思賢尚存謂人曰張憬藏相劉僕射則妙矣吾今已有三子田宅自如豈其言亦有不中也俄而三子相次而死盡貨田宅寄死於所親園

內憬藏相人之妙皆此類音不仕壽終

又曰高智周之少也與來濟郝處俊孫處約同遊寓于揚州江都人石仲覽傾産以待之嘗引相工視濟等相工曰四人皆宰相也而石氏不及見焉然來早貴而末途屯躓高晩達而最爲壽考夫速登者易顛徐進者少患天之道也仲覽貞觀末爲兵部郎中卒後濟等乃貴皆如相工所言

又曰金梁鳳不知何許人也天寶十三載客於河西善相人又言玄象時哥舒翰爲節度使部人京師裴冕爲祠部郎中知河西留後左武威梁鳳謂冕曰玄象有變半年間有兵起郎中此時當得中丞不拜中丞即得宰相不離天子左右大富貴冕曰公乃狂言冕何至此梁鳳曰有一日向東京一日入蜀川一日來朔方此時公得相冕懼其言

深謝絶之其後安祿山反南犯洛陽僭稱僞位哥舒翰東守潼關累月奏晃爲御史中丞追赴京晃又詰曰事驗矣晃又問三日之兆梁鳳曰東京日卽自磨滅蜀川日亦不能久此閒日何轉分明不可説晃志之卽潼關失守玄宗幸蜀肅宗北如靈武晃會之勸成策立改元爲至德元年晃果爲中書侍郎平章事晃奏之肅宗召拜都水使者梁鳳在河隴謂吕諲曰判官骨相亦合得宰相須得一大驚怖卽得諲後至驛責讓驛長楞之驛吏武將性麄猛持弓矢突入射諲再發幾中諲面諲逾牆得免以報梁鳳梁鳳曰此必入相逾年諲以黃門侍郎知政事梁鳳在鳳翔李揆盧允二人同見之倶素服自稱選人梁鳳謂之曰公等並至淸望官那得云無官揆允以實對梁鳳遣二人行謂揆曰公從舍人卽入相一年内事謂允曰公好卽是吏部郎中及尅復兩京揆自中書舍人知吏部侍郎事入爲中書侍郎平章事乃以允爲吏部郎中其驗多此類伴韓以自晦後晃爲右僕射兼御史大夫成都尹劒南節度使有進止令將梁鳳行後病卒

後周史曰周玄豹者本鄴人少爲僧其師有知人之鑑從遊十餘年苦辛無憚師知其可教遂傳其祕旨旣長還歸俗盧程寄褐嘗遊于燕與同志二人謁焉玄豹退謂鄉人張殷袞曰適二君子明年花發俱爲故人唯彼道士他年甚貴來歲二子果零落於趙魏閒又二十年程登庸於鄴下

周書曰師曠見太子晉曰汝聲淸浮汝色赤火色不壽王子曰後三年上賓於帝所汝愼毋言殃將及汝師曠歸未及三年告死者至

孔叢子曰魏安釐王問子順曰馬回之爲人雖少文氣亮直有丈夫大節也吾欲以爲相可乎答曰知臣莫若君何有不可至於亮直之節臣未明也聞諸孫卿其爲人也長目而豕視者必體方而心貪每以其法相人千百不失臣見回然甚疑其目王卒用之三月果詐得罪

金樓子曰宜脩容善許負之術曾正會登樓還語人曰太尉今年必當不濟特靜惠王尚康勝或以爲不然曰行步向前氣韻殊下若其不尒不復言相至其年末靜惠王薨及昭明入朝又云必無嗣立之相俄而昭明薨

孫卿子曰古者有姑布子卿今世之梁有唐舉相人形狀顏色而知其吉凶世俗稱之相形不如論心論心不如擇術形不勝心心不勝術術正而心從之則形相惡無害爲君子也形相雖善而心術惡無害爲小人

符子曰楚成王生太子商臣乃召楚之善相者相之楚巫相之已而言於楚王曰子吉矣而王不吉臣聞鴟梟者食母而飛非其子之不吉但其母爲之災今太子非子之不吉但其王爲之災耳楚王怒而殺之

論衡曰世人固有身瘠而志立體小而名高者於聖則否是以堯眉八采舜目重瞳禹耳參漏文王四乳然則世亦有四乳者此則駑馬一毛似驥耳

又曰宋臣有公孫呂者長七尺面長三尺廣三寸名震天下若此之狀蓋遠代而求非一世之異也使形殊於外道合其中名震天下不亦宜乎語云無愛而戚憂必及之無慶而歡樂必還之此心有先動而神有先知則色有先見也故扁鵲見桓公知其將亡申叔見巫臣知其竊妻而逃也荀子以爲天不知人事邪則周公有風雷之災宋景有

三次之福知人事乎則楚昭有茀榮之應邾文無延期之報由是言之則天道之與相占可知而疑不可而無也

太平御覽卷第七百三十一

太平御覽卷第七百三十二

方術部十三

占候

周禮春官宗伯下曰眡祲掌十煇之法以觀妖祥辨吉凶妖祥善惡之徵鄭司農云煇謂日光氣也眡音視一曰祲二曰象三曰鑴四曰監五曰闇六曰瞢七曰彌八曰敘九曰隮十曰想故書彌作迷隮作資鄭司農曰祲陰陽氣相侵也象者如赤烏也鑴謂日旁氣四面反鄉如煇狀也監雲氣臨日也闇日月食也瞢日月瞢瞢無光也彌者白虹彌天也敘者雲有次序如山在日上也隮者升氣也想者煇光也玄謂鑴讀如童子佩鑴之鑴謂日旁氣刺日也監冠珥也彌氣冠日也隮虹也詩云朝隮于西想雜氣有似可形想掌安宅敘降宅居也降下也人見妖祥則不安主安其居處也次序其凶禍所下謂禳移之正歲則行事占夢以季冬贈惡夢此正月而行安宅之事所以順民歲終則弊其事弊斷也謂計其吉凶然否多少

傳曰僖五年正月辛亥朔日南至公既視朔遂登觀臺以望而書禮也視朔親告朔也觀臺上構屋可以遠觀也朔旦冬至曆數之所始治曆者因此則可以

明其術數審別陰陽敘事訓民魯君不能常脩此禮故善公之得禮也凡分至啓閉必書雲物分春秋分也至冬夏至也啓立春立夏閉立秋立冬雲物氣色災變也傳重申周典不言公者日官掌其職為備故也素察妖祥逆為之備

又襄二十八年曰春無冰梓慎曰今茲宋鄭其饑乎歲在星紀而淫於玄枵歲歲星也星紀在丑斗牛之次玄枵在子虛危之次十八年晉董叔曰天道多在西北是歲歲星在亥至此年十一歲故在星紀明年乃當在玄枵今已在玄枵淫行失次以有時菑陰不堪陽時菑無冰也盛陰用事而溫無冰是陰不勝陽地氣發洩蛇乘龍蛇玄武之宿虛危之星龍歲星歲星木也木爲青龍失次出虛危下爲蛇所乘龍宋鄭之星也歲星本位在東方東方房心爲宋角亢爲鄭故以龍爲宋鄭之星也宋鄭必饑玄枵虛中也玄枵三宿虛星在其中枵耗名也土虛而民耗不饑何爲歲爲宋鄭之星今失常經入虛耗之次時復無冰地氣發洩故曰土虛民耗也裨竈曰今茲周王及楚子皆將死裨竈鄭大夫歲弃其次而旅於明年之次以害鳥帑周楚惡之旅客處也歲星弃星紀之次客在玄枵歲星所在其國有福失次於北禍衝在南南爲朱鳥鳥尾曰帑鶉火鶉尾周楚之分故周王楚子受其咎俱論歲星過次梓慎則曰宋鄭饑裨竈則曰周楚王死傳故備舉以示卜占唯人所在也

又曰子蟜之卒也將葬公孫揮與裨竈晨會事焉會葬事過伯有氏其門上生莠子羽曰其莠猶在乎子羽公孫揮以莠喻伯有侈知其不能久存於是歲在降婁降婁中而旦裨竈指之曰猶可以終歲指降婁也歲星十二年而一終歲不及此次也已不及降婁及其亡也歲在娵訾之口娵訾營室東二十八年歲星淫在玄枵今三十年在娵訾是歲星停在玄枵二年其明年乃及降婁

又曰昭七年夏四月甲辰朔日有食之晉侯問於士文伯曰誰將當日食對曰魯衛惡之衛大魯小公曰何故對曰去衛地如魯地衛地豕韋也魯地降婁也日食於豕韋之末及降婁之始乃息故禍在衛大在魯小也周四月今二月故曰在降婁也於是有災魯實受之其大咎其衛君乎魯將上卿

又曰夏四月陳災鄭裨竈曰五年陳將復封五十二年而

遂亡子產問其故對曰陳水屬也陳顓頊之後故爲水屬火水妃也火畏水故爲之妃妃音配而楚所相也相治也楚之先祝融爲高辛氏火正主治火事今火出而火陳火心星也火出於周爲五月而以四月出者以長歷推前年誤置閏逐楚而建陳也水得妃而興陳興則楚衰故曰逐楚而建陳妃以五成故曰五年妃合也五行各相妃合得五而成故五歲而陳復封爲十三年陳侯吳歸于陳傳歲五及鶉火而後陳卒亡楚克有之天之道也故曰五十二年

又曰有星出于婺女鄭裨竈言於子產曰七月戊子晉君將死今茲歲在顓頊之虛姜氏任實守其地居其維首而有妖星焉告邑姜也邑姜晉之妣也天以七紀戊子逢公以登星斯於是乎出吾是以譏之

又曰有星孛于大辰西及漢申須曰彗所以除舊布新也天事恒象今除於火火出必布焉諸侯以火災乎梓慎曰往年吾見之是其徵也火出而見今茲火出而章必火入

而伏其居火也久矣其與不然乎火出於夏爲三月於商爲四月於周爲五月夏數得天若火作其四國當之六物之占在宋衛陳鄭乎宋大辰之虚也陳大皡之虚也鄭祝融之虚也皆火房也星孛及漢漢水祥也衛顓頊之虚也故爲帝丘其星爲大水水火之牡也其以丙子若壬午作乎水火所以合也若火入而伏必以壬午不過其見之月鄭裨竈言於子産曰宋衛陳鄭將同日火若我用瓘斝玉瓚鄭必不火子産弗從十八年夏五月火始昏見丙子風梓愼曰是謂融風火之始也七日其火作乎戊寅風甚壬午大甚宋衛陳鄭皆火梓愼登大庭氏之庫以望之曰宋衛陳鄭也數日皆來告火裨竈曰不用吾言鄭又將火鄭人請用之子産不可子太叔曰寶以保民也若有火國幾亡可以救亡子何愛焉子産曰天道遠人道邇非所及也何以知之竈焉知天道是亦多言矣豈不或信遂不與亦不復火

又曰昭公二十年二月已丑日南至梓愼望氣曰今茲宋有亂國幾亡三年而後弭蔡有大喪叔孫昭子曰然則戴桓也汰侈無禮已甚亂所在也

後漢書曰謝夷吾字堯卿會稽山陰人也少爲郡吏學風角占候太守第五倫擢爲督郵時烏程長有贓釁倫使收案其罪夷吾到縣無所驗但望閤伏哭而還一縣驚怪不知所爲及還白倫曰竊以占候知長當死近三十日遠不過六十日遊魂假息非刑所加故不收之倫聽其言至月餘日果有驛馬齎長印綬上言暴卒倫以此益禮信之

又曰楊由字辰侯蜀郡成都人少習易并七政元氣風雲占候爲郡文學掾時有大雀夜集於庫樓太守廉范以問由對曰此占郡內當有小兵然不爲害後二十餘日廣柔縣蠻夷反殺傷長吏郡發庫兵擊之由嘗從人飲勑御者曰酒若三行便宜嚴駕既而趨去後主人舍有鬬相殺者人請問何以知之由曰向社中木上有鳩鬬此兵賊之象也

又曰公沙穆遷弘農令永壽元年霖雨大水三輔以東莫不湮沒穆明曉占候乃豫告令百姓徙居高地故弘農人獨得免害

又曰段翳字元章廣漢新都人習易經明風角時有就其學者雖未至必豫知姓名嘗告守津吏曰當有諸生二人荷擔問翳舍處者幸爲告之後如其言又有一生來學積年自謂略究要術辭歸鄉里翳爲合膏藥并以簡書封於筒中告生曰有急發視之生到葭萌與吏爭津吏撾破從者頭生開筒得書言到葭萌與吏鬬頭破者以此膏裹之生用其言創者即愈生歎服乃還卒業翳遂隱居竄跡終于家

晉書曰戴洋善方術司馬颺爲烏程令將赴職洋曰君深愼下吏颺後果坐吏免官洋又謂曰卿免官十一月當作郡加將軍至期爲太守振武將軍颺責宅將行洋止之曰君不得至當還不可無宅颺果爲徐龕所逼不得之郡元帝增颺衆二千使助祖逖洋勸不行乃稱病收付廷尉俄而因赦得出康帝將登祚使洋擇日洋以爲宜用三月二十四日景午太史令陳卓奏用二十二日昔越王用三月甲辰反國范蠡稱在陽之前當生盡出上下盡空德將出遊刑入中宮今與此同洋曰越王爲吳所囚雖當時遜媚實懷怨憝故用甲辰乘德而歸留刑吳宮今大王內無含

咎外無怨憤當承天洪命納祚無窮何爲追越王去國留殃故事耶乃從之咸和元年祖約南行路遇大雷雨西南來洋曰甲子西南天雷其下必失火將至夏汝南人反執約兄于濟迸于石勒約府內地忽赤如丹洋曰按河圖徵云地赤如丹血九當有下反上者恐十月二十七日胡馬當來飲淮水至時石勒騎大至攻城大戰其日西風兵火俱發約大懼會風廻賊退時傳言勒遣騎向壽陽約欲送其家還江東洋曰必無此事尋而傳言果妄征西將軍庾亮鎮武昌咸康三年洋言於亮曰武昌土地有山無林正可圖始不可居終山作八字數不及九昔吳用壬寅來止創立宮城至巳酉還下秣陵陶公亦涉八年土地盛衰有數人心去就有期不可移也公宜更擇吉處武昌不可久住

隋書曰庾季才初仕梁元帝頗明星曆因共仰觀從容謂季才曰朕猶慮禍起蕭牆何方可息季才曰頃天象告變秦將入郢陛下宜留重臣作鎮荆峽整旆旋都以避其患帝初然之後與懍等議乃止俄而江陵陷滅高祖爲丞相嘗夜召季才而問曰吾以庸虛受茲顧命天時人事卿以爲何如季才曰天道精微難可急察竊以人事卜之符兆已定季才縱言不可公豈復得爲箕潁之士乎高祖默然久之因舉首曰吾今譬如騎獸誠不得下矣因賜雜綵五十疋絹二百段曰愧公此意宜善爲思之大定元年正月季才言曰今月戊戌平旦青氣如樓闕見於國城之上俄而變紫逆風西行氣經云天不能無雲而雨皇王不能無氣而立於今王氣已見須即應之二月日出卯入酉居天之正位謂之二八之門日者人君之象人君正位宜用二月其月十三日甲子甲爲六甲之始子爲十二辰之初甲數九子數又九九爲天數其日即是驚蟄陽氣壯發之時昔周武王以二月甲子日定天下享年八百漢高帝以二月甲午即帝位享年四百故甲子甲午爲得天數今二月甲子宜應天受命上從之開皇初授通直散騎常侍高祖將遷都夜與高熲蘇威二人定議季才旦而奏曰臣仰觀玄象俯察圖記龜兆允襲必有遷都且堯都平陽舜都冀土是知帝王居止世代不同且漢營此城經今八百歲水皆鹹不甚宜人願陛下協天之心爲遷徙之計高祖愕然謂熲等曰是何神也遂發詔施行賜絹三百段馬兩疋進爵爲公謂季才曰朕自今已後信有天道矣

又曰盧太翼善曆數其後目盲以手摸書而知其字仁壽末高祖將避暑仁壽宮大翼固諫不納至再三太翼曰臣

愚豈敢飾詞但恐是行鑾輿不及反高祖大怒繫之長安獄期還而斬之高祖至宮寢疾臨崩謂皇太子曰太翼非常人也前後言事未嘗不中吾來日道當不反今果至此爾宜釋之

唐書曰桑道茂者大曆中遊京師善太一遁甲五行災異之說言事無不中代宗召之禁中待詔翰林建中初神策軍脩奉天城道茂請高其垣閭大爲制度德宗不之省及朱泚之亂帝倉卒出幸至奉天方思道茂之言時道茂已卒命祭之

太平御覽卷第七百三十二

方術部十四

占星　占風

占雨　望氣

占星

漢書曰高祖元年十月五星聚東井客謂張耳曰東井秦地也漢王入關五星從歲星聚當以義取天下

後漢書曰嚴光字子陵少有高名與光武同遊及帝即位光變姓名隱身不見帝思其賢乃令以物色訪之後齊國上言有一男子披羊裘釣澤中帝疑其光也乃備安車玄纁遣使聘之三反而後至帝嘗引光入論道舊故相對累日帝從容問曰朕何如昔時對曰陛下差增於往因共偃卧光以足加帝腹上明日太史奏客星犯御座甚急帝笑

曰朕故人嚴子陵共卧耳

又曰李郃字孟節漢中南鄭人也父頡以儒學稱官至博士郃襲父業遊太學通五經善河洛風星外質朴人莫之識縣召署幕門候吏和帝即位分遣使者皆微服單行各至州縣觀採風俗使者二人當到益部投郃舍時夏夕露坐郃因仰觀問曰二君發京師時寧知朝廷遣二使耶二人默驚相對視曰不聞也問郃何以知之郃指星示云有使星向益州分野故知之耳

又曰曹公破袁紹於官渡初桓帝時有黃星見於楚宋之分遼東殷馗善天文言後五十歲當有真人起於梁沛之閒其鋒不可當至是凡五十年而公破袁紹天下莫敵也

晉書曰戴洋善占候揚州刺史嘗問吉凶於洋荅曰熒惑入南斗八月暴水當有客軍西南來如期果大水而石冰作亂冰既據揚州洋謂人曰視賊雲氣四月當破果如其言泰寧二年正月有流星東南行洋曰至秋應當壽陽及王敦作逆祖約問其勝敗洋曰大白在東方辰星不出兵法先起者爲主應者爲客辰星若出太白爲主辰星爲客辰星不出太白爲客先起兵者敗今有客無主有前無後宜傳檄所部應詔伐之約乃率衆向合肥俄而敦死衆敗遂住壽陽洋又謂曰江淮之閒當有軍事謙城虛曠宜還固守不言然者雍丘沛皆非官有也約不從豫土遂陷於賊南中郎將桓宣以洋爲參軍將隨宣往襄陽太守陶侃留之住武昌時侃謀北伐洋曰前年十一月熒惑守胃昴至今年四月積五百餘日昴趙之分野石勒遂死熒惑以七月退從畢右順行入漢道未及天關以八月二十二日復逆行還鈎繞畢向昴昴畢爲邊兵主胡夷故置天弓以

射之熒惑逆行司無德之國石勒死是也勒之餘燼已自殘害今年官與太歲太陰三合癸已癸爲北方北方當受災歲鎮二星共合翼軫從子及巳徘徊六年荆郢之分歲鎮所守其下國昌豈非功德之御也今年六月鎮星前角亢角亢鄭之分歲星移入房太白爲心房宋分順之者昌逆之者亡石季龍若興兵東南此其死會官若應天與不取反受其咎侃志在中原聞而大喜會病篤不果行而薨

又曰祖逖將城武牢未成而逖病甚先是華譚庾闡問術人戴洋洋曰祖豫州九月當死初有妖星見于豫州之分歷陽陳訓謂人曰今年西北大將軍當死逖亦見星曰爲我矣方平河北而天欲殺我此乃不祐國也俄卒于雍丘

又戴記曰苻堅將有大風從西南來俄而晦冥恒星皆見又有赤星見于西南太史令魏延言于堅曰於占西南國

亡明年必平蜀漢堅大悅

又曰苻堅以弟融爲鎭東大將軍代王猛爲冀州牧融將發堅祖于灞東奏樂賦詩堅母苟氏以融少子甚憂之比發三至灞上其夕又竊如融所内外莫知是夜堅寢于前殿魏延言天市南門屏内后妃星失明左右閽寺不見后妃移動之象堅問知之驚曰天道與人何其不遠遂重星官

後魏書曰崔浩明識天文好觀星變常置金銀銅鋌於酢器中令青夜有所見即以鋌書紙作字以記其異

又曰姚興死之前歲太史奏熒惑在匏瓜星中一夜忽然亡失不知所在或謂下入危亡之國將爲童謠言之妖而後行其災禍大宗聞之大驚乃召諸碩儒十數人令與史官求其所詣崔浩對曰案春秋左氏傳說神降于莘其至

郎其物也請以日辰推之庚午之夕辛未之朝天有雲熒惑之亡當在此二日之内庚之與未皆主於秦辛爲西夷今姚興據咸陽是熒惑入秦矣諸人皆作色曰天上失星人安能知其所詣而妄說無徵之言浩笑而不應後八十日熒惑果出於東井留守盤旋秦中大旱赤地昆明池水竭童謠訛言國内諠擾明年姚興死二子交兵三年國滅於是諸人乃服曰非所及也

唐書曰嚴善思同州朝邑人也少以學涉知名尤善天文歷數及卜相之術則天時爲監察御史稍遷太史令聖曆二年熒惑入輿鬼則天以問善思善思對曰商姓大臣當之其年文昌左相王及善卒長安中熒惑入月鎭星犯天關善思奏曰法有亂臣伏罪且有臣下謀上之象歲餘張柬之敬暉等起兵誅張易之昌宗其占驗皆此類

又曰尚獻甫衛州汲人也尤善天文則天時召見起家拜太史令數顧問災異事皆符驗長安二年獻甫奏曰臣本命納音在金今熒惑犯土諸侯太史之位熒惑火也火能尅金是臣將死之徵則天曰朕爲卿禳之遽轉獻甫爲水衡都尉謂曰水能生金又去太史之位卿無憂矣其秋獻甫卒則天甚嗟異惜之

又曰元和八年熒惑犯太微上相歷執法占者言今之三相皆不利始輕末重月餘李絳以足疾免明年十月李吉甫以暴疾卒九年六月武元衡爲盜所害年五十八始元衡與吉甫齊年又同日爲宰相及出鎭分領揚益至吉甫再入元衡亦還吉甫先一年以元衡生月卒元衡後一年以吉甫生月卒吉凶之數若符會焉

占風

後漢書曰郎顗上書曰今月十七日戊午徵日也（陽嘉二年正月）日加申（日在申時也）風從寅來丑時而止丑寅申皆徵也不有火災必當爲旱（南方爲徵故爲火及旱也）願陛下校計繕脩之費求念百姓之勞罷將作之官減彫文之飾損庖廚之饌退宴私之樂

又曰任文公巴郡閬中人也（閬中今隆州縣）父文孫明曉天官風星秘要文公少脩父術州辟從事哀帝時有越巂太守欲反刺史大懼遣文公等五從事檢行郡界潛伺虛實共止傳舍時暴風卒至文公遽起白諸從事促去當有逆變來害人者因起駕速驅諸從事未能自發郡果使兵殺之文公獨得免

又曰李南字孝山丹陽句容人也少篤學明於風角和帝永元中太守馬稜坐盜賊事被徵當詣廷尉吏人不寧南

特通謁賀稜意有恨謂曰太守不德今當卽罪而君反相賀耶南曰旦有善風明日中時應有吉問故來稱慶旦日稜延望景晏以爲無徵至晡乃有驛使齎詔書原停稜事南問其遲留之狀使者曰向渡宛陵浦里航（宛陵縣二陽郡航以舟濟水也航何唐切也）馬踠足是以不得速（踠屈損也）稜乃服焉後舉有道辟公府病不行終於家南女亦曉家術爲由拳縣人妻晨詣爨室卒有暴風婦便上堂從姑求歸辭其二親姑不許乃跪而泣曰家代傳術風卒起先吹竈突及井此禍爲婦女主爨者妾將亡之應因著其亡日乃聽還家如期病卒

又曰郎宗爲吳令時卒有暴風宗占知京師當有大火記識時日遣人參候果如其言諸公聞而表上以博士徵之宗恥以占驗見知聞徵書到包懸印綬於縣廷而遁去遂終身不仕

吳志曰孫權征黃祖軍行及潯陽吳範見風氣因詣舡賀催兵急行至郎破祖祖夜亡權恐失之範曰未遠必生擒祖至五更果得之權與呂蒙謀襲關羽議之近臣多曰不可權以問範範曰得之在後王辛德在南方酉受自刑梁在譙北乘德伐州賊必破亡及甲子日東風而雷西行譙在南雷在軍前爲軍驅除昔吳伐關羽天雷在前瑜拜賀今往同故知必尅約從之果平梁城洋往潯陽時劉裔鎭潯陽九月甲申時過風從東來入裔兒舡中西過狀如疋練長五六丈洋曰風從咸池中來揚堤下去咸池爲刀兵大殺爲死喪到甲子日申時府內大聚骨埋之裔問在何處洋曰不出州府門也裔架東門洋又曰東爲天牢下閉門憂天獄至十二月十七日洋又曰臘近可閉門以五十人備守并以百人備東北寅上以却害氣裔不從二十四日壬辰裔遂爲郭默所害

北齊書曰權會明風角玄象會令家人遠行久而不反其行人還垂欲至宅乃逢寒雪寄息他舍會方處學堂講說忽有旋風瞥然吹雪入戶會乃笑曰行人至何意中停遂命使人令詣某處追尋果如語每爲人占筮小大必中但用爻辭彖象以辨吉凶

占雨

後漢書曰任文公爲侍中從事時天大旱白刺史曰五月一日當有大水其變已至不可防救宜令吏人豫爲其備刺史不聽文公獨儲大船百姓或聞頗有爲防者到其日旱烈文公曰急促載使白刺史笑之日將中天北雲起須臾大雨至晡時湔水涌起十餘丈（湔音子延反）突壞廬舍所害數千人

又曰高獲善天文曉遁甲能役使鬼神時郡境大旱太守鮑昱自往問何以致雨獲曰急罷三部督郵（續漢書曰監屬縣有三部每部督郵書掾一人）明府當自北出到三十里亭雨可致也昱從之果得大雨

又曰楊統善天文推步之術建初中爲彭城令一州大旱統推陰陽消伏縣界蒙澤太守宗湛使統爲郡求雨亦卽降澍

望氣

史記曰漢文十五年夏四月趙人新垣平以望氣見因說上設立渭陽五廟欲出周鼎當有玉英見（瑞圖云玉英五常並脩則見）

漢書曰范增說羽曰沛公居山東時貪財好色今聞其入關珍物無所取婦女無所幸此其志不小吾使人望其氣皆爲龍成五色此天子氣急擊之勿失

又曰孝武鉤弋趙婕妤昭帝母也家在河閒武帝巡狩過
河閒望氣者言此有奇女天子使召之旣至女兩手皆拳
上自披之手卽時伸由是得幸號曰拳夫人進爲婕妤居
鉤弋宮生昭帝○又曰宣帝武帝曾孫戾太子孫生數月
遭巫蠱事雖在襁褓猶坐收繫郡邸獄而邴吉爲廷尉監
怜之無辜使女徒更乳養望氣者言長安獄中有天子氣
上遣使者分條中都官獄繫者輕重皆殺之內謁者令郭
穰夜至郡邸獄吉拒閉使者不得入賴吉得全
後漢書曰光武紀云望氣者蘇伯阿爲王莽使至南陽遥
望見舂陵郭唶曰（唶歎也音子夜反）氣佳哉鬱鬱葱葱然及始起
兵還舂陵遠望舍南火光赫然屬天有頃不見
晉書曰秦時望氣者云五百年後金陵有天子氣故始皇
東巡狩以厭之改其地曰秣陵塹北山以絕其勢及孫權
之稱號自謂當之考其曆數猶爲未及元帝之渡江也乃
五百二十六年眞人應之在此矣
又曰初吳之未滅也斗牛之閒有紫氣道術者皆以吳方
彊盛未可圖也唯張華以爲不然及吳平之後紫氣愈明
（事見劒門中）
又曰陳訓字元道歷陽人也學天文筭曆陰陽占候無不
畢綜尤善風角孫皓以爲奉車都尉使其占候皓政嚴酷
訓知其必敗而不敢言時錢塘湖開或言天下當太平靑
蓋入洛時皓以問訓訓曰臣止能望氣不能達湖之開塞
退而告其友曰靑蓋入洛將有輿櫬銜璧之事非吉祥也
尋而吳亡及陳敏作亂弟宏爲歷陽太守訓謂邑人曰陳
家無王氣不久當滅宏聞將斬之訓鄉人秦璩爲宏參軍
乃說宏曰訓善風角可試之如不中徐斬未晩也乃赦之時

宏攻征東參軍衡彥於歷陽乃問訓曰城中有幾千人攻
之可拔不訓登牛渚山望氣曰不過五百人然不可攻之
必敗宏復大怒曰何有五千人攻五百人而不得理令將
士攻之果爲彥所敗方信訓有道術乃優遇之
宋紀曰齊宣帝墳塋在武進縣常有雲氣氤氳入天故元
嘉中望氣者稱此地有天子氣
後周書曰蔣昇字鳳起少善天文玄象之學太祖雅信待
之常侍左右以備顧問大統三年東魏將竇泰入寇濟自
風陵頓軍潼關太祖出師馬牧澤時西南有黃紫氣抱日
從未至酉太祖謂昇曰此何祥也昇曰西南未地主土土
王四季秦之分也今大軍旣出喜氣下臨必有大慶於是
進軍與竇泰戰擒之
隋書曰韋鼎仕梁爲太府卿至德初鼎質貨田宅寓居僧
寺友人毛彪問其故答曰江東王氣盡於此矣吾與爾當
葬長安期運將及故破產耳陳武帝在南州鼎望氣知其
當王遂寄孥焉因爲陳武帝曰明年有大臣誅死後四歲
梁其代終天之曆數當歸舜後昔周滅殷氏封媯滿于宛
丘其裔子孫因爲陳氏僕觀明公天縱神武繼絕統者無
乃是乎武帝陰有圖僭辯意聞鼎言大喜因而定策

太平御覽卷第七百三十三

太平御覽卷第七百三十四

方術部十五

巫上

說文曰巫祝也女能事無形舞降神也象人兩褎舞形與工同意

周禮春官曰司巫掌羣巫之政令若國大旱則帥巫而舞雩(雩旱祭也)國有大裁則帥巫而造巫恒凡喪事掌巫降之禮男巫掌望祀望衍授號旁招以茅女巫掌歲時祓除釁浴旱暵則舞雩若王后弔則與祝前凡邦之大裁歌哭而請

禮曰君臨臣喪以巫祝桃茢執戈惡之(爲有凶邪之氣在側君聞大夫之喪去樂卒事而往未襲也其已襲則止巫去桃茢鬼所惡茢萑苕可掃不祥)所以異於生也

又曰襄公朝于荊康王卒荊人曰必請襲(欲使襄公襲之公依)魯人曰非禮也荊人強之巫先桃茢荊人悔之(巫祝桃茢君臨臣喪之禮)

又曰歲旱穆公召縣子而問然曰天久不雨吾欲暴巫而奚若曰天則不雨而望之愚婦人於以求之毋乃已疏乎(巳猶甚也巫主接神亦覡天哀而雨之春秋傳說巫曰在女曰巫在男曰覡周禮女巫旱暵則舞雩)

傳曰晉侯改葬共太子秋狐突適下國遇太子太子使登僕而告之曰夷吾無禮余得請於帝矣將以晉畀秦秦將祀余對曰臣聞之神不歆非類民不祀非族君祀無乃殄乎且民何罪失刑乏祀君其圖之君曰諾吾將復請七日新城西偏將有巫者而見我乎許之遂不見

又曰夏大旱公欲焚巫尪臧文仲曰非旱備也脩城郭貶食省用務穡勸分(社預注曰勸分有無相濟也)此其務也巫尪何爲天欲殺之則如勿生若能爲旱焚之滋甚公從之是歲飢而不害

又曰初楚范巫矞似(矞似范巫之名)謂成王與子玉子西曰三君皆將强死城濮之役王思之故使止子玉曰毋死不及止子西縊而懸絕王使適至遂止之使爲商公沿漢沂江將入郢王在渚宮下見之懼而辭曰臣免於死又有讒言謂臣將逃臣歸死於司敗也王使爲工尹又與子家謀殺穆王穆王聞之殺鬬宜申及仲歸

又曰晉侯夢大厲被髮及地搏膺而踊曰殺余孫不義余得請於帝矣壞大門及寢門而入公懼入于室又壞戶公覺召桑田巫(桑田晉邑)巫言如夢公曰何如曰不食新麥矣(言公不得及食新麥)六月丙午晉侯欲麥使甸人獻麥饋人爲之召桑田巫示而殺之將食張如廁陷而卒

又曰晉中行獻子將伐齊夢與厲公訟弗勝公以戈擊之首墜於前跪而戴之奉之以走見梗陽之巫皐他日見諸道與之言同巫曰今茲主必死若有事於東方則可逞獻子許諾晉伐齊

又曰公在楚楚人使公親襚公患之穆叔曰祓殯而襚則布幣也(先使巫祝除殯之凶邪而行襚禮與朝而布幣無異)乃使巫以桃茢先祓殯(茢黍穰)楚人弗禁既而悔之

書曰敢有恒舞于宮酣歌于室時謂巫風

論語曰人而無恒不可以作巫醫

史記曰魏文侯時西門豹爲鄴令往到鄴會長老問民之疾苦長老云苦於河伯娶婦以故貧豹問其故對曰鄴三老廷掾常歲斂百姓取其錢數百萬用其二三十萬爲河伯娶婦與巫共分其餘錢持歸當其時巫行視小家女好者云是當爲河伯婦即娉取洗沐爲治新繒綺穀之衣閒居齋戒爲治齋宮河上張緹絳帳帷女居其中爲具牛酒飯食十餘日共粉飾之如嫁女床席令女居其上浮之河

中始浮行數十里乃沒其人家有好女者恐大巫祝爲河伯取之以故多持女遠逃亡以故城中益空無人又貧困所從來久遠矣民人俗語曰即不爲河伯娶婦水來漂溺人民西門豹曰至爲河伯娶婦時願與三老巫祝父老送女河上幸來告語之吾欲往送女皆曰諾至其時西門豹往會之河上三老官屬豪長父老皆會與人民觀之者三二千人其巫老女子也年七十從弟子女十人所衣皆繒單衣立大巫旁西門豹曰呼河伯婦來視其好醜即將女出帷中來至前豹視之顧謂三老巫祝父老女子曰是女不好煩大巫嫗爲入報河伯更求好女後日送之即使卒共抱女巫嫗投之河中有頃曰巫嫗何久也弟子趣之復以弟子一人投河中有頃曰弟子何久也復使一人趣之復投一弟子河中凡三弟子西門豹曰巫嫗弟子女也不

能白事煩三老入白之復投三老河中西門豹簪筆磬折嚮河立待良久長老吏旁觀者皆爲驚恐西門豹顧曰巫嫗三老不來還柰之何復使廷掾與豪長一人趨之皆叩頭且破額血流地色若死灰西門豹曰諾且留待之須臾豹曰廷掾起矣河伯留之久也皆罷去歸鄴吏民大驚恐是後不敢復言河伯娶婦

又曰武帝時游水發根名（服虔云游水縣發根人姓）言上都有巫病而鬼下之上召置祠之甘泉及病使人問神君神君曰天子無憂病於是病愈

又曰柏梁災越巫勇之曰越俗有火災後起屋必用勝服之於是作建章宮度爲千門萬戶

又曰起巫立越祀而以雞卜上信之（漢書曰音義曰持雞雞卜如鼠卜矣）

又曰孝武帝天漢二年秋上禁巫祠道中者文穎曰始漢家於道中祠排禍咎移之於行人百姓以其不經今止之也

後漢書曰樊崇等至弘農與更始諸將連戰尅勝衆遂大集乃分萬人爲一營凡三十營置三老從事各一人進至華陰軍中常有齊巫鼓舞祠城陽景王以求福助（以其定諸呂安社稷故郡國多爲立祠焉盆子承其後故軍中祠之也）巫言景王大怒曰當爲縣官何故作賊（縣官謂天子也）有笑巫者輒病軍中驚動時方望弟陽怨更始殺其兄乃逆說崇等曰更始荒亂令不行故使將軍得至於此今將軍擁百萬之衆西向帝城而無稱號名爲群賊不可以久不如立宗室挾義誅伐以此號令誰敢不服崇等以爲然而巫言益甚前及鄭（令阜孫）乃相與議曰今迫近長安而鬼神如此當求劉氏共尊立之六月遂立盆子爲帝自號爲建世元年

又曰許楊字偉君汝南平輿人也少好術數王莽輔政召爲郎稍遷酒泉都尉及莽篡位楊乃變姓名爲巫醫逃匿他界莽敗方還鄉里

又曰第五倫爲會稽太守會稽俗多淫祀好卜筮人常以牛祭神百姓財産以之困匱其自食牛肉而不以薦祠者發病且死爲牛鳴前後郡將莫敢禁倫到官移書屬縣曉告百姓其巫祝有依託鬼神者詐怖愚人皆案論之有妄屠牛者吏輒行罰人初頗恐懼或祝詛妄言倫案之愈急後遂絶百姓以安

又曰順帝時廷尉河南吳雄字季高以明法律斷獄平起自孤寒致位司徒雄少時家貧喪母營人所在封土者擇葬其中喪事趣辦不問時日醫巫皆言當族滅而不顧及子訢孫恭三代廷尉爲法名家

又曰宋均爲九江太守陵道縣有虞后二山人共祠之衆巫遂取百姓男女以爲公嫗（以男爲山公以女爲山嫗猶祭之尸主也）歲歲改易既而不敢嫁娶前後守令莫敢禁均乃下書曰自今以後爲山娶者娶巫家勿擾良人於是遂絶

又曰安丘望之字仲都京兆長陵人少時學老子經恬静不求進官號曰安丘丈人成帝聞欲見望之辭不肯見爲巫醫於人閒也

獻帝起居注曰李傕性喜鬼怪左道之術常有道人女巫繫下神祭六丁符劾厭勝之具無不爲又於朝廷省門外爲董卓作神坐數以牛羊祠之天子使左中郎將李國持節拜傕爲大司馬在三公之右傕自爲得鬼神之助乃厚賜諸巫

東觀漢記曰高鳳年老執志不倦名聲著聞太守連召請

恐不得免自言本巫家不應爲吏

又曰班超使西域于闐王廣德超至禮意甚疎其俗信巫言神怒何故向漢漢使有騧馬急求取以祠我廣德就超請馬超許之而令巫自來取馬有頃巫至超即斬其首送廣德因辭讓之

吳志曰景帝有疾求視鬼者得一人景帝欲試之乃殺鵝而埋之於中架小屋施床机以婦人紙履服物著其上乃使覡視之告曰若能説此冢中鬼形狀者即信當厚賜加賞矣竟日盡夕無言帝問之急乃曰實不見有鬼但見一白鵝立墓上所以不即白之者疑是鬼神變化作此想當候其眞形而定無復移易不知何故不敢不以實上聞景帝乃厚賜之

晉書曰夏統字仲御從父敬寧祠先人迎女巫章丹陳珠二人並有國色裝服甚麗善歌舞又能隱形匿景甲夜之初撞鍾擊鼓閒以絲竹丹珠乃大破舌吞刀吐火雲霧杳冥流火電發統諸從兄弟欲往觀之難統於是共紿之曰從父閒疾病得瘳大小以爲喜欲因其祭祀並往賀之卿可俱行乎統從之入門忽見丹珠在中庭輕步佪舞靈談鬼笑飛觴挑柈酬酢翩翻統驚愕而走不由門破藩直出

又曰武悼楊后既爲賈后所幽死賈后又信妖巫謂太后必訴冤先帝乃覆而殯之施諸厭劾符書藥物敗李矩屯于滎陽劉聰遣從弟暢步騎三萬討矩屯于韓王故壘時暢卒至城東未暇爲備遣使奉牛酒詐降于暢暢大饗渠帥人皆醉飽矩謀夜襲之兵士以賊衆皆有懼色矩令郭誦禱鄭子產曰君昔相鄭惡鳥不鳴凶胡臭羯何得過庭使巫揚言東里有教當遣神兵相助將士聞之皆踊躍

爭進

又載記曰石虎太子邃保母劉芝初以巫術進及養邃有深寵通賄賂豫言論權傾朝廷親貴多出其門封芝爲宜城君

又曰李雄母羅氏雄信巫覡之言多有忌諱至欲不葬其母司空趙肅諫之

宋書曰前廢帝子業好遊華林園竹林堂使婦人倮身相逐有一婦人不從命斬之後經少時夜夢遊後堂有一女子罵曰汝悖虐不道明年不及熟矣帝怒遂於宫中求得似所夢者戮之其夕復夢所戮女罵曰汝枉殺我以訴上帝至是巫云此堂有鬼帝日與陰山公主及六宮綵女數百人隨群巫捕鬼屏除侍衛帝親自射之

又曰王僧綽孫參朝政從兄微懼其太盛勸令損抑僧綽

乃求吳郡及廣州會巫蠱事泄上先召僧綽具以言之
又曰明帝選王儉尚陽羨公主拜駙馬都尉帝以儉嫡母
武康主因太初巫蠱事不可以爲婦姑欲開冢離葬儉因
人自陳密以死請故事不行
齊書曰鬱林王在西州令女巫揚氏禱祀速求大位及文
惠薨謂由楊氏之力倍加敬信呼揚婆宋氏已來人間有
揚婆兒歌蓋此徵也武帝有疾又命揚氏日夜祈禱
又曰明帝身有衣絳衣服飾皆赤以爲厭勝巫覡云後湖
水頭經過宮内致帝有疾帝乃自至太官水溝左右啓太
官無水則不立決意塞之欲南引淮流會崩事寢
又曰東昏侯偏信蔣侯迎來入宮晝夜祈禱左右朱光尚
詐云見神動輒諮啓並云降福遂加位國朱又爲靈帝車
服羽儀一依王者又曲信小祠日有十數巫師魔媼迎送

紛紜光尚輒託云神意范雲謂光尚曰君是天子要人當
思百全計光尚曰至尊不可諫止當託神鬼以達意耳後
東入樂遊人馬忽驚以問光尚光尚曰先帝大瞋不許數
出帝大怒拔刀與光尚尋覓既不見處乃縛菰爲明帝形
北面斬之
又曰諸暨東洿里屠氏女父失明母有痼病疾親戚相棄
鄉里不容女移父母遠住紵舍晝採樵夜紡績以供養父
母俱卒親營殯葬負土成墳忽空中聲云汝性可重山神
欲相驅使汝可爲人療病必得大富女謂是魍魎弗敢從
遂得病積時隣舍人有溪蜮毒者女試療之自覺病便差
遂以巫道爲人療病無不愈家産日益鄉里多欲娶之女
以無兄弟誓守墳墓不嫁
又曰武陵王曅爲祠部尚書巫覡或言曅有非常之相以

此自負武帝聞之故無寵未常處方岳焉
又曰王敬則母爲女巫常謂人云敬則生時胞衣紫色後
應得鳴鼓角人笑之曰汝子得爲人吹角可矣後果封侯
給鼓吹
又曰袁君政字世忠爲豫章内史性不信巫邪有師世榮
稱道術爲一郡巫長君政在郡小疾主簿熊丘薦之師云
須疾者衣爲信命君政以所着襦與之事竟取襦云神將
送與北斗君政使檢諸身於衣裏獲之以爲亂政即刑於
市而焚神一郡無敢行巫
梁書曰沈約病夢齊和帝劒斷其舌令巫視之言如夢乃
呼道士奏赤章於天稱禪代之事不由己出
又曰元帝背生黑子巫媪見曰此大貴不可言
又曰蔡撙爲臨海太守有百姓楊元孫以婢採蘭貼與同

里正黃權約生子酬乳哺直權死後元孫就權妻吳氏贖
婢吳背約不還元孫訴撙判還本主吳能爲巫出入撙内
以金釧賂撙妾遂改判與吳元孫撾登聞鼓訟之爲有司
劾時撙已去郡雖不坐而常以爲耻
又曰王神念爲青冀二州刺史性剛正所更州郡必禁止
淫祠時東北有石鹿山臨海有神廟祆巫欺惑百姓遠近
祈禱糜費極多及神念至便令毁拆風俗遂改
後魏書曰郭祚少而孤貧姿貌不偉鄉人莫之識也有女
巫許相後當富貴祚涉歷經史習崔浩之書尺牘文章見
稱於世舉秀才對策上第拜中書士累遷黃門侍郎
又曰定州流人解思安其兄慶賓懼後追責規絶名貫乃
認城外死屍詐稱其弟爲人所殺迎歸殯葬頗類思安見
者莫辨又有女巫楊氏自云見鬼說思安被害之苦飢渴

之意慶賓又誣疑同軍兵蘇顯甫李蓋等所害經州訟之二人不勝楚毒各自款引獄將決音李崇疑而停之密遣二人非州內所識者僞從外來詣慶賓告曰僕往在北州去此三百有一人見過寄宿夜中共語疑其有異便卽詰問迹其由緒乃云是流兵背役逃走姓解字思安時欲送官苦見求及稱有兄慶賓今住楊州相國城內更姓徐君脫矜愍爲往告報見申委曲家兄聞此必重相報所有資才當不愛惜今但見質若往不獲送官何晚是故相造詣伸此意君欲見雇幾何當放賢弟若其不信可見隨看之慶賓帳然失色求其少停當備財物此人具以報崇攝慶賓問曰尒弟逃亡何故妄認他屍慶賓伏引更問蓋等乃云自誣數日之間思安亦爲人糺送崇召女巫視之鞭笞一百崇斷獄精審皆此類也

三國典略曰初齊神武之克鄴城於北臺上建立神祠盡布衣時所事也每祠之日唯與巫潘嫗及數人行事親自神宰制外無見者至是齊主焚除此廟并擲巫於火令燒殺之

又曰齊高緯夜夢黑衣貴人送相驅逐乃向之拜巫者烏大以厭之又於芳林園自着破衣裳爲窮兒入市躬自交易焉梁西鄙諸城爲羌兵鼓譟凌之多作黑衣人共相執縛親率內參臨拒或實彎弓射人自晉陽東巡單馬馳騖前不得有人解髮散而歸

又曰崔季舒未遇害家池蓮莖化爲人面着鮮卑帽妻晝魘魘寤云見人長一丈遍體黑毛欲來逼巳巫曰此是五道將軍入宅者不祥

又曰侯景之首至于江陵梟之於市然後煑而漆之以付武庫先是謠曰苦竹町市南有好井荆州軍殺侯景及首至湖東付諮議參軍宗季長宅東有苦竹町以景首置其中用市南井水煑之先是巫言有鬼萬計斷頭折頸入宅去來云季長大懼設齋迎佛又有數萬烏自江津飛噪集其家焉

北史曰齊琅邪王儼之未獲罪鄴北城有白馬佛塔是石季龍時爲澄公所作儼將修之巫曰若動此浮圖北城失主不從破至第二級得白蛇長數丈迴旋失之數旬而敗

又曰竇泰母初夢風雷暴起若有雨狀出庭觀之見雷光奪目駛雨霑灑寤而驚汗遂有娠朞月而不産大懼有巫曰渡河湔裙産子必易便向水所忽見一人曰當生貴子生可從而南泰母從之俄而生泰

隋書曰衛昭王爽討突厥明年徵爲納言高祖甚重之未

幾爽寢疾上使巫者薛榮宗視之云衆鬼爲厲爽令左右驅逐之居數日有鬼物來擊榮宗榮宗走下而死其日爽薨

又曰李景爲代州總管先是府內井中甃上生花如蓮并有龍見時變鐵爲馬甲士又有神人長數丈見於城下其跡長四尺五寸景問巫對曰此是不祥之物來食人血耳景大怒推出之旬日而兵至死者數萬焉

又曰李密破宇文化及化及還其勁兵良馬多戰死士卒皆倦王世充欲乘其弊而擊之恐人不一乃假託鬼神言夢見周公乃立祠於洛水上遣巫宣言周公欲令僕射急討李密當有大功不則兵皆疫死兵多楚人俗信妖妄故出言以惑之衆皆請戰

太平御覽卷第七百三十四

方術部十六

巫下

巫下　厭蠱

唐書曰薛舉寇幽岐之地太宗征之劉文靜殷開山與舉戰於高墌(音隻)城西南爲舉所敗衛尉郝瑗勸舉秉勝直指長安舉然之臨發而遇疾召巫視之巫言唐兵爲祟舉惡之未幾而死

又曰劉文靜性嗜酒與其弟文起酣飲出怨言拔刀斫柱曰會當斬裴寂頭耳家中妖怪數見文起憂之遂召巫者於星月之下被髮銜刀爲厭勝之法其愛妾失寵以告其兄妾兄上變高祖以之屬吏

又曰武后將如洛陽至閿鄉縣界騎忽不進召巫者問之巫言晉龍驤將軍王濬云臣墓在道南每爲樵採者所害聞大駕今至故來哀告后勑去墓五里不得採樵

又曰肅宗重陰陽鬼神之事或命巫媼乘馹行郡縣爲厭勝之術有祆人王璵遂以左道爲相代宗亦篤信之凡所修築動牽禁忌而姦人黎幹得以左道尹京又內集衆工編刺珠繡爲御衣既成而焚之爲禳除法且無虚月

又曰永太中迴紇首領羅達干等率其衆詣涇陽請降郭子儀許之因去甲冑與之相見既而子儀先執杯合胡祿都督請呪于儀呪曰大唐天子萬萬歲迴紇可汗亦萬萬歲兩國將相亦萬萬歲若起負心違背盟約者身死陣前家口屠戮合胡祿都督等失色及杯至即譯曰如令公盟約皆喜曰初發本部來日將巫師兩人來云此行大安穩然不與唐家兵馬鬬見一大人即歸今日領兵見令公令

公不爲疑脫去衣甲單騎相見誰有此心膽是不戰鬬見一大人巫師有徵矣歡躍久之子儀撫其背首領等分纏頭綵以賞巫師

又曰朔方先鋒兵馬使南陽郡王白元光與迴紇合兵於涇州靈臺縣西共破吐蕃等十萬餘衆初白元光等到靈臺縣西探知賊勢爲月明思少陰晦迴紇使巫師便致風雪及遲明戰吐蕃盡寒凍弓矢皆廢披氈徐進元光與迴紇隨而殺之

又曰大曆九年七月久旱是日澍雨豐霈初京兆尹黎幹以旱故祈雨於朱雀街造土龍悉召城中巫覡更舞觀者駭笑

又曰房孺復故太尉琯之孽子年二十淮南陳少由辟爲從事多招陰陽巫覡令揚言已身過三十必爲宰相

又曰貞元中昭義節度使李抱眞以久疾爲巫祝所惑請降官爵以禳之章奏凡七上詞甚切至上難違之故自司空而授僕射

又曰田仁會爲右金吾將軍所得祿俸估外有餘輒以納官時人譏其邀名仁會盡力病惡晝夜巡警絲毫越法無不立發躬自閱罰略無寬者京城貴賤咸畏憚之時有女巫蔡娘子以鬼道惑衆自云能令死者復生市里以爲神明仁會驗其假妄奏請徙邊上日若死者不活便是妖妄若死者得生更是罪過不可容也竟依仁會所奏

又曰李德裕爲浙西觀察使德裕壯年得位銳於報政凡舊俗之害民者悉革其弊江嶺之閒信巫祝惑鬼怪有父母兄弟厲疾者舉室弃之而去德裕欲變其風擇鄉人之有識者諭之以言繩之以法數年之間弊風頓革屬郡祠

廟按方志前代名臣賢后則祠之四郡之內除淫祠一二千所又罷私邑山房一千四百六十以清寇盜人樂其政優詔嘉之

又曰劉禹錫貶朗州司馬州居西南夷土風僻陋舉目殊俗無與言者禹錫在郎十年唯以文章吟詠陶冶情性蠻俗好巫每淫祠鼓舞必歌俚辭禹錫或從事於其間乃依騷人之作爲新辭以教巫祝故武陵谿洞間夷歌率多禹錫之辭也○莊子曰鄭有神巫曰季咸知人生死鄭人見之皆弃走列子見之而心醉歸

又曰小巫見大巫拔茅而弃此其所以終身弗如也

淮南子曰鄭之神巫相壺子林見其徵在男曰覡在女曰巫巫能占骨法吉凶之氣故見其兆徵應也告列子列子行泣報壺子也列子鄭之隱士壺子弟子報白者也壺子持以天壤言精神天之有也形骸地之有也死也自歸其本故曰持天壤矣名實不入機發於踵名爵號之名也實幣帛貨財之實不入者心不恤也機疾也謂命危殆不旋踵而至猶不怨懼者也壺子視之死生亦齊也齊等

尸子曰齊有田果者命狗曰富命子爲樂將欲祭也狗入室果呼之曰富出巫曰不祥也家果大禍長子死哭曰樂乎而不似悲也

呂氏春秋曰管仲病桓公問焉仲曰願君遠易牙豎刁常之巫公子啓方公曰常之巫能審於死生子痾猶疑耶仲曰死生命也病是天也君不守其本而恃巫彼將以此無不爲也及公病常之巫曰公以某日薨易牙等作亂公嘆曰死若有知何面目以見仲父蒙面而死

山海經曰大荒中有靈山巫咸巫郎巫盼巫彭巫姑巫真巫禮巫抵巫謝巫羅十人從此升降百藥爰在

國語曰古者民神之不能雜擇民之精爽不攜貳者而又能齊肅忠正其智能上下比義其聖能光遠宣朗其明能光照之其聰能聽達之如是則神明降之在女曰巫在男曰覡

又曰厲王虐國人謗王厲王恭王之曾孫夷王之子邵公告曰民不堪命矣邵公邵康公之後穆公虎也爲王卿士言人不堪暴虐之政命也王怒得衛巫使監謗者衛巫衛國之巫監察之也巫有神靈有謗必知也以告則殺之巫言謗王王則殺之國人莫敢言道路以目王喜告邵公曰吾能弭謗矣乃不敢言弭止

離騷曰欲從靈氛之吉占兮心猶豫而狐疑巫咸將夕降兮懷椒糈私呂反而要之椒者香物也所以降精神來所以享神

東方朔傳曰武帝時有神雀下丞相御史中丞二千石諫議臣博士皆上壽東方朔獨不賀帝曰群臣皆賀而獨不賀何也對曰恐後有巫爲國害者朔因謝疾去其後卒有

巫蠱之事不知朔竟所終也

桓子新論曰昔楚靈王驕逸輕下信巫祝之道躬舞壇前吳人來攻其國人告急而靈王鼓舞自若

異苑曰曹娥父能絃歌爲巫五月五日於西江泝濤迎婆娑神溺死不得屍娥年十四緣江號哭七日遂投江求之而死

幽明錄曰董卓信巫軍中常有巫都言禱求福利言從卓求布倉卒無布有手巾言曰可用耳取便書巾上如作兩口一口大一口小相累以舉謂卓曰愼此也卓後爲呂布所殺後人則知況呂布也

又曰大元年中臨海有巫李不知所由來能卜相作水符治病多愈亦禮佛讀經語人云明年天下當大疫此境尤劇又二紀之後此邦之西北大郡殭尸橫路時汝南周叔

道龍臨海令權停家巫云周令今去不宜南行必當暴死便指北山曰後二十日此山應有異則其事彰也後十餘日大石夜頽落百丈砰礚若雷庚指爲臨海太守過諸周彤餞作伎至夜庚還舫中天曉庚自披屏風呼叔道何癡不起左右撫看氣絶久矣到明年縣內病死者數千

又曰巴丘縣有巫師舒禮晉永昌元年病死土地神將送詣太山俗人謂巫師爲道人也入過禮舍門前土地神問吏此是何等舍門吏曰道人舍土地神曰是人亦是道人便以相付禮入門見□間瓦□皆縣竹簾自然床榻男女異處有誦經者唱偈者然飲食快樂不可言禮文書名已至太山門而又身不到推入土地神云道見數千間瓦屋即問吏言女道人即以付之於是遣神即錄取禮觀未遍見有一人八手四眼捉金杵遂欲撞之便怖走還出門神

已在門迎捉送太山太山府君問禮卿在世間皆何所爲禮曰事一萬六千神爲人解除祠祀或殺牛犢猪羊鷄鴨府君曰汝罪應上熱熬便牽著熬所見一物牛頭人身捉鐵叉叉禮著熬上宛轉身體燋爛求死不死一宿二日府君問主者禮壽命應盡爲頓奪其命校錄籍餘筭八年乃命將錄來牛頭復以鐵叉叉著熬邊府君曰今遣卿歸終畢餘筭勿復殺生淫祠禮乃還活不復爲巫師

江氏家傳曰江統爲太子洗馬諫愍懷太子曰臣聞土者民之主用播殖築室營都建邑皆有明制著在經典而無禁忌犯害之文唯末俗小巫乃有此言巫書乃禁入地三尺有四時方面不皆禁也竊見禁土令不得繕治壇垣動移屋瓦臣等以爲此違典義不可爲永制

兩京記曰宣政門內曰宣政殿初成每見數十騎馳突出沒高宗使巫視劉門奴問其所以鬼云我漢楚王戊太子死葬於此門奴曰按漢書戊與七國反誅死無後焉得葬此鬼曰我當時入朝以路遠不隨後坐病死天子於此葬我漢書自遺誤耳門奴因宣詔欲爲改葬鬼曰出入誠不安改葬幸甚天子斂我玉魚一雙幸勿奪之及發掘玉魚宛然棺柩略盡

又曰尚書省左司郎廳事後有古冢高宗武后聞郎中屢有暴死者聖曆中有巫者見尚書郎鄭默冢發之得銘誌符驗棺柩尚在并有瓦木雜器鄭氏子孫相率改葬

厭蠱

史記曰江充見上年老恐晏駕後爲太子所誅因奏上言日疾祟在巫蠱以充爲使者治巫蠱充將胡巫掘地求木偶至遂掘得蠱於太子宮得桐木人太子懼不能自明收

充自臨斬之

宋書曰文帝時使宮內皆蠶欲以諷厲天下有女巫嚴道育夫爲劫坐沒入奚官元凶劭姊東陽公主應閤婢王鸚鵡白公主嚴道育通靈主乃白上託云善蠶求召入道育云所奉天神當賜符應時主夕卧見流光相隨狀如螢火遂入巾箱化爲雙珠圓青可愛於是主及劭並信惑之始興王濬素佞事劭並多過失慮上知使道育祈請欲令過不上聞歌舞呪詛不捨晝夜道育輒云自上天陳請必不泄露劭等敬事號曰天師後遂巫蠱刻玉爲上形像埋於含章殿前初東陽公主有奴陳天興鸚鵡養以爲子而與之淫通鸚鵡天興及寧州所獻黃門慶國並與巫蠱事劭以天興補隊主東陽主薨鸚鵡嫁吳興沈懷遠爲妾鸚鵡旣適懷遠慮與天興私通事泄請劭殺之劭密使人害天

而慶國謂往來唯有二人天興既死慮將見及乃以白上上驚惋即收鸚鵡家得劭濬手書皆呪詛巫蠱之言得所埋上形像於宮內道育叛亡捕之不得上詰責劭濬劭濬唯陳謝而已道育變服為尼逃匿東宮濬往京口又以自隨或出止親人張旿家後濬當鎮江陵復載道育還東宮欲將西上有告上云京口張旿家有一尼服食出入征止內似嚴道育上使掩得二婢云道育隨征北還都上惆悵驚惋劭弒逆後李武平亂不見傳國璽問劭云在嚴道育處就取得之道育鸚鵡並都街鞭殺於石頭四望山焚其尸揚灰于江

梁書曰蕭紀舉岷蜀之衆由外水而下湘東王命方士伯人於長州苑板上畫紀形像親下鐵符釘于支體以厭之

○陳書曰後主陰令人告長沙王叔堅厭魅刻木為偶人

衣以道士衣施機關能拜跪晝夜於星月下醮之祝詛於上又令上書告其事案驗令實後主召叔堅囚于西省後赦之免所居官

北齊書曰初立太子恒母弘德夫人穆氏為左皇后大赦國內初斛律后之廢也陸令萱欲以穆氏代之祖珽請立胡昭儀為后胡太后亦卑辭厚禮以求令萱以胡氏寵幸方隆不得已而白齊主立之然意在穆氏每私謂齊主云豈有男為太子而身為婢妾乃求左道行厭蠱之術旬朔之間胡氏遂即精神恍惚言笑無恒齊主漸畏惡之於是立穆氏

隋書曰獨孤陁性好左道其外祖母高氏先事猫鬼已殺其舅郭沙羅因轉入其家上微聞而不信會獻皇后及楊素妻鄭氏俱有疾召醫視之皆曰此猫鬼疾上以陁后之異母弟陁妻楊素之異母妹由是意陁所為陰令其兄穆以情喻之上又避左右諷陁陁言無有上不悅左遷出怨言上令高熲蘇威大理正皇甫孝緒大理丞楊遠等推案之陁婢徐阿尼言本從陁母家來常事猫鬼每以子日夜祀之言子者鼠也其猫鬼每殺人者所死家財物潛移於畜猫鬼家陁嘗從家中索酒其妻曰無錢可酤陁因謂阿尼曰可令猫鬼向越公家使我足錢阿尼便呪之居數日猫鬼向素家後上初從并州還陁於園中謂阿尼曰可令猫鬼向皇后所使多賜吾物阿尼復呪之遂入宮中楊遠乃於門下外省遣阿尼呼猫鬼阿尼於是夜中置香粥一盆以匙扣而呼曰猫女可來無住宮中久之阿尼色正青若被牽曳者云猫鬼已至上以事下公卿奇章公牛弘曰妖由人興殺其人可以絕矣上令以犢車載陁夫妻將賜

死於其家陁弟整詣闕求哀於是免陁死除名以其妻楊氏為尼先是人訟其母為人猫鬼所殺者上以為妖妄怒而遣之及此詔誅行猫鬼家陁未幾而卒

又曰滕王瓚子綸當文帝世子不自安煬帝即位尤被猜忌綸憂懼呼術者王姿問之姿荅曰王相祿不凡滕即騰也此字足為善應有沙門惠恩崛多等頗善占候綸每與交通嘗令此三人為厭勝法有人告綸怨望呪詛帝令黃門侍郎牛弘窮驗之

又曰秦王俊好內妃崔氏性妬甚不平之遂於瓜中進毒俊由是遇疾篤含銀銀色異為遇蠱未能白遣使奉表陳謝帝責以失德甍帝哭之數聲而已曰晉王前送一鹿我令作脯擬賜秦王王亡可置靈坐之前心已許之不可虧信帝及后往視見大蜘蛛大蛷螋（上音求下音搜）從柩頭出之不

見竊之知妃所爲也

又曰蜀王秀漸奢侈違法度及太子勇廢秀甚不平皇太子終恐爲後患陰令楊素求其罪狀而譖之又令楊素蘇威牛弘柳述趙綽推治之太子陰作偶人書帝及漢王姓字縛手釘心令人埋華山下令楊素發之又作檄文陳逆臣賊子專弄威柄陛下唯守虛器一無所知帝乃下詔數其罪曰漢王於汝親則弟也乃畫其形像題其姓名縛手釘心枷鏁杻械仍云請西岳華山慈父聖母收楊諒神閉在華山下勿令散蕩我之於汝親則父也仍云請西岳華山慈父聖母賜爲開化楊堅夫妻迴心歡喜又畫我形像縛手撮頭仍云西岳神兵收楊堅魂神如此形狀我今不知楊諒汝何親也滅天理逆人倫皆爲之不祥也欲免患禍長守富貴其可得乎

搜神記曰鄱陽趙壽有犬蠱有陳岑詣壽忽有大黃犬六七羣出吠岑後余相伯歸與壽婦食吐血幾死乃屑桔梗以飲之乃愈

兩京記曰楊素有美妾姿色絕倫時有千牛桑和有妖蠱異術常云一見婦人便即能致煬帝嘗密使人竊之素宅深邃和朝奉詔其夜便竊以匿煬帝奇其能便詔素賜之

唐書曰高駢傳云畢師鐸入城呂用之張守一出奔楊行密詐言所居有金行密入城掘其家地下得銅人長三尺餘身被桎梏釘其心刻高駢二字於胷蓋以魅道厭勝蠱惑其心以至族滅

太平御覽卷第七百三十五

太平御覽卷第七百三十六

方術部十七

祝　符　術

祝

說文曰祝祭主贊詞者

周禮曰大祝掌六祝之辭以事鬼神示祈福祥求永貞一曰順祝二曰年祝三曰吉祝四曰化祝五曰瑞祝六曰筴祝

又曰掌六祈以同鬼神示作六辭以通上下親疏遠近辨六號辨九㩎與拜同

又曰小祝掌小祭祀喪祝掌大喪勸防之事甸祝掌四時之田詛祝掌盟詛類造攻說禬禜之祝號

左傳曰晉范文子反自鄢陵使其祝宗祈死曰君驕侈而克敵是天益其疾也難將作矣愛我者唯祝我使我速死無及於難范氏之福也六月戊辰士燮卒

又曰宋皇國父爲太宰爲平公築臺妨於農功子罕請俟農功之畢公弗許築者謳之曰澤門之皙實興我役邑中之黔實慰我心子罕聞之親執朴以行築者而抶其不勉者曰吾儕小人皆有闔廬以避燥濕寒暑今君爲一臺而不速成何以爲役謳者乃止或問其故子罕曰宋國區區而有詛有祝禍之本也

又襄二十七年曰楚子木問於趙孟曰范武子之德何如對曰夫子之家事治言於晉國無隱情其祝史陳信於鬼神無愧辭

又曰齊侯疥遂痁期而不瘳諸侯之賓問疾者多在梁丘據與裔款言於公曰吾事鬼神豐於先君有加矣今君疾病爲諸侯憂是祝史之罪也諸侯不知其謂我不敬君盍誅於祝固史嚚以辭賓公說先告晏子晏子曰日宋之盟屈建問范會之德於趙武趙武曰夫子家事治言於晉國竭情無私其祝史祭祀陳信不愧其家事無猜其祝史不祈建以語康王康王曰神人無怨宜夫子之光輔五君以爲諸侯主也公曰據與款謂寡人能事鬼神故欲誅於祝史子稱是語何故對曰若有德之君內外不廢上下無怨動無違事其祝史薦信無愧心矣是以鬼神用饗國受其福祿祝史與焉其所以蕃祉老壽者爲信君使也其言於鬼神其適遇淫君內外頗邪上下怨疾動作辟違從欲厭私高臺深池撞鍾舞女斬刈民力輸掠其聚以成其違不恤後人暴虐淫縱肆行非度無所還忌不思謗言不憚鬼神神怒民痛無悛於心其祝史薦信是言罪也其蓋失數美是矯誣也進退無辭則虛以求媚是以鬼神不饗其國以禍之祝史與焉所以夭昏孤疾者爲暴君使也其言僭嫚於鬼神公曰然則若之何對曰不可爲也言非誅祝史所能治山林之木衡鹿守之澤之萑蒲舟鮫守之藪之薪蒸虞候守之海之鹽蜃祈望守之縣鄙之人入從其政偪介之關暴征其私丞嗣大夫強易其賄布常無藝徵斂無度宮室日更淫樂不違內寵之妾肆奪於市外寵之臣僭令於鄙私欲養求不給則應人民苦病夫婦皆詛祝有益也詛亦有損聊攝以東姑尤以西其爲人也多矣雖其善祝豈能勝億兆人之詛君若誅於祝史脩德而後可公說使有司寬政毀關去禁薄斂責己

又曰衛太子禱曰曾孫蒯聵敢昭告皇祖文王烈祖康叔文祖襄公鄭勝亂從晉午在難不能治亂使鞅討之蒯聵不敢自佚備持矛焉敢告無絕筋無折骨無面傷以集大

事無作三祖羞大命不敢請佩玉不敢愛
韓詩外傳曰齊桓公至海丘見封人曰尒何爲者也對曰
臣海丘封人也桓公曰叟年幾何曰臣八十有三矣桓公
曰美哉壽也叟盍爲寡人壽也對曰野臣不知爲君王之
壽桓公曰盍以叟之壽祝寡人封人奉觴再拜曰使吾君
罔壽金玉之賤人民是寶桓公曰善哉祝乎叟盍復祝乎
封人曰使吾君好學而不惡問賢者在側諫者得入桓公
曰善哉祝乎封人曰無使羣臣百姓得罪於吾君亦無使
吾君得罪於羣臣百姓桓公不悅曰此言非夫前二言之
善也叟其革之封人瀾然涕下曰願與吾君終言之此言
乃夫前二言之上也臣聞子得罪於父母可因姑姊妹而
謝也父乃赦之臣得罪於君可因便僻之左右而謝也君
乃赦之昔桀得罪於湯紂得罪於武王此君得罪於臣也

至今未有爲謝者公曰善扶而載之自御以歸
禮外篇成王冠周公使祝雍曰辭達而已勿多也祝雍曰
近於民遠於佞近於義嗇於時惠於財任賢使能陛下擱
顯先帝之光耀以承皇天之嘉祿欽順仲春之吉日遵並
大道邪域康阜萬福之休靈始加昭明之元服推遠邪佞
之忠弘積文武之寵德肅勤高祖之清廟六合之內靡不
蒙德永永與天無極
又曰大夫成群立社祝曰今某月日君爲某立社社祭上
而主陰氣也五穀用成萬民以生敢用肥豚嘉蔬清酒敬
致大神自今日已來祈請止雨惟靈是聽子孫眉壽萬神
含靈止雨祝曰天生五穀以養人民今天雨不止用傷五
穀如何神靈而行而止殺牲以賽神靈雨則不止鳴鼓攻
之朱綠繩索而賫之

史記曰楚大發兵如齊齊王使淳于髡之趙請救兵遺金
百斤車馬十駟淳于髡仰天大笑冠纓索絕王曰先生少
之髡曰何敢王曰笑豈有說乎髡曰今者臣從東方來見
道傍有禳田者操一豚蹄酒一盂而祝曰甌窶滿篝甌窶猶桮
樓也言豐年採掇易滿篝籠也篝音□汙耶滿車汙耶下地有薪草也五穀蕃熟穰穰
滿家臣見其所持者狹而所欲者奢故笑之
吳越春秋曰勾踐五年夏五月將與大夫種范蠡入臣於
吳群臣皆送臨水祖道大夫種前爲祝其辭曰皇天祐助
先沉後揚禍爲德根憂爲福堂威人者滅服從者昌王雖
牽致其後無殃君臣生離感動上皇衆夫哀悲莫不感傷
臣謹再拜伏稱萬歲上酒三觴勾踐仰天大息舉杯垂涕
嘿無所言
宋書曰王悅之宋明帝泰始中爲黃門郎上以其廉介賜

良田五頃以爲侍中在門下盡心力檢校御府太官太醫
諸署時承奢汰之後奸猾者衆悅之案意刻覆無所避得
奸巧甚多於是衆署共呪詛悅之病甚恒見兩烏衣人捶
之及卒上乃收典掌者十許人桎梏之送淮陰密令渡瓜
步江投之中流
北史曰後魏時有沙門惠憐自云呪水飲人能差諸病病
人就之者日有千數靈太后詔給衣食事力使於西南療
百姓
北齊書曰婁太后爲博陵王納崔陵妹爲妃勑中使曰好
作法用勿使崔家笑人婚夕顯祖舉酒祝曰新婦宜男孝
順富貴陵奏曰孝順出自臣門富貴恩由陛下
尸子曰鮑叔爲桓公祝曰使公無忘在莒時管子無忘在
魯時寗武子無忘車下時

靈鬼志曰石虎時有胡道人驅驢作估於外國深山中行有一絕澗窈然無底行者恃山爲道魚貫相連忽有惡鬼牽之下入澗中胡人急性便大喧恚尋跡澗中並祝誓呼諸鬼神下遠忽然出一平地城門外有一鬼大鏁項腳著大鐵桎鬼見道人便乞食曰得食當與汝既至門乃是鬼王所治前見王道人便自說驅驢載物爲鬼所奪尋跡至此須臾即得其驢載物如故

賈誼新書曰湯見設網者四面張網而祝之曰自天下者自四方至者皆羅我網湯曰嘻盡之矣非桀其孰能如此合去三面教之曰蛛蝥作網今之人脩緒欲左者左欲右者右欲高者高欲下者下吾請受其犯命者民聞之曰德及禽獸而況我乎於是下親其上

說苑曰齊遣淳于髡到楚爲人短小楚王甚薄之謂曰齊無人耶而使子來子何長也對曰臣無長腰中七尺之劍欲斬無狀王曰止吾但戲子耳即與髡曰飲酒謂髡曰吾有仇在吳國子定能爲報之乎對曰來見道傍鄙民持一頭魚上田祝曰上得萬木下得千斛臣竊笑之以爲禮薄而辭多祭輕而望重王今與吾半日之樂而委以吳王非其計楚王嘿然○新序曰中行寅將軍召其大祝而欲加罪曰子爲我祝辭令不精耶犧牲不肥澤也威儀不謹敬耶齋戒不潔清也乃使吾國將亡何也祝簡對曰昔吾先君中行密子有車十乘不憂其薄憂其德義之不足也今之主君有車百乘不憂德義之薄唯患車之不足也且船車飭則賦斂厚賦斂厚則民怨而謗詛矣君苟以爲祝之有益於國則謗詛亦將爲亡矣一人祝之一國詛之一人祝不勝萬人詛國亡不亦宜乎祝其何罪中行子默然而

慙

風俗通曰案明帝起居注東巡太山到滎陽有烏飛鳴乘車上虎賁王吉射之中而祝曰烏鳴啞啞引弓射洞右腋陛下壽萬歲臣爲二千石明帝賜錢二百萬

世說曰劉靈嗜酒其婦止之靈祝曰天生劉靈以酒爲名一飲一斛五斗解酲婦人之言慎不可聽

蔡邕祖餞祝曰令歲淑月日吉時良爽應孔嘉君當遷行神龜吉兆休氣煌煌著卦利貞天見三光鸞鳴噰噰四牡彭彭君既升輿道路開張風伯雨師灑道中央陽遂求福蚩尤辟兵倉龍夾轂白虎扶行朱雀道引玄武作侶勾陳居中厭伏四方君往臨邦長樂無疆

符

黃帝出軍訣曰昔者蚩尤抱政無道殘酷無已黃帝討之於涿鹿之野暴兵中原黃帝仰天歎息愀然而睡夢西王母遣人披玄狐之裘以符受之曰太一在前天一備後得兵契信戰則尅矣黃帝悟思其符立壇請而祈之祭以太牢用求神祐須臾玄龜巨鼇銜符出從水中置壇中而去黃帝再拜稽首親自受符視之乃所夢也於是黃帝佩之以攻即日擒蚩尤

龍魚河圖曰玄女出□兵符付黃帝制蚩尤

葛仙公別傳曰仙公丹書符投江中順流而下次又投一符逆流而上次投一符不上不下停住水中而向二符皆還就之

神仙傳曰漢章帝問劉馮殿下有怪常有朱衣被髮持燭相隨而走爲可劾不馮曰可帝因使人僞爲之馮以符擲之使人頓地帝驚曰以相試耳乃解之

又曰仙人帛和弟子孫眞舅氏當葬路遠不得車馬和以一函符與眞誡曰放持此行二十里當有以車牛給汝者又有厨供不可發此函眞行果有一少年御一車牛給眞并送酒食即到舅家以函著衣箱中眞弟不知發函函有紙畫車牛一人御之因失車牛所在

列仙傳曰涓子釣於河澤得符於鯉魚腸中

續搜神記曰吳猛字世雲有道術狂風暴起猛擲符上便有一飛鳥接符去須臾風靜人問之荅云南湖有遭此風者兩舫人是道士呼天求救故符以止風

抱朴子曰劉安君用藥及符能令人含笑則為婦人蹙面則為老夫踞地則為小兒

葛洪神仙傳曰葛玄見賣大魚者謂曰暫煩此魚往河伯處魚主曰魚已死玄曰無苦乃丹書紙內魚口中投水有頃魚化□□□□□□□□□□□□□□□□□□禁而飛

術

後漢書曰郭憲字子横建武七年伐張堪為光祿勳從駕南郊憲在位忽乃向東北含酒三噀（埤蒼曰噀□也音□）執法奏為不敬詔問其故憲對曰齊國失火故以厭之比後齊果有火災與郊同日

又曰樊英字季齊善風角筭河洛七緯常有暴風從西方來起英謂學者曰成都市火甚盛因含水西向潄之乃令記其日時客後有從蜀都來云是日大火有黒雲卒從東起須臾大雨火遂得滅於是天下稱其術藝

邵氏家傳曰邵信臣為少府南陽遭火燒數萬人信臣時在丞相匡衡坐心動含酒東向潄之遭火處見雲西北來冥晦大雨以滅火雨中酒香

桂陽列仙傳曰成武丁正旦大會以酒沃廷中有司問其故對曰臨武縣失火以酒救之遣騎果然

神仙傳曰欒巴為尚書正旦會得酒西南潄云成都失火作雨救之後使至果如其言

抱朴子曰外國方士能祝龍臨淵禹步龍浮出長數十丈方士吹之則縮短數寸掇取著壺中輒四五寸以水養之餘國少雨屢旱者輒賫一龍往賣之一龍千金取一頭着淵中即興雲雨也

又曰廬江太守華念思就道士學徵視術未滿百日夜見天文及四隣不復有屋舍籬障有妾死已久亦見其形與語如平生念思方信道術

又曰李阿者行道逢奔車阿兩脚中車脚即折弟子古弼見之驚怖阿須臾取斷脚相續如故也

淮南萬畢術曰慈石提棊取雞磨針鐵以相和慈石棊頭

置局上自相投也

又曰鵲腦令人相思取雌雄鵲各一燔之四通道丙寅日與人共飲酒置腦酒中則相思也

又曰老槐生火膠撓水則清弊箕止醎取箕以內醬中醎着箕矣

又曰首澤浮針取頭中垢以塗針塞其孔置水即浮

又曰燒角入山則虎豹自遠惡其臭也

又曰赤布在戶婦人留連取婦人月事布七月七日燒為灰置楣上即不復去勿令婦人知取苓皮置甖中自沸如雨也

又曰梧木成雲取梧木置十碩瓦甖中氣盡則出雲

又曰銅甕雷鳴取沸湯置甕中沉之井裏則鳴數十里取

家祠黍以哄兒兒不思母、
又曰取門冬赤黍漬以狐血陰乾之欲飲酒取一丸置舌
下酒吞之令人不醉
又曰門冬赤黍薏苡爲丸令婦人不妬
又曰取雞子去汁然艾火內空中疾風高舉自飛去取亡
人衣裏磁石懸井中亡者自歸矣
又曰取蜘蛛塗布天雨不能濡之
又曰取馬尾犬尾置朋友夫妻衣中自相憎矣
又曰削氷令圓舉以向日以艾承其影則火生
又曰取牛膽塗熱釜卽鳴矣
又曰取伯勞血塗金令人不取化爲石也
又曰拔劒倚門兒不驚
又曰狼皮在戸羊不出牢羊畏狼故也

又曰燒木賣酒人民自聚取失火家木刻作人形朝朝祭
之人聚也
又曰取守宮蟲餌以丹陰乾塗女人身男合卽滅
又曰蠐螬塗鐵柔不折甑瓦止鳥鳴取甑底抵之則止
又曰犀角置狐穴中狐不歸
又曰鵶脛血塗雞頭不能起
又曰馬齧人取僵蠶塗上屑卽止復不齧人

太平御覽卷第七百三十六

方術部十八

禁　幻

禁

後漢書曰章帝時有壽光侯者壽姓風俗通云壽於姚吳太夫能劾百鬼衆魅令自縛見形其鄉人有婦爲魅病侯爲劾之得大蛇數丈死於門外又有神樹人止者輒死鳥過者必墜侯復劾之樹盛夏枯落見大蛇長七八尺懸死其閒帝聞而徵之謂曰吾殿下夜半後常有數人絳衣被髮持杖相隨豈能劾之乎侯曰此小恠易消耳帝僞使三人爲之侯劾三人登時仆地無氣帝大驚曰非魅也朕相試耳解之而蘇

又曰徐登萬者閩中人也本女子化爲丈夫善爲巫術

又曰趙炳字公阿東陽人能爲越方時遭兵亂疾疫大起

二人遇於烏溪水之上酈元長注水經曰吳寧溪出吳寧縣烏傷之烏傷溪在今婺州義烏縣東遂結言約共以其術療病各相謂曰今既同志且可試各所能登乃禁溪水水爲不流炳復次禁枯樹樹即生荑易曰枯楊生荑王弼注云荑者楊之秀也二人相視而笑共行其道焉登年長炳師事之貴尚清儉禮神唯以東流水爲酌削桑皮爲脯但行禁架所療皆除禁架即禁術也後登物故炳東入章安百姓未之知也炳乃故升第屋梧鼎而爨主人見之驚懅梧支也懅怍也炳笑不應既而爨熟屋無損異又嘗臨水求渡船人不和之和猶許也俗本作者知誤也炳乃張蓋坐其中長笑呼風亂流而濟

吳志曰賀齊討山賊中有善禁者每當交戰官軍刀劍皆不得拔弓弩射矢皆還自向輒致不利齊有長思乃曰吾聞金有刃者可禁蟲有毒者可禁其無刃毒則不可禁彼必能禁吾兵也必不能禁無刃物矣乃多作勁木棓選勇力精卒五千人爲先登盡捉棓彼山賊恃其善禁不嚴備於是官軍以白棒擊之彼禁不復行打殺者萬計

蕭子顯齊書曰陳顯達南彭城人顯達出杜姥宅大戰被賊矢中左眼拔箭而鏃不出地黃村潘嫗善禁先以釘釘柱中嫗禹步作氣釘即時出乃禁顯達目中鏃出之

又曰顧歡弟子鮑靈綬門前有一株樹本十餘圍上有精魅數見影動印樹即枯死山陰白石村多邪病村人告訴求哀歡往村人爲講老子規地作獄有頃見狐狸黿鼉自入獄中者甚多即命殺之病者皆愈又有病邪者問歡歡曰家有書否曰唯有孝經歡曰可取置病人枕邊恭敬之自差病者果愈人問其故荅曰善禳惡正勝邪此病者所以瘳

北齊書曰崔子武季舒之族孫也幼時宿於外祖揚州刺史趙郡李憲家一夜夢一女姿色甚麗自云封龍王女願與崔郎私通子武悅之牽其衣裾微有裂綻未曉告辭結帶而別至明訪問乃是山神遂往祠中觀之傍畫女容狀即夢中見者裂裾尚存結帶猶在子武自是通夢恍忽成疾後逢醫禁之乃絕

隋書曰張文詡常有腰疾會醫者自言善禁文詡令禁之遂爲刃所傷至於頓伏牀枕醫者叩頭請罪文詡遽遣之

唐書曰葉法善嘗於東都凌空觀設壇醮祭城中士女競往觀之俄頃數十人自投於火中觀者大驚救之而免法善曰此皆魅病於吾法所攝耳問之果然法善悉爲禁劾其病遂愈

六韜曰武王代殷丁侯不朝太公乃畫丁侯於策三箭射

之丁侯病困卜者占云祟在周恐懼乃請舉國爲臣太公
使人甲乙日拔丁侯着頭箭丙丁日拔着口箭戊己日拔
着腹箭丁侯病稍愈四夷聞各以來貢
異苑曰永嘉陽童孫權時俗師也嘗獨乘船往建寧泊在
渚次宵中忽有一鬼來欲擊童因起謂曰誰敢近楊童者
鬼即稽顙云實不知是楊使者童便勑使乘船飛迅駛有
過猛帆王縣乃遣之
又曰趙侯少好諸術姿形悴陋長不滿數尺以盆盛水閉
目作禁魚龍立見侯有白米爲鼠所盜乃把刀畫地作獄
四面開門向東嘯羣鼠俱到呪曰凡非噉者過去有止者
十餘剖腹看藏有米在焉曾徒跣須履因仰頭微吟雙履
自至有笑其形容者便佯說以酒杯向口中即掩鼻不脫
仍稽顙謝過著地不舉永康有騎石山山上有石人騎石

馬侯仰指之人馬一時落首今猶在山下
神仙傳曰嚴青常從弟子家夜歸都督夜行逢青呵問何
人夜行青亦厲聲問曰汝是何人而夜行都督怒應對不
知是青因叱從兵使録夜行人青亦復叱其從神曰皆縛
夜行人青便去而都督及從者數十人人馬皆不復得去
明旦行人見都督問何爲在此都督曰事狀如此行人曰
必是嚴公也都督曰我不能得動可報余家家人知之往
叩頭啓謝青自說昨宵不知是先生乞得放遣青乃大聲
曰解遣昨宵所録夜行人還去都督乃得去其後夜行每
見行人先逆問非嚴公乎
又曰王方平降蔡經家北舍有姓陳者失其字嘗罷尉也
聞經家有人乃詣門叩頭求乞拜見方平遣人引前與語
此人便乞得隨從驅使比於蔡經方平曰君且起向日方
平從後視之言曰噫君心敘不正終不可教以仙道也當
授君以地上主者之職臨去以符併一傳着小箱中以與
陳尉告言此不令君度世也能令君本壽自出百餘歲也
可禳災治病者命未終及無罪過者君以符到其家便愈
矣若有邪鬼血食作禍祟者君便以符帶此傳以勑社吏
當收送其鬼心中亦當知其輕重臨時以意治之陳尉以
此符治病有効事之者數百家壽一百一十歲而死後弟
子行其符不効也
抱朴子曰治金創以氣吹之即斷痛登山蛇虺毒蟲中人
在近者就以氣禁之其相遠者或數十里便延治之呼其
姓名而呪之男也吹我右手記識其時後校問之皆即時
愈也又有介象者能以氣禁一里中愈居人炊之不得蒸
以氣禁樹上羣鳥即墮地又於茅屋上爇火煮雞熟而茅

不燋又禁刀矛以刺人腹以椎打之刃曲而不復入又燒
釜正赤而立上久之不知熱以錢投於沸釜湯中亦探取
錢而手不灼能令一市人皆坐不得起

幻

說文曰幻相詐幻惑幻人從反子〇周書云無或譸張爲
幻
後漢書曰永寧元年西南夷撣國王詣闕獻樂及幻人能
變化吐火自支解易牛馬頭元會在庭作安帝與群臣共
觀大奇之
又曰安帝時作九賓樂有含利之獸從西方來戲于
庭入前殿激水化成魚嗽水作霧化成黃龍長八丈出水
遨戲于庭炫燿日光
又曰解奴辜張貂者亦不知是何郡國人也皆能隱淪出

入不由門戶奴亭能變易物形以誑幻人
晉書曰郭璞將促裝去愛主人婢無由而得乃取小豆三
斗繞主人宅散之主人晨起見赤衣人數千圍其家就視
則滅甚惡之請郭璞曰君家不宜畜此婢可於東南二十
里賣之愼勿爭價則此妖可除也主從之璞陰令人賤買
此婢復爲符投井中數千赤衣人皆反縛一一自投于井
主人大悅璞攜婢而去
後魏書曰悅般國眞君九年遣使朝貢并送幻人稱能割
人喉脉令斷擊人頭令碎陷皆血出淋落數升或盈斗以
草藥令嚼咽之須臾血止世祖恐言是虛乃取死囚試之
皆驗
崔鴻北涼錄曰玄始十四年七月西域貢吞刀吐火秘幻
奇伎

北齊書曰由吾道榮琅邪人也初晉陽有人甚明法術爲
人傭力無識知者道榮聞之訪得其人以道榮好尚將法
授之謂道榮曰我本恒山仙人有罪爲天官所謫今限滿
將歸鄉里卿且送吾至于汾水及至汾河値水暴至其人
乃臨水禹步以一符投水中流便絕俄自沙石上渡河而
去道榮嘗至遼陽山中夜逢猛獸以杖畫地成大坑猛獸
逐走
唐書曰顯慶元年上御安福門樓觀大酺胡人欲持刀自
刺以爲幻戲上不許之乃下詔曰如聞在外有婆羅門胡
等每於戲處乃將劒刺肚以刀割舌幻惑百姓極非道理
宜並遣發還蕃勿令久住仍約束邊州若更有此色並不
須遣入朝
金樓子曰周穆王時西極有化人入水火貫石及山川移
城邑乘虛不墜觸實不礙千變萬化不可窮極穆王爲起
中天之臺鄭衞奏承雲之樂日日獻玉衣月月薦玉食幻
人猶不肯舍乃攜王至幻人宮稱以金銀絡以珠玉鼻口
所納皆非常人間物也由是王心厭宮室幻人曰易之耳
王悅遂肆志遠遊
西京雜記曰余所知有鞠道龍善爲幻術向余說古事有
東海人黃公少時爲幻能刺蛇御虎佩赤金爲刀以絳繒
束髮立興雲霧坐成山河及衰老氣力羸憊飲酒過度不
能復行其術
又曰淮南王好方士皆以術見遂後畫地爲江河撮土爲
山嶽噓呼爲寒暑噴嗽爲雨露王亦卒與諸方士俱去
異苑曰高陽新城臾晉咸寧中爲淫祠妖幻署置百官又
以木自鑿輒見所署置之人衣冠儼然百姓信惑京都翕

習收而斬之
又曰上虞孫泼奴多諸幻伎元嘉初叛建安中復出民間
治人頭風流血滂沲噓之便斷創又即斂虎傷蛇噬煩毒
垂死禁護皆差向空長嘯則群雀來萃夜咒蚊虻悉皆死
於側至三十年於長山爲本主所得知有術慮必亡叛約
縛枷鏁極爲重複明日已失所在
搜神記曰永嘉中有天竺胡人來渡江南其人有數術能
斷舌復續之吐火所在人士聚觀試其斷時先以舌示賓
客然後刀截血流覆地乃取置器中傳以示人視之舌頭
半舌猶在既而還取續之坐有頃坐人見舌則如故不知
其實斷否其續斷取絹布與人各執一頭對剪一斷之已
而兩段合將視之則復遂連絹無異故體時人多疑以爲
幻陰乃試之眞斷絹也其吐火先有藥在器中取一片與

黍餔合之再三吹呼已而張口火滿口中因就爇取以爨則火也又取書紙及繩縷之屬投火中衆共視之見其燒然消糜乃盡及舉而出之故向物也

靈鬼志曰太元十二年有道人外國來解吞刀吐火珠玉金銀說其所受術師曰衣非沙門也行見一人擔擔上有小籠子可受升餘語擔人云吾步行疲極欲寄君擔擔人甚怪之慮是狂人便語之云自可爾君欲何許自厝耶其人荅云若見許正欲入籠子中籠不便擔人迴怪之乃下擔入籠中籠更不大其人亦不更小擔之亦不覺重於先既行數里樹下住食擔人呼共食云我自有食不肯出止住籠中飲食器物羅列肴饍豐腆亦辨乃呼擔人來食未半語擔人我欲婦共食腹中吐出一女子年二十許衣裳容貌甚美二人共食食欲竟其夫便卧婦語擔人云我有

外夫欲來共食夫覺君勿道之婦便口中出一年少丈夫食籠中便有三人寬急之事亦復不異有頃其夫動如欲覺婦便以外夫內口中夫起語擔人曰可去即以婦內口中次及食器物此人既至國中有一家大富資財巨萬而性慳悋語擔人云試爲君破慳即至其家有好馬甚珍之繫在柱上忽失去尋索不得明日見馬在五升罌中終不可破便語君作百人廚以周一窮之馬得出耳主人即作之畢馬還在柱下明旦其父母在堂上忽然不見舉家惶怖不知所在開裝器忽然見父母在澤壺中不知何由復往請之其人云君當更作千人飲食以飴百姓窮者當時便作父母在床也

幽明錄曰安城人俗巫也善於幻術每至祠神時擊鼓宰三牲積薪燃火盛熾束帶入火中章紙燒盡而開形體衣服猶如初時王凝之爲江祠王當酒行爲王刷頭簪荷葉爲帽與王亦當不覺有異到坐之後荷葉乃見一坐驚駭

桓譚新論曰方士董仲君犯事繫獄佯死目陷虫爛故知幻術靡所不有又能鼻吹口歌聳眉動目荊州有鼻飲之蠻南城有頭飛之夷非爲幻也

孔偉七引曰弄幻之士因時而作殖苽種菜立起尋尺投芳送臭賣黃售白麾天興雲霧畫地成江海

太平御覽卷第七百三十七

太平御覽卷第七百三十八

疾病部一

揔敘疾病上

說文曰疾病也疹病加也疢熱病也痺勞病也疸黃病也
痁入病也

釋名曰疾病也客氣中人急疾也病並也與正氣並在膚
體中也疹診也有結聚可得診見也痛通也通在膚脉中
也癢揚也其氣在皮中人搔發之揚出也

爾雅曰痛瘏虺頹玄黃劬勞咎顇瘽瘉鰥戮癙癵瘇痒疷
疵閔逐疚痗瘥痱癉瘵瘼癠病也

方言曰南楚疾愈謂之差或謂之間或謂之知通語也或
謂之慧或謂之了或謂之瘳或謂之除殗(於怯反)殜(音業)微也
晉楚之間凡病不甚曰殗殜(郭日半臥半起也)凡病少愈而加劇

謂之不斟斟益也或謂之何斟(言雖小損無所益也)瘼(音莫)復病也東
齊海岱之間曰瘼或曰癁秦曰瘎(音闍或諶)

周易無妄卦曰無妄之疾勿藥有喜也

周禮天官下曰疾醫掌養萬民之疾病四時皆有癘疾春
時有痟首疾夏時有痒疥疾秋時有瘧寒熱疾冬時有嗽
上氣疾

又曰醫師掌醫之政令凡邦之有疾病者有疕瘍者造焉
則使醫分而治之

禮記曲禮下曰君使士射不能則辭以疾曰某有負薪之
憂

又曰曾子寢疾病樂正子春坐於牀下(鄭玄注子春曾參弟)曾元曾
申坐於足(元申曾參之子)童子隅坐而執燭童子曰華而睆大夫
之簀與(華畫也睆賢也說者以睆爲刮節目字或爲刮)子春曰止(以病困不可動)曾子
聞之瞿然曰呼(呼虛憊之聲也)曰華而睆大夫之簀與曾子曰然
斯季孫之賜也我未之能易也元起易簀曾元曰夫子之
病革矣不可以變幸而至於旦請敬易之(革急也變動也)

又喪服大記曰疾病外內皆掃(爲賓客將來問病也疾困曰病也)君大夫
徹懸士去琴瑟(聲音動人病欲靜也)寢東首于北牖下廢牀徹褻衣
加新衣體一人男子不死于婦人之手婦人不死于男子
之手

又曰君於大夫疾三問之士疾一問之

左傳成十五年曰晉侯疾病求醫于秦秦伯使醫緩爲之
未至公夢疾爲二豎子曰彼良醫也懼傷我焉逃之其一
曰居肓之上膏之下若我何醫至曰疾不可爲也在肓之
上膏之下攻之不可達之不及藥不至焉不可爲也公曰
良醫也厚爲之禮而歸之

又昭上曰晉侯有疾鄭伯使公孫僑如晉聘且問病叔向
問焉曰寡君之疾病卜人曰實沈臺駘爲祟史莫之知敢
問此何神也子產曰若君身則亦出入飲食哀樂之事也
山川星辰之神又何爲焉(言實沈臺駘不爲君疾)僑聞之君子有四
時朝以聽政晝以訪問夕以脩令夜以安身於是節宜其
氣勿使有所壅閉湫(子小切)底以露其體(湫集也底帶也露羸也一之則血
氣集滯而體羸露)今無乃一之則生疾矣

又昭上曰晉侯有疾求醫於秦秦伯使醫和視之曰疾不
可爲也是謂近女室疾如蠱(蠱惑也)非鬼非食惑以喪志(惑女
色而失志)良臣將死天命不祐(良臣不匡君過故將死而天不祐)公曰女不可
近乎對曰節之天有六氣降生五味發爲五色徵爲五聲
淫生六疾(事具醫門)

又昭二曰鄭子產聘于晉韓宣子曰寡君寢疾今夢黃熊

（奴才反）入于寢門其何厲鬼也對曰堯殛鯀于羽山其神化爲黃熊以入于羽淵實爲夏郊三代祀之晉爲盟主其或未之祀乎韓子祀夏郊晉侯有間

春秋穀梁傳曰季孫行父禿晉郤克跛孫良父眇曹公子手僂同聘于齊齊使禿者御禿者跛者御跛者眇者御眇者僂者御僂者蕭同叔子處臺而笑之客不悅相立胥閭而語移日不解齊有知者曰齊患必自此始也（欒俗胥閭門名也御迎也）

春秋公羊傳曰衛縶不立惡疾也（何休解曰惡疾聾盲之屬）

國語魯語曰子叔聲伯如晉郤犫欲與之邑弗受（郤犫晉卿苦成叔也）歸鮑國謂之曰子何以辭苦成叔之邑對曰吾聞之不厚其棟不能任重重莫若國棟莫若德夫苦成叔欲任兩國而無大德亡無日矣譬之如疾余懼易焉（疾疫厲病）

論語曰曾子有疾召門弟子曰啓予足啓予手（啓開也曾以爲孝子受體於父母當完全之今疾或死故使弟子開衾而視之）

史記曰陳軫適秦秦惠王曰子去寡人之楚亦思寡人不陳軫對曰聞夫越人莊舃乎王曰不聞曰越人莊舃仕楚執珪有頃而病楚王曰舃故越之鄙細人也今仕楚執珪貴富矣亦思越不對曰凡人思故在其病也彼思越則越聲不思越則且楚聲使人往聽之猶尚越聲也今臣雖棄逐之楚豈能無秦聲哉

又曰留侯多疾即導引不食穀（漢書曰服辟穀藥靜居行氣也）

漢書曰王章爲諸生學長安獨與妻居章病無被臥牛衣中與妻決涕泣其妻呵怒之曰仲卿京師尊貴在朝廷人誰踰仲卿者今病困不自激卬（如淳曰激厲抗揚之意也）乃返涕泣何鄙也

又曰朱雲年七十餘終於家病不呼醫飲藥遺言以身服斂棺周於身土周於椁

魏志曰太傅鍾繇有膝疾時華歆亦以高年疾病朝見皆使虎賁轝上殿就坐後三公疾常以爲故事

吳志曰呂蒙獲關羽封爵未下會疾發權時在公安延置內殿所以治護者萬方募邦內有能愈蒙疾者賜千金恐其勞動常穿鑿壁瞻之見其小能下食則喜顧左右言笑不然則咄嗟夜不能寐病中瘳爲下赦令群臣畢賀後更增篤權自臨視命道士於星辰下爲之請命

晉書曰王戎先有吐疾居喪增甚帝遣醫療之并賜藥物又斷賓客

晉書曰樂廣字彥輔嘗有親客久闊不復來廣問其故荅曰前在坐蒙賜酒方欲飲見盃中有蛇意甚惡之既飲而

疾作時河南聽事壁上有角漆畫作蛇廣意盃中蛇即角影也復置酒於前處謂客曰酒中復有所見不荅曰所見如初廣乃告其所以豁然意解沉痾頓愈

又風俗通曰予之祖郴爲汲令以夏至日請主簿杜宣賜酒時北壁上有懸弓照於杯中其影如蛇宣畏惡之然不敢不飲其日便得病云蛇入腹郴召宣於故處設酒盃中有一蛇因謂宣此乃壁上弓影耳非他怪宣意遂解甚夷懌

又曰皇甫謐字士安因病服寒食散而性與之忤每委頓不倫嘗悲恚叩刃欲自殺叔母諫而止謐嘗上疏曰久嬰篤疾軀半不仁右腳偏小十有九載又服寒食藥違錯節度辛苦荼毒于今七年隆冬裸袒食冰當暑煩悶加以咳逆或若溫瘧或類傷寒浮氣流腫四支酸重於今困劣

宋書曰羊欣有病不服藥飲符水而已兼善醫術撰藥方數十卷

沈休文宋書曰謝述有心虛疾性理時或乖謬除吳郡太守以疾不之官

裴子野宋略曰殷景仁入居西州疾篤上爲之累息勑西州道上不得有車聲

謝綽宋拾遺曰宋懃表曰臣昔貧賤時嘗疾病家人爲臣齊勤苦七日臣晝寢夢見一童子青衣持鎌廣數寸與臣臣問之用此何爲荅曰西王母符也可服之服符竟便覺一二日病差

梁書曰范雲忽中疾居二日半召醫徐文伯視之伯曰緩之一月乃復欲速即時愈止恐二年不復可救雲曰朝聞道夕死可矣而況二年文伯乃下火而壯焉重衣以覆之有頃許汗流於背即起二年果卒

南史曰褚澄善醫術建元中爲吳郡太守百姓李道念以公事到郡澄見謂汝有重病荅曰舊有冷病至今五年衆醫不差澄爲診謂曰汝病非冷非熱當是食白瀹雞子過多所致令取蒜一升煮服乃吐一物如升涎裹之動開看是雞雛羽翅爪距具足能行走澄曰此未盡更服所餘藥又吐得如向者雞十三頭而病都差當時稱妙

北史曰齊蘭陵王長恭有戰功帝忌之人謂長恭勿預事長恭然其言未能退及江淮寇擾恐復爲將歎曰我去年面腫今何不發自是有疾不療

後魏書曰李諧爲人短小六指因癭而舉頤因跛而後步因謇而徐言人言李諧善用三短

北史曰周裴俠嘗遇疾沉頓士友憂之忽聞五鼓便即驚起顧左右可向府耶所苦因此而瘳晉公護聞之曰裴俠危篤若此而不廢憂公因聞鼓聲疾病遂愈此豈非天祐其勤恪也

唐書曰太宗謂侍臣曰治國與養病無異也病人覺愈彌須將護若有觸犯必至殞命治國亦然天下稍安尤須兢慎若便驕逸必至喪敗

又曰有患應病者問醫官蘇澄云自古無此方今吾所撰本草網羅天下藥物亦謂盡矣試將讀之應有所覺其人每發一聲腹中輒應唯至一藥再三無聲過至他藥復應如初澄因爲處方以此藥爲主其病自除

老子曰知不知上不知知病聖人不病以其病病夫唯病病是以不病

莊子曰堯以天下讓許由許由不受又讓於子州支父子州支父曰以我爲天子可也雖然我適有幽憂之病方且治之未暇治天下也

又曰子來有病喘喘然將死其妻子環而泣之子犂往問之倚其戶與之語曰偉哉造化以女爲鼠肝乎以女爲蟲臂乎子來曰父母於子東西南北唯命之從陰陽於人不翅爲父母 信陰陽制人甚於父母

又曰南榮趎曰里人有疾里人問之病者能言其病病者猶未病也若趎之聞大道也譬猶飲藥以加病者也 司馬彪曰加增加也 趎願聞衛生之經而已矣 衛生謂衛護其生全性命

列子曰龍叔謂文摯曰子之術微矣吾有疾病子能已乎文摯曰惟命所聽然先言子所病之證龍叔曰吾鄉譽不以爲榮國毀不以爲辱得而弗喜失而弗憂視生如死視富如貧此奚疾哉奚方能已之乎文摯乃命龍叔背明而

立文摯從後向明而望之既而曰嘻吾見子之心矣方寸之地虛矣幾聖人也子心六孔流通一孔不達今以聖智爲病者或由此乎非吾淺術所能已也

又曰秦人逢氏有子少而慧及壯而有迷罔之疾聞歌以爲哭視白以爲黑饗香以爲朽嘗甘以爲苦行非以爲是意之所之天地四方水火寒暑無不倒錯者焉列子曰鼻將窒者先覺焦朽體將僵者先亟犇佚心將迷者先識是非故物不至者則不反

又曰宋陽里華子中年病忘朝取而夕忘夕與而朝忘在塗則忘行在室則忘坐不識先後不識今古會有儒生自媒能治之華子之妻以居室之半請其方儒生曰吾試化其心變其慮庶幾其瘳乎於是試露之而求衣飢之而求食幽之而求明生欣然告其子曰疾可已也然吾方密傳

不以告人試屏左右獨與居室七日而積年之病一日都盡

又曰楊朱之友曰季梁季梁得疾七日大漸其子環而泣之請醫季梁謂楊朱曰吾子不肖如此之甚汝奚不爲我歌以曉之其子曰不曉終謁三醫而季梁之疾自瘳

墨子曰墨子病洗鼻問曰先生以鬼神爲明福善禍惡今先生聖人也何故病墨子曰病者多方有得之勞苦有得之寒暑今有百門而閉其一賊何處不入哉

管子曰凡國都皆有養疾聾盲瘖啞跛躄偏枯不能自生者上收而養之

尹子曰與死者同病難爲良醫與亡國同道不可爲謀

又曰人將疾也必先不甘魚肉之味

韓子曰秦昭王有疾百姓買牛而家爲王禱

魏子曰待扁鵲乃治病終身不愈也用道術則無所不治也

淮南子曰土地各以類生人是故山氣多男澤氣多女水氣多瘖風氣多聾林氣多癃木氣多傴（生子多有此疾）岸下氣多尰（濕氣所生）石氣多力險阻氣多癭暑氣多殘（殘折不終）寒氣多壽谷氣多痺丘氣多狂衍氣多仁（下而平也）陵氣多貪（象陵積聚）

春秋後語曰齊桓公六年越醫扁鵲過齊桓侯客待之入朝見曰君有疾在腠理不治將深（腠理皮膚也）桓侯曰寡人無疾扁鵲出桓侯謂左右曰醫之好利欲以不病爲功後五日復見曰君疾在血脉後五日復見曰疾在腸胃後五日見桓侯而還走桓侯使人問其故曰疾在骨髓臣是以無請也桓侯遂卒

戰國策曰扁鵲見秦武王示之病扁鵲請除之左右曰君

之病在耳之前目之下也除之使耳不聰目不明君以告扁鵲扁鵲怒而投其石曰君與智者謀之而與不智者敗之使秦政如此則一舉而亡國矣

韓詩外傳曰人主之疾十有二發非有賢醫莫能治也何謂十二發曰痿蹶逆脹滿支隔肓煩喘痺風賢醫治之如何曰省事輕刑則痿不作無使小民飢寒則蹶不作無令財貨上流則逆不作無使倉廩積腐則脹不作無使府庫充實則滿不作無使群臣縱恣則支不作無使下情不上通則隔不作上材恤下則肓不作法令奉用則煩不作無使下怨則喘不作無使賢人伏匿則痺不作無使百姓歌吟誹謗則風不作夫重臣群下者人主之心腹支體也心腹支體無患則人主無疾矣故非有賢醫莫能治也人主有此十二疾而不用賢醫則國非其國也

趙曄吳越春秋曰越王出石室召范蠡謂之曰吳王疾病三月不愈孤聞人臣之道主疾臣憂且吳王遇孤恩澤甚厚恐疾之無瘳也唯先生卜焉范蠡曰今日日辰陰陽上下和親無相入者法曰天一救且何憂吳王不死明矣到已巳當有瘳也

呂氏春秋曰齊王疾痟使人之宋迎文摯摯視疾謂太子曰王疾可已雖然必殺摯非怒王則不可治怒而摯必死太子請之文摯期往而不至三齊王已怒文摯至不解屨登牀王重怒叱而起病乃已生烹文摯

物理論曰趙簡子有疾扁鵲診候出曰疾可治也而必殺醫焉以告太子太子保之扁鵲頻召不入入而著履登牀簡子大怒便以戟追殺之扁鵲知簡子大怒則氣通血脈暢達也

太平御覽卷第七百三十八

疾病部二

惣叙疾病下　狂　陽狂
人謂之狂　癲　癡　癎

惣叙疾病下

呂氏春秋曰身盡府種筋骨沉滯血脉壅塞九竅寥寥曲失其宜（高誘曰府腹疾也種首疾也極三關之欲以病其身故九竅寥寥然虛曲失其適以害其生也）雖有彭祖猶不能爲也

太公金匱曰丁侯不朝武王乃畫丁侯三旬射之丁侯病大劇使人卜之祟在周恐懼乃遣使者請之於武王願舉國爲臣虜武王許之歸爲太師尚父謂使曰歸矣吾已告諸神言丁侯前畔義今已遣人來降勿復過也使者辭去歸至丁侯病稍愈四夷聞之皆懼各以其職來貢

六韜曰欲伐大國行且有期王寢疾十日不行太公負之而起之曰行已有期君不發天子聞之國亡身死胡不勉之王允焉如無病者

説苑曰邴吉有陰德於孝宣帝微時及即位衆莫知亦不言帝將封之會吉病甚將使人加封及其生也太子太傅夏侯勝曰此未死也臣聞有陰德必饗其樂以及子孫病果愈封爲博陽侯

世説曰衛玠總角時嘗問樂廣夢樂云是想衛曰神形所不接而夢豈是想曰因也衛思因經日不得遂病樂聞故命駕爲剖析之衛病小小而差樂歎曰此兒胷中當必無膏肓病

又曰衛玠從豫章下都人久聞其姿容觀者如堵墻玠先有羸疾不堪勞遂發病死時人謂之看殺

語林曰王仲祖病劉真長爲稱藥荀令則爲量水矣

又曰孔君平病困庾司空爲會稽省之問訊甚至爲之流涕孔慨然曰丈夫將終不問安國寧家之術而反作兒女相問庾聞迴還謝之請其語言

桓譚新語曰余少時見楊子雲之麗文高論不自量年少新進而猥欲逮及嘗激一事而作小賦用精思大劇而立感病子雲亦言帝上甘泉詔使作賦爲文卒暴及倦卧夢其五藏出在地以手收内及覺大少氣病一歲卒

王符潛夫論曰夫理世不得真賢譬由治疾不得真藥也治病當得真人參反得羅菔當得麦門冬反得蒸礦麥已而不識真合而服之病以浸劇不自知爲人所欺也乃反謂方不誠而藥皆無益於療病因棄後藥弗敢復飲而更求巫覡者雖死可也

論衡曰子夏喪明曾子責以有罪按伯牛有疾仲尼以爲命也或是喪子數哭因中風耳

風俗通曰無恙俗說恙病也凡人相見及書問者曰無疾病耶案上古之時草居野宿恙噬虫也善食人心凡相勞問曰無恙乎非爲病也

白虎通曰天子疾稱不悆諸侯稱負子大夫稱負薪士稱犬馬不悆者不復預政也負子者諸侯子民今不復子民也負薪犬馬皆謙也

楊泉物理論曰凡病可治也人不可治也體羸性弱不堪藥石或剛暴狷急喜怒不節或情慾放縱貪淫嗜食此皆良醫不能加功焉夫君子病也猶可爲也必使無病也不可爲矣蓋謂節其飲食量其多少也

又曰穀氣勝元氣其人肥而不壽元氣勝穀氣其人瘦而壽養性之術常使穀氣少則病不生矣
葛洪神仙傳曰茅君治於茅山人有疾病往請福常煑雞子十枚以內帳中須臾茅君皆一二擲雞子還之歸破之皆無復黃者病人當愈若中有土者不愈以爲常候雞子如故無開處也
漢武故事曰初霍去病微時數自禱神君乃見其形自脩飾欲與去病交接去病不肯神君亦慙及去病疾篤上命爲禱神君神君曰霍將軍精氣少壽命不長吾嘗欲以太一精補之可得延年霍將軍不曉此意遂見斷絕今疾必死非可救也去病竟薨
西京雜記曰高祖初入咸陽宮周行庫有方鏡廣四尺高五尺九寸表裏有明人疾病在內照捫心則知其病之所在

皇甫謐高士傳曰安丘望之病弟子公沙都來省之舉丘於庭樹下安丘曉然有瘥開目見雙赤李着枯枝都仰手承李安丘食之所苦盡除
皇甫謐自序曰士安每病每輒推燥居濕以複易單
何顒別傳曰張仲景過山陽王仲宣謂曰君體有病後年三十當眉落仲宣時年十七以其言貫遠不治後至三十疾果眉落
三輔決錄曰趙岐初名嘉年三十餘有重疾卧蓐七年自慮奄忽乃爲遺令勑兄子可立一貟石於吾墓前刻之曰漢有逸民姓趙名嘉有志無時命也奈何
劉楨與曹植書曰明使君始垂憐哀意眷日崇譬之疾乃使炎農分藥岐伯下鍼疾雖未除就沒無恨何者以其天醫至神而榮魄自盡也

狂

書曰狂恒雨若（君行狂妄則常雨順之）
尚書多方曰周公曰惟聖罔念作狂唯狂克念作聖
毛詩曰不見子都乃見狂且
又東方未明曰折柳樊圃狂夫瞿瞿
論語子路曰不得中行而與之必也狂狷乎狂者進取狷者有所不爲也（中行行能得中者狂者進取於善道狷者守節無爲）
又子在陳曰歸歟歸歟吾黨之小子狂簡斐然成章不知所以裁之
又楚狂接輿歌而過孔子曰鳳兮鳳兮何德之衰往者不可諫來者猶可追已而已而今之從政者殆而
國語晉語曰下邑之役董安于多（下邑晉邑安于趙簡子家臣）趙簡子賞之固辭賞之對曰今臣一旦爲狂疾而曰必賞汝（言戰鬬爲出事猶人有狂易之疾）是以狂疾賞也如亡趨而出乃釋之

漢書曰昌邑王賀衣服言語跪起清狂不慧（蘇林曰凡狂者陰陽脈盡濁不狂似狂也故言清狂或曰清狂如今白癡也）
又曰蓋寬饒曰無多酌我我乃酒狂丞相魏侯笑曰次公醒而狂何必酒也（次公寬饒字）
又曰王莽時長安狂女子碧呼道中曰高皇帝大怒趣歸我國不者九月必殺汝莽收捕殺之
東觀漢記曰郅惲字君章上書諫王莽令就臣位莽大怒即收繫惲難即害之使黃門脅導惲令爲狂疾恍惚不自知所言惲曰所言皆天文非狂人所造作
吳志曰全琮爲督議欲分別諸將有所掩襲朱桓素高氣恥見部伍遂託狂發詣建業治病

王隱晉書曰吳彥給役陸抗抗欲拔之患衆不聽乃悉請當爲將者入坐以試勇怯有一狂人拔刀跳梁來向坐中餘者皆走唯彥獨坐舉抗禦之狂人乃退衆服其勇

沈約宋書曰袁愍孫著妙德先生傳曰嘗謂周旋人曰昔有一國國中一水號曰狂泉國人飲此水無不狂也唯國君穿井汲獨得無恙國人既狂謂主不狂爲狂於是聚謀共執國主療其狂疾火艾針藥莫不必具國主不任其苦於是到泉所酌水飲之飲畢便狂君臣大小其狂若一衆乃懽然我既不狂難以獨立此亦欲試飲此水

宋書曰顏延之文帝嘗問以諸子才能延之曰竣得臣義躍得臣筆測得臣文奐得臣酒何尚之嘲曰誰得卿狂荅曰其狂不可及

韓子曰昔魯周公曰吾聞之於政也知善不行者謂之狂知惡不改者謂之惑夫狂與惑者聖人之戒也

老子曰馳騁田獵令人心發狂

韓子曰心不能審得失之地則謂之狂

又曰狂者東走逐者亦東走其走則同其所以東走之爲則異

淮南子曰谷氣多痺立氣多狂

又曰今夫狂者無憂聖人亦無憂不知禍福也

又曰不知道者釋其所已有而求其所未得故福至則喜禍至則怖不悔已之所生乃反怨人不喜則憂謂之狂生

又曰士有禍則詘有福則盈有過則悔有功則矜遂不知反此之謂狂

傅子曰惡劉曄於魏明帝曄不盡忠善伺上意所趣而合之帝如言以驗之果得情從此疎焉曄遂發狂出爲大鴻臚以憂死諺曰巧詐不如拙誠信矣

抱朴子曰食莨菪令人狂荒不可謂人本有荒狂

山海經曰觀水多鰩(音遙)魚其味酸食之已狂

越絕書曰慧種生聖癡種生狂桂實生桂桐實生桐

禰衡別傳曰衡爲鼓吏裸身辱曹操孔融復見操說衡狂疾令求得自謝

裴楷別傳曰石崇嘗與裴楷孫綽酣宴而綽慢節過度崇責之楷曰季舒酒狂四海所知足下飲人狂藥責人正禮

王韶之始興記曰觀亭峽下有神廟傍巖向江經道不恪者必狂走或變而爲虎

世說曰阮德如嘗與親友逍遙河側歎曰大丈夫不能使僕從陷於河橋非丈夫也坐者或曰德如以高素致名不應發此言必將病之候俄而性理果僻欲逸走家人嘗以一細繩攢繫之戶前以維之每欲出礙繩輒反時人以爲名士狂

黃帝八十一問曰狂顛之疾何以別荅曰狂之始發少臥少飢自賢自貴妄笑好樂

神異經曰西方有人飲食被髮東走其婦追之不止怒亦被髮名曰狂一名顛一名猖一名風此人夫妻與天俱生狂走東西沒晝夜

魏武帝令曰昔吾同縣有丁幼陽者其人衣冠良士又學問材器吾愛之後以憂恚得狂病即差愈往來故當共宿止吾常遣歸謂之曰昔狂病儻發作持兵刃我畏汝俱共大笑輒遣不與共宿

陽狂

周書曰太公曰知與衆同者非人師也大知似狂不癡不

狂其名不彰不狂不癡不能成事

史記曰箕子紂庶兄也諫紂不聽或曰可以去矣箕子曰爲人臣諫不聽而去是彰君惡而自悅民吾不忍爲乃被髮陽狂而爲奴

又曰蒯通說韓信信不從通乃陽狂爲巫

東觀漢記曰丁鴻讓國於弟盛逃去鴻初與九江人鮑駿同事桓榮甚相友善及鴻亡駿遇於東海陽狂不識駿駿乃止而讓之曰今子以兄弟私恩而絕父不滅之基可謂智乎鴻感愴垂涕歎息乃還就國

謝承後漢書曰雷義字仲公舉茂才讓於友陳重刺史不聽義陽狂被髮走不應命

晉書曰王衍字夷甫神情明秀風姿詳雅陽駿欲以女妻焉而衍恥之遂陽狂自免又素輕趙王倫之爲人及倫篡衍陽狂斫婢以自免

王隱晉書曰王長文字德叡廣漢郪人世爲郡守少放蕩不羈撿益州五辟公府再辟皆不就陽狂不詣郡縣舉致攺服逃出舉州追求乃於成都賣熟布弟見長文蹲踞地噬胡餅刺史知其不居禮送還家

英雄記曰向栩字甫興性卓詭不倫恒讀老子狀如學道又似狂生好被髮着幓頭常於竈北坐板牀上如是積久板乃有膝踝足指之處

楚國先賢傳曰石偉字公操南郡人仕吳拜光祿大夫吳建威將軍王戎親詣偉太康二年詔以偉爲議郎加二千石秩以終厥身偉遂陽狂及盲不受

晉華陽國志曰犍爲費昭不肯仕公孫述乃漆身爲厲陽狂以避之

人謂之狂

史記曰東方朔人主左右諸郎半呼之狂人人主聞之曰令朔在事無爲是行者若等安能及之哉朔行殿中郎謂之曰人皆以先生爲狂朔曰若朔等所謂避世於朝廷間者

漢書曰酈食其陳留高陽人也沛公畧地陳留沛公麾下騎士適食其里中子騎士歸食其謂曰吾聞沛公有大略吾所願從若見沛公謂曰臣里中有酈生人皆謂之狂生自謂我非狂騎士如所戒沛公召之

後漢書曰延熹末黨事將作袁閎遂散髮絕世欲投迹深林以母老不宜遠遁乃築土室四周於庭不爲戶自牖納飲食而已旦於室中東向拜母母思閎時往就視母去便自掩閉兄弟妻子莫得見也及母歿不爲制服設位時莫能名或以爲狂生

范曄後漢書曰仲長統倜儻不務小節語嘿無常時人謂之狂生

南史曰王僧達所爲非法坐免官後孝武獨召見慠然了不陳遜唯張目而視及出帝歎曰王僧達非狂如何乃戴面向天子

後魏任城王澄傳高肇當朝猜忌賢戚澄爲肇間搆常恐不全乃終日昏飲以示荒敗所作詭越時謂爲狂

唐書曰蘇世長嘗從高祖幸涇陽校獵至高陵合圍是日大獲陳禽獸於旌門高祖入御營顧謂朝臣曰今畋樂乎世長進曰陛下遊獵薄廢萬機不滿十旬未爲大樂高祖色變旣而笑曰狂態發耶又對曰爲臣私計則狂爲陛下國計則忠

墨子曰周公旦人謂之狂後世稱其德

尉繚子曰太公望行年七十屠牛朝歌賣食棘津遇七十

辭主不聽人皆曰狂丈夫

莊子曰宋桓侯行未出城門其前驅呼避至於家家人止之以爲狂也（呼避使人避道也家人謂狂止而不聽此乃言其所未聞則以爲狂也）

世說曰諸葛厷在西朝少有清譽尤爲王夷甫所重時論亦以擬王氏後爲繼母族黨所讒誣之爲狂將遠徙友人王夷甫之儔詣檻與別厷問王曰朝廷何以徙我王曰言卿狂逆厷曰逆則宜殺狂則何所徙

繆襲撰仲長統昌言表稱統曰統性俶儻敢言不拘小節每州郡命召輒稱疾不就語默無常時人或謂之狂

癲

說文曰癲病也

莊子曰流脉並作則爲𤸆怖陽氣獨上則爲癲病

風俗通曰俗說卧枕户砌鬼陷其頭令人病癲

語林曰王右軍少重患一二年輒發動後答許掾詩忽復惡中得二十字去取歡仁智樂寄暢山水陰清泠澗下瀨歷落松竹林既醒左右誦之讀竟乃歎曰癲何預盛德事耶

圖墓書曰一崗三頭相連無有頭尾狂癲絕世

黃帝素問曰人生而病癲疾者安得知之岐伯曰此名胎病此得在腹時毋大驚氣上下精氣并故令子發癲病

范汪秘方曰邪入於陽轉則爲癲長安李府君女得癲病募治愈者賞百萬朝那縣卒自言能不敢求錢但願爲門下卒服藥即愈

祖台之議錢耿殺妻事曰尋建康獄竟因錢耿癲疾發作毆殺妻了無他變故荒病之人不蒙哀矜之施無知之禮加以大辟之刑懼非古原心定罪之義

癡

左傳曰晉周子有兄不慧不能辨菽麥（蓋所謂白癡也）

後漢書曰光武見劉盆子曰宗室無蚩者也（蚩癡）

魏志曰許褚以勇力常從太祖征伐軍中以褚力如虎而癡故謂之癡虎

魏略曰寒貧者本姓石字德林初客三輔關中亂南入漢中後還長安遂癡愚不復識人食不求味冬夏常衣弊布連結衣人問其姓名口不肯言故號之曰寒貧也或往存䘏之輒跪拜人復謂其不癡

晉書王述字懷祖年三十尚未知名人或謂之癡司徒王導始辟爲中軍叅軍既見無他言唯問以江東米價述但張目不荅導曰王掾不癡人何言癡也

南史曰沈昭略字茂隆性狂儁不事公卿使酒氣無所

推下嘗醉晚日負杖携家賔子弟至婁湖苑逢王景文子約張目視之曰汝是王約耶何乃肥而癡約曰汝沈昭略耶何乃瘦而狂昭略撫掌大笑曰瘦已勝肥狂又勝癡奈何王約奈汝癡何

魏志曰明悼毛皇后父嘉本典虞車工卒暴富貴帝令朝臣會其家飲宴其容止舉動甚癡騃語輒自謂侯身時人以爲笑

晉書曰顧愷之字長康晉陵無錫人尤善丹青嘗以畫一廚糊題其前寄桓玄皆深所珍者玄乃發其廚後竊取畫而緘閉如舊以還之紿云未開愷之見封題如初但失其畫直云妙畫通靈變化而去猶人之登仙了無怪色玄嘗以一柳葉紿之曰此蟬所翳葉也取以自蔽人不見己愷之喜引以自蔽玄就溺焉愷之嘗在桓溫府嘗云愷之體

中癡黠各半而論之正得其平耳故俗傳愷之有三絕才絕癡絕畫絕

後魏書曰太祖謂尚書崔玄伯曰蠕蠕（而兖反）蠢之民昔來號為頑嚚每來抄掠駕牸牛奔遁驅犍牛隨之牸牛伏不能前異部人教其以犍牛易之者蠕蠕曰其母尚不能行而況其子終於不易遂為敵所虜

隋書曰楊玄感司徒素之子也體皃容偉美鬚髯少時晚成人多謂之癡其父每謂所親曰此兒不癡也及長好讀書便騎射以父軍功位至柱國

唐書曰竇威家世勳貴諸昆弟並尚武藝而威躭玩文史介然自守諸兄哂之謂為書癡

又曰雜端御史最為雄劇食坐之南設一橫榻謂之南牀殿中監察不得坐其榻亦謂之癡牀言處其上者皆驕傲自得使人如癡故謂之癡牀

又曰李益與李賀齊名然少有癡病而多猜忌防閑妻妾過為苛酷而有散灰扃戶之譚時謂妒癡

風俗通曰夜羅俗說市買者當清旦而行日中交易所有夕時便罷今乃夜羅明其癡騃不足

郭子曰王長史求東陽（王蒙字仲祖）撫軍不肯用（晉太宗簡文皇帝先為撫軍大將軍）王後疾篤臨終撫軍哀歎曰吾將負仲祖於此乃命用之長史曰人言會稽王癡真癡也（會稽王簡文先封）

世說曰任育長年少時甚有令名自過江便失志下飲人問云此為荼為茗覺有怪色乃自中名云向問飲為熱為冷耳嘗行從棺底下流涕而悲王丞相聞之曰此是有情癡

應璩新論曰漢末桓帝時郎有馬子侯自謂識音律請客鳴笙竽為作陌上桑反言鳳將鶵左右偽稱善亦復自搖頭（馬子侯為人頗癡自謂曉音律黃門樂人更往嗤諸子知不知名陌上桑反言鳳將鶵搖頭忻喜賜左右錢帛無復慙也）

虞翻書曰此中小兒年四歲矣似欲聰哲雖蝦不生鯉子此子似人欲為求婦不知所向君為訪之勿怪老癡譽此兒也

癎

說文曰癎病也

續晉陽秋曰大司馬府軍人朱興妻周息男道扶年三歲先得癎病因其病發掘地生埋之為道扶姑雙女所告正周弃市刑徐羨之議曰自然之愛虎狼猶仁周之凶忍宜加顯戮臣以為法律之外故當弘通物之理愚謂可特原母命投之遐裔從之

太平御覽卷第七百三十九

疾病部三

聾　盲　瘖啞
吃　秃　齆
齲齒　兎缺　瘿
傴僂　疣贅　瘤
跛躄 偏枯附　尰

聾

說文曰聾無聞也從耳從龍秦晉謂之聹音宰
又益梁之州謂聾曰聹秦晉聽而不聞聞而不達謂之聹
又曰生而聾謂之聳
釋名曰聾籠也如在蒙籠之內不察也
左傳僖中曰耳不聽五聲之和為聾

漢書曰黃霸為潁川太守長吏許丞老病聾督郵白欲逐之霸曰許丞廉吏雖老尚能拜起送迎正頗重聽何傷且善助之無失賢者
東觀漢記曰尹敏遷長陵令永平五年詔書捕男子周慮慮素有名字與敏善過候敏敏坐繫免官出乃歎曰瘖聾之徒真世之有道者也何謂察察而遇斯禍也
老子曰五音令人耳聾
莊子曰耳之與形吾不知其異也而聾者不能自聞
淮南子曰土地各以類生水氣多瘖風氣多聾
說苑曰仲尼曰非其地而樹之不生非其人而語之不聽得其人如聚沙而雨之非其人若聚聾而鼓之
抱朴子曰豹狐之裘不為負薪施九成六變不為聾夫設
談藪曰後魏中書侍郎裴敬憲字伯茂敬憲新搆山亭與賓客集謂邢子才曰山池始就願為一名子才曰海中有蓬萊山仙人之所居宜名蓬萊裴聾也敬憲患耳故以戲之憲初不晤於後覺忻然謂子才曰長忌及戶高則無憲公但大語聾亦何嫌

盲

廣雅曰矇瞍瞽盲也
方言曰半盲為䁯呼鈎反
說文曰盲目無眸也眇一目小也眺目不正也瞎目病也睞童子不正也䀹目偏合也青目病主翳音繼也瞍無目也
周易履卦曰六三眇能視跛能履象曰眇能視不足以與明也跛能履不足以與行也
毛詩曰工有瞽曰有瞽有瞽在周之庭
禮記檀弓上曰子夏喪其子而喪其明明目精也曾子弔之曰

吾聞之朋友喪明則哭之曾子哭子夏亦哭曰天乎予之無罪也曾子怒曰商女何無罪也吾與女事夫子於洙泗之間退而老於西河之上使西河之民疑女於夫子爾罪一也喪爾親使民未有聞焉爾罪二也喪爾子而喪爾明爾罪三也而曰女何無罪與子夏投其杖而拜曰吾過矣吾過矣
又仲尼燕居曰治國而無禮譬猶瞽之無相與倀倀乎其何之
韓詩外傳曰海之上有勇士曰菑丘訢以勇遊於天下過神淵飲馬其僕曰飲馬此者必死訢言飲之其僕以其言飲之馬果死菑丘拔劍而入三日三夜殺二蛟一龍而去雷神隨而擊之十日十夜眇其左目
漢書曰杜欽字子夏少好經書家富而目偏盲故不好為

史茂陵杜業與同姓字俱以才能稱京師衣冠謂欽為盲杜子夏以相别欽惡之為小冠高廣二寸由是京師謂欽為小冠杜子夏業為大冠杜子夏

東觀漢記曰杜篤仕郡文學掾以目疾二十餘年不窺京師

魏略曰夏侯惇從征呂布為流矢所中傷左目時夏侯淵與惇俱為軍師軍中號惇為盲夏侯惇惡之每照鏡恚怒輒撲鏡着地

魏略曰太祖聞丁儀為令士雖未見欲以愛女妻之以問五官將曰女人觀貌而禮目不便誠恐愛女未必悦也以為不如與伏波子楙太祖從之尋辟儀為掾到與論議嘉其才明曰丁掾好士也即使其兩目盲當與女何况但眇乎

沈約宋書曰景王嬰孩時有目疾宣王令華陀治之出眼瞳割去疾而内之以藥

梁書曰鄱陽王恢有孝性初鎮蜀所生費太妃猶停都後於都不豫恢未之知一夜忽夢還侍疾及覺憂惶廢寢食俄而信至太妃已瘳後有目疾久廢視瞻有道人慧龍得療眼術恢請之及至空中忽見聖僧及慧龍下針豁然開目咸謂精神所致也

又曰江紑（殕補鳩）字含絜幼有孝性年十三父蒨患眼紑侍疾將朞月衣不解帶夜夢一僧云患眼者飲慧眼水必差及覺說之莫能解者紑第三叔禄與草堂寺智者法師善往訪之智者曰無量壽經云慧眼見真蒨乃因智者啓捨同夏縣界牛屯里舍為寺乞賜嘉名勑答云純臣孝子往往感應晉時顏含遂見冥中送藥近見智者以卿第二息云飲慧眼水慧眼則五眼之一號可以慧眼為名及就剏造泄故井水清冽異於恒泉依夢中取水洗眼及煮藥稍覺有瘳因此遂差時人謂之孝感

又曰元帝字世誠武帝第七子也初武帝夢眇目僧執香爐稱託生王宫既而采女石氏侍始褰戶幔有風迴裙梁武帝意感幸之乃生元帝賜采女姓曰阮進為脩容脩容常失珠謂是左右所盜乃灸魚目不知其珠孝元吞之信宿之間珠遂便出一目致眇魚之報焉

南史曰梁湘東王於江東泛舟顧而言曰今可稱有樂功曹劉源曰帝子降兮北渚王作色曰當道目眇眇兮愁予耶坐者股慄酒遂不酣又邵陵王賦詩戲之曰湘東有一病非啞復非聾相思下隻淚望直有全功

後魏書曰祖班以罪徙於光州別駕張奉禮希大臣意上言班雖為流囚常與刺史對坐勑報曰牢掌奉禮曰牢者地牢也乃為深坑置諸内夜中以蕪青子燭熏眼因此失明

異苑曰丹陽多寶寺元嘉中畫佛堂作金剛寺主奴婢惡戲以刀刮其目眼輒見一人甚壯五綵衣持小刀挑目精數夜眼爛於今永盲

後越書曰戎陽一目瞽劉曜寇洛水復降曜曜敗生擒送前石使人罵曰瞎狗何降賊復持瞎來陽曰臣不降即死死則大王那得復見瞎狗前石笑曰瞎狗不足污刀活之

文子曰師曠瞽而為太師

列子曰宋人有好行仁義者三世不懈家無故黑牛生白犢以問孔子孔子曰此吉祥也以薦上帝居一年其父無故而盲牛又復生白犢子又問孔子孔子曰吉祥也復教

以祭居一年其子又盲其後楚攻宋圍城民易子而食析
骸而炊丁壯皆乗城戰死者太半父子有疾皆免及圍解
而盲疾俱復
莊子曰連叔謂肩吾子曰夫瞽者不知文章之觀
又曰目之與形吾不知其異也盲者不能自見
又曰許由曰夫眇者無以與乎眉目顏色之好
尹文子曰瞽者無目而耳不可以聨察視也精於聽也
又曰聾者不歌無以自樂盲者不覩無以接物
韓子曰寐則盲者不知覺而使之視則窮矣
淮南子曰今夫盲者行於道遇君子則易道遇小人則陷
於溝壑
桓譚新論曰余為典樂大夫得樂家記言文帝時得魏文
侯時樂人竇公年百八十歲兩目皆盲帝問其何服食至

此對曰臣年十三失明父母教為樂鼓琴不導引不知壽
得若何余以為竇公少盲專一內視故
抱朴子曰魏武收左慈慈走入市吏傳言慈一目眇葛巾
單衣於是一市皆然也
又曰董君異以玉醴與盲人服之而愈
世說曰顧愷畫殷荊州形殷不許顧曰明府正當嫌眼耳
明點童子飛白拂上若輕雲之蔽月
又曰桓南郡與殷荊州語次因作危言桓公曰矛頭淅米
劒頭炊殷云百歲老公攀枯枝井上轆轤臥小兒殷有一
參軍云盲人騎瞎馬臨深池殷曰咄咄逼人仲堪眇故也
法顯記曰祇洹精舍西北四里有榛名曰得眼李有五百
盲人依精舍住佛為說法盡還得眼盲人歡喜刺杖着地
頭面作禮杖遂生長大世重之無敢伐者遂以得眼為名

楚辭九章曰離婁微睇瞽以為無明
蔡邕瞽師賦曰夫何矇眛坐瞽兮心窮忽以鬱伊目冥而
無睹兮羌求煩以悲愁

瘖瘂

釋名曰瘖唵也唵然無聲也
漢書曰韓延壽待下吏恩施甚厚而約誓明或欺負之者
延壽自刻責吏聞者自傷悔其縣尉至自刺死及門下掾
自剄人救不死因瘖不能言延壽聞之對掾吏涕泣遣吏
醫治
又曰呂后斷戚夫人手足去眼薰耳飲瘖藥
吳書曰程普殺叛者數百人皆使投火即日病癘百餘日
卒
文子曰皐陶瘖而為士師

淮南子曰瘖者可使守圉不可使通語
又曰夫人大怒破陰大喜墜陽薄氣發瘖驚怖為狂
又曰水氣多瘖
黃帝素問曰瘖者何病岐伯曰胞之絡脉何以言之胞絡
繫於腎少陰脉實腎繫舌本故不能言
續搜神記曰沛國一士人姓周生三兒向應可語便啞皆
七八歲有一人經門過來乞問主人此是何聲云是僕兒
頻生三子皆啞不能語客曰君冝罪還內省我於外待君
主人異其言知非常人便入內思良久而出謂客曰昔為
小兒時當牀上有鷰巢中有三子其母從外食哺子子輙
出頭作聲受之積日如此時屋下攀得及巢試以指內巢
中鷰子亦出口承之乃取三蒺梨各與其子吞之既死其
母尋還不復見其子出户徘徊悲鳴而去有此事今甚悔

之客曰是矣便問其三兒言語周正

異苑曰高惠清隆安中爲太傅主簿忽晝日有群鼠更相銜尾自屋梁相連至地清尋得瘖疾數日而亡

靈驗記曰王導河內人也兄弟三人並得時疾其宅有鸛巢旦夕翔鳴聞其諠噪俱惡之念去差當治此鳥既差果張取鸛斷舌而殺之兄弟悉得啞疾

吃

說文曰吃言語難也

方言云謇極吃也或謂之軋或謂之嬰（郭璞曰軋轂氣不利也江東名吃爲謇也）

漢書曰魯恭王餘口吃難言

又曰馬相如吃而善著書

又曰揚雄爲人簡易口吃不能劇談（劇甚也一說劇遽疾談也言吃不能疾言也）

鄭玄自序曰趙商子字子聲河內温人博學有秀才能講難而吃不能劇談

管子曰吾畏事不敢爲事畏言不敢爲言故行年六十而老吃耳

新序曰周昌者沛人以軍功封汾陰侯御史大夫高帝欲廢惠帝立戚夫人子如意群臣固爭莫能得昌廷爭之強上問其說昌爲人吃曰臣口不能言然臣則知其不可也陛下雖欲廢太子臣期期不奉詔

世說曰魏明帝口吃少言而內明斷

世說曰鄧艾口吃語稱艾艾晉文王戲之曰艾艾爲是幾艾鄧荅曰鳳兮鳳兮故是一鳳

秃

禮記曰秃者不免

穀梁傳曰魯季孫行父秃聘于齊齊使秃者御（音訝）

蔡邕獨斷曰古幘無巾如今半幘而已王莽乃始施巾故語曰王頭秃幘施屋

秦書曰苻堅徵隱士張臣和至長安堅賜以衣冠和辭曰年老頭秃不可加冠野服而入既見求歸矣

齆

釋名曰鼻塞曰齆

晉書曰謝安字安石本能爲洛下書生詠有鼻疾故其音濁名流愛其詠而不能及或手掩鼻以斆之也

崔鴻春秋後趙錄曰王謨字思賢齆鼻言不清暢涯短無威儀將拜曲陽令石勒疑之長史曰請試之政教嚴明百城尤最

幽明錄曰晉司空桓豁在荆州有叅軍教鸜鵒令語遂無所不名當大會令効人語有一人齆鼻語難學因以頭內瓮中以効焉

齲齒

釋名曰齲朽也蟲齧之齒缺朽也

續漢書曰桓帝元嘉中京師婦女作齲齒笑齲齒笑者齒痛也

淮南子曰啄木愈齲（啄木食齲虫也）

又曰决物治齲君子不與

兔缺

續晉陽秋曰魏詠之生而兔缺相者云後當貴年十八聞荆州殷仲堪帳下有術人能治之因西上仲堪與語令師看焉師曰可割補之但應百日食粥不語笑詠之曰半年不語亦當治之況百日也師爲治而差

宋書曰孝武狎侮群臣各有稱目多鬚者謂之羊短長肥瘦皆有比擬顏師伯齞齒號之曰齴

癭

說文曰癭頸瘤也

崔贛易林曰癭瘤瘍瘯爲身害傷

范曄後漢書曰眞定王劉楊造作讖記云赤九之後癭楊爲主楊病癭欲以惑衆

魏略曰賈逵前在弘農與校尉爭公事不得理乃發憤生癭後所病稍大自啓欲割之太祖惜逵恐其不活教謝主簿吾聞十人割癭九人死逵猶行其意而癭愈大

宋書曰杜預病癭初攻江陵吳人以瓠壺繫狗頸示之

山海經曰天帝之山有草如葵名曰杜衡食之已癭

博物志曰山居之民多癭又嵇康養生論曰頸處險而癭

莊子曰闉跂支離無脤甕㼜大癭

典術曰服食天門冬治癭除百病

傴僂

禮記喪服四制曰傴者不袒

穀梁傳成公曰曹公子手僂聘於齊齊使傴者御蕭同姪子處臺笑之

孫卿子曰周公僂背

莊子曰子輿病曲僂頤隱於臍肩高於頂

淮南子曰木氣多僂

疣贅

說文曰疣贅也

釋名曰疣丘也出皮上聚高如地之有丘也贅橫生一肉著體

梁書曰武帝丁嬪生而有赤誌體又多疣及帝納之無何並失

莊子曰彼以生爲附贅懸疣以死爲決疣潰癰夫若然者惡知死生先後之所在也

太玄經曰割疣贅惡不得大

山海經曰單孤之山滑水出焉中有滑魚狀如鱓其音如梧食之已疣

又曰旄山有鱃魚狀如鯉食之者不疣

瘤

釋名曰瘤流也聚而生瘤腫也

魏略曰晉景帝先苦瘤自割之會毋丘儉反而瘤發及儉走竟以自終恭謨表曰臣先有瘤腫在腰上十數年初無患苦忽自潰

晉書曰趙王倫得異鳥問皆不知名宮西有素衣小兒言是服劉鳥倫使錄小兒幷鳥置牢室明旦開視並失所在倫目上有瘤時以爲祅鳥閉

沈約宋書曰朱齡石舅頭有大瘤齡石伺舅眠密往割之舅卽死

列女傳曰齊宿瘤者東郭採桑之女項有大瘤故以名焉閔王出而女採桑如故王召問之對曰受之父母教採桑不教觀王王曰此奇女也內以爲后女死後燕遂屠齊

跛躄 偏枯附

方言曰自關西秦晉之間凡蹇謂之逴勑略反

周易歸妹初九曰歸妹以娣跛能履

禮記喪服四制曰跛者不踊身有痼疾不可備禮也

左傳宣公下曰晉侯使郤克會于齊傾公帷婦人使觀之

郄子登婦人笑於房（跛而登故笑之）
又穀梁傳成公曰衛孫良夫跛郄克眇聘於齊齊使跛者御跛蕭同叔子處臺笑之
春秋後語曰秦攻趙急求救於齊齊王曰必長安君爲質長安君者太后之小子也太后愛之不肯遣大臣強諫太后怒左師觸龍請見太后曰老臣病足曾不能疾走不得見久矣竊自恐太后體亦所苦也太后曰老婦恃輦而行耳因是太后怒色稍解乃徐說之太后從之
又曰趙平原君家樓臨民家民家有躄者盤散行及（散音珊）平原君美人居樓上臨見大笑之明日躄者至平原君門請曰臣不幸有跛躄之疾而君之後宮臨而笑臣臣願得笑者頭平原曰諾及躄者去平原君笑曰豎子欲以一笑之故殺吾美人不亦甚乎終不殺居歲餘門下客稍稍引去過半平原君怪之一人前對曰以君之不殺笑躄者於是平原君斬所笑美人頭造躄者而謝焉
漢書賈誼上書曰天下之勢方病大瘇非徒病瘇又苦跛盭（跛脚掌盭古戾字謂反戾也）
又曰方今天下又類辟且病痱（辟足疾痱音肥風疾也）夫辟者一面痛痱者一方痛
又曰哀帝有痿痺（如淳曰兩足不能相過曰痿）
齊書曰始安王遥光字元暉生而躄疾高帝謂不堪奉拜祭祀欲封其弟武帝諫乃以遥光襲爵足病不得同朝列常乘輿自望賢門入遥光多忌人有餉屐者以爲戲已大被嫌責爲㦰去智不乃癸亦忤旨
唐書曰賈直言者父道冲以伎術得罪賜酖於路直言僞令其父拜四方辭上下神祇伺使者視稍怠即取其酖以

飲遂迷仆而死明日酖洩于足而後復蘇代宗聞之減父死直言亦自病躄
淮南子曰冠難至躄者告盲者負而走兩人皆得其能也故使瘖者語使躄者走大失其所也

偏枯

長沙耆舊傳曰夏叔丁母憂過禮遂患風濕一脚偏枯皇甫謐表曰久嬰篤疾半身不仁右脚偏小

尰

毛詩巧言曰彼何人斯居河之麋無拳無勇職爲亂階旣微且尰爾勇伊何（腫足爲尰骭瘍爲微）
漢書賈誼傳誼上書曰方今天下之勢方病大尰一股之大幾如要一指之大幾如股失之不治必爲錮疾（堅久之疾後）雖有扁鵲不能爲已
淮南子曰岸下氣多尰

太平御覽卷第七百四十

太平御覽卷第七百四十一

疾病部四

頭痛　心痛　腹痛

咽痛并噎　煩懣　勞悸

眩　暍

頭痛

毛詩伯兮曰願言思伯甘心首疾

又小弁曰心之憂矣疢如疾首

周官疾醫曰春時有痟首之疾

史記曰西域有大小頭痛山赤土身熱之坂令人頭痛歐吐

風俗通曰田家老毋市餅置道邊石人頭上既而忘之人以爲神能治病轉以相語頭痛者磨石人頭腹痛者磨石人腹後餅毋爲說乃止

心痛

易說曰冬至氣當至不至則多心痛

左傳昭上曰醫和謂晉侯曰朋淫心疾

北史曰裴訥之爲平原公開府墨曹掌書記從至井州其毋在鄴忽得心痛訥之是日不勝思慕心亦驚痛乃請急而還當時以爲孝感

唐書曰劉勤儒毋有心痛疾日須鞭箠數人乃安子弟僕使不堪其苦唯勤儒侍養不解體常流血

莊子曰西施病心而嚬其里醜人見而美之歸亦捧心而嚬其里之富人見之堅閉門而不出貧人見之挈妻子而走

賈誼書曰楚惠王食寒菹中有水蛭雖欲發之恐宰夫得罪當死遂吞之因得心疾甚乃言所中令尹賀曰陰德必須陽報是夜惠王欬而蛭出心腹之病皆除

俗說曰阮光禄大兒喪哀過遂得病心　服除後經年病瘳

續搜神記曰李子豫少善醫方當代稱其通靈許永爲豫州刺史鎮歷陽其弟患心腹堅痛十餘年殆死忽自夜聞屏風後有鬼謂腹中鬼曰何不促殺之不然明日李子豫當從此過以赤丸打汝汝其死矣腹中鬼對曰吾不畏之於是許永使人候子豫果來未入門病者自聞腹中呻吟聲及子豫入視曰鬼病也遂於巾箱中出八毒赤丸子與服須臾腹中雷鳴鼓轉大利數行遂差今八毒丸方是也

幽明録曰顧長康在江陵愛一女子還家長康思之不已乃畫作女形簪着壁上簪處正刺心女行十里忽心痛如刺不能進

腹痛

左傳宣下曰楚子伐蕭蕭潰還無社與司馬卯言號申叔展（還無社蕭大夫司馬卯申叔展皆楚大夫也無社欲徼以求免死無社素識叔展故因卯使呼之）曰有麥麴乎曰無有山鞠窮乎曰無（麥麴鞠窮所以禦濕）河魚腹疾奈何（言無禦濕藥將病）曰目於眢井而拯之（無社意解欲入井故使叔展視虛廢井而求拯）

左傳曰晉侯有疾秦醫去兩淫腹疾

搜神記曰淮南書佐劉稚夢見青刺蜴從屋落其腹內因苦腹病

華佗別傳曰有人病腹中切痛十餘日鬚眉落佗令破腹視脾果半腐壞刮去惡以膏傳瘡飲之以藥百日平復（事具醫門）

咽痛并噎

易說曰大寒氣當至而不至則多咽痛

漢書曰昌邑王被徵至長安左右令哭王曰吾嗌痛不肯哭

魏志曰有人病咽塞嗜食而不下華佗令取餅家蒜虀𩑶飲三外即吐一蛇便差（事具醫門）

山海經曰單張之山有鳥曰鵺食之已嗌（郭曰嗌咽也）

戰國策曰噎而後穿井何及於急

續漢書禮儀志曰三老五更仲秋之月賜以玉杖端以鳩爲飾鳩者不噎之鳥欲老人不噎也

晏子曰夫愚人多悔不肖者自賢猶臨難而遽鑄兵臨噎而遽掘井雖速無及

淮南子曰有以噎死者而禁天下之食有以車爲敗者而禁天下之乘不亦悖哉

廣五行記曰永徽中絳州有一僧病噎都不下食如此數年臨終命其弟子云吾氣絶之後便可開吾胸喉視有何物欲知其根本言終而卒弟子依其言開視胸中得一物形似魚而有兩頭遍體悉是肉鱗弟子致鉢中跳躍不止戲以諸味致鉢中雖不見食須臾悉化成水又以諸毒藥內之皆隨銷化時夏中藍熟寺衆於水次作澱有一僧往因以少澱致鉢中此蟲怖懼遶鉢馳走須臾化成水世傳以澱水療噎

煩懣

方言曰朝鮮洌水之間煩懣謂之漠漫

魏志陳登得胸中煩懣華佗謂詠曰府君胃中有蟲數外欲成內疽即爲作湯治之吐三外許蟲赤頭而動半猶是

鱠（事具醫門）

勞悸

漢書曰太師王舜自奔篡位後病喘悸浸劇遂死

宋書曰文帝有虛勞疾意有所想便覺心中痛裂

沈約宋書曰何尚患勞疾積年飲婦人乳乃差

世說曰殷仲堪父病虛悸聞牀下蟻動云是牛鬭孝武不知殷父問有一殷病如此不仲堪流涕而起

又曰衛玠從豫章下都人先聞其姿容觀者如堵牆玠先有疾不堪勞遂病發死時人謂之看殺衛玠

張奐與孟季御書曰素苦悸逆頃者益甚百病所歸月萎日損

眩

釋名曰眩懸也目視動亂如懸物搖搖然不定也

東觀漢記曰光武避正殿讀圖讖坐廡下淺露中風吐眩彌甚有白大司馬亦病如此自強從公而便疾愈於是車駕行數里病差

又曰建武五年上風眩發甚以陰興爲侍中受詔雲臺廟室

典略曰陳琳作諸書及檄草成呈太祖太祖先苦風眩是日發讀琳所作翕然而起曰此愈我疾

王隱晉書曰庾袞字叔褒入林慮山中塗而眩發倚巖而坐拄杖將起跌墜崖而死

華佗別傳曰佗見嚴昕語之曰君有急風見於面勿多飲酒坐罷歸昕於道中卒得頭眩墜車輿着車上歸家一宿死佗便解衣到懸令頭去地一二寸濡巾拭體令周匝候視諸脉盡出五色佗令弟子數人以鈹刀決脉五色盡視赤

血出乃以膏摩之覆被汗出飲以葶藶犬血散立愈

異苑曰上虞孫家奴多伎治人風頭流血滂沲噓入便斷

暍

京房易飛候曰有雲大如車盖十餘此陽沴之氣必暑有暍死也

淮南子曰文王葬死骸而九夷順武王蔭暍人於樹下而天下懷越王決獄不當援刀自割而戰士畢死感於恩也

抱朴子曰指冰室不能起暍死之熱望炎治不能止噤凍之寒

太平御覽卷第七百四十二

太平御覽卷第七百四十二

疾病部五

瘡　痱　螫毒

蠱　癰疽　瘻

癬　瘃　疥

惡疾　疫癘

瘡

周禮春官下曰瘍醫掌腫瘍潰瘍金瘍折瘍之祝（祝當如注讀如注病之注）

禮記曲禮上曰頭有瘡則沐身有瘍則浴

謝承後漢書曰嬀皓母炎瘡發膿皓祝而愈之

魏書曰孫觀遷青州刺史從征孫權於濡須口爲流矢所中穿左足力戰不顧太祖勞之曰將軍被瘡深重而猛氣益奮及瘡甚遂卒

吳歷曰孫策爲許貢客所傷既被瘡策引鏡自照曰面如此當可復建功立事乎椎几大呼瘡皆分裂其夜卒

江表傳曰周泰爲濡須督諸將以泰本出於微賤咸輕傲之孫權乃入泰營於都巷中張幔大請官僚使泰脫衣幘見其瘡痍匝體指瘡而問何地戰傷泰具對權把其臂流涕

沈約宋書曰劉邕所嗜食每異（於人性嗜瘡痂以爲味似鰒魚）詣孟靈休靈休先患炙瘡瘡痂落牀上邕因取食之靈休瘡痂未落者悉褫以飴邕靈休與何勗書曰劉邕向顧見噉舉體流血南康國吏二百人不問有罪無罪遞互與鞭取瘡常以給膳

又曰張收嘗爲猘犬所傷醫云宜食蝦蟆膾收甚難之醫含笑先嘗收因此乃食瘡亦即愈

後魏書曰長孫子彥末年石發舉體生瘡雖親戚兄弟以爲惡疾如此難以自明世無良醫恨其死矣嘗聞惡疾蝮虵螫之不痛試爲求之當令兄弟知我乃於南山得虵以股觸之痛楚號叫俄而腫死

抱朴子曰治金瘡以氣吹之血即斷痛立止

論衡曰儒書言燕太子丹使客荊軻刺秦王不得誅死後高漸離復以擊筑見秦王王知燕之客乃膠其眼使之擊筑漸離置鉛於筑中以爲重而擊秦王秦王病瘡三月而死夫言高漸離以筑擊秦王實也言中秦王病瘡三月而死虛也

嵇康高士傳曰孔休元嘗被人斫之至見王莽以其面有瘡瘢乃碎其玉劒與治之

華佗別傳曰瑯琊有女子右股上有瘡癢而不痛愈已復發佗曰當得稻糠色犬繫馬頓走出五十里斷頭向癢乃從之須臾有虵在皮中動以鐵橫貫引出長三尺許七日便愈

異苑曰陳郡謝石少患面瘡諸治莫愈乃自匿遠山卧於巖下中宵有物舐其瘡隨舐除而舐處悉白故世呼爲謝白面

又曰有田父耕值見傷一虵有一虵銜草著瘡上而傷者差田父收其餘葉治瘡皆驗

又曰晉時長山趙宣母任身如常而髀上癢搔之成瘡已兒從瘡中出母子平安

幽明録曰漢武在甘泉宮有玉女降與帝圍碁女風姿端正帝乃欲逼之女因唾帝面遂成瘡帝避跪謝神女爲出

溫水洗之（事具溫泉部）

西京雜記曰廣川王好發冢後發欒書冢是夕王夢一丈夫鬚眉盡白以杖扣王左脚王覺左脚腫痛因生瘡至死不差

三輔故事曰衛太子嶽鼻武帝疾避暑甘泉宮江充謂太子曰陛下惡太子鼻當持紙蔽其鼻及入充言曰太子不欲聞陛下膿臭蔽鼻而入帝大怒

痱

說文曰痱風病也

漢書曰灌嬰矯先帝詔當弃市嬰陽病痱不食欲死或聞上無殺意嬰復食治病議定不死矣乃有飛語爲惡言聞上故以棄市

東觀漢記曰明帝行幸諸國敕執金吾馮魴將緹騎宿玄武門複道上詔曰複道多風寒左右老人且病痱多取帷帳東西完塞窻皆令緻密

螫毒

魏志曰彭城夫人夜之廁蠆螫其手呻吟無賴華佗令溫湯漬手數易湯常令煖其旦即愈

搜神記曰阮瑀傷於虵齧其瘡而雙虵出鼻中

孔叢子曰宰我使齊反見夫子曰梁丘據遇毒三旬而瘳齊會大夫衆賓皆爲大夫並復獻攻毒之方弟子謂曰梁丘子瘳矣方安所施夫子曰三折肱而知爲良醫治梁丘遇虵害而獲瘳假有與之同疾者必問所以已之方衆人爲見故各言其方也

抱朴子曰蝮虵中人不曉方術者但以刀割肉投地其肉沸如火灸須臾燋盡

秋舍遇蠆客賦曰元康二年七月七日中夜遇蠆客有戲余者曰諺云過滿百爲蠆所螫斯言信哉

蠱

周禮秋官曰庶氏掌除毒蠱以嘉草攻之

左傳曰宣二晉胥克有蠱疾

沈約宋書曰沛郡相縣唐賜往比村飲酒還因得病吐蠱蟲十枚臨死語妻張曰死後刳腹出病張手破之藏悉糜碎

搜神記曰蠱有怪物若鬼其妖形變化雜類殊種或爲狗豕或爲蟲蛇其人皆自知其形狀常行之於百姓所中皆死

續搜神記曰曇遊道人清苦沙門也剡縣有一家事蠱人噉其食飲無不吐血死遊詣之主人下食遊便呪焉一雙蜈蚣長丈餘於盤中走出飽食歸安然無他

靈鬼志曰滎陽郡有一家姓廖其家累世爲蠱以致富子女豐悅後取新婦不以此語之家人悉行婦獨守家見屋中一大缸試發見一大蛇便作沸湯悉灌殺之家人還婦具說焉舉家驚惋無幾其家疾病死亡略盡

癰疽

廣雅曰痤疽癰也

說文曰癰腫也痤小腫也

釋名曰癰壅也氣壅否不通結裹而潰也

左傳襄十九年傳曰晉荀偃癉疽生瘍於頭（癉疽惡瘡）濟河及著雍病目出

史記曰卒有病癰者吳起爲吮之卒母哭之曰往年吳公吮其父父遂戰死今又吮此子妾不知其所死矣

漢書曰項羽疑范增奪其權增怒曰天下且定而王自為
之願賜骸骨羽許之亞父未至彭城疽發背而死
又曰僕射鄭崇數以職事見責發頸癰而死
又曰文帝病癰鄧通常為上吮之上問曰天下誰最愛我
通曰莫若太子太子入上使吮癰太子色難聞通吮之慙
遂恨通
東觀漢記曰樊儵事後母至孝母常病癰樊至吮嗽
典略曰趙戩病疽疾年六十餘聞魏王薨哭泣哀過瘡發
而卒
王隱晉書曰徐苗字叔胄弟亡臨殯口中癰大潰膿潰當
含去之
宋書曰劉瑀與何偃俱發背癰瑀疾已篤聞偃亡懽甚叫
呼於是亦卒

南史曰徐嗣伯春月出戲聞草屋中有呻吟聲嗣伯曰此
病甚重更二日不療必死乃往視見一老姥稱體痛而處
處有䵟黑無數嗣伯還煑斗餘湯送令服之訖痛熱愈甚
跳投牀者無數須臾所䵟處皆拔出長寸許乃以膏塗諸
瘡口三日而復云此名釘疽也
又曰薛伯宗善徙癰疽公孫泰患發背伯宗為氣封之徙
置齋前柳樹上明日而癰消樹邊便起一瘤如拳大稍稍
長二十餘日瘤大膿爛出黃赤汁升餘樹為之痿損
唐書曰李洧正已從父兄正已死洧以徐州歸順封潮陽
郡王無何背發疽稍平乃大具糜餅飯僧於市洧乘平肩
輿自臨其場市人讙呼洧驚疽會於背而卒
孝子傳曰魏達父苦疽痺達吮嗽而愈
山海經曰帶山有鳥狀如馬五采名䳌鵸食之不疽

又曰半石之山合水出焉多騰魚蒼文赤尾食之不癰譙
明之山譙水注焉多阿羅魚一首十身食之已癰
辛氏三秦記曰大魚如羊在長池中卌人食之生癰瘡
論衡曰儒書云齊桓公負婦人朝諸侯管仲告諸侯曰吾
君有疽瘡不得婦人瘡惡不愈諸侯信管仲故無叛者

瘻

說文曰瘻頸腫也
山海經曰脫扈之山植楮之草可以已鼠 郭璞注曰鼠瘻也
淮南子曰貍頭已鼠鷄頭已瘻
洞林曰柳祖休婦病鼠瘻積年不差及困令兒就吾卦之
語之曰當得賊師姓石者治之 肆[illegible]

癬

說文曰癬乾瘍也

山海經曰渠猪之山多豪魚赤喙赤尾食之可已白癬
又曰橐山橐水出焉脩郡之魚其音如鴟食之已癬

瘃

說文曰瘃中寒腫
漢書曰趙充國討先零帝詔充國曰欲至冬擊虜將軍士
寒手足皸瘃豈有利哉 皸坼裂也瘃寒瘡也

疥

說文曰疥搔也
周禮天官疾醫曰夏時有癢疥病
禮記月令曰仲冬行春令民多疥癘
左傳昭五日齊侯疥遂痁朞而不瘳諸侯之賓問疾者多
在焉
國語吳語曰夫差既許越成乃大戒師徒將以伐齊子胥

諫曰越之在吳也猶人之有心腹之疾也今王非越是圖而齊魯以爲憂夫齊譬諸疾疥癬也豈能涉江湖而與我爭此地哉

山海經曰石䑐之山其草多條其狀如韭而白花黑實食之已疥

宋玉登徒子賦曰登徒子之妻旣疥且痔登徒悅之使有五子

又曰竹山有草名曰黃雚枝如樗葉如麻白華赤實浴之已疥

惡疾

韓詩外傳曰芣苢傷夫有惡疾也釆釆芣苢薄言捋之（芣澤瀉也芣苢臭惡之菜猶捋之不已言君子雖有惡疾我猶不能去辭也）

論語雍也曰伯牛有疾子問之自牖執其手（包曰牛有惡疾不欲見人）

曰亡之命矣夫斯人也而有斯疾也斯人也而有斯疾也

後魏書曰李庶生而天閹崔諶調之曰教弟種鬚以錐遍刺作孔揷以馬尾庶曰先以此方迴施貴族藝眉有效然後樹鬚世傳諶門有惡疾以呼沲爲墓田故庶言及之

列女傳曰蔡夫之妻者宋人之女也旣嫁於蔡夫有惡疾其母將改嫁之女曰夫之不幸乃妾之不幸將何去之終不聽其母而作芣苢之詩

疫癘

說文曰疫皆民之疾也

釋名曰疫役也言有鬼行疾也

禮記月令曰孟夏行秋令則民多大疫

續漢書曰元初中會稽大疫使光祿大夫將醫巡行

魏書曰文帝在東宮已氛癘大起時人彫傷帝深感歎與素所敬者大理王朗書曰人生有七尺之形死爲一棺之土唯立德揚名可以不朽

魏志曰司馬朗還兗州刺史征吳到居巢軍中大疫朗躬親巡視致藥於疾卒焉

王隱晉書曰郭文舉得疫病危困不肯服藥曰命在天不在藥

鍾離意別傳曰黃讜爲會稽太守吳大疾疫黃君轉署意中部督郵意乃露車不冠身循行病者賜與醫藥其所臨護口十餘人

劉根別傳曰潁川太守到官民大疫掾吏死者過半夫人郎君悉病府君從根求消除疫氣之術根曰寅戌歲泄氣在亥今年太歲在寅於聽事之亥地穿地深三尺方與深同取沙三斛着中以淳酒三升沃其上府君即從之病者

即愈疫疾遂絕

山海經曰復州之山有企踵之鳥如鶏一足彘毛見則其國中大疫

三輔決錄曰井丹舉室疫病梁松自將醫藥治丹

盛弘之荆州記曰始安郡有鳥焉其形似鵲白尾名爲青鳥常以三月自蒼梧而度羣飛不可勝數山人見其來多苦疫氣

魏文帝與吳質書曰昔年疾疫親故多罹其災徐陳應劉一時俱逝

曹植說疫氣曰建安二十二年厲氣流行家家有僵尸之痛室室有號泣之哀或闔門而殪或覆族而喪或以爲疫者鬼神所作夫罹此者悉被褐茹藿之子荆室蓬戶之人耳若夫殿處鼎食之家重貂累蓐之門若是者鮮焉此乃

陰陽失位寒暑錯時是故生疫而愚民懸符厭之亦可笑

太平御覽卷第七百四十二

太平御覽卷第七百四十三

病病部六

霍亂　疰　瘧
消渴　癧逆　咳嗽
嘔逆吐　水疾　腫
疝　瘕　痺
痔　痢　陰痿
陽病

霍亂

易說曰穀雨氣當至不至則多霍亂

春秋考異郵曰襄公朝于荆士卒度歲愁悲失時泥雨暑濕多霍亂之病

漢書曰淮南王上書云南越多霍亂之疾

幽明錄曰某郡張甲者與司徒蔡謨舊有親僑住謨家暫數宿行過期不反謨晝眠夢甲云暫行忽暴病患心腹脹滿不得吐痢某時死亡又云我病名乾霍亂自可治也但人莫知其藥故令身死謨曰何以治之甲曰取蜘蛛生斷去脚吞之即愈謨覺使人往甲行所驗之果死問主人病與時日皆與夢符後有乾霍亂者謨試用輙差

疰

釋名曰疰人死一人復得氣相灌注也

范汪方曰九九十種寒尸疰此病隨月盛衰人有三百六十餘脉走入皮中或右或左如人所刺遂至於死死尸相注或至滅門

瘧

說文曰瘧熱寒並作也痁熱瘧也痎二日一發

易說曰立春氣當至不至則多疾瘧白露當降不降民多溫瘧

周禮天官疾醫曰秋時有瘧寒疾

禮記月令曰孟秋行夏令民多瘧疾

左傳昭二十年傳曰齊侯疥遂痁（痁瘧疾也）期而不瘳諸侯之賓問疾者多在（多在齊也）梁丘據與裔款言於公曰吾事鬼神豐於先君今君疾病為諸侯憂是祝史之罪也盍誅於祝固史嚚以辭賓（欲殺嚚固以謝問疾之賓）公悦告晏子晏子諫之乃止

東觀漢記曰鄧訓遷護烏桓校尉吏士嘗大病瘧轉易至數十人訓身主湯藥咸得平愈

又曰景丹從上至懷病瘧在上前瘧病上曰聞壯士不瘧漢大將軍反瘧病耶使小黄門扶起賜醫藥歸洛陽病遂加

抱朴子曰狝猴之鬼令人疾瘧

山海經曰陽華山多若華華實如苽味酸甘食之已瘧

玄晏春秋曰夏四月予瘧于河南歸于新安不瘳

世說曰中朝有小兒其父患瘧行乞藥人曰尊侯明德君子何以病瘧荅曰來病君子所以為瘧

列異傳曰陽雖字聖卿逃瘧神祠有人呼言杜御杜御聖卿應曰諾起至戶口人曰取此書去得素書一卷皆譴劾百神法乃差

錄異傳曰嘉興令吴士季瘧經武昌廟遣人辭謝乞斷瘧鬼去廟二十里卧夢見塘上一人乘馬追呼行太急速至季舡下馬與吏共入舡後縛取一小兒去夢覺瘧即斷

又曰弘父患瘧經年後獨至田舍瘧發有數小兒持公首脚公見因陽瞑忽起捉得一兒化成黄鷁餘者皆走仍縛

以還家懸著窻上明當殺食之比曉失鵲瘧遂斷于時有
瘧者但呼弘公便斷
甄異傳曰吳興張安病瘧發覺有物在被上病便更甚安
自力舉被捉之物化成鳥如鵂鶹瘧登時愈
盛弘之荆州記曰始興含滙縣有翁水下流有聖鼓橫在
川側上下船人剌篙有撞之者皆得瘧疾

消渴

後漢書曰司馬相如有消渴病
後漢書李通素有消渴疾（消渴中之疾也周禮云春有痟疾）自爲宰相謝
病不視事帝令以公位歸第養病
魏略曰卞蘭得消渴疾時明帝信呪水使人持水賜蘭蘭
曰治病當以方藥何信於此遂不肯飲以至於卒時人見
蘭好直言謂帝面折之而蘭自殺其實不也

晉書裴楷有渴利疾不樂處勢王渾爲楷請當見將養不
違其志不聽及疾詔遣黄門郎王衍省疾楷迴眸矚之曰
竟未見識衍深歎其神儁
南史何點少時嘗患渴逾歲不逾後在吳中石佛寺建講
所晝寢夢一道人形貌非常授丸一掬夢中服之而差
唐書鄧玄挺綜銓選無藻鑒之明又患消渴人因號爲鄧
渴
王子年拾遺録曰晉武爲撫軍時羗人姚馥字世芬姚襄
即其祖也好啜嚼濁糟言渴於醇酒羣輩常狎之呼爲渴
羗爲朝歌邑長馥辭之帝曰朝歌紂之故鄉地有酒池故
使老羗不復呼飲
交州記曰浮石體虛而輕煑飲止渴
淮南子曰嫁女於疾痟渴者夫死後則難可復處（以爲故妨之後）

人不憂

蹷逆

韓詩外傳曰扁鵲過虢虢侯世子暴病死乃造宮門曰世
子病所謂尸蹷者也
呂氏春秋曰室大多陰則蹷

咳嗽

釋名曰咳刻也氣奔至出入不平調若刻物也嗽促也用
力急促也
易說曰立秋氣未當至而至則少陽脉盛人病咳
周書曰立秋之日白露不降民多病咳
禮記月令曰季夏行春令則國多風欬
春秋繁露曰人君好戰貪城邑則民病欬嗽
抱朴子曰龜鼈竄鼉之鬼令人病欬

劉弘教曰吾昨四鼓中起聞西城上兵欬聲甚深即呼省
之年過六十羸病無襦而督將差以持時持時備不虞耳
此既無所防捍又老病羸凍不隱恤必致死亡督將豈可
乃尔耶

嘔吐

左傳哀下曰衛侯爲靈臺于籍圃與諸大夫飲酒焉褚師
聲子韈而登席（古者見君解韈）公怒辭曰臣有疾異於人（足有瘡疾）若
見之君將㱿之（㱿嘔吐也）
漢書曰西域有大小頭痛坂令人歐吐
謝承後漢書曰吳郡媯皓字元起其母至婿家醉嘔吐恐
食得毒伏地嘗吐仰曰吐寒耳非毒也
鄧粲晉記曰阮籍毋死與人棊如故既而飲酒三升舉聲
一號吐血數升

晉中興書曰王允之年在總角爲從伯敦所知嘗夜飲允之辭醉眠在別牀敦與錢鳳謀逆允之悉聞其語便於眠處大吐以爲大醉不復疑

沈約宋書曰蕭惠開除府加給事性素剛益不得志發病嘔血有物如肝肺者甚多

孟宗別傳曰孟宗爲光祿勳嘗大會公先少飲酒偶有強者飲一杯便吐時令峻急凡有醉吐者皆傳詔司察公吐麥飯察者以聞上乃歎息詔問食麥飯意宗荅曰臣家足有米飯耳直愚性所安其德行純素如此

列子曰東方有人焉曰爰旌目將有適也而餓於道狐父之盗曰丘見而下壺飡以餔之爰旌目三餔而後能視曰子何爲者也曰我狐父之人丘也爰旌目曰譆汝非盗耶胡爲而食我吾義不食子食也兩手據地而嘔不出咯客而死

水疾

東觀漢記曰東平王蒼到國後病水氣喘逆上遣太醫丞相視之小黃門侍疾置驛馬傳起居以千里爲程

晏子春秋曰景公水病夢與二日鬬不勝召占夢問之晏子謂占夢曰公所病者陰也日陽也一陰不勝兩陽公病將巳占夢以其言對三日公病大愈賜占夢占夢曰晏子教臣也公召晏子賜之晏子曰占夢以臣言對故有益也若使臣言則不信也

腫

釋名曰腫鍾也寒熱氣所鍾聚也

春秋潛潭巴曰枉矢黑軍士不勇疾流腫（宋均注云矢當揚光明今黑有死喪之氣則腫死）

春秋繁露曰人君簡宗廟逆天時民病流腫

尸子曰有醫竘者秦之良醫張子之背腫謂之曰背非吾背也任子制焉夫身與國亦猶此也必有委制然後治之

齋諧記曰范光祿得病腹脚並腫不飲食忽有一人清朝不自通遥進入光祿齋中就光祿邊坐光祿去先不識君君那得來而不自通此人荅曰佛使我來治君病發衣見之因捉其脚以甘刀針腫上倏忽之間頓針兩脚及膀胱百餘下然不覺痛復欲針腹其兒黃門不聽語竟便去後針孔中黃膿汁當出二三外許至明曉脚都差針亦無孔范甚喜

疝

釋名曰心痛曰疝疝詵也氣詵詵然而上也

後漢書太醫皮循從獵上林還暮宿殿門下寒疝病發時鄧訓直事聞循聲起往問曰冀得火以熨背訓至太官門爲求火不得乃以口噓其背復呼同廬郎共更噓至朝遂愈

瘕

龍魚河圖曰犬狗魚鳥不熟食之成瘕

易說曰白露氣當至不至太陰脉盛人多瘕疝

宋書徐文伯傳宋明帝宮人患腰痛牽心每至輒氣欲絕衆醫以爲肉瘕文伯曰此髮瘕以油投之即吐得物如髮稍引之長三尺頭已成蛇能動懸柱上水滴盡一髮而已病都差

山海經曰灑廆之水其中多有育沛佩之無瘕疾（郭璞曰育沛未聞）

列仙傳曰玄俗者常餌巴豆雲母賣藥於都市河間王病瘕玄俗脉之下蛇十餘頭俗言王病六世餘殃非王所招

也曰王嘗放麑麑是麟毋仁心感天故遭俗耳

續搜神記曰太尉郗公鎮丹徒嘗出獵時二月中蕨始生有一甲士折一莖食之即覺心中淡淡欲吐因歸家仍成心腹疾半年許忽大吐吐一蛇長尺餘尚活動搖乃掛著屋簷前汁稍稍出蛇漸燋小經一宿視之成一莖蕨猶昔所食也病遂除差

又曰桓宣武時有一督將因時行病後虛熱更能飲複茗必一斛二升乃飽人苦勸復嘬五升乃大吐向所飲都盡有一物隨吐後出如斗大試以一斛二升複茗洗之此物翕之都盡而正覺小脹又增五升便悉混然後從口中涌出既吐此物病遂差或問之曰此何病荅曰此病名斛二瘕

又曰昔有一人與奴俱得心瘕病奴既死割剖腹視得一

白鼈赤眼甚鮮明乃試以諸毒藥澆灌之并內藥於鼈口無損乃繫鼈於牀脚有客乘白馬來看之溺濺鼈惶遽疾走避溺既繫之不得去乃縮頸藏脚不敢動病者察之謂其子曰吾疾或可救乃試取白馬溺以灌鼈鼈消成數升水病者乃頓飲升餘白馬溺病即豁然除

異苑曰章安有人元嘉中噉鴨肉乃成瘕病胷滿面赤不得飲食醫令服秫米瀋須臾煩悶吐一鴨鶵身喙翅皆以成就唯左脚故綴昔所食肉病遂獲差

志怪曰有人得瘕病腹晝夜切痛臨終勑其子云吾氣絕後可剖視之其子不忍違割之得一銅酒鎗容數合後華佗聞其病而解之便出巾櫛中藥以投鎗鎗即消成酒

痺

春秋考異郵曰痺在喉壽命囚

漢書曰哀帝即位痿痺

又曰馮野王弟立為東海太守下濕病痺天子聞之徙為平原太守

晉書皇甫謐字士安得風痺疾猶手不輟卷

後魏書臨淮王譚孫孚好酒後遇風患手足不隨口不能言乃左手畫地作字乞解所任

唐書曰處羅可汗欲分兵大掠中國羣下多諫處羅曰我父失國賴隋得立恩不可忘時處羅父疾痺隋義城公主有五石餌之俄而處羅發疽死

痔

釋名曰痔食也蟲食之也

山海經曰天帝山有鳥其狀如鶉黑文而赤翁（郭璞注云翁頸下毛也）名曰櫟食之已痔又虎蛟可以為痔（郭璞注為治也）

莊子曰秦王有病召醫破癰者得一車乘舐痔者得車五乘所治愈下得乘愈多

尸子曰有醫竘者秦之良醫為惠王治痔皆愈

宋玉登徒子賦曰登徒子之妻既疥且痔

痢

釋名曰泄痢言出漏泄而利也

漢書曰韋玄成父喪既葬當襲爵即陽為病狂卧便痢妄笑語欲讓避兄也

北史齊司馬膺之好讀太玄經文注揚雄蜀都賦每云我欲與揚子周遊患痢十七年竟不愈齊亡歲以痢疾終

魏武令曰凡山水甚強寒飲之皆令人痢

陰痿

漢書曰膠西王端為人賊戾又陰痿一近婦人病數月

又曰周仁為人陰重不泄（張晏曰陰重不泄下濕故溺袴是以得此官者入後宮）

魏志公孫康死子晃淵皆小衆以康弟恭嗣恭陰消為閹人劣弱不能治國淵脅奪恭位

晉書南陽王模世子保體質豐偉嘗自稱重八百斤素喜睡痿疾不能御婦人

宋書曰明帝素肥晚年痿疾不能御內

陽病

左傳襄三曰楚子使薳子馮為令尹訪於申叔豫申叔豫曰國多寵王弱國不可為也遂以疾辭方暑闕地下冰而牀焉重繭衣裘鮮食而寢楚子使醫視之復曰瘠則甚矣而血氣未動（言無疾）

史記曰廉頗去我為趙將有攻城野戰之功而藺相如徒以口舌為勞而位居我上相如聞不肯與會每朝時常稱病不欲與爭列

續漢書曰楊彪見漢祚將終自以累世為公卿恥為魏臣遂稱足疾不復行

范曄後漢書曰高詡字季回父容哀平間為光祿大夫詡以父任為郎世傳魯詩以信行清操知名王莽篡位父子稱盲逃不仕莽

又曰封觀者以兄名位未顯恥先受之遂稱風疾瘖不能言火起燒屋徐出避之忍而不告

謝承後漢書曰沛國陳禁性不好榮建武中拜議郎引見賜食禁陽眼目無所見以肉投羹中出又撐柱乃歸

魏末傳曰李勝為荊州刺史曹爽令別司馬懿懿使婢進粥持杯而飲粥皆流出謂爽曰太傅非復可濟（令人愴然故爽不復設備）

曹瞞傳云太祖少飛鷹走狗游蕩無度其叔父數言之於嵩太祖患之後逢叔父於路乃佯敗面喎口叔父恠問其故太祖曰卒中風叔父告嵩嵩驚呼太祖太祖貌如故嵩問曰叔父言汝中風已差乎太祖曰初不中風但失愛於叔父故見罔耳嵩乃疑自後叔父所言嵩不復信

晉書曹爽專權宣帝稱疾何曾亦謝病爽誅曾乃起視事

又曰鍾會將反於蜀使衛瓘慰勞諸軍瓘心欲去且堅其意曰卿三軍主宜自行會曰卿先行吾當後出瓘便下殿會悔遣之使呼瓘瓘辭眩疾動詐仆地比出閤數十信追之瓘至外廨服鹽湯大吐瓘素羸便以困篤會遣所親人及醫視之皆言不起會由是無所憚

晉陽秋曰宣帝初不欲屈節曹氏辭以風疾不能起魏武使人往微刺之以觀信否宣帝堅臥不動

晉書曰王戎族弟敦有高名戎惡之敦每候戎輒託疾不見敦後果為逆亂其鑒賞先見如此

又曰長樂馮恢父為弘農太守愛少子淑欲以爵傳之恢父終服闋乃還鄉里結草為廬陽瘖不能言淑得襲爵恢始仕為博士祭酒

隋書曰郭衍為洪州總管晉王鎮淮海因召衍陰共計議又恐人疑無故來往託以衍妻患癭王妃蕭氏有術能療之以狀奏高祖高祖聽衍共妻向江都往來無度

唐書曰安祿山陷西京王維佯中風失音賊猶強授偽官後蒙原罪

又曰王徽傳黃巢入潼關僖宗出幸徽與同列崔沆豆盧瑑僕射于琮至曙方知遂相與奔馳赴行在徽夜落荊榛中隱於崔谷為賊所得迫還京師將授之偽命徽示以足折口瘖雖白刃環之初無懼色賊令輿歸第命醫二視之

月餘守視者稍怠徼乃雜於負販竄之河中遣人閒道奉
緡表入蜀天子嘉之詔授光祿大夫守兵部尚書
嵇康高士傳曰王莽徵孔休休飲血於使者前吐之爲病
篤遂不行
益部耆舊傳曰公孫述僭號徵犍爲任永君許以大位永
君故託以清盲妻於面前淫若不見子入井忍情不問述
伏誅永君澡浴引鏡照形曰世適平目即清妻乃自殺馮
信季成亦不受公孫述聘託清盲十三年侍婢於面前淫
而不問述誅取紙作書婢因自殺

太平御覽卷第七百四十三

太平御覽卷第七百四十四

工藝部一

敘藝　射上

敘藝

書曰以旦代某之身予仁若考能多材多藝

禮曰是月也命將講武習射御角力執弓挾矢以獵

又曰德成而上藝成而下

又曰尚伎而賤車則人典藝

周禮曰保氏掌諫王惡而養國子以道（馬融曰道大藝）乃教之六藝禮樂射御書數

論語曰太宰問於子貢曰夫子聖者歟何其多能也子貢曰固天縱之將聖又多能也

又曰志於道據於德依於仁遊於藝

漢書曰元帝多伎藝

華嶠後漢書曰鄧禹十三男各令習一藝

梁書曰柳惲字文暢早有令名少工篇什彈琴為士流第一帝謂周捨曰吾聞君子不可求備至於柳惲可謂具美分其才藝足了十人

又曰朱异字彥和通覽五經涉獵子史博弈書筭尤善沉約面試皆妙乃戲之曰君何不廉天下有藝君一時持去可謂不廉也

後漢書曰祖珽字孝徵裴讓之字士禮俱崇文學邢劭省中為之語曰多伎多能祖孝徵能賦能詩裴讓之皆一時之美也

後趙錄曰張材伎烏譚部人也善棊博蹴鞠鬬雞諸伎身長八尺飲酒石餘不亂

射上

中論藝紀曰射以平志御以和心書以綴事數以理煩

李顒遊藝箴曰邈矣姬旦惟藝之淵

易曰弦木為弧剡木為矢弧矢之利以威天下蓋取諸睽（睽乖也物乖則爭興弧矢之用所以威乖爭也）

又曰公用射隼于高墉之上獲之無不利子曰隼者禽也弓矢者器也射之者人也君子藏器於身待時而動何不利之有動而不括是以出而有獲語成器而後動者也（括結也君子待時而動則無結閡之患也）

詩曰既張我弓又挾我矢

又曰終日射侯不出正兮

禮曰工尹商陽與陳弃疾追吳師及之陳弃疾謂工尹商陽曰王事也子手弓子射諸射之斃一人韔弓（韔丑亮切弓衣）止其

御曰朝不坐燕不與殺三人亦足以反命矣（朝燕於寢大夫坐於上士立於下然則商陽與御者皆士也）孔子曰殺人之中又有禮馬善之

又曰孔子太士使之射不能則辭以疾懸弧之義也（男子生而設弧於門左示有射道而未能也）

又曰射有似乎君子失諸正鵠反求諸其身（反求於其身不以怨人也）（畫曰正皮曰鵠也）

又曰孔子射於矍相之圃蓋觀者如堵墻（矍相地名也樹菜蔬曰圃）射至於司馬使子路執弓矢出延射曰賁（房吻切）軍之將亡國之大夫與為人後者不入其餘皆入蓋去者半入者半（先行飲酒禮將射引以司馬子路執弓矢延射則為司射也賁讀為僨僨猶覆則也）又使公罔之裘序點揚觶而語曰幼壯孝悌耆耋好禮不從流俗修身以俟死者不在此位也蓋去者半處者半序點揚觶而語曰好學不倦好禮不變旄期（音基）稱道不亂者不在此位也蓋僅

有存焉之發聲也辭畢又使此二人舉觶者古者於旅也語語謂說美理也三十曰壯耆耋皆老也流俗失俗也處猶留也不可以在此賓位序點或爲徐點非或爲將耄期或爲旄動

又曰射之爲言繹也或曰舍也繹者各繹己之志也故心平體正持弓矢審固持弓矢審固則射中矣故曰爲人父者以爲父鵠爲人子者以爲子鵠爲人君者以爲君鵠爲人臣者以爲臣鵠故射者各射己之鵠故天子大射謂之射侯射侯者射爲諸侯也射中則得爲諸侯射不中不得爲諸侯大射將祭擇士之射也以爲某鵠者將射還視侯中之則成人不中之則不成人也得爲諸侯爲有慶也不得爲諸侯謂有讓也天子將祭必先習射於澤澤者所以擇士也已射於澤而后射於射宮射中者得與於祭不中者不得與於祭不得與於祭者有讓削以地得與於祭者有慶益以地進爵絀地是也澤宮名也士謂諸侯朝者諸臣及所貢士也皆先令書射於澤已乃射宮課中否也諸侯有慶者先進爵有讓者先削地也故男子生桑弧蓬矢六以射天地四方天地四方者男子之所有事也故必先有志於其所有事然後敢用穀也

左傳曰晉楚將戰潘尫之子黨與養由基蹲甲而射之徹七札焉蹲聚以示王曰君有二臣如此何憂於戰王怒曰大辱國詰朝尔射死藝言汝以射自多必當以藝死也呂錡夢射日中之退入於淖呂錡魏錡也占之曰姬姓日也異姓月也射而中之退入於淖亦必死矣及戰射恭王中目王召養由基與之二矢使射呂錡中項伏弢他力切弓衣也以一矢復命言一發而中

又曰衛獻公出奔初尹公他學射於庚公差庚公差學射於公孫丁二子追公二子也與差也爲孫氏逐也公孫丁御公子魚曰射爲背師不射爲戮射而禮乎子魚庚公差也禮射不求中也射兩軥而還軥車軛卷者今俗謂之軥心木尹公他曰子爲師我則遠矣乃反之他不從丁學故曰遠始與公差具退悔而獨還射丁公孫丁授公轡而射之貫臂貫手公他臂

又曰吳子諸樊伐楚以報舟師之役門于巢攻巢門也巢牛臣曰吳王勇而輕若啓之親門啓開門也我獲射之必殪殪死也是君也死疆其少安從之吳子門焉牛臣隱於短墻以射之卒

又曰昔賈大夫惡貌醜也娶妻而美三年不言御以如臯射雉獲之其妻始笑而言

周禮曰不司樂掌成均之法鄭司農云均調也樂師主調其音大司樂主受此成事已調之樂大射王出入令奏王夏及射令奏騶虞騶虞樂章名在召南之卒章王射以騶虞爲節也詔諸侯以弓矢舞舞謂執弓挾矢揖讓進退之儀

又曰樂師掌國學之政以教國子少舞謂以年幼少時教之舞凡射王以騶虞爲節諸侯以貍首爲節大夫以采蘋爲節士以采蘩爲節騶虞采蘋采蘩皆樂章名在國風召南貍首在樂記

又曰王以六耦射三侯三獲三容樂以騶虞九節五正諸侯以四耦射二侯二獲二容樂以貍首七節三正孤卿大夫以三耦射一侯一獲一容樂以采蘋五節二正士以三耦射豻侯一獲一容樂以采蘋五節二正鄭司農云三侯虎熊豹也容者乏也待獲者所蔽也九節所用九重設於長杠正所射也若王大射則以貍步張三侯鄭司農云貍步謂不舉足爲半步也玄謂貍善博者也行則止而擬度焉其發必獲是以量侯道法之也王射則令去侯立於後以矢行告卒令取矢鄭司農云射人王令人去侯所而立於後也以矢行告射人以矢行高下左右告於王者也

又曰射鳥氏掌射鳥鳥謂中膳羞者鳧鴈鴇鷃之屬也祭祀以弓矢敺鳥鳶凡賓客會同軍旅亦如之鳥鳶善鈔盜便汙人射則取矢矢在侯高則以并夾取之鄭司農云王射則射鳥氏主取其矢在侯高者矢着侯高人手不能及則以并夾取之并夾鍼箭具夾讀爲書故司弓矢職曰大射燕射共弓矢并甲

又曰庭氏掌射國中之祅鳥若不見鳥獸則以救日之弓

與救月之矢夜射之（不見鳥獸謂夜來鳴呼爲怪者獸狐狼之屬鄭司農云救日之弓救月之矢謂日月食所作弓矢玄謂日月之食陰陽相勝之變也於日食則射太陰月食則射太陽）若神也則以太陰之弓與枉矢射之（神謂非鳥獸之聲若或叫于宋大廟譆譆出出者）

又曰王大射則共虎侯熊侯豹侯設其鵠諸侯則共熊侯豹侯卿大夫則共麋侯皆設其鵠（大射者爲祭祀射王將有郊廟之事與邦國所貢之士可以與祭者射者可以觀德行其容體比於禮其節比於樂而中多者得與於祭九大射各於其射宮侯者其所射也以虎豹熊麋之皮飾其側所謂皮侯王之大射虎侯王所自射也熊侯諸侯所射豹侯卿大夫以下所射諸侯之大射熊侯諸侯所自射豹侯羣臣所射卿大夫之大射麋侯君臣共射焉）

又曰保氏掌養國子以道教之五射（五射一曰白矢二曰參連三曰剡注四曰襄尺五曰井儀也）

論語曰君子無所爭必也射乎（言於射而後有爭也）揖讓而升下而飲（射於堂升及下皆揖讓而相飲也）其爭也君子（多筭飲少筭君子之所爭也）

又曰射不主皮（射有五善焉一曰和志體和也二曰和容有容儀三曰主皮能中質四曰和順合雅頌五曰興舞與舞同射者不但以中皮爲善亦兼取其和容也）爲力不同科古之道也（爲力力役之事亦在上中下設三科焉故曰不同科也）

韓詩外傳曰楚熊渠子夜行見寢石以爲伏虎彎弓而射之沒金飲羽下視知其石也因復射之矢摧無跡也

三禮射侯圖曰天子大射之時天子虎侯九十步諸侯熊侯七十步卿大夫豹侯五十步畿内諸侯大射君熊侯九十步卿大夫參侯七十步士豻（五旦切）侯五十步天子卿大夫射君臣共射一麋侯五十步諸侯卿大夫亦如之天子及諸侯之士皆無大射參侯者以豹皮爲鵠以麋皮爲飾參之爲言雜也豻侯者以胡犬皮爲鵠亦以爲飾

又曰天子賓射亦三侯天子射五正侯諸侯射三正侯卿大夫射二正侯諸侯賓射二侯君三正卿大夫賓射君臣共射一侯二正士與士賓射豻侯二正士　不得畫雲氣故以豻皮飾其側也畿内諸侯與外國同其侯道亦如之

又曰天子燕射天子熊侯諸侯卿大夫士虎豹侯諸侯燕射君亦熊侯卿大夫亦宜參侯士鹿豕卿大夫與其臣燕射君臣共射虎豹侯士燕射亦宜豹侯畫鹿豕焉畿内諸侯與外國用其侯道亦如賓射

戰國策曰楚有養由基者善射去楊葉百步而射之百發百中有一大夫過之曰善射可教矣由基子試代我射之客曰我非能教子出左屈右也夫射者百發百中而不以善息少焉氣衰力勸弓撥矢拘一矢發而不中前功盡弃矣

又曰更贏與魏王處廡下有鴈從東方來更贏虛發而鴈下魏王曰射可至此乎更贏曰其飛徐其鳴悲飛徐者故瘡痛也鳴悲者失群也故瘡未息驚心未去故聞弦音而

下

史記曰漢有善騎射者樓煩楚挑戰三合樓煩輒射殺之

又曰李廣爲右北平太守出獵見草中石以爲虎射之中石没鏃視之石也因復更射之終不復入廣所居郡聞有虎常自射之及居右北平射虎虎騰傷廣廣亦竟射之廣爲人猨臂其善射亦天性也雖其子孫他人學者莫能及廣擊匈奴中貴人從匈奴三人射之中貴人殺其騎且盡中貴人走廣廣曰是必射鵰者（鵰鳥善射者射之也）遂之果然廣爲將其射見敵非十步之内度不中不發發即應弦而倒用此爲將兵數困辱

漢書曰匈奴畏郅都之威刻木像都之狀交弓射之莫能一中

又曰堂邑父胡人也善射與張騫俱使西域每處困之時

射鳥獸供食
後漢書曰王寵善射十發十中皆同處焉
又曰董卓膂力過人雙帶兩鞬左右馳射為羌胡所畏
魏志曰挹婁國古肅慎氏之國也善射入人目
又曰文帝共上常獵為虎所逐顧射應聲而倒太祖壯其鷙勇使將武騎
魏略曰成公英從太祖出獵有三鹿走過太祖命英射之三發三鹿皆應弦而倒
吳志曰太史慈字子義初北海相孔融以黃巾寇暴出屯都昌為賊管亥所圍慈乃帶鞬攝弓上馬將兩騎自隨各作一的持之開門直出外軍圍下左右人並驚駭兵馬互出慈引馬至城下塹內植所持的各一出射之射畢徑入門晨復如此圍下人或起或臥故慈復植的射之畢復入

門明晨復出如此無復起者於是鞭馬直突圍中馳去比賊覺知慈行已過又射數人皆應弦而倒故無敢追者慈猿臂善射弦不虛發嘗從孫策討麻保賊賊於屯裏緣樓上行罵以手持樓棼慈引弓射之矢貫手着棼圍外萬餘人莫不稱善其妙如此
晉書曰劉曜字永明身長九尺六寸垂手過膝雄武有膂力射鐵入一寸焉時號神射也
又曰庾翼時有衆萬詔加都督征討諸軍事師次襄陽大會僚佐陳旌甲親授弧矢曰我之行也善此射矣遂三起三疊徒衆屬目其氣十倍
又曰庾翼鎮武昌謝尚數詣翼諮謀軍事嘗與翼共射翼曰卿若破的當以鼓吹相賞尚應聲中之翼即以其副鼓吹給之

又曰楊濟遷太子太傅濟有才藝嘗從帝校獵北邙山下與侍中王濟俱着布袴褶騎馬執角弓在輦前猛獸突出帝令濟射之應弦而倒須臾復一出濟受詔又射殺之六軍大叫稱快
又曰魏舒累遷後將軍鍾毓長史毓與參佐射舒常為畫籌而已後遇朋人不足以舒滿數毓初不知其善射舒容貌閑雅發無不中舉坐愕然莫有敵者毓歎而謝曰吾之不足以盡卿才有如此射矣
又曰江州刺史庾悅隆安中為司徒長史曾至京口劉毅時甚蹇屯就府借東堂與親故出射而悅與僚佐徑來詣毅告之曰毅輩屯否之人合一射甚難君於諸堂並可望以今日見讓悅不許射者皆散唯毅留射如故
又曰王愷以帝舅奢豪有牛名八百里駮常瑩其蹄角王

濟請以錢千萬與牛對射而賭之愷亦自恃其能令濟先射一發破的因據胡牀叱左右速探牛心來須臾而至一割便已
齊春秋曰宜都王鏗字宣儼太祖第十六子善射常取甘蔗插地百步射之十發十中古之楊葉殆不能加
陳書曰褚玠剛毅有膽決長騎射常從司空侯安都於徐州出獵遇猛獸玠射之再發中口入腹俄而獸斃
燕書曰賈堅字世固彎弓三石餘烈祖以堅善射故親試之乃取一牛置百步上召堅使射曰能中之乎堅曰少壯之時能令不中今已年老正可中之恪大笑射發一矢拂脊再一矢磨腹皆附膚落毛上下如一恪曰復能中乎堅曰所貴者以不中為奇中之何難一發中之堅時年六十餘　觀者咸服其妙

又曰慕容根善射嘗從行儁有一野羊立於懸崖太祖命
左右射之莫有中者根自募求射之一發而中
崔鴻十六國春秋燕録曰建威翰奔還本國有勁騎百餘
追之翰遥謂之曰吾旣思戀而歸必無返面吾之弧矢汝
曹所否無爲相逼自取死也吾處汝國久矣誓不殺汝可
百步竪刀吾射中者汝便宜返不中者可前也諸騎解刀
竪之翰發而中鐶追騎乃散
又後燕録曰慕容盛行遇賊盛曰汝欲當鋒乎試竪汝手
中箭百步我善中之宜慎汝命如不中當束身相授盜乃
竪箭盛一發中之盜曰相試耳資而遣之
又前秦録曰符琳字永瑶堅之弟五子也有文武才藝引
弓五百斤射銅犁耳至於山水文詠皆綺秀清麗
又前涼録曰索孚字國明燉煌人善射十中八九或謂之

曰射有法乎孚曰射之爲法猶人主之治天下也射者弓
有強弱矢有銖兩弓不合度矢不端直主雖逢蒙不能以
中才不稱官萬務荒殆雖有堯舜之君亦無以治也
又趙録王劉曜親圍陳安於隴城安突圍而出近則刀矛
俱發輙害六七遠則雙帶兩鞬左右馳射

太平御覽卷第七百四十四

太平御覽卷第七百四十五

工藝部二

射中

後魏書曰胡太后親覽萬機手筆斷決幸西林園法流堂命侍臣射不能者罰之又自射鍼中之大悅賜左右布帛有差

又幸闕口登雞頭山自射象牙簪一發中之

又曰長孫晟嘗使攝圖攝圖獨愛晟每共遊獵留之竟歲有一鵰飛而爭肉因以箭兩隻與晟請射取之晟馳往遇鵰相攫遂一發雙貫焉攝圖喜命諸子弟貴人皆相親友冀昵近之以學彈射

又曰尒朱兆萬仁榮從子也少驍猛善騎射蹻捷過人榮曾送臺使見二鹿乃命兆前授之二箭曰可取此鹿供今食也遂停馬構火以待之俄然兆獲其一榮欲矜誇使人責兆曰何不盡取杖之五十

又曰山偉字仲才河南洛陽人其先代人也祖強攻騎射彎弓五石初為駕部郎顯祖出於方山兩狐起於御前詔強射之百步之內二狐俱死顯祖善之除內行長

又曰元庫汗為羽林中郎從駕北巡有兔起於乘輿前命庫汗射之應弦而斃太祖大悅賜金兔一枚以旌其能

又曰楊播字延慶車駕曜威城泛水上巳設宴高祖與中軍彭城王勰賭射左衛元遙在勰朋內而播居帝曹遙射侯正中籌時限以滿高祖曰左衛籌足右衛不得不解播對曰仰恃聖恩庶幾必爭於是彎弓而發其箭正中高祖笑曰雖養由基之妙何復過是遂與巵酒以賜之曰古人酒以養病朕今賞卿之能何謂今古之殊也

又曰元幹機悟壯勇善弓馬太宗出遊白登之東北幹以騎從有雙鵰飛於上太宗命左右射之莫能中者鵰旋飛稍高幹自請射之以二箭而下雙鵰太宗嘉之賜御弓矢金帶以旌其能軍中於是號幹為射鵰都尉

又曰靈丘南有山高四百餘丈羣官仰射無能踰者文成帝彎弧發矢出三十餘丈過山南二百三十步遂刊石勒銘

又曰孝武即位諸蕃並遣使朝貢帝臨軒宴之有鵄飛於殿前帝素知竇熾善射因欲矜示遠人乃給熾御覽物隻命射之鵄乃應弦而落諸蕃人咸歎異焉帝大悅

又曰南平王渾好弓馬射鳥輒歷飛而中之日射兔得五十頭太武嘗命左右分射勝者中的籌滿詔渾解之三發皆中帝大悅器其藝能常引侍左右

又曰奚康生洛陽人少驍武彎弓十石矢異尋常魏宣武聞之故作大弓兩張長八尺把中圍尺有二寸箭麤如今之長笛送與康生康生便集文武用之平射猶有餘力觀者以為絕倫

西魏書曰文帝在天遊園以金卮置侯上令公卿射中即賜之宇文貴一發而中帝笑曰由基之妙正當此耳進侍中

北齊書曰斛律光嘗從文襄洹橋校獵雲表見一大鳥射之正中其頸形如車輪旋轉而下乃鵰也邢子高歎曰此射鵰手也當時號落鵰都督

又曰斛律羨及光並工騎射少時好獵父金命子孫會射而觀之泣曰明月豐樂用弓不及我諸孫又不及明月豐樂世衰矣每日令出畋遊即較所獲光獲雖少必麗龜達

服美獲雖多非要害之所光常蒙賞美或被箠人問其故
云明月必背上着豐樂隨勢即下手數雖多去兄遠矣聞
者服其言明月光之字豐樂羨之字也
又曰元景安善射孝昭嘗與功臣西園宴射侯去堂百二
十步中的者賜以良馬及金玉錦綵等有一人射中獸頭
去鼻寸餘唯景安最後有矢未發帝令景安解之景安引
滿正中獸鼻帝嗟異稱善特賞玉帛又加常等
又曰高隆之於射堋（音朋）土上立三人像為壯勇之勢文宣
曾至東山因射謂堋上可作猛獸以存古義何為終日射
人隆之無以對
又曰皮景和琅邪下邳人也高祖曾令和射一豕一箭而
獲之深見嗟賞及周通好之後冠蓋來常令景和對接每
與使人同射百發百中甚見推重焉

後周書曰李遠嘗校獵於莎柵見石於叢薄中以為伏兎
射之而中鏃入寸餘就而視之乃石也太祖聞而異之賜
書曰昔李將軍廣親有此事公今復爾可謂世載其德雖
熊渠之名不能獨善其美
又曰趙文少而修德存忠節便弓馬能左右馳射
又曰豆盧寧嘗與梁企定遇於平涼川相與肆射乃於百
步懸莎草以射之七發五中企定服以為能贈遺甚厚
又曰賀跋勝從太祖宴于昆明池時有雙鳧遊於池上太
祖乃授弓矢於勝曰不見公射久矣請以為歡勝射之一
發俱中因拜太祖曰使勝得奉神武以討不庭皆如此也
太祖大悅自是恩禮尤重
又曰齊王憲子貴年十一從憲獵於鹽州圍 中手射野馬
及鹿一十有五

隋書曰突厥入朝隋文賜之射突厥一發中的上曰非賀
若弼無能當此乃命弼弼再拜祝曰臣若赤誠奉國當一
發破的如其不然發不中也既射一發而中上大悅顧謂
突厥曰此人天賜我也
又曰韓洪平陳之役授行軍摠管及陳平晉王大獵於蔣
山有猛獸在圍中衆皆懼洪馳馬射之應弦而倒陳氏諸
將列觀於側莫不歎伏焉王大喜賜縑百疋
又曰宇文忻字仲樂年十二能左右馳射驍捷若飛常謂所
親曰自古名將唯以韓白衛霍為美談吾察其行事未足
多也若使與僕並時不令豎子獨擅高名也其少慷慨若
此
又曰虞慶則幼雄毅身被鎧帶兩鞬左右馳射本州豪俠
皆敬憚之

又曰史萬歲京兆杜陵人也見羣飛鴈曰請射行中第三
者射之應弦而落三軍莫不悅服
唐書曰馮盎時羅竇諸洞獠叛詔令盎率部落二萬為諸
軍先鋒時有賊數萬屯據險要不可攻逼盎持弓語左右
曰盡吾此箭可知勝負連發七矢而中七人
又曰薛仁貴領兵擊九姓突厥於天山將行高宗出甲令
仁貴試之上曰古之善射有穿七札者卿且射五重仁貴
射而洞之高宗大驚更取堅甲以賜之
又曰李晟性雄烈有才善騎射年十八從軍身長六尺勇
敢絕倫時西河節度使王忠嗣擊吐蕃有驍將乘城拒鬪
頗傷士卒忠嗣募軍中能射者射之晟引軍一發而斃三
軍皆大呼忠嗣厚賞之因撫其背曰此萬人敵也
莊子曰吳王浮乎江登于狙之山衆狙見之恂然而走逃

於深榛有一狙焉見巧於王王射之敏給（敏疾也給續也）搏捷矢（捷速也矢往雖速而狙能搏也）王命相者趨而射之狙執死王顧謂其友
顏不疑曰是狙也伐其巧恃其便以傲於予以至此殛也
戒之哉
又曰列禦寇爲伯昏瞀人射引之盈貫措杯水於其肘（左手如矩右手如附枝左手拔發而右手不知故可措之杯水）發之適矢復沓（矢去也箭適放去復歛沓）
放矢復寓（箭放去未至的已復寄杯水於肘言其敏捷之甚也）當是時猶象人也（不動之至）伯昏瞀人曰是射之射也非不射之射也（不射之射乃盡善矣）
又曰射者非前期而中謂之善射天下皆羿也可乎（不期而中誤中者耳非善射也若謂謬中爲善射是則天下皆可謂之羿乎言不可矣）
列子曰列子學射中矣請於關尹子關尹子曰子知子之
所以中者乎對曰弗知也關尹子曰未可退而習之三年
又以報關尹子關尹子曰子知子之所以中者乎列子曰
知之矣關尹子曰可矣而勿失也非獨射爲國與身亦皆
如之

又曰中山公子牟悅趙人公孫龍樂正子輿之徒笑之公
子牟曰子何笑牟之悅龍也子輿曰吾笑龍之給孔穿（音川）
言善射者能令後鏃中前括（音闊）發發相及矢矢相屬前矢
造準而無絕落後矢之括猶銜弦視之若一焉孔穿駭之
龍曰此未其妙者逢蒙之弟子曰鴻超怒其妻而怖之引
烏號之弓淇衞之箭射其目矢至眸子而眶不睫矢墜地
而塵不揚是豈智者之言歟公子牟曰知者之言固非愚
者之所曉也後鏃中前括均後於前也矢注眸子而眶不
睫盡矢之勢也子何疑焉
又曰甘蠅古之善射者彀弓而獸伏鳥下弟子名飛衛學
於甘蠅而巧過其師紀昌又學射於飛衛曰尒先學不瞚

（音舜）而後可言射矣紀昌歸偃卧其妻之機下以目承牽挺（牽挺機躡也）三年之後雖錐末到眥而不瞚也以告飛衛（飛衛曰未也）
亞學視小如大視微如著而後告我紀昌以氂懸虱於牖
南面而望之旬日之間浸大也三年之後如輪焉以覩餘
物並丘山也乃以燕角之弧朔蓬之簳射之貫虱之心而
懸不絕以告飛衛飛衛高蹈拊膺曰汝得之矣紀昌既盡
衛之術計天下之敵己者一人而已乃謀殺飛衛相遇於
野二人交射中路　矢鋒相觸而墜於地而塵不揚飛衛
之矢先射紀昌之矢唯一既發飛衛以棘刺之端扞之而
無差焉於是二子泣而投弓相拜於塗請爲之父子
韓子曰李悝爲魏文侯北地之守而欲民之善射也乃下
令曰民之有狐疑之訟者令人射杓（音標）中之者勝不中者
不勝令且下而民皆習射日夜不休乃與秦戰大敗之以
民之善射故也

墨子曰或有於墨子學射墨子曰不可夫學者必量其力
國士猶不可及今子非國士豈能我學又成射哉
周生烈子善射者不盡弓力善治者不盡下情
尸子曰荊莊王命養由基射青蛉王曰吾欲生得之養由
基援弓射之拂左翼焉王大喜
符子曰晉之相者桓氏世傳于楚善以道假乎射爲常以
其所不射而之患晝之不足以卒歲故以夜而燭之
又曰夏王使羿射於方矢之皮征寸之的乃命羿曰子射
之中則賞子以萬金之費不中則削子以千邑之地羿容
無定色氣戰於胷中乃援弓而射之不中更射之又不中
夏王謂傅弥仁曰斯羿也發無不中而與之賞罰則不中
的者何也傅弥仁曰若羿也口懼爲之災萬金爲之患矣

人能遺其善去其萬金則天下之人皆不愧於羿矣夏王
曰人聞子之言始得無欲之道
淮南子曰堯特十日並出堯命羿仰射十日中其九烏
又曰史皇產而能書史皇蒼頡生而見鳥迹知著書號曰史皇或曰鵲皇羿左臂脩脩長也而善射羿有窮之君也
又曰越人學遠射參天而發適在五步之內越人習水便舟而不知射射遠反直仰向天而發矢勢盡而還故近在五步之內參猶望也不易儀儀射法也言不曉射故不知易去參天之法也世已變矣而守其故譬猶越人之射也言其守故不知變也
又曰楚王有白猨王自射之則搏矢而熙熙戲也使養由基射之始調弓矯矢未發而猨擁柱號矣由基楚王之臣養姓調張矯直擁抱號呼幽通賦曰養流睇而猨號是也
又曰夫矢者所以射遠貫牢者弓力也其所以中杓部徹微者人心也

又曰善射者發不失的善於射矣而不善所射所射者死故曰不善

太平御覽卷第七百四十五

工藝部三

射下　　御

射下

呂氏春秋曰射杓者欲其中小也射獸者欲其中大也物固不必可推

又曰荆廷嘗有白猨荆之善射者莫之能中荆王請養由基射之養由基矯弓操矢而往發之則猨應矢而下

白虎通曰天子所以親射何助陽氣達萬物也春陽氣微弱恐物有窒塞不能自達者天子射熊何示服猛遠巧佞也熊爲獸猛巧者也非但當服猛巧者示當服天下巧佞之臣也諸侯射麋何示遠迷惑人者也麋之言迷也大夫射虎豹何示服猛也士射鹿豕何示除害也各取德而

能服也大夫士射兩物何大夫士俱人臣陰數偶也侯者以布爲之何布者用人事之始也本正則末正矣名之爲侯者何明諸侯有不朝者則當射之君子重同類不忍射之故畫獸射之射主何爲乎曰射義非一也夫射者執弓堅固心平體正然後中也二人爭勝樂以養德也勝負俱降以崇禮讓故可以選士夫勝者發近而制遠選士所以助微抑強調和陰陽戒不虞也天子射百二十步諸侯九十步大夫七十步士五十步明尊者所服遠卑者所服近也

列女傳曰晉平公使工爲弓三年乃成射不穿一札公怒將殺工其妻見公曰妾之夫造此弓亦以勞矣而不穿一札是君不能射也妾聞射之道左手如矩右手如附枝右手放發左手不知公以其言爲儀𢦏而穿七札弓工立得出賜金三鎰

英雄記曰袁術遣將紀靈率步騎三萬攻劉備呂布遣人招備并請靈等饗飲謂靈曰布性不喜合鬬但喜解鬬耳乃令植戟於營門彎弓曰諸君觀布射戟小支中者當解兵不中留決鬬布一發中戟支遂罷兵

西京雜記曰茂陵人周楊本琅耶人善馴野雞以爲媒用以射雉每三春之月茀障自翳用鮭姑迷切矢以射之日連百數茂陵輕薄者化之皆以雜寶錯廁翳障輕騎妖服追隨於道路以爲歡娛楊死其子亦善其事董司馬賢也好之以爲上客

典論曰文帝自叙曰少好弓馬逐禽輙十里射常出百步後獵猶貢良弓燕代獻名馬於鄴西獵終日獲麞鹿九雉兎二十後尚書令荀彧問余曰聞君善左右射此實難能

余曰執事未覩凡埒有常徑的有定所雖矢發輙中非妙也若夫馳平原赴豐草逐狡獸截輕禽使弓不虛彎矢不虛發此乃妙耳

山海經曰軒轅國在窮山之際不敢西射畏軒轅之丘故也言敬畏黄帝威靈故不敢向之射也

論衡曰養由基見寑石以爲虎射之飲羽案精誠所感不過入一寸耳今勇夫卒見寑石以手推之能令石有跡乎

射經曰夫射者所以觀德也不能則辭之以疾懸孤之義在焉故曰和容爲上主皮爲次并之者又何加矣乃君子之所爭也雖欲勿用禮其捨諸乎

王昶戲論曰禮記有投壺之宴論語稱博弈之賢玆三戲者君子末事不足爲也樗蒲彈碁既不益人又國有禁皆不得爲也吾見坐圍碁而死近事非遠昔晉侯以投壺喪

宋公好博弈亡豈不哀哉諸戲中唯有射者男子之事在於六藝若欲戲唯得射而已其餘不得爲也

曹植樂府歌曰控弦破左的發矢摧月支仰手接飛猱俯身散馬蹄

又曰鬬雞東郊道走馬長楸間驅馳未能半雙兔過我前攬弓挾鳴鏑長驅上南山左挽因右發一縱兩禽連餘巧未盡展仰手接飛鳶觀者咸稱善衆工歸我妍

御

書曰若朽索之御六馬

禮曰君將駕則僕執策立於馬前（監駕且爲馬行）已駕僕展軨（展軨具視）效駕（自已駕矣）奮衣由右上取貳綏（奮振去塵也貳副也）跪乘（未敢立散也）執策分轡驅之五步而立（調成之也）君出就車則僕并轡授綏（車上僕所主也）左右攘辟（謂羣臣陪位侍駕者也攘却也或音攘古讓乎也）車騎而騶至于大門君撫僕之手而顧命車右就車門閭溝渠必步（車右勇力之士備制非常者君行則陪乘君式則下步行也）凡僕人之禮必授人綏若僕者降等則撫僕之手不然則自下拘之（撫小止之議也自下取之也僕與己下拘之由僕手同爵則不受）

又曰魯莊公及宋人戰于乘丘縣賁父御卜國爲右馬驚敗績公墜左車授綏公曰末之卜也縣賁父曰他日不敗績而今敗績是無勇也遂死之圉人浴馬有流矢在白肉公曰非其罪也遂誄之

周禮曰教國子以五馭（一曰鳴和鸞二曰逐水曲三曰過君表四曰舞交衢五曰逐禽左）

論語曰子謂門弟子曰吾何執執御乎執射乎吾執御矣

大戴禮曰善御馬者正銜勒齊轡策均馬力和馬心

家語曰閔子騫爲費宰問政於孔子孔子曰以德以法夫德法者御民之具猶御馬之有銜勒也君子人也吏者轡也刑者策也人君之政執其轡策而已矣

又曰子貢問治人於孔子孔子曰懍焉如與腐索御扞馬（懍懼也扞突之馬也）

國語曰鐵之戰簡子曰鄭人擊我吾伏弢（他刀切弢引文）流血鼓音不衰今日之事莫我若也衛莊公爲右（衛莊公奔晉趙簡子滑納之爲右也）曰吾九登九下擊人盡殪今日之事莫我加也郵無正御曰吾兩鞅將絶吾能止之（郵無正大夫王良也鞅引也）今日之事我止之次也駕而乘材（材横也）兩鞅皆絶

史記曰周穆王乘驊騮騄耳使造父爲御日行千里往見西王母

莊子曰東野稷以御見莊公進退中繩周旋中規莊公爲造父弗過也顏闔遇之入見曰稷之馬將敗公密而不應少焉果敗而反公曰子何以知之曰其馬力竭矣而猶求焉故曰敗

列子曰造父師曰泰豆氏造父之始從習御也執禮甚卑泰豆氏三年不告造父執禮愈謹廼告之曰古語曰良弓之子必先爲箕良冶之子必先爲裘汝先觀吾趨趨如吾然後六轡可持六馬可御造父曰唯命所從泰豆氏乃立木爲塗僅可容足計步而置之履之而行趨走往還無跌失也造父學之三日盡其巧泰豆歎曰子何敏也得之捷乎御者亦如此也曩汝行之於足應之於心推於御也齊揖乎轡銜之際急緩乎脣吻之和正度乎胷臆之中節乎掌握之間內得於中心外合於馬志是故能進退履繩而旋曲中規取道致遠而氣力有餘誠得其術矣得之於銜應之於轡得之於轡應之於手得之於手應之於心則不以目視不以策驅心閑體正六轡不亂二十四蹄所投

無差迴旋進退莫不中節然後車輪之外可使無餘轍馬蹄之外可使無餘地未嘗覺山谷之嶮原隰之夷視之一也吾術窮矣汝其識之

管子曰造父善御者也善視其馬節其飲食量其馬力故能取遠道而馬不罷（罷音疲）明主猶造父也善治其民度量其力也

孟子曰昔者趙簡子使王良與嬖奚乘終日而不獲一禽嬖奚反命曰天下之賤工也或以告王良良曰請復之強而後可一朝而獲十嬖奚反命曰天下之良工也

韓子曰鈆陵卓子乘蒼龍桃文乘鉤錦在前錯錣（丁括切）在後馬欲進則鉤錦之欲退則錯錣貫之馬因旁出造父過之而爲之泣

孫卿子曰定公問於顏闔曰東野畢之御善乎對曰善則

善矣然其將爲佚定公不說入謂左右曰君子固誣人乎三日而牧來謁之曰東野畢之馬佚兩驂引兩服入廄定公越席而起召顏闔曰子言東野畢其馬將佚不識何以知之對曰臣以政知之昔者舜巧於使民而造父巧於使馬舜不窮其民造父不窮其馬是以舜無佚民造父無佚馬今野畢之御上車執轡銜體正矣步驟馳騁朝禮畢矣歷險致遠其力盡矣然而求馬不已是以知之公曰善哉

尸子曰夫馬者良工御之則和馴端正致遠道矣僕人御之則遲奔毀車矣民者譬之馬也堯舜御之則天下端正桀紂御之則天下奔於歷山

淮南子曰急轡數策者非千里之御也

又曰御者非轡不行學御者不爲轡也

又曰舟覆乃見善游馬奔乃見良御（善游故覆舟不溺良御故馬奔車不敗故見之）

又曰夫載重而馬羸雖造父不能以追急車輕而馬良雖中工可以致遠

又曰良馬不待策錣（丁刮切策端有鐵也）而行駑馬雖兩錣之不能進爲此不用策錣而御則愚矣

又曰若夫鉗且大丙之御也（鉗且大丙太一之御）除轡銜棄鞭策車莫動而自舉馬莫使而自走星燿而玄運電奔而鬼騰進退詘伸不見朕（余黃反四）毀

又曰尹需學御三年而無得焉常寢想之（寢堅思之）中夜夢受秋駕於師（秋駕善御之術）明日往朝師望而謂之曰吾非愛道於子也恐子不可予也今日將教子以秋駕尹需反走北面再拜曰臣有天幸今夕固夢受之

又曰夫馬之爲草駒之時跳躍揚蹄翹尾而走人不能制

（馬五尺以下爲駒放在草中故曰爲草駒之時翹舉也制禁也）之及至圉人擾之良御教之（圉養馬官擾順也）掩以衡扼連以轡銜則雖歷險趨塹弗敢違戾故其形之爲馬其可駕御教之所爲也

又曰夫御者馬體調乎車御心和乎馬則雖歷險至遠進退周旋無不如意雖有騏驥騄耳之良而使烏獲御之則馬反自恣（恣卻行也）而人不御也

太平御覽卷第七百四十六

太平御覽卷第七百四十七

工藝部四

書上

釋名曰書庶也紀庶物也亦言著也著之簡編永不滅也

說文曰依類象形之謂文形聲相益之謂字著於竹帛之謂書

廣雅曰書如紀也

易曰上古結繩以治後世聖人易之以書契百官以治萬民以察蓋取諸夬（夬決也書契所以決斷万事也）

家語曰宓子賤字不齊仕魯爲單父令恐君聽用讒人使已不得行其政故請君近吏二人與俱至官令二吏書輙掣其手書不善則從而怒之吏患爲辭歸魯子賤曰子書甚不善子勉而歸報於君曰宓子使臣書而掣搖臣肘書惡而又怒臣邑吏皆笑之所以去之而來也君以問孔子孔子曰不齊君子也其材任霸王之佐屈節治單父以自試意者其以此諫乎公寤太息歎曰寡人亂宓子之政而責其善數矣

漢書曰陳遵長八尺餘長頭大鼻容貌甚偉略涉傳記贍於文辭性善書與人尺牘主皆藏去以爲榮

又曰宣帝時中郎將張彭祖少與帝微時同席研書及帝即尊位彭祖以舊恩封陽都侯

又曰田蚡學盤盂諸書孔甲二十六篇雜家書

後漢書曰孫敬字文寶少時畫地學書日進焉

東觀漢記曰樂成靜王黨善吏書喜正文字也

魏志曰胡昭善尺牘動見模楷衛覬好古文鳥篆隸草無所不善也

晉書曰王羲之嘗詣門生家見棐几滑淨因書之真草相半後爲其父刮去之門生驚懊者累日

又曰王羲之山陰有道士好養鵝羲之觀焉意甚悅固求市之道士云爲寫道德經當舉羣相贈耳羲之欣然寫畢籠鵝而歸

又曰羲之每自稱我書比鍾繇當抗行比張芝猶當鴈行也曾與人書云張芝臨池學書池水盡黑使其人耽之若是未必後之也

又曰羲之嘗在蕺（蕺音戢）山老姥持六角竹扇賣之羲之因書其扇各爲五字姥初有慍色乃謂姥曰但言是王右軍書以求百錢姥如其言人競買之他日姥又持扇來羲之笑而不荅

又曰王獻之七八歲時學書父羲之從後掣其筆不得歎曰此兒後當復有大名常書壁爲方丈字羲之甚以爲能觀者數百人

又曰謝安嘗問獻之君書何如君家尊荅曰故當不同安曰外論不尒荅曰人那得知

又曰衛常字巨山轉黃門郎常善草隸書爲四體書勢曰昔者在黃帝創制造物有沮（側魚切）誦蒼頡者始作書契以代結繩蓋覩鳥跡以興思也因而遂滋則爲之字有六義焉一曰指事上下是也二曰象形日月是也三曰形聲江河是也四曰會意武信是也五曰轉注老考是也六曰假借令長是也

又曰索靖作書狀其辭曰聖皇御世隨時之宜蒼頡既生書契是爲科斗鳥篆類物象形叡哲變通意巧滋生損之隸草以崇簡易百官畢脩事業正厲草書之爲狀也婉

若銀鉤漂若驚鸞舒翼未發若舉復安蚰蜒虬蟉（力幽切）或
往或還類阿那以羸羸欲奮釁而桓桓及其逸遊盼嚮乍
正乍邪騏驥暴怒逼其轡海水窊隆揚其波芝草蒲萄還
相結棠棣融融載其華玄熊對踞于山岳飛燕相追而差
池舉而察之又似乎和風吹林偃草扇樹枝條順氣轉相
比附窈嬈（奴鳥切）廉苦隨體散布紛擾擾以綺靡中持疑而
猶豫玄螭狡獸嬉其間騰猨飛鼬相奔趣凌魚奮尾蛟龍
反據投空自竄張設牙距或若登高望其類或若既往而
中顧或若倜儻而不群或若自檢於常度於是多才之英
篤藝之彥役心精微耽此文憲守道兼權觸類生變離析
八體靡形不判去繁存微大象未亂上理開元下周謹按
騁辭放手雨行冰散高音翰厲溢越流漫忽班班而成章
信奇妙之煥爛體磥落而壯麗姿光潤以璀璨命杜度運

其指使伯英回其腕著絕勢於紈素垂百世之殊觀

宋書曰劉穆之傳高祖書素拙穆之曰此雖小事然宣被
四遠願公少復留意高祖既不能措意又稟分有在穆之
乃曰公但縱筆爲大字一字徑尺既足有所苞且其名亦
美高祖從之一紙不過六七字便滿

齊書曰太祖善書及登位篤好不已與王僧虔賭書畢謂
虔曰誰爲第一僧虔對曰臣書臣中第一陛下書帝中第
一上笑曰卿可謂善自爲謀矣

宋書曰謝超宗謂王慈曰卿書可及虔公慈曰我之不及
父猶雞之不及鳳也時人以爲名荅

宋書曰江夏王鋒字宣穎高帝第十二子也四歲好學書
畜於毋張氏舍張氏無紙乃倚井欄爲書書之滿則洗之已
而復書如此累月又每晨不肯去窗塵而就塵書高帝嘗使
學鳳尾詔一學即工帝大悅以玉麒麟賜之曰以麒麟賞
鳳尾矣

梁書曰武帝論蕭子雲書曰筆力勁駿心手相應巧踰杜
度美過崔寔當與元常（鍾繇也）並驅爭先其眾蕭子雲出爲
東陽太守百濟國使人至建業求書逢子雲維舟將發使
人於渚次候之望舡三十許步前行子雲遣問之荅曰侍
中尺牘之美遠流海外今日所求唯在名迹子雲乃爲停
舡三日書三十紙與之獲金貨數百萬性恡自非荅餉不
書好事者重加賂遺以要其荅

又曰顏協博涉羣書工於草隸飛白時吳人范懷約能隸
書協學其書殆過真也荊楚碑碣皆協所書時人有會稽
謝善勛能爲八體六文方寸千言京兆韋仲善飛白並在
湘東王府善勛爲錄事參軍仲爲中兵參軍府中以協優

於韋仲而減於善勛善勛飲酒至數升醉後輒張眼大罵
雖復貴賤親踈無所擇也時謂之謝方眼而協襟美坦有
士君子之操焉

後魏書曰崔潛爲兄渾誄手筆草本會昌初著作佐郎王
遵業買書於市而遇得之計誄至今將二百載寶其書迹
深秘藏之武定中遵業子松年以遺黃門郎崔季舒人多
摹搨之

又曰崔玄伯尤善草隸行押之書爲世模楷玄伯祖悅與
范陽盧諶並以博藝著名諶法鍾繇悅法衛瓘而俱習索
靖諶傳子偃偃傳子邈悅傳子潛潛傳玄伯故魏初重崔
盧之書

唐書曰太宗嘗謂侍中魏徵曰虞世南死後無人可與論
書徵曰褚遂良下筆遒勁甚得王逸少體太宗即日召令

侍讀嘗以金帛購求王羲之書跡天下爭賫古書詣闕以
獻當時莫能辯其眞僞遂良備論所出一無所誤
又曰虞世南字伯施同郡沙門釋智永（智永羲之孫）善學王羲
之書世南師焉妙得其體由是聲名藉甚
又曰柳公權字誠懸幼嗜學十二能爲詞賦元和初進士
擢第釋褐祕書省校書郎李聽鎮夏州辟爲掌書記穆宗
即位入奏事帝召見謂公權曰我於佛寺見卿筆蹟思之
久矣即日拜右拾遺充翰林侍書學士遷右補闕司封員
外郎穆宗政僻嘗問公權筆何盡善對曰用筆在心心正
則筆正上改容知其筆諫也公權初學王書遍閱近代筆
法體勢勁媚自成一家當時公卿大臣家碑板不得公權
手筆者人以爲不孝外夷入貢皆別署貨貝曰此購柳書
上都西明寺金剛經碑備有鍾王歐虞褚陸之體尤爲得

意文宗夏日與學士聯句帝曰人皆苦炎熱我愛夏日長
公權續曰薰風自南來殿閣生微涼時丁袁五學士皆屬
繼帝獨諷公權兩句曰詞清意足不可多得乃令公權題
於殿壁字方圓五寸帝視之歎曰鍾王復生無以加焉
又曰柳公權大中初轉少師中謝宣宗召昇殿御前書三
紙軍容使西門季玄捧硯樞密使崔巨源過筆一紙眞書十
字曰衛夫人傳筆法於王右軍一紙行書十一字曰永禪師
眞草千字文得家法一紙草書八字曰謂語助者焉哉乎
也賜錦綵缾盤等銀器仍令自書謝狀勿拘眞行帝尤奇
惜之
又曰歐陽詢潭州臨湘人也初學王羲之書後更漸變其
體筆力險勁爲一時之絶時人得其尺牘文字咸以爲楷
範焉高麗甚重其書嘗遣使求之高祖歎曰不意詢之書

名遠播夷狄彼觀其跡固謂其形貌魁梧耶（詢形體麼麼故高祖有是言耳）
又曰歐陽通詢之子也早孤母徐氏教其父書每遺通錢
給云質汝父書跡之直通慕名甚銳晝夜精力無倦遂亞
於詢
唐書曰龍朔二年四月上自爲書與遼東諸將謂許敬宗
曰許圉師常自愛朕書可於朝堂開示圉師見驚喜私謂
朝官曰圉師見古跡多矣魏晉已後唯稱二王然逸少少
力而研子敬研而少力今觀聖跡兼絶二王鳳翥鸞迴實
古今書聖
又曰太宗嘗於晉史右軍傳後論之曰鍾書布纖濃分疏
密霞舒雲卷無所間然但其體古而不今字長而逾制獻
之雖有父風殊非新巧疏瘦如陵冬之枯樹楂枒而無屈

伸拘束若嚴家餓隷羈羸而不放縱蕭子雲無丈夫之氣
行行如縈春蚓字字若綰秋蛇卧王濛於紙中坐徐偃於
筆下以茲播美豈非濫名耶所以詳察古今研精篆素盡
善盡美其唯王逸少乎
又曰孔若思早孤母褚氏親自教訓遂以學行知名年少
時有人賫褚遂良書跡數卷以遺若思唯受其一卷其人
曰此書當今所重價比黄金何不揔取之若思曰若價比
金寶此爲多更截去半以還之矣
又曰盧知猷器度長厚文詞美麗尤工書一落簡翰人爭
摸倣
又曰鍾紹京虔州贛人也初爲司農録事以工書直鳳閣
則天時明堂門額九鼎之銘及諸宮殿門牓皆紹京所題
又曰王涯既誅涯家書數萬卷侔於書府前代法書名畫

人所保惜者必以厚貨致之不受貨者必以官爵致之厚爲垣𡑞而藏之覆壁至是人破其垣取之或剔取函奩金寶之飾與其王軸而弃之

蔡琰別傳曰琰對曹操曰乞給紙筆真草唯命也

邴原別傳曰原年五六歲過書舍而泣師曰何泣原曰孤子易傷感夫書者皆有父母也今顧其書故惻然涕零也師哀原言而爲之泣曰欲書不須費也遂就書

江偉家傳曰偉性善書人得其手跡莫不藏之以爲寶

神仙傳曰東郭延服靈飛散能夜書言目明

又曰王遠字方平東海人也博學尤明天文讖緯河洛之要逆知天下盛衰之期漢桓帝聞之連徵不出使郡國逼載詣京師低頭閉口不肯答乃題宮門扇四百餘字皆說方來帝甚惡之使刮去外字復見墨皆徹入版裏

石虎鄴中記曰石虎有馬妓着朱衣進賢冠立於馬上馬走而作書字皆端正

永嘉郡記曰昔王右軍遊永嘉經於惡道右軍書兩邊大石今猶見墨跡而字不甚了了

抱朴子曰英㲹實天雄鶴腦服之令人夜書

孫卿子曰作書者衆而蒼頡獨傳用心一也

淮南子曰昔蒼頡作書而天雨粟鬼夜哭高誘曰有書契作詐偽萌生去本趣末弃耕墾之業而務錐刀之利天知其將餓故爲雨粟也鬼恐爲文所劾故哭也鬼或作兎兎恐有取毫見筆書及之故哭

又曰明月之光可以遠望而不可以細書也

愼子曰書契所以識公信也

隋巢子曰史皇產而能書

三輔決錄曰韋誕字仲將除武都太守以書不得之郡轉侍中典作魏書號散騎書一名大魏書凡五十篇洛陽鄴許三都宮觀始就命誕銘題以爲永制以御筆墨皆不任用因奏曰夫工欲善其事必先利其器用張芝筆左伯紙及臣墨兼此三具又得臣手然後可以逞徑丈之勢方寸千言

俗說曰桓玄取羊欣爲征西行軍參軍玄愛書呼欣就坐仍遣信呼顧長康與共論書至夜良久乃罷

世論曰鍾會有異志姦白鄧艾有反狀又會善效人書於劍閣要艾章表皆易其言令倨傲多有矜伐以疑之

論衡曰夫河出圖雒與洛同出書聖帝明王之瑞應也蒼頡作文字筆與天地同指與鬼神合何惡而致雨粟鬼哭之怪哉

又曰書官諱丙日云蒼頡以丙日死也

世說曰韋仲將善書魏明帝起殿安牓使仲將登梯題之既下頭鬢皓然因是勑誡兒孫勿復學書

王廙之懷舊序曰余與從甥孫道濟交好特至昔寓荊州同處一室冬多閑暇長共學書余收而錄之欲以爲索居之愛道濟因記紙末曰舅還山之日覽此相存開書見其手跡皎若平日悽悵傷心

太平御覽卷第七百四十七

工藝部五
書中
王右軍題衛夫人筆陣圖後曰夫紙者陣也筆者刀稍也墨者鍪甲也水硯者城也本領者將軍也心意者將副也結構者謀畫也颺筆者吉凶也出入者號令也屈折者殺戮也夫欲書者先于研墨凝神靜思預想字形大小偃仰平直振動令筋脉相連意在筆前然後作字若平直相似狀如筭子便不是書但得其點畫耳昔宋翼常作此書翼鍾繇之弟子乃嗤之翼三年不敢見繇潛心改跡每畫一波常三過折筆每作一點常隱鋒而為之
衛夫人筆陣圖曰若初學書先須大書不得從小善鑒者不寫善寫者不鑒多骨微肉者筋書多肉微骨者墨猪多力豐筋者聖無力無筋者病一一從其消息而用之

王僧虔論書曰王平南廙是右軍之叔自過江東右之前唯廙為最畫為晉明帝師書為右軍法
又曰中書令王珉筆力過於子敬書舊品云有四疋素自朝操筆三暮便竟首尾如一又無誤字子敬戲云弟書如騎騾駸駸常欲度驊騮前
又曰鍾公之書謂之盡妙鍾有三躰一曰銘石書妙者也二曰章程書傳小學秘書教者也三曰行押書是者也二法皆世人所善
虞龢論書曰晉謝奉起廟悉用棐村右軍取棐書之滿林奉收得一大簀子敬後往謝奉為說右軍書甚佳而密已削作數十棐板請子敬書之亦甚佳奉並珎録後履分半與桓玄用履為楊州主簿餘一半孫恩破會稽略以之海
又曰晉時有一好事少年故作精白紗褫衣着詣子敬子敬便取書之草正諸體悉備兩袖及褾略同少年覺王左右有陵奪之色掣褫而走左右果逐之及門外鬭爭分裂少年纔得一袖耳
梁武帝觀鍾繇書法曰子敬不迨逸少猶逸少不迨元帝學子敬者如畫虎也學元常者如畫龍也
又曰夫運筆邪則無芒角執手寬則書緩弱點掣短則去擁腫點掣長則法離澌畫促則字横畫踈則形慢拘則乏勢放又少則純骨無媚純肉無力少墨浮澁多墨笨（蒲本切）鈍此並任之自然之理也
庾元威論書曰余為書十牒屏風書作十體間以采墨當時衆所驚異自尔絶筆唯留草奎邑䫉體者懸針書垂露書秦望波冢書金鵲書玉文書鵠頭書虎爪書倒薤書偃

波書幡信書御書列書日書月書風書雲書科斗署書胡書蓬書相書天竺書轉宿書一筆篆一筆隸飛白章草古文隸横書横書楷書小科隸芝英隸花草隸幡信隸鍾鼓隸龍虎篆鳳魚篆麒麟篆仙人篆科斗篆雲篆蟲篆魚篆鳥篆龍篆龜篆虎篆鸞篆龍虎隸鳳魚隸麒麟隸仙人隸科斗隸雲隸蟲隸魚隸鳥隸龍隸龜隸虎隸鸞隸龍文書龜文書鼠書牛書龍書虎草書兔書龍草書蛇草書馬書羊書猴書雞書犬書豕書已上皆采色其外復有大篆小篆銘鼎摹印刻符石經象形篇章震書到書反左書等又九體書所謂繆素書簡奏書牋表書行押書檝書蒿書半草全草書此九法極真草之次第焉刪捨之外所存猶一百二十體
袁昂古今書評曰王右軍書如謝家子弟縱復不端正者

爽爽有一種風氣王子敬書如河洛間少年雖皆充悦而舉體蹉跎殊不可耐羊欣書如大家婢爲夫人雖處其位而舉止羞澁終不似真徐淮南書如南岡士大夫徒好尚風軌終不免寒乞阮研書如貴胄失品次不能復排突英賢王儀同書如晉安帝非不處尊位而都無神施吳興書如新亭傖父一往見似揚州人共語便音態出陶隱居書如吳興小兒形雖未成長而骨體甚駿快殷鈞書如高麗使人抗浪甚有意氣滋韻終不精味袁山松書如深山道士見人便欲退縮蕭子雲書如春初望山林花無處不發如經論道人無絶不言崔子玉書如危峯阻日孤松一枝有絶望之意師宜官書如鵬羽未息翩翩自逝韋誕書如龍威虎振劒拔弩張蔡邕書骨氣風遠爽爽爲神鍾司徒字十二種意外殊妙實多奇耶鄲淳書應規入矩方圓乃成張伯英書如漢武帝愛道憑虛欲仙索靖書如飄風忽舉鷙鳥不飛皇象書如歌聲繞梁琴人捨揮衛常書如插花美人舞笑鏡臺孟光祿書如崩山絶崖人見可畏張芝鷩奇鍾繇特絶逸少鼎能獻之冠世四英其頹洪芳不滅羊真孫草蕭竹范篆各一時妙絶鍾繇書若飛鴻戲海舞鶴遊天行間茂密實亦難過蕭思話書走墨連綿字勢屈強若龍跳淵門虎卧鳳闕薄紹之書字勢蹉跎如舞妓低腰仙人嘯樹

江式論書表曰秦有八體一曰大篆二曰小篆三曰符書四曰蟲書五曰摹印六曰署書七曰殳書八曰隸書

又曰漢時有六書一曰古文孔子壁中書也二曰奇字即古文而異者也三曰篆書云小篆也四曰佐書秦隸書也五曰繆篆所以摹印也六曰鳥蟲所以書幡信也

李嗣真書後品曰蟲篆者小學之所宗草隸者士人之所尚近代君子故多好之或時有可觀耳

武平一徐氏法書記曰梁大同中武帝勑周興嗣撰千字文使溫鐵石摸次羲之之迹以賜八王

徐浩論書曰初學之際宜先筋骨筋骨不立肉何所附用筆之勢特須藏鋒鋒若不藏字則有病病且未去能何有焉字不欲踈亦不欲密亦不欲大亦不欲小小長令大大蹙令小踈肥令密密瘦令踈斯其大經矣筆不欲捷亦不欲徐亦不欲平亦不欲側側竪令平峻不使傾捷則須定徐則須利如此則其大較矣

徐浩古跡記曰中宗時中書令宗楚客奏事承恩乃乞大小二王真跡勑賜十二卷大小各十軸楚客遂裝作十二扇屛風以褚遂良閑居賦枯樹賦爲脚大會貴要張以示之時薛稷崔湜盧藏用廢食歎美復不宴樂

何延之蘭亭記曰蘭亭者晉右軍將軍會稽内史琅耶王羲之字逸少所書之詩序也右軍蟬聯美冑蕭散名賢雅好山水尤善草隸以晉穆帝永和九年暮春三月三日嘗遊山陰與太原孫綽興公廣漢王彬之并逸少凝徽操之等四十有一人修祓禊之禮揮毫製序興樂而書用蠶繭紙鼠鬚筆遒媚勁健絶代更無凡二十八行三百二十四字字有重者皆構別體就中之字最多乃有二十許箇變轉悉異遂無同者其時迺有神助及醒後他日更書數百千本終無如祓禊所書之者右軍亦自珍愛寶重此書留付子孫傳掌至七代孫智永永即右軍第五子徽之之後掌其書爲蕭翼紿而取之

又曰右軍孫僧智永帝居永欣寺閣上臨書所退筆頭

置之於大竹簏簏受一石餘而五簏皆滿凡三十年於閻
上臨得真草千字文好者八百餘本浙江東諸寺各施一
本今有存者猶直錢數萬
張懷瓘書詁曰文質相法立其三古貴賤殊品置其五等
三古者篆籀爲上古鍾張爲中古羲獻爲下古
又曰崔張玉也逸少金也大貫則貴其玉小商則重其金
膚淺之人多任其耳但知王書爲最真草一槩略無差殊
張懷瓘二王等書録曰承聖末魏師襲荆州元帝將降其
夜乃聚古今圖書十四萬卷并大小二王跡遣後閤舍人
高善寶焚之吴越寶劍並將斫柱乃歎曰蕭世誠遂至於
此文武之道今夜窮乎歷代祕寶並爲煨燼矣
張懷瓘議書曰其真書逸少第一元常第二世將第三子
敬第四士秀第五文靜第六茂猗第七其行書逸少第一

子敬第二元常第三伯英第四伯玉第五季琰第六敬和
第七茂弘第八安石第九章草子玉第一伯英第二幼安
第三伯玉第四逸少第五士秀第六子敬第七休明第八
其草書伯英刱立規範得物象之形歸造化之理然其法
太古質不剖斷以此爲少也有推輪草意之妙後學得魚
獵其中宜爲第一叔夜第二子敬第三處沖第四世將第
五仲將第六士秀第七逸少第八
張懷瓘叙書法曰太宗自真草書屏風以示羣臣筆力遒
勁爲一時之絶甞謂朝臣曰書學小道功非急務時或留
心猶勝弃日凡諸藝業未有學而不得者也
韋述書法記曰太宗貞觀中搜訪王右軍等真跡出御府
金帛重爲購賞由是人間古本紛然畢進
書斷曰鍾繇字元常尤善書師曹喜蔡邕劉德昇真書光

妙乃過於師剛柔備矣點畫之間多有異趣雖神明不備
可謂幽深無際而古雅有餘秦漢已來一人而已求其盡善
盡美則孤裘而有羔袖其行書羲之之亞書則索衛之下
八分則有魏受禪碑稱此爲最也
又曰晉韋昶字文休太元中孝武帝改治宮室及廟諸門
並欲使王獻之隷書題牓獻之固辭乃使劉瓌以八分書
之後又使文休以大篆改八分焉或問王右軍父子書君
以爲如何荅曰二王自可謂能未是知書也
又曰妙則筆王子敬得其筆數爲絶世
又曰晉薄紹之字敬叔丹陽人也官至給事中善書憲章
小王風格秀異若干將出匣光芒射人
書斷曰晉太元中新起太極殿謝安欲使子敬題牓以爲
萬代寶而難言之乃說韋仲題陵雲臺事子敬知其旨乃

正色曰仲將魏室大臣寧有此事使其若此知魏德之不
長安遂不之逼
又曰齊王僧虔善書孝武欲擅書名僧虔不敢顯迹大明
之世常用掘筆書以此見容
梁蕭子雲學梟喬小篆草行諸體兼備而刱造小篆飛白
意趣飄然點畫之際有若騫舉妍妙至極難與比肩故歐
陽詢云飛白鳥巾冠世其後逸少子敬又稱妙絶乃尓飛
而不白蕭子雲輕濃得中蟬翼掩素遊霧崩雲可得而語
其真書初學子敬晩師元常及其暮年筋骨亦備名蓋當
世舉朝效之
又曰梁庾肩吾云張功夫第一天然次之鍾天然第一功
夫次之王功夫不及張天然過之天然不及鍾功夫過之
懷瓘以爲杜度章草並無所師鬱然靈變爲後世楷則此

乃天然第一也及有道變杜君章體以至草聖天然所資
理可度矣池水盡墨功亦至焉隨永欣寺僧知果會稽人
也煬帝甚善之工書甞謂永師云和尚得右軍肉智果得
骨夫筋骨藏於膚肉山水不猒高深

書斷曰唐褚遂良善書少則伏膺虞監長則祖述右軍真
書甚得其媚趣若瑶臺青瑣窅映春林美人嬋娟似不任
乎羅綺鉛華婥約則歐虞謝之其行草之間即居二公之
後

書斷曰唐高正臣善書廣平人也甞爲人書十五紙人或
戲換其五紙又令示高再看不寤客曰有人換公書高乃
審詳之得其三紙客曰猶有在高又觀之竟不能辯

又曰唐宋令文河東陝人也官至左衛郎將奇姿偉麗有
三絶書畫力尤於書備兼諸體偏意在草焉

太平御覽卷第七百四十八

工藝部六

書下

古文　篆書　八分書

隸書　草書　飛白書

章草書　行書

古文

王隱晉書曰荀勗領祕書監始書師鍾胡法太康二年得汲郡冢中古文竹書勗自撰次注寫以爲中經別在祕書以較經傳闕文多所證明

書斷曰古文者黃帝史蒼頡所造也頡首有四目通於神明仰觀奎星圜曲之勢俯察龜文鳥跡之象採手衆美合而爲字是曰古文孝經援神契云奎主文章蒼頡倣象是也夫文字者㮣而爲言包意以名事也分而爲義則文者祖父字者子孫得之自然備其文理象形之屬則爲之文因而滋蔓母子相生形聲會意之屬則謂之字字者言孳乳浸多也題於竹帛謂之書書者如也舒也紀也

又曰魏衛覬字伯儒河東安定人官至侍中尤工古文筆跡精絶魏初淳古文者出於邯鄲淳伯儒寫淳古文尚書以示淳淳不能別

篆書

漢書曰元帝善史書史籀所作大篆籀音紂

續漢書曰靈帝置鴻都門諸生能爲尺牘賦及以工書鳥篆相課試至千人焉

魏略曰邯鄲淳善蒼頡蟲篆許氏字指

後魏書曰竇遵善楷篆北京諸碑及臺殿樓觀門題多其書也

書斷曰秦李斯妙篆始省改之爲小篆著蒼頡篇七章雖帝王質文世有損益終以文代質漸就澆醨則三皇結繩五帝畫象三王肉刑斯可況也古文可爲上古大篆爲中古小篆爲下古三古謂之實草隸謂之華妙極於華者羲獻精窮於實者籀籀史籀斯始皇以和氏之璧琢而爲璽令斯書其文今泰山嶧山及秦望等碑並其遺迹謂國之偉寶百世之法式斯小篆入神大篆入妙

書斷曰大篆者周宣王大史史籀所作也或云柱下史始變古文或同或異謂之爲篆篆者傳也傳其物理施之無窮甄酆定六書三曰篆書八體書法一曰大篆又漢書藝文志史籀十五篇蓋此也

又曰呂氏春秋云蒼頡造大篆非也若蒼頡造大篆則置古文何地即籀篆蓋其子孫是也

又曰小篆者秦丞相李斯所作也增損大篆異同籀文謂之小篆亦曰秦篆

蔡邕篆勢曰體有六篆妙巧入神或象龜文或化龍鱗紆體放尾長翅短身延頸脅翼勢似凌雲

八分書

唐書曰張廷珪與陳州刺史李邕親善屢上表薦之邕所撰碑碣之文必請廷珪八分書之甚爲時人所重

世論曰安定梁鵠字孟皇善八分書太祖使書信幢宮門牓題

書斷曰八分書者秦羽人上谷王次仲所作也

又曰後漢師宜官南陽人也靈帝好書徵天下工書於鴻都門至數百人八分稱宜官爲最大則一字徑丈小則方

寸千言甚矜其能而性嗜酒或時空至酒家因書壁以雇之觀者雲集酤酒多售

隸書

吳志曰張昭字布善隸書

晉書曰王羲之尤善隸書為古今之冠論者稱其筆勢以為飄若遊雲矯若驚龍深為從伯敦導之所器重

晉中興書曰李充字弘度母衛氏廷尉展之妹也充少孤母聰明有訓又善楷書妙參鍾索世咸重之充從兄咸亦善書

沈約宋書曰文帝善為隸書

又曰羊欣字敬元長隸書父不疑初為烏程令欣年十二時王獻之為吳興太守甚知愛之獻之嘗夏月入縣欣着新絹裙晝寢獻之書裙數幅而去欣本工書因此彌善

齊書曰王僧虔善隸書宋文帝見其書素扇歎曰非唯跡逾子敬文當器雅過之

齊書曰周顒少從外氏車騎將軍臧質家得衛常散隸書法學之甚能文惠太子使顒書玄圃茅齋壁國子祭酒何胤以倒薤書求就顒換之顒笑曰天下有道丘不與易也

三國典略曰周白石縣男趙文深以題牓之功除魏興郡守文深字德本南陽宛人也少學楷隸有鍾王之則當時書唯文深及冀雋而已王褒尤善書文深慙恨形於言色後知好尚難及改習褒書竟無所成轉被譏誚謂之學步邯鄲焉至於碑牓人莫之逮褒亦推之宮殿樓閣皆其迹也世宗令至江陵書景福寺碑蕭察觀而美之

陳書曰蕭引善隸書為當時所重高宗嘗披奏事指引署名曰此字筆勢翩翩似鳥之欲飛引謝曰此乃陛下假其羽毛耳

唐書曰薛稷好古博雅尤工隸書自貞觀永徽之際虞世南褚遂良時人宗其書跡自後罕能繼者稷外祖魏徵家圖籍多有虞褚舊跡稷銳精模倣筆能逼麗當時無及之者

書斷曰隸書者秦下邽人程邈所作也邈字元岑始為縣獄吏得罪始皇幽繫雲陽獄中覃思十年益小篆方圓而為隸書三千字奏之始皇善之用為御史以奏事煩多篆家難成乃用隸書為隸人佐書故曰隸書

又曰和帝時賈魴撰滂喜篇以蒼頡為上篇訓纂為中篇滂喜為下篇所謂三蒼也皆是隸字寫之隸法由茲而廣

酈善長水經注曰臨淄人發古冢得棺前和外隱起為隸字言齊太公六代孫胡公之棺也唯三字是古餘同今書證知隸字出古非始於秦也

成公綏隸勢曰蟲篆既繁草藁近偽適之中庸莫尚於隸

草書

東觀漢記曰北海靜王睦善草書臨病明帝驛馬令作草書尺牘十首焉

范曄後漢書曰張超並善於草書妙絕時人

魏志曰劉廙轉五官將文學文帝器之命廙通草書

晉書曰王獻之時議者以為羲之草書江左中朝莫有及者獻之骨力遠不及父而媚趣過之

又曰衛瓘字伯玉與尚書郎燉煌索靖俱善草字時人號之一臺二妙漢末張芝（芝字伯英）善草書論者謂瓘得伯英之筋靖得伯英之肉

北齊書曰趙仲舒善草隸雖與弟書字皆楷正太草不可

不解若放之於人即似相輕易若當家卑幼又恐其疑
三國典略曰蕭子雲齊豫章文獻王之子有文學工草書與兄子顯子昭齊名少子特又善書梁武帝稱之曰子敬之迹不及逸少蕭特之書遂逼其父
陳書曰文帝時軍人於丹徒盜發晉郗曇墓獲晉右軍將軍王羲之書及諸名賢遺跡事覺其書並沒縣官藏于祕府文帝以伯茂好古多以賜之由是伯茂大工章草甚得右軍之法（伯茂始興王也）
唐書曰賀知章善草書好事者供其牋翰每紙不過數十字共傳寶之時有吳郡張旭亦與知章相善而好酒每醉後號呼狂走索筆揮灑變化無窮若有神助時人號爲張顛
三輔決錄曰趙襲字元嗣爲燉煌太守先是杜伯度崔子

玉以工草稱於前世襲與羅暉亦能草頗自矜誇故張伯英與襲同郡太僕朱賜書曰上比崔杜不足下方羅常有餘
張耆非草書曰夫草書之興也其於近古乎上非文象所垂下非河雒所吐中非聖人所造蓋秦之末官書煩冗戰攻並作軍書交馳羽檄分飛故隸草趣急速耳示簡易之指非聖人之業也今之學草者不思其簡易之旨直以爲杜崔之法龜龍所見也齔齒以上苟任涉學者廢倉頡史籀竟以杜崔爲楷私書相與庶獨就書去適迫遽故不及草草本易而速今反難而遲失指多矣夫杜崔張子皆有超俗絕世之才博學餘暇遊手于斯後世慕爲專用爲務鑽堅仰高忘其罷勞夕惕不息昃不暇食十日一筆月數丸墨領袖如皁脣齒常黑雖廢衆坐不遑談戲展指畫地

見鰓（蘇來切角中骨也）出血猶不休輟然其爲字無益工拙亦效嚬者之增醜學步者之失節也
王右軍自叙草書勢曰昔秦時諸侯爭長簡檄相傳望烽走驛正以篆隸之難不救其速遂作赴急之書蓋今草書也其先出自杜氏以張爲祖以衛爲父索范者伯叔也二王父子可謂兄弟薄爲庶息羊爲僕隸自而叙之亦不失倉公觀鳥跡之意抑體有疏密意有倜儻或有飛走流注之勢驚竦峭絕之氣滔滔閑雅之容卓犖調宕之志百體千形而呈其巧豈可一槩而論哉
書斷曰如淳云作起草爲藁姚察曰草猶麤書爲本曰藁蓋擬文議出於此草書之先因於起草
又曰晉王逸少妻郗氏甚工書七子獻之最知名玄之凝之徽之操之並工草書凝之妻謝蘊有才華亦善書甚爲

君舅重焉獻之猶善草書幼學於父次習於張爾後改變制度別撥其法率爾師心冥合天矩觀其逸志莫之與京
齊謝朓字玄暉風華黼藻當時獨步書甚有聲草殊流美亦猶薄暮川上則餘霞照人晚春林中則飛花滿目
宋蕭思話工書學於羊欣得其草妙崗連盡望勢不斷絕雖無奇峯壁立之秀可謂有功矣袁昂云羊真孔草蕭行范篆各一時之妙也

飛白書

宋書曰王僧虔爲尚書令嘗爲飛白書題尚書壁曰圓行方止物之定質修之不已則溢高之不已則蹶引之不已則遺是故去之宜疾當時嗟賞以此座右銘
唐書曰劉洎除散騎常侍洎性疎俊敢言太宗工王羲之書尤善飛白嘗宴三品已上於玄武門帝操筆作飛白字

賜羣臣或乘酒爭取於帝手洎登御座引手得之皆奏曰洎登御牀罪當死請付法帝笑而言曰昔聞婕妤辭輦今見常侍登牀

馬周太宗嘗以神筆賜周飛白書曰鸞鳳凌雲必資羽翼股肱之寄誠在忠良

高宗爲飛白書以賜侍臣賜戴至德曰泛洪源俟舟檝賜郝處俊曰飛九霄假六翮賜李文敬曰資啓沃罄丹誠

大業拾遺曰大業年煬帝將幸江都命越王侗留守東都宮女半不隨駕爭泣留帝攀車借別指血染鞅帝不迴因飛白題二十字留賜宮娥云我夢江都好征遼亦偶然但留顏色在離別只今年

唐會要曰貞觀十八年五日(日端午)太宗爲飛白書作鸞鳳蟠龍等字筆勢驚絕謂司徒長孫無忌吏部尚書楊師道曰五日舊俗必用服翫相賀朕今各賀君飛白扇二枚庶動清風以增美德

書斷曰飛白書者後漢左中郎蔡邕所作也王隱王愔並云飛白變楷制也本是宮殿題署勢既勁大字宜輕微不滿名爲飛白王僧虔云飛白八分之輕者雖有此說案漢靈帝熹平年詔蔡邕作聖皇篇篇成詣鴻都門上時方脩飾鴻都門伯喈待詔門下見役人以堊帚成字心有悅焉歸而爲飛白之書漢末魏初並以題署宮闕其體有二刱法於八分窮微於小篆自非蔡公設妙豈能詣此可謂勝寄冥通縹緲神仙之事也

法書要錄曰飛白本是宮殿八分之輕者全用楷法吳時張弘好學不仕常着烏巾時人號爲張烏巾此人特善飛白能書者鮮不好之

章草書

晉書曰王羲之書初不勝庾翼郗愔及其暮年方妙嘗以章草荅庾亮而翼深歎伏因與羲之書云吾昔有伯英章草十紙過江顛狽遂乃亡失常歎妙迹永絕忽見足下荅家兄書煥若神明頓還舊觀

書斷曰章草書漢黃門令史史游所作也衛常李誕並云漢初而有草法不知其誰蕭子良云章草者漢齊相杜操始變藁法非也王愔云漢元帝時史游作急就章解散隸體麤書之漢俗簡惰漸以行之是也

又曰索靖字幼安善章草出韋誕峻險過也有若山形中裂水勢懸流雪嶺孤松冰河危石其堅勁則古今不逮

後漢徐幹字伯張善章草書班固與弟超書稱之曰得伯張書稾柰知識讀之莫不歎息實亦藝由已立名自人成後

有蘇班者平陵人也五歲能書甚爲伯張之所稱歎

又曰後漢張伯英損益伯度章草亦猶逸少增减元帝真書雖潤色開華精於斷割美則美矣至若高深之致質素之風俱不逮其師也然名爲今古之獨步

又曰張伯英章草書急就章字皆一筆而成合於自然可謂變化至極羊欣云張芝皇象鍾繇索靖時並號書聖張芝善章草書崔瑗云龍驤豹變青出於藍又刱爲今草天縱尤異率意超曠無惜是非若清澗長源流而無限縈迴崖谷任於造化至於蛟龍駭獸奔騰拏攫之勢心手隨變窈冥不知其所如也精熟神妙冠絕古今則百世不易之法式不可以智識不可以勤求若上士游乎沉默之鄉鸞鳳翔乎大皇之野韋仲將謂之草聖豈徒言哉

又曰後漢張昶字文舒伯英季弟爲黃門侍郎尤善章草

家風不墜弈葉清華書類伯英時人謂之亞聖

又曰後漢杜度字伯度京兆杜陵人也御史大夫延年曾孫章帝時爲齊相善章草書雖史游始草書傳不紀其能又絶其跡刱其神妙其唯杜公乎韋誕杜氏傑有骨力而字畫微瘦崔氏法之書體甚濃結字工巧時有不及張芝嘉而學焉轉精其巧可謂草聖超前絶後獨步無雙矣

行書

書斷曰後漢潁川劉德升字君嗣造行書即正書之小僞務從簡易相間流行故謂之行書王愔云晉世以來工書者多以行書著名昔鍾元常善行狎書是也尒後王羲之獻之並造其極焉

又曰劉德升桓靈之時以造行書擅名以草刱亦豐妍風流宛約獨步當時胡昭鍾繇並師其法而胡書體差瘦亦各有機外之美也

又曰晉王脩字敬仁善行書嘗就右軍求書乃寫東方朔畫讃與之王僧虔云敬仁書殆窮其妙王子敬每省之曰咄咄逼人

太平御覽卷第七百四十九

太平御覽卷第七百五十
工藝部七
數　　畫上

數

說文曰筭長六寸計暦數者也從弄竹言常弄乃不誤也
易曰大衍之數五十（大合天地之數凡五十有五言五十者舉成數）天數二十有
五地數三十九天地之數五十有五此所以成變化而行
鬼神也
周禮曰保氏養國子以道乃教之六藝六曰九數（鄭司農曰九數方田粟米差分少廣商工均輸方呈贏不足旁要今有重差句股也）
漢書律曆志曰數者一十百千萬也所以筭數事物順性
命之理也
又曰武帝時桑弘羊以計筭幸以心計年十三爲侍中

又曰宣帝時大司農丞耿壽昌以善筭爲筭工得幸於上
又曰計商善爲筭著五行論筭術二十六卷
又曰張蒼明習天下圖書計籍又善筭律曆故令蒼以列
侯居相府領主郡國上計者
吳志曰顧譚每省簿書未甞下筭徒屈指心計盡發疑謬
下吏以此服之
又曰趙達河南人也治九宮一筭之術究其微旨是以能
應機立成對問若神使人取小豆數外播（播布切）之席上立
言其數驗覆果信甞過知故知故爲之具食食畢謂曰倉
卒乏酒又無嘉肴無以敘意如何達因取盤中隻筯再三
縱橫之乃言卿東壁下有美酒一斛又有鹿肉三斤何以
辭無主人笑曰以卿善射欲以相試耳遂出酒酣飲又有
書簡上作千萬數着空倉中封之令達筭之達云但有名
無實其精微若是達寳惜其術自闞澤殷禮皆名儒善士
屈節就學祕而不告也太史丞公孫滕師事之累年賫酒
拜跪而請達曰吾先人得此欲圖爲帝王師至仕來三世
不過太史郎誠不欲復傳之且此術微妙頭乘尾除一筭
之法父子不相語初孫權行師征伐每令達有所推步皆
如其言問其法終不言由此見非達常笑謂諸星氣風術
者曰當廻筭帷幕不出户牖以知天道而反晝夜暴露以
望氣祥不亦難乎無間引筭自投乃歎曰吾筭盡某年月
日其終矣達妻數見達效聞而哭泣達欲弭妻意乃更筭
言向者謬誤耳尚未也後如期死權聞達有書求之不得
録問其女乃發達棺一無所得法遂絶焉
王隱晉書曰王戎爲司徒好治生公嫗二人常以象牙筭
晝夜筭計家財

唐書曰僧一行姓張氏公謹之孫也初求訪師資以窮大
衍至天台山國清寺見一院古松十數門有流水一行立
於門屏間聞院僧於庭布筭聲而謂其徒曰今日當有弟
子自遠求吾筭法已合到門豈無人導達也即除一筭又
謂曰門前水當却西流弟子亦至一行承其言而趨入稽
首請法盡授其術焉而門前水果却西流
西京雜記曰安定嵩真明筭術成帝時人也真常以筭自
尅其壽七十三真曰綏和元年正月二十五日晡時死矣
書壁以誌之至二十四日晡時死妻曰真筭時見長下一
筭欲以告之慮脫故不告之今校一日也
又曰曹元理善筭術成帝時人也常從友人陳廣漢廣漢
曰吾有二囷米忘其石數子爲吾筭之元理以食筯十餘
轉曰東囷七百四十九石六斗七合西囷六百九十七石

八外遂署囷門後出米西囷六百九十七石九斗中有一鼠大可一升東囷無差元禮後歲復過廣漢以米數告之元理以手擊牀曰遂不知鼠之殊米不如剥面皮矣廣漢爲之取酒脯數斤元理復筭曰千牛產二百犢萬雞將產五百鶵羊豕鵝鴨皆道其數果蓏（盧果切）肴蔌悉知其所乃曰如此貲業之（廣何供具之薄）廣漢慙曰有倉卒賓無倉卒主人元理曰俎上蒸㹠一頭廚中荔枝一盤皆可以爲設廣漢再拜謝罪入取之盡日爲歡其術後傳南季南季傳項滔滔傳子陸皆得其分數而失其玄妙焉

老子曰善計者不用籌策

尹文子曰凡數十百千萬億億萬千百十皆起於一推至億億無差矣

山海經曰帝令竪亥步自東極至於西極五億千選（選萬也）

九千八百八十步竪亥右手把筭左手指青丘曰五億十萬九千八百（天地東西二億三萬三千里南北二億一千五百里天地相去一億五萬里也）

博物志曰南郡宜城王子山到泰山從鮑子真學筭

異苑曰晉安有越王餘筭箓長尺許白者似骨黑者似角云越王行海作筭有餘弃之於水生焉

風俗通曰十十謂之百十百謂之千十千謂之萬十萬謂之億十億謂之兆十兆謂之經十經謂之垓十垓謂之補十補謂之選十選謂之載十載謂之極有物者有事者紀於此矣過此往者則其數可紀其名未之或聞也夫數一爲特侯奇隻二爲再兩偶雙三爲參四爲乘

賈誼書曰數度之道以六爲法數度之始始於微細有形之物莫細於毫是故立一毫以爲度十毫爲髮十髮爲釐十釐爲分十分爲寸十寸爲尺備於六故先王以爲天下用也

周髀曰周公問於殷高曰寡人聞子大夫善數（數筭也）

語林曰鄭玄馬融門下三年不得見令高足弟子傳授而已融筭渾天合召玄令筭一轉便決衆咸駭服

謝察微筭經曰易稱太極是生兩儀蓋數之先也自隷首作術容成造曆顯筭斯興故也

一位筭法曰萬萬穰爲載數之極矣或問之曰何以數之爲載按孫子筭經云古者積錢上至於天天不能容下至於地地不能載天不能蓋地不能載故名曰載

又曰按司馬遷史記云自秦孝公時商鞅獻三術內一開道阡陌以五尺爲步二百四十步爲畝

又曰按千乘之圖周之制度司馬法六尺爲步步百爲畝是古之制也

發蒙筭經曰問玄度之起起於何荅曰度之起起於忽忽是神蠶口中吐絲名也十忽爲一絲十絲爲一毫

筭經曰量之起起於何荅曰量之起起粟粟是陰陽而生從六甲而出故六粟爲一圭十圭爲一抄

筭經曰秤之起起於何荅曰秤之起起於黍黍是三稜草子也一黍爲一絫十絫爲一銖

畫

釋名曰畫挂也以五色挂物上也

周禮曰畫繢之事雜五色東方謂之青南方謂之赤西方謂之白北方謂之黑天謂之玄地謂之黃青與白相次也赤與黑相次也玄與黃相次也（此言畫繢六色所象及布彩之第）凡畫繢之事後素功（素白也後布之爲其易以漬汚之也）

論語曰繪事後素、

史記曰武帝衞太子廢後上居甘泉宮召畫周公負成王圖於是左右羣臣知上意欲立少子也（少子卽昭帝也）

又曰甘露三年單于始入朝宣帝思股肱之美圖畫其人於麒麟閣法其狀貌署官爵姓名

又曰李夫人早卒帝圖畫其形於甘泉宮

又曰金日磾母教誨兩子甚有法度武帝聞而嘉之病死詔圖於甘泉宮曰休屠王閼氏日磾每見畫常拜向之涕泣

東觀漢記曰馬援還誡兄子曰畫虎不成反類狗也

又曰宋弘嘗讌見御座新施屏風圖畫列女世祖數顧視之弘曰未見好德如色者帝撤之

范曄後漢書曰光和元年置鴻都門畫孔子及七十二弟子之像

又曰明帝遣使天竺問佛道法遂於中國圖畫形像焉

又曰顯宗圖畫建武中名臣列將於雲臺以椒房故（謂馬后）獨不及馬援東平王蒼觀圖言於帝曰何故不畫伏波像帝笑而不言

又曰陳紀字元方父憂殆將滅性豫州刺史嘉其至行上書畫像百城以厲俗

魏書曰曹休祖父嘗爲吳郡太守休見壁上祖父畫下榻拜而涕泣

魏氏春秋曰徐邈善畫作走水獺摽於水濱羣獺集焉

晉書曰顧愷之尤善丹青謝安深重之以爲有蒼生已來未之有也愷之每畫人成數年不點目睛人問其故答曰四體妍蚩本無關於妙處傳神寫照正在阿堵物中嘗悅一鄰女挑之弗從迺圖其形於壁以棘針釘其心女遂患心痛愷之因致其情女從之遂寄每重嵇康四言詩因爲之圖常云手揮五弦易目送歸鴻難每寫人形妙絶於時嘗圖裴楷像頰上加三毛觀者覺神明殊勝又爲謝鯤像在石巖裏云此子宜著丘壑中欲圖殷仲堪堪有目疾固辭愷之曰明府正爲眼耳若明點瞳子飛白拂上使如輕雲之蔽月豈不美乎顧愷之嘗以一厨畫糊題其前寄桓玄所皆其深所珍者玄乃發其厨後竊取畫而緘閉如舊以還之紿云未開愷之見封題如初但失其畫直云妙畫通靈變化而去亦猶人之登仙了無怍色

又曰王獻之桓溫常使畫扇筆悞落因畫作爲烏駮特牛甚妙

劉毅傳曰毅平桓玄入建康初桓玄於南州起齋悉畫盤龍於其上號爲盤龍齋毅小字盤龍至是遂居之

晉書曰韓支字景先鄧林婦病積年垂死醫巫皆息意支爲蓋之使畫作野猪着卧處屏風上一宿覺佳於是遂差

齊書曰滎陽毛惠遠善畫馬彭城劉瑱善畫婦人當世並爲第一

又曰齊王秀之字伯奮仕至侍中時宗測優遊秀之弥所欽慕乃令陸探微畫其形與己相對

又曰王亮字叔奉臨沂人也齊竟陵王良開西邸延賢俊使工畫其像亮亦豫焉

梁書曰伏曼容素美風彩帝常以方嵇叔夜使吳人陸探微畫叔夜像以賜之

又曰昭明太子好士愛文劉孝綽與陳郡殷芸吳郡陸倕瑯瑘王筠彭城劉俗等同見賓禮太子起堂乃使畫工先

圖孝緯
後魏書曰劉子業廟中皆畫祖父形入曾祖裕廟指像曰
此渠大英雄生禽數天子次入祖義隆廟指像曰此渠不
惡次入駿廟曰此渠大好色顧謂左右曰此渠大齇鼻即
令畫工齇駿像鼻也
北齊書曰廣陵王孝珩於廳上畫蒼鷹見者以爲眞焉
又曰魏收字伯起鉅鹿曲陽人也兼尚書僕射帝於華林
園別起玄洲苑備極山林樓觀之麗詔於閣上畫收容像
其見重如此
陳書曰顧野王傳曰宣城王爲揚州刺史野王及瑯琊王
褒並爲賓客王甚愛其才野王又好丹青善圖寫王於東
府起齋乃令野王畫古賢命王褒贊之時人稱爲二絕
唐書曰張昌宗嘗命畫工圖寫武三思及納言李嶠鳳閣

侍郎蘇味道夏官侍郎李迥秀麟臺少監王紹宗等十八
人形像號爲高士圖
又曰薛稷善畫博採古跡睿宗在藩留意於小學稷於是
特見招引
又曰韓滉尤工書兼善丹青以繪事非急務自晦其能未
嘗傳之
又曰王維書畫特臻其妙筆蹤措思參於造化而創意經
圖即有所缺如山水平遠雲峯石色絕跡天機非繪者之
所及也人有得奏樂圖者不知其名維視之曰霓裳第三
疊第一拍也好事者進樂工按之一無差誤咸服其精思也
又曰閻立本雖有應務之才而尤善圖畫於寫眞秦府十
八學士圖及貞觀中凌煙閣功臣圖並立本之跡也時人
咸稱其妙太宗嘗與侍臣學士泛舟於春苑池中有異鳥

隨波容與太宗擊賞數賜詔座者爲詠召立本令寫之時
閣外傳呼云畫師閻立本時已爲主爵郎中奔走流汗俛
伏池側手揮丹粉瞻望座賓不勝媿赧退誡其子曰吾少
好讀書幸免墻面緣情染翰頗及儕流唯以丹青見知躬
廝役之務辱莫大焉汝其深戒勿習此末伎
又曰裴延齡恃恩惟顧少連不避延齡及畫一鵰令羣鳥
噪之遂獻焉
唐李寶臣爲成德軍節度使寶臣爲朱滔使曰吾聞朱公
貌如神得而識之願因繪事而觀可乎滔乃圖其形以示
之寶臣懸於射堂命諸將熟視之曰朱公信神人也
鍾岏良吏傳曰鄭純字長伯廣漢人也爲永昌太守清廉
獨絕及卒列畫東觀
三齊記略曰秦始皇求與海神相見神云我形醜約莫圖

我形當與帝會始皇入海三十里與神相見左右有巧者
潛以腳畫神形神怒帝負約乃令帝速去始皇即馬前腳
猶立後腳隨陷步僅得登岸畫者溺死
續齊諧記曰魏明帝遊洛水水中有白獺靡淨可憐見之
輒去帝顧玩之終不可得侍中徐景山曰臣聞獺嗜鯔魚
乃不避死可以此候之乃自畫板作兩生鯔鮨魚懸岸於
是羣獺競赴遂一時執得帝嘉之謂曰不聞卿知畫何其
妙也答曰臣亦未嘗執筆人之所作者自可庶幾耳帝曰
是善用所長者也
西京雜記曰元帝後宮既多不得常見乃使畫工圖其形
按狀幸之諸宮人皆賂畫工多者十萬王嬙不肯遂不得
見後匈奴求美女帝按圖以昭君行及召見貌爲第一帝
悔之而名籍已去乃按其事畫工弃市籍貲畫工有桂陵

毛延壽寫人好醜老少必得其真安陵陳敞新豐劉白龔寬並工牛馬人形杜楊望亦善畫尤善布色樊育亦善布色同日弃市京師畫工於是差稀

拾遺記曰周靈王時有韓房者自渠胥國來獻王馳房長一文垂𩯭至膝周人見之如神明矣以丹砂畫左右手爲日月盈缺之勢不異真焉可照百餘步又噴水爲雲蔽虧其側靈王覩之忽不知所在或云昇天

又曰秦始皇二年騫消國獻善畫之者名烈裔口含丹墨噴壁即成龍雲之像以指歷地若繩分矣轉手若規方寸之內四瀆五岳列國莫不悉備畫爲鳳鸞皆軒軒若行也

韓子曰客有爲齊王畫者王問曰畫孰最難對曰狗馬最難孰最易對曰鬼魅最易夫狗馬人之所知也旦暮罄於前不可類之故難也鬼魅無形無形者不可覩故易也

平七百五十　九　卑書二

淮南子曰畫西施之面者美而可悅規孟賁之目者大而可畏

又曰宋畫吳冶（宋人畫吳人工冶）其爲微妙堯舜之聖不能及也

抱朴子曰衛協張墨有畫聖之名

華陽國志曰漢嘉郡以御雜夷宜炫曜之迺雕飾城墻華畫府寺及諸門作山神海靈窮奇鑿齒夷人初出入恐懼馬或憚之趑趄

說苑曰齊起九重之臺國中有能畫者則賜之錢狂卒敬君居常飢寒其妻端正敬君工畫貪賜畫臺去家日久思念其婦遂畫其像向之喜笑旁人見以白王王以錢百萬請妻敬君惶怖許聽

世說曰戴安道爲范宣畫南都賦圖范宣看而咨嗟焉

俗說曰顧虎頭爲人畫扇作阮籍嵇康都不點眼精送還扇主曰點眼精便欲能語

論衡曰人好觀圖畫上所畫古之死人也見死人之面孰與視其言行古賢之遺文竹帛之所載粲然豈徒墻壁之畫哉

世本曰史皇作圖（史皇黃帝臣也圖謂畫物像也）

新序曰葉公子高好龍門亭軒牖皆畫龍形一旦真龍垂頭於𥦗棹尾於户葉公驚走失措焉

風俗通曰按百家書云公輸般之水上見蠡謂蠡曰開汝匣見汝形蠡適出頭般以足畫圖之䥫

古今名畫錄曰晉有史道碩畫田家十月圖爲世所珍

孫暢之述畫曰漢靈帝詔蔡邕圖赤泉侯楊喜五世將相形像於省中又詔邕爲讚仍令自書之邕文畫書于時獨擅可謂備三美矣

平七百五十　十　書三

又曰劉褒漢靈帝時作雲漢圖人見之自然覺熱更畫北風圖熱者還覺涼

魏陳思王畫讚序曰蓋畫者鳥書之流也昔明德馬后美於色厚於德帝用嘉之嘗從觀畫過虞舜之像見娥皇女英帝指之戲后曰恨不得如此人爲妃又前見陶唐之像后指堯曰嗟乎羣臣百僚恨不戴君如是帝顧而咨嗟焉

晉傅咸畫像賦序曰先有畫卞和之像者以爲臧文仲知柳下惠之賢而不與立卞子自刖以有證相去遠矣戲畫其像於卞子之旁特赤其面以示猶有慚色

宋炳山畫叙曰豎畫三寸寔當千仞之高橫墨數尺寶體百里之迥

晉王彪之詩序曰余自求致仕詔累不聽因扇上有二跡畫作詩一首以述其美

太平御覽卷第七百五十

工藝部八

畫下

歷代名畫記曰夫畫者成教化助人倫窮神變測幽微與六籍同功四時並運發於天然非由述作古先聖王受命應籙則有龜字效靈龍圖呈寶自巢燧已來皆有此瑞迹映乎瑤錄事傳乎金冊庖犧氏發於滎河中典籍圖畫萌矣黃軒氏得於溫洛中央皇蒼頡狀焉

又曰夫畫比之書價則顧陸可同鍾繇張僧繇可同逸少書則逡巡可成畫非歲月可就所以書多於畫自古而然今分爲三古以定貴賤以漢魏三國爲上古則趙岐劉褒蔡邕張衡（已上四人後漢）曹旄楊脩桓範徐邈（已上四人魏）曹不興（吳）諸葛亮（蜀）之流是也以晉宋爲中古則明帝荀勗衛協王廙顧愷之謝稚嵇康戴逵（已上八人晉）陸探微顧寶先袁倩顧景秀之流是也（已上四人宋）以齊梁北齊後魏陳後周爲下古則姚曇度謝赫劉瑱毛惠遠（已上四人齊）元帝袁昂張僧繇江僧寶（已上四人梁）楊子華田僧亮劉殺鬼曹仲達（已上四人北齊）蔣少游楊乞德（已上二人後魏）顧野王（陳）馮提伽之流是也（後周）隋及唐爲近代之價則董伯仁展子虔孫尚子鄭法士楊契丹陳善見（已上六人隋）張孝師范長壽尉遲乞僧王知慎閻立德之流是也（已上六人唐）

又曰若言有書籍豈可無九經三史顧陸張吳爲正經楊鄭董展爲三史其餘畫迹爲百家（吳緣近可爲正經）

又曰昔謝赫云畫有六法一曰氣韻生動二曰骨法用筆三曰應物象形四曰隨類賦綵五曰經營位置六曰傳摸移寫自古畫人罕能兼知試論曰古之畫者或有遺其形似而尚其骨氣以形似之外求其畫此難可與俗人道也今之畫縱得形似而氣韻不生以氣韻求其畫則形似自在其間矣上古之畫迹簡而意澹澹而雅正顧陸之流是也中古之畫細密而精緻以臻麗展鄭之流是也近代之畫煥爛而求備今人之畫錯亂而無旨衆工之迹是也夫象物必在於形似形似須全其骨氣骨氣形似皆本於意而歸乎用筆故工畫者多攻書然則古之嬪臂纖而胷束古之馬喙大而腹細古之臺閣竦峙古之服飾容曳故古畫非獨變態有奇意也抑亦物象殊也

又曰徧觀衆畫唯顧生畫古賢得其妙理對之令人終日不倦凝神遐想妙悟自然物我兩忘離形去智身固可使如槁木心固可使如死灰不亦臻於妙理乎所謂畫之道也

又曰漢張衡字平子昔建州浦城縣山有獸名駭神豕身人首狀貌醜惡百鬼惡之好出水邊石上平子往寫之獸入潭中不出或云此獸畏畫故不出可去紙筆即去之獸果出平子拱手不動潛以足指畫獸今號巴獸潭

又曰昔張芝學崔瑗杜度草書之法因而變之以成今草字之體勢一筆而成氣脉通連隔行不斷唯王子敬明其深旨故後首之字往往繼其前行世上謂之一筆書其後陸探微亦作一筆畫綿連不斷故知書畫用筆同法陸探微精利潤媚新奇絕妙名高宋代時無等倫

又曰魏曹植言觀畫者見三皇五帝莫不仰戴見三季異主莫不悲惋見篡臣賊嗣莫不切齒見高節妙士莫不忘食見忠節死難莫不抗首見放臣斥子莫不歎息見淫夫妬婦莫不側目見令妃順后莫不嘉貴是知存乎鑒者畫

也
又曰蜀諸葛亮字孔明華陽國志云南夷其俗徵巫鬼好
盟詛要之諸葛亮乃爲夷作圖先畫天地日月君長城府
次畫神龍及牛馬駝羊後畫部主吏乘馬幡蓋遠行安卹
又畫夷牽牛負酒賫金寶詣之以賜夷甚重之
又曰曹不興吳興人也孫權使畫屏風誤落筆點素因就
成蠅狀權疑其眞以手彈之時稱吳八絶張敦吳錄云八絶者孫城鄭嫗善相劉惇善星象吳範善候風氣趙達善算嚴武善棊宋壽善上夢皇象善書曹不興善畫赤烏中不
興之清溪見赤龍出水上寫獻孫皓皓送秘府至宋朝陸
探微見畫歎其妙因至清溪復見其龍宋時累月亢旱祈
禱無應乃取不興龍置水上應時蓄水成霧累月霶霈謝
赫云不興之迹代不復見秘閣內一龍頭而已觀其風骨
擅名不虛在第一品矣

又曰晉顧愷之字長康嘗於瓦官寺北殿畫維摩詰畫訖
光耀月餘日京師寺記云興寧中瓦官寺初置僧衆設會
請朝賢鳴刹注錢其時士大夫莫有過十萬者旣至長康
長康直打刹注百萬長康素貧衆以爲大言後寺衆請勾
疏長康曰宜備一壁遂閉戶往來一月餘日所畫維摩詰
一軀工畢將欲點眸子乃謂寺僧曰第一日見請施十萬
第二日可五萬第三日可任例責施及開戶光照一寺施
者塡咽俄而得百萬錢愷之嘗言畫人物最難次山水次狗
馬臺閣一定器耳差爲易也斯言得之至於鬼神人物有
生動之可狀須神韻而後全若氣韻不周空陳形像筆力
未到空善賦彩謂非妙也
又曰宋朝顧駿之常結構高樓以爲畫所每登樓去梯家
人罕見若時景融朗然乃含毫天地陰慘則不操筆今之

畫人筆墨混於塵埃丹青和其泥滓徒汚絹素豈曰繪畫
自古善畫者匪衣冠貴冑逸士高人振妙一時傳芳千祀
非閭閻鄙賤所能爲也
又曰南齊宗測字敬微炳之孫也善畫傳其祖業志欲遊
名山乃寫祖炳所畫尚子平圖於壁隱廬山居炳舊宅畫
阮籍遇孫登於行障上坐卧對之又畫永業寺佛影臺皆
稱妙絶
又曰南齊謝赫姚最云點刷精研意存切似寫貌人物不
俟對看所須一覽便歸操筆目想毫髮皆無遺失麗服靚
粧隨時變改直眉曲鬢與世爭新別體細微多從赫始遂
使委巷逐末皆類效顰至於氣韻精靈未窮生動之致筆
路纖弱不副雅致之懷然中興已後畫人馬貴在沈摽下
毛惠遠上

又曰南齊劉瑱字士溫彭城人少聰惠多才藝攻書尤畫嬪
墻當代第一謝云用意綿密畫體簡細筆力困弱制置單
省婦人最佳但纖削過差翻爲失眞然玩之詳熟甚有姿
態
又曰南齊毛惠遠滎陽陽武人也善畫馬時劉瑱善畫婦
人並當代第一市青碧一千二百斤供御畫用錢六十五
萬有言惠遠納利者勑尚書評價貴二十八萬後家徒壁
立甚悔痛之惠遠弟惠秀永明中待詔秘閣世祖將北伐
命惠秀畫漢武北征圖中書郎王融監掌其圖成帝極重
之置瑯琊臺上每披覽焉
又曰北齊楊子華世祖時任直閤將軍嘗畫馬於壁夜聽
啼齧長鳴如索水草圖龍於素舒卷輙雲氣縈集世祖
重之使居禁中天子號爲畫聖非有詔不得與人畫時有

王子善甚通神號爲二絶
又曰北齊劉殺鬼與楊子華同時世祖俱重之畫鬪雀於
壁間帝見之爲生拂之方覺嘗在禁中錫賚巨萬任梁州
刺史
又曰梁元帝名繹字世誠善畫嘗畫聖僧武帝親爲贊之
任荆州刺史日畫蕃客入朝圖帝極稱善又畫職貢圖并
序善畫外國來獻之事長子方智字實相尤能寫眞坐上賓
客隨宜點染即成數人問童兒皆識之
又曰梁蕭賁字文奐蘭陵人也多詞學工書畫嘗於扇上
畫山水咫尺之内見萬里可知姚最云雅性精密後來難
比含毫命素動必依眞學不爲人自娛而已人間罕見其
跡
又曰陶弘景字通明丹陽秣陵人幼有異操年十歲讀書

葛洪神仙傳便有隱逸之志居茅山號華陽隱居好著述
明衆藝武帝嘗欲徵用隱居畫二牛一以金籠頭牽之一
則逝遥就水草武帝知其意不以官爵逼之
又曰梁張僧繇吴人也天監中爲武陵王國侍郎直秘書
閣知畫事武帝崇飾佛寺多僧繇畫之時諸王在外武帝
思之遣僧繇乘傳寫貌對之如面江陵天皇寺明帝置也
内有柏堂僧繇畫盧舍那佛及仲尼十哲帝怪問釋門内
如何畫孔聖僧繇曰後當賴此耳及後代滅佛法焚天下
寺塔獨以殿有宣尼像乃不令毁拆又金陵安樂寺畫四
龍不點眼睛即恐飛去人以爲妄誕固請點之遂點二龍
須臾雷電破壁兩龍乘雲騰而上天二龍未點眼睛者見
在又畫天竺二胡僧侯景亂散坼爲二後一僧爲唐右常
侍陸堅所寶堅疾篤夢一胡僧告云我有同友離拆多時

今在洛陽李家若求合得之當以法力助君陸以錢帛果
於其處購得之其疾乃愈劉長卿爲記述其事張畫所有
靈感不可具記
又曰北齊高孝珩世宗第二子也封廣寧郡王尚書令大
司徒博涉多才藝曾於廳壁上畫蒼鷹觀者疑其眞鳩雀
不敢近又畫朝士圖當時妙絶
又曰隋楊契丹官至上儀同僧悰云六法備詠甚有骨氣
山東體制尤屬伊人在閻立本下（契丹之迹非不雄富比董展則乏精微）李
云田楊聲侔董展昔田楊與鄭法士同於京師光明寺畫
小塔鄭圖東壁北壁田圖西壁南壁楊畫外邊四面是稱
三絶楊以簟蔽畫處鄭竊觀之謂楊曰卿畫終不可學何
勞鄭蔽楊託以婚姻有對門之好又求楊畫本楊引鄭至
朝堂指宮闕衣冠車馬曰此是吾畫本也由是鄭深歎伏

又唐張孝師爲驃騎尉尤善畫地獄氣候幽默孝師曾死
復甦具見冥中事故備得之吴道玄見其畫因效之爲地
獄變
又曰唐王陁子善山水幽致峯巒極佳也上言山水者稱
陁子頭道子脚
又曰唐吴道子陽翟人也好酒使氣每欲揮毫必須酣飲
學書於張長史旭賀監知章學書不成因攻畫曾事逍遥
公韋嗣立爲小吏因寫蜀道山水之體自爲一家其書迹
似薛少保亦甚便利初任兖州瑕丘縣尉玄宗召入禁中
改名道玄因授内教博士非有詔不得畫張懷瓘每云吴
生之畫下筆有神是張僧繇後身也可謂知言矣官至寧
王友開元中將軍裴旻善舞劒道玄觀旻舞畢揮毫益進
時又有公孫大娘亦善舞西河劒氣渾脫張旭見之因爲

之草書杜甫歌行述其事是知書畫之藝皆須意氣而成
亦非懦夫所能作也
又曰唐盧稜伽吳生弟子也畫迹似吳生但才力有限頗
能細畫咫尺間山水寥廓物像精備經變佛像是其所長
吳生嘗於京師畫揔持寺三門大獲泉貨稜伽乃竊畫莊
嚴寺三門鋭思開張頗臻其妙一日吳生忽見之驚歎曰
此子筆力當時不及我今乃類我精爽盡矣居一月稜伽
果卒
又曰唐馮紹政尤善畫鷹鶻鷄雉盡其形態嘴眼脚爪毛
彩俱妙曾於禁中畫五龍亦稱其善有降雲蓄雨之感
又曰唐李思訓宗室也即林甫之伯父早以藝稱於當代
一家五人並善丹青高宗甚重之書畫稱一時之妙其畫
山水樹石筆格遒勁湍瀨潺湲雲霞縹緲時覩神仙之事

窅然巖嶺之幽時人謂之大李將軍也
又曰唐韓幹尤工鞍馬忽有人詣門稱鬼使請馬一疋韓
君畫馬焚之他日鬼使乘馬來謝其感神若此弟子孔榮
為之上足
又曰唐張璪字文通尤工樹石山水初畢宏擅名當代一
見驚歎異之璪唯用禿筆或以手摸絹素因問璪所授璪
曰外師造化中得心源畢宏於是閣筆
又曰唐李漸善畫蕃馬騎射射鵰放牧川源之妙筆迹氣
調今古無儔李仲和能繼其藝而筆力不及
又曰天后朝張易之奏召天下畫工修內庫圖畫因使工
人各推所長鋭意摸寫仍舊裝背一毫不差其眞者多歸
易之
又曰唐朝吳道玄古今獨歩前不見顧陸後無來者授筆

法於張旭此又知書畫用筆同矣張既號書顛吳宜為畫
聖神假天造英靈不窮
唐畫斷曰唐吳道玄窮丹青之妙大約宗師張僧繇玄宗
天寶中忽思蜀中嘉陵江水遂假吳生驛遞令往貌之及
迴帝問其狀奏云臣無粉本並記在心遣於大同殿圖嘉
陵江三百里山水一日而畢時有李將軍山水擅名亦畫
大同殿數月方畢玄宗云李思順數月之功吳道玄一日
之迹皆極其妙又畫殿內五龍鱗甲飛動每欲大雨即生
煙霧吳生常持金剛經自識本身當天寶中有楊庭光與
之齊名潛畫吳生眞於講席衆人之中吳生覩之亦見便
驚語庭光云老夫衰醜何用圖之
又曰唐周昉字景玄郭子儀子壻趙縱常令韓幹寫眞衆
皆稱善後又請昉寫眞二人皆有能名公常列二畫於座

未能定其優劣因趙夫人歸省公（公子儀也）問云此畫何人對
曰趙郎曰何者似云兩畫揔似後畫者嘉又問何以言之
曰前畫空得趙狀貌後兼移其神氣情性笑言之姿公問
後畫者何人乃云周昉是日定其二畫優劣令送錦綵數
百疋
又曰唐閻立本太宗時南山有猛獸害人太宗使驍勇者
捕之不得虢王元鳳忠義奮發自往取之一箭而斃太宗
壯之使立本圖其鞍馬僕從皆寫其眞無不驚伏其能太
宗幸玄都池翫鸂鶒召立本貌十八學士凌煙閣功臣等
實亦輝映前古
又曰唐韋無忝京兆人也玄宗朝以畫名馬異獸擅名時
稱韋四足無不妙也曾見貌外國所獻師子酷似其眞後
師子放歸本國唯畫者在圖時因觀覽百獸見之皆懼又

玄宗射獵一箭中兩野猪詔於玄武北門寫貌傳在人間乃妙之極也

又曰唐楊光畫松石山水出於人表初稱處士謁盧黃門懷慎館之甚厚知其丹青之能意欲求之而未敢言楊懇辭去復苦留之知其家在洛中衣食乏少心所不安乃令人潛將數百千至洛中供擬取其家書示楊公感之未知所報盧因從容乃言欲求一蹤以子孫寶之意尚難之遂月餘圖一松石雲物移動造化人莫能覩也

又曰唐陳閎會稽人也以能寫眞本道薦之開元中召入供奉每令寫眞御容妙絕當時玄宗射猪鹿兎鴈等并按舞圖眞容皆受詔寫貌又太清宮肅宗眞容匪唯龍鳳姿日角天字之狀而筆力遒潤神彩英逸實天假其能也閻令之後一人而已

又曰唐張萱京兆人也當畫貴公子鞍馬屏幄宮苑子女等名冠於時善起草點簇置亭臺竹樹花鳥僕隸皆極精研

又曰唐王墨不知何許人也名洽善潑墨時人爲之王墨多游江湖善畫山水松柏雜樹等性踈野好酒每圖障與酣之後以墨潑之脚蹙手抹或拂或幹隨其形象爲山爲竹爲樹應心隨意倏若造化圖成雲霞澹澹風雨蕭蕭不見污之路也

又曰唐李靈省落魄不拘檢每圖一障非其所欲不可強也以酒生思傲然自得王公之尊寒暑之若山水竹樹一點一抹成於自然或即峯際雲孤或即島嶼極海非常製也

又曰唐張志和字子同號煙波子常釣魚洞庭初顏魯公在吳興知其高節以漁歌五首贈之乃圖傳爲卷軸隨句賦象人魚鳥獸風雨雲月皆依字成形雅叶其妙

太平御覽卷第七百五十一

工藝部九

巧

釋名曰巧者合異類共成一體也

禮曰無作淫巧以蕩上心

又曰季康子之母死公輸若方小斂（公輸若匠師方小言年尚幼未知禮也）般請以機封（斂下棺於墎般若之族多技巧者見若掌斂事而年尚幼請代之而欲嘗其技巧）將從之（時人服般之巧）公肩假曰不可般爾以人之母嘗巧則豈不得以（以己字言寧有強使女者與借於禮作機巧非也以與己字本同）

又曰巧之室則有奧阼

周禮曰國有六職百工與居一焉（百工司空事官之屬於天地四時之職亦處其一也）知者創物（謂始闓端造器物若世本作者是也）巧者述之守之世謂之工（父子世以相教）百工之事皆聖人之作也（事無非聖人所爲也）爍金以爲刃凝土以爲器（凝堅也）作車以行陸作舟以行水此皆聖人所作也天有時地有氣材有美工有巧合此四者然後可以爲良（時寒溫也氣剛柔也良善也）

續漢書曰張衡性精微有巧藝作地動儀以精銅鑄其器圓徑八尺形似傾樽其蓋穹隆飾以篆文外有八龍首銜銅丸下有蟾蜍承之其牙發機皆隱在樽中周密無際如一體焉地動機發龍即吐丸蟾蜍張口受丸聲乃振揚司者覺知即省龍機其餘七首不發則知地震所從起來也合契若神觀之莫不服其奇麗自古所來未嘗有也

蜀志曰諸葛亮性巧損益連弩木牛流馬皆出意焉（亮集有其法也）

晉書曰嵇康性絕巧而好鍛宅中有一柳樹甚茂乃激水環之每夏月居其下以鍛

晉紀曰宋王圍慕容超張綱巧絕於人乃使綱大治攻具於是城上火石弓弩無所用之

晉陽秋曰吳葛衡字思直明達天官能爲機巧故作渾天儀

又曰衡陽區紙者甚有巧思造作木室作一婦人居其中人扣其戶婦人開戶而出當戶再拜還入戶內閉戶又作鼠市於中而四方丈餘四門門中有一木人縱四五鼠欲出門木人輒推木掩之門門如此鼠不得出又作指南車及木奴令舂穀作米中宗聞其巧詔補尚方左校

沈約宋書曰石虎使解飛姚興令狐生造指南車宋武帝平長安始得此車戎狄所制不甚至精雖有南多不審正迴曲頻聚猶須人力正之范陽人祖冲之甚有巧思常謂宜更構造順帝昇明末齊王爲相命冲之造焉其制甚精百屈千迴未嘗移變

北齊書曰高隆之性小巧至於公家羽儀百戲服制時有改易不循舊典時論非之

文士傳曰張衡嘗作木鳥假以羽翮腹中施機能飛數里

後趙錄曰邴輔樂陵人也好學者才藝巧思機智妙於當時襄國宮殿臺榭皆輔所營也

馬鈞別傳曰鈞字德衡扶風人巧思絕世不自知其爲巧也居貧舊綾機五十綜者五十躡六十綜者六十躡鈞乃易以十二躡其奇文異變因感而作猶自然而成形陰陽之無窮

葛洪神仙傳曰葛由者蜀人也刻木作羊能行一旦騎羊入山遂去得仙未知指實也

鄴中記曰石虎有指南車及司里車又有舂車木人及作

行碓於車上動則木人蹋碓行十里成米一斛又有磨車
置石磨於車上行十里輙磨一斛凡此車皆以朱彩爲飾
唯用將軍一人車行則衆巧並發車止則止中御史解飛
尚方人魏猛變所造虎至性好佛衆巧奢靡不可紀也甞
作檀車廣丈餘長二丈安四輪作金佛像坐於車上九龍
吐水灌之又作一木道人恒以手摩佛心腹之間又十餘
木道人長二尺餘皆披袈裟繞佛行當佛前輙揖禮佛
又以手撮香投爐中與人無異車行則木人行龍吐水車
止則止亦解飛所造也
玄中記曰奇肱氏善奇巧能爲飛車從風遠行
述異記曰魯班刻石爲禹九州圖今在格城石室山東北巖
中
西京雜記曰長安巧工人丁緩者爲恒蒲燈七龍五鳳雜

以芙華蓮藕之奇又作卧褥香爐一名被中香爐大出房
風其法度至緩更始爲之環轉四固而爐體常平可致之
被褥故取被褥爲名又作九層山爐鏤爲奇禽怪獸諸靈
皆自然運動又作七輪扇連以七輪大皆徑尺並相連續
一人運之滿堂皆生風寒焉
又曰昭陽殿椽桷皆刻作龍虵縈繞之狀匠人丁護李菊
所作也其巧爲天下第一
涼州記曰呂光時有任射者自匿爲王欣家奴發覺應死
躬有奇巧王念魯般之儔也故赦之涼風門及大殿歲久
傾敗躬運巧致思土木俱正
王子年拾遺記曰嬬音頻支國去汜雜國八萬里其國婦人
善織以五色絲稍內口中兩手引之則成文錦似列燈燭
也

又曰始皇起遊雲臺窮極四方之珍材搜天下之巧工人
皆能騰虛緣木揮斤斧於空中
又曰始皇二年騫消國獻善畫之工名裂裔刻白玉爲兩
虎削玉爲毛有如真矣不點兩目睛始皇點之即飛去明
年南郡有獻白虎二頭始皇使視之乃是先刻玉者始命
去目睛二虎不復能去
歷代名畫記曰吳王趙夫人丞相趙達之妹善書畫巧妙
無雙能於指間以綵織爲龍鳳之錦宮中號爲機絕孫權
常歎魏蜀未平思得善畫者圖山川地形夫人乃進所寫
江湖九州山岳之勢夫人又於方帛之上繡作五岳列國
地形宮中號爲針絕又以膠續絲髮作爲輕幔宮中號爲
絲絕
又曰宋謝莊字希逸性多巧思制木方丈圖天下山川土

地各有分理離之則州別郡殊合之則寓內爲一
老子曰大巧若拙
又曰絕巧弃利盜賊無有
莊子曰陶者云我善治埴圓者中規方者中矩埴土曰陶陶化也埴
埴也土匠人曰我善治木曲者中鉤直者應繩曲鉤也繩直也謂匠人機
巧善能治木曲直必中鉤繩也夫埴木之性豈欲中規矩鉤繩哉土木之性稟之
造物不求曲直豈蘗方圓陶者匠人浪爲臧否
又曰百工有器械之巧則壯
又曰巧者勞而智者憂無能者無所求
又曰無爲也而笑巧巧者有爲以傷神
又曰覆載天地刻雕衆形而不爲巧巧者爲之妙耳物皆自爾故無所稱巧也
此之謂天樂忘樂而樂足矣
又曰以瓦注者巧以鉤注者憚以黃金注者昏所要愈重則其心愈

務也）
又曰郢人堊（堊白土）其鼻端若蠅翼使匠石斲之匠石運斤成風而斲之盡堊而鼻不傷郢人立而不失容宋元君聞之召匠石曰嘗試爲寡人爲之匠石曰臣則嘗能斲之雖然臣質死之矣

列子曰周穆王西巡有獻工人名偃師曰臣唯命所試然臣已有所造願王先觀之穆王曰以若俱來吾與若俱觀之越日偃師謁見王王曰若與偕來者何人耶對曰臣之所造能倡者穆王驚視之趨步俯仰言皆人也巧夫頷其頤則歌合律捧其手則舞應節千變百化惟意所適王以爲實人也與盛姬內御竝觀之伎將終倡者瞚（瞚與瞬同）其目而招王之左右侍妾王怒立使欲誅偃師偃師大懾立剖散倡者以示王皆草木膠漆白黑丹青之所爲也自內則

肝膽心肺脾腎腸胃外則筋骨支節皮毛齒髮皆假物也無不畢具者合會復如初王試廢其心則口不能言廢其肝則目不能視廢其腎則足不能步穆王曰人之巧乃與造化同功乎詔貳車載之以歸夫班輸之雲梯墨翟之飛鳶自謂能之極也弟子東門賈禽滑釐聞偃師之巧告於二子二子終身不敢語藝而時執規矩焉

又曰宋人有爲其君以玉爲楮葉者三年而後成亂之楮葉中而不可別也此人遂以巧食宋國列子聞之曰使天地生物三年而成一葉則物之有葉者寡矣故聖人恃道化而不恃智巧（韓子云象爲楮葉）

又曰考成子學幻於尹文先生三年不告考成子請其過而求退尹文先生曰昔老聃之徂西也顧而告余曰有生之氣有形之狀盡幻也造化之所始陰陽之所變者謂之生謂之死窮數達變因形移易者謂之化謂之幻造物者其巧妙其功深故難終難窮因形者其巧顯其功淺故隨起隨滅知幻化之不異生死也始可學幻矣吾與汝亦幻也奚須學哉

墨子曰公輸子削竹木爲鵲成而飛之三日不下自以爲至巧墨子謂曰子之爲鵲也不如匠爲車轄也須臾斲三寸之木而任五十石之重故利於人謂之巧不利於人謂之拙

孟子曰公輸子之巧不以規矩不能成方圓也

淮南子曰昔者楚欲攻宋墨子聞而悼之（墨子名翟宋大夫悼傷也）自魯趨而往十日十夜而不休息裂衣裳裹足至於郢見楚王（自魯趨走也郢楚都也今南郡江陵北里郢是也）曰臣聞大王舉兵將攻宋計必得宋而後罷之乎志其苦衆勞民頓兵剉銳天下以不

義之名而不得咫尺之地猶且攻之乎（頓罷剉辱銳精文無罪之宋故負天下以不義之名猶且必也）王曰必不得宋又且爲不義曷爲攻之墨子曰臣見大王之必傷義而不得宋王曰公輸子天下之巧士作爲雲梯設以攻宋曷爲弗取（公輸魯班號時在楚雲梯攻城具高長上與雲齊故曰雲梯設施也）墨子曰今公輸設攻宋之械墨子設守之備公輸九攻而墨子九拒之終弗能入（入猶下也）於是乃偃兵輟不攻宋（輟止也）

又曰神機陰閉剞劂無迹人巧之妙也而治世不以爲民業

又曰工人下漆而上丹則可下丹而上漆則不可萬事由此也

又曰規矩鉤繩者乃巧之具也而非所以爲巧（巧存於心也）

又曰神明之事不可以智巧爲也不可以筋力致也天地

所包陰陽所嘔雨露所濡以生萬殊翡翠瑇瑁碧玉珠文采明朗澤若濡摩而不玩久而不渝奚仲不能旅魯般弗能造此之謂大巧

又曰夫至巧不用劒（巧在心手故不用劒）

又曰大匠不用斲

又曰夫物有以自然而後人事有治也故良匠不能斲金巧冶不能鑠木金之勢不可斲而木之性不可鑠也埏埴而爲器剡木而爲舟爍鐵而爲刃鑄金而爲鍾因其可也

尸子曰古者倕爲規矩準繩使天下倣焉

愼子曰百工之子不學而能者非生而巧也言有常事

傅子曰馬先生鈞天下之巧也有二子謂古無指南車記言之虛也先生曰古有之二子以白明帝詔先生作之而指南車成此一異也從是天下服其巧矣居京都城内有

地可爲園患無水以漑之先生乃作翻車令童兒轉之而灌水自覆其巧百倍於常此二異也後人有上百戲者能設而不能動帝以問先生可動否鈞曰可動帝曰其巧可益否對曰可益受詔作之以大木雕構使形若輸平潛以水發焉設爲女樂舞象使木人擊鼓吹簫木跳丸擲自出自入百官行署舂巧百端此三異也先生見諸葛亮連弩曰巧則巧矣未盡善也言作之可令加五倍嘗試以車輪懸瓴甓數十飛之數百步矣馬先生之巧雖古般輸墨翟王尒漢世張平子不能過也

又曰馬先生爲機器未成裴世子疑而難之先生口屈不能對傅子謂裴子善乎言而不巧馬氏長於巧而短於言巧者天下之微事

抱朴子曰善圍碁者世謂之碁聖故嚴子卿馬綏明有碁聖之名書聖皇象胡昭是也畫聖衛協張墨是也木聖張衡馬鈞是也

孔叢子曰孔附謂陳王曰梁人有楊田者伎巧過人骨騰肉飛

愽物志曰近世有田夫至巧而不自覺也其婦稱之猶不自知乃削木爲小麥試衆之　無疑歸磨乃覺非麥

論衡曰傳稱魯般墨子之巧刻木爲鳶飛之三日而不集（下也）夫言其以木爲鳶飛之可也言其三日不集增之也猶世傳言魯般巧亡其母矣言其巧工爲母作木車馬木人御者機關備具載母上車去而不還失其母焉

楊泉物理論曰夫蜘蛛之羅蜂之作巢其巧妙矣而況於人乎故工匠之方規圓矩出乎心巧成於手迹非睿敏精密孰能著勳成形以周器用哉

晉讃曰陳勰以工巧見知

太平御覽卷第七百五十二

太平御覽卷第七百五十三

工藝部十

圍碁　投壺

圍碁

左傳曰甯喜許納衛獻公太叔文子曰今甯子視君不如弈碁弈者舉碁弗定不勝其偶而況置君弗定乎（弈圍碁也）九世之卿族一舉而滅之可哀也哉

魏志曰王粲觀人圍碁局壞（壞謂白黑亂）粲復爲之碁者不信以袍蓋局使更以他局爲之用相比校不誤一道

魏氏春秋曰孔融被誅二子碁而不起左右曰尒父見報不起何也二子曰安有巢毀而卵不破者乎

蜀志曰費禕與來敏圍碁于時羽檄交馳人馬擐甲嚴駕已訖而禕留意對戲色無厭倦禕至敵遂退

吳志曰孫權太子和常言當世士人宜講脩術學習射御以周世務而但交遊博弈以妨事業非進取之謂也後羣僚侍宴言及博弈以爲妨事費日而無益於用勞精損思終無所絀非所以進德修業積累功緒也人情猶不能無嬉娛嬉娛之好亦在飲宴琴書射御之間何必博弈可以爲欣乃命侍坐者八人各著論以矯之於是中庶子韋曜退而奏論和以示賓客時蔡穎好弈故以諷之

吳錄曰嚴武字子卿圍碁莫與爲輩謂之八絕

晉書曰王質入山斫木見二童圍碁坐觀之及起斧柯已爛矣

又曰賈謐嘗與太子弈碁爭道成都王穎在坐正色曰皇太子國之儲君賈謐何得無禮也

又曰符堅率衆號百萬次于淮淝京師震恐加謝安征討大都督兄子玄入問計安夷然無懼色荅曰已別有旨旣而寂然玄不敢復言及令張玄重請安遂命駕出墅親朋畢集方與玄圍碁賭別墅安常碁劣於玄是日玄懼便爲敵手而又不勝安顧謂其甥羊曇曰以墅乞汝

又曰王導與其子悅弈碁爭道導笑曰相與有瓜葛那得爲尒耶

又曰祖納爲軍諮祭酒納好弈碁王隱謂之曰禹惜寸陰不聞數碁對曰我以忘憂耳

鄧粲晉紀曰阮籍母死與人圍碁如故對者求止籍不肯留決勝焉

晉中興書曰王恬字敬豫與濟陽江霖俱善弈碁爲中興第一

又曰陶侃在荊州見佐吏博弈戲具投之於江曰圍碁者

堯舜以教愚子博者商紂所造諸君並懷國器何以爲此（一本爲牧豬奴戲）

晉起居注曰鎮東司馬顏延之坐圍碁免官

沈約宋書曰羊玄保爲黃門侍郎善弈碁碁品第三太祖亦好玄數蒙引見與太祖賭郡戲勝得補宣城太守

又曰徐羨之沉密寡言不以憂喜見色頗工弈碁當世以此推之

又曰謝弘微性無慍色末年與人圍碁西南有碁死勢有人曰南風急或覆舟人悟救之弘大怒投局於地識者知其莫年

齊書曰能碁人琅耶王抗爲第一品吳郡褚思莊會稽夏赤松第二品赤思速善於鬬碁宋文帝世羊玄保戲因製局圖還於帝前覆之太祖使思莊與王抗官賭自食時至

日暮一局始竟上倦遣還省至五更方決抗睡於局後思
莊達曉不寐世或以思莊所品第致高緣其用思深久人
不能對也
又曰武帝好圍碁碁甚拙去格七八道物議共欺爲第三
品與第一品王抗圍碁依品賭戲抗每饒借之曰皇帝飛
碁臣抗下能斷帝終不覺以爲信然好之愈篤
又曰武陵王曄少年時貧無碁局乃破荻爲片縱横以爲
碁局指點行勢遂至名品
燕書曰羅騰字叔龍工圍碁究盡其妙獨步當時俄而右
北平樂抄少携出與齊焉
後魏書曰甄琛擧秀才入都積歲頗以弈碁弃日至乃通
夜不止有蒼頭者常令秉燭或時睡即大加其杖如此非
一奴後不勝楚痛乃白琛曰郎君辭父母仕宦京師若爲

讀書執燭不敢暫非乃以圍碁日夜不息豈是向京之意
而肆加杖罰不亦理乎琛惕然慙感遂從許赤虎假書研
習聞見益優
陳書曰梁武帝詔校定碁品到漑朱异已下並集陸瓊時
年八歲於客覆局由是京師號曰神童
唐書曰順宗朝罷翰林陰陽星卜醫相射覆碁弈諸待
詔三十二人初王叔文以碁待詔既用事惡其與已儕類相
亂故罷之
江表傳曰呂範計山越還白事於孫策從容獨與圍碁因
論軍旅
西京雜記曰杜夫子善弈碁爲天下第一或譏其費日夫
子曰精其理者足以大裨聖教
又曰戚夫人侍兒賈佩蘭後出爲扶風人段儒妻說在宮
內時常以八月四日出雕房北戶竹下圍碁勝者終年有
福負者終年疹病取絲縷就北辰祈求延命乃免
述異記曰朱道珍常爲孱陵令南陽劉廓爲荊州參軍每
與圍碁日夜相就局子略無暫輟道珎以宋元徽三年六
月亡至九月廓坐齋中忽見一人以書授廓云朱孱陵書
廓開書看是道珍手跡云每思碁聚非意致闊方有來緣
想能近領廓讀書畢失信所在（失其書信）寢疾尋亡
孟子曰弈秋通國之善弈者也使弈秋誨二人弈其一人
專心致志惟弈秋之爲聽一人雖聽之一心以爲有鴻鵠
將至思援弓繳而射之雖與之俱學弗若之矣
抱朴子曰葛洪體鈍性駑所寡玩好見人博戲曾不目眄
至今不知碁局幾道
又曰善圍碁者世謂之碁聖故嚴子卿馬綏明有碁聖之

名也
淮南子曰行一碁不足以見智彈一弦不足以見悲
尹文子曰以智力求者喻如弈碁進退取與攻劫放捨在
我者也
陳留志曰阮簡字茂弘爲開封令縣有劫賊外白之甚數
簡方圍碁長嘯吏云劫急簡曰局上劫亦甚急其高率如
此
揚子法言曰圍碁擊劒反目眩形亦皆自然也
博物志曰堯造圍碁丹朱善之
新語曰世言圍碁或言兵法之類上者張置疎遠多得道
而勝中者務相遮絕爭便求利下者守邊隅趨作罫（古賣反綫
間方因也）猶薛公之言黥布反也上計取吳楚廣地中計塞成
臯遮要爭利下計據長江以臨越守邊隅趨作罫者也

俗說曰羊玄保作吏部郎數被召見後有傳詔來始入門
其見盡孫年十許歲見傳詔語其父云兒知也正當圍碁
耳
語林曰王中郎以圍碁是坐隱亦以圍碁爲手談
又曰王武子與武帝圍碁孫皓在側武子問孫歸命何以
好剝人面皮皓曰見無禮於君者則剝之乃舉碁局下故
譏之
又曰豫章太守顧劭是丞相雍之子在郡卒時雍方盛集
僚屬圍碁外信至而無兒書雖神意不變而心料有故賓
客既散方歎曰已無延州之遺累寧有喪明之責耶於是
豁情散哀顏色自若
方言曰圍碁若自關東齊魯之間謂之弈班固弈指曰北
方之人謂碁爲弈弘而說之舉其大略義亦同矣局必方

正象地則也道必正直體明德也其有黃黑陰陽分也駢
羅列布效天文也四象既陳行之在人蓋王政也法則臧
否爲仁由己道之正也
夢書曰夢圍碁者欲鬬也
魏紫圍碁賦序曰清靈體道稽謨玄神圍碁是也
魏應瑒弈勢曰蓋碁弈之制所由來尚矣駱驛雨集魚鱗
鴈峙奮維闔翼固衛邊鄙寇動北壘備在南尾
晉劉恢圍碁賦序曰司空從事中郎庾仲初性好圍碁終
不達碁旨言文則觸類而至對局則冥然而窮何所解如
彼之易所礙如此之難哉

投壺

禮記曰投壺之禮主人奉矢司射奉中使人執壺（投壺射之類也）主
人請曰某有枉矢哨（且醮切哨不正貌）壺請樂賓賓曰子有旨酒
嘉肴既受賜矣又重以樂敢辭主人曰枉矢哨壺不足辭
也敢固以請賓曰其既賜矣又重以樂敢固辭主人曰枉
矢哨壺不足辭也敢固以請賓曰其固辭不得命敢不敬
從（下得命不以命見許）賓再拜受主人般還曰辟（賓再拜受受矢也）主人阼
階上拜送賓般還曰辟（拜送送矢也）已拜受矢進即兩楹間退
反位揖賓就筵司射進度壺間以二矢半反位設中東面
執八筭興（設中亦實也八筭於中橫委其餘於中西執筭而立以請賓俟投）請賓曰順投
爲入比投不釋勝飲不勝者正爵既行請爲勝者立馬一馬
從二馬三馬既立請慶多馬請主人亦如之（請猶告也順投矢本入也）
（比投不搉也勝飲不勝言以能養不能也）
禮記曰壺頸脩七寸腹脩五寸口徑二寸半容斗五升壺
中實小豆焉爲其矢之躍而出也壺去席二矢半矢以柘
若棘毋去其皮（取其堅且重也或言去其皮節也）

左傳曰晉侯以齊侯宴中行穆子相投壺晉侯先穆子曰有
酒如淮有肉如坻寡君中此爲諸侯師中之齊侯舉矢曰
有酒如澠有肉如陵寡人中此與君代興
東觀漢記曰祭遵薨范淑上疏曰遵爲將軍取士皆用術
對酒設樂必雅歌投壺
魏略曰邯鄲淳字元淑作投壺賦千餘言奏之文帝以爲
工賜帛十疋
又曰游楚好投壺自娛
晉書曰石崇有妓善投壺隔屏風投之
王弼別傳曰弼性和理樂遊宴解音律善投壺
崔寔傳曰投壺者皆以多筭飲少筭
西京雜記曰武帝時郭舍人善投壺以竹爲矢不用棘也
古之投壺取中而不求還故實小豆惡其矢躍而出也郭

舍人則激矢令還一矢百餘反語之爲驍言如博之堅於
華中爲驍傑每爲武帝投壺輒賜金帛
獻帝春秋曰袁紹聞魏郡兵反與黑山賊等數萬人共覆
鄴城殺郡守坐中家在鄴者憂怖失色或起而啼泣紹觀
督引滿投壺言笑容貌自若
晉陽秋曰王胡之善於投壺言手熟閉目
神異經曰東荒山中有大石室東王公居焉與一玉女
投壺設有入不出者天爲之笑（張華曰天笑者開口流光）
藝經曰投壺法十二籌以象十二月之數
投壺變曰謂之投壺者取名蒲（地由切）藪漸而轉易鑄金代
焉速之于後人事生矣壺底去一尺其下筩以龍玄（玄中蝦明）
（蔓隨其生死也日蒻龍蛇之變）横運之以鱗（平表切）蝦（謂龍下蟈蟮也）燕尾（鶩識而歸）人候
（來去有恒投而歸人自數之極也）矢十二（數之極也）長二尺八寸（法於當矣古用柘棘）古

者投壺擊鼓而節帶劍十二（入捻頰二帶謂之帶劍）倚十八（倚並左右如故）
（尾狀）狼壺二十（令矢圓轉酉於壺口）劍驕七十（入帶劍還如後也）三百六十籌
得一馬（言三百六十籌成功也馬謂之近勳同得勝也）三馬成都
魏棻碁賦曰夫注心銳念自求諸身投壺是也
晉傅玄投壺賦序曰投壺者所以矯懈而正心也
晉李尤壺籌銘曰投壺籌禮揖叙先後通風月數分爲王
部

太平御覽卷第七百五十三

太平御覽卷第七百五十四

工藝部十一

博　樗蒱

塞（蘇則切）　藏鈎（古作彄）

蹴鞠

博

說文曰博局戲六箸十二碁也

論語曰飽食終日無所用心難矣哉不有博弈者乎爲之猶賢乎已

家語曰哀公問於孔子曰吾聞君子不博有之乎孔子曰有之爲其二乘也公曰有二乘何爲不博孔子曰爲其兼行惡道也

史記曰宋湣公與南宮長萬博爭公怒辱之曰吾始敬若（若婼）今子魯虜也長萬病此言遂以局殺湣公

又曰魏王與信陵君博北境舉烽火言趙寇入界信陵君曰臣有客能知趙王陰事言趙王獵非寇也

又曰劇孟好博多少年之戲

又曰蔡澤說范雎曰君獨不觀夫博者乎或欲大投或欲出分功（班固弈指曰博懸於投不必在行崔駰曰投變也）此皆君之所明知也

漢書曰孝文帝時吳太子侍博爭道不恭皇太子以博局提吳太子殺之（或去提音抵抵擲也）

又曰吾丘壽王字子贛少年以善格五召待詔（蘇林曰博之類也孟康曰格者行忤相周故已言各或日塞法至立各不得故云格五也）

又曰陳遵祖父遂字長子宣帝微時與遂有故相隨博弈數負債及宣帝即位遂稍遷至太守賜遂璽書曰制詔太原太守官尊祿厚可以償博債矣

范曄後漢書曰耿恭爲戊巳校尉恭至部移檄烏孫示漢威德昆弥以下皆喜遣使獻名馬及奉宣帝所賜公主博具願遣子入侍

又曰客星經帝座或問袁延延因上封事曰河南尹鄧萬有龍潛之舊封爲通侯恩重公卿惠豐宗室加禮引見與之對博上下渫（音薛）黷有虧尊嚴

魏略曰孔桂性便妍曉博弈太祖愛之每在左右

又曰杜畿與衛固少相狎侮共博爭道畿曰我今作河東也固發衣罵之及畿之官而固爲功曹

晉中興書曰桓玄強與人博弈取其田宅

穆天子傳曰天子北入邴（邴鄭邑也音柄）與井公博三日而決（井公賢人而隱者故王就戲）

梁冀別傳曰冀好格五六博

神仙傳曰中山衛叔卿服雲母得仙漢武使其子度世往華山求之度世望見父上有紫雲白玉爲床與數人博戲度世問父所與博者是誰曰洪崖先生許由巢父也

秦記曰呂光破龜茲始獲鳩摩羅什光死子纘立戲弄羅什或共碁博及殺子去斫胡奴頭什曰不斫胡奴頭其胡奴斫人頭後纘弟越字胡奴果斬纘頭

凉州記曰呂光太安二年龜茲國使至獻寶貨奇珍汗血馬光臨正殿設會文武博戲

西域胡曰諸博戲取人牛馬財物者胡俗皆陪償

述征記曰極西南端門外有石石色青而細修之作博碁以遺江東甚可珎玩

西京雜記曰許博昌安陵人也善大博竇嬰好之常與居處其術曰方畔揭道張玄究屈高高玄究屈張又曰張道揭畔

方方畔揭道張究屈玄高高屈究張居三輔兒誦之法用六箸或謂之究以竹爲之長六分或用二箸博昌又作大博經一篇今世傳之

莊子曰臧與穀牧羊而俱亡其羊問臧奚事則挾策讀書問穀奚事則博塞以遊事業不同其亡羊均也

列子曰虞氏者梁之富人也登高樓大路設樂飲酒擊博樓上

抱朴子曰南陽文氏求食入山見高岩上有數人對博

淮南子曰善博者不欲牟（博以不傷爲牟牟大也進也）不恐不勝平心定意投得其齊（齊得其適）行由其理雖不必勝得籌必多

韓子曰薛公之相魏昭侯也有陽胡潘者於王甚重而不爲薛公薛公患之於是乃與之博與之百金令與昆弟博戲俄又益之二百金

又曰齊宣王問匡倩曰儒者博乎對曰博也者貴梟勝者必殺梟是殺其所貴也儒者以爲害義故不博

尹文子曰博者盡開塞之宜得用通之路

揚子法言曰或問侍君子博乎曰侍坐則聽言有酒則觀禮焉事博乎

說苑曰秦始皇時嫪毐驕奢後與帝左右博爭行乃瞋目大呼

又曰晉靈公驕奢造九層之臺謂左右曰敢諫者斬孫息（孫息即荀息也）聞之求見公曰子何能孫息曰臣能累十二博棊加九鷄子於其上公曰吾少學未嘗見也子爲寡人爲之孫息即正顏色定志氣以棊子置於下而加九鷄子於其上左右慴息靈公俯伏氣息不續公曰危哉孫息曰公爲九層之臺三年不成危甚於此

風俗通曰漢武帝與仙人共博其投石中馬蹄處于今尚在

典略曰荊軻與魯勾踐博爭道勾踐怒而叱之軻去而逃還

晏春秋舊事曰倪寬爲漢司農卿與太子博爭商犯罪而追

甲經曰天一亭遊六行亭亭天一之貴神也戰鬭博戲漁獵但可皆不可向也

薛孝通譜曰烏曹作博其所由來尚矣雙箭以象日月之照臨十二棊以象十二辰之躔次則天地之運動法陰陽之消息表人事之窮達窮變化之幾微覆謙謝則知沖謙以致福觀殺罰則知當路而速禍行其道則擒麃有歸保其家乃瞻烏爰集隱顯藏用莫不合道龍潛鵠起率皆趣良足以諧暢至娛始協妙賞者也

魏曹植治子等讚曰齊瓊接子勇節徇虎門之博忽晏置舋矜而自伐輕死重分

魏王粲彈棊賦序曰因行騁志通權達理六博是也

晉李尤博銘曰夫無用心博弈猶賢方平夷下有不邪偏

樗蒲

晉書曰桓玄見人有好園宅悉欲取之勒以樗博而賭之玄微聞義軍起憂懼弗能寢食或曰劉裕等狂惑事必無成玄曰裕足爲一世之雄加以果於用兵劉毅家無擔石之儲樗蒲一擲百萬何無忌劉牢之外生酷似其舅共舉大事往無不成

又曰葛洪字稚川性寡欲無所愛玩不知棊局幾道樗蒲齒名

又曰王獻之年數歲嘗觀門生樗蒲曰南風不競門生曰

此郎亦管中窺豹時見一班
又曰武帝胡貴嬪帝嘗與之樗蒱爭道遂傷上指帝怒曰此固將種也對曰北伐公孫西拒諸葛非將種而何帝甚有慙色
又曰謝鯤婿郗叡好樗蒱奪其妹裝物以還戲債劉湛謂謝弘微曰謝氏累代財產充殷君一朝戲債卿視而不言譬弃物江海以爲廉耳
又曰陶侃字士衡見諸叅佐或以談戲廢事乃取其樗蒱博具悉以投于江乃曰樗蒱者牧豬奴戲耳
又曰劉毅於東府聚樗蒱大擲一判應至數百萬餘人並黑犢以還唯劉裕及毅在後毅次擲得雉大喜褰衣繞床叫謂同座曰非不能盧不事此耳裕惡之因挼五木久之曰老兄試爲卿答既而四子俱黑其一子轉躍未定裕厲

聲喝之即成盧焉毅意殊不快然素黑其面如鐵色焉既而乃和言曰亦知公不能以此見借
又曰周顗之死也王敦坐有一叅軍樗蒱馬於博頭被殺因謂敦曰周家弈世令望而位不至公及伯仁將登而墜有似下官此馬（伯仁顗之字也）
又曰慕容寶初在長安與韓黃李根等因讌樗蒱寶危坐整容誓之曰世云樗蒱有神豈虛也哉若富貴可期頻得三盧於是三擲三盧
宋書曰何尚之時頗輕薄少好樗蒱既長折節蹈道以操見稱爲陳郡謝琨所知與之遊處
齊書曰李安民擊鵲尾江城有功明帝大會新亭樓勞諸軍令樗蒱共賭安民五擲皆盧帝大驚目安民曰卿面方如田封侯狀也安民少時貧窶有一人從門過相之曰君

後當大富貴與天子交手共戲至是果驗
後周書曰王思政雖被任委自以非相府之舊每不自安太祖曾在同州與羣公宴集出錦罽及雜綾絹數段命將樗蒱取之物既盡太祖又解所服金帶令諸人遍擲曰先得盧者即與之羣公將遍莫有得者次至思政乃斂容跪坐而自誓曰王思政羇旅歸胡蒙宰相國士之遇方願盡心效命上報知已若此誠有實令宰相賜知者願擲即爲盧若内懷不盡神靈亦當明之便使不作也便當殺身以謝所奉辭氣慷慨一坐盡驚即拔所佩刀橫於膝上覽樗蒱拊髀擲之比太祖止之已擲爲盧矣徐乃拜而受之
江𤕤別傳曰𤕤年十一始學樗蒱祖母爲說往事有以博弈破業廢身者於是即弃五木終身不爲戲
抱朴子曰林盧山中有一亭其中有鬼每有宿者常有十

許人衣袍或白或黑或男或女有王伯夷過宿而坐誦經夜有十餘人與伯夷對坐自持樗蒱伯夷密以鏡照之乃羣犬也
郭子曰桓公（宣武）年少至貧嘗樗蒱失數百斛米齒既惡意亦沮自審不復振乃請救於袁彦道桓具以情告袁欣然無忤便即俱去出門云我不但拔卿要爲卿破之我必作快齒卿但快喚既戲袁形勢呼咀（音柤咀相呵）慨牡擲必盧雉二人齊叫敵家震懼喪氣俄頃獲數百萬
博物志曰老子入胡曰作樗蒱焉
俗說曰郗伯弟爲何無忌叅軍在潯陽與何共樗蒱得何百萬便住何大怒罵郗
世說曰溫嶠位未高時屢與楊州淮中賈客樗蒱每輒不競嘗一過大輸物盡戲屈無因得反與太尉庾亮友善嶠

於舫中大喚庾亮卿可贖我庾即送直然後得還

異苑曰潁川陳寂元嘉中晝忽有一足鬼長三尺許爲寂驅使欲與鄉人樗蒱而無五木鬼乃取刀斫庭中楊枝於戶間作之即燒灼黑白雖分明但朴爾

又曰昔有人乘馬出行於岫裏見二老公相對樗蒱遂下馬以策拄地而觀之自謂俄頃挫視其馬鞭漼然已爛顧瞻其馬鞍亦枯朽既還無復親識一慟而絕

庾翼集曰頃聞諸君有樗蒱過差者初爲是政事閑暇以娛意耳故未有言也今知大相聚集漸以成俗聞之能不憮然

繁欽威儀箴曰其有退朝偃息閑居操攪（瞿營切 攪博子）弄碁文肴樗蒱言不及義勝負是圖

塞（蘇則切）

說文曰塞行碁相塞謂之塞

齊書曰沈文季字仲達吳興武康人也尤善塞用五子

穆天子傳曰天子北入邴䢮與井公塞

魏王朗塞勢曰余所與遊處唯東萊徐先生素習九章能爲計數問可以代博弈者乎曰塞其次也乃試習其術以驚睡焉

邊韶塞賦序曰余離羣索居無講誦之事欲學無友欲農無耒欲弈無塞欲博無楮問可以代博弈者乎曰塞其次也書曰始作塞者其明哲乎故其用物也約其爲樂也大

藏鉤（古作彄）

辛氏三秦記曰昭帝母鉤弋夫人手拳而有國色先帝寵之世人藏鉤法此也（𢳾其 拳乎）

西京雜記曰戚夫人以百鍊金爲彄環照見指骨上惡之以賜侍兒

荆楚歲時記曰爲藏彄之戲辛氏以爲鉤弋夫人所起周處成公綏並作彄字藝經庾闡則作鉤字其事同也俗去此戲令人生離有禁忌之家廢不修也

風土記曰臘日飲祭之後叟嫗兒童爲藏彄之戲分二曹以效勝負若人偶即敵對人奇（居宜切 奇獨也）即使奇人爲遊附或屬上曹或屬下曹名爲飛鳥以齊二曹人數一彄藏在數十手中曹人當射（常益切）知所在一藏爲一籌五籌爲一賭

異苑曰晉海西公時有貴人會因藏彄於有一手聞在衆臂之中脩骨巨指毛色鬒黑舉坐咸驚尋爲桓大司馬所誅舊傳藏彄令人生離斯驗深矣

晉庾闡藏彄賦曰歎延夜之藏彄賞一時之戲望以道生爲元師以子仁爲佐相

盛弟子藏彄賦序曰余以臘後要命中外以行鉤爲戲心悅其事故賦之云

蹴鞠

風俗通曰九毛謂之鞠

郭璞三倉解詁曰鞠毛丸可蹋戲

史記蘇秦傳曰臨淄民無不吹竽鼓瑟擊筑鬬雞走狗六博蹴鞠

漢書曰東方朔云董君（董偃也）貴寵天下莫不聞郡國走馬蹴鞠客輻湊於董氏焉

魏略曰孔桂字叔林性便妍好蹴鞠故太祖愛之每在左右

唐書曰姜皎玄宗即位召拜殿中少監數召入卧內侍宴私以后妃連榻間以擊毬常呼之爲姜七

梁冀別傳曰冀好蹴鞠

西京雜記曰成帝好蹴鞠羣臣以蹴鞠勞體非至尊所宜帝曰朕好之可擇似不勞者奏之家君作彈棊以獻帝大悅賜青羔裘紫絲履以服朝覲焉

又曰太上皇徙長安居深宮悽愴不樂高祖竊因左右問正以生平所好皆屠販少年鬭鷄蹴鞠以爲忻今皆無此故不樂也

劉向別錄曰蹴鞠者傳言黃帝所作或曰起戰國時記黃帝蹴鞠兵勢也所以練武士知有才也今軍事無事得使蹴鞠有書二十五篇

會稽典録曰唐庠字漢序三國鼎跱乎輿金華士以弓馬爲務家以蹴鞠爲學於是名儒洪筆絕而不續

太平御覽卷第七百五十四

太平御覽卷第七百五十五

工藝部十二

彈棊　儒棊　摯壤
角抵　彈　四維
象戲　夾食　悄悶
射數　歎子　抃
擲塼

彈棊

東觀漢記曰安帝詔曰樂成王居諒闇隨衰服在身彈棊爲戲不肯謁陵

沈約宋書曰晉平剌王休祐文帝第十三子也在荆州時左右范景達善彈棊上召之休祐留不遣上怒詰責之

趙書曰冉閔收石遵遵方與女子彈棊兵至殺之

梁冀別傳曰冀好彈棊

抱朴子曰暑夏之月露首袒體唯在樗捕彈棊不離綺繻紈袴之側

世說曰劉眞長始見王丞相時暑之月丞相以腹熨彈棊局曰何如乃渹吳人以冷爲渹也音楚敬切劉既出人問見王公何如劉曰未見他異唯作吳語耳王丞相導也

又曰彈棊始自魏文帝宮內裝器戲也文帝於此伎特妙用手巾拂之無不中者有客自云能帝使爲之客著葛巾拂棊妙逾於帝○魏文帝典論曰余於他戲弄之事少所喜唯彈棊略盡其功乃爲之賦昔京師先工有馬合鄉侯東方世安張公子常恨不得與彼數子者對

藝經曰彈棊二人對局黑白棊各六枚先列棊相當下呼上擊之

彈棊經序曰彈棊者仙家之戲也昔漢武帝平西域得胡人善蹴鞠者蓋衒其便平聲捷跳躍帝好而爲之羣臣不能諫侍臣東方朔因以此藝進之帝就捨蹴鞠而上彈棊焉習之者多在宮禁中故時人莫得而傳至王莽末赤眉凌亂西京傾覆此藝因宮人所傳故散落人間及章帝御宇好諸伎藝此戲乃盛於當時

彈棊經後序曰自後漢冲質已後此藝中絶至獻帝建安中曹公執政禁闌幽密至於博弈之具皆不得妄貢宮中宮人因以金釵玉梳戲於粧奩之上即取類於彈棊也及魏文帝受禪宮人所爲更習彈棊焉當時朝臣名士無不爭能故帝與吳季重吳質字季重書曰彈棊間設者也

又曰彈棊者雅戲也非同乎五白梟㯋梟㯋並樗蒲彩之數不游乎紛競詆欺之間淡薄自如固趨名近利之人多不尚焉

蓋道家所爲欲習其偃亞導引之法擊博騰擲之妙自暢耳

又曰唐順宗在春宮日甚好之時有吉達高鈘崔同楊同愿之徒悉爲名手後有竇深崔長孺甄顒獨孤遼亦爲亞焉至于長慶之末好事之家猶見有局尚多解者

後漢蔡邕彈棊賦曰夫張局陳棊取法式備因嬉戲以肆業託懽宴以講事設茲矢石其夷如砥采若錦繢平若停水肌理光澤滑不可屨乘色行巧據險用智

魏文帝彈棊賦曰局則荆山妙璞滑如柔荑棊則玄木北幹素樹西枝象籌列植下據雙螭

王粲彈棊賦曰文石爲局金碧齊精隆中夷外理緻肌平

晉傳玄彈棊賦序曰漢武帝好蹴鞠劉向以爲蹴鞠勞人體竭人力非至尊所宜乃因其體而作彈棊以解之

儒棊

後魏書曰侍中游肇性謙廉不競曾撰儒棊以表其志焉肇述儒棊曰儒棊者蓋博弈之流所以遊思於文亦猶投壺之習武也故聖人因物設教有實有權情禮稱宜有張有弛孔子云不有博弈者乎爲之猶賢乎已若夫井公之對周穆叔卿之接許由此或示存恐非有待然則君子之處世也豈遂躭於所適徒費時日者哉至於几杖盤鑑猶裁銘戒矧乃諧神之器而不加勸也但古之爲玩者莫不競進其功塞殺與樂殊途異勢並傳於時未有以謙退爲勝通生爲樂者故因暇隙聊復措意此即儒棊之一名蓋遊義之所統本諸謙淨銓名撰德略依儒行起捨尊道軌法中庸時然後玩人不厭其遊讓而後勝人逾愜其負矜勇所以知殘沖遜以之弥隆豈唯崇謙止競而已諒亦階

善全德之所因矣積名會理其殆庶幾致泥之戒寧不愧乎

儒棊曰投二(方二分六彩也)智一禮二仁三義四信五(各法生數所以記彩而行於道豈唯名義而已籍數以爲蓋也)謙(行數無准名顯義耳進退之異唯在梟伏)棊十(生成之數亦不是過)白黑半(各用五分)方五分長寸(分寸所以記法)善六敬七德八忠九順十(各據成數所以記筭而兼名義雜異亦待五德陰陽配合數盡也)名義方局尺五周道四十其用三十六(取捨途異)四維之道通數而棊(處惡雅也)其謙退爲尚故高彩者先投(取爲道也)彼此二位謂之淨(淨者謂仁義也)左右二道謂之中(中者謂禮智之道也)其淨中四道彼此左右亙有二不得相干(干則鬬也)行棊之法始附淨起轉乎相順終因淨出(初不淨出少曲之者避相涉也)通生爲務不存塞殺(志仁然也)彩越淨中者休則立梟梟者不伏(彩不會也)會淨中者梟折爲伏伏者不梟(行不越也)若彩雖會而干彼擬以過之(有棊則不得擬)非干彼者則自居矣

(居擬不同以于彼也)行伏棊者得異彩依數而行兩彩同者唯行一(常柔脅也)一謙者停兩謙退一等(貴重損也)行梟棊者得異彩亦依數而行兩彩同者盡行其數(鄙勇均也)一謙行一道兩謙者停(梟致異也)行伏不得行梟行梟不得行伏(殊謙競也)折梟伏者皆從後定(重行終也)因緣而閱者屈而申之(謂初得謙信也)緣行致累者越而通足皆不限道數(進退皆介)梟伏兩閱者但行於梟(先梟者進恥之義道尤多)(故也)行棊之體不相凌觸所蹈皆靈(行務靈淨唯焚觸鬬)孤明自在(不以強弱生怵懼也)絕於詭巧而順消息(審理中也)悉遇中道勝負乃分先梟後伏驗之於淨(謙勇之辦實標先後處淨不安方顯其竟)道梟若促不盡二彩者則全行伏(先後用永防其爲也自貽全進邊之義成也)梟伏兩少者行於梟(示不盡彩理無兼也)彼既出盡此有不出者即許以爲勝者之筭(以後退爲貴也)若全未出則爲之虛投(損已益人謙者所崇)次局負仍先(梟勇)(故也)得十筭立一爵三爵立則成勝矣(既尚沖淨豈假務於多筭但謙並見跡故)

(假以勝爲名也)

擊壤

釋名曰擊壤野老之戲也

玄晏(皇甫謐號玄晏先生)曰十七年與從姑子果柳等擊壤于路

逸士傳曰堯時有壤父五十人擊壤於康衢或有觀者曰大哉堯之爲君壤父作色曰吾日出而作日入而息鑿井而飲耕田而食帝何力於我哉

風土記曰擊壤者以木作之前廣後鋭長可尺三四寸其形如履臘節僮少以爲戲分部如摘博也

藝經曰擊壤古戲也

又曰壤以木爲之前廣後鋭長尺四闊三寸其形如履將戲先側一壤於地遙於三四十步以手中壤敲之中者爲上

吳盛彥(八)翁子擊壤賦曰論衆戲之爲樂獨擊壤之可娯因風託勢罪一殺兩

角抵

左傳曰晉侯夢與楚子搏搏手相搏楚子伏巳而盬其腦是以懼

漢書曰武帝元封三年春作角觝戲應劭曰戰國之時稍增講之以爲戲樂用相誇亦至秦更名角抵者也武帝大復增廣之至元帝元初五年罷三百里內皆觀

王隱晉書曰頴川襄城二郡班宣相會累欲作樂襄城太守責功曹劉子篤曰鄉郡人不如頴川人相撲篤曰相撲下伎不足以别兩國優劣請使二郡更對論經國大理人物得失

唐書曰裴矩帝幸東都矩以蠻夷朝貢者多諷帝大徵四方奇技作魚龍㬰延角抵於洛邑以誇諸戎秋月而罷

西京雜記曰三輔人俗用以赤刀爲戲漢朝亦取以爲角抵之戲焉

漢武故事曰未央庭中設角抵戲角者六國所造也秦并天下兼而增廣之漢興雖罷然猶不都絶至上復採用之并四夷之樂雜以奇幻有若鬼神角抵者使角力相抵觸也

彈

廣雅曰彈行丸也

左傳曰晉靈公臺上彈人觀其避丸者

魏書曰齊王芳爲帝常喜以彈彈人

齊書曰桓榮祖善彈登西樓見翔鵠謂左右曰當生取之乃彈其兩翅毛脫盡墮地無傷養之毛生後飛去其妙如此

隋書曰長孫晟洛陽人也有鳶羣飛上謂晟曰公善彈爲我取之十發俱中並應丸而落

吳越春秋曰陳音百對越王曰弩生於弓弓生於彈彈生於古之孝子古者人死投之中野孝子不忍父母爲禽獸所食則作彈以守之故古人歌之曰斷竹屬木飛土逐肉

西京雜記曰韓嫣好彈常以金爲丸一日所失者十餘長安爲之語曰苦飢寒逐金丸京師兒童每聞嫣出彈輒隨之望丸之所落而輒拾取

莊子曰以隋侯珠彈千仞之雀必笑所用至重所取至輕

又曰見卵而求時夜見彈而思鶚炙

世說曰潘岳少時挾彈洛陽道婦人見之無不連手縈之

談藪曰齊蕭遥欣爲童子時見一小兒左右彈飛禽未有不應弦而落者遥欣謂之曰凡戲多端何急彈此鳥自雲中高翔何關人事小兒感之終身不捉時少年士庶競爲此戲欣之一說此戲遂廢之

又曰梁王謂惠子曰先生直言無得引喻惠子曰今有人不識彈問彈狀如何荅曰彈狀如彈則能了否王曰不了又曰彈狀如弓以竹爲弦可知之乎王曰知矣惠子曰夫說者欲人知之無諭則不知也王曰善

顴子義訓曰人有善於射而高於顴子顴子曰子之射雖百中猶不若我之一彈或曰何以爲然顴子曰子之所射老貍之皮耳我之所彈彈狐之心

潛夫論曰懷丸挾彈攜手遨遊外不足防寇盜內不足禁鼷鼠

四維

晉李秀四維賦序曰四維戲者衛尉摯侯所造也畫紙爲局截

木爲棊取無一分而爲二准陰陽之位擬剛柔之棊而變
動無爲生乎其中

象戲

周武帝造象戲王襃爲象經序曰一曰天文以觀其象天日月星辰是也二曰地理以法其形地水火木金土是也三曰陰陽以順其本陽數爲先本於天陰數爲先本於地是也四曰時以政其序東方之色青其餘三色例亦如之是也五曰筭數以通其變俯仰則爲天地日月星變通則爲水火金木土是也六曰律呂以宣其氣在子取未在午取丑是也七曰八卦以定其位至震取兌至離取坎是也八曰忠孝以惇其教出則盡忠入則盡孝是也九曰君臣以事其禮不可以貴凌賤直而爲曲不可以卑畏尊隱而無犯是也十曰文武以率其務武修七德文表四教是也十

一曰禮像以制其居上不驕爲下盡敬進退有度可法是也十二曰以考其行定而後求求而後取時然後言樂然後笑是也或外遷以報言義存遷善或黜退以懲過事在懲惡或以沈審爲貴正其瞻視或以徇齊爲功明其糺察得失表於隆替在賤必申息敬彰於觀沮處尊思屈片善崇於拱璧一言踰於華袞

夾食

藝經曰夾食者二人黃黑各十七其橫列於前第四道上甲乙迭推二棊夾一爲食棊不得食兩不得邊食不由道則不行棊入夾不取食一棊爲籌賭多少隨人所制

悄（於玄反）悶

藝經曰悄悶者先布本位以十二時相從文曰同有文章虎不如龍豕者何爲來入苑宫王孫晝卜乃造黃鍾大往

就馬非類相從羊奔蛇穴牛入鷄籠

射數

纂文曰詭億一曰射數

梁冀別傳曰冀好意錢

數子

藝經曰子之多少人之明數隨戲者制始十子爭先以落多爲不妙

抃

漢書曰甘延壽字君況以良家子善騎射試抃爲期門以材力愛幸

又曰哀帝時覽抃射武戲（孟康注曰手搏爲抃角加爲武戲）

左思吳都賦曰抃壺搏

擲塼

續搜神記曰夏侯綜爲庾安西叅軍說常見鬼乘車騎馬

蒲道與人無異常與人載行忽牽人語指道上一小兒云此兒正介大病須臾此兒果病殆死其母聞之請綜綜云無他汝兒向於道中擲塗（塗蓋塼也）誤中一鬼脚鬼瞋故病汝兒耳但以酒飯貽鬼即差母如言兒即愈

藝經曰以塼二枚長七寸相去三十步立爲標各以塼一枚方圓一尺擲之主人持籌隨多少甲先擲破則得乙籌後破則奪先破者

太平御覽卷第七百五十五

太平御覽卷第七百五十六

器物部一

器皿　鼎

器皿

說文曰皿飲食之用器也盛黍稷在器中也齊黍稷之器以祀者盧飯器也鐈(巨招反)似鼎而長足鏖(一刀切)温器也

方言曰器破而不殊其音謂之甈(音西聲也)器破而未離謂之璺(音問)南楚之間謂之敁(文正比刀)凡以器盛而滿謂之涌(與恐切言涌出也)

通俗文曰金銀鏤飾器謂之錯鏤竹器謂之笭箵(笭郎鼎切箵桑鼎切)竹器邊緣曰匴(先管切)

書曰遲任有言曰人惟求舊器非求舊惟新(言人貴舊器貴新)

又曰武王既勝殷邦諸侯班宗彝作分器(賦宗廟彝器酒罇賜諸侯)

禮曰孟春之月其器疏以達孟夏之月其器高以粗孟秋之月其器廉以深孟冬之月其器閎以掩

又曰侍食於君君賜餘器之漑者不寫(陶梓之器)其餘皆寫(萑竹之器)

又曰作奇巧之器以疑衆殺宗廟之器不鬻於市錦文珠玉成器不鬻於市

又曰玉不琢不成器人不學不知道

論語曰工欲善其事必先利其器

史記曰舜陶於河濱器不苦窳(以主切)舜作什器於壽丘

又曰通邑大都木器髹者千伏(徐廣曰髹音休漆也漢書曰木器千伏)銅器千鈞素木鐵器千石此亦千乘之家也

又曰武帝有故銅器李少君曰此器齊桓公十年陳於柏寢案其刻果然

漢書曰賈誼言夫天下大器也今人之置器置諸安處則安置諸危處則危天下之情與器無以異在天子之所置之

又曰里諺曰欲投鼠而忌器此善諭也鼠近於器尚憚不投恐傷其器況於臣之近主乎

又曰劉寶國以金銀銅錫爲器

續漢書曰桓帝祠老子於濯龍用淳金釦器

魏氏春秋曰武王過故人呂伯奢家聞其動食器之聲疑其圖已是夜手劒殺八人

後魏書曰獠鑄銅爲器大口寬腹名曰銅爨既薄且輕易於熟食

晉令曰欲作漆器物賣者各先移主吏者名乃得作皆當淳漆著布器器成以朱題年月姓名

車頻秦書曰苻堅建元十八年新平縣民耕地獲玉器初有金彫者頗知圖記王猛以爲左道勸堅誅之彫臨死表堅曰新平地古顓頊墟其故有白鷄閭記言此里應出古帝王寶至是果得之

家語曰孔子觀於魯桓公之廟有欹器焉孔子問於守廟者曰此爲何器曰此蓋宥坐之器孔子曰吾聞宥坐之器者虛則欹中則正滿則覆顧謂弟子曰試注水焉即挹水而注之中而正滿而覆虛而欹孔子喟然而歎曰嗚呼物焉有滿而不覆者乎

老子曰埏埴以爲器當其無有器之用

韓子曰堯有天下飯於土軌飲於土鉶舜作食器斬山木而材之削鋸脩其迹流漆墨其上諸侯以爲益侈國之不伏者十三禹作爲祭器黑漆其外朱畫其內觴酌有采而

樽俎有飾夥人食器彫琢觴酌刻鏤
淮南子曰崐崘旁有九井玉橫(橫或作彭器名也)受不死藥
世說曰晉武帝嘗際王武子供饌悉用琉璃器
涼州異物志曰方外殊珎車渠馬碯器無常形爲時之寳(隨其大小以作盂桃杯槃也)視之目眩希世之巧羅刹所作非人所造(羅刹鬼遠外國乃成器物與人交市非人能所造)
地鏡圖曰銅器之纛見其狀如望馬煇煇然齊器之見爲
牛楚器之見爲馬越器之見爲蝦蟇宋器之見爲白狗秦
器之見爲豚燕器之見爲豕
揚雄蜀都賦曰彫鐫釦器百伎千工
魏武内誡令曰孤有逆氣病常儲水卧頭以銅器盛臭惡
前以銀作小方器人不解謂孤喜銀物令以木作

鼎

爾雅曰鼎絕大謂之鼐圜弇上謂之鼒附耳外謂之釴鼎
說文曰鼎三足兩耳和五味之寳器也昔禹貢九牧之金
鑄鼎荊山之下民入山林川澤魑魅蝄蜽莫能逢之
易曰鼎元吉亨彖曰鼎象也九四鼎折足覆公餗六五鼎
黃耳金鉉利貞上九鼎玉鉉大吉無不利
詩曰鼐鼎及鼒(大鼎謂之鼐小鼎謂之鼒)
周禮曰王一日三舉鼎十有二物皆有俎(牢鼎九陪鼎三)
禮曰故衛孔悝之鼎銘曰六月丁亥公假于太廟公曰叔
舅乃祖莊叔左右成公成公乃命莊叔隨難于漢陽即宮
于宗周奔走無射啓右獻公獻公乃命成叔纂乃祖服乃
考文叔興舊嗜欲作率慶士躬恤衛國其勤公家夙夜不
解民咸曰休哉公曰叔舅予女銘若纂乃服悝拜稽首曰
對揚以辟之勤大命施于烝彝鼎(施猶著也言我將行君之命又刻著於烝彝鼎也)

又曰崇鼎貫鼎夫子之器(崇貫皆國名)
左傳曰宋華父督殺殤公召莊公于鄭而立之以郜大鼎
賂公(郜國所造器也)四月取郜大鼎于宋納于太廟非禮也臧哀
伯諫曰武王克商遷九鼎于洛邑義士猶或非之而況將
昭違亂之賂器於太廟其若之何公弗聽
又曰楚子伐陸渾之戎遂至于雒定王使王孫蒲勞楚子
楚子使問鼎之大小輕重焉對曰在德不在鼎昔夏之方
有德也遠方圖物貢金九牧鑄鼎象物桀有昏德鼎遷于
商商紂暴虐鼎遷于周德之休明雖小重也其姦回昏亂
雖大輕也天祚明德有所底止成王定鼎于郟鄏卜世三
十卜年七百天所命也周德雖衰天命未改鼎之輕重未
可問也

又曰魯襄公享晉六卿賄荀偃束錦加璧乘馬先吳壽夢
之鼎壽夢吳子也獻鼎於魯因以爲名
又曰晉叔向謂晏子曰然雖吾公室今亦季世也君日不
悛以樂慆憂公室之卑其何日之有讒鼎之銘曰昧旦丕
顯後世猶怠(讒鼎鼎銘也)況日不悛其能久乎
又曰楚薳啓彊曰是以聖王朝聘有珪享覜(他弔切)有璋宴
有好貨飧有陪鼎(飧饔飧也熟食爲飧陪加也加鼎所以厚殷勤之)
又曰鄭人鑄刑書(鑄刑書於鼎以爲國之常法)
又曰宋正考父佐戴武宣三命茲益恭故其鼎銘云(鼎正考父之廟鼎也)
一命而僂再命而傴三命而俯循墻而走亦莫余敢
侮饘於是粥於是以餬余口
又曰鄭子産聘于晉晉侯有疾韓宣子逆客私焉曰寡君
寢疾於今三月矣並走羣望有加而無瘳今夢黃熊入於

寢門其何厲鬼也對曰昔堯殛鯀于羽山其神化爲黃熊以入羽淵實爲夏郊三代祀之晉爲盟主其或未之祀也乎韓子祀夏郊晉侯有間賜子産莒之二方鼎方鼎莒所貢

又曰楚子次於乾谿僕析父從右尹子革夕王語曰昔我先王熊繹與呂伋王孫牟燮父禽父並事康王四國皆有分器我獨無有今吾使人於周求鼎以爲分器王其與我乎對曰與君王哉今周與四國服事君王將唯命是聽豈其愛鼎

又曰齊侯伐徐徐人行成賂以甲父之鼎甲父古國名也

又曰晉趙鞅荀寅率師城汝濵遂賦晉國一鼓鐵以鑄刑鼎刑書之鼎著范宣子所爲刑書焉

穀梁傳曰桓公二年夏四月取郜大鼎于宋戊申納于太廟郜鼎者郜之所爲也孔子曰器從邑名從主人故曰郜大鼎

史記曰黃帝採首山銅鑄鼎於荊山下鼎既成有龍垂胡髯下迎黃帝

又曰伊尹欲干湯而無由乃爲有莘氏媵臣負鼎俎以滋味說湯致於王道

又曰周末有九鼎徙秦氏曰太丘社亡而鼎沒于泗水彭城下其後百一十五年而秦兼天下始皇二十八年過彭城齋戒禱祀欲出周鼎使千人沒水求之不得

又曰秦武王與孟說舉龍文之鼎絕臏而死

又曰孝文帝時新垣平言周鼎亡在泗水中今河溢通泗臣望東北汾陰直有金寶氣意周鼎其出乎兆見不迎則不至於是上使使治廟汾陰南臨河欲祠出周鼎

漢書曰項羽身長八尺二寸目重瞳力能扛鼎

又曰漢得汾陰寶鼎武帝嘉之藏於甘泉羣臣上壽賀陛下得周鼎盧丘壽王曰非周鼎上怒對曰周德始乎后稷成於文武上天報應鼎爲周出名曰周鼎今漢自高祖繼周至陛下功德愈盛天瑞並是至昔秦始皇欲出鼎於彭城而不得天祚有德而寶鼎自出此天之所以與漢是漢鼎非周鼎也上曰善

又曰主父偃曰丈夫生不五鼎食死則五鼎烹

又曰宣帝時美陽得鼎獻之京兆尹張敞上議曰案鼎有刻書曰王命尸臣官此栒邑賜尒旂鸞黼黻琱戈李奇曰琱鏤也尸臣拜稽首曰敢對揚天子丕顯休命此鼎殆周之所以褒賜子孫刻銘其先功藏之于宮廟也

又曰質氏以洒削而鼎食

東觀漢記曰盧江獻鼎詔召鄭衆問齊桓公之鼎在柏寢臺見何書春秋左氏有鼎事幾衆對狀除爲郎中

後漢書曰孝明帝永平六年二月王雒山出寶鼎盧江太守獻之詔曰祥瑞之降以應有德方今政化多僻何以致茲易曰鼎象三日豈公卿奉職得其理耶太常其以初祭之日陳鼎於祖廟以備器用賜三公帛五十疋九卿二千石半之

晉中興書曰成帝咸和元年宣城春穀山崩得古鼎重三百斤容可三斛餘郡官畢賀

又曰神鼎見神鼎者仁器也能輕能重能息能行不炊而沸不汲自盈烟熅之氣自然所生也亂則藏於深山文明應運而至故禹鑄鼎以擬之

晉陽秋曰穀城人劉珪夜見門有光取得玉鼎

沈約宋書曰秦始　七年義陽獲銅鼎受一斛并蓋並隱起

鏤

戰國策曰秦興師於周求九鼎顏率謂齊王曰周之君臣內自畫計與秦不若歸之大國願大王圖之齊王發師救周秦兵罷率至齊曰願獻九鼎不識大國何塗之從而致之齊王曰寡人將寄塗於梁對曰不可梁之君臣欲得九鼎謀之暉徒旱切臺之下少海之上其日久矣州是西北

太平御覽卷第七百五十六

太平御覽卷第七百五十七

器物部二

鑊 釜 鬲

鐺 鎘錥 銚

鑪 甑 箄

甑帶

鑊

周禮曰亨人掌共鼎鑊（所以煑肉及魚腊之器既熟乃脀於鼎脀音蒸）

儀禮曰雍人陳三鼎在羊鑊之西二鼎在豕鑊之西

史記曰藺相如謂秦王曰今以秦之強而先割十五都與趙趙豈敢留璧而得罪於大王乎臣知欺大王當誅臣請就湯鑊唯大王羣臣孰計議之

晉書曰張平自稱豫州刺史樊雅自號譙郡太守元帝皆版

為四品將軍豫州刺史祖逖出屯盧洲遣參軍殷乂詣平雅乂意輕平視其屋云當持作馬廐見大鑊云欲鑄作鐵器平曰此是帝王大鑊天下定後方當用之柰何打破乂曰卿能保頭而不惜大鑊耶平大怒於坐斬乂阻兵固守歲餘逖攻平殺之而雅據譙城

文子曰養魚於沸鑊之中棲鳥於炎鑪之上雖欲其生養理失矣

陸機洛陽記曰宮牆外以大鐵鑊盛水以救火鑊受百斛百步一置（楊龍驤洛陽記云鐵鑊合一百八十枚也）

搜神記曰武帝從南岳著廬江灊霍山之上無水廟有四鑊可受四十斛至祭時水輙自滿用之足了事畢即空塵土樹葉莫之汙也積五十歲歲作四祭後但作三祭一鑊自敗

朱崖傳曰朱崖大家有銅鑊多者五三百積以為貨

南越志曰龍川縣營岡北有巨鑊恒有懸泉注之終歲不蒲嘗有採薪者欲推動之忽然震雷迷失路十許日乃至家

湘州記曰伍子胥廟中有大銅器元嘉中沙門釋亮啓乞此廟器鑄丈六金像始廟所有大銅鑊可容三百斛許即陷入地中僧亮夢神語云今捨此器相與發願免此神形舺

斌當山記曰魏興反照山上有三公鐵鑊常有數十斛雖大旱而不減長老云有天子女欲來此山愁思而死三公衛送故於此亨之

羅浮山記曰有名鑊容千餘斛溢為瀑布

墨子曰守死曰二十五步一竈竈有鐵鐕容二石以上為湯

釜

說文曰鍑鬴如釜而大口釜也一曰鼎大上下若甑曰鬵（音尋）三足釜也

方言曰釜自關而西或謂之釜或謂之鍑（鍑亦釜之總名也）

廣雅曰鉠（他典切）鉼（音餅）鬵（音尋）鍑（音富）鏕（音鹿）鏝鍪（漫牟二音）鬹（音規）錡釜也

埤蒼曰鎢錥小釜也

易說卦曰坤為釜

詩曰于以湘之維錡及釜（錡釜屬也有足曰錡）

又曰誰能亨魚溉之釜鬵（鬵釜屬也）

左傳曰筐莒錡釜之器潢汙行潦之水

三禮圖曰釜制度去三斛或曰二斛

春秋繁露曰夏求雨曝釜於街（音遂）十日

史記曰項籍救鉅鹿沉舡破釜甑以示必死

古史考曰黃帝始造釜甑

戰國策曰蔡澤入韓魏遇奪釜鬲於途

東觀漢記曰梁鴻少孤詣太學受業同房先炊已呼鴻及熱釜炊鴻曰童子不因人熱者也滅竈更燃火

又曰鄧遵破匈奴得金鍑二三千枚

謝承後漢書曰范丹為萊蕪長遭黨錮有時絕糧閭里歌之曰釜中生魚范萊蕪

又曰胡邵為淮南太守使鈴下閤外炊曝作乾飯閤中不設釜竈穎川馮暹為徐州刺史以小銅釜甑十日一炊

後漢書曰王莽納言將軍嚴尤欲據宛伯升乃陳立誓衆焚積聚破釜甑鼓行而前（破釜甑示必死也）

魏略曰鍾繇為相國以五熟鼎範因太子鑄之釜成太子與繇書曰昔有黃三鼎周之九寶咸以一體調一味豈若斯釜五味時芳蓋鼎之烹飪以享上帝今之嘉釜有踰茲義

晉諸公讚曰尚書杜預欲為平底釜謂於薪火為省黃門郎賈彝於世祖前面質預曰釜之尖下以備沃洗今若平底無以去水預亦不能折之

前秦錄曰處士張忠隱于太山鑿石為釜容六斗四升

河圖曰漢高祖觀汶水見一黃釜驚却反化為一翁責言曰劉季何不受河圖

莊子曰曾子再仕而心再化曰吾及親仕三釜而心樂仕三十鍾不洎親吾心悲

韓子曰智伯圍襄子於晉陽決晉水以灌之城中巢處懸釜而炊

呂氏春秋曰晉文公反國介之推不肯受賞或過之山中負釜

淮南子曰鉛不可以為刀木不可以為釜

又曰太王亶父處邠狄人攻之杖策而去百姓負釜甑踰梁山而國乎岐

淮南萬畢術曰牛膽鳴（取牛膽以塗熱釜即自鳴矣）

風俗通曰俗說齊人有空車行魯人有負釜者使特置車中二三百里臨別取釜不相問為誰亦不謝後車家繫獄當死釜不相問為誰主徑往募人取之穿壁未達車者怒不肯出釜主懃欲俱死明日主者以事白齊君義而原之

魏子曰鼎以為希出而世貴之釜鬲常用而世輕之

兵書曰初出軍行日三炊釜不得覆覆釜軍敗

物理論曰堯世洪水民登木而栖懸釜而爨

茅君內傳曰欲合九轉先作神釜

郭文傳曰文以石為釜

婁承先別傳曰昔山越民反所過殘毀望婁氏之里徑中庭顧見釜甑尚省於竈曰恐他遠寇取之仍為取洗沈著井中而去婁家後還皆盡得之

朱崖傳曰朱崖俗多用土釜

南蠻獠民格曰諸告言伯叔外祖父母用七夕一易

裴淵廣州記曰東官郡煮鹽織竹為釜以牡蠣屑泥之燒

異苑曰長山朱郭夫妻恒採藻澗濱見二銅釜沿流而下取之而歸有圓蓋蒲中銅器光輝輝目自然作聲郭懼遽著北山埋之而後賣釜與人主載出為貨舡無故自覆失釜所在

又曰薛願家有虹飲釜中水盡以酒灌之便吐金滿釜而
願因之豐富
離騷曰黃鍾毀棄瓦釜雷鳴

鬲 音曆

爾雅曰鼎疑足者謂之鬲 郭璞曰曲腳也或曰疑定也犍為舍人曰鼎足相去疏闊曰鬲
方言曰鍑或謂之鏤吳楊之間謂之鬲
周禮曰鬲實五觳 苦角切 厚半寸脣寸
漢書曰空足之間 蘇林曰足中空不實
家語曰魯有儉者瓦鬲煑食祀之自謂甚美盛之土鉶之
器以進孔子孔子受之欣然有悅如受大牢子路曰瓦甂
音邊 陋器也夫子何喜如此乎孔子曰夫食美者念其親以
其食美者而念其我思也
盛弘之荊州記曰湘東陰山縣西有鬲口溪昔有大鬲容
百斛出於此水故因為名

鐺 與鎗同

通俗文曰鬴 音輔 有足曰鐺
齊書曰明帝每存儉約鑄壞太官元日上壽銀酒鐺尚書
令王晏等咸稱盛德蕭穎曹曰朝庭盛禮莫過三元此一
路器既是舊物不足為侈帝不悅預曲宴銀器蒲席穎曹
曰陛下前欲壞酒鐺恐宜移在此器也帝甚慙
唐書曰薛大鼎為滄州太守政化大行百姓利之賈敦頤
為瀛州刺史鄭德本為冀州刺史俱有異政時人號曰鐺
腳刺史
東宮舊事曰皇太子初拜給銅龍頭鐺
孝子傳曰陳遵母好食鐺底焦飯
孔氏志怪曰有人苦心腹病死後剖視之得銅鐺一枚容
數合許 疾病部癥門中備云其事
述異記曰諸葛景之亡後宅上常聞語聲嘗酤酒還而無
温鎗鬼云卿無温鎗那得飲酒即見一銅鎗從空中來
續齊諧記曰王苟伯夜見一女子命婢取酒須臾持一銀
酒鎗
笑林曰太原人夜失火欲出銅鎗誤得熨斗便大驚怪曰
異事火未至已被燒失腳
梁王筠以服散鎗贈殷鈞別詩曰玉鋌布交文金丹熾仙
說九沸翻成綴七輔艮為切執以代踈麻長貽故人別

鍋鋗 烏育二音

廣雅曰鍋鋗謂之銼鑹
說文曰銼 才禾切 鑹 力禾切 鍑也
纂文曰秦人以鈷鉧為銼鑹

魏略曰徐晃性嚴驅使將士不得閑息于時軍中為之語
曰不得餉屬徐晃晃聞此語笑曰我槌破汝鍋鋗耶
杜預奏事曰藥杵臼澡槃熨斗釜瓮銚槃鍋鋗皆亦民間
之急用也
江逌表曰昔康皇帝玄宮內金烏育

銚

廣雅曰鋗 血涓切 謂之銚
說文曰銚温器也
嵩高山記曰岳左右有古人住處銅銚器物猶存
衡山記曰有人採藥暮宿石室中見一銅銚是煮藥處蠻
人聞之取銚還用舉村盡病送返乃己
夢書曰夢見得新銚鋗取婦好也
魏武上獻帝表曰臣祖騰有順帝賜器今上四石銅鋗四

枚五石銅銷一枚御物有純銀粉銚一枚
束晳貧家賦曰執偏隋恭之漏銷

鑪

說文曰鑪方鑪也鏇似絹反圜鑪也
周禮曰宮人掌王之六寢凡寢中之事掃除執燭共鑪炭
凡勞事勞事勞褻之事也
左傳曰邾子在門臺臨廷閽以缾水沃廷邾子望見之怒
閽曰夷射姑旋焉旋小便也命執之弗得滋怒自投于牀廢墮也于鑪炭爛遂卒
魏略曰孫權上書稱臣稱說天命太祖以權書示外曰是
兒欲路吾著鑪炭上耶
崔豹古今注曰漢成帝顧成廟有二眞金爐
拾遺錄曰周靈王出於宣昭之臺望東方雲氣蓊鬱俄而

有二人乘飛遊之輦上帝酣酺其一人能為霜雪坐者皆
禁乃命青金洪鑪青金洪者出青零淵石色皆如紺中有
金鑄為大鑪
異苑曰龐猗義熙中為宜都太守御人牧馬於野見一銅
鑪上焰帶鑠而行持歸以呈猗遂檻盛送下荊州至郡共
界夜忽風雨有叫聲光火燭天徑來趨舡失鑪所在
鹽鐵論曰歐冶能因國君之銅鐵以為金鑪大鍾而自不
能為壺鼎盤盂無其用也
桓譚新論曰元帝求方士漢中送人王仲都大暑日使暴
坐又環以十鑪不言熱
論衡曰當風鼓箑向日燃爐而天終不為冬夏易氣
又曰推無益之能納無補之說似以夏進鑪以冬奏扇
賈誼鵩鳥賦曰且夫天地為鑪兮造化為工陰陽為炭兮
萬物為銅

甑

說文曰窐户圭切甑空也
古史考曰黃帝始作甑
方言曰甑自關而東謂之甗魚蹇切或謂之鬵或謂之酢餾力救切
爾雅曰䰝與甑同謂之鬵鬵鉹也郭璞注曰凉州呼鉹音侈
周禮曰陶人為甗實二鬴厚半寸脣寸甑實二鬴厚半寸
脣寸七穿量六斗四升曰鬴鄭司農云甗無底甑也
左傳曰晉師從齊師入自丘輿擊馬陘齊侯使賓媚人賂
以紀甗杜預注曰甗玉甑也滅紀所得
漢書曰項羽引兵渡河皆沈舡破釜甑燒廬舍示士卒勝
去不勝死無迴心

後漢書曰范史雲為萊蕪長時人歌曰甑中生塵范史雲
袁山松後漢書曰荀淑與陳寔神交華官常命駕相就令
元方侍側季方作食甞一朝食遲季方跪曰向聞大人與
荀君言甚善竊聽之甑壞飯糜寔曰汝聽談解乎荅曰解
令說之不誤一言公悅
韓詩外傳曰舜甑無羶
淮南子曰粟得濕而熯音罕甑得火而液
白虎通曰王者德至山陵丹甑見
京房易逆刺曰天雨釜甑歲一熟
益部耆舊傳曰任文公知有王莽之變悉賣奇物唯存銅甑
褁笠
郭林宗別傳曰鉅鹿孟敏容居太原林宗見而問之對曰
甑已破矣視之無益林宗以其分決勸使學業為美士

郭文傳曰文以竹為甑

録異傳曰隆安中吴縣張君林忽有鬼來助其驅使林家甑破無可用鬼乃撞盆底穿以充甑

錢塘記曰石甈（莫補切）山有甑大數十圍下有三石支足一人摇之輙動縱使千百人引之與一人不異

離騒曰珪璋雜於甑窐（窐土甑孔也）

箅

説文曰箅蔽也所以蔽甑底也

淮南子曰明鏡可鑑形蒸食不如竹箅（裴玄論云尹氏鏡蒸食不如三錢竹）

箄

夢書曰夢見新箄婦女憙

孔融同歲論曰弊箄徑尺不足以救鹽池之鹹

甑帶

淮南子曰琬琰之王汙涅土之中雖廉者弗釋（琬琰美玉釋捨也）弊箄甑甀在旃茵之上雖貪者不搏（甀甑帶也搏取也甀讀鼃黽之也）美之所在雖汙辱世不能賤惡之所在雖高隆世不能貴

夢書曰夢見甑欲娶婦夢見甑帶媒灼來

太平御覽卷第七百五十七

太平御覽卷第七百五十八

器物部三

盆缶附　甕　罃
坩　鉼　瓶
甀　槃

盆

爾雅曰盎謂之缶（盎盆也）

易曰初六有孚盈缶（王肅曰缶者下民質素之器）

又曰九三日昃之離不鼓缶而歌則大耋之嗟凶

詩曰坎其擊缶宛丘之道（盎謂之缶）

周禮曰盆實二鬴厚半寸

禮曰夫奧者老婦之祭也盛於盆尊於瓶（盆瓶炊器也）

又曰世婦卒蠶遂獻繭于夫人及良日夫人繅三盆手（三盆手者三淹也）

史記曰秦趙會澠池藺相如曰趙王竊聞秦王善爲秦聲請奏盆缻（音缶皆瓦器竹以盛酒秦人鼓之以節歌）於是秦王不懌爲一擊缻

趙御書曰某年某月秦王爲趙王擊缻

又曰王惲書云醉後仰天撫缶而歌

又曰司馬遷書云僕以爲戴盆何以望天

續晉陽秋曰桓宣武與妻妾坐月下流星墜銅盆水中光如二寸珠頹然妾酌飲之生玄

晏子春秋曰景公飲酒自鼓盆甕也

莊子曰莊子妻死惠子弔之莊子箕踞鼓盆而歌

淮南子曰今夫窮鄙之社也扣盆拊瓴相和而歌自以爲樂矣嘗試爲之擊建鼓撞巨鍾然知其盆瓴之足羞藏詩書修文學而不知至論之旨則拊盆扣瓴之徒也

又曰屠者藿羹車者步行陶人用缺盆匠人處狹廬

又曰今盆水在庭清之終日未能見目睫濁之不用一橈而不能察方圓人神易濁而難清猶盆水之類乎（呼學）

又曰日冬至則盆水溢

世說曰阮仲容至宗人閒共集以大盆盛酒

王韶之始興記曰林源山有石室室盤石上行羅十甕皆蓋以青盆中悉是鉼銀

交州雜記曰夷俗以銅盆甕贖罪

潘岳笙賦曰傾縹盆以酌酃

甕

說文曰罌（烏耕切）甀（直爲切說文亦作垂）也甀小口罌也瓨（下江切）以罌（字與罌同）長頸受十甕罌也

通俗文曰甕下孔曰甂（姑縣切）

方言曰鄭（音剛）瓬（都貪切一音沈）甒（音武）㽅（音由）甂（音鄭）甓（士雙切）甕瓿甊（音部叩郎斗切）甕（魚記切）罌也鄭桂之郊謂之瓬（今江東通名大瓮爲瓬也）其小者謂之甂周魏之間謂之甒（今江東亦呼罌甒子）秦之舊都謂之甀江淮之間謂之甾江湖之間謂之甓自關而西晉之舊都河汾之間其大者謂之甀其中者謂之瓿甊自關而東趙魏之間謂之甕或謂之罌東齊海岱之間謂之甕罌其通語也

爾雅曰甌瓿謂之瓵（瓿小罌也長沙曰瓵甑音也）

易曰井谷射鮒甕敝漏

禮曰宋襄公葬其夫人醯醢百甕

又曰儒有蓬戶甕牖易衣而出并日而食

左傳曰齊侯伐燕燕人歸燕姬賂以瑤甕玉櫝斝耳不克而還（玉甕也）

孝經援神契曰銀甕也不汲自随不盛自盈瑞應圖同

漢書曰陳平家貧居甕牖家語原憲同

東觀漢記曰王涣爲洛陽令盗賊發不得遠走或藏溝渠或伏甕下涣以方略取之皆稱神明

王隱晉書曰太孫臧外祖蔣迪與人後迪作酪當釀未成大瓮自行迪打酪甕破問景養養曰當生太子儲副

又曰畢卓爲吏部郎性嗜酒比舍郎酒熟卓因醉夜至其甕間盗飲之爲掌酒者所縛旦視之乃畢吏部也

墨子曰備城百歩一井井十甕

莊子曰子貢過漢陰見一丈夫方將爲圃畦鑿隧而入井抱甕而出灌

志恠曰建康小史曹著爲廬山府君所迎見門有一丈甕可受數百斛但見風雲出其中

鍾離意別傳曰意爲魯相孔子堂有甕皆有丹書自夫子亡後無敢發者意乃發甕得素書爲學

華陽國志曰趙琰青州刺史聽置水甕得貴要之書投於其中

淮南萬畢術曰銅甕雷鳴取沸湯著銅甕中堅密塞内之井中則雷鳴聞數十里

語林曰羊稚舒冬月釀酒令人抱甕爲暖羊琇字稚舒

世説曰胡廣本姓黄五月五日生父母惡之乃置甕投於江胡公見甕流下聞兒啼取兒養之遂七登三司廣不恃本親服去於本親以我爲死人深識之

甇烏行切與罌同切

說文曰甇備火長頸缾也

方言曰甇陳魏宋楚之間謂之瓦音餉吏或謂之瓶音牀燕之東北朝鮮洌水之間謂之甈音鶘亦音腸齊之東北海岱之間謂之儋所謂家無儋石之儲者也音擔或作甔周洛韓鄭之間謂之甀或謂之甇甇謂之甄音輦

史記曰韓信擊魏從夏陽以木甇渡軍襲安邑服虔曰以木押縛罌缶以爲渡

異苑曰月支國有佛髮盛以琉璃甇

幽明録曰清河崔茂伯女結婚裴氏剋期未至女暴亡提一金甇受二斗許徑到裴牀前立以甇贈裴

甄異傳曰晉隆安中吳縣張君才忽有鬼來令才取一白甇盛水半以絹覆頭明日視之錢滿甇才家先貧因此遂富

墨子守備曰用瓦大甇容十斗以上者歩而十盛水旦用之紫藪與何驟騎書曰昔墨翟以瓦甇濟國也

淮南子萬畢術曰馬蹄破甇取馬蹄燒如炭置甇中有頃破矣

坩音龕

纂文曰大坩爲坊音蟥

東宮舊事曰白坩五枚

世說曰陶侃少時作魚梁吏嘗以一坩鮓餉母母責侃曰汝爲吏以官物見餉非唯不能益吾乃以增吾憂

裴淵廣州記曰董奉至晉與五里封一白坩置高崖中而去人欲取不能得今猶在

缾

說文曰缾甕也甕甖也汲缾也缻形似缾

易曰汔至亦未繘井羸其缾凶

詩曰缾之罄矣

傳曰衛孫蒯田于曹隧飲馬於重丘毀其缾重丘人閉門而詬之親逐其君尓父爲厲衛石買孫蒯伐曹取重丘

又曰晉人來治杞田季孫將以成與之盛孟氏邑本杞田謝息爲

孟孫守不可曰人有言曰雖有挈缾之知守不假器禮也
又曰邾子在門臺闗以缾水沃廷（庫具鑪門中）
史記曰田肯說高祖曰秦形勝之國也地勢便利其以下兵於諸侯譬猶居高屋之上建瓴水也（如淳曰瓴盛水缾也建音蹇）
漢書曰揚雄作酒賦以諷諫成帝其文爲酒客難法度士譬之於物曰子猶缾矣觀缾之居居井之湄處高臨深動常近危酒醪不入藏水滿懷不得左右牽於纆徽一旦擊礙爲瓽所轠（音雷）身投黃泉骨肉爲泥自用如此不如鴟夷
前涼錄曰張軌時西胡致金胡缾皆拂菻（力禁）作奇狀並人高二枚
魯子曰一井五缾泄之可待分流者衆也
呂氏春秋曰見缾水之冰而知天下之寒魚鼈之藏也
淮南子曰古者抱缾而汲

唐子曰猛將之發觀于虎而覽于鷹故攻如擊電避如收霧鬭之如在缾鬭之如散星
西域記曰疎勒王致魏文帝金胡缾二枚銀胡缾二枚
雜五行書曰懸缾井中除邪鬼○楚辭曰缾甌登於明堂（缾甌瓦器也）周鼎潛乎深泉○古樂府詞曰淮南王自言尊百尺高樓與天連後園鑿井銀作牀金缾素綆汲寒漿

甈

方言曰甈甇罌也
禮曰君尊瓦甈此以小爲貴也（瓦甈五斗）
儀禮曰東方之饌兩瓦甈
三禮圖曰醴甈以瓦爲之受五斗口高二寸徑一尺六寸中身竟下平有蓋

瓨

易洞林曰太子洗馬荀子驥家中以龍銅瓨作食欻鳴
東宮舊事曰一外銅瓨一漆二外瓨三漆注酒五外瓨二
李尤羹瓨銘曰羊羹不徧駟馬長驅

槃

說文曰槃承槃也椅（音奇）盤也
周禮曰若合諸侯則共珠槃玉敦（合諸侯者必割牛耳取其血歃之以盟珠槃以盛牛耳）
大戴禮曰隨武子槃之銘曰與其溺於人也寧溺於淵
禮曰湯之槃銘曰苟日新日日新又日新
左傳曰晉文公及曹僖負羈之妻曰吾觀晉公子之從者皆足以相國若以相國公子必反其國反其國必得志於諸侯得志於諸侯而誅無禮曹其首也子盍蚤（音早與早同）自貳焉乃饋槃飧寘璧焉

又曰莒人伐我東鄙圍台季武子救台遂入鄆取其鍾以爲公槃
史記曰平原君與楚王合從（音蹤）言利害毛遂謂楚王之左右曰取雞狗馬之血來毛遂捧銅槃血跪進曰當唼血盟而定之
又曰武帝作栢梁銅柱承露槃仙人掌（蘇林曰仙人以手掌擎槃承甘露也）
後漢書曰左慈有術於銅槃釣鯔魚
漢官儀曰封禪壇南有玉槃槃中有玉龜焉
晉陽秋曰武帝時御府令蕭譚承徐循儀疏作漆畫銀槃詔殺之
晉四王起事曰惠帝還洛陽道中有老公蒸雞素木槃中盛以奉帝
沈約宋書曰高祖儉諸子食不過五醆槃

後魏書曰太武帝作黃金槃十二具鏤以白銀鈿以玫瑰
珠玉
隋書曰上賜王公已下射㮮素箭爲第一上以外國所獻
金精槃價直鉅萬賜之
荀卿子曰君者槃也水者民也槃圓則水圓槃方則水方
燕丹子曰太子出美人能琴者荊軻曰好手太子即斷手
以玉槃奉之
淮南子曰窺面於槃水則圓於杯水則脩面形不變其故
有所圓脩者皆所自窺之異也
抱朴子曰以丹金爲槃盌食其中令人長生
郭子曰王光祿曰正得殘槃冷炙
脩復山陵故事曰武帝悼后玄宮漆烏瓦槃一枚
東宮舊事曰長槃五漆尺槃三十漆柏炙拌二（拌音與槃同）

漢武內傳曰西王母以玉槃盛桃
神異經曰西北荒有金山上有金銀槃廣五十丈
搜神記曰高辛氏有老婦人得耳疾醫爲挑治得卵大如
繭盛以瓠離覆之以槃俄而卵化犬因名槃瓠
王子年拾遺錄曰董偃以玉精爲槃承冰而進則冰玉等
色侍者謂冰無柈必融濕席上乃拂之玉盤落於階上冰
玉皆碎偃更以爲樂玉精千塗國獻也武帝以此器賜董
偃
又曰漢明帝夜讌羣臣於華昭園詔太官進櫻桃以赤瑕
瑛爲槃賜羣臣而去其葉月下視槃與櫻桃共一色衆臣
皆笑云是空槃時帝夜坐於庭中欲以承露詔使舉燭復
照衆坐乃知槃中不空也皆起拜謝爲樂
風土記曰越俗飲燕即懿槃爲樂取大素圜槃抱以著腹

上以右手五指彈之以爲節舞者應槃節而作舞
鄴中記曰石虎正會御食遊槃兩重皆金銀參帶百二十
酘彫飾並同其參帶之間茱萸畫微如破髮近看乃得見
動遊槃則圓轉也
又曰石虎皇后浴室中雙長生樹又安玉槃受十斛於二
樹之間
交州雜事曰太康四年刺史陶璜表送林邑王范熊所獻
縹紺水精槃各一枚
述征記曰逍遙宮門裏有銅浴槃面徑丈二尺
魏景初中所鑄妬記曰武歷陽女嫁阮宣子無道妬忌禁
婢甌覆槃蓋不得相合
神仙傳曰沈羲爲人所迎見老君以金案玉槃賜之
俗說曰桓玄寵丁牛期食畢便迴槃與之

毌丘儉承露槃賦曰偉神槃之殊異邈迢遰以秀峙
古樂府曰琉璃琥珀象牙槃
張衡四愁詩曰美人贈我翠琅玕何以報之雙玉槃
李尤槃銘曰或以承觴或以受物既與清觴又盛口食
蔡邕槃銘曰華槃就用以享嘉賓內丹其實外若玄眞
陳思王集曰明帝承露槃在芳林園中上槃徑四尺九寸
下槃徑五尺銅龍繞其根
劉義恭啓事曰恩旨以犀鏤金廁酒杯槃垂賜

太平御覽卷第七百五十八

太平御覽卷第七百五十九

器物部四

簠簋　瑚璉　敦牟

俎豆登附　籩　標

鍘　鉢　㼜

甌　杯　棬　欓

簠簋

三禮圖曰簠受一斗外下足高一寸中方外圓漆丹中蓋龜形諸侯飾以象天子玉飾盛黍稷簋受一斗足高一寸中圓外方挫其四角漆赤中蓋亦龜形其飾如簠盛稻粱

易曰樽酒簋貳用缶鄭玄曰惟北有斗不可以挹酒漿斗上有建星建星形似簋貳副也建星上星似缶也又納約自牖無咎

詩曰權輿刺康公與賢人有始無終也於我乎每食四簋今也每食不飽于嗟乎不承權輿

又曰於粲洒掃陳饋八簋

周禮曰旊音放人為簋實一觳崇尺厚半寸脣寸

儀禮曰佐食分簋士用敦言簋者容同姓之士得從周制

禮曰管仲鏤簋而朱紘鄭玄曰刻而飾之大夫刻之為龜諸侯飾之以象天子飾之以王

君子以為濫矣

又曰周之八簋黍稷器也

傳曰衛孔文子之攻太叔也訪於仲尼仲尼曰簠簋之事則嘗聞之矣甲兵之事未之學也

孝經曰陳其簠簋鄭玄曰方曰簠圓曰簋而哀慼之

墨子曰堯飯土簋啜土鉶

賈誼書曰古者大臣有坐不廉而廢者不謂不廉曰簠簋不飾

瑚璉

三禮圖曰瑚受一斗形制未聞制度云如簋而平下璉受一斗漆赤中蓋亦龜形大夫飾口以白金制度云如簋而兌下

禮曰夏后氏之四璉殷之六瑚皆黍稷器

論語曰子貢問賜也何如曰汝器也曰何器也曰瑚璉也盛黍稷之器夏曰瑚殷曰璉

敦牟上音堆

三禮圖曰敦有足其形如今酒鐏法牟受一斗如敦形古牟受一斗平下漆赤中飾口以白金蓋亦龜形

周禮曰若合諸侯則共珠盤玉敦敦盤類也珠玉以為飾古以盤盛血以敦盛食也

禮曰敦牟卮匜音移非餕莫敢用敦牟黍稷器也

又曰有虞氏之兩敦黍稷器

儀禮曰主婦設兩敦黍稷于俎南

俎豆

說文曰豆古食肉器也

爾雅曰木豆謂之豆豆禮器也瓦豆謂之登即高登也

三禮圖曰豆以木為之受四升高尺二寸漆赤中大夫以上亦雲畫諸侯加象飾口足天子玉飾登以瓦盛湆音泣受斗二升口徑尺二寸足徑八寸高二尺四寸小身有蓋似豆狀

詩曰卬盛于豆于豆于登

又曰籩豆大房大房飾俎

周禮曰上公豆四十侯伯豆三十有二子男豆十有四

儀禮曰宰夫自東房薦豆六設于醬東

又曰大羹湆不加實于登也

大戴禮曰武王踐祚於觴豆爲銘焉

禮曰魯季夏六月以禘禮祀周公於太廟俎用梡嶡(梡音丸嶡音居衛切)

又曰俎有虞氏以梡夏后氏以嶡殷以椇(音矩)周以房俎(鄭玄曰梡斷木爲之四足而已嶡之言蹷也謂中足爲橫距之象周禮謂之距椇之言枳椇也謂曲橈之也房謂足下跗也上下兩間有似於堂房魯頌曰籩豆大房也)夏后氏以楬(苦八切)豆殷玉豆周獻(息列切)豆(揭無異物之飾也獻疏刻之)

又曰禮有以多爲貴者天子之豆二十有六諸公十有六諸侯十有二上大夫八下大夫六

又曰子云觴酒豆肉讓而受惡民猶犯齒

傳曰鳥獸之肉不登於俎皮革齒牙骨角毛羽不登於器則公不射古之制也

論語曰衛靈公問陳(陳音陣)於孔子孔子曰俎豆之事則嘗聞之矣軍旅之事未之學也

史記曰孔子爲小兒時常陳俎豆以爲戲

國語曰晉侯使聘周王召士季曰汝今我王室之一二兄弟以相見將和協典禮以示民訓奉其犧(息奇切)象出其尊彝陳其俎豆

漢書曰韓延壽爲穎川太守令文學諸生皮弁執俎豆爲吏民行喪娶之禮

又曰劉向說上曰有司定法筆削救時務也至於禮樂則曰不敢是敢於殺人不敢於養人爲其俎豆管絃之間小不備因絕不爲是去小不備而就大不備

東觀漢記曰劉昆教授弟子恒五百餘人每春秋饗射常備列典儀以素木瓠葉爲俎豆

莊子曰祝宗人說彘曰汝奚惡死吾將加汝有死乎彫俎之上

賈誼新書曰昔周文王使太公望傅太子發嗜鮑(步巧切)魚而公弗與文王曰發嗜鮑魚何爲弗與太公曰禮鮑魚不登乎俎豆豈有非禮而可以養太子乎

籩

說文曰籩竹豆也

爾雅曰竹豆謂之籩(禮器也)

書曰祀於周廟邦甸侯衛駿奔走執豆籩

詩曰儐尔籩豆飲酒之飫

又曰籩豆有楚殽核維旅

禮曰鼎俎奇而籩豆偶陰陽之義也

左傳曰楚子入享於鄭加籩豆六品

又曰鄭伯饗趙孟爲客具五獻籩豆幕下

語曰籩豆之事則有司存焉

韓子曰晉文公反國至河令籩豆捐之手足胼胝者後之咎犯聞之而哭公問之對曰籩豆所以食也而君捐之手足胼胝有功者也而君後之今臣與在後中不勝其哀故哭

神異經曰西北荒中有玉饋之酒其上有玉樽玉籩

樏(音壘)

晉太康起居注曰齊王出蕃詔賜櫑樽樏杯盤各有差

東宮舊事曰漆三十五子方樏二沓蓋二枚

抱朴子曰世有使酒之客以杯樏相擲者有矣

世說曰王夷甫嘗屬族之事族人大怒便舉樏擲其面

陶侃表曰臨塞荒儉唯作方九子樏趣以供事謹上五十葉

曹毗杜蘭香傳曰蘭香降張碩賚方九子㯖七子㯖

鉶 鉶音刑

三禮圖曰鉶以盛羮受一斗口徑六寸有足高一寸有兩耳蓋士以鐵大夫以銅諸侯以白金飾天子以黄金飾

周禮曰上公鉶四十有二侯伯鉶二十有八子男鉶十有八 鉶羮器也

禮曰實其簋簠籩豆鉶羮

墨子曰堯飯土軌啜尺劣切土鉶如淳曰鉶器之屬以土爲之瓦器也

鉢

沈約宋書曰廬江王褘以銅鉢二枚餉宋祖珎

齊書曰竟陵王子良與丘令楷江珙音拱等共打銅鉢立韻響滅則詩成可以觀覽

北齊書曰元韶魏室奇寶多入韶家有三鉢相盛可轉而

不可出

二石僞事曰佛圖澄死以生所服金杖銀鉢送終後開棺視之唯見杖鉢存焉

佛圖澄別傳曰澄以鉢盛水燒香呪之須臾鉢中生青蓮花

西域諸國志曰佛鉢在乾陁越國青玉也受三斗許彼國寶之供養乞願終日花香不滿則如言也滿亦如言也

交州雜事曰太康四年刺史陶璜表林邑王范熊所獻銀鉢一口白水精鉢一口

異苑曰司州㦝士度苦行居士也其母常誦經長齋堂衆僧未食俱望見空中有一物下既落其前乃是大鉢滿中香飯度以晉惠懷之際得道

齊王融謝安陸王賜銀鉢啓曰素金之貴有訪山經鑄刻可奇見符神鼎撤膳器於珎羞之席降寶玩於簞瓢之門

窐 窐烏瓜切

俗說曰毛秦貫一玉窐八十八万

甌

方言曰甌甂音遍陳魏宋楚之間謂之題今河北人呼小盆爲題子杜奚切自關而西謂之甂其大者謂之甌

通俗文曰小甌曰題

抱朴子曰取金液及水銀以黄土甌盛置之猛火上皆化爲丹以此丹金爲盤盌食其中令人長生

諸葛恢集曰詔賜恢白甌二枚

庾翼與燕王書曰今致白甌二枚

袁彦伯羅山疏曰善道開尸在石室北壁下形體朽壞止有白骨在昔在都識此道士聞之使人慨然其業行殊異

當蟬蛻解骨耳石室中先有甌盛香得便掃除燒香

梁皇太子謝勑賚廣州甌等啓曰淮南承月之杯豈均符彩西國浮雲之椀非謂瓌奇臣南珎靡究未讀奏曹之表方物罕逢不識議郎之書

杯

說文曰杯䙎小杯也䙎音顛盛二音

通俗文曰醬杯曰盞或謂之盪夫凡切又薄浪切

方言曰盃音雅椷音緘盞酒盞也盪呼雅切楊音章㰈音歷杯也秦晉之郊謂之盃所謂伯盃者也自關而東趙魏之間曰椷或曰盞盞最小杯也或曰盪其大者謂之閜吳越之間曰㰈齊右平原以東或謂之㰈杯其通語也杯落盛杯器籠也陳楚宋魏之間謂之杯落又謂之豆筥自關而西謂之杯落

禮曰母沒而杯圈丘阮不能飲焉口澤之氣存焉尔

史記曰文帝十七年新垣平使人持玉杯闕下獻之刻曰
人主延壽平所言詐下吏誅
漢書曰項羽置太公於高俎上曰不降烹汝翁高祖曰吾
翁即汝翁儻烹遺我一杯羹
又曰元帝徵貢禹為諫議大夫禹奏曰臣嘗從之東宮見
賜杯案盡文畫金銀飾非當所以食臣下也
又曰朱博為御史大夫為人廉儉食不重味案上不過三
杯
又曰王嘉為丞相數上言不宜封董賢上怒詔丞相詣廷
尉詔獄吏和藥進嘉引藥杯以擊地謂官屬曰丞相幸得
備位三公奉職負國當伏刑都市以示衆豈兒女子耶何
謂咀藥而死
續漢書曰鄭玄飲三百餘杯不醉

又禮儀志曰天子明器有瓦大杯十六容三升瓦小杯二
十受二升
謝承後漢書曰豫章宋叔平為定陵令素杯食麥飲酒歌
為琅邪相桑杯盛漿
唐書曰胡楚賓屬文敏速每飲酒半酣而後操筆高宗每
令作文必以金銀杯盛酒令飲便以杯賜之
吳越春秋曰闔閭女自殺以玉杯送之
管子曰人君百杯而食
又曰桓公管仲鮑叔牙甯戚四人飲叔牙奉杯而起曰願
公無忘在莒時
文子曰清之為明杯水而見眸子濁之為闇河水不見太
山
韓子曰智伯身死三國分其首以為杯

又曰紂為象箸箕子怖以為象箸必不加於土鉶必將犀
玉之杯象箸玉杯必不羹菽藿則必旄象豹胎
又曰樂羊為魏文侯攻中山其子在中山中山之君烹其
子而遺之樂羊坐幕下而饗之盡一杯
淮南子曰夫江河之腐胔瀇不可勝數也然祭者用之大
也一杯酒蠅漬其中匹夫不嘗小也
鹽鐵論曰古者汙樽杯飲蓋毋爵樽觴豆及其後庶人器
用即竹柳陶匏而已唯瑚璉觴豆而後彫文形漆今富者
銀口黃耳金罍玉鍾中者野王紵器金錯蜀杯夫一杯得
銅杯十價錢而用不殊箕子之譏始在天子今在匹夫
論衡曰項曼都好道學仙去家三年而反曰有仙人將我
上天離月數里而止月之旁甚寒飢欲食輒飲我流霞一杯
王逸子曰顏淵之簞瓢則勝慶封之玉杯何者德行高遠

能絕殊也
晉咸康起居注曰詔送遼東使段遼等鸚鵡杯
東宮舊事曰漆四升杯四十漆杯子三百
漢武故事曰上崩後鄠縣有一人於市貨玉杯吏欲捕之
因忽不見縣送其器推問茂陵中物霍光呼問說市人形
貌如先帝
又曰武帝作承露盤仙人掌擎玉杯以取雲表之露
十洲記曰周穆王時西胡獻夜光常滿杯杯容三升是白
玉之精光明照室夕以杯於庭中仰向天比明水使滿杯
中水甘香異美斯實神靈之器
葛仙公別傳曰仙公為客設酒不令人傳之見杯自至人
前若不盡者則杯不去
神仙傳曰左慈能分杯飲酒曹公聞試之慈拔簪以畫杯

杯即斷飲畢以杯擲屋棟杯懸著屋棟動搖似飛鳥欲落不落良久乃墮地

又曰劉𨻵未仙時姮娥降共語如人語不解其章

又曰劉𨻵未仙時姮娥降共向留一明月杯云以示世人

南州異物志曰鸚鵡螺狀似覆杯形如鳥頭向其腹視似鸚鵡故以為名

南越志曰南海以鰕頭為長杯頭長數尺金銀鏤之晉廣州刺史嘗以杯獻簡文簡文用以盛藥未及飲無故酒躍於外時盧江太守曲安遠頗解術數即命筮之安遠曰却三旬後庭將有告慶者

永嘉郡記曰君鄣山袁君廟神降於祝史以神前杯灌地以大姜夾杯覆之有頃發杯而菌芝生於杯下

後漢馮敬通杯銘曰樂則思舊燕則思歡民之失德乾餱

以愆

束晳貧家賦曰持缺耳之破杯

班彪上啓事曰官吏二千石布襦羊裘以白木杯飲酒飾虛欲以求名采譽

魏武帝上雜物疏曰有銀畫象牙杯盤五具

陶侃故事曰侃上雜物疏有上成帝螺杯一枚

棬 音卷

方言曰盂海岱東齊北燕之間或謂之棬

禮曰毋沒而杯圈不能飲焉口澤之氣存焉耳 圈屈木所以為卮匜之屬

孟子曰告子云性猶杞柳也義猶杯棬也

孟子曰能順杞柳之性以為杯棬乎

欙

吳越春秋曰越以甘蜜丸欙報吳增封之禮

太平御覽卷第七百五十九

太平御覽卷第七百六十

器物部五

盌　盂　蘇鈕

安哉　匕　箸

机　畢　飯帚

炙函　飯函　淅箕

筐　簇　簞

爵

盌

方言曰盌謂之盂或謂之銚鋭或謂之櫂椀謂之盞不謂之涓抉（譎玦兩音）

說文曰盌小盂也

吳志曰曹公出濡須甘寧爲前部督受勑斫敵前營孫權特賜米酒衆肴寧乃以銀椀酌自飲兩椀乃酌與其都督都督伏不肯時持寧引劒自削置膝上呵之曰卿見知於至尊孰與甘寧寧尚不惜死卿何以獨惜死乎都督即起拜持酒通次酌兵各一銀椀至更時銜枚出斫敵敵驚動遂退寧益貴重

晉陽秋曰王郭許周訪荊州又授梁州訪怒郭書喻之遺以玉盌訪投盌於地

又曰武帝時魏府丞蕭譚承徐脩儀疏作漆畫銀帶粉盌詔殺之（蘁門中亦云）

晉咸康起居注曰詔賜遼東段遼等瑠璃盌

義熙起居注曰　林邑王范明達獻金盌一副蓋一副

東宮舊事曰漆盌子一百枚

抱朴子曰外國作水精椀實是合百灰以作之交廣間多有得其法而鑄作之者今以語俗人俗人殊不肯信乃云水精本是自然之物

崔豹古今注曰魏帝以車渠石爲酒盌

文士傳曰潘尼（音夷）與同僚飲主人有瑠璃椀使客賦之尼於座立成於手

尋陽記曰龍窟有深潭有人於此水邊洗銅盌忽浪起水長便失盌此人後見此盌置城裏井邊

交州雜記曰太康四年刺史陶璜表送林邑王范熊所獻青白石盌一口白水精盌二口

陶侃故事曰侃上成帝水精盌一枚

世說曰王大將軍尚主如廁即還婢擎金盤盛水琉璃盌澡豆

秦嘉婦與嘉書曰今奉金錯盌一枚可以盛書水瑠璃盌一枚可以服藥酒

諸葛恢集詔答恢曰今致瑠璃盌一枚表曰天恩賜廣州白盌

釦滔母與從祖虞光祿書曰賜瑠璃盌

盂

說文曰盂飲器也

方言曰宋楚趙魏之間或謂之櫨（子忍箋於二切一曰盤也）河濟之間謂之盦（音安）盨（音鐇）亦謂之銚鋭

漢書曰東方朔上嘗使數家射覆置守宮於盂下使射之（盂若盇而大盇與鉢字同）

墨子曰若夫兼相愛交相利此自先聖六王者親行之何以知先聖六王之親行之吾以其所書於竹帛鏤於金石琢於盤盂傳遺後世子孫者知之

晉四王起事曰惠帝還洛陽黃門以瓦盂盛茶上至尊
韓子曰為人君者猶盂也人猶水也盂圓水圓盂方水方
凉州異物志曰琥珀作盂瓶
東方朔荅客難曰安於覆盂

蘇鉝 音立呂静云胡食器也

林邑記曰林邑王范明達獻琉璃蘇鉝二口

安哉

李尤安哉銘曰安哉令名甘旨是盛埏埴之巧甄陶所成食彼美珎思此鹿鳴

匕

方言曰匕謂之匙
說文曰柶四喑匕也所以取飯
易曰震驚百里不喪匕鬯
詩曰有饛簋飧有捄棘匕 箋云匕所以載鼎實也
周禮曰大喪共角柶 柶角柶角匕也礼喪大記曰楔齒用角柶也
儀禮曰主人執匕
禮曰杜蕢 苦怪切 謂晉平公曰蕢也宰夫也非切是供
又曰匕以桑長三尺或曰五尺刋其柄與末 匕所以載牲字者此謂喪祭也吉祭匕用棘
三禮圖曰匕以載牲體長二尺四寸葉博三寸長八寸漆丹柄頭䟽匕形如飯操以棘心為之
英雄記曰董卓大會賓客誘降反者於會者戰慄亡失匕箸 箸與筯字同
蜀志曰曹公謂先主曰天下英雄唯使君與操耳先主方食失匕箸
王隱晉書曰石勒時有謡云一杯食有兩匙石勒死人不知
沈約宋書曰太子妃上世祖金鏤匕箸以賜沈慶之
抱朴子曰道士李根煎鉛錫以藥如大豆者投中以鐵匕攪之冷即成銀又有古強者自云四千歲嵇使君以玉匕與強後忽語嵇云昔安期先生以與之
東宮舊事曰漆匕五十枚
續齊諧記曰趙文韶為東宮扶侍廨在青溪中橋夜與神女讌寢脫金簪與扶侍亦贈以銀椀及流離匕

箸

方言曰箸筩 盛匕箸者也筩音桶 陳楚宋魏之間謂之筲或謂之籯 音盈 自關而西謂之桶㧡 今俗亦通呼小籠桶㧡桶音籠㧡蘇孔切
通俗文曰以箸取物曰攲 音羈
禮曰飯黍無以箸羹之有菜者用梜 音頰 其無菜者不用梜 鄭玄曰梜猶箸也今人或謂箸為梜提也
史記曰漢王與酈食其謀撓楚權張良從外來曰陛下事去矣臣請借前箸為大王籌 張晏曰求借所食之箸用指畫或曰前湯武箸明之事以籌度今時之不若也
又曰景帝居禁中召條侯周亞夫賜食獨置大胾不置箸條侯心不平顧謂尚席取箸景帝視而笑曰此豈不足君所乎條侯免冠謝
謝承後漢書曰恭時有奇士巨毋霸臥則枕鼓以鐵箸食
吳志曰趙達善治九宮一筭之術甞過知故知故曰倉卒之間無酒食以叙意達以箸一隻再三縱横之乃言卿東壁下有酒一斗鹿肉三斤何以言無主人慙曰知卿善射欲相試耳
典略曰曹汝隨大軍破張魯命陳琳作書報太祖曰且夫

墨子之守紫帶為垣高不可登析箸為械堅不可入

晉書曰何曾字穎考日食萬錢猶言無下箸之處

東宮舊事曰漆箸一百雙

荀卿子曰從山埜木者十仞之木如箸而求箸不上析高蔽其長也

韓子曰紂為象箸而箕子怖以為象箸必不加於土鉶必將犀玉之杯象箸玉杯必不羹藜藿則必旄象豹胎旄象豹胎必不衣短褐而食於茅茨之下則必錦衣九重廣室高臺吾畏其終故怖其始故箕子見象箸以知天下之禍

淮南子曰糟丘生乎象箸

論衡曰以箸撞鍾以筭擊鼓鍾鼓不能鳴者用撞之者小也

神仙傳曰葛玄嘗與客食玄以口中飯盡化為蜂數百集於客身客皆投匕箸驚懼玄乃張口其蜂悉入

葛洪治噎方曰與對食之人當以手捉箸問噎人曰此何等物噎人當荅曰箸即復曰咽下去即愈

語林曰王藍田食雞子以箸刺之不得便大怒（王述也）投于地

相書曰人三指用箸者自如四指用箸貴五指用箸大富貴也

机

方言曰俎机也西南蜀漢之郊曰杫（音賜）

史記曰項王為高俎置太公其上（如淳曰高俎机上也）

後漢書曰樂崧者河內人天性朴忠家貧為郎常獨直臺上無被止食糟糠帝每夜入臺輒見崧問其故甚嘉之自此詔太官賜尚書以下朝夕餐給帷被皂袍及侍史二人

畢

三禮圖曰畢似天畢以載牲體又棐博三寸長八寸柄長二尺四寸丹漆兩頭

詩曰有捄天畢載施之行（箋云畢所以助載鼎實）

儀禮曰宗人執畢（鄭玄曰畢狀如文也）

禮曰畢用桑長三尺刊其柄與末（畢所以助主人者刊猶削也）

飯帚

說文曰陳留以飯帚為箱（箱巢切亦盛箸籠又作筲也）

炙函

東宮舊事曰漆猪炙大函一具

飯函

列異傳曰景初中城陽縣吏王臣嘗作倦枕机臥聞竈下呼曰文納何以在人頭下應曰我見枕不得動汝來就我至乃飯函也

淅箕

廣雅曰淅籅（音籮）匧（音旅）籅（音都）（說文曰籅淅箕也一曰藪魯人謂之淅籅）

方言曰箕陳魏宋楚之間謂之籮炊籅謂之縮（漉米籅也）或謂之匧（江東呼淅籤也）

筐

方言曰箄（必弭切）簍（音縷）籅（音餘）筥（音呂）筐籅也（籅音宮）江沔之間謂之籅趙代之間謂之筥淇衛之間謂之牛筐籅其通語也籅小者南楚謂之筐關而西秦晉之郊謂之箄（今江東亦名小籠為箄）

說文曰筐飯筐也籅飯牛筐也方曰筐圓曰籅

三禮圖曰大筐以竹受五斛大夫以盛米致饋於聘賓小筐以竹受五升以盛米

又曰筐以盛熟穀四種八筐大夫三種六筐士二種四筐
易曰女承筐無實
書曰厥篚織文 篚筐屬也
又曰厥篚檿絲厥篚玄纖縞厥篚織貝厥篚玄纁璣組厥
篚織纊
又曰惟其士女篚厥玄黃紹我周王
詩曰采采卷耳不盈頃筐
又曰于以采蘋南澗之濱于以盛之維筐及筥 方曰筐員曰筥
又曰摽有梅頃筐塈之
又曰女執懿筐遵彼微行爰求柔桑 懿筐深筐也
禮曰蠶則績而蟹有筐
左傳曰筐筥錡釜之器潢汙行潦之水可薦於鬼神可羞
於王公

又曰晉侯筮嫁伯姬於秦遇歸妹之睽其繇曰士刲羊亦
無衁也女承筐亦無貺也
西京雜記曰元后在家日鷰銜白石大如指墮績筐中后
取之石自剖為二其中文曰母天地遂復還合後為皇后
常致璽中
莊子曰愛馬者以筐盛屎
呂氏春秋曰有娀氏二佚女為九成之臺帝令鷰往遺二
卵爭搏之覆以玉筐北飛遂不反呑之生契

籢 音

方言曰籢 盛飯筥也 南楚謂之筲 今建平人呼筲曰 趙魏之郊謂之筶
音祛 籢 今通語也
說文曰籢飯筥也受五升秦謂之籍
廣雅曰𥰭 音溪 映籢 音旅 也

纂文曰𥰭映大筥也趙代以筥為𥰭
論語曰斗筲之人何足算也 筲竹器受二斗
東宮舊事曰漆注綺纖籢二十枚
陶侃故事曰侃上成帝漆複籢五十枚

簞

說文曰簞飯器也
禮曰凡以苞苴簞笥問人者操以授命
儀禮曰小祝盤匜與簞巾于西階東
左傳曰趙宣子田于首山見靈輙餓為之簞食與肉
又曰越圍吳趙孟使楚隆往吳王拜稽首曰寡人不佞不
能事越與之一簞珠使問趙孟 簞小笥也問遺也
論語曰賢哉回也一簞食一瓢飲在陋巷人不堪其憂
孟子曰孟子謂齊宣王曰今燕虐其民王往而征之民以為

將拯己於水火之中也簞食壺漿以迎王師若殺其父兄
係累其子弟如之何其可
又曰非其道則一簞食不可受於人如其道則舜受堯之天
下不以為泰
又曰商之君子實玄黃于篚以迎其君子其小人簞食壺
漿以迎其小人
黃石公三略曰良將用兵有饋一簞醪者使投之於河令
士卒迎流而飲之

爵 觶散用歛

說文曰爵禮器也象爵之形觶 觶音 受四升
詩曰赫如渥赭公言錫爵
周禮曰享先王贊玉爵 宗廟獻用玉爵 大朝覲會同贊獻玉爵 王爵
王禮諸侯之酢爵也

又曰梓人爲飲酒器爵一升觚三升獻以爵而酬以觚

禮曰執玉爵者弗揮爲其寶而脆也

又曰知悼子卒未葬晉平公飲酒師曠李調侍鼓鍾杜蕢自外來聞鍾聲曰安在寢杜蕢入寢歷階而升酌曰曠飲斯又酌曰調飲斯又酌堂上北面坐而飲之降趨而出平公呼而進之曰蕢曩者爾心或開予是以不與爾言飲曠何也曰子卯不樂紂以甲子死桀以乙卯亡王者謂之疾日不舉樂爲吉事所以自戒懼也知悼子喪在堂未葬斯其爲子卯也大矣曠也太師也不以詔是以飲之也尒飲調何也曰調也君之褻臣也爲一飲一食忘君之疾是以飲之也尒飲何也曰蕢宰夫也非刀匕是供又敢與知防是以飲之也平公曰寡人亦有過焉酌而飲寡人杜蕢洗而揚觶公謂侍者曰如我死則必無廢斯爵也至于今既畢獻斯揚觶謂之杜舉

又曰宗廟之祭貴者獻以爵賤者獻以散尊者舉觶卑者舉角凡觴一升曰爵二升曰觚三升曰觶四升曰角五升曰散也

又曰魯祀周公於太廟爵用玉琖仍彫加以璧角爵君所進於尸也仍因也因爵之形爲飾也加加爵也散角皆以璧飾其口也

又曰孔子射於矍相之圃蓋觀者如堵牆使公罔之裘序點揚觶而語公罔之裘揚觶而語曰幼壯孝弟耆耋好禮不從流俗修身以俟死者不在此位也蓋去者半處者半序點又揚觶而語曰好學不倦好禮不變旄期稱道不乱者不在此位也蓋僅有存者

三禮圖曰爵受一升尾長六寸博二寸傳翼兌音銳下方足漆赤雲氣

又曰散受五升

左傳曰凡公行告于宗廟反則飲至舍爵策勳焉爵飲酒器也既飲置爵則書勳勞

又曰虢公請器王賜之爵玉爵也爵人貴石也

後趙書曰石虎子韜以琉璃爵螺杯勸客酒

吳志曰諸葛恪行酒至張昭昭不肯飲曰此非養老之禮權曰卿其能令張公辭屈乃當飲之恪曰昔師尚父九十秉旄杖鉞猶未告老軍旅之事將軍在後酒食之事將軍在先何爲不養老也昭爲盡爵

古今注曰章帝章和年銅酒爵出河内泌水

典論曰劉表諸子好酒造三爵大曰伯雅中曰仲雅小曰季雅

楚辭九歌曰援北斗兮酌桂漿斗爲玉爵

班婕妤賦曰酌羽觴兮銷憂孟康曰羽觴作生爵形有頭尾羽翼也

太平御覽卷第七百六十

太平御覽卷第七百六十一

器物部六

觥　觚　巵

匜　觶　鍾

瓚　鐏　滑稽

榼　壺　洗

觥

三禮圖曰觥受七升以兕角爲之

詩曰我姑酌彼兕觥維以不永傷（兕觥角爵也）

又曰躋彼公堂稱彼兕觥萬壽無疆（公堂學校也觥所以誓衆也）

又曰兕觥其觩（音虯）旨酒思柔彼交匪敖萬福來求（兕觥罰爵也言上下無失禮者其罰爵徒觶然陳設而已）

左傳曰晉趙孟叔孫豹曹大夫入于鄭鄭伯兼享之趙孟賦棠棣穆叔子皮及曹大夫興拜舉兕爵曰小國賴子知免於戾矣（兕爵所以罰不敬言小國蒙趙孟德自知出罰戮）

觚

三禮圖曰觚受三升兌（音銳）下方足漆赤中青雲飾小其尾

周禮曰梓人爲飲酒器觚三升獻以爵而酬以觚

語曰子曰觚不觚觚哉觚哉（孔子曰削觚而志有所念觚不時成或曰觚哉觚哉觚小器耳心不專一尚不時成況於大事也）

周地圖記曰秦使蒙恬北築長城又於原上築城以觚尊酒而祭有鵜飛止觚上因名鵜觚縣

劉伶酒德頌曰止則操巵執觚

巵

說文曰巵圜器也觛小巵也（圜音圓觛音但）

禮曰父母舅姑之敦（音推）牟巵匜非餕莫敢用

史記曰高祖奉玉巵起爲太上皇壽也

漢書曰沛公與項羽會鴻門樊噲居營外聞事急乃持楯直入帳下羽問爲誰張良曰沛公驂乘羽曰壯士哉賜巵酒彘肩噲飲酒拔劒切肉食之羽曰復能飲乎曰死且不辭豈憚巵酒

韓子曰棠谿公見韓昭侯曰今有白玉巵而無當有瓦巵而有當君渴將何以飲君曰以瓦巵棠谿公曰白玉巵至貴君不以飲者以其無當耶君曰然空曰爲人君漏泄群臣之語猶玉巵無當也空每見而出昭侯必獨卧惟恐夢言泄於妻妾

戰國策曰昭陽爲楚伐魏覆軍殺將得八城移師而攻齊陳軫爲齊王使見昭陽再拜賀戰勝起而曰臣竊譬楚有祠者賜其舍人酒一巵舍人相謂曰數人飲不足一人飲有餘請畫地爲蛇蛇先成者飲酒一人蛇先成引酒且飲之乃左手持巵右手畫蛇曰吾能爲之足足未成一人蛇成奪其巵曰蛇固無足子安得爲之足遂飲酒今子伐齊爲蛇畫足也

淮南子曰霤水足以溢壺榼而江河不能實漏巵

鹽鐵論曰川源不能實漏巵

魏文帝荅楊脩書曰重惠流離巵昭厚意

晉傅咸汙巵賦曰人有遺余琉璃巵者小兒竊弄墮之不潔意既惜之又感寶物之汙辱乃喪其所以爲寶況君子行身而可以有玷乎

匜（音移）

說文曰匜似羹魁柄中有道可以注水

纂文曰匜水器也

儀禮曰媵御奉匜沃盥

左傳曰晉公子過秦秦伯納女五人懷嬴與焉奉匜沃盥既而揮之匜沃盥器揮湔也怒曰秦晉匹也何以卑我

國語曰勾踐命諸稽郢行成於吳曰勾踐願請盟一介適女執箕帚以晐姓於王宮一介適男奉匜盤以隨諸御晐備也音該

醆斝醆與盞同

說文曰斝玉爵也或說斝受六升詩曰或獻或酢洗爵奠斝

禮曰醆斝及尸君非禮也是謂僭君醆斝先王之爵也

又曰季夏六月魯以禘禮祀周公爵用玉琖仍雕

左傳曰齊侯伐燕燕人賂以瑤甕玉櫝斝耳斝耳玉爵也不克而還

又曰鄭火裨竈言於子產曰若我用瓘斝玉瓚鄭必不火子產不許曰天道遠人道邇非所及也竈焉知天道

鍾

孔叢子曰平原君強子高酒曰昔有遺諺堯舜千鍾孔子百觚子路嗑嗑音闔日飲百榼吾子何辭焉子高曰以予所聞賢聖以道德兼人未聞以飲食也

沈約宋書曰蕭思話常從太祖登鍾山中道有盤石清泉上使於石上彈琴因賜以銀鍾酒曰相賞有松石間意

涼州記曰胡安據等發張駿冢得馬瑙鍾

論衡曰文王飲千鍾孔子百觚若酒用千鍾則肉宜百牛酒用百觚則肴宜用千羊則文王身如防風孔子軀如長狄乃能堪之

瓚慈但切

三禮圖曰圭瓚受四升徑八寸形如盤其柄以圭有流前注○

書曰平王錫晉文侯秬鬯圭瓚孔安國曰以圭爲杓柄謂之圭瓚也

詩曰釐尔圭瓚秬鬯一卣卣音酉

又曰瑟彼玉瓚黃流在中玉瓚圭瓚也圭瓚文狀以圭爲柄黃金爲勺青金爲外朱中央

周禮曰祼音貫圭有瓚鄭司農云於圭頭爲器可以挹鬯祼之祭謂之瓚也漢禮瓚盤大徑三升口徑八寸下有盤口徑一尺也

又曰祼圭尺有二寸有珪以祀宗廟也

禮曰賜珪瓚然後祭

又曰祀周公於太廟灌用玉瓚大圭瓚形如盤容五升以大圭爲柄是謂圭瓚

白虎通曰圭瓚者器之名所以受灌之器以圭瓚飾其柄

樽彝

說文曰樽酒器也罍龜目酒尊也木刻爲雲象其施不窮

爾雅曰彝卣罍器也皆酒尊彝其名也卣中尊也

易曰樽酒簋二用缶納約自牖終无咎

書曰用賚尔秬鬯一卣卣中尊也

詩曰我姑酌彼金罍惟以不永懷

周禮曰司尊彝掌六尊六彝之位春祠夏禴祼用雞彝鳥彝皆有舟其朝獻用兩獻尊音娑其再獻用兩象尊皆有罍秋嘗冬蒸祼用斝彝黃彝皆有舟其朝獻用兩著尊著直略切其饋獻用兩壺尊皆有罍彝亦尊也彝法也言爲法之正也雞彝鳥彝謂刻而畫之爲雞鳳之形也皆有舟鄭司農云舟尊下臺也若今時承盤也獻讀曰犧犧尊飾以翡翠象尊以象鳳皇或曰以象骨飾尊也斝讀爲稼彝畫禾稼也黃彝黃目尊也著尊者著地無足壺尊者以壺爲尊

禮曰五獻之尊門外缶門內壺君樽瓦甒甒音武此以小爲貴也壺大一石瓦甒五斗缶大小未聞也易曰樽酒貳用缶也犧樽疏布冪音覓樿之善切勺此以素爲貴也

又曰夫禮之初始諸飲食其燔黍捭音伯豚汙音烏瓜切尊而抔蒲侯切飲鄭玄曰汙樽鑿地爲樽也抔飲以手掬之也

又曰黃目鬱氣之上尊也黃者中目者氣之清明者也言酌於中而清明於外也（黃目黃彝也）

又曰魯季夏六月以禘禮祀周公於太廟尊用犧象山罍鬱尊用黃目（犧尊以沙明爲畫象骨飾之鬱鬱鬯之器黃目黃彝）

又曰泰有虞氏之尊也山罍夏后氏之尊也著殷之尊也犧象周之尊也（泰用瓦著地無足）

傳曰犧象不出門嘉樂不野合

漢書曰梁孝王有罍尊（上刻雲雷象也）直千金戒後代善寶之王任后聞而欲得之王讓大毋李太后曰先王有命無得以樽子（音與）人他物雖百鉅萬猶自恣任后絕欲得之王讓直使人開府取樽賜任后天子下吏驗問公卿治奏以為不孝讓誅也

東觀漢記曰王霸擊賊作倡樂賊射營中霸前酒樽霸坐不動

又曰章帝時美陽得銅酒樽采色青黃有古文後漢書曰章帝初元七年槐里岐山得銅樽一枚

晉起居注曰穆帝升平二年尚書左丞劉充元會曰彭城討佐虞與發白虎樽而舉觀輻湊中蘭臺令史張玄不禁免玄令史

沈約宋書曰正旦元會設白虎樽於殿庭樽蓋上施白虎有能獻直言者則發此樽飲酒蓋杜舉之遺式也蓋為白虎疑是後人所加欲令猛如虎無所忌憚也

晏子春秋曰晉欲攻齊使范昭觀焉景公觴之范昭曰請君幸樽酌晏子命撤樽革具范昭歸曰齊不可伐也吾欲慙其君晏子知之孔子聞之曰不越於樽俎之間折衝千里也

莊子曰市上之人有善戴尊者（酒尊也）累十尊而行人有與之更者行道未半而以其尊顛

又曰百年之木破為犧樽青黃而文之其一斷在溝中比犧樽於溝之斷則美惡有間矣其於失性一也桀跖與曾史行義有間矣然其失性均也

又曰純朴不殘孰為犧樽白玉不毀孰為珪璋道德不廢安取仁義

淮南子曰百圍之木斬而為犧樽龍蛇虎豹曲成文章（高誘曰刻為蟠龍伏虎之狀也）

又曰夫聖人之道猶中衢而設樽耶過者斟酌多少不同各得其所宜

又曰夫奉一爵酒不知於邑（言其輕也）挈石之樽則白汗交流（言其重也）又況贏天下之憂而任海內之事者乎重於樽亦遠矣

風俗通曰坐不移樽俗說凡宴飲者移轉樽酒令人訟諍

志林曰先代不識犧樽但以沙畫之飾以翠羽至魏明帝時魯郡於地中得齊大夫子尾送女器有犧樽作犧牛形自尒乃知其定形

吳越春秋曰闔閭女自殺以銀樽送之

鄴中記曰石虎正會殿前有白龍樽作金龍於東箱西向龍口金樽受五十斛

涼州記曰胡安據等發張駿陵得白玉樽受三升戴延之西征記曰太極殿中有銅龍長三丈銅樽容三十斛正旦大會龍從土中受酒口吐之於樽中

傅玄朝會賦曰跱鳳虎之二樽清酤皆以淵停

蔡邕論銘曰漢獲齊侯寶樽于槐里也

孫綽陽燧樽銘曰詳觀茲器妙巧奇絕酌爲則注受滿則

閉（補結切）吐寫適會未見其竭

滑稽

崔浩漢記音義曰滑稽酒器也轉注吐酒終日不已若今之陽燧樽

史記曰吳王夫差取子胥尸盛以鴟夷革而浮之江中（應劭曰取馬革爲鴟夷鴟夷榼形）

漢書揚雄酒賦曰鴟夷滑稽腹大如壺盡日盛酒人復借酤常爲國器託於屬車

榼

說文曰榼酒器也椑（音鞞）圜榼也

左傳曰晉欒鍼使行人執榼承飲造于子重

謝承後漢書曰陳茂爲豫州別駕與刺史周敞行部到潁川陽翟傳車有美酒一椑敞勑載酒以行茂取椑擊柱破之曰使君傳車榼載酒非宜

王隱晉書曰宣帝既滅公孫淵還作榼兩口二種酒持着馬上先飲佳酒塞口而開毒酒與牛金金飲而死

北齊書曰元韶字世胄魏室奇寶多入韶家有馬瑙榼容三升玉縫之皆稱西域鬼作也

涼州記曰胡安據等發張駿陵得流離榼

孔叢子曰子路嗑嗑飲百榼（鍾巳門具）

列異傳曰濟北弦起神女來遊車上有壺榼青白琉璃五具

續齊諧記曰王敬伯夜見一女命婢取酒提一渌沉漆榼

曹毗杜蘭香傳曰蘭香降張實輜賷元榼

馬融奏事曰楚將吳起或遺之一榼酒注之上流使士卒迎流飲其下明不獨也

劉伶酒德頌曰止則操卮執觚動則挈榼提壺

壺

三禮圖曰洗壺受一斛口徑一尺頭高五寸大中身兌（音銳）下赤漆中元上加青雲氣方壺受一斛腹圜足口方圜壺受一斛腹方足口圜

詩曰顯甫餞之清酒百壺

周禮曰挈壺氏以令軍井（壺所以盛飲故以壺表井中）九軍事懸壺以序聚欜（懸壺以爲漏也欜竟託）

禮曰其以乘壺酒賜人亦曰乘壺酒（乘壺四壺）尊壺者面其鼻（鼻在面上謂向人也）

左傳曰晉侯問原守於寺人勃鞮對曰昔趙衰以壺飧從徑餒而弗食故處原

漢書曰東方朔曰壺者所以盛也

晏子春秋曰景公遊於紀得金壺發視之中有丹書

韓子曰晉公子重耳過曹僖負羈盛黃金於壺充之以食令人遺公子也

說苑曰五大夫顧衛人也負壺入井終日灌一區

國語曰勾踐召范蠡而問焉曰諺有之曰觥飲不及壺飧（言志在觥飲不至壺食喻巳德小不能遠圖）今歲晚矣子將奈何曰臣聞追士人也蹶而趣之唯恐不及王曰諾遂伐吳

神仙傳曰壺公賣藥常懸一壺於坐上日入之後公輒跳入壺中

搜神記曰吳王夫差女王悅童子韓重結氣死形見將重入冢取崑崙王壺與之

琴操曰伍員奔吳過溧陽瀨溪見一女擊漂於水中旁有壺漿乃就乞飲飲畢謂女子曰掩夫人壺口女子知其意

自投瀨溪而死

洗

三禮圖曰洗高三尺口徑尺五寸足徑三尺士鐵大夫以上銅爲之諸侯白金飾天子黄金飾

儀禮曰設洗于阼階東南

禮曰其水在洗東祖天地之左海也

魏武令曰臨祭就洗以手擬水而不盥以絜爲敬未聞擬向不敬之禮吾親受水而盥

太平御覽卷第七百六十一

太平御覽卷第七百六十二

器物部七

瓢　勺　豐

禁　食架　食廚

酒臺　槽　杵臼

堪(檮衣 卅)　碓　磨

碾

瓢

方言曰蠡(瓠勺也 音禮也)陳楚宋魏之間或謂之樹(今江東呼勺爲樹)或謂之瓢

通俗文曰瓠瓢爲蠡

禮曰合巹(音謹)而酳

三禮圖曰巹取四升瓠中破夫婦各一

論語曰賢哉回也一簞食一瓢飲在陋巷人不堪其憂

爾雅曰康瓠謂之甈(孫炎曰康瓠也郭璞曰瓠壺也賈誼曰寶康瓠是也)

戰國策曰應侯謂秦昭王曰百人輿瓢而趨不如一人持而走疾百人試輿瓢瓢必裂今秦國華陽穰侯太后用之秦國必裂矣

東宮舊事曰漆巹爵二銀鏁連長七尺

莊子曰惠子謂莊子曰魏王貽我大瓠之鍾我樹之成而實五石剖以爲瓢濩落無所容吾爲其無用掊之

楚辭九歎曰藏瓠蠡於筐簏(瓠瓢 蠡瓠)

東方朔答客難曰以管闚天以蠡測海(張晏曰蠡瓠瓢也)

琴操曰許由無杯器常以手捧水人以一瓢遺之由操飲畢以瓢掛樹風吹樹瓢動歷歷有聲由以爲煩擾遂取捐之

勺(與杓字同)

說文曰斗勺也

通俗文曰木瓢爲斗

詩曰惟北有斗不可以挹酒漿

又曰酌以大斗(大斗長三尺)以祈黃耇

周禮曰大璋中璋九寸邊璋七寸射四寸厚寸黃金勺青金外朱中鼻寸衡四寸有繅(音早)天子以巡守宗祝以前馬(杜子春云勺謂酒樽中勺也鄭司農云鼻謂勺龍頭鼻也衡謂勺柄龍頭也鄭玄謂勺鼻流凡流皆爲龍口也三璋之勺形如王瓚天子巡守有事山川則用灌焉於大山川則用大璋中山川用中璋小山川用邊璋也)

又曰梓人爲飲器勺一升(勺尊升也)

禮曰犧(恩歌切)尊疏布鼏(音覓)樿(之演切)勺此以素爲貴也(鄭玄曰樿白理木也)

又曰勺夏后氏以龍勺殷以疏勺周以蒲勺(鄭玄曰龍龍頭也疏通刻其頭蒲合蒲如鳧頭也)

漢書曰霍顯之謀行於杯勺

東宮舊事曰漆注八合鴨頭勺四

論衡曰司南之勺投之於地其柄指南

語林曰諸阮以大盆盛酒木勺數枚也

東皙貧家賦曰舉短柄之檛勺

豐

三禮圖曰射爲罰爵之豐作人形也豐國名也坐酒亡國戴盂戒酒

說文曰豐俎豆貴豐厚也一曰鄉飲酒有豐侯者

儀禮曰司射適堂西命弟子設豐(將飲不勝者設豐以承其爵豐形蓋似豆卑而大之)

又曰公尊瓦泰兩有豐

崔駰酒箴曰豐侯沉酒荷罌負缶自戮於世圖形戒後

李尤豐侯銘曰豐侯荒繆醉亂迷逸乃象其形爲豐戒式
後世傳之固無止說

禁（一名棜 乙去切）

三禮圖曰棜長四尺廣二尺四寸深寸無足漆赤中青雲
畫蔆苕華飾禁長四尺廣二尺四寸通高足高三寸漆赤
中青雲畫蔆苕華飾刻鏤其足爲褰帷之形

儀禮曰尊於戶間兩甒（音武）有禁（禁承尊之器名之曰禁因爲酒戒也）

又曰尊兩壺于房戶間斯禁（斯禁禁切斯澌無足也）

禮曰天子諸侯之尊廢禁大夫士棜禁此以下爲貴也（廢猶去也棜斯禁也無足有似於棜或因名之小耳大夫用斯禁士用棜禁如今方案隋長局）

食架

東宮舊事曰漆食架二

食廚

禮曰大夫七十而有閣（閣以板爲之庋食物也）天子之閣左達五右
達五公侯伯於房中五大夫於閣三士於坫一（達夾室大夫言於閣與天子同處天子二五倍諸侯也）

東宮舊事曰漆食廚一具

酒臺

周禮曰六彝皆有舟（鄭司農曰舟尊下臺若今時承盤也）

東宮舊事曰漆酒臺二金塗鐶鈕

槽

劉伶酒德頌曰先生方捧甖承槽銜杯漱醪

杵臼

易下繫辭曰斷木爲杵掘地爲臼臼杵之利萬民以濟蓋
取諸小過（王肅曰雷起上杵之象艮止於下臼之象）

書曰血流漂杵（孔安國曰流而漂春杵甚之言也）一戎衣天下大定

平七百六十二　三　道處

禮曰隣有喪舂不相（相送杵聲）

又曰暢臼以椈杵以梧（所以擣鬯也椈柏也）

穀梁傳曰大夫救日擊門士擊杵（舂粢盛之具示有上下陰陽）

周易類謀曰間可倚杵（鄭玄曰天地相去其間才可倚一杵也）

春秋繁露曰夏求雨暴杵臼於街十日

漢書曰傅咸爲南陽太守有猾吏大姓犯令爲地臼木杵
舂不中程者輒加笞箠

又曰江都易王非宮人有過者或髡鉗以鈆杵舂不中程
輒掠

又曰楚王戊即位胥靡申公白公衣赭衣使雅舂於市

東觀漢記曰公沙穆遊太學無資粮乃變服客傭爲吴祐
賃舂祐與語大驚遂共定交於杵臼之間

後漢書曰梁鴻之妻孟光多力能舉石臼

又曰馮衍娶北地任氏女爲妻悍忌不得畜媵妾兒女常自
操井臼

王隱晉書曰賈后使小黄門孫慮從愍懷太子於坊中不
與食乃劫服杏子黑丸其夜毙或傳太子不肯服藥伺至
厠以藥杵椎害之喚聲聞於外

燕書曰昭武帝營新殿昌黎大棘城縣河岸崩出鐵築杵
頭一千一百七十枚求樂民郭陵見之詣闕言狀詔曰經
始崇殿而築具出人神允協之應賜陵爵關外侯

戰國策曰智伯攻趙襄子於晉陽臼竈生鼃（於禍）

又曰衛人迎新婦婦入室見臼曰徙之牖下妨往來者主
人美之

河圖曰千歲之後天可倚杵

孟子曰盡信書不如無書吾於武成取二三策而已矣仁者

平七百六十二　四　劉阿戒

無敵於天下以至仁伐至不仁何其血之流杵也
呂氏春秋曰伊尹母夢神告之曰出水而東走
賈誼書曰黃帝行道炎帝不聽故戰涿鹿之野血流漂杵
淮南子曰解門以爲薪塞井以爲臼雖用小而所喪大矣
桓譚新論曰伏羲制杵臼之利後世加巧因借身以踐碓
而利十倍
又曰復設機關用驢嬴牛馬及役水而舂其利百倍
論衡曰舂者以杵擣臼杵臼鼓動地動地臨池水河水震
蕩夫臼杵木也水與木土三者殊類而相應首相叩動其
勢然也
風俗通曰秦留燕太子丹天爲雨粟厨中杵生肉是不然
也
世本曰雍父曰作舂杵臼宋志云雍父黃帝名也

湘洲記曰耒陽縣有蔡倫宅宅西有一石臼云是倫舂紙
臼
荆州記曰長沙醴泉縣有山石空空中有石牀牀頭有臼
容五升父老相傳昔有仙人以此合金丹
衡山記曰桂英巖上鑿石作臼有鐵杵倚置巖畔石臼邊
有兩人脚跡
名山記曰羅浮山有道士賣鐵臼杵欲合丹未成而仙化
世說曰魏武帝讀曹娥碑云外孫虀臼楊脩曰虀臼受辛
受辛辤字
幽明録曰劉松在家忽見一鬼杖劒斫之鬼走松起逐見
鬼在高山巖室上卧仍徃逼突群鬼爭走遺置藥杵臼及
所餘藥因將還家松爲人合藥時臨熟取一經此臼者無
不効驗

列異傳曰魏郡張舊家巨富復暴衰賣宅與黎陽程應應
入居死病相繼賣荆民何文日暮持刀上北堂中至二更
有一人長丈餘高冠黃衣來堂前呼問細腰舍中何以有
人氣須臾復有一人高冠青衣次又高冠白衣問並如前
將曙文下堂如向法呼細腰問曰黃衣者誰曰金也在堂
西壁下青衣者誰曰錢也在堂前井西五步白衣誰曰銀
也在堂東北任下汝誰也曰我也在竈下至明文按次掘
之得金銀各五百斤錢千餘萬取杵焚之宅遂清安
魏武上獻帝表曰臣祖騰有順帝賜器今上藥杵臼一具
堪與砧同
爾雅曰堪謂之榩郭璞曰椹木櫍也榩音虔
廣雅曰抌質堪也
東宮舊事曰太子納妃有石砧一枚　又擣衣杵十杵

荆州記曰秭歸縣有屈原宅女嬃音須廟擣衣石猶存
漢水記曰有女郎擣衣砧也
古樂府詩曰藁砧今何在山上復有山藁砧謂鈇也
碓
廣雅曰碻碓也碻丁疊切
方言曰碓機陳魏宋楚自關而東謂之梴
魏略曰司農王思弘作水碓免歸田里
晉書曰魏舒遲鈍質朴不爲鄉親所重從叔父吏部郎衡
有當世名猶不知之使守水碓
王隱晉書曰石崇有水碓三十區
又曰劉頌爲河内太守有公王水碓三十餘區所在遏塞
輒爲侵害頌表上封諸民獲便宜
又曰衛瓘爲太子少傅詔賜園田水碓不受

又曰鄧攸去石勒投李矩借水碓舂於城東

晉諸公讚曰征南杜預作連機碓

晉陽秋曰給陳留王碓一區

幽明錄曰引農徐儉家有一遠來客寄宿有馬一疋中夜驚跳客不安騎馬而去一物長丈餘來逐馬後客射之聞如中木聲明日尋跡路見箭着一碓柵

世說曰王戎既貴且富區宅水碓洛下莫比

孔融肉刑論曰賢者所制或踰聖人水碓之巧勝於斷木掘地

王渾表曰洛陽百里内舊不得作水碓臣表上先帝聽臣立碓并攙得官地

磨

說文曰䃺（莫佐切）石磑也（磑音五對切）

釋名曰磑磨也

廣雅曰礱磨也

方言曰磑或謂之𥕦（錯郎切）𥕦磨也

通俗文曰䃺曰䃺（千内切）填礱（音礱）曰硐（徒棟切）磨牀曰摘（直易切）

魏略曰諸葛亮爲衝車圍郝昭於陳倉昭以繩繫石磨䃺其衝車

魏志曰管輅字公明平原人也往同村郭思家磑上有鳩食相鬭輅曰不祥思明日射鳩悞中隣女

蜀志曰許靖爲許劭排擯以馬磨自給

晉書曰王戎爲司徒好治產業周遍天下水碓四十所

鄴中記曰解飛者石虎時工人造作旃檀車左轂上置磑右轂上置碓每行十里磨麥一石舂米一斛

世本曰公輸般作磑

諸葛亮別傳曰孫權常饗蜀使費禕停食索筆作麥賦恪亦請筆作磨賦

異苑曰上黨侯亮之於江都城下獲一石磨下有銅馬

幽明錄曰廣陵有冢相傳漢江都王建之墓也常有村人行過見地有數十具磨取一具持歸暮即叩門求磨甚急明旦送着故處

抱朴子曰周髀家云天旁轉如推磨而左行日月右行隨天左轉譬之於蟻行磨上磨左旋而蟻遅故不得不隨磨以右廻焉

嵇含八磨賦曰外兄劉景宣作爲磨奇巧特異策一牛之任轉八磨之重因賦之曰方木矩跱圓質規旋下靜以坤上轉以乾巨輪内建八部外連

碾

通俗文曰石碢轢穀曰碾（徒碢切）

後魏書曰崔亮在雍州讀杜預傳見其爲八磨嘉其有濟時用遂教民爲碾及爲僕射奏於張方橋東堰穀水造水碾磨數十區其利十倍國便之

太平御覽卷第七百六十二

太平御覽卷第七百六十三

器物部八

斧　鋸　椎　鑿

斧

釋名曰斧甫始也凡將制器始以斧伐木已乃制之也
易曰得其資斧我心不快斧所以破除荊棘以安其客舍者也不得其位不獲平砥之地雖得資斧其心不快
龍魚河圖曰斧神名狂章
周書曰神農作陶冶斧破木為耜鉏耨以墾草莽然後五
穀興
詩曰析薪如之何匪斧不剋取妻如之何匪媒不得
又曰蠶月條桑取彼斧斨音牆以伐遠揚
又曰破斧美周公也既破我斧又缺我斨

周禮曰大喪及窆執斧以莅匠師匠師主豐碑之士執斧以師之使戒其士
禮曰禮諸侯賜鈇音夫鉞然後誅
又曰天子負斧依南鄉而立斧依為斧文屏風於戶牖之間
傳曰楚子執齊慶封將戮之負之斧鉞以徇於諸侯使言
曰無或如齊慶封弒其君弱其孤以盟其大夫
春秋元命苞曰斧鑕主亂行斬狂詐斧之為言補也
漢書曰分周為二有逃責之臺被竊鈇之言應劭曰周赧王出至路邊竊取鈇人
又曰暴勝之為直指使者衣繡持斧逐捕盜賊
又曰王莽司徒王尋初發長安宿霸昌廐亡其黃鉞尋軍
士所王素狂直入哭曰此經所謂喪其齊音資斧者也應劭曰齊利也亡其利斧言無以復斬斷者
東觀漢記曰祭遵襲略陽遣護軍王忠皆持刀斧伐樹開
道
又曰蔣詡字元卿後毋憎之伺詡寢操斧斫之值詡如廁
謝承後漢書曰會稽戴就字景成為郡曹掾太守為州所
奏就見伏考燒斧以着腋下就罵獄卒此無火氣何不熟
燒
魏志曰太祖延張繡及其將帥置酒高會太祖行酒典韋
持大斧立後刃徑尺太祖所至之所韋輒舉目之繡及將
帥莫敢仰視
晉書曰魏舒嘗適野王主人妻夜產俄而聞車馬之聲相
問曰男也女也曰男書之十五以兵死復問宿者誰曰魏
公舒後十五載詣主人問所生兒何在曰因條桑為斧傷
而死舒自知為公
晉咸和起居注曰因有司奏魏氏故事正旦賀公卿上殿

虎賁六人隨上以斧柄拄衣裙上令宜依舊為儀注詔曰
此非前代善制其除之
三輔舊事曰王莽夢大夏殿前五銅人語莽惡之斧斫開
銅人腹
東陽記曰晉中朝時有民王質者入山伐木至石室中見
童子數人彈琴而歌因留設斧柯而聽之童子以物與之
狀如棗核質含之便不復飢也童子曰汝來已久宜去質
承聲起斧柯灌然爛盡既歸去家已數十年
列女傳曰丁仲謀妻氏共夫至交阯夫為賊所殺妻舩上
得一斧舉以破賊
列仙傳曰赤斧手中常有赤斧
錄異傳曰陳世母黃亡後還家但聞聲世忽亡斧黃言問
家奴福盜之

幽明録曰文翁常欲斷大樹欲斷處去地一丈八尺翁先
祝曰吾若得二千石斧當着此處因擲之中所欲一丈八
尺處後果爲郡
賈逵別傳曰逵廟一栢樹有人竊來斫伐始投斧數下斧
刃仍折於樹中
七賢傳曰文黨字翁仲與人俱入山取木謂侶人曰吾欲
遠學先試投斧高木上斧當挂乃投之斧果上因之長安
受經
廷尉決事曰廷尉高文惠上民傅晦詣民籍牛埸上盜黍
爲牛所覺以斧擲折晦脚物故依律牛應弃市監秉起議
晦既夜盜牛本無殺意宜減死一等
六韜曰操刀不割失利之期執斧不伐賊人將來繁葉不
去將爲斧柯

列子曰人有亡鈇者意其隣人子視其行步竊鈇也顔色
竊鈇也言語竊鈇也動作態度無爲而不竊鈇也俄而扵
其谷而得其鈇他日復見其隣子之動作態度無似竊鈇
矣
孟子曰斧斤以時入山林材木不可勝用也
荀卿子曰林木茂而斧斤至焉
呂氏春秋曰孔甲田于東陽萯(音倍)山天大風晦孔甲迷惑
入于民室主人方乳(乳産也)或曰后來是良日也是子必大
吉或曰不勝之是子必大殃后取其子以歸曰以爲余子
誰敢殃之子長成莫動析(音老)斧破斬其足遂爲太者(以其無足)
(遂使守門)
淮南子曰巨斧擊桐薪不待利時日而後破之
又曰古之遣將尹親操斧持頭授將軍柄曰閫以外者將

軍裁之
説苑曰雍門周説孟嘗君以秦楚之強而報於弱薛譬猶
蕭斧而伐朝菌也
玄晏春秋曰隣人亡斧又雞意予竊之居三日雞還斧又
自得隣人大愧
志林曰齊斧齋當爲齋凡師出必齋戒入廟受斧故云齋
也
抱朴子曰介象燒斧而立其上久不知熱
諸葛亮教曰前後所作斧都不可用前伐鹿角壞刀斧千
餘枚賴賊已走間自令作部刀斧數百枚用之百餘日初
無壞者爾乃知彼主者無意宜收治之此非小事也若臨
敵敗人軍事矣

鋸

釋名曰鋸倨也其體直所截應倨勾之正也
説文曰鋸槍唐也
古史考曰孟莊子作鋸
史記曰公孫鞅之事孝公也設刀鋸以禁姧邪信賞罰以
致理
後漢書曰獻帝欲復肉刑孔融議曰雖忠如鬻拳信如楚
和智如孫臏一離刀鋸沒世不齒
吳志曰孫皓愛妾使人至市賊奪百姓財物司市陳聲繩
之以法皓大怒假他事燒鋸斷聲頭
王隱晉書曰趙王倫欲廢賈后而門鑰在侍中處所部司
馬多未作有利鋸至期倫乃命三部司馬以銅鋸截關開門
晉書曰胡毋輔之字彥國少擅高名王澄常與人書曰彥
國吐佳言如鋸木屑霏霏不絶誠爲後進領袖也

又中興書曰苻健凶淫暴虐常露刀張弓椎鉗鋸鑿殺人之具備置左右

宋書曰後廢帝名昱初在東宮情業好嬉師主不能禁及嗣位漸自放恣晨出暮歸從者並執鋌矛加以虐刑鍼椎鑿鋸之徒不離左右

莊子曰禮若亢鋸之柄亢舉也禮有所斷割猶舉鋸之柄以斷物也

又曰天下好智而百姓求竭矣於是乎釿音斤鋸顯焉繩墨殺焉椎鑿決焉

管子曰軍中必有一斧一鋸

尸子曰水非石之鑽繩非木之鋸

列女傳曰臧文仲爲魯使齊齊拘之文仲使人遺公書恐人得之乃謬其詞曰臧我羊食我以銅魚公及大夫莫能知之乃問臧孫母母泣曰吾子拘有木治矣木治械也臧我羊者臧善也羊者有母告妻善養母食我以銅魚銅魚其父錯錯者所以治鋸也鋸者所以治木是以知有木治繫於獄矣

淮南子曰夏屋聯房公輸王爾無所措剞居綺切劂居月切削鋸然猶未能贍人主之欲也

世說曰晉元皇初見賀司空言及吳時孫皓燒鋸截一賀頭是誰司空未復言元皇曰燒是賀邵司空流涕曰昔者先臣遭遇無道臣創巨痛深無以上荅明詔元皇慙愧三日不出

衡山記曰雞頭陂西有石室有人採藥暮宿其中曉見一鋸懸在壁上示有形無復鐵貫

椎

說文曰椎擊也齊謂之柊音終揆音葵鐓丁回切千椎斤也

纂文曰柊揆方椎

焦贛易林曰三椎失斧公輸無輔

廣雅曰柊揆斁椐卧切榎鐇音煩鏟於業切椓音卓椎也

史記曰張良爲韓報讎得切爲鐵椎重百二十斤擊始皇於博浪沙中誤中副車

又曰信陵君客朱亥袖四十斤鐵椎椎晉鄙殺之奪兵以救趙

戰國策曰始皇遺齊君王后連環曰齊多知能解環君王后引椎椎破之謝秦使曰謹已解矣

漢書曰賈山上書曰秦王東窮燕齊南極吳楚厚築其外隱以金椎爲馳道之麗至於此使其後世曾不得斜逕而託足焉

又曰淮南王長怨辟陽侯之不救其母也袖金椎椎殺辟陽侯

又曰中山靖王勝來朝聞樂聲而泣曰衆煦漂山聚蚊成雷明堂執虎十夫橈椎

王隱晉書曰梅陶及鍾雅數說事祖納輒困之因曰君汝潁之士利如錐我幽冀之士鈍如椎持我鈍椎椎君利錐皆當摧陶雅並稱有神錐不可得椎納曰假有神錐必有神椎

吳越春秋曰夫差使力士石番以鐵椎椎殺王孫聖

益州記曰市橋祚音笮橋今各有一鐵椎大十許圍長六七十尺云初橋引機運此椎以擊橋柱本有三今餘二

管子曰一農必有一椎

莊子曰儒以詩禮發冢曰徐以金椎控其頤無傷口中珠

周生列子曰昔伊尹操商桔姐公揮周機管子執齊鉞范

蠢奮㬎越椎
世說曰永嘉三年中牟縣故魏任城王臺下池有漢時鐵椎長六尺入地三尺頭西南指不動
桓譚上事曰孔子問屠牛曰屠牛有道乎曰刺必中解割必中理盤筋則引終葵而椎(終葵椎)
孫盛優劣論曰子房奮椎為天下唱義義聲既震則秦亡可知矣

鑿

釋名曰鑿有鑿穿鑿也
說文曰鑿小鑿也
通俗文曰石鑿曰鏨(作濫切)鏨充曰銃(昌仲切)小鑿曰鐫(音潟)柄曰境(音擊)受檍曰鍯(七切)
古史考曰孟莊子作鑿

尸子曰利錐不如方鑿
管子曰軍必有一鑿
莊子曰齊桓公讀書堂上輪扁斲輪堂下釋椎鑿而上問桓公
抱朴子曰魏明帝好聞椎鑿之聲
搜神記曰陳仲舉微時常宿黄申家婦方產夜有叩門者須臾門裏言有客堂下有人不可進曰從後往須臾還留者問曰何等名可與幾歲應以何死荅曰男也名奴得十五歲當以兵死仲舉告其家父母不使執寸刃年十五有置鑿於梁者其末出奴以長木鉤取鑿墮陷腦而死

太平御覽卷第七百六十四

器物部九

斤　鏟　鐁
鑢　鎌　鍠
斨　鏵（錍附）　鋤
錐　鑽　鉗
泥鏝　橙　籃
簛　籠　籭

斤

釋名曰斤謹也板廣不可得削又有節則用此斵之所以詳謹令滅斧跡也

崔鴻十六國春秋曰石虎馳獵無度晨出夜歸又多輕行躬行作所太子大保韋謏諫曰白龍魚服有豫且（子居切）之禍海若潛遊離葛陂之酷願陛下清宮蹕路思二神為光鑒不可忽天下之重輕行斤斧之間一旦有狂夫之變雖龍騰之勇不暇施也智士之計豈及設哉

莊子曰郢人堊漫其鼻端若蠅翼使匠石斵之運斤成風盡堊而鼻不傷郢人立而不失容

孫子曰何世之無才何才之無施良匠提斤斧造山林梁棟阿衡之材櫨柱楣椽之朴森然陳於目前大廈之器具矣

夢書曰斤斧為選士取有材夢得斤斧選士來

鏟

釋名曰鏟平削也

廣雅曰鐵（子姡切）謂之鏟也

鮑昭蕪城賦曰鏟利銅山

鐁（音斯）

釋名曰鐁彌也有高下迹以此鐁彌其上而平之

鑢（音慮）

說文曰鑢錯銅鐵也

方言曰錯鑢平名也

韓詩曰如磨如錯

鎌

釋名曰鎌廉也體廉薄其所刈稍稍取之似廉者也

東觀漢記曰山陽郡人江伯欲嫁姊姊引鎌欲自割

魏略曰孟康字公休為弘農太守時出桉行勑吏卒各持鎌自刈馬草

說苑曰孔子聞哭者聲甚悲進見之吾丘子也（吾日虞）擁鎌帶索而哭孔子問何哭之悲對曰吾有三失子曰願聞三失曰吾少好學周遍天下還後吾親亡是一失也素尚高節不事庸君臣節不遂二失也少擇交遊寡於親友老而無託是三失也請從此辭投水而死孔子曰弟子記之此足以為戒於是歸養親者十有二三

風俗通曰鎌刀自揆積芻蕘之効

鍠（音撗）

異苑曰長山郭愔元嘉十二年病亡後孫兒見愔着帽布裙在靈床上呼孫與語云今得七日假假滿便去今將二小兒捉僕在門可就取也孫求僕即得又云汝叔從都還得鍠剉錍（音碑）可試取看便以呈之仍以兩鐵相加鎗鎗作聲語孫曰我無復歸緣從此而絕

斨（自羊切）

毛詩豳七月曰取彼斧斨以伐遠揚

又破斧曰既破我斧又缺我斨

鏵 鍤附

釋名曰鍤鍤地起土也或曰削能有所穿削也或曰鏵鏵刳也刳地爲坎也

晉書安帝紀曰吴興王淡父爲隣人竇度所殺淡年十歲陰有復讎之志至年十八密索利鍤刃佯若耕耘經一橋下伺度舡行還伏杖於草中淡於橋上以鍤斫之而歸罪有司太守孔嚴義其孝勇上請宥之

又曰劉伶常乘鹿車携一壺酒使人荷鍤而隨之謂曰死便埋我

淮南子曰故伊尹之興土功也脩脚者使之蹠䦆音鏵強脊者使之負土長脚者蹠得土多鍤入土深也

又曰禹身執畚鍤以爲民先䟽河而導之九支鑿山而通九洛闢五湖而寧東海

鋤

說文曰鋤薅音蒿斫也钁大鋤也

釋名曰鋤助也去穢助苗長齊人謂其柄爲橿居良切橿然正直也

史記曰高后立諸吕爲王擅權用事朱虚侯年二十有氣力忿劉氏不得職常入侍高后燕飲曰請爲田歌太后笑曰若生而爲王子安知田乎章曰臣知之太后曰試爲言田意章曰深耕穊種立苗欲䟽非其種者鋤而去之吕后默然

漢書曰雖有鎡錤其上音兹下音基不如逢時鎡錤鋤雖有田基値時乃獲信矣樊噲夏侯灌嬰之徒方其鼓刀僕御販繒之時豈自知附驥尾勒功帝籍慶流子孫哉

又曰倪寬受業孔安國貧無資賃作帶經而鋤伏息輒誦讀

又曰龔遂爲渤海太守遂盜賊諸持鋤鉤田器者爲良人持杖器者爲賊

又曰嚴延年爲河南太守京兆尹張敞聞延年用刑刻急以書諭之延年報曰河南天下咽喉二周餘弊莠盛苗穢何可不鋤也

魏略曰常林爲諸生帶經耕鋤其妻餉之相敬如賓

蜀志曰先主將誅張裕諸葛亮表請其罪曰芳蘭生門不得不鋤

賈子曰商君専任刑法以刻薄爲教秦人父子兄弟無父兄之恩踑踞反目有若禽獸借父耰鋤意有得色

搜神記曰决風楊道和於田中値雷雨止桑樹下霹靂擊之道和以鋤格之折其右肱遂落地色如丹目如鏡

伏侯古今注曰曾子鋤瓜有三足烏卒其冠

世說曰管寧華歆共園中鋤菜忽見地有片黄金管揮鋤與凡石不異華捉而擲去

應璩詩曰古有行道人陌上見三叟年各百餘歲相與鋤禾莠住車問三叟何以得此壽上叟前致辭内中嫗貌醜中叟前致辭量腹節所受下叟前致辭暮卧不覆首要哉三叟言所以能長久

錐

左傳曰錐刀之末將盡爭之

史記曰平原君曰夫賢士之處世譬若錐之處囊中其末立見

戰國策曰蘇秦行而歸負書擔橐父母不與之秦歎曰皆

秦之罪也乃夜發書陳篋數十得太公陰符伏而讀之欲
睡引錐自刺其股血流至踵
王隱晉書曰梅陶及鍾雅數記餘事祖約輒困因謂之曰
君汝潁之士利如錐我幽冀之士鈍如椎已具椎門中
又曰王濬伐吳吳人於江險要害之處作鐵錐長丈餘暗
置江中濬乃作大筏先行鐵錐輒着筏去
又曰赫連勃勃性工巧然殘忍刻暴乃蒸土築城錐入
一寸即殺作者錐若不入即殺行錐者而并築之
管子曰女有一錐然後成為女
孫卿子曰無置錐之地而公侯不能與之爭名仲尼是也
莊子曰堯舜有天下子孫無置錐之地
韓子曰堯舜無置錐之地於後世而德結
呂氏春秋曰子產相鄭十八年刑三人殺三人錐刀之遺
於道者莫之敢舉

鑽

尚書大傳曰古者中刑用鑽鑿
物理論曰趙堯錐鑽之吏能探高祖深心致位丞相

鉗

漢書曰江充捕巫蠱燒鐵鉗灼強服之
吳時外國傳曰扶南有訟者燒鐵令赤以鉗舉鐵着手
行七步無罪者手不燒有罪者手即燋

泥鏝

爾雅曰鏝謂之杇（郭璞注曰泥鏝也）
說文曰鏝鐵杇也
左傳曰鄭子產相鄭伯如晉晉侯未之見子產使盡壞其
館之垣而納車馬焉曰文公之為盟主也崇大諸侯之館杇
人以時塓館宮室（塓塗也）
論語曰宰予晝寢子曰朽木不可雕也糞土之牆不可污
也

橙（都鄧切）

續晉陽秋曰何無忌母劉牢之姊也無忌與高祖謀夜於
屏風裏制檄文毋潛橙於屏風上窺之既知其謀大喜謂
曰汝能如此吾讎恥雪矣
世說曰謝中郎在壽陽敗臨奔走猶求王帖橙也

籃

集異記曰丹陽張承先家有鬼長為其取物會有客須蕈
斤鯉魚二十頭鬼將一小兒持籃至驃騎街十字路小兒
睡覺看籃中已有蕈鯉

篘（許的切）

方言曰篘所以注斛陳魏宋楚之間謂之篘或謂之䉏自
關而西謂之注箕（郭璞注曰盛米穀寫斛中也江東亦呼為篘籮形小而高也）
續搜神記曰吳興人章苟者於田中耕秉小舡以歸䉏魚
鮭置舡中著菰蔣有物輒已食盡如此非一後日磨鍛於
菰蘆中見一大虵偷苟以鍛叉之中其虵

籠

史記曰宋元王二年江使神龜使於河至泉陽漁者豫且
舉網而囚之置籠中見夢於王曰我為江使於河伯而網
當路豫且得我王有德義故來告愬
又曰齊使淳于髡獻鵠於楚出邑門道飛其鵠揭空籠而
獻之
東觀漢記曰耿恭於疏勒城穿井十五丈不得水恭乃正
衣冠向井再拜為吏士禱水身自率士負籠有飛泉涌出

吏士驚喜皆稱萬歲
晉中興徵祥説曰泰元中公王婦女髮緩鬢傾髻以爲盛飾用髮豐多不可恒戴乃先於籠上㯗之名曰假髻或曰假頭至於貧民不能自辯自號無頭就人借髻亦服之妖也無幾時烈宗晏駕而天下騷動二十年中兵革不息孫恩之亂刑斬無數桓玄之役死者萬計凡被戮之家多亡頭首
沈約宋書曰廢帝狂悖無道誅害羣臣公卿忌憚諸父並聚之殿內毆棰陵曳無復人理建安王休仁及太宗山陽王休祐形體並肥壯帝以竹籠盛而稱之
續述征記曰梁鄒西有籠水發源長城山直北流注梁鄒西注濟水或云齊之孝婦誠感神明湧泉發於室內潛以續籠蔽之人莫之知由是無谷汲之勞姑及家人疑而嫉之伺出而搜其室既無所覩試發此籠而泉遂噴涌流漂居宇所以名曰籠水也
莊子曰一雀過羿羿必得之或以天下爲之籠則雀無逃矣是故湯以庖籠伊尹秦穆公以五羊之皮籠百里奚以其所好籠之也
淮南子曰張天下以爲之籠因江海以爲之罟何亡魚失鳥之有乎
又曰狐麥負籠甚可怪也
世説曰宋處宗甚有思理常得一長鳴雞愛而食之恒籠盛着窗間雞遂作人語與處宗談論極有言思終日不輟處宗因此言巧大進
楚辭曰鳳皇作鶉籠兮雖翕翅其不容
傅咸班鳩賦叙曰余郴蔚然成林閑居無爲有時遊之顧見班鳩音聲可悅於見捕而畜之既已㩗剔出之於籠無何失去後時時一來飛翔似如有戀聊爲之賦
成公綏鸚鵡賦曰小禽也以其能言解意故爲人所愛式之以金籠升之以殿堂可謂珍之矣蓋乃未得鳥之性也
古詩曰羅敷好蠶桑採桑城南隅青絲爲籠繩桂枝爲籠鉤
沈約宋書曰廢帝狂悖無道誅害羣公忌憚諸父並聚之殿內毆棰陵曳無復人理建安王休仁及太宗山陽王休祐形體並肥壯帝每以竹籠盛而稱之

籯

説文曰籯笭也
漢書曰韋賢曰遺子黄金滿籯不如一經

太平御覽卷第七百六十四

太平御覽卷第七百六十五

器物部十

箕帚　畚　斛量附　斗

外　蓑笠　桔槔　桄枷

拂　把扒

箕帚

世本曰少康作箕帚

詩曰維南有箕不可以簸揚維南有箕載翕其舌

禮曰凡爲長者糞之禮必加帚於箕上以袂拘而退其塵不及長者以箕自向而扱之

又曰氾埽曰埽埽席前曰拚拚（弗運坋）席不以鬣執箕膺擖（鬣謂帚也恒埽地不絜清也膺親也擖舌也持箕將去糞者以舌自鄉擖以涉扱）

又曰良弓之子必學爲箕

平七百六十五　一　田介

史記曰張儀說楚王曰大王誠能聽臣臣請使秦太子入質於楚楚太子質於秦請以秦女爲大王箕帚之妾効萬室之都以爲湯沐之邑

又曰鄒子如燕昭王擁篲先驅請列子之坐而受業

漢書曰秦爲亂政虐刑殘滅天下北爲長城之役南有五嶺之戍外内搔動百姓罷敝（音皮）頭會箕斂（許人頭數出穀以箕斂之）以供軍費

又曰上歸櫟陽五日一朝太公家令說曰天無二日土無二王帝雖子人主也太公雖父人臣也奈何令人主拜人臣如此則威重不行後上朝太公太公擁篲迎門却行上大驚下扶太公太公曰帝人主也奈何以我亂天下法也

又曰魏勃欲見齊相曹參無因常早掃參之門

又曰賈誼上書曰秦人借父櫌鋤而有得色毋取箕帚立而誶語

晉書曰王獻之善隸書有父風以掃帚沾泥書大字方丈甚善

王隱晉書曰庾袞孤兄女曰芳將嫁美其服矣袞刈荆苕爲箕帚焉召諸子于堂男女以班而謂芳曰汝少孤今汝適人將事舅姑洒埽庭内婦人之道故賜汝此匪器之美欲汝之温恭朝夕雖休勿休也

齊書曰劉休妻王氏妬帝聞賜休妾敕與王氏杖二十令休於宅後開小店使王氏賣掃帚皁莢以辱之

國語曰越王勾踐行成於吳曰一介適女執箕帚於王宮

淮南子曰周鼎不爨而不可賤掃帚日用而不足貴

南越志曰鮑靚爲南海太守嘗夕飛往羅浮山曉還有小吏晨洒掃忽見兩鵲飛入小齋吏帚擲之墜於地視乃靚之履也

平七百六十五　二　田介

西域志曰佛帚在月支國長三尺許似孔雀尾也

異苑曰北海徐寔婢蘭義熙中忽患羸黃而自拂拭有異於常家共伺察見竹掃帚從壁角來趣婢取而焚之婢即平復

雜五行書曰常以正月三日買箕四枚懸堂上四壁令人治生大得治田蠶萬倍錢財自入

李尤箕銘曰神農殖穀以養烝民箕主簸揚糠粃乃陳

畚

左傳曰晉靈公不君（失君道）宰夫胹（音而）熊蹯不熟殺之寘諸畚使婦人載以過朝

又曰宋災樂喜爲司城以爲政陳畚梮具綆缶（畚簣籠也）

晉中興書曰王猛少貧賤鬻畚爲事常至洛陽貨畚有一

人於市賣買其畚去家近在此可隨我取直猛隨去忽至深山中此人語猛且住樹下當先啓道君須臾猛進見一老公踞牀鬚鬢悉白侍從十許人引猛去大司馬公可進猛因拜老公曰王公何緣拜即十倍雇畚直遣人送猛出山既顧視乃是嵩高山也

淮南子曰禹之時天下大水禹身執畚鍤以為民先

韓詩外傳曰鮑焦衣弊膚見挈畚持蔬遇子貢曰吾子何以至於此鮑焦曰天下之遺德教者衆矣吾何以不至此子貢曰吾聞非其世者不至其利污其君者不履其土今子非其世而持其蔬乎鮑焦曰吾聞賢者易進而輕退廉士易愧而輕死乃捐其蔬立枯於洛水之上

斛 量附

廣雅曰斛謂之鼓方斛謂之角

書曰協時月正日同律度量衡（合四時之氣節月之大小月之甲乙齊一也律法制及尺丈斛斗斤兩皆均同）

周禮曰㮚氏（俗作栗）為量改煎金錫則不耗不耗然後權（權之）然後準之準之然後量之其銘曰時文思索允臻其極嘉量既成以觀四國永啓厥後茲器維則

漢書曰量者龠合升斗斛也所以量多少也本起於黃鍾之龠以子穀秬黍中者千有二百實其龠二龠為斛而五量嘉矣其法用銅方合十合為一升十升為斗十斗為斛而五量嘉矣其法用銅方尺而圜其外旁有庣（音桃）焉其上為斛下為斗左耳為升右耳為合為合龠之量也升者登合之量也斗者聚升之量也斛者角斗平多少之量也夫量者躍於龠合於合登於升聚於斗角於斛也職在太倉太司農掌之

後漢書曰第五倫為京兆主簿倫平銓衡正斗斛市無阿枉百姓悅服之

魏志曰太祖常討賊廩穀不足私謂主者主者曰可小斛以足之太祖曰善後軍中言太祖欺衆太祖謂主者曰特當借汝死以厭衆不然事不解遂斬之題屍曰用小斛盜軍穀故斬之

崔鴻十六國春秋後涼錄曰呂光與龜茲王戰大敗之故大奢侈富於養家有蒲桃酒或千斛經十年不敗士卒淪沒酒藏者相繼

荀氏別傳曰荀學字仲陽隱居不仕時歲飢荒來糴者遂妻常叩其斛糴者歸量輒過其本時人號為稼斛夫人

莊子曰聖人不死大盜不止為之斗斛以量之則并與斗斛而竊之權衡以稱之則并與權衡而竊之雖有軒冕之

賞弗能勸斧鉞之威弗能禁剖斗折衡而民不爭

天文要集曰斗星印則天下斗斛不平覆則歲稔

雜令曰諸量以秬黍中者容一千二百為龠二龠為合十合為升十升為斗（三斗為大一斗）十斗為斛

楚辭曰世並舉而好朋一升斛而相量（言今之人皆好朋黨並相薦舉將其貪佞之心以量清絜之士）衆比周而肩隨賢者遠害而隱藏

玉斗

史記曰鴻門之會沛公使張良以玉斗一雙予亞父亞父受玉斗撞而破之

又田乞仕齊景公為大夫其收賦稅於民以小斗受之其稟予民以大斗行陰德於民而景公弗禁由此田氏得衆心宗族益強人思田氏

漢書曰王莽攝政鑄作威斗威斗者以五石銅為之形若

北斗長二尺五寸欲以厭勝衆兵既成命有司負之葬出
在前入則御旁
說苑曰合升斗之微以滿倉廩
王逸子曰自幽厲禮壞樂崩天綱弛絶諸侯力政轉相吞
滅德不能懷威不能制至於王赧遂喪王斗

升

漢書律曆志曰嘉量法用銅方尺而圜其外左耳爲升右耳爲合
左傳曰齊舊四量豆區釜鍾四升爲豆各自其四以登於釜釜十則鍾鍾乃大矣陳氏三量皆登一焉
葛洪神仙傳曰王方平語蔡經家人曰吾欲賜汝等酒此乃出天廚其味醲非俗人所宜飲之或能爛人腸今當以水和之汝輩勿恠也乃以一升酒以一斛水攪之以賜經家家人飲之一升許皆醉良久

蓑笠

廣雅曰草謂之蓑簦（音登）謂之笠
詩曰爾牧來思荷蓑荷笠（蓑所以備雨笠所以禦暑）
又曰彼都人士臺笠緇撮（臺所以禦暑笠所以禦雨也）
禮曰大羅氏天子之掌鳥獸者也諸侯貢屬焉草笠而至尊野服也（諸侯於使使者戴草笠貢鳥獸也）
國語曰越王勾踐栖於會稽乃令三軍求退矣王謀臣大夫種曰譬如蓑笠時雨至必求之今君既棲於會稽之上而求謀臣無乃後乎
又曰吳夫差使王使孫苟告勞于周曰齊人爲不道不供承王事夫差不忍被甲帶劒簦笠相望於艾陵（簦笠備雨器也）天舍其衷齊師還（言敗而還）夫差豈敢自多

又曰管仲曰今夫農羣萃而州處察其四時時雨既至挾其槍刈耨鎛以旦暮從事於田野脫衣就功首戴茅蒲身衣襏襫（音撥襫茅蒲簦並也襏襫蓑也）沾體塗足以從事於田野
史記曰瞽瞍使舜上廩從下焚廩舜乃以雨笠自扞而下得不死之
又曰虞卿解其相印與魏齊間行走大梁欲因信陵君以走楚信陵君未肯見曰卿何人齊曰虞卿躡屩檐簦一見趙王賜白璧一雙黃金百鎰再見拜爲上卿聞君急士之窮而歸公子
吳志曰呂蒙汝南人代鄧當爲將定南郊約軍中不得干人家有所求取蒙麾下士是汝南人取民家一笠以覆官鎧蒙以爲犯軍令不可以鄉里故廢法遂斬之
晏子曰景公出遊曰嗚呼使古而無死何如晏子曰若使古而無死丁公太公將有齊國吾將戴笠衣褐以行畎畝之中也

風土記曰越人結交約曰卿雖乘車我戴笠後日相逢下車揖
盛弘之荆州記曰宜都有風穴樵人有冬過者置笠穴口風吹之經日還涉長陽溪而得其笠則知溪穴潜通矣
馮敬通詣鄧禹牋曰今日衰與蓑孰急見雨則衰不用上堂則蓑不御此更爲適者也今敬通逢堂蓑之不御也
本草曰敗天公主鬼注精魅（此竹笠之敗也）
曹植九詠曰越江兮刈蘭暮秋兮薄寒被蓑兮戴笠置露兮踐萑
王褒撞約曰雨墮如注瓮板薜戴子公（薜蓑衣也子公笠也）

桔槹

通俗文曰機汲曰桔槔
禮曰棒席如橋衡（鄭玄曰井上結槔衡在上低仰者也）
莊子曰子貢南遊楚漢陰見一丈人爲圃畦於漢陰鑿隧而入井抱甕而灌用　力多而見功寡子貢曰鑿木爲機後重前輕挈水若流其名桔槔圃者曰聞有機事必有機心吾非不知羞不爲也
又曰獨不見夫桔槔者乎引之則俯舍之則仰彼人之所引非引人者也故俯仰而不得罪於人
汝南先賢傳曰蔡君仲井桔槔壞在毋　年命上憂不敢治而扶老生繞之（扶老藤也生繞桔槔不須治孝之感也）

椸枷（音移架）

禮曰男女不同椸枷
又曰不敢懸於夫之揮（音揮）椸（竿謂之椸）
爾雅曰日竿謂之椸（郭璞注曰衣架也）
古詩曰甖中無斗米架上無懸衣

梯

說文曰梯木階也
禮曰復有林麓則虞人設階無林麓則狄人設階
蜀志曰劉琦問自安之計於諸葛亮亮不答琦遊後園登樓去梯謂亮曰可以言未謂劉曰君不見申生在內而危重耳居外而安乎
崔鴻十六國春秋後涼錄曰竇苟洛陽人也以壯勇知名從呂光攻龜茲登雲梯入地道或時墮落蘇而復上光深奇之
孟子曰瞽瞍使舜完廩捐階
搜神記曰和熹鄧后夢登梯以捫天體蕩蕩正青若鍾乳者后仰漱之
石虎鄴中記曰石虎太子宣與母弟秦公韜迭秉政事宣嫌終有代已之勢八月社日韜登東明觀遊暮還酣宴作女妓罷宣遣力士鉅鹿楊杯等十餘人夜緣梯入韜弟斫殺之
鹽鐵論曰防塞利門而民猶爲非況上之爲利乎
傳曰諸侯好利則大夫鄙大夫鄙則士貪士貪則庶人盜是開利室內民罪梯也
世說曰韋仲將能書魏明帝起殿欲安牓使仲將登梯題之既下頭鬢皓然因是勑戒兒孫勿復學書
嵇含雞賦曰余庭有栖雞而一雄冣武常憑梯外栖守時晉晨未常有殆
郭璞遊仙詩曰靈溪可潛盤安事登雲梯

杷朳

方言曰杷無齒爲朳宋魏之間謂之渠挐（紷江亦綡）或謂之渠疏
周生列曰夫忠謇朝之杷朳正人國之掃篲也秉把執篲除凶掃穢國之福主之利也

太平御覽卷第七百六十五

太平御覽卷第七百六十六
雜物部一
膠　漆　蠵
黃屑　皮　觔角
齒　羽毛　蘧篨
箭笴　笪
繩

膠

周禮曰凡相膠欲朱色而昔昔也者深瑕而澤紾而摶廉搏圜也廉瑕嚴利也鹿膠青白馬膠赤白牛膠火赤鼠膠黑魚膠餌犀膠黃皆謂煑用其皮或用角也

禮曰脂膠丹漆無或不良監工曰號無作淫巧以蕩上心

史記曰趙奢死藺相如病篤使廉頗攻秦秦敗趙軍秦之間言曰秦之所惡獨畏趙奢之子趙括為將耳趙王因以括代廉頗相如曰王以名而使括若膠柱而鼓瑟耳括徒能讀父書傳不知合變也趙王不聽遂將之

漢書曰晁錯上書曰欲兵威者始於折膠秋至膠可折弓弩可用匈奴可以出軍

謝承後漢書曰雷義與陳重為交鄉人為之語曰膠漆雖堅不如雷與陳

帝王世紀曰昭王濟漢船人惡之以膠船進王中流膠舡解王沒于水

中洲記曰鳳麟州以鳳咮及麟角合煎作膠名曰集弦膠一名連金泥膠青色如碧玉漢武時西王母使獻靈膠四兩帝不知其妙以付庫帝幸上林苑射虎而弩弦斷使從駕因取一分膠口濡以集弦射虎而帝使武士對挽終不脫勝未集時

呂氏春秋曰桓公使人告魯曰管夷吾寡人之讎也願生得而親加手焉魯君許諾乃使吏鞹其拳膠其目以韋囊其手也盛之以鴟夷置之輂車

孔融同歲論曰阿膠徑寸不能止黃河之濁

本草經曰膠一名鹿角膠味甘平治傷中勞絕腰痛瘦補中益氣婦人無子

曹植樂府歌曰膠漆至堅浸之則離皎皎素絲隨染色移君不我棄讒人所為

漆

書曰兗州厥貢漆絲豫州厥貢漆枲

詩曰樹之榛栗椅桐梓漆

史記曰豫讓為智伯報趙襄子吞炭漆身

又曰秦二世立又欲漆其城優旃曰善上雖無言固將請之漆城城滑蕩蕩寇來不能上欲就之易為漆耳難為陰室於是二世笑而止

戰國策曰三晉分智氏趙襄子怨智伯漆其頭以為飲器

漢書殖貨志曰漆千大斗亦比千乘之家

范曄後漢書曰樊重欲作器先種漆而鄉人笑之積以歲月皆得其用向之笑者皆取給焉

莊子曰山木自寇也膏火自煎也桂可食故人伐之漆可用故人割之人皆知有用之用而莫知無用之用也

韓子曰舜作食器斬山木而財之削鋸循其迹流漆墨其上諸侯以為益侈國之不服者十三

又曰堯無膠漆之約於當世而道行

山海經曰英鞮之山其上多出漆

列仙傳曰丁次卿欲還峨眉山語主人丁氏云當相爲作漆以璺十枚盛水覆口從次埀之百日乃發皆成漆也一

蕭廣濟孝子傳曰申屠勳字君遊少失父與毋居家貧傭力供養作壽器用漆五六斛十年乃成

何晏九州論曰平安好棗中山好栗真定好梨共汲好漆

續述征記曰古之漆園在中牟今猶生漆樹也梁王時莊周爲漆園吏則斯地○南越志曰綏寧白水山多漆樹高十餘丈刻漆常○上樹端雞鳴日出之始便刻之則有所得過此時陰氣淪陽氣升則無所獲也九刻漆別有氏族以爲業擕甫緣木㪅胼胝如人脚也

蠟

晉中興書曰王敦死祕不發喪褁屍以席塗之以蠟埋於齋中諸葛瑶等日縱酒淫樂

博物志曰荒年暫辟穀法但食蠟半斤輙支十日不飢東阿王嘗錄甘始同寢處百日不食而容體自若此術術

世說曰石季倫以蠟燭炊

黃屑

南方草物狀曰黃屑在山中藤生蔓延緣着樹木以九月中刮取根皮乾暴曰南黃屑最黃好歲以獻

皮

書曰梁州厥貢熊羆狐狸織皮

左傳曰皮之不存毛將安傳

又曰無綏子嘉父使孟樂如晉因孟莊子納虎豹之皮以和諸戎

又曰齊莊公爲勇爵殖綽郭最欲預焉自以爲勇州綽曰東閭之役臣左驂迫還於門中識其枚數可以與於此乎然二子者譬於禽獸臣食其肉而寢處其皮矣

爾雅曰東北之美者斥尺舍切山之文皮焉郭璞曰虎豹之屬皮有縟綵

論語曰子曰文猶質也質猶文也虎豹之鞹猶犬羊之鞹也

漢書曰元狩四年有司言用度不足請收銀錫白金及皮幣以足用應劭曰時國用不足以白鹿皮爲幣朝覲以薦璧

又曰荅布皮千石亦比千乘之家

范曄後漢書曰李恂爲兗州刺史以清約率下席羊皮卧布被遷張掖太守有威重名

文子曰木強即折革強即裂

神異經曰北方有曾氷萬里厚百文有鼠在土中焉食氷下草木肉重萬斤可以作脯食之已熱除熱病也其皮可以蒙鼓其聞千里有美毛可以來鼠此尾所在鼠聊聚

搜神記曰舊說大古時有人遠征家唯有一女并馬一疋女思父乃戲馬曰爾能爲我迎得父吾將嫁汝馬乃絕韁而去至父所父疑家中有故乘之而還後馬見女輙怒而奮擊父怪之密問女女具以告父父乃射殺馬曝皮於庭女之皮所以足蹙之曰爾馬而欲爲婦自取屠割何如言未竟皮蹶然忽起卷女而行父還失後大樹之間得女及皮盡化爲蠶績於樹上其璽厚大異於常蠶隣女取食養之其收亦倍今世或謂蠶爲女兒古之遺語也

真子曰廊廟之材蓋非一木之枝也狐白之裘蓋非一狐之皮也

韓子曰翟人獻豐狐玄豹之皮於晉文

又曰西門豹性急佩韋以緩己董安于心緩佩弦以自急常皮世

楊子法言曰羊質虎皮見草而悅見豺而戰忘其皮之虎也

筋角

周禮曰凡相角秋綱(音殺)者厚春綱者薄穉牛之角直而澤老牛之角紾而昔(紾旋展切讀爲交錯之錯)疢疾險中(牛有久疾則角裏傷)瘠牛之角無澤(少潤氣也)角欲青白而豐末(豐大也)角長二尺有五寸三色不失理謂之牛戴牛(三色本白中青末豐也牛戴牛角一直牛也)

又曰凡相筋欲小簡而長大結而澤則其爲獸必剽以爲弓則豈異於其獸筋欲敝之敝(嚌之當孰也)

禮曰祭天地之牛角繭栗宗廟之牛角握賓客之牛角尺

左傳曰鼷鼠食郊牛角

爾雅曰北方之美者幽都之筋角焉(幽都山名謂野牛筋角也)

魏略曰大秦國出駭雞犀角

晉書曰王凱以帝舅奢豪有牛名八里百駮駭常瑩其蹄角

後魏書曰桓帝英傑魁岸馬不能勝常乘安車駕大牛角容一石

呂氏春秋曰甯戚飯牛扣角而歌

淮南萬畢術曰燒角入山虎豹自遠

東方朔占曰昔武帝亡劒不知取者誰無主名請朔往入宮見人持兩刺手中復持小牛角朔曰陛下宮中當有親林名字魚者取之帝曰有之即收考子魚服出劒帝曰朔何其工乎且說其占朔對曰入宮時見人持二刺手中復持小牛角因占之二木林字故知名字魚者取之

齒

書曰楊州厥貢齒革羽毛荊州厥貢毛齒

詩曰元龜象齒大賂南金

周禮曰荊州其利齒革

禮曰季春之月令百工審五庫之量筋角齒羽無或不良

左傳曰晉韓宣子爲政諸侯之幣重鄭子產謂之曰象有齒以焚其身賄也宣子悅乃輕幣

元嘉起居注曰彈廣州刺史韋朗象牙三十九枚

羽毛

書曰仲夏鳥獸希革(夏時鳥獸毛羽希少改易革改也)仲秋鳥獸毛毨(毨理也毛更生整理)仲冬鳥獸氄毛(鳥獸皆生耎毳細毛以自溫焉)

周禮曰九旂全羽爲旞析羽爲旌

又曰楊州荊州皆貢羽毛

左傳曰范宣子假羽毛於齊而弗歸齊人始貳(析羽爲旌因謂之羽毛)

尚書大傳曰夏成五服齒革羽毛器乃備

魏志曰平原太守劉乂取印囊及山雞毛著器中令管輅筮之輅曰內方外圓五色成文含寶守信出則有章此印囊也高岳巖巖有鳥朱冠羽翼玄黃鳴不失晨此雞毛也

列女傳曰老萊子隨其妻至於江南而止曰鳥獸之解毛可績而衣也

陸機羽扇賦曰昔楚襄王會於章臺之上宋玉唐勒侍皆操白鵠之羽以爲扇

張載羽扇賦曰有翔雲之素鳥體自然之至潔飄縞羽毛清風擬妙姿於白雪

蘧篨

方言曰簟粗者謂之蘧篨

晉書曰慕容暐見苻堅曰暫出鑾駕幸臣私第堅許之暐出

王嘉曰推蘆作蘧篨不成文章會天大雨不得殺羊堅與羣臣莫之能解是夜大雨晨不果出

三輔故事曰哀帝崩王莽奏發傅太后冢以蘧篨裹屍還定陶

倉庫令曰諸輸米麦二十斛蘧篨一番

皇甫謐篤終論曰死以蘧篨裹屍麻繩約二頭

筣笓上音俚下音毗

魏略曰裴潛爲尚書令妻子貧乏織筣笓以自供

傅咸効事曰令史張濟案行城東見有新立屋間筣笓障二十丈推問是少府夏侯俊所作請免俊官

笪丁葛切

方言曰筕户當切篖音當自關而東周洛楚魏之間謂之倚佯自關而西謂之筕篖南楚之外謂之篖郭璞曰筕篖以蘧篨直文而粗江東

呼爲笪

繩

通俗文曰合繩曰糾單展曰紉女鄰切織繩曰辮大繩曰絙古伯切

易曰上古結繩而治後世聖人易之以書契

書曰予臨兆民懍乎若朽索之馭六馬爲人上者柰何不敬

又曰木從繩則正后從諫則聖

左傳曰吳伐齊齊公孫揮命其徒曰人尋約吳髮短約繩也八尺爲尋吳髮短欲以繩貫其首

漢書曰龔遂爲渤海太守盜賊不寧上問遂曰君欲何以息其盜賊遂曰選用賢良固欲安之臣聞治亂國猶治亂繩不可急唯緩之然後可治

東觀漢記曰吳漢等圍朱鮪岑彭說鮪鮪從上下索曰必信可乘上彭趣索欲上鮪見其誠即許降後二日鮪將輕騎詣彭

又曰許皇后父廣漢爲官者丞上官桀謀反時廣漢部索其殿中廬有索長數尺可以縛人者數千枚滿人篋緘封廣漢索不得他吏往得之廣漢坐論爲鬼薪輸掖庭後爲暴室嗇夫

晉書曰劉寔字子真平原人少貧苦賣牛衣以自給然好學手繩口誦博通古今清身絜處舉秀才皆不行

後魏書曰楊大眼武都氐王難當之孫少驍捷高祖征南李沖典選統校大眼往求沖不許大眼曰下官出一技便出長繩三丈繫於髻走繩直如絃馬馳不及沖曰千載巳來未有若此遂用爲軍主顧謂同僚曰吾之今日所謂蛟

龍得水之秋不復與諸軍齊列矣武冠六軍淮泗之人以名止小兒啼卒荆州刺史

老子曰善繫者無繩約而不可解

家語曰子貢問治民於孔子孔子曰懍焉如腐索之御奸馬

文子曰夫繩之爲度也可卷而懷之可引而伸之可直而布之長而不横短而不窮直而不剛故聖人體之

葛洪神仙傳曰樊夫人者劉剛妻也俱行道術各自言勝剛行見虎不敢起適欲往往即噓之夫人往捉虎以面迫地不視夫人以繩就繫虎頸曳之以歸

幽明錄曰曲阿有一人忘姓名從京還逼暮不得至家遇雨宿廣屋中雨止月朗遥見一女子來至屋簷下便有悲歎之音仍解髻中綖去逵切繩懸屋桷自絞又覺屋簷上如

有人牽繩此人盜以刀斷卷繩又斫屋上見一鬼西走向曙女氣方蘇能語家在前持此人將歸向女父母說其事或是天運使然因以女嫁與爲妻

異記曰武康徐氏宋太元中病瘧連治不斷有人告之曰可作數團飯出道頭呼傷死人姓名云爲我斷瘧今以此團與汝擲之徑還勿反顧也病者如言乃呼晉故車騎將軍沈充須臾有乘馬導從而至問汝爲何人而敢名官家因傳將去舉家尋覓經日乃於塚側叢棘下得之繩猶在時瘧遂獲痊

傅玄九曲詩曰歲暮景邁時兇絶安得長繩繫日月

古詩曰直如朱絲繩清如玉壺水

太平御覽卷第七百六十六

雜物部二

板　瓦　軶
塹　葝茭　垩
竿　鈎　釘
鏁　礪

板

葛洪神仙傳曰王遠字大平東海人也博學六經尤明天文圖讖河洛之要逆知天人盛衰之期九州吉凶漢桓帝聞之連徵不出使郡國逼載以詣京師低頭閉口不肯答乃題宮門扇板四百餘字皆說方來帝甚惡之使人削之外字去内字復見黑皆徹入板裏

續搜神記曰聶支豫章新淦姑暗人少時貧常夜照見一白鹿射中之明尋蹤血既盡不知所在且已飢極便卧一梓樹下仰見箭着樹枝視之乃是昨射箭怪其如此於是還家賫粮命子姪持斧以伐之樹微有血遂裁截爲板二枚牽着破塘中板常沉没然時復浮出輙家有吉慶每欲致賓客輙便此板於中流欲没客大懼聶君呵之還復浮出仕宦大如意位至丹陽太守在郡經時外司白云濤入石頭聶然聶君以板破中板來耳視之果然聶君以板來必有意即解職歸家下船便閉户二板挾兩邊一日至豫章自爾之後板出便反有凶禍家大轗軻

幽明録曰義熙中江乘聶湖忽有一板廣數尺長二丈餘恒停在此川溪採菱及捕魚者資此以自濟後有數人共乘板入湖試以刀斫即有血出板仍没數人溺死

瓦

古史考曰夏世昆吾氏作屋瓦

禮曰慕賢而容衆毀方而瓦合去己之大圭角下與衆人小合也者

史記曰秦攻韓軍於武安西秦軍鼓譟勒兵武安屋瓦盡震

漢書曰霍禹弟巻端人見禹居堂屋上撤瓦投地就視亡有大恠之舉家憂愁未幾被誅

續漢書曰董卓作亂燒南北宮雒陽城無隻瓦尺木

吳時外國傳曰大秦國以水精爲瓦

晉起居注曰成都王討長沙王使陸機都督三十七萬衆圍洛陽四匝夜鼓譟京師屋瓦皆裂

晉中興書曰泰寧元年五月大廻風吹劉曜太廟瓦垣外數十步其欂櫨栱捂無離者瓦亦不毀曜素服五月繕治之

淮南子曰以磁石之能連鐵也而求其引瓦則難矣

漢武故事曰武帝起神明殿砌以文石用布爲瓦而淳漆其外四門並如之

語林曰晉張載字孟陽甚醜每出爲小兒擲瓦盈車

葛洪神仙傳曰孫博者河東人也有藏人亡奴在軍中者因以求之不得博語奴主曰吾爲卿燒其營舍奴出走卿但諦伺取之於是博以一赤瓦擲之須臾火起張天奴果出走而得之博乃以青瓦擲之火即滅屋舍百物向已燋燃者悉復如故

靈鬼志曰有杜人姓鄒坐齋中忽有一人通刺詣之題刺云舒甄仲既去疑其非人尋其刺曰吾知之矣是予舍西土瓦中人耳便往令人將鍤掘之果於瓦器中得桐人長尺餘

管子曰棟橈不勝任則屋覆而人不怨者其理然也弱子慈母之所愛也不以其理而下瓦則慈母笞之故其理動

者雖覆屋不爲怨不以其理動者下瓦必笞
莊子曰師曠爲晉平公作清角一奏有雲從西北起再奏
大雨大風隨之裂帷幕破俎豆墮廊瓦平公懼伏于室內
抱朴子曰土杆瓦胾不可救飢

甎

爾雅曰瓴謂之甓甎也今江東呼甓甓音蒲歷切
古史考曰烏曹氏作甎
魏略曰扈累獨居道側以甓瓦甎爲障施一厨牀食宿其中
晉書曰吳興吳逵經疫癘死者十三在青唯逵夫妻家貧
冬無被袴晝傭賃夜還燒甎伐木朞年中成七墓葬十二
喪
宋書曰范曄字蔚宗毋如廁產之額爲塼所傷故以塼爲
小字

鄭緝之東陽記曰獨公冢在縣東八十里有冢臨溪其甎
文曰筮言吉龜言凶三百年墮水中義熙中冢猶半在自
後稍已崩盡
續搜神記曰順陽范啓毋喪當葬前毋墓在順陽往迎之
既至而墳壟杳難可識別不知何許袁彥仁時爲豫州往
看之因云聞有一人見鬼范即如言令物色覓之云此墓中
一人衣服顔狀如之即開墓棺物皆爛冢中灰壤深尺餘
意甚疑試令人以足撥灰中土與得舊物果得一甎銘云
順陽范堅之妻然後信之
述異記曰豫章胡玆家在郡治宋泰始四年空中忽有故
冢墓甎青煞石灰着之礚然擲其毋前其數或五三俱至
舉家驚懼然終不中人旬日乃止
語林曰陶太尉既作廣州優遊無事常朝自運甓甎也於齋
外暮運於齋內人問之陶曰吾方致力中原恐爲爾優遊
不復堪事

墼

東觀漢記曰周紆字文通爲渤海太守坐事免家貧身築
墼以自給食

芻茭

書曰峙迺芻茭亡敢弗多
詩曰生芻一束其人如玉
禮曰以足蹙路馬芻有誅
聲類曰茭乾芻也
老子曰天地不仁以萬物爲芻狗聖人不仁以百姓爲芻
狗逋壹賦邪賦曰勢家多所宜欬唾自成珠被褐懷金玉
蘭蕙化爲芻

堊音惡

禮曰在堊室之中不與坐焉
山海經曰葱聾之山其中有大谷是多白墨青堊謂有雜色之堊
太公六韜曰昔帝堯王天下上世謂賢君其治則宮垣室
屋不堊也
莊子曰郢人堊漫其鼻端若蠅翼使匠石斲之運斤成風
盡堊而鼻不傷郢人立而不失容

竿

詩曰籊籊竹竿以釣于淇籊籊長而殺也
說文曰竿竹挺也
漢書曰斬木爲兵揭竿爲旗揭音竭負也
續漢書曰高鳳字文通南陽人妻將之田曝麥於庭令鳳
護雞忽然天暴風大雨鳳持竿誦經不覺潦水流麥妻還怪

問鳳方悟

博物志曰詹何以獨繭之絲爲綸芒針爲鉤荆篠媳了爲竿剖粒爲餌引盈車之魚於百仞之淵

莊子曰楚王聘莊周於濮水之上莊子持竿不顧

鉤

史記曰紂有功能伸鉤索鐵

搜神記曰京兆長安有張氏晝獨處室有鳩自外入止前牀張氏惡之披懷而祝曰鳩爾來爲我禍耶飛上承塵爲我福耶來入我懷鳩飜入懷以手探之則不知鳩之所在而得一金鉤焉遂寶之自是之後子孫昌盛資財萬倍蜀賈客至長安中聞之乃厚賂內婢婢竊鉤以與客張氏既失鉤漸貧死喪而蜀客亦數罹窮厄不爲己利或告之天命也不可以力求於是賫鉤以返張氏張氏復昌故關西

稱張氏鉤

風俗通曰順帝時京師謠曰直如弦死道邊曲如鉤乃封侯

張衡賦曰仰飛纖繳俯鉤長流觸矢而斃貪餌吞鉤

釘

魏略曰晉宣王討王陵陵自知罪重試索棺釘以觀太傅意太傅給之陵夜呼掾屬與訣曰行年八十身名並滅遂自殺

盛弘之荊州記曰冠軍縣東有魏征南司馬張詹墓元嘉初尚儼然六年民飢始被發金銀朱漆之器爛然有二朱漆棺棺前垂竹薄簾以金釘釘之

楊龍驤洛陽記曰石牛一頭在城西北九重里耆舊傳說昔石虎當襄國石牛夜嗅聲三十里事奏虎虎遣人打落牛兩耳及尾以鐵釘釘四脚今見存

抱朴子曰吴有趙炳以大釘釘柱入尺許以氣刀吹之即釘躍出如弩箭之發

鏶

廣雅曰鏶音集謂之鍱弋涉切

說文曰鏶鍱也

礪

詩曰周道如砥

書曰楊州厥貢礪砥砥細於礪皆磨石也

又曰若金用汝作礪

史記曰封爵之誓曰黃河如帶太山如礪言河山如帶礪國乃絕耳

蔡邕勸學曰木以繩直金以淬剛必須砥礪就其鋒鍔

魏志曰殺幽州牧劉虞有童謠曰燕南垂趙北際中央不合如礪唯有此中可避世公孫瓚以已當之乃築京固守

積三萬斛

廣志曰礪石出首陽山有紫白色出南昌者最善今武庫有數枚治御刀

山海經曰高梁之山多砥礪

尸子曰鐵使干越之工鑄之以爲劒而勿加砥礪則以刺不入擊不斷磨之以礱礪加之以黃砥則刺也無前擊也無下自是觀之礪之與弗礪其相去遠矣今人皆礪其劒而弗知礪其身夫學身之砥礪也

太平御覽卷第七百六十七

太平御覽卷第七百六十八

舟部一

叙舟上

釋名曰舡循水而行

又曰舟言周流也舡上屋曰廬象舍也其上重室曰飛廬在上故曰飛也又在其上曰雀室於中候望若鳥雀之驚視也

又曰舟名青翰千翼赤馬亦名鷁首

說文曰舡從舟從鉛省聲艘舡摠名也（艘音騷）

易曰刳木爲舟剡木爲檝舟檝之利以濟不通

詩曰汎彼栢舟在彼中河（舟在河中猶婦人在夫家是其常處）

又曰二子乘舟汎汎其景（二子伋壽）願言思子中心養養

又曰汎汎楊舟載沉載浮（楊木也舟之汎浮隨所載）既見君子我心則休

書曰予乘四載隨山刊木（所載者四其一曰水乘舟）

又曰若乘舟汝弗濟臭厥載

禮曰季春之月舟牧覆舟五覆五反乃告舟備具于天子（鄭玄曰舟官覆反舟者備傾漏也蔡邕章句曰備謂檝櫂紼纚維引之具）

左傳曰齊侯與蔡姬乘舟于囿蕩公公懼變色禁之不可公怒歸之未之絕也蔡人嫁之齊侯以諸侯之師侵蔡

又曰冬晉薦饑使乞糴于秦秦輸粟於晉自雍及絳相繼命之曰汎舟之役（泛謂水運入河汾也）

又曰秦伯伐晉孟明濟河焚舟（示必死也）取王宫及郊（王宫郊皆晉地）晉人不出遂自茅津濟封崤尸而還（茅津在河東大陽縣西封埋藏）

又曰楚敗吳師獲其舟餘皇（餘皇舟名）

又曰晉楚將戰趙嬰齊使其徒先具舟于河故敗而先濟也

春秋潛潭巴曰澤浮舟天子以亡爲憂（宋均注曰潭無底之澤今浮舟言陰盛之耳）

論語曰南宮适問於孔子曰羿善射奡盪舟俱不得其死然○爾雅曰舫舟也天子造舟諸侯維舟大夫方舟士特舟庶人乘柎（郭璞注曰造舟比舡爲橋也維連四舡也方併兩舟也特單舟也柎編木以渡也）

廣雅曰艦大舡也舫艕舩也蒙衝艑（步典切）舸（音鹵）艫（音鹿）舸（古我切）（切共音迋音孟音舟洪舟擬舟猛）舟也

家語曰舟非水不行水入舟則沒君非民不治民犯上則君危

戰國策曰或謂公叔曰乘舟舟漏而不塞則舟沉矣塞漏舟而輕陽侯之波則舟覆矣今公自以辯於薛公而輕秦是漏舟而輕陽侯之波也願公察之

帝王世紀曰昭王濟漢舡人惡之以膠舡進王中流膠舡解王沒于水

史記曰項羽欲東渡烏江（瓚曰牛渚）烏江亭長檥船侍（徐廣曰檥音儀駰案應劭曰檥正也孟康曰檥音蟻附也附船著岸也如淳曰南方人謂整舟向岸曰檥也）謂項王曰江東雖小地方千里衆數十萬人亦足王也願大王急渡今獨臣有船漢軍至無以渡項王笑曰天之亡我我何渡爲且籍與江東子弟八千人渡江而西今無一人還縱江東父兄憐而王我我何面目見之縱彼不言籍獨不愧於心乎乃爲亭長曰吾知公長者吾騎此馬五歲所當無敵嘗一日行千里吾不忍殺之以賜公

又曰韓信擊魏魏王盛兵蒲坂塞臨晉信乃益爲疑兵陳舡欲渡臨晉而伏兵從夏陽以木罌缻（與缶字同）渡軍襲安邑虜魏王豹

又曰陳平逃楚歸漢渡河舡人疑有金陰欲害之平脫衣

刺船遂免害

漢書曰鄧通蜀郡南安人以櫂舡爲黃頭郎（師古曰櫂舡能持櫂行舡也士勝水其色黃故刺舡之郎皆着黃帽因號曰黃頭郎也）

又曰景帝三年吳大舡自覆吳地以舡爲家國將亡也

又曰武帝汾歌曰汎樓船兮濟汾河橫中流兮揚素波

又曰武帝浮江射蛟舳艫千里（李斐曰舳舩後持柂處艫舩頭刺櫂處也）

又曰武帝時越欲漢用舡戰遂（水戰相逐）乃大脩昆明池列館環之治樓舡高十餘丈旗幟加其上

又曰伍被曰吳王伐江陵木以爲舡

又曰薛廣德爲御史大夫秋上酎祭宗廟出便門欲御樓舡廣德當乘輿免冠頓首曰宜從橋詔曰大夫冠廣德曰陛下不聽臣臣自刎以血汚車輪陛下不得入廟矣上不悅光祿大夫張猛進曰臣聞主聖臣直乘船危就橋安聖

主不乘危御史大夫言可聽上曰曉人不當如是耶乃從橋

又曰江都易王子建不道使宮女乘小舡建以足蹈覆宮女溺下沉下浮建觀而大笑

後漢書曰馬援平南越將樓舡大小二千餘艘士二萬餘人進擊九真賊徵側餘黨都羊等自無功至居風（無功居風二縣並屬九真郡）斬獲五千餘人嶠南悉平（嶠嶺嶠也廣州記曰援到交趾立銅柱爲漢之極界）

又曰第五倫爲會稽太守永平五年坐法徵老小攀車叩馬啼呼相隨日裁行數里不得前倫乃僞止亭舍陰乘舡去衆知復追之及詣廷尉吏人上書守闕者千餘人是時顯宗方按梁松事亦多爲松訟者帝患之詔公車諸爲梁氏及會稽太守上書者勿復受會帝幸廷尉錄囚徒得免歸田里身自耕種不交通人物數年拜宕渠令

又曰任文公巴郡人爲從事大夫大旱白刺史曰五月一日當有大水其變已至不可防救宜令吏人預爲其備刺史不聽文公獨儲大船百姓或聞頗有爲防者到其日旱烈文公急命促載使白刺史刺史笑之日將中天北方雲起須史大雨至晡時湔水涌起十餘丈（酈元水經注云湔水出綿道玉壘山在今益州湔音子踐反）突壞廬舍所害數千餘人文公遂以占術馳名

又曰郭林宗遊洛陽始見河南尹李膺大奇之遂相友善於是名震京師後歸鄉里衣冠諸儒送至河上車數千兩林宗唯與李膺同舟而濟衆賓望之以爲神仙焉

又曰趙炳嘗臨海求船人不和之（和許也俗本作知者誤也）炳乃張蓋坐其中長嘯呼風亂流而濟於是百姓神服從者如歸

魏志曰尚書僕射杜畿受詔作御樓船於陶河試舡遇風没文帝爲之流涕詔曰昔冥勤其官而水死稷勤百穀而死杜畿忠之至也

又曰徐宣遷司隷校尉從至廣陵六軍乘舟風浪暴起帝舡迴倒宣疾在後陵波而前羣寮無至者帝壯之

又曰郭嘉死太祖征荆州還於巴丘遇疾燒舡歎曰郭奉孝若在不使孤至此（奉孝嘉字）

又曰鄧哀王仲字蒼舒五六歲智若成人孫權曾致巨象太祖欲知其輕重訪之羣下咸莫能出其理仲曰量象大舡之上而刻其所至稱物以載之則交可知矣太祖大悅即施行焉

魏略曰孫權乘大舡來觀軍公使弓弩亂發箭着其舡舡偏重將覆權因迴舡復以一面受箭箭均船平乃還

吳志曰諸葛恪出征東興有虹見其舡

又曰吳人以舟檝爲輿馬以巨海爲夷庚也

晉書曰陸機初詣張華華問雲何在機曰雲有笑疾未敢

自見俄而雲至華爲人多疑製好帛縕纏鬆雲見而大笑
不能自已先是常着纕經上舡於水中顧見其影因大笑
落水人救獲免
又曰張憑字長宗祖鎮蒼梧太守憑年數歲鎮謂其父曰
我不如汝有佳兒憑曰阿翁詎宜以子戲父耶及長有志
氣爲鄉閭所稱舉孝廉負其才自謂必參時彥初欲詣劉
惔鄉里及同舉者共笑之既至惔處之下座神意不接憑
欲自發而無端會王濛就惔清言有所不通憑於末 制
之言旨深遠足暢彼我之懷一座皆驚惔延之上座清言
彌日留宿至旦遣之憑既還舡須臾遣傳教覓張孝廉舡
便召與同載遂言之於簡文帝帝召與語歎曰張憑勃窣
爲理窟官至吏部郎御史中丞
又曰王濬徵拜右衛將軍除大司農車騎將軍羊祜雅知

濬有奇略乃密表留濬於是重拜益州刺史武帝謀伐吳
詔濬修舟艦濬乃作大艦連舡方百二十步受二千餘人
以木爲城起樓櫓開四門其上皆得馳馬來往又畫鷁
首怪獸於舡首以懼江神舟檝之盛自古未有太康元年
正月濬自成都率巴東監軍廣武將軍唐彬攻吳丹陽尅
之擒其丹陽監盛紀吳人江險磧要害之處並以鐵鎖橫
截之又作鐵錐長丈餘暗置江中以逆拒舡先是羊祜獲
吳間諜具知情狀濬乃作大筏數十亦方百餘步縛草爲
人被甲持仗令善水者以筏先行筏既行遇鐵錐輒着筏
去又作炬長十餘丈大數十圍灌以麻油在舡前遇鎖然
炬燒之須臾融液斷絕於是舡無所礙
王隱晉書曰陶侃擊蜀賊王真真拘得侃有雀舡侃欲投
水都督王棱蘇扶侃入小舡得脫

晉中興書曰蘇峻作逆與祖渙許柳等將萬餘人出横江
連舡東渡時遇西風既濟船江中忽更東風吹舡還西岸
峻書善憙憙曰是天助我固將志也
又曰郭翻武昌人安西將軍庾翼以帝舅之重躬往逼翻
欲強起翻曰人性各（有所短不可強）逼翼以翻舡狹小欲引就大
舡翻曰使君不以民鄙賤而辱臨之此固野人之舟也翼
俯屈入其中舡
太公六韜曰武王伐殷先出於河呂尚爲將以四十七艘
舡濟於河
又曰天舡一名天潢以濟大水
又曰殷君爲酒池可遊舡
莊子曰顏回問於仲尼曰回嘗濟於觴深之泉津人操舟
若神吾問焉操舟可學也曰遊善者數能若乃夫沒人

未嘗見舟而便操之吾問焉不吾告敢問何謂也仲尼曰
善遊者之數能忘水故也彼視衆泉若陵視舟之覆猶車
之却退也（視泉若陵故視舟之覆於淵猶車却退於峻也）
又曰藏舟於壑藏山於澤謂之固矣然則夜半有力者負
之而走昧者不知也
又曰水之積也不厚則其負大舟也無力覆盃水於坳（於交
切）堂之上則芥爲之舟置杯焉則膠水淺而舟大也
又曰孔子遊乎緇帷之林坐杏壇之上有漁父者下舡而
來孔子乃下求之至於澤畔有將杖拏而引其舡顧見孔
子再拜而起乃刺舡而去延緣葦間顏淵還車了不顧待
水波定不聞拏音而後敢乘
又曰方舟而濟河有虛舡來觸舟雖有惼心之人終不怒
也忽有一人在其上則惡聲隨之向不怒向虛而今實也

又曰巧者勞而智者憂無能者無所求也食而遨汎若不係之舟也

又曰散木以為舟則沉是不材之木

鄧析子曰同舟涉海中流遇風救患若一所憂同也

孔叢子曰順謂韓王曰吳越之人同舟濟江中流遇風波其相救如左右手不悼所同之患是不如吳越之舟人也

尸子曰六馬登糟丘方舟泛酒池

劉析書曰舟行於水車轉於陸此勢自然者也

文子曰舟浮江海不為莫乘而沉君子行道不為莫知而止

孫卿子曰君者舟也庶人者水也水則載舟水則覆舟

墨子曰工倕作舟

慎子曰燕鼎之重乎千鈞乘於吳舟則可以濟所託者浮道也

又曰行海者生而至越有舟也行陸者立而至秦有車也秦越遠塗也安坐而至者械也

韓子曰千鈞得舡則浮錙銖失舡則沉非千鈞輕而錙銖重也有勢之與無勢也

又曰奔車之上無仲尼覆舟之下無伯夷號令者國之舟車安則知廉危則爭越也

太平御覽卷第七百六十八

太平御覽卷第七百六十九

舟部二

叙舟中

方言曰舟自關而東謂之舡自關而西或謂之舟方舟或謂之航

又曰舩首謂之閤或謂之鷁首（郭璞注曰今江東貴人舡前作青雀是其象也）

東觀漢記曰鄧訓爲護羌校尉縫革爲舡置於箄上以渡河掩擊明羌

張璠漢記曰梁冀弟池中舡無故自覆問掾朱穆穆曰舟所以濟渡萬物不施遊戲而已今覆者天戒將軍濟渡萬民不可長念遊戲也

漢宮殿疏曰武帝作大池周匝四十里名昆明池作豫章大舡可載萬人舡上起宮室

吳記曰孫皓問中書令張尚詩言汎彼柏舟唯柏中舟乎尚曰詩云檜檝松舟亦中也皓忌其勝已因下獄

晉令曰水戰飛雲舡相去五十步蒼隼舡相去四十步金舡相去三十步小兒先登飛鳥舡相去五十步

晉朝雜事曰太康八年七月大雨殿前地陷方五尺深數丈中有破舡

晉宮閣記曰天淵池中紫宮舟外進舡曜陽飛龍舟射獵舟靈芝池有鳴鶴舟指南舟舍利池有雲母舟無極舟都亭池有華潤舟常安舟

崔鴻後趙録曰張彌師衆一萬從洛陽鍾簴九龍翁仲銅駝飛廉鍾一没於河募浮没三百人入河以竹絙牛頭轆轤引之乃出造萬斛舟以渡之至于鄴

穆天子傳曰天子乘鳥舟龍本浮于大沼（沼池龍下亘有舟皆以龍鳥爲形制）

山海經曰大人之國坐而削舡（今吳之青雀舫遺象）

世本曰共鼓貨狄作舟（共鼓貨狄黃帝二臣）

又曰廩君名曰豫相姓巴氏與樊氏瞫（音審）氏柏氏鄭氏凡五姓爭神以土爲舡雕文畫之而浮水中其舡浮者神以爲君他姓舡不能浮獨廩君舡浮因立爲君

蜀王本紀曰秦爲舶舡萬艘欲攻楚

吕氏春秋曰虞姁作舟（姁音劬詡二音）

又曰荆有佽飛者得寶劒涉江中流而有蛟夾繞其舡佽飛拔寶劒赴江刺蛟殺之舟中之人皆活荆王聞之位以執圭

又曰楚人有涉江者其劒自舟中墜於水遽契其舟曰是吾劒所從墜也舟去從所契處入求之而舟已行劒不行若此不亦惑乎

又曰伍員如吳過於荆至江上欲涉見一丈人刺小舡方將漢從而請焉丈人渡之

又曰管夷吾百里奚覆王之舡驥也絶江者託於舡致遠者託於驥

淮南子曰湯武聖主也而不能與越人乘舲（音鈴）舟而浮於江湖（舲舟小舡者也）

又曰楚人有乘舡而遇大風者投於水非不貪生而畏死也或於死而反忘於生

又曰龍舟鷁首浮吹以虞此道於水也（於舡中吹籟與竽以爲樂故曰浮吹以虞者也）

衡波傳曰孔子使子貢久而不來孔子謂弟子占之遇鼎（鼎易卦也）皆言無足不來顔回掩口而笑子曰回也哂謂賜來

也曰無足者乘舟而來至矣（子貢朝至驗如顏回）
說苑曰梁相死惠子欲之梁渡河而遽墮水中船人救之
曰子欲何之而遽也曰梁無相吾欲往相之舡人曰子居
舡檝之間而溺無我則死矣子何能相梁乎惠子曰居艘
長檝之間不如子至於安國家社稷子比我矇矇如未
視狗耳
又曰晉平公使叔向聘吳吳人飾舟以逆之左右各五百
人有繡衣豹裘者錦衣狐裘者叔向歸以告平公吳其亡
乎潛夫論曰人行之動天地譬車上御駟馬蓬中擢舟雖
有覆載猶在我所之
蔣子萬機論曰吳越爭於五湖用舟檝而相觸怯勇共
覆鈍利俱傾
顧譚新言曰蓬蒿生于泰山之上豫章長于窮藪之中

良匠造舟與宮建廟必不取泰山之陋質而弃窮藪之美
材明矣
又曰弃事失轄之舟無檝欲以不覆未之有也
譙周法訓曰以道為天下者猶乘安舟而由廣路安舟難
成可久處也廣路難至可常行也
又曰乘舡曲折不失其瀆是善乘舟者
袁准正書曰非其所事而強學猶以百萬之師積之河濟之
中其用舟檝固不如江漢之良
杜夷幽求曰輕舟可以救溺濡冪可以濟焚
抱朴子曰欲以斆欒必外騰者何異策蹇驢而欲尋遺風
擢籃舟而欲濟大川
語林曰劉道真遭亂於河側自牽舡見一老嫗採桑逆旅
劉（調）之曰女子何不調機利杼而採桑逆旅女荅曰丈夫何

不蹄馬揮鞭而牽舡
王子年拾遺記曰周昭王二十四年塗脩國獻青鳳丹鵲
各一雌一雄孟夏之時鳳羽皆脫易毛羽聚鵲翅爲羽扇
鳳羽以飾車蓋扇名遊飄二名條翻三名虧光四名側影
時東甌獻二美女一名延娟二名延娛使此二人更搖此
扇侍於王側輕風乍至泠然自涼昭王淪於江漢二女與
乘舟來願同沒漢水故江漢之民到今異之立祠於江湄
數十年間人於江漢之上猶見王與二女乘舟檝於水際
至暮春上巳之日禊集於祠間或以時鮮甘味採杜蘭之
葉以包褁之沉於水中或結五色紗囊盛食或用金鐵之
器並沉於波中以言蛟龍水中一褁之不侵食也其祠號
曰招祇之祠
又曰軒皇變乘桴以造舟檝水物爲之翔踴滄海爲之恬

波
又曰周武王東伐夜郎濟河時雲明如晝八百之旅皆薦賢
而歌有大蜂狀如舟鳥飛集王舟因以鳥畫幡旗翌日而
梟紂名其舡曰蜂舟魯哀公二年鄭人擊趙簡子得其蜂
旗則其遺類也事出太公六韜
又曰漢成帝嘗與飛鷰泛舟戲太液池以沙棠爲舟貴不沉
沒也以雲毋飾於鷁首一名雲毋舟又刻大桐木爲虬龍
雕飾如真像以夾雲舟而行
又曰比翼鳥多力狀似鵲啣南海之舟泥巢昆岑之去木
而止其中遇聖人則來翔集以表周公輔聖人之力也
又曰漢武思李夫人之儔不可復得時始穿昆靈池泛翔
螭舟帝自歌曲使女伶歌之時日已西傾涼風激水女伶
歌甚遒自賦落葉哀蟬之曲

又曰張丞之母孫氏懷丞之時乘輕舫遊於江浦之際忽
有白蛇長三尺騰入舟中母呪曰若禎吉勿毒噬我及將
還置諸房內一宿視之不復見蛇嗟而惜之
韻集曰鸀鳿首天子舡也
吳越春秋曰吳王僚二年使公子光伐楚以報前來誅
慶封也吳師敗而亡舟光懼因復得王舟之而還
又曰范蠡既滅吳乃乘扁舟出三江入五湖人莫知其所
適
郡國志曰濟州有浮山故老相傳云堯時大雨此浮水上
時有人纜舡於巖石間今猶有斷鐵鎖
吳時外國傳曰扶南國伐木為舡長者十二尋廣肘六尺
頭尾似魚皆以鐵鑷露裝大者載百人人有長短橈及篙
音高各一從頭至尾面有五十人作或四十二人隨舡大小

立則用長橈坐則用短橈水淺乃用篙皆當上應聲如一
杜蘭香別傳曰香降張碩碩既成婚香便去絕不來年餘
碩舡行忽見香乘車於山際碩不勝驚喜遇往造香見香
悲喜香亦有悅色言語頃時碩欲登其車其婢舉手排之
嶷然山立碩復欲車前上車奴攘臂排之碩於是遂退
續搜神記曰臨淮公荀序字休玄母華夫人憐愛過常年十
歲從南臨歸經青草湖時正帆風駛音丈十也序出塞郭上落
水比得下帆已行數十里洪波淼漫母撫膺遠望少頃見
一掘頭舡漁父以纖撥舡如飛載序還之云送府君還荀
後位至常伯長沙相故云府君也
又曰合肥口有大舶舡云是曹公舶舡常有漁人夜宿傍
以舡繫之但聞箏絃節之音又音氣非常漁人又夢人驅
遣去云勿近官舡此人驚覺即移舡去相傳云曹公載數

故舡覆於此今猶存焉
異苑曰扶南國治生皆用黃金僦舡東西遠近雇一斤時
有不至所届欲減金數舡主便作幻誑使舡底砥拆狀欲
淪滯海中進退不動衆人驚怖還請賽舡合如初也
又曰越雀門會無縣有元馬河有銅舫舡
嵩陽記曰山東北五了山上有池池有破舟云禹乘來也
三秦記曰俗云太一山有水神人乘舡今有故漆舡也
劉欣期交州記曰安定縣有越王銅舡潮退時有見者合
浦四十里有潮陰雨日百姓樵採見銅舡出水上
南州異物志曰外域人名舡曰舡大者長二十餘丈高去
水三二丈望之如閣道載六七百人物出萬解

太平御覽卷第七百六十九

太平御覽卷第七百七十

舟部三

舟下　艦　艨衝

𦨣艫音盧勺　艑　航

舫　舠　舸

舟下

周處風土記曰小曰舟大曰船温麻五會者永寧縣出豫林合五板以爲大船因以五會爲名也晨凫即青桐大舡名諸葛恪所造鴨頭舡也預章栟櫚音𣟌橐木諸木皆以多曲理盤節爲堅勁也浩漂者言舡之在水如蓮花散落浮於川也

武昌記曰樊口北有敗船灣孫權嘗裝一舡名大舡容敵士三千人與羣臣泛舡中流值風起至樊口十里餘便敗故因名其處爲敗船灣也

戴延之西征記曰檀山凡去洛城水道五百三十里由新安澠池宜陽三樂三樂男女老劣未嘗見舡既聞晉使溯流皆相引蟻聚川側俯仰傾笑

越絶書曰闔閭見子胥敢問船運之備何如對曰船名大翼小翼突冒樓舡橋舡今舡軍之教比陵軍之法乃可用之大翼者當陵軍之車小翼者當陵軍之輕車突冒者當陵軍之衝車樓舡者當陵軍之行樓車也撟舡者當陵軍之輕足剽定騎也

瑞應圖曰王者德盛則金人下乘舡遊王後池

郡國誌曰越州百塗山有石舡一丈禹所乘者宋元嘉中有人於舡側得鐵履一量一云有聖姑從海中乘舟張石帆至此二物廟中有周時樂器名淳于銅作似鍾而有頸映水用芒刜音弗則鳴

又曰硤州遠安縣江有很尾灘有陸抗故城南有孤山表山松爲郡嘗登以四望大江如索帶舟舡如凫鴈焉

又曰相州魏縣景穆寺西有遭官有石竇橋鳴鶴飛集赤馬飛龍等舟

西京雜記曰昆明池中有弋樹舡各數百艘舡上建樓櫓戈舡建戈矛四角迷垂幡旄音毛旌葆麾蓋照灼涯涘

又曰太液池中有鳴鶴舟容與舟清曠舟採菱舟

說苑曰吳赤市使於知氏假道於衛甯文子具紵絺三百製將以送之大夫豹曰吳雖大國也不壤交假之道則亦敬矣又何禮焉甯文子不聽遂致之吳赤市至於知氏既得事將歸吳智伯命造舟爲梁吳赤市曰吾聞天子濟于水造舟爲梁諸侯維舟爲梁大夫方舟臣之職也且敬太甚必有故使人視之則兵在後矣將以襲衛吳赤市曰衛假吾道而厚贈我我見難而不告是與爲謀也稱疾而留使人告衛衛人警戒智伯聞之乃止也

列女傳曰趙簡子至河津津吏醉吏女乃持檝而前爲王揖舟餘具下檝門中

江表傳曰孫權於武昌新裝大舡名爲長安

又曰孫權乘飛雲大舡與張昭魯肅等共追送叙別吳

又曰周瑜破魏軍曹公復書與權曰赤壁之役值有疾疫孤燒舡自退橫使周瑜虛獲此名

又曰劉備進駐鄂縣之樊口諸葛詣吳未還聞曹公軍下恐懼日遣邏吏於水次候權軍吏望見周瑜舡馳還白備備曰何以知非青徐軍耶吏對曰以舡知之備遣人慰勞瑜瑜曰有軍任不得委署儻能屈威副其所望備謂張飛

關羽曰彼欲致我今自託於東而不往非同盟之意也乃乘單舸往見瑜問曰今距曹氏深爲得計戰卒有幾瑜曰此自足用豫州但觀瑜破之吳歷曰曹公出濡須作油舡夜渡洲上權乃自乘從濡須吳公軍行五六里迴作鼓吹公見舟舡器仗法伍整肅喟然嘆曰生子當如孫權爲劉景升兒若豚犬耳

又曰孫綝上疏景帝曰少帝於宮內作小舡三百餘艘飾以金銀師工晝夜不息

王粲海賦曰乘菌桂之舟晨鳬之舸

庾闡楊都賦曰龍舡華屋晨鳬之舸鷁首鋪於芙蓉盤蛟纏於赤馬

晉令曰水戰有飛倉集舡

說苑曰楚鄂君乘青翰之舟張翠羽之鷁

楚辭曰舡容與而不進奄迴水以凝滯

又曰美要妙兮宜修沛吾乘兮桂舟桂櫂兮蘭枻增水兮積雪

魏文帝浙淮賦曰建安十四年王師東征泛舟萬艘

楊脩出征賦曰汎順風而迴艫徐日轉而月移旆己入乎河口殿（都練切）尚集於圍池

班固東都賦曰命舟牧爲水嬉浮鷁首翳雲芝交

又曰東郊則有通溝大漕潰渭洞河泛舟山東控引淮湖與海通波（漕水運也著頡篇月潰傍決也前書武帝渠通渭史記曰滎陽下引河東南爲鴻溝以與淮泗會也）

袁宏東征賦曰驚瀾巘（音隱）嶙（力軫切）而嶽轉頹波嵔（音猥）礨（力猥切）以嶺沒沓余舟之小狹衝奔湍以檮杌櫂弱檝之弗搖授洪流以藏骨

夏侯弼吳都賦曰嚴巖舡艫汎汎楊舟櫂河高跱風駛雲浮堅壁金扶有若高樓

劉謐之與公牋曰昔申之際遭湯旱流烟兮子亥之歲値堯水滔天火延燒其廬水突壞其園何小人兮頻偷雙舡由是行無擔石室如懸磬

魏文與孫權書曰知已選擇見舡最大樟材者六艘受五百里石從汚水送付㰦口

王粲詩曰方舟浮大江日暮愁我心

曹植詩曰何以汎舟媿無榜人

嵇康詩曰淵淵綠水淪滑而逝汎汎虛舟載停載滯鼓枻投竿優遊卒歲

梁王筠詠輕利舡應臨汝侯教詩曰君侯飾輕利搖蕩邁飛雲凌漾浮鷁采映木煥蛟文雷流巴冠絶鳥逝復超群倏忽方千里戀茲岐路分

陳張正見後湖泛舟詩曰上苑奢行樂滄池聊薄遊泛荇分蘭櫂槎觸桂舟殘虹收度雨鈠岸上乘新流欲知有高趣長楊送麥秋

又別韋諒賦得江潮泛別舟詩曰千里尋陽岸三翼木蘭舡鷁泛青梟後雞鳴白鷺前濁花沒淺纜帶葉動深舡不言朝夕水獨自限神仙

又與錢玄智泛舟詩曰高門事休沐朝野忩逢迎還乘金谷水俱望洛陽城舟移洛女度檝動渭橋橫風高鳫已落雨霽水還清葉盡桐門淨花秋菊岸明欲奏江南曲聊習棹歌行

晉棗據舡賦曰嘉聖王之神化理通微而達幽悼民萌之隔塞愍王教之不周立成器以備用因垂象以造舟濟迅波之絶軌越巨川之湍流運重固之滯質雖載沉而必浮

且論器而比象似君子之淑清外質朴而無飾內空虛以受盈不辭勞而惡動不偷安以自寧且其行無轍跡止無所不疾而速忽若馳奔

晉王叔之舟檝贊曰塗則騁車水惟用舟弱檝輕棹利涉濟求緬彼漁人鼓枻清謳

後漢李尤舟檝銘曰舟檝之利譬猶輿馬載重歷遠以濟天下相風視波窮究川野安審懼慎終無不可

艦

釋名曰上下重牀曰艦四方施板以禦矢如牢檻也

洞冥記曰昆靈池中有淩波艦掩電艦

吳志曰周瑜逆曹公部將黃公蓋取艨衝鬬艦數十艘實以薪草膏灌其中裹以帷幕上建牙旗同時發火時風猛火盛悉延燒岸上營曹公軍敗退

晉中興書曰建興九年冬左將軍王敦遣振威將軍周訪廣武將軍趙誘受陶侃節度征蜀賊杜弢（音韜）大戰蜀賊以桔槔打沒侃艦二十餘艘人皆投水

義熙起居注曰盧循新作八槽艦九枚起四層高十餘丈連

營繕令曰諸私家不得有戰艦等舡

艨衝

釋名曰外狹而長曰艨衝

吳志曰董襲討黃祖祖橫兩艨衝夾守沔口栟（音并）櫚（音閭）大紲繫石爲矴軍不得前襲與陵統俱爲前部各將敢死百人人被兩鎧乘舸舡突入艨衝裏身以刀斷兩紲艨衝方橫流大兵遂進

又曰周瑜逆曹公部將黃蓋取艨衝鬬艦數十艦（餘艦上艦門戶）

又曰將軍賀齊性奢綺好軍事所乘舡雕刻丹鏤青蓋絳居艨衝鬬艦之屬望之若山

營繕令曰諸私家不得有蒙衝等舡（餘具敘舟中門）

𦨣䑥

雜字解詁曰𦨣䑥雜舡也

吳志曰呂蒙襲關羽至尋陽晝伏精兵於䑥艑中使白衣搖櫓作商賈販晝夜兼行故羽不聞知遂到南郡

物理論曰夫工匠經涉河海爲舸䑥以浮大淵皆成於巧手出乎聖意

艑

廣雅曰艑舟也

荆州土地記曰湘洲七郡大艑之所出皆受萬斛

吳志曰呂蒙襲關羽至尋陽晝伏精兵於䑥艑中（餘具上𦨣䑥門）

溫嶠教曰廩者無米受得艑下濕米豈是吾遇兵衆無異之懷乎雖是數合米欲令齊均若有不如教鞭五十也

荆州土地記曰桓宣穆遣人尋廬山下有一湖中有敗艑

航

說文曰航方舟也

詩曰誰謂河廣一葦航之

異苑曰晉時錢塘淛江有大樟林析每有乘者軌潭邊搖揚不可禁嘗鳴鼓錢塘江頭陵浪如故唯析吏章奧能相制伏及奧死遂長廢

淮南子曰公孫龍在趙之時謂弟子曰人而無能者龍與遊有客衣褐帶索而見曰臣能呼公孫龍顧謂弟子曰門下故有能呼者乎對曰無有公孫龍曰與之弟子之籍後數日往說燕王至於河側而航在北使客呼之一呼而航來

楊子灋言曰舍舟航而濟乎瀆者末矣舍五經而濟乎道
者末矣李軌注曰末無之也乘國者如乘航乎則民斯安矣
孫綽子曰仲尼見滄海橫流故務爲舟航
左思吳都賦曰長鯨吞航脩鯢吐浪也

舫

説文曰舫併舡
吳書陸孫破曹休當還西陵公卿並爲祖道上賜御舡一
舫縉綵舟也
晉書曰王廙性儁率嘗從南下旦自尋陽迅風飛帆暮至
都倚舫樓長嘯神氣甚逸
梁書曰安成康王秀爲江州刺史將發主者求堅舡以爲
齋舫秀曰吾豈愛財而不愛士乃教以牢者給參佐下者
載齋物既而遭風齋舫遂破

舠

釋名曰舡三百斛曰舠舠貂也短也江南所名短而廣安
不傾危也
詩曰誰謂河廣曾不容舠

舸

王隱晉書曰顧榮徵侍中見王路塞絕便乘舡而還過下
邳遂觧舫爲單舸一日一夜行五六百里遂得免
沈約宋書曰垣護之隨王玄謨入河玄謨攻滑臺護之以
三百舸爲前鋒進據石濟石濟在滑臺西南百二十里玄謨敗退不暇
報護之及護之聞知而虜悉已牽玄謨水軍大艚連以鐵
鎻三重欲以絶護之還路護之中流而下每至鐵鎻輙以
長柯斧斷之虜不能禁唯失一舸
吳志曰甘寧廚下兒有過走投呂蒙蒙恐寧殺之故不即
還後寧齎禮禮蒙母蒙臨當輿斗堂乃出廚下兒出還寧
寧許不殺斯須還舡縛置桑樹自挽弓射殺之勑舡人更
增舸纜解衣卧舡中蒙大怒擊鼓會兵欲攻寧蒙母諫乃
止
江表傳曰劉備進住鄂縣之樊口聞曹公軍下恐懼俄周
瑜舡軍至備乃乘單舸往見瑜己具舡門
又曰孫權名舸爲馬言飛馳如馬之走陸地也
洞冥記曰昆靈池中有橦雷舸

太平御覽卷第七百七十

舟部四

艇 舴艋 筏
艤 篙 槳
櫓 柂 纜
笮 帆 帆檣
五兩 榜 橈
笭䉶 牂柯 浒斗

艇

釋名曰二百斛以下曰艇其形艇一人二人所乘行者也

廣雅曰舼艢艇舟也

淮南子曰越舼蜀艇不能無水而行

陸機思歸賦曰棹河淵之輕艇

舴艋 上知格切 下音猛

廣雅曰舴艋舟也

臨海記曰西北有白鵠山高三百丈上有一舟名舴艋前頭有石鼓石艇世云石鼓鳴則土地寇亂隆安初此鼓屢鳴果有孫恩賊此處多山精水祟不可輕陟山下平地便望見舴艋民王志祭山神求到鼓所遂得至捉搥打鼓聞里咸聞如金王之響下山便病死蓋登山召禍擊鼓自殺也

異苑曰檀道濟元嘉中鎮尋陽入朝伏誅濟未下時有人施罟於柴桑江收得大舡孔鑿若新使匠作舴艋云勿斲工人誤截兩頭檀以爲不祥殺三巧手欲以塞愆匠違約加斲凶兆先遘矣

宋元嘉起居注曰有司奏云楊州刺史王弘上會稽從事韋諧鮮列先風聞餘姚令何玠之造作平床一乘舴艋一艘精麗過常用功兼倍請免玠令官詔可其奏

筏

論語曰道不行乘桴浮于海從我者其由與子路聞之喜

東觀漢記曰吳漢數乘筏從江下巴郡盜賊解散張堪爲陪義長公孫述遣擊之有同心士三千人相謂曰張君養我曹爲今日也乃選習水三百人斬竹爲椑渡水

英雄記曰曹操進軍至江上欲從赤壁渡江無舡作竹椑使部曲乘之從漢水來下出大江注浦口未即渡周瑜又夜密使輕舡走舸百艘燒椑操乃夜走

吳録曰孫策欲渡江舡少欲往使求策姑王氏分命伐蘆爲椑以佐舡渡人

吳録地理志曰蒼梧高要縣郡下人避瘴氣乘筏來停此六月來十月去歲歲如此

雷次宗豫章記曰望蔡縣有一石室入室十餘里得水廣數十步清深不測邊有筏竹遊者伐竹爲筏過水莫能究其源出好鍾乳

淮南子曰方車蹠越乘桴入朝欲無寵不可得也 許慎曰桴木筏

越絕書曰木客大冢者勾踐之兄弟冢也初徙之琅邪使樓舡卒二千八百人松柏以爲桴故曰木客也

艤

說文曰艤舟棹也

書曰若濟巨川用汝作舟艤

詩曰檜艤松舟

方言曰艤或謂之撓或謂之櫂

吳越春秋曰子胥伐楚因引軍襲鄭治漁者之子在鄭乃還

列女傳曰趙簡子南擊荆至河津津吏醉卧不能渡簡子怒將殺之津吏之女娟乃持檝而前走曰妾父聞主君將渡恐風波之起水神動駭故禱祝九江三淮之神不勝杯杓餘瀝醉於此君命之誅願以微軀易父之死簡子將渡用檝少一人娟曰妾居河濟之間重乎世習舟檝之事願備員持檝簡子遂與渡中流吟河激之歌簡子乃娉以爲夫人其母遽曰河水激揚濟之不易

淮南子曰七尺之檝動大舡者因水爲資也人君發一言之號而令行於民者衆爲資也

說苑曰襄城君始封之日衣翠衣帶玉鉤履縞馬立乎流水之上大夫莊辛過而說之曰願把君之手其可乎襄城君作色不言莊辛遷延稱曰君獨不聞鄂君乘青翰之舟張翠蓋會鍾鼓之音越人擁檝而歌曰今夕何夕兮搴州水流今日何日兮得與王子同舟山有木兮木有枝心悅君兮君不知於是鄂君揄袂而擁之舉繡被而覆之襄城君乃奉手進之

楊子法言曰灝灝音浩于海濟樓舡之力也航人無檝如航何李軌注曰喻有民無禮樂治也

抱朴子曰瓊艘瑶檝無涉川之用金弧玉弦無激矢之能是以斤㮣而無政事者非撥亂之器儒雅而乏治略者非翼亮之才

左思吳都賦曰篙音高工檝師選自閩隅翼御長風狎翫靈胥

篙

方言曰所以刺舡謂之篙

盛弘之荆州記曰魚復縣瞿唐灘上有神廟先極靈驗刺史二千石經過皆不鳴鼓角篙旅恐觸石有聲乃以布裹篙頭

王韶始興記曰含進公口下流有枯木曰聖鼓上下人以篙犯之者皆虐

喻益期與韓豫章牋曰馬伏波昔開道篙跡鑿石猶存

槳

方言曰所以隱擢謂之槳郭璞注曰搖櫓小耕也江東含呼胡人也

楊泉五湖曰赤檣外棹檀槳細堅

櫓

釋名曰在旁曰櫓櫓旅也用旅力然後舟行也

吳志曰呂蒙襲關羽至尋陽盡伏精兵於𦨭䑳中役白衣搖櫓作商賈服晝夜兼行至羽所置屯候盡收縛之是故羽不聞知遂到南郡

柂

釋名曰舡尾曰柂柂拕也在後見拕曳且弼正舡不使他戾也

方言曰舡後曰舳好舳制水也郭璞曰今江東呼爲軸也

孫放別傳曰庾公建學校孫君年最幼入爲學生班在諸生之後公問君何獨居後荅曰不見舡柂耶在後所以正舡

尋陽記曰廬山西嶺有甘泉曾見一柂從山嶺流下此溪中人號爲柂下溪宣穆所遣人見山湖中有敗艑而後柂流下信其不妄

孫綽子曰動而不乘不理若汎舟而無柂

謝壹嫉邪賦曰奚異涉海之失柂坐積薪而待燃

張華遊仙詩曰遊仙迫西極弱水隔流沙雲榜鼓霧柂飄忽陵飛波

纜
爾雅曰（汎汎楊舟紼縭維之）紼索也縭緌也（郭璞曰索也緌）
吳書曰甘寧住止常以繒錦纜舟去輒割弃以示奢
笮（音鑿）
纂文曰竹索謂之笮芋索謂之索
釋名曰引舟者曰笮笮作也起舟使動作也○漢鼓吹曲
曰桂樹為君舡青絲為君笮木蘭為君棹黃金錯其間
帆
釋名曰隨風張幔曰帆帆汎者舟疾汎汎然也
韻集曰颿舡張也（颿音凡馬疾步也義以與帆同）
長沙耆舊傳曰夏隆仕郡時潘濬為南征太守遣隆傭書
致禮濬飛帆中流力所不及隆乃於岸邊拔刀大呼指濬
為賊因此被收濬奇其以權變自通解縛賜以酒食
平七ヨ七十一　五　徐壬
吳時外國傳曰從加那調州乘大伯舶張七帆時風一月
餘日乃入秦大秦國也
南州異物志曰外徼人隨舟大小或作四帆前後沓載之
有盧頭木葉如牖形長丈餘織以為帆其四帆不正前向
皆使邪移相聚以取風吹風後者激而相射亦並得風力
若急則隨宜城減之邪張相取風氣而無高危之慮故行
不避迅風激波所以能疾
永嘉記云郡有石帆又有破石傳云古有神人以破石半
為帆故名石帆
吳郡錄海記曰海虞縣有穿山下有洞穴高十丈廣十餘
丈山昔在海中行侶舉帆從穴中過
陸景典語曰孤特與水軍一萬從風舉帆朝發海島暮至
杳渚

世說曰顧長康作殷荊州佐請假還東爾時例不給布帆
顧苦求之然乃發至破冢便遭風大敗作牋與殷云地名
破冢而出行人安穩布帆無恙
馬融廣成頌曰然後方艅艎連舼舟張雲帆施蜺幬靡鬼
颸風陵迅流發櫂歌從水謳
郭璞江賦曰鼓帆迅越趠張絕逈儵忽數百千里俄頃飛
廉無以希其蹤渠黃不能及其景
孫綽望海賦曰若乃惟馨羞陳祈祝不愧言　或適於東或
歸于西商客齊暢潮流往還各資順勢雙帆同懸倏如繡
騂背駛弩（奴加切）如交集經軒
帆檣
吳書曰孫弘被黜之長沙過蕪湖有鵲銜薪巢帆檣帆檣
官僚以為檣末傾危非久安之像遂以憂終
太七ヨ七十一　六　徐壬
郭璞江賦曰舳艫相接萬里連檣泝洄沿流或漁或商也
五兩
淮南子曰若綄（胡管切）之候風也（許慎曰綄候風扇也楚人謂之五兩）
兵書曰凡候風法以雞羽重八兩建五重旗取羽繫其巔
立軍營中
郭璞江賦曰覘氛祲於清旭覘五兩之動靜
榜（補孟切）
明堂月令曰榜舫人習水者也
司馬相如上林賦曰榜人歌聲流喝（烏邁切）
釋名曰舡筌篾
桅
釋名曰舡前立柱曰桅桅巍也巍巍高皃也
筌篾

釋名曰舟中牀以薦物者曰笭言但有簀也笭牀也其上板曰篷言所覆衆處也

牂柯

魏略曰沐並字德信少有志氣吴將朱然圍樊城遣兵於硯山斫牂柯材兵作食先熟者呼共食後熟者曰不也呼者曰汝欲作沐德信耶其名乃播異域雖華夏不知者以為前世人也

華陽國志曰楚頃襄王遣將軍莊蹻泝沅水出且蘭（且子余切）以伐夜郎王椓牂柯繫舡於且蘭既克夜郎而秦奪楚黔中地無路得歸遂留王之號爲莊王以且蘭有椓舡牂柯處因改其爲名牂柯

異物志曰牂柯者繫舡杙也其山在海中小而高以繫舡杙也俗人謂之越王牂柯遠望甚小而高不似山望之以為一株樹在水中也

尋陽記曰郡西北有一松楊樹枝條繁茂垂陰數畝傳云陶桓公牂柯成此樹

豫章記新淦（音紺）縣北二十五里曰封溪今有聶友所伐梓繫着牂柯處昔聶友於此左右夜照射遇一白鹿友遂射之鹿帶箭走友即躡跡追尋不得見向箭着一梓樹友即伐樹數斧便有血出而落之梯隨復故劖（音磨）不可得斷友更多將手刀復伐之輩其梯而焚之樹遂斷斫以二板以還繫着渚下以樟木為牂柯後友舡行遇風舡皆沒唯友舡獨全尋看乃向梓板夾扶其舡友大異之後友在京都此板於豫樟來至友許輙有大喜中更異梓板（至轉有變）所用樟木為牂柯者遂生為樹今猶存其木合抱始到植之今枝條皆向下（板門中亦述斯軸）

泝斗（與斗同）

廣雅曰泝斗謂之榧（以之切）

纂文曰杼水斗也

太平御覽卷第七百七十一

車部一　叙車上

釋名曰古者車聲如居言所以居人也今曰車車舍也行者所處若居舍也
又曰黃帝造車故號軒轅氏
說文曰車輿輪惣名象形也軒曲周轓車也輧車輅小車也輕車也輣兵轈車也輊陷陣車也輦一輪也輿車軨前橫木也輓於袁切大車後掩也輂大車駕馬也輓引車轟車聲
易曰大車以載積中不敗
又曰賁其趾舍車而徒
又曰上九睽孤見豕負塗載鬼一車

書曰五載一巡狩羣后四朝敷奏以言明試以功車服以庸
又曰武王戎車三百兩虎賁三百人與受戰于牧野作牧誓至牧野至誓衆
又曰酒誥妹土嗣爾股肱純其藝黍稷奔走事厥考厥長肇牽車牛遠服賈用孝養厥父母農功既畢始牽車牛載其所有易求所無遠行賈賣用其所得珍異孝養其父母
又蔡仲之命曰惟周公位冢宰正百工百工百官羣叔流言乃致辟管叔于商囚蔡叔于郭鄰以車七乘
詩曰我送舅氏曰至渭陽何以贈之路車乘黃乘黃白馬秦康公作是詩送重耳歸晉
又曰何彼穠矣棠棣之華曷不肅雝王姬之車
又曰公車于乘朱英綠縢
又曰戎車孔博徒御無斁
又曰君子之車既庶且多
又曰子有車馬弗馳弗驅
又曰役車其休
又曰有棧之車行彼周道
又曰命彼後車謂之載之
又曰我任我輦我車我牛
又曰擇有車馬以居徂向鄭箋云擇民之有車馬者徙居于向
又曰其車既載乃弃爾輔
又曰既出我車既挾我侯
又曰脩爾車馬謹爾戎兵
又曰間關之車舝兮舝音轄
又曰戎車既飾徒御無繹

又曰戎車既安如輊如軒輊陟利切車前重軒後重也
禮曰乃擇元辰天子親載耒耜置之車右率公卿諸侯大夫躬耕籍田
又曰乃教田獵以習五戎班馬政命僕夫七騶咸駕載旌旐授車以級整設于屏外有司搢扑北面以誓之
又曰大夫七十而致仕若不得謝則必賜之几杖行役以婦人適四方乘安車自稱曰老夫
又曰夫爲人子者三賜不及車馬
又曰獻車馬者執策綏旌武車綏旌德車結旌
又曰前有車騎則載飛鴻
又曰車驅而騶至于大門君撫僕之手而顧命車右就車門閭溝渠必步
又曰君車將駕則僕執策立於馬前君出就車則僕并轡

授綏

又曰客車不入大門

又曰祥車曠左

又曰乘君之乘車不敢曠左左必式

又曰國君不乘奇車

又曰車上不廣欬不妄指

又曰問士之富以車數對問庶人之富數畜以對也

又曰君之適長殤車三乘公之庶長殤車一乘大夫之適長殤車一乘

又曰五十無車者不越疆而弔人

又曰有若曰晏子一狐裘三十年遣車一乘及墓而反國君七介遣車七乘大夫五介遣車五乘晏子焉爲知禮

又曰赴車不戢櫜韔（兵不戢示當報以告喪之辭言櫜韔之謂還告於國櫜甲衣韔弓衣）

又曰大夫殺則止佐車止則百姓田獵（佐車驅送之車也）

又曰有發則命大司徒教士以車甲（乘兵車衣甲之儀有發謂有軍師之發卒）

又曰有圭璧金璋不鬻於市命服命車不鬻於市宗廟之器不鬻於市犧牲不鬻於市戎器不鬻於市用器不中度不鬻於市兵車不中度不鬻於市（鬻賣也）

又曰曾子問曰古者師行必以遷廟主行乎孔子曰天子巡狩以遷廟主行載于齊車言必有尊也今也取七廟之主以行則失之矣（齊車金路也）

又曰曾子問曰古者師行無遷主則何主孔子曰主命問曰何謂也孔子曰天子諸侯將出必以幣帛皮圭告于祖禰遂奉以出載于齊車以行每舍奠焉而后就舍（以脯醢禮神乃敢即安所告而不以出即埋之）

又曰苟有車必見其軾苟有衣必見其敝

又曰其爲賓則公館復私館不復（私館則卿大夫之家也不私之復爲主人之惡）其在野則升其乘車之左轂以其綏而復

又曰武王克殷反商未及下車而封黃帝之後於薊封帝堯之後於祝封帝舜之後於陳下車而封夏后氏之後於杞封殷之後於宋封王子比干之墓釋箕子囚使之行商容而復其位庶民弛禁庶士倍祿濟河而西馬散之華山之陽而弗復乘牛散之桃林之野而弗復服車甲衅（音釁）而藏之府庫而弗復用

又曰大夫以布爲輤（音舊）而行至於家而說輤載以輲車入自門至於阼階下而說車舉自阼階升適所殯

又曰國主待客出入三積餼客於舍五牢之具陳於內米三十車禾三十車

周禮春官下曰巾車掌公車之政令

又考工記曰輿人爲車輪圜者中規方者中矩立者中縣衡者中水直者如生焉繼者如附焉（治材也如生如木從地生附如木之附枝也）輈人爲輈（輈車轅也）國馬之輈深四尺七寸田馬之輈深四尺駑馬之輈深三尺有三寸軫方象地蓋圓象天輪輻三十象日月蓋弓二十有八以象星行澤欲短轂短轂則利行山欲長轂長轂則安

又曰巾車云服車五乘孤乘下篆以五綵畫轂約也卿乘夏縵五綵畫無篆也大夫乘墨車不畫者也士乘棧車不革輓而漆之也庶人乘役車方箱可載任器以供役自孤已下之妻亦各得乘其夫之車也

又曰王后五輅一曰重翟鍚面朱總二曰厭翟勒面繢總三曰安車彫面鷖總四曰翟車貝面組總有握五曰輦車組輓有翣羽蓋王之喪車五乘一曰木車始遭喪乘也二

曰素車卒哭所乘三曰藻車既練所乘四曰駹車既祥所乘五曰漆車既禫所乘其卿大夫士初喪三年者乘堊齊衰素車大功藻車小功駹車緦麻漆車

又曰王后有安車翟車五乘木車素車藻車駹車服車五乘孤乘夏篆卿乘夏縵大夫乘墨車士乘棧車庶人乘役車散車其用無常

又考工記曰一器而工聚者車爲多

傳曰太叔將襲鄭夫人將啓之公聞其期曰可矣命子封帥車二百乘以伐京

又曰鄭伯之車僨于濟

又曰北戎侵鄭鄭伯禦之患戎師曰彼徒我車懼其侵軼我也

又曰公孫閼與潁考叔爭車潁考叔挾輈以走子都拔棘

以逐之子都公孫閼也

又曰秋大閱簡車馬也

又曰鬬丹獲其戎車與其戎右少師

又曰天王使家父來求車非禮也諸侯不貢車服天子不私求財諸侯自有常職貢

又曰使公子彭生乘公公薨于車公魯桓公也

又曰公怒公齊襄公也曰彭生敢見射之豕人立而啼公懼墜于車傷足喪屨反誅屨於徒人費

又曰南宮長萬奔陳以乘車輦其母一日而至

又曰衆車入自純門及逵市

又曰齊侯使公子無虧帥車三百乘甲士三千人以戍曹

又曰元年革車三十乘季年乃三百乘

又曰車說音脫其輹火焚其旗不利行師敗于宗丘

又曰戎爾車乘敬爾君事

又曰晉車七百乘韅靷鞅靽

又曰及甲車四百六十乘俘二百五十人

又曰兵車百乘文馬百駟

又曰趙盾爲旄車之族

又曰鄭人卜行成不吉卜臨于大宮且巷出車吉

又曰趙旃弃車而走林屈蕩搏之

又曰晉人懼二子魏錡趙旃之怒楚師也使軘車逆之

又曰遂疾進師車馳卒奔

又曰登諸樓車使呼宋人而告之

又曰禽之而乘其車既獲其人因釋己車而載所獲者車

又曰張侯曰師之耳目在吾旗鼓進退從之此車一人殿之可以集事

又曰邴夏曰射其御者君子也公曰謂之君子而射之非

禮也射其左越于車下射其右斃于車中

又曰綦毋張喪車從韓厥曰請寓乘

又曰丑父使公下如華泉取飲鄭周父御佐車宛茷爲右載齊侯以免

又曰苟有險余必下推車子豈識之乎然子病矣

又曰楚子登巢車以望晉軍巢車車上爲櫓

又曰叔山冉謂養由基曰雖君有命爲國故子必射乃射再發盡殪叔山冉搏人以投中車折軾晉師乃止

又曰狄虒彌建大車之輪而蒙之以甲以爲櫓狄虒彌魯人也蒙覆櫓也櫓大楯也

又曰己酉師于牛首鄭地初子駟與尉止有爭將禦諸侯之師黜其車欒牛首師黜減損也遂弗使獻不使獻所獲

又曰子西聞盜不儆而出（子西公孫夏子駟子）尸而追盜（先臨尸而逐賊）盜
入於北宮乃歸授甲臣妾多逃器用多喪子產聞盜（子國子）
爲門者（置守門）庀羣司閉府庫完守備成列而後出兵車十
七乘尸而攻盜於北宮子蟜帥國人助之殺尉止子師僕
盜衆盡死

又曰鄭人賂晉侯以師悝師觸師蠲（皆樂師名）廣車軘車淳十五
乘甲兵備（廣車軘車皆兵車名淳耦也）凡兵車百乘（他兵車及廣軘共百乘）

又曰魯人莒人皆請以車千乘自其鄉入

又曰齊侯登巫山以望晉師晉人使司馬斥山澤之險雖
所不至必斾而疏陳之（斥候也疏建旌旗以陳爲陳民衆也）

又曰使乘車者左實右僞以斾先輿曳柴而從之（以陽塵）齊
侯見之畏其衆也乃脫歸

又曰旣食之使御廣車而行（廣車兵車）已皆乘乘車（乘車安車）

又曰丁亥葬諸士孫之里（士孫人姓因名其里）四菨不躍下車七乘
不以兵甲（下車送葬之車齊舊依上公禮九乘又有甲兵今皆降損）

又曰六月鄭子展子產帥車七百乘伐陳宵突陳城

又曰賦車籍馬（賦車兵車也兵甲士也）

又曰大夫逆於境者（逆迎也迎衛侯）執其手而與之言道逆者自
車揖之逆於門者頷之而已（頷搖其頭言衎驕心易生）

又曰齊慶封來聘其車美孟孫謂叔孫曰慶季之車不亦
美乎（季慶封之字）
叔孫曰豹聞之肥美不稱必以惡終美車何爲

又曰獻車於季武子美澤可以鑑展莊叔見之曰車甚澤
人必瘁宜其亡也

又曰王聞羣公子之死也（王楚靈也）自投于車下曰人之愛其
子也亦如余乎侍者曰甚焉小人老而無子知擠于溝壑
矣（擠墜也）

又曰治兵于邾南甲車四千乘（三十萬人）

又曰叔向曰寡君有甲車四千乘在雖以無道行之必可
畏也況其率道其可敵之

公羊傳曰夏四月公會紀侯于郕秋八月壬午大閱大閱
者何簡車徒也（大簡閱兵車使可任用而習之）

又曰宋公與楚子期以乘車之會公子目夷諫曰楚夷國
也彊而無義請君以兵車之會往宋公曰不可吾與之約
以乘車會自我爲之自我墮之曰不可終以成乘車以會
往楚人果伏兵車執宋公以伐宋

又曰晉郤鈌帥師革車八百乘以納接菑于邾婁力沛若
有餘（沛有餘貌七驂乘有車右有御者）

又曰秋蒐于紅蒐者何簡車徒也（蒐衆也）

穀梁傳曰兵車之會四未嘗有大戰也愛民也（以兵車會而不用兵伐也）

論語曰外車必正立執綏車中不內顧不疾言不親指

大戴禮曰王外車則聞和鸞之聲是以非僻之心無自入
也在衡爲鸞在軾爲和馬動而鸞鳴鸞鳴而和應其聲曰
和則敬此仰之節也上車以和鸞爲節下車以珮玉爲度

禮斗威儀曰山車垂勾福草生宗廟中松栢爲常山車者
自然之車句者曲也不揉治而自貞曲故言垂

孝經援神契曰德至山陵則山出根車（根車應載養萬物也）

家語曰孔子適衛子矯僕靈公與夫人小子同車出令宦
者雍渠驂乘使孔子爲次連遊過市孔子恥之

又曰孔子曰自南宮敬叔之乘我車也而道加行

又曰三尺之限空車不能登（峻故天子郊乘乘軒）貴其質也車則有
左右車而無左右則亂於車矣

史記曰孝文帝出趙同參乘袁盎伏車前曰臣聞天子所
與共六尺輿者皆天下英豪今漢雖乏人獨柰何與刀鋸
人載於是上笑下同同泣而下車
又曰封禪為蒲輪車惡傷土石草木
又曰秦王收穰侯之印使歸陶自使縣官給車牛以從千
乘有餘到關閱其寶器珍怪多於王室
漢書曰田千秋年老上令朝見得乘小車入宮殿中故目
號車丞相
又曰王莽造四輪車駕六馬力士三百人黃衣赤幘軿(音屏)
上人擊鼓輓䡾者呼登僊莽出令在前百官竊言此似轜
車非僊物也
後漢書曰袁閎二弟忠弘節操皆亞於閎忠字正甫與同
郡范滂為友俱證黨事得釋初平中為沛相乘葦車到官
以清亮稱及天下亂忠弃官客會稽上虞縣也
又曰江革字次翁齊國臨菑人少失父獨與母居遭天下
亂賊盜並起革負母逃難備經阻險常採拾以為養數遇
賊或刦欲將去革輙涕泣求哀言有老母辭有足感動人
者賊以是不忍犯之或乃指示避兵之方遂得俱全于難
轉客下邳窮貧裸跣行傭以供母革以母老不欲搖動自
在轅中輓車不用牛馬由是鄉里稱之曰江巨孝
又曰井丹字大春建武末沛王輔等五王皆好交賓客請
丹不能致信陽侯陰就光烈皇后弟也令左右進輦丹笑
曰吾聞桀駕人輦豈非此邪(帝王冊紀曰桀以人駕車)坐中皆失色就
不得已而令去輦自是隱蔽不關人事以壽終
又曰博士張佚帝稱善曰欲置傅者以輔太子也今博士
不難正朕況太子乎即拜佚為太子傅而以桓榮為少保

賜以輜車乘馬榮大會諸生陳其車馬印綬曰今日所蒙
賜稽古之力也可不勉乎
又曰馬援平南越封為新息侯援乃擊牛釃(所綺切)酒勞饗
軍士從容謂官屬曰吾從弟少游常哀吾慷慨多大志曰
士生一代但取衣食裁足乘下澤車

太平御覽卷第七百七十二

車部二

叙車下

司馬彪續漢書輿服志曰奚仲爲車正具物以時六材皆良

又曰輕車古之戰車也不巾不蓋孫吳兵法云車有巾有蓋謂之武剛車武剛者爲先驅又爲屬車輕車爲後殿焉

又曰大使車立乘駕駟赤帷持節者重道從賊曹皆兩大車伍伯璅弩十二人辟車四人從車四人從車乘元單導減半小使車不立乘有騑赤屏泥油重絳帷導無斧車近小使車蘭輿赤轂白蓋赤帷從騶騎四十人此謂追捕考案有所勑取者之所乘也其送葬白堊已下駟車而後還公卿中二千石郊廟明堂祠陵法出皆大車立乘駕駟他

出乘安車大行載車其飾如金根加施組組連璧交結四角金龍首啣璧乘五彩折羽流蘇前後雲氣畫裳靈文畫曲轓長輿車等大僕御駕六希者淳白駱馬施色以黑藥灼其身爲虎文

又曰諸車之文乘輿倚龍伏虎靈文畫輈龍首鸞衡班輪外龍飛軨皇太子諸侯倚虎伏鹿靈文畫輈陟周切轓吉陽筩朱鹿班輪文飛軨荊旗九斿音留降龍公列侯倚鹿伏熊黑轓朱班輪鹿文飛九斿降龍卿朱兩轓五斿降龍二千石以下各從科品諸轀車以上軛皆有吉陽筩

漢獻帝傳曰董卓作乘輿青蓋金范爪畫兩轓者乘之時人皆號月軨磨車言近天子也後地動卓問蔡邕邕曰地動陰盛大臣踰制之所致也公乘青蓋遠近以爲非宜太師之乘白蓋車畫轓

東觀漢記曰郭丹字少卿從師於長安買符入函谷關既入封乞符乃慨然歎曰不乘使者車終不出關

又曰梁冀作平上軿車侍御史張綱獨埋輪於洛陽都亭曰豺狼當路安問狐狸遂奏冀

應劭漢官儀曰天子有五色安車皆駕四馬毛詩四者示有四方之志也是爲五時副車孝景帝六年令二千石朱兩轓音千石六百石朱轓較車耳及出爲藩屏也

又曰天子出祭陵常乘金根車春二月青安車在前秋八月白虎在前

又曰天子法駕所乘白金根車駕六龍有五色立車各一皆駕四馬

又曰甘泉鹵簿有道車五乘遊車九乘在輿前

漢雜事曰古諸侯貳車乘秦滅九國兼其服故大駕屬車八十一乘尚書御史乘之最後一車懸豹尾

漢官解詁曰馬有廐車有府皮軒以虎皮爲軒

魏收後魏書曰安車紫蓋朱裏與公侯同子皂蓋青裏

晉書曰謝玄敗符堅於淝水獲堅所乘雲母車儀服等

又曰和嶠爲給事黃門侍郎遷中書令帝深器遇之舊監令共車入朝時荀勗爲監嶠鄙勗爲人以意氣加之每同乘高抗專車而去坐乃後使監令異車自嶠始也

晉公卿禮秩曰安平王孚齊王攸梁王肜給青蓋車垂九旒駕四馬太常何曾太傅楊駿梁王肜乘車入殿依漢田千秋故事光祿魏館軺車施黑孚薨葬給排徊黑耳車一乘諸王及縣王皆給青排徊車花爪蓋孤李降給雲母陽遂車一乘犢車二十乘鹿車五十乘

沈約宋書曰漢制乘輿金根安車立車輪皆朱班重轂兩轄飛軨以金薄繆龍爲輿倚較靈文畫轓文獸伏軾龍首銜軛鸞雀立衡靈文畫輈羣羽蓋黄裏所謂黄屋也金華施轑（音末）建旂旗十二旒（音留）也畫日月外龍駕六黒馬又加犛（音猫）牛尾大如斗置左騑馬（駹）上所謂左纛也其五色立車五色安車亦皆如之太后皇后法駕乘重翟羽蓋金根車加青交路青帷裳雲靈畫輈黄金塗五朱皇太子皆畢車朱班輪倚獸伏鹿軾旂旗九旒畫降龍文

又曰沈慶之前廢帝立加几杖給三望車慶之每朝賀常乘豬鼻無幰（虛偃）車左右從之不過三五騎履行園田每農桑劇月無人從行過者不知三公也及加三望車謂人曰我每遊履田園有人時與馬成三無人則與馬成二今乘此車安所之乎及賜几杖並皆固讓

孝經援神契曰上德至山陵則山出木根車應載萬物金車王者志行德則出虞舜德盛於山陵故山車出山者自然之物也山藏之精與象車相似舜時盛山車有垂綏

古史考異曰黄帝作車少皡時略加牛禹時奚仲駕馬仲又造車更廣其制度也

神仙傳曰葛玄行過神廟乘車不下須臾有大迴風逐玄埃塵張天玄怒曰小雅敢爾舉手指風風即止

穆天子傳曰王欲肆其心周行天下皆有車轍馬迹焉

韓詩外傳曰田子方魏太子從車百乘而送於郊太子再謁田子方不下車太子不悅曰敢問如何則可以驕人乎子方曰吾聞人而亡者有矣以一國驕人而亡者由此觀之則貧賤可以驕人矣夫志不得揆履而適秦楚耳安往而不得吾貧賤乎於是太子再拜而後退子方遂不下車

漢武内傳曰内外謐寂以俟仙官到夜二更之後忽見西南如白雲起鬱然直來逕趨宮庭須臾王母或駕龍虎或乘白麟或乘白鶴或乘軒車或乘天馬羣仙數千光耀庭宇

關令内傳曰尹喜常登樓望見東極有紫氣西邁喜曰應有聖人過京邑果見老君乘青牛車來過

神仙傳曰洗義學道於蜀中與妻共載路逢白鹿車一乘

王子年拾遺記曰周成王六年然丘之國獻比翅鳥雌雄各一隻以玉爲樊其國使者拳頭參（陟加切）鼻衣雲霞之布經百有餘國方到京師越鐵峴泛沸海有蛇洲蜂岑鐵峴峭礪車輪皆剛金爲輞比至京師輞銳幾盡沸海湧起如煎魚鼈皮骨堅強如石可以爲鎧泛沸海之時以銅薄爲底蛇龍蛟不得近經蛇洲度則以豹皮爲屋於屋中推車經峰岑然胡蘇之木此木煙能殺百虫經途五年然後至洛邑

老子曰三十輻共一轂當其無有車之用

莊子曰秦王有疾召醫破癰潰痤者得車一乘舐痔者得車五乘

管子曰奚仲之車也方圜曲直皆中規矩鉤繩故機旋相得成器堅固主猶奚仲也言辭動作皆中術數故衆理相當上下相親巧者奚仲之所以爲器也

孔叢子曰孔子使宰予于楚昭王以安車象飾遺孔子宰予曰夫子無以爲也王曰何對曰臣自侍衛夫子巳來竊見其言不離道動不遺仁貴義尚清素好儉妻不服綵妾不衣帛車器不雕馬不食粟若夫觀物之麗靡窈妙之浮音夫子過之弗聽也故臣知夫子之不用車也

孟子曰子產聽鄭國之政以其乘輿濟人於溱洧
韓子曰商太宰使庶子行市還云西市門多車太宰謂庶
子曰汝勿言及市吏至問曰市何多牛屎耶吏恠太宰神
智
又曰昔彌子瑕有寵　於君衛國之法竊駕君車罪刖彌
子之母有疾告彌子矯駕君車君曰孝哉爲母之故犯刖
罪及彌子色衰愛弛得罪於君君曰是嘗矯駕吾車也
又曰孫叔敖爲令尹棧車牝馬糲飯菜羹枯魚爲膳面有
飢色
淮南子曰夫車之所能轉千里所者以其要在三寸轄
又曰見飛蓬轉而知爲車以類取之也
晏子曰齊人好擊轂相犯以爲樂禁之不止晏子爲新車
良馬出與其人相犯曰犯轂者不祥下車而去之也然後
國人不爲

又曰晏子衣緇布之衣而顏裏棧軨之車而牝馬以朝子
思子曰終年爲車無一尺之軨則不可以馳
尸子曰文軒六駃題無四寸之鍵則車不行小亡則大者
不成也
又曰甯戚爲桓公祝曰使公無忘在莒管子無忘在魯甯
戚無忘車下
又曰車輕道近則鞭策不用
孫卿子曰三尺之岸虛車不能登百仞之山負車登焉陵
遲故也
蘇子曰房麗者趙之賢人立東門之外有行商車轄忘麗
告之不惜復更告之商人怒曰吾轄自亡何須汝告惠加於
已而反怒之吾欲比之草木草木有心矣

沈約輿服志曰車服以庸著在唐典夏建旌旂辯其尊卑
至于殷瑞山車者金車也故殷人制爲大輅金根之色也
周人則有玉金象革木五路之制其物致巧備於考工輦
車周禮王后五路之車也后居宮中從容所乘非王車也
漢制乘輿御之或使人輓或駕車果下馬案女史圖班婕
妤辭輦則乘之又復殷之末制後代遂行之耳
陸景典語曰吳朝貴戚或犯道背理雕車麗服横陵市路
車服雖侈人不爲榮宮室雖美士不過門
又曰顯臣以車服天下莫不瞻其榮
又曰飛車策馬攛騰超追來如霧合去若雲散得志則進
失意則逝也
異語曰仕宦不止車生耳長六尺法六律六陰數也今其
上作簟文所以鉠後者月滿則虧也

風俗通曰車一兩謂兩兩相與爲體也厚其所以言兩者
箱裝及輪兩兩而耦故稱兩耳
通俗文曰車轢曰軋　後重曰軒前重曰輊陟利切載喪車
謂之輲音遄轊音車聲曰轞胡減切雇車載曰轍
蔡邕獨斷曰永安七年見金根耕根諸御車皆一轅或四
馬或六馬金箱四輪皆以金鑄正黃兩辟前後刻金作龍
虎龜鳥
又曰綠車名皇孫車天子有孫乘以從
蔡邕車服志曰俗人失其名故名冕爲平天冠五時副車
曰五帝鸞旗曰雞翹耕根曰三蓋旗皆非一
儀制令曰諸車一品青油纁道幰虛偃切朱裏朱絲絡網三
品以上青道幰朱裏五品以上青道幰碧裏六品以下皆
不得用幰

括地圖曰奇肱民能爲飛車從風遠行湯時西風起奇肱車至於豫州湯破其車不以示民十年西風至乃復使作車遣歸其國去玉門四萬里

董巴輿服志曰乘輿金根車五乘輪皆朱班重牙貳轂

司馬法曰夏曰子車殷曰胡奴車周曰輜車三代之輦

語林曰潘安仁兒美每行老嫗以果擲之常滿車中張孟陽至醜每行兒以瓦礫擲之亦滿車

傳暢故事曰尚書令軺車黑耳後户僕射但後户無黑耳中書監令如僕射

譙周法訓曰鸞車璜珮求中道心

石崇奴券曰作車當取大良白槐之輻茱萸之輞

說苑曰齊景公伐宋至於歧隄之上登高以望大息而歎曰昔我先君桓公長轂八百乘以霸諸侯今我長轂三千

乘而不敢久處於此管仲與弦章對曰臣聞之水廣則魚大君明則臣忠昔有桓公乃有管仲今桓公在此則車下之臣盡管仲也

又曰趙簡主乘弊車癯馬衣羖羊之裘其宰進諫曰車新則安馬肥則往來便衣狐貉之裘溫且輕簡子曰吾非不知吾聞君子服美則益恭小人服美則益倨今我以自備恐有小人之心

又曰晉平公　爲馳逐之車掛之以犀錯之以羽車成立於殿下群臣得觀焉田差三過而不觀平公作色大怒差對曰臣聞桀以奢亡紂以此敗是以不敢觀也平公曰善令左右去車

世說曰王武子乘車着連乾障泥前有水馬不肯渡武子曰此馬惜鄣泥使解之馬乃渡

白虎通曰制車以步故立乘天子大路路大也道也正君至尊制度大所以行道德正車也諸侯路車大夫漸子廉切車士飾車

山海經曰番禺生奚仲奚仲生吉光吉光始以木爲車郭璞曰世本曰奚仲造車此言吉光明其父子共創意皆稱也

袁子正書曰申屠剛諫光武以頭軔輪馬不得前子正云光武近出未有得失而頭軔輪此方頭也

又曰　輜車即輦魏晉公卿小出嘗乘馬亦多乘輿車漢諸侯貧者乃乘之其後轉見貴孫權云車中八牛即犢車也江左御出則載儲供之物漢世賤軺車而貴輜軿魏晉賤軿車而貴軺車又有追鋒如軺車而駕馬又以雲母飾犢車謂之雲母車臣不得乘時以賜王公晉氏之有四望車今制亦存又漢制唯賈人不得乘馬車其餘皆乘之

矣除吏赤蓋杠餘則青蓋杠云其非法駕則紫罽軿車案字林軿車有衣蔽無後轅其後有轅者謂之輜

賈誼新書曰古之爲路輿也蓋圜以象天二十八撩音老以象列星軫方以象地三十輻以象日月故仰則觀天文俯則察地理前視則睹鸞和之響四時之運此輿教之道也

後漢崔駰車左銘曰虞夏作車取象機衡君子建左法天之陽正位授綏車不內顧塵不出軌鸞以節步彼言不疾彼指不躬玄覽于道永思厥中也

又車右銘曰擇御卜右揉德用良詢納耆老于我是匡惟賢是師惟道是式箴闕旅賁內顧自勑匪望其度匪愆其則越戒敦儉禮以華國

又車後銘曰敬其在路體貌思恭望衡顧轂允塡茲容無或好失匪槃于遊顧省厥遺虎尾斯求昭德塞違抑盈以

無雖有三晉咸然若盧

後漢李尤小車銘曰盆蓋象天方輿則地輪法陰陽動不
相離合之嗛嗟唊嘘跡　通兩輜彰　尊卑從輗之用信
義所同

梁載暠車馬篇曰朝集類蕭炬晚至如吹雪子雲亦何事
門巷無車轍

太平御覽卷第七百七十三

車部三

輅 輿附同輿 輦

輅

釋名曰天子所乘曰輅輅亦車也謂之輅言行路也金輅以金玉飾車也象輅革輅木輅各隨所名也

書曰大輅在賓階面綴輅在阼階面大路王綴輅金面前皆南饗先輅在左塾之前先輅象以輅木金王象皆以飾車木則無飾昔以在路寢門内左右塾北面凡陳列皆象成王生時

禮曰大輅者天子之車也

又曰鸞車有虞氏之輅也軥鉤音車夏后氏之輅也

又曰天子居青陽左个乘青輅駕蒼龍天子居明堂左个乘朱輅駕赤騮天子居大廟太室乘黄輅駕黄龍天子居

總章左个乘白輅駕白駱天子居玄堂左个乘玄輅駕鐵驪

周禮曰有虞氏上陶夏后上匠殷人上梓周人上輅

又曰王之五路一曰玉路鍚樊纓十有再就建大常十有二斿以祀金路鉤樊纓九就建大旂以賓同姓以封象路朱樊纓七就建大赤以朝異姓以封革路龍勒條纓五就建大白以即戎以封四衛木輅前樊鵠纓建大麾以田以封蕃國

又曰王后之五路重翟鍚面朱總厭翟勒面繢總安車雕面鷖總皆有容蓋翟車貝面組總有握輦車組輓有翣羽蓋

左傳曰清廟茅屋大路越活音席大羹不致粢食音不鑿昭其儉也

又曰賜之大輅之服戎輅之服

論語曰行夏之時乘殷之輅服周之冕

說苑曰晏子朝乘弊車駑馬景公見之曰嘻天子之祿寡耶何乘不佼古巧切之甚也晏子對曰賴君之賜得以壽三族及國交遊皆得生焉臣得煖衣飽食弊車駑馬以奉其身於世足矣晏子出公使梁丘據遺之輅車乘馬三反不受公不悅趣音促召晏子曰夫子不受寡人亦不受晏子對曰君使臣臨百官之吏節其衣服食飲之養以先齊國之民然猶恐其侈靡而不顧其行也今輅車乘馬君乘之上臣亦乘之下民之無義侈其衣食而不顧其行者臣無以禁之遂讓不受也

輿服志曰殷瑞山車金根之色殷人以為大輅於是秦皇作金根之車漢承秦制為乘輿即孔子所謂乘殷之

輅也

鹵簿令曰玉輅駕六馬太僕卿馭駕士三十二人並平巾幘青衫大口袴千牛衛將軍一人陪乘執金裝長刀御乘輦其輅衫腰輿後行次金輅象輅革輅木輅以次相隨並駕六馬各駕士三十二人並平巾幘大口袴衫色各從輅色次五副輅駕士各二十人衣服同正輅次耕根車駕六馬士三十二人服同玉輅

又曰皇太子金輅駕四馬僕寺令馭左右率府率一人執儀刀陪乘駕士二十二人並平巾幘緋帔衫大口袴

又曰王公已下象輅駕四馬佐二人立侍一人武弁朱衣革帶在左一人緋裲襠大口袴執刀在右駕士十二人平巾幘緋衫大口袴

又曰玉輅青質以玉飾諸末重輿左青龍右白虎金鳳翅

畫苣文鳥獸黃屋左纛金鳳一在軾前十二鑾在衡正輅耕根
鑾數皆准此其副則八二鈴在式龍輈設鄣塵青蓋繡飾黃裏博山
鏡子樹羽輪金根朱班重牙左建旂十有二旒旒皆畫外
龍其長曳地右載闟許及切戟長四尺廣三尺黻文旂首金
龍頭嗛結綬及鈴綏駕蒼龍金鍐亡顆切方釳許乞切插翟尾
五焦鏤錫鞶纓十有二就錫馬當顱金爲之鞶馬大帶纓馬決皆以五彩罽飾之就成也
祭祀納后則供之金輅赤質以金飾諸末餘與玉輅同駕
赤騮饗射祀還飲至則供之象輅黃質以象飾諸末餘同
玉輅駕黃騮行道則供之革輅白質鞔莫官切之以革餘同
玉輅駕白駱巡狩臨兵事則供之木輅黑質以漆飾諸末
餘與玉輅同駕黑騮田獵則供之諸蓋旌旗及鞶纓皆從
輅色黃裏俱用黃其鏤錫與五輅同耕根車青質蓋三重
餘同玉輅籍田則供之

又曰皇太子金輅赤質以金飾諸末重轂箱畫苣文鳥獸
黃屋伏鹿軾龍輈金鳳一在軾前設鄣塵朱蓋黃裏輪畫
朱牙左建旂九旒右載闟戟旂首金龍頭銜結綬及鈴綏
駕赤騮四鑾在衡二鈴在軾金鍐方釳插翟尾五焦鏤錫
鞶纓九就從祀享正冬大朝納妃則供之
又曰王公以下象輅以象飾諸末朱班輅八鑾在衡左建
旗旗畫龍外一降外一右載闟戟革輅以革飾諸末左建旜通帛爲旜
餘同象輅木輅以漆飾之餘同革輅諸輅皆朱質朱蓋朱
旂旜一品九旒二品八旒三品七旒四品六旒其鞶纓就
數皆准此
張子平東京賦曰天子乃撫玉輅乘時龍
又曰乘鑾輅而駕蒼龍
又曰奉引既罼先輅乃發

又曰龍輅充庭雲旗拂霓

輿

周易曰君子得輿民所載也
又曰輿說輻夫妻反目象曰輿說輻中無尤也
又曰壯于大輿之輹
又曰見輿曳其牛掣其人天且劓無初有終象曰見輿曳
位不當也無初有終遇剛也
續漢書輿服志曰上古聖人見轉蓬始知爲輅輅行可載
因物生智後爲之輿
晉書曰王道有羸疾不堪朝會顯宗親幸之置酒作樂又
詔自今已後輿載入殿不得施拜
晉諸公讚曰司徒傅祗以足疾遜位不許板輿上殿
晉起居注曰太始四年正月臨軒詔太宰安平王孚載輿

昇殿
宋書曰陶潛解印後有脚疾使一門生二兒舉籃輿詣王
弘既至欣然而與之飲酌
語林曰武侯與宣王在渭濱將戰宣王戎服莅事使人視
武侯乘輿葛巾持白羽扇指麾三軍皆隨其進止宣皇聞
而嘆曰可謂名士
世說曰孟旭未達時家貧在京嘗見王恭乘高輿服鶴氅
裘于時微雪旭於籬間窺之歎曰此真神仙中人也
陳留耆舊傳曰洛陽令董宣死後詔使視之有蘭輿一乘
白馬一疋帝曰宣之清死乃知之
幽明録曰謝安石當桓溫之世恒懼不全夜忽夢乘桓輿
行十六里見一白雞而止莫有解此夢者及溫死後代居
宰相歷十六年而得病安方悟去乘桓輿者代君其位也

十六里者得十六年也見白雞生者今太歲在酉吾病殆
不起乎少日而卒
淮南子曰以天爲盖以地爲輿四時爲馬
韓子曰輿人成輿則欲人富貴也非輿人仁不貴則不售
也
潘安仁閑居賦曰太夫人乃御板輿升輕軒遠覽王畿近
周家國
左太冲蜀都賦曰車輿雜沓冠帶混幷
張子平東京賦曰乘輿巡乎岱岳勸稼穡於原陸
又曰皇輿夙駕輂（仕佳切）於東階（輂輦脚也）
曹子建七啓曰駕超野之駟乘追風之輿
宋玉高唐賦曰王乃乘玉輿駟倉螭

同輿

魏志曰太祖軍摩陂召夏侯惇常與同輿載諸將無得比者
蜀志曰曹公東征呂布於下邳先主從曹公還表先主爲
左將軍禮之愈重出則同輿
吳志曰太子登字子高善待僚屬略同布衣之禮諸葛恪
顧譚等或同轝而載
晉中興書曰紀瞻字士遠爲鎮東左長史丹陽宣城新安
三郡中正上常幸瞻家同乘輿還府瞻甚見遇鄉郡榮之

輦

傳曰猛獲奔衛南宮萬奔陳以乘車輦其毋一日而至
又曰齊慶克通于聲孟子與婦人蒙衣乘輦而入于閎（閎巷門）
又曰孟氏之臣秦堇父輦重如役堇父孟獻子家臣步挽
重車以從師
穀梁傳曰晉君召伯尊而問焉伯尊來遇輦者輦者不辟
使車右下而鞭之（凡車將左右御在中有力之人在右所以備非常）
爾雅曰徒御不驚輦名也
漢書曰淮南王長早失毋常附呂后孝惠然常心怨辟陽
侯孝文初即位自以爲最親驕蹇數不奉法上寬赦之三
年入朝從上入苑獵與上同輦帝謂爲大兄
又曰傅昭儀有寵於上生定陶恭王多伎藝上甚愛之坐
則同席行須同輦
又曰班婕妤班况之女孝成帝婕妤也賢才通辯帝遊於
後庭嘗欲與同輦婕妤辭曰觀古賢聖之君皆有名臣在
側三代末主乃有嬖妾今欲同輦無乃似之乎上善其言
而止太后聞之喜曰古有樊姬今有班婕妤
漢武故事曰又起明光宮發燕趙美女二千人充之常從
行國載之後車與上同輦者十六人員數恒滿

又曰上嘗輦至郎署見一老郎鬢眉皓白上顏名駟江
都人上問公何時爲郎何其老也對曰臣文帝時爲郎
上曰何其不遇也駟曰文帝好文而臣好武景帝好老而臣
尚少陛下好少而臣已老是以三世不遇
晉書曰山濤吳平之後詔天下罷軍役示海內大安州郡
悉去兵大郡置武吏百人小郡五十人帝嘗講武于宣武
塲濤時有疾詔乘步輦從因與盧欽論用兵之本以爲不
宜去州郡武備其論甚精于時咸以濤不學孫吳而闇與
之合帝稱之曰天下名言也而不能用及永寧之後屢有
變難寇賊猋起郡國皆以無備不能制天下遂以大亂如
濤言焉
又曰張敞東宮舊事太子有卧輦步輿
王韶晉紀曰義軍起桓玄問衆曰朕其敗乎曹靖之對曰

神怒民怨臣實憂懼玄曰神何爲怒民何爲怨對曰移晉
宗廟飄零落薄無所祭之不及於祖此其所以怒也玄曰
卿何不諫對曰輦上諸君皆以爲堯舜之世臣何敢諫
又曰梁冀與妻孫壽共乘輦張羽蓋飾以金銀以騁娛樂
晉公卿禮秩曰太宰平王給雲母輦
晉太康起居注曰齊王歸藩詔賜香衣輦一乘
後魏書禮志曰大樓輦輈十二加以玉飾衛輪雕采與輅
同駕牛十二
又曰乾象輦羽葆圓蓋畫日月五星二十八宿天階雲漢
山林雲氣仙聖賢明忠孝節義遊龍飛鳳朱雀玄武白
虎青龍奇禽異獸可爲飾者皆亦圖焉太皇太后助祭
郊廟則乘之
鄴中記曰石虎大駕有金銀輦雲母輦武剛輦數百乘

虎皇后出乘崗路輦文或玉路輦或朱漆臥輦純以雲母
代紗中外四望皆通徹
又曰石虎少遊獵體轉壯大不復乘馬作獵輦使二十人
擔之如今之步輦上安徘徊曲蓋坐處轉關床若射鳥獸
宜有所向關隨身而轉
王君內傳曰神人乘三雲之輦
拾遺記曰周穆王馭黃金碧玉之輦從朝至暮而窮宇宙
之內
潘岳籍田賦曰天子御玉輦蔭華蓋金銀照曜以炯晃龍
驥騰驤而沛艾
鄒陽上吳王書曰鬭城不休救兵不至死者相蹈輦車相
屬轉粟流輸千里不絶
枚叔七發曰出輿入輦命曰蹷痿之機

又云輦道斜交限池紆曲
曹子建公讌詩云輕輦隨風移
劉公幹公讌詩云輦車飛素質從者盈路傍
丘希範應詔詩云輕輿承玉輦細草籍龍騎虞草輦從上行

太平御覽卷第七百七十四

太平御覽卷第七百七十五

車部四

指南車　軺車　畫輪車
四望車　畫雲車　雲母車
通幰車　象車　騾車
犢車　羊車　鹿車
露車　乘輿雜車　輦
輪　軌

指南車

崔豹古今注曰指南車起於黃帝與蚩尤戰涿鹿之野蚩尤作大霧士皆迷路故作指南車

鹵簿令曰指南車駕四馬正道匠一人駕士十四人皆平巾幘緋衫大口袴

洪範五行傳曰若晉獻公雖與指南車終不覺矣齊桓公中才矣指南得悟失之則惑管仲桓公指南車也

魏書馬鈞曰馬先生與高堂隆秦朗爭言及指南車二子謂古典無記言之虛也先生曰古有之明帝乃召先生作之指南車成也

崔鴻後趙錄曰尚方令解飛機巧言若神妙思奇發造指南車就賜爵關內侯

鬼谷子曰肅愼氏獻白雉於文王還恐迷路問周公作指南車以送之

又曰鄭人之取王也必載司南之車爲其不惑也

述征記曰去端門百餘步道南得方尚北門中有指南車上有木仙人持信幡車東西人恒指南

左思吳都賦曰俞騎騁路指南司方出車檻檻被練鏘鏘

軺車

釋名曰軺遥遠也四向遠望之車也

說文曰軺車小車也

謝承漢書曰許慶字子伯家貧爲督郵乘牛車鄉里號曰軺車督郵

晉書曰李矩假爲滎陽太守矩招懷離散遠近多附之石勒親率大衆襲矩矩遣老弱入山令所在散牛馬因設伏以待之賊爭取牛馬伏發齊呼聲動山谷遂大破之所獲甚衆勒乃退加矩冠軍將軍軺車幢蓋

傅子曰漢世賤人乘軺則貴人

李尤軺車銘曰輪以伐步弁以蔽容

畫輪車

晉起居注曰穆帝永和六年皇太后嘗與帝俱出拜陵刻日尚書　啓太后乘畫輪車以輦爲副詔曰故當乘輦車至建平陵門外易載

東宮舊事曰皇太子初拜有畫輪四望車

四望車

魏漢與楊彪書曰今贈足下四望通幰七香車二乘青牸牛二頭

晉陽秋曰魏舒子士詔曰唯有一息足堪負荷思所以散其哀懷給陽遂車四望

晉諸公讃曰文淑破虜之後名聞天下當爲東夷校尉入辭世祖見而惡之恐居邊不信寄諷監司奏淑作陽遂四望車僭飾過制免官

畫雲車

漢書曰武帝作畫雲車

曹子建洛神賦曰六龍儼其齊首載雲車之容裔

雲母車

吳百官名曰劉蜀主得賜雲母車一乘

晉書曰惠帝自鄴還洛殿中官屬備雲母輦及雲母車奉迎

晉太康起居注曰齊王出鎮詔贈清油雲母犢車

傅子曰以雲母飾車謂之雲母車臣下不得乘時賜王公贖

通幰車

傅子曰有追鋒車施通幰車幰許偃切

象車

晉諸公讚曰平吳後南越獻馴象作大車駕之載黄門鼓吹數十人

晉中朝散大駕鹵簿曰象車鼓吹一部十三人

騾車

蜀志曰後主劉禪乘騾車降鄧艾

晉令曰乘傳出使遭喪以上即自表聞聽德白服騾車副使攝事

犢車

釋名曰祥車祥善也善飾之車也犢車是也

謝承後漢書曰潁陽劉詡好賑貧乏陳國張季札弔師喪值冰寒車毁牛病不能進詡逢之推所乘車强牛與之季札後知是詡還其車閉門不受

顧譚別傳曰譚時爲太常録尚書事後徙交阯初吳以罪徙者皆收家財入官及君下獄簿其資唯有犢車一乘牛數頭奴婢不滿十人無尺帛珠金之寶上聞而嘉之皆以君財付叔父穆

晉書曰武帝賜汝南王亮追鋒皂車犢車

又曰太傅王導妻曹氏導甚憚之乃密營别館以處衆妾曹氏知將往焉導恐妾被辱遽令命駕猶遲之以所執麈尾柄驅牛以進司徒蔡謨聞之戲導曰朝廷欲加公九錫導弗之覺但謙退而已謨曰不聞餘物唯有短轅犢車長柄麈尾導大怒

晉令曰百工不得服大絳紫襈假髻真珠璫珥文犀瑇瑁越疊以飾路張乘犢車

羊車

釋名曰羊車以羊所駕名車也

晉書曰武帝平吳之後復納孫晧宮人數千自此掖庭殆將萬人而並寵者甚衆帝莫知所適常乘羊車恣其所之至便宴寢宮人乃取竹葉插户以盐汁洒地以引帝車

又曰衛玠字叔寶五歲風神秀異總角乘羊車入市見者以爲玉人觀者傾都

晉太元起居注曰司隷校尉劉毅奏護軍羊琇私角弩四張又乘羊車請免官罪詔曰羊雖無制非素所乘者可如所奏

鹿車

後漢書曰更始拜趙憙爲五威偏將軍使諸將於昆陽憙被創有戰勞還拜中郎將更始敗憙爲赤眉所圍迫急乃踰屋亡走與所友善韓仲伯等數十人携小弱越山阻僅出武關仲伯以婦色美慮爲强暴者所欲弃之於道憙責怒不聽因以泥塗仲伯婦面載以鹿車身推之或前逢賊憙輒言其病狀以得免

東觀漢記曰杜林寄隗囂終不降志辱身乃出令曰杜伯山天子所不能臣至簪蒿席草不食其粟諸侯所不能友

蓋伯夷叔齊恥食周粟今且從師友之位須道開通使順
其志林雖拘於囂而終不屈節建武六年第成物故囂乃
聽林持喪東歸旣遣而悔追令刺客楊賢於隴坻遮殺之
賢見林身推鹿車載致弟喪乃歎曰當今之世誰能行義
我雖小人何忍殺義士因亡去
列女傳曰渤海鮑宣妻者桓氏之女也字少君宣嘗就少
君父學父奇其清苦故以女妻之裝送資賄甚盛宣不說
謂妻曰少君生富驕習美飾而吾貧賤不敢當禮妻曰大
人以先生修德守約故使妾侍執巾櫛唯命是從宣笑曰
然如是吾志也妻乃悉歸車馬侍御服飾更着短衣裳挽
鹿車歸鄉里拜姑禮畢提瓶出汲脩行婦道禮節恭備鄉
邦稱之宣哀帝時爲司隸校尉子永中興初爲魯郡太守
永之子昱嘗從容問曰太夫人寧復識挽車時不曰先姑
有言存不亡安安不忘危吾焉敢忘乎
晉書曰劉伶不以家產有無介意常乘鹿車携一壺酒使
人荷鍤而隨之謂曰死便埋我其遺形骸如此
風俗通曰鹿車窄小裁容一鹿也或云樂車乘牛馬者剉斬
飲飼達曙今乘此雖爲勞極然入傳舍偃卧無憂故曰樂
車無牛馬而能行者獨一人所致耳

露車

晉陽秋曰平原幹陰雨則犢車而內露車或問其故曰露
者宜內也
晉中興書曰王尼洛陽傾覆避亂江夏王澄時爲荊州刺
史見尼欣然厚供給之尼常歎滄海橫流無安處早喪婦
止有一息不用居宅唯畜露車牛一乘每行輒使兒御諳
人暮則宿車上無有定處少時澄卒荊土飢荒居求食不
能得乃殺車牛煑之遂父子餓死
晉王公百官志曰蜀劉主得賜露車七十乘孫主賜露車
三十乘
道元與天公牋曰有露車一乘轅復摧折以犁轅續之左
崎右巀五結切彊弱相負傍行斫轅

乘輿雜車

鹵簿令曰記里曰白鷺鸞旗等三車並駕四馬正道匠各
一人駕士各十四人皆平巾幘緋衫大口袴
又曰辟惡車太卜令一人在車執弩箭平巾幘緋裲襠大
口袴皮軒車左右金吾隊正一人在車執弩服同太卜其
令行正道駕馬數駕士服色人數儀並同記里等車
又曰安車四望車並駕四馬駕士各二十四人服同上
又曰羊車駕果下馬一小吏十四人並青絲布褶紫碧腰
襟青耳屩辮髮
又曰屬車十二乘並駕牛駕士各八人服同記里等車
又曰王鉞車或曰金鉞車在武衛隊正一人在車次豹尾
車右武衛隊正一人在車皆執武弁朱衣革帶並駕三馬
駕士各十二人服同上

轅

周禮曰輈轅人爲輈輈車轅也輈有三度國馬之輈深四尺有
七寸田馬之輈深四尺駑馬之輈深三尺有三寸唯轅直
且無橈也
左傳宣下曰軍行右轅左追蓐
又曰改乘轅而北之
又曰公孫閼與潁考叔爭車潁考叔挾輈以走子都拔棘
以逐之弗及

又曰師及齊師戰于炊鼻齊子淵捷從洩聲子射之中楯
瓦繇朐汰輈七入者三寸
東觀漢記曰江革母年八十革不欲搖動之常自居轅輓
車不用牛馬
晉儀注曰皇后乘油畫雲母安車駕騄馬油畫雲母安兩
轅
趙書曰後石造獵車千乘轅長三丈
韓子曰吳起爲西河守秦有小亭臨境欲攻之不足以徵
卒乃取車轅倚於北門外令曰有能從至南門外者賜上
宅民莫之從也有從者賜之如令又置一石亦令曰有能
從者賜之如初民爭從之乃令曰明旦攻城有先登者賜
之上田上宅民爭上一朝而拔之
夢書曰賈人夢車轅折敗者憂亡遺衣物何以言之轅字

去衣故知亡衣物
方言曰楚衞之間轅謂之輈
司馬長卿諫曰獵書曰輦不及還轅人不暇施功
潘正叔迎大駕傳云狐狸夾兩轅豺狼當路立

輪

釋名曰輪綸也周匝之言或曰轂言揔入輻中也
易曰既濟初九曳其輪濡其尾無咎
禮曰古者貴賤皆杖叔孫武叔朝見輪人以其杖關轂而
輠(音禍)輪者於是有爵而后杖也(記疾人失禮所由始也叔孫武叔魯大夫叔孫州仇也輪人作車輪之官也)
又曰御婦車而壻授綏御輪三周先俟于門外
周禮曰凡察車之道必自載於地者始也是故察車自輪
始凡察車之道欲其樸(樸音)屬而微至不樸屬無以爲完久

也
又曰輪人爲輪斬三材必以其時(三材可以爲轂輻牙也斬之時以材在陽則中冬斬之在陰則中夏斬之)三材既具巧者和之凡爲輪行澤者欲杼行
山者欲侔(杼謂削薄其踐地者侔上下等)杼以行澤則是力以割塗也是
故塗不附侔以行山則是搏以行石也是故輪雖敝不甐
於鑿(搏圜厚也鄭司農云不甐於鑿謂不動於鑿中也玄謂甐亦敝也以輪之厚石雖鑿齧之不能敝其鑿旁使之動)
又曰軫之方也以象地也蓋之圓也以象天也輪輻三十
以象日月也
左傳曰余折以御左輪朱殷豈敢言病吾子忍之
穀梁傳曰晉人與姜戎要而擊之殺疋馬奇輪無反者
史記曰古封禪爲蒲輪惡傷土石草木
續漢書曰張綱文紀與杜喬等八人受詔行天下號曰八

俊七人皆奉命唯綱獨埋車於洛陽都亭不去也或問之
曰豺狼當路安問狐狸遂奏梁冀等罪京師震悚
莊子曰桓公讀書輪扁斲輪釋椎鑿問曰公所讀者何言
曰聖人之言曰在乎曰已死矣然讀之者古人之糟粕也
公曰寡人讀書輪人安得議有說則可無說則死輪扁曰
以臣之事觀之斲輪徐則甘而不固疾則苦而不入不徐
不疾得之於手應之於心口不能言有數在間而不能諭
臣之子子亦不能受之於臣是以行年七十而老斲輪古
之人與其不傳者死矣君之所讀者是古人之糟粕(今士不同)
張衡思玄賦曰魂眷眷而屢顧兮馬倚輈而俳佪雲霏霏(變化異時故宜絕學任惟之)
兮繞余輪風眇眇兮振余
張協洛禊賦曰權戚之家豪侈之族縈綺傳鑣華輪方轂

集乎長州之浦曜乎洛川之曲

曹子建七啓曰飛軒電遊獸隨輪轉

又應制詩云輪不輟運鸞無廢聲

應吉甫華林集曰備言錫命羽蓋朱輪銘曰失名氏奚氏本造後裔飾雍輪以代步舁以從容輪軿并合出入道同追仁赴義惟禮是恭

梁昭明太子文選序曰椎直追輪為大輅之始大輅寧有椎輪之質

軌

禮曰國中以策彗卹勿驅塵不出軌卹蘇没切勿者没卹没搔摩也

又曰今天下車同軌書同文行同輪

莊子曰軌結于千里之外輪不迹於地

張平子南都賦曰暮春之禊元巳之辰方軌齊軫祓音拂于陽濱

張平子東京賦曰同衡律而一軌量齊急舒於寒燠

吳李重與太子牋曰其皆克復舊職追尋前軌今獨不然

曹子建七啓曰當軌見藉值足遇踐飛軒電　獸逐輪轉

謝靈運祖德詩曰秦趙欣來蘇燕魏遲文軌

陸士龍荅兄機詩曰銜軌各殊迹牽牛非服箱

王僧達荅顏延年詩曰君子聳高駕塵軌實為林

太平御覽卷第七百七十五

太平御覽卷第七百七十六

車部五

轍　軸　轂　輻
輞　軛　輥　輨
枕　軾　箱　轙
轊　環　釭　轄
錬　輠　當　蓋
轑　杠　覆笭　枸
較　幰　緧
茵

轍

左傳曰齊師敗績公將馳之曹劌(居衛切)曰未可下視其轍登而望之曰可矣遂逐齊師既克公問其故對曰夫大國難測也懼有伏焉吾視其轍亂望其旗靡故逐之

又曰昔穆王欲肆其心周行天下特皆必有車轍馬跡焉

漢書曰戶牖富人張負有女(五嫁而夫輒死)人莫敢娶陳平欲得之負至平家乃負郭窮巷以席爲門(然門多長)者車轍負歸謂子仲曰固有美如陳平而長貧賤者乎卒與之女

老子曰善行無轍迹

莊子曰汝不知螳蜋怒臂當車轍不知不勝其任也

又曰莊周貸粟于監河侯曰我將得邑金貸子三百周曰有中道而呼者周視車轍中有鮒魚焉子何爲耶對曰我東海之波臣也君豈有升斗之水而活我哉(鮒具魚門中)

劉伯倫酒德頌曰有大人先生以天地爲一朝萬期爲須臾日月爲戶牖八荒爲庭衢行無轍迹居無室廬幕天席地縱意所如

謝靈運送孔令詩曰河流有急瀾浮驂無緩轍豈伊川途念宿心愧將別

顏延年贈王太常詩曰林閭時晏開亟迴長者轍

陸韓卿荅兄希叔詩曰駿足思長坂柴車畏危轍

傅武仲舞賦曰或踰埃赴轍雷蹇駭電滅

軸

說文曰軸持輪也

周禮曰軸有三理一者以爲㵲(音美)也二者以爲久也三者以爲利也(㵲無節目也久堅刃也利滑密也)

釋名曰軸複也重複非一之言也

左傳曰齊侯執陽虎將東之陽虎願東(陽虎欲西奔晉知齊必反己故詐以東爲願也)及囚諸西鄙盡借邑人之車鍥(苦結切)其軸麻約而歸之(鍥刻也欲絕追者)載葱(音[illegible])靈寢於其中而逃(葱靈輜車名)追而得之囚

於齊又以葱靈寢奔宋遂奔晉適趙氏

史記曰淳于髡曰狶膏棘軸所以爲滑也然不能運方穿

漢書曰臨江閔王榮立爲太子廢爲臨江王坐侵廟壖地爲宮上徵榮榮行祖於江陵北門既上車軸折車廢江陵父老涕泣竊言曰吾王不反矣

轂

詩曰文茵暢轂駕我騏馵

周禮曰轂也者以爲利轉也凡斬轂之道必矩其陰陽陽也者稹(音鎮)理而堅陰也者疏理而柔是故以火養其陰而齊諸其陽則轂雖敝不藃(音耗)轂小而長則柞(側革切)大而短則摯(音致)

又曰行澤者欲短轂行山者長轂短轂則利長轂則安

左傳曰楚子與若敖戰臯滸射汏輈以貫笠轂

穀梁傳曰長轂五百乘縣地千里（長轂兵車四馬曰乘）
春秋考異郵曰黃池之會滕薛扶轂魯衛參乘
後漢書曰崔駰字亭伯涿郡安平人祖母師氏能通經學百家之言王莽寵以殊禮賜號義成夫人金印紫綬文軒丹轂顯於新代
老子曰三十輻共一轂當其無有車之用
桓譚新論曰楚之郢都車掛轂民摩肩市路相交號爲朝衣新而暮衣弊
左太沖蜀都賦曰累轂疊跡叛衍相傾
張平子東京賦曰乘軒並轂
又曰疏轂飛軨
又公讌詩曰神飇接丹轂輕輦隨風移
沈休文餞呂僧珍詩曰持轂二崤道揚旆九河陰

輻

易曰輿說輻夫妻反目（說音脫）
周禮曰輪人爲輪斬三材必以其時（三材轂輻牙）輻也者以爲直指也望其輻欲其掣爾而纖也（掣音消）進而眂之（眂音視）欲其肉稱也參分其轂長二在外一在內以置其輻凡輻量其鑿深以爲輻廣而鑿淺則是以大扤雖有良工莫之能固鑿深輻小則是固有餘而強不足故竑（音宏）其輻廣以爲之弱則雖有重任轂不折參分其輻之長而殺（音煞）其一則雖有深泥亦弗溓（溓讀如沾）

輞

漢書曰李陵擊匈奴矢盡斬車輞而持之
釋名曰輞羅也周輪其外
周禮曰輪人爲輪斬三材必以其時（三材轂輻牙也牙讀如訝迓也周或謂之輞）牙也者以爲固抱也凡揉（而首切）牙外不廉而內不挫旁不腫謂之用火之善（廉絕也挫所也腫瘣也）是故規之以眂其圜（圜音員）也萬（音矩）之以眂其匡也
又曰六分其輪崇以其一爲之牙圍參分其牙圍而漆其二（不漆其踐地者）

軛

續漢書曰文虎伏軾龍首銜軛
齊書曰吳興有項羽神護郡聽事太守不得上太守到郡必須祀以軛下牛李安民奉佛法爲太守到郡不與神牛着屐上聽事又於聽上八關齋俄而牛死葬廟側今呼爲李公牛
韓詩外傳曰武王伐紂到邢丘軛折爲三天雨三日不休武王召太公而問之曰未可伐乎太公曰不然軛折爲三

者軍當分爲三也天雨三日欲洒吾兵也
韓子曰鄭縣人得車軛不知其名問人曰此車軛也俄得一人復問對曰此車軛也問者大怒曰曩者車軛今又車軛是何衆也遂與鬬

輹（音副）

釋名曰輹似人履
又曰伏菟在軸上似之也

輨（音管）

說文曰輨轂端錔也

枕

釋名曰枕横在前若臥床之有枕
方言曰軫謂之枕（郭璞曰車後横木）
周禮曰車軫四尺謂之一等戈柲（音祕）六尺有寸既建而迆

錇崇於軫四尺謂之二等六分其廣以一爲之軫圍參分軫圍去一以爲式圍五分其軫間以其一爲之軸圍軫之方象地也

軾

周禮曰參分軫圍去一以爲式圍參分式圍去一以爲較圍

釋名曰軾式也式所以敬者

左傳曰齊與魯戰于長勺齊師敗績公將馳之曹劌曰未可下視其轍登軾而望之曰可矣

又曰子玉使鬬勃請戰曰請與君之士戲君憑軾而觀得臣與寓目焉

又曰叔山冉搏人以投中車折軾晉師乃止

又曰長狄喬如之首眉隱於軾

漢書曰酈生憑軾下齊七十二城

宋王九辯云倚結軫兮太息涕潺湲兮霑軾

箱

方言曰箱謂之輫（音斐）

詩曰睆彼牽牛不以服箱

通俗文曰車箱曰較（音觡）

風俗通曰車一曰兩相與爲體也原其所以參車獨言兩箱轅及輪兩兩而耦故稱兩耳

轙（音蟻二音宜）

爾雅曰載轡謂之轙（郭璞曰車軛上環轡所貫）

轊（音衛）

說文曰轊車軸端也杜林說轂錔也

方言曰車轊齊謂之轆

鮑明遠蕪城賦曰當昔全盛之時車挂轊人駕肩廛閈撲地歌吹沸天

環

釋名曰游環在服馬背上驂馬之外轡貫之游移前却無常處

爾雅曰輿環謂之捎（徐綃切郭璞曰着車衆環）

詩曰游環脅驅

釭（音江）

說文曰釭轂之鐵也

方言曰車釭燕齊海岱之間謂之鍋錯或謂之錕自關而西謂之釭（錕音衮）

續搜神記曰鄭茂病亡殯殮訖未得葬忽然婦及家人夢茂云已未應死偶悶絕耳可開棺出我燒車釭以熨頂頭如言乃活

轄

釋名曰轄害也車之急害也

詩曰出宿于干飲餞于言載脂載舝還車言邁（舝與轄同）

左傳曰諸侯賓至甸設庭燎僕人巡宮車馬有所賓從有侍巾車脂轄隸人牧圉各瞻其事

漢書曰陳遵嗜酒每大飲賓客滿堂輒閉門取客車轄投井中雖有急終不能去

蔡邕獨斷曰乘輿之車皆副轄副轄者施轄於外乃服設

轄銘曰載馳非轄不行臨政誤教非賢不明

張平子東京賦曰重輪貳轄疏轂展軨

潘正叔贈陸機詩云星陳夙駕載脂載轄

錬

釋名曰鍊簡也鍊釭軸之間使不相忘

輠 胡果切

釋名曰輠裹也裹軹也軹指見於轂頭

禮曰叔孫武叔朝見輪人以杖關轂而輠輪者以是有爵而后杖也 讀如前後之後 餘見輪事注中

史記曰淳于髡齊人也博聞彊學其諫說慕晏嬰之為人然而承意觀色為務故齊人謂之炙輠輠者之盛膏者炙之不盡猶有餘流言髡之智不盡如炙輠

當

通俗文曰車當謂箅 步妙切 軖篂

郭林宗別傳曰宿仲琰為部從事嘗柴車駕牛編荊為當

蓋

周禮曰輪人為蓋達常圍二寸 達常蓋斗柄上入杠中也 上欲尊而宇欲卑 上近部平者也隤下尼宇 上尊而宇卑則吐水疾而霤遠 蓋者主為兩設也 蓋已崇則雖為門也蓋已卑是蔽目也是故蓋崇十尺良蓋弗冒弗紘殷畝而馳不隊謂之國工蓋之圜也以象天也蓋弓二十有八以象星也

方言曰蓋在上如屋舍之復蓋

蔡邕獨斷曰乘輿車皆黃蓋者並以黃為裏也

董卓別傳曰卓諷朝廷使光祿宣璠持節拜卓為太師位諸侯上引還長安百官迎路拜揖卓遂僭擬車服乘金華青蓋畫兩輪時人號為竿摩車

轑 音老

釋名曰轑似弓曲也

說文曰轑蓋弓也淮陽名車穹

周禮曰弓鑿廣枚鑿上二枚鑿下四枚 弓轑也 鑿深二寸有半下庇軹五尺謂庇輪四尺謂之庇軫參分弓長而揉其一以為尊之蓋之二十有八以象星也

杠

周禮曰輪人為蓋達常圍三寸桯 音楹蓋杠也 信其桯圍以為部廣六寸部長二尺桯長倍之四尺者二 杠長八尺謂達常以下也加達常二尺則蓋高一丈也

覆笭 音苓

釋名曰笭横在車前在織竹作之空笭笭也

廣雅曰覆笭謂之䡊

枸心

廣雅曰從下枸軸也

通俗文曰軸限者謂之枸

較

周禮曰參分式圍去一以為較圍去一以為軹圍

釋名曰其較重卿所乘也

幰 許偃切

通俗文曰張布曰幰

儀制令曰諸車一品青油纁道幰朱裏朱絲絡網三品以上青道幰朱五品以上青偏幰碧裏六品以下皆不得用幰

鹵簿令曰安車紫油通幰紫油纁朱裏四望車青油通幰青油纁並朱絲絡網后及皇太子車幰並准此

風土記曰周禮以拂拭車一義謂施嚴惟幰

潘岳籍田賦曰微風生於輕幰纖埃起乎朱輪

潘尼書曰朝從長塗暮栖所集歸雲乘幰浮悽風尋惟入

緧

釋名曰緧道也在後道曰使不得却縮也

王隱晉書曰山濤爲尚書有人題曰閣中有大牛王濟鞅裴楷鞦和嶠踖踧不敢休

茵

釋名曰茵車中所坐也用虎皮有文采

詩曰陰靷鋈音沃續文茵暢轂駕我騏馵音注

漢書曰邴吉爲丞相馭吏嗜酒數逋蕩逋亡也蕩放也謂亡其所供之職而漸放也常從吉出醉歐丞相車茵上西曹主吏白欲斥之吉曰以醉飽之失去士使此人復何所容西曹但忍之此不過汚丞相車茵爾遂不去也

太平御覽卷第七百七十六

太平御覽卷第七百七十七

奉使部一

奉使上

周禮小行人曰使適四方協九儀賓客之禮朝覲宗遇會同君之禮也存頫省聘問臣之禮也又掌邦國之禮籍以待四方之使者凡四方之使者大客則擯小客則受其弊而聽其辭凡使爲旌節

禮曰凡爲君使者已受命君言不宿於家君言至則主人出拜君言之辱使者歸則必拜送於門外又若使人於君所則必朝服而命之使者反則必下堂而受命也

詩曰四牡勞使臣之來也有功而見知則說矣四牡騑騑周道逶遲豈不懷歸王事靡盬我心傷悲

又曰皇皇者華君遣使臣也送之以禮樂言遠而有光華

也皇皇者華于彼原隰駪駪征夫每懷靡及

左傳曰齊使仲孫湫來省難仲孫歸曰不去慶父魯難未已公曰若之何而去之對曰難不已將自斃君其待之公曰魯可取乎對曰不可猶秉周禮周禮所以爲本也臣聞之國將亡本必先顛而后枝葉從之魯不弃周禮未可動也君其務寧魯難而親有禮因重固(能重固者因而成之)間攜貳覆昏亂霸王之器也

又曰齊孝公伐我北鄙公使展喜犒師使受命于展禽(柳下惠也)齊侯未入境展喜從之曰寡君聞君親舉玉趾將辱弊邑使下臣犒執事

又曰晉侯及秦伯圍鄭以其無禮於晉且貳於楚也晉軍函陵秦軍氾南佚之狐言於鄭伯曰國危矣若使燭之武見秦君師必退公從之

又文下曰秦伯使西乞術來聘且言將伐晉襄仲辭玉曰君不忘先君之好照臨魯國鎮撫其社稷重之以大器寡君敢辭玉賓荅曰不腆先君之敝器而使下臣結二國之好是以敢致之襄仲曰不有君子其能國乎國無陋矣厚賂之

又宣十五年曰楚子圍宋宋人使樂嬰齊告急于晉晉侯使解楊如宋使無降楚曰晉師悉起將至矣鄭人囚之而獻於楚楚子厚賂之使反其言不許三而許之登諸樓車使呼宋人而告之遂致君命楚子將殺之使與之言曰爾既許不穀而反之何故非我無信汝則棄之速即爾刑對曰臣聞之君能制命爲義臣能承命爲信信載義而行之爲利謀不失利以衛社稷民之主也義無二信信無二命(義不兩信信不受二命也)君之賂臣不知命也奉命以出有死無霣(霣音隕)

又可賂乎臣之許君以成命也(成其君命也)死而成命臣之祿也寡君有信臣矣下臣獲考死又何求楚子舍之以歸(考成)

又曰晉侯使郤克徵會于齊齊頃公帷婦人使觀之郤子登婦人笑於房獻子怒出而誓曰所不此報無能涉河郤克請伐齊晉侯弗許至成公三年衛孫桓子臧宣叔亦乞師以伐齊晉侯許之

又曰齊叔老爲季武子介自是晉人輕魯幣而益敬其使

又曰吳公子札來聘見叔孫穆子說之謂穆子曰子其不得死乎好善而不能擇人吾聞君子務在擇人吾子爲魯宗卿而任其大政不愼所舉何以堪之禍必及子聘于齊說晏平仲謂之曰子速納邑與政無邑無政乃免於難齊國之政將有所歸未獲所歸難未歇也故晏子因陳桓子以納政與邑是以免於欒高之難(難在昭八年)聘於鄭見子產

如舊相識與之縞帶子產獻紵衣焉大帶也吳地貴縞鄭地貴紵故各獻已所貴示損已而不爲彼貨利謂子產曰鄭之執政侈難將至矣政必及子
爲政愼以禮不然鄭國必敗敗謂伯有也
又曰韓宣子如楚送女叔向爲介鄭子皮子太叔勞諸索
氏太叔謂叔向曰楚王汰侈已甚子其戒之叔向曰汰侈
已甚身之災也焉能及人若奉吾幣帛愼吾威儀守之以
信行之以禮敬始而思終終無不復行而不失儀敬而不
失禮導之以訓詞奉之以舊法考之以先王度之以二國
雖汰侈若我何
又曰費楚無極譖太子建王使城父司馬奮揚殺太子建
未至而使遣之太子奔宋王召奮揚使城父人執已以至
王曰言出於余口入於耳爾誰告建也對曰臣告之君王
命臣也事建如事余臣不佞不能苟貳奉初以還不忍後

命故遣之旣而悔之亦無及也已王曰而敢來何也對曰
使而失命召而不來是再奸也逃無所入王曰歸從政如
他日奸犯也
論語曰使於四方不辱君命可謂士矣
又曰蘧伯玉使人於孔子孔子與之坐而問焉曰夫子欲
寡其過而未能也使者出子曰使乎使乎
史記曰吳季札之爲使北過徐君徐君初好札劒口雖弗
言季札知之爲使上國未獻還至徐君徐君已死乃解其
寶劒繫徐君塚樹而去從者曰徐君已死當誰與乎曰不
然始吾心已許之豈以死背吾心哉
又曰趙平原君使人於春申君趙使欲夸楚爲瑇瑁簪刀
劒室悉以珠飾之春申君三千餘人上客皆躡珠履以見
趙使大慙

又曰陸賈楚人以客從高祖定天下名爲有口辨士居左
右常使諸侯時中國初定尉佗平南越因王之高祖使賈
賜佗印爲南越王佗魋結箕倨見賈賈因說佗曰足下欲
以區區之越與天子抗衡爲敵國禍且及身矣佗迺蹶然起
坐謝賈曰生長蠻夷中久殊失禮義因問賈曰我與蕭何
曹參韓信孰賢賈曰王似賢之復問曰我與皇帝孰賢賈
曰皇帝起豐沛討暴秦誅強楚爲天下興利除害繼五帝
三王之業統理中國中國之人以億計地方萬里居天下之膏
腴人衆車轝萬物殷富政由一家自天地剖判未始有也
今王衆不過數十萬皆蠻夷崎嶇山海閒譬若漢一郡王
何乃比於漢佗笑曰吾不起中國故王此使我居中國何遽
不若漢迺大說至孝文帝元年詔丞相陳平舉可使南越
者平言陸賈先帝時曾使南越乃召爲太中大夫往使因

讓佗自立爲帝賈至南越王甚恐爲書謝於是乃下令國
中曰吾聞兩雄不俱立兩賢不並世皇帝賢天子也自今
已後去帝制黃屋左纛賈還報文帝大悅
又曰汲黯爲謁者東越相攻上使黯往視之不至至吳而
還報曰越人相攻固其俗不足以辱天子之使河內失火
燒千餘家上使黯往視之還報曰家人失火屋比延燒不
足憂也臣過河南貧人傷水旱萬餘家或父子相食臣謹
以便宜持節發河南倉粟以賑貧民臣請歸節伏矯制之
罪上賢而釋之
又曰司馬相如爲郎數歲會唐蒙使略通夜郎西僰中發
巴蜀吏卒千人郡又多爲發轉漕萬餘人用興法誅其渠
而巴蜀民大驚恐上聞之乃使相如責唐蒙等因喻告巴
蜀民以非上意還報天子乃拜相如爲中郎將建節持四

乘之傳因巴蜀弊物以賂西夷至蜀太守以下郊迎縣令
負弩矢先驅蜀人以爲寵於是卓王孫臨邛諸公皆因門
下而獻牛酒
又曰淳于髡者齊之贅壻也（壻也者女之夫比於子餘剩故曰贅壻）長不滿
七尺滑稽（音骨乱也稽者同也）多辨數使諸侯未嘗詘辱威王八年
楚大發兵加齊齊王使淳于髡之趙請兵齎金百斤馬千
駟淳于髡仰天大笑冠纓索絶王曰先生少之乎髡曰何
敢王曰先生笑豈有說乎髡曰今者臣從東來見道旁有
禳田者操一豚蹄酒一盂而呪曰甌窶滿篝（篝籠也音構甌窶猶柸樓）
（世言豐年萊樹易可滿篝）汙耶滿車（行耶下地田也則下地田之中有薪菜可滿車也）五穀蕃
熟穰（穰滿家臣）見所持者狹而欲者大奢笑於是齊王乃益齎
黄金千鎰白璧雙車馬百駟髡辭而行至趙趙與之精兵
十萬革車千乘楚聞之夜引兵而去威王大悅

漢書曰漢王曰孰能爲我使淮南使之發兵背楚留項王
於齊數月我之取天下可萬全隨何曰臣請使之乃與二
十人俱使淮南至太宰主之（淮南太宰作內主也）三日不得見隨何
因說太宰曰王之不見何必以楚爲強以漢爲弱使何得
見言之而是耶是大王所欲聞言之而非耶使何等二十
人伏斧質淮南市以明背漢而與楚也太宰乃言之王王
見之隨何說淮南王王曰請奉命陰許叛楚與漢未敢泄
楚使者在方急責布發兵隨何直入曰九江王歸漢楚何
以得發兵布驚曰何至是楚使者出何曰事已搆可殺楚
使（無使歸而）疾走漢併力布從之遂歸漢
又曰張騫漢中人建元中爲郎時匈奴降者言匈奴破月
支氏擒其王以其頭爲飲器月支遁而怨匈奴無與共擊
之漢方欲滅胡聞之乃募使者騫應募與堂邑氏奴甘父

俱往匈奴不聽去乃留騫十餘歲娶胡妻有子然騫持漢
節不失居匈奴西騫因與其屬亡鄉月氏西走數十日至
大宛後單于死國亂騫與胡妻及堂邑父俱亡歸漢拜騫
太中大夫騫爲人寛信蠻夷愛之騫曰臣在大夏時見邛
竹杖蜀布問安得此國人曰吾賈人往市之身毒國一名
天竺國在大夏東南數千里人乘象以戰臣度大夏去漢
萬二千里有蜀物其去蜀不遠矣於是漢復事西南夷騫
從大將軍擊匈奴嘗諳知水草處軍須不乏封博望侯
又曰張騫使至安息王令將二萬騎迎於東界東界至王
都數千里（此至王都）過數十城人民相屬甚衆使還即發使來
隨欲觀漢廣大以大鳥卵黎軒善眩人獻於漢及死西小
國皆隨漢使獻見天子
又曰傅介子昭帝使通西域樓蘭嘗邀漢使殺之後使介

子往而讓衣旋謂將軍霍光曰彼王反覆不誅無以懲其
惡臣嘗遇之近人易就耳願旦往刺之以示諸國光曰可
矣遂奏介子行具卒乘賫重幣揚言賜外國而志在樓蘭
樓蘭王意不親介子介子陽引去至其西界使譯者謂王
曰漢使持重寶行賜諸國王不來我之西矣即出金幣以
示譯譯者還報王王貪漢物來見介子與坐飲陳物示之
飲酒皆醉介子謂王曰天子使我私報王王隨介子入帳
中屏語壯士二人從後刺之刃交胷立死其貴人左右皆
散走介子告諭以王負漢罪天子遣我來誅王當更立前
太子質在漢者爲王漢兵方至無得輙動動則滅國矣遂
持王首而還詣闕朝廷嘉之封介子爲義陽侯食邑七百户
又曰蘇武字子卿建次子也少以父任爲郎中武帝遣以爲
中郎將使持節送匈奴使留在漢者武與副中郎將張勝友

假吏常惠等募士斥候百餘人俱既至匈奴致幣遺單于
單于益驕非漢所望也方欲發使送武等會緱王與長水
虞常等謀反匈奴中緱王是昆耶王姊子與昆耶王俱降
漢後隨浞野侯没胡中及衛律所將降者陰相與謀刼單
于母閼氏歸漢會武等至匈奴虞常在漢時素與張勝善
私候勝曰聞漢天子甚怨衛律常能為漢伏弩射殺之吾
母與弟在漢幸蒙爵賞張勝許之事敗單于怒欲殺漢使左伊
秩訾曰宜皆降之單于使衛律召武受辭武謂常惠曰屈節
辱命雖生何面目以歸漢乃引佩刀自刺衛律大驚召醫瘞
單于乃鑿地為坎置熅火覆武其上蹈其背以出血氣絶半
日復息惠勝等號哭單于壯其節朝夕遣人候問武愈單于
逾欲降之武不能屈乃幽武大窖中絶食天雨雪武卧囓
雪與旃毛并咽之數日不死匈奴以為神乃徙武北海令
牧羊不得食掘野鼠去草實食之杖漢節旄盡落積五六
年昭帝即位與匈奴和親求武匈奴紿言死後漢使復至匈
奴常惠請其守者夜見漢使教使謂單于曰天子射上林
中得鴈足有係帛書具言武在北海大澤中牧羊使者如
惠語以讓單于單于視左右大驚謝漢使曰武等實在乃
召武相隨官屬等九人歸漢武以元始六年春至京師拜
典屬國常惠等皆為郎

又曰鄭吉會稽人累遷衛司馬神爵中日逐王亂匈奴欲
降漢使人與吉相聞於是漢使吉迎之日逐王并口萬二
二千隨吉至河曲遂將詣京師吉既破車師降日逐王威
震西城遂護車師以西故號都護都護之置自吉始焉
又曰陳湯為人沉勇有大慮多謀策喜奇功所過城邑山
川常登望遠以觀形勢常患位卑權輕不吏肯臆之謀時西
方郅支單于常殺漢使侵横諸國朝廷患之谷吉上書願
往諭王遇害乃遣湯與甘延壽使于西域陽謂延壽曰郅
支單于結怨諸夷屈辱漢使朝廷患之久矣雖然蠻夷無
金城湯池之固堅弩之器恩義不行彼可取也若舉屯田
吏士并發烏孫兵直　抵城下彼亡無所保千載之功可
致也延壽然之請奏湯曰不可不如矯詔而發之延壽不
從會延壽疾卧湯因矯制發城郭諸國兵胡漢四萬餘騎
置官吏而發也已行延壽聞而驚起止之湯按劍叱之曰
大衆已集豎子胡敢沮衆耶乃上疏自劾矯制之狀因分
兵葱嶺赤谷兩道鼓行而西去單于城三十里止而營單
于怪之使人問之曰漢兵何來湯曰見單于亡國本屈意
康居故來護單于耳單于不知意旨猶豫無備因夜進兵
圍城遲明拔之斬郅支單于以歸

又曰蓋寬饒字次公魏郡人也明經為郡文學以孝廉為
郎舉方正對策高第遷諫議大夫寬饒為衛司馬有厚德
宣帝嘉之以寛饒為太中大夫使行風俗多所稱舉貶黜
奉使稱旨擢為司隸校尉刺舉無所迴避小大輒舉所劾
奏衆多廷尉處其法半用半不用（以其峻刻故有不用者）公卿貴戚
及郡國吏繇使至長安皆恐懼莫敢犯禁京師為之清平
又曰終軍從濟南當詣博士步入關關吏予軍繻軍問以
此何為吏曰為復傳還當以合符軍曰大丈夫西遊終不
復傳還弃繻而去軍後為謁者使行郡國建節東出關關
吏識之曰此使者迺前弃繻生也軍行郡國所見便宜以
聞還奏事上甚悦

太平御覽卷第七百七十七

太平御覽卷第七百七十八

奉使部二

奉使中

後漢書曰伏湛子隆字伯文少有節操立名當時張步兄弟各擁強兵據有齊地拜隆爲太中大夫持節使青徐招降張步等五校尉皆降其冬拜隆爲光禄大夫復使於步皆招懷綏輯多來附隆帝嘉其功以比之酈生即拜步爲東萊太守劉永復遣使立步爲齊王步貪受王爵猶與未決隆曉譬曰高祖與天下約非劉氏不王今可得爲十萬户侯耳步欲留隆與共守二州隆不聽求得反命步不從乃執隆隆遣閒使上書曰臣隆奉使無狀（言罪大也）受執凶逆雖在困厄授命不顧又吏人知步反叛心不附之願以時進兵無以臣隆爲念也臣隆得生歸闕庭受誅於有司此其大願君令沒身寇手以父母兄弟長累陛下陛下與皇后太子永享萬國與天無極帝得隆奏召其父湛流涕以示之曰隆可謂有蘇武之節恨不且許而遽求還也其後步遂殺之時人莫不憐哀焉以其子瓔爲中郎

又曰奉車都尉竇固出擊匈奴以爲班超假司馬將兵別擊伊吾戰於蒲類海（伊吾匈奴中地名蒲類匈奴中海名在燉煌北）多斬首虜而還固以爲能遣與從事郭恂俱使西域超到鄯善（鄯善本西域樓蘭國也後改爲鄯善去陽關一千六百里去長安六千一百里）鄯善王廣奉迎超禮敬甚備後忽更疎懈超謂其官屬曰寧覺廣禮意薄乎此必有北虜使來狐疑未知所從故也明者覩其未萌況已著耶乃召侍胡詐之曰匈奴使來數日今安在乎侍胡惶恐具服其狀超乃閉侍胡悉會其吏三十六人與共飲酒酣因激怒之曰卿曹與我俱在絶域欲立大功以求富貴今虜使到裁數日而王廣禮敬即廢如今鄯善收吾屬送匈奴骸骨長爲豺狼食矣爲之柰何官屬皆曰今在危亡之地死生從司馬超曰不入虎穴不得虎子當今計獨有因夜以火攻虜使彼不知我多少必大震怖可殄盡也滅此虜則鄯善破膽功成事立矣衆曰當與從事議之超怒曰吉凶決於今日從事文俗吏聞此必恐而謀泄死而無所名非壯士也衆曰善初夜遂將吏士往奔虜營會天大風超令十人持鼓藏虜舍後約曰見火燃者當鳴鼓大呼餘人悉持弓弩夾門而伏超乃順風縱火前後鼓噪虜衆驚亂超手格殺三人吏兵斬其使及從士三十餘級衆百許人悉燒死明日乃還告郭恂恂大驚既而色動超知其意舉手曰掾雖不行班超何心獨擅之乎恂乃悅超於是召鄯善王廣以虜使首示之一國震怖超曉告撫慰遂納子爲質還奏於竇固固大善具上超功效并求更選使使西域帝壯超節詔報曰吏如班超何故不遣而更選乎今以超爲軍司馬令遂前功

又曰鄭衆字伯師拜越騎校尉使匈奴至北庭虜欲令拜衆不屈單于大怒不與水火欲脅伏衆拔劍自誓單于乃止

又曰張綱字文紀爲侍御史漢安元年選八使徇行風俗皆耆舊知名多歷顯位唯綱年少官資最微餘人受命之部而綱獨埋其車輪於洛陽都亭曰豺狼當路安問狐狸遂奏大將軍梁冀弟河南尹不疑皆蒙外戚之任居阿衡之職不能敷揚五教專務蛇豕而已帝雖知綱言公直然不忍行用也時廣陵賊張嬰殺太守據部冀乃用綱爲廣陵太守綱至乃陳示禍福嬰等開門出降綱乃撫納離叛使各得安居部內肅清帝嘉之賜錢十萬

續漢書曰大使車乘駕駟赤帷持節者重導伍百璜弩十二人小使車蘭輿赤轂赤帷從騶騎四十人

又曰周舉字宣光順帝時詔八使遣巡行風俗皆選素有威名者拜舉侍中杜喬守光祿大夫周栩前貴州刺史馮羨尚書欒巴侍御史張綱兗州刺史甄遵太尉張史劉班普守光祿大夫分行於天下其刺史二千石有贓罪顯明者驛馬上之墨綬以下便輒收舉其有清忠惠利爲百姓所安宜表異者皆以狀上於是八使同時俱拜天下號曰八俊舉於是劾奏貪猾表薦清公朝廷稱之

又曰范滂字孟博汝南征西人厲清節爲州所服舉孝廉時冀州飢荒盜賊群起乃使滂案察之滂登車攬轡慨然有澄清天下之志乃至州境守令自知贓汙望風解印綬去其所舉奏莫不厭伏衆議

東觀漢記曰來歙字君叔南陽人也建武五年持節送馬援奉璽書於隗囂囂遣子恂隨入侍時山東略定帝謀西收囂兵與俱伐蜀囂將王元說囂故不決歙素剛直遂發憤責之曰國家以公知臧否曉廢興故以手書暢至意足下擁忠誠眷委質是君臣父子信也今乃欲從佞惑之言爲族滅之計叛主負子違背忠信吉凶之決在於今日因欲前刺囂囂起入部勒兵將殺歙歙徐杖節就車而去

又曰隗囂甚重馬援以爲綏德將軍時公孫述稱帝囂使援往觀之援素與述同鄉里相善以爲至當握手迎如平生而述方盛陳陛衛以延援入交拜禮畢就館更爲援製都布單衣交讓冠會百官於宗廟立舊交之位述鸞旗旄騎警蹕就車禮甚盛欲以援封侯食大將軍位賓客皆樂留援曉之因而辭歸謂囂曰子陽井底鼃耳不如專意東方囂乃使援奉書洛陽援至引見於宣德殿上迎笑謂之曰卿遨遊二帝間見卿使人慙援頓首謝曰當今之世非獨君擇臣臣亦擇君臣與公孫述少相善臣前至蜀述陛戟而後進臣今遠來陛下何知非刺客而簡易如此於是上復笑曰卿非刺客顧說客耳援乃曰天下反覆自盜名字者不可勝數今見陛下恢廓大度同符高祖乃知帝王自有眞也

又曰郭丹從師於長安買傳入函谷關乃慨然歎曰丹不乘使者車終不出關後三公舉丹賢能徵諫議大夫丹自去家十有二年果乘高車出關如其志也

何賢之有伊曰以地言尉佗不在弊邑馮弘聞而大悅還封都亭侯

後魏書曰燕鳳字子章代人也拜代王左長史參決國事

常使符堅堅問鳳曰代王何如人也對曰寬和仁愛經略高遠一時雄主也常有并吞天下之志堅曰卿輩北人無剛甲利器敵弱則進敵強則退安能兼并也鳳曰北人壯悍上馬持三仗驅使若飛主人雄儁率服北土控弦百萬號令若一軍粮輕重樵爨自若輕行速捷因敵取資此南方所以疲弊北方所以常勝也堅曰彼國人馬多少鳳曰控弦之士數十萬見馬一百萬疋堅曰卿言人衆則可說馬太多鳳曰雲中川自東山至西河二百餘里北至南山百餘里每歲自孟秋馬常大集略爲滿川以此推之使人言猶未盡鳳還堅厚加贈

又曰朱長生代人孝文時爲散騎常侍使高車其王阿伏至羅國乃不以禮待長生長生責至羅王既稱臣內附何得口云再拜而實不拜乃呼出帳令衆中拜至羅慙其臣下大

怒乃以兵脅之曰不降則殺長生厲声曰我寧作魏鬼不爲汝臣留三歲乃放還孝文比之蘇武也

又曰李彪使蕭賾親謂彪曰卿前使還日賦詩云但願長閑暇後歲復來遊果如言今日卿此還也復有來理否彪荅曰使臣請重賦詩曰宴衎清都中一去永矣哉賾惆然曰清都可尒一去何事觀卿此言似成長闊

隋書曰許惪字務本高陽北新成人也家有書萬卷皆悉遍涉禎明二年加通直散騎常侍聘隋遇文帝伐陳禮成而不獲反命留縶賓館陳亡素服號泣於西階下藉草三日有詔就館拜通直散騎常侍惪晝夜哀哭北面立垂涕再拜受詔明日乃朝伏泣於殿下悲不能勝左右曰我平陳唯獲此人既懷其舊君則我誠臣也勑以本官直門下省賜物千段

唐書曰大歷初以授歸崇敬倉部郎中兼御史中丞賜金紫充吊祭冊立新羅王使至海中流波濤迅急舟漏衆咸驚駭舟人請以小艇載崇敬避禍崇敬曰舟人九數百我何獨濟逡巡波濤稍息故事使新羅者至海東多有所求或攜資帛而往貿易規利崇敬一皆絶之東夷稱重其德

又曰郗倚爲童兒力學不急家産長能通經以講習自娛五經登第通歷代沿革擢爲太常博士轉虞部員外郎爲入回紇副使回紇驕倨見漢使盛陳兵甲與其相不拜欲受漢使禮倚堅立不動宣命既畢虜使責之云欲留使者行人皆惶怖獨倚謂虜曰今可汗是漢家子壻坐受使臣禮是可汗無禮非使臣無禮也虜憚其嚴正卒不敢逼

荊州先德傳曰費禕字文偉江夏人也吳與蜀和遣使張温字惠恕來脩好温辨好論議鮮能抑之諸葛亮以禕有俊才宜遣報温使以禕爲奉信校尉權時竊尊號意猶豫未決禕爲陳存亡之晝開國建家之策權甚悅滑稽時知名皆在會並使發異端之難禕應機輒荅坐席稱之由是愛敬焉

太平御覽卷第七百七十八

奉使部三
奉使下

三輔故事曰婁敬曰臣願爲高車使者持節往至匈奴庭
與其分土定界敬至曰汝本處北海之濵秦亂汝侵其界
居中國地今婚姻已成當還汝本牧還我中國地作丹書
鐵券曰自海以南冠蓋之士處焉自海以北控弦之士
處焉割土盟誓然後求還
華陽李郃別傳曰郃字孟君漢中人和帝即位分遣使者
循州郡觀風俗皆微服單行使者二人當到益州投公舍
宿時夏月露坐爲出酒與談公仰視問曰二君發京師時
寧知二使者何日發耶二人驚相視而曰不聞問公何以
知之公指星有二使星向益部二人知其深明遂共談甚
嘉異焉
風俗通曰周秦常以歲八月遣輶車之使采異代方言還
奏之事藏祕室
晏子春秋曰晏子使吳吳稱曰天子請見晏子蹵然曰臣
受命弊邑使於吳王臣迷惑入于天子之朝敢問吳王惡
存吳王夫差請見以諸侯之禮
又曰晏子使楚楚王進橘置削晏子不剖而并食王曰橘
去剖對曰臣聞之賜人主者瓜桃不削橘柚不剖臣故不
敢剖臣非不知
又曰晏子使楚楚人爲小門而延晏子晏子不入曰使狗
國者從狗門入今臣使楚不當狗門入也王曰齊無人耶
對曰齊之臨淄三萬戶張袂成帷揮汗成雨何爲無人齊
以賢者使賢主不肖者使不肖主嬰不肖是故使王耳

又曰晏子聘楚楚王知其賢智欲辱之使人縛一人從殿
前過佯問之此何罪也左右荅曰此齊人也今犯盜王謂
晏子曰齊國善盜也晏子荅曰臣聞江南生橘江北爲枳
土地使其然也臣察此人在齊不爲盜今來楚而盜亦土
地使然也楚王大慙
漢雜事曰吳楚七國反齊孝王城守膠西濟南三國圍齊
齊使路中大夫告於天子還報曰堅守此至三國圍齊已
數重矣無從入三國將與路中大夫盟若反言漢已破大
夫許之至城下望見齊王曰漢已發兵百萬使太尉周亞
夫擊破吳楚引兵救齊齊必堅守三國將誅路中大夫
韓詩外傳曰越王勾踐使廉稽獻民於荊使者越夷狄之
國也臣請欺其使者荊王越曰王賢人也其使者亦賢子
慎之使者出見廉稽曰冠則得以見廉稽曰夫越亦周室

之列封也不得處中國則處江海之陂與黿鱣魚鼈爲伍
文身剪髮而後處焉今來至上國必曰冠乃得見不冠不
得如此則大國使適越亦將劓墨文身剪髮而後得見乎
荊王披衣出謝
又曰魏文侯有子曰擊次曰訢訢少而立以爲嗣封太子
擊於中山三年不往來其傅趙倉唐諫曰父忘子子不可
忘父何不遣使乎擊曰願之久矣未有所使倉唐對曰爲
之使則臣請使擊曰諾於是乃問君何所好與所嗜曰君
嗜晨鳧好北犬遂求晨鳧北犬齎行倉唐至曰北藩中山
之君有北犬晨鳧使倉唐再拜獻之文侯曰嘻擊知吾好
北犬晨鳧也即見使者文侯曰擊無恙乎倉唐唯唯三問
而不對文侯曰不對何也倉唐曰臣聞諸侯下名君既已
賜弊邑使得小侯國不敢對也文侯曰中山君無恙乎倉

唐曰今者之來拜送於郊文侯曰中山君長短若何矣倉
唐曰聞諸侯比諸侯不朝則側者皆人臣也臣無所比之
然則所賜之裘幾能勝之矣文侯曰中山之君亦何好乎
對曰好詩文侯曰於詩何好曰好黍離與晨風文侯曰黍
離詩何哉對曰彼黍離離彼稷之苗行邁靡靡中心揺揺
知我者謂我心憂不知我者謂我何求悠悠蒼天此何人
哉文侯曰怨乎曰非敢怨也時思也文侯曰晨風謂何對
曰詩云鴥彼晨風鬱彼北林未見君子憂心欽欽如何如
何忘我實多此以忘我者也於是大悦曰欲知其子視其
毋欲知其君視其使中山君若不賢惡能使其使賢遂廢
太子訢而召中山君以為嗣
説苑曰秦王以五百里地封鄢陵君君不受使唐且謝秦
王忿然作色謂且曰亦嘗見天子之怒乎曰臣未嘗見也

王曰天子之怒伏尸百萬流血千里且曰大王亦嘗見布
衣韋帶之士怒乎王曰布衣韋帶之士怒則解冠徒跣以
頭搶地耳何難知者且曰此乃庸夫之怒耳布衣之士怒
伏尸二人流血五步即持其匕首起視秦王曰今將是矣
秦王變色長跪曰先生就坐寡人諭矣
又曰趙王遣使者之楚方鼓瑟而送之誡之曰必如吾言
注事具瑟門
又曰齊使淳于髡聘楚髡為人形貌短小楚王薄賤之曰
謂之齊無人耶而使子來乎何長也髡對曰臣無所長要
中七尺之劒欲斬無狀王王曰止吾但戲子耳與髡共飲
酒
又曰晉楚之君為好會死丘之上宋使人臣晉楚大夫曰
趣以天子禮見吾我將見子使者曰冠雖弊義居上屨雖

新義居下周室微諸侯未之能易也師雖昇未城臣猶不
更臣之服也遂以諸侯禮見之
又曰楚使者聘齊齊王享之梧宮使者曰大哉梧乎王曰
江海之魚吞舟國之樹巨公使者王曰昔燕攻齊遵雒路
渡濟橋楚雍門擊齊左而虛其右王鼎絶頭乎杜山公孫
差格死于龍門飲馬乎淄澠宣獲乎瑯琊王與太后奔乎
莒逃城陽之山此時梧之大小何如矣力渤對曰使者問
梧之年即昔荆州王為無道加諸申氏殺子胥父與兄子
胥被髮食於吳闔廬以為相三年將兵復讎于楚戰勝舉
郢頭百萬囊瓦奔鄭王保於隨師入郢胥行郢都親射宮
臨于王冢笞其墓若此則梧可為拊也
又曰明君之使人也任之以事不制之以辭
王逸子曰或問張騫可謂名使者歟曰周流斷城東西數

萬里其中胡貊皆知其習俗得始大蒜蒲萄苜蓿等
語林曰魏武將見匈奴使自以形陋不足雄遠國使崔季
珪代當坐自捉刀床頭座既畢令人問魏王何如使荅曰
魏王信曰雅望非常然床頭捉刀人此乃英雄也魏王聞
馳遣殺此使
天文要集曰天節星主奉使小而明則使中正也
梁元帝鄭衆論曰漢世銜命匈奴困而不食者二人而已
子卿手持漢節卧伏氷霜仲師固無下拜陽絶太水況復風
生瞀落日隱龍堆翰海飛沙皐蘭走霰豈不酸鼻痛心憶
雒陽之宮陛屑泣搆悲想長安之城闕直以為臣之道義
不為生事君之節生為義盡豈望拔幽泉出重仞經長樂
抵未央及還望塞亭來依候火傍觀上郡側眺雲中雖在
巳之自隆而於時之報未重

梁劉孝儀北使還與永豐侯書曰足踐寒地身犯胡風暮宿客亭晨炊謁舍飄颻辛苦迄屆氈鄉雜種覃化頗慕中國兵傳李緒之法樓擬衛律所治而毛毳幕難淹酪漿易厭王程有限時反王關射鹿胡奴乃共歸國刻龍漢節還持入塞馬銜苜蓿嘶返故墟人獲蒲萄歸種舊里稚子出迎善隣相勞倦擢蟹螯亟罷復蝦杭毋取朱顏略多自醉用此終日亦自娛

太平御覽卷第七百七十九

東夷

敘東夷　朝鮮　獩貊

三韓（辰韓 弁辰附）

敘東夷

尚書堯典曰分命羲仲宅嵎夷曰暘谷（東表之地稱嵎夷暘明也日出於谷而天下明）。又大誥曰武王崩三監及淮夷叛（三監管蔡商淮夷徐奄之屬皆叛周）周公相成王將黜殷命作大誥。又蔡仲之命曰成王東伐淮夷遂踐奄（成王即政淮夷奄國又叛王親征之遂滅奄而徙之）作成王政（平淮夷徙奄之政令）。又費誓曰魯侯命伯禽宅曲阜徐戎並興東郊不開（徐戎淮夷並起為寇於魯故東郊不開）徂茲淮夷徐戎並興（令往征此淮浦之夷徐州之戎並起為寇此戎夷帝王所羈縻統敘故錯居九州之內秦始皇遂出之）善敹乃甲冑敿乃干無敢不弔備乃弓矢鍛乃戈矛礪乃鋒刃無敢不善

左傳僖下曰杞桓公來朝用夷禮故曰子（杞先代之後而迫於東夷風俗雜壞言語衣服有時而夷故傳言其夷也）

又成公上莒子曰辟陋在夷其孰以我為虞

又襄公六曰杞夏餘也而即東夷（行夷禮）

又定公下曰公會齊侯于杞其實夾谷孔丘相犁彌言於齊侯曰孔丘知禮而無勇若使萊人以兵刼魯侯必得志焉（萊人齊所滅萊夷也）齊侯從之孔丘以公退曰士兵之（以兵擊萊人）兩君合好而裔夷之俘以兵亂之（裔遠也）非齊君所以命諸侯也裔不謀夏夷不亂華齊侯聞之遽辟之（辟萊兵也）

毛詩云苕之華大夫閔時也幽王之時西戎東夷交侵中國師旅並起因之以饑饉君子閔周室之將亡傷已逢之故作是詩也

又江漢尹吉甫美宣王也能興衰撥亂命召公平淮夷江漢浮浮武夫滔滔匪安匪遊淮夷來求

論語子罕曰子欲居九夷（馬曰九夷東方之夷有九種）或曰陋如之何子曰君子居之何陋之有（馬曰君子所居則化）

後漢書曰王制云東方曰夷夷者抵也言仁而好生萬物抵地而出故天性柔順易以道御至有君子不死之國焉

又曰會稽海外有東鯷人（鯷音達奚切）分為二十餘國又有夷洲及澶州傳言秦始皇遣方士徐福將童男童女數千人入海求蓬萊神仙不得徐福畏誅不敢還遂止此洲代代相承有數萬家人歲時至會稽市會稽東冶縣人有入海行遭風流移至澶洲者所在絕遠不可來往

竹書紀年曰右芳即位三年九夷來御曰畎夷于夷方夷黃夷白夷赤夷玄夷風夷陽夷

又曰右發即位元年諸夷賓于王門諸夷入舞

又曰仲丁即位于藍夷

白虎通曰夷者蹲也言無禮儀

史系曰天監五年丹陽南山得瓦物高五尺圍四尺上銳下平蓋如合焉中得劒一瓷具十數時人莫識沈約云此東夷罨盂也葬則用之代棺此制度卑小則隨當時矣東夷死則坐葬之武帝服其博識

臨海水土志曰夷州在臨海東南去郡二千里土地無雪霜草木不死四面是山衆山夷所居山頂有越王射的正白乃是石也此夷各號為王分畫土地人民各自別異人皆髠頭穿耳女人不穿耳作室居種荆為蕃鄣土地饒沃既生五穀又多魚肉舅姑子婦男女卧息共一大牀交會之時各不相避能作細布亦作班文布刻畫其內有文章以為飾好也其地亦出銅鐵唯用鹿觡矛以戰鬬耳磨礪

青石以作矢鏃刃斧鐶貫珠璫飲食不潔取生魚肉雜貯大器中以滷之歷日月乃啖食之以為上餚呼民人為彌麟如有所召取大空材材十餘丈以着中庭又以大杵旁舂之聞四五里如鼓民人聞之皆往馳赴會飲食皆踞相對鑿床作器如稀槽狀以魚肉腥臊安中十十五五共食之以粟為酒木槽貯之用大竹筒長七寸許飲之歌似犬嗥以相娛樂得人頭斫去腦駮其面肉留置骨取犬毛染之以作鬚眉髮編具齒以作口自臨戰鬪時用之如假面狀此是夷王所服戰得頭着首還於中庭建一大材高十餘丈以所得頭差次挂之歷年不下彰示其功又甲家有女乙家有男仍委父母往就之居與作夫妻同牢而食女以嫁皆缺去前上一齒

又曰安家之民悉依深山架立屋舍於棧格上似樓狀居處飲食衣服被飾與夷州民相似父母死亡殺犬祭之作四方函以盛屍飲酒歌舞畢仍懸着高山巖石之間不埋土中作塚槨也男女悉無履今安陽羅江縣民是其子孫也皆好猴頭羹以菜和中以醒酒雜五肉臛不及之其俗言寧自負人千石之粟不願負人猴頭羹臛

朝鮮

尚書大傳曰武王勝殷繼公子祿父（祿父紂之子也）釋箕子之囚箕子不忍商之亡走之朝鮮（朝鮮今樂浪郡）武王聞之因以朝鮮封之箕子既受周之封不得無臣禮故於十二祀來朝

史記曰朝鮮張晏注曰朝鮮有濕水洌水汕水合為洌水疑樂浪朝鮮取名於此

又曰朝鮮王滿燕人也自始燕時嘗略屬眞番朝鮮為置吏築鄣塞秦滅燕屬遼東外徼漢興為遠難守復脩遼東故塞至浿水為界屬燕燕王盧綰反入匈奴滿亡命聚黨千餘人魋結蠻夷服而東走出塞渡浿水居秦故空地上下鄣稍役屬眞番朝鮮蠻夷及故燕齊亡命者王之都王險（王險地名）會孝惠高后時天下初定遼東太守即約滿為外臣保塞外蠻夷毋使侵盜邊以聞上許之以故滿得以兵威財物侵降其旁小邑眞番臨屯皆來服屬方數千里傳子至孫右渠所誘漢亡人滋多又未嘗入見眞番旁衆國欲上書見天子又雍閼弗通元封二年漢使涉何譙諭右渠終不肯奉詔（師古曰責讓也音才笑切）何去至界臨浿水使馭刺殺送何者朝鮮裨王長（長裨王名也）即渡水馳入塞遂歸報天子曰殺朝鮮將上為其名美即不詰拜何為遼東東部都尉朝鮮怨何發兵襲攻殺何天子募罪人擊朝鮮其秋遣樓船將軍楊僕自齊浮渤海兵五萬人左將軍荀彘出遼東討右渠右渠發兵距險天子為兩將軍未有利乃使衛山因兵威往諭右渠右渠見使者頓首謝欲降恐兩將詐殺臣今見信節請服遣太子入謝獻馬五千疋及餽軍粮人衆萬餘持兵渡浿水使者及左將軍疑其為變謂太子已服降宜令人毋持兵太子亦疑使者左將軍詐殺之遂不渡浿水復引歸左將軍破浿水上軍迺前至城下圍其西北樓船亦往會居城南右渠遂堅城守數月未能下左將軍急擊之朝鮮大臣迺陰間使人約降樓船往來言尚未肯決天子使濟南太守公孫遂往征之有便宜得以從事遂至以節召樓船將軍入左將軍營計事即命左將軍戲下執縛樓船將軍并其軍以報天子天子誅遂左將軍已并兩軍即急擊朝鮮朝鮮相路人韓陶尼谿相參將軍王唊（師古曰相路人一也韓陶二人也尼谿相參三也將軍王唊四也唊音頰）相與謀使人殺朝鮮王右渠來降王

儉城未下故右渠之大臣成巳又反復攻吏左將軍使右渠子長降相路人子最告諭其民誅成巳遂定朝鮮爲真番臨屯樂浪玄菟四郡

漢書地理志曰玄菟樂浪武帝時初置皆朝鮮濊貊勾驪蠻夷殷道衰箕子去之朝鮮教其民以禮義田蚕織作樂浪朝鮮民犯禁八條（如淳曰有其四其四不見）相殺以當時償殺相傷者以穀償相盜者男沒入爲其家奴女子爲婢欲自贖者人五十萬雖免爲民俗猶羞之嫁娶無所讎是以其民終不相盜無門戶之閉婦人貞信不淫辟其田民飲食以籩豆都邑頗放效吏及內郡賈人往往以杯器食郡初取吏於遼東吏見民無閉藏及賈人往者夜則爲盜俗稍益薄今相犯禁寖多致六十餘條可貴哉仁賢之化也然東夷天性柔順異於三方之外故孔子悼道之不行乘桴浮於海欲居九夷有以也

濊貊

魏志曰濊貊國南與辰韓北與高勾麗沃沮接東窮大海今朝鮮之東皆其地也戶二萬餘昔箕子既適朝鮮作八條之教無門戶之閉而民不爲盜其後四十餘世朝鮮侯淮僭號稱王陳勝等起略叛秦燕齊趙民避地東入朝鮮數萬口燕人衛滿魋結夷服復來王之漢武帝伐滅朝鮮分其地爲四郡自是之後胡漢稍別無大君長自漢巳來其官有侯邑君三老統主下戶其耆舊自謂與勾麗同種其人性愨愿少嗜慾有廉恥不請勾驪言語法俗大抵與勾麗同衣服有異男女衣皆着曲領男子繫銀花廣數寸以爲飾自單單大嶺以西屬樂浪以東七縣都尉主之皆以濊爲民後省都尉封其渠帥爲侯今不耐濊皆其種也其俗同姓不婚多忌諱每疾病死亡輒捐弃舊宅更作新居布麻蚕綿飲食亦有俎豆曉侯星宿豫知年歲豐約嫁娶喪之法有似勾驪不以珠玉爲寶常用十月節祭天晝夜飲酒歌舞名爲舞天又祭虎以爲神其邑落相侵犯輒相罰責生口牛馬之名曰責禍殺人者償死寇盜作矛長三丈至戰時數人共持之能步鬭樂浪檀弓出其地其海出班魚皮上饒文狗又出菓下馬漢桓時獻之正始六年樂浪太守鄧戎帶方太守弓遵以嶺東濊屬勾驪興師伐之不耐侯等舉邑降八年詣闕朝貢詔更拜不耐濊王居處雜在人間四時詣郡朝謁二郡有軍征賦調供給役使遇之如民

風俗通曰貊者謹寀春秋傳大貊小貊貊者路也薄也不知送往勞來無宗廟粢盛賦斂輕薄也

三韓（辰韓　弁辰　附）

後漢書曰韓有三種一曰馬韓二曰辰韓三曰弁辰馬韓在西有五十四國其北與樂浪南與倭接辰韓在東十有二國其地與濊貊接弁韓在辰韓之南亦有十二國其南亦與倭接凡七十二國大者萬餘戶小者數千家各在山海間地合方四千餘里東西以海爲限皆古之辰國也馬韓最大共立其種爲辰王都目友國盡王三韓之地其諸國王先皆是馬韓種人焉馬韓人知田蚕作綿布出大栗如梨有長尾雞尾長五尺邑落雜居亦無城郭作土室形如冢開戶在上不知跪拜無長幼男女之別少綱紀國邑雖有主師不能相制御其葬有棺無槨不知騎乘牛馬不貴金寶錦罽唯重瓔珠以綴衣爲飾及懸頸垂耳大率皆魁頭露紒（魁頭猶科頭也謂以髮縈績成科結也紒音計）布袍草履其人壯勇少年有築室作力者輒以繩貫脊皮縋以大木嚾呼爲健善

用弓楯矛櫓雖有闘爭攻戰而貴相屈服俗信鬼神常以
五月竟祭鬼神晝夜酒食群聚歌舞輒數十人相隨踏地
爲節十月農功畢亦如之諸國邑各以一人主祭天神號
爲天君又立蘇塗（蘇塗者似浮塗）建大木以懸鈴鼓事鬼神其南
界近倭亦有文身者
魏志曰馬韓漢桓靈之末韓濊強盛郡縣不能制民多流
入韓國建安中公孫康分屯有縣以南荒地爲帶方郡遣
公孫模張敞等收集遺人興兵伐韓濊舊人稍出是後倭
韓遂屬帶方魏景初中明帝遣帶方太守劉昕樂浪太守
鮮于嗣越海定二郡諸韓國臣智加賜邑君印綬其次與
邑長其俗好衣幘下戶詣郡朝謁皆假衣幘自服印綬部
從事吳林以樂浪本統韓國分割辰韓八國與樂浪
又曰有州胡在馬韓之西海中大島上其人差短小言語

不與韓同皆髡頭如鮮卑但衣韋衣有上無下好養牛豕
乘舡往來市貨韓中矣

辰韓

後漢書曰辰韓者老自言秦之亡人避苦役適韓韓割東
界地與之其名國爲邦弓爲弧賊爲寇行酒爲行觴相呼
皆爲徒有似秦語故或名之爲秦韓有城柵屋室諸小別
邑各有渠帥大者名臣智次有儉側次有樊祇次有殺奚
次有邑借（皆其官名）土地肥美宜五穀知蠶桑作縑布乘駕牛
馬嫁娶以禮行者讓路國出鐵濊倭馬韓並從市之凡諸
貨易皆以鐵爲貨俗喜歌舞飲酒鼓瑟兒生欲令頭扁皆
押之以石（扁音補典切）
魏志曰辰王常用馬韓人作之世世相繼辰王不得自立
爲王明其爲流移之人故爲馬韓所制也其俗男女有別
以大鳥羽送死其意欲使死者飛揚其國作屋橫累木爲
之有似牢獄

弁韓

後漢書曰弁辰與辰韓雜居城郭衣服皆同言語風俗有
異其人形皆長大美髮衣服潔清而刑法嚴峻其國近倭
故頗有文身者初朝鮮王准爲衛滿所破乃將其餘種數
千人走入海攻馬韓破之自立爲韓王准後滅絕馬韓人
復自立爲辰王建武二十年韓人廉斯人蘇馬諟等詣樂
浪貢獻（廉斯邑名諟音是）帝封蘇馬諟爲漢廉斯邑君使屬樂浪
郡四時朝謁靈帝末韓濊並盛郡縣不能制百姓亂苦多
流亡入韓者
魏志曰弁辰與辰韓雜居亦有城郭衣服居處與辰韓同
言語法俗相似祠祭鬼神有異於竈皆在戶西

太平御覽卷第七百八十

東夷二

百濟　夫餘　新羅

百濟

北史曰百濟之國者其先蓋馬韓之屬也出自夫餘王東明之後有仇台篤於仁信始立國于帶方故地漢遼東太守公孫度以女妻之遂爲東夷強國初以百家濟因號百濟其國東極新羅北接高句麗西南俱限大海東西四百五十里南北九百里其都曰居拔城亦曰固麻城其外更有五方中方曰古沙城東方曰得安城南方曰久知下城西方曰刀先城北方曰熊津城

又曰百濟國王姓夫餘氏號於羅瑕百姓呼爲鞬吉之夏言並王也王妻號於陸夏言妃也官有十六品左平五

人一品達率三十人二品恩率三品德率四品杆率五品奈率六品已上冠飾銀華將德七品紫帶施德八品皂帶固德九品赤帶季德十品青帶對德十一品文督十二品皆黃帶武督十三品左軍十四品振武十五品卷虞十六品皆白帶自恩率以下官無常員各有部分其人飲食衣服與高麗略同若朝拜祭祀其冠兩箱加翅戎事則不拜謁之禮以兩手據地爲禮婦人不加粉黛女辮髮垂後已出嫁則分爲兩道盤於頭上衣似袍而袖微大兵有弓箭刀矟俗重騎射兼愛墳史有鼓角箜篌箏竽篪笛之樂投壺樗蒲弄珠握槊等戲尤尚奕棊行宋元嘉曆以建寅月爲歲首賦稅以布絹絲麻及米等量歲豐儉差等輸之其刑罰反叛退軍及殺人者斬盜者流其贓兩倍徵之婦犯姦沒入夫家爲婢婚娶之禮略同華俗父母及夫死者三年居服餘親則葬訖除之土田下濕氣候溫暖人皆山居有巨栗其五穀雜菓菜蔬及酒醴肴饌之屬多同內地唯無駝騾羊鵝鴨

又曰百濟國中大姓有八族沙氏燕人劦[illegible]氏真氏解氏骨氏木氏苩氏其俗每以四仲月祭天及五帝之神立其始祖仇台之廟於國城歲四祠之

又曰隋開皇初百濟王餘昌遣使貢方物拜上開府帶方郡公百濟王平陳之歲戰船漂至海東躭牟羅國其船得還經于百濟昌資送甚厚幷遣使奉表賀陳平文帝善之八許復使長史王辯那來獻方物屬興遼東之役奉表請爲軍導高麗頗知其事兵侵其境大業七年帝親征高麗其王餘璋使國智牟來請軍期帝遣尚書起居郎席律詣彼與相知明年六軍度遼餘璋亦嚴兵於境聲言助軍實

持兩端尋與新羅有彈每相戰爭十年復遣使朝貢後天下亂使命遂絕

南史曰晉義熙十二年以百濟王餘映爲使持節都督百濟諸軍事鎮東將軍百濟王宋元嘉二年詔兼謁者閭丘恩子兼副謁者丁敬子往宣旨慰勞其後每歲遣使奉表獻方物二十七年上表求易林雜占腰弩文帝並與之梁天監中進號征東大將軍尋爲高麗所破衰弱累年遷居南韓地普通二年王餘隆上表陳累破高麗今始與百濟通好更爲強國五年隆死詔以其子明爲百濟王所都城曰固麻謂邑曰檐魯如中國之言郡縣地其國有二十二檐魯皆以子弟宗族分據之其人形長衣服潔淨其國近倭頗有文身者言語服章略與高麗同呼帽曰冠襦曰複衫袴曰褌其言參諸夏亦秦韓之遺俗云中大通七年累遣使獻方

物并諸湼槃等經義毛詩博士并工匠畫師等並給之太清三年遣使貢獻及至見城闕荒毀並號慟涕泣侯景怒囚執之景平乃得還國

唐書曰百濟國王所居有東西兩城所置內官曰臣佐平掌宣納事內頭佐平掌庫藏事內法佐平掌禮儀事衛士佐平掌宿衛兵事朝廷佐平掌刑獄事兵官佐平掌在外兵馬事其用法叛逆者死籍沒其家殺人者以奴婢三人贖罪官人受財及盜者三倍追贓乃終身禁錮凡諸賦稅及風土所產多與高麗同其王服大袖紫袍青錦袴烏羅冠金花爲飾素皮帶烏革履官人盡緋爲衣銀花飾冠庶人不得衣緋紫歲時伏臘同於中國其書籍有五經子史又表疏並依中華之法其國西南海中有三島其上出黃漆樹似小榎而樹大六月取其汁漆器物色如黃金其光奪目

又曰武德四年百濟王扶餘璋遣使來獻果下馬七年又遣大臣奉表朝貢高祖嘉其誠款遣使就冊爲帶方郡王百濟王自此歲遣朝貢高祖勞撫甚厚因訟高麗閉其道路不許來通中國詔遣朱子奢往和之又與新羅世爲讎敵數相侵伐貞觀元年太宗賜其王璽書令即停兵革璋因遣使奉表陳謝雖外稱順命內實相仇如故十一年遣使來朝獻鐵甲雕斧太宗優勞之賜綵帛錦袍等

又曰貞觀十六年百濟王義慈興兵伐新羅四十餘城又與高麗和親通好謀欲取党項城以絶新羅入朝之道新羅遣使告急請救太宗遣司農丞相里玄獎賫書告諭兩蕃示以禍福及太宗親征高麗百濟懷貳乘虛襲破新羅七城二十二年又破其十餘城數年之中朝貢遂絶高宗嗣位始遣使朝貢六年新羅王金春秋上表稱百濟與高麗靺鞨侵其北界已沒三十餘城顯慶五年命左衛大將軍蘇定方統兵討之大破其國虜義慈及太子隆小王孝演僞將五十八人等送於京師上責而宥之其國舊分爲五部統郡三十七城二百戶七十六萬至是乃以其地分置熊津馬韓東明等五都督府各統州縣立其酋渠爲都督刺史及縣令命右衛郎將王文度爲熊津都督摠兵以鎮之

又曰百濟王義慈事親以孝行聞友于兄弟時人號東海曾閔及至京數日疾卒贈金紫光祿大夫衛尉卿特許其舊臣赴哭送就孫皓陳叔寶墓側葬之

夫餘

後漢書曰夫餘國在玄菟北千里南與高句麗東與挹婁西與鮮卑接北有弱水地方二千里本濊地也初北夷索離國王出行其侍兒於後姙身王還欲殺之侍兒曰前見天上有氣如大雞子來降我因以有身王囚之後遂生男王令置於豕牢豕以口氣噓之不死復徙於馬欄馬亦如之以爲神乃聽母收養名曰東明東明長而善射王忌其猛欲殺之東明奔走南至掩滮（音斯）水以弓擊水魚鼈皆聚浮水上東明乘之得度因至夫餘而王之焉於東夷之域最爲平敞土宜五穀出名馬赤玉貂豽大珠如酸棗以貟栅爲城有宮室倉庫牢獄其人麤大強勇而謹厚不爲寇鈔以弓矛爲兵以六畜名官有馬加牛加狗加其邑落皆主屬諸加食飲用俎豆會同拜爵洗爵揖讓升降以臘月祭天大會連日飲食歌舞名曰迎鼓是時斷刑獄解囚徒有軍事亦祭天殺牛以蹏占其吉凶行人無晝夜好歌吟音聲不絶其俗用刑嚴急被誅者皆沒其家人爲奴婢盜一責十二男女淫皆殺之尤惡妒婦既殺復尸於山上兄死妻嫂死

則有槨無棺殺人殉葬多者以百數其王葬用玉匣漢
朝常預以玉匣付玄菟郡王死則迎取以葬焉建武二十
五年夫餘王遣使奉貢光武厚報荅之於是使命歲通至
安帝永初五年夫餘王始將步騎七八千人寇鈔樂浪殺
傷吏人後復歸附永寧元年乃遣嗣子尉仇台詣闕貢獻
天子賜尉仇台印綬金綵順帝永和元年其王來朝京師
帝作黄門鼓吹角抵戲以遣之桓帝時亦朝貢獻帝時求
屬遼東云

魏志曰夫餘本屬玄菟其俗有敵諸加自戰下户俱擔糧
飲食之其死夏月皆用氷有椁無棺停喪五月以久爲榮
其居喪男女皆純白婦人着布面衣去環珮大體與中國
相類漢末公孫度雄張海東威服東夷夫餘王尉仇台更
屬遼東時句麗鮮卑強度以夫餘在二虜之間妻以宗女

正始中幽州刺史毋丘儉討句麗遣玄菟太守王頎詣夫
餘王位居遣大加郊迎供軍粮舊夫餘俗水旱不調五穀
不熟輒歸咎於王或言當易或言當殺其印文言濊王之
印國有故城名濊城蓋本濊貊之地而夫餘王其中自謂
亡人抑有以也

晉書曰夫餘國至太康六年爲慕容廆所襲破其依慮自
殺子弟走保汝沮武帝以何龕爲護東夷校尉明年夫餘
後王依羅遣使詣龕求率見人還復舊國遣督郵賈沈以
送之尓後每爲廆掠其種人賣於中國帝又以官物贖還
禁市夫餘之口自後無聞

新羅

秦書曰符堅建元十八年新羅國王樓寒遣使衛頭獻美
女國在百濟東其人多美髮髮長丈餘

又曰符堅時新羅國王樓寒遣使衛頭朝貢堅曰卿言海
東之事與古不同何也荅曰亦猶中國時代變革名號改
易

南史曰新羅魏時曰新盧宋時曰新羅或曰斯羅其國小
不能自通使聘梁普通二年王姓募名秦始使使隨百濟
奉獻方物其俗呼城曰健牟羅其邑在内曰啄評在外曰
邑勒亦中國之言郡縣也國有六家啄評五十邑邑勒土
地肥美宜植五穀多桑麻作縑布服牛乘馬男女有别其
官名有子賁旱支齊旱支謁旱支壹吉支奇貝旱
支其冠曰遺子禮襦曰尉解袴曰柯半靴曰洗其拜及行
與高麗相類無文字刻木爲信語言待百濟而後通焉

北史曰新羅者其先本辰韓種也辰韓始有六國後稍分
爲十二新羅則先本辰韓種也辰韓始一也或稱魏將毋丘儉討高麗破之奔

沃沮其後復歸故國有留者遂爲新羅亦曰斯盧其人雜
有華夏高麗百濟之屬兼有沃沮不耐韓濊之地其王本
百濟人自海逃入新羅遂王其國初附庸百濟百濟征高
麗不堪戎役後相率歸之遂致強盛因襲百濟附庸於迦
羅國焉

又曰新羅王真平以隋開皇十四年遣使貢方物文帝拜
真平上開府樂浪郡公新羅王其官有十七等一曰伊罰
干貴如相國次伊尺干次迎干次破彌干次大阿尺干次阿
尺干次乙吉干次渉咄干次及伏干次太奈摩干次奈摩次
大舍次小舍次吉土次大焉次小焉次達位外有郡縣其文
字甲兵同於中國選壯健者悉入軍烽戍邏俱有屯管部
伍風俗刑政衣服略與高麗百濟同每月旦相賀王設宴
會班賚群官其日拜日月神主八月十五日設樂令官人射

賞以馬布其有大事則聚群官詳議定之服色尚畫素婦
人辮髮繞頭以新綵及珠爲飾婚嫁禮唯酒食而已輕重
隨貧富死有棺斂葬送起墳陵王及父母妻子喪居服一
年田甚良沃水陸兼種其五穀果菜鳥獸物產略與華同
大業以來歲遣朝貢
唐書曰新羅王所居曰金城周七八里衛兵三千人設師
子隊文武官九有十七等武德四年其王金真平遣使朝
貢高祖遣使賜以璽書及畫屛風錦綵自此朝貢不絕其
食器用柳箱亦以銅及瓦國多金朴兩姓異姓不爲婚
又曰貞觀五年新羅遣使獻女樂二人皆鬒髮美色太宗
謂侍臣曰朕聞聲色之娛不如好德且山川阻遠懷土可
知近日林邑獻白鸚鵡尚解思鄉訴請還國鳥猶如此況
人情乎但愍其遠來思戀親戚宜付使者聽其還家

又曰新羅曰金眞平安卒無子立其女善德爲王貞觀九
年遣使冊命善德爲樂浪郡王新羅王十七年遣使上言
高麗百濟累相攻襲亡失數十城兩國連兵意在滅臣社
稷謹遣陪臣歸命大國乞偏師救助後太宗將親伐高麗
詔新羅纂集士馬應接大軍新羅遣大臣領兵五萬入高
麗南界攻水口城降之
又曰新羅王善德卒立其妹眞德爲王貞觀二十二年其
德遣其弟國相伊贊子金春秋及其子文王來朝春秋請
詣國學觀釋奠及講論太宗因賜以所製溫湯及晉碑
并新撰晉書將歸國
又曰永徽元年新羅王眞德大破百濟之衆遣其弟子法
敏以聞眞德乃織錦作五言太平頌以獻其詞曰大唐開
洪業巍巍皇猷昌止戈戎衣定修文繼百王統天崇雨施

理物體含章深仁諧日月撫運邁陶唐幡旗何赫赫鉦鼓
何鍠鍠外夷違命者剪覆被天殃淳風凝幽顯遐邇競呈
祥四時和玉燭七耀巡萬方維岳降宰輔帝任忠與良五
三成一德昭我家大唐帝嘉之拜法敏爲太府卿
又曰永徽六年百濟與高麗靺鞨率兵侵新羅北界其王
春秋遣使上表求救顯慶五年命左武衛大將軍蘇定方
爲熊津道大總管統水陸十萬仍令春秋爲嵎夷道行軍總
管與定方討平百濟俘其王扶餘義慈來獻自是新羅
漸有高麗百濟之地其界益大西至于海
又曰龍朔三年詔以新羅國爲雞林州都督府授其王金法
敏爲雞林都督法敏卒其子政明嗣位垂拱二年遣使來
朝因請唐禮一部并雜文章則天令寫吉凶要禮并於文
館詞林採其詞涉規誡者勒成五十卷以賜之

又曰開元二十五年新羅王興光卒立宗遣左贊善大夫
邢璹往弔祭并冊其子承慶爲新羅王璹將發上製詩序
太子以下及百寮咸賦詩以送之謂璹曰新羅號君子之
國頗知書記有類中華以卿涉學善於講論故選充此使
到彼宜闡揚經典使知大國儒教之盛又聞其人多善奕
碁亦令善碁人率府兵曹楊季膺爲之副璹等至彼大爲
蕃人所敬其國碁者皆季膺之下於是厚賂璹等金寶及
藥物
又曰大曆七年新羅王金乾運遣使金標石來賀正八年
又遣使獻金銀牛黃魚牙紬朝霞紬等
又曰元和三年新羅王金重興遣使金力奇來朝力奇上
言貞元十六年奉詔冊臣故主金俊邕爲新羅王母氏爲
大妃妻祁氏爲王妃冊使韋丹至中路而知俊邕薨其冊

却迴在中書省令臣還國伏請授臣以歸勑金陵邕等冊宜令鴻臚寺於中書省受領至寺宣授與金力奇令齎歸國仍賜其叔彥昇門戟令本國准例給與

太平御覽卷第七百八十一

東夷三

倭　日本　紵嶼人　蝦夷國

倭

後漢書曰倭在韓東南大海中依山島爲居凡百餘國武
帝滅朝鮮使驛通於漢者三十許國倭王居邪馬臺國今倭
名邪魔惟音之訛也樂浪郡徼去其國萬二千里其地大較在會稽
東冶與朱崖儋耳相近故其俗多同土宜禾稻麻紵蠶桑
知織績爲縑布出白珠青玉其山有丹土氣温煗冬夏生
菜茹無牛馬虎豹羊鵲鵲或作鵲其兵有矛楯木弓竹矢或以
骨爲鏃男子皆黥面文身以其文左右大小別尊卑之差
其男衣皆横幅結束相連女人被髮屈紒衣如單被貫頭
而着之並以丹朱坋身說文曰坋塵也音蒲頓切如中國之用粉也有城
柵屋宇父母兄弟異處唯會同男女無別飲食以手而用
籩豆俗皆徒跣以蹲踞爲恭敬人性嗜酒多壽考至百餘
歲者甚衆國多女子大人皆有四五妻其餘或兩或三女
人不淫不妬又俗不盜竊少爭訟犯法者没其妻子重者
滅其門族其死者停喪十餘日家人哭泣不進酒食而等
類就歌舞爲樂灼骨以爲卜用决吉凶行來渡海令一人
不櫛沐不食肉不近婦人名曰持衰若在塗吉利則雇以
財物如病疾遭害以爲持衰不謹便共殺之
魏志曰倭國在帶方東南大海中依山島爲舊國百餘小
國漢時有朝見者今使譯所通其三十國從帶方至倭
循海岸水行歷韓國從乍南乍東到其北岸拘耶韓國七
千餘里至對馬國户千餘里大官曰卑狗副曰卑奴毋離
所居絶島方四百餘里地多山林無良田食海物自活乘

船南北市糴又南渡一海一千里名曰瀚海至一大國置
官與對馬同地方三百里多竹木叢林有三千許家亦有
田地耕田不足食方行市糴又渡海千餘里至末盧國户
四千濵山海居人善捕魚水無深淺皆能沉没取之東南
陸行五百里到伊都國官曰爾支副曰泄謨觚柄渠觚有千
餘户世有王皆統屬女王帶方使往來常止住又東南至
奴國百里置官曰先馬觚副曰卑奴毋離有二萬餘户又
東行百里至不彌國户千餘置官曰多模副曰卑奴毋離
又南水行二十日至於投馬國五萬户置官曰彌彌副曰彌
彌那利又南水行十日陸行一月至耶馬臺國户七萬女
王之所都其置官曰伊支馬次曰彌馬升次曰彌馬獲支
次曰奴佳鞮其屬小國有二十一皆統之女王之南又有
狗奴國男子爲王其官曰狗石智卑狗者不屬女王也自
帶方至女國萬二千餘里其俗男子無大小皆黥面文身
聞其舊語自謂太伯之後又云自上古以來其使詣中國
草傳辭説事或蹲或跪兩手據地謂之恭敬其呼應聲曰
噫噫如然諾矣
又曰倭國本以男子爲王漢靈帝光和中倭國亂相攻伐
無定乃立一女子爲王名卑弥呼事鬼道能惑衆自謂年
已長大無夫壻有男弟佐治國以婢千人自侍唯有男子
一人給飲食傳辭出入其居處宮室樓觀城柵守衛嚴峻
景初三年公孫淵死倭女王遣大夫難升米等言帶方郡
求詣天子朝見太守劉夏送詣京師難升米致所獻男生
口四人女生口六人班布二疋詔書賜以雜錦采七種五
尺刀二口銅鏡百枚眞珠鉛丹之屬付使還又封下倭王
印綬女王死大作冢殉葬者百餘人更立男王國中不

伏更相殺數千人於是復更立卑弥呼宗女臺與年十三爲王國中遂定其倭國之東渡海千里復有國皆倭種也又有朱中儒國在其南人長三四尺去倭國四千餘里又有躶國墨齒國其南船行可一年至

南史曰倭國風俗不淫男女皆露髻富貴者以錦綉雜采爲帽似中國胡公頭晉安帝時有倭王讃遣使朝貢宋武帝永初二年詔曰倭王讃遠誠宜甄可賜除授文帝元嘉二年讃又遣使奉表獻方物讃死弟珎立遣使貢獻自稱使持節都督倭百濟新羅任那秦韓六國諸軍事安東大將軍倭國王詔除安東將軍倭國王珎又求除正倭洧等十三人平西征虜冠軍号詔並聽之自此朝貢不絶至順帝昇明二年倭王武遣使上表言自昔祖禰躬擐甲冑跋涉山川不遑寧處東征毛人五十五國西服衆夷六十六國陵平海北九十五國王道融泰廓土遐畿累葉朝宗不愆于歳道過百濟裝飾船舫而句麗無道圖欲見吞臣亡考濟方欲大舉奄喪父兄使垂成之功不獲一簣今欲練兵甲父兄之志竊自假開府儀同三司其餘咸各假授以勸忠節詔除武使持節督倭新羅任那加羅秦韓六國諸軍事安東大將軍倭國王至齊建元中及梁武帝時並來朝貢

北史曰隋開皇二十年倭王姓何每字多利思比孤號河輩雞弥遣使詣闕上令所司訪其風俗使者言倭王以天爲兄以日爲弟天明時出聽政跏趺坐日坐便理務云委我弟文帝曰此大無義理於是訓令改之王妻姓雞弥没官有女六七百人名太子爲利歌弥多弗利

又曰倭國内官有十二等一曰大德次小德次大仁次小仁次大義次小義次大禮次小禮次大智次小智次大信次小信員無定數有軍尼一百二十人猶中國牧宰八十戸置一伊尼翼如今里長也十伊尼翼屬一軍尼

又曰倭國男子服飾衣裙襦其袖微小履如屨形漆其上繫之脚人庻多跣足不得用金銀爲飾故時衣横幅結束相連而無縫頭亦無冠但垂髮於兩耳上至隋時王始制冠以錦綵爲之以金銀鏤花爲飾婦人束髮於後亦衣裙襦裳皆有襈纖竹聚以爲梳編草爲薦雜皮爲表縁以雜文皮

又曰倭國兵有弓矢矟斧漆皮爲甲骨爲矢鏑雖有兵無征戰其王朝會必陳設儀仗其國樂戸可十萬俗殺人強盜及姦皆死盜者計贓酬物無財者没身爲奴自餘輕重或流或杖每許寃獄不承引者以木壓膝或置小石於沸湯中令所競者探之云理曲者即手爛或置蛇甕中令取之云曲者即螫手人頗恬靜罕爭訟少盜賊樂有五弦琴笛男女多黥面文身没水捕魚無文字唯刻木結繩後於百濟求得佛經始有文字知卜筮尤信巫覡每至正月一日必射戲飲酒其餘節略與華同好棊博握槊樗蒲之戲氣候温煖草木冬青土地膏腴水多陸少以水環挂鸕鷀項令入水捕魚日得百餘頭俗無盤俎藉以槲葉性質直有雅風女多男少女婚嫁不取同姓男女相悅者即爲婚婦入夫家必先跨火乃與夫相見婦人不淫妬死者斂以棺槨親賓就屍者歌舞妻子兄弟以白布製服貴人三年殯庻人卜日而瘞及葬置屍船上陸地牽之或以小輿

又曰倭國有阿蘇山其石無故火起接天者俗以爲異因行禱祭有如意寶珠其色青大如雞卵夜則有光新羅百濟皆以倭爲大國多珎物並仰之恒通使往來

又曰隋大業三年倭國王多利思比孤遣朝貢使者曰聞

海西菩薩天子重興佛法國書曰日出處天子致書日沒
處天子無恙云云帝覽不悅謂鴻臚卿曰蠻夷書有無禮者
勿復以聞明年上遣文林郎裴世清使倭國王遣小德何
輩臺從數百人設儀仗鳴鼓角來迎後十日又遣大禮歌
多毗從三百餘騎郊勞既至彼都其王與世清來貢方物
此後遂絕
唐書曰倭國土風頗類新羅貞觀五年遣使獻方物太宗
矜其道遠勑所司無令歲貢又遣新州刺史高表仁持節
往撫之表仁無綏遠之才與王子爭禮不宣朝命而還至
二十二年又附新羅奉表以通起居

日本國

唐書曰日本國者倭國之別種也以其國在日邊故以日
本爲名或云倭國自惡其名不雅改爲日本或云日本舊

小國併倭國之地其人入朝者多自矜大不以實對故中
國疑焉又云其國界東西南北皆數千里西界南界咸至
大海東界北界有大山爲限山外即毛人之國長安三年
其大臣朝臣眞人來貢方物朝臣眞人者猶中國戶部尚
書冠進德冠其頂爲花分而四散身服紫袍以帛爲腰帶
眞人好讀經史解屬文容止溫雅則天宴之於麟德殿授
司膳卿放還本國
又曰開元初日本國遣使來朝因請儒士授經詔四門助
教趙玄默就鴻臚寺教之乃遺玄默闊幅布以爲束脩之
禮題云白龜元年調布人亦疑其偽爲此題所得錫賚盡
市文籍泛海而還其偏使朝臣仲滿慕中國之風因留不
去改姓名爲朝衡仕歷左補闕儀王友衡留京師五十年
好書籍放歸鄉逗留不去

又曰貞元二十一年日本國遣使來朝留學生橘免勢學
問僧空海元和元年朝貢使判官高階眞人上言前件學
生藝業稍成願歸本國便請與臣同歸從之開成四年又
遣使朝貢○南海經曰南倭北倭屬倭國在帶方東大海中以女爲王其俗露
結衣服無針功以丹朱塗身不妬忌一男子數十婦

紵嶼人

外國記曰周詳泛海落紵嶼上多紵有三千餘家云是徐
福僮男之後風俗似吳人

蝦夷國

唐書曰蝦夷國海島中小國也其使鬚長四尺尤善弓矢
插箭於首令人戴瓠而立數十步射之無不中者明慶四
年十月隨倭國使入朝

太平御覽卷第七百八十二

東夷四

高句驪

范曄後漢書曰高句驪國節於飲食而好治宮室其俗淫皆潔淨自喜夜輒男女群聚爲倡樂

魏略曰高句驪國在遼東之東千里其王都於九都之下地方二千里户三萬多山林無源澤其國貧儉土着爲宮室宗廟祠靈星社稷其俗吉凶喜冠抄其國置官有相加軍盧沛者古鄒加尊卑各有等本捐奴部爲王稍微弱今桂婁部代之大家不田作下户給賦稅如奴客好歌舞其人自喜跪拜申一脚與夫餘異行步皆走以十月會祭天名曰東盟有軍事亦祭天殺牛觀蹄以占吉凶加着幘如幘無後其小加着折風形如弁無牢獄有罪者即會加評議便殺之没入妻子爲奴婢盜一責十二婚姻之法女家作小屋於大屋後名爲壻屋壻暮至女家户外自名跪拜乞得就女宿女家聽之至生子乃將婦歸其俗淫多相奔誘其死葬有槨無棺停喪百日好厚葬積石爲封列種松栢兄死亦報嫂俗有氣力便弓矢刀矛有鎧習戰又有小水貊俗出好弓其馬小便登山夫餘不能臣也沃沮東穢皆屬之其國都依大水而居王莽時發句驪以伐胡不欲行亡出塞爲寇害莽更名爲下句驪

後魏書曰高句驪者出於夫餘自言光祖朱蒙母河伯母夫餘王閉於室中爲日所照引身避之日影又逐既而有孕生一卵大如五升夫餘王弃之與豕豕不食弃之於路牛馬避之又弃之野衆鳥以毛茹之夫餘王剖之不能破遂還其母其母以物裹之置於暖處有一男破殼而出及其長也字之曰朱蒙其俗言朱蒙者善射也夫餘國人以朱蒙非人所生將有異志請除之王不聽命之養馬朱蒙每私試知其善惡駿者減食令瘦駑者善養令肥夫餘王以肥者自乘以瘦者給朱蒙後狩于田以朱蒙善射射給以一矢朱蒙雖一矢殪獸甚多夫餘之臣又謀殺之朱蒙母陰知以告朱蒙朱蒙與烏餘二人弃夫餘東南走中道遇一大水欲濟無梁夫餘人追之甚急朱蒙告水曰我是日子河伯外孫今日逃走追兵垂及如何得濟於是魚鱉並浮爲之成橋朱蒙得度魚鱉乃解追騎不得度朱蒙至普述水遇見三人其一人衣着麻一人着納衣一人着水藻衣與朱蒙至紇升骨城遂居焉號曰高句驪因以高爲氏焉

北史曰朱蒙在夫餘時其妻懷孕朱蒙逃後生子及長知朱蒙爲國王即與母亡歸之名曰閭達委之國事朱蒙死至孫莫來立乃并夫餘漢武帝元封四年滅朝鮮置玄菟郡以高句驪爲孫以屬之漢時賜之衣幘朝服鼓吹常從玄菟郡受之後稍驕不復詣郡但於東界築小城受之遂名此城爲幘溝婁溝婁者句麗城名也

又曰公孫度之雄海東也高句麗伯固與之通好伯固死伊夷摸五伊夷摸數寇遼東建安中公孫康出軍擊之大破其國焚燒邑落伊夷摸更作新國於九都山下

又曰高句麗伊夷摸死其子位宮立始位宮曾祖宮生而目開能視國人惡之及長凶虐國以破殘及位宮生亦能視人高麗呼相似爲位以爲似其曾祖宮故名位宮亦有勇力便鞍馬善射獵魏正始中位宮寇西安平五年幽州刺史毋丘儉將萬人出玄菟討位宮大戰於沸流敗走儉追至赬峴懸車束馬登丸都山屠其所都位宮單將妻子

遼寬六年儉復討之位宮輕將諸加奔伏沃沮儉使將軍
王頎追之絕沃沮千餘里到肅慎南界刻石紀功又刊丸
都山銘不耐城而還
又曰後魏太武帝時高麗王釗曾孫璉始遣使者詣安東
奉表貢方物并請國諱太武嘉其誠款詔下帝系名諱於
其國使員外散騎侍郎李敖拜璉爲都督遼海諸軍事高
句麗王敖至其所居平壤城訪其　事云去遼東一千餘
里至栅城南至小海北至舊夫餘人户三倍於前魏時後
貢使相尋歲致黃金二百斤白銀四百斤
又曰後魏文明太后以獻文六宮未備勑璉令薦其女璉
奉表云女已出嫁求以弟女應旨朝廷許焉會獻文崩乃
止
又曰後魏太和十五年璉死其孫雲立復賜以衣冠服物
車旗之飾自此歲常貢獻至大統十年其王成遣使至西
魏朝貢及齊受東魏之禪又朝于齊文宣加成使持節侍
中驃騎大將軍高麗王如故
又曰北齊天保三年文宣至營州使博陵崔柳使于高麗
求魏末流人勑柳曰若不從者以便宜從事及至不見許
柳張目叱之拳擊成墜於牀下成左右雀息不敢動乃謝
服柳以五千户反命
又曰高句驪東至新羅西度遼二千里南接百濟北隣靺
鞨一千餘里人皆土着隨山谷而居衣布帛及皮土田薄
堉蠶農不足以自供故其人節飲食其王好脩宮室都平
壤城亦曰長安城其城隨山屈曲南臨浿水城内唯積倉
儲器備寇至方入固守王别爲宅於其側不常居之其外
復有國内城及漢城亦别都也其國中呼爲三京有遼東

玄菟等數十城皆置官司以相統攝焉其置官有大對盧
已下凡十二等分掌内外事復有内評五部褥薩人皆頭着
折風形如弁士人加插二鳥羽貴者其冠曰蘇骨多用紫
羅爲之飾以金銀服大袖衫大口袴素皮帶黃革屨婦人
裙襦加襈書有五經三史三國志晉陽秋兵器與中國略
同及春秋校獵王親臨之稅布五疋穀五石遊人則三年
一稅十人共細布一疋其刑法峻罕有犯者樂有五絃琴箏
篳篥橫吹簫鼓之屬吹蘆以和曲每年初聚戲浿水上王乘
腰輿列羽儀觀之事畢王以衣入水分爲左右二部以水石
相濺擲諠呼馳逐再三而止性多詭伏言辭鄙穢不簡親
踈父子同川浴共室寢好歌舞常以十月祭天其公會衣
服皆錦繡金銀以爲飾好蹲踞食用俎豆出三尺馬云本
朱蒙所乘馬種即果下也風俗尚淫不以爲愧俗多遊女
夫無常人夜則男女群聚而戲無有貴賤之節有婚嫁取
男女相悅即爲之男家送猪酒而已無財娉之禮或有受
財者人共恥之以爲賣婢死者殯在屋内殯三年擇吉日
而葬居父母及夫喪皆三年兄弟三月初終哭泣葬則鼓
舞作樂以送之埋訖取死者生時翫好車馬置墓側會葬
者爭取而去
又曰隋開皇中高麗王元率靺鞨萬餘騎寇遼東西營州
總管韋冲擊走之帝大怒命漢王諒爲元帥總水陸討
之下詔黜其爵位元亦惶懼遣使謝罪上表稱遼東糞土
臣元云云上於是罷兵待之如初元亦歲遣朝貢煬帝嗣
位天下全盛高昌王突厥啓人可汗並親詣闕貢獻於是
徵元入朝元懼蕃禮頗闕大業七年帝將討元罪車駕度
遼水止營於遼東又勑諸將高麗若降即宜撫納不得縱

兵入城陷賊輒言降諸將奉旨不敢赴機每先馳奏比報賊守禦亦備復出拒戰如此者三帝不悟由是食盡師老轉輸不繼諸軍多敗績於是班師

又曰隋大業九年煬帝復親征高麗勑諸軍以便宜從事諸將分道攻城賊勢日蹙會楊玄感作亂帝大懼即日六軍並還十年發天下兵會賊盜蜂起所在阻絕軍多失期至遼水高麗亦困弊遣使乞降帝許之頓懷遠鎮受其降仍以俘囚軍實歸至京師

南史曰高麗本有五族有消奴部絕奴部慎奴部灌奴部桂婁部本消奴部為王微弱桂婁部代之其置官有對盧則不置沛者有沛者則不置對盧焉晉安帝義熙九年高翼奉表獻赭白馬宋元嘉十五年馮弘為魏所攻敗奔高麗北豐城表求迎接文帝遣使王白駒趙次興迎之并令

高麗資遣璉不欲弘南乃遣將孫漱高仇等襲殺之白駒等率所領七千餘人生擒漱殺仇等二人十六年文帝欲侵魏詔璉獻馬八百疋大明二年又獻肅慎矢及楛矢石砮歷齊梁並授爵位遣使奉表獻方物不絕

唐書曰高麗者出自扶餘之別種其國都於平壤城即漢樂浪郡之故地在京師東五千一百里其官大者號大對盧比一品揔知國事三年一代若稱職者不拘年限交替之日或不相祇服皆勒兵相攻勝者為之其王但閉宮自守不能制禦次曰太大兄比正二品對盧以下官揔十二級外置州縣六十餘城大城置傉薩一人比都督諸城置道使比刺史其下各有僚佐分掌曹事衣裳服食唯王五綵以白羅為冠白皮小帶其冠及帶咸以金飾官之貴者則青羅為冠次以緋羅插二鳥羽及金銀為飾衫筒袖袴大口白韋帶黃革履國人衣褐戴弁婦人首加巾幗好圍碁投壺之戲人能蹴鞠食用籩豆簠簋罇俎罍洗頗有箕子之遺風其所居必依山谷皆以茅草葺舍唯佛寺神廟及王宮官府乃用瓦其俗貧窶者多冬月皆作長坑下然火熅以取煖種田養蠶略同中國城東有大穴名隧神皆以十月王自祭之俗愛書籍至於衡門廝養之家各於街衢造大屋謂之局堂子弟未婚之前晝夜於此讀書習射

又曰武德二年高麗王建武遣使來朝四年又遣使朝貢高祖感隋末戰士多陷其地五年賜建書云在此所有高麗人等已令追括尋即遣送彼處有此國人者立可放還務盡綏育之方共弘仁恕之道於是建武悉搜括華人以禮賓送前後至者萬數高祖大喜七年遣使往冊建武為上柱國遼東郡王高麗王仍將天尊像及道士彼為之講

老子其王及道俗等觀聽者數千人貞觀二年破突厥頡利可汗建武遣使奉賀并上封域圖五年詔遣廣州都督府司馬長孫師往收瘞隋時戰亡骸骨毀高麗所立京觀

又曰貞觀十六年高麗西部大人蓋蘇文有罪其王建武議欲誅之蘇文乃召部兵於城南云將校閱諸大臣皆來臨視蘇文勒兵盡殺之因馳入王宮殺建武立其弟大陽子臧為王自立為莫離支猶中國兵部尚書兼中書令之職也自是專國政蘇文姓泉氏鬚面甚偉形體魁傑身佩五刀左右莫敢仰視恒令其屬官俯伏於地踐之上馬下亦如之出必先布隊仗導者長呼以辟行人百姓畏避皆自投坑谷太宗聞之遂出師弔伐十九年命刑部尚書張亮為平壤道行軍大揔管領將常何等率江淮嶺硤勁卒四萬戰船五百艘自萊州泛海趨平壤又以英國公李勣為

遼東道行軍大揔管江夏王道宗爲副率步騎六萬趨遼
東兩軍合勢太宗親御六軍以會之夏四月李勣軍渡遼
進攻盖牟城拔之以其城置盖州五月渡遼水詔徹橋梁
以堅士卒志帝既至遼東城下見士卒負擔以塡壍者帝
分其尤重者於馬上載之從官悚動爭賫以送城下高麗
聞我有抛車飛三百斤石於一里之外者甚懼之乃於城
上積木爲戰樓以拒飛石勣列車發石以擊其城所遇盡
潰又推撞車撞其樓閣無不傾倒拔其城爲遼州初帝自
定州命每　十里置一烽屬于遼城與太子約尅遼東當
舉烽是日帝命舉烽師次白崖城右衛大將軍李思摩中
弩矢帝親爲吮血將士聞之莫不感勵城主孫伐音遂乞
降以其城置巖州授伐音爲刺史我軍之渡遼也莫離支
遣加尸城七百人戍盖牟城李勣盡虜之其人並請隨軍

自効太宗謂曰詎不欲爾之力爾家悉在加尸爾爲吾戰
彼將爲戮矣破一家之妻子取一人之力用吾不忍也悉
令放還車駕進次安市城高麗北部耨薩高延壽南部高
惠眞率高麗靺鞨之衆十五萬來救引軍直進太宗夜召
諸將躬自指麾因令所司張受降幕於朝堂之側曰明日
午時納降虜於此矣遂率軍而進至時果敗二帥之衆太
宗因按轡觀城營壘謂侍臣曰高麗傾國而來存亡所繫
一麾而敗天祐我也因下馬再拜以謝天名所幸山爲駐
蹕山令中書侍郎許敬宗爲文勒石以紀其功八月移營
安市城東李勣等攻之不拔乃詔班師初攻陷遼東城其
中應沒爲奴婢者一萬四千人並遣集沒爲將分賞將士
太宗愍其父母妻子一朝分散令有司准其直以布帛贖
之赦爲百姓其衆歡叫之聲三日不息

又曰貞觀二十年高麗遣使來謝罪并獻二美女太宗謂
其使曰歸謂爾主美色者人之所重爾之所獻信爲美麗
憫其離父母兄弟於本國留其身而忘其親愛其色而傷
其心我不取也並還之

又曰乹封元年高麗遣其子入朝陪位於太山之下其年
蓋蘇文死其子男生代爲莫離支與弟　建　不睦爲
其所逐走據國内城使其子獻城詣闕求哀十一月命英
國公李勣率郭侍封等以征之二年二月勣至新城謂諸
將曰新城是高麗西境鎮城最爲要害若不先圖餘未易
可下遂引兵於城西南據山築栅且攻且守城中窘急數
有降者自此所向克捷高藏及男建將首領九十八人持
帛幡出降請使入朝勣以禮延接男建猶閉門固守十一
月拔平壤城虜高藏男建等至京師獻俘于含元宫乃分

其地置都督府九州四十二縣一百又置安東都護府以
統之擢其酋渠有功者授都督刺史及縣令與華人參理
仍遣左武衛將軍薛仁貴揔兵鎮之自是高氏君長遂絕

太平御覽卷第七百八十三

東夷五

豆莫婁　沃沮　肅慎
勿吉　扶桑　女國
文身　大漢　流求

豆莫婁

後魏書曰豆莫婁國在勿吉北千里去洛陽六千里舊北夫餘也

沃沮

范曄後漢書曰東沃沮人性質直強勇便持矛步戰

魏志曰東沃沮在高句驪蓋馬大山之東濱大海而居無大君王世世有邑長其言語與句麗大同時時小異漢初燕亡人衛滿王朝鮮時沃沮皆屬焉元封二年伐朝鮮分

其地為四郡以沃沮為玄菟郡後為夷貊所侵還屬樂浪今諸邑落渠帥稱三老臣句驪置其中大人為使又置丈家以統之稅其貂布食物美女婢妾其土肥美背山向海宜五穀人性質直少牛馬便持刀矛其國俗制度大較似句驪其嫁娶之法女年十歲已相許男家迎之長養以為婦至成人更還女家責錢畢乃復還男其葬送之法大木槨長十餘丈開一頭作戶新死皆假埋之須肌肉盡聚置槨中舉家皆共一槨刻木如生隨死者為數又為瓦鑩置米其中編懸之於槨戶邊

後漢書曰北沃沮人言海中有女國無男人或傳其國有神井闚之輒生子云

魏志曰北沃沮一名置溝婁去南沃沮八百里其俗南北皆同與挹婁接喜乘船寇抄沃沮畏之夏日恒在山上長深穴中為守備冬月冰凍船道不通乃下居村落其耆老言國人嘗乘船捕魚遭風見吹數十日東得一島其上有人言語不可曉其俗常以七月取童女沈海又言一國亦在海中純女無男又得一布衣其兩袖長二丈又得一破舡在岸邊有一人項中復有面與語不相曉不食而死

肅慎

書曰成王既伐東夷肅慎來賀海東諸夷武王克商皆通道焉成王即政而叛王服而服之故肅慎相來賀王俾榮伯作賄肅慎之命王使榮伯為命書以幣賄賜肅慎之

後漢書曰挹婁古肅慎之國也在夫餘東北千餘里東濱大海南與北沃沮接不知其北所極土地多山險車馬不通人形似夫餘而言各異有五穀麻布出赤玉好貂所謂挹婁貂是無君長其邑各有大人處於山林之間土氣極寒常為

穴居以深為貴大家至接九梯好養豕食其肉衣皮冬以豕膏塗身厚數分以禦風寒夏則裸以尺布蔽其前後其人臭穢不潔作廁於中圜之而居自漢興已後臣屬夫餘種眾雖少而多勇力處山險又善射發能入人目弓長四尺力如弩矢用楛長一尺八寸青石為鏃鏃皆施毒中人即死便乘舡好寇盜鄰國畏患而卒不能服東夷夫餘飲食類此皆用俎豆唯挹婁獨無法俗最無綱紀魏志所載同

山海經曰不咸出在肅慎國有樹名雄先人代帝於此取依其俗無衣中國有聖帝代立者則此木皮可衣

家語曰孔子在陳惠公賓之於上館時有隼集於陳侯之庭而死楛矢貫之石砮楛木名砮箭鏃其長尺有咫惠公使以隼如孔子之館問焉子曰隼之來遠矣此肅慎氏之矢也事具博物部

肅愼國記曰肅愼氏其地在夫餘國北可六十日行東濱大海夏則巢居冬則穴處父子世爲君長無文墨以言語爲約其畜有馬猪牛羊不知乘馬以爲財產而已猪放山谷中食其肉坐其皮績猪毛以爲布無井竈人作瓦鬲四五外以食坐則箕踞足挾肉而啖之得凍肉坐其上令煖土地無鹽燒木作灰灌取汁食之俗皆編髮以布作襜裣徑尺餘以蔽前嫁娶之法男以毛羽插女頭女和則持歸然後致禮娉之婦貞而女淫貴壯賤老寡居終身不嫁性凶悍以無憂喪相尚父母死男子不哭哭者謂之不壯相盜竊物無多少盡誅殺之雖野處而不相犯死者即日便葬於野交木作小槨殺猪積槨上富室數百貧者數十以爲死者之糧以土覆之以繩繫於槨頭出土上以酒灌酹纔繩腐而止無時祭祀也其檀弓三尺五寸楛矢長尺有咫石砮皮骨甲石山在國東北取之必先祈神石利入鐵

勿吉

後魏書曰勿吉國在高句驪北舊肅愼國也去洛五千里國有大水闊三里餘名速末　其地下濕無牛有車馬佃則偶耕車則步推有粟及麥穄（音稷）菜則有葵水氣鹹凝鹽（生樹上亦有鹽池）多猪無羊嚼米醞酒飲之能醉婦人則布裙男子猪犬皮裘婚之夕男就女家執女乳而罷便以爲定仍爲夫婦俗以人溺洗手面頭插虎豹尾其父母春夏死立埋之冢上作屋不令雨濕若秋冬死以其尸捕貂食其肉多得之國南有從太山魏言太皇有虎豹熊狼不害人其傍有大莫盧覆鍾國莫多迴國庫婁國素和國其伏弗國延犁小國拔大何國都羽陵國庫伏眞國魯婁國羽眞侯國前後各遣朝獻

北史曰勿吉國在高句麗北一曰靺鞨也落各自有長不相總一其人勁悍於東夷最強言語獨異常輕豆莫婁等國亦患之去洛陽五千里自和龍北二百餘里有善玉山山北行十三日至祁黎山又北行七日至洛懷水水廣里餘又北行十五日至太岳魯水又東北行十八日到其國其部類凡有七種一號粟末部與高麗接勝兵數千多驍武每寇高麗其二曰伯咄部在粟末北勝兵七千其三日安車骨部在伯咄東北其四曰拂涅部在伯咄東其五曰號室部在拂涅東其六曰黑水部在安車骨西北其七曰白山部在粟末東南勝兵並不過三千而黑水部尤爲勁健自拂涅以東矢皆石鏃即古肅愼氏也東夷中爲強國所居多依山水渠帥曰大莫弗瞞（母官切）咄國南有從太山者俗甚敬畏之人不得山上溲汙行經山者以物盛去地卑濕築土如堤鑿穴以居開口向上以梯出入其妻有外淫者人告其夫夫輒殺妻而後悔必殺告者由是姦淫事終不敢發人皆善射以射獵爲業角弓長三尺箭長尺二寸常以七八月造毒藥傅矢以射禽獸中者立死煮毒藥氣亦能殺人

又曰延興中勿吉國遣乙力支朝獻大和初又貢馬五百疋乙力支稱初發其國乘船泝難河西上至太沵河沉船於水南出陸行度洛孤水從契丹西界達和龍自云其國先破高句麗十落密共百濟謀從水道并力取高麗遣乙力支奉使大國謀其可否詔敕三國同是藩附宜共和順勿相侵擾乙力乃還從其來道取得本船汎達其國

隋書曰開皇初勿吉國相率遣使貢獻文帝詔其使曰朕聞彼土人勇今來實副朕懷視爾等如子爾等宜敬朕如

父對曰臣等僻處一方聞內國有聖人故來朝拜旣親奉
聖顏願長爲奴僕其國西北與契丹接每相劫掠後因其
使來文帝誡之使勿相 攻擊使者謝罪帝因厚勞之令
宴飲於前使者與其徒皆起舞其曲折多戰鬬容上顧謂
侍臣曰天地閒乃有此物常得用兵意然其國與隋懸隔
唯粟末白山爲近煬帝初與高麗戰頻敗其衆渠帥突地
稽率其部降拜右光祿大夫居之柳城與邊人來往悅中
國風俗請被冠帶帝嘉之賜以錦綺而褒寵之及遼東之
役突地稽率其徒以從每有戰功賞賜甚厚

扶桑國

南史曰扶桑國者齊永平元年其國有沙門慧深來至荆
州說云扶桑在大漢國東二萬餘里地在中國之東其土
多扶桑木故以爲名扶桑葉似桐初生如笋國人食之實

如梨而赤績其皮爲布以爲衣亦以爲錦作板屋無城郭
有文字以扶桑皮爲紙無兵甲不攻戰其國法有南北獄
若有犯輕罪者入南獄重罪者入北獄有赦則放南獄不
赦北獄在北獄者男女相配生男八歲爲奴生女九歲爲
婢犯罪之身至死不出貴人有罪國人大會坐罪人於坑
對之宴飲分訣若死別焉以灰繞之其一重則一身屏退
二重則及子孫三重者則及七世名國王爲乙祁貴人第
一者對盧第二者小對盧第三爲納咄沙國主行有鼓角
導從其衣色隨年改易甲乙年青景丁年赤戊巳年黃庚
辛年白壬癸年黑有牛角甚長以角載物至勝二十斛有
馬車牛車鹿車國人養鹿如中國畜牛以乳爲酪有赤梨
經年不壞多蒲桃其地無鐵有銅不貴金銀市無租估其
婚姻法壻往女家門外作屋晨夕灑掃經年而女不悅即

馳之相悅乃成婚婚禮大抵與中國同親喪也日不食祖父
母喪五日不食兄弟伯叔姑姊妹三日不食設坐爲神
像朝夕拜奠不制衰絰嗣王立三年不親國事其俗舊
無佛法宋大明二年罽賓國常有比丘五人游行其國始
佛法經教焉

女國

南史曰沙門惠深云女國在扶桑東千餘其人容白端
正色甚潔白身體存毛髮長委地至二三月競入水妊娠
六七月產子女人胷前無乳項後生毛根白毛中有汁
似乳子百日能行三四年則成人矣兒見人驚避偏畏丈
夫食鹹草如禽獸鹹草葉似邪蒿而氣味鹹

文身

南史曰文身國在倭國東北七千餘里人體有文如獸其

額上有三文文大直貴文小曲者賤土俗歡樂物豐而賤行
客不齎糧有屋宇無城郭國王所居飾以金銀珍麗遶
屋爲壍廣一丈實以水銀雨則流于小銀之上市用珍寶

大漢

南史曰漢國在文身國東五千餘里無兵戈不戰代風俗
並與文身國同而言語異

流求

陰書曰流求國居海島之間當見建安郡東水行五日
而至（閩川之東也）土多出銅其王姓歡斯名渴刺兜不知其由來有
國代數也彼土人呼之爲可老羊妻曰多快荼所居曰
波羅檀洞壍柵三重環以流水樹棘爲藩王所居舍其
大十六門彫刻禽獸多鬬鏤樹以橘而葉密條纖如髮紛然
下垂國有四五師統諸洞洞有小王往往有村村有鳥了

帥並以善戰者為之自相樹立理一村之事男女皆以白紵繩纏髮從頭盤繞婦人以羅紋白布為帽織鬪鏤皮并雜色紵及雜花以為衣製裁不一織藤為笠飾以毛羽兵有刀矟弓箭劒鈹之屬編紵為甲或以熊豹之皮王乘木獸令人舉之而行導從不過數十人國人好相攻擊人皆驍健善走難死而耐創諸洞各為部隊不相救助兩陣相當勇者三五人相擊射如其不勝一軍皆走遣人致謝即共和解收取鬪死者共聚而食之食皆用手無賦斂事則均稅俗無文字視月虧盈以紀時節候草枯以為年歲人深目長鼻頗類於胡人縱年老髮多不白無君臣上下之節拜伏之禮父子同牀而寢婦人產乳必食子衣枞槽曝海水為鹽木汁為醋釀米麴為酒遇得異味先進尊者凡有宴會執酒者必待呼名而後飲上王者酒亦呼王名銜盃

同飲頗同突厥歌呼蹋蹄一人唱衆皆和音韻哀怨其死者氣將絕舉至庭浴其屍以布帛纏之裹以葦草襯土而殯上不起墳為子者數月不食肉有熊羆犲狼尤多猪鷄無牛羊驢馬厥田良沃先以火燒而引水灌之持一插以石為刃長尺餘闊數寸而墾之宜播種樹木同江表氣候與嶺南相類俗事山海之神祀以酒肴鬪戰殺人便將所殺人祭其神煬帝大業初海師何蠻等每春秋二時天清風靜東向依稀似有煙霧之氣亦不知幾千里三年帝令羽騎尉朱寬入海求訪異俗何蠻言之遂與蠻俱往因到流求國言語不相通掠一人并取其甲而還時倭國使來朝貢見之曰此夷邪久國人所用也帝遣武賁郎將陳稜朝請大夫張鎮同率兵自義安浮海擊之至流求初稜將南方諸國人從軍有崑崙人頗解其語遣人慰諭之流求不從拒逆官軍稜擊走之進至其都頻戰皆敗焚其宮室虜其男女數千人而還

太平御覽卷第七百八十四

太平御覽卷第七百八十五

四夷部六

南蠻一

叙南蠻　越裳國　黃支國　盤瓠

廩君　板楯蠻　俚

叙南蠻

禮記曰王制曰南方曰蠻雕題交阯有不火食者矣（雕文謂刻肌以丹青涅之交趾足相鄉不火食地氣煖不為病）○傳曰庸人率群蠻以叛楚（庸今上庸縣屬楚之小國）麇人率百濮聚於選將伐楚（選楚地百濮夷也）於是申息之北門不啓

又曰楚子聞蠻氏之亂也與蠻子無質也（質信也）使然丹誘戎蠻子嘉殺之遂取蠻氏

又曰王子朝使告于諸侯曰茲不穀震蕩播越竄在荊蠻未有攸底

詩曰蠢爾蠻荊大邦為讎（蠢動也蠻荊荊州之蠻也）

又曰脩爾車馬弓矢戎兵用戒戎作用逷蠻方（蠻方蠻荊之外也此時中國微弱故復戒將率之臣以治軍實）

又曰保有鳧繹遂荒徐宅至于海邦淮夷蠻貊及彼南夷莫不率從

尚書舜典曰柔遠能邇惇德允元而難任人蠻夷率服帝曰皐陶蠻夷猾夏寇賊姦宄（猾亂也夏華夏也羣行攻劫曰寇殺人曰賊在外曰姦在內曰宄言無教所致也）

又禹貢曰三百里蠻（以文德來之不制以法）

論語曰子張問行子曰言忠信行篤敬雖蠻貊之邦行矣

史記曰吳太伯弟仲雍皆周太王之子避季歷乃犇荊蠻文身斷髮示不可用荊蠻義之從西歸之千餘家

漢書曰賈誼上書云凡天子者天下之首何也上也蠻夷者天下之足何也夫下也

世說曰郝隆為桓溫南蠻參軍三月三日就溫席作詩曰娵隅躍清池溫問何物荅曰蠻名魚為娵隅桓曰何為作蠻語隆曰千里投公始得一蠻府參軍那得不作蠻語

越裳國

尚書大傳曰交阯之南有越裳國周公居攝六年制禮作樂天下和平越裳以三象重譯而獻白雉曰道路悠遠山川阻深音使不通故重譯而朝成王以歸周公曰德不加焉則君子不饗其質（質亦贄也）政不施焉則君子不臣其人吾何以獲此賜也其使請曰吾受命吾國之黃耇曰久矣天之無烈風注雨意者中國有聖人乎有則盍往朝之周公乃歸之於王稱先王之神致以薦于宗廟周德既衰於是稍絶

黃支國

漢書曰黃支國去合浦日南三萬國俗與朱崖略同武帝時來貢具多明珠璧琉璃奇石異物大珠圍及二寸至圍者置之平地終日不得止

槃瓠

後漢書曰昔高辛氏有犬戎之寇帝患其侵暴而征伐不尅乃訪募天下有能得犬戎之將吳將軍首者購黃金千鎰邑萬家又妻以少女時帝有畜狗其毛五采名曰槃瓠下令之後槃瓠遂銜人頭造闕下群臣怪而診視之乃吳將軍首也帝大喜乃以女配槃瓠槃瓠得女負而走南山止石室中所處險絶人跡不至於是女解去衣裳為僕鑒之髻結著獨力之衣（僕鑒獨力皆未詳浙俗或改鑒為堅者衣穿鑒也）經三年生

子十二人六男六女槃瓠死後因自相夫妻織績木皮染以草實好五色衣服製裁皆有尾形其衣裳班蘭語言侏離好入山壑不樂平曠帝順其意賜以名山廣澤其後滋蔓號曰蠻夷外癡內黠安土重舊以先父有功母帝之女田作賈販無關梁符傳租稅之賦有邑君長皆賜印綬冠用獺皮名渠帥曰精夫相呼爲姎徒（姎烏郎切說文曰自自稱姎我也）今長沙武陵蠻是也

又曰南蠻其在唐虞與之要質故曰要服夏商之時漸爲邊患暨于周代黨衆弥盛故詩曰蠢爾蠻荊大邦爲讎至楚武王時蠻與羅子共敗楚師殺其將屈瑕（莫敖不設備故敗縊于荒谷群帥囚于冶父也）楚師既振遂屬於楚及呉起相悼王南并蠻越遂有洞庭蒼梧秦昭王使白起伐楚略取蠻夷始置黔中郡

又曰漢興改秦黔中郡爲武陵歲令大人輸布一疋小口二丈是謂賨布（說文曰賨南蠻賦曰音牛冬切）雖時爲寇盜而不足爲郡國患光武建武二十三年武陵蠻精夫相單程等大寇郡縣遣武威將軍劉尚發南郡長沙武陵兵萬餘人乘船泝沅水入武谿擊之（沅水出牂牁故且蘭東北經靈溪長沙巴陵郡入洞庭通功也武溪在靈溪郡盧溪縣）尚輕敵深入悉爲所没又遣伏波將軍馬援將兵至臨沅（今武陵郡武陵縣即漢臨沅縣也）擊破之單程等飢困乞降會援病卒謁者宗均聽悉受降爲置吏以司之群蠻遂平

又曰順帝永和初武陵太守上書以蠻夷率服可比漢人增其租賦議者皆以爲可尚書令虞詡獨奏曰自古聖王不臣異俗非德不能及威不能加其獸心貪婪難率以禮是故羈縻而綏撫之附則受而不逆叛則弃而不追先帝舊典貢稅多少所由來久矣今猥增之必有怨叛計其所

得不償所費必有後悔帝不從其冬澧中漊中蠻（漊水出今澧陽郡漊音婁）果爭貢布非舊約遂殺鄉史舉種反叛明年遣武陵太守李進討破之斬首數百級餘皆降散

又曰延熹中長沙零陵蠻反叛寇江陵荊州刺史劉度謁者馬睦南郡太守李肅皆奔走肅主簿胡爽扣馬首諫曰蠻夷見郡無儆備故敢乘閒而進明府爲國大臣連城千里舉旌鳴皷應聲十萬奈何委付守之重而爲逋逃之人乎肅拔刃向爽曰掾促去太守今急何暇此計抱馬固諫肅遂殺爽而走帝聞之徵肅弃市復爽門閭拜家一人爲郎

魏略曰高辛氏有老婦居王室得耳疾挑之乃得物大如繭婦人盛瓠中覆之以槃俄頃化爲犬其文五色因名槃瓠

干寶晉紀曰武陵長沙郡夷槃瓠之後雜處五服之內憑山阻險每常爲猱雜魚肉而歸以祭槃瓠俗稱赤髀橫裙子孫

唐書曰黃國公冊安昌者槃瓠之苗裔也世爲巴東蠻師與田李向鄧各分槃瓠一禮世傳其皮盛以金函四時致祭

黃閔武陵記曰山半有槃瓠石室可容萬人中有石床槃瓠行迹今按山窟前有石羊石獸古跡奇異尤多坐石窟大如三間屋遥見一石仍似狗形蠻俗相傳云是槃瓠象也

荊州記曰沅陵縣君居酉口有上就武陽二鄉唯此是槃瓠子孫狗種也二郡在武陵溪之北

廩君

後漢書曰巴郡南郡蠻本有五姓巴氏樊氏瞫氏（瞫音審）相氏鄭氏皆出於武落鍾離山（在今郡是夷陵山縣）其山有赤黑二穴

巴氏之子生於赤穴四姓之子皆生黑穴未有君長俱事鬼神乃共擲劒於石穴約能中者奉以爲君巴氏子務相乃獨中之衆皆歎又令各乘土船約能浮者當爲君餘姓悉沉惟務相獨浮因共立之是爲廩君乃乘土船從夷水至鹽陽鹽水有神女謂廩君曰此地廣大魚鹽所出願留共居廩君不許鹽神暮輒來宿旦即化爲蟲與諸蟲群飛掩蔽日光天地晦冥積十餘日廩君思其便因射殺之天乃開明廩君於是君乎夷城四姓皆臣之廩君死魂魄世爲白虎巴氏以虎飲人血遂以人祠焉

又曰秦惠王并巴中以巴氏爲蠻夷君長世尚秦女其人爵比不更有罪得以爵除

又曰漢興南郡太守靳強奏請一依秦時故事至光武建武二十三年南郡潳山蠻雷遷等始反叛潳音潛寇掠百姓遣武威將軍劉尚討破之徙其種人七千餘口置江夏界中其後沔中蠻是也漢之江夏郡今竟陵郡富水安陸齊安漢陽江夏蘄春郡地皆是也

又曰和帝永元十三年巫蠻許聖等漢之巫縣今雲安郡巫山縣也以郡收税不均懷怨恨遂屯聚反叛荆州諸郡兵討破之復悉徙置江夏靈帝光和三年江夏蠻復反寇爲患累年廬江太守陸康討破之漢廬江郡即今廬江郡也○世本曰廩君使人操青縷以遺鹽神曰嬰此即相宜云與女俱生弗宜將去鹽神受縷而嬰之廩君即立陽石上望青縷而射之鹽神死天乃大開○說文曰幏南郡蠻夷布也幏音稼

荆州圖曰夷陵縣西有温泉古老相傳此泉元出鹽于今水有鹽氣縣西一獨山有石穴有二大石並立穴中相去一丈俗名爲陰陽石陰石常濕陽石常燥

盛弘之荆州記曰昔廩君浮夷水射鹽神于陽石之上按

今施州清江縣江水一名夷水一名鹽水源出清江縣西都亭山

水經曰夷水別出巴郡魚復縣注云水色清照十丈分沙石蜀人見澄清因名清江

板楯蠻

後漢書曰板楯蠻者秦昭襄王時有一白虎常從群虎數遊秦蜀巴漢之境傷害千餘人昭王乃募國中有殺虎者賞邑萬家時有巴郡閬中夷人能作白竹之弩乃登樓射殺白虎昭王嘉之以其夷人不欲加封乃刻石盟要復夷人頃田不租十妻不筭一戶免其一頃田之租稅雖有十妻不輸口筭之錢也傷人者論殺人得以倓錢贖死何承天纂文曰倓蠻夷贖罪貨也倓音徒濫切盟曰秦犯夷輸黃龍一雙夷犯秦輸清酒一鍾夷人安之

又曰漢高帝爲漢王發夷人還伐三秦今秦川中秦地既定乃遣還巴中復其渠帥羅朴督鄂度夕龔七姓不輸租賦餘戶乃歲入賨錢口四十世号爲板楯蠻夷閬中有渝水其人多居水左右天性勁勇初爲漢前鋒數陷陣俗喜歌舞喜音虛記切高祖觀之曰此武王伐紂之歌也乃命樂人習之所謂巴渝舞也

又曰靈帝光和中巴郡板楯叛寇掠三蜀及漢中諸郡帝欲大發兵乃問益州計吏考以征討方略漢中上計程苞對曰板楯七姓射殺白虎立功先世復爲義人其人勇猛善於兵戰昔安帝永初中羌入漢川郡縣破壞得板楯救之羌死敗殆盡故號爲神兵羌人畏忌傳語種輩勿復南行至建和二年羌復大入實賴板楯連摧破之前車騎將軍馮緄南征武陵雖丹陽精兵之鋭亦倚板楯以成其功近益州郡亂太守李顒亦以板楯討而平之忠功如此本

無惡心但長吏鄉亭更賦至重僕役箠楚過於奴虜闕庭
悠遠不能自聞含怨呼天叩心窮谷故邑落相聚以致叛
叛非有謀主僭號以圖不軌今但選明能牧守自然安集
不煩征伐也帝從其言遣太守曹謙宣詔赦之即皆降服
北史曰自劉石亂後請漸得北遷陸渾以南滿於山谷道
武既定中山蠻王梅安率渠帥數千朝京求留質子以表
忠款拜安侍子豹爲安遠將軍延興中大陽蠻首桓誕擁
河水以北滍葉以南八萬餘落內屬孝文嘉之拜誕東荊
州刺史襄陽王誕字天生桓玄子也既內屬居朗陵王師
南伐請爲前驅討義陽不果而旋太和十七年蠻首田益
宗率部曲四千餘戶內屬襄陽蠻首雷婆思等十一人率
千餘戶內徙求居大和川詔給廩食後開南陽全有沔北
之地蠻人安堵不爲寇賊宣武景明初太陽蠻首田育丘

等二萬八千戶內附詔置四郡十八縣魯陽蠻魯北鷰等
聚衆萬餘攻逼頻陽遣右衛將軍李崇討平之徙萬餘家
於南北及六鎮尋叛南走所在追討比及河殺之皆盡正
始二年梁沔東太守田清喜擁七郡三十一縣戶萬九千
內附永平初東荊州表太守桓叔興前後招慰大陽蠻歸
附者一萬七百戶請置郡十六縣五十詔前鎮東府長史
酈道元檢行置之後二荊西郢蠻大擾動斷三鵶路殺都
督寇盜至於襄城汝水百姓多被其害連年攻討散而復
合其暴滋甚有冉氏向氏田氏陬落最盛大者萬家小者
千戶更相崇樹僭稱王侯屯據三峽斷遏水路荊蜀行人
至有假道者周文略定伊瀍聲教南被諸蠻畏威靡然向
風後唐州蠻田魯嘉叛自號豫州伯王雄等討平之尋而
蠻帥冉令賢向五子王等反攻陷白帝天和初開封陸騰

討斬之以其骸骨於水邏城側爲京觀後蠻蜑（音但）見輒大
哭自此狼戾之心去矣

俚

後漢書曰建武十二年九真徼外蠻里張（里蠻之別號今呼爲俚人）
率種人慕化內屬封爲歸漢里君○沈懷遠南越志曰晉
康郡夫阮縉縣人夷曰僀（世尺切）其俗柵居實惟俚之城
落
南州異物志曰廣州南有賊曰俚此賊在廣州之南蒼梧
鬱林合浦寧浦高涼五郡中央地方數千里往往別村各
有長帥無君主恃在山險不用王自古及今弥歷年紀民
俗惷愚唯知貪利無有仁義道理土俗不愛骨肉而貪寶
貨及牛犢若見賈人有財物水牛者便以其子易之夫或
鬻婦兄亦賣弟若隣里有負其家債不時還者其子弟中

愚者謂其兄曰我爲汝取錢汝但當善殯葬我耳其處多
野葛爲鉤挽數寸徑到債家門下謂曰汝負我錢不肯還
我今當自殺因食野葛而死債家門下其家便稱宛宗族
人衆往債家如不還我錢而殺我子弟今當擊汝債家慙
懼因以牛犢財物謝之數十倍死家乃自收死者罷去不
以爲恨
裴淵廣州記曰俚獠貴銅鼓唯高大爲貴面闊丈餘方以
爲奇初成懸於庭剋晨置酒招致同類來者盈門其中豪
富子女以金銀爲大釵執以叩鼓竟留遺主人名爲銅鼓
釵風俗好殺多搆讎怨欲相攻擊鳴此鼓集衆到者如雲
有是鼓者極爲豪強

太平御覽卷第七百八十五

南蠻二

哀牢　烏滸　林邑　扶南

真臘　參半國　白頭國

哀牢

後漢書曰哀牢夷者其先有婦人名沙壹居牢山嘗捕魚水中觸沉木若有感因懷妊十月產子男十人後沉木化爲龍出水上沙壹忽聞龍語曰若爲我生子今悉何在九子見龍驚走獨小子不能去背龍而坐龍因舐之其母鳥語謂背爲九謂坐爲隆因名其子曰九隆沙壹將九隆居龍山下後九隆長大諸兄以九隆能爲父所舐而黠遂共推以爲王後牢山下有一夫一婦復生十女子九隆兄弟皆娶以爲妻後漸相滋長種人皆刻畫其身象龍文衣皆

著尾九隆死世世相繼乃分置小王往往邑居散在谿谷絕域荒外山川阻深生人以來未嘗交通中國建武二十三年其王賢栗遣兵乘箄船（箄音蒲佳切）南下江漢擊附塞夷鹿茤（音多）鹿茤人溺爲所擒獲於是震雷疾雨南風飄起水爲逆流翻涌二百餘里箄船沉沒哀牢之衆溺死者數千人賢栗復遣六王將萬人以攻鹿茤鹿茤王與戰殺其六王哀牢耆老共埋六王夜虎復出其尸而食之餘衆驚怖立引去賢栗惶恐謂其耆老曰我曹入邊塞自古有之今攻鹿茤輒被天誅中國其聖帝乎天祐助之何其明也二十七年賢栗等遂率種人詣越巂太守鄭鴻降求內屬光武封賢栗等爲君長自是歲來朝貢

又曰永平十二年哀牢王柳貌遣子率種人內屬顯宗以其地置哀牢博南二縣割益州郡西部都尉所領六縣合爲永昌郡始通博南山渡蘭倉水行者苦之歌曰漢德廣開不賓度博南越蘭津渡蘭倉爲他人

又曰西部都尉廣漢鄭純爲政清潔化行夷貊天子嘉之即以爲永昌太守純與哀牢夷人約邑豪歲輸布貫頭衣二領鹽一斛以爲常賦夷俗安之

九州記曰哀牢人皆儋耳穿鼻其渠帥自謂王者耳皆下肩三寸庶人則至肩而已土地沃美宜五穀蠶桑知染綵文繡有蘭干細布（獠言紵也）織成文章如綾錦有梧桐木華績以爲布幅廣五尺潔白不受垢汚先以覆亡人然後服之有濮竹節相去二丈地出銅鐵鉛錫金銀光珠琥珀水精瑠璃軻蟲蚌珠孔雀翡翠犀象猩猩豹獸

唐書曰麟德元年五月於昆明之弄棟川置姚州都督府每年差兵募五百人鎮守武太后神功二年蜀州刺史張

柬之上表曰姚州者古哀牢之舊國也本不與中國交通前漢唐蒙開夜郎滇笮而哀牢不附至光武季年始請內屬漢置永昌郡以統理之稅其鹽布氈罽以利中土其國西通大秦通交阯奇珍進貢歲時不闕及諸葛亮五月渡瀘水收其金銀鹽布以益軍儲使張伯歧選其勁卒以增武備前代置郡其利頗深今鹽布之稅不供珍奇之貢（不入）而空竭府庫驅率平人受役蠻夷肝腦塗地漢（以得）利既多更置博南哀牢二縣蜀人愁怨行者作歌今於國家無絲髮之利在百姓受終之酷伏乞省罷姚州使隸巂府歲時朝覲同之蕃國

烏滸

後漢書曰交阯西有噉人國生首子輒解而食（謂之）宜弟味旨則以遺其君君喜而賞其父取妻美則讓其兄今烏滸

人是也
南州異物志曰交廣之界民曰烏滸（烏滸地名）東界在廣州之
南交州之北恒出道間伺候二州行旅有單逈輩者輒出
擊之利得人食之不貪其財貨也地有棘竹厚十餘寸破以
作弓長四尺餘名狐弩削竹爲矢以銅爲鏃長八寸以射
急疾不凡用也地有毒藥以傅矢金入則揵皮視未見瘡
顧盻之間肌肉便皆壞爛須臾而死尋問此藥云取虫諸
有毒螫者合着管中曝之旣爛因取其汁日煎之如射肉
在其內地則裂外則不復裂也烏滸人便以肉爲殽俎又
取其髑髏破之以飲酒也其伺候行人小有失輩出射之
若人無救者便止以火燔燎食之若人有伴相救不容得
食力不能擔擔去者便斷取手足以去尤以人手足掌蹠
爲珎異以飴長老出得人歸家合聚隣里懸死人中當四

面向坐擊銅鼓歌舞飲酒稍就割食之奉月方田尤好出
索人貪得之以祭田神也
異物志曰烏滸取翠羽採珠爲産又能織班布可以爲帷
幔族類同姓有爲人所殺則居處伺殺主不問是與非遇
人便殺以爲肉食也裴淵廣州記曰晉興有烏滸人以鼻
飲水口中進噉如故

林邑國

南史曰林邑國本漢日南郡象林縣古越裳界也伏波將
軍馬援開南境北縣其地從廣可六百里餘城去海百二
十里去日南界四百餘里北接九德郡其南界（地北水步）道二
百餘里有西圖夷亦稱王馬援所植二銅柱表漢界處也
其國有金山石皆赤色其中生金金夜則出飛狀如螢火又
出瑇瑁貝齒古貝沉木香古貝者樹名也其花成時如鵝毳抽
其緒紡之以作布布與紵布不殊亦染成五色織爲班布
沉木香者土人斫斷積以歲年朽爛而心節獨在置水中則
沉故名曰沉香次浮者棧香漢末大亂功曹區連殺縣令
自立爲王數世其後王無嗣外甥范熊代立死子逸嗣晉
成帝咸康三年逸死奴文篡立文本日南西捲縣夷帥范
幼家奴常牧牛於山澗得鱧魚二化而爲鐵因以鑄刀刀成
文向石呪曰若斫石破者文當王此國因斫石如斷蒭藁
文心異之范幼嘗使之商賈至林邑因教林邑王作兵車
器械王寵任之後乃讒言諸子各奔餘國及王死無嗣文
於鄰國迓王子置毒於漿中殺之遂脅國人自立
又曰林邑王文敵爲扶南王子當根純所殺大臣范諸農
平亂自立爲王諸農死子陽邁立陽邁初在孕其母夢生
兒有人以金席藉之其色光麗夷人謂金之精者爲陽邁

若中國云紫磨者因以爲名宋永初二年遣使貢獻以陽
邁爲林邑王陽邁死子咄立慕其父復曰陽邁其國俗居
處爲閣名曰干闌門戶皆北向書樹葉爲紙男子皆以橫
幅古貝繞腰已下謂之干漫亦曰都漫穿耳貫小環貴者
着革屣賤者跣行自林邑扶南諸國皆然也其王着法服
加纓珞如佛像之飾出則乘象吹螺擊鼓罩古貝繖以古
貝爲幡旗國不設刑法有罪者使象蹋殺之其大姓號婆羅
門嫁娶必用八月女先求男由賤男而貴女同姓還相婚
姻使婆羅門引壻見婦握手相付呪曰吉利吉利爲成禮
死者焚之中野謂之火葬其寡婦　孤居散髮至老國王
事尼乾道鑄金銀人像大十圍元嘉陽邁侵暴日南九德
諸郡交州刺史杜弘之建牙欲討之聞有代乃止
又曰宋帝元嘉二十二年使交州刺史檀和之振武將軍

宗慤伐林邑和之遣司馬蕭景憲爲前鋒陽邁聞之懼欲
輸金一萬斤銀十萬斤銅三十萬斤還欲略日南户其大
臣毒䪨僧達諫止之乃遣太師范扶龍戍其北界區栗城
攻城尅之乘勝即尅林邑陽邁父子並挺身逃奔獲其
珎異皆是未名之寶又銷其金人得黃金數萬斤
又曰齊永明中林邑王范文贇遣使貢獻梁天監中文贇
子天凱奉表獻白猴自此貢獻不絶
北史曰林邑國延袤數千里土多香木金寶物產大抵與
交趾同以塼爲城蜃炭塗之皆開北户以向日或東西無
定尊官有二其一曰西那婆帝其二曰薩婆地歌其屬官
三等其一曰倫多姓次歌倫致帝次乙地伽蘭外官分爲
二百餘部其長曰弗羅次曰可倫如牧宰之差也王戴金
花冠形如章甫衣朝霞布珠璣瓔珞足躡革履時服錦袍

良家子侍衛者二百餘人皆執金裝兵有弓箭刀矟以竹爲
弩傅毒於矢樂有琴笛琵琶五絃頗與中國同每擊鼓以
警衆吹蠡以即戎其人深目高鼻髮拳色黑俗皆徒跣以
幅布纏身冬月衣袍婦人椎髻書樹葉紙施椰葉爲席王
死七日而葬有官者三日庶人一日以函盛尸鼓舞導從
轝至水次積薪焚之收其餘骨王則内金甖中沈之於海
有官者以銅甖沉之海口庶人以瓦送之於江男女皆截
髮哭至水次盡哀而止歸則不哭每七日燃香散花復哭
盡哀而止百日三年皆如之皆奉佛文字同於天竺
隋書曰林邑之先因漢末交趾女子徵側之亂内縣功曹
子區連殺縣令自號爲王無子其甥范熊代立死子逸立
日南人范文因亂爲逸僕隸遂教之築宮室造器械逸甚
信任使文將兵極得衆心文因間其子弟或奔或徙及逸死

國無嗣文自立爲王其後范佛爲晉揚威將軍戴桓所破
宋交州刺史檀和之將兵擊之深入其境至梁陳亦通使
往來其國延袤數千里高祖既平陳乃遣使獻千物其後
朝貢遂絶時天下無事群臣言林邑多奇寶者仁壽末上
遣大將劉方爲驩州道行軍總管率欽州刺史甯長直驩
州刺史李暈開府秦雄步騎萬餘及犯罪者數千人擊之
其王梵志率其徒乘巨象而戰方軍不利於是多掘小坑
草覆其上因以兵挑之梵志悉衆而陳方與戰僞北梵志
逐之至坑所其衆多陷轉相驚駭軍遂亂方縱兵擊之大
破之頻戰輒敗遂弃城而走方入其都獲其廟主十八枚皆
鑄金爲之蓋其有國十八葉矣方班師梵志復其故地遣使
謝罪於是朝貢不絶
唐書曰貞觀中林邑王梵志頭利死率國人共立頭利女王

諸葛地頭利之始子女王獨任國中不寧大臣可倫翁定
乃立地爲王妻之以女主其國乃定諸葛地自立後遣使
可倫因地盤獻火珠狀如水精日午時正以珠承影取艾
衣之火見去得之於羅刹國令之環王國主即梵志之後
在日南郡西陸行二十餘日方至

扶南國

蕭子顯齊書曰扶南國男子截錦爲橫幅女爲貫頭貧者
以布自蔽鍛爲鐶鐀環貫音銀器伐木起屋國王居重閣以
木柵爲城海邊生大葉長八九尺編其葉以覆屋國王行乘
象婦女亦能乘象無牢獄有訟者則以金指環若鷄子
沸湯中令探之燒鎖令赤着手上捧行七步有罪者手皆
燋爛無罪者不傷又令没水直者入即沉不直者不沉
又曰扶南在日南之南大海西灣中廣袤三千餘里有大

江水西海入海其先有女人爲王名柳葉又有激國人混
填夢神賜弓一張故乘舶入海填晨起於神廟樹下得弓
即乘船向扶南柳葉見船卒衆欲禦之混填舉弓遥射貫
舶一面通中人柳葉怖遂降混填娶以爲妻惡其躶露形
體乃穿疊布貫其首遂治其國子孫相傳
南史曰扶南王混盤死國人共舉大將軍范蔓爲王蔓勇健有權
略復以兵威攻伐旁國咸服屬之自號扶南大王乃作大
船窮漲海開國十餘闢地五六千里蔓死後大將范尋
殺其子長而代立更繕國内起觀閣遊戲之朝旦中晡三
四見客百姓以蕉蔗龜鳥爲禮國無牢獄於城溝中養鱷
魚門外圈猛獸有罪者輙以餧猛獸及鱷魚魚獸不食爲
無罪三日乃放之鱷魚大者長三丈餘狀如鼉有四足喙
長六七尺兩邊有齒利如刀劒常食魚遇得麞鹿及人亦
噉之蒼梧以南及外國皆有之

又曰扶南王憍陳如本天竺婆羅門也有神語曰應王扶
南憍陳如心悦南至盤盤扶南人聞之舉國欣迎戴而立焉
復改制度用天竺法憍陳如死後王持梨陁跋摩宋文帝
元嘉中三奉表獻方物齊永明中王憍陳如闍邪跋摩遣
使送珊瑚佛像并獻方物詔授安南將軍扶南王其國人
皆醜黑拳髮所居不穿井數十家共一池引汲之俗事天
神以銅爲像二面者四手四面者八手手各有所持或小
兒或鳥獸或日月其王出入乘象嬪侍亦然王坐則偏踞翹
膝垂左膝至地以白疊敷前設金盆香炉於其上國俗居
喪則剃髮除鬚死者有四葬水葬則投之江流火葬則焚
爲灰燼土葬則瘞埋之鳥葬則弃之中野人性貪悋無禮
義男女恣其奔隨

隋書曰扶南國王遣貢獻其王姓古龍諸國多姓古龍訪
耆老言崑崙無姓氏崑崙之訛
抱朴子曰扶南國出金鋼可以刻玉狀似紫石英其所生
在百丈水底盤石上如鍾乳人没水取之竟日乃出以鐵
槌之不傷鐵反自損以羖羊角扣之㴩然冰泮
外國傳曰扶南人若户中亡器物者即以米一升詣神廟
乞神見盗者以米着神足下明日取米呼户中奴婢分令
嚼之盗者口中血出米完不碎不盗者入口即敗從日南
至徼外悉尔
又曰扶南之東漲海中有大火洲洲上有樹得春雨時皮
正黑得火燃樹皮正白紡績以作手巾或作燈注用不知
盡
又曰扶南國人皆大居舍雕文刻鏤好布施多禽獸王好
獵皆乘象一去月餘日

南州異物志曰扶南國在林邑西三千餘里自立爲王諸
屬皆有官長及王之左右大臣皆號爲崑崙

真臘

隋書曰真臘國在林邑西南本扶南之屬國也去日南郡
舟行六十日而南接車渠國西有朱江國其王姓刹利氏
名質多斯那自其祖漸已強盛至質多斯那遂兼扶南而
有之死子伊奢那先代立居伊奢那城郭下二萬餘家城中
有一大堂是王聽政之所其王三日一朝坐五香七寶床
上施寶帳帳以文木爲竿象牙金鈿爲壁狀如小屋懸
金光焰有同於赤土前有金香炉二人侍側王着朝霞
古貝瞞絡腰腹下垂至脛頭戴金寶花冠披真珠瓔
珞足履革屣耳懸金璫常服白疊以象牙爲𪨗有五大

臣一曰孤落支二曰高相憑三曰婆阿多陵四曰舍摩陵五曰騎羅婁及諸小臣朝於王者輒於階下三稽首王喚上階則跪以兩手抱膊遶王還坐議政事訖跪伏而去其國與參半朱江二國和親數與陁桓林邑二國戰爭其人行止皆持甲仗若有征伐因而用之其俗非王妻子不得爲嗣王初立之日所有兄弟並刑殘之或去一指或劓其鼻別處供給不得仕進人形小而色黑婦人亦有白者悉拳髮垂耳性氣捷勁居處器物頗類赤土以右手爲淨左手爲穢每旦澡洗以楊枝淨齒讀誦經呪又澡洗乃食食罷還用楊枝淨齒飲食多蘇酪沙糖秔粟米餅欲食之時先取雜肉羹與餅相和手擩而食男婚禮畢即與父母分財別居父母死小兒未婚者以餘財與之若婚畢財物入官其喪葬兒女皆七日不食剔髮而哭僧尼道士親故皆來

聚會音樂送之以五香木燒屍收灰以金銀瓶盛送于大水之內貧者或用瓦而以彩色畫之亦有不焚送屍山中任野獸食者其國北多山阜南有水澤地氣九熱無霜雪饒瘴癘毒蟲土宜粱稻與日南九真相類異者有婆耶郍娑樹無花葉似冬瓜菴羅樹花葉似棗實似李毗野樹花似木瓜葉似杏實似楮婆田羅樹花葉實並似棗而小異歌畢他樹花似李葉似榆而厚大實似李其大如外海中有魚名建同四足無鱗其鼻如象吸水上噴高五六十尺有浮胡魚其形如䱉觜如鸚鵡有八足多大魚半身出水望之如山每五六月中毒熱氣流行即以白猪牛羊於城西門外祠之不然者穀不登六畜多死近都有陵伽鉢婆山上有神祠每以兵千人守衛城東有神名婆多利祭用人肉每年殺人以夜祀禱大業十三年遣使貢獻帝厚礼之其後亦絶

唐書曰真臘國貞觀二年又與林邑國俱來朝獻太宗嘉其歷遠疲勞錫賚甚厚南方人謂真臘國爲吉蔑國自神龍以後真臘分爲二半以南近海多陂澤處謂之水真臘半以北多山阜處謂之陸真臘亦謂之文單國高宗則天玄宗朝並遣使朝貢水真臘國其境東西南北約皆八百里東至奔陁浪州西至墮羅鉢底國南至小海北即陸真臘其王所居城號婆羅提拔國之東界有小城皆謂之國其國多象元和八年遣李摩那等來朝貢

叅半國

唐書曰武德中叅半國遣使朝貢其國在真臘西南千餘里城臨大海土地下濕風俗物產並與林邑國同

白頭國

唐書曰貞觀中扶南來獻白頭國二人於洛陽云其國在扶南之西　男女　皆素首身又凝白居山洞之中四面巖險故人莫至與叅半國相接

太平御覽卷第七百八十六

南蠻三

赤土國	蒲羅中國	優鈸國	橫跌國
北擴國	馬五洲	薄歎洲	躭蘭洲
巨延洲	濱郍專國	烏文國	期調國
林陽國	牟奴七國	蒲林國	師子國
毗加梨國	干陁利國	狼牙脩國	婆利國
訶羅陁國	呵羅單國	蒲黃國	婆皇國
婆達國	闍婆達國	槃槃國	斤陁利國

赤土國

隋書曰赤土國扶南之別種也在南海中水行百餘日而達所都土色赤因以為号東婆羅剌國西婆羅娑國南訶羅旦國北巨大海地方數千里其王姓瞿曇氏名利富多塞不知有國近遠稱其父釋王位出家為道傳位於利富多塞在位十六年矣有三妻並隣國王之女也居僧祇城有門三重相去各百許步每門圖畫仙　人菩薩之像懸金花鈴毦婦女數十人或奏樂或捧金花又飾四婦人容飾如佛塔邊金剛力士之狀夾門而立門外者持兵仗門內者執白拂夾道垂素網綴花王宮諸屋悉是重閣北戶北面而坐坐三重之榻衣朝霞布冠金花冠垂雜寶瓔珞四女子立侍左右　兵衛百餘人王榻後作一龕以金銀五香木雜鈿之龕後懸一金光焰夾榻又樹二金鏡鏡前並陳金甕甕前各有金香炉當前置一金伏牛牛前樹一寶蓋蓋左右皆有寶扇婆羅門等數百人東西重行相向而坐其官有薩陁迦邏一人陁拏達叉二人迦利密迦三人共掌政事俱羅末帝一人掌刑法每城置郍耶迦一人鉢帝十人其

俗皆穿耳剪髮無跪拜之禮以香油塗身敬佛尤重婆羅門婦人作髻於項後男女通以朝霞朝雲雜色布為衣豪富之室恣意華靡唯金鏁非王賜不得服用每婚嫁擇吉日女家先期五日作樂飲酒父執女手以授壻七日乃配焉既娶則分財別居唯幼子與父同居父母兄弟死則剔髮素服就水上構竹為棚棚內積薪以屍置上燒香建幡吹蠡擊鼓以送之縱火焚薪遂落於水貴賤皆同唯國王燒訖收灰貯以金瓶藏於廟屋冬夏常溫雨多霽少種植無時特宜稻穄白豆黑麻自餘物產多同交阯以甘蔗作酒雜以紫瓜根酒色黃赤味亦香美亦名椰漿為酒

又曰煬帝即位募能通絕域者大業三年屯田主事駿虞部主事王君政等請使赤土帝大悅賜駿等帛各百疋時服一襲遣賫物五千段以賜赤土王其年十月駿等自南海郡乘舟晝夜二旬每值便風至焦石山而過東南泊陵伽鉢拔多洲西與林邑相對上有祠神焉又南行至師子石自是島嶼連接又行二三日西望見狼牙須國之山於是南達雞籠島至於赤土之界其王遣婆羅門鳩摩羅以舶三十艘來迎吹蠡擊鼓以樂隨使進金鏁以纜駿船月餘至其都王遣其子郍耶迦請與駿等禮見先遣人送金盤貯香花并鏡鑷金合二枚貯香油金瓶八枚貯香水白疊布四條以擬供使者盥洗將象二頭持孔雀蓋以迎使人并致金花盤以藉詔函男女百人奏蠡鼓婆羅門二人導路至王宮宣詔訖引駿等坐奏天竺樂事畢駿等還館又遣人送食以草葉為盤其大方丈後請駿等入宴王前設兩床床上並設草葉盤方一丈五尺上有黃白紫赤四色之餅牛羊魚鱉豬蝳蝐之肉百餘品延駿升床從者坐於地席各以金

鍾置酒女樂迭奏禮遺甚厚尋遣郍邪迦隨駿貢方物既
入海見綠魚群飛水上浮海上十餘日至林邑東南並蒲浪
北山而行其海水闊千餘步色黃氣腥舟行一日絶去
是大魚糞也循海北岸達于交阯至六年春與郍耶迦於
弘農謁帝帝大悅賜物及官賞各有差

蒲羅中國

吳時康泰為中郎表上扶南土俗蛔利正東行極崎頭海
邊有居人人皆有尾五六寸名蒲羅中國其俗食人

優鈸國

康泰扶南土俗曰優鈸國者在天竺之東南可五千里國
土熾盛城郭玠玩謠俗與竺同

橫趺國

康泰扶南土俗曰橫趺國在優鈸之東南城郭饒樂不及
優鈸也

北櫨國

康泰扶南土俗曰諸薄之東南有北櫨洲出錫轉賣與外
徼

馬五洲

康泰扶南土俗曰諸薄之東有五洲出鷄舌香樹木多華
少實

薄歎洲

康泰扶南土俗曰諸薄之西北有薄歎洲土地出金常以
採金為業轉賣與諸賈人易粮米雜物

躭蘭洲

康泰扶南土俗曰諸薄之西北有躭蘭之洲出鐵

巨延洲

康泰扶南土俗曰諸薄之東北有巨迹洲人民無田種
芋浮舩海中截大蚶螺杯往扶南

濵郍專國

康泰扶南土俗曰濵郍專國出驙都田切馬及金俗民皆有
衣被結髮也

烏文國

康泰扶南土俗曰烏文國昔混滇初載賈人大船所成此
國

斯調國

康泰扶南土俗曰斯調洲灣中有自然鹽累如細石子國
人取之一車輸王餘自入

南州異物志曰斯調海中洲名也在歌營東南可三千里
上有王國城市街巷土地綾美

萬震南方異物志曰斯調國又有中洲焉春夏生火秋冬
死有木生於火中秋冬枯死以皮爲布

林陽國

康泰扶南土俗曰扶南之西南有林陽國去扶南七千里
土地奉佛有數千沙門持戒六齋日魚肉不得入國一日
再市朝市諸雜米甘菓石蜜暮中但作貨香花

南州異志曰林陽在扶南西七千餘里地皆平博民十餘
萬家男女行仁善皆侍佛

牟奴國 摸盧國 末利國 甲離國

滿都國 繩余國 沙樓國

晉起居注曰太熙元年正月牟奴等國大小口十七萬九
千餘人各遣正副使詣護東夷校尉何龕上獻方物

蒲林國

晉起居注曰興寧元年閏月蒲林王國新開通前所奉表
詔先帝今遣到其國慰諭

師子國

宋元嘉起居注曰師子國王遣使奉獻詔曰此小乘經甚少彼國所有皆可悉爲寫送之聞彼隣多有師子此所未覩可悉致之

法顯記曰師子國本无人正有鬼神及龍居之諸國商人來共市易鬼神自現身但出寶物顯其時直商人則依價直取物諸國人文其土樂悉亦復來於是遂成大國和適無冬夏之異草木常茂田種隨人無有時節

毗加梨國

宋元嘉起居注曰五年天竺毗加梨國王月　遣使上表并奉金剛指環一枚剛印摩勒金環一枚氍㲣一具白旃檀六段白赤鸚鵡各一頭細疊兩張

干陁利國

南史曰干陁利國在南海洲上其俗與林邑扶南略同出班布古貝檳榔特精爲諸國之極宋孝武世王釋婆羅那隣陁遣長史竺留陁獻金銀寶器梁天監元年其王瞿曇脩跋陁羅以四月八日夢一僧謂曰中國今有聖主十年後佛法大興汝若遣使貢奉禮敬則土地豐樂商旅百倍若不信我則竟土不得自安初未之信既而又夢此僧曰汝若信我我當與汝往觀乃於夢中至中國拜覲天子既覺心異之陁羅本工畫乃寫夢中所見武帝容資飾以丹青仍遣使并畫工奉表獻玉盤等物使人既至摸寫帝形以還其國比本畫則符同焉因盛以寶函日加禮敬後跋陁死子毗針耶跋摩立遣長史毗負跋摩奉表獻金芙蓉雜香藥等

狼牙脩國

南史曰狼牙脩國在南海中其界東西三十日南北二十日行北去廣州二萬四千里土氣物産與扶南略同偏多棧沉婆律香其俗男女皆袒而披髮以古貝爲干漫其王及貴臣乃加雲霞布覆胛以金繩爲絡帶金環貫耳女子則布以纓絡繞身其國累塼爲城重門樓閣王出乘象有幡旄旗鼓罩白盖兵衛甚嚴國人說立國已四百餘年後嗣衰弱王族有賢者國人歸向之王聞乃加囚執其鏁無故自斷王以爲神因不敢害乃逐出境遂奔天竺天竺妻以長女俄而狼牙王死大臣迎還爲王二十餘年死子婆伽達多立天監十四年遣使阿撤多奉表

婆利國

南史曰婆利國在廣州東南海中洲上去廣州二月日行國界東西五十日行南北二十日行有一百三十六聚土氣暑熱如中國之盛夏穀一歲再熟草木常榮海出文螺紫貝有石名坩貝大硬其國人抱古貝如袍及爲都縵乃用斑絲者以瓔珞繞身頭着金長冠高尺餘形如弁綴以七寶之飾帶金裝劒偏坐金高座以金鐙支足侍女皆爲金花雜寶之飾或持白旄拂及孔雀扇王出以象駕轝轝以雜香爲之上施羽蓋珠簾導從吹螺擊鼓自古未通中國問其先及年數不能記自言白静王夫人即其國女天監十六年遣使奉表獻金席等普通三年其王頻伽復遣使珠智獻白鸚鵡青蟲兜鍪琉璃器古貝螺杯雜色香數十種

隋書曰婆利國自交阯浮海南過赤土丹丹乃至其國國界　西四月行南四十五日行王姓刹利耶伽名護濫那婆

官曰獨訶邪拏次曰獨訶氏拏國人善投輪刀其大如鋪中有竅外鋒如鋸遠以投人無不中其餘兵器與中國略同俗類眞臘物產同於林邑其殺人及盜截其手姦者鎖其足朞年而止祭祀必以月晦盤貯酒殽浮之流水每十一月必設大祭海出珊瑚有鳥名舍利解人語大業十二年遣使入貢後遂絕

訶羅陁國

南史曰訶羅陁國宋元嘉七年遣使奉表曰伏承聖主重三寶興立塔寺周滿國界今故遣使二人表此微心

呵羅單國

宋元嘉起居注曰去　年六月闍婆洲呵羅單國王毗沙跋摩遣使獻奉

又曰十一年呵羅單國王尸梨毗邂耶獻銀滁柈等

南史曰呵羅單國都闍婆洲元嘉七年遣使獻金剛指環鸚鵡鳥天竺國白疊　等物十年呵羅單國王毗沙跋摩奉表曰常勝天子陛下諸佛世尊常樂安穩三達六通爲世間尊是名如來是故至誠五體敬禮其後與子所篡奪十三年又上表二十六年文帝詔曰呵羅單國婆皇婆達三國頻越遐海款化納貢遠誠宜甄可並加除授乃遣使策命之二十九年又遣長史婆和沙弥獻方物

蒲黃國

宋元嘉起居注曰二十六年蒲黃國獻牛黃等物又獻欝金香等物

婆皇國

南史曰婆皇國元嘉二十六年國王舍利婆羅跋摩遣使獻方物四十一種文帝策命之爲婆皇國王二十八年復遣使貢獻孝武孝建三年又遣長史竺那婆智奉表獻方物以那婆智爲振威將軍大明三年獻赤白鸚鵡大明八年明帝泰始二年又遣使貢獻明帝以其長史竺須羅遠前長史振威將軍竺那婆智並爲龍驤將軍

婆達國

南史曰婆達國元嘉二十六年國王舍利不陵伽跋摩遣使獻方物文帝策命之爲婆達國王二十八年復遣使獻方物

闍婆達國

南史曰闍婆達國元嘉中國王師利婆達呵阿陁羅跋摩遣使奉表曰宋國大主大吉天子足下敎化一切種智安穩天人師降伏四魔成等正覺轉道法輪度脫衆生我雖

在遠亦霑靈潤

槃槃國

宋起居注曰孝建二年七月二十日槃槃國王遣長史竺伽藍婆奉獻金銀琉璃諸香藥等物

南史曰槃槃國元嘉孝建大明中並遣使貢獻梁中大通元年四年其王使使奉表累送佛牙及畫塔獻沉檀等香數十種六年八月復遣使送菩提國舍利及畫塔國圖并菩提樹葉詹糖等香

梁書曰槃國南海大洲中北與林邑隔小海自交州船行四十日至其國王曰楊栗翨（音匙）栗翨父曰楊德武連以上無得而紀百姓多緣水而居國無城皆竪木爲柵王坐金龍床每坐諸大人皆兩手交抱肩而跪及其國多有婆羅門自天竺來就王乞財物王甚重之其大臣曰勃郎索濫

次曰崑崙帝也次曰崑崙勃和(胡昕切音)次曰崑崙勃帝索甘且其言崑崙古龍聲相近故或有謂為古龍者其在外城者曰郍延猶中夏刺史縣令其矢多以石為鏃稍則以鐵為刃有僧尼寺十所僧尼讀佛經皆食肉而飲酒亦有道士寺一所道士不飲食酒肉讀阿脩羅王經其國不甚重之俗皆呼僧為比丘呼道士為貪隋大業中亦遣使朝貢

唐書曰槃槃國在林邑西南海曲中北與林邑隔小海自交州郍行四十四日乃至其國與狼牙脩國為隣人皆學婆羅門甚敬佛法貞觀九年遣使來貢方物

斤陁利

宋起居注曰孝建二年八月二日斤陁利國王釋陁羅降陁遣長史竹留陁及多奉表獻方物

太平御覽卷第七百八十七

南蠻四

頓遜國　毗騫國　丹丹國
東謝　西趙蠻　南平蠻
羅刹國　投和國　附國
邊斗四國　殊奈國　甘棠國
金利毗迦國　墮和羅國　陁洹國
墮婆登國　多蔑國　多摩國
哥羅舍分國　杜薄國　烏篤國
薄刺國

頓遜國

南史曰頓遜國在海崎上（崎音斯崎岸也）地方千里城去海十里有五王並羈屬扶南頓遜之東界通交州諸賈人其西界接天竺安息徼外諸國往還交易其市東西交會日有萬餘人珎物寶貨無所不有

唐書曰頓遜國出霍香插枝便生葉如都梁以裛衣國有區撥等花十餘種冬夏不衰日載十車貨之其花燥更芬馥亦末爲粉以傅身焉

南州異物志曰典遜在扶南三千餘里本爲別國扶南先王范蔓有勇略討服之今屬扶南竺芝扶南記曰頓遜國屬扶南國主名崑崙國有天竺胡五百家兩佛圖天竺婆羅門千餘人頓遜敬奉其道嫁女與之故多不去唯讀天神經以香花自洗精進不捨晝夜疾困便發願鳥葬歌舞送之邑外有鳥啄食餘骨作灰甖盛沉海鳥若不食乃藍盛火葬者投火餘灰函盛埋之祭祠無年限又酒樹有似安石榴取花與汁停甕中數日乃成酒美而醉人

毗騫國

南史曰毗騫國俗有室屋衣服噉粳米其人言語小異扶南國內不受賈客有往者殺而噉之是以商旅不敢至王常樓居不血食不事鬼神其子孫生死如常人唯王不死扶南王數使與書相報荅常遺扶南王純金五十人食器形如圓盤又如瓦塸名爲多羅受五升又如椀者受一升

竺芝扶南史紀曰毗騫國去扶南八千里在海中國王身長三丈頸長三尺自古以來不死知神聖未然之事亦有子孫子孫生死如常人唯此王不死耳号曰長頸王食器皆純金金如此間之石無央限也不聽妄取有偷者知則殺食之長頸王亦能作天竺書自道宿命所經與佛語相似作書可三千言皆道是事其國法有罪者共在王前食之平常不噉人也

丹丹國

梁書曰丹丹國中大通二年其王遣使奉表送象牙及畫塔二軀并獻火齊珠古貝雜香藥大同元年復遣使献金銀琉璃雜寶香藥等物

隋書曰丹丹國在多羅摩羅國西北振州東南（振州今延德郡朱崖同島上）王姓刹利名尸陵伽理所可二萬餘家亦置州縣以相統領王每晨夕二時臨朝其大臣八人号曰八座並以婆羅門爲之（其王每以香粉塗身冠通天冠掛雜寶瓔珞身衣朝霞足履）皮屨近則乘輿遠則馭象其攻伐則吹蠡擊鼓兼有幡旗（其刑）盜賊無多少皆殺之土出金銀白檀蘇方檳榔其穀唯稻畜有沙牛羖羊猪雞鵝鴨麞鹿鳥有越鳥孔雀果蓏（力果切）有蒲桃石榴瓜瓠菱蓮菜有葱蒜蔓菁

東謝

唐書曰東謝蠻其地在黔州之西數百里內南接守宮獠西連夷子北至白蠻土宜五穀不以牛耕但為畬田每歲一易俗無文字刻木為契散在山洞間依樹為層巢而居汲流以飲皆自營生業無賦稅之事謁見貴人皆執鞭而拜有功勞者以牛馬銅鼓賞之有犯罪者小事杖罰大事殺之盜物倍還其贓婚姻之禮以牛酒為娉女歸夫家皆毋自送之女夫慙逃避經旬乃出讌聚則擊銅鼓吹大角歌舞以為樂好帶刀劔未常捨離丈夫衣服有衫襖大口袴以綿紬𦆮為之右肩上斜束皮帶裝以螺蚌虎豹猿狖及犬羊之皮以為外飾坐皆蹲踞男女椎髻以緋向後垂下其首領謝元深既世為酋長其部落皆尊畏之謝氏一族法不育女自云姓高不可下嫁故也貞觀三年元深入朝冠烏

熊皮冠若今之旄頭以金銀絡額身披毛帔韋皮行縢而著履中書侍郎顏師古奏言昔周武時天下太平遠國歸欵周史乃集其事為王會篇今萬國來朝至今如此輩章服實可圖寫今請撰為王會圖從之以其地為應州仍拜元深為刺史隸黔州都督府

又曰南謝首領謝強與西謝蠻共元深俱來朝見為南壽州刺史後改為莊州貞觀十三年正月西南番大酋長蠻州刺史資陽郡開國公宋鼎卭州刺史謝汕音訕蠻州巴江縣令宋万傳牂州録事參軍謝文經黔中經略招討觀察使王礎奏前件刺史三年一度朝覲今年懇訴稱州接牂牁同被聲教獨此排擯竊自慙恥謹遣隨牂牁刺史授官其牂牁兩州户口殷盛人力強大隣側諸蕃悉皆敬憚請比兩州每三年一度朝賀仍依牂牁輪環差定并以才幹位望為衆推者元勑從之

西趙蠻

唐書曰西趙蠻在東謝之南其界東至夷子西至昆明南至西洱河洱音耳山洞阻深莫知道里南北十八日行東西二十三日行其風俗物產與東謝同首領趙氏世為酋長有户萬餘貞觀三年遣使入朝二十一年以其地置明州即以首領趙磨為刺史

南平蠻

唐書曰南平蠻北與涪州接部落四千餘户男子左衽露髮徒跣婦人橫布兩幅穿中而貫其首名為通裙其人美鬚為髻鬌垂於後以竹筒如筆長三四寸斜貫其耳貴者亦有珠璫土多女少男為婚之法女氏必先貨求男族貧人無嫁資女多賣與富人為婢俗皆婦人執役其王姓朱

氏号為劔荔王貞觀中遣使內附以其地隸渝州

羅剎國

隋書曰羅剎國在婆利之東其人極陋朱髮黑身獸牙鷹爪時與邑人作市輙以夜晝日則掩其面煬帝大業三年使常駿等使赤土國致羅剎國

投和國

隋書曰投和國在南海大洲真臘之南自廣州西南水行百日至其國王姓投和羅名脯邪乞遥理所城覆屋以瓦並為閣而居屋壁皆以彩畫之城內皆王室城外人居可萬餘家王宿衛之士百餘人每臨朝則衣朝霞冠金耳挂金環頸挂金涎衣叙連切足履寶裝皮履官屬有朝請將軍惣知國政又有參軍功曹主簿城局金威將軍贊理贊府等官分理文武又有州及郡縣州有參軍郡有金威將軍

縣有城爲其長官初至各選官僚助理政事刑法賊盜多死者輕者穿耳及頰私鑄銀錢者截腕國無賦稅俱隨意貢奉無多少之限多以農商爲業國人乘象及馬一國之中馬不過千疋又無鞍轡唯以繩穿頰爲之節制音樂則吹蠡擊鼓死喪則祠祀哭泣又焚屍以甕盛之沉於水中若父母之喪則截鬚爲孝其國市六所貿易皆用銀錢小如榆莢有佛道有學校文字與中夏不同訃其耆老云王無姓名齊枝靡王所坐塔圓以佛塔以金飾之門皆東開坐亦東向

唐書曰貞觀中投和國遣使奉表以金函盛之又獻金榼錔盞金鎖寶帶犀象海物等數十品

附國

隋書曰附國者蜀郡西北二千餘里即漢之南夷也有嘉良夷即其東部所居種姓自相率領土俗與附國同言語少殊不相統一其人無姓氏附國王字宜繒其國南北八百里西千五百里無城柵近川谷傍山險俗好復讎故壘石而居以避其患高至十餘丈下至五六丈每級丈餘以木隔之基方三四步其上方二三步狀似浮圖於下級開小門從內上通夜必關閉以防賊盜國有二萬家号令自王出嘉良夷政令繫之酋師重罪者死輕者罰牛人皆輕捷便擊劍漆皮爲牟甲弓長六尺以竹爲弦妻其群母及其嫂兒弟死父兄亦納其妻好歌舞皷吹長笛有死者無服制置屍高牀之上沐浴衣服被以牟甲覆以獸皮子孫不哭帶甲舞劍而呼云我父爲鬼所取我欲報冤殺鬼自餘親戚哭三聲而止婦人哭必以兩手掩面死家殺牛親屬以猪酒相遺共飲噉而瘞之死後十日而大葬必集親賓殺

馬動至數十疋立其祖父神而事之其俗以皮爲帽形圓如鉢或戴冪䍦衣多毛毼皮裘爲靴頂繫鐵鎖手貫鐵釧王與酋師金爲飾胷前懸一金花徑三寸其土高氣候涼多風少雨土宜小麥青稞山出銀鐵多白雉水有嘉魚長四尺而鮮細大業四年其王遣使素福等八人入朝明年又遣其弟子宜林率嘉良夷六十人朝貢欲獻良馬以路險不通請開山道脩職貢煬帝以勞人不許嘉良有水闊六七十丈附國有水闊百餘丈並南流用皮爲舟而濟

邊斗四國

隋書曰邊斗國(一云班斗)都昆國(一作都雅)拘利國(一作九稚)比嵩國並扶南度金隣大灣南行三千里有此國其農作與金隣同其人多白色都昆出好棧香藿香及硫黃其藿香樹生千歲根本甚大伐之四五年木皆朽敗唯中節堅貞芬香獨存取爲香

殊奈國

唐書曰貞觀二年殊奈國遣使貢方物殊奈者崑崙人也在林邑南去交阯海行三月餘日俗習文字與婆羅門同路絕遠古未常朝中國至是始通

甘棠國

唐書曰甘棠國在大海之南崑崙人也貞觀十年與朱俱婆國同日朝貢太宗謂侍臣曰南荒西城自遠而至其故何也房玄齡對曰當中國人安帝德遠被也太宗曰誠如公言向使中國不安何緣至朕何德以堪之

金利毗逝國

唐書曰金利毗逝國在京西南四萬餘里東去致物國二千里西去赤土國一千五百里南去波利國三千里柳衢

國三千里其國有城邑庭舍衣朝霞白疊每食先泥上鋪席而後座國王名本多楊牙前有隊仗甲盔貝多樹皮及[illegible]風俗物產與真臘同

墮和羅國

唐書曰墮和羅國南與盤盤國北與迦邏舍佛東與真臘接西隣大海去高州五月日行貞觀十三年其王遣使貢方物二十三年又遣使獻象牙火珠請賜好馬詔許之

陁洹國

唐書曰陁洹國在林邑西南大海中東南與墮和羅接去交阯三月餘行賓服於墮和羅其王姓察失利字婆那土無蠶桑以白疊朝霞布爲衣俗皆樓居謂爲千欄貞觀十八年遣使來朝二十一年又遣使獻白鸚鵡毛羽皓素頭上有紅毛數十莖與翅齊及婆律膏仍請馬及銅鍾詔並給之

墮婆登國

唐書曰墮婆登國在林邑南海行二月東與訶陵西與迷黎車接北界大海風俗與訶陵同種稻每月一熟有文字書於貝多葉其死者口實以金又以金釧貫於四支然後加以婆律膏及檀沉龍腦等香積薪以燔之貞觀中遣使獻金花等物王之所居堅木爲城造大屋重閣覆以棧櫚皮所坐床悉以象牙爲之亦以象牙爲席食以手撮之音古惠反又以椰樹花爲酒飲之亦醉有山穴海湧而出鹽國人取食其國人有毒與常人同止宿即令身生瘡與之交會便死若涎液沾著草木即枯其人身死不臭不爛

多蔑國

唐書曰多蔑國貞觀時通焉在南海外國界周迴可一月行南阻大海西俱遊國北波利剌國東真陁桓國户口極多置三十州不役屬他國有州郭宫殿樓櫓並用瓦木以十二月爲歲其物產有金鋼鐵象牙犀角朝霞朝雲等布其俗交易用金銀朝霞等爲貨百姓二十而税一五穀菜蔬與中國不殊

多摩萇國

唐書曰多摩萇國居於海島東與婆鳳西與多隆南與半支跋北與訶陵等國接其國界東西可一月行南北可二十五日行其王子先龍子也名骨利骨利得大鳥卵剖之得一女子容色殊妙即以爲妻其王尸羅物儞伊說即其後也顯慶中遣使貢獻其俗無姓王居以柵爲城以板爲屋坐師子座東向衣物與林邑同勝兵二萬人無馬有弓刀甲矟婚姻無同姓之別其食器銅鐵金銀所食尚酥乳酪沙糖石蜜其家畜有羖羊水牛野獸有麞鹿等死亡無衰紀之制以火焚其屍其音樂略同天竺有波那婆宅護遮奄摩石榴等菓多甘蔗從其國經薛盧都思訶盧林邑等國達於交州

哥羅舍分國

唐書曰哥羅舍分國在南海之南接墮和羅勝兵二萬人其王蒲越伽摩顯慶五年遣使朝貢

杜薄國

唐書曰杜薄國在扶南東漲海中直渡海數十日至其人色白皙皆有衣服國有稻田女子作白疊華布出金銀鐵以金爲錢出雞舌香可含以香不入服雞舌其爲水也氣辛而性厲禽獸不能至故未可識其樹者華熟自零隨水而出方得之杜薄洲有十餘國城皆稱王

烏篤國

唐書曰烏篤國在中天竺南一名烏伏那地方五千餘里百姓殷實人性愞弱頗譎詐尤工禁術篤信佛法文字禮儀略同天竺自古不通中國貞觀中其王達摩因陁訶斯遣使獻 龍腦香等

薄剌洲

唐書曰薄剌洲隋時聞焉在拘利南海灣中其人色黑而齒白眼正赤男女並無衣服一名勃焚洲

抱朴子云勃焚洲在薰陸香所出楓脂矣所以不可多得者正患狤猏獸啖人（狤音詰猏音堅）此獸大者重十斤狀如水獺其頭身及他處了無毛唯從鼻上以竟脊至尾上有毛廣一寸許青長三四分許其無毛處則如韋囊人張捕得之斬刺不傷積薪烈火縛以投火中薪盡而此獸不焦須以大杖打之皮不傷而骨碎都盡而死

太平御覽卷第七百八十八

太平御覽卷第七百八十九　四夷部十

南蠻五

南詔蠻　驃國　㬎蠻等部落
勿鄧　大賧　南瀘
量水川　弥諾國　弥臣國
崑崙國　小婆羅門國　夜半國
女王國　獨錦國　弄棟國
清蛉蠻　長褌國　施蠻
磨些蠻　樸子蠻　尋傳蠻
裸形蠻　苴望子蠻　望蠻
黑齒諸蠻　繡面蠻　穿鼻蠻
長鬃棟鋒　茫蠻　堂魔蠻

南詔蠻

唐書曰南詔蠻本烏蠻之別種也姓蒙氏蠻謂王爲詔自言哀牢之後代居蒙舍州爲渠帥在漢永昌故郡東姚州之西其先渠帥有六自號六詔兵力相埒各有君長無統帥蜀時爲諸葛亮所征皆臣服之

又曰南詔蠻國初時有蒙舍龍生迦獨迦獨生細奴邏高宗時來朝細奴邏生邏盛武后時來朝其妻方娠邏盛次姚州閤妻生子曰吾且有子死於唐地足矣子名盛邏皮邏盛至京師賜錦袍金帶師國開元初邏盛死盛邏皮立盛邏皮死子皮邏閣立

又曰南詔蠻皮邏閣嗣立二十六年詔授特進封越國公賜名曰歸義其後破洱河蠻（洱音而志切）以功策授雲南王歸義漸強盛餘五詔浸弱先是劍南節度王昱受歸義賂奏六詔合爲一詔歸義既併五詔服群蠻破吐蕃之衆兵日以驕大遂徙居大和城天寶四載歸義遣孫鳳迦異來朝授鴻臚卿歸國恩賜甚厚

又曰閤羅鳳襲封王無何鮮于仲通爲劍南節度使張虔陀爲雲南太守仲通褊急寡謀虔陀矯詐遇下不以禮舊事南詔嘗與其妻子謁見都督虔陀皆私之又有所徵求閤羅鳳多不應虔陀遣人罵辱之仍密奏其罪惡閤羅鳳忿怨因發兵反圍虔陀殺之後遣使謝罪仍與雲南錄事參軍姜如芝俱來請還其所虜掠且言吐蕃大兵壓境若不許當歸命吐蕃雲南之地非唐有也仲通不許因其使進軍逼大和城爲南詔所敗自是閤羅鳳北臣吐蕃

又曰閤羅鳳死其孫異牟尋（爲王牟尋頗知書有）才智善撫其衆吐蕃役賦南蠻重數又奪諸蠻險地城立城堡歲徵兵以助鎮防牟尋益厭苦之有鄭回者本相州人天寶中授巂州西瀘縣令巂州陷爲所虜閤羅鳳以回有儒學更名曰蠻利甚愛重之命教鳳迦異及異牟尋立以回爲清平官事皆咨之回嘗言於牟尋曰自昔南詔嘗款附中國中國尚禮義以惠養爲務無所求取今棄蕃歸唐無遠戍之勞利莫大焉牟尋善其言謀內附者十餘年矣會劍南西川節度使韋皋招撫諸蠻苴烏星虜望等歸化聞牟尋之意因諸蠻寓書於牟尋且招懷之牟尋乃斬吐蕃使去其所立帝號以歸我仍請復南詔舊名初吐蕃因爭北庭與迴鶻大戰死傷頗衆乃徵兵於牟尋須萬人牟尋欲因以襲之及示寡弱謂吐蕃曰蠻軍素少僅可發三千人吐蕃五千人戍吐蕃乃將數萬躡其後晝夜兼行乘其無備大破吐蕃於神川鐵橋遣使告捷帝乃命兼御史中丞袁滋持節冊南詔王仍賜金印曰貞元冊南詔印

又曰貞元十年南詔王遣使蒙湊羅棟來獻鐸鞘浪人劒

驃國

唐書曰驃國在永昌故郡南二千餘里其國境東隣真臘西接東天竺南盡溟海北通南詔些樂城界東北距陽苴咩城六千八百里往來通聘迦羅婆提等二十國役屬者道林王等九城食境土者羅君潛等二百九十八部落其王姓困没長名摩羅惹其國相名摩訶思那其王近適則輿以金繩床遠適則乘象嬪妃甚衆常數百人其羅城構以塼甓周一百六十里壕岸亦構塼相傳本是舍利佛城城内有居人數萬家佛寺百餘區其堂宇皆錯以金銀塗以丹彩地以紫鑛覆以錦罽其俗好生惡殺其土宜菽粟稻粱無麻麥其理無刑名桎梏之具犯罪者以竹五十本東之復犯者撻其背數止五輕者止三殺人者戮之男女十歲則落髮止寺舍依桑門至二十不悟佛理乃復髮為居人其衣服悉以白㲲為朝霞繞腰而已不衣繒帛云出於蠶蟲為其傷生故也君臣父子長幼有序華言謂之驃自謂突羅成闍婆人謂之徒里拙古未嘗通中國貞元中其王聞南詔異牟尋歸附心慕之八年乃遣其弟悉利移因南詔重譯來朝又獻其國樂凡十曲與樂工三十五人俱樂曲皆演釋氏經論之詞意以悉利移為試太僕卿

南夷志曰驃國在永昌南七十五日程閤羅鳳所通也其國用銀錢以青塼為圓城周行一日程百姓盡在城內有十二所堂當國王所居門前有大象露坐高百餘尺白如霜雪俗尚廉耻人壯　和善少言重佛法城中並無牢獄又多推步天文若有諍訟者王即令焚香向大象思惟是非便各引退或有災疫王亦焚香對象悔過自責男子多衣

白疊婦人當頂為高髻以金銀真珠為飾着青婆羅又披羅段行必持　扇貴家婦皆三人五人女伎傍侍與波斯及婆羅門接界西去舍利城六十日程疑此是東天竺也

暴蠻　等部落

南夷志曰竹子嶺東有暴蠻部落嶺西有盧鹿蠻部落又有生蠻磨彌殿部落此等部落皆東爨烏蠻也男則髻女則散髮見人無禮節拜跪三譯乃與華通大部落則有大鬼主百家二百家小部落亦有小鬼主一切信使鬼巫用相　服制土多牛馬無布帛男女悉披牛羊皮

勿鄧

南夷志曰勿鄧部落大鬼主夢衝地方千　里功部一姓白蠻五姓烏蠻烏蠻婦人以白黑繒為衣白蠻婦人以繒為衣下不過膝

大賧

南夷志曰大賧周迴百餘里悉是野蠻無君長地有瘴毒河賧人至中瘴者十死八九閤羅鳳嘗遣使築城於彼管制野蠻不逾歲死者過半歲遂罷弃其土肥沃種瓠長丈餘冬瓜亦然皆三尺圍又多薏苡無農桑收此充粮三面皆是雪山其高造天

南瀘

南夷志曰瀘水蜀諸葛亮伐南蠻五月渡瀘處大如臂川中氣候常熱雖方冬行過者皆袒衣流汗

量水川

南夷志曰量水川在滇池南兩日行漢舊黎州地川中有天地其水東南流出一石竇中水流甚　廣石竇其狹

蠻去此寶忽空則百姓憂溺

彌諾國　彌臣國

南夷志曰彌諾國彌臣國皆邊海國也呼其君長爲壽彌諾面赤而長彌臣面黑而短性恭謹每與人語向前一步一拜國無城郭彌諾王所居屋之中有一大柱雕刻爲文飾以金銀彌臣王以木柵爲居海際水中以石師子爲屋四足仍以板蓋柔用香木王出即乘象百姓皆樓居披婆羅籠男少女多俗好音樂樓兩頭置皷飲酒即擊皷男女攜手樓中踏舞（爲樂）在永昌城西南六十日程

崑崙國

南夷志曰崑崙國正北去西洱河八十一程出象及青木香旃檀檳榔琉璃水精犀牙等物蠻寇嘗攻之爲其決水淹浸進退無計餓死萬餘不死者去其右腕後放迴

小婆羅門國

南夷志曰小婆羅門國在永昌北七十四日程俗不食牛肉預知身後事出貝齒白蠟越諾共大耳國來往蠻夷善之信通其國

夜半國

南夷志曰夜半國在蒼望城東北隔麗水城川原其婦人唯與鬼通能知吉凶禍福本土君長崇信之蠻夷往往以金購之要知善惡

女王國

南夷志曰女王國去驩州十月程往往與驩州人交易蠻嘗伐之中其藥箭百不存

獨錦蠻

南夷志曰獨錦蠻（者烏蠻之苗裔）也在秦臧川去安寧兩日程其族多姓李異牟尋母即獨錦蠻女也有季負監貞元中爲大將軍在勃弄棟川爲城使等

弄棟蠻

南夷志曰弄棟蠻則白蠻苗裔也本姚州弄棟縣部落其地舊爲褒州嘗有首領誤殺司户懼罪率衆北奔在磨些江側貞元中異牟尋破吐蕃城邑擄弄棟城遷於永昌之地

清蛉蠻

南夷志曰清蛉蠻亦白蠻苗裔也本清蛉縣部落天寶中嶲州初陷有首領尹氏父子相率南奔河賧閤羅鳳厚待之貞元中南詔清平官尹輔酋皆其人也衣服言語與蒙舍略同

長褌蠻

南夷志曰長褌蠻本烏蠻之後部落在劍川屬浪詔其俗皆衣長褌曳地更無衣服唯披牛羊皮

施蠻

南夷志曰施蠻（本烏蠻種族也）鐵橋西北大施賧（小施賧劍尋賧）皆其所居之地男以繒布爲縵襠袴婦人從頂橫分其髮當額及頂後各爲髻男女終身跣足披牛羊皮

磨些蠻

南夷志曰磨些蠻烏蠻種也鐵橋上下及大婆小婆（三婆）採覽昆池等川皆其所居之地土多牛羊一家即有羊群終身不洗手面男女皆披羊皮俗好飲酒歌舞

撲子蠻

南夷志曰撲子蠻勇悍趫捷以青娑羅段爲通身袴善用泊箕竹弓深林間射飛鼠發無不中部落首領謂之酋在

上無食器以芭蕉葉藉之

尋傳蠻

南夷志曰尋傳蠻俗無絲綿布帛披婆羅籠跣足可以踐履榛棘持弓挾矢射豪猪生食其肉取其兩牙雙插頂傍爲飾又條其皮以繫腰每戰鬭即以籠子籠頭如兜鍪狀

裸形蠻

南夷志曰裸形蠻在尋傳城西三百里爲巢穴謂之野蠻閣羅鳳既定尋傳而野蠻散居山谷集戰即召之亦無君長女多男少無田農衣服唯有木皮以蔽形或十妻五妻共養一丈夫盡日持弓不揭攔有外來侵害者則射之

苴望子蠻

南夷志曰苴望子蠻在蘭蒼江以西其人勇捷善於馬上用槍所乘馬不用鞍跣足衣短甲纔蔽胷腹而已

望蠻

南夷志曰望蠻外喻部落在永昌北其人長大負排持槊前無強敵又能用木弓短箭傳毒藥中人立斃婦人跣足以青布爲衣聯珂貝巴齒真珠斜絡其身有夫竪分鬟爲兩髻無夫者頂後爲一髻垂之地宜沙牛角長四尺以來婦人嗜乳酪

黑齒金齒銀齒繡脚

南夷志曰黑齒金齒銀齒繡脚四蠻並在永昌關南雜種類也黑齒以漆漆其齒金齒以金鏤片裹其齒以銀齒以銀有事見人則以此爲飾寢食則去之皆當頂上爲一髻以青布爲通身袴又斜披青布條繡脚蠻則於踝上腓下周匝刻爲文彩衣以緋布

繡面蠻

南夷志曰繡面蠻生一月則以針刺面青黛塗之如繡狀

穿鼻蠻

南夷志曰穿鼻蠻在柘東以徑尺金環穿鼻中隔下垂過頤君長即以絲繩繫使人牽起乃行其次者花頭金釘兩枚從鼻兩邊穿令透下

長鬃棟鋒

南夷志曰長鬃棟鋒二蠻部落鬃黑而長當額前爲一長鬃鬃下過臍每行即以物撑起君長使兩女在前各持一物撑之今爲南詔所惣

茫蠻

南夷志曰茫蠻部落並關南雜種也茫是其君之号亦呼茫詔從永昌城南先過唐封次鳳藍苴次茫天連次茫吐薅又有火聅茫昌盛恐他茫鮓茫施皆其類也樓居無城

郭或漆齒衣青布衫藤篾纏腰紅繒布纏髻出其餘垂後爲飾婦人披五色娑羅籠孔雀巢人家樹上象如水牛俗養以耕田

棠魔蠻

南夷志曰棠魔蠻去安南林西原十二程俗養牛馬長與漢人博易大中八年經略使苛暴將人塩一斗博牛或馬一疋因茲隔絕不來

太平御覽卷第七百八十九

四夷部十一

南蠻六

結匈國　羽民國　讙兜國
厭火國　三苗國　載國（載徒結切）
交脛國　不死國　支舌國
三首國　焦僥國　長臂國
三身國　一臂國　奇肱國
丈夫國　巫咸國　女子國
軒轅國　白民國　長目國
無啓國　一目國　和利國
深目國　無腸國　聶耳國
跂踵國　大人國　君子國

青丘國　黑齒國　玄服國
毛民國　勞民國　氐人國
姑射國　蜮國　沃國
反風國　林郙國　無論國
句稚國　歌營國　加陳國
師漢國　邑利國　姑奴國
察牢國　類人　雕題國
狼𤢪國（𤢪音燕）　瓮人　黃頭人
儋耳國　穿胷國　西屠國
金隣國　波遼國　屋都乾國
波延洲　究原國　奴後國
炎人國　黃孫　落頭民
鮫人　徼外諸蠻

結匈國

山海經曰結匈國其人結匈（郭璞曰臆前胷出如人結喉也）

羽民國

山海經曰羽民國其人長頭身生羽一曰其人長頰

外國圖曰羽民羽飛不能遠其人卵產去九疑四萬里

讙兜國

山海經曰讙兜國其人人面有翼鳥咮（讙兜堯臣有罪自投南海而死帝矜之使其子居南而祠也）一曰讙朱國

神異經曰南方荒中有人人手鳥足杖翼而行但食海中魚（雖有翼不足以飛倚爲經行勢也）一名讙兜爲人很惡不畏風雨不忌禽獸有所觸犯死乃休耳

厭火國

山海經曰厭火國其獸身黑色火出其口中（似獼猴黑色也）

三苗國

書曰竄三苗于三危○山海經曰三苗國在赤水東

神異經曰西北荒中有人焉皆人形而腋下有翼不能飛名曰苗民爲人饕餮淫逸無禮

外國圖曰昔唐以天下授虞有苗之君非之苗之民浮黑水入南海是爲三苗民去九疑三萬三千里

載國

山海經曰載國其人操弓射蛇（大荒經曰此國自然有五穀衣服）一曰盛國

括地圖曰禹誅防風氏夏德之二龍降之禹使范氏御之以行經南方防風神見禹怒使射之有迅雨二龍升去臣懼以刃自貫其心死禹哀之療以不死草皆生是名穿匈民去會稽萬五千里

交脛國

山海經曰交脛國在貫匈東其人交脛（言腳脛曲戾相交所謂雕題交趾者）

外國圖曰交脛民長四尺

不死國

山海經曰不死國在交脛東其人黑色壽考（有員丘山不死樹食之不死有赤泉飲之不老）

支舌國

山海經曰支舌國在不死東（其人舌皆岐或云支舌也）

三首國

山海經曰三首國一身三首

僬僥國

後漢書曰安帝永初中永昌徼外僬僥種夷陸類等三千餘口舉種內附獻象牙水牛封牛其人長三尺穴居善游鳥獸懼焉

列子曰中洲以東三十萬里得僬僥國人長一尺五寸

山海經曰周饒國為人短小冠帶（其人長三尺穴居能為機巧有五穀）一曰僬國在三首東

家語曰吳之客問孔子曰人之長極幾何對曰僬僥民長三尺短之極也長者不過十之數之極也（長者十短者三皆數之極也）

外國圖曰僬僥民善沒游善捕鷙鳥其草木夏死而冬生去九疑三萬里

又曰從𤆀水南曰僬僥其人長尺六寸一曰迎風則偃背風則伏不衣而野宿

長臂國

山海經曰長臂國人長一尺五捕魚水中兩手各操一魚（云其人手垂至地海東有人嘗在海中得布褶衣如中國衣而兩袖長三丈即此長臂民衣）

三身國

山海經曰三身國一首而三身

一臂國

山海經曰一臂國在三身北一臂一目一鼻孔

奇肱國

山海經曰奇肱國其人一臂

丈夫國

括地圖曰殷帝大戊使王孟採藥於西王母至此絕糧食木實衣木皮終身無妻而生二子從背間出是為丈夫民去玉門二萬里

巫咸國

山海經曰巫咸國在女丑北右手操青蛇左手操赤蛇在登葆山群巫所從上下也（採藥往來）

外國圖曰昔殷帝大戊使巫咸禱於山河巫咸居於此是為巫咸民去南海萬千里

女子國

山海經曰女子國在巫咸北兩女子居水外周之（有黃池婦人入浴出即懷孕若生男子三歲輒死周猶遶也）

軒轅國

山海經曰軒轅國在窮山之際其不壽者八百歲（其國在山南邊也荒中曰山之南也）南女子北人面蛇身尾交首上不敢西射畏軒轅之丘（言畏黃帝威靈故不敢向之射也）

白民國

山海經曰白民之國在龍魚北白身被髮（其人體洞白也）

又曰白民之國室後帝鴻生白民

博物志曰日南有野女羣行不見夫其體皛（明子洎㓗）白裸袒無衣

長股國
山海經曰長股之國在雄常北被髮國在赤水東長臂人身如人臂長三丈以類推之則此脚過三丈矣黃帝時至或曰長脚人常負長脚入海中捕魚
無啓音啓國
山海經曰海水自東北陬至無啓國在長股東爲人無啓啓肥腸也其人穴居食土無男女死即理之其心不朽死百二十歲乃復更生也
一目國
山海經曰一目國一目中其面也
和利國
山海經曰和利國在一目東爲人一手足反膝曲足居上反卷曲也一曰留利之國人手足反折
深目國
山海經曰深目國爲舉一手

七百九十　五　趙昌

無腸國
山海經曰無腸之國在深目東爲人長而無腸
聶耳國
山海經曰聶耳國在無腸國東爲人兩手聶其耳言耳長行則以手攝持之縣居海水中縣居邑也
跂踵國
山海經曰跂踵國在拘纓東其人兩足皆大其人行跡不着地也一曰踵國
大人國
山海經曰大人國爲人獸身人面犬耳珥兩青蛇以蛇貫耳也
君子國
山海經曰君子國人冠衣帶劒其人好不爭也
青丘國
山海經曰青丘國其人食五穀衣絲帛其孤九尾
黑齒國
山海經曰黑齒國東夷傳曰倭國東四千餘里有裸國東有黑齒國舡行一年始可至也異物志云西屠染齒亦以放此也
玄服國
山海經曰玄服之國髀皆似畫青黑其人衣魚以魚爲皮爲衣食鷗鷗水鷄也
毛民國
山海經曰毛民國爲人身生毛今去臨海郡東二千餘里毛人在大海中州島上爲人短小面體有毛如猪熊穴居亦衣服晉永嘉四年吳都郡司鹽都尉戴逢猪熊在海邊得一船上有男女四人狀皆如此言語不通送詣承相府未至道路死有一人在上賜婦生人女子出入市井漸曉人語自說其所是此毛民
神異經曰八荒之中有毛人焉長七八尺皆人形身鷗頭上皆毛毛如獮猴毛長尺人則臭若鷄妬目開口吐舌上唇

七百九十　六　趙昌

覆面下唇覆匈臨海水
土物志曰毛人之洲乃在張嶼身無衣服鑿地穴處雖云象人不知言語齊長五尺毛如熊豕衆輩相隨逐捕鳥鼠无五穀唯捕鳥鼠魚肉以爲糧耳
勞民國
山海經曰勞民國爲人黑食菓草實也有一鳥兩頭也手足盡黑
氐人國
山海經曰氐人國者獨抵之抵在建木西人面而魚身無足自胸以上人以下魚也
姑射國
山海經曰姑射國在海中
蛾國

山海經曰域有山者域有民之國食黍射蜮是食蜮短狐也似鱉
含沙射人中則病死則山出之也

沃國

山海經曰有沃之國言其土饒沃也沃民是處鳳凰鳥之卵是食
甘露是飲故其欲其味皆存也

反風國

道書曰反風之國香逆風聞千里也

林郍國

竹芝扶南記曰林郍國鬱其延國未多曰黎與毗騫同大
洲放二萬里法俗是同

無論國

南州異物志曰無論有大道左右種桃枇杷及諸花果白
日行其下陰涼蔽熱十餘里一亭皆有井水食麥飯飲蒲
桃酒如膠若欲飲以水和之其味甘美

句稚國

南州異物志曰句稚去典遊八百里有江口西南向東北
行極大崎頭出漲海中淺而多磁石

歌營國

南州異物志曰歌營在句稚南可一月行到其南文灣中
有洲名蒲類上有居人皆黑如漆齒正白眼赤男女皆裸
形康泰扶南土俗大載而去常望海過則避舡舫雞猪山菓易鐵器

加陳國

南州異物志曰加陳在歌營西南

師漢國

南州異物志曰師漢國在句稚西從稚去行可十四五日
乃到其國亦稱王上有神人及明月珠但仁善不忍殺生

土地平博民有萬餘家

扈利國

南州異物志曰扈利國在奴調洲西南邊海

姑奴國

南州異物志曰姑奴去歌營可八千里民人萬餘戶皆乘
四輓車駕二馬或四馬四會所集也舶船常有百餘艘市
會萬餘人晝夜作市船皆鳴鼓吹角人民衣被中國

察牢國

南州異物志曰察牢在安息中間大國也去天竺五千里
人民勇健舉國人皆稱王種國無常王國人常選耆老有
德者立爲王三歲一更舉土地所與天竺同慕其土地不
出國遠行

類人

南州異物志曰扶南海隅有人如獸此人扶南之東緣海邊畧如禽獸人无道
也身黑若漆齒白如素扶南以外民皆漆齒使黑而此人身體雖獨不漆齒故正白也隨
時流移居無常處水此民不知安立屋宅乃隨寒暑逐飲身雖小夏則入水捕魚螺冬則
登山射麋鹿也食唯魚肉不識禾稼寒無衣服以沙自覆此人無衣服若
小過寒涼輒自覆惟以出面目耳時或屯聚猪犬雞糅此人无衣服若遇寒涼以沙自
覆惟以出面目耳時或此人或時權有可得停猶知立一小屋以自藉家中男女大小并止猪犬共息其中
无復分別也雖忝人形無踰六畜

雕題國

異物志曰雕題國畫其面及身刻其肌而青之或若錦衣
或若魚鱗

狼𦝫國

異物志曰狼𦝫國男無衣服女橫布帷出與漢人交易不
以晝市暮夜會俱以鼻齅金則知好惡

瓮人

異物志曰瓮人齒及目甚鮮白面體異黑若漆皆光澤爲奴婢強勤力

黃頭人

異物志曰黃頭人羣相隨行無常居處其類與禽獸同或依大樹以草被其枝上而庇陰其下髮正黃如掃箒見漢人散入草褻不可得近

儋耳國

異物志曰儋耳夷生則鏤其頭皮尾相連并鏤其耳匡爲數行與頰相連狀如雞腸下垂肩上食諸蝳蝐諸紡績爲業

穿胷國

異物志曰穿胷人其衣則縫布二幅合兩頭開中央以頭貫穿胷身不突穿

西屠國

異物志曰西屠國在海水以草漆齒用白作黑一染則歷年不復變一号黑齒

交州以南外國傳曰有銅柱表爲漢之南極界左右十餘小國悉屬西屠有夷民所在二千餘家

金隣國

異物志曰金隣一名金陳去扶南可二千餘里地出銀人民多好獵大象生得乘騎死則取其牙齒

外國傳曰從扶南西去金陳二千餘里到金陳

波遼國

外國傳曰從西圖南去百餘里到波遼十餘國皆在海邊

屈都乾國

外國傳曰從波遼國南去乘舩可三千里到屈都乾國土地有人民可二千餘家皆曰朱吾縣民叛居其中

波延洲

外國傳曰從屈都乾國東去舡行可千餘里到波延洲有民人二百餘家專採金賣與屈都乾國

究原國民

外國傳曰究原有獠民出錫鐵雞舌香及赤白五色鸚鵡鳥究原逵永昌一歲

奴後國

外國傳曰從林陽西去二千里奴後國可二萬餘戶與永昌接界

炎人國

博物志曰楚之南炎人之國其親戚死剔肉死弃之然後埋其骨乃成孝子

黃孫

博物志曰黃孫天毒君之孫也名貴負躁而好自歛汶父母笑之愧而去居此黃孫國去九嶷二萬一千里

落頭民

博物志曰南方有落頭民其頭能飛其種人常有所祭号曰蟲落故因取名焉以其頭飛因眼便去以耳爲翼將曉還復着體吳時往往得之

鮫人

博物志曰南海水有鮫人水居如魚不廢織績其眼能泣珠

松外諸蠻

唐書曰松外諸蠻貞觀末爲寇遣兵從西洱河討之其西洱河從嶲州西千五百里其地有數十百部落大者五六

百户小者二三百户無大君長有數十姓以楊李趙董爲名家各擅山川不相役屬自云其先本漢人有城郭村邑弓矢誕言語雖小訛舛大略與中夏同有文字頗解陰陽曆數自夜郎滇池以西皆云莊蹻之餘種也其土有稻麥粟豆種穫亦與中夏同而以十二月爲歲首菜則葱韭蒜菁菓則桃梅李柰有絲麻女工蠶織之事出絶絹絲布廣七寸以下早蠶以正月生二月熟畜有馬牛猪羊雞犬飯用竹箸摶之而取羹用象杯若鷄彝有舩無車男女氈皮爲帔女子絶布爲裙衫仍披氈皮之帔頭髻一盤而成形如髽（側瓜）男女皆跣至於死喪哭泣棺槨襲斂無不畢備三年之内穿地爲坎殯於舍側上作小屋三年之外出而葬之蠡封蚌棺令其耐濕父母死皆斬衰布衣遠者至四五年近者三二年然後即吉其被人殺者喪主以麻結髮而黒其面衣裳不緝唯服内不廢婚妻不避同姓其俗有盗竊殺人淫穢之事酋長節立一長木爲鼙鼓警衆共會其下強盗者衆共殺之若賊家富強但燒其屋宅奪其田業而已

太平御覽卷第七百九十

南蠻七

西南夷　夜郎　滇　邛
莋　嶲　冉駹　白馬
白狼夷　撣國　牂牁　濮
尾濮　木綿濮　文面濮　折背濮
赤口濮　黑僰濮　朱提　昆弥
靣纍　東女國

西南夷

梁祚魏國統曰西夷主有異犀三角夜行如大炬火照數十步或時解脫則藏於深密之處不欲令人見之王者貴其異以爲簪札消除凶逆

又曰西南夷有大湖名曰禁水水中有毒氣中有物噴噴

作聲射中木石則破裂中人則死其俗名曰鬼彈聞聲已至不可得見故也

郭義恭廣志曰建寧郡其氣平冬不極寒夏不極暑盛夏如此五月盛冬如此九月天下之異地海內唯有此按月令記五氣中之位宜在西南如此豈當土行之方戊巳之域乎

夜郎

漢書曰南夷君長以十數夜郎最大漢武帝建元六年太行王恢擊東粵因兵威使番陽令唐蒙風曉南粵南粵食蒙蜀枸醬（枸音矩）蒙問所從來曰道西北牂牁江江廣數里出番禺城下蒙歸至長安問蜀賈人獨蜀出枸醬多持竊出市夜郎夜郎者臨牂柯江江廣百餘步足以行船南粵以財物役屬夜郎西至桐師然亦不能臣使也蒙迺上書曰竊聞夜郎所有精兵可得十萬浮船牂柯出不意此制粵一奇也誠以漢之強巴蜀之饒通夜郎道爲置吏甚易上許之乃拜蒙中郎將將千人從巴莋關入遂見夜郎侯多同（多同侯名）其厚賜諭以威德約爲置吏使其子爲令夜郎旁小邑皆貪漢繒帛以爲漢道險終不能有也乃且聽蒙約還報乃以爲犍爲郡發巴蜀卒治道自僰道指牂柯江蜀人司馬相如亦言西夷邛莋可置郡使相如以中郎將往諭皆如南夷爲置一都尉十餘縣屬蜀後數歲道不通士罷餓餧離暑濕死者甚衆西南夷又數反發兵興擊耗費亡功上患之使公孫弘往視問焉還報言其不便上許之罷西夷獨置南夷兩縣一都尉稍令犍爲自保就（令自保守）（且俻成其蘭牂也）夜郎侯始倚南粵南粵已滅還誅反者夜郎遂入朝上以爲夜郎王

又曰昭帝始元中牂柯談指同並等二十四邑凡三萬餘人皆反（並音伴談指同並皆爲縣屬牂柯郡）後遣水衡都尉發蜀郡犍爲兵擊破之後姑繒葉榆人復反鉤町侯亡波率其人擊之有功漢立亡波爲鉤町王至成帝河平中夜郎王興與鉤町王禹漏卧侯俞（漏卧侯邑名後爲縣屬牂柯）更舉兵相攻牂柯大守請發兵誅興等議者以道遠不可擊遣太中大夫張匡持節和解並不從杜欽說王鳳曰張匡和解蠻夷王侯王侯不從不憚國威其效可見恐議者選耎復守和解（選耎怯不前之意也）（選音息兗反耎音人兗反）太守察動靜有變迺以聞如此則復曠一時（曠空也一時三月言空一時不早發兵也）王侯得收獵其衆申固其謀黨助衆多各不勝忿必相殄滅自知罪成狂勃守尉（言起謀在心而殺守尉）遠藏温暑毒草之地雖有孫吳將賁育士若入水火往必焦沒智勇俱亡所設施屯田守之費不可勝量宜因其

罪惡未成　疑漢加誅陰勑旁郡守尉練士馬大司農先
調穀積要害處調發也要害者在我爲要於敵爲害也調音徒釣切選任職太守往
以秋涼時入誅其王侯尤不軌者即以爲不毛之地亡用之
人聖王不以勞中國即猶草也不毛言不生草木也宜罷郡放弃其民絕
其王侯勿復通如以先帝所立累代之功不可隳壞亦宜
因其萌芽早斷絕之及已成形後師興則萬姓被害矣鳳
於是薦陳立爲牂柯太守立至牂柯逌從吏數十人出行無
何召興將數千人出往立數責因斷興頭出曉其衆皆釋
兵降釋解也興子耶務收餘兵迫脅旁二十邑反立又擊平
之
後漢曰夜郎者初有女子浣於遯水有三節大竹流入足
間聞其中有號聲剖竹視之得一男子歸而養之及長有
才武自立爲夜郎侯以竹爲姓武帝平南夷夜郎侯迎降

天子賜其王印綬後遂殺之夷獠咸以竹王非血氣所生
甚重之求爲立後牂柯太守吳霸以聞天子乃封其三子
爲侯死配食其父今夜郎縣有竹王神是也

滇

漢書曰南夷君長其西靡莫之屬以十數滇地最大皆推
髻耕田有邑聚楚威王時使將軍莊蹻將兵循江上巴
黔中以西莊蹻至滇池地方三百里旁平地肥饒數千里
以兵威定屬楚欲歸報會秦擊奪楚巴黔中郡道塞不通
因迺以其衆王滇變服從其俗以長之秦時嘗破略通五
尺道漢元狩中天子乃令王然于柏始昌呂越人等十餘
輩間出西南夷指求身毒國至滇滇當羌乃留爲求道師古曰當
羌滇王名四歲餘皆閉昆明莫能通滇王與漢使言孰與我大及
夜郎侯亦然各自以一州主不知漢廣大使者還因盛言滇

大國足事親附師古曰可專事招來之令其親附也天子注意焉及南粵已
滅乃使王然于以兵威風諭滇王入朝滇王有衆數萬人
其旁東北勞深靡莫皆同姓相杖未肯聽杖猶倚也相依倚爲援而不聽滇王入朝
也勞莫數侵犯使者吏卒元封二年天子發巴蜀兵擊滅
勞深靡莫以兵臨滇滇王始首善以故弗誅滇王離西夷
舉國降請置吏入朝於是以爲益州郡賜滇王印復長其
民西南夷君長以百數獨夜郎滇受王印滇小邑也最寵
焉
後漢書曰滇郡有池周回二百餘里水源深而末更淺狹
有似倒流故謂之滇池河土平敞多出鸚鵡孔雀有鹽池
田漁之饒金銀畜產之富人俗豪俠居官者皆富及累代
及王莽政亂益州郡夷棟蠶若豆等起兵殺郡守越巂姑
復夷人大牟亦皆叛莽遣寧始將軍廉丹發巴蜀吏人卒徒

十萬擊之連年不尅而還以廣漢文齊爲太守群夷始得其
和及公孫述據益土齊固守拒險聞光武即位乃間道遣
使自聞蜀平徵爲鎮遠將軍封成義侯於道卒詔爲起祠
堂郡人立廟祠之
又曰建武十八年夷渠帥棟蠶與姑復挵棟揲榆連然滇
池建伶昆明諸種反叛遣武威將軍劉尚發卒擊之尚軍
渡瀘水入益州界群夷皆弃壘奔走尚進軍連戰皆破之
追至不韋孫盛蜀譜曰初秦徙呂不韋子弟宗族於蜀漢武開西南夷置郡縣徙呂氏以充之因置不韋縣
斬獲甚衆諸夷悉平
又章帝元和中蜀郡王阜爲太守政化尤異有神馬四疋
出滇池中
蜀志曰後主建興三年諸葛亮率衆南征所戰皆捷孟獲
者爲夷所服募生致之既得使觀於營陣之間問曰此軍

何如獲曰不知虛實故敗定易勝耳亮縱之使更戰七擒而亮猶遣獲獲止不去曰公天威也南人不復反矣遂至滇池南中皆平

邛

漢書曰自滇以北君長以十數邛都最大皆椎髻耕田有邑聚

後漢書曰邛都夷者武帝開以爲邛都縣無幾而地陷爲汙澤因名爲邛池南人以爲邛河其後復反叛元鼎六年漢兵自越嶲水伐平之以爲越嶲郡其郡土地平原有稻田俗多遊蕩而喜謳歌略與牂柯相類豪帥放縱難得制御王莽時郡守枚根（枚根太守姓名也）調邛人長貴以爲軍候更始二年長貴攻殺根自立爲邛穀王至光武因就封之授越嶲太守印綬後劉尚擊益州夷路由越嶲長貴聞之疑尚既定南邊威法必行已不得自放縱即聚兵招呼諸君長多釀毒酒欲先以勞軍因襲擊尚尚知其謀即分兵先據邛都遂掩長貴誅之徙其家屬於成都

又曰安帝時永昌益州蜀郡夷（並今雲南郡也）皆叛衆十餘萬破壞二十餘縣益州刺史張喬乃遣從事楊竦將兵至楪榆破之渠帥三十六種皆來降附竦因奏長吏姦猾侵犯蠻夷者九十人皆減死論

又曰永平中邛都太守巴郡張翕政化清平得夷人和在郡十七年卒夷人愛慕如喪父母蘇祁斯人叟二百餘人齎牛羊送喪至翕本縣起墳祭祀詔書嘉美爲立祠堂後夷人反亂天子以翕有遺愛乃拜其子湍爲太守夷人歡喜皆奉迎道路曰郎君儀貌類我府君後湍頗失其心有欲叛者諸夷耆老相曉語曰當爲先府君故遂得以安

南中八郡志曰邛河縱廣二十里深百餘丈多大魚長一二丈頭特大遥視如戴鐵釜狀

李膺益州記曰邛都縣下有一老姥家貧孤獨每食輒有小蛇頭上戴角在床間姥憐飴之後稍長大遂長丈餘令有駿馬蛇遂吸殺之令因大忿恨令姥責出蛇母云在床下令即掘地愈大而無所見令遷怒殺姥蛇乃感人以靈言嗔令何殺我母當爲母報讎此後每夜輒聞若風四十許日百姓相見咸驚語汝頭那忽戴魚是夜方四十里與城一時俱陷爲湖土人謂之爲陷河唯姥宅無恙訖今猶存漁人採捕必依止宿每有浪輒居宅側恬靜無他風靜水清猶見城郭樓櫓畟然（畟音測）今水淺時土人没水取得舊木堅貞光黑如漆好事者以爲枕相贈焉

作

漢書曰自嶲以東北君長以十數莋都最大其俗或土著或移徙

後漢書曰莋都夷者武帝所開以爲莋都縣其人被髮左衽言語多好譬類居處略與汶山夷同土出長年神藥仙人山圖所居焉元鼎六年以爲沈黎郡至天漢四年并蜀爲西部置兩部尉一居旄牛主徼外夷一居青衣主漢人也

嶲

漢書曰桐師以東北至楪榆名爲嶲昆明編髮隨畜遷徙無常處無君長地方可數千里

永昌郡傳曰越嶲郡在建寧西北千七百里治邛都縣自建寧高山相連至川中平地東西南北八千餘里郡特好桑蠶宜黍稷麻稻粱

冉駹

漢書曰自莋以東北君長以十數冉駹最大其俗或土著或移徙

後漢書曰冉駹夷者武帝所開元鼎六年以爲汶山郡今蜀郡西北通化郡地也至宣帝地節三年夷人以立郡賦重帝乃省幷蜀郡爲北部都尉其山有六夷七羌九氐各有部落其王侯頗知文書而法俗嚴重貴婦人黨母族死則燒其尸土氣多寒雖在盛夏氷猶未釋皆依山居止累石爲室高者至十餘丈爲邛籠今彼土夷人呼爲雕又土地剛鹵不生穀粟麻菽唯以麥爲資而宜畜牧有旄牛無角一名𤛓牛肉重千斤毛可爲毦𤛓徒冬切毦音貳出名馬有䍲羊䍲音靈可療毒又有食藥鹿鹿麑有胎者其腸中糞亦療毒疾又有五角羊麝香輕毛毼雞牲牲其人能作旄氈班罽青頓毞毲羊羖之屬青頓毞毲並未詳字書無二字特多雜藥地有鹹土煮以爲鹽麢羊牛馬食之皆肥麢音子分切其西又有三河槃于虜北有黃石北地盧水胡其表乃爲徼外後靈帝時復分蜀郡北部爲汶山郡

白馬

漢書曰蜀之西冉駹以東北君長以十數白馬最大皆氐類也

後漢書曰白馬氐者武帝元鼎中分開廣漢西部合以爲武都土地險阻有麻田出名馬牛羊漆蜜氐人勇戇抵冒貪貨死利居於河池一名仇池方百頃四面斗絕數爲邊寇郡縣討之則依固自守元封三年氐人反叛遣兵破之昭帝元鳳中氐人復叛執金吾馬適建姓馬適名建等將三輔太常徒討破之建武初氐人悉附隴蜀及隗囂滅其酋豪乃背公孫述降漢馬援上復其王侯君長賜以印綬後囂族人隗茂反殺武都太守氐人大豪齊鍾留爲種類所敬信威服諸豪與郡丞孔奮擊茂破斬之

白狼夷

後漢書曰永平中益州刺史梁國朱輔好立功名慷慨有大略在州數歲宣示漢德威懷遠夷自汶山以西前代所不至正朔所不加白狼槃木唐菆等百餘國戶百三十餘萬口六百萬以上舉種奉貢稱爲臣僕輔上疏曰臣聞詩云彼徂者岐有夷之行傳曰岐道雖僻而人不遠詩人誦詠以爲符驗今白狼王唐菆等慕化歸義作詩三章路經邛來山大零高坂峭危峻險百倍岐道繦負老幼若歸慈母遠夷之語辭意難正草木異種鳥獸殊類有犍爲郡掾田恭與之習狎頗曉其言臣輙令訊其風俗譯其辭語今遣從事史李陵與恭護送詣闕并上其樂詩昔在聖帝舞四夷之樂今之所上庶備其一帝嘉之事下史官錄其歌焉東觀記載其歌并載夷人之本語並重譯訓詁爲華言今范史所載者是也至和帝永元十二年旄牛徼外白狼樓薄蠻夷王唐繒等遂率種人十七萬口內屬

撣國音擅

後漢書曰和帝永元九年撣國王雍由調遣使重譯奉國珍寶和帝賜金印紫綬安帝永寧初復遣使朝賀獻樂及幻人能變化吐火自支解易牛馬頭又善跳丸數乃至千自言我海西人海西即大秦也撣國西南通大秦明年元會安帝作樂於庭封雍由調爲漢大都尉賜印綬金銀綵繒各有差

牂柯

後漢書曰初楚頃襄王時遣將莊豪從沅水伐夜郎軍至且蘭椓船於岸而步戰既滅夜郎因留王滇池以且蘭有椓船牂柯處乃改其名爲牂柯異物志曰牂柯擊船杙也牂柯地多兩

獠俗好巫鬼禁忌寡畜生又無蠶桑故其郡最貧句町縣有桄榔木可以爲麵百姓資之。又曰公孫述時牂柯大姓龍傅尹董氏與郡功曹謝暹保境爲漢乃遣使從番禺江奉貢（番禺江今南海郡）光武嘉之並加褒賞桓帝時郡人尹珍自以生於荒裔不知禮義乃從汝南許慎應奉受經書學成還鄉里教授自是南域始有學焉永昌郡傳曰牂柯郡在建寧東北千二百里處所險峻率皆高山而少平地

唐書曰牂柯蠻首領亦姓謝氏其地北去充州一百五十里東至辰州二千四百里南至交州一千五百里西至昆明九百里無城壁散爲部落而居土氣鬱熱多霖雨稻粟再熟無徭役唯征戰之時乃相屯聚刻木爲契其法劫盜者三倍還贓殺人者出牛馬三十頭乃得贖死以納死家風俗物產略與東謝同其首領謝龍羽大業末據其地勝兵數萬人

又曰武德三年牂柯蠻首領謝龍羽遣使朝貢授龍羽牂州刺史封夜郎郡公貞觀四年復朝貢開元十年大酋長謝元齊死詔立其嫡孫嘉藝襲其官封二十五年大酋長趙君道來朝獻方物元和三年五月勑自今已後委黔南觀察使差本道軍將充押領　牂柯昆明等使四年正月遣使來朝是月遣中使魏德和領其使并賚國信物降璽書賜其王焉自後朝貢不絕

臨海異物志曰桄榔木生牂柯外皮有毛似栟櫚而散生其木剛作鋤利如鐵中更利唯中焦根乃致敗耳皮中有似檮稻米片又似麦麵作餅餌廣志曰桄榔樹大四五圍長五六丈洪直旁無枝條其顛生葉不過數十似授葉破其木肌堅難傷入數寸得麵赤黃密緻可食

濮

周書會曰卜人丹沙云西南之蠻丹沙所出按卜人盖今之濮人也

又曰陽令伊尹爲四方獻令伊尹曰臣請正南甌隥（五來切）桂國損子陸童百濮九菌請令以珠璣瑇瑁象齒文犀翠羽菌鶴短狗爲獻

永昌郡傳曰雲南郡在建寧南四十五里治雲南縣亦多夷濮分布山野千五百人女大小蹲踞道側皆持數種器杖時寇鈔爲郡邑之害

尾濮

永昌郡傳曰郡西南千五百里徼外有尾濮尾若龜形長三四寸欲坐輒先穿地空以安其尾若邂逅誤折尾便死男女長各隨宜野會無有嫁娶猶知識母不復別父俗云貧老相食則此濮也古人所說非目見也

扶南土俗傳曰拘利東有蒲羅中人人皆有尾長五六寸其俗食人按其地並西南蒲羅盖尾濮之地名

梁祚魏國統曰西南有夷名曰尾濮其地出瑇瑁犀象珠璣金銀葛越桂木人皆蠻夷重譯乃通也

木綿濮

郭義恭廣志曰木綿濮土有木綿樹多葉又房甚繁房中綿如蚕所作其大如捲（音拳）

文面濮

廣志曰文面濮其俗劗面而以青畫之（劗音讒）

折腰濮

廣志曰折腰濮其俗生子皆折其腰

赤口濮

廣志曰赤口濮在永昌南其俗折其齒劗其脣使赤又露

身無衣服

墨棘濮

廣志曰墨棘濮在永昌西南山居耐勤苦其衣服婦人以一幅布爲裙或以貫頭丈夫以穀皮爲衣其境出白蹄牛犀象武魄金銅華布

朱提

永昌郡傳曰朱提郡在犍爲南千八百里治朱提縣川中縱廣五六十里有大泉池水須名千須池又有龍池以灌溉種稻與棘道接時多猨郡取鳴嘯於行人徑次聲聒人耳夷分布山谷間食肉衣皮雖有人形禽獸其心言語服飾不與華同有堂狼山山多毒草盛夏之月飛鳥過之不能得去

又曰建寧郡朱提之東南六百里土氣和適盛夏之月熱不鬱述猛冬時寒慘慄

又曰永昌郡在雲南西七百里郡東北八十里瀘倉津此津有鄣氣往以三月渡之行者六十人皆悉悶亂毒氣中物則有聲中樹木枝則折中人則令奄然青爛也

又曰興古郡在建寧南八百里郡領九縣縱經千里皆有瘴氣蒜穀雞豚魚酒不可食皆食啖病害人郡北三百有盤江廣數百步深十餘丈此江有毒瘴九縣之人皆号曰鳩民言語嗜慾不與人同鳩民咸以三尺布角割作兩襠不復加鍼縷之功也廣頭着前狹頭覆後不蓋其形與裸身無異

昆弥國

唐書曰昆弥國一曰昆明西南夷也在爨之西洱河爲界即葉榆河其俗與突厥略同相傳云與匈奴本是兄弟國也漢武帝得其地入益州部其後復絕諸葛亮定南中亦所不至武德四年嶲州治中吉弘使南寧因至其國諭之至十二月遣使朝貢貞觀十九年四月右武侯將軍梁建方討蠻降其部落七十二户力九千三百

西爨

唐書曰西爨方南寧之渠帥也自云本河東安邑人也七世祖仕晉爲南寧太守屬中國亂遂王蠻夷梁元帝時南寧州刺史徐文盛徵詣荊州有爨瓚者遂據南寧之地延袤二千餘里俗多華民饒駿馬明珠星象瓚死有二子震翫分統其衆隋開皇初遣使朝貢文帝遣韋世冲將兵鎮之析置恭州協州昆州未幾復叛後遣史萬歲擊之所至皆破踰西洱河臨滇池而還翫懼而來朝文帝誅之諸子沒爲官奴不收其地因與中國絕高祖受禪拜翫子弘達爲

昆州刺史令持其父屍歸葬本鄉益州叚綸又遣俞大施至南寧諭其部落悉來歸款自是朝貢不絕

東女國

唐書曰東女國西羌之別種以西海中復有女國故稱東女焉俗以女爲王東與茂州党項接東南與雅州接鴈羅女蠻及白狼夷其境東西九日行南北二十日行有大小八十餘城王所居名康延川中有弱水南流用牛皮爲船以渡　四萬衆勝兵万餘人散在山谷女王号爲賓就有女官曰高覇平議國事在外官僚並男夫爲之其王侍女數百人五日一聽政令王若死國中多歛金錢動至數万更於王族求令女二人而立之大者爲王其次爲小王若大王死即小王嗣立或姑死而婦繼無有篡奪其所居皆起重層屋王至九層國人至六層其王服青毛綾裙下領

衫上披青袍其袖委地冬則羔裘飾以紋錦爲小鬟髻飾之以金耳垂璫足履索鞾俗重婦人而輕丈夫文字同於天竺以十一月爲正

又曰東女國其俗每至十月令巫者齎酒詣山中散糟麥於空大呪呼鳥俄而有鳥如雞飛入巫者之懷因剖腹而視之每有一穀來歲必登若有霜雪必多災異其俗信之名爲鳥卜其居喪服飾不改爲父母則三年不櫛沐貴人死者或剥其皮而藏之內骨於瓶中糅以金屑而埋之國王將葬其大臣親屬殉死者數十人隋大業中蜀王秀遣使招之拒而不受武德中女王國斂臂勤湯湯滂氏始遣使貢方物高祖厚資遣之

又曰垂拱二年東女國王斂臂遣大臣湯劒石來朝仍請官号則天冊拜斂臂爲左玉鈐衛將軍仍以瑞錦製蕃服以賜之天授三年其王俄琰兒來朝開元二十九年十二月其王趙曳夫遣子獻方物命有司宴于曲江令宰臣已下同宴又封曳夫爲歸昌王賜其子帛放還復以男子爲王貞元九年七月其王湯立悉與哥隣國王董卧庭白狗國王羅陁忽逋租国王弟鄧吉知南水国王蘇唐磨咄霸国王董藐逢各率其種落詣劒南西川內附其哥隣等國皆散居山川弱水王即國初女國之弱水部落其悉董國在弱水西故亦謂之弱水西悉董王舊皆分隸邊郡祖父例授將軍中郎果毅等官自中原多故皆爲吐蕃所役屬其部大者不過三二千户各置縣令十數人理之土有絲絮歲輸於吐蕃至是悉與之同盟相率獻款兼齎天寶中國家所賜官告共三十九通以進西川節度使皐處其衆於維霸保等州給以種粮耕牛咸樂生業立悉等數國王自來朝召見於麟德殿授官賞各有差

卷終

西戎一

惣序西戎　婼羌(婼而庶切)　鄯善
于闐　大秦　龜茲(龜音丘茲音慈)
天竺

惣序西戎

易曰高宗伐鬼方三年克之(鬼方西羌也)
詩曰在其板屋亂我心曲(西戎板屋也)
又曰自彼氐羌莫敢不來王
書曰西戎即叙(美禹功也)
爾雅曰西至於邠國(極遠之國)
又曰西至日所入爲太蒙(即蒙汜也)太蒙之人信
禮曰西方曰戎被髮衣皮有不粒食者矣
傳曰辛有適伊川見被髮而祭於野曰不及百年此其戎
乎其禮先亡矣
又曰秦晉遷陸渾之戎於伊川
漢書曰西域以孝武時始通本三十六國其後稍分至五
十餘皆在匈奴之西烏孫之南南北有大山中央有河東
西六千餘里南北千餘里東則接漢限以玉門陽關西則
限以葱領
漢史曰出陽關自近者始曰婼羌(婼音而遮切)婼羌國王號去胡
來王(言去離胡戎來附漢也)
又曰漢武帝征和中貳師將軍李廣利以軍降匈奴帝既
悔於征伐而搜粟都尉桑弘羊與丞相御史奏言故輪臺
以東捷枝渠犂皆故國也(輪臺渠犂地名今在交河北庭界)廣饒水草有溉
田五千頃以上處温和田美可益通溝渠種五穀與中國

同時孰田一歲有積穀募人壯健有累重敢徙者詣田所
(累重謂妻子家屬也)就畜積爲本業墾溉田稍築列亭連(城西以威西國)帝
深陳既往之悔乃下詔曰前有司奏欲益人賦三十助邊
用(每口取錢三十)是重困老弱孤獨也由是不復出軍而封丞相
車千秋爲富民侯以明休息思富養人也
後漢書曰西羌之本出自三苗盖羌姓之別其國近南嶽
及舜流四凶徙之三危河關之西南羌地是也濵於賜支
至於河首綿地千里賜支者禹貢所謂析支者也南接蜀
漢所居無常依隨水草地少五穀以産牧爲業其俗人民
氏族無定或以父名母姓爲種號三二世後相與婚姻父
没則妻後母兄亡則納嫠嫂(寡嫂曰嫠)故國無鰥寡種類繁熾
不立君臣無相長一強則分種爲角酋豪弱則爲附落更
相抄暴以力爲雄殺人償死無他禁令其兵長在山谷短
於平地不能持久而果於觸突以戰死爲吉利病終爲不
祥甚耐寒苦同之禽獸雖婦人産子亦不避風雪性堅固
勇猛得西方金行之氣焉王政修則賓服德教失則寇
亂
又曰昔夏后氏太康失國四夷背叛及后相即位乃征畎
夷七年然後來賓
又曰武乙暴虐犬戎寇邊周古公踰梁山而避于岐下及
子季歷遂伐西落鬼戎
又曰文王爲西伯西有昆夷之患北有獫狁之難遂攘戎
狄西戎之國莫不賓服
又曰穆王時戎狄不貢王乃西征犬戎獲其五王又得四
白鹿四白狼王遂遷戎于太原
又曰平王之末自隴山以東及乎伊洛往往有戎於是渭

有狄貆（貆音雚）邽冀之戎涇北有義渠之戎洛川有大荔之
戎渭南有驪戎伊洛間有楊拒泉皐之戎潁川以西有蠻
氏之戎
又曰晉文公欲修霸業乃賂戎狄通道以扶王室秦穆公
得戎人由余遂霸西戎開地千里
又曰陸渾之戎叛晉晉令荀吳滅之楚執蠻氏而盡囚其
民
又曰周貞王八年秦厲公滅大荔取其地趙亦滅代戎代
戎即地戎也韓魏復共稍并伊洛陰戎滅之其遺脫者皆
逃奔西踰汧隴自是中國無戎寇
後漢書曰武帝時西域内屬有三十六國漢為置使者校
尉領護之宣帝改曰都護元帝又置戊己校尉屯田於車
師（漢官儀曰戊己中央鎮覆四方也）哀平間自相分割為五十五
國

又曰建武中西羌皆遣使求内屬願請都護世祖以天下
初定未遑外事竟不許之
又曰明帝命將北征匈奴取伊吾盧地置宜禾都尉以屯
田遂通西域于闐諸國皆遣子入侍
又曰建初元年春酒泉太守段彭大破車師於交河城章
帝不欲疲弊中國以事夷狄乃迎還戊己校尉不復遣都
護二年復罷屯田
又曰和帝永元三年班超遂定西域因以超為都護治龜
茲復置戊己校尉領兵五千人治車師
又曰六年班超復擊破焉耆自是五十餘國悉納質内屬
其條支安息諸國至于海濱四方里外皆重譯貢獻
又曰九年班超掾甘英窮臨西海而還皆前世所不至山

經所未詳莫不備其風土傳其珎怪焉於是遠國蒙奇兜
勒皆來歸服。班固西戎論曰孝武之代圖制匈奴患其兼
從西國結黨南羌（從音子容反）乃表河西列四郡開玉門通西
域以斷匈奴右臂隔絕南羌月氏單于失援由是遠遁而
幕南無王庭因文景玄默養人天下豐富財力有餘士馬
彊盛故能睹犀布瑇瑁則建朱崖七郡感蒟（音矩）醬竹杖則
開牂柯越嶲聞天馬蒲陶則通大宛安息自是之後萬里
相奉師旅之費不可勝計至於用度不足乃榷酒酤筦鹽
鐵鑄白金皮幣筭至車舩租及六畜人力屈財竭困之加
以凶年群盜並起自以末年遂弃輪臺之地而下哀痛之詔
豈非仁聖之所悔哉且西域近有龍堆遠則葱嶺身熱頭
痛懸度之阨淮南杜欽楊雄之論皆以為此天地所以界
別區域絕外内也書云西戎即序禹就而序之非上威服
致其貢物也

魏徵西戎論曰自古開遠夷通絕域必因宏放之主皆起
好事之臣張騫鑿空於前班超投筆於後或結之重寶或
攝之利劒投軀萬死之地以立一朝之功皆由主尚來遠
之名臣徇輕生之節是知上之所好下必有甚焉者也煬
帝規摹宏侈掩吞漢外裴矩方進西域圖記以蕩其心故萬
乘親出玉門關置伊吾且末郡而關右暨於流沙騷然無
聊生矣古哲王之制方五千里務安諸夏不事要荒豈威
不能加德不能被盡不以四夷勞中國不以無用害有用
也是以秦戍五嶺漢事三邊或道殣相繼或戶口減半隋
室恃其強盛亦狼狽於青海此皆一人失其道故億兆罹
其毒也
說文曰羌西姡羌戎牧羊人從人牧羊

漢書曰出陽關自近者始曰婼羌國王號去胡來王去陽關千八百里去長安六千三百里西接且末隨畜逐水草不田作仰鄯善且末穀山有鐵自作兵有弓矛服刀劍（劉德曰服刀拍髀也師古曰拍音貊髀音俾又音陛）

鄯善

漢書曰鄯善國本名樓蘭王治扜泥城（扜音烏）輔國侯却胡侯鄯善都尉擊車師都尉左右且渠擊車師君各一人譯長二人

又曰鄯善地沙鹵少田寄田仰穀旁國國出玉多葭葦檉柳胡桐白草（孟康曰白草草之白者也胡桐似桑而多曲師古曰胡桐淚可以汗金銀今工匠皆用之）民隨畜牧逐水草有驢馬多橐佗（師古曰佗古他字也）

又曰武帝遣從票侯趙破奴將屬國騎及郡兵數万擊姑師虜樓蘭王破姑師於是漢列亭鄣至玉門矣

又曰樓蘭國最在東垂近漢當白龍堆乏水草常主發導負水擔粮送迎漢使

又曰元鳳四年大將軍霍光白遣平樂監傅介子往刺其王介子輕將勇敢士齎金幣揚言以賜外國爲名既至樓蘭詐其王欲賜之王喜與介子飲醉將其王屏語壯士二人從後刺殺之貴人左右皆散走介子告諭以王負漢罪天子遣我誅王當更立王弟尉屠耆在漢者漢兵方至毋敢動自令滅國矣介子遂斬王嘗歸首（嘗歸者其王名也）馳傳詣闕懸首北闕下封介子爲義陽侯乃立尉屠耆爲王更名其國爲鄯善爲刻印章賜以宮女爲夫人備車騎輜重丞相將軍百官送至橫門外（橫音光）祖而遣之○北史曰鄯城方一里地多沙鹵少水草北即白龍堆路後魏孝文太和四年遣其弟素延耆入侍

于闐

漢書曰于闐國王治西域去長安九千六百七十里于闐之西水皆西流注海其東流注澤河源出焉多玉石（玉石玉之璞也）

後漢書曰于闐去洛陽万一千七百里建武末莎車王賢強盛攻并于闐徙其王俞林爲驪歸王明帝永平中于闐將休莫霸反莎車自立爲于闐王休莫霸死兄子廣德立後遂滅莎車其國轉盛

北史曰于闐國在葱嶺之北二百餘里所都城方八九里城東三十里有首拔河中出玉石土宜五穀并桑麻山多美玉有好馬駝騾其刑法殺人者死也

又曰于闐俗重佛法寺塔僧尼甚衆王尤信尚每設齋日必親自灑掃饋食焉城南五十里有贊摩寺即昔羅漢比丘盧旃爲其王造覆瓮浮圖之所石上有辟支佛跣處雙

跡猶存西有比摩寺云是老子化胡成佛之所

又曰于闐城東二十里有大水北流號樹枝水即黃河也

又曰後魏文獻末蠕蠕寇于闐于闐患之遣使素目伽上表求救帝詔以遐阻不行

又曰後周武帝建德三年其王遣使獻名馬隋大業中頻遣朝貢其王姓王字早示門練錦帽金鼠冠妻戴金花其王髮不令人見俗言若見王髮其年必儉

梁書曰武帝天監十三年王遣使獻婆羅婆步鄣十八年又獻瑠璃甖

唐書曰其國出美玉王姓尉遲名屋密貞觀六年遣使獻玉帶太宗優詔荅之

大秦

後漢書曰大秦國一名犂鞬在海西地方數千里以石爲

城郭列置郵亭堊塈之
又曰民俗力田蠶桑皆髡頭而衣文繡乘輜軿白蓋小車
出入擊鼓建旌旗幡幟
又曰王宮室皆以水精爲柱食器亦然
又曰其人民皆長大平正有類中國故謂之大秦國多金
銀奇寶有夜光璧明月珠駭雞犀珊瑚虎魄琉璃瑯玕織
成金縷罽雜色綾作黃金塗火浣布
又曰合會諸香煎其汁以爲蘇合以金銀爲錢銀錢十當
金錢一
又曰桓帝延熹九年大秦王安敦遣使自日南徼外獻象
牙犀角瑇瑁始一通焉
又曰其國無盜賊而道多猛獸師子遮害行旅不百餘人
齎兵器輙爲所食又有飛橋數百里可度海

魏略曰其國中山出九色次玉石一曰青二曰赤三曰黃
四曰白五曰黑六曰綠七曰紫八曰紅九曰紺多神龜朱
騣馬玄熊赤白黑黃青綠紺縹紅紫十種瑠璃
通典曰國之西南漲海中可七八百里行到珊瑚洲水底
有盤石珊瑚生其上大秦人常乘大舶載鐵網令工沒先
入視之可下網乃下初生白而漸漸似菌生茅中歷歲許
出網目間變作黃色枝條交錯高極三四尺大者圍尺餘
三年色乃赤好後沒視之知可採便以鐵鈔發其根乃以
索繫網使人於船上絞車舉去還國園理載恣意所作若
失時不舉便蠹敗
龜茲 龜音丘 茲音慈
北史曰龜茲國在尉犁西北白山之南一百七十里王姓
白即後涼呂光所立白震之後其王頭繫綵帶垂之於後
坐金師子床
又曰出細氎饒銅鐵鉛麖皮氍毹沙鹽綠雌黃胡粉安息
香等
又曰其國北大山中有如膏者流出成川行數里入地狀
如醍醐服之髮齒已落者能令更生癘人服之皆愈
唐書曰龜茲有城郭男女皆剪髮垂與項齊唯王不剪髮
以錦蒙頂着錦袍金寶帶坐金師子床有良馬封牛饒蒲
萄酒○又曰貞觀四年遣使來獻馬太宗賜以璽書撫慰甚
厚自此朝貢不絕
又曰貞觀二十年太宗遣左驍衛大將軍阿史那杜尒安西
都護郭孝恪率五將軍發鐵勒十三部兵以伐龜茲禽其
王及大將羯獵顛等幷破其大城五所虜男女數萬口勒
石紀功而旋俘其王訶黎布失畢及那利羯獵顛等獻於

社廟尋以訶黎布失畢爲左武衛中郎將那利以下授
官各有差
又曰先是太宗既破龜茲移置安西都護府於其國城以
郭孝恪爲都護兼統于闐疏勒碎葉謂之四鎭高宗嗣位
不欲廣地勞人復命有司弃龜茲等四鎭移安西依舊西
州
又曰長壽元年武威軍摠管王孝傑阿史那忠節大破吐
蕃克復龜茲于闐等四鎭自此復於龜茲置安西都護府
用漢兵三萬人以鎭之則天時有田楊名中宗時有郭元
振開元初則張孝嵩杜暹等爲安西都護皆有政績爲夷
人所伏
天竺
後漢書曰天竺國一名身毒在月氏東南數千里卑濕暑

褻其國臨大水乘象而戰脩浮圖道不殺伐遂以成俗出象犀瑇瑁金銀諸香石蜜黒塩等

又曰明帝夢見金人長大項有光明以問群臣或曰西方有神名曰佛其形長丈六尺而黄金色帝於是遣使天竺問佛道法遂行於中國圖畫形象焉

南史曰梁天監初王來貢獻王有螺髻於頂餘剪之穿耳垂璫俗多徒跣衣重白色有文字或善天文筭曆之術其人皆學悉曇章書於貝多葉樹之

北史曰天竺國去代三萬一千五百里有伏醜城周匝十里城中出摩尼珠珊瑚城東三百里有拔頼城城中出黄金白真檀赤檀石蜜

唐書曰中天竺其都城周回七十餘里北臨禪連河云昔有婆羅門領徒千人隷業於樹下樹神降之遂爲夫婦宫室自然而立僮僕甚盛於是使役百神築城以統之經日而就此後有阿育王頗行苛政置炮烙之刑謂之地獄今城中見有迹焉

又曰武德中其國大亂其嗣王尸羅逸多練兵聚衆所向無敵象不解鞍人不釋甲居六載而四天竺之君皆北面以臣之威勢遠振政刑甚肅貞觀十五年尸羅逸多自稱摩伽陁王遣使朝貢太宗降璽書慰問尸羅逸多大驚問諸國人曰自古曾有摩訶振且使人至吾國乎皆曰未之有也乃膜拜而受詔書因遣使朝貢太宗以其地遠禮之甚厚復遣衛尉丞李義表報使尸羅逸多遣大臣郊迎傾都邑以縱觀焚香夾道逸多率其臣下東面拜受勑書復遣使獻大珠及欝金香菩提樹

又曰貞觀十年沙門玄奘至其國將梵本經論六百餘部而歸先是遣右率府長史王玄策往使天竺其四天竺王咸遣使朝貢會中天竺王尸羅逸多死國中大亂其弟阿羅那順篡立乃盡發胡兵以拒玄策玄策戰不敵乃挺身宵遁走至吐蕃發精鋭一千二百人并泥婆羅國七千餘騎以從玄策與副使蔣師仁率二國兵進至中天竺國城連戰三日大破之斬首三千餘級赴水溺死者且萬人阿羅那順弃城而遁師仁進兵擒獲之虜男女萬二千人牛馬三萬餘頭疋於是天竺震懼俘阿羅那順以歸二十二年至京師太宗大悦命有司告宗廟因謂群臣曰夫人耳目玩於聲色口鼻耽於臭味此乃敗德之源若婆羅門不劫掠我使人豈爲俘虜邪昔中山以貪寶取弊蜀侯以金牛致滅莫不由之拜玄策朝散大夫是時就其國得方士那羅邇娑寐自言壽二百歲云有長生之術太宗深加禮待館之於金飈門内造延年之藥令兵部尚書崔敦禮監主之發使天下採諸奇藥藥成竟服不效後放還本國

又曰開元八年南天竺國遣使獻五色能言鸚䳇

異物志曰天竺大國也方三萬里佛道所在其國王治城郭宫殿皆彫文（刻鏤）鍾鼓音樂䟦丸躍劒

通典曰後魏宣武時南天竺國遣使獻駿馬云其國出師子鞞（鞞胡旦切）有火齊如雲母而色紫列之則薄如蟬翼積之則如紗縠之重沓有金剛似紫石英百鍊不銷可以攻玉

太平御覽卷第七百九十二

西戎二

罽賓　條支　安息　大月氏
大宛　踈勒　康國　副貨
安國　烏長　烏舸曷　渴槃陁
鉢和　大夏　米國　鄧至
安息　乙弗獻　伏盧尼　石國
宕昌　鏺汗　色知顯　伽色尼
白蘭　乾陁　史國　師子
穆國　奄蔡　何國　嚈噠

罽賓

漢書曰罽賓國王治脩鮮城去長安萬二千二百里地平溫和有目蓿雜草竒木檀櫰梓竹漆種五穀蒲陶有金銀銅錫以金銀爲錢文爲騎馬幕爲人面（師古曰幕即漫也）出封牛水牛象大狗沐猴孔爵珠璣珊瑚虎珀璧琉璢自武帝始通

唐書曰貞觀十六年罽賓國遣使獻褥特鼠喙尖而尾赤能食蛇有被蛇螫者鼠輒嗅而尿之其瘡即愈

條支

漢書曰條支國臨西海暑濕田宜稲有大鳥卵如甕

後漢書曰條支國城在山上周廻四十餘里臨西海海水曲環其南及東北三面路絕唯西北隅通陸出師子犀牛

安息

漢書曰安息國王治番兜城去長安萬一千六百里風氣物類與罽賓同亦以銀爲錢文獨爲王面幕爲夫人面王死輙更鑄錢有大馬大爵其屬小大數百城方數千里最

大國邑臨嬀水商賈車船行旁國畫革旁行爲書記（師古曰今西方胡國書皆横行不直下也）武帝始遣使至安息王令將將二萬騎迎於東界東界至王都數千里行比過數十城民人相屬因發使隨漢使者來觀漢地以大鳥及卵來獻天子大悅

後漢書曰章帝章和元年安息王遣使獻師子符抜符抜形似麟無角也

北史曰周武天和二年其王遣使朝獻

大月氏

漢書曰大月氏國治監氏城去長安萬一千六百里物類民俗與安息同出一封槖駞（師古曰脊上有一封也）控弦十餘万故強輕匈奴（師古曰恃其強盛至輕易匈奴也）至冒頓單于攻破月氏以其王頭爲飲器月氏乃遠去過大宛西擊大夏而臣之

北史曰大月氏北與蠕蠕接數爲所侵遂西徙都薄羅城其王寄多羅勇武遂興師越太山南侵北天竺自乾陁羅以北五國盡屬之後魏太武時其國人商販京師自云能鑄石爲五色瑠璃於是採礦山中於京師鑄之既成光澤美於西方來者乃詔爲殿容百人光色映徹自此中國琉璃遂賤

異物志曰月氏俗乗四輪車或四牛或八牛可容二十人王稱天子

大宛

漢書曰大宛國王治貴山城去長安萬二千五百五十里以蒲萄爲酒富人藏酒至萬餘石久者至數十歲不敗俗耆酒馬耆目宿宛別邑七十餘城多善馬馬汗血言其先天馬子也（孟康曰大宛國有高山其上有馬不可得因取五色母馬置其下與集生駒皆汗血因号曰天馬子云）張騫始爲武帝言之上遣使持金馬以請宛王不肯

於是天子遣貳師將軍李廣利將兵伐宛連四年死人斬其王母寡首獻馬三千匹漢軍乃還
又曰宛王蟬封與漢約歲獻天馬二疋漢使采蒲陶首蓿種歸天子以天馬多益種蒲陶目蓿離宮館旁極望焉
異物志云大宛馬有肉角數寸或有解人語及知音舞與鼓節相應
西域圖記曰其烏馬騮馬多白耳白馬駿馬多赤耳黃馬赤馬多黑耳

踈勒

漢書曰踈勒國王治踈勒城去長安九千三百五十里
後漢書曰耿恭爲戊己校尉引衆入踈勒城城中乏水穿井十五丈不得水恭整衣服向井拜飛泉湧出賊遂退之
後魏書曰踈勒國高宗末其王遣使送釋迦佛袈裟長二

丈餘廣丈餘高宗以審是佛衣應有靈異遂燒之以驗虛實置於猛火之上經日不燃觀者莫不悚駭後每使朝貢
隋書曰踈勒國都白山南百餘里其王字阿你厥手足皆六指産子非六指者不育王戴金師子多稻粟麻麥銅鐵銀雌黃
唐書曰踈勒國王姓裴俗事祆呼烟切神有胡書文字貞觀九年遣使獻名馬
又曰開元六年玄宗遣使冊立其王裴安定　爲踈勒王

康國

隋書曰康國者康居之後也遷徙無常不恒故地然自漢以來相承不絶其本姓温月氏人也舊居祁連山北昭武城因被匈奴所破西踰葱嶺遂有其國支庶各分王故康國左右諸國並以昭武爲姓示不忘本也王字代失畢爲人寛厚甚得衆心其妻突厥達可汗女也都於薩寶水上阿祿連城城多衆居大臣三人共掌國事其王索髮冠七寶金花衣綾羅錦繡白疊其妻有髻幪以帛巾丈夫翦髮錦袍名爲強國而西域諸國多歸之
又曰有胡律置於祆祠決罰則取而斷之重罪者族次重者死賊盜截足人皆深目高鼻多鬚髯善於商賈諸夷交易多湊其國有大小鼓琵琶五絃箜篌笛婚姻喪制與厥同國立祖廟以六月祭之諸國皆來助祭俗奉佛爲胡書氣候温宜五穀勤脩園蔬樹木滋茂出馬駝驢騾封牛黃金磠砂甘香阿薩那香瑟瑟麞皮氍毹錦疊多蒲桃酒富家或致千石連年不敗大業中始遣使貢方物後遂絶焉
唐書曰康居人多嗜酒好歌舞於道路生子必以石蜜内口

中以膠置掌内欲其成長口嘗甘言掌持錢如膠之粘物
又曰以十二月爲歲首有婆羅門爲之占星候氣以定吉凶頗有佛法至十一月鼓舞乞寒以水相潑盛爲戲樂
又曰貞觀九年遣使貢師子太宗嘉其遠至命祕書監虞世南爲之賦自此朝貢至十一年又獻金桃銀桃詔令植之於苑囿
又曰萬歲通天年中則天封其大首領篤娑鉢提爲康國王仍拜左驍衛將軍
又曰開元六年遣使貢獻鎖子甲水精盃馬腦缾駝鳥卵之類

副貨

北史曰副貨國去代一萬七千里東至阿富使且國西至没誰國中間相去一千里南有連山不知名北至奇沙國

相去一千五百里國中有副貨城周匝七十里宜五穀蒲
桃唯有馬駝騾國王有黃金殿殿下有金駝七頭各高三
尺其王遣使朝貢

安國

隋書曰安國漢時安息國也王姓昭武氏與康國王同族
字設力登妻康國王女也都在那密水南城有五里環流
水宮殿皆爲平頭王坐金駝座高七八尺每聽政與妻相
對大臣三人評理國事風俗同於康國唯妻子姊妹及母
子遞相禽獸此爲異也煬帝即位之後遣司隸從事杜行
滿使於西域至其國得五色鹽而返國之西百餘里有畢國
可千餘家其國無君長安國統之大業五年遣使貢獻後
遂絶焉

烏萇

北史曰烏國在賒弥南北有葱嶺南至天竺婆羅門胡爲
其上族婆羅門多解天文吉凶之數其王動則訪決焉土
多林菓引水灌田豐稻麥事佛多諸寺塔寺極華麗人有
爭訟服之以藥曲者發狂直者無恙爲法不殺犯死罪唯
徙於靈山西南有檀特山山上立寺以驢數頭運食山下
無人控御自知往來

烏那曷

隋書曰烏那曷國都烏許水西舊安息之地王姓昭武亦康
國種類字佛食都城方二里勝兵數百人王坐金羊座
北去安國四百里西北去穆國二百餘里東去瓜州七千
五百里大業中遣使貢方物

渴槃陁

北史曰渴槃陁國在葱嶺東朱駒波西河經其國東北流
有高山夏積霜雪亦事佛道附於嚈噠
通典曰渴槃陁後魏時通焉亦名漢陁國亦名渴槃羅陁國理
葱嶺中在朱俱波國西西至護密國北至疏勒國其王本疏
勒人累代相承居此國有户二千餘有懸度山在國南四
百里懸度者石山也谿谷不通以繩索相引而度其間四
百里中往往有棧道因以爲名今按懸度葱嶺迤邐相
屬郵置所絶道阻且長故行人由之莫能分別然法明宋
雲所經即懸度山也又有頭痛山在國西南向罽賓歷大
頭痛小頭痛之山赤土身熱之阪
宋膺異物志曰大頭痛小頭痛山皆渠搜之東疏勒之西
經之者身熱頭痛夏不可行行則至死唯冬可行尚嘔吐
山有毒藥氣之所爲冬乃枯歇故可行也

鉢和

北史曰鉢和國在渴槃陁西其土尤寒人畜同居穴地而
處又有大雪山望若銀峯其人唯食餅麨飲麥酒服氈裘
有二道一道西行向嚈噠一道西南趣烏長亦爲嚈噠所屬

大夏

史記曰大夏在大宛西南二千餘里嬀水南其俗土著有
城屋與大宛同俗無大君長往往城邑寡小其兵弱畏戰
善賈及大月氏西徙皆臣畜大夏大夏民多可百餘萬其
都曰藍市城有市販賈諸物東南有身毒國張騫曰臣在
大夏時見邛竹杖蜀布問曰安得此大夏國人曰吾賈人往
市之身毒身毒國在大夏東南可數千里

米國

隋書曰米國都那密水西舊康居之地也無王其城主姓
昭武康國王之支庶字閉拙都城方百二里勝兵數百人西

北去康居百里大業中頻貢方物

鄧至

通典曰鄧至羌之別種也後魏時興焉有像舒者代爲酋
水酋帥因地名爲號稱至王其地自千亭以東平武以西
汶嶺以北宕昌以南風土習俗與宕昌同自舒理至十代
孫舒彭附後魏孝文帝封甘松縣子鄧爲王　西魏恭帝
初其主檐術因亂來奔周文帝遣兵送還自後無聞

安息

北史曰安息國在葱嶺之西都蔚搜城西與波斯相接東
去長安一萬七百五十里周武天和二年其王遣使來獻

乙弗敵

通典曰乙弗敵後魏時聞焉在吐谷渾國有屈海周迴千
餘里衆有萬落風俗與吐谷渾同然不識五穀唯食魚與
蘇子狀若中國苟杞子或赤或黑西有契翰一部風俗亦
同土特多狼

伏盧尼

北史曰伏盧尼國都伏盧尼城在波斯國北去代二萬七千
三百二十里累石爲城東有大河南流中有鳥其形似人
亦有如橐駝馬者皆有翼常居水中出水便死城北有云
尼山出銀珊瑚琥珀多師子

石國

隋書曰石國居藥殺水都城方十餘里其王姓石名泥國
城之東南立屋置座於中正月六日七月十五日以王父
母燒餘之骨金甕盛之置于牀上巡遶而行散以花香雜
菓王率臣下設祭焉禮終王與夫人出別帳臣下以次列
坐享宴而罷有粟麥多良馬其俗善戰曾貳於突厥射

匱可汗興兵滅之令特勤甸職攝其國事大業五年遣使
朝貢其後不復至

宕昌

通典曰宕昌羌後魏時興焉亦三苗之嗣與先零燒當罕
开諸部姓別自立師皆有地分不相統攝宕昌即其一世
俗皆土著居有棟宇其屋織犛牛及羖羊毛覆之無法令
徭賦唯征伐之時乃相屯聚不然則各事生業不相來往
皆衣裘褐牧養犛牛羊豕以供其食俗有蒸報無文字但
取木榮落以記歲時三年一相聚殺牛羊以祭天俗重虎
皮以之送死有梁勤者代爲酋帥得羌豪心乃自稱王其
界自仇池以西千里席水以南北八百里地多山阜部衆
二萬餘落至其孫彌忽如遣使於後魏太武帝拜爲宕昌
王七葉孫彌泰皆授南北兩朝封爵後見兩魏分隋永熙
末種人企定乃引吐谷渾寇金城後企定寇石門戍周武
帝天和中詔大將軍田恒討平之以其地爲宕州

鏺汗 [鏺嘬嶓切音普]

隋書曰鏺汗國都葱嶺之西五百餘里古渠搜國也王姓
昭武字阿溁都城方四里勝兵數千人王坐金羊床妻戴
金花俗多朱沙金鐵東去疎勒千里大業中遣使貢方物

色知顯

北史曰色知顯國都色知顯城在悉万斤西北去代一萬
二千九百四十里土平多五菓

伽色尼

北史曰伽色尼國都伽色尼城在悉萬斤南去代一萬二千
五百里土出鹽多五菓

白蘭

通典曰白蘭羌之別種後周時興焉東北接吐谷渾風俗物產與宕昌同周武帝保定元年朝獻使至

乾陁

北史曰乾陁國在烏萇西本名業波為嚈噠所破因改焉好征戰與罽賓鬭三年不罷人怨苦之有鬬象七百頭十人乘一象皆執兵仗象鼻縛刀以戰所都城東南七里有佛塔高七十丈周三百步即所謂雀離佛圖也

史國

隋書曰史國都獨莫水南十里舊康居之地也其王姓昭武字逖遮亦康國王之支庶也都城方二里勝兵千餘俗同康國北去康國二百四十里南去吐火羅五百里大業中遣使朝貢

師子

通典曰師子國東晉時通焉天竺旁國也西海之中延袤二千餘里多出奇寶其地和適無冬夏之異五穀隨人所種不須時節其國舊無人止有鬼神有龍居之諸國商估來共市易鬼不見其形但出珍寶明其所堪價商人依價取之諸國人聞其土樂因此競至或有停住者遂成大國能馴養師子遂以為名風俗與婆羅門同而尤事佛法安帝義熙初遣使獻玉佛像像高四尺二寸玉色潔潤形制殊特殆非人功歷晉宋代在建康瓦官寺

又曰宋文帝元嘉五年其王刹利摩訶南遣使貢獻梁武帝大通元年後王迦葉伽羅訶梨耶亦使使貢獻

穆國

北史曰穆國都烏滸河之西亦安息之故地與烏那曷為隣其王姓昭武亦康國王之種類也字阿濫密都城方三里勝兵二千人東北去安國五百里西去波斯國四千餘里大業中遣使貢方物

奄蔡

通典曰奄蔡漢時通焉西接大秦東南二千里與康居接去陽關八千餘里控弦十餘萬與康居同俗而役屬康居土氣溫和臨大澤無涯岸多楨松白草及貂畜牧逐水草蓋近北海至漢改名阿蘭那國後魏時白栗特國一名溫那沙

何國

北史曰何國都那密水南數里舊是康居地也其王姓昭武亦康國王之族類都城方二里勝兵者千人其王坐金羊座東去曹國百五十里西去小安國三百里東去瓜州六千七百五十里大業中遣使貢方物

嚈噠

北史曰嚈噠國大月氏之種類也亦高車之別種其原出於塞北自金山而南在于闐之西都烏許水南二百餘里去長安一萬一百里其王都拔底延城蓋王舍城也其城方十里餘多寺塔皆飾以金寶風俗與突厥略同兄弟共一妻無兄弟者依其多少之數更加帽焉衣服類加以纓絡頭皆剪髮其語與蠕蠕高車及諸胡不同衆可有十万無城邑依隨水草以氈為屋夏遷涼土冬逐暖處其王分其諸處妻各在別所相去或一二百里巡歷而行每月一處冬寒之時三月不徙王位不必傳子　弟堪者死便受之其國無車輿多駝馬用刑嚴急偷盜無多少皆腰斬盜一責十死者富家累石為藏貧者掘地而埋隨身諸物皆置冢內人凶悍能鬬戰西域康居于闐安息及諸小國三十許

皆役屬之居號爲大國
又曰後魏明帝熙平中遣宋雲沙門法力等使西域訪求佛經時有沙門慧生者亦與俱行正光中還慧生所經諸國不能知其本末及山川里數盖舉其略云

太平御覧卷第七百九十三

太平御覽卷第七百九十四　四夷部十五

西戎三

羌無弋　湟中月氏胡　氏　車師

高昌　吐谷渾　波斯

羌無弋

後漢書曰羌無弋爰劒者秦厲公時爲秦所拘執以爲奴隷不知爰劒何戎之别也後得亡歸而秦人追之急藏於巖穴中得免羌人云爰劒初藏穴中秦人焚之有影象如虎爲其蔽火得以免死既出又與劓女遇於野遂成夫婦女耻其狀被髪覆面羌人因以爲俗遂俱亡入三河間諸羌見爰劒被焚不死怪其神共畏事之推以爲豪河湟間少五穀多禽獸以射獵爲事爰劒教之田畜遂見尊信廬落種人依之者日益衆羌人謂奴爲無弋爰劒嘗爲奴隷故

因名之其後世世爲豪也

又曰爰劒曾孫忍時秦獻公初立欲復穆公之迹兵臨渭首滅狄獂戎忍季父卬畏秦之威將其種人附落南出賜支河曲西數千里與衆羌絶遠不復交通其後子孫分别各自爲種任隨所之或爲犛牛種越巂羌是也或爲白馬種廣漢羌是也或爲參狼種武都羌是也忍及弟舞獨留湟中並娶妻忍生九子爲九種舞生十七子爲十七種羌之興盛從此起矣

又曰忍子研立時秦孝公雄強威服羌戎孝公使太子駟率戎狄九十二國朝周顯王研豪健故羌中號其後爲研種及秦始皇時務并六國以諸侯爲事兵不西行故種人得以繁息

又曰武帝征伐四夷開地廣境北却匈奴西逐諸羌及渡河湟築令居塞初開河西列置四郡（酒泉張掖武威敦煌）通道玉門隔絶羌胡使南北不得交關於是鄣塞亭燧出長城外數千里

又曰建武九年隗囂死司徒掾班彪上言今涼州部皆有降羌羌胡被髪左衽而與漢人雜處習俗既異言語不通數爲小吏黠民所見侵奪窮恚無聊故致反叛夫蠻夷寇亂皆爲此也舊制益州部置蠻夷騎都尉幽州部置領烏桓校尉涼州部置護羌校尉皆持節領護理其怨結歲時廵行問所疾苦又數遣使驛通導動静使塞外羌夷爲吏耳目州郡因此可得儆備今宜復如舊以明威防世祖從之即以牛邯爲護羌校尉

又曰燒何豪有婦人銅鉗者年百餘歲多智筭爲種人所信向皆從取計策焉

又曰龎參以失期軍敗抵罪以馬賢代領校尉事後遣任尚爲中郎將羽林緹騎五營子弟三千五百人代班雄屯三輔尚臨行虞詡説尚曰使君頻奉國命討逐寇賊三州屯兵二十餘萬民棄農桑疲苦徭役而未有功効勞費日滋若此出不克誠爲使君危之尚曰憂惶久矣不知所如詡曰兵法弱不攻強走不逐飛自然之勢今虜皆馬騎日行數百里來如風雨去如絶絃以步追之勢不相及所以曠而無功也爲使君計者莫如罷諸郡兵各令出錢數千二人共市一馬如此可捨甲胄馳輕兵以万騎之衆逐數千之衆追尾掩截其道自窮便民利事大功立矣尚大喜即上言用其計乃遣輕騎鈔擊杜季貢於丁奚城斬首四百餘級獲牛馬羊數千頭

又曰順帝永建元年隴西種羌反叛校尉馬賢將七千餘

人擊之戰於臨兆斬首千餘級（皆餘）率種人降進封賢都鄉侯自是涼州無事至四年尚書僕射虞詡上疏曰臣聞子孫以奉祖爲孝君上以安民爲明此高宗周宣所以上配湯武也禹貢雍州之域厥田惟上且沃野千里穀稼充積又有龜茲塩池以爲民利（上郡龜茲縣有塩官即雍州之域也）水草豐美土宜産牧牛馬銜尾羣羊塞道北阻山河乗阨據險因渠以溉水舂河漕（水舂即水碓也）用功省而軍粮饒足故孝武皇帝及世祖築朔方西河置上郡皆爲此也而建元 無妄之災衆羌内潰郡縣兵荒二十餘年棄沃壤之饒損自然之財不可謂利離河山之阻守無險之處難以爲固今三郡未復園陵單外（園陵謂長安諸園陵也單外謂先守固也）而公卿選懦容頭過身張解設難但計所費不圖其安宜開聖德考從所長書奏帝乃復三郡使謁者郭璜督促從者各歸舊縣結城郭置候驛既而激河浚渠爲屯田省内郡費歲一億計遂令安定北地上郡及隴西金城常儲穀粟令周數年

又曰順帝永和四年以宋機爲并州刺史劉康爲涼州刺史並當之職大將軍梁商謂機等曰戎狄荒服蠻夷要服言其荒忽無常而統領之道亦無常法臨事制宜略依其俗今二君性素疾惡欲分白明黑孔子曰人而不仁疾之已甚亂也况戎狄乎其務安羌胡防其大故忍其小過機等天性虐刻遂不能從到州之日多所擾發五年夏雜種羌等遂反叛攻金城與西塞及湟中雜種羌大寇三輔殺害長吏機康並坐徵

又曰自爰劒後子孫支分凡百五十種其九種在賜支河首已西及在蜀漢徼北唯參狼在武都其五十二種衰少不能自立分散爲附落或絶滅無後或引而遠去其八十九種唯燒當種最強勝兵十餘萬其餘大者萬餘人小者數千人更相鈔盗盛衰無常

湟中月氏胡

後漢書曰湟中月氏胡其先大月氏之別也舊在張掖酒泉地月氏爲匈奴冒頓所殺餘種分散西踰葱嶺其羸弱者南入山阻依諸羌居止遂與共婚姻及驃騎將軍霍去病破匈奴取西河地開湟中於是月氏來降與漢民錯居雖依附縣官而首鼠兩端其後漢兵戰鬬隨勢強弱被服飲食言語略與羌同亦以父名母姓爲種其大種有七

莊子曰羌人死燔而揚其灰

風俗通曰羌本西戎卑賤者也主牧羊故羌字從羊人因以爲號無君臣上下健者爲豪不能相一種別群分彊者凌弱轉相抄盗男子戰死以爲吉病終者謂之凶

范曄西域論曰張奐盛稱戎狄一氣所生不宜誅盡流血汙野傷和致妖是何言之迂乎羌雖外患實深内疾若攻之不根是養疴於心腹也（根謂盡其根本）

又曰昔先王疆理九土判別畿荒知蠻貊殊性難以道御故斥遠諸華薄其貢職唯辭要而已若二漢御戎之方其本矣

氐

齊書曰氐楊氏與苻氏同出略陽漢世氏居仇池地号百頃建安中有百頃氐王是也

又曰仇池四方壁立自然有樓櫓却敵狀高並數丈有二十二道可舉緣而外東西二門盤道可七里上有岡阜泉源氐於上平地立宫室菓園倉庫無貴賤皆爲板屋土牆所治處名洛谷

又曰宋文帝元嘉十九年龍驤將軍裴方明等伐氐尅仇
池
通典曰氐者西戎之別種則在廣漢西君長數十而白馬
最大或号青氐或号白氐或稱蚺氐（蚺而占切）此盖中國人即
其服色而名之也土地險阻有麻銅漆蜜椒蠟等勇戇抵
冒貪貨死利居於河地一名仇池方百頃四面斗絶數爲
邊寇郡縣討之則依固自守其俗語不與中國及羌胡同
各自有姓如中國之姓其服尚青俗能織布善田種畜羊
豕馬牛婚姻六禮知書疏多知中國之語言與中國之姓
其服尚青
又曰漢武元封三年氐人反遣兵討破之分徙酒泉郡元
鳳初復叛遣大鴻臚田廣明討破之
又曰魏武之初諸氐戎叛乃令夏侯妙才討之因徙武都

之種於秦川以御蜀虜
風俗通曰氐言抵冒貪饕至死好利樂在山谿本西南夷
之別種号曰白馬孝武帝遣中郎將郭昌等引兵征之降
服以爲武都郡
晉華陰令江統西戎論曰春秋之義內諸夏而外夷狄以
其言語不通贄幣不同種類乖殊或居絶域之外山河
嶇險阻之地與中國壤之表崎斷土隔不相侵涉賦役不
及正朔不加故曰天子有道守在四夷
又曰匈奴求守邊塞而侯應陳其不可單于屈膝未央蕭
望之議以不臣是以有道之君不攻夷狄也

車師

北史曰車師國一名前部其王居交河城後魏太武真君
十一年車師王車夷落遣使進薛直上書曰臣亡父僻處
塞外仰慕天子威德遣使奉獻不空於歲天子降念賜遣
甚厚及臣繼立不闕常貢天子垂矜亦不異前世敢緣至
恩輒陳私懇臣國自無諱所攻擊經今八歲人庶飢荒無
以存活賊今攻臣急甚不能自全遂捨國東奔三分免一
即日已到焉耆東界思歸天闕幸垂賑救於是下詔撫慰
之開焉耆倉給之正平初遣子入侍自後每使朝貢

高昌

北史曰高昌者車師前王之故地東西二百里南北五百
里四面多大山以其地勢高敞人庶昌盛因名高昌亦云
其地有漢時高昌壘故以爲國號東去長安四千九百里
漢西域長史及戊己校尉並居於此晉以其地爲高昌郡
張軌呂光沮渠蒙遜據河西皆置太守以統之
又曰其國有八城地多碛石氣候溫暖厥土良沃穀麥一

歲再熟宜蠶多五菓有草名羊刺其上生蜜而味佳出赤
鹽其味美復有白鹽其形如玉高昌人取以爲枕貢之中國
又曰後魏文成帝和平六年高昌人立麴嘉爲王嘉字靈
鳳金城榆中人遣使獻珠象白黑貂裘名馬鹽枕等宣武
延昌中以嘉爲持節平西將軍瓜州刺史
又曰後魏孝明熙平初遣使朝貢獻詔曰卿地隔關山境
接荒漠頻請朝援從國內遷雖來誠可嘉於理未愜何者
彼之毗庶是漢魏遺黎自晉氏不綱因難播越成家立國
世積已久惡徙重遷人懷戀舊今若動之恐異同之變爰
在肘腋不得便如來表也
又曰後魏孝明正光元年遣使奉表自以邊遐不習典誥
求借五經諸史并請國子助教劉燮以爲博士明帝許之
又曰其國至隋城周迴一千八百四十步於坐室畫魯哀

公問政於孔子之像
又曰服飾丈夫從胡法婦人裙襦頭上作髻文字亦同華
夏兼用胡書有毛詩論語孝經置學官弟子以相教授雖
習讀之而皆爲胡語賦稅則計田輸銀錢無者輸布
又曰隋大業四年遣使貢獻帝待其使甚厚明年伯雅來
朝（伯雅高昌國王名也）因從擊高麗還宗室女華容公主八年冬歸
蕃下令國中曰先者以國邊荒境被髮左衽今大隋統御
宇宙平一孤既沐浴和風庶均大化其庶人以上皆宜解辮
削衽帝聞而善之下詔曰光祿大夫弁國公高昌王伯雅
本自諸華世祚西壤昔因多難翦爲胡服自我皇隋平一
宇宙伯雅踰沙重阻奉貢來庭削衽曳裙變夷從夏可賜
衣冠仍頒製造之式
唐書曰高昌有草名白疊其實類璽國人採之織以爲布

又曰武德七年其王文泰又獻狗雌雄各一高六寸長尺
餘性甚慧云本出拂菻國中國有拂菻狗自此始也
又曰太宗嗣位復貢玄狐裘因賜其妻宇文氏花鈿一具
宇文氏復貢玉盤也
又曰貞觀四年冬宇文氏請預宗親詔賜姓李氏封長樂
公主書慰諭之
又曰貞觀十三年文泰稱疾不朝太宗命侯君集爲交河
道大總管率左屯衛大將軍薛萬均及突厥契苾之衆步
騎數万衆以擊之攻拔其城虜男女七千餘口文泰惶懼
病死子智盛嗣立出城降君集先是其國童謠云高昌兵
馬如霜雪漢家兵馬如日月日月照霜雪迴首自消滅文泰
使人捕其初唱者不能得君集尋遣使告捷太宗大悅宴百
寮班賜各有差曲赦高昌部内欲以高昌爲州縣特進魏

徵諫以爲不便太宗不從遂以其地置西州又置安西都
護府留兵鎮之

吐谷渾

後魏書曰吐谷渾慕容氏者本遼西鮮卑徒河步歸有二
子長曰吐谷渾少曰若洛廆代統部落別爲慕容氏步歸
之存貧分户百以給吐谷渾渾與洛廆二部馬鬬相傷洛
廆怒謂渾曰何不分部令相遠渾曰馬是畜耳而何怒及
求別甚易今當去汝萬里之外廆悔謝留之渾曰先公之
世卜筮當有二子亭福並流子孫我是卑庶理無並大今
以馬致隔天所啓也試驅馬令東若還我當有隨即命擁
馬皆悲鳴西走遂西渡隴止于甘松之南廆追悔之作吐
谷渾河于歌徙何以兄爲河于也逐水草廬帳而居以肉
酪爲粮渾死其後以吐谷渾爲氏

又曰豺立自号沙州刺史部内有黃沙周迴數百里不生
草木因号沙州
梁書曰武帝天監十三年其王休運籌遣使獻金裝馬腦
鍾二口又表於益州立九層佛寺詔許焉十五年又遣使
獻赤舞龍駒及方物
隋書曰其王以皂爲帽妻戴金花其器械衣服略與中國
同其王公貴人多戴冪䍦婦人裙襦辮髮綴以珠貝國無
常稅殺人及盜馬者死餘坐則徵物以贖罪風俗頗同突
厥有大麥粟豆青海周迴千餘里中有小山其俗至冬輒
放牝馬於其上言得龍種吐谷渾嘗得波斯草馬放入海
因生驄駒能日行千里故時稱青海驄馬
又曰開皇十六年以光化公主妻吐谷渾王伏允上表欲
稱公主爲天后上不許

唐書曰隋煬帝時其王伏允來犯塞煬帝親惣六軍以討之伏允以數千騎潛於泥嶺而遁其仙頭王率男女十餘萬口來降煬帝立其質子順爲王送之本國

又曰貞觀九年詔特進李靖爲西海道大惣管時伏允太子順欲因此立功由是遂降乃詔曰吐谷渾擅相君長竊據荒裔志在凶德政出權門酋渠携貳種落怨憤長惡不悛野心弥熾莫顧藩臣之禮曾無事上之節寇竊疆埸虔劉兆庶積惡既稔天亡有徵朕君臨四海含育万類一物失所責深在予所以爰命六軍申茲九伐義存活國情非黷武其子大寧王慕容順隋氏之甥志懷明悟長自中土幸慕華風爰見時機深識逆順以其屢諫違衆獨陷迷途遂誅邪臣存茲大計翻然改轍代父歸罪忠孝之美深有可嘉子能立功足以補過既往之釁特宜原免然其建國西鄙已歷年代既從廢絕情所未忍繼其宗祀允歸令嗣可封順爲西平郡王仍授趉九物胡呂烏甘豆可汗

又曰吐谷渾自晉永嘉之末始西度洮水建國於群羌之故地至龍朔三年爲吐蕃所滅

波斯

北史曰波斯國都宿利城在忸密西古條支國也去代二萬四千二百二十八里城方十里戶十餘万河經其城中南流土地平正出金鍮石珊瑚琥珀車渠馬腦多大真珠頗梨瑠璃水精瑟瑟金剛火齊鑌鐵銅錫朱砂水銀綾錦疊毼氍毹毾㲪赤麞皮及鬱金蘇合青木等香胡椒畢撥石蜜千年棗香附子訶棃勒無食子鹽綠雌黃等物氣候暑熱家自藏水地多沙磧引水溉灌其五穀及鳥獸等與中夏略同唯無稻及黍稷土出名馬大驢及駝往往有一日能行七百里富室至有數千頭又出白象師子大鳥卵形如橐駝有兩翼飛而不能高食草與肉亦能噉火其王姓波氏名斯坐金羊牀戴金花冠衣錦袍織成帔飾以真珠寶物其俗丈夫剪髮戴白皮帽貫頭衫亦有巾帔緣以織或錦婦女服之飾以金銀仍貫五色珠絡之於膊王於其國內別有小牙十餘所猶中國之離宮也每年四月出遊處之十月乃還王即位以後擇諸子內賢者密書其名封之於庫諸子及大臣皆莫之知也王死衆乃共發書視之其封內有名者即立以爲王餘子出各就邊任兄弟更不相見也國人号王曰醫囋妃曰防步率王之諸子曰殺野

又曰其刑法重罪懸諸竿上射殺之次則繫獄新王立乃釋之賦稅則准地輸銀錢

又曰其俗以六月爲歲首尤重七月七日十二月一日其

日人庶以上各相命召設會作樂

又曰後魏孝明神龜中其國遣使上書貢物去大國天子天之所生願日出處常爲漢中天子波斯國王居和多千萬禮拜朝廷嘉納之自此每使朝獻

唐書曰波斯伊嗣侯遣使獻一獸名活褥地形類鼠而色青身長八九寸能入穴取鼠

又曰龍朔元年詔遣隴州南田縣令王名遠充使西域分置州縣因列其地疾陵城爲波斯都督府授其王卑路斯爲都督是後數遣使貢獻咸亨中卑路斯自來入朝高宗甚加恩賜拜右武衛將軍儀鳳三年令吏部侍郎裴行儉將兵冊送卑路斯還爲波斯王行儉以其路遠至安西碎葉而還卑路斯獨返不得入其國漸爲大食所侵客於吐火羅國二十餘年有部落數千人後漸離散至景龍二年又

來入朝拜爲左威衛將軍無何病卒其國遂滅而部衆猶存自開元七年至天寶六載凡十遣使來朝幷獻馬腦床九載四月獻大毛繡舞筵長毛繡舞筵無孔真珠等

太平御覽卷第七百九十四

太平御覽卷第七百九十五

四夷部十六

西戎西

烏孫　悅般　迷蜜　党項

焉耆　小月氏　佛林　吐火羅

泥婆羅　大食

烏孫

史記曰烏孫在大宛東北可二千里行國隨畜牧與匈奴同俗

漢書曰烏孫國多馬富人至四五千疋民貪狼無信多冦盜最爲強國

北史曰烏孫居赤谷城在龜玆西北去代一萬八百里其國數爲蠕蠕所侵西徙葱嶺山中無城郭隨畜牧水草後魏太延中遣使者董琬等使其國後每來朝貢

通典曰烏孫漢時國號大昆弥理赤谷城（烏孫於西域諸戎其形最異青眼赤鬚獼猴者本其種也其國謂王曰昆弥亦曰昆莫）去長安八千九百里内地五千里莽平多雨寒山多松樠（音武元切其心似松）不田作種樹隨畜逐水草與匈奴同俗

又曰烏孫昆莫昆弥皆王號也故烏孫國有塞種大月氏種始張騫言烏孫本與大月氏共在燉煌間今烏孫強大可厚賂招令東居故地妻以公主以制匈奴武帝即位令騫齎金幣往賜昆莫於是使獻馬願尚公主元封中遣江都王建女細君爲公主以妻焉公主別理宮室居歲時一再與昆莫會置酒飲食昆莫年老語言不通公主悲愁自作歌曰吾家嫁我兮天一方遠託異國兮烏孫王穹廬爲室兮氈爲墻以肉爲食兮酪爲漿天子聞而矜憐之

又曰宣帝時都護鄭吉請分烏孫爲大昆弥小昆弥後段會宗爲都護時爲烏孫兵圍驛上書願發城郭燉煌以自救丞相王商大將軍王鳳及百寮議數日不決上召陳湯問對曰臣以爲此必無可憂夫胡兵五而當漢兵一刃朴鈍弓弩不利今聞頗得漢工然而猶三當一又兵法曰客倍而主人半然後料敵今烏孫人衆不足以勝會宗惟陛下勿憂且兵輕行五十里重行三十里今會宗發城郭燉煌兵歷時而至所謂報讎之兵非救急之用也烏孫瓦合不能久攻不過五日當有吉語聞居四日軍書至言已解

悅般

北史曰悅般國在烏孫西北去代一萬九百三十里其先匈奴北單于之部落也爲漢車騎將軍竇憲所逐北單于度金微山西走康居其羸弱不能去者住龜玆北地方數千里衆可二十餘萬涼州人猶謂之單于王其風俗言語與高昌同而其人清潔於胡俗剪髮齊眉以醍醐塗之昱昱然光澤日三澡漱然後飲食其國南界有大山山傍石皆燋鎔流地數十里乃凝堅人取以爲藥即石流黄也與蠕蠕結好其王嘗將數千人入蠕蠕國欲與大檀相見入界百餘里見其部人不浣衣不絆髮不洗手婦人口舐器物王謂其從臣曰汝曹誑我將我入此狗國中乃馳還大檀遣騎追之不及自是相仇讎數相征討後魏太武真君九年遣使朝獻并送幻人稱能割人喉脉令斷擊人頭令骨陷皆血出數升或盈斗以草藥内其口中令嚼咽之須臾血止養瘡一月復常又無痕瘢世疑其虛乃取死罪囚試之皆驗云中國諸名山皆有此草乃使人受其術而厚遇之又言其國有大術者蠕蠕來死漂亡者十二三是歲再遣使朝貢

求與官軍東西齊契討蠕蠕太武嘉其意命中外諸軍戒嚴以淮南王他爲前鋒襲蠕蠕仍詔有司以其鼓儛之節施於樂府自後每使朝貢

迷蜜

北史曰迷密國都迷密城在者至拔西去代萬二千一百里後魏正平元年遣使獻一峯黑橐駝其國東有山名都悉滿山出金玉多鐵

党項

隋書曰党項羌者三苗之後也其種有宕昌白狼皆自稱獼猴種東接臨洮西平西拒葉護南北數千里處山谷間每姓別爲部落大者五千餘騎小者千餘騎織犛牛尾及羖䍽羊毛以爲屋服裘褐被氈以爲上飾俗尚武力無法令各爲生業有戰則相屯聚無徭賦不相往來牧養犛牛豬以爲供食不知稼穡無文字但推草木以記年歲時三年一聚會殺牛羊以祭天人年八十已上死者以爲令終親戚不哭少而死者則云夭枉共悲哭之有琵琶横吹擊缶爲節

唐書曰党項羌在古析支之地漢西羌之別種也魏晉之後西羌微弱或臣中國或竄山野自周氏滅宕昌鄧至之後党項始強其界東至松州西接葉護南雜春桑迷桑等羌北連吐谷渾處山谷間延亘三千里其種每姓別爲部落一姓之中復爲小部落大者萬騎小者千騎不相統一有細封氏費聽氏頗超氏野辭氏米擒氏拓拔氏最爲強族俗皆土著居有棟宇其屋織犛毛及羊毛覆之每年一易俗尚武無法令賦役其人多壽年至百五六十歲不事產業好爲盜竊相陵劫尤重復讎若讎人未得必蓬頭垢面跣足蔬食要斬讎人而後復常男女並衣裘褐仍披大氈養犛牛羊以供其食不知耕稼土無五穀氣候多風寒五月草始生八月霜雪降求大麥於他界醞以爲酒妻其庶母及伯叔母嫂子弟之婦淫穢蒸報諸夷中最爲甚自周及隋或叛或朝常爲邊患貞觀三年南會州都督鄭元璹遣使招諭其酋長細封步賴舉部內附太宗降璽書慰撫之步賴因即來朝宴賜甚厚列其地爲軌州拜步賴爲刺史仍請率所部封吐谷渾其後諸姓酋長相次率部落皆來內屬請同編戶太宗厚加撫慰列其地爲崌䧩奉巖遠四州各拜其首領爲刺史

又曰有黑党項在於赤水之西李靖之擊吐谷渾也渾主伏允奔于黑党項居以空閑之地及吐谷渾舉國內屬黑党項酋長号敦善王因貢方物又有雪山之下及白狗舂桑白蘭等諸羌

焉耆

北史曰焉耆國在車師南都員渠城白山南七十里漢時舊國也去代一萬二百里其王姓龍名鳩尸卑那即前涼張軌所討龍熙之胤所都城方二里國內凡有九城國小人貧無綱紀法令

又曰其丈夫剪髮以爲首飾文字與婆羅門同俗事天神并崇信佛法尤重二月八日四月八日是日也其國咸依釋教齋戒行道焉

又曰其國養蠶不以爲絲唯充綿纊俗尚蒲桃酒兼愛音樂南去海十餘里有魚鹽蒲葦之饒

又曰後魏太武怒之詔成周公万度歸討之鳩尸卑那以四五萬人出城守險以距度歸募壯勇短兵直往衝鳩尸

畢舺衆大潰進屠其城西鄙諸戎皆來降服獲其珍奇異
翫殊方譎詭難識之物巨萬時太武幸陰山北宮度歸破
焉耆露板至帝省訖賜司徒
崔浩書曰万度歸以五千騎經五千里拔焉耆三城獲其
珍奇異物及諸委積不可勝數自古帝王雖云西戎卽序
有如指注不能控引也朕今手把而有之如何浩書上冊
美
隋書曰焉耆國俗奉佛書類婆羅門婚姻之禮有同華夏
男子剪髮有魚鹽蒲葦之利
唐書曰焉耆在京師西七千三百里其地良沃貞觀六年
其王突騎支遣使貢方物復請開大磧路以便行李太宗
許之自隋末離亂磧路遂閉西域朝貢者皆由高昌及是
高昌大怒遂與焉耆結怨遣兵襲焉耆大掠而去

又曰貞觀十四年侯君集討高昌遣使與之相結爲耆王
大喜請爲聲援乃破高昌其王詣軍門稱謁焉耆人先爲
高昌所虜者悉歸之由是遣使謝恩并貢方物

小月氏

北史曰小月氏國都富樓沙城其王本大月氏王寄多羅
子也寄多羅爲匈奴所逐西從後令其子守此城因號小
月氏被服頗與羌同其俗以金錢爲貨
又曰其城東十里有佛塔周三百五十步高八十丈自佛塔
初建計至後魏武定八年八百四十二年所謂百丈佛圖也

佛菻

唐書曰佛菻國一名大秦在西海之上東南與波斯接地
方萬餘里列城四百邑連屬其宮宇柱櫳多以水精瑠璃
爲之有貴臣十二人共理國政常使一人將囊隨王車百
姓有事卽以書投囊中王還宮省發理其枉直其王無常
人簡賢者而立之國中災異及風雨不時輙廢而更立王
冠形如鳥舉翼冠及瓔珞皆綴以珠寶著錦繡衣前不開襟
坐金花床有一鳥似鵝其毛綠色常在王邊倚枕上坐每進
食有毒其鳥輙鳴其都城疊石爲之尤絶高峻凡有十萬餘
戶南臨大海城東面有一大門其高二十餘丈自上及下飾
以黃金光輝昭爛連曜數里自外至王室凡有大門三重列
異寶雕飾第二門之樓中懸一大金秤以金九十二枚屬於
衡端以候日之十二時焉爲一金人其大如人立於側每至
一時其金丸輙落鏗然發聲引唱以紀日時毫釐無失其殿
以瑟瑟爲柱黃金爲地象牙爲門扇香木爲棟梁其俗無
瓦擣白石爲末羅之塗塈上其堅密光潤還如玉石至於
盛暑之節人厭囂熱乃引水潛流上遍於屋宇機制巧密

人莫之知觀者唯聞屋上泉鳴俄見四簷飛溜懸波如瀑
布激氣成凉風其巧妙如此風俗男子剪髮披帔而右祖
婦人不開衿錦爲頭巾家資滿億封以上位有羊羔生於
土中其國人候其欲萌乃築墻以院之防外獸所食也然
其臍與地連割之則死唯人着甲走馬及擊鼓以駭之其
羔驚鳴而臍絶便逐水草俗皆髡而衣繡乘輜軿白蓋小
車出入擊鼓建旌旗幡幟土多金銀奇寶有夜光璧明月
珠駭雞犀大貝車渠馬腦孔翠珊瑚虎魄凡西域諸珍異
多出其國
又曰貞觀十七年佛菻王波多力遣使獻赤頗黎綠頗黎
石綠金精等物太宗降璽書荅慰賜以綾綺
又曰開元七年正月其王遣吐火羅大首領獻師子羚羊
各二不數月又遣大德僧來朝貢

吐火羅

北史曰吐火羅國都葱嶺西五百里與挹怛雜居都城方二里勝兵十萬人皆善戰其俗奉佛兄弟同一妻迭寢焉每一人入房戶外挂其衣以爲志生子屬其長兄其山穴中有神馬每歲牧牝馬於穴所必產名駒隋大業中遣使朝貢

通典曰高宗永徽初遣使獻大鳥高七尺其色玄足如駝鼓翼而行日三百里能噉銕夷謂之駝鳥

又曰龍朔元年吐火羅置州縣使王名遠進西域圖記并請于圖以西波斯以東十六國分置都督府及州八十縣一百軍府百二十六仍於其國立碑以紀聖德帝從之

泥婆羅

唐書曰泥婆羅在吐蕃西其俗翦髮與眉齊穿耳揎以竹筩牛角綴至肩者以爲姣麗食用手無匙筯其器皆銅多商賈少田作以銅爲錢背文爲馬牛不穿孔衣服以一幅布蔽身日數盥漱以板爲屋壁皆雕畫俗重博戲好吹蠡擊鼓頗解推測盈虛兼通歷術事五天神鐫石爲像每日清水浴神烹羊而祭其王那陵提婆身着真珠頗黎車渠珊瑚琥珀瓔珞耳垂金鉤玉璫佩寶裝服突坐師子床其堂內散花香大臣及諸左右並坐於地持兵數百列侍其側宮中有七層之樓覆以銅瓦欄檻楹柱皆飾珠寶樓之四角各懸銅槽下有金龍激水上樓注於槽中從龍口而出狀若飛泉

又曰貞觀中衛尉丞李義表往使天竺塗經其國那陵提婆見之大喜與義表同出觀阿耆婆沴池周迴二十餘步水常沸涌雖流潦暴集爍石焦金未嘗增減以物投之即

生煙焰懸釜而炊須臾而熟

大食

唐書曰大食國本在波斯之西大業中有波斯胡人牧駝於俱紛摩地那之山忽有師子人語謂之曰此山西有三穴穴中有大兵器汝可取之穴中并有異石白文讀之便作王位胡人依言果見穴中有石及矟刃甚多上有文教其反叛於是糺合亡命渡常曷水刼奪商旅其衆漸盛遂割據波斯西境自立爲王永徽二年始遣使朝貢其王姓大食氏名噉（音呼濫反）密莫末膩自云有國已三十四年歷三主矣其國男夫黑色多鬚鼻大而長似婆羅門婦人白晳亦有文字出駝馬大於諸國兵刃勁利其俗勇於戰鬬好事天神土多沙石不堪耕種唯食駝馬等肉國西隣於大海其王移穴中異石寶之於圖

又曰其王常遣人乘船將衣粮入海經八年而未極西岸海中見一方石石上有樹幹赤葉青樹上總生小兒長六七寸見人皆笑動其手脚頭着樹枝其使摘取一枝小兒便死收在大食王宮

又曰龍朔中滅波斯拂菻其國始有米麪之屬又將兵南侵婆羅門吞併諸胡勝兵四十餘萬長安中遣使獻良馬景雲二年又獻方物開元初遣使來朝及進馬并寶鈿帶等方物其使謁見唯平立不拜憲司欲糺之中書令張說奏曰大食殊俗遠來慕義不可寘罪上特許之尋又遣使朝獻自云在本國唯拜天神雖見王亦無致拜之法所司屢詰責之其使遂請依漢法致拜

杜還經行記云一名亞俱羅其大食王号慕門都其士女瓌偉長大衣裳鮮潔容止閑麗女子出必擁面無問貴賤

一日五時禮天食肉作齋以殺生爲功德繫銀束佩銀刀
斷飲酒禁音樂人相爭者不至毆擊
又曰其菓有偏桃千年棗其蔓菁根大如斗而圓味甚美
蒲桃大者如鷄卵

太平御覽卷第七百九十五

太平御覽卷第七百九十六

四夷部十七

西戎五

莎車　波知　栗弋　悉居半
越底延　波路　三童　蒲山
刧國　瘵　丁令　且弥
陁羅伊羅　賒弥　澤散　女國
呼得　曹國　漕國　何國
短人　小人　軒渠　温宿
朱俱波　尉頭　滑國　姑默
疊伏羅　阿鈎羌　葱茈羌

莎車

漢書曰莎車王治莎車城去長安九千九百五十里有鐵山出青玉

又曰宣帝時烏孫公主小子万年莎車王愛之莎車王無子死時万年在漢莎車國人計欲自託於漢又欲得公孫心即上書請万年爲莎車王漢許之遣使者奚充國送萬年万年初立暴惡國人不說莎車王弟呼屠徵殺万年并漢使者自立爲王約諸國背漢會衛侯馮奉世使送大宛客即以便宜發諸國兵擊殺之更立他昆弟子爲莎車王

又曰馮奉世至宛宛聞其斬莎車王禮之異於他使得其名馬象龍而還（馬形如龍）帝甚悅下議封奉世關内侯少府蕭望之以奉世矯制發諸國兵雖有功効不可以爲後代法若即封奉世則爲使者利以奉　世爲比爭逐發兵要功萬里之外爲國家生事於夷狄漸不可長不宜授封帝善其議以奉世爲光禄大夫

波知

北史曰波知國在鉢和西南土狹人貧依託山谷其王不能揔攝有大池傳曰大池有龍王次者有龍婦小者有龍子行人經之設祭乃得過不祭多值風雪之困

栗弋

通典曰栗弋後魏通焉在葱嶺西大國一名粟特一名拘夢出名馬牛羊珎菓蒲陶酒其土地水美故也有大禾高丈餘子如胡豆在安息北五千里附庸小國四百餘城太武帝時遣使朝貢

悉居半

北史曰悉居半國故西夜國也一名子合其王號子治呼揵在于闐西去代萬二千九百七十里後魏大延初遣使來獻自後不絶

越底延

通典曰越氐延國隋時聞焉治辛頭河北西北去賒弥國千餘里東北至瓜州五千四百里其婆羅門種類戶數萬餘有弓矢刀矟皮甲國法不殺人重罪流輕者杖國無課稅其俗事佛王及庶人剪髮衣錦袍不開縫貧者自疊婦人爲髻衣帬衫帔長巾俗清潔氣候温多稻有羊馬牛鍮石訶梨勒（石蜜氈皮細疊等）

波路

北史曰波路國在阿鈎羌西北去代一萬三千九百里其地濕熱有蜀馬土平物產國俗與阿鈎羌同

三童

通典曰三童國在軒渠國西南千里人皆眼有三精珠或有四舌者能爲一種聲亦能俱語常貨多用犀象作金幣

率劾國王之面亦劾王后之面若丈夫交易則用國王之面者王死則更鑄

蒲山

北史曰蒲山國故皮山國也居皮城在于闐南去代一萬二千里其國西南三里有凍凌山後役屬于闐

劫國

通典曰劫國隋時聞焉在葱嶺中南西與俱䫻弥國界接西北至悒怛國去長安萬二千里有戶數萬氣候熱有稻麥粟豆羊馬出洛沙青黛婚姻同突厥死亡弃於山谷又曰大唐武德二年遣使貢寶帶金鏁頗梨水精盃各一頗梨四百九十枚大小有差

獠

魏書曰獠之初也出自梁益之間種類甚多散居山谷略無氏族之別依樹積水以居其上名曰干蘭干蘭大小隨其家之口數往往推一長者爲王父死則子繼若中國之黨族也僚王各有鼓角一雙使其子弟自吹擊之好相殺害多仇怨不敢遠行性同禽獸至於忿怒父子不相避唯手有兵刃者先殺之若殺其父走避於外求得一狗以謝其母然後敢歸毋得狗謝不復嫌恨若報怨相攻擊必殺而食之平常劫掠責取猪狗而已親戚比隣指授相賣士兒女哭止便不復追思唯執楯持矛不識弓矢用竹爲簧群聚鼓之以爲音節能爲細布色鮮淨大狗一頭買一生口其俗畏鬼神尤尚淫祀所殺之人美鬚髯者剥其面皮籠之於竹及燥號曰鬼鼓舞祀之以求福也

北史曰獠者蓋南蠻之別種自漢中達于卭笮川洞之間所在皆有種類甚多所生男女無名字唯以長幼次第呼之其丈夫稱阿謩阿段婦人阿夷阿等之類皆語之次第稱謂也鑄銅爲器大口寬腹名曰銅爨既薄且輕易於熟食建國中李勢在蜀諸獠始出巴西渠川廣漢陽安資中攻破郡縣爲益州大患自桓温破蜀之後蜀人東流山險之地多空獠遂挾山傍谷與夏人參居者頗輸租賦在深山者不爲編戶梁益二州歲伐獠以裨潤公私頗藉爲利正始中夏侯道遷舉漢中內附宣武遣尚書邢巒爲梁益二州刺史以鎮之近夏人者安堵樂業在山谷者不敢爲寇其後朝廷以梁益二州控攝險遠乃立巴州以統諸獠後以巴酋嚴始欣爲刺史又立隆城鎮所綰獠二十萬戶又周文平梁益令在所撫慰然天性暴亂旋致擾動每歲命隨近州鎮出兵討之獲其生口以充賤隷謂之爲壓獠焉

求昌郡傳曰獠民喜食人以爲至珎美不自食其種類也怨仇乃相害食耳能水中潛行行數十里能水底持刀剌捕取魚其人以口嚼食並以鼻飲水死人有棺其葬豎棺埋之

丁令 丁音顛 令音連

後魏書曰丁令在康居北勝兵六萬人隨畜牧依處土出貂鼠皮貚子皮西南去康居界二千里

又曰丁令北有馬脛國其人音聲似鴈鶩從膝以上至頭人也膝巳下生毛馬脛馬蹄走疾於馬勇徤敢戰

且弥

北史曰且弥國都天山東臨於大谷在車師北去代一萬五百七十里本役屬車師

陁羅伊羅

通典曰陁羅伊羅國隋時聞焉在烏蔡國北大雪山坡上

緣梯登山接七百梯方到其國

賒彌

北史曰賒弥國在波知之南山居不信佛法專事諸神亦附嚈噠東有鉢盧勒國路嶮緣鐵鏁而度下不見底後魏熙平中宋雲等使終不能達

澤散

通典曰澤散國魏時聞焉屬大秦其治在海中央案與安息城谷相近西南詣大秦不知里數

女國

北史曰女國在葱嶺南其國世以女為王姓蘇毗字末羯在位二十年女王夫号曰金聚不知政事國內丈夫唯以征伐為務山上為城方五里人有萬家王居九層之樓侍女數百人五日一聽朝復有小女王共知國政其俗婦人輕

丈夫而性不妬忌男女皆以彩色塗面一日中或數度變改之皆披髮以皮為鞋課稅無常氣候多寒以射獵為業出鍮石朱砂麝香犛牛駿馬蜀馬猶多鹽恒將鹽向天竺興販其利數倍亦數與天竺党項戰爭其女王死國中厚歛金錢求死者族之中賢女二人一為女王次為小王貴人死剥皮以金屑和骨肉置瓶中埋之經一年又以其皮內鐵器埋之俗事阿修羅神

又有樹神歲初以人祭或用獼猴祭

呼得

通典曰呼得魏時聞焉在葱嶺北烏孫西北康居東北勝兵萬餘人隨畜牧出名馬多貂鼠

曹國

北史曰曹國都那密水南數里舊是康居之地也國無主康國王令子烏建領之都城方三里勝兵千餘人國中有得悉神自西海以東諸國並事之其神有金人焉金波羅闊丈有五尺高下相稱每月以駝五頭馬十疋羊一百口祭之南去康國百里大業中遣使貢方物

漕國

北史曰漕國在葱嶺之北漢時罽賓國也其王姓昭武字順達康國王之宗族也都城方四里勝兵萬餘人國法嚴峻俗重淫祠葱嶺山順天神者儀制極華以金為屋以銀為地祠者日有千餘人祠前有一魚骨其孔中通馬出入國王戴金牛頭冠坐金馬座土多稻粟豆麥饒象馬封牛金銀鑌鐵氍㲣朱砂青黛安息青木等香黑鹽阿魏東去劫國七百里大業中遣使貢方物

何國

隋書曰何國都那密水南數里舊是康居地也其王姓昭武亦康國王之族類都城方二里勝兵千人其王坐金羊牀東去曹國百五十里西去安國三百里大業中遣使貢方物

短人

通典曰短人魏時聞焉在康居西北男女皆長三尺人衆甚多去奄蔡諸國甚遠康居長老傳聞嘗有商旅行北方迷惑失道而到此國國中甚多真珠夜光明月珠其國去康居可萬餘里

突厥本末記云自突厥北行一月有短人國長者不踰三尺亦有二尺者頭少毛髮若羊胞之狀突厥呼為羊胞頭其傍無它種類相侵俗無寇盜但有大鳥高七八尺恒伺短人啄而食之短人皆持弓矢以為之備按此亦在西北

即魏略之短人國也

小人

通典曰小人在秦之南軀纔三尺其耕稼之時懼鶴所食大秦之南每衛助之小人竭其珎貨以酬報

軒渠

通典曰軒渠國多九色鳥青口緑頸紫翼紅膺紺頂丹足碧身緗背玄尾亦名九尾鳥亦名錦鳳其青多紅少謂之繡鸞恒從弱水西來或去是西王母之禽也其國幣貨同三童國

温宿

北史曰温宿國居温宿城在姑默西北去代一萬五百五十里

朱俱波

通典曰朱俱國後魏時通焉亦名朱居槃國漢子合國也今并有西夜蒲犁依耐德若四國之地在於闐國西千餘里其西至葱嶺二百里其王渴槃國南至女國三千里北至疎勒九百里南至葱嶺二百里其王本疏勒國人後魏宣武末平中朱居槃國遣使朝貢其言音與于闐相似其間小異人貌多同華夏亦類疎勒大唐武德以後頻遣使朝貢

尉頭

北史曰尉頭國居尉頭城在温宿北去代一萬六百五十里

滑國

通典曰滑國車師之別種後漢順帝永建初八滑從班勇擊北虜有功漢以八滑為後部親漢侯自魏晉以來不通中國至梁武帝普通初其王厭帶夷栗陁始遣使獻黃師子白貂裘波斯錦物等後魏之居桑乾也滑猶小國屬蠕蠕後稍強大征其傍國波斯渴槃罽賓龜兹疎勒姑墨于闐等國焉其獸有師子兩脚駞人皆善騎射着小袖長身袍用金玉為帶女人被裘頭上刻木為角長咫尺以金銀飾之兄弟共妻無城以氈屋為居東向開戶其王金床隨太歲轉無文字以木為契與旁國通用胡書羊皮為紙無職官事天神火神每日出祀神而後食其跪一拜而止死以木為槨父母死其子截一耳葬訖即吉其言語待譯然後通至後魏時謂之嚈噠國或去高車之別種或去大月氏之種其源出於塞北自金山至後魏文帝時已八九十年矣在于闐之西東去長安萬一千里衣服類胡加以纓絡頭皆剪髮其語與蠕蠕高車及諸諸胡不同部衆可十萬

楊珂田

依隨水草其國無車輿多駞馬用刑嚴急盜無多少皆腰斬盜一責十死者富家累石為藏貧事者掘地而埋隨身諸物皆置塚內又兄弟共聚一妻無兄弟者其妻戴一角帽若有兄弟者依其多少之數更加帽角焉西城康居于闐沙勒安息及諸小國三十許皆役屬之号為大國每遣使朝貢孝明帝熙明中遣使伏子統宋雲使西域所經諸國不能知其本末及山川里數今舉其略去至隋時又謂挹怛國都烏滸水南二百餘里大月氏之種類也勝兵五六萬人俗善戰先時國亂突厥遣通設字詰強領其國俗同吐火羅南去漕國千五百里東去瓜州六千五百里大業中遣使來貢按劉璠梁典滑國姓嚈達後裔以姓為國号轉訛又謂之悒怛焉

姑默

北史曰姑默國居南城在龜兹西去代一萬五百里

疊伏羅

通典曰疊伏羅後魏時通焉去代三萬一千里國中有勿悉城城北有壇奇水西流有白象土宜五穀宣武時遣使獻方物

阿鈎羌

通典曰阿鈎羌後魏時通焉在莎車西南國西有縣度山其間四百里中往往有棧道下臨不測之深人行以繩索相持而度山有五穀諸果市用錢爲貨居止立宮室有兵器

葱茈羌 茈音紫

通典曰燉煌西西城之南山中從婼羌西至葱嶺數千里有月氏餘種曰葱茈羌白馬羌黃牛羌各有酋豪北與諸國接不知其道里廣狹傳聞黃牛羌種類孕身六月生南與白馬羌隣並魏時聞焉

太平御覽卷第七百九十六

四夷部十八

西戎六

蒲類　小宛　精絕　渠勒
依耐　無雷　難兜　孤胡
山國　烏貪　單陸　郁立師
劫國　烏弋山離　拘弥　德若
高附　東離　移支　者舌
拔豆　烏利　者至拔　朱居
權烏摩　伽色尼　薄知　牟知
阿弗太汗　呼似密　諾色波羅　甲伽至
伽不單　伽倍　折薛莫孫　鉗敦
弗敵沙　臨兒　貴霜(?)　盤越

鹽長　奇恒　石尖　扶伏
可蘭　鵠國　無不達　無繼民
録民　無首民　納民　拘夷
波羅柰斯　鼠王　摩訶頼　波麗越
雞城　和訶條　播黎曰　含衛
維耶離　迦維羅越　郍訶維　碓國
拘郍含　波羅柰　拘宋婆　罽密
拘私郍竭　摩竭提

蒲類

漢書曰蒲類王治天山西䟽榆谷去長安八千三百六十餘里

後漢書曰蒲類國王居天山西䟽榆谷廬帳而居逐水草頗知田作有牛馬駱駝羊畜能作弓矢國出名馬蒲類本大國也前西域屬匈奴時蒲類王得罪單于單于怒徙蒲類人民六千餘口內之匈奴右部阿惡地號曰阿惡國初徙居時甚貧羸不能者迯亡在山谷間故得留爲蒲類國云

小宛

漢書曰小宛國王治扜零城去長安七千二百一十里東與婼羌接

精絕

漢書曰精絕國王治精絕城去長安八千八百二十里地阨陝西通扜弥四百六十里

渠勒

漢書曰渠勒國王治鞬都城去長安九千九百五十里東與戎盧接

依耐

漢書曰依耐國王治去長安萬一百五十里北至䟽勒六百五十里少穀寄田莎車䟽勒

無雷

漢書曰無雷國王治無雷城去長安九千九百五十里衣服類烏孫

難兜

漢書曰難兜國王治難兜城去長安一萬五千一百五十里西與大月氏接種五穀有金銀銅鐵作兵

孤胡

漢書曰孤胡國王治車柳谷長安八千餘里

山國

漢書曰山國王治去長安七千一百七十里出鐵民山居寄田羅穀於焉耆

烏貪

漢書曰烏貪訾離國王治于婁谷去長安萬三百三十里

卑陸

漢書曰卑陸國王治天山乾當谷去長安八千六百八十里

郁立師

漢書曰郁立師國王治内咄谷去長安八千八百三十里

刧國

漢書曰刧國王治天山東丹渠谷去長安八千五百七十里

烏弋山離

漢書曰烏弋山離國王去長安萬二千二百里不屬都護烏弋地暑熱其草木畜産五穀菓菜飲食宮室市列錢貨兵器金珠之屬與罽賓同有桃枝（桃枝似塵或名天祿）師子犀牛俗重妄殺錢文爲人頭幕爲騎馬

拘弥

後漢書曰拘弥王治寧弥城去洛陽萬二千八十里靈帝熹平四年于闐王安國攻寧弥殺其王死者甚衆戊巳校尉西域長史各發兵輔立寧弥侍子定興爲王

德若

後漢書曰德若國王東去洛陽萬二千一百五十里與子合相接其俗皆同

高附

後漢書曰高附國在大月氏西南其俗似天竺而弱易服善賈販内富於財所屬無常天竺罽賓安息三國強則得之弱則失之

東離

後漢書曰東離國王治沙奇城在天竺東南三千餘里其地暑熱風氣物類與天竺同有城十數其人民男女皆長大可八尺乗象往來隣國有寇乗象以戰

移支

後漢書曰移支國王居蒲類地其民勇猛敢戰以寇鈔爲事皆被髮隨畜逐水草不田作

者舌

後魏書曰者舌國故康居國也在破洛那西北去代一萬五千四百五十里大武延平三年遣使朝貢

拔豆

後漢書曰拔豆國去代五萬一千里國中出金銀雜寶白象水牛犛牛蒲桃五菓土宜五穀

烏利

後魏書曰烏利國去代二萬五百里國中出金玉良馬白疊土宜五穀

者至拔

後魏書曰者至拔國都城在䟽勒西去代一萬一千六百二十里其國東有蕃賀那山出美鐵師子等

朱居

後魏書曰朱居國在于闐西其民山居有麦多林果咸事佛與于闐相類役屬嚈噠

權烏摩

後魏略曰權烏摩國故烏秅國也其王治烏秅城西接悉居半國西南去代一萬二千九百七十里

伽色尼

後魏書曰伽色尼國治伽色城在万斤南去代一萬二千九百里出赤鹽多五菓

薄知

後魏書曰薄知國治城在伽色尼南去代一萬三千三百二十里

牟知

後漢書曰牟知國都牟知城在忸密西南去代二萬二千九百二十里土平禽獸草木類中國

阿弗太汗

後漢書曰阿弗太汗國治阿弗太汗城在忸密西去代二萬三千七百二十里土平多五菓

呼似密

後魏書曰呼似密國治呼似密城在阿弗太汗西去代二萬七百里土平出金銀琥珀有師子多五菓

諾色波羅

後魏書曰諾色波羅國治諾色波羅城在忸密南去代二萬三千四百二十八里土平宜稻麥多五菓

早伽至

後魏書曰早伽至國治早伽至城東接忸密國去代二萬三千七百二十八里土平少少田殖取稻麥於隣國有五菓

伽不單

後魏書曰伽不單國治伽不單城在悉万斤西北去代一萬二千七百八十里土宜稻麥有五菓

伽倍

後魏書曰伽倍國故休密翖侯所治和墨城也在莎車西去代萬三千里民居山谷間

折薛莫孫

後魏書曰折薛莫孫國故雙靡翖侯所治雙靡城也在伽倍西去代一萬三千五百里居山谷間

鉗敦

後魏書曰鉗敦國古之貴霜翖侯所治護澡城也在折薛莫孫西去代一萬三千五百六十里居山谷之間

弗敵沙

後魏書曰弗敵沙國古肸頓翖侯所治薄茅城也在鉗敦西去代一萬三千六百里居山谷間

臨兒

魏略曰臨兒國浮屠經云其國王生浮屠太子也父曰屑頭耶母曰莫耶浮屠身服黄色髮青乳有青毛冬青始莫耶夢白象而孕及生從母右脅出墮地能行七步漢哀帝元壽元年博士景庸從月氏王使伊存口授浮屠經其所載與老子經相出入蓋以老子西出關敎胡爲浮屠也

貲虜

魏略曰貲虜本匈奴之奴也匈奴名奴婢爲貲始建武時匈奴衰分其奴婢亡匿在金城武威酒泉北黑水東畜牧逐水草抄盜涼州不與東部鮮卑同也其種非一有大胡丁零羌雜處並本亡奴婢也

盤越

魏書曰盤越國一名漢越王在天竺東南數千里與益部相近其人小大與中國人同

鹽長

山海經曰西海中有鹽長國其人鳥首亦名鳥民

奇恒

括地圖曰奇恒民善爲機巧設百禽爲車飛從風遠行湯時西風多奇恒車至於豫州湯破其車十年西風倒乃令復作車遣歸去玉門四萬里

石尖

玄中記曰玉門之西南羌之東有一國五六百户無他事役國中有山山上有祠廟國人每歲出石尖數千枚輸于廟中名霹靂尖以給霹靂所用從春雷出而尖日減至秋尖盡

扶伏

玄中記曰扶伏民者黄帝軒轅之臣曰茄豊有罪刑而放之扶伏而去後是爲扶伏民去玉門關二萬五千里

可蘭

沙州記曰大白蘭西北千二百里有可蘭虜風俗卑陋從開闢後口不知穀味目不識五色耳不聞六律五聲是四夷中不藏者土無所出直大養群畜而已户落萬餘然其人頑弱不鬬戰忽見異人舉國便走

鵠國

神異經曰西海之中有鵠國男女皆長七寸爲人自然有禮好經論跪拜其人歲壽三百行如飛日行千里百物不敢犯之唯畏海鵠鵠遇吞之亦壽三百歲人在鵠腹中不死而鵠一舉千里

無不達

神異經曰西南大荒中有人焉長一丈腹圍九尺龜蚍戴朱烏左手憑青龍右手憑白虎知河海外斛識山石多少知鳥獸言語知百穀可食識草木鹹苦名曰聖一名哲一名仙一名通一名無不達九人見拜者令人神知

無継民

外國圖曰無継民穴居食土無夫婦死則埋之心不朽百年復生去玉門四萬六千里

録民

外國圖曰録民穴居食土無夫婦死則埋之肺不朽百二十年復生去玉門萬一千里

無首民

外國圖曰無首民乃與帝爭神帝斬其首物之此野以乳爲目臍爲口去玉門三萬里

納民

外國圖曰納民陛居食土無夫婦死埋之其肝不朽八年復生去玉門五萬里

拘夷

釋道安西域志曰拘夷國北去城數百里山上有石駱驢溺水滴下以金銅鐵及木器手掌承之皆漏唯瓢瓠不漏服之令人身臭毛皮盡脫得止其國韡婆羅門守視

波羅奈斯

釋道安西域志曰波羅奈斯國佛轉法輪調達入地獄土陷處皆在其國

鼠王

釋道安西域志曰于闐道中有鼠王國大者如狗小者如菟着金架裟沙門過不禮白衣不禮輙害人

摩訶頼

釋道安西域志曰摩訶頼國又南得訶頼國有阿耨達山王舍城在耨達山東南角竹園精舍在城西佛六年若行

貝多樹去城五十里　波麗越
釋道安西域志曰羅衛國東西四百里至波麗越國波麗
越國即佛外祖國也
鷄城
釋道安西域志曰胡國共有鷄城共有人皆冠象鷄也
和訶條
支僧載外國事曰和訶條國在大海中地方二萬里大山
名三漫屈有石井井中生千葉白蓮花數種井邊石上有
四佛足迹每月六齋日弥勒菩薩常以諸天神禮佛迹畢
便飛去國王長者常作金樹銀花銀樹金花以供奉佛
播黎曰
支僧載外國事曰播黎曰國者昔是小國耳今是外國之

大都流沙之外悉稱臣妾
舍衛
支僧載外國事曰舍衛國今無復王盡屬播黎曰國王遣
小兒注國人不奉佛法
維耶離
支僧載外國事曰維耶離國去舍衛五十由旬者晉言三十
里維摩詰家在城內國人不復奉佛悉事水火餘外道也
迦維羅越
支僧載外國事曰迦維羅越國今無復王也國人亦屬
播黎曰國今尚精進昔太子生時有二龍一吐水一吐火
一冷一暖今有二池尚一冷一煖
郝訶維
支僧載外國事曰郝訶維國土豐樂多民物在迦維越南

相去三十里　碓國
支僧載外國事曰迦葉佛生碓國今無復此國故處在舍
衛國西相去三十里
拘郝舍
支僧載外國事曰拘郝舍國牟尼佛所生也亦名拘郝舍
在迦維羅越西相去復三十里
波羅柰國
支僧載外國事曰弥勒佛當生波羅柰國是屈陁羅經所
說在迦羅越南
拘宋婆
支僧載外國事曰拘宋婆國今見過去佛四所住處四屋
迦葉佛住中教化四十年釋迦文佛住五年二佛不說

蜀窑
支僧載外國事曰蜀窑小國耳在舍衛之西國王民人悉
奉佛土地寒羅漢道人及沙門到冬月日未中前飲少酒
過中後不復飲酒食果國屬大秦
拘私郝竭
支僧載外國事曰佛在拘私郝竭國佛欲入涅槃時自然
有寳床從地出有八萬四千國王爭將佛歸神妙天人曰
佛應就此土郝竭王乃作金棺栴檀車送佛喪積薪不燒
自燃王將舍利歸宮八萬四千國與兵爭舍利婆羅門分之
乃用金升量舍利得八斛四㪷諸國各得少許還國各立浮屠
摩竭提
支僧載外國事曰摩竭提國在迦維羅城之南相去三十里
內旬有貝多樹佛在此樹下坐六年　卷終

太平御覽卷第七百九十八

四夷部十九

西戎七

吐蕃　大羊同　悉立　章求拔

且末　烏耗　西夜

吐蕃

唐書曰吐蕃在長安之西八千里本漢西羌之地其種落莫知所出或云南涼禿髮利鹿孤之後也利鹿孤有子曰樊尼及利鹿孤卒樊尼尚幼弟傉檀嗣位以樊尼為安西將軍後魏神瑞元年傉檀為西秦乞佛盤熾所滅樊尼招集餘衆以投沮渠蒙遜蒙遜以為臨松太守及蒙遜滅樊尼乃率衆西奔濟黃河逾積石於羌中建國開地千里樊尼威惠夙著為群羌所懷皆撫以恩信歸之如市遂改姓為窣勃野以禿髮為國号語訛謂之吐蕃其後子孫蕃昌又侵伐不息土宇漸廣歷周及隋猶隔諸羌未通於中國其國人号其王為贊普置大論小論以統理國事無文字刻木結繩為約雖有官不常厥職臨時統領徵兵用金箭寇至舉烽燧百里一亭用刑嚴峻小罪剜眼劓刖或皮勒鞭鞭之但隨喜怒而無常科囚人於地牢深數丈二三年方出之宴異國賓客必驅犛牛令客自射牲以供饌與其臣下一年一小盟刑羊狗獼猴先折其足而殺之繹其腸而屠裂之令巫者告于天地山川日月星辰之神云若心遷變懷姦反覆神明鑒之同於羊狗三年一大盟夜於壇墠之中陳設肴饌殺人馬牛驢以為牲呪曰尔等咸須同心勠力共保我家惟天地神祇共知尔志有負此盟使尔身體屠裂同於此牲其地氣候大寒不生秔稻有青稞

䅘麥登豆小麥蕎麥畜多犛牛猪犬羊馬又有天鼠狀如雀鼠其大如猫皮可為裘又多金銀銅錫其人或隨畜牧而不常厥居然頗有城郭其國都城号為邏些城屋皆平頭高者至數十尺貴人處於大氊帳名為拂廬寢處汙穢絕不櫛沐接手飲酒以氊為盤捻麨為椀實以羹酪并而食之多事羱羝之神人信巫覡不知節候麥熟為歲首圍碁六博吹蠡鳴鼓為戲弓劍不離身重壯賤老母拜於子子倨於父出皆少者前老者後軍令嚴肅每戰前隊皆死後隊方進重兵死惡疾終累代戰沒以為甲門臨陣敗死者懸狐尾於其首表其似狐之怯稠人廣衆必以徇焉其俗恥之以為次死拜必兩手據地作狗吠之聲以身再揖而止居父母喪截髮青黛塗面衣服皆黑既葬即吉其贊普死以人殉葬衣服珍翫及常所乘馬弓劍之類悉埋之

又曰貞觀八年其贊普弃宗弄讚始遣使朝貢弄讚弱冠嗣位性驍武多英略其隣國羊同及諸羌並賓伏之太宗遣行人馮德遐往撫慰之見德遐大悅聞突厥及吐谷渾皆尚公主乃遣使獻金隨德遐入朝多賫金寶奉表求婚太宗未之許

又曰弄讚常率衆二十餘萬頓於松州西境遣使貢金帛云來迎公主太宗遣吏部尚書侯君集等擊破之弄讚大懼遣使謝罪因復請婚太宗許之弄讚乃遣其相祿東贊致禮獻金五千兩自餘寶玩數百事貞觀十五年太宗以文成公主妻之令禮部尚書江夏郡王道宗主婚持節送公主于吐蕃弄讚率其部兵次柏海親迎于河源見王人執子壻之禮甚恭既而歎大國服飾禮儀之美俯仰有愧沮之色及與公主歸國謂所親曰我祖父未有通婚上國者

令我得尚大唐公主爲幸實多當爲公主築一城以誇
示後代遂築城邑立棟宇以居處焉公主惡其人赭面弄
讚令國中權且罷之身亦釋氈裘襲紈綺漸慕華風仍遣
酋豪子弟請入國學以習詩書又請中國識文之人典其
表疏
又曰太宗伐遼東還弄讚遣祿東贊來賀奉表曰聖天子
平定四方日月所照之國並爲臣妾而高麗恃遠闕於臣
禮天子自領百萬渡遼致討隳城陷陣指日凱還夷狄纔
聞陛下發駕少進之間已聞歸國鴈飛迅越不及陛下速
疾奴忝預子壻喜百常夷夫鵝猶鴈也故作金鵝奉獻其
鵝黃金鑄成高七尺中可實酒三斛
又曰高宗嗣位授弄讚爲駙馬都尉封西海郡王賜物二
千段弄讚因致書與司徒長孫無忌等云天子初即位若

臣下有不忠之心者當勒兵以赴國并獻金銀珠寶十五
種高宗嘉之進封爲賓王賜雜綵三千段因請蠶種及造
酒碾磑紙墨之匠並許焉
又曰高宗聞劉審禮等敗召侍臣問以綏禦之策中書舍
人郭正一曰吐蕃作梗年歲已深命將興師相繼不絕空
勞士馬虛費糧儲近討則徒損兵威深入則未窮巢穴臣
望少發兵募且遣備邊明立烽候勿令侵抄使國用豐足
人心叶同寬之數年可一舉而滅給事中劉齊賢皇甫文
亮等皆言嚴守之便
又曰長壽元年武威軍總管王孝傑大破吐蕃之衆克復
龜茲于闐疎勒碎葉等四鎮乃於龜茲置安西都護府
發兵以鎮守之
又曰聖曆三年蕃將贊婆率所部千餘人及其兄弟莽布
支等來降則天遣羽林飛騎郊外迎之授贊婆輔國大將
軍行右衛大將軍封歸德郡王優賜甚厚
又曰神龍元年贊普之祖母遣其大臣悉董熱來獻方物
爲其孫請婚中宗以所養雍王守禮女爲金城公主許嫁
與之自是頻歲貢獻景龍三年十一月又遣其大臣尚贊
吐等來逆女中宗宴之于苑內毬場命駙馬都尉楊慎交
與吐蕃使打毬中宗率侍臣以觀之四年正月下制曰聖
人布化用百姓爲心王者垂仁以八荒無外故能光宅遐
迩財成品物由是隆周理曆恢柔遠之圖強漢乘時建和
親之義斯蓋御寓長策經邦茂軌朕受命上靈克纂洪業
庶幾前烈永致和平睠彼吐蕃僻在西服皇運之始早申
朝貢太宗文武聖皇帝德侔覆載情深億兆思偃兵甲遂
通姻好數十年間一方清淨自文成公主化往其國因多

變革我之邊隅亟興師旅彼之蕃落頗聞凋弊頃者贊普
及祖母可敦酋長等屢披誠款積有歲時思託舊親請崇
親好金城公主朕之少女豈不鍾念但爲人父母志恤黎元
若允乃誠祈更敦和好則邊土寧晏兵役休息遂割深慈爲
國大計築玆外館聿膺嘉禮降彼吐蕃贊普即以今月進
發朕親自送于郊外命大將軍楊矩使焉其月帝幸始平
縣以送公主設帳殿於百頃泊側引王公宰臣賦詩餞別
改始平縣爲金城縣改其地爲鳳池鄉
又曰開元二年秋吐蕃大將坌達延乞力徐等率衆十餘
萬寇臨洮軍又進寇蘭渭等州掠監牧羊馬而去玄宗令
攝左羽林將軍薛訥及太僕少卿王晙率兵邀擊之仍下
詔將大舉親征召募將士克期進發俄而晙等與賊相遇
于渭源之武階驛前軍王海濱力戰死之晙等乘之而進

大破吐蕃之衆殺數萬人盡收得所掠羊馬則賊餘黨奔北相枕藉而死洮水爲之不流上遂停親征命紫微舍人倪若水往按軍實仍弔祭王海賓而還

又曰開元十七年玄宗遣皇甫惟明等使吐蕃惟明等旣見贊普及公主具宣上意贊普等欣然請和盡出貞觀已來前後勑書以示惟明等令其重臣名悉獵隨惟明入朝上表曰外甥是先皇帝宿親又蒙降金城公主遂和同爲一家天下百姓普皆安樂中間爲張玄表李知古等東西兩處先動兵馬侵抄吐蕃邊將所以互相征討迄至今日遂成釁隙外甥以先代文成公主今金城公主之故深識尊卑豈敢失禮又緣年小枉被邊將讒構鬬亂令舅致怪伏乞垂察追留死將万足承前數度使人入朝皆被邊將不許所以不敢自奏去冬公主遣使人婁衆失若將狀專往蒙降使看公主來外甥不勝喜荷謹遣論名悉獵及副使押衙將軍浪些紇夜悉獵入朝奏取進止兩國事意悉獵所具外甥蕃中已處分邊將不許抄掠若有漢人來投便令却送伏望皇帝舅遠察赤心許從舊好長令百姓快樂如蒙聖恩千年万歲外甥終不敢先違盟誓謹奉進金胡瓶一金盤一椀一馬腦盃一零羊衫段一謹充微國之禮金城公主又別進金鴨盤盞雜器物等十八年十月名悉獵等至京師上御宣政殿列羽林仗以見之悉獵頗曉書記先曾迎金城公主至長安當時朝廷皆稱其材辯及是上引入內宴與語甚禮之賜紫袍金帶及魚袋并時服繒綵銀盤胡瓶等仍於別館供擬甚厚悉獵受袍帶器物而却進魚袋辭曰本國無此章服不敢當殊異之賞上嘉而許之詔御史大夫崔琳充使報聘仍於赤嶺各竪分界之

碑約以更不相侵時吐蕃使奏云公主請毛詩禮記左傳文選各一部制令祕書省寫與之正字于休烈上疏諫曰臣聞戎狄國之寇也經籍國之典也戎之生心不可以無備典有恒制不可以假人傳曰裔不謀夏夷不亂華所以革其非心在乎有備無患昔者東平王入朝求史記諸子漢帝不與蓋以史記多兵謀諸子雜詭術夫以東平漢之懿戚尚不欲示征戰之書今西戎國之寇讎豈可貽經典之事且臣聞吐蕃之性慓悍果決敏情持銳善學不迴若達於書必能知戰深於詩則知武夫有師干之試深於禮則知月令有廢興之兵深於傳則知用師多詭詐之智深於史則知往來有書檄之刺何異備寇兵而資盜糧也臣聞魯秉周禮齊不加兵吳獲乘車楚屢奔命一以守典存國一以喪法危邦可取鑒也且公主出嫁從人遠適異國合慕夷禮返求良書愚臣料之恐非公主本意也慮有奔北之類勸教於中若陛下慮失蕃情以備國信必不得已請去春秋當周德既衰諸侯強盛禮樂自出戰伐交興情僞於是乎生變詐於是乎起則以臣召君之事取威定霸之名若與此書國之患也傳曰于奚請曲縣繁纓仲尼云惜也不如多與之邑惟名與器不可假人狄固貪婪貴貨易土正可錫之錦綺厚以玉帛何必率從其求以資其智臣忝叨列位職刊祕籍實痛經典弃在戎夷昧死上聞惟陛下深察

又曰開元二十二年遣將軍李佺於赤嶺與吐蕃分界立碑二十四年正月吐蕃遣使貢方物金銀器玩數百事皆形制奇異上令列於提象門外以示百寮

又曰開元二十八年春章求兼瓊密與安戎城中吐蕃翟

都啇及維州別駕董承宴等通謀都啇等遂翻城歸款因引官軍入城盡殺吐蕃將士使監察御史許遠率兵鎮守上聞之甚悅中書令李林甫等上表曰伏以吐蕃此城正當衝要憑險自固恃以窺邊積年已來蟻聚爲患縱有百萬之衆難以施功陛下親紆秘策不興師旅須令中使李思敬曉諭羌族莫不懷恩翻然改圖自相謀陷神筭運於不測睿略通於未然累載逋誅一朝蕩滅又臣等今日奏事陛下從容謂臣等曰卿等但看四夷不久當漸淪喪德音纔降遽聞戎捷則知聖與天合應如響至前古已來所未有也請宣示百寮編諸史策手制答曰此城儀鳳年中羌引吐蕃遂被固守歲月既久攻伐亦多其地險隘非力所制朝廷羣議不勸取之朕以小蕃無知事須處置授以奇計所以行之獲彼戎心歸我城守有足爲慰也

大羊同

通典曰大羊同東接吐蕃西接小羊同北直于闐東西千餘里勝兵八九萬其人辮髮氈裘畜牧爲業地多風雪冰厚丈餘所出物產頗同吐蕃俗無文字但刻木結繩而已刑法嚴峻其酋豪死抉於穴切去其腦實以珠玉剖其五臟易以黃金假造金鼻銀齒以人爲殉卜以吉辰藏諸岩穴他人莫知其所多殺牸牛莫馬以充祭祀葬畢服除其王姓姜葛有四大臣分掌國事自古未通

悉立

通典曰悉立在吐蕃西南戶五萬餘有城邑村落依溪澗丈夫以繒綵纏頭衣氈褐婦人辮髮着短裙以蒸報爲俗畜多水牛羖羊雞豕穀宜秔稻麥豆饒甘蔗諸菓死葬於中野不爲封樹喪制以黑爲衣一年就吉刑有刖劓羣事

吐蕃

章求拔

通典曰章求拔或云章揭拔本西羌種也在悉立西南居四山之內近代移出山西接東天竺遂改衣服變西羌之俗其地延袤八九百里勝兵二千餘人居無城郭好爲寇掠商旅患之聞悉立入朝亦遣使朝貢

且末上子余切

漢書曰且末國王治且末城去長安六千八百二十里有蒲桃諸果西通精絕二千里

北史曰且末西北有流沙數百里夏日有熱風爲行旅之患風之所至唯老駝預知之即鳴而聚土埋其口鼻於沙中人每以爲候亦即將氈擁蔽鼻口其風迅駃斯須過盡若不防者必至危斃後魏大統八年其兄鄯善米率衆內附

烏秅上一加切下直加切

漢書曰烏秅王治烏秅城去長安九千九百五十里田石間有白草累石爲室民接手飲師古曰自高山下谿澗中飲水接連其手也出小步馬師古曰小馬步也亦謂百步千蹄也

西夜

漢書曰西夜國王號子合王治呼犍谷犍音巨言切去長安萬二百五十里與胡異其種類羌氐行國師古曰言不著土地隨畜逐水草往來而地出玉石

後漢書曰西夜國去洛陽萬四千四百里地生白草青毒國人煎以爲藥傳箭鏃所中輒死

太平御覽卷第七百九十八

北狄一　捴叙北狄上

說文曰狄犬種字從犬狄之言淫僻也
白虎通曰狄者易也言僻易無别
風俗通曰胡者謹按漢書山戎之别種也佰者略也云無禮法又胡者互也其被髮左衽言語贄幣事殊互也
晉中興書曰胡者北狄之捴名也
詩曰采薇遣戍役也文王之時西有昆夷之患北有玁狁之難以天子之命命將帥遣戍役以守衛中國故歌采薇以遣之出車以勞還杕杜以勸歸也采薇采薇薇亦作止薇菜作生也西伯將遣戍役先與之期以采薇之時今薇生矣可以行矣重言采薇丁寧行期也曰歸曰歸歲亦暮止又丁寧歸期定其心也靡室靡家玁狁之故不遑啓居玁狁之故玁狁北狄也古者師出不踰時今薇生而行歲晚乃歸使汝無室家夫婦之道不暇跪居者有玁狁之難也

又曰我戍未定靡使歸聘聘問也定止也我方守於北狄未得止息無所使歸問所以憂
又曰戎車歸駕四牡業業豈敢定居一月三捷一月之中三有勝功謂侵也伐也戰也
又曰豈不日戒玁狁孔棘戒警勑軍事也孔甚棘急也言君子小人豈不日相警戒乎玁狁之難甚急預述其苦以勸之
又曰王命南仲往城于方出車彭彭旂旐央央王殷王也南仲文王之屬方朔方近玁狁之國也彭彭駟馬貌王使南仲爲將率往築城於朔方爲軍壘以禦北狄之難天子命我城彼朔方赫赫南仲玁狁于襄襄除也
又曰昔我往矣黍稷方華今我來思雨雪載塗王事多難不遑啓居塗凍釋也黍稷方華朔方之地六月時也以此出征至春凍始釋而來反
又曰執訊獲醜薄言還歸訊言醜衆也執其可言問所獲之衆以歸者當獻之赫赫

南仲玁狁于夷夷平也
又曰六月宣王北伐也六月言周室微而復興美宣王之北伐也六月棲棲戎車既飭四牡騤騤載是常服棲棲簡閱皃飭正也日月爲常服戎服也記六月者盛夏出兵明其急也玁狁孔熾我是用急熾盛也此序吉甫之意也北狄來侵甚熾故王以急遣我
又曰玁狁匪茹整居焦穫侵鎬及方至于涇陽焦穫周地名也接于玁狁者也匪非也茹度也鎬與方皆北方地名言玁狁之來侵非其所當度爲也乃自整齊而處周之焦穫來侵至涇水之北言其太恣也
又曰薄伐玁狁至于太原言逐出之而已
又曰文武吉甫萬邦爲憲吉甫尹吉甫也有文有武憲法也吉甫此時大將也吉甫燕喜既多受祉吉甫尹吉甫也有文祉福也吉甫既伐玁狁而歸天子以燕禮樂之則歡喜矣又多受賞賜也
又曰顯允方叔征伐玁狁方叔先與吉甫征伐玁狁
又曰車攻宣王復古也宣王能內脩政事外攘夷狄復文武之境土

又曰漸漸之石下國刺幽王也戎狄叛之山石漸漸然高峻不可登而上喻戎狄衆強而無禮義不可得而復也
又曰何草不黃下國刺幽王也四夷交侵中國背叛用兵不息視民如禽獸用兵不息自歲始至晚歲何草不黃
禮曰北方曰狄衣羽毛穴居有不粒食者
周禮曰職方氏掌天下之圖以掌天下之地辨其邦國都鄙四夷八蠻七閩九貉五戎六狄之人民與其財用九穀六畜之數要周知其利害北方曰貉狄四八七九五六周之所服國數也利金錫竹箭之屬害神姧鑄鼎所象百物也○又曰司隸掌五隸之法辨其物而掌其政令五隸謂罪隸四狄之屬也物衣服兵器之屬夷隸掌養牛馬與鳥言鄭司農云東夷狄之人或曉鳥獸之言故春秋傳曰介葛盧聞牛鳴曰是生二犧皆用矣是以夷隸職掌與獸言
傳曰北戎侵鄭鄭伯禦之公子突曰戎輕而不整貪而無

親勝不相讓敗不相救
又曰晉里克帥師梁由靡御以敗狄于采桑(平陽北屈縣西南有采桑津)梁由靡曰狄無恥從之必大克(不恥走也)里克曰懼之而已
無速衆狄
又曰晉侯敗狄于箕郤缺獲白狄子(白狄狄之別種也故西河郡有白部胡)
又曰鄋瞞侵齊(鄋瞞狄國名)遂伐魯魯使叔孫得臣敗狄于鹹獲長狄僑如富父終甥摏其喉以戈殺之埋其首於子駒之門
又曰赤狄侵齊又侵晉取向陰之禾晉滅赤狄潞氏以潞子嬰兒歸(潞赤狄之別種氏)
又曰成下潞子嬰兒之夫人晉景公之姊也酆舒爲政而殺之又傷潞子之目晉侯將伐之諸大夫皆曰不可酆舒有三儁才伯宗曰狄有五罪不祀一也嗜酒二也弃仲章

而奪黎氏地三也虐我伯姬四也傷其君目五也天反時爲災地反物爲妖民反德爲亂亂則妖災生故文反正爲乏盡在狄矣晉侯從之晉荀林父敗赤狄于曲梁晉侯賞桓子狄臣千室
又曰無終子嘉父使孟樂如晉(無終山戎國名孟樂其使臣)因魏莊子納虎豹之皮以請和諸戎晉侯曰戎狄無親而貪不如伐之魏絳曰勞師於戎諸華必叛戎禽獸也獲戎失華無乃不可乎公曰然則莫如和戎乎對曰和戎有五利焉戎狄荐居貴貨易土可賈焉一也邊鄙不聳民狎其野穡人成功二也戎狄事晉四隣振動諸侯威懷三也以德綏戎師徒不勤甲兵不頓四也鑒于后羿而用德度遠至邇安五也
又曰鄭人賂晉侯歌鍾二肆(肆列也縣鍾十六爲一肆)及其鍾磬女樂二八晉侯以樂之半賜魏絳曰子教寡人和諸戎狄以正諸華八年之中九合諸侯如樂之和無所不諧請與子樂之辭曰夫和戎狄國之福也臣何力之有焉公曰微子無以待戎夫賞國之典也子其受之魏絳於是乎始有金石之樂禮也
又曰魯襄公十八年白狄始來(白狄狄之別名未嘗與魯接故曰始來也)
又曰晉荀吳帥師敗狄于大鹵(大鹵太原晉陽縣也)
又曰晉中行穆子敗無終及群狄于太原(即大鹵也無終山戎也)將戰魏舒曰彼徒我車所遇又阨(地險不便車)以什共車不克(更增十人以當一車之用)乃毀車以爲行(毀車爲步陣)爲五陣以相離兩於前伍於後專爲右角參爲左角偏爲前拒(皆臨時處能用善謀)以誘之狄人笑之(笑其失常)未陣而薄之大敗之(傳言荀吳能用善謀)
又曰晉梁丙率陰戎伐穎(穎周邑)王使詹桓伯辭於晉曰我

在伯父猶衣服之有冠冕木水之有本原民人之有謀主也(民人謀主宗族之師長)伯父若裂冠毀冕拔本塞源專弃謀主雖戎狄其何有余一人(伯父猶然則雖戎狄無所可責)
又曰晉荀吳僞會齊師者假道于鮮虞遂入晉陽(鮮虞白狄別種)(晉陽肥國)滅肥以肥子緜皐歸(肥白狄也緜皐其君名鉅鹿下曲陽西南有肥累城)
又曰晉荀吳帥師伐鮮虞圍鼓三日鼓人告食竭力盡而後取之克鼓而反不戮一人以鼓子鳶鞮歸(鳶鞮鼓君名也)
又曰晉荀躒如周葬穆后籍談爲介王求彝器籍談曰晉居深山戎狄之與隣而遠於王室王靈不及拜戎不暇其何以獻器王曰叔父唐叔成王之母弟也密須之鼓與其大路文所以蒐也(密須姞姓國也文王伐之得其路鼓以蒐)闕鞏之甲武所以克商也(闕鞏國所出鎧)唐叔受之處參虛撫有戎狄(參實沈之次晉之分野)
又曰晉侯訓兵於稷以略狄土

穀梁傳曰中國夷狄曰大鹵

爾雅曰北至于祝栗（左極遠之國）

又曰觚竹北户西王母日下謂之四荒（觚竹在北北户在南西王母在西日下在東西方昬荒之國）

又曰九夷八狄七戎六蠻謂之四海（八狄在北）

又曰北戴斗極爲空桐（戴值也）空桐之人武（地氣使之然也）

論語曰管仲相桓公霸諸侯一匡天下民到于今受其賜微管仲吾其被髮左衽矣（無管仲則君不君臣不臣皆爲夷狄）

又曰子曰夷狄之有君不如諸夏之亡也

國語曰鄭人伐滑王使游孫伯請滑鄭人執之王怒將以狄伐鄭（狄隗姓之國也）富辰諫曰不可夫狄無列於王室（列位次也）豺狼之德也王不忍小忿而弃鄭又登叔隗以階狄（階禍狄）狄封豕豺狼不可厭也（厭足也）王弗聽十八年王黜狄后

（於王子帶故也）狄人來誅殺譚伯（狄人奉子帶攻王而殺譚伯）初惠后欲立王子帶故以其黨啓狄人狄人遂入周王乃出居于鄭

又曰晉侯使隨會聘于周王饗之餚烝原公相禮范子私於原公曰吾聞王室之禮無毀折今此何禮也原公（以告于王）王召士季（范子字也）曰親戚宴饗則有餚烝（烝外也外折俎之餚也）惟戎狄則有體薦夫戎狄冒沒輕儳貪而不讓（冒抵觸也沒入也儳進退無列也）其血氣不治若禽獸焉其適來班貢不俟馨香嘉味（適往也班賦也）故坐諸門外而使舌人體委與之（舌人能達異方之志象胥之官）汝今我王室之一二兄弟以時相見於是乎有折俎加豆（加豆謂飣食之後所加之豆也其實芹俎菹醢之屬）以示容合好胡有劾戎狄也

又曰驪姬曰以皐落狄之朝夕苛我邊鄙（皐落東山狄苛擾也）君盍使申生伐狄若不勝狄　雖濟其罪可也且夫勝狄諸侯驚懼吾邊鄙不警公説使申生伐東山至稷桑（稷桑皐落狄地）狄人出逆申生欲戰狐突諫曰不可果戰敗狄於稷桑

又曰公令閹楚刺重耳重耳逃於狄（狄北狄隗姓）

又曰襄王避　叔帶之難居于鄭地氾子犯曰君盍納王公　乃行賂于草中之戎驪土之狄以啓東道（二邑戎狄在晉之東也）

尚書大傳曰狄人將攻太王亶父亶父召耆老而問曰狄人何欲耆老對曰欲得菽粟財貨太王曰與之每與而狄人之至不止太王問耆老曰狄人又何欲耆老曰又欲土地太王曰與之耆老曰君不爲社稷乎太王曰社稷所以爲民也不可以所爲　亡民也耆老曰君縱不爲社稷不爲宗廟乎太王曰宗廟者私也不可以吾私害民也遂杖策而去過梁山止乎岐山周氏之民　奔而從之者三千乘。

詩含神霧曰四方蠻貊制作器物多與中國反書則揁行食則合和伏則交脚皷則細腰知此類甚衆中國之所劾者貂蟬胡床胡飯

春秋考異記曰北狄之氣主生幽都

太平御覽卷第七百九十九

北狄二

摠叙北狄下

史記曰唐虞以上有山戎獫狁葷粥（晉灼曰堯時葷粥周曰獫狁秦曰匈奴）

又曰武王伐紂而營雒邑復居於豐鎬放逐戎狄涇洛之北時入貢命曰荒服

又曰趙武靈王北破林胡樓煩築長城自代傍陰山下至高闕（在朔方）爲塞而置雲中鴈門代郡

漢書曰山戎伐燕告急于齊桓公北伐山戎山戎走

又曰晉文公攘戎翟居于西河圁洛之間（圁音嚚）號曰赤翟白翟（師古曰春秋所書晉師滅赤狄潞氏鄣甄獲白狄）

又曰晉北有林胡樓煩之戎燕北有東胡山戎（服虔曰烏桓之先也）後爲鮮卑

又曰晉悼公使魏絳和戎翟戎翟朝晉後百餘年趙襄子踰句注而破之幷代以臨胡貉（貉音莫伯反）後與韓魏共滅智伯分晉地而有之則趙有代句注以北而魏有西河上郡以與戎界邊

又曰秦滅六國而始皇帝使蒙恬將數十萬衆北擊胡悉收河南地因河爲塞築四十四縣城臨河徙謫戍以充之（有罪謫令戍之徙謫者令居之）而通直道自九原至雲陽因邊山險塹谿谷可繕者繕之（繕補也）起臨洮至遼東萬餘里又渡河據陽山北假中（北假北地名）當是時東胡強而月氏盛

又曰昴曰旄頭胡星也昴畢間爲天街胡貉月支旃裘引弓之民昴之主

又曰揚雄上書北地之狄五帝所不能臣三王所不能制

又曰前世豈樂傾無量之費役無罪之人快心於狼望之北哉（匈奴中地名）以爲不一勞者不佚不暫費者不永寧是以忍百萬之師以摧餓虎之喙運府庫之財塡盧山之壑而不悔也（盧山匈奴中山也）

又曰狄不服中國未得高枕安寢也

又曰外國天性忿鷙（鷙很也音竹二反）形容魁健負力怙氣難化以善易隸以惡（隸謂附屬之惡謂威也）其強難詘其和難得故未服之時勞師遠攻

又曰狄眞中國之堅敵也

又曰王莽征匈奴嚴尤諫曰周秦漢征之皆未得上策者也周得中策漢得下策秦無策焉周宣王時獫狁內侵至于涇陽命將征之盡境而還其視戎狄之侵境而譬猶蚊䖟之螫敺之而已故天下稱明是爲中策漢武帝選將練兵約齎輕糧深入遠戍（約少也齎裝也）雖有克獲之功胡輒報之

兵連禍結三十餘年中國疲耗匈奴亦創艾（創音初向反艾讀曰乂）而天下稱武是爲下策秦始皇不忍小恥而輕民力築長城之固延袤萬里（袤長也）轉輸之行起於負海疆境既完中國內竭以喪社稷是爲無策今天下比年飢饉發三十萬衆具三百日糧兵先至者聚居暴露勢不可用一難也邊既空虛內調郡國不相及屬此二難也計一人三百日食用糒十八斛非牛力不能勝胡也沙鹵多乏水草軍出未滿百日牛必物故此三難也胡地秋冬甚寒春夏甚風食糒飲水師有疾疫此四難也輜重自隨則輕銳者少幸而逢虜危殆不測此五難也莽不聽

又曰夷狄之爲患也故自漢興忠言嘉謀之臣曷嘗不運籌策相與爭於廟堂之上乎高祖時則劉敬呂后時樊噲季布孝文時賈誼朝錯孝武時有王恢韓安國朱買臣公

孫引董仲舒人持所見各有異同然揔其要歸兩科而已搢紳之
儒則守和親介胄之士則言征伐皆偏見一時之利害也
又曰文帝徙六郡良家材力之士六郡謂隴西天水安定北地上郡西河也其日
定天水西河武帝所置耳史本其土地而追言之也聚天下精兵軍於廣武顧問馮
唐與論將帥喟然歎息思古名臣此和親無益之明効也
又曰董仲舒以匈奴可悅以厚利結之於天耳故與之厚
利以沒其意與盟於天以堅其約質其愛子以累其心使
邊城守境之民父兄緩帶稚子咽哺胡馬不窺於長城而
羽檄不行於中國不亦便於天下乎
又曰孝武時雖征伐克獲而士馬物故亦略相當雖開河
南之野建朔方之郡亦弃造陽之北九百餘里匈奴人民
每來降漢單于亦輙拘留漢使以相報復其桀驁尚如斯
又曰孝宣之世單于臣服三世稱藩賓於漢庭是時邊城

晏閑牛馬布野
又曰王莽篡位始開邊隙單于由是歸怨自絕莽斬其侍
子邊境之禍搆矣
又曰蕭望之曰戎狄荒服言其來服荒忽無常時至時去
宜待以客禮
又曰夷狄之人飲食不同言語不通僻居北垂寒露之野
逐草隨畜射獵爲生隔以山谷雍以沙幕天地所以絕外
內也
又曰晁錯上書曰戰勝之威民氣百倍敗兵之卒沒世不
復自高后以來隴西三困於匈奴矣民氣破傷亡有勝意
又曰以蠻夷攻蠻夷中國之形也今匈奴地形技藝與中
國異上下山阪出入溪澗中國之馬弗與與如也險道傾仄
且馳且射中國之騎弗與也風雨罷勞飢渴不困中國之

人不與也此匈奴之長技也
又曰材官騶發矢道同的騶謂矢之善者也春秋作菆字發矢次射故中則同的則
匈奴之革笥木薦弗能支也革笥以皮作如鎧者被衣薦以木枚作如楯
又曰胡貉之地積陰之處也木皮三寸冰厚六尺食肉而
飲酪其人密理鳥獸毳毛密理謂其肥肉也毳細毛也其性耐寒
又曰胡人衣食之業不著於地著直略反其勢易以擾亂邊境
何以明之胡人如飛鳥走獸廣壄美草甘水則止草盡水
竭則移以是觀之往來轉從時至時去此胡人之生業而
中國之所以不可離南畝
又曰匈奴欲立威者始於折膠秋氣至膠可折弓弩可用匈奴常以爲候而出兵
後漢書曰耿秉上言曰今北虜分爭以夷伐夷國家之
利
又曰間匈奴傳論曰并兵窮討擣其窟穴躡北追奔三

千餘里破龍祠焚罽幕銘功封石倡呼而旋
又曰王莽時盧芳詐稱武帝之後奔匈奴十二年芳與賈
覽共攻雲中久不下其將隨昱得芳之衆昱詣闕拜昱爲
五原太守封鐫胡侯鐫謂鑿鑿之也
晉書曰前漢末匈奴大亂五單于爭立而呼韓邪單于失
其國携率部落入臣於漢嘉其意割并州北界以安之於
是匈奴五千餘落入居朔方諸郡與漢人雜處後漢末群
臣競言胡入猥多宜先爲其所建安中魏武帝始分其中
衆爲五部部立其中貴者爲師復改帥爲都尉其左部都
尉所統可萬餘落居於太原右部都尉可六千餘落居於
祁縣南部都尉可三千餘落居於蒲子縣北部都尉可
四千餘落居興縣中部都尉可六千餘落居太陵縣
又曰晉武帝踐祚後匈奴二萬餘落歸化帝復納之使居

河西故宜陽城下後復與晉人雜居由是平陽西河新興
上黨樂平靡不有焉
又侍御史郭欽上䟽曰戎狄強獷歷古為患魏初置西北
諸郡皆為戎居今雖服從若百年之後有風塵之警胡騎
自平陽上黨不三日而至孟津北地西河太原馮翊安定
上郡盡為狄庭矣宜及平吳之威謀臣猛將之略出北地
西河安定復上郡實馮翊於平陽以北諸縣募取死罪徙
三河三魏四萬家以充之裔不亂華漸徙平陽恒農魏郡
京兆上黨雜胡峻四夷出入之防明先王荒服之制萬世
之長策也
又曰太康七年有萎莎胡率部落來降
又曰北狄以部落為類其入居塞者有鮮支種有烏譚種
有赤勒種有捍蛭種有萎莎種有赤莎種有鬱鞞種有委

童種有大樓種不相雜錯
又曰其國號左賢王右賢王左奕蠡王右奕蠡王左於六
王右於六王左漸尚王右漸尚王左朔方王右朔方王左
獨鹿王右獨鹿王左顯鹿王右顯鹿王左安樂王右安樂
王凡十六等皆用單于親子弟
賈誼新書曰臣聞強國戰智王者戰義帝者戰德故湯祝
網而漢陰受舞三苗而南蠻服今漢帝國也宜以厚德懷
四夷孰敢不承帝意陛下為臣建三表設五餌以此與單
于爭則下匈奴猶振槁也臣且以事勢諭天子之言使匈
奴大衆信陛下也若日出之灼灼故聞君一言雖有微遠
其志不疑仇讎之人其心不殆若此則信諭矣一表也臣
又且以事勢諭陛下之愛令匈奴之自視也苟胡面而戎
狀者其自以為見愛於天子也猶弱子之於慈母也若此

則受諭矣一表也臣又且以事勢諭陛下之好令胡人之
自視也苟其技之所長與其所工可以當天子之意若此
則好諭矣一表也愛人之狀好人之役愛有實以諾可期
十死一生彼必將至此謂三表匈奴好之來者家長以上
必衣繡家少者乃衣文錦為銀車五乘大雕畫之駕四馬
載綠蓋從數騎御驂乘且雖單于之出入也不輕都此矣
令匈奴降者時時得此而賜之一國聞之見之者希心而
相告人人冀幸以為吾至可以得此將以懷其目一餌也
匈奴之使至者若大降者也大衆之聚也上必有所召賜
食焉飯物盛美胾炙醯醢方數尺於前令一人坐此胡人
欲觀者固百數在旁得賜者之喜也且笑且飯味皆所嗜
而所未當得也今來者時時得此而饗之一國聞之者見
之者垂涎而相告人自以吾至亦將得此將此懷其口一

餌也降者若使者至也必使人有所召客焉胡人之欲觀
者勿禁令婦傅白黑繡衣而侍其堂者二三十人或薄或
掩為其胡戲使樂府吹簫鼓鞀令使降者時得此而樂一
國聞之者見之者人人唯恐其後至也以此懷其耳一餌
也凡降者陛下必有所富令有高堂邃宇善廚大囷廄有
編馬庫有陣車時時大具召胡客饗胡令其居處樂皆過
其處出其單于或時時賜此匈奴一國傾心而冀人人汲
汲其時將以此懷其腹一餌也於來降者上必時時有所
召幸拊循而後得入官於胡嬰兒貴人子好可愛有數十
人為繡衣出則從出入則從入則更侍胡嬰兒得近侍胡
貴人得佐酒上前使付酒錢出繡衣具帶服時以賜之令
數人得此而居之一國聞者見者人人唯恐後至也以此
懷其心一餌也

晉中興書曰北狄其地南接燕趙北沙漠東漸九夷西界六戎世世自相君臣不稟中國正朔

西域記曰諸胡俗婚姻相然許者先送同心指環○崔豹古今注曰秦所築長城土色如紫漢塞亦然故稱紫塞焉

李陵報蘇武書曰終日無覩但見異類韋韝毳幕以禦風雨

又曰出禮義之鄉入無知之俗

又曰胡笳互動牧馬悲鳴吟嘯成群邊聲四起

班固燕然山銘曰鑠王師兮征荒裔勦匈奴兮截海外封神丘兮建隆碣熙帝載兮振萬世

古詩曰胡馬依北風越鳥巢南枝

古胡無人行曰望胡地何嶮巇断胡頭脯胡臆

陸機樂府詩曰驅馬陟陰山山高馬不前借問燕山候勁虜在燕然

古詩曰出自薊北門遥望胡地桑

陳琳樂府詩曰飲馬長城窟水寒傷馬骨

蔡琰詩曰邊亭與華異胡風春夕起

太平御覽卷第八百

北狄三

託跋氏　稽胡　慕容氏

宇文莫槐　高車　烏洛侯

庫莫奚　軻比能

託跋氏

宋書曰託跋氏其先漢將李陵之後也陵降匈奴單于妻之以女字託跋其後因氏焉世豪強分建種落也

又曰索頭虜姓託跋氏匈奴有數百千種各立名號索頭亦其一也晉初索頭種有部落數萬家在雲中惠帝末并州刺史司馬騰於晉陽爲匈奴所圍索頭虜單于猗𠌫遣軍助騰懷帝永嘉三年𠌫弟盧率部落自雲中入鴈門就并州刺史劉琨求樓煩等五縣琨不能制且欲倚盧爲援乃上言盧兄𠌫有救騰之功宜請移五縣民於新興以其地處之愍帝進盧爲代王盧孫十翼犍據陰山衆數十萬犍死子開字涉圭（即後魏道武皇帝）

又曰虜俗以四月祠火六月末率大衆至陰山謂之却霜陰山去平城六百里深遠饒樹木霜雪未嘗釋蓋欲以暖氣禦寒也

後魏書曰黃帝子昌意少子受封北土國有大鮮卑山因以爲號其後世爲君長統幽都之北黃帝以土德王北俗謂土爲托謂后爲跋故以爲氏其裔始均仕堯世逐女魃於弱水北民賴其勲帝舜嘉之命爲田祖歷三代至秦漢獯鬻獫狁山戎匈奴之屬累代殘暴作害中州而始均之裔不交南夏是以載籍無聞焉積六七十世裔孫（即成皇帝諱毛也）毛統國三十六大姓九十九威振北方莫不率服至力微立（即成元皇帝也）諸部大人悉服控弦之士二十餘萬遷於定襄之盛樂也

又曰祿官立（始祖子也）分國爲三部一居上谷北濡源之西東接宇文部自統之一居代郡之參合陂北兄子猗㐌統之一居定襄之盛樂故城使猗㐌弟猗盧統之

稽胡

後周書曰稽胡一百步部稽蓋匈奴別種劉元海五部之苗裔也或云山戎赤狄之後離石以西安定以東方七八百里居山谷間種落繁熾其俗婦人多貫蜃貝以爲耳頸飾孝昌中有劉蠡外者居雲陽谷分遣部衆抄掠居汾晉之間略無寧歲神武遷鄴後始密圖之偽許以女妻蠡外之子蠡外信之遂遣其子詣鄴齊神武厚爲之禮緩以婚期蠡外既恃和親不爲之備大統元年三月齊神武潛師襲之

又曰保定中離石生胡數寇汾北勲州刺史韋孝寬於險要築城以遏其路

又曰建德五年高祖敗齊師於晉州乘勝逐北齊人所弃甲仗稽胡乘間竊出盜而有之

慕容氏

晉書載記曰慕容氏其先有熊氏之苗裔世居北夷邑于紫蒙之野號曰東胡其後與匈奴並盛控弦之士二十餘萬風俗官號與匈奴略同秦漢之際爲匈奴所敗分保鮮卑山因以爲號（通典慕容氏亦東胡之後別部鮮卑也魏初渠帥有莫護跋率諸部入居遼西後從司馬宣王討公孫淵有功拜率義王至孫涉歸魏封爲鮮卑單于涉歸有二子長曰吐谷渾西遷河湟之間次曰廆有命代才略晉太康十年又遷于徒河之青山也）

又曰慕容廆字弈洛瓌昌黎棘城鮮卑人也曾祖莫護跋

初率諸部大人入居遼西從宣帝伐公孫氏有功拜率義王始建國於棘城之北時燕代多（冠步搖冠）莫護跋見而好之乃斂髮襲冠諸部因呼之爲步搖其後音訛遂爲慕容焉或云慕二儀之德繼三光之容遂以慕容爲氏祖木延左賢王父涉歸以全柳城之功進拜鮮卑單于遷於遼東北於是漸慕諸夏之風矣

又曰安北將軍張華有知人之鑒慕容廆童冠時往謁之華謂曰君至長必爲命世之器因以所服簪幘遺廆

又曰慕容廆謀於衆曰吾先公以來世奉中國且華裔理殊強弱固別豈宜與晉國競乎何爲不和以害吾百姓耶乃遣使來降帝嘉之拜爲鮮卑都督廆致敬於東夷府巾衣詣門抗士大夫之禮何龕嚴兵引見廆乃改服戎衣而入人問其故廆曰主人不以禮賓復何爲哉龕聞而慙之

廆以大棘城即帝顓頊之墟元康四年乃移居之教以農桑法制同於上國永嘉初廆自稱鮮卑大單于建武初元帝承制拜廆假節散騎常侍都督遼左雜夷流人諸軍事龍驤將軍大單于昌黎公廆刑政修明流亡者多歸之廆乃立郡以統流人冀州人爲冀陽郡豫州人爲成周郡青州人爲營丘郡并州人爲唐國郡廆卒皝（嗣立號皝雄毅多）權略日強盛遂自稱燕王後遷都於柳城雋暐即其子孫

宇文莫槐

後漢書曰宇文莫槐出於遼東塞外其先南單于之遠屬莫槐之人皆剪髮而留其頂上以爲飾婦人被長襦及足而無裳焉秋收烏頭爲毒藥以射禽獸

北史曰莫廆（呼罪切）部衆彊盛自稱單于塞外諸部咸畏憚之（莫廆即莫槐之姪孫）莫槐父子世雄漠北又先得玉璽三鈕自言

爲天所相每自誇大莫廆之孫曰乞得龜爲慕容廆破之先是海出大龜枯死於平郭至是乞得龜敗也

高車

北史曰高車蓋古赤狄之種也初因號爲狄歷北方以爲勑勒諸夏以爲高車丁零其語略與匈奴同而時有小異或云其先匈奴甥也其種有狄氏袁紇氏斛律氏解批氏護骨氏異奇斤氏其人好引聲長歌有似狼嗥本無都統大帥當種各有君長爲性麤猛黨類同心至於寇難翕然相依鬭無行陣其俗婚姻用牛馬納聘以多爲榮俗無穀不作酒迎婦之日男女相將持馬酪熟肉節解主人延賓亦無行位穹廬前叢坐飲宴終日

又曰高車俗不潔淨喜致震霆每震則叫呼射天而集之移去至來歲秋馬肥復相率集於震所理殺羊然火拔刀女巫祝說如中國祓除而群馳馬旋繞百匝乃止人持一束柳枝因曲竪之以乳酪灌焉

又曰高車婦人以皮裹羊骸（堦切）交戴之首上縈屈髮鬢而綴之（躡所交切）有似軒冕其死亡葬送掘地作坎坐尸於中張臂引弓佩刀挾矟無異於生而露坎不掩走馬繞旋多者數百匝男女無小大皆集會之

又曰高車與蠕蠕同唯車輪高大輻數至多後徙於鹿渾海西北百餘里部落強大常與蠕蠕爲敵後魏道武帝度弱洛水西行至鹿渾海襲破之復討其餘種於狼山

又曰道武帝自牛川南引大校獵以高車爲圍騎徒遮列七百餘里聚雜獸於其中因駈至平城即以高車衆起鹿苑南固臺陰北距長城東包白登之西山

又曰高車族有十二姓一曰泣伏利氏二曰吐盧氏三曰

乞旃氏四曰大連氏五曰窟賀氏六曰達薄氏七曰阿崙氏八曰莫允氏九曰俟分氏十曰副伏羅氏十一曰乞袁氏十二曰右叔沛氏

又曰高車昧利不顧後患

又曰高車斛律部帥倍侯利爲蠕蠕掩襲遂奔魏賜爵孟都公倍侯利質直勇健過人北方之人畏之嬰兒啼者語曰倍侯利來便止處女歌謠云求良夫當如倍侯利其衆服如此善用五十蓍筮吉凶每中故得親幸倍侯利卒道武悼惜葬以魏禮謚曰忠壯王

又曰太和十四年阿伏至羅遣使至京以二箭奉貢云蠕蠕爲天子賊臣當爲天子討除孝文賜繡袴褶一具雜綵百疋

又曰高車部衆分散或來奔附或投蠕蠕詔遣宣威將軍羽林監孟威撫納降人

又曰高車遣使貢金方一銀方一金杖二馬七疋駝十頭

又曰高車與蠕蠕戰於蒲類海北割蠕蠕之髮送於羽林監孟威

又曰高車遣使獻龍馬五疋金銀貂皮及諸方物詔賜樂器一部樂工八十人赤紬十疋雜綵六十疋

又曰高車王伊匐遣使朝貢因乞朱畫步挽一乘并幔褥鞦靷一副織扇各一枚青曲蓋五枚赤漆扇五枚鼓角十枚詔給之

烏洛侯

北史曰烏洛侯國在地豆干北去代都四千五百餘里其地下濕多霧氣而寒國人尚勇不爲姦竊故慢藏野積而無寇盜好射獵樂有箜篌木槽革面施九弦太武真君四年來朝稱其國西北有魏先帝舊虛石室南北九十步東西四十步高七十尺室有神靈人多祈請太武遣中書侍郎敞告祭刊祝文於石室之壁而還

唐書曰烏羅渾國蓋後魏之烏洛侯也今亦謂之烏羅護其國在京師東北六千三百里東與靺鞨西與突厥南與契丹北與烏丸接風俗與靺鞨同貞觀六年其君長遣使獻貂皮

庫莫奚

後魏書曰庫莫奚國之先東部宇文別種也初爲慕容元貞所破邑落竄匿於松漠之間

後周書曰庫莫奚鮮卑之別種也先爲慕容晃所破竄於松漠之間後種漸多分爲五部一曰辱紇主二曰莫賀弗三曰契箇四曰木昆五曰室得每部置俟斤一人有阿會氏者最爲豪帥五部皆受其節度

北史曰登國三年道武親討庫莫奚至弱水南大破之

又曰武成之世庫莫奚歲致名馬文皮太和四年輒入塞內辭以畏地豆干抄掠詔書切責之

軻比能

魏志曰軻比能本小種鮮卑以勇健斷法平端不貪財物衆推以爲大人部落近塞自袁紹據河北中國人多叛歸之教作兵器鎧楯頗學文字故其勒御部衆擬於中國出入弋獵建立旌麾鼓節爲進退

又曰建安中烏桓反軻比能動爲寇害太祖以鄢陵侯彰爲驍騎將軍北征大破之

又曰延康初軻比能遣使貢馬文帝立比能爲附義王

又曰黃初二年軻比能出諸魏人在鮮卑者五百餘家還

居代郡黃初三年軻比能率部落與代郡烏丸等三十餘口交市遣魏人千餘家居上谷後與東部鮮卑大人素利及步度根三部爭鬬烏桓校尉田豫和之使不得相侵五年軻比能復擊鮮卑豫帥輕騎徑進掎其後比能使別小帥瑣奴拒豫進討破之由是懷貳乃與輔國將軍鮮卑輔書曰夷狄不識文字故校尉閻柔保我於天子我與烏丸為讎往年攻擊之而田校尉助素利烏丸也我臨陣使瑣奴往聞使君來即引軍退步度根數數鈔盜又殺我弟而誣我以鈔盜我夷狄雖不知禮義兄弟子孫受天子印綬牛馬尚知美水草況我有人心耶將軍當保明我於天子輔得書聞帝帝復使豫招納安慰軻比能衆遂強盛控弦十餘萬騎每鈔掠得財物均平分付一決目前終無所私故能得衆死力餘部大人皆憚之

太平御覽卷第八百一